本书获上海市新闻出版专项资金资助

上海出版资金项目
Shanghai Publishing Funds

序

徐　炯（上海市新闻出版局、上海市版权局局长）

近年，文化界、出版界出现了一股"民国热"，民国事件、民国人物……民国课本，甚至民国八卦都成了图书市场的新宠。当代人常常以一种娱乐的心态读史，在商业化、消费性的文化语境中，很难对民国的历史有确切的了解和理解。而一些关于民国的学术论文或相关著作，往往引用第二手乃至第三手、第四手的史料，由于史料真伪莫辨，结论很难可靠。

在这个大背景下，《中国近现代出版法规章则大全》的出版，别具意义和价值。

作者花费二十多年时间，从国家图书馆、上海图书馆、北京图书馆、复旦大学图书馆、上海档案馆、北京档案馆，上海、北京、台湾的出版机构，乃至诸多业内前辈手中翻检、查找，收集了大量档案、资料，在对原始档案进行复印、输入、繁变简、加标点、校对、辨正之后，通过文稿梳理、访谈回忆和纵横对比，追寻晚清、民国时期《出版法》《著作权法》等出版法规，以上海市书业同业公会为代表的行业公会规程，以及商务印书馆、中华书局等著名书业机构运营、人事章程等的历史沿革和演变轨迹，力求还原历史真相。

本书大致分为三个部分：政府法规、行业规程、企业章则，以及三个导读、附录，首次全面、系统、完整地从行政（政府）、行业、企业三个层级再现了晚清、民国出版业的管理文本。

第一编，清末、民国各个时期的《出版法》《著作权法》，包括北京政府、南京国民政府以及抗战时期伪满洲国、伪维新政府、伪华北政府、汪伪政府先后颁布的《出版法》《著作权法》和相关法规。这方面内容，从未如此齐全地被搜罗且收集齐全。

第二编，上海市书业同业公会先后制定的一系列守则、规定，对于上海本地乃至全国范围内的书业生存、运营和发展具有引领、匡正的作用。同时，民国时期的首都南京、陪都重庆以及古都北京等地也先后成立过书业同业公会并制订公布了行规、守则等。

第三编，商务印书馆、中华书局、世界书局、大东书局和开明书店等中国五大民营书业机构，以及正中书局、中国文化服务社等国民党、国民政府背景的书业机构的运营、人事章程、守则规定等。

每编均有一个附录，依次为：中国近现代政权演变一览、上海市书业同业公会沿革一览、中国近现代主要书业机构一览，具有学术参考价值。

通过本书，我们既可以研读宏大的出版专题史，也可以玩味非常具体的、近乎细节性描述的内容，如：民国政府虽然没有实行养老保险制度、退休金制度，但一些书店推出了储蓄办法；为了保障职员的福利，也有书店设立了人寿保险；书店职员有婚丧假，女职员有生产假津贴；书店也有年终奖……

作者汪耀华先生长期从事中国近现代出版史研究，治学一丝不苟，资料搜罗规模大且考证精密，通过鉴别、分析，在本书的"导读"中提出结论，以质朴的语言娓娓道来，抽丝剥茧、条分缕析；对1906年清朝政府颁布《大清印刷物专律》之后《出版法》的历史沿革、上海市书业同业公会的演变历程、中国近现代主要书业机构的企业运营规则的梳理与发掘，是本书浓墨重彩之处。

……

随着时代更替、时光流逝，许多书业史料都已散失。对于历史研究者来说，最重要、最困难的工作便是史料的收集、整理和鉴别。这正是本书的另一种价值所在。今天，我们出版事业和产业的成就早已非晚清、民国那时可以相提并论。只是，在砥砺奋进的年代，回望前人走过的曲折道路，总结前人的经验，省思前人的得失，应该是有益的，可谓"前事不忘，后事之师"。

2017年10月

目 录

政府法规

民国（临时政府）

著作权律

著作物呈请注册暂照前清著作权律分别核办通告文

报律

民国暂行报律

民国（北京政府）

出版法、著作权法

出版法

著作权法

著作权法注册程序及规费施行细则

内务部通咨各省解释著作权法与出版法之差异请转饬切实办理文

出版

司法部通饬严办翻版案件

内务部通咨各省严禁贩卖猥亵书画文

管理印刷营业规则

审定教科用图书规程

修正审定教科用图书规程

教科书末页附印部令及规程摘要

中小学修身及国文教科书采取经训务以孔子之言为旨归

禁用翻印本部审定之教科用图书

修正审查教科书规程

著作权法

报刊法规、法令

行业规程

上海市书商业同业公会

其他同业公会

附录

企业章则

中华书局

世界书局

大东书局

开明书店

生活书店

百新书店

正中书局

中国文化服务社

其他书店

生活·读书·新知三店

附编

政府法规

导 读

中国出版法规更新与政权演变

清末，中国诞生了第一部虽无出版法之名却有出版法之实的《大清印刷物专律》，开创了中国《出版法》的先河，从此，民国各个历史时期的政府都制定颁布过相应的《出版法》。

《出版法》，体现着政府对于出版赋予的自由幅度，构筑着一个时期出版业的制度空间，并且控制着出版业发展的升腾限度。

每一部《出版法》的出台，都会引起新闻出版业者、法律界的密切关注与现时反应。新闻出版从业者多把《出版法》视为套在头上的紧箍咒，欲去之而后快。政府则依赖《出版法》对一切出版活动实行管理，同时还会适时制定相关的法律条例作补充完善。如此，颁布与修正、审查与规避、控制与抵制，贯穿着中国近现代出版史的全过程。

1906年，清朝政府颁布《大清印刷物专律》

清朝政府继自强运动、维新运动之后推行的第三次被冠以"立宪运动"的改革，自1905年开始直至1911年，成为君主立宪政体的国家也是中国最后一个王朝的最后一次努力，可惜没有成功。但是，由于"立宪运动"等新政带来的废科举、兴学校、奖励实业、设立商会，却也奠定了辛亥革命的爆发乃至成功的基础。

作为"立宪运动"的一个重要体现，便是变法修律。从1906年至1911年，清政府颁布了五部与新闻出版相关的法规：1906年7月颁布《大清印刷物专律》、1906年10月颁布《报章应守规则》、1907年9月颁布《报馆暂行条规》、1907年12月颁布《大清报律》、1911年1月颁布《钦定报律》。作为法律变革的组成部分，这些法规基本涵盖了出版的各个层面，也使中国有了第一个规范的新闻出版法规。

《大清印刷物专律》分为大纲、印刷人、记载物件、毁谤、教唆、时限等6章，共41条，对包括报刊在内的印刷物的注册登记、禁载事项、毁谤与教唆以及违律行为的惩罚等作了明确的规定。

《大清印刷物专律》是清政府在办报高潮迭起，"苏报案"刺激之下颁行的以一切印刷物为管理对象的专业出版法。作为最早被颁布的新闻出版法规，它适用的对象是一切印刷物、文书、图画，而非仅限于新闻记载物件。同时，新闻记载物件自然属于一切印刷物的范畴，且在社会中扮演了重要角色，用专律对它进行规定也是应有之义。

在《大清印刷物专律》颁布后，《报章应守规则》《报馆暂行条规》相继颁布，作为出版法的基本面，清末整个变法修律包括新闻出版法都是以日本的相关法律文本为蓝本。

清政府颁布新闻出版法规的时间早于民法、刑法、商法等法，被学界认为是超脱了传统封建式律令范围，具有近代法律形式与内容，为中国法律走向现代化探索了创新之路。因此，清政府以《大清印刷物专律》为代表的新闻出版法规，作为整个中国近代法律的组成部分和新闻出版领域的专门法，都具有相当的历史地位和意义。

1914年，北京政府颁布《出版法》

1914年12月4日，袁世凯执掌的北京政府公布《出版法》（23条），以《大清印刷物专律》和《大清报律》为基础，经少量增减而成。

这部《出版法》与前清时期的同类型相比，除了登记机关变更、惩处力度有所不同外，还有如下变化：第一，取消了注册费和保押费；第二，明确了出版关系人，即（1）著作人、（2）发行人、（3）印刷人；第三，明确了集体著作的禀报方式：以学校、公司、局所、寺院、会所等名义出版的文书图画，由学校等单位禀报。这三点也成为后继出版法的通例。

这部《出版法》对出版业的规范化发展起到了积极作用。界定了何谓出版，明确与出版有关系的包括著作人、发行人和印刷人，并对这三者加以界定，确定它所适用的范围。规定了出版物出版发行时所附有的项目内容，使出版物的格式有了统一、固定的标准，避免了出版物印刷格式的混乱，对促进近代图书的出版和发展起到了积极的推动作用。出版物的呈报程序及呈报人的规定，使出版物的呈报有章可寻，确保呈报工作的顺利进行。该法要求出版物在发行或散布前，应先予以禀报，虽便于内务部干涉出版物的发行，但也限制了淫秽出版物的面世，规范着出版业的良性发展。

北京政府时期的出版业，主要依据《出版法》和《著作权法》管理和约束。前者对这种权利加以限制，后者以维护著作人的权利为宗旨，二者相辅相成，互有关系，共同规范和约束着出版界，实现政府对出版业的控制；同时又推动着出版业的近代化，促进了文化的进步。

1930年，南京国民政府颁布《出版法》

1927年南京国民政府成立之初，国民党中央和国民政府主要以《日报登记办法》《宣传品审查条例》《出版条例原则》等法规规范新闻出版活动。

1930年底，中原大战结束，地方军阀势力得到抑制，政局暂定，南京国民政府开始将发展注意力转向经济、文化等层面。新闻出版业作为整个文化界的重要领域则首当其冲地被纳入国民政府、国民党的管理重点，再加之当时中国共产党在南京国民政府统治区（简称"国统区"）的宣传活动日渐扩展，1930年12月16日由南京国民政府公布专门针对新闻出版业的《出版法》。这部《出版法》（6章44条）后来经过多次修订，成为贯穿整个南京国民政府新闻出版法规体系的基础性法规。

1930年的《出版法》第一章总则，对出版品、发行人、著作人、编辑人等进行界定；第二章对新闻纸及杂志的发行登记、送审、废止终刊、更正等事项进行规定；第三章对书籍和其他出版品的送审等程序作出规定；第四章是关于禁载内容的限定；第五章和第六章分别是行政处分和罚则。其中，第四章对出版品登载事项的限制，首次规定了出版品不得登载的范围："一、意图破坏中国国民党或三民主义者；二、意图颠覆国民政府或损害中华民国利益者；三、意图破坏公共秩序者；四、妨害善良风俗者。"以及"禁止公开诉讼事件之辩论"、"战时或遇有变乱及其他特殊必要时，得依国民政府命令之所订，禁止或限制出版品关于军事或外交事项之登载"。

1930年《出版法》所涉及的限制比照之前北京政府《出版法》，限制内容更宽泛，特别增加了国民党党务、党义方面内容的限制。

这部《出版法》与北京政府《出版法》相比，在登记机关发生变更和惩处力度上也有不同的差别，而且更加具体化。较为明显的变化包括：（1）将出版品分为新闻纸、杂志、书籍及其他出版品三种，予以区别对待。新闻纸和杂志需要申请登记，并有较详细的登记规定；书籍及其他出版品则以两份呈送内政部注册即可。如此划分，反映了政府对不同类型出版物宣传作用的认识，以及在管理方面的细化。（2）对涉及党义、党务事项的书报刊，视为特殊出版物，不仅登记机关不同，审核把关明确，显示了强烈的党化色彩。（3）列出专条规定"有关政治的传单或标语，非经该管警察机关许可，不得印刷或发行"。

台湾研究者王凌霄在《中国国民党新闻政策之研究（1928—1945）》中将1930年颁布的这部《出版法》特点总结为以下三点：一、它采取较为宽松的登记主义，并没有太多的限制；二、基于训政时期的特殊政治体制，国民党取法俄、意，将它自身的党义列入法令中，并且明确了中宣部和内政部的隶属关系；三、为了防止反动派滥用新闻自由，所以援引党部审核之权，禁止事项中使用"意图"两字，语意含糊，赋予执法单位较大的解释空间。

近代以来，各国对新闻出版业的管理一般采取预防制和追惩制两种。"预防"即事先限制规定："追惩"就是事后惩罚。对新闻出版业而言，后者更为宽松、自由。中国近代自《大清报律》到国民政府各种新闻出版管理法规、制度采取的都是更为严格的预防制，在报刊、书籍出版发行前做出种种规范以达到政府管理的目的。预防制具体分为四种：注册登记制——一经"挂号"就可以出版发行；批准制——出版前需经申请和批准，然后印行；保证金制度——交纳一定数额保证金后才能出版发行；事前检查制——出版发行前必须得到政府审查才能刊发。根据其严苛程度，由松至紧依次为注册登记制、批准制、保证金制度、事前检查制。

1930年的《出版法》采用的是较为宽松的注册登记制。在第二章"新闻纸及杂志"中规定了报纸杂志发行登记的主管部门、时限及需登记的条款，并对发行人、编辑人等作了资格规定。这些资格规定对于报纸杂志出版发行而言并无过多限制，也为当时报纸杂志的创办提供了有利的制度支持。为防止具体操作中滥用出版自由，这部管理新闻出版业的基础性法规授予各级党部审核之权，"党领导新闻"得以合法化。内政部、国民党中宣会、各级党部等部门在《出版法》中成为法定新闻出版管理部门，但权责尚未详细划分。虽然相关条令显得空泛、操作性不强，但执法单位因此也有了较大的解释空间，同时也给新闻出版业留下了回旋的余地。

1930年的《出版法》公布后，就不断遭到新闻界的反对。据统计，自该法公布实施到1934年12月，各省请求释疑者达30余件。业界对《出版法》有意见，国民政府相关部门也对《出版法》的不完善提出质疑，意图对其进行修改。国民党中宣会认为，新闻纸和通信社在南京、北平呈现"复杂良莠欠齐的状态"，完全是"新闻界不健全的结果"，应对登记的方法进行变更，由"注册备查"改为"严密审核"。内政部则认为，《出版法》对于著作权的保护不够，同时对于报馆或通信社的行政处分应由"司法机关为之"。虽然新闻界目的在于争取更多的新闻自由，而国民政府为了更好地钳制新闻舆论，双方却都有修订《出版法》的意愿，这就为1935年的《出版法》修订奠定了基础。

1935年2月11日，国民政府内政部会同中宣会、行政院代表对修订《出版法》进行了审议，确定了六方面的变更：1. 增加地方权限；2. 登记由省府改为县府转呈；3. 禁载限制较严；4. 登记须纳保证金；5. 行政处分程序变更；6. 审查出版品不必附稿本。2月15日，内政部召集行政院、中宣会代表再次进行审议。5月2日，行政院召开审查会，会同内政、外交和教育三部代表集体审查《出版法》修订草案。6月23日，《出版法》修订草案经内政部呈送行政院通过，并呈中央政治会议核议。7月10日，中政会举行会议，到会者有"居正、孙科、叶楚伧、孔祥熙、何应钦、褚民谊等30余人，由叶楚伧主席议决要案"。这次会议通过了《修正法院组织法》《修正出版法》等三项议案。中政会正式将《修正出版法》提交立法院审议。7月12日，立法院例会讨论通过了《修正出版法》。当时的《大公报》等媒体相继公布了该法全文，对新法相关条例之严格颇为不满。正当全国新闻界抗议之声鼎沸，请求暂缓公布《修正出版法》之时，行政院于同月27日又通过了《出版法施行细则》。7月28日，南京新闻学会致电全国新闻界，称新《出版法》事关全国文化前途，而且时间紧迫，希望全国新闻界团结一致，共同抵制新《出版法》的公布实行。由此，南京、上海、北平及天津等地新闻界不断呈文和请愿，使原本已由行政院通过的《出版法施行细则》草案暂时不被提交国会讨论，等中政会决定是否重新修订《出版法》后再作取舍。

1935年9月8日，中政会终于决定采纳新闻界的意见，议定8项原则，将《修正出版法》交内政部重新制订，再送立法院复议。9月24日，国民政府内政部将《出版法》重新修正，呈送行政院审核。

1936年3月，行政院通过了再次修订后的《出版法草案》呈请国民党中央审查。5月，《修正出版法草案》经中政会通过，交由立法院审议。历时近半年后，终于在11月27日经立法院会议通过，修正的《出版法》才得以公布。

1937年，国民政府公布施行新《出版法》

1937年7月8日，国民政府公布施行新《出版法》（7章55条），亦称《修正出版法》。7月28日，公布了与之配套的《出版法施行细则》（28条，附表式）。

这部《出版法》，是新闻出版业经过不断抗争，最终被国民党中政会发回复议重新修订的结果。比1935年未公布的《出版法》条款要宽松，而与1930年《出版法》（以下也称旧法）相比，则更严格，主要体现在如下几点：（1）依据旧法第7条规定，新闻纸及杂志的发行，仅需于首次发行期15日以前，以书面呈请发行地所在之省政府或市政府转内政部申请登记即可。新法第9条对此作了重要变更，规定在首次发行前，必须填写登记申请报发行所在地之主管官署，核准后始得发行。从呈报到审核，从法律意义上说，是一个相当本质的变化。为了防止主管官署任意稽延时日，新法规定，主管官署于接到登记申请后，除特别情形外，应于28日内予以决定。（2）新法规定的呈请登记时所需备案的事项比旧法也严苛。旧法第7条规定，申请登记时的呈报事项仅需刊物名称、刊期、发行所及编辑人等项。新法则增加了社务组织、资本数目及经济状况，新闻纸还要载明其版数。（3）关于新闻内容刊登的范围，新法比旧法有更多严格的规定。新法第24条规定，"战时或遇有变乱及其他特殊必要时，得依国民政府命令之所定，禁止或限制出版品关于政治、军事、外交或地方治安事项之登载"。与旧法相比，"政治"和"地方治安"字样是新加的，显示出限制范围更加广泛。第25条又规定，"以广告、启事等方式登载于出版品者，应受前四条所规定之限制。（4）关于出版行政之主管官署，旧法并无明确规定，散见于各条者均为省、市政府。新法第7条则规定，地方主管官署在省为县政府或市政府，在隶属于行政院之市，为社会局。此条规定已将对新闻纸的监督执行之权赋予了地方政府。（5）关于出版物呈缴机关，旧法中，不同类型出版物呈缴机关是分别对待的，图书只需寄送两份给内政部，涉及党义党务者寄一份给中央党部宣传部；新闻纸和杂志以两份寄送内政部，一份寄送发行所所在地所属省政府或市政府，一份寄送发行所所在地之检查署。新法专门列出第8条作出详明规定，不论是何种类型出版物，都需要向内政部、中央宣传部、地方主管官署、国立图书馆及立法院图书馆各寄送一份。呈缴机关既然增多，寄送的份数也即加大。

不过，关于《出版法》是否被废止的争论也一直伴随着南京国民政府执政的整个时期，特别是在抗战结束，实行"宪政"后，有关《出版法》是否被废止的争论就变得更加激烈，涉及言论自由、宪政、宪法权威以及民主政治等问题。

提出废止《出版法》的，基本是"在野"派，基于四方面的理由：（1）根据1946年通过的《中华民国宪法》第十一条规定"人民享有言论讲学著作与出版的自由",第一百七十条规定"法律与宪法抵触者无效"。言论出版自由是人民的基本权利之一,无论是1937年的《出版法》还是后来的《出版法修正案》都对言论出版自由有极大的限制,与宪法保障民权的精神不相符合。(2)对于《出版法》中规定的违法事项,刑法中已经有详细规定,出版品如果违法,可以用刑法制裁。何必又要以《出版法》为出版业套上一重枷锁?(3)政府是否决心遵守法治,如果政府不遵守法治,即使有了《出版法》,政府也不会去遵守。(4)实行的《出版法》,其渊源不甚光辉。被认为最初是脱胎于《大清律例》,后来演变为《大清印刷物专律》,在袁世凯北京政府时期定的《出版法》和《报纸条例》,与《修正出版法》变化不大。而之前的各种《出版法》《报纸条例》早已废除,因此《修正出版法》也应该废除。

主张保留《出版法》的则是一些国民党、政府体制中人。提出的理由主要有三方面:(1)根据宪法第23条的规定,为防止妨害他人的自由,避免紧急危机,维持社会秩序,或增进公共利益为必要,人民的自由权利,得以法律加以限制。《出版法》基于宪法所许可的必要范围,以维持社会秩序,有存在的必要。(2)新闻出版自由在"戡乱"时期,应当有限制,如同抗战时期,有必要加强新闻舆论与出版的管制。(3)日内瓦联合国新闻自由会议也明确限制新闻自由的条款,这是一种国际惯例。这三点理由,在当时自然遭到了激烈的批评。

对于主张保留《出版法》的理由,主张废除的人都能一一加以驳斥,当时整个社会舆论还是倾向于废止《出版法》。但是南京国民政府终究还是没有废止《出版法》,而是提出《出版法修正草案》供商讨。

1947年,行政院通过《出版法修正案》

在社会各界的呼吁下,1946年1月28日,最高国防委员会决议修正《出版法》。经过一年多的反复修改,1947年10月24日,行政院临时会议通过《出版法修正案》(6章43条),送立法院审议通过。重新修订后的《出版法》,减少了党化色彩,这与国民政府声称结束"训政"、实行"宪政"有关,但新增加了不得"妨碍邦交者",不得有"妨害本国或友邦元首名誉之记载",不得"登载禁止公开诉讼事件之辩论,出版品对正在诉讼程序中之事件不得加以批评"等方面的内容。条款内容从文字上看,较1937年的《出版法》确有所松动。但是,在实际运作的过程中,其中的许多条文便成了钳制言论、查禁与取缔革命书刊的依据。

国民党政权败退台湾之后,所谓《出版法》经历了1952年、1958年、1997年数次修改后,在台湾社会各界的压力下,1999年1月《出版法》在实施长达69年之后最终被废止。

1932-1945年,日伪政权出台的四种《出版法》

自1932年到1945年的长达14年时间里,日伪政权在不同时期对中国东北、华北、华中进行了殖民统治。

1932年10月,伪满政府出台《出版法》,共52条,报纸、期刊出版事宜均规定在内。仅"不得揭载"的事项就规定了8条,诸如"变革"伪满"组织大纲","危害"伪满"存在之基础","惑乱民心及扰乱财界"等等,规定伪国务总理大臣随时可以"有障碍"于外交、军事或财政,抑或"维持治安"之需要,禁止或限制报纸、期刊的新闻报道。

1940年6月,伪满政府修改《出版法》,明确凡危及"国家存在的基础",泄露"外交及军事机

"密"，对国家"国交"产生重大影响的"破坏"行为，一律禁止出版。

1938年7月15日，伪华北临时政府公布《出版法》，并于同日起施行，在华北实行新闻出版业的统制。该法计7章57条，与国民政府1937年《出版法》框架结构相同，内容上小有出入。主要不同点有：（1）扩大了出版品范围。第1条中明确将"以机器收音复制之唱片"，视为出版品；（2）增加了对出版者资格的限制，现役军人不得为"新闻纸或杂志之发行人或编辑人"；（3）扩大了出版物内容禁载事项，如"意图煽惑他人而宣传共产主义者"、"诋毁外国元首或驻在本国之他国外交官者"，明确规定禁载，暴露了伪政权禁压异党、服务敌寇的奴才本质。1939年2月9日，"临时政府"又制定《出版法施行细则》14条，更加显示其效忠日军的面貌。

1938年9月3日，伪维新政府通过《出版法》（7章54条），在华中推行新闻出版统制，建立各省、市、县掌管新闻宣传的权力机关"宣传委员会"。其有关规定与伪满、"临时政府"颁行的《出版法》基本相同，对报纸、杂志的创办实行严格的批准制度。其中规定的禁载事项，同样照抄照搬伪满、"临时政府"等有关条款，以讨好日本、维持其汉奸统治为主旨。

1940年，汪精卫在南京组建"中华民国国民政府"，立即着手制定新闻出版法律法规，以确立言论出版统治的基本法律依据。汪伪政府制定与颁行的新闻出版法律法规，凡是与已迁至重庆的国民政府同名的，均名为"修正公布"，以掩盖其伪法统的实质。

1941年1月24日，汪伪政府颁布《出版法》，并自公布之日施行。这一《出版法》共7章55条，大部分内容与"临时政府"的《出版法》、国民政府1930年颁行的《出版法》相同，标明"民国三十年一月二十四日修正公布"的字样，以欺骗民众。根据这一《出版法》第54条规定，汪伪政府宣传部、警政部会同于1月25日公布《出版法施行细则》25条，与《出版法》共同施行。1942年，汪伪政府因警政部的取消而对《出版法》作了一次修正，公布并施行《修正出版法》，在原《出版法》基础上，进一步加强了对出版物呈缴、出版机构登记和出版物的审查禁售等。

1910年颁布《著作权律》——1949年新修订《著作权法》

清末出现了大规模的修律，在民间大力呼吁与实践的基础之上，参考了日本、西方国家的法律体系和原则，1910年颁布实施了《著作权律》共5章，55条。第1章为通例，第2章为权利期限，第3章为呈报义务，第4章为权利限制，第5章为附则。首次以法律的形式明确了著作权的基本概念："凡称著作物而专有重制之利益者，曰著作权。称著作物者：文艺、图画、帖本、照片、雕刻、模型皆是。"它规定："著作权归著作者终身有之。"著作者死后，其继承人可以继续享受30年。《著作权律》实行注册保护制度，凡经民政部注册给照的著作物，都受该律保护，他人不得翻印、仿制、割裂、改窜、假冒而侵损著作人之权利，"准有著作者向该管审判衙门呈诉"，由审判机关"责令假冒者赔偿。且将印本、刻版及专供假冒使用之器具，没收入官"，并科以罚金，等等。

1912年9月21日，袁世凯北京政府内务府发布《著作物呈请注册暂照前清著作权律分别核办通告文》，宣称"查前清著作权律，尚无与民国国体抵触之条。自应暂行援照办理"。《通告》后附有《大清著作权律》全文。直至1915年11月7日，北京政府才以大总统的名义发布了新的《著作权法》。

北京政府《著作权法》，是以《大清著作权律》为基础制定的，条文基本相同，仅对少量条文进行了增删与合并，章目名称比《大清著作权律》更能突出著作权的保护性质，结构设计也显得合理。包括总纲、著作人之权利、著作权之侵害、罚则、附则5章，共45条。1916年2月1日公布了《著作权法注册程序及规费施行细则》（16条），对申请著作权注册的具体程序以及交纳规费作了详细规定。

国民政府经过各方商讨修改，新版《著作权法》于1928年5月14日公布，共5章40条。该法充分吸取了《大清著作权律》和北京政府《著作权法》的立法经验和内容范围，仅在著作物保护范围、登记注册生效制度、外国人作品保护等方面做了一些补充。《著作权法施行细则》15条同日生效，主要规定有关注册的各项事宜。其中值得注意的是第14条，是关于外国人著作物注册的规定："外国人有专供中国人应用之著作物时，得依本法呈请注册。前项外国人，以其本国承认中国人民得在该国享有著作权者为限。依本条第一项注册之著作物，自注册之日起，享有著作权十年。"这一条其实与1903年中国与美国、日本所续签的商约中有关著作权协定的原则是一致的，但在著作权法规中予以正式规定，这还是第一次。

1944年4月，国民政府公布《修正著作权法》，共5章37条，进一步将发音片、照片和电影片列入了受保护的著作物。在第2章中删除了原来对于不得享有著作权的著作物的列举，删除了对于显违党义者和其他经法律规定禁止发行者拒绝注册的规定。第3章"著作权之侵害"中增加了对著作权执照核发前作品受侵害的保护办法，还增加了对已注册作品的使用必须取得授权的规定。第4章"罚则"中，再次提高了各项侵犯著作权行为的处罚金额。同年9月5日，修正公布了《著作权法施行细则》13条，新增了对电影片等新载体的注册，以及定价过高的著作物须酌减的规定。

1949年1月13日，国民政府公布了新修订的《著作权法》。与之前的《著作权法》相比，再次调整了原来第4章"罚则"中罚金的数量。

国民政府颁布的各种法律、条例、法令或办法

《出版法》及其《出版法实施细则》是国民政府对出版业及其出版品的编辑、印刷、发行行为进行管理的主要的法律。同时，宪法、民法以及刑法对出版行为也有相关的表述。中国国民党中央执行委员会、中央宣传委员会、中央常务委员会以及中央军事委员会等中央党部或国民政府也曾多次颁布关于出版、印刷、发行的条例、法令、办法等，在管制出版业发面发挥了不可忽视的作用。具体而言，重要的法律、条例、法令或办法包括以下多种：

1. 宪法

国民政府时期通过的宪法有三部：1931年6月1日公布的《中华民国训政时期约法》（共八十九条）；1936年5月5日公布的《中华民国宪法草案》；1947年1月1日公布的《中华民国宪法》。

《中华民国训政时期约法》第十五条规定："人民有发表言论及刊行著作之自由，非依法律不得停止或限制之自由"；《中华民国宪法草案》第十三条规定："人民享有言论、著作及出版的自由，非依法律，不得限制此自由"；《中华民国宪法》第十一条规定："人民有言论、讲学、著作及出版之自由"。这些宪法奠定了整个国民政府时期对于出版业、出版品以及从业人员制定相应的法律法规的宪法基础，以至于专门性出版法律法规的制定或者修改以及废除都能找到宪法依据。比如抗日战争时期制定了许多战时限制新闻出版自由的法律法规，在抗战结束后依据宪法的规定而废除。

2. 《民法》

《民法》规定了诸多关于出版人的权利。1929年国民政府公布的《中华民国民法典》给出版者下了定义，即"当事人约定，一方以文艺学术或美术的著作物，为了出版而交付于他方，他方担任印刷及发行之契约义务者"。从此条规定来看，这里指的出版者就是《出版法》中的发行人或者是印刷人。而出版的客体便是著作物，即文学艺术或者美术作品。关于出版人的权利和义务，民法典都规定

了较多的民事权利。

3．《刑法》

《刑法》作为保护公民权利最有力的法律，各行各业都要受其调整制约。国民政府立法院在1928年制定了国民政府时期第一部刑法典，对出版的刑事责任也进行了规定。

4．《宣传品审查条例》

1929年1月10日，国民党第二届中央执行委员会常务会议通过并发布《宣传品审查条例》。该条例共15条，规定了宣传品审查的范围，宣传品审查的征集手续，反动宣传品、谬误宣传品认定，以及宣传品审查后的处理办法。

1932年11月24日，国民党中执委通过《宣传品审查标准》，对适当的宣传、谬误的宣传和反动的宣传规定得更加详细。对于审查后的处理规定也明确了对本党的主义政纲、政策、决议以及一切党政事实有正确认识并有所阐发者予以嘉奖，而谬误的则纠正或训斥，反动的查禁、查封或究办。

5．《修正图书杂志审查办法》

1934年中央宣传委员会修正通过《修正图书杂志审查办法》，规定在国境内的书局、社团或者著作人新出版的图书杂志都要送图书杂志委员会审查。党政机关的图书或杂志或者出版一年以上思想正确、无违背宣传品审查标准及《出版法》的杂志，才由中央宣传委员会核发免审证。凡是没有准予免审的图书杂志却不送审的则按照《出版法实施细则》中的规定给予处分。如果受审图书杂志稿件有不妥的地方则要求删改，如果内容属于《宣传品审查标准》中反动宣传品的范畴或记载了《出版法》中第十九条规定的禁载事项则要交中央宣传部处理。经审查合格的图书杂志稿件，才被发给审查证，才准予出版。

6．《修正教科图书审查规程》

教育部令1935年发布的《修正教科图书审查规程》，是在1927年大学院发布的《教科图书审查条例》和1929年《教科图书审查规程》有关规定的基础上修正发布的。该规程是关于教科图书审查最为重要的一部规定，规定了只有经教育部审定的教科图书才能印刷和发行，明确送审稿字体格式样张的内容、审查费用的收取、书价调成规则、图书修改后送审期间、图书内容变更后送审程序以及教科图书审定的效力时期和有关处罚办法。

7．《修正抗战期间图书杂志审查标准》《战时图书杂志原稿审查办法》《战时出版品审查办法及禁载标准》等

1938年国民党第五届中央执行委员会常务会议通过《修正抗战期间图书杂志审查标准》，是在1932年实行的《宣传品审查标准》的基础上加上抗战时期特殊情况，在对原规定的标准进行修正而制定的一部暂时性的法规。

1940年由国民政府公布实施《战时图书杂志原稿审查办法》，规定了图书杂志审查机关的设置，各个图书杂志出版机关和书店报审的程序，不报审或者报审后准予出版而与审查通过的稿件不一致时的处罚等。该办法规定，为适应战时需要，特别组织中央图书杂志审查委员会，采取原稿审查办法，并在省市设立图书杂志审查委员会。还规定了书店及出版机关印行图书杂志除了送教育部审查外都得送到图书杂志审查委员会进行审查；规定审查合格一律发给审查证，而且审查合格的图书杂志在出版时还要送到审查机关复核。在审核时发现反动言论应停止发行，对谬误言论的指定删改；凡不准发行或指定删改而擅自发行的一律处分，有反动言论的还得处罚编辑人、印刷人及发行人。该法规在1944年被废止，取而代之则是《战时出版品审查办法及禁载标准》。

《战时出版品审查办法及禁载标准》是1944年6月20日由国民政府公布的。该法规分为战时出版

品审查办法以及禁载标准、战时书刊审查规则、战时出版品禁载标准解释事项，为抗战后期最为重要的战时出版管理的法规，在保护军事、政治、经济机密中发挥了不可忽视的作用。

8.《书店、印刷店管理规则》

1942年制定发布的《书店、印刷店管理规则》，是对书店和印刷店进行管理的法规，也是关于出版管理的法规。该规则在1943年修正了二次、1944年再行修正一次，明确了书店和印刷店的定义以及地方主管官署的范围，规定了书店和印刷店开设者声请事项以及声请审查合格后报请备查的机构，规定书店和印刷店应登记和参加同业公会或者商会等，这个规定进一步加强了政府对行业的组织掌控力度。

9.《党营出版事业管理办法》

1943年国民党第五届中央常务委员会会议通过《党营出版事业管理办法》，是国民党关于党营出版事业规范的主要法律文件。该办法明确了党营出版事业的范围、各级党部所属出版单位的指导单位、经费来源、有关业务财务状况报表的审核程序、预算清算程序、出版品审核程序以及考核制度。

通过《出版法》《著作权法》及相关的法律、法令、标准，使清末、国民政府对于出版业的管理趋于规范、常态，对于当时出版业的发展发挥了积极的作用，对于出版物的有效传播也进行了规制。

附录：中国近现代政权演变一览

1911年

10月10日，革命党人发动武昌起义，辛亥革命爆发。

1912年

1月1日，中华民国临时政府成立。孙中山在南京宣誓就职临时大总统，改国号为中华民国，定1912年为民国元年。

2月12日，清朝颁布《清帝退位诏书》，末代清帝宣统皇帝爱新觉罗·溥仪退位。

2月13日，孙中山辞临时大总统职。

2月15日，参议院选袁世凯为临时大总统。

3月10日，袁世凯在北京就任中华民国第二任临时大总统，开始北洋军阀统治时期。

8月25日，中国国民党宣告成立。

10月6日，国会选出袁世凯为第一任正式大总统。

1914年

12月4日，北京政府公布《出版法》（23条）。

1915年

11月7日，北京政府公布《著作权法》（45条）。

12月12日，袁世凯宣布恢复帝制，引发了全国反复辟封建帝制的斗争。

12月31日，袁世凯正式登基称中华帝国大皇帝。翌年改元"洪宪"。

1916年

2月1日，北京政府公布《著作权法注册程序及规费施行细则》（16条）。

6月6日，袁世凯去世。7日，黎元洪继任总统。

1924年

4月12日，孙中山提出《国民政府建国大纲》，将建设国家的程序分为三个阶段：军政时期、训政时期、宪政时期。

1925年

3月12日，孙中山逝世。

7月1日，中华民国国民政府在广州成立。汪精卫任主席兼军事委员会主席，汪精卫、蒋介石、谭延闿为军事委员会常委。

1926年

12月5日，国民党中央宣布中央党部和国民政府自广州迁往武汉。史称武汉国民政府。

1927年

4月18日，南京国民政府成立，推选胡汉民为政府主席，蒋介石为国民革命军总司令。与武汉国民政府对峙，史称宁汉分裂。

8月25日，武汉国民政府迁往南京，并入南京国民政府，史称宁汉合流。

1928年

5月14日，国民政府公布《著作权法》（40条）。

5月14日，国民政府公布《著作权法施行细则》（15条）。

8月8日–15日，国民党二届五中全会推举蒋介石为国民政府主席。同时，宣告"军政时期"结束，"训政时期"开始。

10月8日，国民政府公布《中华民国国民政府组织法》，规定国民政府由主席、委员和行政院、立法院、司法院、考试院、监察院五院组成。

10月10日，国民政府宣布：主席兼陆海空军总司令蒋介石、行政院院长谭延闿、立法院院长胡汉民、司法院院长王宠惠、考试院院长戴季陶、监察院院长蔡元培。

12月29日，奉系军阀张学良宣布"东北易帜"，效忠国民政府。国民革命军北伐成功，中国自国民革命以来的分裂局势宣告统一，再次建立了全国一统的法统政府。

1929年

1月10日，国民党第二届中央执行委员会公布《宣传品审查条例》（15条）。

1930年

12月16日，国民政府公布《出版法》（44条）。

1931年

9月18日，日本发动"九一八事变"侵吞东北三省。标志日本帝国主义侵华战争开始，也是中国抗日战争的起点。中国人民的局部抗战揭开了世界反法西斯战争的序幕。

10月7日，国民政府公布《出版法施行细则》（25条）。

1932年

3月1日，在日本策划下伪满"建国"，扶持溥仪执政，建"年号"为"大同"。1932年3月8日，溥仪在"新京"宣布就任伪"满洲国执政"，同时任命了各"府"、"院"、"部"的负责官员，伪"满洲国"宣布成立。1934年改"国号"为伪"满洲帝国"，首领改称"皇帝"，改"年号"为"康德"。

10月24日，伪满洲国《出版法》（45条）公布。

1934年

3月，伪满洲国《出版法》经修正后重新公布。

6月1日，国民党中央宣传委员会公布《修正图书杂志审查办法》（14条）。

1935年

11月16日，国民政府教育部公布《修正教科图书审查规程》（15条）。

1937年

7月7日，卢沟桥事变爆发，日本由此开始了全面侵华战争，中国则展开了全国性抗战。

7月8日，国民政府公布《出版法》（55条）。

7月28日，国民政府公布《出版法施行细则》（28条）。

11月20日，国民政府宣布迁都重庆。

12月13日，南京沦陷。

12月14日，日本侵略者扶植汉奸王克敏、王揖唐、齐燮元等在华北组织的傀儡政权——伪华北临时政府（又名中华民国临时政府）在北平（今北京）成立，统辖平津和华北等地区。

1938年

3月28日，在日本华中派遣军的直接操纵下，伪中华民国维新政府在南京宣告成立。

7月15日，伪华北临时政府公布《出版法》（57条）。

7月21日，国民党第五届中央执行委员会公布《修正抗战时期图书杂志审查标准》（15条）。

9月3日，伪维新政府公布《出版法》（54条）。

12月22日，国民党第五届中央执行委员会公布《战时图书杂志原稿审查办法》（20条）。

1939年

2月9日，伪华北临时政府公布《出版法施行细则》（14条）。

1940年

3月30日，汪伪国民政府在南京成立。遥奉重庆国民政府主席林森为主席，汪精卫任国民政府代主席兼行政院院长，立法院院长陈公博、司法院院长温宗尧、监察院院长梁鸿志、考试院院长王揖唐、华北政务委员会委员长王克敏、苏浙皖三省绥靖军总司令任援道、华北绥靖军总司令齐燮元、财政部长兼中央政治委员会秘书长周佛海。

3月30日，伪维新政府和伪华北临时政府并入汪伪国民政府。原"华北临时政府"改称"华北政务委员会"。王克敏任委员长。

9月6日，国民政府公布《战时图书杂志原稿审查办法》（19条）。

11月13日，伪华北政务委员会公布《著作权法》（40条）。

12月7日，伪华北政务委员会公布《著作权法施行细则》（15条）。

1941年

1月24日，汪伪国民政府公布《出版法》（55条）。

1月25日，汪伪国民政府公布《出版法施行细则》（25条）。

1942年

5月5日，国民政府行政院公布《书店、印刷店管理规则》（25条）。

1943年

11月15日，国民党第五届中央执行委员会公布《党营出版事业管理办法》（12条）。

1944年

4月27日，国民政府公布《修正著作权法》（37条）。

6月20日，国民政府公布《战时出版品审查办法及禁载标准》（43条）。

1945年

8月15日，日本裕仁天皇通过广播发表《终战诏书》，宣布无条件投降。

8月16日，汪伪国民政府宣告解散。

8月17日，爱新觉罗·溥仪在通化宣读《退位诏书》，伪满洲国灭亡。

10月11日，伪华北政务委员会为国民政府接收。

1947年

10月31日，国民政府公布《出版法修正草案》。

1949年

1月13日，国民政府公布《著作权法》。

10月1日，中华人民共和国成立。

清政府

印刷物专律、著作权律

大清印刷物专律

1906年6月（光绪三十二年）商部、巡警部、学部会同鉴定

第一章　大纲

一、京师特设一印刷注册总局，隶商部、巡警部、学部。所有关涉一切印刷及新闻记载等，均须在该局注册。

二、本律通行各直省。其余各领土，即仰各地方该管官酌量办理。

第二章　印刷人等

一、凡未经注册之印刷人，不论承印何种文书、图画，均以犯法论。

凡违犯本条者，所科罚锾不得过银一百五十元，监禁期不得过五个月，或罚锾监禁两科之。

二、凡以印刷或发卖各种印刷物件为业之人，依本律即须就所在营业地方之巡警衙门，呈请注册。其呈请注册之呈，须备两份，并各详细叙明实在及具呈人之姓名、籍贯、住址；又有股份可以分利人之姓名、籍贯、住址。

三、各该巡警衙门，收到此种呈请注册之呈纸后，即行查明呈内所叙情形，及各种列名人之行状及所担负之责任。如该巡警衙门以为适当，即并同原呈一份申报于京师印刷注册总局。并即以申报之日，为该件注册之日。

凡呈请印刷注册事，为各该巡警衙门所批斥不准者，无论如何情由，各该巡警衙门必须将所以不准注册之情由，详报京师印刷注册总局。

凡各该巡警衙门，申报此种呈请注册事于京师印刷注册总局时，即将准注册与不准注册之情由，明白牌示具呈人知之。

四、具呈人如以巡警衙门批斥不准之情由为不适当，可于牌示后十二个月以内，迳向京师印刷注册总局递禀上控，或亲身投递，或请代表人投递，或由邮政局投递。

五、呈请注册时，须随呈带缴注册费银十元，该费无论准否，即以五元充巡警衙门办理一切注册事宜之公费，其余五元由巡警衙门随同申报报缴于京师印刷注册总局。

凡随呈带缴之注册费，无论准否概不发还。

凡因巡警衙门批斥不准注册事，而向京师注册总局递禀上控注册事件者无费。

凡当缴之费，即依本律所载之数缴之，律外并不徵收丝毫浮费。

六、凡印刷人不论印刷何种物件，务须于所印刷物件上明白印明印刷人姓名及印刷所所在。

凡违犯本条者，所科罚锾不得过银一百元，监禁不得过三个月，或罚锾监禁两科之。

七、凡印刷人须将所印刷之物件，不论文书记载图画等，均须详细记册，以备巡警衙门或未设巡警地方之地方官或委员随时检查。

凡违犯本条者，所科罚锾不得过银一百元，监禁期不得过三个月，或罚锾监禁两科之。如该衙门官员临时检查此等记册时，如以所载不甚明白，则按本条所科之罚锾、监禁，或罚锾监禁两科之法，减一半科之。

八、凡发贩或分送不论何种印刷物件，如该物件并未印明印刷人之姓名及印刷所之所在者，即以犯法论。

凡违犯本条者，即依本律本章第六条之罚锾，或监禁，或罚锾监禁两科之法科之。并即将所有无印刷人姓名及印刷所所在之各该印刷物件，或充公，或销毁，亦不问该印刷物件之可否印刷。

九、凡印刷人印刷各种印刷物件，即按件备两份，呈送印刷所在之巡警衙门。该巡警衙门即以一份存巡警衙门，一份申送京师印刷注册总局。

凡违犯本条者，所科罚锾不得过银五十元，监禁期不得过一个月，或罚锾监禁两科之。

十、凡违犯以上所载各条至第二次，即依以上所载各科条加倍科之。自此即依上文所载各科条，按所犯次数递加所科倍数，甚或可加至四倍以外。

第三章　记载物件等

一、所谓记载物件者，或定期出版或不定期出版，即新闻丛录等，依本律名目谓之记载物件。

二、凡印刷或发卖或贩卖或分送各种记载物件，而该记载物件并未遵照本律所载各条向京师印刷注册总局注册者，即以犯法论。

凡违犯本条者，即依本律第二章第一条科之。

三、凡欲以记载物品出版发行者，可向出版发行所在之巡警衙门呈请注册，其呈请注册之呈预备两份，并各详细叙明记载物件之名称，或定期出版或不定期出版，出版发行人之姓名、籍贯及住址，出版发行所所在，有股可分利人之姓名、籍贯及住址，及各种经理人之姓名、住址。

四、各该巡警衙门收到此种呈请注册之呈后，即查明呈内所叙情形，各种列名人之行状及所担负之责任。如该巡警衙门以为适当，即并同原呈一份申报于京师印刷注册总局，并以申报总局之日，为该件注册之日。

凡此种呈请注册事件为巡警衙门所批斥不准者，各该巡警衙门仍当依本律第二章第三条办理。

凡各该巡警衙门，申报此种呈请注册事件于京师印刷注册总局时，即将准注册与不准注册之情由，明白牌示具呈人知之。

五、与本律第二章第四条同。

六、凡记载物件之注册费，与本律第二章第五条所载之印刷人等注册费一律。

七、经理记载物件出版之人，须将所出版发行之记载物件，每件备两份，呈送于发行所在之巡警衙门，并同时由邮局禀呈于京师印刷注册总局。

凡违犯本条者，即援照本律第二章第九条科之。

第四章　毁谤

一、凡印刷物件上关系毁谤者，即以下开各条办理。

二、所谓毁谤者有三：甲、普通毁谤，乙、讪谤，丙、诬诈。

三、普通毁谤者。是一种谤个人的表揭，或书写，或版印，或另用其他各法，令人阅而憎其人、恶其人、侮辱其人，甚或其人因此而失官爵、失专业、或失其他各种生业。

四、讪谤者。是一种惑世诬民的表揭，令人阅之有怨恨，或侮慢，或加暴行于皇帝、皇族或政府；或煽动愚民违背典章、国制，甚或以非法强口，又或使人人有自危自乱之心，甚或使人彼此相仇，不安生业。

五、诬诈者。是一种陷人的口语，或已出版，或藉出版相恫吓，或挟以为可以不出版，而向人要求财物等是也。

六、左开诸色人等均于毁谤中有关法案者：

甲、作毁谤之人；

乙、印刷毁谤之人；

丙、谤件出版所之主人；

丁、谤件出版所之经理人；

戊．谤件之发卖人、贩卖人或分送人，但本条（戊条）所列之三种人均须知情者。

七、关于普通谤者，可以民法刑法处分之。

八、凡依民事诉讼被谤情形，该诉人不必证明因谤而受损害，但须证明是谤非谤，俾承审官可依是非轻重决案，或判予被谤人若干偿金。

九、凡依民事诉讼，诉被谤而案经决定者，可以原案向另依刑事诉讼法控告之。但原案依刑事诉讼而业经决定者，不得再以原案依民事诉讼法诉之。

十、无论以民法或刑法，控诉普通谤于问案衙门，可准被控诉者将被控诉之情形证明实在，以为非谤。无论事涉官事、事涉私事，要之所陈之词，须静候问官以为适当与否，事关公益及应刊布与否。

十一、依刑事诉讼控告被普通谤，而被告证明所控事件并非有意挟嫌，甚或以原告并未因此损害为词，则问官可以被告所答之词为直。然此等案情如依民事诉讼之，则被告所对之词，问官不得遽以为直；惟可因此等实在情形而减轻原告所要求之偿金。

十二、凡以刑事诉讼控告普通谤，如控告之人系职官、且照定例控告人有权可以审判此等案件者，又控告人之官阶较崇于问官，且有权可以命令之者，均须禀请本管之督抚办理。要而言之，控告人不得为问官，亦不得依官而向属官控告。如欲控告，必须向官阶较崇一级之官控告。即上控事件亦依此类推。倘有官员擅违此制，被告可向京师印刷注册总局申诉，该总局即当据请商部、巡警部、学部会奏朝廷察酌办理。

十三、遇有讪谤情形，不论军民人等，均应尽国民义务，将讪谤情形向最近之地方官报告；或报告于本辖长官。无论何种讪谤，如报告于地方官长，各该官长即可权衡其事，将一干人逮捕，并将所有各该讪谤物件查封，一面即将办理情形申报于本省督抚。各该督抚接到此等申报后，即行按照情形查明实在，如果以为适当，即派干员开堂将一干人提讯。

十四、凡讪谤事件审实惩办后，即将所有讪谤物件，按所犯轻重，或充公、或销毁、或发还，由问官临时定夺。

十五、凡记载物件如审实即有讪谤情形，除按上文所载各条办理外，所有印刷人、资本人或经理人等，即不得再以印刷及记载物件等为业。

十六、凡犯讪谤事件审实后，即依本律办理，并即依他人所犯论罪。

十七、凡违犯上文所解说各条而审实者，即依左开科判：

甲、凡科普通谤案，罚锾不得过银一千元，监禁期不得过二年，或罚锾监禁两科之。

乙、凡科讪谤案，罚锾不得过银五千元，监禁期不得过十年，或罚锾监禁两科之。

丙、凡科诬诈案，罚锾不得过银二千元，禁监期不得过四年，或罚锾禁两科之。

十八、凡再犯案件，即以初犯所科加倍科之。

十九、凡各种记载物件之经理人、印刷人，如曾经审实犯有讪谤案一次，普通毁谤案二次，或合伙诬诈案者，则各该人等所营业之记载物件，大清邮政局可不为邮递，或另由定案地方之督抚察酌办理。

凡记载物件之经理人、资本人、印刷人等之隶我法权而犯讪谤者，则获著作人，或分送人审讯讯办后，大清邮政局将此等记载物件不为邮递。

第五章　教唆

凡人之著作，或出版、或印刷，或录入记载物件内，因而公布于世，致酿成非法之事者，不论所酿成之事为犯公法、为犯私法，各该著作人俱依临犯不在场之从犯论。如此等著作尚未酿成犯法之事，即将著作人依所犯未遂之从犯论。

第六章　时限

一、凡一切文书、图画，或系书写、或系印刷，或用汉文、或用其他各文字，而发行或销售于皇朝一统版图者，本律即有治理之权。

二、本律奏奉硃批后，由京师印刷注册总局颁行，满六个月之后，切实施行。

著作、印刷、编译、发行、分售者，均不可不注意。

（录自上海市书业同业公会档案）

大清著作权律

1910年（宣统二年）颁布

第一章　通例

第一条　凡称著作物而专有重制之利益者，曰著作权。称著作物者：文艺、图画、帖本、照片、雕刻，模型皆是。

第二条　凡著作物归民政部注册给照。

第三条　凡以著作物呈请注册者，应由著作者备样本两份，呈送民政部。其在外省者，则呈送该管辖衙门，随时申送民政部。

第四条　著作物经注册给照者，受本律保护。

第二章　权利期限

第一节　年限

第五条　著作权归著作者终身有之。又著作者身故，得由其承继人继续至三十年。

第六条　数人共同之著作，其著作权归数人公共终身有之。又死后得由各承继人续继三十年。

第七条　著作者身故后，承继人将其遗著发行者，著作权得专有至三十年。

第八条　凡以官署、学堂、公司、局所、寺院、会所出名发行之著作，其著作权得专有三十年。

第九条　凡不著姓名之著作，其著作权得专有至三十年。但当改正真实姓名时，即适用第五条规定。

第十条 照片之著作权，得专有至十年；但专为文书中附属者，不在此限。

第二节 计算

第十一条 凡著作权均以注册日起算年限。

第十二条 编号逐次发行之著作，应从注册后每号每册呈报日起算年限。

第十三条 著作分数次发行者，以注册后末次呈报日起算年限。其呈报后经过二年尚未接续呈报，即以既发者为末次呈报。

第十四条 第五条规定，以承继人呈请立案批准之日起算年限。

第十五条 第六条规定，以数人中最后死者之承继人呈请立案之日起算年限。

第三章 呈报义务

第十六条 凡以著作物呈请注册者，呈报时应用本身姓名。其不以著者姓名之著作，呈报时亦应记出本身真实姓名。

第十七条 凡学堂、公司、局所、寺院、会所出名发行之著作，应用该学堂等名称，附以代表者姓名呈报。其于官署名义发行者，除第三十一条第一款规定外，应由该官署于未发行前咨报民政部。

第十八条 凡拟发行无主著作者，应将缘由预先登载官报及各埠著名之报。限于一年内无出而承认者，准呈报发行。

第十九条 编号逐次发行之著作，或分数次发行之著作，均应于首次呈报时预为声明。于后每次发行仍应呈报。

第二十条 第五条至第七条规定，其承继人当继续著作权时，应赴该管衙门呈报。

第二十一条 将著作权转售抵押者，原主与接受之人应联名至该管衙门呈报。

第二十二条 在著作权限内，将原著作重制而加以修正者，应赴该管衙门呈报，并送样本二份。

第二十三条 凡已呈报注册者，应将呈报及注册两项年月日，载于该著作之末幅。但两项尚未完备而即发行者，应将其已行之项载于末幅。

第四章 权利限制

第一节 权限

第二十四条 数人合成之著作，其中如有一人不愿发行者，应视所著之体裁，如可分别，即将所著之一部分提开，听其自主；如不能分别，应由余人酬以应得之利，其著作权归余人公有。但其人不愿于著作内列名者，应听其便。

第二十五条 搜集他人著作编成一种著作者，其编成部分之著作权归编者有之。但出于剿窃割裂者，不在此限。

第二十六条 出资聘人所成之著作，其著作权归出资者有之。

第二十七条 讲义及演说，虽经他人笔述，其著作权仍归讲演者有之。但经讲演人之允许者，不在此限。

第二十八条 从外国著作译出华文者，其著作权归译者有之。惟不得禁止他人就原作另译华文。其译文无甚异同者，不在此限。

第二十九条 就他人著作阐发新理，足以视为新著作者，其著作权归阐发新理者有之。

第三十条 凡已注册之著作权，遇有侵损时，准有著作权者向该管审判衙门呈诉。

第三十一条 凡著作不能得著作权者如左：

一、法令约章及文书案牍；

二、各种善会宣讲之劝诫文；

三、各种报纸记载政治及时事上之论说新闻；

四、公会之演说。

第三十二条 凡著作视为公共之利益者如左：

一、著作权年限已满者；

二、著作者身故后别无承继人者；

三、著作久经通行者；

四、愿将著作任人翻印者。

第二节 禁例

第三十三条 凡既经呈报注册给照之著作，他人不得翻印仿制，及用各种假冒方法，以侵损其著作权。

第三十四条 接受他人著作者，不得就原著加以割裂、改窜及变匿姓名，或更换名目发行。但经原主允许者，不在此限。

第三十五条 对于他人著作权期限已满之著作，不得加以割裂、改窜及变匿姓名，或更换名目发行。

第三十六条 不得假托他人姓名，发行己之著作；但用别号者，不在此限。

第三十七条 不得将教科书中设问之题，擅作答词发行。

第三十八条 未发行之著作，非经原主允许，他人不得强取抵债。

第三十九条 左列各项不以假冒论，但须注明原著作之出处：

一、节选众人著作成书，以供普通教科书及参考之用者；

二、节录引用他人著作，以供己之著作考证注释者；

三、仿他人图画以为雕刻模型，或仿他人雕刻模型以为图画者。

第三节 罚例

第四十条 凡假冒他人之著作，科以四十元以上四百元以下之罚金。知情代为出售者，罚金与假冒同。

第四十一条 因假冒而侵损他人之著作权时，除照前条科罚钚，应将被损者所失之利益，责令假冒者赔偿。且将印本、刻版及专供假冒使用之器具，没收入官。

第四十二条 违背三十四条及三十六条规定者，科以二十元以上二百元以下之罚金。

第四十三条 违背三十五条及三十七条之规定，及三十九条第一款、第二款之规定者，科以十元以上一百元以下之罚金。

第四十四条 凡侵损著作权之案，须被侵损者之呈诉，始行准理。

第四十五条 数人合成之著作，其著作权遇有侵损时，不必俟人同意，得以迳自呈诉，及请求偿赔一己所失之利益。

第四十六条 侵损著作权之案，不论为民事诉讼或刑事诉讼，原告呈诉时应出具切结存案。承审官据原告所呈情节，可先将涉于假冒之著作暂行禁止发行，若审明所控不实，应将禁止发行时所受损失，责命原告赔偿。

第四十七条　侵损著作权之案，如审明并非有心假冒，应将被告所已得之利偿还原告，免其科罚。

第四十八条　未经呈报注册，而著作末幅假填呈报注册年月日者，科以三十元以上三百元以下之罚金。

第四十九条　呈报不实者，及重制时加以修正而不呈报立案者，查明后将著作权撤销。

第五十条　凡犯本律第四十条以下各条之罪者，其呈诉告发期限以二年为断。

第五章　附则

第五十一条　本律自颁布文到日起算，满三个月施行。

第五十二条　自本律施行前所有著作，经地方官给示保护者，应自本律施行日起算，六个月内呈报注册。逾限不报或竟不呈报者，即不得受本律保护。

第五十三条　本律施行前三十年内已发行之著作，自本律施行后均可呈报注册。

第五十四条　本律施行前已发行之著作，业经有人翻印仿制，而当时并未指控为假冒者，自本律施行后，并经原著作者呈请注册，其翻印仿制之件，限以本律施行日起算三年内仍准发行，过此即行禁止。

第五十五条　注册应纳公费，每件银数如左：

一、注册费银五元；

二、呈请继续费银五元；

三、呈请接受费银五元；

四、遗失补领执照费银三元；

五、将著作权凭据存案费银一元；

六、到该管官署查阅著作权案件费银五角；

七、到该管官署抄录著作权案件费银五角，过百字者每百字递加银一角；

八、将著作权凭据案件盖印费银五角。

著作权呈请注册呈式

具呈姓名

为呈请著作杖注册事，窃某人有某种著作

照著作权律，随送样本，呈请注册给照，一体保护。伏乞

民政部查核施行。须至呈者

年　月　日

籍贯、住址、姓名、押

呈请继续著作权呈式

具呈姓名

为呈请继续著作权立案事，窃某人有某种著作，业经于某年月日呈报注册给照存案。现在著作者

某，已于某年月日身故，理应遵照著作权律，呈请继续著作权，一律保护。伏乞

　　民政部查核施行。须至呈者

年　月　日　同上

呈请接受著作权立案呈式

　　具呈姓名

　　为呈请接受著作权事，窃某人有某种著作，业于某年月日呈报注册给照在案。现在愿将著作权转售、抵押与某人接受。照著作权律，呈请接受著作权一体保护。伏乞

　　民政部查核施行。须至呈者

年　月　日

原注册
接受 　人籍贯、住址、姓名、押

（录自《教育杂志汇编》第三年第一期）

资政院奏准著作权律折

1910年11月17日（宣统二年）

　　窃查资政院章程第十五条内载：前条所列第一至第四各款，议案应由军机大臣或各部行政大臣先期拟定具奏请旨，于开会时交议。又第十六条内载：第十四条所列事件，议决后由总裁、副总裁分别会同军机大臣或各部行政大臣具奏，请旨裁夺各等语。

　　民政部拟定著作权律一案，先经咨送宪政编查馆复核竣后，于本年八月二十九日具奏，请交资政院议决照章办理。旋由军机处遵旨交出民政部原奏及清单各一件。资政院照章将前项著作权律一案，列入议事日表，开议之日，初读已毕，当付法典股员会审查，并经民政部派员到会发议。该股员会一再讨论，提出修正案。于再读之时，将原案与修正之案，由到会议员逐条议决。复于三读之时，以再读之议决案为议案，多数议员意见相同，当场议决。计原案著作权律凡五章五十五条。经修正议决，其各条中意义字句，互有增损，仍定为五章五十五条。谨缮清单，遵照院章会同具奏，请旨裁夺。一俟命下，即由民政部通行各省，一体遵照办理。再此折系资政院主稿，会同民政部办理，合并陈明，谨奏。宣统二年十一月十七日奉旨，著依议，钦此。

（录自《教育杂志汇编》第三年第一期）

学部第一次审定教科书凡例

1906年（光绪三十二年）颁布

第一条 本部为全国教育今始萌芽，学制不可不一，宗旨不可不正，故注重于教科书。凡本部所编教科书，未出以前，均采用各家著述，先行审定，以备各学堂之用。

第二条 本部因初等小学尤为急用，故先审定初等小学教科书。高等以后续出。

第三条 审定之图书，悉依奏定章程初等小学之科目为准。

第四条 审定之图书，依奏定章程初等小学之学期，约计配合，列为一表。

第五条 奏定章程于初等正科之外，另定有简易科，为乡民贫瘠、师儒稀少者而设。今兼审定初等小学简易科之图书，其科目学期皆依奏定章程。

第六条 审定之图书，各有提要一篇，略示审定之宗旨。

第七条 教科书有应改之处，另有校勘表。各发行处须一律照改。如已印成者，将校勘记附于原书之后，并呈一部于本部存查。

第八条 审定之图书，皆须有著者姓名、出版年月、价值、印刷所、发行所，方加审定。既审定者，别附有表，以便购用。

第九条 审定之图书皆须自行呈请。惟此次因学生急需，虽有未经呈请者，本部亦购之坊间，如有可用，即加审定。此乃一时变通办法，后不为例。

第十条 审定之图书，准其于五年内通用。若五年之后，著书者再加改良，仍可呈本部再加审定。

第十一条 审定之图书，如五年之内有自行修正之处，随时呈明本部，再加审定。否则以未审定论。

第十二条 审定之图书，准著书者于书中标明学部审定字样。如未经本部审定而伪托名者，应行查办。

第十三条 审定之图书，凡已有定价值者，由各发行所自行酌减，报部查核；不准格外增加，致碍教育普及。

第十四条 审定之图书有挂图者，兼审挂图；有教授法者，兼审教授法。

第十五条 凡教员于此次审定图书之外，皆应有参考书。前已有大学堂审定暂用书目，可以照购。

第十六条 各国通例，呈请审定图书者，皆有审定费。本部为提倡教育起见，此次暂不收费。

第十七条 各国通例，凡经审定之图书，纸质、字形均有一定程式。此次审定图书，为急需起见，间有未合程式者，概未细加吹求。惟印刷、发行之人重印各书时，纸质须再求坚韧，字形须再求清朗，以期适于教科之用。

第十八条 本部审定各书，以书精价廉者为合格。就此次所审定学生用书，合五年计之，多者价至六元，少者价至四元，以教育贵乎普及，若书价过昂，必至阻教育之进步也。嗣后凡关于教科用书之编辑者、发行者，须识本部审定宗旨之所在。

第十九条　此次书目既发之后，如有佳本续出，竞争进步，当次第续行审定，随时发布。惟已用此次审定之本者，虽有第二次以下审定之本，亦不必半途改用，以免纷歧。

第二十条　此次书目未发之前，各学堂所用教科书，有不在本部审定书目之内者，应报明该地方官转达本部。并将所用之书呈本部一份，以凭审定。如所用者为善本，即准通用。亦不必半途改用此次审定之书。

第二十一条　此次审定之图书，以光绪三十二年三月三十日为止。四月以后，有呈请审定者，归入下次办理。

第二十二条　此次为学堂急需起见，仅审定暂用之本。故名曰第一次审定初等小学暂用教科书。

大清报律

1907年12月（光绪三十三年十二月）

第一条　凡开设报馆发行报纸者，应开具左列各款，于发行二十日以前，呈由该管地方官衙门申报本省督抚，咨民政部存案：

一、名称；二、体例：三、发行人、编辑人及印刷人之姓名、履历及住址；四、发行所及印刷所之名称及地址。

第二条　凡充发行人、编辑人及印刷人者，须具备左列条件：

一、年满二十岁以上之本国人；二、无精神病者；三、未经处监禁以上之刑者。

第三条　发行、编辑得以一人兼任，但印刷人不得充发行人或编辑。

第四条　发行人应于呈报时分别附缴保押费如下：每月发行四回以上者，银五百元；每月发行三回以下者，银二百五十元。其专载学术、艺事、章程、图表及物价报告等报，免缴保押费。其宣讲及白话等报，确系开通民智，由官鉴定，认为毋庸预缴者，亦同。

第五条　第一条所列各款，发行后如有更易，应于二十日以内重行呈报。发行人有更易时，在未经呈报更易以前，以代理人之名义发行。

第六条　每号报纸，均应载明发行人、编辑人及印刷人之姓名、住址。

第七条　每日发行之报纸，应于发行前一日晚十二点钟以前，其月报、旬报、星期报等类，均应于发行前一日午十二点钟以前，送由该管巡警官署或地方官署，随时查核，按律办理。

第八条　报纸记载失实，经本人或关系人声请更正，或送登辨误书函，应即于次号照登。如辨误字数过原文二倍以上者，准照该报普通告白例，计字收费。更正及辨误书函，如措词有背法律或未书姓名、住址者，毋庸照登。

第九条　记载失实事项，由他报转抄而来者，如见该报自行更正或登有辨误书函时，应于本报次号照登，不得收费。

第十条　诉讼事件，经审判衙门禁止旁听者，报纸不得揭载。

第十一条　预审事件，于未经公判以前，报纸不得揭载。

第十二条　外交、海陆军事件，凡经该管衙门传谕禁止登载者，报纸不得揭载。

第十三条　凡谕旨章奏，未经阁钞、官报公布者，报纸不得揭载。

第十四条　左列各款，报纸不得揭载：诋毁宫廷之语；淆乱政体之语；扰害公安之语；败坏风俗之语。

第十五条　发行人或编辑人，不得受人贿属，颠倒是非。发行人或编辑人，亦不得挟嫌诬蔑，损人名誉。

第十六条　凡未照第一条呈报，遽行登报者，该发行人处十元以上一百元以下之罚金。

第十七条　凡违第二、三条及第五条之第一项与第六、七条者，该发行人处三元以上三十元以下之罚金。

第十八条　呈报不实者，该发行人处五元以上五十元以下之罚金。

第十九条　第四条末项所指各报，其记载有出于范围以外者，该编辑人处五元以上五十元以下之罚金。

第二十条　违第八条第一项及第九条者，该编辑人经被害人呈诉讯实，处三元以上三十元以下之罚金。

第二十一条　违第十、第十一条者，该编辑人处十元以上一百元以下之罚金。

第二十二条　违第十二、第十三条及第十四条者，该发行人、编辑人处二十日以上六月以下之监禁，或二十元以上二百元以下之罚金。

第二十三条　违第十四条第一、二、三款者，该发行人、编辑人、印刷人处六月以上二年以下之监禁，附加二十元以上二百元以下之罚金；其情节较重者，仍照刑律治罪。但印刷人实不知情者，免其处罚。

第二十四条　违第十五条第一项者，该发行人、编辑人经被害人呈诉讯实，照所受贿之数，加十倍处以罚金；仍究其致贿人，与受同罪。

第二十五条　违第十五条第二项者，该发行人、编辑人经被害人呈诉讯实，处二十元以上二百元以下之罚金。

第二十六条　违第十五条者，除按照前两条处罚外，其被害人得视情节之轻重，由发行人、编辑人赔偿损害。

第二十七条　违第十二、第十三条及第十四条第四款者，得暂禁发行。

第二十八条　暂禁发行者，日报以七日为度；其余各报，每月发行四回以上首，以四期为度；三回以下者，以三期为度。

第二十九条　违第十四条第一、二、三款者，永远禁止发行。

第三十条　违第十二条致酿生事端者，得照上条办理。

第三十一条　呈报后，延不发行或发行后中止逾两月者，如不声明原委，即作为自行停办。

第三十二条　违犯本律所有应科罚金及讼费，逾十日不缴者，得将保押费扣充，不足再行追缴，仍令补足保押费原数。

第三十三条　禁止发行及自行停办者，准将保押费领还，注销存案。

第三十四条　凡于报纸内撰发论说、纪事、填注名号者，不问何人，其责任与编辑人同。

第三十五条　报纸以代理人之名义发行时，即由代理人担其责任。

第三十六条　除第一条第三款及前两条所指各人外，所有报馆出资人及雇用人等，应均无涉。

第三十七条　凡照本律呈报之报纸，由该管衙门知照者，所有邮费、电费，准其照章减收，即予数送递发。其未经按律呈报接有知照者，邮政局概不递送，轮船火车亦不为运寄。

第三十八条　凡论说、纪事，确系该报创有者，得注明不许转登字样，他报即不得互相抄袭。

第三十九条　凡报中附刊之作，他日足以成书者，得享有版权之保护。

第四十条　凡在外国发行报纸，犯本律应禁发行各条者，禁止其在中国传布，并由海关查禁入境。如有私行运销者，即入官销毁。

第四十一条　凡违犯本律者，不得用自首减轻、再犯加重、数罪俱发从重之例。

第四十二条　凡违犯本律者，其呈诉告发期间，以六个月为断。

附 则

  第四十三条 本律自奏准奉旨文到之日起，限两个月，各直省一律通行。

  第四十四条 本律施行前发行之报，均应于三个月内遵照补报，并按数补缴保押费。

  第四十五条 本律施行以后，所有前订报馆条例，即行作废。

（录自《大清光绪新法令》第九册）

钦定报律

1911年1月29日

  第一条 凡开设报馆发行报纸者，应由发行人开具下列各款，于发行二十日前，呈由该管官署申报民政部，或本省督抚咨部存案：

  一、名称；

  二、体例；

  三、发行时期；

  四、发行人、编辑人及印刷人之姓名、履历及住址；

  五、发行所及印刷所之名称及地址。

  第二条 凡本国人民年满二十岁以上，无左列情事者，得充报纸发行人、编辑人、印刷人：

  一、精神病者；

  二、褫夺公权或现在停止公权者。

  第三条 编辑人、印刷人不得以一人兼充。

  第四条 发行人应于呈报时，分别附缴保押费如下：一、每月发行四回以上者，银三百元；一、每月发行三回以下者，银一百五十元。在京师省会及商埠以外地方发行者，前项之保押费得酌量情形减少三分之一及至三分之二。其宣讲白话报，专以开通民智为目的，经官鉴定者，得全免保押费。若专载学术、艺事、章程、图表及物价报告者，毋庸附缴保押费。

  第五条 第一条所列各款，呈报后如有更易，应于二十日内重行呈告。发行人有更易时，在未经呈报更易以前，以假定发行人之名义行之。

  第六条 每号报纸，应载明发行人、编辑人及印刷人之姓名及住址。

  第七条 每号报纸，应于发行日递送该管官署及本省督抚或民政部各一份存查。

  第八条 报纸登载错误，若本人或关系人请求更正，或将更正辩驳书请求登载者，应即于次回或第三回发行之报纸更正；或将更正书、辩驳书照登。更正或登载更正书、辩驳书，字形大小及次序先后，须与记载错误原文相同。更正书、辩驳书字数逾原文二倍者，得计所逾字数，照该报登载告白定例收费。若更正辩驳词意有背法律，或不署姓名及住址者，毋庸登载。

  第九条 登载错误事项，由他报钞袭而来者，虽无本人或关系人之请求，若见该报更正，或登载更正书、辩驳书，应即于次回或第三回发行之报纸分别照办。但不得收费。

  第十条 左列各款报纸不得登载：

  一、冒渎乘舆之语；

  二、淆乱政体之语；

三、妨害治安之语；

四、败坏风俗之语。

第十一条 损害他人名誉之语，报纸不得登载。但专为公益不涉阴私者，不在此限。

第十二条 外交、陆海军事件及其他政务，经该管官署禁止登载者，报纸不得登载。

第十三条 诉讼或会议事件，按照法令禁止旁听者，报纸不得登载。

第十四条 在外国发行之报纸，有登载第十条所列各款者，不得在中国发卖或散布。

第十五条 论说、译著系该报纸有注明不许转登字样者，他报不得抄袭。

第十六条 不照第一条、第五条第一项呈报发行报纸者，处该发行人以五十元以下、五元以上之罚金。呈报不实者，处该发行人以一百元以下、十元以上之罚金。

第十七条 不具第二条所定资格，充发行人、编辑人或印刷人者，处该发行人以五十元以下、五元以上之罚金。其编辑人、印刷人诈称者，罚同。

第十八条 违第四条第一项者，以未经呈报论。

第十九条 第四条第四项所指各报，其登载有出于范围以外者，处编辑人以五十元以下、五元以上之罚金。

第二十条 违第六条、第七条者，处该发行人以三十元以下、三元以上之罚金。

第二十一条 违第一条、第八条第一项、第二项或第九条者，处该编辑人以三十元以下、三元以上之罚金。遇有前项情形，若所登载系属私事者，须被害人告诉乃论其罪。

第二十二条 违第十条登载第一、第二款者，处该发行人、编辑人、印刷人以二年以下、二月以上之监禁，并科二百元以下、二十元以上之罚金。其印刷人实不知情者，免其处罚。

第二十三条 违第十条登载第三、第四款者，处该发行人、编辑人以二百元以下、二十元以上之罚金。

第二十四条 违第十一条者，处该编辑人以二百元以下，二十元以上之罚金。遇有前项情形，须被害人告诉乃论其罪。本条第一项之罪，若编辑人系受人嘱托者，该嘱托人罚与编辑人同。其有贿赂情事者，得按贿赂之数，各处十倍以下之罚金；若十倍之数不满二百元，仍处二百元以下之罚金，并将贿赂没收。

第二十五条 违第十二条、第十三条者，处该编辑人以二百元以下、二十元以上之罚金。

第二十六条 违第十四条者，处该发卖人、散布人以二百元以下、二十元以上之罚金，并将报纸没收。

第二十七条 违第十五条者，处该编辑人以三十元以下、三元以上之罚金。遇有前项情形，须被害人告诉乃论其罪。

第二十八条 犯第十六条第一项之罪者，至呈报之日止，该管官署得以命令禁止发行：

第二十九条 犯第十八条之罪者，至缴足保押费之日止，该管官署得以命令禁止发行。

第三十条 犯第二十二条之罪者，审判衙门得以判决永远禁止发行。

第三十一条 犯第二十三条之罪者，审判衙门得按其情节以判决停止发行，前项停止发行，日报以七日为率；其他各报每月发行四回以上者，以四期为率，三回以下者，以三期为率。

第三十二条 呈报后延不发行，或发行后至应行发行之期中止逾二月者，若不声明原由，作为自行停办。

第三十三条 犯本律各条之罪，所有讼费、罚金及应行没收之款，自判决确定之日起，逾十日不缴者，将保押费抵充；不足者，仍行追缴。保押费已被抵充者，该发行人应于接到通知后十日以内，将保押费如数补足。违者至补足之日止，该管官署得以命令禁止发行。

第三十四条 永远禁止发行或自行停办者，得将保押费领还，注销存案。

第三十五条 凡于报纸内撰登论说、记事，填注名号者，其责任与编辑人同。

第三十六条 假定发行人之责任与发行人同。

第三十七条 刑律自首减轻，再犯加重，数罪俱发从重之规定，于犯本律各条之罪者，不适用之。

第三十八条 关于本律之公诉期限，以六个月为断。

附条

第一条 本律自颁行文到日起，一律施行。

第二条 关于本律之诉讼，由审判衙门按照法院编制法及其他法令审理。

第三条 本律施行以后，所有光绪三十四年二月十二日颁行之报律即行作废。

第四条 在本律施行以前发行之报纸，所缴保押费数目，与本律规定不符者，应于本律施行后三个月以内，按照本律更正。

（录自《大清宣统新法令》第二十八册）

民国（临时政府）

著作权律

著作物呈请注册暂照前清著作权律分别核办通告文

1912年9月（民国元年）内务部通告

查著作物注册给照，关系人民私权。本部查前清著作权律，尚无与民国国体抵触之条。自应暂行援照办理。为此刊登公报，有凡著作物拟呈请注册，及曾经呈报未据缴费领照者，应即遵照著作权律分别呈候核办可也。

（录自《中华民国法令大全》第五类内务）

报律

民国暂行报律

1912年3月（民国元年）

（一）新闻杂志已出版及今后出版者，其发行及编辑人姓名，须向本部呈明注册，或就近地方高级官厅呈明，咨部注册。兹定自令到之日起，截至阴历四月初一日止，在此限期内，其已出版之新闻杂志各社，须将本社发行及编辑员姓名呈明注册。其以后出版者，须于发行前呈明注册，否则不准其发行。

（二）流言煽惑，关于共和国体有破坏弊害者，除停止其出版外，其发行人、编辑人并坐以应得之罪。

（三）调查失实，污毁个人名誉者，被污毁人得要求其更正。要求更正而不履行时，经被污毁人提起诉讼时，得酌量科罚。

（录自戈公振：《中国报学史》，商务印书馆印行）

注：《民国暂行报律》于民国元年三月公布。该报律公布后，全国报界俱进会即电临时大总统孙中山，表示反对。孙立饬内务部取消。

民国（北京政府）

出版法、著作权法

出版法

1914年12月4日（民国三年）

第一条 用机械或印版及其他化学材料印刷之文书、图画出售或散布者，均为出版。

第二条 出版之关系人如左：

一、著作人；

二、发行人；

三、印刷人。

著作人以著作者及有著作权者为限。

发行人以贩卖文书、图画为营业者为限，但著作人及著作权承继人得兼充之。

印刷人以代表印刷所者为限。

第三条 出版之文书、图画，应将左列各款记载之：

一、著作人之姓名、籍贯；

二、发行人之姓名、住址及发行之年月日；

三、印刷人之姓名、住址及印刷之年月日，其印刷所有名称者，并其名称。

第四条 出版之文书、图画，应于发行或散布前，禀报该管警察官署；并将出版物以一份送该官署，以一份经由该官署送内务部备案。

官署或国家他种机关及地方自治团体机关之出版，应送内务部备案。但其出版关于职权内之记载或报告者，不在此限。

第五条 前条之禀报，应由发行人及著作人联名行之；但非卖品得由著作人或发行人一人行之。其不受著作权保护之文书、图画，得由发行人申明理由行之。

第六条 以学校、公司、局所、寺院、会所之名义出版者，应用该学校等名称禀报。

第七条 以无主之著作发行者，应预将原由登载官报，俟一年内无人承认，方许禀报。

第八条 编号逐次发行或分数次发行之出版物，应于每次发行时禀报。

第九条 已经备案之出版，于再版时如有修改增减或添加注释、插入图画者，应依第四条之规定重行禀报备案。

第十条 凡信柬、报告、会章、校规、族谱、公启、讲义、契券、凭照、号单、广告、照片等类之出版，不适用第三条、第四条之规定。但遇有违反第十一条、第十二条之规定时，仍依本法处理之。

其仿刻照印古书籍金石，载在四库书目，或经教育部审定者，适用前项之规定。

第十一条 文书、图画有左列各款情事之一者，不得出版：

一、淆乱政体者；

二、妨害治安者；

三、败坏风俗者；

四、煽动曲庇犯罪人、刑事被告人或陷害刑事被告人者；

五、轻罪、重罪之预审案件未经公判者；

六、诉讼或会议事件之禁止旁听者；

七、揭载军事、外交及其他官署机密之文书、图画者；但得该官署许可时，不在此限。

八、攻讦他人阴私，损害其名誉者。

第十二条 在外国发行之文书、图画，违犯前条各款者，不得在国内出售或散布。

第十三条 依第十一条禁止出版之文书、图画，及依第十二条禁止出售或散布之文书、图画；有出版或出售散布者，该管警察官署认为必要时，得没收其印本及其印版。

第十四条 违反第三条、第四条、第八条、第九条之规定者，处发行人以五十元以下、五元以上之罚金。

第十五条 违反第十一条第一款、第二款者，除没收其印本或印版外，处著作人、发行人、印刷人以五等有期徒刑或拘役。

第十六条 违反第十一条第三款至第七款者，除没收其印本或印版外，处著作人、发行人以一百五十元以下、十五元以上之罚金。

第十七条 违反第十一条第八款经被害人告诉时，依刑律处断。

第十八条 违反第十二条者，依第十五条、第十六条、第十七条处罚。

第十九条 依第十三条、第十五条应没收之印本或印版，依其体裁可为分别时，得分割其一部分没收之。

第二十条 应受本法之处罚者，不适用刑律累犯罪、俱发罪暨自首之规定。

第二十一条 关于本法之公诉期间，自发行之日起，以一年为限。

第二十二条 本法所定属于警察官署权限之事项，其未设警察官署地方以县知事处理之。

第二十三条 本法自公布日施行。

（录自《中华民国法令大全》第五类内务）

著作权法

1915年11月7日（民国四年）法律第八号

第一章 总纲

第一条 左列著作物，依本法注册，专有重制之利益者，为著作权：

一、文书、讲义、演述；

二、乐谱、戏曲；

三、图画、帖本；

四、照片、雕刻、模型；

五、其他关于学艺、美术之著作物。

第二条 著作权之注册，由内务部行之。

关于注册之程序及规费，以教令定之。

第三条 著作权得转让于他人。

第二章 著作人之权利

第四条 著作权归著作人终身有之。著作人死亡后，并得由其继承人继续享有三十年。

第五条 数人共同之著作，其著作权归各著作人共同终身有之。各著作人死亡后，并得由各承继人继续享有三十年。

第六条 著作人死亡后，承继人将其遗著发行者，其著作权亦得享有三十年。

第七条 以官署、学校、公司、局所、寺院、会所之名义发行之著作，其著作权亦得享有三十年。

第八条 不著姓名或以别号发行之著作，其著作权得享有三十年。但于期间未满以前，改正真实姓名时，适用第四条之规定。

第九条 照片之著作权，得专有十年。但附属于他著作物者，不在此限。

第十条 从外国著作设法以国文翻译成书者，翻译人得依第四条之规定享有著作权。但不得禁止他人就原文另译国文。其译文无甚异同者，不在此限。

第十一条 著作权之年限，自注册之日起算。

第十二条 第四条承继人之著作权，自著作人死亡之翌年起算。第五条各承继人之著作权，自各著作人中最后死亡者死亡之翌年起算。

第十三条 编号逐次发行之著作，或分数次发行之著作，均应于首次注册时，预行声明。嗣后每次发行，仍应禀报。

第十四条 编号逐次发行之著作，其著作权之年限，自每号禀报之日起算。

分数次发行之著作，其著作权之年限，自最后部份禀报之日起算。但该著作虽未完成，其应行继续之部份已逾三年尚未发行者，以业已禀报之部份，视为最后之部份。

前项之规定，若于第一次注册时预行声明继续发行之期限者，得不适用之。

第十五条 著作人死亡后，若无承继人，其著作权即行消灭。

第十六条 著作权之移转及继承，均须注册。

第十七条 在专有著作权年限内，将原著作重制时，修改章句或插入图画者，应附其样本，禀报于原注册之官署。

第十八条 数人合成之著作，其中如有一人不愿发行者，其著作之体裁如可分割，应将该著作之一部分提开，听其自主；如不能分割时，应由各发行人酬以相当之利益，其著作归各发行人公有。但其人不愿列名于该著作者，应听其便。

第十九条 设法搜集多数之著作，编成一种著作者，编辑人于其编成之著作，得依第四条之规定，专有著作权。但出于剽窃割裂者，不在此限。

第二十条 出资聘人所成之著作或照片，其著作权归出资者有之。

第二十一条 讲义、演述，虽经他人笔述或由官署学校印刷，其著作权仍归讲演者有之。但依契约之所定，或经讲演者之允许时，不在此限。

第二十二条 就他人之著作阐发新理，或以与原著作物不同之技术，制成美术品者，均得视为著作人，享有著作权。

第二十三条 左列著作物，不得享有著作权：

一、法令、约章及文书案牍；

二、各种善会宣讲之劝戒文；

三、各种报纸记载关于政治及时事之论说、新闻；

四、公开之演说。

第二十四条 依出版法之规定；不得出版之著作物，不得享有著作权。

第三章 著作权之侵害

第二十五条 著作权经注册后，遇有他人翻印、仿制及其他各种假冒方法，致损害其权利利益时，得提起诉讼。

第二十六条 著作权之转让及抵押，非经注册，不得与第三者对抗。

第二十七条 接受或继承著作权者，不得就原著作加以割裂改窜，及变匿姓名或更换名目发行。但得原著作人之同意，或受有遗嘱时，不在此限。

第二十八条 著作权年限已满之著作，视为公共之物。但不问何人，不得加以割裂、改窜及变匿姓名，或变更名目发行。

第二十九条 假托他人姓名，发行自己之著作者，以假冒论。

第三十条 不得以他人未发行之著作物，作为债权之抵押。但经本人允许者，不在此限。

第三十一条 左列各款之著作物，不以假冒论：

一、节选众人著作成书，以供普通教科书及参考之用者；

二、节录引用他人著作，以供自己著作考证注释者；

三、仿他人图画以为雕刻模型，或仿他人雕刻模型以为图画者。

前项第一款、第二款之著作，须注明原著作之出处。

第三十二条 著作权之侵害，经著作人提起诉讼时，除依本法处罚外，被害人所受之损失，应由侵害者赔偿。

第三十三条 数人合成之著作，其著作权受侵害时，不必俟余人之同意，得迳行提起诉讼，并请求赔偿一己所受之损失。

第三十四条 因著作权之侵害提起民事或刑事诉讼，得由原告请求法院，将涉于假冒之著作物暂行停止其发行。

前项之诉讼，若由法院审明并非假冒，其判决确定后，被告因停止发行时所受之损失，应由原告人赔偿。

第三十五条 著作权之侵害，若由法院判决其并非有心假冒，得免处罚。但须将被告所已得之利益偿还原告。

第四章 罚则

第三十六条 翻印、仿制及以其他方法假冒他人之著作者，处五百元以下、五十元以上之罚金。其知情代为出售者亦同。

第三十七条 违反第二十七条、第三十条之规定者，处四百元以下，四十元以上之罚金。

第三十八条 违反第二十八条、第三十一条第二项之规定者，处三百元以下、三十元以上之罚金。

第三十九条 注册时禀报不实，或不依第十七条之规定禀报者，除将著作权取消外，处二百元以下、二十元以上之罚金。

第四十条 未经注册之著作，于其末幅假填注册年月日者，处一百元以下、十元以上之罚金。

第四十一条　依本章处罚之著作物，没收之。

第四十二条　第三十六条、第三十七条之违犯，经被害者告诉乃论。但因违反第二十七条之规定，原著作人已死亡时，不在此限。

第四十三条　关于本法之公诉期间，自注册之日起，以二年为限。

第五章　附则

第四十四条　本法自公布日施行。

第四十五条　本法施行前，已注册之著作物，自本法施行之日起，得受本法之保护。

（录自《东方杂志》第十二卷第十二号）

著作权法注册程序及规费施行细则

1916年2月1日（民国五年）教令第七号

第一条　凡著作物合于左列各款之一者，不得适用本法第一条之规定，禀请注册：

一、著作久经通行者；

二、愿将著作任人翻印者。

第二条　依本法第一条之规定，以著作物禀请注册者，应备样本二份，依后列程式，具禀陈送内务部。其在各省及各特别行政区域请求注册者，得经由地方最高行政长官转送内务部。本法第一条第四款、第五款之著作物，如有不能备具样本者，于禀请时得不适用前项之规定，另附著作物详细说明书或图画以代之。

于接受著作权或承继著作权时，禀请注册者，毋庸备送样本。

第三条　依本法第四条之规定，以著作物禀请注册时，应依后列著作权禀请注册程式具禀。

第四条　依本法第七条之规定，以学校、公司、局所、寺院、会所出名发行之著作物，应用该学校等名称附以代表者姓名禀报。其以官署名义发行者，除第二十三条第一款规定外，应由该官署于未发行前，陈报内务部。

第五条　依本法第八条之规定改正真实姓名时，应依后列著作权改正姓名禀请注册程式具禀。

第六条　本法第九条、第二十条关于照片之规定，于以类似于照片之方法制成之著作物准用之。

第七条　依本法第十三条、第十七条之规定禀请注册或禀报者，应依后列逐次分次发行禀请注册及重制时禀报各程式办理。

前项之规定，于禀请注册或禀报时，须每件各用一禀。

第八条　依本法第十六条之规定禀请注册者，应由著作权接受人或著作权承继人，依后列接受著作权注册程式或承继著作权注册程式具禀。

第九条　凡著作物依本法之规定禀请注册时，由内务部给予执照，并于政府公报公布之。

第十条　本法第二十一条所称讲演者之允许，第二十七条所称受有遗嘱，第三十条所称本人允许，均须有相当之证明。

第十一条　欲发行无主之著作者，应预将原由禀请该管官署登载政府公报。自登报之日起，满一年无人承认者，始得发行。

第十二条 凡已禀报注册之著作物，应将禀报及注册两项年月日并执照号数，载于该著作之末幅；但两项尚未完备而即发行者，应将其已行之项载于末幅。

第十三条 本法施行前三十年内已发行之著作，自本法施行后，均可禀报注册。

第十四条 关于著作权注册之案件，无论何人得请求该管官署，准其查阅或钞录之。

第十五条 关于禀请注册及查阅或钞录注册案件，应纳之规费，其定额如左：

一、注册费：银五元。

二、禀请承继费：银五元。

三、禀请接受费：银五元。

四、遗失补领执照费：银三元。

五、查阅著作权案件费：银五角。

六、钞录著作权案件费：银五角；过百字者，递加银五角。

第十六条 本细则自公布日施行。（禀请程式略）

（录自《东方杂志》第十三卷第四期）

内务部通咨各省解释著作权法与出版法之差异请转饬切实办理文

1917年10月3日（民国六年）

为通行事，查著作、出版二法，一基于权利之证明，一属于警察之作用。惟权利之证明本属于私法，故注册之请求与否可听人民之自由。警察之作用必本于法规，二呈报为责任所归，应依明文所规定。乃自各本法公布以来，其以著作物请求注册者尚不乏人，而出版之文书、图画，依法呈报者寥寥无几。推原其故，实由于人民误会立法之本意。或以为著作权之注册，即视为出版物之呈报；或以为出版物之呈报亦属于约法上之自由。不知著作、出版二者不特法律之性质全然不同，即登录之机关亦复无异。且关于书类之出版，在本人固负有呈报之义务，即警察机关亦负有检查之责任也。

兹本部为解释法律，实力奉行起见，应请饬由警察机关布告人民，所有在出版法公布以后已经出版之文书、图画，未经在警察机关备案者，应即一律各赴该管警察机关依法补行呈报。嗣后出版之文书、图画，除著作权请求注册与否仍听人民自由外，均须依照出版法呈报核办。

倘应行呈报而不呈报，即应受违反之处罚。法令具在，慎勿视为具文，是为至要。相应咨请查照，转饬依法办理可也。此咨。

（录自《现行法令全书》上册第三编，民国十年编订）

出版

司法部通饬严办翻版案件

1914年6月4日（民国三年）

五月十九日准农商部函开，据全国商会联合会呈称：据上海总商会议董印有模提议，请通令各省严办翻版一案，经大会议决，理合呈请转咨司法部通饬各省审判官厅，遇此等案件，务须按律办理等情。相应抄录原呈函，请察核办理等因到部。

查著作权律第三十三条以下所定禁罚綦严，该会原呈所称翻版之案，湘、鄂、粤、鲁、川、豫等省最甚，已经发见正在诉讼中者，几于无省不有等语。足徵此项诉讼日渐增多，自非援用该律切实保护不可。为此饬知各该厅暨兼理诉讼，各该县知事，嗣后遇有侵害版权案件，务须按照著作权律第四十条以下所定罚例，切实办理，勿得稍涉轻纵。此饬。

（录自《现行法令全书》上编第二编，民国十年编订）

内务部通咨各省严禁贩卖猥亵书画文

1916年10月24日（民国五年）

准教育部咨开：据通俗教育研究会呈称：查都中向有一种小贩，怀挟小筐包件，盛贮各种小说，于街头巷尾茶坊酒肆之间，任意兜售。所售之书，大都猥鄙龌龊，莫可究诘；甚或夹带淫画秘卖。此等人往来街市，踪迹无定，较之列摊设肆者，流布尤广。津、沪等租界，亦有此项售书之人。外人对此限制颇严。都中首善之区，本会既以劝导社会改良为职志，不敢不注意于此。拟恳咨行内务部转饬警厅，遇有此类售书之人，随时稽查；遇有违害之书，立即禁止等情。查京内此种小贩怀挟猥秽书画，任意兜售，实于社会教育大有妨碍。相应咨请转饬京师警察厅分别稽查禁止等因到部。查小说肇自稗官，图画事关美术，流传纂广，观感攸资，将欲蕲民俗之改良，首应以矫正淫诬为必要。矧值此世衰道微之日，尤宜严防微杜渐之谋。倘任此项猥亵书画，流布坊间，社会之风尚日漓，即人民之道德日堕，充其渐染所及，必至闲检荡然。本部职掌邦礼，窃用隐忧，自应转行查禁，藉挽颓俗。准咨前因，除已令知京师警察厅外，相应咨行贵查照，即希饬属严查禁止贩售，务期根株尽绝，用端风纪。

（录自《中华民国法令大全》第五类内务）

管理印刷营业规则

1919年10月25日（民国八年）内务部呈准

第一条 凡以机械或印板及其他化学材料印刷中外文书图画为营业者，依本规则管理之。

第二条 凡为印刷营业者，无论专业、兼业，均应先行呈报，得该管警察官厅许可，给予执照后，方准营业。本规则施行前已为印刷营业者，应依前项之规定，补行呈请给照。

第三条 已受警察官厅许可之印刷营业，关于其呈报之情状有变更时，随时另行呈请许可。

第四条 印刷营业者，于承受委托印刷物时，应随时开具印刷物目录，呈送该管警察官厅。

警察官厅接到前项目录后，如认为有违反出版法第十一条禁止出版之情形时，得调取其印刷物或原稿检查之。检查后，如确有违反出版法第十一条禁止出版之印刷物，应禁止其印刷。

第五条 违反本规则第二条、第三条之规定者，科该印刷所经理人五十元以下、五元以上之罚金；至补行呈经该管警察官厅许可之日止，得停止其营业。前项之规定，呈报不实者，亦同。

第六条 违反本规则第四条之规定者，准用出版法第十四条、第十五条、第十六条、第十七条办理。

第七条 关于本规则之施行细则，由各该地方警察官厅定之。

第八条 本规则自公布日施行。

（录自《中华民国法令大全》）

审定教科用图书规程

1912年9月13日（民国元年）教育部令第九号

第一条 初等小学校、高等小学校、中学校、师范学校教科用图书，任人自行编辑；惟须呈请教育部审定。

第二条 编辑教科用图书，应依据小学教育令、中学教育令、师范教育令。

第三条 教科用图书，为初等小学校、高等小学校编辑者，得以教员用、学生用二种呈请审定。为中学校、师范学校编辑者，专以学生用一种呈请审定。

前项教员用图书，为记载教授事项之图书，或附属于该图书之挂图等类。

第四条 图书发行人应于图书出版前，将印本或稿本呈请教育部审定。

如用印本呈请审定，由教育部将应修正者签示于该图书上，发行人应即照改，抽出重印，呈验核定，方作为审定图书。如用稿本呈请审定，除签示修改照前项办理外，并须将拟用印刷之纸张款式及定价，预先呈请核准，发还付印，印成再行呈验核定，方作为审定图书。

第五条 凡呈请审查之图书，须每种同时呈出三部，但稿本不在此限。

第六条 图书不载明定价者，不予审查。

第七条 已经审定之图书，由教育部送登《政府公报》宣布其书名、册数、定价及某种学校所用，并发行之年月日、编辑人、发行人之姓名等。

第八条 凡图书于前条宣布之事项，如有更改，发行人须于三个月内呈请教育部覆核，再登《政府公报》宣布，逾期即失审定效力。

第九条 凡图书已经审定后，若变更其内容，发行人须于六个月内重呈审定，逾期即失审定效力。

第十条 凡已经审定认为合用之图书，每册书面，准载明某年月日经教育部审定字样，于初等小学校、高等小学校教科用图书，宜标明教员用、学生用字样。

依第八、第九条已失审定效力及未经审定者，不得记载教育部审定字样。

第十一条　违背前条第二项规定者，予以法律上相当之处罚。

第十二条　各省组织图书审查会，就教育部审定图书内择定适宜之本，通告各校采用，其规程另定之。

第十三条　教育部已审定之图书，各省图书审查会认为确有尚须修正之处，得报由省行政长官呈请教育部覆核后，令该发行人于再版时遵照修改。

第十四条　本规程自公布日施行。

修正审定教科用图书规程

1914年1月28日（民国三年）教育部令第八号

第一条　小学校、中学校、师范学校教科用图书，须经教育部审定。

第二条　审定图书，系认为合于部定学校程度及教则之旨趣，堪供教科之用者。

第三条　图书发行人，应于图书出版前将样本呈请教育部审定。

第四条　凡呈请审定之图书，须同时呈出样本二部。前项图书，应将拟用印刷之纸张、款式及定价等预先呈明。

第五条　凡呈请审定之图书，教育部认为应行修改者，签示于该图书上，发行人应遵照修改，印成后，再行呈验核定，方作为审定图书。

第六条　教科用图书为小学校用者，得以教员用、学生用二种呈请审定；为中学校、师范学校用者，专以学生用一种呈请审定。

第七条　已经审定之图书，由教育部送登《政府公报》，宣布其书名、册数、定价及某种学校所用，并发行之年月日、编辑人、发行人之姓名等。

第八条　凡图书于前条宣布之事项，如有更改，发行人须于三个月内，呈请教育部覆核，再登《政府公报》宣布，逾期即失审定效力。

第九条　凡图书已经审定后，若变更其内容，发行人须于六个月内重呈审定之，逾期即失审定效力。前项变更内容，如增减页数、字句、图画、注释及换用纸张之类。

第十条　已经审定之图书，每册书面，准载明某年月日经教育部审定字样。于小学校教科用图书，宜标明教员用、学生用字样。

第十一条　已经审定之图书，其有效限期为五年，自该图书审定后次学年始期起算。

第十二条　图书发行人，得于该图书未满有效限期五个月前，呈请教育部重行审定。

第十三条　审定图书满五年者，由教育部于三个月前送登《政府公报》宣布，即失审定效力。

但教育部认为仍适教科之用者，得作为重行审定，依照本规程第七条送登政府公报公布之。

第十四条　依第八条、第九条、第十三条第一项已失审定效力及未经审定者，不得记载教育部审定字样，违者科以法律上相当之处罚。

第十五条　已经审定之图书，凡有二种以上相同之种类者，得由各校长自行择用，但须先期呈报省行政长官。

依第十三条第一项已失审定效力之图书，各校长于最下学年学生，不得择用。其择用在该图书未失审定效力以前者，得沿用至该班学生毕业为止。

第十六条　省行政长官对于某种审定图书，认为未能适合者，得具述意见，呈请教育部覆审。

第十七条　教育部对于省行政长官呈请覆审之图书，认为确有未能适合者，得令该发行人于再版时遵照修改。

第十八条　本规程自公布日施行。

（录自《教育法规汇编》）

教科书末页附印部令及规程摘要

1914年4月20日（民国三年）布告第四号

本部所有关于各学校命令及规程，虽经迭次公布，恐僻远之地未尽周知，办学之人无从依据。今查各商店教科书外皮之末页，有登印广告者，有不印字迹者。如将此项部令及规程摘要印入，按册以次登载，似为用较大，或于各册教授书之末，附页印入，尤为明晰。现本部已摘要录出，各商店如有愿担任印入者，仰即来部领取。

（录自《教育法规汇编》）

中小学修身及国文教科书采取经训务以孔子之言为旨归

1914年6月20日（民国三年）

饬各书坊各学校教员等，编纂修身及国文教科书，采取经训，务以孔子之言为旨归，即或兼及他家，亦必择其与孔子同源之说。从前业经审定发行之本，如有违背斯义或漏未列入者，并即妥慎改订，呈部审查，以重教育。各该中小学校教员讲解修身或国文时，间有征引孔子言行之处，并各依于生徒年龄程度，循序演进，更端指导，务令浅深各有所得，信仰积于无形。

（录自《教育法规汇编》）

禁用翻印本部审定之教科用图书

1915年1月7日（民国四年）教育部通告

近查各省牟利书贾，藐视定章，竟将本部审定之图书肆意翻印，讹舛百出；而纸张之恶劣，图画之模糊，既碍目力，复伤美感，贻误学界，良非浅鲜。嗣后各学校应即一律禁用。各该地方视学及劝学员等并应加意检查，遇有各学校误用此项翻印图书者，应即随时纠剔，指令改用原本，以免贻误。

（录自《教育法规汇编》）

修正审查教科书规程

1916年4月28日（民国五年）教育部拟定

第一条 国民学校、高等小学校、预备学校、中学校、师范学校教科用图书，须经教育部审定。

第二条 审定图书系认为合于部定学科程度及教则之旨趣，堪供教科之用者。

第三条 图书发行人，应于图书出版前呈出样本二部，禀请教育部审查。

如用稿本赍送审查时，应将拟用印刷之纸张、款式及定价等，预先禀明。经本部批准后，仍应赍送样本二部备核。

第四条 前条禀陈审查时，应将图书每种十部之定价作为审定费，连同样本呈纳。但挂图类以每种两部之定价作为审定费。

审定后，定价有加增时，应照前项之例补纳差额。已经审定之图书，如有变更内容复请审查者，应纳第一项之审定费。但受第六、第十条之饬示加以修正者，不在此限。

第五条 教科用图书，为国民学校、高等小学校、预备学校用者，得以教员用、学生用二种禀请审查。为中学校、师范学校用者，专以学生用一种禀请审查。

第六条 凡禀请审查之图书，教育部认为应行修改者，签示要点于该图书上，发行人应遵照修正。印成后再行呈验核定，方作为审定图书。

第七条 已经审定之图书，由教育部送登政府公报，宣布其书名、册数、定价及某种学校所用，并发行之年月日、编辑人、发行人之姓名等。

第八条 已经审定之图书，每册书面准载明某年月日经教育部审定字样。于国民学校、高等小学校、预备学校教科用图书，得标明教员用、学生用字样。

第九条 凡图书于第七条宣布之事项，如有更改，发行人须于三个月内禀请教育部覆核，再登《政府公报》宣布，逾期即失审定效力。

第十条 凡图书已经审定后，遇有事实变更，其内容有不适宜之处，教育部饬令修改者，应于三个月内改正赍部备核，逾期即失审定效力。

第十一条 凡图书已经审定后，若变更其内容，发行人须于六个月内禀请审查，逾期即失审定效力。前项变更内容，如：增减页数、字句、图画、注释及换用纸张之类。

第十二条 已经审定之图书，其有效限期为六年，自该图书审定后，次学年始期起算。

第十三条 图书发行人，须于该图书届满有效限期六个月前，禀请教育部重行审定。

前项图书，未经禀请重行审定，教育部认为继续有效者，得展长其有效限期。

第十四条 审定图书满六年者，由教育部于三个月前送登《政府公报》宣布，届满日期，即失审定效力。

合于前条第二项之规定者，亦于三个月前送登政府公报宣布之。

第十五条 依第九至第十一条、第十四条第一项已失审定效力及未经审定者，不得记载教育部审定字样。违者科以法律上相当之处罚。

第十六条 本规程自公布日施行。

（录自《中华民国法令大全》补编第九类教育）

注：《修正审查教科书规程》于民国五年四月二十八日公布后，复于同年十二月二十一日作了第

三次修正。现将原令及修正部录如下：

教育部令第三十四号

民国五年四月二十八日公布之修正审查教科书规程草案，兹经本部重行修正，特公布之。此令

修正审查教科书规程

第一条　删去"预备学校"四字。

第四条　"审定费"均改为"审查费"。

第五条　删去"预备学校"四字。

第八条　删去"预备学校"四字。

中华民国五年十二月二十一日

（录自《教育部部令布告汇编》，民国七年八月辑印）

教育部通告各种教科书通用期限

1920年3月13日（民国九年）

国民学校国文科改为国语科，业经本部将国民学校令及国民学校令施行细则修正，以部令第七号、第八号公布在案。并通行各省区，定自本年秋季起，凡国民学校一、二年级先改国文为语体文，以期收言文一致之效。查本部审查教科图书规程第二条，审定图书系认为合于部令学科程度及教则之旨趣，堪供教科之用者。现在坊间出版国民学校所用各种教科书，曾经本部审定者，自经此次部令公布以后，其教材程度即不免多数不符。兹将依据部令酌定办法如左：凡照旧制编辑之国民学校国文教科书，其供第一、第二两学年用者，一律作废。第三学年用书，秋季始业者，准用至民国十年夏间为止。春季始业者，准用至民国十年冬季为止。第四学年用书，秋季始业者，准用至民国十一年夏季为止。春季始业者，准用至民国十一年冬季为止。至于修身、算术、唱歌等科所有学生用书，其文体自应与国语科之程度相应。凡照旧制编辑之修身教科书，其第一学年全用图画者，暂准通用。第二学年所用文体与国语科程度不合者，应即作废。第三、第四两学年用书，均照国文教科书例分期作废。算术教科书在未改编以前，准就现行之本，于教授时将例题说明等修改为语体文，一律用至民国十一年冬季为止。唱歌教本均应一律参改语体文。恐未周知，特此通告。

（摘自《现行法令全书》下册三编，民国十年编订）

教育部通告小学校教科书编纂办法文

（发文日期不详）

查本部九月初三日令，各学校以八月一日为学年之始。现时各书店新出之小学校教科书，多照春日始业编纂，所有关于时令各课，自与新章不合。惟查前此成立之学校，多系春日始业。又查本令第一条第二项，学校有因特别情事，须另定学生入校始期者，或经部令规定，或由本校声明理由，经教育总长许可，得变通办理。是将来于元月或四月添招新班者，亦事实所必有。按日本文部省所编小学

校读本，别有秋季始业一种，于学校教授，极为便利；今仿其意，凡已经审定之小学校教科书，照签修改，其关于时令各课，仍盖作为春季始业之用，更按照新章。或将关于时令各课改撰，或另行编辑新本，作为八月始业之用。以上各书，仍须送部审查核准，并发给初等、高等小学校课程表各一份，所有应行修改及新编之书，应一律按照编纂可也。

（录自《中华民国教育新法令》）

释藏经典印刷规则

1920年（民国九年）

第一条　印刷释藏经典，每年定为两届。其期间以三月至四月，及九月至十月为限。

第二条　颁领释藏经典，由受领者自觅商人承印。但同一届内不得分用印刷商人二处以上。前项印刷商人，如领受者不在京时，得委托柏林寺住持代觅之。

第三条　印刷商人承印释藏经典，须遵守左列各规定：

一、不得将经版运出寺外工作；

二、不得损坏版片；

三、不得偷印私卖；

四、不得多印篇张；

五、不得字迹模糊；

六、经版印毕上架，不得次序凌乱。

第四条　承印商人觅妥后，应由柏林寺住持加具切结，担保该商确能遵守前条各款之规定，呈报内务部核准。如所觅商人未能遵守规则，经部查出有可疑时，得由部迳行指定妥实商人办理。

内务部为前项核准后，即传知柏林寺住持，遵照每届印刷规定期间，择期开工。

第五条　每届印刷，柏林寺住持须将启库及竣工日期，分别呈报内务部。

第六条　每届印刷，由内务部派员督同柏林寺住持监视一切，自开库之日起至竣工之日止。

第七条　佛教徒众或其他个人因讽诵起见，于每届印刷时，得选择经典，取具柏林寺住持切结，呈请内务部核准附印。但每人至多不得过十种，每种至多不得过十份。

第八条　承印商人于印刷时，有损坏版片及多印篇张或字迹模糊者，均应负赔偿之责。

第九条　领受经典者及承印商人，如未经呈准之前，私自偷印或贩卖营利，及受他人嘱托附带私印者，除将工料充公外，并予柏林寺住持以相当之处罚。

第十条　印刷经典期内，禁止闲杂人等随意入寺。但遇有团体或个人来寺参观，经部员许可者，不在此限。

第十一条　柏林寺住持于印刷开工及工毕出寺时，应举行佛事或经忏，及请经者应备香供礼物，均依照向来习惯办理。

第十二条　本规则自公布日施行。

中华民国九年十月二日内务部令公布。

（录自《法令全书》第二十五帙，印铸局刊行）

释藏经版保管规则

1920年（民国九年）

第一条　释藏经版向存柏林寺官刹，由内务部督同柏林寺住持遵照本规则认真保管。

第二条　释藏经版按照字号分置柏林寺前后院东西四殿，定为四库。所有各库现存经版，字号数目架别暨其次序，均详细填列表册，存内务部礼俗司备案。

第三条　经版各库库门，均用内务部礼俗司封条封锁，责成柏林寺住持加意看守。

第四条　每年自初伏日起至末伏日止，须将各库窗牖一律开启，以透晾潮湿。其窗牖启闭时，均由内务部派员监视之。

前项透晾潮湿期内，各团体或各个人得赴寺参观，但须经内务部礼俗司核准。

第五条　柏林寺住持对于经版，须遵守左列各规定：

一、各库门非奉部司传知或允准，不得擅自启封。

二、各库窗牖，除透晾时期外，应同各库库门一律关闭。

三、每岁透晾期内暨印刷工毕后，须将各库扫除洁净，并将门窗一律裱糊完整。

四、平时不许有人在库内焚点香烛，并不得于各库贴近举火吸烟。

五、各库房屋，应注意认真查视，遇有雨漏墙斜等事，随时修理完固，不得稍有渗漏倾塌。

第六条　柏林寺住持对于前条各规定，有奉行不力致损及经版者，应负赔偿之责。

第七条　释藏经版于每届印刷后，由本部派员按照表册详细检查。遇有木架损坏、版片阙损及次序凌乱者，应随时修补改正。

第八条　本规则自公布日施行。

中华民国九年十月二日内务部令公布。

（录自《法令全书》第二十五帙，印铸局刊行）

释藏经典颁给规则

1920年（民国九年）

第一条　颁给释藏经典，以左列各款为限：

一、奉大总统特令颁给者；

二、依照管理寺庙条例第四条之规定，因表扬而颁给者；

三、经内务部转呈大总统令准颁给者。

曾经颁给释藏经典，因故损失致不完全者，得呈由地方官署查明，咨经内务部转呈大总统核准补给之。

第二条　凡呈请颁给释藏经典，须由请经者声叙需用经典理由，并觅具北京官刹住持二人以上证明书，呈请内务部转呈核准。但请经者如非僧寺，由主管官署咨部核办。

前项所称北京官刹，以柏林寺、贤良寺、法源寺、拈花寺、广通寺、觉生寺、万寿寺、大觉寺、香界寺、卧佛寺为限。内务部对于请经者，如认为无颁给之必要时，得拒绝其呈请。

第三条 颁给释藏经典，奉大总统令准后，须由领经者迳呈内务部，或由主管官署咨行内务部请领。

第四条 颁给释藏经典，经内务部准领后，由领经者自备工料，觅工印刷。关于印刷规则另定之。

第五条 颁给释藏经典，须由内务部发给证书，并向受经者缴收领证费二十元。前项证书，地方官署于必要时得查验之。

第六条 颁给释藏经典，不得转卖或赠予于他人。但呈经官署核准者，不在此限。前项转卖或赠予，经官所核准后，受经者须向内务部补领证书，仍须缴纳领证费。

第七条 颁给释藏经典装运出京时，由内务部验封经箱，发给护照。并咨财政部税务处转饬沿途关卡查验放行，免纳税厘。

第八条 本规则自公布日施行。

中华民国九年十月二日内务部令公布。

（录自《法令全书》第二十五帙，印铸局刊行）

报律

报纸条例

1914年4月2日（民国三年）教令第四十三号

第一条 用机械或印版及其他化学材料印刷之文字图画，以一定名称继续发行者，均为报纸。

第二条 报纸分左列六种：一、日刊；二、不定期刊；三、周刊；四、旬刊；五、月刊；六、年刊。

第三条 发行报纸，应由发行人开具左列各款呈请该管警察官署认可：

一、名称；二、体例；三、发行期间；四、发行人、编辑人、印刷人之姓名、年龄、籍贯、履历、住址；五、发行所、印刷所之名称、地址。警察官署认可后，给予执照，并将发行人原呈及认可理由，呈报本管长官，汇呈内务部备案。

第四条 本国人民年满三十岁以上，无左列情事之一者，得充报纸发行人、编辑人、印刷人：

一、国内无住所或居所者；二、精神病者；三、褫夺公权尚未复权者；四、海、陆军军人；五、行政司法官吏；六、学校学生。

第五条 编辑人、印刷人不得以一人兼充。

第六条 发行人应于警察官署认可后，报纸发行二十日前，依左列各款规定，分别缴纳保押费。

一、日刊者，三百五十元；二、不定期刊者，三百元；三、周刊者，二百五十元；四、旬刊者，二百元；五、月刊者，一百五十元；六、年刊者，一百元。在京师及其他都会商埠地方发行者，加倍缴纳保押费。专载学术、艺事、统计、官文书、物价、报告之报纸，得免缴保押费。保押费于禁止发行或自行停版后还付之。

第七条 第三条所列各款，于呈请警察官署认可后有变更时，应于十日内另行呈请认可。

第八条 每号报纸，应载明发行人、编辑人、印刷人之姓名、住址。

第九条 每号报纸，应于发行日递送该管警察官署存查。

第十条 左例各款，报纸不得登载：

一、淆乱政体者；二、妨害治安者；三、败坏风俗者；四、外交、军事之秘密及其他政务，经该管官署禁止登载者；五、预审未经公判之案件及诉讼之禁止旁听者；六、国会及其他官署会议，按照法令禁止旁听者；七、煽动、曲庇、赞赏、救护犯罪人、刑事被告人，或陷害刑事被告人者；八、攻讦个人阴私损害其名誉者。

第十一条 在外国发行之报纸，有登载第十条第一款至第三款之事件者，不得在国内发卖或散布。

第十二条 报纸登载错误，经本人或关系人开具姓名、住址、事由、请求更正，或将更正辩明书请求登载者，应于次回或第三回发行之报纸照登。登载更正或更正辩明书，其字形大小、次序先后，须与错误原文相同。更正辩明书逾原文二倍者，得计所逾字数，照该报告白定例收费。更正辩明书，有违背法令者，不得登载。

第十三条 登载错误事项，由他报抄袭而来者，虽无本人或关系人之请求，若经原报更正或登载更正辩明书后，应于次回或第三回发行之报纸分别登载。但不得收费。

第十四条 论说译著系一种报纸之所创有，注明不许转载者，他报不得抄袭。

第十五条 不照第三条、第七条之规定呈请认可发行报纸者，科发行人二百元以下、二十元以上之罚金；至呈报之日止，停止其发行。呈报不实者，科发行人二百元以下、二十元以上之罚金；至呈报更正之日止，停止其发行。

第十六条 不具第四条第一项之资格，或有第四条第一项各款情事之一，充发行人、编辑人、印刷人者，科发行人以一百元以下、十元以上之罚金。其编辑人、印刷人诈称者同。

第十七条 不照第六条规定缴纳保押费发行报纸者，科发行人以一百元以下、十元以上之罚金；至缴足保押费之日止，停止其发行。

第十八条 第六条所指各报，其登载事件，有出于范围外者，科编辑人以五十元以下、五元以上之罚金。

第十九条 违第八条、第九条之规定者，科发行人以五十元以下、五元以上之罚金。

第二十条 发行人于呈请认可领取执照后，逾二个月不发行报纸，或发行后中止逾二个月而不声明理由者，取销其认可，并注销执照。

第二十一条 第十五条至第十九条之罚金及停止发行之处分，由该管警察署判定执行之。罚金处分，自该管警察官署判定之日起；逾十日不缴纳者，将保押费抵充，不足者仍行补缴。保押费已被抵充罚金者，该发行人应于接到该管官署命令后，十日以内补缴或补足保押费。违者至补缴或补足之日止，该管警察官署得以命令停止发行。

第二十二条 登载第十条第一款之事件者，禁止其发行，没收其报纸及营业器具，处发行人、编辑人、印刷人以四等或五等有期徒刑；但印刷人实不知情者，免其处罚。

第二十三条 登载第十条第二款至第七款之事件者，停止其发行，科发行人编辑人以五等有期徒刑。前项停止发行，日刊者，停业十日以上一月以下；不定期刊、周刊，旬刊、月刊者，停止二次以上十次以下；年刊者，停止一次。

第二十四条 登载第十条第八款之事件，经被害人告诉者，科编辑人二百元以下、二十元以上之罚金。前项之登载，若编辑人系受人嘱托者，科嘱托人以编辑人同等之罚金。前项之嘱托，有贿赂情事者，按照贿赂之数，各科十倍以下之罚金，并没收其贿赂。前项贿赂十倍之数，不满二百元者，仍各科二百元以下之罚金。

第二十五条 违第十一条之规定，发卖或散布外国报纸者，科发卖人或散布人以二百元以下、二十元以上之罚金，并没收其报纸。

第二十六条 违第十二条第一项、第二项或第十三条之规定，经被告人告诉者，科编辑人以五十元以下、五元以上之罚金。

第二十七条 违第十四条之规定，钞袭他报之论说译著，经被害人告诉者，科编辑人以五十元以下、五元以上之罚金。

第二十八条 第二十二条至第二十七条之处罚，由司法官署审判执行之。

第二十九条 报纸内撰登论说、记事、填注名号者，其责任与编辑人同。

第三十条 本条例施行前所发行之报纸，应按照本条例第三条之规定，补行呈请该管警察官署认可，并按照第六条之规定，补缴保押费。

第三十一条 本条例施行前所发行之报纸，其发行人有本条例第四条情事之一者，由该管警察官署禁止其发行。编辑人、印刷人有本条例第四条情事之一者，由发行人另行聘雇，另请该管警察官署认可。违反前项规定者，至另行聘雇呈请认可之日止，由该管警察官署禁止其发行。

第三十二条 应受本条例各条之处罚者，不适用刑律自首减轻、再犯加重、数罪俱发之规定。

第三十三条 关于本条例之公诉期限。以六个月为断。

第三十四条 本条例所定属于警察官署权限之事项，其未设警察官署地方以县知事处理之。

第三十五条 本条例自公布日施行。

（录自《中华民国法令大全》第五类内务）

修正报纸条例

1915年7月10日（民国四年）大总统制定公布

第三条第一项中，"呈请"二字修正为"禀请"二字。第二项中"原呈"二字修正为"原禀"二字。"呈报"二字修正为"详报"二字。"汇呈"二字修正为"汇报"二字。

第七条中"呈请"二字均修正为"禀请"二字。

第十条第四款修正如左：四、外交、军事之秘密。

第四款之后增加第五款如左：五、各项政务经该管官署禁止登载者。

第五款修正为第六款。

第六款修正为第七款。

第七款修正为第八款。

第八款修正为第九款。其中"个人"二字修正为"他人"二字。

第十五条第一项中"呈请"二字修正为"禀请"二字。第一项、第二项中"呈报"二字均修正为"禀报"二字。

第二十条中"呈请"二字修正为"禀请"二字。

第二十一条删。

第二十二条修正为第二十一条。增加第二项如左：

警察官署因维持治安之必要，对于前项之报纸，得停止其发行。

第二十三条修正为第二十二条。其第一项中"第七款"三字修正为"第八款"三字。增加第三项如左：警察官署因维持治安之必要，对于第一项之报纸，得先命其停止发行。

第二十四条修正为第二十三条。其第一项中"第八款"三字，修正为"第九款"三字。

第二十五条修正为第二十四条。

第二十六条修正为第二十五条。

第二十七条修正为第二十六条。

第二十八条删。

第二十九条修正为第二十七条。其中填注名号之下、"者"字之上，增加"及译著或转载"六字。

第三十条修正为第二十八条。其中"呈请"二字修正为"禀请"二字。

第三十一条修正为第二十九条。其第二项、第三项中"呈请"二字均修正为"禀请"二字。

增加第三十条如左：

第三十条 违犯本条例者，依违令罚法第三条之规定，第二十一条第一项、第二十二条第一项之处罚，由法院审判。其他各条之处罚，由该管警察官署即决，并执行之。

罚金处分，自该管警察官署即决之日起，逾十日不缴纳者，将保押费抵充，不足者仍行补缴。

保押费已被抵充罚金者，该发行人应于接到该管官署命令后十日以内补缴，或补足保押费。违者至补缴或补足之日止，该管警察官署得以命令停止发行。

第三十二条修正为第三十一条。

第三十三条修正为第三十二条。

第三十四条修正为第三十三条。

第三十五条修正为第三十四条。

（录自《东方杂志》第十二卷第八号）

大总统申令废止报纸条例

1916年7月16日（民国五年）

报纸条例应即废止。此令。

大总统印

国务总理 段祺瑞

内务总长 许世英

中华民国五年七月十六日

（录自《中华民国法令大全》第九类内务附录）

民国（南京国民政府）

出版法

出版条例原则

1929年8月23日（民国十八年）

一、为保障出版自由，防止不正当出版品之流行，应制定出版条例。

二、凡用机械印版或化学材料印制之新闻纸类、书籍、图画、影片及其他文书出售或散布者，均认为出版品。

三、构成出版品之关系人如左：

1. 编著人；

2. 印制人；

3. 发行人。

四、一切出版品之登记审查，由国民政府所属之主管机关办理，其登记审查条例另订之。

五、凡出版品有左例情事之一者，不得登记，其已登记者应撤销之：

1. 宣传反动思想者；

2. 违反国家法令者；

3. 败坏善良风俗者；

4. 妨害治安者。

六、出版品之处置办法如左：

1. 纠正；

2. 警告；

3. 查禁或拘罚。

（录自《中华民国法规汇编》，立法院编译处编）

解释旧出版法已经废止不能援用

1930年2月17日（民国十九年）司法院院字第二三五号电四川高等法院首席检察官，附原电

该首席检察官上年八月寝代电呈最高法院检察署，为巴县地方法院首席检察官转请解释出版法能否援用一案。兹据最高法院拟具解答案呈核前来，内开出版法已经废止，不能援用等语。本院长审核无异，合电转饬知照。司法院条印。

附：原电

南京最高法院检察署检察长郑钧鉴：案据巴县地方法院首席检察官李鸿鼎电称：查刑事案件，在侦查中不得登载，早经民国三年出版法第十一条明文规定，并定有罚则在案。设有诉讼人每于诉讼前或诉讼中串通报馆，将案情事实变更登载，意图淆乱是非，以为讼争地步，本应依照出版法处罚，惟查此项出版法，于十五年一月二十九日经临时执政段祺瑞明令废止，现在能否援用，系一疑问。（甲）说段政府未经国民政府承认，其所发命令，当然不能生效，是出版法仍可援用。（乙）说废止出版法令虽出自段执政，但此项命令既未与国民政府何项法令抵触，而此项出版法又未经国民政府明令恢复，现在当然不能援用。以上二说，未知孰当？案关法令解释，理合电请钧处转电最高法院解释，俾资遵循。临电不胜迫切待命之至等情。理合转请钧署俯赐鉴核，解释训示令遵。

四川高等法院检察处首席检察官傅春宣叩寝印。

（录自《司法院解释汇编》第一册）

出版法

1930年12月16日（民国十九年）

第一章 总则

第一条 本法称出版品者，谓用机械或化学之方法所印制而供出售或散布之文书、图画。

第二条 出版品分左列三种：

一、新闻纸：指用一定名称，每日或隔六日以下之期间继续发行者而言。

二、杂志：指用一定名称，每星期或隔三月以下之期间继续发行者而言。

三、书籍及其他出版品：凡前二款以外之一切出版品属之。新闻纸或杂志之号外或增刊，视为新闻纸或杂志。

第三条 本法称发行人者，谓主管发售或散布出版品之人。

第四条 本法称著作人者，谓著述或制作文书、图画之人。笔记他人之演述登载于出版品，或令人登载之者，其笔记人视为著作人。但演述人对于其登载特予承诺者，应同负著作人之责任。

关于著作物之编纂，其编纂人视为著作人。但原著作人对其编纂特予承诺者，应同负著作人之责任。

关于著作物之翻译，其翻译人视为著作人。

关于用学校、公司、会所或其他团体名义著作之出版品，其学校、公司、会所或其他团体之代表人，视为著作人。

第五条 本法称编辑人者，谓掌管编辑新闻纸或杂志之人。

第六条 出版品由官署发行者，应以二份送中央党部宣传部及内政部。

第二章 新闻纸及杂志

第七条 为新闻纸或杂志之发行者，应于首次发行期十五日前，以书面陈明左列各款事项，呈由发行所所在地所属省政府或隶属于行政院之市政府转内政部声请登记：

一、新闻纸或杂志之名称；

二、有无关于党义党务或政治事项之登载；

三、刊期；

四、首次发行之年月日；

五、发行所及印刷所之名称及所在地；

六、发行人及编辑人之姓名、年龄及住所，其各版之编辑人互异者并各该版编辑人之姓名、年龄及住所。

新闻纸或杂志在本法施行前已开始发行者，应于本法施行后二个月内，声请为前项之登记。

新闻纸或杂志有关于党义或党务事项之登载者，并应经由省党部或等于省党部之党部向中央党部宣传部声请登记。

第八条 前条所定应声请登记之事项有变更者，应于变更后七日内，为变更登记之声请。

第九条 前二条登记不收费用。

第十条 左列各款之人，不得为新闻纸或杂志之发行人或编辑人：

一、在国内无住所者；

二、禁治产者；

三、被处徒刑或一月以上之拘役在执行中者；

四、褫夺公权尚未复权者。

第十一条 新闻纸或杂志废止发行者，原发行人应按照登记时之程序，声请注销登记。

新闻纸逾所定刊期已满二个月、杂志逾所定刊期已满四个月尚未发行者视为发行之废止。

第十二条 新闻纸或杂志应记载发行人及编辑人之姓名、发行年月日、发行所印刷所之名称及所在地。

第十三条 新闻纸或杂志之发行人，应于发行时以二份寄送内政部。一份寄送发行所所在地所属省政府或市政府，一份寄送发行所所在地之检察署。

新闻纸或杂志有关于党义或党务事项之登载者，并应以一份寄送省党部或等于省党部之党部，一份寄送中央党部宣传部。

第十四条 新闻纸或杂志登载之事项，本人或直接关系人请求更正或登载辩驳书者，在日刊之新闻纸应于接到请求后三日内依照更正，或登载辩驳书之全部。在其他新闻纸或杂志应于接到请求后第二次发行前为之。但其更正或辩驳之内容，显违法令，或未记明请求人之姓名、住所，或自原登载之日起逾六个月而始行请求者，不在此限。

更正或辩驳书之登载，其地位及字之大小，应与原文所登载者相当。

第三章 书籍及其他出版品

第十五条 为书籍或其他出版品之发行者应于发行时以二份寄内政部。改订增删原有之出版品而为发行者亦同。

前项出版品，其内容涉及党义或党务者，并应以一份寄送中央党部宣传部。

第十六条 书籍或其他出版品，应于其末幅记载发行人之姓名、住所、发行年月日、发行所及印刷所之名称及所在地。

第十七条 通知书、章程、营业报告书、目录、传单、广告、戏单、秩序单，各种表格、证书、证券及照片，不适用前二条之规定。

第十八条 有关政治之传单或标语，非经该管警察机关许可，不得印刷或发行。

第四章 出版品登载事项之限制

第十九条 出版品不得为左列各款之记载：

一、意图破坏中国国民党或三民主义者；

二、意图颠覆国民政府或损害中华民国利益者；

三、意图破坏公共秩序者；

四、妨害善良风俗者。

第二十条 出版品不得登载禁止公开诉讼事件之辩论。

第二十一条 战时或遇有变乱及其他特殊必要时，得依国民政府命令之所定，禁止或限制出版品关于军事或外交事项之登载。

第五章 行政处分

第二十二条 不为第七条或第八条之声请登记，或就应登记之事项为不实之陈述而发行新闻纸或杂志者，省政府或市政府得于其为合法之声请登记前，停止该新闻纸或杂志之发行。

第二十三条 内政部认出版品载有第十九条各款所列事项之一，或违背第二十一条所定禁止或限制之事项者，得指明该事项禁止出版品之出售及散布，并得于必要时扣押之。

依前项规定扣押之出版品，如经发行人之请求，得于除去该事项后返还之。

第一项所定其情节轻微者，得由内政部予以纠正或警告。

第二十四条 国外发行之新闻纸或杂志，受前条第一项处分者，内政部得禁止其进口。

依前项规定禁止进口之新闻纸或杂志，省政府或市政府得于其进口时扣押之。

第二十五条 违背第四十一条第一项之禁止而发行新闻纸或杂志者，省政府或市政府得扣押之。

第二十六条 扣押书籍或其他出版品时，如认为必要者，得并扣押其底版。

依前项规定扣押之底版，准用第二十三条第二项之规定。

第六章 罚则

第二十七条 不为第七条或第八条之声请登记而发行新闻纸或杂志者，处二百元以下之罚金。

第二十八条 第十条各款所列之人发行或编辑新闻纸或杂志者，处二百元以下之罚金。

第二十九条 发行人违反第十一条第一项之规定者，处百元以下之罚金。

第三十条 出版品无第十二条或第十六条所定之记载，或记载不实者，处发行人二百元以下之罚金。

第三十一条 发行人违反第十三条之规定，不寄送新闻纸或杂志者，处百元以下之罚金。

第三十二条 编辑人违反第十四条之规定者，处二百元以下之罚金。

第三十三条 发行人违反第十五条之规定，不寄送书籍或其他出版品者，处百元以下之罚金。

第三十四条 印刷人或发行人违反第十八条之规定者，处百元以下之罚金。

第三十五条 违反第十九条之规定者，处发行人、编辑人、著作人及印刷人一年以下有期徒刑、拘役或一千元以下之罚金。但其他法律规定有较重之处罚者，依其规定。

第三十六条 违背第二十一条所定之禁止或限制者，处发行人、编辑人、著作人及印刷人一年以下有期徒刑、拘役或一千元以下之罚金。

第三十七条 出版品为新闻纸或杂志时，著作人受第三十五条之处罚者，以对于其事项之登载署名负责者为限，受第三十六条之处罚之著作人亦同。

第三十八条　违背第二十二条所定之停止发行命令发行新闻纸或杂志者，处二百元以下之罚金。

第三十九条　发行人违背第二十三条所定之禁止者，处一年以下有期徒刑、拘役或千元以下之罚金。其知情而出售或散布该项出版品者，处六月以下有期徒刑、拘役或五百元以下之罚金。

违背第二十四条第一项所定之禁止及知情而输入、出售或散布该项出版品者，准用前项规定分别处罚。

第四十条　妨害第二十三条第一项、第二十四条第二项、第二十五条、第二十六条所定扣押处分之执行者，处六月以下有期徒刑、拘役或五百元以下之罚金。

第四十一条　因新闻纸或杂志所载事项，依第三十五条所定之处罚面其情节重大者，得禁止其新闻纸或杂志之发行。

发行人违背前项所定之禁止者，处一年以下有期徒刑、拘役或千元以下之罚金。其知情而出售或散布该项新闻纸或杂志者，处六月以下有期徒刑、拘役或五百元以下之罚金。

第四十二条　本法所定各罪，不适用刑法累犯及并合论罪之规定。

第四十三条　本法所定各罪之起诉权，逾一年而不行使者，因时效而消失，第三十五条、第三十六条之罪，其起诉权之时效期限，自发行日起算。

第七章　附则

第四十四条　本法自公布日施行。

（录自《中华民国法规大全（第一册）》）

出版品载有出版法第十九条第一款事项曾经禁止而知情出售
或散布者应依同法第三十九条第一项后半段之规定处罚函

1931年8月3日（民国二十年）司法院函中执委会秘书处第四一五号

迳复者；准贵处上月三十一日公函（第一四六六二号）开；福建省党务指导委员会呈为福建省临时军法会审处函，以左海、新民两书局及元山米店运售赤化书籍，律无处罪明条，可否依危害民国紧急治罪法第三条第三款而为辗转宣传者论，请解释一案。奉　常务委员批交司法院核覆，抄同原呈函行到院。查危害民国紧急治罪法第三条第三款之犯罪，须有被煽惑之事实，并有辗转以文字等为叛国宣传之意思者，始得成立。若仅出版品载有出版法第十九条第一款之事项曾经禁止而知情出售或散布，应依同法第三十九条第一项后半段规定处罚。相应函覆贵处查照转陈。此致

（录自《增订国民政府司法例规补编》［第一次］，司法院参事处编纂）

解释报纸登载出版法第十九条限制以外之妨害名誉事件，
应依照刑法第二十六章办理

1931年8月7日（民国二十年）司法院院字第五二九号电安徽高等法院首席检察官，附原电

本年四月漾代电悉。所谓解释一案，业经本院统一解释法令会议议决。报纸登载出版法第十九条

限制以外之妨害名誉事件，应依照刑法第二十六章办理。合电知照。司法院阳印。

附：原电

南京司法院王院长钧鉴：报纸登载出版法第十九条限制以外之妨害名誉事件，应否依照刑法第二十六章办理？抑仅依照出版法第十四条予以更正，不另负刑法上之责任？职处现有此种案件，亟待解决。伏乞迅赐解释，指令祇遵。安徽高等法院首席检察官王树荣叩。漾印。

（录自《司法院解释汇编》第一册）

解释旧出版法不能援用

1931年8月17日（民国二十年）司法院院字第五五二号训令四川高等法院首席检察官

为令知事，该首席检察官呈最高法院检察署，为巴县地方法院首席检察官转请解释出版品应援用何法制裁一案，业经本院统一解释法令会议议决。出版法现已公布施行。前北京政府公布之出版法，早经废止，不能援用。新出版法施行前出版之文书、图画，如有犯罪行为，应分别适用普通刑法或新出版法第六章规定处断。合行令仰转饬知照。此令。

附：原函

迳启者：案据四川高等法院首席检察官傅春宣有代电称。案据巴县地方法院首席检察官宋维经电称：民国三年十二月四日北京政府公布之出版法，是否继续有效？若该法已经废止，则出版文书、图画有妨害治安，败坏风化，煽动、曲庇犯罪人，陷害刑事被告人及宣扬侦查之轻罪重罪案件，或揭载军事、外交上之机密，及诉讼之禁止旁听事件等行为时，究应援用何法，予以制裁？职院现有此类事件，立待解决。伏乞电示，俾便遵循等情。理合电请钧署俯赐鉴核，训示饬遵等情前来，相应转请贵院查照，迅予解释见复为荷。此致

（录自《司法院解释汇编》第二册）

出版法施行细则

1931年10月7日（民国二十年）内政部公布

第一条 内政部与中央党部宣传部为依据出版法办理出版品之登记及审查，特定本施行细则。

第二条 左列性质之文书、图画，均属有关党义党务事项之出版品，适用出版法第七条、第十三条及第十五条之规定：

一、引用或阐发中国国民党党义者；

二、记载有关中国国民党党义、党务或党史者；

三、所载未直接涉及中国国民党党义、党务、党史，但与中国国民党党义、党务、党史有理论上或实际上之关系者；

四、涉及中国国民党主义或政纲、政策之实际推行者。

第三条 新闻纸或杂志发行人，依照出版法第七条之规定，声请登记时应照规定格式填具声请书及各项登记表，呈由发行所所在地之省政府或隶属于行政院之市政府，向内政部声请登记。

声请登记之新闻纸或杂志，并应依照同条第三项办理者，其发行人并应另具声请书及登记表各一份，呈由该省省党部或特别市党部向中央党部宣传部声请登记。

第四条 各省政府或隶属于行政院之市政府对于依照出版法第七条规定之声请事项，应于接到声请登记文件后五日内拟具初审意见，转向内政部声请登记。

声请登记之新闻纸或杂志，并依照同条第三项之规定办理者，省党部或特别市党部与省政府或隶属于行政院之市政府，应先会同拟具初审意见，于接到声请登记文件七日内，分别转向中央党部宣传部及内政部声请登记。

第五条 各省政府或隶属于行政院之市政府与各省党部或特别市党部，对于依照出版法第七条第三项规定之声请事项，如审核时双方意见未能一致，应各将所拟意见及理由与根据，分呈内政部及中央党部宣传部。

第六条 内政部对于依照出版法第七条规定之声请事项，自行审核之。

声请登记之新闻纸或杂志，并应依照同条第三项之规定办理者，应送中央党部宣传部并案审核之。

第七条 中央党部宣传部对于依照出版法第七条第三项规定之声请事项审核完竣后，除自行批复外，并将审核意见连同内政部所送并案审核之同项案件，送还内政部办理之。

第八条 内政部对于依照出版法第七条规定之声请事项，于核准后填发登记证。

声请登记之新闻纸或杂志，并应依照出版法第七条第三项之规定办理者，其登记证由中央党部宣传部及内政部分别填制，中央党部宣传部填制之登记证，送由内政部合并发给之。

第九条 登记证如有遗失或损坏时，其发行人除应登报声明作废外，并呈请原发机关补发之。

第十条 书籍之著作人或发行人，应以稿本呈送内政部声请许可出版，此项声请须以书面陈明左款事项：

一、名称及内容概要；

二、稿本页数及其附件；

三、著作人或发行人姓名、住所。

书籍之有关党义、党务者，应以稿本依前项手续迳向中央宣传部声请之。

第十一条 未经许可出版而擅行出版之书籍，概行扣押，其内容有违反出版法第十九条或第二十一条之规定者，照出版法第三十五条或第三十六条处罚。

第十二条 凡经许可出版之书籍，于发行时仍应依照出版法第十五条及第十六条之规定办理之。

第十三条 凡经许可出版之书籍，如有所增补或修正，其著作人或发行人应向原许可机关陈明，经核准后方得印行。

第十四条 有关党义、党务出版品审核之标准，除依照出版法第四章各条规定者外，并适用中央关于出版品之各项决议。

第十五条 内政部依照出版法第二十三条之规定对于有关党义、党务之出版品，执行警告、禁止、扣押或退还等行政处分之前，应送经中央党部宣传部审核。

第十六条 有关党义、党务出版品之应纠正者，由中央党部宣传部直接或转饬所属办理之。

第十七条 凡应经内政部纠正之书籍，应于修正后以二份寄送内政部备查。凡应经中央党部宣传部纠正者，应于修正后以二份寄送中共党部宣传部，一份寄送内政部备查。

第十八条 凡经许可出版之书籍，如出版后与核准之原稿不符，内政部得予以禁止或扣押之处分。

第十九条 新闻纸或杂志之发行人，不以新闻纸或杂志寄送于出版法第十三条所规定之任何一机关者，应以违反该条论，准用出版法第三十一条之规定处罚之。

第二十条 书籍或其他出版品之发行人，不以书籍或其他出版品寄送于出版法第十五条所规定之任何一机关者，应以违反该条之规定论，准用出版法第三十三条之规定处罚之。

第二十一条 有关党义、党务之出版品，其所载事项如违反中央关于出版品之各项决议时，准用出版法第三十四条及第二十五条规定之处分，分别处罚之。

第二十二条 出版品由各级党部发行者，准用出版法第六条之规定，以二份送中央党部宣传部及内政部。

第二十三条 有关政治之传单或标语，由各级党部或官署发行者，得免除出版法第十八条规定之手续。

第二十四条 本细则如有未尽事宜，由内政部与中央党部宣传部会同修正之。

第二十五条 本细则自公布日施行。

附：声请书及登记证格式

新闻纸 / 杂志登记声请书

具声请书人　　　　社兹因发行　　　　谨遵出版法第七条之规定并填具

登记表格声请登记此呈

某某政府

或转

某某党部

内政部

或

中央党部宣传部

具声请书人　　社

负责人姓名　　（盖章）

中华民国　　　　年　　　月　　　日

新闻纸／杂志登记表

1	名称									
2	有无关于党义党务或政治事项之登载									
3	刊　期									
4	首次发行之年月日									
5	发行所	名称								
		地址								
6	印刷所	名称								
		地址								
7	发行人及编辑人姓名年龄经历及住址	姓名								
		别号								
		职别								
		年龄								
		住址								
8	备考									

内政部　中央党部宣传部　制

说明：1、此表应由声请登记者照填二份，随附于声请书后一并呈送以备分存。

2、填第二项有无关于党义、党务事项之登载时，应参照出版法施行细则第二条之规定。

3、第三项系指日刊、周刊、旬刊、月刊等类。

4、第七项内职别一目系指属于发行人或各版编辑人。

（录自《改订国民政府司法例规》）

解释旧出版法关于新闻纸杂志移转发行疑义

1932年3月2日（民国二十一年）内政部以警字第一七四号咨浙江省政府

（上略）

按出版法之原则，一为出版登载事项之限制、一为发行人或编辑人之限制。新闻纸或杂志之已取得登记证者，原发行人某甲若于发行之中途移转于某乙发行，则某乙应即依照该法第八条于七日内为变更登记之声请。在未为合法之登记前，自不能继续发行该新闻纸或杂志。至原发行人某甲移转某乙发行，某乙虽经声请变更登记，此时若某乙尚未取得继续发行之地位，当然无权转移某丙发行，若新闻纸或杂志之原发行人将出版权出租，向继承发行人无论永久的或暂时的订立合同，收取让渡金或租金等项，查出版法及施行细则均无明文规定，可依各地习惯办理，但仍应依照声请变更发行手续办理。

（下略）

附：节抄浙江省政府二十年（1931年）十一月十八日秘字第九八〇五号原咨

（上略）

案查前准贵部警字第一一一九号、警字第一零七八号，先后咨送出版法及出版法施行细则过府即经分别转饬各机关知照，在案兹查实□□□□馆及通讯社常有呈报变更发行人之情事因之发生左列疑问：（一）新闻纸或杂志之已取得登记证者，原发行人甲若于发行之中途移转于某乙发行，在某乙或请变更登记未奉核准以前，能否继续发行该新闻纸或杂志？（二）原发行人某甲移转某乙发行之后，某乙虽经声请变更登记尚未奉准在此时期能否有权再移转于某丙发行？（三）现有新闻纸或杂志之原发行人将出版权出版向继承发行人订立合同，收取让渡金或明定出租期限，每月收取租金及类似租金之款项如商号之移转招牌，然以属于法不合，应否照准？以上各点亟待解决，相应咨请贵部查核迅予见复。

（下略）

解释旧出版法关于官署出版品疑义

1932年11月16日（民国二十一年）中央宣传委员会第三一二八号函解释，
12月9日内政部以警字第一九六三号咨各省市政府

（上略）

（一）凡根据国府组织法、省市县组织法及军队编制法组织成立之机关谓之官署，以官署名义发行之出版品谓之官署发行，依照出版法第六条得免予登记。凡各官署之附属机关，其在各级行政机关组织法无明文规定设置，经由该所属主管机关正式具文证明其系属该管正式机关后，其发行之出版品亦得依法免予登记。但新闻纸无论是否官署出资设立，均须登记。（二）凡以各级党部名义发行之出版品，依照出版法施行细则第二十二条得免予登记，惟各级党部设立之报社概须依照中央四届第四十次常会通过之各级党部所辖报社管理规则第十条规定办理登记手续。

（下略）

解释公务员可否兼任报社职务疑义

1933年1月14日（民国二十二年）内政部奉行政院第一九二号训令准司法院咨解释

（上略）

报社系一种出版业，按现行继续有效之商人通例第一条第五款，出版业为商业之一。是报社不得谓非商业机关，依十九年十二月四日国民政府令，虽系新闻记者以外之其他职务，公务人员亦不能兼任。

（下略）

解释公务员可否兼任杂志社职务疑义

1933年9月2日（民国二十二年）内政部奉行政院第四零八六号训令准司法院解释，
9月12日内政部以警字第二三二一号咨各省市政府

（上略）

来咨所称之半月刊，如系专为学术研究所发行之刊物，并非一种出版业，公务员兼任其中职务尚非法所不许。

（下略）

附：民国二十二年（1933年）六月三日内政部以警字第七五号原呈

（上略）

案准浙江省政府咨开查有某半月刊来府声请登记，其社长为现任公务员并声明公务员虽不能兼任报社职务，但系专指新闻纸而若半月刊为杂志之一种，公务员在内兼任职务于法并不抵触等情，究竟公务员可否办理杂志？于其中兼任职务不无疑同，相应咨请查核见复等，由准此查前奉钧院第一九二号训令以准司法院解释公务员不能兼任报社职务转饬免照等因到部当经通行遵办在案，兹准前由究竟杂志是否纯属商业性质之出版业？应否同受前项限制？事关法令解释，理合备文呈请钧院核转司法院解释示遵，实为公便。

（下略）

解释法院制裁报社及通讯社编辑人适用法律疑义

1933年9月19日（民国二十二年）内政部奉行政院第四四二零号训令行禁转奉
国民政府第四四一号训令通行，
9月30日内政部以警字第二四七四号咨各省市政府

（上略）

查报社及通讯社系根据出版法之规定手续声请登记而已成立，故新闻纸之编辑人非因个人行动有违犯普通民刑法之规定以及违犯出版法第十九条之限制，依照同法第三十五条之规定得依其他转重之法律规定处罚外，其余凡有违反出版法之处，各级法院自应依照出版法之规定处置，不得引用其他法规以为制裁。

（下略）

解释旧出版法关于新闻纸、杂志移转所在地管辖疑义

1933年10月13日（民国二十二年）内政部警字第二五八八号咨各省市政府

（上略）

查新闻纸、杂志移省或移县市发行，既系变更发行所所在地之管辖，自与本部警字第一一八九号通咨解释社址迁移之性质不同。此项变更登记，应由负责发行人填具声请变更登记表，连同原领登记证呈由新发行所所在地之主管官署，转请核管省或市政府咨送本部办理，以符程度，而便监督。

（下略）

附：节抄湖南民政厅民国二十二年（1933年）九月十五日原呈

（上略）

窃查钧部警字第一一八九号咨行各省省政府解释新闻纸或杂志之登记手续，经转令下厅自应遵办理。惟查变更社址一点在同一市或县境内自以转行，备案认为手续完毕但移省或移县是否同一办法，未奉明白，规定理合具文呈请审核。

（下略）

诠释出版法七项疑义咨

1933年12月23日（民国二十二年）内政部咨各省市政府

案准江苏省政府秘字第八五四号咨略开：据铜山县长呈，以对于出版法及同法施行细则关于新闻纸及杂志部份，颇多疑义，详陈意见七项，咨转查核解释，并请于修正出版法时，详为厘定，俾资补救等由。计附抄原呈一件准此，查该铜山县长所陈七项疑义，关于新闻纸或杂志监督管理，至为重要，兹分别解释于后：

一、二两项，凡隶省之新闻纸或杂志为登记之声请或变更登记之声请时，依照出版法第七条及第八条，虽无呈由所在地县政府核转之明文，惟为便于监督管理起见，自应适用一般行政系统，呈由县政府转呈省政府，再咨内政部办理，以符程序。

三、新闻纸或杂志为变更登记之声请，在未奉到地方政府核准以前，所有一切责任，仍应由原发行人负之。

四、出版法第十三条所称："发行所所在地之检察署"，系指所在地之法院检察机关而言。如新闻纸、杂志违反该条规定时，自可依照同法第三十一条之规定处罚之。

五、无基金而专事敲诈之报纸，可依照取缔不良小报暂行办法，严行取缔。其业经核准登记之报纸或杂志，如有故意侵害他人私权或妨害他人名誉、信用等情事，并应依照二十二年十一月三日司法院训字第二九八号训令办理，以重法令。

六、七两项，出版法第五章行政处分，应由县政府呈准省政府核定后执行。其第六章所定罚则，则应由司法机关处理。

准咨前由，除咨覆饬知，并将原呈意见存备修正出版法时参考外，相应抄同原咨及原附抄呈，咨请查照，并饬属一体知照。此咨。

（下略）

附：**原咨**

案据铜山县长以对于出版法及施行细则颁行以来，关于新闻纸、杂志部份，颇多疑义，详陈意见七项，请予核示等情。事关法令解释，相应抄同原呈，咨请查核解释见覆。至原呈内附述报纸种类复杂情形，恐不仅铜山一县为然，拟请于修正出版法时；详为厘定，俾资补救，并希查照为荷。

附：**原呈**

案查自奉颁出版法及施行细则遵行以来，关于新闻纸、杂志部份，颇多疑义，谨详呈所见，恭请核示，俾资遵循。

一、依本年二月钧府第二十三号训令转行内政部之解释，凡新闻纸之请求登记未经县府呈转时，应饬提出已向该管省政府声请之收文条据，以资证明。设有一新闻纸，请求登记时，未经县府呈转，自己扣算至十五日后即遽行出版，则该新闻纸于自行出版以前，是否应向县府预行呈报备案。庶县府依法可查验其迳呈条据。否则突然市上发现二种新报，在未经查明确实；或竟查得其日期与法定不合以前，是否可直拨令其先行停止发行；抑仍须请示省政府；抑或姑任发行，面照出版法第二十七条予以处罚？

二、出版法第八条之变更登记手续，依二十二年十月钧府第五八九四号训令转行内政部之解释，有"转送"及"呈由所在地各省市政府咨部"之规定。设有已发行之新闻纸，中途发生第八条之情事，其变更登记之声请，应由县政府呈转，抑即迳呈省政府？如不由县府呈转时，应如何取得其证明？若新闻纸之负责人，突于报纸上声明脱离，而并未依第八条之规定转移于人，或未为合法之变更登记者，县府是否即可令其暂行休刊，听候后令，或仍须请示省政府？

三、出版法第二十二条所称之"合法之声请登记前"，如为第八条之变更声请，则受转移人于七日内将登记声请表发出，即认为"合法"，抑须候换发登记证领到（因原登记证已随变更登记表缴销）始为"合法"？在此变更登记未奉批准以前，若该新闻纸仍继续出版，则其责任是否自声请表发出后即由新发行人担负？抑原领登记证之发行人仍未能即时脱离关系？

四、出版法第十三条所称之"发行所所在地"之检察署，是否即为县政府？若新闻纸之发行人不照章寄送时，是否可迳依第三十一条之规定处罚？

五、因晚近印刷盛行，新闻纸出刊甚易，往往二三无聊文人，毫无基金，只捐得开办费若干，向一印刷所商得同意，即可发行一种小报。恃"有闻必录"之护符，不免造谣生事。如有人指出谬妄，则据出版法第十四条之规定，以为"登载失实，仅仅只负来函更正之责任，在刑法上绝不受任何处分"，受害者如请其更正，则此中大可任意伸缩，难免有从中敲诈情事，影响于社会人心者实大可虑。按第三十五条之但书，本有"其他法律规定有较重之处罚者，依其规定"之谓，若受害人提起刑事诉讼，而此辈新闻纸记者，又以为国府解释新闻纸非个人行动，只受出版法之处置，不得引用他法律以为制裁，用以规避。究竟一涉新闻纸之言动，是否即可不受刑法之处分而灭却一切？实有应请明白解释之必要。又查第十四条所定更正，只限"登载之事项"，若新闻纸于评论及类似批评之文字中有所诋毁论列，是否亦可援引十四条而只负更正之责任？请求明示。

六、关于第六章之罚则，县政府是否可以迳自执行，抑须预为请示省政府？

七、关于第五、六章之行政处分及罚则，如县政府必须先为请求省政府，然后处分执行，则在此往返呈请核示期间，若该新闻纸已自知其必停刊，而利用此时间益肆为轶出范围，或违反出版法之言论与记载，则当地之县政府有无可以救济或制止之方法？

以上七者，皆所迟疑审慎，未敢遽为决定者。深恐稍一不慎，不被摧残舆论之恶名，即将受放任恶化之罪咎。实缘迩来反动份子思所以暗布主义者，几于无微不至。如左倾普罗各派，皆利用文字散布于各种刊物，尤其新闻纸中，以冀于不知不觉中灌注思想于民众，期成普遍的恶化；文字则表面上又不显露若何激烈之语句，若欲摘其一二单句，以绳其罪，则又圆滑两可。转以执法者为深文周纳，诋为违法。此实今日最大之隐患，似较据地顽抗之匪可用武力摧灭者，尤难消除。复以各都市新闻纸，既有检查机关，难于混过，而出版法所指定之执行机关，亦近在咫尺，不敢轻于尝试。颇闻以转移方向，致力于内地，作下层之宣传。以各县政府在出版法上明白赋予之权，实微之又微。故无论基金之有无，社址之定否，觅得三五同志暗向省府为一纸之声陈，十五日后遂自行出版，俨然"无冕皇帝"，遂自谓其言论除出版法外已不受任何法律之裁处矣。对手施政果作正当之建议、公正之批评，亦何尝不足引为借镜。而彼辈既意有所归，乃故作讥诮诋毁轻簿之词，使行政者失其尊严，直接令失民众之信仰，间接即墬政府之威信。欲加以纠正，彼又知府县无权，必须经过请示之步骤，益肆其锋，使受侮者无可救止。若再拼其已将停版之余息，作越轨之宣传，行政机关亦只有徒唤奈何，无能制止。迨请示之裁决已下，彼辈或早闻风远避。印刷系属代印，社址及个人住所，皆出于租赁，欲求追查，已难于为力。稍缓时日，又易别号，再拟"报"名，一纸声请书发出，依然又复出版。此实内地处理新闻事业最感困难之一点。即如最近徐州晚报一案，以其纪载言论，实有未妥，故于奉查登记表，即陈述其不可私意，不久或即奉令不准其登记，故一切均予宽容。出版之始，尚按章送报，后即不再送（因彼知县府不能遽予处分），并肆为诽谤。及奉到钧府第一三一九号指令，于十一月一日依法令其休刊。不意翌日仍依旧悍然出版，并向县府喧闹。以依法办理之件尚且如是，若出县府之意，迳予制止，其情形可以揣想。徐州刻下已有大小报纸八九种之多，闻近日呈请继续出版者，尚有二三种，在筹办中者更多。出版法第十条所规定之二、三、四各款，普通人违反者甚少，只登记之初，临时赁得一二间住所，即无甚不合，一经出版，即管理为难。徐属久称匪区，近来尤为赤匪注意，时思利用，迭有破获，尚恐未尽。设有不良分子混入新闻界中。希冀以文字暗输其主义，而江北一带民众，知识本较闭陋简单，若假以时日，则浸润无形，其贻患将来殆有不堪设想者。心所谓危不敢缄默，谨不避琐屑，缕述经过之困难，以期未来之补救。伏乞明示方针，不胜万幸。谨呈。

（录自《增订国民政府司法例规补编》（第二次））

解释报社发行附刊疑义

1934年1月17日（民国二十三年）中央常务会议第六十二次会议决议，
中国国民党中央执行委员会宣传委员会第二四一三号函内政部解释，
5月26日内政部以警字第一一零一号咨各省市政府

（上略）

各报附刊只许附同本报发行，不许单独发行。如查出附刊单独发行者，准由地方同业提出损害赔偿。

（下略）

解释关于各种游戏场所发行之游艺报是否应一律登记疑义

1934年2月26日（民国二十三年）中央宣传委员会第九六三号函解释，

3月13日内政部以警字第五一七号咨河北省政府

（上略）

各游戏场所发行之游艺报纸其性质与出版法第二条一二两项规定之新闻纸杂志不相同者，自不必依法登记，即其性质间有相同而记载乃关于游艺事项者，亦不必依法登记。如竟有涉及政治或其他非游艺事项之记载，则当地主管机关应视为新闻纸杂志之类，而予以同样之管理。

（下略）

解释办理新闻纸杂志登记手续发生疑义

1934年3月22日（民国二十三年）内政部以警字第五六八号咨各省市政府

（上略）

（一）有人在镇江发行甲种周刊，声请登记正在审查中；又据声请在江都发行乙种周刊，负责与主编同为一人，而在两地发行各个刊物虽可不予限制，但须依法分别声请登记；（二）发行地点在甲县而负责与主编人均住在乙县，其行查机关自应由发行所所在地县政府办理之。

附：江苏省政府民国二十三年（1934年）二月六日秘字第六五号原咨

查新闻纸杂志之办理登记手续原有出版法及同法施行细则之规定，兹有人在镇江发行甲种周刊声请登记正在审查中，又据声请在江都发行乙种周刊，负责与主编同为一人，而在两地发行各个刊物是否不予限制，又发行地点在甲县而负责与主编人均住乙县，其行查机关是否为发行所所在地县政府，抑为发行人现住所在地之县政府，法无明文均属疑问，咨请查核见复。

解释报社及通讯社不依固定刊期出刊得予行政处分疑义

1934年5月17日（民国二十三年）中央宣传委员会二四一六号函解释

（上略）

此项行政处分系停止其发行，惟停止期间前无明文规定，兹特规定：日刊予以停止三日，隔日刊、三日刊、五日刊、周刊……等均予以停止三期之处分。

（下略）

诠释出版法第十三条疑义咨

1934年7月5日（民国二十三年）内政部咨各省市政府

案准中央宣传委员会函开：准汉口特别市党务整理委员会函开，案据汉口特别市第四区党部呈称，案据本区第一分部呈称，查十九年十二月十六日公布之出版法第十三条之规定，凡发行人不寄送新闻纸或杂志者，处百元以下之罚金。但在已经出版之新闻纸或通讯社之负责人，偶有婚丧疾病或经济拮据以及其他特别事故，致一、二日或一、二星期短期停稿者，在此停稿期间，根本无稿送审，是否应与违反第十三条之规定不送新闻纸受百元以下罚金之刑事处分同论？此点因该法未加明白规定，拟呈请市党部转呈中央赐予解释，俾资遵循等情。据此，理合呈请钧会鉴核等情。据此查所请解释新闻纸偶因特殊情形因而短期停稿，应否与出版法第十三条罚则同论一节，尚无明文规定。用特转请迅赐解释见覆等由。准此，查报社或通讯社因负责人遇有婚丧疾病或经济拮据以及其他特别事故时，须暂行停刊者，应将停刊期间呈报备案。如停刊在一星期以上又未经呈报备案者，应依照出版法第三十一条之规定，发行人违反第十三条之规定，不寄送新闻纸或杂志者，处百元以下之罚金，予以处罚。除函覆并通函各省市党部外，相应函请查照。并转行各省市政府查照等由。准此，自应照办。除分行外，相应咨请查照，并饬属知照为荷。此启。

（录自《改订国民政府司法例规》）

解释旧出版法罚则执行及第十四条疑义

1934年7月6日（民国二十三年）司法院院字第一○九二号训令
广西高等法院首席检察官，附原函

（上略）

（一）出版法之执行机关，除关于该法第五章行政处分外，其涉及第六章处罚事项，应由普通法院审判执行。（二）出版法第十四条之规定，系指新闻纸或杂志登载之事项，非由本人或直接关系人投稿者而言。来呈所举之例，核与该条不合，自不适用该条之规定。（三）报馆如因上述情形拒绝更正，自无通知之义务。

附：原函

（上略）

查出版法之执行机关，该法并无明文规定，是否归由普通法院直接审理，殊生疑义。（二）查出版法第十四条关于更正部份，仅云新闻纸或杂志登载之事项，本人或直接关系人请求更正，（略）在日刊之新闻纸，应于接到请求后三日内依照更正，并无本人原稿之误或报馆之误之限制。例如某甲送稿于某乙报馆登载声明或启事，如果某乙报馆所登载之事项与某甲送登之原稿有出入之时，固得依法请求更正，毫无疑义。但某乙报馆登载之事项虽与某甲之原稿无异，然某甲之原稿当时实有因缮稿或其他原因之误者，事后某甲函请某乙报馆依照更正，而某乙报馆藉口此项情形与上开法条不符，拒绝更正，是否违法？（三）报馆拒绝请求更正，应否用正式通知通知请求更正之人。

（下略）

（录自《司法院解释汇编》第一册）

解释《出版法》第六章所载罚则应经检察官侦查起诉

1934年8月11日（民国二十三年）司法院院字第一○九九号指令

浙江高等法院院长暨首席检察官

呈悉。业经本院统一解释法令会议议决，出版法第六章所载罚则，系特别刑法，应经检察官侦查起诉。法院不能迳行罚办。合行令仰转饬知照，此令。

附：原呈

案据余姚县法院院长郑式康、首席检察官朱树森会呈称：案奉钧院第一○一六一号训令略开，准中国国民党浙江省执行委员会函请分饬当地法院，将本省境内发行之报章、杂志及通讯社稿，其有关党义或党务事项之登载，未曾按时寄送本会审查之各该报纸、通讯社负责人，传案讯明，依照出版法第三十一条规定，从严处罚，仍将办理情形汇案具报等因，奉此，自应遵照办理。惟查出版法第六章之处罚，应否由检察官侦查起诉，依刑事诉讼法程序办理，抑由法院迳行罚办，毋庸经检察官侦查，不无疑义，理合呈请鉴核令遵等情。案关法令疑义，理合备文转请仰祈钧院鉴核令遵。谨呈。

（录自《司法院解释汇编》第一册）

解释旧出版法第十四条疑义

1934年10月25日（民国二十三年）中央宣传委员会第五五五一号函解释，

11月16日内政部以警字第一八一六号咨各省市政府

（上略）

凡新闻纸或杂志登载之事项，不论系直接所采访或有负责人之报稿，其本人或直接关系人请求更正或登载辩驳书者，当系事涉疑似或与事实不符；如果事实昭彰、证据确鉴，自不负更正或登载辩驳书之义务；（二）如遇更正或辩驳书事实复杂、文字过于冗长者，可分期登载或商诸原请求人将原文略予缩短；（三）登载更正、辩驳书之后，其他对方又请登载对更正之更正或对辩驳书之辩驳亦应负登载之义务；（四）稿件之登载与否，新闻纸或杂志社自有权衡，一经登载即当代负全责，对于当事人请求告知真姓名，在道德上自应负保守秘密之义务。

（下略）

解释新闻纸等社设立董事等会应否备案疑义

1934年11月9日（民国二十三年）中央宣传委员会第五八七一号函解释，

12月4日内政部以警字第六二八号咨各省市政府

（上略）

查新闻纸社及杂志社具名声请登记之负责人对内对外均有负全责，其有因特殊情形组设董事会或理事会等名目者，乃属各该社内部组织问题，无庸呈报备案。

（下略）

解释《出版法》所称之检察署包括各级检察机关

1935年1月14日（民国二十四年）司法院院字第一二〇三号指令

浙江高等法院首席检察官

呈悉。业经本院统一解释：法令会议议决：（一）出版法第十三条第一项所称之检察署，包括各级检察机关在内。（二）刑诉法并无征收勘验费用之规定。关于附带民诉必须复勘时，自难比照独立民诉征收费用。合行令仰转饬知照。此令。

附：原呈

案据江山县法院首席检察官何立言里称：窃查职处现有法律疑义数则：（一）出版法第十三条第一项之检察署，是否包括各级检察处在内，抑单指最高法院之检察署而言？（二）刑诉法第五百〇七条附带民诉之诉讼程序，准用刑事诉讼刑诉法；无规定者，准用民事诉讼法。设在刑事诉讼中对于附带民事诉讼部分必须复勘之时，应否依照民事诉讼征收履勘费用。以上二点，均不无疑义，理合具文呈请鉴核示遵，俾资依据等情。据此，案关法律疑义，除指令外，理合转呈钧院鉴核，赐予解释，以便饬遵。谨呈。

（录自《司法院解释汇编》第二册）

解释旧出版法第十六条及第三十条疑义

1935年3月26日（民国二十四年）内政部以警字第四八九五号咨外交部

（一）出版法第十六条仅规定应有关于发行人之记载，并未规定须刊印著作人之姓名，其目的仅在明示形式上之出版责任与著作权问题根本无关。

（二）凡违反出版法第十六条之规定者，即应依同法第三十条之处罚。惟此项处罚系以欲达到行政上要求及保证公共利益为目的，至该项出版品是否侵害他人权利及其被侵害者是否有依法请求保护之权均属另一问题，不能影响出版法第三十条之处罚。

（三）出版法第三十条之处罚，应属主管官厅职权行为，不以利害关系人之告诉为处罚条件，但无论何人，均得向主管官厅告发，以助主管官厅之发见。惟告发后是否处罚及如何处罚，均应由主管官厅职权决定。告发人固不能有任何意见或请求之申述。

（录自《警察法规汇编》）

内政部咨上海市政府新闻纸或杂志之发行应依照出版法第七条之规定办理，又新闻纸或杂志不依照出版法第七条及第八条之规定办理者当从严取缔

1937年1月18日（民国二十六年）上海市社会局令上海市书业同业公会

案奉　市府第五四四九号密令内开：

"案准　内政部警第七八三一号密咨开：案准中央宣传部二十五年十二月二十二日齐字第六九五号

密函，查近来反动刊物每有发现，为正本清源计，除由本部分令严密查扣外，并拟：（一）新闻或杂志之发行，应饬依照出版法第七条之规定办理。在未领到登记证前发行者，应于出版品名称之上下或左右刊明本社已遵于某月某日呈请登记字样，以资识别，而便审核。（二）凡新闻纸或杂志不依照出版法第七条及第八条之规定办理者，应转行各省市政府依照出版法第二十二条之规定办理，藉以防杜反动刊物之印发，请查照办理，等由。准此，查原函第一项规定，早经本部通行办理有案。只以阅时既久，新闻纸或杂志之发行者，多有未经遵办，致正当刊物与反动刊物不易识别，审核时极感困难。至第二项规定，原属省市政府应有之职权，值此国家多难之秋，对于未经声请登记之新闻纸类，自应依法从严取缔，以重法令，而杜流弊。准函前由，除分行并函覆外，相应咨请查照办理见覆为荷。"等由。准此，除分令暨咨覆外，合行令仰该局查照办理具报。此令。

等因奉此，除分行外，合亟令行该公会迅即转饬各会员一体知照，嗣后发行新闻纸或杂志，如不遵照上项规定办理，本局当依法从严取缔。仰即遵照毋违，此令。

中华民国二十六年一月十八日

局 长 潘公展

（录自上海市书业同业公会档案）

出版法

1937年7月8日（民国二十六年）国民政府修正公布

第一章 总则

第一条 本法称出版品者，谓用机械印版或化学之方法所印制，而供出售或散布之文书、图画。

第二条 出版品分左列三种：

一、新闻纸：指用一定名称，其刊期每日或隔六日以下之期间继续发行者而言。

二、杂志：指用一定名称，其刊期每星期或隔三月以下之期间继续发行者而言。但其内容以登载时事为主要者，仍视为新闻纸。

三、书籍及其他出版品，凡前二款以外之一切出版品属之。新闻纸或杂志之号外或增刊、副刊等，视为新闻纸或杂志。

第三条 本法称发行人者，谓主办出版品之人。

第四条 本法称著作人者，谓著作文书、图画之人。笔记他人之演述登载于出版品，或令人登载之者，其笔记之人视为著作人。但演述人予以承诺者，应同负著作人之责任。关于著作物之编纂，其编纂人视为著作人。但原著人予以承诺者，应同负著作人之责任。

关于著作物之翻译，其翻译人视为著作人。

关于专用学校、公司、会所或其他团体名义著作之出版品，其学校、公司、会所或其他团体之代表人视为著作人。

新闻纸所登载广告、启事，以委托登载人为著作人。如委托登载人不明或无负民事责任之能力者，以发行人为著作人。

第五条 本法称编辑人者，谓掌管编辑新闻纸或杂志之人。

第六条 本法称印刷者，谓主管印刷事业之人。

第七条 本法称地方主管官署者，在省为县政府或市政府；在直隶于行政院之市为社会局。

第八条 出版品于发行时，应由发行人分别呈缴左列机关各一份：

一、内政部；

二、中央宣传部；

三、地方主管官署；

四、国立图书馆及立法院图书馆。

改订增删原有之出版品而为发行者亦同。

党政机关之出版品，应依前二项规定，分别寄送。

第二章 新闻纸及杂志

第九条 为新闻纸或杂志之发行者，应由发行人于首次发行前，填具登记声请书呈由发行所所在地之地方主管官署于十五日内转呈省政府或直隶于行政院之市政府核准后，始得发行。省政府或直隶于行政院之市政府，接到前项登记声请书后，除特别情形外，应于二十八日内核定之，并转请内政部发给登记证。内政部于发给登记证后，应将登记声请书抄送中央宣传部登记。

登记声请书应载明之事项如左：

一、新闻纸或杂志之名称；

二、社务组织；

三、资本数目及经济状况；

四、刊期，发行新闻纸者并应载明其版数；

五、发行所及印刷所之名称及所在地；

六、发行人及编辑人之姓名、年龄、经历及住所。

第十条 第九条所定应声请登记之事项有变更者，其发行人应于变更后七日内，按照登记时之程序，声请变更登记。

前项变更登记之声请，如系变更新闻纸或杂志之名称或发行人者，应附缴原领登记证，按照第九条之规定重行登记。

第十一条 第九条及第十条之登记，不收费用。

第十二条 新闻纸中专以发行通讯稿为业者，地方主管官署于必要时得派员检查其社务组织及发行状况。

第十三条 有左列情形之一者，不得为新闻纸或杂志之发行人或编辑人：

一、国内无住所者；

二、禁治产者；

三、被处徒刑或一月以上之拘役在执行中者；

四、褫夺公权者。

第十四条 有左列情形之一者，得禁止其为新闻纸或杂志之发行人或编辑人：

一、因违反第二十一条之规定受刑事处分者；

二、因贪污或诈欺行为受刑事处分者。

第十五条 新闻纸或杂志废止发行者，原发行人应按照登记时之程序声请注销登记。

新闻纸逾所定刊期已满三个月、杂志逾所定刊期已满六个月尚未发行者，视为废止发行。

第十六条 新闻纸或杂志应记载发行人之姓名、登记证号数、发行年月日、发行所、印刷所之名称及所在地。

第十七条 新闻纸或杂志登载之事项，本人或直接关系人请求更正或登载辩驳书者，在日刊之新闻纸，应于接到请求后三日内更正或登载辩驳书。在其他新闻纸或杂志，应于接到请求后第二次发行前为之。但其更正或辩驳之内容，显违法令，或未记明请求人之姓名、住所，或自原登载之日起逾六个月而始行请求者，不在此限。更正或辩驳书之登载，其地位应与原文所登载者相当。

第三章 书籍及其他出版品

第十八条 书籍或其他出版品，应于其末幅记载著作人、发行人之姓名、住所、发行年月日、发行所、印刷所之名称及所在地。

第十九条 通知书、章程、营业报告书、目录、传单、广告、戏单、秩序单、各种表格证书、证券及照片，不适用第八条之规定。

第二十条 有关政治之传单或标语，非经地方主管官署许可，不得印刷发行。

第四章 出版品登载事项之限制

第二十一条 出版品不得为左列各款言论或宣传之记载：

一、意图破坏中国国民党或违反三民主义者；

二、意图颠覆国民政府或损害中华民国利益者；

三、意图破坏公共秩序者。

第二十二条 出版品不得为妨害善良风俗之记载。

第二十三条 出版品不得登载禁止公开诉讼事件之辩论。

第二十四条 战时或遇有变乱及其他特殊必要时，得依国民政府命令之所定，禁止或限制出版品关于政治、军事、外交或地方治安事项之登载。

第二十五条 以广告、启事等方式登载于出版品者，应受前四条所规定之限制。

第五章 行政处分

第二十六条 不为第九条之声请登记，或就应登记之事项为不实之陈述而发行新闻纸或杂志者，得停止该新闻纸或杂志之发行。

不为第十条之声请变更登记而发行新闻纸或杂志者，得于其为合法之声请登记前，停止该新闻纸或杂志之发行。

第二十七条 前条所定之处分，其出版品在县政府或市政府所在地发行者，应同时由该县政府或市政府呈请省政府核准；在省政府或直隶于行政院之市政府所在地发行者，应同时由该省政府或市政府咨请内政部核准，方得执行。省政府核准执行者，应咨报内政部备案。

第二十八条 内政部认为出版品载有第二十一条所列事项之一，或违背第二十四条所定禁止或限制之事项者，得指明该事项，禁止出版品之出售及散布，并得于必要时扣押之。

依前项规定扣押之出版品，如经发行人之请求，得于删除该事项之记载或禁令解除时返还之。

第一项所定，其情节轻微者，得由地方主管官署呈准该管省政府或市政府予以警告，并由该省政府或市政府转报内政部。

第二十九条 地方主管官署查有前条第一项之出版品，如认为必要时，得暂行禁止该出版品之出售散布，或暂行扣押。同时呈由省政府或直隶于行政院之市政府，转报内政部核办。

第三十条 前条所定处分，其出版品如为新闻纸或杂志，在县政府或市政府所在地发行者，应由该县政府或市政府呈请省政府核办；在省政府或直隶于行政院之市政府所在地发行者，应由该省政府或市政府咨请内政部核办。

第三十一条　国外发行之出版品，有应受第二十八条第一项或第三十四条第一项处分之情形者，内政部得禁止其进口。

依前项规定禁止进口之出版品，省政府或市政府得于其进口时扣押之。

第三十二条　因新闻纸或杂志所载事项，依第二十八条第一项所定之处分，而其情节重大者，内政部得定期或永久停止其新闻纸或杂志之发行。

违背前项禁止而发行之新闻纸或杂志，地方主管官署应扣押之。

第三十三条　扣押书籍或其他出版品，于必要时得并扣押其底版。

依前项规定扣押之底版，准用第二十八条第二项之规定。

第三十四条　出版品之记载，除有触犯刑法规定应依法办理外，其有违反第二十二条之规定，情形较为重大者，内政部或地方主管官署呈经内政部核准，得禁止其出售、散布，并得于必要时扣押之。

前项出版品，如为新闻纸或杂志，并得定期停止其发行。

第三十五条　发行人违反第八条第一项或第二项之规定，不呈缴出版品者，处三十元以下罚锾。

第三十六条　发行人不为第九条或第十条之声请登记而发行新闻纸或杂志者，处一百元以下罚锾。

第三十七条　第十三条各款所列之人，或因第十四条各款情形之一而受禁止之人，发行或编辑新闻纸或杂志者，处一百元以下罚锾。

第三十八条　发行人违反第十五条第一项之规定者，处二十元以下罚锾。

第三十九条　出版品不为第十六条或第十八条所定之记载，或记载不实者，处发行人一百元以下罚锾。

第四十条　编辑人违反第十七条之规定者，处一百元以下罚锾。

第四十一条　新闻纸因受本章所定之行政处分，向处分机关之上级官署诉愿时，该官署应于接受诉愿后十日内予以决定。

第六章　罚则

第四十二条　发行人或印刷人违反第二十条之规定者，处一百元以下罚金。

第四十三条　违反第二十一条之规定者，处发行人、编辑人、著作人及印刷人一年以下有期徒刑、拘役或一千元以下罚金。但其他法律规定有较重之处罚者，依其规定。

第四十四条　违反第二十二条或第二十三条之规定者，处编辑人或著作人拘役或三百元以下罚金。

第四十五条　违背第二十四条所定之禁止或限制者，处发行人、编辑人、著作人及印刷人一年以下有期徒刑、拘役或一千元以下罚金。

第四十六条　出版品为新闻纸或杂志时，著作人受第四十三条处罚者，以对于其事项之登载具名负责者为限。受第四十五条处罚之著作人亦同。

第四十七条　违背第二十六条所定之禁止发行命令发行新闻纸或杂志者，处二百元以下罚金。

第四十八条　妨害第二十九条所定扣押处分之执行者，处二百元以下罚金。

第四十九条　发行人违背第二十八条第一项所定之禁止者，处一年以下有期徒刑、拘役或一千元以下罚金。其知情而出售或散布该项出版品者，处六个月以下有期徒刑、拘役或五百元以下罚金。

违背第三十一条第一项所定之禁止，及知情而输入、出售或散布该项出版品者，准用前项规定分别处罚。

第五十条　妨害第二十八条第一项、第三十一条第二项、第三十二条第二项、第三十三条所定扣押处分之执行者，处六个月以下有期徒刑、拘役或五百元以下罚金。

第五十一条 发行人违背第三十二条第一项之禁止者，处一年以下有期徒刑、拘役或一千元以下罚金，其知情而出售或散布该项新闻纸或杂志者，处六个月以下有期徒刑、拘役或五百元以下罚金。

第五十二条 本法所定各罚之追诉权，逾一年而不行使者，因时效而消灭。第四十三条、第四十五条之情形，其追诉权之时效期间，自发行日起算。

第七章 附则

第五十三条 本法施行细则由内政部定之。

第五十四条 本法自公布日施行。

（录自郭卫编《袖珍新六法全书》，民国三十七年出版）

出版法施行细则（附表式）

1937年7月28日（民国二十六年）内政部修正公布

第一条 本细则依出版法第五十三条之规定订定之。

第二条 出版法及本细则，关于地方主管官署之规定，于特区行政公署或设治局准用之。

第三条 出版品审核标准，除依出版法第四章各条规定者外，并适用中央关于出版品之各项决议。

第四条 出版法第二条第一项第二款所称视为新闻纸者，以通常登载时事新闻地位在全部篇幅三分之二以上为标准。

依前项标准计算时，应将登载之广告除去。

第五条 同一新闻纸或杂志，另在他地出版发行者，视为独立之新闻纸或杂志。

第六条 出版法第九条第二项第三款所定登记声请书，应载明之资本数目，如系刊行新闻纸者，得依照左列规定定其额数：

一、在人口百万以上之省政府或市政府所在地刊行报纸者，一万元以上；刊行通讯稿者，三千元以上。

二、在人口未满百万之省政府或市政府所在地刊行报纸者，六千元以上；刊行通讯稿者，一千元以上。

三、在特区行政公署、县政府或设治局所在地刊行报纸者，一千元以上；刊行通讯稿者，二百元以上。但该地向无报社或通讯社之设立而创刊报纸者，得减低至五百元以上，创刊通讯稿者，得减低至一百元以上。

新闻纸在前项第一款至第三款所定区域以外地方刊行者，其资本额数得由省市政府或特区行政公署酌定，分别咨呈内政部查核备案。

第七条 出版法修正施行前已登记之新闻纸，应于出版法修正施行后六个月内，依照前条规定，补行资本额数登记之声请。

不依前项规定限期补行资本额数登记之声请者，得依出版法第二十六条之规定，停止该新闻纸之发行。

第八条 出版法第九条第二项第六款所定登记声请书应载明之经历，如为新闻纸之发行人时，以具有左列资格之一者为合格；

一、在教育部认可之国内外大学或专科学校毕业，得有证书者；

二、在教育部认可之高级中学毕业，并服务新闻事业三年以上，有证书者；

三、在新闻事业之主管机关服务三年以上，有证明文件者；

四、服务新闻事业五年以上，有相当证明者。

第九条　新闻纸或杂志发行人，依出版法第九条声请登记时，应照规定格式填具登记声请书四份为之。

第十条　地方主管官署，于依出版法第九条第一项呈转新闻纸或杂志之登记声请时，应送当地同级党部审查同意后，于登记声请书内加具意见，以一份存查，三份呈送省政府或直隶于行政院之市政府。

第十一条　省政府或直隶于行政院之市政府，于依出版法第九条第二项核定新闻纸或杂志之登记声请时，应送当地同级党部审查同意后，除不予核转登记者，得迳行饬知并咨报内政部，其准予核转登记者，于登记声请书内加具意见，以一份存查，二份咨送内政部。

第十二条　内政部接到前条登记文件，应送中央宣传部审查同意后，发给登记证。

第十三条　前四条规定，于新闻纸或杂志变更登记或注销登记时准用之。

第十四条　新闻纸或杂志因转让发行而声请变更登记者，应由前发行人与新发行人共同具名声请之。

第十五条　地方主管官署，于已核准登记之新闻纸或杂志，应将登记声请书抄送该管警察机关；其变更登记或注销登记时亦同。

第十六条　地方主管官署，于依出版法第十二条检查通讯社之社务组织及发行状况时，应将检查结果呈报省政府或直隶于行政院之市政府，转报内政部，并由内政部函达中央宣传部。

第十七条　新闻纸或杂志依出版法第十六条应记载之登记证号数，在声请核准未领到登记证前，应记载声请核准之年月日。不为前项所定之记载或记载不实者，准用出版法第三十九条之规定处罚之。

第十八条　登记证因遗失或损坏时，其发行人应即登报声明作废，并检同所登声明报纸，呈请地方主管官署转请补发之。违反前项规定者，准用出版法第三十八条之规定处罚之。

第十九条　出版法第八条第一项第四款所称国立图书馆，以国立中央图书馆及国立北平图书馆为限。

第二十条　发行人依出版法第八条第一项或第二项呈缴出版品时，应制备出版品呈缴簿，盖用邮政机关或呈缴机关之递寄或收受戳记，以备查考。

第二十一条　中央宣传部如发现出版品有应受出版法处分之情形，得函请内政部办理之。

第二十二条　出版法第二十六条所定陈述不实之停止处分，地方主管官署或省市政府，于依出版法第二十七条规定程序办理前，应令该发行人呈覆，并派员查明之。

第二十三条　地方主管官署依出版法第二十八条第三项得予警告之出版品，以新闻纸及杂志为限。

前项警告应以书面行之。

第二十四条　新闻纸及杂志因事暂行停刊时，其发行人应呈报地方主管官署，转报内政部，并由内政部函达中央宣传部。

前项停刊日数，每年积计，在新闻纸不得逾三个月，在杂志不得逾六个月，违者得注销其登记。

发行人违反第一项规定者，准用出版法第三十八条之规定处罚之。

第二十五条　有关政治之传单或标语，由党政机关发行者，得免除出版法第二十条规定之手续。

第二十六条　出版法及本细则所规定之声请书登记证等格式，另订之。

第二十七条　本细则如有未尽事宜，得由内政部修正之。

第二十八条　本细则自出版法施行之日施行。

声请书式（一）

新闻纸／杂志登记声请书	名称				考查意见	复核意见
	类别		刊期			
	社务组织					
	资本数目		经济状况			
	发行所	名称	地址			
	印刷所	名称	地址			
	发行人及编辑人		发行人	编辑人		
		姓名				
		籍贯				
		年龄				
		学历				
		经历				
		是否党员及党证字号				
		住所				
	附注					

兹因发行　谨依出版法第九条及同法施行细则第九条之规定，开具下列事项声请登记。谨呈

某某省某某县（市）政府

某某市社会局

某某特种行政公署

某某省某某设治局

具声请书人某某社

发行人某姓某名

中华民国　年　月　日

说　明

一、凡为新闻纸或杂志之发行者，应由发行人向地方主管官署领取此项声请书，依式填具四份声请之。

二、类别栏须填具新闻纸或杂志或通讯稿。

三、刊期系指日刊、周刊、旬刊、月刊、季刊等刊期而言，应于本栏内填明之。

四、发行人指主办新闻纸或杂志之人，如有二人以上时，应互推一人具名声请之。

五、编辑人指掌管编辑之人，应于本栏内分别填明。

六、考查意见栏由地方主管官署填写，覆核意见栏由省政府或直隶于行政院之市政府填写。

声请书式（二）

新闻纸或杂志之发行人依出版法第十条及同法施行细则第十四条声请变更登记者适用之。

新闻纸／杂志变更登记声请书									
名称	发行人姓名	原登记核准之年月日	登记证号数及发给之年月日	首次发行之年月日	声请变更事项		变更之原因	变更之年月日	附注
					原登记者	现变更者			
考查意见									
复核意见									

声请书式（三）

新闻纸或发行人依出版法第十五条第一项声请注销登记者适用之。

新闻纸／杂志注销登记声请书					
名称	发行人姓名	原登记核准之年月日	废止发行之原因	废止发行之年月日	附注

新闻纸登记证式

内政部依出版法第九条第二项发给登记证时适用之。

新闻纸登记证	内政部新闻纸登记证
	警字第　号
	兹据　社依法声请登记，业经审核相符，除登记外合给登记证
	此证
	上给　发行人　收执
	中华民国　年　月　日

杂志登记证式

内政部依出版法第九条第二项发给登记证时适用之。

杂志登记证	内政部杂志登记证 　　　　　　　　　警字第　号 兹据　社依法声请登记，业经审核相符， 除登记外合给登记证 　此证 　　　　　上给　发行人　收执 中华民国　年　月　日

（录自《中华民国法规汇编》，福建省政府辑）

解释修正出版法第三条第九条第三款及同法施行细则第七条疑义

1938年2月16日（民国二十七年）内政部咨各省市政府

（上略）

（一）查修正出版法第三条："本法称发行人者，谓主办出版品之人。"如社长能负社中完全责任者，当然可为发行人。惟须具有同法施行细则第八条规定所列资格之一者为合格。至社长与发行人同时并置，于法虽不予限制，但发行人以推定一人为原则。（二）又查同法第九条第三款登记声请应列具资本数目及经济状况，暨同法施行细则第七条出版法修正施行前已登记之新闻纸，应于出版法修正施行后六个月内，依照规定补行资本额数登记之声请，关于以上两项资本额数登记之审核标准，自应依据同法施行细则第六条各款之规定办理，由地方主管官署查明其凭证，会同当地同级党部加具详细考查意见，转送本部核办。

（下略）

解释通讯社可否变更为晚报疑义

1938年3月14日（民国二十七年）内政部咨湖北省政府

（上略）

查通讯社变更为晚报虽有法所允许，但应呈请注销原通讯社登记案，同时另以晚报名义依法登记。

（下略）

解释修正出版法第十条等疑义三点

1938年4月21日（民国二十七年）内政部咨湖南省政府

（上略）

（一）查新闻纸或杂志因变更名称或发行人声请变更登记者，应适用声请书式"二"之格式；（二）修正出版法施行细则第十四条系为关于变更登记声请手续之补充规定，新闻纸或杂志因转让发行者自应依照修正出版法第十条及该细则第十四条之规定，声请变更登记；（三）新闻纸或杂志迁地发行者，应依照修正出版法第十条之规定，呈由新发行所所在地之地方主管官署声请变更登记。

（下略）

解释关于党政机关之出版品应否声请登记疑义

1938年5月24日（民国二十七年）内政部代电福建省政府

（上略）

查党政机关之出版品除新闻纸应依规定声请登记外，其余出版品只依照修正出版法第八条之规定办理，毋庸声请登记。

（下略）

解释修正出版法及同法施行细则对于杂志之
资本额数无明文规定应否加以限制，
又新闻纸、杂志为团体发行者其资本额数应否仍受规定限制疑义

1938年6月8日（民国二十七年）内政部咨四川省政府

（上略）

查修正出版法施行细则第六条所定资本额数之限制，仅以新闻纸适用为限。杂志既非该条所规定，自不受其限制。又新闻纸、杂志为团体发行者，应依照修正出版法第九条第二项第三款载明资本数目，其发行新闻纸者应同受修正出版法施行细则第六条所定资本额数之限制。

（下略）

解释地方主管官署审核新闻纸资本数目时究以何种凭证为有效疑义

1938年7月18日（民国二十七年）内政部代电湖南省政府

（上略）

查原解释所称新闻纸资本凭证，应以银行、钱庄等存款凭证或其他营业资本，经证明其确为该新闻社所有者为有效。至如由刊行新闻纸之负责人向新闻社出具借条，自不能认为有效凭证。

（下略）

附：抄原代电

内政部勋鉴，查前准贵部渝警二十七年二月十六日发第三五六号咨第二项解释修正出版法施行细则第六条，各项所定刊行新闻纸资本数目由地方主管官署查明其凭证等因，但凭证二字范围颇广，各地方主管官署审查资本时究以何种凭证为有效，又例如由刊行新闻纸之负责人甲乙丙丁等数人分别向新闻社出具借条可否作为该社资本有效凭证用，特电请解释俾资依据为荷。

湖南省政府

解释修正出版法疑义四点

1938年9月22日（民国二十七年）内政部咨各省市政府等

案准中央宣传部二十七年九月八日函开："准浙江省党部电开查自出版法修正公布施行以来本省各地出版者声请登记事项均已遵照办理，兹发生疑义数点，谨请解释：

（一）关于解释旧出版法之法令与新出版法并无抵触者，在未有新解释前是否仍得适用？

（二）官署发行含有商业性之出版品，是否得不履行登记手续，抑另有限制？

（三）新出版法第八条，出版社对省、县党部无必须呈缴出版品之规定，于审查方面易生耳目不周之弊，出版者往往藉此逃避审查。为便利计，省、县党部是否得以命令责令按期呈缴？

（四）登记声请书规定呈缴四份，省、县党部均无留存，于稽考出版社组织内容易生膈膜，是否得令多备一二份？

以上各点均于办理实际上有感觉困难之处，理合电请鉴核示复，俾资遵循。等由。准此，查出版品最高主管官署为贵部，关于出版法之解释，自应由贵部办理。

兹将本部意见四点

（一）关于解释旧出版法之法令与新出版法并无抵触者，未有新解释前似可仍得适用；

（二）新闻纸无论是否官署出资设立，均须登记，曾经解释有案。至官署发行纯粹含商业性（指内容）之出版品，似可不履行登记；

（三）关于图书杂志之审查，本部正在与贵部及教育、政治、社会各部会商，组织审查委员会办理中。地方亦将同时组织。此后各出版社自当向审委会呈送出版品，各省、县党部暂可毋庸饬令呈缴。惟新闻纸不在该项组织范围以内。而省党部、县党部为一省一县最高党务机关，对于其所属新闻，自应有审核之必要，似可以命令责其按期送审；

（四）新出版法施行细则第十条及第十一条规定，地方主管官署及省、市政府，对于新闻纸杂志之登记声请，应送同级党部审查同意。省、县党部为备稽考起见，即可于审查同意时择要抄存，似可毋庸令其多备，以供参考。

请查照解释转咨各省、市政府，并希见复，以凭通函各省、市党部查照，"等由。准此查照，此案中央宣传部所拟解释意见四点，均属允当除分行查照并函复外，相应咨请查照。

（下略）

修正出版法施行细则（附表式）

1939年7月28日（民国二十八年）内政部公布

第一条 本细则依出版法第五十三条之规定订定之。

第二条 出版法及本细则，关于地方主管官署之规定，于特区行政公署或设治局准用之。

第三条 出版品审核标准，除依出版法第四章各条规定者外，并准用中央关于出版品之各项决议。

第四条 出版法第二条第一项第二款所称视为新闻纸者，以通常登载时事新闻地位在全部篇幅三分之二以上为标准。

依前项标准计算时，应将登载之广告除去。

第五条 同一新闻纸或杂志另在他地出版发行者，视为独立之新闻纸或杂志。

第六条 出版法第九条第二项第三款所定登记声请书，应载明之资本数目，如系刊行新闻纸者，得依左列规定定其数额：

一、在人口百万以上之省政府或市政府所在地刊行报纸者，一万元以上；刊行通讯稿者，三千元以上。

二、在人口未满百万之省政府或市政府所在地刊行报纸者，六千元以上；刊行通讯稿者，一千元以上。

三、在特区行政公署、县政府或设治局所在地刊行报纸者，一千元以上；刊行通讯稿者，二百元以上。但该地向无报社或通讯社之设立而创刊报纸者，得减低至五百元以上；创刊通讯稿者，得减低至一百元以上。

新闻纸在前项第一款至第三款所定区域以外之地方刊行者，其资本额数得由省市政府或特区行政公署酌定，分别咨呈内政部查核备案。

第七条 出版法修正施行前已登记之新闻纸，应于出版法修正施行后六个月内依照前条规定，补行资本额数登记之声请。

不依前项规定限期补行资本额数登记之声请者，得依出版法第二十六条之规定，停止该新闻纸之发行。

第八条 出版法第九条第二项第六款所定登记声请书应载明之经历，如为新闻纸之发行人时，以具有左列资格之一者为合格：

一、在教育部认可之国内外大学或专科学校毕业，得有证书者；

二、在教育部认可之高级中学毕业并服务新闻事业三年以上，有证明书者；

三、在新闻事业之主管机关服务三年以上，有证明文件者；

四、服务新闻事业五年以上，有相当证明者。

第九条 新闻纸或杂志之发行人，依出版法第九条声请登记时，应照规定格式填具登记声请书四份为之。

第十条 地方主管官署于依出版法第九条第一项呈转新闻纸或杂志之登记声请时，应送当地同级党部审查同意后，于登记声请书内加具意见以一份存查、三份呈送省政府或直隶于行政院之市政府。

第十一条 省政府或直隶于行政院之市政府，于依出版法第九条第二项核定新闻纸或杂志之登记声请时，应送当地同级党部审查同意后，除不予核转登记者，再得迳行饬知并咨报内政部外，其准予核转登记者，于登记声请书内加具意见，以一份存查、二份咨送内政部。

第十二条 内政部接到前条登记文件，应送中央宣传部审查同意后，发给登记证。

第十三条 前四项规定，于新闻纸或杂志变更登记或注销登记时准用之。

第十四条 新闻纸或杂志因转让发行而声请变更登记者，应由前发行人与新发行人共同具名声请之。

第十五条 地方主管官署，于已核准登记之新闻纸或杂志，应将登记声请书抄送该管警察机关，其变更登记或注销登记时亦同。

第十六条 地方主管官署，于依出版法第十二条检查通讯社之社务组织及发行状况时，应将检查结果呈报省政府或直隶于行政院之市政府，转报内政部，并由内政部函达中央宣传部。

第十七条 新闻纸或杂志依出版法第十六条应记载之登记证号数，在声请核准后未领到登记证前，应记载声请核准之年月日。

不为前项所定之记载或记载不实者，准用出版法第三十九条之规定处罚之。

第十八条 登记证因故遗失或损坏时，其发行人应即登报声明作废，并检同所登声请报纸呈请地方主管官署转请补发之。

违反前项规定者，准用出版法第三十八条之规定处罚之。

第十九条 出版法第八条第一项第四款所称国立图书馆，以国立中央图书馆及国立北平图书馆为限。

第二十条 发行人依出版法第八条第一项或第二项呈缴出版品时，应制备出版品呈缴簿，盖用邮政机关或呈缴机关之递寄或收受戳记，以备查考。

第二十一条 中央宣传部如发现出版品有应受出版法处分之情形，得函请内政部办理之。

第二十二条 出版法第二十六条所定陈述不实之停止处分，地方主管官署或省市政府于依出版法第二十七条规定程序办理前应令该发行人呈复并派员查明之。

声请书式（一）

新闻纸／杂志登记声请书					考查意见	复核意见
名称						
类别			刊期			
社务组织						
资本数目			经济状况			
发行所名称			地址			
印刷所名称			地址			
发行人及编辑人		发行人		编辑人		
	姓名					
	籍贯					
	年龄					
	学历					
	经历					
	是否党员及党证字号					
	住所					
附注						

兹因发行　谨依出版法第九条及同法施行细则第九条之规定开具右列事项声请登记。谨呈

某某省某某县（市）政府／某某市社会局

某某特别行政公署／某某省某某设治局

具声请书人

某某社发行人某姓某名（盖章）

中华民国　年　月　日

说明

一、凡为新闻纸或杂志之发行者，应由发行人向地方主管官署领取此项声请书，依式填具四份声请之。

二、类别栏须填明新闻纸或杂志或通讯稿。

三、刊期系指日刊、周刊、旬刊、月刊、季刊等刊期而言，应于本栏内填明之。

四、发行人指主办新闻纸或杂志之人，如有二人以上时应互推一人具名声请之。

五、编辑人指掌管编辑之人，应于本栏内分别填明。

六、考查意见栏由地方主管官署填写，复核意见栏由省政府或直隶于行政院之市政府填写。

声请书式（二）

新闻纸或杂志之发行人依出版法第十条及同法施行细则第十四条声请变更登记者适用之。

新闻纸／杂志变更登记声请书			
名称		考查意见	复核意见
发行人姓名			
原登记核准之年月日			
登记证号数及发给之年月日			
首次发行之年月日			
声请变更事项　原登记者			
声请变更事项　现变更者			
变更之原因			
变更之年月日			
附注			

兹依出版法第十条及同法施行细则第十四条之规定，开具右列事项声请变更登记。谨呈

某某省某某县（市）政府／某某市社会局

某某特别行政公署／某某省某某设治局

具声请书人

某某社发行人某姓某名（盖章）

说明

凡新闻纸或杂志因登记事项变更声请变更登记者，由发行人向地方主管官署领取此项声请书依式

填具四份声请之。

声请书式（三）

新闻纸或杂志之发行人依出版法第十五条第一项，声请注销登记者适用之。

新闻纸／杂志注销登记声请书	
名称	
发行人姓名	
原登记核准之年月日	
登记证号数及发给之年月日	
废止发行之原因	
废止发行之年月日	
附注	

兹依出版法第十五条第一项之规定，开具右列事项声请注销登记。谨呈
某某省某某县（市）政府／某某市社会局
某某特别行政公署／某某省某某设治局

　　　　　　　　　　具声请书人
　　　　　　　　　　某某社发行人某姓某名（盖章）

说明

　　凡新闻纸或杂志因废止发行声请注销登记，得应由发行人向地方主管官署领取此项声请书，依式填具四份连同原领登记证声请之。

新闻纸登记证式

内政部依出版法第九条第二项发给登记证时适用之。

新闻纸登记证	内政部新闻纸登记证书 　　　　　　　　　　警字第　号 兹据　　　　社依法声请登记业经审核相符，除登记外合给登记证。 　　此证　右给 　　　　　　发行人　　　收执 　　　　　　中华民国　年　月　日

杂志登记证式

内政部依出版法第九条第二项发给登记证时适用之

杂志登记证	内政部杂志登记证 　　　　　　　　　　　　警字第　号 兹据　　　　　社依法声请登记，业经审核 相符，除登记外合给登记证。 此证 右给 　　　　　　　　　发行人　　收执 　　　　　　中华民国　年　月　日

解释报纸之由最高党部办理者是否仍适用出版法之规定疑义

1940年1月9日（民国二十九年）内政部咨复重庆市政府并函中央宣传部

查各级党部所辖报社管理规则第十条载："各报社除服从中央宣传委员会及主管党部之一切指导外，并须遵守出版法关于报纸之规定事项。"又修正出版法第七条载："本法称地方主管官署者，在省为县政府或市政府，在直隶于行政院之市为社会局"各等语。是报社之由党部直辖指导者，依照前项规定，仍应受地方主管官署之监督管理。

（录自《警察法规汇编》）

解释新闻纸补行资本额数登记之声请应用何种声请书式疑义

1940年4月16日（民国二十九年）内政部咨复湖南省政府

（上略）

查声请书式（一）内列有"资本数目"一项，补行资本额数之声请可暂适用声请书式（一）。

（下略）

解释战时发行新闻纸杂志可否由官吏兼任发行疑义

1940年12月14日（民国二十九年）内政部函复中央宣传部

（上略）

查公务员兼任杂志社职务如系专为研究学术并非一种出版业尚非法所不许，报社则系商业中之出版业，公务员不得兼任。其中职务均经司法院先后解释，由部通行各有案。惟自全面抗战以来，各地民营报纸数量原属不多，复因受战时影响日形减少，前后方精神食粮颇为缺乏，故有以官署名义或由官署出资所办之报纸，以领导民众鼓励士兵，致力于抗战宣传者数不在少，该项报纸虽亦定价出售，实不以营利为目的，自有别于商业中之出版业，公务员如兼任该项报纸职务，似可不受司法院解释之拘束。

（下略）

出版法修正案

1947年10月24日（民国三十六年）行政院修正通过

第一章 总则

第一条 本法称出版品者，谓用机械印版或化学之方法所印制，而供出售或散布之文书、图画、发音片视为出版品。

第二条 出版品分左列三种：

一、新闻纸：指用一定名称，其刊期每日或隔六日以下之期间继续发行者而言。

二、杂志：指用一定名称，并装订成本，其刊期在七日以上三月以下之期间继续发行者而言。

三、书籍及其他出版品：凡前二款以外之一切出版品属之。新闻纸或杂志之号外或增刊、副刊等，视为新闻纸或杂志。

第三条 本法称发行人者，谓主办出版品之人。

第四条 本法称著作人者，谓著作文书、图画之人。笔记他人之演述登载于出版品，或令人登载之者，其笔记之人视为著作人。但演述人予以承诺者，应同负著作人之责任。关于著作物之编纂，其编纂人视为著作人，但原著作人予以承诺者，应同负著作之责任。

关于著作物之翻译，其翻译人视为著作人。

关于专用学校、公司、会所或其他团体名义著作之出版品，其学校、公司、会所或其他团体之代表人视为著作人。

新闻纸所登载广告、启事，以委托登载人为著作人。如委托登载人不明或无负民事责任之能力者，以发行人为著作人。

第五条 本法称编辑人者，谓掌管编辑新闻纸或杂志之人。

第六条 本法称印刷人者，谓主管印刷事业之人。

第七条 本法称地方主管官署者，在省为县政府或市政府，在隶属于行政院之市为社会局。

第八条 外籍人民得依本法规定声请发行出版品，并遵守中国关于出版品之一切法令。但该外籍人民之本国出版法律对于中国人民有差别待遇时，应不享受本法所给予之待遇。

第二章 新闻纸及杂志

第九条 为新闻纸或杂志之发行者，应由发行人于首次发行前，填具登记声请书呈由发行所所在地之地方主管官署于十日内转呈省政府、直隶于行政院之市政府核准后，始得发行。省政府或直隶于行政院之市政府，接到前项登记声请书后，经审核与规定相符者，应于十日内予以核定并转请内政部发给登记证。

登记声请书应载明之事项如左：

一、新闻纸或杂志之名称；

二、发行趣旨；

三、社务组织；

四、资本数目，器材设备及经济状况；

五、刊期，发行新闻纸者并载明其版数；

六、发行所及印刷所之名称及所在地；

七、发行人及编辑人之姓名、年龄、籍贯、经历及住所。

第十条　第九条所定应声请登记之事项有变更者，其发行人应于变更后七日内，按照登记时之程序，声请变更登记。

前项变更登记之声请，如系变更新闻纸或杂志之名称、发行人或发行所所在地管辖者，应附缴原领登记证，按照第九条之规定重行登记。

第十一条　第九条、第十条之登记，不收费用。

第十二条　有左列情形之一者，不得为新闻纸或杂志之发行人或编辑人：

一、国内无住所者；

二、禁治产者；

三、被处一月以上之刑在执行中者；

四、褫夺公权者。

第十三条　有左列情事之一者，得禁止其为新闻纸或杂志之发行人或编辑人：

一、因违反第二十一条、第二十二条之规定受刑事处分者；

二、因贪污或诈欺行为受刑事处分者。

第十四条　新闻纸或杂志废止发行者，原发行人应按照登记时之程序声请注销登记。

新闻纸逾所定刊期已满三个月、杂志逾所定刊期已满六个月尚未发行者，视为废止发行。

第十五条　新闻纸或杂志应记载发行人之姓名、登记证号数、发行年月日、发行所、印刷所之名称及所在地。

第十六条　新闻纸或杂志之发行人应于每次发行时以一份寄送内政部，一份寄送行政院新闻局，一份寄送省政府或直隶于行政院之市政府，一份寄送发行所所在地之地方主管官署，二份分送国立中央图书馆与国立北平图书馆。

第十七条　新闻纸或杂志登载之事项，本人或直接关系人请求更正或登载辩驳书者，在日刊之新闻纸，应于接到请求三日内更正或登载辩驳书。在其他新闻纸或杂志，应于接到请求后第二次发行前为之。但其更正或辩驳之内容，显违法令，或未记明请求人之姓名、住所或自原登载之月起，逾六个月而始行请求者，不在此限。更正或辩驳书之登载，其地位应与原文所载者相当。

第三章　书籍及其他出版品

第十八条　书籍或其他出版品，应于其末幅载著作人、发行人之姓名、住所、发行、年月日、发行所、印刷所之名称及所在地。

第十九条　书籍或其他出版品于发行时，应由发行人分别寄送内政部及国立中央图书馆与国立北平图书馆各一份。改订增删原有之出版品而为发行者亦同，但出版品系发音片时得免予寄送国立图书馆。

第二十条　通知书、章程、营业报告书、目录、传单、广告、戏单、秩序单、各种表格证书、证券及照片，不适用前二条之规定。

第四章　出版品登载事项上之限制

第二十一条　出版品不得为左列各款言论或宣传之记载：

一、意图颠覆政府或危害中华民国者；

二、妨害邦交者；

三、意图损害公共利益或破坏社会秩序者。

第二十二条　出版品不得为妨害本国或友邦元首名誉之记载。

第二十三条　出版品不得为妨害善良风俗之记载。

第二十四条　出版品不得为妨害他人名誉及信用之记载。

第二十五条　出版品不得登载禁止公开诉讼事件之辩论，出版品对正在诉讼程序中之事件不得加以批评。

第二十六条　战时或遇有变乱及其他特殊必要时，得依中央政府命令之所定，禁止或限制出版品关于政治、军事、外交或地方治安事项之记载。

第二十七条　以广告、启事等方式登载于出版品者，应受第二十一条至第二十六条所规定之限制。

第五章　行政处分

第二十八条　不为第九条之声请登记，或就应登记之事项为不实之陈述而发行新闻纸或杂志者，得停止该新闻纸或杂志之发行。不为第十条之声请变更登记而发行新闻纸或杂志者，得于其为合法之声请变更登记前，停止该新闻纸或杂志之发行。

第二十九条　前条所定之处分，其出版品在县政府或市政府所在地发行者，应同时由该县政府或市政府呈请省政府核准；在省政府或直隶于行政院之市政府所在地发行者，应同时由该省政府或市政府函请内政部核准，方得执行。省政府核准执行者，应函报内政部备案。

第三十条　内政部认为出版品载有违反第二十一条所列事项之一，或违背第二十二条及二十六条所定禁止或限制之事项者，得指明该事项，禁止出版品之出版及散布，并得于必要时扣押之。

依前项规定扣押之出版品，如经发行人之请求，得于删除该事项之记载或禁令解除时返还之。第一项所定其出版品，如为新闻纸或杂志而情节轻微者，得由地方主管官署呈准该管省政府或市政府予以警告，并由该省政府转报内政部。

第三十一条　地方主管官署查有前条第一项之出版品，如认为必要时得暂行禁止出版品之出售、散布或暂行扣押。同时，并由省政府或直隶行政院之市政府转报内政部核办。

第三十二条　前条所定处分之出版品，如为新闻纸或杂志在县政府或市政府所在地发行者，应由该县政府或市政府呈请省政府核办；在省政府或直隶于行政院之市政府所在地发行者，应由该省政府或市政府函请内政部核办。

第三十三条　国外发行之出版品，有应受第三十条第一项或第三十六条第一项处分之情形者，内政部得禁止其进口。

依前项规定禁止进口之出版品，省政府或市政府得扣押之。

第三十四条　因新闻纸或杂志所载事项，依第三十条所定之处分，而其情节重大者，内政部得定期或永久停止其新闻纸或杂志之发行。

违背前项禁止而发行之新闻纸或杂志地方主管官署应扣押之。

第三十五条　扣押书籍或其他出版品，于必要时得并扣押其底版。

依前项规定扣押之底版，准用第三十条第二项之规定。

第三十六条　出版品之记载，其有违反第二十三条、第二十四条、第二十五条之规定，情节较为重大者，内政部或地方主管官署呈经内政部核准，得禁止其出售、散布，并得于必要时扣押之。前项出版品，如为新闻纸或杂志得定期停止其发行，再犯得永久停止其发行。

第三十七条　发行人违反第十六条或第十九条之规定，不寄送出版品经催告不理者，处以该出版品定价五十倍以下之罚锾。

第三十八条　出版品不为第十五条或第十八条所定之记载或记载不实者，处发行人一千元以下罚锾。

第三十九条　编辑人违反第十七条之规定者，处一千元以下罚锾。

第四十条　新闻纸因受本章所定之行政处分，向处分机关之上级官署诉愿时，除应补正手续外该管官署应于接受诉愿后十日内予以决定。

第四十一条　违反本法之规定，除依上开各条分别处罚外，凡触犯刑法规定之罪刑者，依刑法办理。

第六章　附则

第四十二条　本法施行细则，由内政部另定之。

第四十三条　本法自公布日施行。

附录：

1947年10月24日行政院临时会议通过修正出版法时，新闻局局长董显光发表谈话如次：

现行之出版法，系于民国二十六年七月八日由国民政府公布施行。十年以来，未经修改。该法公布时我国仍在训政期间，而公布日期，适在芦沟桥事变发生之次一日。是后抗战军兴，一切出版品，皆受战时检查条例之限制。此与其他作战盟国，情形相同。惟树立宪政，保障言论自由，乃国民政府之基本政策，过去虽在种种困难环境之下，政府无不努力向此鹄的迈进，即在战时，亦曾迭次召集国民参政会，推行庶政公诸舆论之制度。日本投降之后，政府即行取消新闻检查，复于三十五年十一月召开国民大会，通过宪法草案。继则邀请各政党参加政府，推进宪政。

目前全国各地正在积极筹备选举，依照宪法产生之民选政府，即将实现。依照宪政实施准备程序之规定，现行一切法令中，凡与宪法发生抵触者，自应预加修正，以利宪政之推行。政府早经责成各有关机关会商出版法之修正，经迭次慎重商讨后，此项修正草案已于本月二十四日由行政院临时会议通过。但依照我国立法程序，此次修正之出版法草案，仍须经立法院审议通过，然后始由国府颁布施行。

兹将修正要点，依照出版法各章之顺序分述如下：

第一章总则，除二八两条外，余无修正。第二条第二项，关于杂志之定义，原文为"杂志指用一定名称，其刊期每星期或隔三月以下之期间继续发行而言，但其内容以登载时事为主要者，仍视为新闻纸。"修正条文如下："杂志：指用一定名称，并装订成本，其刊期在六日以上三月以下之期间，继续发行者而言。"该款原有之书，经此次修改删除。第八条规定出版品于发行时应行分别呈缴之若干机关。此条经修正后，分为第十六条及第十九条，分别列入第二、三两章。而修正案之第八条，则系新增条文，内容如下："外籍人民得依本法规定声请发行出版品，并遵守中国关于出版品之一切法令。但该外籍人民之本国出版法对于中国人民有差别待遇时，应不享受本法所给予之待遇。"此一条文，系以国际间之平等与互惠原则为基础，无待赘述。

第二章关于新闻纸及杂志之登记，主要修正涉及第九条。修正后之条文，将申请发行报纸或杂志之核准期间，减少一倍以上，于此足见政府当局便利出版事业之意。原文所有"内政部于发给登记证后，应将登记声请书抄送中央宣传部"一段，亦经删除。盖自训政结束之后，关于出版法之实施，业已完全移归政府机关办理，政党机构，不复参与。第九条原文第一段规定："为新闻纸或杂志之发行者，应由发行人于首次发行前，填具声请书呈由发行所所在地之地方主管官署于十五日内转呈省政府或直隶于行政院之市政府核准后，始得发行。省政府或直隶于行政院之市政府，接到前项登记声请书后，除特别情形外，应于二十八日内核定之，并转请内政部发给登记证。"修正后之条文，将"十五日"及"二十八日"，均改为"十日"，使核定期间缩短一倍以上，并将"除特别情形外"一句，改为"经审核与规定相符者"，以求文字之明确。至于该第九条后段，关于登记声请书应载明之事项，除增加"发行趣旨"一项外，余皆依照原来规定，并无修正。

第二章第十二条规定："新闻纸中专以发行通讯稿业者，地方主管官署于必要时得派员检查其社务组织及发行状况。"经修正后，此条业已删除，藉以充分保障新闻事业不受任何非必要之行政干涉。第十三至十六各条，因第十二条之被删除，依次推进，改为第十二至十五条。原第十四条（即修正条文之第十三条）第一项所定"一、因违反第二十一条之规定受刑事处分者"，改为"一、因违反第二十一条第二十二条之规定受刑事处分者"。该第二十二条详第四章，系新增条文，此外，第二章原有各条之规定，未加修改。

第三章关于书籍及其他出版品，原有第十八条至第二十条等三条。第二十条规定："有关政治之传单或标语，非经地方主管官署许可，不得印刷发行。"此条业已删除，以符言论自由之精神。此外，另加一条（第十九条），规定书籍发行时应由发行人分送内政部、国立中央图书馆及北平图书馆各一份。现行出版法第八条规定，一切出版品皆须分送若干机关不加区别，修正案则按出版品之性质，分别规定，藉以减少书籍发行人应行分送之册数。

第四章关于出版品登载事项上之限制，除条文次序号数之更变外，内容计修改两条，增加二条，第二十一条原文规定："出版品不得为左列各款言论或宣传之记载：一、意图破坏中国国民党或违反三民主义者；二、意图颠覆国民政府或损害中华民国利益者；三、意图破坏公共秩序者。"修正后之条文如下："出版品不得为左列各款言论或宣传之记载：一、意图颠覆政府或危害中华民国者；二、妨害邦交者；三、意图损害公共利益或破坏社会秩序者。"修正案之二十二条（新增条文）规定："出版品不得为妨害本国或友邦元首名誉之记载。"第二十四条（新增条文）规定："出版品不得为妨碍他人名誉及信用之记载。"第二十一条第二项及第二十二条之增加旨在促进邦交之敦睦，并对本国及友邦元首，表示应有之尊重。出版法除保障言论自由外，并顾及私人名誉之保障，以防诽谤之盛行，故有第二十四条之增加。此外，第四章原文第二十三条，即修正案第二十五条，经修正后，于原有规定："出版品不得登载禁止公开诉讼事件之辩论"后，另加"出版品对正在诉讼程序中之事件不得加以批评"一项，藉以保障司法之尊严。修正案之第二十六条，即系原第二十四条，内容并无修改。查其意义，系为政府保留于战时或遇有变乱时所应有之权。外传修正之出版法无异恢复新闻检查制度云云自非事实。

第五章行政处分，除条文次序号数之变更外，内容修改者计五条，增加者一条，删除者三条。修正案第三十条（原第二十八条），与第三十六条（原第三十四条），因条文次序号数之变更，以及第四章条文之增加，经修改如次：

第三十条：内政部认出版品载有违反第二十一条所列事项之一，或违背第二十二条及第二十六条所定禁止或限制之事项者，得指明该事项，禁止出版品之出售及散布，并得于必要时扣押之。（后段未加修正，与原第二十八条后段同。）

第三十六条：出版品之记载有违反第二十三条、第二十四条、第二十五条之规定，情节较为重大者，内政部或地方主管官署呈经内政部核准，得禁止其出售散布，并得于必要时扣押之。（后段未加修正，与原第三十四条后段同。）

此外，第三十七条（原第三十五条），关于发行人不按规定分送其出版品所应得之处分，现行条文规定罚款三十元，修正后改为"经催告不理者，处以该出版品定价五十倍以下之罚款。"又第三十八条（原第三十九条）所规定之罚款，经修正后，将"一百元"改为"一千元"，余无修改。修正条文第三十三条，关于国外发行之出版品应予禁止进口者，即系原第三十一条，其中不外因有关条文号数之变更，作应有之修改，实质则与原条文完全相同。

现行出版法第三十六、三十七、三十八等条，内容规定各种罚款，均已全部删除。

第五章第四十一条规定："违反本法之规定，除依上开各条分别处罚外，凡触犯刑法规定之罪刑者，依刑法办理。"此条在形式上，虽系新增之独立条文，但现行出版法第三十四条首句，亦含同样之意义。

现行出版法之第六章罚则，计十一条，全部取消。换言之，依照修正草案从事出版事业者，如有违反第四章的规定，其出版品得受行政处分，惟其个人之惩处，则依刑法办理，不属于行政处分范围。于此足见政府保障人权，与尊重法治精神之意。

现行出版法第七章附则，改第六章，内容未加修正。

解释出版法第二十四、四十五条

1947年（民国三十六年）司法院解释

报章、杂志违背经济紧急措施方案而登载公告价格以外之黄金、外汇行市，自系违反出版法第二十四条之规定，应依同法第四十五条办理。具有研究性之论文及改进性之建议，无论其所提及之行市属于过去或当时，均不得认为违背此项规定。

（录自《中华民国六法理由判解汇编》补编）

伪满洲国出版法

1932年10月24日（大同元年）公布，1934年3月（康德元年）修正

兹经谘询参议府制定出版法，著即公布，此令。

第一章 通则

第一条 本法所称出版物，指以出售散布之目的，用机械或化学方法所复制之文书、图画而言。

第二条 出版物分为下列三种：

一、新闻纸：用一定名称于七日以内之期间，定期或不定期继续发行者。

二、杂志：用一定名称于四月以内之期间，定期或不定期继续发行，而非前款之新闻纸类者。

三、普通出版物：非前二款新闻纸及杂志类者；与新闻纸或杂志用同一名称临时发行之出版物，视为该新闻纸或杂志。

同一名称之新闻纸或杂志，于他处地方发行时，各视为别种之新闻纸或杂志。

第三条 出版关系人分为下列四种：

一、发行人：管理出版物之出售，散布者。

二、著作人：著述或制作文书、图画者。

三、编辑人：管理新闻纸或杂志之编辑者。

四、印刷人：管理出版物之印刷者。

出版关系人不得兼充。

笔记他人之演述登载于出版物，或使人登载者，其笔记人视为著作人。若演述人关于其登载特与允许者，演述人亦负著作人之责任。

关于著作物之编纂，其编纂人视为著作人。原著作人关于其编纂特与允许者，原著作人亦负著作人之责任。

关于著作物之翻译，其翻译人视为著作人。

关于学校、公司、协会及其他团体为出版关系人之出版物，必须各定其代表人。

第四条 出版物不得揭载下列事项：

一、不法变革国家组织大纲或危害国家存立之基础事项；

二、关于外交或军事之机密事项；

三、恐有波及国交上重大影响之事项；

四、煽动曲庇犯罪，或赏恤陷害刑事被告人或犯人之事项；

五、不公开之诉讼辩论；

六、恐有惑乱民心、扰乱财界之事项；

七、由检查官或执行警察职务人员所禁止之事项；

八、其他淆乱安宁秩序或败坏风俗之事项。

第五条 出版物对于官公署或依法令组织之议会所未公示之文书及不公开会议之议事，非受各该官公署之准许，不得揭载。

第六条 民政部大臣、军政部大臣或外交部大臣关于外交、军事或财政上认为有障碍、或于治安维持上认为有必要之事项，得将该事项特别指明，禁止或限制揭载于新闻纸及杂志。

第七条 对于官署发行之出版物，不适用本法。但与发行同时，应送装订本二部于民政部大臣。

第八条 本法关于编辑人责任之规定，对于下列各类人员准用之：

一、临时编辑人；

二、编辑人之外实际编辑者；

三、对于揭载事项署名人；

四、关于正误或辩驳请求揭载者；

本法关于发行人责任之规定，对于临时发行人准用之。

第二章 新闻纸及杂志

第九条 发行新闻纸或杂志者，应开具下列事项，由发行人及编辑人连署，并附履历书，呈请民政部大臣准许：

第一类乃至第五类事项变更时亦同。

一、名称；

二、揭载事项之种类；

三、关于时事事项有无揭载；

四、发行之时期；

五、发行所及印刷所之名称及所在地；

六、发行人、编辑人及印刷人之原籍、住所、姓名及生年月日。

揭载关于时事事项之新闻纸或杂志之印刷所，不得设于本法施行地域外。因天灾及其他不得已之事由，拟变更发行所或印刷所时，应开具其事由，呈报民政部大臣备案。

第十条 变更新闻纸或杂志之发行人时，其欲为新发行人者，应开具履历书，与发行人连署，呈请民政部大臣准许。

新闻纸或杂志之发行人死亡时，欲为新发行人者，应于该事由发生后二十日以内，开具履历书，呈请民政部大臣准许。

在未经前项准许前，得先定临时发行人，限于事由发生后二月以内，继续发行其新闻纸及杂志，并应由临时发行人将其情事即速呈报民政部大臣备案。

第十一条 变更新闻纸或杂志之编辑人时，发行人应开具欲为新编辑人者之履历书，呈请民政部大臣准许。新闻纸或杂志之编辑人死亡时，发行人应新定编辑人，开具其履历书，于事由发生后十日以内呈请民政部大臣准许。

在未经前项准许前，得先定临时编辑人，限于事由发生后二月以内，继续发行其新闻纸或杂志，并应由发行人即速呈报民政部大臣备案。

第十二条 发行新闻纸或杂志业经准许者，自核准日起逾二月尚未发行者，得撤销其准许。

第十三条 新闻纸或杂志废止发行者，应由原发行人即速呈报民政部大臣备案。

新闻纸逾所定刊期已满二月，或杂志逾所定刊期已满四月尚未发行时，即视为发行之废止。

废止发行时，准许即失其效力。

第十四条 新闻纸或杂志拟休止或延期发行者，发行人应定其期间，呈报民政部大臣备案。

第十五条 新闻纸或杂志之发行人，应将从事其事务人员之原籍、住所、姓名、生年月日、从事年月日及担任事务，自从事之时日起十日以内，呈报民政部大臣备案。其呈报事项有变动时亦同。

第十六条　新闻纸或杂志应记载发行人、编辑人及印刷人之姓名、发行所及印刷所之名称、所在地及其发行年月日。

第十七条　新闻纸或杂志发行人，新闻纸应于每发行时在出售或散布之前，杂志应于发行三日前，各以二份呈送民政部警务司，并以一份呈送该管警察官署及地方检察厅备案。

第十八条　新闻纸或杂志所揭载事项有错误，由关于其事项之本人或直接关系人请求正误或正误书或辩驳书之揭载者，日刊新闻纸接受其请求后三日以内，应为其正误、或刊登正误书或辩驳书全文；其他新闻纸或杂志，应于接受请求后次回发行时办理。但其正误或辩驳之内容，显与本法及其他法令相违背，或请求人姓名、住所未经记明，或自揭载日起逾六月而始行请求者，不在此限。

正误或辩驳刊登地位及文字大小，应与原文相当。正误或正误书或辩驳书之字数超过原文之二倍者，对于其超过字数，得向请求刊登人请求与以新闻纸或杂志所定普通广告费同一之代价。

第十九条　原系由公报或其他新闻纸或杂志所抄录之事项，而该公报或新闻纸或杂志已为正误或刊登正误书或辩驳书者，虽无本人或直接关系人请求，应于该公报、新闻纸或杂志入手后，依照前条之例正误或刊登正误书或辩驳书。但不得请求付费。

第二十条　在外国或本法施行地域外发行之新闻纸或杂志，以本法施行区域内出售、散布之目的，拟输入或移入者，其代售人应开具下列事项呈报民政部大臣备案。但无代售人者，应由发行人办其手续。其呈报事项有变更时亦同：

一、名称；

二、发行所之名称及所在地；

三、发行人及编辑人之住所及姓名；

四、关于时事事项有无揭载；

五、发行之时期；

六、输入或移入开始之年月日；

七、输入或移入之经过路线及出售散布之区域；

八、代售人之住所、姓名、生年月日及职业；

九、代售处之名称及所在地。

第二十一条　依前条之规定，输入或移入之新闻纸或杂志之发行人，每次出售散布前，输入者则向其输入地，移入者则向其发行所就近之警察官署及地方检察厅，分别各呈送一份，并呈送二份于民政部警务司备案。

第三章　普通出版物

第二十二条　发行普通出版物者，发行人应除到达所需日数外，自发行之日起三日以前，以装订本二部呈送民政部警务司，并应与著作人连署，呈报民政部大臣备案。其改订增补时亦同。

第二十三条　普通出版物应于其末尾记入发行人、著作人及印刷人之住所、姓名及发行所、印刷所之名称、所在地，并发行及印刷之年月日。

第二十四条　书信、章程、营业报告书、目录、传单、广告、戏单、秩序单、各种表格、证书、证券及照片，不适用前二条之规定。

第二十五条　印行有关系政治之传单或标语者，应由发行人连同原稿呈请该管警察官署准许。

第四章 对于出版物之行政处分

第二十六条 民政部大臣认为本法第四条至第六条所载禁止或限制之事项揭载于出版物者，得禁止其出售、散布。并认为有必要时，得扣押之。对于新闻纸或杂志并得停止其发行或撤销发行之准许。民政部大臣于扣押出版物，有必要时得扣押其原版。

第二十七条 民政部大臣认在外国或本法施行地域外发行之出版物，有揭载第四条至第六条禁止或限制事项者，得禁止其出售、散布。倘认为再继续揭载其事项者，得禁止其输入或移入。有必要时并得扣押之。

第二十八条 有下列各款之一者，该管警察官署长应扣押该出版物：

一、业经禁止出售、散布之出版物，以出售、散布之目的再行印刷；

二、业经禁止输入或移入之出版物，输入或移入者；

三、未经准许而发行新闻纸或杂志者；

四、发行停止期间内发行新闻纸或杂志者；

第二十九条 依本法所扣押之出版物或原版，六月以上未经解除其扣押者，得由执行扣押之官署处分之。

第三十条 新闻纸或杂志之发行人，违反本法受罚至二次以上者，民政部大臣得停止其新闻纸或杂志之发行，或撤销发行之准许。

第五章 罚则

第三十一条 违反第三条第二项或第五项者，处百元以上罚金。

第三十二条 揭载第四条第一款至第八款事项于出版物者时，处发行人、编辑人及著作人一年以下有期徒刑、或三百元以下罚金。

第三十三条 印刷第四条第一款事项者，处印刷人六月以下有期徒刑。

第三十四条 违反第五条之规定者，处发行人、编辑人及著作人六月以下有期徒刑或二百元以下罚金。

第三十五条 违反第六条之规定之禁止或限制时，处发行人及编辑人一年以下有期徒刑或三百元以下罚金。

第三十六条 有下列各款之一者，处发行人二百元以下罚金：

一、违反第九条、第十条、第十一条之规定发行新闻纸或杂志者；

二、不依照第二十二条规定呈报，或为虚伪之呈报发行普通出版物者。

第三十七条 违反第十三条第一项、第十四条或第十五条之规定者，处发行人五十元以下罚金。

第三十八条 有下列各款之一者，处发行人百元以下罚金：

一、违反第十六条、第十七条、第二十一条或第二十三条之规定者；

二、违反第二十二条之规定，不呈送装订本者。

第三十九条 违反第十八条第一项、第二项或第十九条者，处编辑人五十元以下罚金。

第四十条 违反第二十条之规定，输入或移入新闻纸或杂志者，处百元以下罚金。

第四十一条 违反第二十五条之规定者，处发行人百元以下罚金。

第四十二条 违反第二十六条或第三十条规定之处分发行出版物者，处发行人一年以下有期徒刑或三百元以下罚金。

第四十三条 有下列各款之一者，处一年以下有期徒刑：

一、违反第二十七条规定之处分，出售、散布或输入、移入出版物者；

二、依第二十六条及第二十七条之规定，业经禁止出售、散布或输入、移入之出版物，知情出售、散布或输入、移入者。

第六章 附则

第四十四条 本法自大同元年十一月一日施行。

第四十五条 本法施行以前，现已发行新闻纸或杂志或输入或移入者，自本法施行之日起二月以内，应遵本法程序办理。

（录自《满洲新六法》（满文））

伪华北临时政府出版法

1938年7月15日（民国二十七年）公布，同日施行

第一章 总则

第一条 凡以机械、化学或其他任何方法所印制，而供出售或散布之文书、图画，均为出版品。

以出售或散布之目的而以机器收音复制之音片，视为出版品。

第二条 出版品分左列三种：

一、新闻纸：指用一定名称，其刊期每日或隔六日以下之期间继续发行者。

二、杂志：指用一定名称，其刊期每星期或隔三月以下之期间继续发行者；但其内容以登载时事为主者，仍视为新闻纸。

三、书籍及其他出版品：凡前二款以外之一切出版品均属之。

新闻纸或杂志之号外或增刊、副刊等，视为新闻纸或杂志。

第三条 主办出版品之人为发行人。

第四条 著作文书、图画之人为著作人。

笔记他人之演述登载于出版品，或令人登载之者，其笔记人视为著作人。但演述人予以承诺者，应同负著作人之责任。

编纂著作物之人视为著作人。但原著人予以承诺者，应同负著作人之责任。

翻译著作物之人视为著作人。

以学校、公司、会所或其他团体名义著作之出版品，其学校、公司、会所或其他团体之代表人视为著作人。

新闻纸登载之广告、启事，以委托登载人为著作人。如委托登载人不明，或无负民事责任之能力者，以发行人为著作人。

以机器收音、复制音片之收音人，视为著作人。但发音人应同负著作人之责任。

第五条 掌管编辑新闻纸或杂志之人为编辑人。

第六条 代表印刷所之人为印刷人。

第七条 本法称地方主管官署者，在省为县公署，在特别市为警察局。

第八条 出版品于发行时，应由发行人分别呈缴左列机关各一份。改订增删原有之出版品而为发行者亦同。

一、行政部；

二、教育部；

三、省公署或特别市公署；

四、地方主管官署；

五、法部图书室；

六、国立图书馆。

出版品由官署发行者，应依前项规定分别寄送。

第二章 新闻纸或杂志

第九条 为新闻纸或杂志之发行者，应由发行人于首次发行前，填具登记声明书，呈由发行所在地之地方主管官署，于十五日内转呈省公署或特别市公署核准后，始得发行。

省公署或特别市公署，接到前项登记声请书后，除特别情形外，应于四周内核定之，并转请行政部发给登记证。

登记声请书应载明之事项如左：

一、新闻纸或杂志之名称；

二、社务组织；

三、资本数目及经济状况；

四、刊期，发行新闻纸者，并应载明其版数；

五、发行所及印刷所之名称及所在地；

六、发行人及编辑人之姓名、年龄、经历及住所；其各版之编辑人互与者，并各该版编辑人之姓名、年龄及住所。

新闻纸或杂志在本法施行前已开始发行者，应于本法施行后二个月内，声请为前项之登记。

第十条 前条所定应声请登记之事项有变更者，其发行人应于变更后七日内，按照登记时之程序，声请变更登记。

前项变更登记之声请，如系变更新闻纸或杂志之名称或发行人者，应附缴原领登记证，按照前条之规定重行登记。

第十一条 前二条登记，不收费用。

第十二条 新闻纸中专以发行通讯稿为业者，地方主管官署于必要时，得派员检查其社务组织及发行状况。

第十三条 具有左列情形之一者，不得为新闻纸或杂志之发行人或编辑人：

一、国内无住所者；

二、现役军人；

三、未成年人、禁治产人；

四、被处徒刑或一月以上之拘役在执行中者；

五、褫夺公权者。

第十四条 具有左列情形之一者，得禁止其为新闻纸或杂志之发行人或编辑人：

一、因违反第二十一条之规定受刑事处分者；

二、因诈欺背信或重利行为受刑事处分者。

第十五条 新闻纸或杂志废止发行者，原发行人应按照登记时之程序，声请注销登记。

新闻纸逾所定刊期已满二个月，杂志逾所定刊期已满四个月，尚未发行者，视为废止发行。

第十六条 新闻纸或杂志应记载发行人之姓名、登记证号数、发行年月日、发行所、印刷所之名称及所在地。

第十七条 新闻纸或杂志登载之事项，本人或直接关系人请求更正或登载辩明书者，在日刊之新闻纸，应于接到请求后三日内依照更正，或登载辩明书之全部；在其他新闻纸或杂志，应于接到请求后第二次发行前为之。但其更正或辩明书之内容显违法令，或未记明请求人之姓名住所，或自原登载之日起逾六个月而始行请求者，不在此限。

更正或辩明书之登载，其地位及字之大小应与原文记载者相当。

第三章 书籍及其他出版品

第十八条 书籍或其他出版品，应于其末幅或前幅，记载著作人、发行人之姓名、住所、发行年月日、发行所、印刷所之名称及所在地。

第十九条 通知书、章程、营业报告书、目录、传单、广告、戏单、秩序单、各种表格、证书、证券及照片，不适用第八条之规定。

第二十条 有关政治之传单或标语，非经地方主管官署许可，不得印刷发行。

第四章 出版品登载事项之限制

第二十一条 出版品不得为左列事项之登载：

一、意图颠覆政府或损害中华民国利益者；

二、意图煽惑他人而宣传共产主义者；

三、因蔑视国家之制度或政府之行为，明知其事实系属虚诬或附会，而竟公然主张之或揭载之者；

四、意图破坏公共秩序者；

五、诋毁外国元首或驻在本国之他国外交官者。

第二十二条 出版品不得为妨害善良风俗之记载。

第二十三条 出版品不得登载禁止公开诉讼事件之辩论。

第二十四条 出版品不得有妨害他人名誉及信用之记载。

第二十五条 战时或遇有事变及其他特殊必要时，得依政府命令禁止或限制出版品关于政治、军事、外交、财政或地方治安事项之记载。

第二十六条 以广告、启事等方式登载于出版品者，应受前五条规定之限制。

第五章 行政处分

第二十七条 不为第九条之声请登记，或就应登记之事项为不实之陈述而发行新闻纸或杂志者，得停止该新闻纸或杂志之发行。不为第十条之声请变更登记，而发行新闻纸或杂志者，得于其为合法之声请登记前，停止该新闻纸或杂志之发行。

第二十八条 前条所定之处分，其出版品在县公署或省辖市公署所在地发行者，由该县公署或市公署执行，并呈请省公署备案。在省公署或特别市公署所在地发行者，由该省公署或市公署执行，并呈请行政部备案。

第二十九条 行政部认为出版品载有第二十一条所列事项之一，或违背第二十五条所禁止或限制之事项者，得指明该事项，禁止出版品之出售及散布，并得于必要时扣押之。

依前项规定扣押之出版品，如经发行人之请求，得于删除该事项之记载或禁令解除时返还之。第一项所定，其情节轻微者，得由地方主管官署呈准该管省公署或特别市公署予以警告，并由该省公署或特别市公署转报行政部。

第三十条 地方主管官署查有前条第一次之出版品，如认为必要时，得暂行禁止该出版品之出售、散布，或暂行扣押，同时呈由省公署或特别市公署转报行政部核办。

第三十一条 前条所定处分，其出版品如为新闻纸或杂志，在县公署或市公署所在地发行者，应由该县公署或市公署呈请省公署核办；在省公署或特别市公署所在地发行者，应由该省公署或市公署转报行政部核办。

第三十二条 国外发行之出版品，有应受第二十九条第一项处分之情形者，行政部得禁止其进口。

依前项规定禁止进口之出版品，省公署或特别市公署得于其进口时扣押之。

第三十三条 因新闻纸或杂志所载事项，依第二十九条第一项所定之处分，而其情节重大者，行政部得定期或永久停止其新闻纸或杂志之发行。

违背前项禁止而发行之新闻纸或杂志，地方主管官署应扣押之。

第三十四条 扣押书籍或其他出版品，于必要时，得并扣押其底版。

依前项规定扣押之底版，准用第二十九条第二项之规定。

第三十五条 出版品之记载，除有触犯刑法规定应依法办理外，其有违犯第二十二条之规定，情形较为重大者，行政部或地方主管官署呈经行政部核准，得禁止其出售散布，并得于必要时扣押之。

前项出版品如为新闻纸或杂志，并得定期停止其发行。

第三十六条 发行人违反第八条第一项之规定，不呈缴出版品者，处三十元以下之罚锾。

第三十七条 发行人不为第九条或第十条之声请登记，而发行新闻纸或杂志者，处一百元以下之罚锾。

第三十八条 第十三条所列各款之人，或因第十四条各款情形之一而受禁止之人，发行或编辑新闻纸或杂志者，处一百元以下之罚锾。

第三十九条 发行人违反第十五条第一项之规定者，处二十元以下之罚锾。

第四十条 出版品不为第十六条或第十八条所定之记载或记载不实者，处发行人一百元以下之罚锾。

第四十一条 编辑人违反第十七条之规定者，处一百元以下之罚锾。

第四十二条 新闻纸因受本章所定之行政处分，向处分机关之上级官署诉愿时，该官署于接受诉愿后，如无特别情形，当于十日内予以决定。

第六章 罚则

第四十三条 发行人或印刷人违犯第二十条之规定者，处一百元以下罚金。

第四十四条 违犯第二十一条之规定者，处发行人、编辑人、著作人及印刷人一年以下有期徒刑、拘役或一千元以下罚金。但其他法律规定有较重之处罚者，依其规定。

第四十五条 违犯第二十二条或第二十三条之规定者，处编辑人或著作人拘役或二百元以下罚金。

第四十六条 违犯第二十四条，经被害人告诉时，依刑法处断。

第四十七条 违犯第二十五条所定之禁止或限制者，处发行人、编辑人、著作人及印刷人一年以下有期徒刑、拘役或一千元以下罚金。

第四十八条　出版品为新闻纸或杂志时，著作人受第四十四条处罚者，以对于其事项之登载具名负责者为限。受第四十七条处罚之著作人亦同。

第四十九条　违犯第二十七条所定之停止发行命令发行新闻纸或杂志者，处二百元以下罚金。

第五十条　妨害第三十条所定扣押处分之执行者，处二百元以下罚金。

第五十一条　发行人违犯第二十九条第一项所定之禁止者，处一年以下有期徒刑、拘役或一千元以下罚金。其知情而出售或散布该项出版品者，处六月以下有期徒刑、拘役或五百元以下罚金。违犯第三十二条第一项所定之禁止及知情而出售或散布该项出版品者，准用前项规定，分别处罚。

第五十二条　妨害第二十九条第一项、第三十二条第二项、第三十三条第二项、第三十四条所定扣押处分之执行者，处六月以下有期徒刑、拘役或五百元以下罚金。

第五十三条　发行人违犯第三十三条第一项之禁止者，处一年以下有期徒刑或一千元以下罚金。

第五十四条　本法所定各罪不适用刑法累犯、数罪并发及自首之规定。

第五十五条　本法所定各罪之追诉权逾一年而不行使者，因时效而消灭。第四十四条、第四十七条之罪，其追诉权之时效期限自发行日起算。

第七章　附则

第五十六条　本法施行细则由行政部定之。

第五十七条　本法自公布日施行。

（录自《政府公报》）

伪华北临时政府出版法施行细则

1939年2月9日（民国二十八年）

第一条　内政部依据出版法第五十六条之规定特订定本施行细则。

第二条　新闻纸或杂志发行人依照出版法第九条之规定，声请登记时应照规定格式填具声请书及各项登记表，呈由发行所所在地之地方主管官署转呈省公署或特别市公署向内政部声请登记。

第三条　内政部对于依出版法第九条规定之声请事项自行审核之。

第四条　内政部对于依出版法第九条规定之声请事项于审核后填发登记证。

第五条　登记证如有遗失或损坏时，其发行人除应登报声明作废外并呈请原发机关补给之。

第六条　书籍之著作人或发行人应以稿本呈送内政部声请许可出版，此项声请应以书面陈明左列事项：

一、名称及内容概要；

二、稿本页数及其附件；

三、著作人或发行人姓名住所。

第七条　未经许可出版而擅行出版之书籍，不得享有版权。若其内容有违反出版法第二十一条或第二十五条之规定者，照出版法第四十四条或第四十七条处罚。

第八条　凡经许可出版之书籍于发行时，仍应依照出版法第八条及第十八条之规定办理之。

第九条　凡经许可出版之书籍如有增补或修正，其著作人或发行人应向原许可机关陈明经核准后方得印行。

  第十条 凡经许可出版之书籍如出版后与核准之原稿不符者，内政部得予以禁止或扣押之处分。

  第十一条 出版品之发行人不以出版品寄送于出版法第八条第一项所规定之任何一机关者，应以违反该条之规定论，准用出版法第三十六条之规定处罚之。

  第十二条 有关政治之传单或标语，由官署或已经官署许可设立之社会发行者，得免除出版法第二十条规定之手续。

  第十三条 本细则如有未尽事宜由内政部修正之。

  第十四条 本细则自公布日施行。

附件：

新闻纸／杂志登记表

1	名称								
2	社务组织								
3	资本数目及经济状况								
4	刊期								
5	发行所	名称							
		地址							
6	印刷所	名称							
		地址							
7	发行人及编辑人姓名年龄经历及住址	职别							
		姓名							
		别号							
		年龄							
		经验							
		住址							
	备考								
	说明								

新闻纸／杂志登记证书存根

内政部登记证书存根

  兹有 省市 县 依法声请

  登记业经审核准予登记此证

          中华民国 年 月 日

伪华北临时政府修正出版法各条文

1943年8月6日（民国三十二年）临时政府公布

第八条 出版品于发行时应由发行人分别呈缴左列机关各一份，改订增删原有之出版品而为发行者亦同：

一、内务总署；

二、教育总署；

三、省公署或特别市公署；

四、地方主管官署；

五、司法图书馆；

六、国立图书馆。

出版品由官署发行者，应依前项规定分别寄送。其具有一般新闻纸、杂志性质，不仅为宣布法令事项者，仍应照第九条规定办理，但得迳向内务总署声请登记。

第九条 为新闻纸或杂志之发行者，由发行人于首次发行前填具登记声请书，呈由发行所在地之地方主管官署于十五日内转呈省公署或特别市公署核准后始得发行。

省公署或特别市公署接到前项登记声请书后，除特别情形外，应于四周内核定之，并转请内务总署发给登记证。

登记声请书应载明之事项如左：

一、新闻纸或杂志之名称及宗旨；

二、社务组织；

三、资本数目及经济状况；

四、刊期，发行新闻纸者并应载明其版数；

五、发行所及印刷所之名称及所在地；

六、发行人及编辑人之姓名、年龄、籍贯、经历及住所，其各版之编辑人互异者，应分别详列。

新闻纸或杂志在本法施行前已开始发行者，应于本法施行后二个月内声请为前项之登记。

第十六条 新闻纸或杂志应于其标名处或封面上或其他之显著处记载发行人之姓名、登记证号数、发行年月日、发行所印刷所之名称及所在地。

第二十八条 前条所定之处分，其出版品在县公署或省辖市公署所在地发行者，由该县公署或市公署执行，并呈请省公署备案。在省公署或特别市公署所在地发行者，由该省公署或市公署执行，并报请内务总署备案。

第二十九条　第一项及第三项各"内政部"字样均修正为"内务总署"。

第三十条　"内政部"字样修正为"内务总署"。

第三十一条　"内政部"字样修正为"内务总署"。

第三十二条　第一项"内政部"字样修正为"内务总署"。

第三十三条　第一项"内政部"字样修正为"内务总署"。

第三十五条　第一项各"内政部"字样均修正为"内务总署"。

第五十六条　"内政部"字样修正为"内务总署"。

注：伪华北临时政府出版法在临时政府行政委员会公报处印行的《政府公报》第二十六号刊出时，内政部皆为行政部。

伪华北政务委员会修正出版法施行细则各条文及所附书表

1943年8月6日（民国三十二年）

第一条、第二条、第三条、第四条、第六条、第十条、第十三条内各"内政部"字样修正为"内务总署"。

伪维新政府出版法

1938年9月3日（民国二十七年）

第一章　总则

第一条　本法称出版品者，谓用机械印版或化学之方法所印制，而供出售或散布之文书，图画及音片。

第二条　出版品分左列三种：

一、新闻纸：以一定名称，其刊期每日或隔六日以下之期间继续发行者；

二、杂志：以一定名称，其刊期每星期或隔三月以下之期间继续发行者。但其内容以登载时事为主要者，视为新闻纸；

三、书籍及其他出版品　凡前二款以外一切出版品属之。新闻纸或杂志之号外或增刊、副刊，仍视为新闻纸或杂志。

第三条　本法称发行人者，谓主办出版品之人。

第四条　本法称著作人者，谓著述或制作文书、图画、音片之人。

笔记他人之演述登载于出版品，或令人登载之者，其笔记人视为著作人。但演述人予以承诺者，应同负著作人之责任。

关于著作物之编纂，其编纂人视为著作人。但原著作人予以承诺者，应同负著作人之责任。

关于著作物之翻译，其翻译人视为著作人。

以学校、公司、会所或其他团体名义著作之出版品，其学校、公司、会所或其团体之代表人视为著作人。

新闻纸所登广告、启事等，以委托人为著作人。如委托人不明或无责任能力者，以发行人为著作人。

第五条 本法称编辑人者，谓掌管编辑新闻纸或杂志之人。

第六条 本法称印刷人者，为主管印刷事业之人。

第七条 本法称地方主管官署者，为各该地方之市、县政府。

第八条 出版品于发行时，应由发行人分别呈缴左列机关各一份：

一、内政部；

二、行政院宣传局；

三、地方主管官署；

四、立法院图书馆；

五、国立图书馆。

改订增删原有之出版品而为发行者亦同。

出版品由官署发行者，应依前二项规定分别寄送。

第二章　新闻纸及杂志

第九条 为新闻纸或杂志之发行者，应由发行人于首次发行前，填具登记声请书声请。发行所所在地之地方主管官署须十五日内审核登记事项后，仍照程序呈转内政部核准，始得发行。

内政部接到前项登记声请书后，应于一月内核定之，并发给登记证。

登记声请书应载明左列事项：

一、新闻纸或杂志之名称；

二、社务组织；

三、资本数目及经济状况；

四、发行所暨印刷所之名称及其所在地；

五、刊期及编辑之大纲；

六、发行人及编辑人之姓名、年龄、性别、经历及住所。

新闻纸或杂志在本法施行前已开始发行者，应于本法施行后二个月内声请为前项之登记。

第十条 前条所定登记之事项有变更者，发行人应于变更后七日内为变更登记之声请。发行人有变更者，应缴还原登记证，按照前条程序重行登记。

第十一条 前二条登记不收费用。

第十二条 新闻纸中专以发行通讯稿为业者，地方主管官署于必要时，得派员检查其社务组织及发行状况。

第十三条 左列各款之人，不得为新闻纸或杂志之发行人、编辑人：

一、在国内无住所者；

二、未成年人或禁治产者；

三、现役军人；

四、被处徒刑，或一月以上拘役在执行中者；

五、褫夺公权尚未复权者。

第十四条 有左列情形之一者，得禁止其为新闻纸或杂志之发行人或编辑人：

一、违反第二十二条之规定受刑事处分者；

二、因贪污或诈欺行为受刑事处分者。

第十五条 新闻纸或杂志废止发行者，原发行人应按照登记时之程序声请注销登记。

新闻纸逾所定刊期已满二个月，杂志逾所定刊期已满四个月尚未发行者，视为发行之废止。

第十六条 新闻纸或杂志应记载发行人及编辑人之姓名、登记证号数、发行年月日、发行所、印刷所之名称及所在地。

第十七条 新闻纸或杂志之发行人，应于发行时日起，按期依照本法第八条之规定，寄送各机关及当地之警察机关。

第十八条 新闻纸或杂志登载之事项，本人或直接关系人请求更正或登载辩驳书者，在日刊之新闻纸，应于接到请求后，三月内依照更正或登载辩驳书之全部；在其他新闻纸或杂志，应于接到请求后第二次发行前为之。但其更正或辩驳之内容显违法令，或未记明请求人之姓名、住所，或自原登载之日起逾六个月而始行请求者，不在此限。

更正或辩驳书之登载，其地位及字之大小应与原文所登载者相当。

第三章 书籍及其他出版品

第十九条 书籍或其他出版品，应于其末幅记载著作人、发行人之姓名，住所、发行年月日、发行所及印刷所之名称及所在地。

第二十条 通知书、章程、营业报告书、目录、传单、广告、戏单、秩序单、各种表格、证书、证券、照片及音片，不适用前条及第八条之规定。

第二十一条 有关政治之传单或标语，非经地方主管官署许可，不得印刷或发行。

第四章 出版品登载事项之限制

第二十二条 出版品不得有左列各款之记载：

一、意图颠覆政府或损害中华民国利益者；

二、意图煽惑人心而宣传共产或相类似之主义者；

三、蔑视国家之制度，污辱政府之行为暨明知其事实虚伪或附会而公然主张或揭载之者；

四、意图破坏公共秩序者；

五、诋毁外国元首或驻在本国之他国外交官长者。

第二十三条 出版品不得为妨害善良风俗之记载。

第二十四条 出版品不得登载禁止公开诉讼事件之辩论。

出版品于未经宣判之案件，不得对于法院之审理为暗示或为胜负之推测。

第二十五条 战时或遇有变乱及其他特殊必要时，得依政府之命令，禁止或限制出版品关于政治、军事、外交或地方治安事项之登载。

第二十六条 以广告、启事等之方式登载于出版品者，应受前四条限制。

第五章 行政处分

第二十七条 不为第九条之声请登记，或就应登记之事项为不实之陈述而发行新闻纸或杂志者，得停止该新闻纸或杂志之发行。

不为第十条之声请变更登记而发行新闻纸或杂志者，得于其为合法之声请登记前，停止该新闻纸或杂志之发行。

第二十八条 前条所定之处分，其出版品在县或普通市政府所在地发行者，由该县、市政府执行，并呈请省政府核转内政部备案。在特别市政府所在地发行者，由该市政府执行，并呈请内政部备案。

第二十九条 内政部认出版品载有第二十二条各款所列事项之一或违背第二十五条所定禁止或限制之事项者，得指明该事项，禁止出版品之出售及散布，并得于必要时扣押之。

依前项规定扣押之出版品，如经发行人之请求，得于除去该事项后或禁令解除后返还之。

第一项所定，其情节轻微者，得由内政部予以纠正或警告。

第三十条 地方主管官署查有前条第一项之出版品；如认为必要时，得暂行禁止该出版品之出售、散布，或暂行扣押，同时依照程序呈转内政部核办。

第三十一条 国外发行之出版品，有应受第二十九条第一项或第三十四条第一项处分者，内政部得禁止其进口或于其进口时命令当地机关扣押之。

第三十二条 因新闻纸或杂志所载事项，依第二十九条第一项所定之处分，而其情节重大者，内政部得定期或永久停止其发行。违背前项禁止而发行之新闻纸或杂志，地方主管官署应扣押之。

第三十三条 扣押书籍或其他出版品，如认为必要时，得并扣押其底版。依前项规定扣押之底版，准用第二十九条第二项之规定。

第三十四条 出版品之记载，除有触犯刑法规定应依法办理外，其有违反第二十三条之规定情形较重大者，地方主管官署经由内政部核准，得禁止其出售、散布，并得于必要时扣押之。

前项出版品如为新闻纸或杂志，并得定期停止其发行。

第三十五条 新闻纸因受本章之行政处分而诉愿者，除有不可抗力之事由外，应于十日内决定之。

第六章 罚则

第三十六条 发行人违反第八条第一项或第二项之规定暨第十七条之规定者，处一百元以下之罚金。

第三十七条 发行人不为第九条或第十条之声请登记而发行新闻纸或杂志者，处二百元以下之罚金。

第三十八条 第十三条所列各款之人，或因第十四条各款情形之一而受禁止之人，发行或编辑新闻纸或杂志者，处二百元以下之罚金。

第三十九条 发行人违反第十五条第一项之规定者，处一百元以下之罚金。

第四十条 出版品不为第十六条或第十九条所定之记载或记载不实者，处发行人二百元以下之罚金。

第四十一条 编辑人违反第十八条之规定者，处二百元以下之罚金。

第四十二条 发行人或印刷人违反第二十一条之规定者，处二百元以下之罚金。

第四十三条 违反第二十二条之规定者，处发行人、编辑人、著作人及印刷人一年以下有期徒刑、拘役或一千元以下之罚金。

第四十四条 违反第二十三条或第二十四条之规定者，处编辑人及著作人拘役或三百元以下之罚金。

第四十五条 违反第二十五条之禁止或限制者，处发行人、编辑人、著作人及印刷人一年以下有期徒刑、拘役或一千元以下之罚金。

第四十六条 出版品为新闻纸或杂志时，著作人受第四十三条之处罚者，以对其事项之登载具名负责者为限。受第四十五条处罚之著作人亦同。

第四十七条 违背第二十七条、第三十四条第二项所定之停止发行命令发行新闻纸或杂志者，处二百元以下之罚金。

第四十八条 妨害第三十条、第三十四条第一项所定禁止或扣押处分之执行者，处二百元以下之罚金。

第四十九条 发行人违反第二十九条第一项所定之禁止者，处二年以下有期徒刑、拘役或一千元以下之罚金。其知情而出售或散布该项出版品者，处六个月以下有期徒刑、拘役或五百元以下之罚金。违背第三十一条所定之禁止及知情而输入、出售或散布该项出版品者，准用前项规定分别处罚。

第五十条 妨害第二十九条第一项、第三十一条、第三十二条第二项、第三十三条第一项所定扣押处分之执行者，处六个月以下有期徒刑、拘役或一千元以下之罚金。

第五十一条 发行人违背第三十二条第一项之禁止者，处一年以下有期徒刑、拘役或一千元以下之罚金。其知情而出售或散布该项新闻纸或杂志者，处六个月以下有期徒刑、拘役或五百元以下之罚金。

第五十二条 本章所定罚则如刑法别有规定者，从其规定。

第七章

第五十三条 本法施行细则由内政部定之。

第五十四条 本法自公布日施行。

（录自《维新政府法令汇编》第一辑）

伪维新政府出版法施行细则

1939年5月5日（民国二十八年）

第一条 本细则依出版法第五十三条之规定订定之。

第二条 新闻纸或杂志发行人依据出版法第九条之规定声请登记时，应照规定格式填具声请书及各项登记表，呈由发行所所在地之地方主管官署核转内政部声请登记。

第三条 各省政府、各特别市政府对于依照出版法第九条规定之声请事项，应于接到声请登记文件后五日内核转内政部声请登记。

第四条 内政部对于依照出版法第九条规定之声请事项于核准后填发登记证。

第五条 登记证如有遗失或损坏时，其发行人除应登报声请外，并呈请原发机关补发之。

第六条 书籍之著作人或发行人应以稿本呈送内政部声请许可出版，此项声请应以书面陈明左列事项：

一、名称及内容概要；

二、稿本页数及其附件；

三、著作人或发行人之姓名住所。

第七条 未经许可出版而擅行出版之书籍，概行扣押。若其内容有违反出版法第二十二条或第二十五条之规定者，照出版法第四十三条或第四十五条处罚之。

第八条 凡经许可出版之书籍如有所增补或修正，其著作人或发行人应向原许可机关陈明，经核准后方得印行，并于印行时以二份寄送原许可机关备查。

105

第九条 凡经许可出版之书籍，如出版后与核准之原稿不符，内政部得予以禁止或扣押之处分。

第十条 新闻纸或杂志之发行人不以新闻或杂志寄送于出版法第十七条所规定之任何一机关者，应以违反该条论，准用出版法第三十六条之规定处罚之。

第十一条 书籍或其他出版品之发行人不以书籍或其他出版品寄送于出版法第八条所规定之机关者，应以违反该条论，准用出版法第三十六条之规定处罚之。

第十二条 有关政治之传单或标语由各官署发行者，得免除出版法第二十一条之手续。

第十三条 本细则如有未尽事宜得随时修正之。

第十四条 本细则自公布日施行。

汪伪国民政府出版法

1941年1月24日（民国三十年）修正公布

第一章 总则

第一条 本法称出版品者，谓用机械印版或化学之方法所印制而供出售或散布之文书、图画。

第二条 出版品分左列三种：

一、新闻纸：指用一定名称，其刊期每日或隔六日以下之期间继续发行者而言；

二、杂志：指用一定名称，其刊期每星期或隔三月以下之期间继续发行者而言。但其内容以登载时事为主要者，仍视为新闻纸；

三、书籍及其他出版品：凡前二款以外之一切出版品属之。

新闻纸或杂志之号外或增刊、副刊等，视为新闻纸或杂志。

第三条 本法称发行人者，谓主办出版品之人。

第四条 本法称著作人者，谓著作文书、图画之人。笔记他人之演述，登载于出版品或令人登载之者，其笔记之人视为著作人。但演述人予以承诺者，应同负著作人之责任。关于著作物之编纂，其编纂人视为著作人。但原著人予以承诺者，应同负著作人之责任。

关于著作物之翻译，其翻译人视为著作人。关于专用学校、公司、会所或其他团体名义著作之出版品，其学校、公司，会所或其他团体之代表人视为著作人。

新闻纸所登载广告、启事，以委托登载人为著作人。如委托登载人不明，或无负民事责任之能力者，以发行人为著作人。

第五条 本法称编辑人者，谓掌管编辑新闻纸或杂志之人。

第六条 本法称印刷人者，谓主管印刷事业之人。

第七条 本法称地方主管官署者，为各地警察机关。

第八条 出版品于发行时，应由发行人分别呈缴下列机关各一份：

一、宣传部；

二、警政部；

三、地方主管官署；

四、国立图书馆及立法院图书馆。

改订增删原有之出版品而为发行者亦同。党政机关之出版品，应依前二项规定，分别寄送。

第二章 新闻纸及杂志

第九条 为新闻纸或杂志之发行者，应由发行人于发行前填具登记声请书，呈由发行所所在地之地方主管官署，于十五日内呈转省政府或行政院直辖市政府审查。省政府或行政院直辖市政府，于接到前项登记声请书后，应于十五日内连同审查意见转请宣传部核定发给登记证。宣传部于发给登记证后，应将核准登记经过咨达警政部。

登记声请书应载明左列事项：

一、新闻纸或杂志之名称；

二、刊载稿件之种类及性质；

三、社务组织；

四、资本数目、来源及经济状况；

五、刊期，发行新闻纸者并载明其版数；

六、发行所及印刷所之名称及所在地；

七、发行人、编辑人、印刷人之姓名、年龄、经历及住所。

第十条 第九条所定声请登记之事项有变更者，其发行人应于变更后十日内，按照登记时之程序，声请变更登记。

前项变更登记之声请，如系变更新闻纸或杂志之名称或发行人者，应附缴原领登记证，按照第九条之规定重行登记。

第十一条 第九条及第十条之登记，不收费用。

第十二条 新闻纸中专以发行通讯稿为业者，地方主管官署于必要时，得派员检查其社务组织及发行状况。

第十三条 有左列情形之一者，不得为新闻纸或杂志之发行人或编辑人：

一、国内无住所者；

二、禁治产者；

三、被处徒刑或一月以上之拘役在执行中者；

四、褫夺公权尚未复权者。

第十四条 有左列情形之一者，得禁止其为新闻纸或杂志之发行人或编辑人：

一、因违反第二十一条之规定受刑事处分者；

二、因贪污或诈欺行为受刑事处分者。

第十五条 新闻纸或杂志废止发行者，原发行人应按照登记时之程序，声请注销登记。新闻纸逾所定刊期已满三个月，杂志逾所定刊期已满六个月尚未发行者，视为废止发行。

第十六条 新闻纸或杂志应记载发行人之姓名、登记证号数、发行年月日、发行所、印刷所之名称及所在地。

第十七条 新闻纸或杂志登载之事项，本人或直接关系人请求更正或登载辩驳书者，在日刊之新闻纸，应于接到请求后三日内更正或登载辩驳书；在其他新闻纸或杂志，应于接到请求后第二次发行前为之。但其更正或辩驳之内容，显违法令，或未记明请求人之姓名、住所，或自原登载之日起逾六个月而始行请求者，不在此限。更正或辩驳书之登载，其地位应与原文所登载者相当。

第三章 书籍及其他出版品

第十八条 书籍或其他出版品，应于其末幅记载著作人、发行人之姓名、住所、发行年月日、发行所、印刷所之名称及其所在地。

前项书籍或其他出版品，应向警政部登记。

第十九条 通知书、章程、营业报告书、目录、传单、广告、戏单、秩序单、各种表格、证书、证券及照片，不适用第八条之规定。

第二十条 有关政治之传单或标语，非经地方主管官署许可，不得印刷发行。

第四章 出版品登载事项之限制

第二十一条 出版品不得为左列各款言论或宣传之记载：

一、意图破坏三民主义或违反国策者；

二、意图颠覆国民政府或损害中华民国利益者；

三、意图破坏公共秩序者；

四、经宣传部命令禁止登载者。

第二十二条 出版品不得为妨害善良风俗之记载。

第二十三条 出版品不得登载禁止公开诉讼事件之言论。

第二十四条 战时或有变乱及其他特殊必要时，得依国民政府命令之所定，禁止或限制出版品关于政治、军事、外交或地方治安事项之登载。

第二十五条 以广告、启事等方式登载于出版品者，应受前四条所规定之限制。

第五章 行政处分

第二十六条 未经核准登记之新闻纸、杂志不得发行。印刷人并不得承印。

就应登记之事项为不实之陈述而发行新闻纸或杂志者，经发觉后，得停止该新闻纸或杂志之发行。

不为第十条之声请变更登记而发行新闻纸或杂志者，得于其为合法之声请登记前，停止该新闻纸或杂志之发行。

第二十七条 前条所定处分，其出版品在县政府或市政府所在地发行者，应呈转省政府核准。在省政府或行政院直辖市政府所在地发行者，应呈请宣传部核准，方得执行。省政府核准执行者，应咨报宣传部备案。

第二十八条 出版品载有第二十一条所列事项之一或违背第二十四条所定禁止或限制之事项者，得禁止出版品之出售及散布，并得于必要时扣押之。

依前项之规定扣押之出版品，如经发行人之请求，得于删除该事项之记载或禁令解除时退还之。

第一项所定，其情节轻微者，得由地方主管官署呈准该省政府或市政府予以警告，并由该省政府或市政府转报宣传部及警政部。

第二十九条 地方主管官署，查有前条第一项之新闻纸、杂志或书籍及其他出版品，如认为必要时，得暂时禁止出版品之出售、散布，或暂行扣押，同时呈由省政府或行政院直辖市政府，分别转报宣传部或警政部核办。

第三十条 前条所定处分，其出版品如为新闻纸或杂志在县政府或市政府所在地发行者，应呈转省政府核办；在省政府或行政院直辖市政府所在地发行者，应呈转宣传部核办。

第三十一条　国外发行之出版品，有应受第二十八条第一项或第三十四条第一项处分之情形者，宣传部得禁止其进口。

依前项规定禁止进口之出版品，省政府或市政府得于其进口时扣押之。

第三十二条　因新闻纸或杂志所载事项依第二十八条第一项所定之处分，而其情节重大者，宣传部得定期或永久停止其新闻纸或杂志之发行。

违背前项禁止而发行之新闻纸或杂志，地方主管官署应扣押之。

第三十三条　扣押书籍或其他出版品，于必要时并得扣押其底版。

依前项规定之底版，准用第二十八条第二项之规定。

第三十四条　出版品之记载，有违反第二十二条之规定，情形较为重大者，警政部或地方主管官署呈经警政部核准，得禁止其出售、散布；并得于必要时扣押之。

前项出版品，如为新闻纸或杂志，宣传部或地方主管官署呈转宣传部核准，得禁止其出售、散布，并得定期停止其发行。

第三十五条　发行人违反第八条第一项或第二项之规定不呈缴出版品者，处十元以下罚款。

第三十六条　发行人不为第九条或第十条之声请登记而发行新闻纸或杂志者，处三十元以下罚款。

第三十七条　第十三条各款所列之人，或因第十四条各款情形之一而受禁止之人发行、编辑新闻纸或杂志者，处三十元以下罚款。

第三十八条　发行人违反第十五条第一项之规定者，处二十元以下罚款。

第三十九条　出版品不为第十六条或第十八条所定之记载或记载不实者，处发行人三十元以下罚款。

第四十条　编辑人违反第十七条之规定者，处三十元以下罚款。

第四十一条　新闻纸因受本章所定之行政处分，向处分机关之上级官署诉愿时，该官署应于接受诉愿后十日内予以决定。

第六章　罚则

第四十二条　发行人或印刷人违反第二十条之规定者，处一百元以下罚金。

第四十三条　违反第二十一条之规定者，处发行人、编辑人、著作人及印刷人一年以下有期徒刑、拘役或一千元以下罚金。

第四十四条　违反第二十二条或第二十三条之规定者，处编辑人或著作人拘役或三百元以下罚金。

第四十五条　违反第二十四条所定之禁止或限制者，处发行人、编辑人、著作人及印刷人一年以下有期徒刑、拘役或一千元以下罚金。

第四十六条　出版品为新闻纸或杂志时，著作人受第四十三条处罚者，以对于其事项之登载具名负责者为限。受第四十五条处罚之著作人亦同。

第四十七条　违反第二十六条第一项之规定，处发行人、编辑人及印刷人二百元以下之罚金。违反第二十六条第二项或第三项所定之停止发行命令发行新闻纸或杂志者，处发行人、编辑人、印刷人一百元以下之罚金。

第四十八条　妨害第二十九条所定扣押处分之执行者，处二百元以下罚金。

第四十九条　发行人违背第二十八条第一项所定之禁止者，处一年以下有期徒刑、拘役或一千元以下罚金。其知情而出售或散布该项出版品者，处六月以下有期徒刑、拘役或五百元以下罚金。

违背第三十一条第一项所定之禁止及知情而输入、出售或散布该项出版品者，准用前项规定分别处罚。

第五十条 妨害第二十八条第一项、第三十一条第二项、第三十二条第二项、第三十三条所定扣押处分之执行者，处六月以下有期徒刑、拘役或五百元以下罚金。

第五十一条 发行人违背第三十二条第一项之禁止者，处一年以下有期徒刑、拘役或一千元以下罚金。其知情而出售或散布该项新闻纸或杂志者，处六月以下有期徒刑、拘役或五百元以下罚金。

第五十二条 本法所定各罪之追诉权，逾一年而不行使者，因时效而消灭。第四十三条、第四十五条之情形，其追诉权之时效期间，自发行日起算。

第五十三条 本法所定各罪，不适用刑法案犯及数罪并罚之规定。其数罪并发者，从一重处断。

第七章 附则

第五十四条 本法施行细则由宣传部、警政部会同定之。

第五十五条 本法自公布日施行。

（录自《中华民国法规汇编（三）》）

汪伪国民政府出版法施行细则

1941年1月25日（民国三十年）修正公布

第一条 本细则依出版法第五十四条之规定订定之。

第二条 出版法及本细则，关于地方主管官署之规定，于特区行政公署或设治局准用之。

第三条 出版品审核标准，除依出版法第四章各条规定者外，并适用行政院会议关于出版品各项决议。

第四条 出版法第二条第一项第二款所称认为新闻纸者，以通常登载时事新闻地位在全部篇幅三分之二以上为标准。

依前项标准计算时，应将登载之广告除去。

第五条 同一新闻纸或杂志，另在他地出版发行者，视为独立之新闻纸或杂志。

第六条 出版法第九条第二项第三款所定登记声请书，应载明之资本数目，如系刊行新闻纸者，得依照左列规定额数：

一、在人口百万以上省政府或市政府所在地刊行报纸者，一万元以上；刊行通讯稿者，三千元以上。

二、在人口未满百万之省政府或市政府所在地刊行报纸者，六千元以上；刊行通讯稿者，一千元以上。

三、在特区行政公署、县政府或设治局所在地刊行报纸者，一千元以上；刊行通讯稿者，二百元以上。但该地向无报社或通讯社之设立，而创刊报纸者，得减低至五百元以上；创刊通讯稿者，得减低至一百元以上。

新闻纸在前项第一款至第三款所定区域以外之地方刊行者，其资本额数得由省、市政府或特区行政公署酌定，分别咨呈宣传部查核备案。

第七条 出版法修正施行前已登记未登记之新闻纸、杂志，应于出版法修正施行后两个月内，依照出版法及本细则之规定，重新或补行登记。

不依前项规定期限重新或补行登记者，得依出版法第二十六条之规定，停止该新闻纸或杂志之发行。

第八条　出版法第九条第二项第六款所定登记声请书应载明之经历，如为新闻纸之发行人时，以具有左列资格之一者为合格：

一、在教育部认可之国内外大学或专科学校毕业，得有证明书者。

二、在教育部认可之高级中学毕业，并服务新闻事业三年以上，有证明书者。

三、在新闻事业之主管机关服务三年以上，有证明文件者。

四、服务新闻事业五年以上，有相当证明文件者。

第九条　新闻纸或杂志之发行人，依出版法第九条声请登记时，应照规定格式填具登记声请书四份，并附缴本人最近二寸半身照片二张为之。

第十条　地方主管官署，于依出版法第九条第一项呈转新闻纸或杂志之登记声请时，应于审查意见表内，加具意见，以一份存查，三份呈送省政府或行政院直辖之市政府。

第十一条　省政府或行政院直辖之市政府，于依出版法第九条第二项审查新闻纸或杂志之登记声请后，除不予核转登记者迳行饬知并咨报宣传部外，其准予核转登记者，于登记声请书内加具意见，一份存查，二份咨送宣传部。

第十二条　前三条规定于新闻纸或杂志变更登记或注销登记时准用之。

第十三条　新闻纸或杂志因转让发行而声请变更登记者，应由前发行人与新发行人共同具名声请之。

第十四条　地方主管官署，于依出版法第十二条检查通讯社之社务组织及发行状况时，应将检查结果呈报省政府或行政院直辖之市政府，转报宣传部，并由宣传部函达警政部。

第十五条　登记证因故遗失或损坏时，其发行人应即登报声明作废，并检同所登声明报纸，呈请地方主管官署转请补发之。

违反前项规定者，准用出版法第三十八条之规定处罚之。

第十六条　出版法第八条凡第一项第四款所称国立图书馆，以国立中央图书馆及国立北平图书馆为限。

第十七条　发行人依出版法第八条第一项或第二项呈缴出版品时，应备出版品呈缴簿，盖用邮政机关或呈缴机关之递寄或收受戳记，以备查考。

第十八条　宣传部如发见新闻纸或杂志有应受出版法处分之情形，于执行处分时，应函知警政部备查，并得咨请协助办理之。

第十九条　出版法第二十六条第二项所定陈述不实之停止处分，地方主管官署或省、市政府于依出版法第二十七条所定程序办理前，应令该发行人呈覆，并派员查明之。

第二十条　地方主管官署依出版法第二十八条第三项得予警告之出版品，以新闻纸及杂志为限。

前项警告应以书面行之。

第二十一条　新闻纸及杂志因事暂行停刊时，其发行人应呈报地方主管官署转报宣传部，并由宣传部函达警政部。

前项停刊日数，每年积计。在新闻纸不得逾三个月，在杂志不得逾六个月，违者得注销其登记。

发行人违反第一项规定者，准用出版法第三十八条之规定处罚之。

第二十二条　有关政治之传单或标语经宣传部核准者，得免除出版法第二十条规定之手续。

第二十三条　出版法及本细则所规定之声请书登记证等格式另订之。

第二十四条 本细则如有未尽事宜，由宣传部、警政部会同修正之。

第二十五条 本细则自出版法施行之日施行。

（录自《中华民国法规汇编（三）》）

汪伪国民政府修正出版法

第八条第九条第十八条第二十八条第二十九条第三十四条第五十四条条文

1942年4月13日（民国三十一年）修正公布

第八条 出版品于发行时，应由发行人分别呈缴左列机关各一份：

一、宣传部；

二、内政部；

三、地方主管官署；

四、国立图书馆及立法院图书馆。

改订、增删原有之出版品而为发行者亦同。

党政机关之出版品，应依前二项规定分别寄送。

第九条 为新闻纸或杂志之发行者，应由发行人于发行前填具登记声请书，呈由发行所所在地之地方主管官署于十五日内呈转省政府或行政院直辖市政府审查。

省政府或行政院直辖市政府于接到前项登记证后，应于十五日内连同审查意见转请宣传部核定发给登记证，宣传部于发给登记证后，应将核准登记经过咨达内政部。

登记声请书应载明左列事项：

一、新闻纸或杂志之名称；

二、刊载稿件之种类及性质；

三、社务组织；

四、资本数目来源及经济状况；

五、刊期，发行新闻纸者并载明其版数；

六、发行所及印刷所之名称及所在地；

七、发行人、编辑人、印刷人之姓名、年龄、经历及住所。

第十八条 书籍或其他出版品应于其末幅记载著作人、发行人之姓名、住所、发行年月日、发行所印刷所之名称及所在地。

前项书籍或其他出版品，应向内政部登记。

第二十八条 出版品载有第二十一条所列事项之一或违背第二十四条所定禁止或限制之事项者，得禁止其出售及散布，并得于必要时扣押之。

依前项之规定扣押之出版品，如经发行人之请求，得于删除该事项之记载或禁令解除时返还之。

第一项所定其情节轻微者，得由地方主管官署呈准该省政府或市政府予以警告，并由该省政府或市政府转报宣传部及内政部。

第二十九条 地方主管官署查有前条第一项之新闻纸、杂志或书籍及其他出版品，如认为必要时得暂行禁止其出售、散布或暂行扣押，同时呈由省政府或行政院直辖市政府分别转报宣传部或内政部核办。

第三十四条 出版品之记载有违反第二十二条之规定情形较为重大者，内政部或地方主管官署呈经内政部核准，得禁止其出售、散布并得于必要时扣押之。

前项出版品如为新闻纸或杂志，宣传部或地方主管官署呈转宣传部核准，得禁止其出售、散布并得定期停止其发行。

第五十四条 本法施行细则由宣传部、内政部会同定之。

著作权法

著作权法

1928年5月14日（民国十七年）国民政府公布、同日施行

第一章 总纲

第一条 就左列著作物，依本法注册专有重制之利益者为有著作权：

一、书籍、论著及说部；

二、乐谱、剧本；

三、图画、字帖；

四、照片、雕刻、模型；

五、其他关于文艺学术或美术之著作物。

就乐谱、剧本有著作权者，并得专有公开演奏或排演之权。

第二条 著作物之注册，由国民政府内政部掌管之。内政部对于依法令应受大学院审查之教科图书，于未经大学院审查前，不予注册。

第三条 著作权得转让于他人。

第二章 著作权之所属及限制

第四条 著作权归著作人终身有之。并得于著作人亡故后，由承继人继续享有三十年；但别有规定者，不在此限。

第五条 著作物系由数人合作者，其著作权归各著作人共同终身有之。著作人中有亡故者，由其承继人继续享有其应有之权利。

前项承继人得继续享有其权利，迄于著作人中最后亡故者之亡故后三十年。

第六条 著作物于著作人亡故后始发行者，其著作权之年限为三十年。

第七条 著作物系用官署、学校、公司、会所或其他法人或团体名义者，其著作权之年限亦为三十年。

第八条 不著姓名或用假设名号之著作物，其著作权之年限为三十年。

前项年限未满者改用真实姓名者，适用第四条之规定。

第九条 照片得由著作人享有著作权十年，但受他人报酬而著作者，不在此限。

刊入文艺学术著作物中之照片，如系特为该著作物而著作者，其著作权归该著作物之著作人享有之。

前项照片著作权，在该文艺学术著作物之著作权未消灭前，继续存在。

第十条 从一种文字著作以他种文字翻译成书者，得享有著作权二十年，但不得禁止他人就原著另译。其译文无甚差别者，不在此限。

第十一条 著作权之年限，自最初发行之日起算。

第十二条 著作物系编号逐次发行或分数次发行者，应于首次呈请注册时声明之，嗣后每次发行，仍应践行呈报之程序。

前项后段所定呈报程序限于定期刊物，得由内政部准其省略之。

第十三条 著作物系编号逐次发行者，其著作权之年限，自每号最初发行之日起算。

著作物系分数次发行者，其著作权之年限，自其最后部分最初发行之日起算。但该著作物虽未完成，其应行继续之部分已逾三年尚未发行者，以已发行之末一部分视为最后之部分。

前项规定，于第一次注册时预行声明继续发行之期限者，不适用之。

第十四条 著作权人亡故后，若无承继人，其著作权视为消灭。

第十五条 著作权之移转及承继，非经注册，不得对抗第三人。

第十六条 著作物系由数人合作，而有少数人或一人不愿发行者，如性质上可以分割，应将其所作部分除外而发行之。其不能分割者，应由余人酬以相当之利益，其著作权则归余人所有。但该少数人或一人不愿列名于著作物者，听之。

第十七条 出资聘人所成之著作物，其著作权归出资人有之。但当事人间有特约者，从其特约。

第十八条 讲义、演述虽经他人笔述，或由官署、学校印刷，其著作权仍归讲演人有之。但别有约定或经讲演人之允许者，不在此限。

第十九条 就他人之著作阐发新理，或以与原著作物不同之技术制成美术品者，得视为著作人，享有著作权。

第二十条 左列著作物，不得享有著作权：

一、法令、约章及文书案牍；

二、各种劝诫及宣传文字；

三、公开演说而非纯属学术性质者。

第二十一条 揭载于报纸、杂志之事项，得注明不许转载。其未经注明不许转载者，转载人须注明其原载之报纸或杂志。

第二十二条 内政部于著作物呈请注册时，发现其有左列情事之一者，得拒绝注册：

一、显违党义者；

二、其他经法律规定禁止发行者。

第三章 著作权之侵害

第二十三条 著作权经注册后，其权利人得对于他人之翻印、仿制或以其他方法侵害利益，提起诉讼。

第二十四条 接受或承继他人之著作权者，不得将原著作物改窜、割裂、变匿姓名或更换名目发行之。但得原著作人同意或受有遗嘱者，不在此限。

第二十五条 著作权年限已满之著作物，视为公共之物。但不问何人，不得将其改窜、割裂、变匿姓名或更换名目发行之。

第二十六条 冒用他人姓名发行自己之著作物者，以侵害他人著作权论。

第二十七条 未发行著作物之原本及其著作权，不得因债务之执行而受强制处分。但已经本人允诺者，不在此限。

第二十八条 左列各款情形，经注明原著作之出处者，不得以侵害他人著作权论：

一、节选众人著作成书，以供普通教科书及参考之用者；

二、节录引用他人著作，以供自己著作之参证注译者。

第二十九条 著作权之侵害，经著作权人提起诉讼时，除依本法处罚外，被害人而受之损失，应由侵害人赔偿。

第三十条 著作物系由数人著作者，其著作权受侵害时，得不俟余人之同意提起诉讼，请求赔偿其所受之损失。

第三十一条 因著作权之侵害提起民事或刑事诉讼时，得由原告或告诉人请求法院将涉于假冒之著作物暂行停止其发行。

于有前项处分后，经法院审明并非假冒，其判决确定者，被告因停止发行所受之损失，应由原告或告诉人赔偿之。

第三十二条 著作权之侵害，若由法院审明并非有心假冒，得免处罚，但须将被告所已得之利益偿还原告。

第四章 罚则

第三十三条 翻印、仿制及以其他方法侵害他人之著作权者，处五百元以下、五十元以上之罚金。其知情代为出售者亦同。

第三十四条 违反第二十四条之规定者，处以四百元以下、四十元以上之罚金。

第三十五条 违反第二十五条之规定者，处三百元以下、三十元以上之罚金。

第三十六条 注册时呈报不实者，处二百元以下、二十元以上之罚金，并得注销其注册。

第三十七条 未经注册之著作物，于其末幅假填某年月日业经注册字样者，处四百元以下、四十元以上之罚金。

第三十八条 依本章处罚之著作物，没收之。

第三十九条 第三十三条、第三十四条之罪，须告诉乃论。但犯第三十四条之罪而原著作人亡故者，不在此限。

第五章 附则

第四十条 本法自公布日施行。

（录自上海市书业同业公会档案）

著作权法施行细则

1928年5月14日（民国十七年）公布

第一条 凡著作物有左列各款情事之一者，不得依本法呈请注册：

一、未经注册而已通行二十年以上者；

二、著作人自愿任人翻印、仿制者。

第二条 依本法以著作物呈请注册者，应备样本六份，依后列著作物呈请注册程式，具呈呈送内政部。其在各省、各特别市或特别区者，得经由各该区域内主管民政事务之机关转呈内政部。本法第一条第四款、第五款之著作物，不能具备样本者，得以著作物详细说明书或图画代替之。因接受或承继著作权呈请注册者，毋庸备具样本。

第三条 著作物系用官署、学校、公司、会所或其他法人或团体名义者，呈请注册时，应记明该法人或团体之名义、其事务所所在地及代表人之姓名、住址。

第四条 依本法第八条第二项规定改用真实姓名者，应依后列著作物改正姓名呈请注册程式呈报。

第五条 依本法第十二条第一项情形，应依后列著作物逐次或分次发行呈请注册程式具呈声明。

第六条 因接受或承继著作权呈请注册者，应依后列接受著作权呈请注册程式或承继著作权呈请注册程式具呈为之。

第七条 著作物之注册，由内政部将应登记之各事项，登记著作物注册簿上为之。著作物注册后，应由内政部发给执照，并刊登政府公报公告之。

第八条 欲发行无主之著作物者，应开明事由，呈请内政部于政府公报公告之。

自前项最后公告之日起，满一年无人声明异议者，准其发行。

第九条 凡已注册之著作物，应于其末幅标明某年月日经内政部注册字样，并注明执照号数。

第十条 本法施行前已发行之著作物，自最初发行之日起，未满二十年者，仍得依本法呈请注册。

第十一条 本法施行前已注册之著作物，限于在本法施行后一年内补行注册者，其原有之注册仍不失其效力。补行注册应纳公费，按照本细则第十三条规定减轻二分之一。

第十二条 本细则第七条第一项之注册簿，不问何人均得请求准其查阅或抄录之。

第十三条 呈请注册及请求查阅或抄录注册簿等项公费，每件定额如左：

一、著作物注册费，该著作物每部定价之五倍；有二种以上之定价者，以其最高者为准；

二、承继或接受著作权注册费，与第一款同；

三、执照遗失补领费，一元；

四、查阅注册簿费，五角；

五、抄录注册簿费，每百字五角；未满百字者，以百字计算。

第十四条 外国人有专供中国人应用之著作物时，得依本法呈请注册。

前项外国人，以其本国承认中国人民得在该国享有著作权者为限。

依本条第一项注册之著作物，自注册之日起，享有著作权十年。

第十五条 本细则自公布日施行。

附一：各项呈请程式

著作物呈请注册程式

具呈人姓名、籍贯、年岁、职业、住址（如系法人时，其名称、事务所所在地及代表人姓名、住址）

呈为呈请著作物注册事，窃某人有某种著作物，照著作权法随送样本或（附具详细说明书），呈请注册给照，一体保护。

谨呈 内政部部长

年 月 日

姓名

谨呈押

著作物改正姓名呈请注册程式

具呈人姓名、籍贯、年岁、职业、住址

呈为著作物改正姓名呈请注册事，窃某人发行某种著作物，经于某年月日呈请注册，领有某号执照。但该著作物向（未注姓名）（系用某种名号）现拟改用某姓名，照著作权法呈请注册，一体保护。

谨呈　内政部部长

年　月　日

原注册人即呈请改正人姓名

谨呈押

著作物逐次或分次发行呈请注册程式

具呈人姓名、籍贯、年岁，职业、住址（如系法人时，其名称、事务所所在地及代表人姓名、住址）

呈为呈请著作权注册事，窃某人有某种著作物，拟编号逐次或分几次发行，照著作权法预行声明，并随送样本，呈请注册给照，一体保护。

谨呈　内政部部长

年　月　日

姓名

谨呈押

接受著作权呈请注册程式

具呈人、原注册人、接受人姓名、籍贯、年岁、职业、住址（如系法人时其名称、事务所所在地及代表人姓名、住址）

呈为接受著作权呈请注册事，窃某人有某种著作物经于某年月日呈请注册，领有某号执照，现将该项著作权抵售押与某人接受，照著作权法呈请注册，一体保护。

谨呈　内政部部长

年　月　日

原注册人、接受人姓名

谨呈押

承继著作权呈请注册程式

具呈人姓名、籍贯、年岁、职业、住址

呈为承继著作权呈请注册事，窃某人有某种著作经于某年月日呈请注册，领有某号执照，现某已于某年月日身故，其著作权应归某人承继，照著作权法呈请注册，一律保护。

谨呈　内政部部长

年　月　日

承继人姓名

谨呈押

118

内政部前据本市商务印书馆呈请解释关系于出版图书著作权之疑义三则，业经司法院函复，解释谓：

（一）著作物著作人个人之真实名姓，自官署、法人或团体等呈请注册，为该著作权之所有人者，究与著作物纯用官署名义者不同。其著作权享有之年限，应依著作人就该著作物于注册后是否仍有何种利益定之。若系由著作权人将著作物全部转让于官署、法人或团体，不再享受何种利益，则著作权已全属于法人或团体。其享受之年限，应依著作权法第七条之规定为三十年。倘著作权人于法人或团体呈请注册后，仍享受著作权利益（如抽收版税等），则其权与其原著作人并未脱离关系，应依同法第四条、第五条之规定为其享有之时期。

（二）著作权法第三条既规定著作权得以转让，则其著作人或其继承人，若将未取得著作权以前之著作物转让于他人，倘无其它意思表示，当然应视为该著作物上所可得之著作权亦已一并移转。故同法第六条所定著作人亡故后发行物之人，不以著作人继承人为限。印行古人文稿字画之收藏人，如其著作物之取得，系由著作人之继承人移转而来，自得依该条约所定年限享有著作权。倘所印行者系无主之著作物，则应依同法施行细则第八条所定程序，经准予发行后，方得呈请注册，享有著作权。至其著作物系原稿抑抄本，自所不问。

（三）著作权法施行细则第一条第一款所谓通行者，只该著作物于实际可认其曾通行者即可，不以印刷流传为限。影印名贵碑帖之收藏人，能否依法呈请注册，应即以此为标准。

又内政部以著作权法施行细则第八条，关于发行无主著作物之规定，如呈准发行后再呈请注册，应否予以著作权法之保护，殊滋疑义，函司法院解释。谓依著作权法施行细则第八条准予发行之著作物，须合于著作权法第一条第几项规定享有著作权，始得受著作权法之保护云。

本年三月七日内政部函最高法院，请解释著作权法疑义三点，经司法院统一解释法令会议议决如左：

（一）政府将历史著作物列为正史，原著作人之著作权不受影响。

（二）著作权非专属著作人本身之权利，著作人生前发行之著作物未注册者，如未满法定年限，其继承人得呈请注册。

（三）著作权法施行细则所谓著作人自愿任人翻印仿制，其意思表示并无一定方式，亦不以明示为限。

解释著作权法各项疑义令

1928年7月23日（民国十七年）最高法院函国民政府秘书处

解字第一三六号

迳启者：准贵处第二七九七号函开，转奉常务委员发下内政部关于著作物注册事项请求解释四条，抄送到院。（第一）查著作权法施行细则第十条已规定，本法施行前已发行之著作物，自最初发行之日起，未满二十年者，仍依本法呈请注册。其第一条第一款又规定未经注册而通行已满二十年者，不得依本法呈请注册。就此两条之法意言之，凡自发行日起未满二十年者，皆得随时依本法呈请注册，似无须别定期限。又查著作权法第一条，就左列著作物，依本法注册专有重制之利益者，为有著作权等语。则未经依本法注册专有重制之利益时，尚未成立著作权，自可不必暂予默认。（第二）查呈请注册之公费，系为保护著作物一种征收金。既已不准注册，即无保护之可言，其注册公费应予发还。（第三）查著作权法第二十二条第一款，所称显违党义者，原系概括之规定，若研究其他主义理论，以供历史上之参考，自与意含煽动的著作物有别，当然不得拒绝注册。参观本条前项得字自明。此项著作物应由审查人核定，本法既无呈请中央党部之明文，似毋庸先行呈送。（第四）查著作权法第一条所列举之著作物，除属于第二条第二项外，若其性质认为有裨于社会文化者，自可援以大学院教科图书审查条例，商之发行人酌减定价。相应函复查照。此致

附：原函

敬启者：奉常务委员发下内政部呈为该部办理著作物注册事项，应请解释四条，请鉴核等情，呈一件。奉谕交最高法院签复等因，相应抄同原件，函达查照。此致

附：原呈

为呈请事，窃查本部办理著作物注册事项，有应请解释者数事，一、在著作权法颁布之前，未经注册之著作物，理应依法呈请注册。惟呈请注册须有相当时日，势不能令其于著作权法颁布之日，一律呈请注册。在未经注册以前，若竟任人翻印复制，似非奖励著作之道。可否由部限定时期，令其呈请注册？在此时期以内，暂默认其著作权，过期则任人翻印复制，不予保护。二、呈请注册之著作物，查与著作权法不符。不准注册时，其呈请注册之公费，是否发还？三、著作权法第二十二条规定，拒绝注册之标准，第一项为显违党义者，查现时思想界显违党义者，有国家主义、共产主义与无政府主义等。是否对此种研究理论的著作物，与意含煽动的著作物，一律拒绝注册。或仅拒绝后者之注册而不拒绝前者之注册？现在中央党部训练部设有编审科，审查关于党义之著作物，可否令该类著作物先行呈请中央党部审查后，再行呈请本部注册？四、著作物定价之高低，于文化传播关系极重。大学院审查教科图书遇有定价过高者，得令发行人酌减。本部办理注册，遇有定价过高之图书，可否援大学院教科图书审查条例之例，令发行人酌量减少？以上各条，皆目前亟应解决之点，理合呈请鉴核，赐予解释，俾有遵循，实为公便。谨呈

（录自《国民政府司法例规》下册1182页，司法院参事处编）

民法第二编有关出版与著作权条文

1929年11月22日（民国十八年）国民政府公布

第五百一十五条 称出版者，谓当事人约定，一方以文艺学术或美术之著作物，为出版而交付于他方，他方担任印刷及发行之契约。

第五百一十六条 著作人之权利，于契约实行之必要范围内，移转于出版人。

出版权授与人，应担保其于契约成立时，有出版授与之权利，如著作物受法律上之保护者，并应担保其有著作权。

出版物授与人，已将著作物之全部或一部，交付第三人出版，或经第三人公表为其所明知者，应于契约成立前，将其情事告知出版人。

第五百一十七条 出版权授与人，于出版人得所发行之出版物未卖完时，不得就其著作物之全部

或一部，为不利于出版人之处分。

第五百一十八条 版数未约定者，出版人仅得出一版。

出版人依约得出数版，或永远出版者，如于前版之出版物卖完后，怠于新版之印刷时，出版权授与人得声请法院令出版人于一定期限内再出新版。逾期不遵行者，丧失其出版权。

第五百一十九条 出版人对于著作物不得增减或变更。

出版人应以适当之格式印刷著作物，并应为必要之广告及用通常之方法推销出版物。出版物之卖价由出版人定之，但不得过高，致碍出版物之销行。

第五百二十条 著作人于不妨害出版人出版之利益，或增加其责任之范围内，得订正或修改其著作物，但对于出版人因此所生不可预见之费用，应负赔偿责任。

出版人于印刷新版前，应予著作人以订正或修改著作物之机会。

第五百二十一条 同一著作人之数著作物，为各别出版而交付于出版人者，出版人不得将其数著作物并合出版。

著作人以其著作物为并合出版而交付于出版人者，出版人不得将其著作物各别出版。

第五百二十二条 著作物翻译之权利，除契约另有订定外，仍属于出版权授与人。

第五百二十三条 如依情形，非受报酬即不为著作物之交付者，视为允与报酬。

第五百二十四条 著作物全部出版者、于其全部印刷完毕时，分部出版者、于其各部份印刷完毕时，应给付报酬。

报酬之全部或一部，依销行多寡而定者，出版人应依习惯计算，支付报酬，并应提出销行之证明。

第五百二十五条 著作物交付出版人后，因不可抗力致灭失者，出版人仍负给付报酬之义务。灭失之著作物如著作人另存有稿本者，有将该稿本交付于出版人之义务；无稿本时，如著作人不多费劳力即可重作者，应重作之。

前项情形，著作人得请求相当之赔偿。

第五百二十六条 印刷完毕之出版物，于发行前，因不可抗力，致全部或一部灭失者，出版人得以自己之费用，就灭失之出版物，补行出版。对于出版权授与人，无须补给报酬。

第五百二十七条 著作物未完成前，如著作人死亡或丧失能力，或非因其过失致不能竟成其著作者，其出版契约关系消灭。前项情形，如出版契约关系之全部或一部之继续为可能且公平者，法院得许其继续，并命为必要之处置。

解释著作权法第十九条疑义

1931年3月11日（民国二十年）司法院院字第四五七号咨行政院，附原咨

为咨复事，前准贵院十八年八月二十六日咨（第一六七号）开：据内政部呈请解释著作权疑义一案，咨请查照解释见复等由。当经发交最高法院拟具解答案去后。兹据呈复：内开古人之著作物，久已流传数世，兹由书馆重插彩色图式，并加说明，制印成帙，究竟是否符合著作权法第十九条所规定，就他人之著作物以与原著作物不同之技术制成美术品，纯属事实问题，倘能合于该条规定，自得视为著作人等语。本院长审核无异，相应咨复贵院照饬知。此致。

为转咨事，案据内政部长赵戴文呈称：查本部掌管之著作物注册事项，历经依照著作权法办理在案。惟按该法第一条之规定，关于著作权之范围，包括至为广泛。设有一种著作，著作物人死亡于千年以前，著作物赡传于数世以后，久成为公共之物。今有某书馆于原著作物内，比照原有图式之尺寸名色，重插彩色图式，略加说明，仿制精版，翻印成帙，依法呈请注册，意图享有著作权。似此场合，认为有著作权，则书系古物，并未合于著作权法第十九条之规定；认为无著作权，则此种著作物尚未轶出著作权法第一条第一款范围之外，疑义横生，应请解释者一。又查著作权法无版权之规定，而版权与著作权性质上又似有别，恒有无著作权之古籍，经人特制精版，翻印发行，虽不能享有著作权，而于版权似应有保障法，于此场合，应如何依据办理，应请解释者二。上列疑点，均属法律问题，理合设案备文，呈请核转司法院详予解释示遵，等情到院。事关解释法律，除指令外，相应据情咨请贵院查照，解释见复，以便饬遵，至纫公谊，此咨。

解释著作权法第一条仿古著作等项疑义

1931年3月17日（民国二十年）行政院第一二零三号训令通行

（上略）

古人之著作物久已流传数世，兹由书馆重插彩色图式并加说明制印成帙，究竟是否符合著作权法第十九条所规定"就他人之著作物以与原著作物不同之技术制成美术品"纯属事实问题，倘能合于该条规定，自得视为著作人。

（下略）

（上略）

查本部掌管之著作物注册事项，历经依照著作权法办理在案。惟按该法第一条之规定，关于著作权之范围包括至为广泛"设有一种著作物，著作人死亡于千年以前著作物赡传于数世以后，久成为公共之物，即有某书馆于原著作物内比照原有图式之尺寸名色，重插彩色图式略加说明仿制精版翻印成帙，依法呈请注册意图享有著作权。似此场合，认为有著作权则书系古物并未合于著作权法第十九条之规定认为无著作权，则此种著作物尚未轶出著作权法第一条第一款范围之外，疑义横生，应请解释者一。又查著作权法无版权之规定而版权与著作权性质上又似有别，恒无著作权之古籍经人特制精版翻印发行虽不能享有著作权而于版权似应有保障办法。于此场合，应如何依据办理，应请解释者二。"上列疑点均属法律问题，理合设案，备文呈请钧院，核转司法院详予解释，示遵实为公便。

（下略）

解释侵害著作权诉讼疑义

1931年8月7日（民国二十年）司法院院字第五三○号电浙江高等法院，附原电

本年四月养代电悉。杭县地方法院所请解释侵害著作权诉讼疑义一案，业经本院统一解释法令会

议议决。查著作物以依著作权法注册者，为有著作权。故著作权之被侵害，必须注册后方能提起著作权侵害之诉，此在著作权法第二十三条有明文限制。来电所称著作物在呈请注册中或注册前被人翻印仿造等情，是被侵害者为通常之利益，尚非著作权。其赔偿自不适用该条之规定，合电转饬知照。司法院处印。

附：原电

南京司法院院长王钧鉴：窃据杭县地方法院院长袁潢于本月寒日代电称：查侵害著作权之诉讼，必著作权曾经注册后方得提起。观于著作权法第二十三条，可无疑义。设其著作权在呈请注册中，或呈请注册前，有被人翻印仿制及知情代售等情事，于核准注册后是否可以诉追，不无疑问。请迅赐转请解释示遵等情。据此，案关解释法律疑问，理合电请核示，以便转饬遵照。浙江高等法院院长邹文礼叩，养印。

解释著作权法第十九条疑义

1932年6月21日（民国二十一年）司法院院字第七七五号函内政部，附原咨

迳启者；查贵部本年警字第三二〇号咨最高法院请解释著作权法疑义一案，业经本院统一解释法令会议议决：（一）甲就他人所著小说编制电影剧本，合于著作权法第十九条"以与原著作物不同之技术制成美术品"之规定，自得视为著作人，享有著作权。甲享有著作权后，因不能限制乙之亦以不同技术制成美术品，但乙所制成之美术品，其内容及名称必须与甲之已注册者显有区别，否则即为著作权之侵害。（二）享有著作权法第十九条著作权之乐谱、剧本，当然与第一条第二款之著作权同得专有公开演奏或排演之权，至他人再就同一原著作品编制乐谱、剧本，应依第一点甲乙情形解决之。（三）著作权法第十九条著作权之享有，在能阐发新理，或以不同技术制成美术品，自毋庸得原著作人或著作权所有者之同意。至原著作人如并享有乐谱、剧本人著作权，自得专有公开演奏或排演之权。否则应受他人专有权之限制，不得当然兼有。相当函请贵部查照。此致

附：原咨

为咨请事，查著作权法第十九条载："就他人之著作阐发新理，或以与原著作物不同之技术制成美术品者，得视为著作人，享有著作权"等语。今有某甲就他人将著作权已售于第三者之说部，编成电影剧本，将原说部名称连缀于上，惟未得原著作人及著作权所有者之同意。某甲呈准注册后，复有某乙就同一说部编制电影剧本，名称同而节目各异，并声明已得原著作人及著作权所有者之承认，亦经呈准注册。此时某甲忽提起异议，引用著作权法第一条第二项之规定，主张专有公开演奏之权，不容再任他人注册。某乙则联合原著作人及著作权所有者，谓某甲未得伊等许可而用狡诈手段盗窃作品，侵害权利，应归无效。彼此聚讼。查甲乙两方，均系就他人所著小说而加制电影剧本者。究竟电影公司就他人著作物编制电影剧本，是否可根据著作权法第十九条规定办理，即令照第十九条得视为著作人，享有著作权？是否享有同法第一条一、二两项规定之权利？此等问题，均已涉及著作权法条文上之解释。再就本案要点分条缕述于下：（一）著作权享有问题，按著作权法第十九条后半段规定"得视为著作人，享有著作权"，系以就他人之著作阐发新理，或以与著作物不同之技术制成美术品为对象。今就他人所著小说编制电影剧本，是否视为著作人，享有著作权？又同条于著作权之享有者，并无若何限制。是否合乎此规定者，无论甲、乙，均得分别享有？此应请解释者一也。（二）专

有公开演奏权问题，按著作权法第一条第二项后半段规定"并得专有公开演奏或排演之权"。紧接同条前半段"就乐谱、剧本有著作权者"而言，是并得专有云云。以有著作权为前提，当然只限于有著作权之乐谱、剧本，不得因主张专有而蔑视同条前半段之规定；若其乐谱、剧本系就他人著作编成者，可否拘束别人不能再就同一原著作物另编乐谱、剧本，此应请解释者二也。（三）他人之著作问题，按著作权法第十九条规定就他人之著作或原著作等语，如系就他人已有著作权之著作，是否应得原著作人或著作权所有者之同意；而原著作人于享有著作权外，是否并得兼有电影摄制权，法律未有明文适用，殊感困难。此应请解释者三也。综上各点，疑义丛生。按照司法院统一解释法令及变更判例规则第四条第二项规定，相应咨请依法解释答复为荷，此咨。

解释著作权法第一条疑义

1933年4月25日（民国二十二年）司法院院字第八九一号函内政部，附原咨

迳复者：查贵部上年十一月二十九日咨（第一八一九号）最高法院，请解释电影剧本呈请注册适用著作权法条文疑义一案，业经本院统一解释法令会议议决，电影原系照片之美术著作物，而因其摄制成剧，又应认为剧本；实含有著作权法第一条第一项二、四两款之性质。其呈请注册时，应参酌该两款及同法施行细则第二条之规定，分别办理，相应函复贵部查照。此致

附：原咨

为咨请事，查著作权法第一条第一项载，就左列著作物依本法注册专有重制之利益者，为有著作权。其同项第二款载乐谱、剧本等语。所谓剧本是否包括电影剧本在内，著作权法及施行细则均无明文规定。查司法院院字第七七五号公函，解释关于著作权法疑义案内第一点开："甲就他人所著小说编制电影剧本，合于著作权法第十九条以与原著作物不同之技术制成美术品之规定，自得视为著作人，享有著作权"等语。依据解释案，则电影实属美术品之一种，其著作权之取得为其影片，与著作权法第一条第一项第五款所称之"美术著作物"，正复相同。按照著作权法施行细则第二条后半段所载，本法第一条第四款、第五款之著作物，"不能具备样本者，得以著作物详细说明书代替之"之规定，此项因摄制影片而编制之剧本，似应视为一种说明书，不能与著作权法第一条第一项第二款所称之剧本并论。究竟凡以电影剧本呈请注册者，是否应依著作权法第一条第一项第二款之规定，该项剧本准予注册，并得专有摄制影片及公开映画之权，抑或依据同法第一条第一项第五款及施行细则第二条后半段之规定办理？法律未有明文适用，殊滋疑义。按照统一解释法令及变更判例规则第四条第二项规定，相应咨请查照，迅予解释见复，俾资依据为荷。此咨。

解释著作权法第十一条疑义

1933年4月26日（民国二十二年）司法院院字第八九二号函内政部，附原咨

迳复者：查贵部本年二月九日咨（第四五七号）最高法院请解释著作权法第十一条疑义一案，业经本院统一解释法令会议议决。著作物于发行后虽就内容加以修改，若并未阐发新理，仍应依其最初发行之第一版为最初发行之日，相应函复贵部查照。此致

为咨请事，查著作权法第十一条规定，著作权之年限，自最初发行之日起算。而同法施行细则第十条后段，规定自最初发行之日起，未满二十年者，仍得依本法呈请注册等语。此项条文所谓最初发行，是否指该项著作物最初发行之第一版而言？为著作物在发行数版后将内容加以修改，其版次、名称并不更变，则时效计算是否得从改订版起算？此种改订有至再至三者，为依改订版计算时效，是否以最初改订之年月起算？复查改订内容有修正一部或校订片段者，亦有以通行二十年以上之著作物，加以修改企图享有专印重制之利益者。遇有此种情形，是否亦从修改年月起算？关于时效起算点，未得明确之解释，办理殊感困难。事关法令疑义，按照统一解释法令及变更判例规则第四条第二项之规定，相应咨请查照，迅予解释见复，俾资依据为荷。此咨。

解释著作权法第十九条疑义

1933年4月26日（民国二十二年）司法院院字第八九四号函内政部，附原咨

迳复者：查贵部本年一月二十四日咨（第二八二号）最高法院，请解释著作权法第十九条疑义一案，业经本院统一解释法令会议议决。某乙就某甲之著作物撰著续集，核与著作权法第十九条所谓就他人之著作物阐发新理者固属有别；惟某甲之著作物在呈请注册时，并未声明另有续集，亦与同法第十二条之规定未符。相应函复贵部查照，此致

附：原咨

为咨请事，查著作权法第十九条前半段，规定就他人之著作阐发新理，得视为著作人，享有著作权云云。此项阐发新理，既未明定标准，适用殊滋疑义。例如某甲有某项著作物一种，依法享有著作权，某乙并未征得其同意，遽行撰著该项著作物续集；情节虽略有差异，而主要人物则并无不同。以印就目录呈请注册，并声明俟该项著作物续集排印竣事，即行补送全部样本等语。某甲闻讯，即登报声明本人某项著作物续集，业经脱稿，正在付印；并一面呈报主管注册机关，请求先行备案，防止他人影射云云。关于此项事件之处理，发生下列疑问：（一）某乙之著作物能否视为阐发新理，准其享有著作权。如不能认为阐发新理，当此尚未行销之际，亦未达侵害他人著作权之程度，能否准以著作权法第三十三条之仿制论？（二）某甲在某项原著作物注册时，既未标明正集或初集等字样，又未陈明尚有续集，今于自己撰述续集付印时始预行声明，能否准以著作权法第十二条之规定认为有效？如此项声明在法律上不生效力，则此种著作物续集之著作权，是否以任何人全部先行出版之该项著作物续集取得著作权？事关解释法令，按照统一解释法令及变更判例规则第四条第二项之规定，相应咨请查照，迅予解释见复，俾资依据为荷。此咨。

解释曾经刊载之译作汇印或单行本能否仍享有著作权疑义

1934年9月12日（民国二十三年）内政部以警字第四五八号批丁鹤

曾经刊载之译作，如各该刊载之刊物已载明"版权为本刊所有，不得再在他处发表"等字样者，自不能再归该原译著人享有著作权。如各该刊载之刊物已注明"著作权仍归投稿人所有"者，当可援

用著作权法第十七条后半段"当事人间有特约者从其特约"之规定。

解释著作权注册疑义

1935年1月21日（民国二十四年）内政部批形象艺术社代表人朱凤竹

著作权之注册，系保障著作物本体，非保障著作者专用其名称。此点与商标注册意义不同。且著作物之名称，多系通用字语，如经济学原理、财政学、几何、代数、摄影术等名称，皆一般所通用，决无因一人用作著作物之名称、第二者不能再用之理。

解释著作权法第三十六条疑义

1935年5月28日（民国二十四年）司法院院字第一二八三函内政部，附原函

迳复者：查贵部本年第三一五一号公函致最高法院，请解释著作权法第三十六条疑义一案，业经本院统一解释法令会议议决。以不得享有著作权之著作物，翻印仿制，或以其他方法侵害他人之著作权，朦准注册，系违反著作权法第三十六条之规定。一经发觉，即应送由该管法院处罚。相应函复贵部查照。此致

附：原函

查著作权法第三十六条规定，注册时呈报不实者，处二百元以下、二十元以上之罚金，并得注销其注册等语。今如某甲以不得享有著作权之著作物，或系翻印、仿制及其他方法侵害他人之著作权之著作物，朦蔽呈准注册后，经告发或发觉时，对某甲之注册可否作为呈报不实论？又某甲之注册果为呈报不实，即须依照著作权法第三十六条处以罚金，该项罚金是否由法院判决中定之？法无明文规定，办理殊滋疑义。按照司法院统一解释法令及变更判例规则第四条第二项之规定，相应函请查照，依法迅予解释为荷。此致

解释唱片非著作物不得享有著作权疑义

1935年7月18日（民国二十四年）内政部

（上略）
唱片并非著作权法所明认之著作物，自不得享有著作权。
（下略）

（录自《出版法规汇编》）

解释著作权法施行细则第八条疑义

1935年11月29日（民国二十四年）司法院院字第一三六五号函内政部，附原函

迳复者：查贵部本年一月十日公函（第二九六号）致最高法院，请解释著作权法施行细则第八条

疑义一案，业经本院统一解释法令会议议决。依著作权法施行细则第八条准予发行之著作物，须合于著作权法第一条第一项规定享有著作权，始得受著作权法之保护，相应函复贵部查照。此致

附：原函

查著作权法施行细则第八条规定，欲发行无主之著作物者，应开明事由，呈请内政部于政府公报公告之。自前项最后公告之日起，一年无人声明异议者，准其发行等语。例如某甲欲发行无主之著作物，已依照著作权法施行细则第八条之规定，呈准发行后再行呈请注册，应否予以著作权法之保护？法无明文规定，办理殊滋疑义。按照统一解释法令及变更判例规则第四条第二项之规定，相应函请查照，迅予解释见复，俾资依据为荷。此致

解释著作权法各疑义

1935年11月29日（民国二十四年）司法院院字第一三六六号函内政部，附原函

迳复者：查贵部本年三月三十日公函（第五〇九七号）致最高法院，请解释著作权法各疑义一案，业经本院统一解释法令会议议决：（一）著作物用著作人个人之真实姓名，由官署、法人或团体等呈请注册为该著作权之所有人者，究与著作物单纯用官署等名义者不同。其著作权享有之年限，应依著作人就该著作物于注册后是否仍享有何种利益定之。若系由著作人将著作物全部转让于官署、法人或团体，不再享受何种利益，则著作权已全属于官署、法人或团体，其享受之年限，应依著作权法第七条之规定为三十年。倘著作人于法人或团体呈请注册后，仍享受著作物之利益（如抽收版税等），则其著作权与原著作人并未脱离关系，应依同法第四条、第五条之规定为其享有之期间。（二）著作权法第三条既规定著作权得以转让，则著作人或其继承人若将未取得著作权以前之著作物转让于他人，倘无其他意思表示，当然应视为该著作物上所可得之著作权，亦已一并移转。故同法第六条所定著作人亡故后发行著作物之人，不以著作人之继承人为限。印行古人文稿字画之收藏人，如其著作物之取得系由著作人之继承人移转而来，自得依该条所定年限享有著作权。倘所印行者系无主之著作物，则应依同法施行细则第八条所定程序，经准予发行后方得呈请注册，享有著作权（参照院字第一三六五号解释）。至其著作物系原稿抑属抄本，自所不问。（三）著作权法施行细则第一条第一款所谓通行者，只该著作物于实际可认其曾经通行者即可，不以印刷流传为限。影印名贵碑帖之收藏人能否依法呈请注册，应即以此为标准。相应函复贵部查照。此致

附：原函

兹因关于著作权法发生疑义，谨分别列举于左：（一）著作权法第七条所规定之著作物，其著作权之年限为三十年，似仅指著作人用官署等法人或团体名义之著作物，而非指著作权法所有人为官署等法人或团体之著作物而言。各著作物之著作人，始终用个人真实姓名而由法人或团体呈请注册，其执照"著作权所有人"项下填载该法人或团体之名称者，似不能依照第七条而定其著作权年限，但是否应依照同法第四条或第五条而定其著作权年限？（二）著作权法第六条规定著作物之发行在著作人亡故后者得享有三十年之著作权。对于著作人亡故与著作物发行之相距期间，并无限制。古人所作之文稿字画，因继承买卖或遗失等原因而入于所谓收藏者之手，苟此收藏者以之印行，是否得呈请注册，而依第六条之规定享有著作权？又此种文稿曾经他人抄录其抄本，由收藏者印行时，是否得呈请注册而享有其著作权？（三）著作权法施行细则第一条，规定未经注册而已通行二十年以上之著作

物，不得呈请注册而享有著作权。所谓"通行"，当指印刷传流而言。至于古碑之摹拓，似与印刷通行有别，如名贵碑帖，或为数甚少，已成孤本，苟收藏者付之影印发行，是否亦得呈请注册而享有其著作权？上列三点疑义，法无明文规定，办理殊滋疑义。按照司法院统一解释法令及变更判例规则第四条第二项规定，相应函请查照，迅予解释见复为荷，此致

解释著作权法第六条疑义

1936年3月6日（民国二十五年）司法院院字第一四四九号函内政部，附原函

迳复者：查贵部上年三月七日公函（第三九〇二号）致最高法院，请解释著作权法疑义一案，业经本院统一解释法令会议议决：（一）政府明令将历史著作物列为正史，以广流传，原著作人之享有著作权，并不受其影响。（二）著作权非专属于著作人本身之权利。依著作权法第四条之规定，极为明了。著作人生前发行之著作物而未注册者，如未满著作权法施行细则第十条所定年限，其承继人自得呈请注册。（三）著作权法施行细则第一条第二款所谓著作人自愿任人翻印、仿制，其意思表示并无一定方式，亦不以明示为限。苟依一切情事，可推断其有许任何人翻印、仿制之意思者，即合于该款之规定；若仅有许特定人翻印、仿制之事实，尚难推断其有许任何人翻印、仿制之意思。相应函复贵部查照。此致

附：原函

兹因关于著作权法发生疑义，谨分别列举于左：（一）既经政府明令列为正史、以广流传之历史著作物，原著作人是否仍有著作权？（二）著作权法第六条规定著作人亡故后，始发行之著作物，准予享有著作权三十年，如著作人在生前已将该项著作物发行，但未依法注册，于著作人亡故后，其承继人可否呈请注册？（三）著作权法施行细则第一条第二款规定"著作人自愿任人翻印、仿制者"，是否要有何种正式明白表示之手续？上列三点疑义，法无明文规定，办理殊滋疑义。按照司法院统一解释法令及变更判例规则第四条第二项规定，相应函请查照，依法迅予解释见复为荷。此致

解释著作权法第一条疑义

1936年4月3日（民国二十五年）司法院院字第一四七〇号函内政部，附原函

迳复者：查贵部上年三月九日公函（第四〇三五号）致最高法院，请解释著作权法疑义一案，业经本院统一解释法令会议议决。已依法注册之著作物，依著作权法第一条本享有重制之利益，其内容虽有增删，毋庸另行注册，惟须将样本呈部备案。相应函复贵部查照。此致

附：原函

查著作权法关于曾经注册之著作物，重制时内容有增删者，是否须另行注册？如无须另行注册，应否将该项著作物呈部备案？法无明文规定，办理殊滋疑义。按照司法院统一解释法令及变更判例规则第四条第二项规定，相应函请查照，依法迅予解释见复为荷。此致

解释著作权法施行细则疑义

1936年5月12日（民国二十五年）司法院院字第一四九四号函内政部，附原函

迳复者：查贵部二十三年二月五日公函（第一四七号）致最高法院，请解释著作权法施行细则疑义一案，业经本院统一解释法令会议议决。著作物之通行在二十年以内者，固均许其呈请注册；在未注册以前，他人虽得翻译或翻印，但于注册后苟仍将其翻译或翻印之著作物发行，即系侵害其著作权。依著作权法第二十三条、第二十九条、第三十三条各规定，自得诉请处罚及赔偿损害，并得依第三十八条没收其著作物。惟其翻译若在原著作物未注册以前，已依同法第十条取得著作权者，不在此限。相应函复贵部查照。此致

附：原函

查著作权法施行细则第一条第一项规定，凡未经注册而已通行二十年以上之著作物，不得依该法呈请注册。是著作物在通行二十年以内之任何时间，均能依法呈请注册。但如注册稽迟，在请求注册之前，其著作物被人翻译或翻印，经注册后该项翻译或翻印品仍在发行，著作人得主张何种权利，能否向翻译人或翻印人或发行人索赔及勒令销毁、被窃物□法无明文规定，殊滋疑义，按照统一解释法令及变更判例规则第四条第二项规定，相应函请查照迅予解释见复，俾资依据为荷。此致

解释著作权法施行细则第十三条疑义

1936年5月14日（民国二十五年）司法院院字第一四九五号函复内政部解释

（上略）

著作权法施行细则第十三条第一款，所谓著作物注册费为该著作物每部定价之五倍云者，系指该著作物已定有每部出售之价格若干者而言，电影片等类之著作物并无出售之定价，既非该条款所能包括，则其注册费依何标准计算应由主管官署酌定之。

（下略）

解释著作权法第十条及第二十条疑义

1936年6月30日（民国二十五年）司法院院字第一五二六号咨行政院，附原函

为咨行事，查内政部本年三月二十一日公函（第一二六六号）致最高法院，请解释著作权法第十条及第二十条疑义一案，业经本院统一解释法令会议议决。就著作权法第二十条所列著作物之文字，另以他种文字翻译成书，则其特质为翻译之文字，自得依同法第十条之规定享有著作权，不受第二十条所示之限制（院字第一四九四号解释参照）。相应咨请贵院查照饬知。此致

附：原函

查著作权法第二十条载，左列著作物不得享有著作权：一、法令约章及文书案牍；二、各种劝戒

及宣传文字；三、公开演说而非纯属学术性质者等语。是本条所列之著作物，不得为著作权注册之核准，已无疑义。惟如就本条所列之一种文字著作物，另以他种文字翻译成书者，是否应受本条限制，不得享有著作权法第十条之翻译著作权？法律尚无明文规定。按翻译著作物之著作权，系基于不同种类之文字翻译而成立，法律对于此项权利之保护，乃在奖励翻译人之智能产物，初无关于原著内容之价值，其本身既另具特质，自与一般著作权之著作物含有创制性质者不同。则如就著作权法第二十条所列之一种文字著作物，另以他种文字翻译成书者，似亦合于同法第十条之翻译著作物，究竟此项翻译著作物是否须与一般著作物同受著作权法第二十条之限制？事涉法律疑义，办理不无困难。

（下略）

解释著作权法第十条及第二十条疑义

1936年7月4日（民国二十五年）行政院以院字第四〇六三号训令内政部
司法院院字第一五二六号解释

（上略）

就著作权法第二十条所列著作物之文字另以他种文字翻译成书则其特质为翻译之文字，自得依同法第十条之规定，享有著作权，不受第二十条所示之限制。（院字第一四九四号解释参照）（下略）

解释著作权法第二十三条及第三十条又民法第五百一十六条疑义

1937年3月25日（民国二十六年）司法院院字第一六四八号咨行政院，附原咨

为咨复事，准贵院上年十月二十九日咨（第二九七号）开：据为内政部呈请解释民法第五百一十六条及著作权法第二十三条等疑义，请查照见复等由，业经本院统一解释法令会议议决。民法第五百一十六条所指著作人之权利，其对于侵害人提起诉讼之权，应解释为在其必要范围内，又著作权法第二十三条所称权利人，亦包括享有出版权之出版人在内，故无论出版契约就此有无订定，出版人均得依前述规定对于侵害人提起诉讼。相应咨复贵院查照饬知。此致

附：原咨

案据内政部二十五年十月二十四日警壹三第六二九五号呈称，查民法第五百一十六条第一项载，著作人之权利，于契约实行之必要范围内移转于出版人。又著作权法第二十三条载，著作权经注册后，其权利人得对于他人之翻印、仿制或以其他方法侵害利益，提起诉讼等各语，前者所谓著作人之权利，是否包括著作人因他人侵害利益而提起之诉讼权？后者所谓得提起诉讼之权利人，是否包括依出版契约的法律关系而享有出版权之出版人？法无明文规定。于此有甲、乙两说：（甲）说，谓出版人依民法规定而主张之出版权，乃对于特定人之权利，与著作人依著作权法规定而主张之著作权如对于一般之权利者，其权利性质及行使对象既各有不同，则著作人依民法第五百一十六条第一项移转于出版人之权利，自不包括其因他人侵害利益而提起之诉讼权；而出版人自亦不在著作权法第二十三条所定权利人之内。在著作权受侵害时，除契约已订明授与出版人以诉讼权外，出版人自只能依民法关于债务不履行之规定，向著作人行使其权利，或依民事诉讼法关于诉讼参加之程序。辅助著作人为诉

讼之参加，尚难对侵害人直接提起诉讼。（乙）说，谓出版人取得出版权，虽本于债权债务关系之出版契约，但其性质实为一种形成权，其有独立排斥他人之效力。其权能既为法律特别所赋与，则出版人于出版契约成立后，当然享有著作人专有重制利益之权能。而附丽于著作权上之诉讼权，自亦因契约实行之必要而转移。故于其所出版之著作权受侵害时，著作人从未于出版契约内订明授与出版人以诉讼权，出版人本于出版权之主张，亦得视为著作权法第二十三条之权利人，向侵害人提起诉讼。以上两说，究以何说为是？事关法律疑义，理合备文呈请钧院鉴核，转咨司法院解释示遵等情。据此，案关法律适用疑义，相应咨请贵院迅为解释见复，以便饬遵。此咨。

修正著作权法

1944年4月27日（民国三十三年）国民政府修正公布

第一章　总则

第一条　就左列著作物，依本法注册，专有重制之利益者为有著作权：

一、文字之著译；

二、美术之制作；

三、乐谱、剧本；

四、发音片、照片或电影片。

就乐谱、剧本、发音片或电影片有著作权者，并得专有公开演奏或上演之权。

第二条　著作物之注册，由内政部掌管之，内政部对于依法令应受审查之著作物，在未经法定审查机关审查前，不予注册。

第三条　著作权得转让于他人。

第二章　著作权之所属及限制

第四条　著作权归著作人终身享有之。并得于著作人死亡后，由继承人继续享有三十年；但另有规定者，不在此限。

第五条　著作物系由数人合作者，其著作权归各著作人共同终身享有之。著作人中有死亡者，由其继承人继续享有其应有之权利。

前项继承人得继续享有其权利，迄于著作人中最后死亡者之死亡后三十年。

第六条　著作物于著作人死亡后始发行者，其著作权之年限为三十年。

第七条　著作物用官署、学校、公司，会所或其他法人或团体名义者，其著作权之年限为三十年。

第八条　凡用笔名或别号之著作物，于声请注册时，必须呈报真实姓名，其享有著作权之年限与第四条规定者同。

第九条　照片、发音片，得由著作人享有著作权十年。但系受他人报酬而著作者，不在此限。刊入学术或文艺著作物中之照片，如系特为该著作物而著作者，其著作权归该著作物之著作人享有之。前项照片著作权，在该学术或文艺著作物之著作权未消灭前，继续存在。

电影片得由著作人享有著作权十年，但以依法令准演者为限。

第十条　从一种文字著作以他种文字翻译成书者，得享有著作权二十年，但不得禁止他人就原著另译。

第十一条　著作权之年限，自最初发行之日起算。

第十二条 著作物逐次发行或分数次发行者，应于每次发行时，分别声请注册。

第十三条 著作权人死亡后，无继承人者，其著作权消灭。

第十四条 著作权之移转及继承，非经注册，不得对抗第三人。

第十五条 著作物系由数人合作，而有少数人或一人不愿注册者，如性质上可以分割，应将其所著部分除外；其不能分割者，应由余人酬以相当之利益，其著作权则归余人所享有。

第十六条 出资聘人所成之著作物，其著作权归出资人享有之。但当事人间有特约者，从其特约。

第十七条 讲义演述虽经他人笔述，或由官署学校印刷，其著作权仍归讲演人享有之。但别有约定或经讲演人之允许者，不在此限。

第十八条 揭载于新闻纸、杂志之事项，得注明不许转载。其未经注明不许转载者，转载人应注明其原载之新闻纸或杂志。

第三章 著作权之侵害

第十九条 著作物经注册后，其权利人得对于他人之翻印、仿制或以其他方法侵害利益提起诉讼。

著作物在声请注册尚未核发执照前，受有前项侵害时，该著作物所有人得提出注册声请有关证件，提起诉讼。但其注册声请经核定驳回者，不适用之。前二项规定，于出版人就该著作物享有出版权者，亦适用之。

第二十条 受让或继承他人之著作权者，不得将原著作物改窜、割裂、变匿姓名或更换名目发行之。但得原著作人同意，或受有遗嘱者，不在此限。

第二十一条 著作权年限已满之著作物，视为公共之物。但不问何人，不得将其改窜、割裂、变匿姓名或更换名目发行之。

第二十二条 冒用他人姓名发行自己之著作物者，以侵害他人著作权论。

第二十三条 未发行著作物之原本及其著作权，不得因债务之执行而受强制处分。但已经本人允诺者，不在此限：

第二十四条 左列各款情形经注明原著作之出处者，不以侵害他人著作权论：

一、节选他人著作成书，以供普通教科书及参考之用者；

二、节录引用他人著作，以供自己著作之参证注释者。

第二十五条 就已经注册之著作物，为左列各款之行为者，应得原著作人之同意；但著作权已消灭者，不在此限：

一、用原著作物名称继续著作者；

二、选辑他人著作，或录原著作加以评注、索引，增补或附录者；

三、用文字、图书、摄影、发音或其他方法重制，或演奏他人之著作物者。

第二十六条 著作权之侵害，经著作权人提起诉讼时，除依本法处罚外，被害人所受之损失应由侵害人赔偿。

第二十七条 著作物由数人合作者，在著作权受侵害时，得不俟余人之同意提起诉讼，请求赔偿其所受之损失。

第二十八条 因著作权之侵害，提起民事或刑事诉讼时，得由原告告诉人或自诉人请求法院，将涉于假冒之著作暂行停止其发行。

于有前项处分后，经法院审明并非假冒，其判决确定者，被告因停止发行所受之损失，应由原告告诉人或自诉人赔偿之。

第二十九条　著作权之侵害，经法院审明并非有意假冒者，得免处罚。但被告应将所得利益偿还原告。

第四章　罚则

第三十条　翻印、仿制或以其他方法侵害他人之著作权者，处五千元以下罚金，其知情代为出售者亦同。

以犯前项之罪为常业者，处一年以下有期徒刑、拘役，得并科五千元以下罚金。

第三十一条　违反第二十条之规定者，处三千元以下罚金。

第三十二条　违反第二十一条之规定者，处一千元以下罚金。

第三十三条　注册时呈报不实者，处一千元以下罚金，并得注销其注册。

第三十四条　未经注册之著作物，于其末幅假填某年月日业经注册字样者，处二千元以下罚金。

第三十五条　依第三十条至第三十二条处罚者，其著作物没收之。

第三十六条　第三十条、第三十一条之罪，须告诉乃论。但犯第三十一条之罪，而著作人死亡者，不在此限。

第五章　附则

第三十七条　本法自公布日施行。

（录自郭卫编《袖珍新六法全书》，民国三十七年出版）

著作权法施行细则

1944年9月5日（民国三十三年）国民政府修正公布

第一条　凡著作物未经注册，而已通行二十年以上者，不得依本法声请注册。

第二条　依本法以著作物声请注册者，应备样二份，并附具声请书，载明左列各款事项：

一、著作物之名称及件数；

二、著作人之姓名、年龄、籍贯、住址；

三、发行人姓名、年龄、籍贯、住址；

四、著作权所有人姓名、年龄、籍贯、住址；

五、最初发行年月日；

六、依法令应受审查之著作物，其审查机关名称及发给证照字号与年月日。

著作物确实不能备具样本者，得以著作物详细说明书或图画代替之。

继承著作权声请注册者，毋庸备具样本。

第三条　著作物之所有人，以著作物委托他人声请注册，或在注册前已将著作物转让，由受让人声请注册者，应附具委托书或转让证明书声请之。

第四条　著作物用官署、学校、公司、会所或其他法人或团体名义者，声请注册时，应注明该法人或团体之名称及事务所所在地与代表人之姓名、住址。

第五条　著作物之注册，由内政部将应登记之各事项，登记于著作物注册簿上。

著作物经注册后，应由内政部发给执照，并刊载政府公报公告之。

第六条　凡已注册之著作物，应于其末幅标明某年月日经内政部注册字样，并注明执照号数。

第七条 本细则第五条第一项之注册簿，不问何人，均得请求准其查阅或抄录之。

第八条 声请注册及请求查阅或抄录注册簿等项公费，每件定额如左：

一、著作物注册费，照该著作物定价之二十五倍缴纳。有二种以上之定价者，以其最高者为准；

二、承让受让著作权注册费与第一款同；

三、执照遗失补领费，十元；

四、查阅注册簿费，五元；

五、抄录注册簿费，每百字五元，未满百字者以百字计算。

电影片注册费，每五百公尺一百元，不满五百公尺者以五百公尺计算。

雕刻模型注册费，照该著作物最高定价百分之十缴纳。

第九条 著作物之定价过高者，内政部得令发行人酌减之。前项定价之酌减，如系教科书，内政部应会商教育部办理之。

第十条 外国人有专供中国人应用之著作物时，得依本法声请注册。

前项外国人，以其本国承诺中国人民得在该国享有著作权者为限。

第十一条 未经注册而刊载"有著作权翻印必究"等字样之著作物，应于本法施行后一年内补行注册，或删去各该字样。否则依本法第三十四条之规定处罚之。

第十二条 电影片在本法修正施行前已发行，于本法修正施行后一年内声请注册者，其注册之日，视为最初发行之日。

第十三条 本细则自著作权法施行之日施行。

声请书式（一）

著作物依著作权法第一条及同法施行细则第二条之规定声请注册者通用之。

著作物	名　称			册　数
著作人	姓名	年龄	籍贯	住　址
著作权所有人				
发行人				
发行所	名　称			地　址
最初发行日期	样本 （或详细说明书及图章）			
曾受审查或 检查机关名称	曾领证照之 字号及年月日			
谨呈　　　　　内政部　　　　　　　声请人　　　　　（盖章） 中华民国　　　年　月　　日				

附注:

一、声请注册之著作物在二种以上者，应照上开项目另附详细清册。

二、曾领证照之字号及年月日栏所称证照，系指教科书审定执照、书刊审查证、地图发行许可证、电影片准演执照等而言，应就本栏据实填明之。

三、受他人委托声请注册者，应附具该著作物所有人委托书。

声请书式（二）

受让著作权依著作权法第十四条之规定声请注册者通用之。

著作物名称				
原注册核准之年月日				
原注册执照号数				
原著作权所有人				
受让人	姓名	年龄	籍贯	住址
著作权转让之年月日				
谨呈 内政部　　　　　　　　　声请人（原注册人）　　　　盖章 　　　　　　　　　　　　　　　（受让人） 中华民国　年　月　日				

附注：此项受让著作权声请注册时，应附具原著作权所有人之转让证明书。

声请书式（三）

继承著作权依著作权法第十四条之规定声请注册者适用之。

著作物名称				
原注册核准之年月日				
注册执照号数				
原著作权所有人	姓名	亡故之年月日		
继承人	姓名	年龄	籍贯	住址
谨呈 内政部　　　　　　　　　声请人（继承人）　　　　盖章 中华民国　年　月　日				

著作权法

1949年1月13日（民国三十八年）总统令修正公布
第三十条第三十一条第三十二条第三十三条及第三十四条条文

第一章　总则

第一条　就左列著作物依法注册，专有重制之利益者，为有著作权：

一、文字之着译；

二、美术之制作；

三、乐谱剧本；

四、发音片照片或电影片。

就乐谱剧本发音片或电影片有著作权者，并得专有公开演奏或上演之权。

第二条　著作物之注册由内政部掌管之。

内政部对于依法令应受审查之著作物，在未经法定审查机关审查前，不予注册。

第三条　著作权得转让于他人。

第二章　　著作权之所属及限制

第四条　著作权归著作人终身享有之，并得于著作人死亡后，由继承人继续享有三十年。但另有规定者，不在此限。

第五条　著作物系由数人合作者，其著作权归各著作人共同终身享有之，著作人中有死亡者，由其继承人继续享有其应有之权利。

前项继承人得继续享有其权利，迄于著作人中最后死亡者之死亡后三十年。

第六条　著作物于著作人死亡后始发行者，其著作权之年限为三十年。

第七条　著作物用官署、学校、公司、会所或其它法人或团体名义者，其著作权之年限为三十年。

第八条　凡用笔名或别号之著作物于声请注册时，必须呈报真实姓名，其享有著作权之年限与第四条规定者同。

第九条　照片发音片得由著作人享有著作权十年。但系受他人报酬而著作者，不在此限。

刊入学术或文艺著作物中之照片，如系特为该著作物而著作者，其著作权归该著作物之著作人享有之。

前项照片著作权，在该学术或文艺著作物之著作权未消灭前继续存在。

电影片得由著作人享有著作权十年。但以依法令准演者为限。

第十条　从一种文字著作以他种文字翻译成书者，得享有著作权二十年。但不得禁止他人就原著另译。

第十一条　著作权之年限自最初发行之日起算。

第十二条　著作物逐次发行或分数次发行者，应于每次发行时，分别声请注册。

第十三条　著作权人死亡后无继承人者，其著作权消灭。

第十四条　著作权之移转及继承，非经注册不得对抗第三人。

第十五条　著作物系由数人合作而有少数人或一人不愿注册者，如性质上可以分割，应将其所著部份除外，其不能分割者，应由余人酬以相当之利益，其著作权则归余人所享有。

第十六条 出资聘人所成之著作物，其著作权归出资人享有之。但当事人间有特约者，从其特约。

第十七条 讲义演述虽经他人笔述或由官署学校印刷，其著作权仍归讲演人享有之。但别有约定或经演讲人之允许者，不在此限。

第十八条 揭载于新闻纸、杂志之事项，得注明不许转载；其未经注明不许转者，转载人应注明其原载之新闻纸或杂志。

第三章　著作权之侵害

第十九条 著作物经注册后，其权利人得对于他人之翻印、仿制或以其它方法侵害利益，提起诉讼。

著作物在声请注册尚未核发执照前，受有前项侵害时，该著作物所有人得提出注册声请有关证件，提起诉讼。但其注册声请经核定驳回者，不适用之。

前二项规定于出版人就该著作物享有出版权者，亦适用之。

第二十条 受让或继承他人之著作权者，不得将原著作物改窜、割裂、变匿姓名或更换名目发行之。但得原著作人同意或受有遗嘱者，不在此限。

第二十一条 著作权年限已满之著作物视为公共之物。但不问何人，不得将其改窜、割裂、变匿姓名或更换名目发行之。

第二十二条 冒用他人姓名发行自己之著作物者，以侵害他人著作权论。

第二十三条 未发行著作物之原本及其著作权，不得因债务之执行而受强制处分。但已经本人允诺者，不在此限。

第二十四条 左列各款情形经注明原著作之出处者，不以侵害他人著作权论：

一、节选他人著作成书，以供普通教科书及参考之用者；

二、节录引用他人著作，以供自己著作之参证注释者。

第二十五条 就已经注册之著作物，为左列各款之行为者，应得原著作人之同意。但著作权已消灭者，不在此限：

一、用原著作物名称继续著作者；

二、选辑他人著作或录原著作，加以评注、索引、增补或附录者；

三、用文字、图画、摄影、发音或其它方法，重制或演奏他人之著作物者。

第二十六条 著作权之侵害经著作权人提起诉讼时，除依本法处罚外，被害人所受之损失，应由侵害人赔偿。

第二十七条 著作物由数人合作者，其著作权受侵害时，得不俟余人之同意，提起诉讼请求赔偿其所受之损失。

第二十八条 因著作权之侵害提起民事或刑事诉讼时，得由原告告诉人或自诉人，请求法院将涉于假冒之著作，暂行停止其发行。

于有前项处分后，经法院审明并非假冒，其判决确定者，被告因停止发行所受之损失，应由原告告诉人或自诉人赔偿之。

第二十九条 著作权之侵害经法院审明并非有意假冒者，得免处罚。但被告应将所得利益偿还原告。

第四章　罚则

第三十条　翻印、仿制或以其他方法侵害他人之著作权者，处五百圆以下罚金；其知情代为出售者，亦同。

以犯前项之罪为常业者，处一年以下有期徒刑、拘役，得并科五百圆以下罚金。

第三十一条　违反第二十条之规定者，处四百圆以下罚金。

第三十二条　违反第二十一条之规定者，处三百圆以下罚金。

第三十三条　注册时呈报不实者，除处二百圆以下罚金，并得注销其注册。

第三十四条　未经注册之著作权，于其末幅假填某年月日业经注册字样者，处四百圆以下罚金。

第三十五条　依第三十条至三十二条处罚者，其著作物没收之。

第三十六条　第三十条、第三十一条之罪须告诉乃论。但犯第三十一条之罪而著作人死亡者，不在此限。

第五章　附则

第三十七条　本法自公布尔日施行。

附录

伪维新政府著作权法

1938年9月3日（民国二十七年）第十八次立法会议通过

第一章　总则

第一条　就左列著作物依本法注册，专有重制之利益者，为有著作权：

一、书籍、论著及说部；

二、乐谱、歌词、剧本；

三、图画、字帖；

四、照片、雕刻模型；

五、其他关于文艺、学术或美术之著作物。

就乐谱、歌词、剧本有著作权者，并得专有公开演奏或排演之权。

第二条　著作物之注册，由维新政府内政部掌管之。

内政部对于依法令应受教育部审查之教科图书，于未经教育部审查前，不予注册。

第三条　著作权得转让于他人。

第二章　著作权之所属及限制

第四条　著作权归著作人终身享有之。并得于著作人亡故后，由承继人继续享有三十年。但别有规定者，不在此限。

第五条　著作物系由数人合作者，其著作权归各著作人共同终身享有之。著作人中有亡故者，由其承继人继续享有其权利。

前项承继人得继续享有其权利，迄于著作人中最后亡故者之亡故后三十年。

第六条 著作物于著作人亡故后始发行者，其著作权之年限为三十年。

第七条 著作物系用官署、学校、公司、会所或其他法人或团体名义者，其著作权之年限亦为三十年。

第八条 不著姓名或用假设名号之著作物，其著作权之年限为三十年。

前项年限未满，改用真实姓名者，适用第四条之规定。

第九条 照片得由著作人享有著作权十年。但受他人报酬而著作者，不在此限。

刊入文艺、学术著作物中之照片，如系特为该著作物而著作者，其著作权归该著作物之著作人享有之。

前项照片著作权，在该文艺、学术著作物之著作权未消灭前继续存在。

第十条 从一种文字著作以他种文字翻译成书者，得享有著作权二十年。但不得禁止他人就原著另译。其译文无甚差别者，不在此限。

第十一条 著作权之年限，自最初发行之日起算。

第十二条 著作物系编号逐次发行或分数次发行者，应于首次呈请注册时声明之。嗣后每次仍应践行呈报之程序。

前项后段所定呈报程序，限于定期刊物，内政部得准其省略之。

第十三条 著作物系编号逐次发行者，其著作权之年限，自每号最初发行之日起算。

著作物系分数次发行者，其著作权之年限，自其最后部分发行之日起算。但该著作物虽未完成，其应行继续之部份已逾三年尚未发行者，以已发行之末一部份视为最后之部份。

前项规定，于第一次注册时预行声明继续发行之期限者，不适用之。

第十四条 著作权人亡故后，若无承继人，其著作权视为消灭。

第十五条 著作权之移转及承继，非经注册，不得对抗第三人。

第十六条 著作物系由数人合作，而有少数人或一人不愿发行者，如性质上可以分割，应将其所作部份除外而发行之。其不能分割者，应由余人酬以相当之利益，其著作权则归余人所有。但该少数人或一人不愿列名于著作物者，听之。

第十七条 出资聘人所成之著作物，其著作权归出资人享有之。但当事人间有特约者从其特约。

第十八条 讲义演述虽经他人笔述，或由官署学校印刷，其著作权仍归讲演人享有之。但别有约定或经讲演人之允许者，不在此限。

第十九条 就他人之著作阐发新理或以与原著作物不同之技术制成美术品者，得视为著作人，享有著作权。

第二十条 左列著作物不得享有著作权：

一、法令，约章及文书、案牍；

二、各种劝诫及宣传文字；

三、公开演说而非纯属学术性质者。

第二十一条 揭载于报纸、杂志之事项，得注明不许转载。其未经注明不许转载者，转载人须注明其原载之报纸或杂志。

第二十二条 内政部于著作物呈请注册时，发现其有显然破坏国际和平或违背法律规定者，得拒绝注册。

第三章 著作权之侵害

第二十三条 著作权经注册后，其权利人得对于他人之翻印、仿制或以其他方法侵害其利益者，提起诉讼。

第二十四条 接受或承继他人之著作权者，不得将原著作物改窜、割裂、变匿姓名或更换名目发行之。但得原著作人同意或受有遗嘱者，不在此限。

第二十五条 著作权年限已满之著作物，视为公共之物。但不问何人不得将原著改窜、割裂、变匿姓名或更换名目发行之。

第二十六条 冒用他人姓名发行自己之著作物者，以侵害他人著作权论。

第二十七条 未发行著作物之原本及其著作权，不得因债务之执行而受强制处分。但已经本人允诺者，不在此限。

第二十八条 左列各款情形经注明原著作之出处者，不以侵害他人著作权论：

一、节选众人著作成书，以供普通教科书及参考之用者；

二、节录引用他人著作以供自己著作之参证注释者。

第二十九条 著作权之侵害，经著作人提起诉讼时，除依本法处罚外，被侵害人所受之损失应由侵害人赔偿。

第三十条 著作物系由数人合作者，著作权受侵害时，得不俟余人之同意提起诉讼，请求赔偿其所受之损失。

第三十一条 因著作权之侵害提起民事或刑事诉讼时，得由原告或告诉人请求法院，将涉于假冒之著作物暂行停止其发行。于前项处分后，经法院审明并非假冒，其判决确定者，被告因停止发行所受之损失，应由原告或告诉人赔偿之。

第三十二条 著作权之侵害，若法院审明并非故意假冒者，得免处罚。但须将被告所已得之利益偿还原告。

第四章 罚则

第三十三条 翻印、仿制及以其他方法侵害他人之著作权者，处五百元以下、五十元以上之罚金。其知情代为发售者同。

第三十四条 违反第二十四条之规定者，处四百元以下、四十元以上之罚金。

第三十五条 违反第二十五条之规定者，处三百元以下、三十元以上之罚金。

第三十六条 注册时呈报不实者，处二百元以下、二十元以上之罚金，并得注销其注册。

第三十七条 未经注册之著作物，于其末幅假填某年月日业经注册之字样者，处四百元以下、四十元以上之罚金。

第三十八条 依本章处罚之著作物，没收之。

第三十九条 第三十三条、第三十四条之罪，须告诉乃论。但犯第三十四条之罪而原著作人亡故者，不在此限。

第四十条 本章所定罚则如刑法别有规定者，从其规定。

第五章 附则

第四十一条 本法施行细则由内政部规定之。

第四十二条 本法自公布日施行。　　　　　　　　　　（录自《维新政府法令汇编》第一辑）

伪维新政府著作权法施行细则

1939年5月5日（民国二十八年）内政部令公布

第一条 本细则依著作权法第四十一条之规定订定之。

第二条 凡著作物有左列各款情事之一者，不得依本法呈请注册：

一、未经注册已通行二十年以上者；

二、著作人自愿任人翻印仿制者。

第三条 本法以著作物呈请注册应备样本二份，依后列著作物呈请注册程式呈送内政部。其在各省市者应呈由各该省长或市长核转内政部。本法第一条第四款、第五款之著作物，不能具备样本者，得以著作物详细说明书或图画代替之。因接收或承继著作权呈请注册者，毋庸备具样本。

第四条 著作物系用官署、学校、公司、会所或其他法人或团体名义者呈请注册时，应注明该法人或团体之名称、事务所所在地、代表之姓名、住址。

第五条 依本法第八条第二项规定改用真实姓名者，应依后列著作物改正姓名呈请注册程式呈报。

第六条 本法第十二条第一项情形，应依后列著作物逐次或分次发行呈请注册程式具呈声明。

第七条 因接受或承继著作权呈请注册者，应依后列接受著作权呈请注册程式或承继著作权呈请注册程式具呈声请。

第八条 著作物之注册，由内政部将应登记之各项登记著作物注册簿上，著作物注册后由内政部发给执照并刊登政府公报公告之。

第九条 欲发行无主之著作物者应开明事由，呈请内政部于政府公报公告之。自前项最后公告之日起满一年无人声请异议者准其发行。

第十条 凡已注册之著作物，应于其末幅注明某年月日经内政部注册字样并注明执照号数。

第十一条 本法施行前已发行之著作物，自最初发行之日起未满廿年者仍得以本法呈请注册。

第十二条 本法施行前已注册之著作物，限于在本法施行后一年内补行注册，其原有之注册仍不失其效力。

补行注册，应纳公费按照本细则第十四条规定减轻二分之一。

第十三条 本细则第八条第一项之注册簿，不问何人均得请求准其查阅或抄录之。

第十四条 呈请注册及请求查阅或抄录注册簿等项，公费每件定额如左：

一、著作物注册费，该著作物每部定价之五倍；有二种以上之定价者，以其最高者为准；

二、承继或接受著作权注册费与第一款同；

三、执照遗失补领费一元；

四、查阅注册簿费五角；

五、抄录注册簿费每百字五角，未满百字者以百字计算。

第十五条 外国人有专供中国应用之著作物时，仍依本法呈请注册。

前项外国人以其本国承认中国人民在该国享有著作权者为限，依本条例第一项注册之著作物，自注册之日起享有著作权十年。

第十六条 本细则自公布日施行。

伪华北行政委员会著作权法

1940年11月13日（民国二十九年）华北行政委员会公布

第一章　总则

第一条　就左列著作物依本法注册专有重制之利益者，为有著作权：

一、书籍、论著及说部；

二、乐谱、剧本；

三、图画、字帖；

四、照片、雕刻、模型；

五、其他关于文艺、学术或美术之著作物。

就乐谱、剧本有著作权者，并得专有公开演奏或排演之权。

第二条　著作物之注册，由国民政府警政部掌管之。警政部对于依法令应受教育部审查之教科图书，于未经教育部审查前不予注册。

第三条　著作权得转让于他人。

第二章　著作权之所属及限制

第四条　著作权归著作人终身有之。并得于著作人亡故后，由承继人继续享有二十年；但别有规定者，不在此限。

第五条　著作物系由数人合作者，其著作权归各著作人共同终身有之。著作人中有亡故者，由其继承人继续享有其应有之权利。

前项继承人得继续享有其权利，迄于著作人中最后亡故者之亡故后二十年。

第六条　著作物于著作人亡故后始发行者，其著作权之年限为三十年。

第七条　著作物系用官署、学校、公司、会所或其他法人或团体名义者，其著作权之年限亦为三十年。

第八条　不著姓名或用假设名号之著作物，其著作权之年限为二十年。前项年限未满而改用真实姓名者，适用第四条之规定。

第九条　照片得由著作人享有著作权十年，但受他人报酬而著作者，不在此限。

刊入文艺、学术著作物中之照片，如系特为该著作物而著作者，其著作权归该著作物之著作人享有之。

前项照片著作权，在该文艺、学术著作物之著作权未消灭前，继续存在。

第十条　从一种文字著作以他种文字翻译成书者，得享有著作权二十年，但不得禁止他人就原著另译。其译文无甚差别者，不在此限。

第十一条　著作权之年限，自最初发行之日起算。

第十二条　著作物系编号逐次发行或分数次发行者，应于首次呈请注册时声明之。嗣后每次发行，仍应践行呈报之程序。

前项后段所定呈报程序限于定期刊物，得由警政部准其省略之。

第十三条　著作物系编号逐次发行者，其著作权之年限，自每号最初发行之日起算。

著作物系分数次发行者，其著作权之年限，自其最后部分最初发行之日起算。但该著作物虽未完成，其应行继续之部分已逾三年尚未发行者，以已发行之末一部分视为最后之部分。

前项规定，于第一次注册时预行声明继续发行之期限者，不适用之。

第十四条 著作权人亡故后若无承继人，其著作权视为消灭。

第十五条 著作权之移转及继承，非经注册不得对抗第三人。

第十六条 著作物系由数人合作，而有少数人或一人不愿发行者，如性质上可以分割，应将其所作部分除外而发行之。其不能分割者，应由余人酬以相当之利益，其著作权则归余人所有。但该少数人或一人不愿列名于著作物者，听之。

第十七条 出资聘人所成之著作物，其著作权归出资人有之。但当事人间有特约者，从其特约。

第十八条 讲义、演述虽经他人笔述，或由官署、学校印刷，其著作权仍归讲演人有之。但别有约定或经讲演人之允许者，不在此限。

第十九条 就他人之著作阐发新理，或以与原著作物不同之技术制成美术品者，得视为著作人，享有著作权。

第二十条 左列著作物，不得享有著作权：

一、法令、约章及文书案牍；

二、各种劝诫及宣传文字；

三、公开演说而非纯属学术性质者。

第二十一条 揭载于报纸、杂志之事项，得注明不许转载。其未经注明不许转载者，转载人须注明其原载之报纸或杂志。

第二十二条 警政部于著作物呈请注册时，发现其有左列情事之一者，得拒绝注册：

一、显违三民主义及现行政策者；

二、其他经法律规定禁止发行者。

第三章 著作权之侵害

第二十三条 著作权经注册后，其权利人得对于他人之翻印、仿制或以其他方法侵害利益，提起诉讼。

第二十四条 接受或继承他人之著作权者，不得将原著作物改窜、割裂、变匿姓名或更换名目发行之。但得原著作人同意或受有遗嘱者，不在此限。

第二十五条 著作权年限已满之著作物，视为公共之物。但不问何人不得将其改窜、割裂、变匿姓名或更换名目发行之。

第二十六条 冒用他人姓名发行自己之著作物者，以侵害他人著作权论。

第二十七条 未发行著作物之原本及其著作权，不得因债务之执行而受强制处分。但已经本人允诺者，不在此限。

第二十八条 左列各款情形，经注明原著作之出处者，不得以侵害他人著作权论：

一、节选众人著作成书，以供普通教科书及参考之用者；

二、节录引用他人著作，以供自己著作之参证注释者。

第二十九条 著作权之侵害，经著作权人提起诉讼时，除依本法处罚外，被害人所受之损失，应由侵害人赔偿。

第三十条 著作物系由数人合作者，其著作权受侵害时，得不俟余人之同意提起诉讼，请求赔偿其所受之损失。

第三十一条　因著作权之侵害提起民事或刑事诉讼时，得由原告或告诉人请求法院将涉于假冒之著作物暂行停止其发行。

于有前项处分后，经法院审明并非假冒，其判决确定者，被告因停止发行所受之损失，应由原告或告诉人赔偿之。

第三十二条　著作权之侵害者，由法院审明并非故意假冒得免处罚，但须将被告所已得之利益偿还原告。

第四章　罚则

第三十三条　翻印、仿制及以其他方法侵害他人之著作权者，处五百元以下、五十元以上之罚金。其知情代为出售者亦同。

第三十四条　违反第二十四条之规定者，处四百元以下、四十元以上之罚金。

第三十五条　违反第二十五条之规定者，处三百元以下、三十元以上之罚金。

第三十六条　注册时呈报不实者，处二百元以下、二十元以上之罚金，并得注销其注册。

第三十七条　未经注册之著作物，假填某年月日业经注册字样者，处四百元以下、四十元以上之罚金。

第三十八条　依本章处罚之著作物没收之。

第三十九条　第三十三条、第三十四条之罪，须告诉乃论。但犯第三十四条之罪而原著作人亡故者，不在此限。

第五章　附则

第四十条　本法自公布日施行。

（录自北京市档案馆档案）

伪华北行政委员会著作权法施行细则

1940年12月7日（民国二十九年）华北行政委员会公布

第一条　凡著作物有左列各款情事之一者，不得依本法呈请注册：

一、未经注册而已通行二十年以上者；

二、著作人自愿任人翻印、仿制者。

第二条　依本法以著作物呈请注册者，应备样本六份，依后列著作物呈请注册程式具呈呈送警政部。其在各省、各院辖市或特别区者，得经由各该区域内主管警察机关转呈警政部。本法第一条第五款之著作物，不能具备样本者，得以著作物详细说明书或图画代替之。因接受或承继著作权呈请注册者，毋庸备具样本。

第三条　著作物系用官署、学校、公司、会所或其他法人或团体名义者呈请注册时，应记明该法人或团体之名义、其事务所所在地及代表人之姓名、住址。

第四条　依本法第八条第二项规定改用真实姓名者，应依照后列著作物改正姓名呈请注册程式呈报。

第五条 本法第十二条第一项情形，应依后列著作物逐次或分次发行呈请注册程式具呈声明。

第六条 因接受或承继著作权呈请注册者，应依后列接受著作权呈请注册程式或承继著作权呈请注册程式具呈为之。

第七条 著作物之注册，由警政部将应登记之各事项登记著作物注册簿上为之。著作物注册后，应由警政部发给执照，并刊登政府公报公告之。

第八条 欲发行无主之著作物者，应开明事由，呈请警政部于政府公报公告之。

第九条 凡已注册之著作物，应于其末幅标明某年月日经警政部注册字样，并注明执照号数。

第十条 本法施行前已发行之著作物，自最初发行之日起，未满二十年者，仍得依本法呈请注册。

第十一条 本法施行前已注册之著作物，限于在本法施行后一年内补行注册者，其原有之注册仍不失其效力。补行注册应纳公费，按照本细则第十三条规定减轻二分之一。

第十二条 本细则第七条第一项之注册簿，不问何人均得请求准其查阅或抄录之。

第十三条 呈请注册及请求查阅或抄录注册簿等项公费，每件定额如左：

一、著作物注册费，该著作物每部定价之五倍；有二种以上之定价者，以其最高者为准；

二、承继或接受著作权注册费，与第一款同；

三、执照遗失补领费，一元；

四、查阅注册簿费，五角；

五、抄录注册簿费，每百字五角；未满百字者，以百字计算。

第十四条 外国人有专供中国人应用之著作物时，得依本法呈请注册。

前项外国人，以其本国承认中国人民得在该国享有著作权者为限。

依本条第一项注册之著作物，自注册之日起，享有著作权十年。

第十五条 本细则自公布日施行。

伪华北行政委员会修正著作权法
第二条、第十二条、第二十二条条文

1941年4月13日（民国三十年）华北行政委员会公布

第二条 著作权之注册由内政部掌管之。

内政部对于依法令应受教育部审查之教科图书，于未经教育部审查前不予注册。

第十二条 著作物系编号逐次发行或分数次发行者，应予首次呈请注册时声明之，嗣后每次发行仍应履行呈报之程序。

前项后段所定呈报程序限于定期刊物，得由内政部准其省略之。

第二十二条 内政部于著作物呈请注册时发现其有左列情事之一者，得不予注册：

一、显违三民主义及现行国策者；

二、其他经法律规定禁止发行者。

汪伪国民政府著作权法

1940年11月13日（民国二十九年）修正公布

第一章 总则

第一条 就左列著作物依本法注册，专有重制之利益，为有著作权：

一、书籍、论著及说部；

二、乐谱、剧本；

三、图画、字帖；

四、照片、雕刻模型；

五、其他关于文艺、学术或美术之著作物。

就乐谱、剧本有著作权者，并得专有公开演奏或排演之权。

第二条 著作物之注册，由国民政府警政部掌管之。

警政部对于依法令应受教育部审查之教科图书，于未经教育部审查前，不予注册。

第三条 著作权得转上于他人。

第二章 著作权之所属及限制

第四条 著作权归著作人终身有之。并得由著作人亡故后，由继承人继续享有三十年。但别有规定者，不在此限。

第五条 著作物系由数人合作者，其著作权归各著作人共同终身有之。著作人中有亡故者，由其继承人继续享有其应有之权利。前项继承人得继续享有其权利，迄于著作人中最后亡故者之亡故后三十年。

第六条 著作物于著作人亡故后始发行者，其著作权之年限为三十年。

第七条 著作物系用官署、学校、公司、会所或其他法人或团体名义者，其著作权之年限亦为三十年。

第八条 不著姓名或用假设名号之著作物，其著作权之年限为三十年。

前项年限未满，而改用真实姓名者适用第四条之规定。

第九条 照片得由著作人享有著作权十年。但受他人报酬而著作者，不在此限。

刊入文艺、学术著作物中之照片，如系特为该著作物而著作者，其著作权归该著作物之著作人享有之。

前项照片著作权，在该文艺、学术著作物之著作权未消灭前继续存在。

第十条 从一种文字著作以他种文字翻译成书者，得享有著作权二十年。但不得禁止他人就原著另译。其译文无甚差别者，不在此限。

第十一条 著作权之年限，自最初发行之日起算。

第十二条 著作物系编号逐次发行或分数次发行者，应于首次呈请注册时声明之。嗣后每次发行，仍应履行呈报之程序。

前项后段所定呈报程序，限于定期刊物得由警政部准其省略之。

第十三条 著作物系编号逐次发行者，其著作权之年限，自每号最初发行之日起算。

著作物系分数次发行者，其著作权之年限自其最后部分最初发行之日起算；但该著作物虽未完成，其应行继续之部分已逾三年而尚未发行者，以已发行之末一部分视为最后之部分。

前项规定，于第一次注册时预行声明继续发行之期限者，不适用之。

第十四条 著作权人亡故后，若无继承人，其著作权视为消灭。

第十五条 著作权之移转及继承，非经注册，不得对抗第三人。

第十六条 著作物系由数人合作，而有少数人或一人不愿发行者，如性质上可以分割，应将其所作部分除外而发行之；其不能分割者，应由余人酬以相当之利益，其著作权则归余人所有。但该少数人或一人不愿列名于著作物者，听之。

第十七条 出资聘人所成之著作物，其著作权归出资人有之。但当事人间有特约者，从其特约。

第十八条 讲义、演述虽经他人笔述，或由官署、学校印刷，其著作权仍归讲演人有之。但别有约定或经讲演人之允许者，不在此限。

第十九条 就他人之著作阐发新理或与原著作物不同之技术制成美术品者，得视为著作人，享有著作权。

第二十条 左列著作物不得享有著作权：

一、法令、约章及文书、案牍；

二、各种劝诫及宣传文字；

三、公开演说而非纯属学术性质者。

第二十一条 揭载于报纸、杂志之事项，得注册不许转载。其未经注明不许转载者，转载人须注明其原载之报纸或杂志。

第二十二条 警政部于著作物呈请注册时，发现其有左列情事之一者，得拒绝注册：

一、显违三民主义及现行国策者；

二、其他经法律规定禁止发行者。

第三章 著作权之侵害

第二十三条 著作权经注册后，其权利人得对于他人之翻印、仿制或以其他方法侵害利益提起诉讼。

第二十四条 接受或继承他人之著作权者，不得将原著改窜、割裂、变匿姓名或更换名目发行之。但得原著作人同意或受有遗嘱者，不在此限。

第二十五条 著作权年限已满之著作物，视为公共之物。但不问何人不得将其改窜、割裂，变匿姓名或更换名目发行之。

第二十六条 冒用他人姓名发行自己之著作物者，以侵害他人著作权论。

第二十七条 未发行著作物之原本及其著作权，不得因债务之执行而受强制处分。但已经本人允诺者，不在此限。

第二十八条 左列各款情形经注明原著作之出处者，不得以侵害他人著作权论：

一、节选众人著作成书，以供普通教科书及参考之用者；

二、节录引用他人著作以供自己著作之参证注释者。

第二十九条 著作权之侵害，经著作权人提起诉讼时，除依本法处罚外，被害人所受之损失应由侵害人赔偿。

第三十条 著作物系由数人合作者，其著作权受侵害时，得不俟余人之同意提起诉讼，请求赔偿其所受之损失。

第三十一条 因著作权之侵害提起民事或刑事诉讼时，得由原告或告诉人请求法院将涉于假冒之著作物暂行停止其发行。

于有前项处分后，经法院审明并非假冒，其判决确定者，被告因停止发行所受之损失，应由原告或告诉人赔偿之。

第三十二条 著作权之侵害，若由法院审明并非故意假冒，得免处罚；但须将被告所已得之利益偿还原告。

第四章 罚则

第三十三条 翻印、仿制及以其他方法侵害他人著作权者，处五百元以下、五十元以上之罚金。其知情代为出售者亦同。

第三十四条 违反第二十四条之规定者，处四百元以下、四十元以上之罚金。

第三十五条 违反第二十五条之规定者，处三百元以下、三十元以上之罚金。

第三十六条 注册时呈报不实者，处二百元以下、二十元以上之罚金，并得注销其注册。

第三十七条 未经注册之著作物，假填某年月日业经注册字样者，处四百元以下、四十元以上之罚金。

第三十八条 依本章处罚之著作物，没收之。

第三十九条 第三十三条、第三十四条之罪，须告诉乃论。但犯第三十四条之罪而原著作人已亡故者，不在此限。

第五章 附则

第四十条 本法自公布日施行。

（录自《中华民国法规汇编》（三））

汪伪国民政府著作权法施行细则

1940年12月7日（民国二十九年）修正公布

第一条 凡著作物有左列各款情事之一者，不得依本法呈请注册：

一、未经注册而已通行二十年以上者；

二、著作人自愿任人翻印仿制者。

第二条 依本法以著作物呈请注册者，应备样本六份依后列著作物呈请注册程式具呈呈送警政部。其在各省各院辖市或特别区者，得经由各该区域内警察机关转呈警政部。本法第一条第四款第五款之著作物，不能具备样本者，得以著作物详细说明书或图画代替之。因接受或承继著作权呈请注册者，毋庸备具样本。

第三条 著作物系用官署、学校、公司、会所或其法人或团体名义者呈请注册时，应记明该法人或团体之名称，其事务所所在地及代表之姓名、住址。

第四条 依本法第八条第二项规定改用真实姓名者，应依照后列著作物改正姓名呈请注册程式呈报。

第五条 本法第十二条第一项情形，应依后列著作物逐次或分次发行呈请注册程式具呈声明。

第六条 因接受或承继著作权呈请注册者，应依后列接受著作权呈请注册程式或承继著作权呈请注册程式具呈为之。

第七条 著作物之注册，由警政部将应登记之各事项登记著作物注册簿上为之。著作物注册后应由警政部发给执照，并刊登政府公报公告之。

第八条 欲发行无主之著作物者，应开明事由呈由警政部于政府公报公告之。

第九条 凡已注册之著作物，应于其未幅标明某年月日经警政部注册字样，并注明执照号数。

第十条 本法施行前已发行之著作物，自最初发行之日起，未满二十年者，仍得以本法呈请注册

第十一条 本法施行前已注册之著作物，限于在本法施行后一年内补行注册者，其原有之注册仍不失其效力。补行注册应纳公费，按照本细则第十三条规定减轻二分之一。

第十二条 本细则第七条第一项之注册簿，不问何人均得请求准其查阅或抄录之。

第十三条 呈请注册及请求查阅或抄录注册簿等项，公费每件定额如左：

（一）著作物注册费，该著作物每部定价之五倍。有二种以上之定价者，以其最高者为准；

（二）承继或接受著作权注册费，与第一款同；

（三）执照遗失补领费，一元；

（四）查阅注册簿费，五角；

（五）抄录注册簿费，每百字五角；未满百字者以百字计算。

第十四条 外国人有专供中国人应用之著作物时，得依本法呈请注册。

前项外国人以其本国承认中国人民得在该国享有著作权者为限，依本条第一项注册之著作物，自有注册之日起享有著作权十年。

第十五条 本细则自公布日施行。

汪伪国民政府修正著作权法
第二条第十二条二十二条条文

1942年4月13日（民国三十一年）公布

第二条 著作物之注册由内政部掌管之。

内政部对于依法令应受教育部审查之教科图书，于未经教育部审查前不予注册。

第十二条 著作物系编号逐次发行或分数次发行者，应于首次呈请注册时声明之，嗣后每次发行仍应履行呈报之程序。

第二十二条 内政部于著作物呈请注册时，发现其有左列情事之一者得不予注册：

一、显违三民主义及现行国策者；

二、其他经法律规定禁止发行者。

出版法规、法令

新出图书呈缴条例

1927年12月20日（民国十六年）大学院公布

（一）凡图书新出时，其出版者须自发行之日起两个月内，将该项图书三份呈送中华民国大学院。

（二）凡图书改版时，须依前条规定办理。但仅重印而未改版者，不在此限。

（三）出版者如不遵缴所出图书时，大学院得禁止该图书之发行。

（四）本条例自公布日施行。

（录自《教育法令汇编》）

禁止学生购阅淫亵书报令

1928年6月（民国十七年）大学院通饬

案准内政部第一八七号咨开：查出版自由，为党纲所特许；维持风化，亦为行政之大端。迩来各埠新出书报杂志，宗旨纯正者，固属甚多，而诲淫败俗之出品，亦复充斥市面。据调查所得，上海一隅，此项淫亵小报、杂志，已达百种以上。其各种诲淫书册、歌曲等小本，更到处皆是。无知青年，私行购阅，堕落日甚，流毒无穷。查刑法内关于散布贩卖或制造陈列猥亵之文字、图画及其他物品者，均有处罚之规定，亟应依法取缔。除分行外，相应函请贵院查酌通令各学校对于诱惑青年之淫书、淫报、猥亵杂志，禁止学生购阅，以收杜渐防微之效，请烦查核办理等由。准此，查淫猥书报，流毒社会，在青年学子尤为易受诱惑，诚如内政部所言，亟应通饬各学校一律禁止各学生购阅，以端趋向，而肃学风。此令。

（录自《图书年鉴》二编，杨家骆编）

查禁淫刊案

1928年8月（民国十七年）内政部令

案准外交部函：准驻华葡使函询，一九二三年九月十二日在日来弗所签之万国禁止淫刊公约第六条所载各节，葡政府系归内政部警察总监处管理，不知贵国属于何种机关管理，希见复，等因。相应函达查照。即希将葡使所询关于第六条一节核复等因。准此，查关于查禁淫亵刊物，迭经咨行在案。兹准前因，当以该公约第六条所载之管理机关，我国应归本部担任。除函复并分行外，相应咨请查照并案饬属一体依约查禁，以重公约，而维风化。

（录自《图书年鉴》二编，杨家骆编）

宣传品审查条例

1929年1月10日（民国十八年）国民党第二届中央执委会第一百九十次常务会议议决

第一条 本条例依中央宣传部组织条例第六条第二项之规定订定之。

第二条 审查各种宣传品之范围如左：

一、各级党部之宣传品；

二、各级宣传机关关于党政之宣传品；

三、党内外之报纸及通讯稿；

四、有关党政宣传之定期刊物；

五、有关党政之书籍；

六、有关党政宣传之各种戏曲、电影；

七、其他有关党政之一切传单、标语、公文函件、通电等宣传品。

第三条 审查之宣传品，其征集之手续如左：

一、各级党部及党员印行之宣传品及与有关之刊物，均须一律呈送中央宣传部审查。

二、凡不属本党而与党政有关之各种宣传品，除由中央宣传部调查征集外，其关系重大者，各级党部须随时查察征集，呈送中央宣传部审查。

第四条 各种宣传品之审查标准如左：

一、总理遗教；

二、本党主义；

三、本党政纲、政策；

四、本党决议案；

五、本党现行法令；

六、其他一切经中央认可之党务政治记载。

第五条 凡含有左列性质之宣传品为反动宣传品：

一、宣传共产主义及阶级斗争者；

二、宣传国家主义、无政府主义及其他主义而攻击本党主义、政纲、政策及决议案者；

三、反对或违背本党主义、政纲、政策及决议案者；

四、挑拨离间分化本党者；

五、妄造谣言以淆乱视听者。

第六条 凡含有左列性质之宣传品为谬误宣传品：

一、曲解本党主义、政纲、政策及决议案者；

二、误解本党主义政纲、政策及决议案者；

三、记载失实，足以影响视听者。

第七条 各种宣传品经审查后之处理法如左：

一、对于本党主义、政纲、政策、决议案及一切党政事实，能正确认识而有所阐发贡献者，得嘉奖提倡之；

二、谬误者纠正或训斥之；

三、反动者查禁、查封或究办之。

第八条 各发行所、各书局、各杂志社所出宣传品，经审查后令饬修正或停止出版发行而抗不遵办者，加重其处分。

第九条 各级党部宣传机关及党员所印发之宣传品，经审查后如变更内容，须呈请覆审。

第十条 各省、各特别市党部宣传部应负审查其所属区域内一切宣传品之责，并将审查意见检附原件呈报中央宣传部核办。

第十一条 各级党部如在所属区域内发现反动刊物，认为重要者，得咨请所在各地各级政府先行扣留察勘，再呈请中央宣传部处理之。

第十二条 反动刊物之查禁印售、反动宣传品机关之查封、及其负责人之究办，由中央、国民政府令主管机关执行之。

第十三条 政府审查机关遇有与党政宣传有关之出版物及艺术品，须将原件送请中央宣传部审查；其不能分送者，应请中央宣传部派员审查之。

第十四条 本条例如有未尽事宜，由中央宣传部长提请中央执行委员会修改之。

第十五条 本条例由中央执行委员会议决公布施行。

（录自《通行警察法规汇编》）

国民政府训练总监部审查各坊肆军用图书规则

1929年1月28日（民国十八年）训练总监部公布

第一条 本部为统一军事教育，提倡新军事知识，并奖励新军事著述起见，特订立审查各坊肆军用图书规则。

第二条 各坊肆现有之军用图书，每种须检送三份呈部审查。如认为适用者，即给与审查证，准其发卖。

第三条 各坊肆或私人编译之军用图书已经脱稿，尚未付印者，应先将稿本及原书送呈本部审查。如认为适用者，即给与审查证，准其出版。

第四条 各坊肆现有之军用图书，经本部审查认为过于陈旧或谬误过多不堪适用者，即不给审查证，停止发卖。

第五条 各坊肆或私人编译之军用图书已经脱稿，尚未付印，经本部审查认为不堪适用者，即不给审查证，停止出版。

第六条 凡未经本部审查之军用图书，自本规则公布之日起两个月后，尚未送本部审查者，即停止发卖或出版。

第七条 各坊肆或私人编译呈送来部之军用图书，在本部尚未审查完毕以前，得照常发卖。

第八条 凡经本部审查适用之军用图书，已给与审查证者，本部当保证其发行权及版权。

第九条 凡经本部审查之军用图书，已给与审查证后，如政府对于同项图书有新修正或颁布时，得由本部通知，将给予之审查证呈缴取销。

第十条 本规则自公布之日施行。

（录自《军政法规汇编》第一辑）

审查军用图书细则

1929年1月30日（民国十八年）训练总监部公布

第一条 各坊肆呈部审查之军用图书，应由军学编译处按其种类，分送各监处详细审查。

第二条 各监处审查书类如左：

步兵监 步兵操典、体操教范、剑术教范等及本兵种专门书类；

骑兵监 骑兵操典、马术教范、马学等及本兵种专门书类；

炮兵监 本兵科专门书类；

工兵监 本兵科专门书类；

辎重兵监 本兵科专门书类；

总务厅教育科 关于军事学校教育书类；

国民军事教育处 关于国民军事训练各书类；

政治训练处 关于政治训练各书类。

凡不属于上列各监处审查之书籍，如战史、战术参考书、军制及应用战术之类，均归军学编译处审查。

第三条 各坊肆及私人编译之图书尚未付印，将稿本送呈本部审查者，依第二条规定施行。

第四条 凡有涉及左列各项之一者，概以不合格论：

学术毫无根据，无价值之可言者；

词句鄙俚，文理不通者；

译文与原书意义大相迳庭，不胜更正者；

认为有足贻害军队及社会者；

陈旧不堪，不适于现今潮流，徒事翻印图利者。

第五条 各监处既经审查之书类，无论合格与否，应具评语，呈请总监核定后，发交军学编译处备案。其认为合格者，并填发审查证；不合格者，即将原书发还该书坊或编译人收执。

第六条 审查证之式样如下：

训练总监部军用图书审查证	第　号
图书名称　　　　　　译著者	
发行者　　　　　　　出版日期	
该项图书业经本部审定　此证	
总监	
	中华民国　年 月 日给

存根	训练总监部军用图书审查证书　　第　号 图书名称　　　　　　　　　　译著者 发行者　　　　　　　　　　　出版日期 该项图书业经本部审定　　此证 　　　　　　　　　　　中华民国　年 月 日给

第七条　凡审查不合格之书类，则以命令停止其出售，禁止其付印或令将书籍缴部封存，或销毁其原版，或焚灭其原稿，以防流弊。

附则

一、本细则系根据军用图书审查规则而定。

二、本细则有未尽事宜将随时更补之。

三、本细则自公布日施行。

查禁反动刊物令

1929年6月4日（民国十八年）国府训令直辖各机关

为令遵事，据本府文官处签呈称：准中央执行委员会秘书处函开，据中央宣传部呈称：查各地发现反动刊物，虽迭经属部呈请钧会转饬查禁，冀绝流行，而近据各地报告，仍不免有反动分子潜伏，妄鼓邪说，淆惑视听情事，若不严予纠正，为害滋巨。拟请钧会通令各省、各特别市、各特别党部转饬所属党部，并函国民政府转饬各地政、军、警机关通饬所属，嗣后遇有反动刊物搜获，应即检送一份或数份来部，以便审核，而予纠正，实为公便等情。经奉常务委员批准照办，等因。除由会令行各省、市及各特别党部查照办理外，相应据情录批，函请查照转陈办理为荷等由。准此，理合签请鉴核等情。据此，自应照办，除函覆暨分令外，合亟令仰遵照办理，并转饬所属一体遵照办理。此令。

（录自《中华民国法规汇编》，立法院编译处编）

取缔销售共产书籍办法

1929年6月22日（民国十八年）国民政府公布

甲、关于取缔销售共产书籍各书店之办法：

一、函国民政府转令上海特别市政府及临时法院随时注意查察上海各书店销售之书籍，按周报告。

二、令各地党部宣传部，随时审查该区域内书店销售之书籍。如发现有共产书籍时，会同该地政府予以严厉之处分，并随时呈报上级党部。

三、通令各级党部转知本党党员，应随时随地留心各书店所销售之书籍。如遇发现共产书籍时，立即报告该地高级党部，由高级党部按照前条办法办理之。

乙、关于取缔印刷共产刊物之印刷所及工人办法：

一、请交中央训练部通告各省、市印刷业商会及工会，转告该地印刷所及印刷工人，令其不得代印共产书籍及印刷品。并通令全国党政机关严密注意各印刷所之印刷。

二、各印刷所及印刷工人如私印共产书籍及宣传品，一经发觉，即行予以严厉之处分。

（录自《图书年鉴》二编，杨家骆编）

取缔销售共产书籍办法令

1929年6月22日（民国十八年）国民政府公布

为令遵事，案据本府文官处签呈称，准中央执行委员会秘书处函开，据宣传部呈称：案奉发下上海特别市党部呈一件，内称：查近日市上发现共党所著刊物颇多，言论荒谬，或诋毁党国，或诱惑青年。查此类书籍，大都在租界内各小书坊寄售。彼辈只知惟利是图，竞为销售推销，其结果，因售愈多，阅者愈众，而流毒亦愈深。无志之青年，每为诱惑，幼稚之工农，更易煽动，殊非党国之福。职会隐忧所及，为特呈请钧会，仰祈迅行严禁共党著作等情。查所称各节，确系实情。若不迅予严密查禁，难杜煽惑，为害滋巨。兹特拟具取缔办法甲、乙两项，另纸缮正。备文呈请钧会察核示遵等情。计附呈取缔办法一纸前来，经陈奉常务委员批准照办。等因在案。除照该项办法分别办理并批复外，相应据情录批，并抄同该项办法函请查照转陈，分别办理为荷。等由。附取缔办法一纸。准此，理合签请鉴核等情。据此自应照办。除函复并分令外，合亟抄发附件。令仰该院即便遵照，转饬所属一体遵照办法，严密取缔，以杜涌惑，而遏乱萌。此令。

南京特别市教育局民众读物审查规则

1930年1月（民国十九年）南京市政府核准

第一条 凡在本市发行或销售之民众读物，均应依本规则之规定，呈请本局登记，并按期送局审查。

第二条 民众读物之范围暂定如左：

一、小说；二、故事；三、传说；四、神话；五、演义；六、游记；七、小报；八、图画；九、唱本；十、戏曲；十一、乐歌；十二、弹词；十三、鼓儿词；十四、摊簧；十五、大鼓书；十六、俗歌；十七、小曲；十八、童谣；十九、谚语；二十、谜语；二十一、江湖口诀；二十二、其他。

第三条 民众读物呈请审查时，须详填本局规定之民众读物申请书，并附呈该读物，以便审查。前项申请书，申请人得向本局具领。

第四条 各项民众读物，经本局审查认为有左列各项之一者，不准发行：

（一）违背中国国民党主义者；

（二）词句淫亵者；

（三）提倡迷信者；

（四）捏造事实，煽惑舆论者；

（五）其他流毒社会，贻害青年者。

第五条 各项民众读物经本局审查，认为虽不犯第四条各项之规定，而所载文字间有失当者，由本局通知限期删改。

第六条 凡经审查合格之民众读物，由本局发给登记执照，准予发行或销售。

第七条 准予登记之民众读物，如有变更内容，或因事休刊停版时，应由该发行人呈报本局备案。

第八条 本局对于限期删改之民众读物，在限期以内，暂时准予登记。在未删改前，不准发行。

第九条 凡未经登记之民众读物，不得擅自发行或销售，违则分别情节之轻重，予以警告或函请警察厅拘办。

第十条 本局颁发之民众读物发行执照，应悬挂于发行或销售处，以便检查。

第十一条 本规则如有未尽事宜，得由本局呈请市政府修正之。

第十二条 本规则自呈奉市政府核准公布日施行。

（录自《南京特别市市政法规汇编》）

新出图书呈缴规程

1930年3月28日（民国十九年）教育部公布

第一条 凡图书新出时，其出版者须自发行之日起两个月内，将该项图书四份呈送出版者所在地之省教育厅或特别市教育局。

前项图书之呈缴，应由各省教育厅及各特别市教育局负责督促。

第二条 各省教育厅及各特别市教育局收到出版者所缴图书后，除留存一份外，应将其余三份转送教育部。

第三条 凡呈缴之图书，经教育部核收后，发交教育部图书馆、中央教育馆、中央图书馆各一份，分别保存（中央教育馆及中央图书馆未成立前，暂由教育部图书馆代为保存）。并将书名、出版者姓名及出版年月登载教育部公报。

第四条 凡图书改版时，须依照本规程第一条办理。但仅重印而未改订者，不在此限。

第五条 出版者如不遵缴所出图书时，教育部得禁止该图书之发行。

第六条 本规程自公布日施行。

中央训练部审查党义教科用书暂行办法

1930年6月12日（民国十九年）国民党第三届中央执委会第九十六次常务会议通过

壹、审查范围

一、师范学校、中、小学校及补习学校之党义教科用书。

二、大学、专门学校之党义教科用书。

贰、审查标准

以党义为主，其他各项次之，标准如左：

一、党义方面：

甲、以总理全部遗教为最高原则。以本党历次全国代表大会宣言、决议案及第三届历次中央全体会议宣言及决议案为依归。

乙、对于党义能合于甲项所规定者为"合格"。

丙、对于党义如与甲项之规定有误解、遗漏或稍有错误者，认为"应修正"。

丁、对于党义如与甲项之规定有所违反或曲解者，认为"不合格"。

二、体裁分量、文字及形式方面：

甲、体裁

1. 全书体裁是否合于教科用书。

2. 章节之分配及次序是否合宜。

3. 插图及说明等之排列次序是否醒目。

乙、份量

1. 份量之多寡是否适合于读者程度。

2. 份量之分配于教学上有无困难。

丙、文字

1. 语句是否明白确当。

2. 文章是否流畅通顺。

丁、形式

1. 字体之大小是否适宜。

2. 文字、插图之印刷是否清楚。

3. 纸质（以用国货为原则）有无妨害目力。

叁、审查手续

各级学校党义教科用书，由国民政府教育部初审后，函送本部终审。

肆、审查方法

一、审定

甲、党义方面"合格"，其他各项均合用者，准予发行。

乙、党义方面"应修正"之处不多，其他各项略有错误者，应将"应修正"及错误之处逐项说明指示，令其遵照修改后，准予发行。

丙、党义方面"应修正"之处较多，其他各项之错误亦多者，应将所有错误之处逐项说明指示，令其修正呈阅。俟核准后，始准发行。

丁、党义方面"不及格"，其他各项不论有无错误，皆认为不及格，不准发行。

二、执行

甲、凡准予发行之党义教科用书，应函知国民政府教育部转令发行。

乙、凡修正后准予发行之党义教科用书，应函知国民政府教育部，转饬其遵照修改后发行。

丙、凡修正后再行呈核之党义教科用书，应函知国民政府教育部转令修正呈核。

丁、凡不准发行之党义教科用书，应函知国民政府教育部转令禁止发行，并转令各学校一律不准采用。

伍、审查期限

一、师范学校、中、小学校及补习学校党义教科用书，第一期应于十九年六月一日起于六个月内审查完毕。

二、大学、专门学校党义教科用书，随时审查，不限日期。

（录自《中国国民党现行党务法规辑要》）

转呈各书局所缴新出图书文内不得用"转呈审查"字样

1931年1月17日（民国二十年）教育部第九三号训令

查新出图书呈缴规程及教科图书审查规程均经分别制定公布。前者在搜集新出刊物，后者为慎重学校教材，性质各殊，不容淆混。乃近来各厅、局转送之各书局所缴新出图书文内，多有转呈审查字样，核与规程之规定不符。自经此次解释后，各该厅、局转呈图书时，呈文内不得仍前误会率用转呈审查字样，是为至要。除分令外，合行令仰遵照。此令。

党义著述奖励办法

1931年3月19日（民国二十年）国民党中央第一三二次常务会议通过

一、为奖励党义著述以发扬本党党义、政纲、政策及阐明史实起见，特订本办法。

二、为审订党义著述之价值与范围，设党义著述审查委员会，其组织另定之。

三、凡有关党义之长篇著述，不论已刊或未刊，得送请审查委员会审查之。

四、党义著述包含左列各项：

（一）阐发本党党义之著述；

（二）阐发本党政纲、政策之著作；

（三）阐发本党史实之著作；

（四）阐发本党主义、政纲、政策及史实之译著；

（五）与本党主义、政策、政纲、史实有关之文艺及社会科学作品。

五、凡合于左列标准之一项或数项之著作，得请中央给予奖励：

（一）于本党主义、政纲、政策、史实有特殊之贡献者；

（二）能将党义描写为优良之文艺作品者；

（三）对于本党主义、政纲、政策为有系统之解释者；

（四）依据本党主义、政纲、政策、史实对反动作品加以精密批评者。

六、奖励之办法得为左列之一种或数种：

（一）给予奖状；

（二）介绍刊布；

（三）通令全国作为学校之党义课程参考书或党员必读书籍；

（四）给予奖金，其金额分为五等：甲等二千元，乙等一千元，丙等五百元，丁等三百元，戊等二百元。凡得奖之著作，虽取得奖金，其版权仍归作者所有。

七、凡已受奖之著作，欲修改其著作之全部或一部者，须将修文之稿本，送请审查委员会审核后，始得刊行。

八、本办法由中央执行委员会议决施行。

（录自1931年3月21日《申报》）

县市不得举行刊物之登记或办理图书之审查

1931年3月26日（民国二十年）教育部令浙江省教育厅

案查该厅前请解释出版法疑义各点，当经本部转咨内政部解释，并指令该厅知照各在案。兹准内政部警字二四四号咨，以出版法所称省政府各节，当然以省政府为主管执行机关；其在各县、市发行之刊物，亦应依照出版法第七条及第十三条分别呈由该市所隶属之省政府转送内政部，或径呈内政部依法办理，各县、市（非直隶于行政院之市）自不得举行刊物之登记或办理图书之审查。但该县、市政府如发见在该县、市境内发行之刊物，有违反出版法第十九、第二十一各条限制者，自得呈请省政府依法核办，咨覆查照饬知等由。合行令仰知照，并转饬余姚、嘉兴两县知照。此令。

（录自《教育法令汇编》，民国二十二年出版）

凡经审定各图书如增加定价须补缴审查费

1931年8月25日（民国二十年）教育部第一四一九号训令

案查本部教科图书审查规程第四条规定，呈请审查图书时，应将图书定价十倍之审查费，连同样本呈纳。又审定后，定价如有增加，应照前项规定补缴审查费，早经通令遵行在案。兹查备坊间发行已经审定之书籍，竟有任意增加定价而不补缴审查费者，殊属不合。除分令外，合行令仰转饬该省辖地内各书坊，凡经审定后之各图书，如增加定价，一律须先将增加定价十倍之审查费，补缴到部，以符规定为要。此令。

（录自《图书年鉴》二编，杨家骆编）

审查儿童文学课外读物标准

1932年2月（民国二十一年）

儿童文学课外读物之审查，遇有犯左列各项之一或一以上者，应予修正或禁止发行：

一、教训与党义显相违背者；

二、旨趣与国情不相适合者；

三、思想含有封建意味与宗教色彩者；

四、性质与进化的时代相背驰者；

五、意义近于诲盗诲淫者；

六、事实与儿童生活悬殊隔绝者；

七、现象过于违背自然法则者；

八、精神近于委靡、颓唐、悲观、厌世者；

九、情事近于侥幸、谲诈、谑浪、怨恨、刻薄者；

十、传说过于神秘、虚妄、怪诞不经者广；

十一、描摹过于凶恶、卤莽、残忍不仁者；

十二、文理过于高深，儿童未能领略者；

十三、文字过于鄙俚，或杂乱无章者；

十四、内容过于简陋，了无意味者；

十五、迻译过于拘呆，辞不达意者。

（录自《教育法令汇编》）

各书局嗣后呈审书籍一律应送五份

1932年8月10日（民国二十一年）教育部第六三〇三号训令案

据国立编译馆呈称：案查各书坊呈送教科图书请予审查时，早经规定三份在案。惟本馆成立之后，各书交付初审、复审，即须二份，留存一份，发出一份，已须四份。而钧部对于呈审各书如须留存一份，共须五份矣。倘书局仍照送三份，实不敷用，拟请钧部通令各书局以后呈审各教科图书时，一律须送五份。除钧部留存一份备考外，并请照发四份到馆，以便审查等情。据此，除分令外，合亟令仰该厅、局、公署，即便转饬各书局，嗣后呈请审查书籍一律呈送五份，以资办理。此令。

（录自《图书年鉴》二编，杨家骆著）

中国国民党西南各级党部审查出版物暂行条例

1932年9月19日（民国二十一年）西南执行部第三十七次常会议决通过

一、西南各级党部，为杜绝反动宣传，得依本条例之规定，审查在西南出版或在西南销流之一切刊物。本条例所称反动刊物，凡犯出版法第十九条第一款至第四款之一者，均属之。

二、为审查缜密及迅速杜绝反动刊物起见，凡省以上之党部，或与省同级之党部，均得联同地方机关组设一出版物审查会。

三、出版物审查会组织规程，得斟酌地方情形，惟须呈报西南执行部核准备案。

四、各县、市党部，如发现反动刊物，应呈报各该省市之审查会或上级党部，商于当地政府查禁之。

五、一切团体或个人之出版物，于出版时或寄到销售地时，须由出版人或代售人送缴一份于当地之出版物审查会，俟审查许可后，方得发售。

六、出版物审查会如认为有反动性质之出版物，除呈报当地最高党部外，并应先行咨请当地政府禁止发售及散布，并得于必要时扣押之。

七、凡各地印务店不得承印反动刊物。凡遇有关于政治之书籍、传单或标语托印，如无当地党部或政府机关盖印负责，又未经出版物审查会审查许可者，须即将原稿送缴当地之出版物审查会。

八、凡违背本条例之规定，私自出版或销售散布或印刷反动刊物者，由出版审查会呈报当地最高党部转咨当地政府，按其情节轻重，予以警告、封禁或依照出版法规定之罚则处罚之。

九、本暂行条例自公布日施行。

（录自《中华民国法规汇编》，立法院编译处编）

宣传品审查标准

1932年11月24日（民国二十一年）国民党第四届中央执委会第四十八次常务会议修正通过

一、适当的宣传：

（一）阐扬总理遗教者；

（二）阐扬本党主义者；

（三）阐扬本党政纲、政策者；

（四）阐扬本党决议案者；

（五）阐扬本党现行法令者；

（六）阐扬一切经中央决定之党务、政治策略者。

二、谬误的宣传：

（一）曲解本党主义政纲、政策及决议者；

（二）误解本党主义政纲、政策及决议者；

（三）思想怪僻或提倡迷信，足以影响社会者；

（四）记载失实，足以淆惑视听者；

（五）对法律认可之宗教、非从事学理探讨，徒事诋毁者。

三、反动的宣传：

（一）为其他国家宣传危害中华民国者；

（二）宣传共产主义及鼓动阶级斗争者；

（三）宣传无政府主义、国家主义及其他主义而有危害党国之言论者；

（四）对本党主义、政纲、政策及决议恶意诋毁者；

（五）对本党及政府之设施恶意诋毁者；

（六）挑拨离间分化本党，危害统一者；

（七）诬蔑中央，妄造谣言，淆乱人心者；

（八）挑拨离间及分化国族间各部分者。

（录自《中华民国法规大全》第五册）

官署出版品得免登记咨

1932年11月25日（民国二十一年）内政部咨各省、市政府

为咨行事，案查前准河北省政府第九〇八号咨，以官署出版品及外人发行新闻纸、杂志应声请登记，出版法内均无明文规定，嘱查核解释，并见覆等由。

准此，当以事涉法令疑义，经函请中央宣传委员会查照解释，并以警字第一五〇二号咨覆在案。兹准中央宣传委员会第三一二八号函覆内开，查河北省政府咨请解释官署出版品及外人发行新闻纸、杂志登记办法一案，除外人发行新闻纸、杂志另案办理外，关于出版法第六条及同法施行细则第二十二条之规定，经解释如下：

（一）凡根据国府组织法、省、市、县组织法及军队编制法组织成立之机关，谓之官署。以官署名义发行之出版品，谓之官署发行。依照出版法第六条得免于登记。凡各官署之附属机关，其在各级行政机关组织法无明文规定设置，经由该所属主管机关正式具文证明其系属该管正式机关后，其发行之出版品，亦得依法免于登记。但新闻纸无论是否官署出资设立，均须登记。

（二）凡以各级党部名义发行之出版品，依照出版法施行细则第二十二条，得免于登记。惟各级党部设立之报社，概须依照中央四届第四十次常会通过之各级党部所辖报社管理规则第十条之规定，办理登记手续，不得用党部名义发行。除通饬各级党部查照外，函覆查照等由到部。除分行外，相应咨请查照，并转饬知照为荷。此咨。

（录自《新订国民政府司法例规》）

仿印教育部民众读物及播音小丛书办法

（颁布年月不详）

一、教育部编印之民众读物及播音小丛书，除中央党政机关商得教育部同意，或各省、市教育厅、局呈经教育部核准，均得仿印分发外，其他发行教育书报之书坊如欲仿印发行，均须遵照本办法办理。

二、仿印之书坊须备声请书连同样本三份，呈请教育部核准后，方得发行。

三、声请书应记明左列各事项：

甲、发行版数及每版部数；乙、仿印用途；丙、卖价；丁、声请仿印之机关；戊、发行人之姓名、住址、略历。

四、仿印本书文字插图格式及内容，须悉依原本，不得增删或变更。如认为有应修改之处，须将拟改之文字征得教育部之同意，或呈请教育部核准。纸张不必与原本相同，但以本国纸为原则。

五、仿印本应于封面上注明"经教育部核准仿印"及"某某书局印行"字样，并于封面底页登载教育部准予仿印之批示全文。

六、仿印本之封面上，除书名及前条所列各项外，不得夹印其他字样，封面里面不得附其他文字。

七、仿印本之卖价，不得超过教育部原定之价额。

八、不依本办法私自仿印者，经县、市政府查明后，呈由上级机关转报教育部禁止其发行。

九、本办法自公布之日起施行。

各书局呈缴新书除缴部一份外
并应分别改寄中央图书馆筹备处暨北平图书馆

1933年6月21日（民国二十二年）教育部第六〇〇九号训令

案查本部前准国立北平图书馆委员会函，以北平图书馆瞬将成立，新出图书，自宜无所不备，请将该馆规定于新出图书呈缴规程第三条之内，或将中央图书馆书籍先行拨借以供众览，经准予拨借，并通令各省、市教育主管机关，将呈缴新书检出一份，迳寄北平图书馆各在案。兹据国立中央图书馆筹备处呈称：案查新出图书呈缴规程第三条，内有凡呈缴之图书在中央图书馆未成立前，暂由教育部图书馆代为保存之规定。

兹以本馆业已奉命筹备，积极图成，所有前项规定范围内由钧部图书馆代为保存之应得图书，除备文呈请准予检发、俾资策进、早睹厥成外，更恳转饬各呈缴图书机关，对于此后呈缴新出图书时，应直接寄送国立中央图书馆筹备处。缘查据惯例，如出版书籍最多之上海各书局，对于呈缴新出图书，手续綦繁，即先由出版者送交书业公会，再由公会汇缴地方教育官署，后由地方教育官署转呈钧部，然后始得拨发到馆。是故一书之呈缴，有转辗费时至数月以上者。

复查欧美各国，在国立中央图书馆与出版书局之间，皆有互相为用之处。盖在中央图书馆方面，固有享受出版书局呈缴新出书籍、杂志或报章一份乃至数份之特权，但同时欲负有一种有利于出版者之义务。如中央图书馆收到新缴图书后，每按呈期或按月编刊一种出版目录，宣示国内，故吾人一阅出版目录，即了然于某星期内或某月内，国内有若干新刊物之发刊。此不啻为出版界作总宣传。故彼出版界，每届某项新刊物之发行，莫不思利用此项费省效伟之宣传而乐予呈缴也。且国家对于调查全国出版界之统计时，亦多以中央图书馆所编刊之定期目录为标准。至于欧美各国对于出版法及版权之登记，多由国立图书馆主掌，亦颇多足为借镜之处。

本馆对于编刊定期出版目录一节，颇愿效行，冀副钧部宣传文化之至意。惟既拟效力于编刊定期出版目录，则对于各呈缴图书者，首当计及出版物宣传上之时效问题，而图书馆阅览者亦以新出书籍先睹为快，故特恳请钧部转饬呈缴图书之机关，以后将应呈缴之图书，逐行检出一份，寄交南京沙塘园七号国立中央图书馆筹备处。是否有当，理合备文呈请，仰折鉴核指示祗遵，等情。据此，除将该馆应得图书准予拨给，并令知国立北平图书馆改借中央教育馆图书外，合行令仰该厅、局、署遵照。嗣后除将应缴本部图书馆一份呈部外，其余两部，仰分别迳寄国立中央图书馆筹备处暨国立北平图书馆查收。此令。

教育部令各书店遵章呈缴新出图书

1933年7月24日（民国二十二年）上海市教育局令上海市书业同业公会

案奉教育部第六四一八号训令开：

"案查新出图书呈缴规程，自十九年三月二十八日修正公布以来，各省、市教育厅、局就近督促各书店呈缴者，只有上海一市，且甚延缓，往往有图书出版半年，然后呈送者，殊属不合。合再钞发该项规程，令仰该局饬令该市各书店，将三年来出版而未呈缴之图书，一律补缴。若再任意延缓或竟不缴送，应由该局分别查明呈报，以凭按照规程第五条之规定办理。仰即遵照，并转饬所属各书店一体遵照。"等因。附发新出图书呈缴规程一份。奉此，除分令外，合亟令仰该公会知照，并转饬所属各书坊遵照办理为要。

局长 潘公展

内政部咨上海市政府出版品发行人应依出版法第十五条之规定
将未送审之一切图书迅为寄送审查等

1933年8月7日（民国二十二年）上海市政府布告

为布告事，案准 内政部警字第二三七号咨开：查出版法第十五条规定，为书籍或其他出版品之发行者，应于发行时以二份寄内政部，改订增删原有之出版品而为发行者亦同，等语。前经本部于二十一年六月间以警字第五九三号咨行饬办在案。近查各地出版图书日益浩繁，其遵令寄送本部审查者固多，而迟未呈送者亦为数不少。倘不严予饬催，依法罚办，将何以资查考而施保护。嗣后备该图书发行人务须恪遵上项法令，将所有未曾寄送本部审查之一切图书，迅为寄送审查。如仍故意玩忽，延不遵办，即由各该发行所所在地之主管官署，按照出版法第三十三条之规定，认真处罚，以重政令。再各书局出版品，有未将各该发行人之姓名、住所、发行年月日，发行所及印刷所之名称与所在地刊载于各该出版品末幅，殊与出版法第十六条之规定未符，应即依法刊载，以凭查核。其图书出版在前，亦应补行刊载，以符规定。新出图书如仍无此项记载或记载不实者，即依据出版法第三十条之规定罚办。除布告并分行外，相应咨请查照依法饬办，并登报公布通知，仍将办理情形见覆为荷等因。准此，除令行教育局转饬遵照外，合行布告各该图书发行人等一体遵照。切切。此布。

修正审查军用图书规则

1933年9月（民国二十二年）训练总监部公布

第一条 本部为统一军事教育，提倡军事知识，并奖励军事著述起见，特订立审查军用图书规则。

第二条 凡各坊肆或私人编译之军用图书，无论已否出版，均得送呈本部请受审查。倘系译本，应附原书。

第三条 本部审查军用图书，分甲、乙、丙三种如左：

甲、给与审查证：

1. 凡译述之书，其原书有价值，而译笔简洁、精当及畅顺者；

2. 凡著述之书，其理论精湛，引证详确，文笔畅顺者。

乙、只准出版，不给审查证：

1. 凡译述之书，其原书无甚价值，而译笔精当及畅顺者；

2. 凡著述之书，其理论平常，引证欠详，而文笔畅顺者。

丙、不准出版者：

1. 凡译述之书，无论其原书价值如何，而译笔舛误及不畅顺者；

2. 凡著述之书，其理论陈腐荒谬，引证不确实及文笔不畅顺者。

第四条 各坊肆已经出版之军用图书，虽未送请审查，但发见其内容过于陈旧或谬误过多者，本部得令其销毁或没收之。

第五条 凡已经本部审查之军用图书（除丙种外），本部当保护其出版权及发行权，他人或其他坊肆不得私行翻印。

第六条 凡经本部审查之军用图书，出版后均须送呈本部五本存案。

第七条 凡经本部审查不合格之军用图书，必要时得由本部通知取消其出版权。

第八条 本规则如有未尽事宜，得随时呈请修改之。

第九条 本规则自公布之日施行。

取缔不良小报暂行办法

1933年10月12日（民国二十二年）国民党第四届中央执行委员会第九十二次常务会议通过

一、全国党政机关在出版法未经修正以前，所有小报呈请登记之案件一律缓办。

二、全国党政机关对于业经登记之小报如发现有言论荒谬叙述秽亵、纪载失当及无确实之基金或经常费足以维持其事业之进行者，应一面依法定手续注销其登记、一面向法院检举依法严予处分，并通知当地警政机关停止其发行发售。

三、全国党政机关如发觉小报之编辑人员及发行人有敲诈行为时，得向法院检举依法严予处分。

四、各地新闻检查所对于小报应特别注意检查，如有不送检查或将业经检扣之消息仍予刊载者，应一面报请当地主管机关停止其发行，一面通知当地邮检所加以查扣。

五、各地邮电检查所对于不良之小报应随时严予查扣并报告主管机关。

六、本办法自决定之日施行。

教育部查禁普罗文艺密令

1933年10月30日（民国二十二年）教育部训令（密）秘字第四五二号

案奉行政院第四八四一号密令开：

案准军事委员会委员长南昌行营报字第一号密函内开：案据武汉警备司令叶蓬密呈称：案查本部前准汉口特别市党务整理委员会函，以汉市各书店，不免时有反动刊物出卖，经本部暨汉口市公安局各派一员，会同该会前往密查，以杜隐患。并经会制密查证，派定本部参谋李起坤执行密查各在案。

兹据该员报告称："谨呈者：职奉派会同汉市公安局协助市党部，密查本市各书店刊物，计前后两次。第一次三个半天检查完毕；第二次两个整天检查完毕。其发还与扣留之刊物，已面告党部，列表通知。查本市书店约计九十余家，其书籍除极少数之线装书外，均系上海出版。大部由轮运，少数由邮递到汉。此九十家中大部系书摊或印刷局、文具店兼营代售，且所售多中国经史、旧式小说、儿童读物等。其堪称为正式书店出卖新书杂志者，不足二十家，其店址多在特三区及其附近地带。检查的对象除学校课本、传记小说与社会及自然科学之纯理论作品，毋庸注意外，其应予查禁者厥为：

一、共党之通告、议案等秘密文件及宣传品，及其他各反动组织或分子宣传反动诋毁政府之刊物；二、普罗文学。

关于第一种反动刊物。其旗帜鲜明，立场显著，最易辨识；但本市各大小书店，此种刊物尚未发现。

其最难审查者，即第二种之普罗文艺刊物。盖此辈普罗作家，能本无产阶级之情绪，运用新写实派之技术，虽煽动无产阶级斗争、非难现在经济制度、攻击本党主义，然含意深刻，笔致轻纤，绝不以露骨之名词嵌入文句，且注重体裁的积极性，不仅描写阶级斗争，尤为渗入无产阶级胜利之暗示，故一方煽动力甚强，危险性甚大；而一方又是闪避政府之注意。苏俄十月革命之成功，多得力于文字宣传，迄今苏俄共党且有决议，定文艺为革命手段之一种，其重要可知也。

本市坊间书籍，除自邮递来汉者，由邮检所检扣外，其大部轮运来汉之书籍，品汇既杂，数量复多，船舶检查所工作时间迫促，当然无法尽量检扣。故普罗文学刊物，本市各书店亦有出卖。其中亦有作品内容之攻击对象与时代背景已属过去者，尤费考虑。经审慎检查之结果，已扣留多种，均存汉市党部。兹谨将中国普罗文艺作家姓名（或笔名）列表附呈。惟职意此事关系甚大，过严则阻碍文化之进步，过宽又恐贻党国以危机，如能组织专审机关，聘任对于此类文艺素有认识者若干人，悉心审查，权衡至当，无纵无枉，党国前途实利赖之。"等情。附呈中国普罗文学作家姓名表一份。据此，查普罗文学全系挑拨阶级感情，企图煽起斗争，以推翻现有一切制度，其为祸之烈，不可言喻。每查本部邮件检查所查获该项刊物之寄发地点，多自上海寄往国内各地，其经过武汉警备区者，已难尽量查禁检扣。而各地流行，自尤难普遍禁绝。据称前情，除组设专审机关一节，已函汉市党务整委会酌予核办；并令饬所属对于该项刊物，随时注意，严密查扣，禁止流传，及分别呈函外，理合抄同附表，呈请鉴核，通饬各省严密查禁，以遏乱萌。仍祈指令祗遵，等情。附抄中国普罗文学作家姓名表一份。据此，除指令并分令外，相应抄同原表函请贵院查核办理为荷。等由。准此，经饬交该都会同内政部审查去后，兹据报告审查结果：查检查及禁止反动刊物，早经中央宣传委员会及内政部负责进行；且内政部时时秉承中宣会意旨办理。若另设机关审查，不特在事实上为骈枝，且易招外界之误会。兹经决定办法四项：

（一）内政部审查此类刊物时，须更严密，毋使漏网；

（二）建议中央积极实施民族文学之计划；

（三）由教育部密令各学校注意学生思想及关于课外阅读之指导；

（四）中央宣传委员会及内政部决定已禁之出版物现仍流行市面者，应由各执行机关切实认真取缔。

等情，请鉴核前来。经即提出本院第一二九次会议决议："照审查意见通过"。关于办法第三项应由该部切实办理。除分行外，合行令仰该部遵照。此令。等因奉此，特呈覆并分行外，合行令仰该大学即便遵照，注意学生思想及关于课外阅读之指导。务须切实办理为要。此令。

（录自《中国现代出版史料》乙编，张静庐辑注）

内政部咨上海市政府，请转饬出版品发行人
限于文到一月内将未依法呈送审查之图书呈部审查

1934年4月19日（民国二十三年）上海市教育局令上海市书业同业公会

案奉市政府第九二二五号训令开：

案准内政部警字第六五一号咨开：

查出版法第十五条规定，为书籍或其他出版品之发行者，应于发行时以二份寄内政部，改订增删原有之出版品而为发行者亦同，等语。迭经本部通行转饬各地出版品发行人知照，并布告饬遵各在案。近查各地出版图书日益繁多，其遵令呈送本部审查者固属多数，而迄今未遵办者亦为数不少。须知依法呈送本部审查，乃应遵守之义务，毫无徘徊观望之可言。本部以职责所在，断难放任忽视，兹特再行咨请饬知所属该管地方各出版品发行人，凡未依照出版法第十五条规定呈送本部审查之各种图书，统限于文到一月内依法呈送。逾限仍不呈送者，即行转饬该管地方官署，实地抽查，按照出版法第三十三条之规定，认真处罚，决不宽贷。再各书局出版品，在未依法呈请注册以前，既未享有著作权法之保护，即无对抗第三人之效力。卷末不得擅印"版权所有"等字样，以免含混。除布告并分行外，相应咨请查照，饬属切实执行，并登报公告通知，仍将办理情形见覆为荷。等由。准此，除分别布告咨令外，合行令仰遵照。此令。

等因，奉此，除分令外，合行令仰该会，转知各会员即便遵照办理为要。

此令

中华民国二十三年四月十九日

局长 潘公展

（录自上海市书业同业公会档案）

修正图书杂志审查办法

1934年6月1日（民国二十三年）

第一条 本办法依据中央宣传委员会图书杂志审查委员会组织规程第五条及出版法施行细则之规定订定之。

第二条 凡在中华民国国境内之书局、社团或著作人新出版之图书、杂志，应于付印前依据本办法，将稿本呈送中央宣传委员会图书杂志审查委员会（以下简称本会）申请审查。前项审查事宜，遵照中央执行委员会第一一五次常务会议决议：

一、审查之范围为文艺及社会科学；

二、先在上海试办。

第三条 图书、杂志稿本送审时，申请人应开具左列各事项：

甲、书刊名称；

乙、稿本页数及其附件；

丙、申请人姓名、住址；

丁、编著人姓名、住址。

第四条 凡送审查之图书、杂志，本会概予以迅速审查之便利。

第五条 凡合于左列情形之一者，得呈请本会转呈中央宣传委员会核准发给免审证。其请求免审之申请书另定之。

一、当地党政机关出版之图书、杂志；

二、凡出版一年以上，平日思想正确，绝无违背中央颁布宣传品审查标准及出版法之杂志。

前项准予免审之图书、杂志，如发现内容有不妥时，除撤销免审证外，并依法予以处分。

第六条 凡未经准予免审之图书、杂志，不将稿本申请审查者，应依照出版法施行细则第十一条之规定予以处分。

第七条 申请审查之图书、杂志稿本，其内容如有认为不妥之处，得发还原申请人，令饬依照审查意见删改，如全部文字有犯宣传品审查标准第三项之情形，及违背出版法第四章第十九条之限制者，本会得将原件扣呈中央宣传委员会核办。

第八条 经本会审查核准之图书、杂志稿件，由本会发给审查证。

第九条 凡经取得审查证或免审证之图书、杂志稿件，于出版时应将审查证或免审证号数，刊印封面底页，以资识别。

第十条 本会对于认为应行处分之书刊、稿件，应呈请中央宣传委员会查核办理。

第十一条 图书、杂志出版后，除应依照出版法第十三条及第十五条之规定，每种送内政部二份外，并应送本会三份，以便核对转存。

图书、杂志出版后，如发现与审查稿本不符时，由本会呈请中央宣传委员会转内政部予以处分。

第十二条 经本会审查核准之图书、杂志，由本会列表呈送中央宣传委员会，转函内政部备查。

第十三条 本办法如有未尽事宜，得由本会呈请中央宣传委员会修正之。

第十四条 本办法由中央宣传委员会公布施行。

（录自上海市书业同业公会档案）

中宣会函上海市党部转知各书店将图书杂志原稿送审查委员会审查

1934年6月15日（民国二十三年）

国民党上海市执委会令上海市书业同业公会，为令遵事案，准中央宣传委员会公函第二八六〇号内开：本会为审慎取缔出版刊物，并减除书局与作家之损失起见，特在上海市设立图书杂志审查委员会，业于六月一日开始工作。除将所定图书杂志审查办法，刊登南京中央日报、上海民报、晨报广告公布外，相应函达，即希查照，会同上海市政府令知上海市书业公会，转饬当地各书店依照公布审查办法，将图书、杂志原稿送请该会审查为荷，等由。准此，除转函市政府查照外，合行令仰该会转饬各书局，并遵照办理为要。此令。

中华民国二十三年六月十五日

常务委员 吴醒亚 潘公展 童行白

（录自上海市书业同业公会档案）

中宣会函上海市政府
转饬各书局将图书杂志原稿送审查委员会审查

1934年7月16日（民国二十三年）上海市教育局令上海市书业同业公会

案奉市政府第九九七三号训令内开：

"案准中央宣传委员会第二八六〇号函开：'本会为审慎取缔出版刊物，并减除书局与作家之损失起见，特在上海市设立图书杂志审查委员会，业于六月一日开始工作。除将所定图书杂志审查办法，刊登南京中央日报、上海民报、晨报广告公布外，相应函达，即希查照，会同上海市政府令知上海市书业公会，转饬当地各书店依照公布审查办法，将图书杂志原稿送请该会审查为荷。'等由，准此，合行令仰该局即便遵照会同党部办理具报。"

又奉第一〇〇四一号训令略开："案准上海市执行委员会函开：'案准中央宣传委员会函请，会同上海市政府转饬本市各书局，将图书杂志原稿送审查委员会审查等由，除令书业公会遵照外，即希查照为荷。'等由，准此，查此案前准中宣会函嘱到府，业经令行在案。兹准前因，合行令仰该局，即便遵照并案办理具报。"各等因，奉此，除分令外，合行令仰遵照办理。此令。

中华民国二十三年七月十六日

局长 潘公展

取缔发售业经查禁出版品办法

1934年7月17日（民国二十三年）内政部公布

第一条 凡取缔发售业经中央通行查禁之出版品，应依本办法行之。

第二条 各地主管行政机关如据报告或发觉有前项出版品发售时，应即警告该发售处所禁止其发售。

第三条 该发售处所接得前项警告后，如仍发售该项出版品，应由当地主管行政机关转行警察机关从速依法扣押其出版品。

第四条 曾受前条处分之发售处所，再发售同前出版品，应由当地主管行政机关转行警察依法拘罚该发售处所之负责人。

第五条 执行警告，须以书面行之。

第六条 执行检查、扣押或拘罚，须出示证明文件。否则该发售人得扭送警察机关，依法处理。

第七条 本办法自呈准公布之日施行。

（录自上海市书业同业公会档案）

内政部咨上海市政府准中宣会函，

请转行令饬各书局嗣后凡发行文艺书刊须以一份送会审查等

1934年9月7日（民国二十三年）上海市教育局令上海市书业同业公会案

奉市政府第一○一二四号训令内开：

"案准内政部警字第一三二五号咨开：'案准中央宣传委员会第二八五五号公函内开："查各地出版机关所发行之文艺书刊，每仅依出版法第十三条第一项及十五条第一项之规定，于发行时寄送行政机关备查，并不寄送党部。以致考查指导，诸多困难。按文艺书刊内容多与党义有密切关系，自仍应照有关党义书刊办法，于发行时以一份寄送来会，以凭审查。为特函达，即希查照。转行上海市政府饬令各书局及其他出版机关，遵照办理。"等由，准此，相应咨请查照办理，并希见覆为荷，等由。准此，合行令仰该局即便遵照，转饬各出版机关一体遵照为要……"

等因，奉此，合行令仰该会即便遵照，转饬各会员一体遵照办理为要。此令。

中华民国二十三年九月七日

局长 潘公展

（录自上海市书业同业公会档案）

内政部咨上海市政府

为转饬出版图书须先呈送内政部审核方准发行

1934年10月3日（民国二十三年）上海市教育局令上海市书业同业公会

案奉市政府第一一○七五号训令内开：

"案准内政部警字第一九○八号咨开：'查发行图书，应先依照出版法第十五条之规定，呈送本部审核，送经本部通令转饬各地出版品发行人知照。本由本部召集京、沪各书商来部谈话，订定取缔发售业经查禁出版品办法公布施行在案。近查各地出版图书，仍有未经依法送部审核，迳自发行者，殊属有违法令。兹特再行咨请饬知所属该管地方出版品发行人，凡未依法呈送本部审核之各种图书，迅即遵照，一律呈送审核，方准发行。倘仍玩忽不遵，一经查出，即由该管地方官署认真依法处罚，勿稍宽贷。除分行外，相应咨请查照。饬属切实执行，并登报公告周知，仍希将办理情形见覆为荷，等由。准此，除登报公告周知并咨覆外，合行令仰该局知照，并转饬书业同业公会，分行各书店知照。"

等因，奉此，合行令仰该公会转饬各书店一体遵照毋违。此令。

中华民国二十三年十月三日

局长 潘公展

内政部咨上海市政府为准中宣会函请查验审查证

1935年2月8日（民国二十四年）上海市教育局令各书局出版品发行人

案奉市政府第一二六九七号训令内开：

案准内政部咨开："案准中央宣传委员会二十四年一月九日第六九四九号公函内开：'据图书杂志审查委员会呈称："为呈请事，案查属会第三次委员会议，讨论关于登记注册与审查今后应如何取得联络一案，呈请中央宣传委员会函内政部，以后书籍呈请注册，在本会设立后出版者，应查验其审查证后始准注册。纪录在卷，理合录案呈请钧会鉴核转函内政部查照办理。"等情到会，除指令外，相应函达，即希贵部查照办理，等由。准此，查文艺及社会科学等书籍在图书杂志审查委员会设立后出版者，均应呈验其审查证，经查验后，始准注册。相应咨请查照，转饬各出版品发行人一体遵照为荷。'等由。准此，合行令仰该局即便转饬各出版品发行人一体遵照为要，此令。"

等因，奉此，除分令外，合行令仰该书局出版品发行人，一体遵照为要。此令。

中华民国二十四年二月八日

局长 潘公展

（录自上海市书业同业公会档案）

西南出版物编审会检查队检查规则

1935年3月15日（民国二十四年）国民党中央执行委员会西南执行部颁发

1、本规则依据西南出版物编审会检查队规程第五条订定之。

2、检查员负责检查广州市区内一切出版物，每星期最少出外工作及报告一次。

3、检查员除执行指定工作外，应随时注意各书店等新到之各种出版物。

4、检查员出外执行职务时，须携带西南执行部颁发之检查证。

5、检查员得随时出示检查证，向各书店、报馆、印务店或书摊报贩检查。并得就所在地借阅各种印刷品或出版物，如须携回审查时，须签名填回借阅据。

6、检查员执行职务时，如发现有反动或妨害善良风俗嫌疑之出版物，须即向贩售人查明现存数量，并饬具结封存（结式由检查员携备），并须索取样本，携回呈报。

7、检查员检查所得或借阅之出版物，须即日呈报。

8、检查员呈报时，须填报告表，连同结式或借阅据存根送队长及总干事审核盖章，报告表格式另定之。

9、检查员执行职务时，如遇有拒绝检查之情事，得会警执行。并须即行呈报。

10、本规则如有未尽事宜，得由西南出版物编审会理事会议随时修正之。

11、本规则由西南出版物编审会呈请西南执行部核准施行。

（录自《中华民国法规汇编》立法院编译处编）

中宣会函知嗣后翻印古书凡新加材料均应先送图书杂志审委会审查

1935年5月31日（民国二十四年）国民党上海市执委会令上海市书业同业公会

为令遵事，案准中央执行委员会宣传委员会公函第九五四〇号内开：近来坊间翻印古书，几成一时之风尚，诚恐不无不良份子，利用机会，加入新序跋注之类，持论歪曲，别含作用，此种情形至堪注意。嗣后翻印古书，凡有新加材料，均应先送本会图书杂志审查委员会审查，以杜流弊。除令知本会图书杂志审查委员会，并分函内政部查照外，相应函请贵会查照，转饬上海书业公会遵照办理为荷，等由。准此，除函覆外，合亟令仰该会遵照，转饬新属各书店一体遵办毋违，切切此令。

中华民国二十四年五月三十一日

常务委员　吴醒亚　潘公展　童行白

（录自上海市书业同业公会档案）

中宣会电知在审委会未经内政部接收前毋庸将原稿送审

1935年8月5日（民国二十四年）国民党上海市执委会令上海市书业同业公会

为遵令事，案准中央执行委员会宣传委员会冬日密电内开：图书杂志审查委员会已暂行停止工作，静候改组，应请通知当地各书店及各杂志社，在该会未经内政部接收改组以前，毋庸将原稿送审。即希查照办理为荷，等由。准此，合亟令仰该会遵照为要。此令。

中华民国二十四年八月五日

常务委员　吴醒亚　潘公展　童行白

防空出版品统制办法

1935年9月（民国二十四年）军事委员会训令颁发

第一条　为节省国家经费，统一防空宣传，集中防空人才，免除各地印刷品之重复及防止防空出版品滥发起见，特定本办法实施之。

第二条　凡用机械印刷或用化学材料所印制之防空刊物、书籍、图画、影片及其他有关于防空宣传品出售或散布者，均认为防空出版品。

第三条　一切防空出版品，均由防空委员会编著印行。至防空专门著作，亦须送呈防空委员会审查后，方准出版。

第四条　凡有关于防空之论著或译述，均得寄交防空委员会出版。稿件揭载后，即当酬给稿费。至投稿手续，即依照防空委员会防空杂志征稿简章规定办法。

第五条　全国各机关、团体及书局，对防空委员会所编著之各种出版品，均负有宣传及推销之责任，至推销手续另定之。

第六条　凡违反本办法之规定者，得以军令查禁或处罚之。

第七条　本办法自公布日施行。

（录自上海市书业同业公会档案）

出版图书应依法寄送内政部备查，
不得因呈请注册而希图免除此项手续

1936年3月28日（民国二十五年）内政部咨各省市政府

查著作物呈请注册，与出版品寄送备查，原系截然两事。前者基于权利之证明，故著作权法对请求注册与否，可听权利人之自由。后者则本于警察之作用，而出版法所定寄送程序，乃为发行人必须履行之义务。二者性质既各不同，自应分别依法办理。乃近查各地出版图书呈请注册者，多有未经依照出版法第十五条之规定，寄送备查。似此玩忽取巧，殊属有违法令，亟应通饬各地出版品发行人，对于出版图书，务须依法寄送本部备查，不得因呈请注册而希图免除此项手续。倘有仍旧玩忽取巧，不依出版法规定寄送情事，定予依法处罚，以杜玩延，而重法令。除分行外，相应咨请查照，公告所属图书发行人知照，并将办理情形见覆为荷。

国民党中宣部函上海市党部以订定坊间编印
蒋委员长言论或传记之办法等

1937年6月26日（民国二十六年）国民党上海市执委会训令

为令遵事，案准

中央宣传部公函诚字第六三六一号内开：查近来各地书局印行关于蒋委员长言论或传记等书，搜罗每涉庞杂，内容复多乖误，题名亦欠研究；即核之现在国情，又间有不宜复加刊布者。亟应严密纠正。兹订定办法如左：（一）各地书局如编印上项刊物，必须先将原稿呈由本部，转呈蒋委员长核准后，方得发行。（二）未经核准现已出版者，本应概予取缔。兹为体恤商艰，姑以审核内容无大悖谬者为限，准予售罄为止，并将存书数目据实报告，并转报本部备查。非经核准不得再版，以杜流弊。除分函外，即希查照。转饬当地书业公会转行各书店遵照办理，仍将办理情形见覆为荷，等由。准此，合行令仰该会遵照。并遵饬所属各书店遵照办理毋违为要。此令。等因，奉此，相应通告，即希查照办理为荷。此致

中华民国二十六年六月二十六日
常务委员　陶百川　潘公展　童行白
（录自上海市书业同业公会档案）

中央宣传部奖励翻印总理遗教办法

（颁布年月不详）国民党中央宣传部

一、本部为鼓励各书局大量翻印总理遗教，以广宣传起见，特制定本奖励办法。

二、奖励方法分现金奖励、名誉奖励两种。名誉奖励又分颁给总裁、副总裁手谕中央奖状、本部奖状及奖励广告等。

三、总理遗教暂以三民主义、实业计划、孙文学说、民权初步、建国大纲（内须附录五权宪法、地方自治开始实行法、中国国民党政纲、制定建国大纲宣言等）五种为标准。听凭各书局自由翻印单行本或合订本，本部均分别予以奖励。兹将现金奖励规定如左：

甲、合订本翻印

1、特等 凡翻印本书在五千部以上者，给予一千元以上之奖励；

2、甲等 翻印四千部至五千部者，给予七百五十元至一千元之奖励；

3、乙等 翻印三千部至四千部者，给予五百元至七百五十元之奖励；

4、丙等 翻印两千部至三千部者，给予三百元至五百元之奖励；

5、丁等 翻印一千部至两千部者，给予一百五十元至三百元之奖励。

乙、单行本翻印

1、三民主义 凡翻印本书之册数与合订本之部数相同者，其奖金占合订本百分之三十；

2、实业计划 翻印本书之奖金，占合订本同等级百分之二十五；

3、孙文学说 翻印本书之奖金，占合订本同等级百分之十五；

4、民权初步 翻印本书之奖金，占合订本同等级百分之十五；

5、建国大纲 翻印本书之奖金，占合订本同等级百分之十五。

四、本部名誉奖励规定如左：

甲、凡翻印总理遗教合订本在一千部以上者，本部得在各党报及中央周刊刊登奖励广告。三千以上者，除刊登奖励广告外，并呈请中央颁给名誉奖状。五千部以上而印刷优良、装潢精美者，除以上两种奖励外，并呈请总裁副总裁颁给手谕。

乙、凡翻印总理遗教之单行本一种或多种，在一千册以上者，本部得在各党报刊登奖励广告。三千册以上者，除刊登奖励广告外，并由本部颁给名誉奖状。五千册以上者，除以上两种奖励外，并呈清中央颁给名誉奖状。

五、各书局有愿翻印总理遗教合订本或单行本者，应先将印刷计划（内分九项：一、书名，二、字数，三、字号，四、纸张种类，五、印刷数量，六、版本尺寸，七、装潢，八、定价，九、出版日期）并检同样本　份，呈报本部备核。

六、翻印各书出版后，经本部派员检查完竣，即行按照本办法第三、四条之标准核给奖励。

七、翻印各书如错字太多，或印刷装潢太劣者，本部得酌扣其应得之奖金。

八、本办法经部长核定施行。

（录自《抗战建国法令大全》，大公报西安分馆印行）

检查书店发售违禁出版品办法

1937年8月12日（民国二十六年）国民党第五届中央常务委员会第五十次会议通过

一、各省、市党部或省、市政府在中央宣传部或内政部指导下，得随时派员检查该地书店书摊（以下简称书店）。

二、凡经中央通行查禁之出版品，由各省、市政府印制禁售出版品一览表，每周分发各书店一次，通知不得发行或出售。在本办法未施行前之查禁出版品，补行通知。

三、各书店接得前项禁售出版品一览表或临时通知后，如仍发行或出售违禁出版品者，由当地党部会同当地政府予以取缔，并将取缔经过分别报告中央宣传部及内政部备案。

四、取缔办法如左：

甲、警告并扣押该项禁售出版品，有底版者并予扣押；

乙、拘罚发行人或主管发售出版品之店主或经理。

五、凡发行或出售经中央查禁并经通知禁售之出版品者，得按本办法第四条甲项办理。

六、凡曾受本办法第四条甲项处分一次，复经发觉发行或出售同前之违禁出版品者，得按本办法第四条乙项之规定办理。

七、各项取缔办法之执行，概由当地主管行政机关依法办理。

八、检查书店时，如遇有发行或出售未经中央通行查禁而有反动嫌疑或有其他不妥意识之出版品者，应出价购买，迅送中央宣传部或内政部核办。

九、凡发行或出售未经中央通行查禁而确有显著反动言论之出版品者，得令暂停发售，必要时亦得暂行扣押，并检取样本，迅送中央宣传部或内政部核办。

十、凡党政机关派人检查或执行取缔时，须出示证明文件，以昭郑重，否则各该书店负责人得扭送警察机关，依法处理。

十一、本办法由中央核准施行。

（录自《抗战建国法令大全》，大公报西安分馆印行）

解释关于党政机关之出版品应否声请登记疑义

1938年5月24日（民国二十七年）内政部代电福建省政府

（上略）

查党政机关之出版品，除新闻纸应依规定声请登记外，其余出版品只须依照修正出版法第八条之规定办理，毋庸声请登记。

（下略）

（录自《中华民国法规汇编》，福建省政府辑）

修正抗战期间图书杂志审查标准

1938年7月22日（民国二十七年）国民党第五届中央执委会第八十六次常务会议通过

（甲）谬误言论：

一、曲解、误解、割裂本党主义及历来宣言、政纲、政策与决议案者。

二、记载革命史迹，叙述中央设施诸多失实，足以淆惑听闻者。

三、立言态度完全以派系私利为立场，足以妨碍民族利益高于一切之前提者。

四、其鼓吹之主张，不合抗战要求，足以阻碍抗战情绪，影响抗战前途者。

五、故作悲观消极论调或夸大敌人，足以削灭抗战必胜之信念者。

六、妨害善良风俗及其他之颓废言论，足以懈怠抗敌情绪，贻社会不良影响者。

七、言论偏激狭隘，足以引起友邦反感，妨碍国防外交者。

（乙）反动言论：

一、恶意诋毁及违反三民主义与中央历来宣言、政纲、政策者。

二、恶意抨击本党，诋毁政府，诬蔑领袖与中央一切现行设施者。

三、披露军事、外交秘密消息或关系国防计划，而未经许可发表者。

四、为敌人及傀儡伪组织或汉奸宣传者。

五、鼓吹偏激思想，强调阶级对立，足以破坏集中力量抗战建国之神圣使命者。

六、鼓吹在中国境内实现国民政府以外之任何伪组织，国民革命军以外之任何伪匪军，及其他一切割裂整个国家民族之反动行为者。

七、挑拨中央与地方感情，或离间党政军民各方面之关系，以逞其破坏全国统一之阴谋者。

八、妄造谣言，颠倒事实，足以动摇人心，淆乱视听者。

（录自《中华民国法规汇编》，福建省政府辑）

战时图书杂志原稿审查办法

1938年7月22日（民国二十七年）国民党第五届中央常委会第八十六次会议通过，
12月20日国民党第五届中央常委会第一〇六次会议修正

一、在抗战期间，中央为适应战时需要、齐一国民思想起见，待组织中央图书杂志审查委员会（以下简称中央审查机关），采取原稿审查办法，处理一切关于图书、杂志之审查事宜。

二、中央审查机关，由中央执行委员会宣传部、军事委员会政治部及行政院内政部、教育部及中央社会部共同组织之，为全国最高之图书杂志审查机关，其组织大纲另定之。

三、中央审查机关对于图书、杂志之审查意见，如有不同时，应以中央宣传部代表之意见为主。

四、为便利各地图书、杂志之迅速出版起见，各大都市（或省会）之党、政、军、警机关，得在中央审查机关指导之下，成立地方图书杂志审查委员会（以下简称地方审查机关），办理各该地方之图书杂志审查事宜。如当地书店及出版机关不多者，不得成立。各地方审查机关之组织通则另定之。

五、各地方审查机关审查各种图书、杂志时，如发现重大谬误，应予停止印行，或内容复杂，不能自行决定者，应检同原稿并签注意见，呈请中央审查机关核准后，方可执行。至于应修改或删削之书刊，得由地方审查机关自行处理，惟须迅即呈报中央审查机关备案。

六、各地书店及出版机关印行图书、杂志，除自然科学、应用科学之无关国防者，及大中小学与民众学校教科书之应送教育部审查者外，均须一律呈送所在地审查机关审查许可后，方准发行。如所在地无地方审查机关，得迳呈中央审查机关办理。至纯粹学术著述，不涉及时局问题及政治社会思想者，得不送审原稿，但出版时须先送审查机关审核后，方准发行。

七、本党及各军政机关之公报，得免除原稿审查手续。但出版后须检二份送中央审查机关备查。

八、各地书店及出版机关呈送图书、杂志请求审查时，须检送原稿一份或清样二份，迳呈地方审查机关审查。审毕后，如内容无不合之处者，即以原稿或清样加盖"审讫"图章，发还送审者。

九、送审之图书、杂志原稿，其言论完全谬误者，停止印行。一部份谬误者，应遵照指示之点修改或删削后，方准出版。

十、凡经审查机关审核之图书、杂志，于出版时应先检送二份，由各该审查机关覆核后，方准发行。

十一、凡未经审查机关许可出版之图书、杂志，除六、七两条已规定者外，或审查机关不准发行，不遵照指示修改删削而擅自出版者，一律予以查禁处分。其言论反动者，并得依照修正出版法处罚其编辑人、印刷人与发行人。

十二、送审之图书、杂志，其态度纯正，内容优良，有益于抗战者，得分别予以奖励，其奖励办法另定之。

十三、审查机关许可出版之图书、杂志，一律发给审查证。各图书、杂志于出版时，应将审查证号码用五号铅字排列底封面上角，以备查考。其并无审查证而冒印者，应依照第十一条之规定加重处罚。

十四、图书、杂志之审查时间，图书在十万字以内者、不得过五日，十万字以上者、不得过十日；杂志季刊不得过五日；半月刊及月刊，不得过二日；三日刊、周刊及旬刊，不得过一日。如有内容谬误，应呈请核示者，不在此限。

十五、中央审查机关如认为地方审查机关处理不当者，得随时饬令改正。

十六、送审之书店或出版机关，如认为各地方审查机关处理失当时，得申述理由，请求覆审，并可要求转呈中央审查机关核办。

十七、图书、杂志之审查标准，依照修正抗战期间图书杂志审查标准办理。

十八、在本办法未施行前所出版之图书、杂志，仍采取事后审查办法，依照检查书店发售违禁出版品办法及图书、杂志查禁解禁暂行办法办理。

十九、本办法如有未尽事宜，得由宣传部、社会部、政治部，内政部及教育部会商后修正之。

二十、本办法由宣传部、社会部、政治部、内政部及教育部会商决定，呈请中央执行委员会常务委员会通过后施行；并分别呈请军事委员会及行政院备案。

（录自《教育法规》，民国三十一年十月版）

防范沦陷区及敌国反动书刊流入内地办法

1939年3月15日（民国二十八年）中央图书杂志审查委员会第十一次会议通过

一、浙江、福建、云南、广西各地审委会，应于国外及沦陷区入口处特设入口检查处，检查一切由平津沪港及敌国流入内地之书刊。

二、凡由平、津、沪港以及敌国流入内地之书刊，无论为邮寄、航寄，或私运，均应由入口检查处查讫后，方准放行。

三、各入口检查处，如检获汉奸及敌人宣传书刊，除检寄两份呈省审委会及中央审委会核查外，均应一律没收焚毁，以杜流传。如发觉有触犯审查标准嫌疑之书刊，应先行扣押，检呈省审委会核夺。

四、各入口检查处之组织办法，由上列各省审委会自行规定，呈请中央审委会备案。

五、为防范反动书刊流入战区起见，请军委会政治部通令各战区军、师政治部指定人员负书刊审查处理之专责。

六、各种查禁书刊一览及各项有关书刊审查之法规方案，应寄发战区各级政治部者，由本会呈请军委会政治部转发。

书籍杂志查禁解禁暂行办法

1939年5月4日（民国二十八年）国民党第五届中央常务委员会第一二〇次会议修正

一、各地图书杂志审查委员会（以下简称各地审委会）发现有反动嫌疑之书籍，应详加审查，将不妥之处，加以标识，检附原书，拟具审查意见，转请中央图书杂志审查委员会（以下简称中央审委会）核办。如认为有紧急处分之必要时，得由当地审委会请当地政府予以暂行扣押之处分。

二、各地审委会发现有反动嫌疑之杂志，除以未经依法声请登记，得由该会依出版法第二十六条之规定，请当地政府予以停止发行处分，并呈报中央审委会备案外，应详加审查，并将不妥之处，加以标识，检附原刊，拟具审查意见，转请中央审委会核办。如认为有紧急处分之必要时，得由当地审委会请当地政府予以暂行扣押之处分。

三、中央审委会通令查禁之书籍，如其发行人将不妥之处切实删改，得检同修正本二份，分别向当地审委会及中央审委会呈请解禁。当地审委会接到此项呈请，应即拟具初审意见，转请中央审委会核办。其查禁本应由发行人悉数呈解当地审委会销毁，并具立永不再版切结。

四、中央审委会通令查禁之杂志，如能证明其查禁之原因已经消灭，得由其发行人向当地审委会及中央审委会申述理由，呈请解禁。当地审委会接到此项呈请，应即拟具初审意见，转请中央审委会核办。

（录自《中央战时法规汇编》（下），江西省政府秘书处编印）

调整出版品查禁手续令

1939年10月24日（民国二十八年）国民政府训令行政院军事委员会

为令饬事，据本府文官处签呈称：案准国防最高委员会秘书厅二十八年十月十六日国议字第四六五三号公函开，准行政院本年十月七日吕字第一二二六五号公函开，前据内政部本年八月二十九日渝警字二八七七号呈称：查本部关于著作物注册审查，向系依照著作权法及其有关法令之规定办理。其内容涉及本党主义、政纲、政策之宣传者，并随时与中央宣传部为审查上之联络，以期周密。

自抗战军兴，时移势易。中央管理宣传政策，宽严容有转变。因而在某一时期认为可准注册，而在某一时期又须予以查禁，前后处分歧异，本部处理颇感困难。又各军事政训机关，往往不明出版取缔程序，对于依法核准注册及放行之著作物，辄有迳行查扣，引起纠纷情事。本部据情转行纠正，亦感应付为难。除本部审查著作物，已参照战时图书杂志原稿审查办法与中央宣传部及中央图书杂志审查委员会之审查工作相辅而行、密切联系外，关于此类注册查禁歧异案件之处理，似应确立法令根据，并统一事权，以杜纷扰。否则既经注册而又查禁之著作物，其著作权所有人如不服查禁处分，依法提起诉愿，本部在法令上殊无根据可予驳回。查出版法第二十四条规定，战时或遇有变乱及其他特殊必要时，得依国民政府命令之所定，禁止或限制出版品关于政治、军事、外交或地方治安事项之登载。

值此抗战时期，军事胜利高于一切，著作物之经核准注册者，其权益虽为法所保障，而如基于抗战要求之观点加以禁止或限制，要为战时应有之措置，拟请钧院转请国防最高委员会核定。凡已核准注册之著作物，在抗战期间，如认为有应受出版法第二十四条所定之禁止或限制者，得由中央图书杂志审查委员会转请中央宣传部商由本部予以禁止或限制，并得撤销其注册。并请通行军事政训机关，嗣复关于出版取缔，应依法定程序转送中央图书杂志审查委员会审查，转请中央宣传部核转本部办理，不得迳予查扣，庶办理有所依据，事权得资统一。是否有当，理合呈请钧院鉴核施行，仍候指令祗遵等情。

据此，案关调整出版品查禁手续，经函准中央宣传部及军事委员会同意，除指令准予照办，并分别函覆外，相应函请转陈备案等由。经陈奉国防最高委员会第十七次常务会议决议，准予备案。除函中央执行委员会秘书处转陈饬遵外，相应函达，请烦查照转陈饬遵等由。准此，理合签呈鉴核等情。据此，应即照办，除饬处函覆并令行军事委员会通行饬照、行政院转饬知照外，合行令仰该院转饬知照会通行饬遵。此令。

（录自《新订国民政府司法例规》第三册）

处置汉奸汪精卫等以前著作办法

1939年12月1日（民国二十八年）中央图书杂志审查委员会第二十次会议通过

汉奸汪精卫、周佛海等及其他附逆分子之反动言论，固应彻底根除，而其过去著述流行于坊间者，仍属不鲜，虽少反动言论，但任汉奸著述流行域内，难免不引起国人之错觉。兹拟处置办法如左：

（一）该逆等文字与他人著作合刊者；应先涂去其姓名，并于再版时删除之；

（二）该逆等著述之单行本，无论何种，一经发觉，概予没收焚毁；

（三）请教育部通饬各级教育机关及学校，所有各种教材课本，选有该逆等文字，不论何种，均应照上列一、二两项办理。

（录自《出版法规汇编》）

战时图书杂志原稿审查办法

1940年9月6日（民国二十九年）国民政府公布

一、国民政府行政院为适应战时需要起见，特组织中央图书杂志审查委员会（以下简称中央审查委员会），采取原稿审查办法处理一切关于图书、杂志之审查事宜，其组织条例另定之。

二、各省、市政府应成立各省、市图书杂志审查处（以下简称各省市审查处），隶属于中央审查委员会，办理各该省、市之图书、杂志审查事宜。各省文化发达之县、市政府，于必要时得在各省、市审查处指导之下，酌设各县、市图书、杂志审查分处，其组织通则另定之。

三、各省、市审查处之处长，应由中央审查委员会会议通过任用。

四、图书、杂志审查标准，依照修正抗战期间图书杂志审查标准办理。

五、各地书店及出版机关印行图书、杂志，除自然科学、应用科学之无关国防者及各种教科书应送教育部审查者外，均须一律送请所在地审查机关许可后，方准发行。如所在地无审查机关，得迳请中央或邻近地方之审查机关办理。纯粹学术著述不涉及时事问题及政治、经济、社会思想者，得不审原稿，但出版时须先送审查机关审核后，方准发行。

六、各级党政军机关之公报，得免除原稿审查手续，但出版后须检二份送中央审查委员会备查。

七、各地书店及出版机关之图书、杂志送请审查时，须将原稿份或清样二份，迳送各该省、市、县审查机关审查。如无不合者，即以原稿或清样加盖审讫图章发还。

八、图书、杂志之审查时间：图书在十万字以内者、不得过五日，十万字以上者、不得过十日；杂志季刊不得过五日；半月刊及月刊不得过两日；三日刊、周刊及旬刊不得过一日。如其内容谬误，应呈请核示者，不在此限。

九、审查机关许可出版之图书、杂志，一律发给审查证。各图书、杂志于出版时，应将审查证号码用五号铅字排列底封面上角，以备查考。其并无审查证号码而冒印者，应依照第十二条之规定加重处罚。

十、凡经审查机关审核之图书、杂志，于出版时应先检送二份，由各该审查机关覆核。

十一、送审之图书、杂志原稿，其言论根本谬误者，停止印行；一部份谬误者，应遵照指示之点删改。

十二、凡未经审查机关许可出版之图书、杂志，除五、六两条已规定者外，凡审查机关不准发行及不遵照指示删改而擅自出版者，一律予以查禁处分。其言论反动者，并得依法处罚其编辑人、印刷人与发行人。

十三、送审之图书、杂志，其思想纯正，内容优良，有益抗战建国者，得分别予以奖励，其奖励办法另定之。

十四、各省、市、县审查机关审查各种图书、杂志时，如发现重大谬误，应予停止印行；或内容复杂不能自行决定者，应检同原稿并附注意见，呈请中央审查委员会核准后，方可执行。至于应删改之书刊，得由各省、市、县审查机关自行处理。惟须按月将处理情形详细呈报中央审查委员会备案。

十五、中央审查委员会如认为各省、市审查机关处理不当时，得随时饬令改正。

十六、省、市，县审查机关审查之图书、杂志原稿，以当地及邻近地方书店与出版机关之送审者为限。凡由外埠运入者，须印有中央或其他省、市、县审查机关之审查证号码，方准发售。其有在本办法未施行前出版之图书、杂志，须经审查许可后始得发售。

十七、在本办法未施行前，及未设审查机关地方出版之图书、杂志，除前条已有规定者外，仍应依照《检查书店发售违禁出版品办法》及《修正图书杂志查禁解禁暂行办法》办理。此外关于印刷、发行方面，并得依照《战时书店及印刷所督导办法》及《印刷所承印未送审图书杂志原稿取缔办法》办理。

十八、送审之书店或出版机关，如认为各省、市、县审查机关处理失当时，得申述理由请求覆审，并可迳呈中央审查委员会核办。

十九、本办法自公布日施行。

（录自《教育法令汇编》第六辑）

注：本办法于民国三十三年（1944年）八月七日废止。见《国民政府司法例规补编》，民国三十五年五月版。

教育部搜集民众读物办法

1941年1月21日（民国三十年）教育部颁发

一、教育部为搜集已出版民众读物，以便着手整理起见，特订定本办法办理之。

二、搜集民众读物之种类如左：

甲、各地方流行之乡贤故事（包括近年抗日故事）；

乙、各地方流行之传奇、小说、小调、唱本、戏词等；

丙、各地方流行之歌谣、农谚等。

丁、各地方教育机关、学校，书坊近年出版之各种民众读物；

戊、绝版之稗史、小说、传奇、故事、唱本等。

三、各地方主管教育机关负责搜集所辖地区内上列各种之民众读物，汇呈本部。汇呈之手续如左：

甲、由省教育厅或市社会局汇齐造册，一并呈部；

乙、有两种以上内容完全相同者，可呈一种；

丙、其须教育部备款购买者，须先开列书名、种别、册数、价格，呈部核准后，再行购买呈部。

四、各地方搜集之民众读物到部后，由部派员随予登记，登记之事项及方法规定如左：

甲、各书书名、种类、体裁、册数、印刷、编者、出版处、搜集省县市、内容性质及其章段或字数；

乙、各书之中心思想及其内容大意；

丙、上列各项登记于制有一定形式之卡片上，以便汇集整理，俾成"全国民众读物索引"。

五、各书登记完毕后，须加以初步之整理，整理之要点如左：

甲、签出各书每页之应行修改部分；

乙、签出各书全部之优点与劣点。

六、各书初步整理后，可分别交付修改或介绍推销，其不良者则禁止之。

七、本办法自公布之日施行。

（录自《教育法规》，民国三十一年十月版）

图书送审须知

1942年2月7日（民国三十一年）中央图书杂志审查委员会第十四次委员会议通过

甲　关于送审原稿者：

一、原稿送审时，应由承印者或著译人详细填具申请审查表一份，连同原稿本送请各该地审查处审查，领取审查证。

二、送审之原稿，必须装订成册，标明页数或号码。

三、送审原稿字体务须清楚，如有模糊不清或过于细小不易辨认者，审查机关得令饬缮正后再行送审。

四、业经审查之原稿，付排时不得更动，尤不应将未审查之稿件排入，如必须变更添排时，应先向原审查机关声明，补行审核。

五、原稿经审后，审查机关如有意见指示或注明再行送核字样者，须切实遵照办理。

六、经删略之稿件，不能在出版时仍保留题名，并不能在编辑后记或编辑者言内加以任何解释与说明；其被删之处不能注明上略、中略、下略字样，或其他任何足以表示已被删略之符号。

七、凡书籍封面图画暨文内插图及编辑后记、编辑者言以及其他补白稿件，均须一律送审。

八、图书出版时，必须将领得之审查证号码用五号字排印于底封面左上角，不得排印于他处，否则以未送审论。

九、图书出版后，应迅即检齐二册送原审查机关，以备覆核存转。

乙　关于送审已出版图书：

一、凡在民国二十六年七月抗战发生以后、民国二十九年九月战时图书杂志原稿审查法令公布以前，及未设审查机关地方或国外出版之图书，除自然科学、应用科学之无关国防者及各种教科书之应送教育部审查者外，应补办申请许可手续后，方准发售。

二、已出版图书送审时，应详细填具申请审查表，连同该书样本，一并呈送。

三、送审图书不得缺少页数，如一种有数卷者，并应检齐全卷，一次送审。

四、图书经审查后，如有意见指示，须切实遵照办理，否则依法取缔。

五、申请许可发售之图书，经审查内容并无不合者，编入许可发售一览表，准予发售。

六、许可发售之图书于翻印或再版时，仍应作为原稿送审，请领审查证后，方可印行。

七、送审图书许可发售后，必须将许可发售一览表中所列该书号码印于每册之底封面左上角，否则以未送审论。

（录自《中国现代出版史料》丙编，张静庐辑注）

剧本出版及演出审查监督办法

1942年2月16日（民国三十一年）国民党第五届中央执委会第一九五次常务会议通过

一、所有戏剧剧本之出版或演出审查，在重庆市统归中央图书杂志审查委员会办理；各地方由各省、市图书杂志审查处办理。原有党部、政府或宪、警机关附设或合办之戏剧审查机关，一律取销。

二、所有出版及上演之戏剧剧本，在重庆市统归中央图书杂志审查委员会审查，各地方由各省、市图书杂志审查处审查。

三、凡经中央或各省市图书杂志审查机关审定剧本之演出，由当地政府派员检查所演出剧本是否与审定剧本相符（其审查工作之人员以由党部调用为原则）。

四、未经依法向主管机关立案之剧团，一律不准公演，更不得假借任何机关名义演出。

五、凡剧院公演戏剧，其剧本无论已否出版，如未经依法送经中央图书杂志审查委员会或省、市图书杂志审查处审定者，如系募集捐款或为各种运动演出，未经社会部各省、市、县社会行政机关核准者，均由各该地方政府分别予以停演及罚金之处分。

（录自《战时重要法令汇编》，双江书屋发行）

审查处理已出版书刊细则

1942年3月7日（民国三十一年）中央图书杂志审查委员会第十五次会议通过

第一条 本细则依据战时图书杂志原稿审查办法第十六、七两条订定之。

第二条 凡在民国二十六年七月以后、二十九年九月六日以前，或未设原稿审查机关地点出版之书刊，除战时图书杂志原稿审查办法第五、六两条另有规定者外，均应由发行人或总经售人向当地审查机关申请许可后，方得在当地发售。

上项申请许可手续，得由当地书业同业公会代办。

第三条 凡在民国二十六年七月以前初版发行之书刊，如其内容不触犯修正抗战期间图书杂志审查标准而未经审查机关检举或取缔者，得免办申请许可手续。

第四条 各地审查机关许可发售之书刊，不论其由书店送请审查或审查机关提审者，均应注明各该书刊名称及其版数、期数、编号，列入许可发售书刊一览表，每周分发当地各书店一次，并令饬将各该书刊之许可证号码加印于底封面左上角。

第五条 各省市图书杂志审查处印发之许可发售书刊一览表，应按期呈报中央图书杂志审查委员会，并应互送其他省市审查处。

第六条 已出版书刊，如经审查发现内容有触犯审查标准者，应通知书店暂停发售，转呈中央图书杂志审查委员会核办。

第七条 审查已出版书刊，其处理办法如左：

甲、内容无不合者，编号列入许可发售书刊一览表；

乙、内容与审查标准略有触犯者，饬令修改，在未修改前停止发售；

丙、内容触犯审查标准者，通令查禁。

第八条 已出版书刊显系故不送审原稿者，应依战时图书杂志原稿审查办法第十二条之规定，予以取缔。

第九条 凡经许可发售之书刊，再版时仍应作原稿送审。

第十条 本细则由中央图书杂志审查委员会会议通过，并呈行政院备案后施行。

（录自《出版法规汇编》）

统一书刊审检办法

1942年4月23日（民国三十一年）国民党中央常委会第一九七次会议备案

一、各种图书、杂志，除法令另有规定外，应集中于各省图书杂志审查处审查。其查禁处分，依法由中央图书杂志审查委员会决定，各有关机关认为应予查禁之书刊，均转由中央图书杂志审查委员会办理。

二、查禁书刊应以中央图书杂志审查委员会查禁表为依据。其未经查禁有案，而认为不妥之书刊，应送由中央图书杂志审查委员会审查处理。

三、检查书店或公共书刊阅览场所，在设有图书杂志审查机关地方，应由审查机关办理。必要时得由军警及其他有关机关协助进行。

四、在未设图书杂志审查机关之各县，其检查工作由县政府办理，必要时得由当地军警及其他有关机关协助进行。其认为不妥之书刊，得暂行封存，并检提样本送由邻近地方之图书杂志审查机关或层转中央图书杂志审查委员会处理。

五、检扣之书刊，应由检查机关出具收据，交由原书店或阅览场所之负责人执存。执行检查人并应持有证明身份之证件。

（录自《中华民国法规汇编》，福建省政府辑）

杂志送审须知

1942年4月23日（民国三十一年）

一、各地杂志送审时，应由编辑人或发行人将全部稿件详细填报目录表，以备查考。该表内容应包括：

（一）刊名；

（二）卷期数；

（三）题名；

（四）页数；

（五）著作者；

（六）编辑人或发行人；

（七）备考等栏。并应由编辑人或发行人签名盖章（该表格式可向各地审查机关索取，翻印备用）。

二、送审之杂志，如三日刊、五日刊、周刊、旬刊等，因事实上必须分批送审原稿者，每批均须附送一目录表，最后送审时，依照表报格式填报总目录表，并在上面注明"稿已送齐，请发审查证"等字样。

三、送审之杂志，必须将每篇原稿加以整理，用钉书机或别针、迴纹针或其他方法钉好，以免脱落页数，而便审查。并应在每页或至少在每篇首页上加盖社章，以资识别，而免混淆。

四、各杂志送审原稿或清样，务须字体清楚，其模糊不清或字体过细不易辨认者，应另行誊写，以便审查，而期迅速。

五、业经审查之原稿，出版时不得更动，尤不应将未经审查之稿件排入。每期内容应与各该期送审时所填送之目录绝对相符，以便核对。

六、原稿经审查后，如有指示意见，务须遵照详细修改或删削、免登。其审查意见内容注明再行送核字样者，并应经覆核后，方可付印。

七、各杂志免登稿件，不能在出版时仍保留题名，并不能在编辑后记或编辑者言内加以任何解释与说明。其被删改之处，不能注明上略、中略、下略等字样，或其他任何足以表示已被删改之符号。

八、各杂志封面图画暨文内插图，及编辑后记、编辑者言，以及其他补白稿件，均须一律送审。其恭录国父遗教或总裁言论以为补白者，可免予送审。

九、各杂志务须按期送审，不得脱漏，如有发行合刊延期出版，或因其他意外事件致不能出版者，均应事先陈报各该地审查机关，以备查考。其迁移社址或移别地出版及更动编辑与发行人时，亦应通知各该地审查机关。

十、各杂志务须将某某省（市）图书杂志审查处某字第某号审查证等字样，用五号字排列于底封面左上角，不得遗漏或排印于他处。

十一、每期颁发之审查证号码，只可在本期刊载，不得沿用于下期。

十二、各杂志出版后，应迅即检送二册到原审查机关，以备覆核。

十三、新创刊杂志之其创刊号送审原稿时，应派人员向各该地审查机关缴验登记证或其他足以证明已办理登记手续之文件。

送审杂志原稿目录表　　　　　　　　　　　　　　　　　　刊 第　卷 第　期

编辑人		发行人		预定出版日期	
目次	页数	大约字数	著译人	备考	
合计					
附记：一、每期送审原稿务须送此目录 　　　二、凭此目录发给本处审查证					

填送者（盖章）　　　　　　　　　　　　　　　　　　　　省图书杂志审查处制

送审图书申请表 字第　号

一、图书名称		类别		册数		页数	
				大约字数			
二、著作者	著 译（原著者） 编						
三、送审种类			原稿送审		申请许可		
四、送审者		地点	省　市　县　街　号				
五、送审时间		年　月　日　时					
六、出版处		地点		出版时期	年　月		
				出版册数			
七、经售处		地点					
备注							
谨呈 省图书杂志审查处				填送者　（盖章）			

（录自《中华民国法规汇编》，福建省政府辑）

演出剧本审查办法

1942年6月20日（民国三十一年）

一、中央政府所在地演出剧本审查事宜，统归中央图书杂志审查委员会直接办理。各地演出剧本审查事宜，由各该地方图书杂志审查处或分处办理。其未设有图书杂志审查处或分处之地方，暂由中央图书杂志审查委员会委托社会或教育行政机关办理之。

二、无论机关、团体或个人组成之剧团，应将其预备演出之剧本缮正原稿，连同说明书缮正原稿各四份，于试演期至少十日以前送审，并须于原稿封面上加盖各该剧团团章。如系机关、学校或团体临时组合演出者，由各该机关、学校或团体负责送审并盖章。前项送审之原稿，审查机关于审定后，应以一份存案，一份发还，一份转报中央图书杂志审查委员会备案，一份转送当地社会或教育行政机关备查。其由中央图书杂志审查委员会或地方社会或教育行政机关办理审查事宜者，得减送一份。

三、送审剧本时，应由各该剧团负责人填具剧本演出许可申请表，表式另定之。如系首次送审，并须缴验该剧团已向主管机关立案之登记证，或其他足以证明立案之文件，否则不予审查。

四、经审查后内容无碍者，由审查机关发给准演证。其有指示删改者，应再由原送审人遵照指示意见删改后送请复审。

五、凡剧本有左列情形之一者，禁止演出并没收其原稿。（一）违背三民主义者；（二）抵触国家政策者；（三）分散抗战力量者；（四）影响社会安宁者；（五）败坏善良风俗者。

六、各剧团领到准演证后，应妥为保存，以便随时查验，并于演出之前须将准演证之号码刊载于说明书上端。如无说明书者，亦应于舞台幕前郑重标出。

七、准演证使用与日期，以该准演证所标明者为限。

八、剧本于试演时，由审查机关会同检查，派员携带业经审定之剧本原稿，临场核正，核正无讹，于准演证加签证明后，方得上演。

九、剧本上演期间，由当地社会或教育行政机关负检查之责。遇有必要情形，该地审查机关得会同检查。

十、剧本无论已否出版，凡未经依法申请演出许可，或未曾领得准演证而进行演出者，得由当地社会或教育行政机关会同军警机关勒令停演。

十一、剧本送审，经由审查机关指示改正而演出时并未遵照者，当地社会或教育行政机关，得按其情节之轻重，商同审查机关予以左列之处分：（一）书面警告并勒令改正；（二）短期停演；（三）全期停演；（四）解散剧团。

十二、演出之剧本，如拟另行出版，仍应依照图书杂志审查办法，申请原稿审查。

十三、各地审查机关对于剧本内容如不能决断时，应检同剧本原稿，并拟具审查意见，转送中央图书杂志审查委员会核定。

十四、各地审查机关经审之剧本，应按月列表汇报中央图书杂志审查委员会备查。

十五、本办法自公布之日起施行。

（录自《中华民国法规汇编》，福建省政府辑）

奖励优良书刊剧本办法

1943年2月16日（民国三十二年）中央图书杂志审查委员会拟订，行政院指令备案

第一条 本办法根据战时图书杂志原稿审查办法第十三条之规定订定之。

第二条 业经原稿审查之图书杂志或剧本，合于左列之一项或数项者，得奖励之：

一、对三民主义、国父遗教或总裁言行，确有阐扬理论之特殊贡献者；

二、对中国国民党政纲、政策或史实，确有精当之解释或特殊之贡献者；

三、对本国历史、文化、学术思想为精密纯正之阐扬，而有益抗战建国者；

四、表彰抗战事绩，宣扬革命精神，足以激发国人忠党、爱国之热忱者；

五、依据国策驳斥谬误言论，指导青年思想，有助于抗战建国者；

六、其他有利抗战建国之社会科学、哲学、文艺或剧本。

第三条 奖励方法得为左列之一种或数种：

一、荣誉奖励，由本会发给荣誉奖状；

二、现金奖励，第一等二千元、第二等一千元、第三等五百元；

三、转报有关机关予以介绍出版、上演或酌予奖励。

上列奖状、奖金由著作人具领，奖状并可刊登该图书、杂志或剧本之封面。

第四条　各省、市图书杂志审查处经审图书、杂志、剧本，如认为内容优良，符合奖励标准者，应俟其出版后，迅予检送二部呈会审查议奖。

第五条　著作人如自认为其所编著之图书、杂志、剧本，内容优良，有益抗战建国，符合奖励标准者，得检送二部迳呈本会审核决定。

第六条　本办法由本会委员会议通过施行，并呈报行政院备案。

（录自《战时重要法令汇编》，双江书屋发行）

总裁著述及各种训词小册普遍印行办法

1943年4月5日（民国三十二年）国民党第五届中央常委会第二二四次会议备案

一、总裁著述及各种训词小册；均为现代政治宝典。为求普遍印行，俾各机关所属职员及一般民众切实研读奉行，特订定本办法实施之。

二、普遍印行之总裁著述及各种训词小册，以准予公开发售者为原则；其涉有秘密性者，非经主管机关核准，不得擅自印发。

三、总裁著述及各种训词小册已经出版者，应继续大量翻印；陆续发表者，应随时注意搜集编印出版，其编纂办法另订之。

四、印行总裁著述及各种训词小册，应依照中央宣传部编印之版本翻印。

五、党、政、军各机关，对于总裁每次发表之著述、训词或文告，于编辑成册后，应随时通知中央宣传部，俾资联系，而利推广。

六、总裁著述及各种训词小册之翻印，除中央党、政、军各机关外，各省、市党部、各省、市政府亦应依照中央宣传部所发行之版本，设法大量翻印或购买，以便分发所属职员，俾能人手一册，随时研读。

七、总裁著述及各种训词小册，中央所属各书店、各地分支店、门市部内，应专设一部门，大量廉价发售。其他各书店亦应尽量廉价发售，以便一般民众购买。

八、各党、政、军机关、各团体、各学校，凡向中央所属各书店大量购买总裁著述及各种训词小册者，除照定价廉售外，并可再酌予折扣，以示优待，藉广流传。

九、各党、政、军机关、各团体、各学校、各书店均可自由翻印总裁著述及各种训词小册。中央宣传部除供给版本外，并酌予协助。其成绩卓著者，得呈请奖励之。

十、总裁著述、各种训词小册，均定为特种研读书刊。各运输及各递送机关（如中央文化驿站、航空、邮政及其他各交通机关等），应随到随运，不得视同普通书刊，积压阻滞。

十一、边远省份及战区各党、政、军机关、各团体、各学校，凡大量购销总裁著述及各种训词小册者，各运输及各递送机关应特予便利，以期迅速运送。

十二、本办法呈请中央核准施行。

（录自《国民政府司法例规补编》（下册））

党营出版事业管理办法

1943年11月15日（民国三十二年）国民党第五届中央常务委员会第二四二次会议通过

第一条 党营出版事业之管理，依本办法之规定办理之。

第二条 本办法所称党营出版事业，指书局（店、社）或文化运输机构、印刷所、纸厂及其他印刷器材制造之厂、所。

第三条 各省、市党部及各县、市党部所属出版事业，中央出版事业管理委员会得经由原主管党部指导之。

中央各部、会、处、三民主义青年团所属出版事业之指导管理，比照前项规定办理。中央出版事业管理委员会直辖出版事业之管理，适用本办法，其细则另订之。

第四条 各出版事业机构主管人员，以专任为原则。

第五条 各出版事业机构之经费，以营业经费收入充之，初以自给自足为原则，渐图扩展其业务。

第六条 各出版事业应采会计独立制度。会计账目表册悉依中央之规定。其会计人员由主管机关遴派，受各该机构主管人员之指导，办理会计事宜。

第七条 各出版事业机构每月应造具业务状况表、资产负责表、损益报告表、财产增减表，于次月十五日以前呈送主管机关备查，并转报中央出版事业管理委员会备核。必要时中央出版事业管理委员会得派员视察或抽查之。

第八条 各出版事业机构每年六月底办理决算一次，十二月底办理年度总决算，其盈亏情形，应详报主管机关，转送或转报中央出版事业管理委员会备核。

第九条 各出版事业机构于每年元月以前应根据本年度营业情形，拟具下年度营业计划及预算，呈送主管机关，转送或转报中央出版事业管理委员会核定或备核。

第十条 各出版事业机构应将出品或样品（笨重者免）转送中央出版事业管理委员会备核。

第十一条 中央出版事业管理委员会每年举行党营出版事业工作成绩总考核一次，必要时得举行工作竞赛。

第十二条 本办法由中央执行委员会核准施行。

（录自《出版法规汇编》）

杂志送审须知

1941年5月10日（民国三十年）中央图书杂志审查委员会第六次委员会议通过

一、各地杂志送审时应由编辑人或发行人将全部稿件详细填报目录表，以备查考。该表内容应包括：（一）刊名、（二）卷期数、（三）题名、（四）页数、（五）著作者、（六）编辑人或发行人、（七）备考等栏。并应由编辑人或发行人签名盖章（该表格式可向各地审查机关索取翻印备用）。

二、送审之杂志或三日刊、五日刊、周刊、旬刊等因事实上必须分批送审原稿者，每批均须附送一目录表，最后送审时依照表报格式填报总目录表，并在上面注明稿已送齐，请发审查证等字样。

三、送审之杂志必须将每篇原稿加以整理，用订书机或别针、回文针或用他种方法订好以免脱落页数，而便审查并应在每页或至少在每篇首页上加盖社章以资识别而免混淆。

四、各杂志送审原稿或清样，务须字体清楚。其模糊不清或字体过细不易辨认者，应另行眷写以便审查，而期迅速。

五、业经审查之原稿出版时不得更动，尤不应将未经审查之稿件排入。每期内容应与各该期送审时所填送之目录绝对相符，以便核对。

六、原稿经审查后，如有指示意见务须遵照详细修改或删削免登。其审查意见内注明再行送核字样者，并应经复核后方可付印。

七、各杂志免登稿件，不能在出版时仍保留题名并不能在编辑后记或编辑者言内加以任何解释与说明。其被删改之处，不能注明上略、中略、下略等字样或其他任何足以表示已被删改之符号。

八、各杂志封面图画暨文内插图及编辑后记、编辑者言以及其他补白稿件，均须一律送审。其恭录国父遗教或总裁言论以为补白者可免予送审。

九、各杂志务须按期送审，不得脱漏，如有发行合刊、延期出版、暂停出版或因其他意外事件致不能出版者，均应事先陈报。各该地审查机关以备查考。其迁移社址或移别地出版及更动编辑与发行人时，亦应通知各该地审查机关。

十、各杂志务须将XX省（市）图书杂志审查处X字第X号审查证等字样用五号字排列于底封面左上角，不得遗漏或排印于他处。

十一、每期颁发之审查证号码只可在本期刊载，不得沿用于下期。

十二、各杂志出版后应迅即检送二册到原审查机关以备复核。

新创刊杂志之其创刊号送审原稿时，应派人员向各该地审查机关缴验登记证或其他足以证明已办理登记手续之文件。

通俗书刊审查标准

中央宣传部颁布（年份不详）

（甲）合格之标准

除法令别有规定处，通俗书刊合于左列标准之一者，准其照常发行或代为印销：

（一）宣扬固有道德如忠孝仁爱、信义和平诸德者；

（二）宣扬礼仪廉耻诸德者；

（三）宣扬牺牲小我、完成国家利益之精神者；

（四）描写忠勇壮庄之事绩，足以激励民族思想发扬御侮精神者；

（五）描写任侠尚义济困扶危之事绩者；

（六）其他不违反本党主义政策及我国善良风俗者。

（乙）修改之标准

（一）书中内容合于甲项各款之标准而文字欠佳、音韵失调者，应修改其文字与音韵；

（二）书中内容大部分合于甲项各款之标准，而小部分不合者，应修改其小部分；

（三）书中描写之恶人，无显著之恶报，足以动摇民众之首先信念者，应斟酌修改之；

（四）书中描写之善人，临到生死关头应以慷慨激昂、成仁取义之态度出之，虽牺牲生命亦所不惜，庶足以树立民族正气、挽救贪生畏死、见利忘义、无骨气、无节操之颓风，但我国民间小说或故事对于书中重要之善人当无可奈何之际，往往假借神道或其他方法以求免于死，此种不合事理之庸俗见解应斟酌修正之。

（丙）取缔之标准

（一）男女爱情为通俗书引群众不能避免之因素"儿女英雄"之事绩尤多可歌可泣，足以激发人类正义及热情之处审查时对于此情节固应予以保存，但描写两种猥亵之行为含有"诲淫"之意味者应取缔之；

（二）我国通俗书刊之内容多带侠义性或"官逼民反"之革命意味，此点固应保存，单纯描写造乱作祸之行为含有"诲盗"之性质毫无侠义动机或革命意味者，应取缔之；

（三）描写荒诞神怪之束缚、毫无劝善惩恶之意味者，应取缔之；

（四）强调贫富悬绝之情形、有喜吹阶级斗争之意味者，应取缔之。

依照上列标准应行取缔之通俗书刊，由本部函请中央图书杂志审查委员会通令取缔之。

（录自《出版法规汇编》）

图书杂志审查办法

中央宣传委员会公布

第一条 本办法依据中央宣传委员会图书杂志审查委员会组织规程第五条及出版法施行细则之规定订定之。

第二条 凡在中华民国国境内之书局、社团或著作人所出版之图书、杂志，应于付印前依据本办法将稿本呈送中央宣传委员会图书杂志审查委员会（以下简称本会）声请审查。

前项审查事宜遵照中央执行委员会第一一五次常务会议决议：（一）审查之范围为文艺及社会科学；（二）先在上海试办。

第三条 图书、杂志稿本送审时，声请人应开具左列各事项：

甲 书刊名称；

乙 稿本页数及其附件；

丙 声请人姓名住址；

丁 编著人姓名住址。

第四条 凡送审之图书、杂志，本会概予以迅速排查之便利。

第五条 凡合于左列情形之一者，得呈请本会转呈中央宣传委员会核准，发给免审证。其请求免审之声请书，另定之：

一、与当地党政机关有关之图书、杂志；

二、凡出版一年以上，平日思想正确、绝无违背中央颁布宣传品审查标准及出版法之杂志。

前项准予免审之图书、杂志如发现内容有不妥时，除撤销免审查证外并依法予以处分。

第六条　凡未经准予免审之图书、杂志不将稿本声请审查者，应依照出版法暂行细则第十一条之规定予以处分。

第七条　声请审查之图书、杂志稿本其内容如有认为不妥之处，得发还原声请人令饬依照审查意见删改，如全部文字有犯宣传品审查标准第三项之情形及违背出版法第四章第十九条之限制者，本会得将原件扣呈中央宣传委员会核办。

第八条　经本会审查核准之图书、杂志稿件，由本会发给审查证。

第九条　凡经取得审查证或免审证之图书、杂志稿件，于出版时应将审查证或免审证号数刊印封面底页以资识别。

第十条　本会对于认为应行处分之书刊稿件，应呈请中央宣传委员会查核办理。

第十一条　图书、杂志出版后除应依照出版法第十三条及第十五条之规定每种送内政部二份外，并应送本会三份以便核对转存。

图书、杂志出版后如发现与审查稿本不符时，由本会呈请中央宣传委员会转内政部予以处分。

第十二条　经本会审查核准之图书、杂志，由本会列表呈送中央宣传委员会转函内政部备查。

第十三条　本办法如有未尽事宜，得由本会呈请中央宣传委员会修正之。

第十四条　本办法由中央宣传委员会公布施行。

图书杂志剧本送审须知

（甲）送审范围

一、凡以论述军事、政治、外交为目的之杂志或其中之单篇文字，应送审原稿。各省、市审查处对于当地所出版之杂志，应按其内容性质，将必须送审原稿者明白规定通知各杂志社遵照。

二、凡不以论述军事、政治、外交为目的之杂志，得由发行人或著作人依照国民政府公布之战时出版品禁载标准，及中央图书杂志审查委员会公告之解释事项，自行审查后付印。

三、一般图书（除剧本、教科书、地图等以外）得由发行人或著作人依照国民政府公布之战时出版品禁载标准，及中央图书杂志审查委员会公告之解释事项，自行审查后付印。

四、一般图书及可以不必原稿送审之杂志，如发行人著作人不能自行决定自愿送审原稿者，各省、市审查处亦得受审查。

五、电影剧本、电影片与戏剧剧本以及其中歌曲，概应事先送审原稿。

六、未经原稿审查之图书、杂志，应于出版后前四日，将样本呈送当地审查处，作事后之审核，其未呈送审查者，不得发行。

七、业经原稿审查之图书、杂志，仍应于出版前，将样本业经审查之原稿送当地审查处核对，其未呈送核对者，不得发行。

（乙）原稿送审手续

一、送审原稿须由发行人或著作人、主编人填具当地审查处规定格式之申请表，每种（或每期）一份连同原稿，送请当地审查处审查（著作人自费印行书刊者，应注明自费印行字样）。

二、当地无审查机关之地区，得送邻近地区之审查处审查。

三、原稿送审之杂志，应送审各该期之全部稿件；得不以原稿送审之杂志，如自行审查遇有疑义不能决定时，得将其中单篇文字填表送审。

四、图书原稿如自行审查遇有疑义不能决定时，得指明篇文章节或起讫页数，并酌附说明文字，连同图书全稿，送请当地审查处审查。

五、送审原稿，应装订成册，不得缺少页数，字迹模糊无法认清者，得拒绝收审。

六、原稿送达审查处后，应领取收据，凭据来处领回原稿。

七、公演电影及戏剧，其送审手续另定之。

八、出版剧本单行本及各杂志刊载之剧本，应将原稿迳呈中央图书杂志审查委员会审查，不必由当地审查处呈转。

九、教科书、地图、军事图书、医药用书之必须审定者，应将原稿迳送主管机关审查，不由当地审查处代转。

十、图书、杂志原稿之审查时间，规定为图书原稿在十万字以内者、不过五日，十万字以上者、不过十日；杂志原稿季刊不过五日；月刊、半月刊不过三日；周刊、旬刊、三日刊不过一日。但如有内容谬误，应呈请核示，或有特殊情形者，不在此限。

（丙）印就书刊送审手续

一、送审印就之图书、杂志样本，印刷人应于出版后交书前一日呈送一份，发行人应于发行前四日呈送二份，均以取得当地审查处收据为凭。

二、著作人自费印行书刊者，视同发行人，仍应于出版后、发行前四日呈送印就之书刊二份。

三、发行人自设印刷所者，得免送印刷人应送之一份。

四、周刊、旬刊之印就本，得于发行前二日呈送。

五、印就书刊如不按照规定时间，送请当地审查处审查或核对者，一概不得发行。

统一书刊审检办法

一、各种图书杂志除法令另有规定外，应集中于各省市图书杂志审查处审查，其查禁处分依法由中央图书杂志审查委员会决定：各有关机关认为应予查禁之书刊，均转由中央图书杂志审查委员会办理。

二、查禁书刊应以中央图书杂志审查委员会查禁表为依据，其未经查禁有案而认为不妥之书刊，应送由中央图书杂志审查委员会审查处理。

三、检查书店或公共书刊阅览场所，在设有图书杂志审查机关地方，应由审查机关办理，必要时得由军警及其他有关机关协助进行。

四、在未设图书、杂志审查机关之各县，其检查工作由县政府办理，必要时得由当地军警及其他有关机关协助进行；其认为不妥之书刊得暂行封存，并检提样本送由邻近地方之图书杂志审查机关或层转中央图书杂志审查委员会处理。

五、检扣之书刊应由检查机关出具收据，并由原书店或阅览场所之负责人执存，执行检查人并应持有证明身体之证件。

修正图书杂志剧本送审须知

1944年（民国三十三年）

甲　送审范围

一、凡以论述军事、政治、外交为目的之杂志，应按期送审原稿。前项应送原稿审查之杂志，由各省、市审查处视其内容性质分别核定，通知各杂志社遵照。

二、一般图书及经审查机关核定自行负责审查之杂志，遇有论述军事、政治、外交之单篇文字时，仍应将该项单篇文字之原稿送审。

三、图书、杂志之发行人或著作人于自行审查发生疑义时，仍得将该项有疑义之原稿送请审查。

四、电影剧本暨出版之戏剧剧本，均应送审原稿，迳向本会戏剧电影审查所申请办理。

五、凡演出之戏剧剧本，其送审手续另定之。

六、图书、杂志无论曾经原稿送审与否，均应于出版后检送二份，请所在地审查机关为事后审查或覆核。

七、由国外运入之书刊，及由未设立审查机关地方出版运销之书刊，应于发售前送请审查，其送审事宜得由发行人之代表人或书刊之经售人办理之。

乙　原稿送审手续

一、送审原稿，须由著作人、主编人或发行人填具当地审查机关规定之申请表，每种（或每期）一份，连同原稿送请审查（著作人自费印行书刊者应注明自费印行字样）。

二、在未设审查机关之地方，得送邻近地区之审查机关审查，其手续与前项同。

三、规定应以原稿送审之杂志，应送该期全部稿件。其他杂志如有论述军事、政治、外交单篇文字或有疑义而不能决定之处，得送该单篇文字之原稿或其有疑义之篇声请审查。

四、图书原稿如有疑义不能决定时，应指明篇名章节或起讫页数，并酌加说明，连同图书全稿送请审查。

五、送审原稿应装订成册，送足全部，不得有缺少页数或字迹模糊无法认解等情形，其有不得不分批送审者，须先说明理由，请求许可。

六、送审译文原稿，须附送原本，以备审查机关必要时之校阅。

七、原稿送达审查处后，所领收据应妥为保存，以备将来凭据领回原稿。

八、审查机关发还原稿时，"收审回执"所开之处理办法，送审人应切实遵照办理。此项回执作代替公文之用，其号码不得刊载于书刊。

九、经审查机关指示删改后再送覆核之原稿送审，于遵照删改后必须再行送审，并应另填申请表注明遵删情形。

十、出版剧本单行本，应将原稿迳送本会戏剧电影审查所审查，不必由当地审查处承转。

十一、凡经本会审查核准付印之剧本，出版时应刊印"中央图书杂志审查委员会审定"字样于底封面之左上角。

十二、各级学校教科书及各种地图，应将原稿呈送主管机关审定，不由当地审查处代转（教科书送教育部审定，地图送内政部审定）。

十三、军事、兵役及医药、卫生等著述，如自愿送审原稿者，可送审查机关代转各主管机关审查。

十四、图书、杂志、剧本原稿之审查时间，规定如左：图书及剧本在十万字以内者，五日；十万字以上者，十日。季刊，五日。月刊、半月刊，三日。旬刊、周刊、三日刊，一日。但内容复杂，须层呈核示或有特殊情形者，不在此限。

丙 印成书刊送审手续

一、送审印就之图书、杂志，印刷人应于出版后交书前一日呈送一份。发行人应于发行前四日呈送二份（周刊，旬刊之印就本得于发行前二日呈送）。均以取得当地或邻近地方审查机关之收据为凭。在未设审查机关地点出版之书刊，其经原稿审查照核定稿印行者，其呈送期限得于取得邮局寄还证件后起算。

二、著作人自费印行书刊者，视同发行人，仍应于出版后发行前四日呈送印就书刊二份。

三、发行人自设印刷所者，得免送印刷人应送之样本一份。

四、审查机关审查印就书刊，认为内容有少数触犯限制事项或禁载标准者，送审人应切实遵照指示删改后发行，或再版时改正。

五、审查机关审查印就书刊，认为内容多有触犯限制事项或禁载标准者，送审人应遵照指示暂缓发行，再候本会核办。

六、印就书刊如不按照规定时间送请当地审查机关审查或核对者，一概不得发行。

丁 著作人及发行人必须注意

一、《出版法》及其《施行细则》。
二、《非常时期报社通讯社杂志社登记管理暂行办法》。
三、《书店印刷店管理规则》。

戊 本送审须知如有未尽事宜

依照《战时出版品审查办法》及《禁载标准》《战时书刊审查规则》及其《施行细则》之有关规定办理之。

（录自《中国现代出版史料》丙编，张静庐辑注）

战时出版品审查办法及禁载标准

1944年6月20日（民国三十三年）国民政府公布

第一条 国民政府为防护国防机密、维持社会秩序起见，对于战时出版品实施审查。并订定禁载标准十二项，以为实施审查之依据。

第二条 本办法所称之战时出版品为左列各项：

一、新闻报纸；二、图书；三、杂志；四，电影片；五、戏剧剧本。

第三条 审查方式采用事前审查与事后审查两种，前者为原稿审查，后者为印成品审查。

第四条 凡在国内出版之新闻报纸，应依照本办法第十条所规定之禁载标准，施行事前审查。

第五条 凡在国内放映之外国电影片或国产电影片，及在国内出版戏剧剧本，一律施行事前审查。

第六条 凡图书及不以论述军事、政治、外交为目的之杂志，由著作人或发行人自行审查。

第七条　著作人或发行人于自行审查时，如有疑义，得自动将原稿送请审查机关审查之。经审查放行之件，著作人或发行人不负法律上之责任。

第八条　凡未自动送审或自动送审而不遵检之出版品，如有违反现行法令时，著作人或发行人应负法律上之责任。

第九条　凡未经事前审查之出版品，应由著作人或发行人将印成之出版品送审查机关为事后之审查。

第十条　战时出版品之审查，除依据修正出版法第四章之规定外，其有左列各项情形之一者，应行禁止刊载：（一）违背我国立国之最高原则者；（二）危害国家利益，破坏公共秩序者；（三）泄露国际间未至发表时期之会议谈判、缔约及其他有关外交之机密者；（四）妨碍我国与友邦之睦谊，或同盟国间之团结者；（五）泄露国军之编制、番号、装备、驻防地点、调动、补充、整训情形及作战计划者；（六）泄露兵工厂、军需工业与重要国防工业场、厂之地点，设备、制造，生产量、供应及运输状况者；（七）泄露飞机场、要塞、测量局、重要电台、军营、仓库、军训机关及防御工事所在地及内容者；（八）泄露战役及与作战有关之机密事项者；（九）泄露敌后我党、政、军、教工作人员之姓名及活动情形者；（十）有碍粮政、役政与军事工役之推行者；（十一）泄露战时财政经济情况，足资敌人利用，影响抗战者；（十二）泄露未经主管机关发表之各种会议、演习、校阅，集训之日期、地点及参加人员者。

第十一条　前条各项禁载标准，得由中央审查机关适应情势变迁，随时规定解释事项，呈准公告施行。凡在施行日期以前者，不受新解释之拘束。

第十二条　对于解释事项，送审人与审查机关意见如有不同时，得呈请上级机关裁定后，再定检放。

第十三条　中央及各地方审查机关之组织另定之。

第十四条　本办法自公布之日施行。

战时书刊审查规则

1944年6月20日（民国三十三年）国民政府公布

第一条　战时书刊之审查，除法令另有规定外，依本规则之规定。

第二条　本规则所称战时书刊，包括图书、杂志及戏剧、电影之剧本。

第三条　战时书刊之审查，由中央图书杂志审查委员会（以下简称中央审查委员会）及其所属各省、市图书杂志审查处（以下简称审查处）依本规则之规定办理之。中央图书杂志审查委员会之组织条例另定之。

第四条　战时书刊之审查，除依据修正出版法第四章所规定之限制登载事项外，应依照国民政府公布之战时出版品审查办法及禁载标准办理。

第五条　前条所称禁载标准之解释，由中央审查委员会随时通知各种书刊之发行人。

第六条　凡图书、杂志、戏剧、电影内容确实优良者，中央审查委员会得分别予以奖励，其办法另订之。

第七条　发行人或著作人印行图书、杂志，除各种教科书应依法送送教育部审定，各种地图应依法送送内政部审定外，其余概应送请所在地审查处审查。发行人或著作人印行戏剧、电影之剧本及摄制、发行电影片，概应送呈中央审查委员会审查。

第八条　战时书刊之审查程序，分为两类如左：

一、原稿送审。凡以论述军事、政治及外交为目的之杂志暨单篇文字，均应在出版前一律以原稿送所在地审查处审查。其未送审者不得印行。凡剧本及电影片未经呈送中央审查委员会审查核准者，不得印行、上演或公映。

二、自愿送审。凡图书暨不以论述军事、政治及外交为目的之杂志，得不以原稿送审。由发行人、著作人依据战时出版品审查办法及禁载标准，自行负责审查。但如发行人、著作人自愿先以原稿送所在地审查处审查者，审查处仍应接受审查。

第九条 凡图书、杂志及剧本，不论为原稿送审或自愿送审，其发行人、印刷人及著作人均应于印就后发行前四日一律以两份呈送所在地审查处，其未呈送者一概不得发行。

前项图书、杂志及剧本如已先将原稿送审者，发行人、印刷人或者著作人于呈送书刊时，应并送业经审查之原稿，以便审查处核对。

第十条 凡以原稿送审之图书、杂志，其原稿如有抵触禁载标准之处，审查处得指示删改修正后出版，必要时并得禁止印行。凡剧本及电影片，如有抵触禁载标准者，中央审查委员会得指示删改，修正后出版发行，必要时并得禁止印行、上演或公映。

第十一条 凡以原稿送审之书刊，依审查机关之决定而发行者，中央审查委员会不再课发行人、著作人以责任。但如发现违背审查机关之决定者，得依法取缔之。

第十二条 依本规则第八条第二款之规定，得不以原稿送审之书刊出版后，如发现其内容抵触禁载标准者，中央审查委员会得禁止其发行，并应视情节轻重分别课发行人、著作人以责任，必要时审查处并得依出版法先行扣押该项书刊。

第十三条 凡由未设审查处地方或国外运入之书刊，均应由发行人依本规则第七条至第九条之规定，呈送审查，其未依法送审者，取缔之。

第十四条 凡经取缔之书刊，如其发行人或著作人已将不妥之处删改，或取缔原因已经消灭时，得撤消其取缔之处分。

第十五条 凡战时书刊之发行人或著作人，如认为审查处处理失当时，得申述理由，请求覆审，并得迳呈中央审查委员会核办。

中央审查委员会对所属各省、市审查处之决定，于必要时，得变更或撤消之。

第十六条 本规则施行细则另定之。

第十七条 本规则自公布之日施行。

战时出版品禁载标准解释事项

(颁布年份不详)

一、违背我国立国之最高原则者。

本项解释：（一）挑拨离间国内各民族之团结者；（二）鼓吹侵略主义者；（三）鼓吹法西斯主义或阶级独裁理论者；（四）鼓吹私人垄断政策者；（五）鼓吹阶级斗争者。

二、危害国家利益，破坏公共秩序者。

本项解释：（一）侮辱国家元首者；（二）响应敌人与汉奸谬论者；（三）恶意抨击政府既定政策与现行法令者；（四）挑拨党政军民感情者；（五）对地方治安、粮荒、劳资纠纷或其他骚动作不符事实之报导或挑拨煽惑之言论者。

三、泄露国际间未至发表时期之会议谈判、缔约及其他有关外交之机密者。

本项解释：（一）国际会议内容有关国家军事及外交机密者；（二）对外交涉、谈判、声明及缔约等事项未经政府发表者；（三）中外重要使节之任免更调，未到发表时期者。

四、妨碍我国与友邦之睦谊，或同盟国间之团结者。

本项解释：（一）侮辱友邦元首者；（二）诋毁友邦立国精神及既定国策者；（三）侮蔑盟军作战努力者；（四）伤害在华盟友之信誉者；（五）离间盟军与我军之情感者。

五、泄露国军之编制、番号、装备、驻防地点、调动、补充、整训情形及作战计划者。

本项解释：（一）泄露陆、海、空军（包括出国部队及在华盟军）之编制、装备、部队番号、驻防或作战地点、部队集中与调动之日期、地点者；（二）泄露我方秘密军事计划及作战计划者；（三）泄露敌军作战计划及秘密军事计划之内容与来源者；（四）泄露我军事最高当局、前线各军、师、旅长及盟军高级官长之行踪者；（五）泄露我方聘用之外籍高级军事人员之国籍、人数、任务、行动等者；（六）泄露敌、我军所用武器之性能者；（七）泄露敌军之部队番号及兵力者；（八）泄露我方军队之补充、整训之地点及情形者。

六、泄露兵工厂、军需工业与重要国防工业场、厂之地点、设备，制造、生产量、供应及运输状况者。

本项解释：（一）泄露兵工厂之地点、设备、产量、工作人数、供应与运输情形者；（二）综合记载军需工业与重要国营工业（以煤、钢铁、酒精为限）场、厂之地点与设备者；（三）泄露上述场、厂生产数量、储存、堆栈、运输路线及供应之详细情形者；（四）泄露公路、铁路之工程设备、运输功能及沿途详细地形者。

七、泄露飞机场要塞、测量局、重要电台、军营、仓库、军训机关及防御工事所在地及内容者。

本项解释：（一）泄露飞机场、测量局、电台，军器与燃料仓库、高射兵器与炮位、险要艰巨之防御工程之地点及设备情形者；（二）泄露大规模军训机关之地点、时间及人、财、物之实数者。

八、泄露战役及与作战有关之机密事项者。

本项解释：（一）泄露战役中我军伤亡及被俘数额者；（二）泄露未经证实被俘伤亡官长之姓名者；（三）泄露被敌机轰炸之街道名称、机关名称及军事设施（飞机场、仓库、技术工物等）之损失情形者；（四）俘虏含有秘密性之口供；（五）各种会战战果之统计数字；（六）我、敌两军战术上优点与弱点之批判；（七）地方匪患尚未剿灭，足以动摇人心者。

九、泄露敌后我党、政、军、教工作人员之姓名及活动情形者。

本项解释：（一）泄露敌后我方党、政、军、教人员之姓名、住址及联系地点者；（二）描写各地敌后我方策动之内幕，易使工作人员不利者；（三）泄露伪军准备反正部队尚未正式归来者。

十、有碍粮政，役政与军事工役之推行者。

本项解释：（一）对征粮负担、征兵数额及壮丁与抗属生活痛苦情形为不确实之报导，足以影响役政推行及军队士气者；（二）传播反战文字者；（三）离间军民合作者。

十一、泄露战时财政经济情况，足资敌人利用，影响抗战者。

本项解释：（一）未经政府公布之国家岁出岁入之预算、决算详细数字者；（二）法币发行额及国家银行存款、放款之数字；（三）沦陷区重要物资抢购之数量、种类及输入路线；（四）米、糖、油、盐等主要储藏地点，军用物质之产量与供应；（五）未经实施完成之经济、交通等建设之计划；（六）关于侈淡国防之拟议。

十二、泄露未经主管机关发表之各种会议、演习、校阅、集训之日期、地点及参加人员者。

（录自《国民政府司法例规补编》）

妨害风化作品解释事项

1944年10月20日（民国三十三年）中央图书杂志审查委员会公告施行

中央图书杂志审查委员会，近以修正出版法第四章第二十二条"出版品不得为妨害善良风俗之记载"一条，辞义广泛，特拟定解释事项十三条，经呈奉核准，正式公告施行。其内容如后。

一、描写淫秽及不贞操之形态者；

二、描写对异性施行引诱或强暴手段以达奸淫目的之情形者；

三、描写或暗示乱伦之情景者；

四、描写嫖妓、赌博或吸鸦片烟等毒物之情景者；

五、描写堕胎之行为者；

六、描写偷窃、抢劫之行为而有诲盗之意义者；

七、描写贪污行为而结论无道德教训之意义者；

八、描写儿童犯罪情形而无教育意义者；

九、描写重犯及累犯行为者；

十、描写虐待人类及动物或其他残忍行为而无教训或反省意义者；

十一、描写械斗行为或极残恶之决斗而结论不予以教训者；

十二、描写自杀行为而无道德上之积极意义者；

十三、描写怪异之传说，有提倡迷信邪说之企图者。

（录自《警察法规汇编》）

国民政府大学院布告审查教科图书条例

1927年12月（民国十六年）

为布告事，照得本院订定教科图书审查条例十六条，业经呈奉国民政府核准，并由本院公布施行有案。前国民政府教育行政委员会公布之教科书审查规程，及三民主义教科书审查规程，应自该条例公布之日起，同时废止。至新颁条例，除第一条准展缓至民国十七年九月一日开始实行外，其余各条均应切实执行。嗣后各中小学教科书编辑人或发行人，应即依照新颁条例内开各条，将各项教科书呈送本院审查。惟属于小学用之国文、国语、历史、地理、常识、社会、公民各种，且前经呈送国民政府教育行政委员会审查在案者，准免予再送。特此布告。

（录自《国民政府中央行政法》（第三编））

教科图书审查条例

1927年12月15日（民国十六年）大学院公布

第一条 小学校及中等学校所采用之教科图书，非经中华民国大学院审定者，不得发行或采用。

第二条 小学校及中等学校现在所采用之教科图书，如大学院认为不适当时，得通令各省区教育行政机关转饬所属各学校不得再用，并得禁止其发行。小学校及中等学校现在所采用之教科图书，如大学院认为其中有不适当之处，得签示要点，酌定期限，饬令发行人或编辑人遵照修改。逾期不修正呈核时，得依前项办法处理之。

第三条 应行审查教科图书之种类，依其性质，暂分为左列七项：

一、三民主义；二、国文国语；三、外国语；四、社会科学；五、自然科学；六、职业各科；七、音乐、图画、手工、体操。

第四条 审查图书，以不背本党的主义、党纲及精神，并适合教育目的，学科程度及教科体裁者为合格。

第五条 图书发行人或编辑人，应于图书发行前呈送本书五份，请大学院审查。如用稿本送请审查，应即预印数页，作为纸张、印刷、款式等之样本。此项样本并稿本，应各呈送二份，请大学院审查。其未完成之图书，不与审查。

第六条 教科图书分教员用及学生用两种。具呈人于呈请审查时，应分别声明。

第七条 呈请审查图书时，应将图书定价十倍之审查费，连同样本呈纳。但挂图类以每种定价之二倍为审查费。审定后，定价如有增加，应照前项规定补缴审查费。其依第十二条呈请复审者，复审费依前项规定减半缴纳。

第八条 凡呈请审查之图书，如有应行修改者，由大学院签示要点于图书上，饬具呈人遵照修正。以半年为期，逾期不修正呈核时，不与审定。

第九条 凡定价过高之图书，大学院得令发行人酌减之。

第十条 已经审定之图书，由大学院将左列各项，在大学院公报上宣布之。

一、书名；二、册数及页数；三、定价；四、某种学校用；五、发行之年月；六、编辑人及发行人之姓名；七、大学院审定按语。

第十一条 已经审定之图书，应在书面上记明某年某月经大学院审定字样。更须就教员用与学生用两种分别标明。

第十二条 已经审定之图书，如发行人或编辑人将内容或形式变更，须于两个月内呈请复审。逾期即失审定效力。正在审查中之图书，其内容如有变更，得随时呈请复审。

第十三条 图书经审定后，如遇事实变更，其内容有不适当之处，经大学院饬令修改者，发行人或编辑人应于三个月内遵照修正呈核。逾期即失审定效力。

第十四条 图书经审定后，如经过两年时间，经大学院认为不合时宜者，得取消其审定效力。但须在每学年开始三个月前行之。

第十五条 凡未经审定或依前列各条已失审定效力之图书，书面上不得载有大学院审定字样。

违犯前项之规定，或对于禁止发行之命令故不遵守者，科以法律上相当之处罚。

第十六条 本条例自公布日施行。

（录自《教育法令汇编》）

各书局教科图书应从速呈送教育部审查，
其已呈请前大学院审查者不必再送，不合审查标准之各书应即自行销毁

1929年1月19日（民国十八年）教育部第四号布告

照得教科图书审查规程，现经本部制定，明令公布，自应切实执行。凡学校用之教科图书，其编辑人或发行人应即依照该规程之规定，从速呈请审查。其已经前大学院审查而有效期间未满者，或呈请前大学院审查而尚未决定者，不必再送。再，审查教科图书共同标准，亦经本部订定。其有不合该标准之各种教科图书，应即自行销毁，停止发卖，勿再送部，以免周折。特此布告。

（录自《教育法令汇编》）

教科书纸张宜用国货

1929年2月8日（民国十八年）教育部第三一七号训令上海特别市教育局

案据湖南教育厅呈称。"呈为转呈事：案据衡山县教育会呈称：呈为建议教科书籍纸张宜用国货，仰恳察核，呈转通令施行事：案据属会第十次常会刘委员仲江提议：金谓教科书籍纸张应一律改用中国出品案。议决一面呈请省教育会转函政府通令各书店，教科书籍所用纸张，须采用国货，并缄达本邑反日会递呈上级反日会，制止各商店对于教科书籍纸张，不许采用仇货等语记录在册。窃查此案事关提倡国货，亟待推行。印刷书籍纸张，尤宜采用国货，以资表率。是否有当？理合备文呈请钧会俯赐核转通令施行等情。据此，查该会建议所称系为提倡国货起见，惟湘省各教科书籍多自上海购运而来，拟请钧厅转呈教育部通令各书店遵照办理。是否有当？理合备文呈请鉴核施行谨呈等情。据此，查该会建议不为无见，除指令外，理合备文呈请钧部鉴核施行，深为公便"等情。查该厅所呈，系属提倡国货，自是可行。除指令外，合行令仰该局通令上海各书店遵照办理。此令。

（录自《教育法令汇编》）

教科图书审查规程

1929年1月22日（民国十八年）教育部公布

第一条 学校所用之教科图书，未经政府行政院教育部审定或已失审定效力者，不得发行或采用。

第二条 图书发行人或编辑人应于图书发行前呈送本书三份，请求审查。如用稿本送请审查，应即预印数页，作为纸张、印刷、款式等之样本，此项样本及稿本，应各呈二份。

凡未完成及无定价之图书，不与审查。

第三条 教科图书分教员用及学生用两种。具呈人于呈请审查时，应分别声明。

第四条 呈请审查图书时，应将图书定价十倍之审查费，连同样本呈纳。但挂图类以每种定价之二倍为审查费。审定后定价如有增加，应照前项规定补缴审查费。

但依第八条之规定呈请复审者，其复审费以前项规定之半额为准。

第五条 凡呈请审查之图书，如有应行修改者，由教育部签示要点于图书上，饬具呈人遵照修正。以半年为期，逾期不修正，呈核时不与审查。

凡定价过高之图书，教育部得令发行人酌减之。

第六条 已经审定之图书，由教育部将左列各项在教育部公报上宣布之：

一、书名；

二、册数；

三、定价；

四、某种学校用；

五、发行之年月；

六、编辑人及发行人之姓名。

第七条 已经审定之图书，应在书面上记明某年某月经国民政府行政院教育部审定字样。更须就教员用与学生用两种分别标明。

第八条 已经审定之图书，如发行人或编辑人将内容或形式变更，须于两个月内呈请复审。逾期即失审定效力。正在审查中之图书，其内容如有变更，得随时呈请审查。

第九条 图书经审定后，如遇事实变更，其内容有不适当之处，经教育部饬令修改者，发行人或编辑人应于三个月内遵照修正呈核。逾期即失审定效力。

第十条 图书审定之有效时期为三年。届期满三个月前，应再呈送审查。

第十一条 凡未经审定或依前列各条已失审定效力之图书，书面上不得载有国民政府行政院教育部审定字样。

违犯前项之规定，或对于禁止发行之命令故不遵守者，科以法律上相当之处罚。

第十二条 本规程自公布日施行。

附则

本规程公布后，十六年十二月十五日前大学院所公布之教科图书审查条例，应即废止。

附：审查教科图书共同标准

（甲）关于教材之精神者：

一、适合党义；

二、适合国情；

三、适合时代性。

（乙）关于教材之实质者：

四、内容充实；

五、事理正确；

六、切合实用。

（丙）关于教材之组织者：

七、全书分量适宜；

八、程度深浅有序；

九、各部轻重适度；

十、条理分明；

十一、标题醒目确切；

十二、有相当之问题研究或举例说明；

十三、有相当之注释、插图、索引等；

十四、适合学习心理；

十五、能顾及程度之衔接；

十六、能顾及各科之连络。

（丁）关于文字者：

十七、适合程度；

十八、流畅通达。

十九、方言、俚语摒弃不用；

（戊）关于形式者：

二十、字体大小适宜；

二十一、纸质无碍目力；

二十二、校对准确；

二十三、印刷鲜明；

二十四、装订坚固美观。

（录自《中华民国现行法规大全》）

增补教科图书编辑大纲并标明何种学校用字样

1929年2月8日（民国十八年）教育部第六号布告

查书坊间所出教科图书，附有全书之编辑大纲者固属不少，其无此种说明者亦所在多有。是项图书，采用者既茫无依据，审查时亦难明了编者之用意。再各种教科图书，或并未标明何种学校用字样，或虽标明，而仍不确定，殊属不合。以上两点，应即一律增补。除分令各书局遵照外，合行布告周知。

（录自《教育法令汇编》）

教科图书概归教育部审查

1929年5月30日（民国十八年）教育部训令

查教科图书之审查，事权必须集中，办法乃能统一。前大学院时，业经制定教科图书审查条例公布，并以各省、区教育行政机关所呈报之教育计划，恒有审查教科图书一项，殊与条例不合。复经通令纠正各在案。本部成立伊始，以审查教科图书，实为切要之图。

当经制定教科图书审查规程，赓续办理。按照本规程所规定，凡教科图书，概归本部审查，以免纷歧，而昭慎重。乃查各省、区教育行政机关，仍有审查教科图书之专设机关，殊属不合。亟应再行通令纠正。除分令外，合行令仰遵照。

（录自《教育法令汇编》）

教科书书面应行标明各点

1929年6月15日（民国十八年）教育部训令

查书坊间所出各种教科书，每于书面标明共和国新主义一类字样，于义既无足取，而务求新异，误会滋多；又有名目冗长，殊难辨识；或更漏列要点，不便选购，均应通令纠正。凡此后印行之教科书，应将原有共和国新主义、新时代、新国民、新学制、新小学、新法、新撰……一类之字样删除。并应遵照左列各点标明书面：（一）书名，（二）册数次第（全书一册者此项可缺），（三）某种学校用，（四）著作人或编译人，（五）发行人，（六）教育部审定日期。以免混淆，而归一律。除分令外，合行令仰转饬各书坊一体遵照。此令。

（录自《教育法令汇编》）

修改各教科书之审定有效期限

1929年11月15日（民国十八年）教育部函青海省政府

迳启者。查前大学院及本部前所规定各教科书之审定有效期限，原定三年。现经本部修改为"截至课程标准正式公布之时止为有效期限"在案。应即通饬遵照。其前大学院及本部前后所发各执照之效力，标明三年者，均须改为"截至课程标准正式公布之时止。"除分令外，相应函达。请烦查照为荷。

（录自《教育法令汇编》）

初中教科书除国文外一律须用语体文

1930年2月17日（民国十九年）教育部训令

案查小学一律用语体文教学，不教艰深之文言文，业经前大学院根据全国教育会议决议通令施行，复经本部通令禁止采用文言文教科书各在案。小学校既不用文言文教授，则毕业于小学校之学生，对于文言文之书籍自乏了解能力，而初中各科教科书，仍多有用文言文编辑者，对于程度之衔接，太不顾及，殊属不合；为此除分令外，合行令该厅（局）转饬各书坊，以后编辑初级中学教科书，除国文一科得兼用文言及语体文外，其余各科一律须用语体文编辑。此令。

（录自《教育法令汇编》）

编辑小学教科书注意补入中东路惨案材料

1930年7月14日（民国十九年）教育部训令

案准中国国民党中央执行委员会训练部第九〇七四号公函内开："案准中央秘书处转来湖南省党务指导委员会转呈湘乡县党部执行委员会呈：'据该县第五次全县代表大会据第一区党部——区分部提议：济南及中东路惨案真相，应编入小学教科书内，俾全国学生知所警惕等语。'经大会决议，由国民政府饬外交、军政两部搜集材料，交教育部编入小学教科书，颁行全国。并经属会第七十次会议议决，录案呈请湖南省党务指导委员会转呈中央交国府饬各主管机关照办。"等情。据此，查济南及中东路惨案，为我国民革命军北伐以来奇耻大辱，我国蒙害实深。该省党务指导委员会转呈各节，颇中肯要。即请贵部设法收集关于该二惨案及其余国耻真相材料，择要酌量编入小学教科书，藉图雪耻。除函湖南省党务指导委员会知照，并录案交本部党义课程编订委员会小学组，以备参考外，相应函达，即希查照办理见覆为荷，等因。准此，查小学教科书内，济南惨案及其他国耻，均经分别编入，至中东路惨案，亦应于编辑小学教科书时注意编入，以昭警惕。准函前因，除函覆及分令外，合行令仰转饬该各书坊遵照。此令。

（录自《教育法令汇编》）

教育部纠正上海市教育局采用未经审定之教科用书，
并规定各省市采用已审定与未审定教科书之办法

1930年8月25日（民国十九年）教育部令各省教育厅、南京、汉口、天津、青岛市教育局

案查八月十九日上海民国日报刊登上海市教育局选定小学教科书令各校采用通告，内载各种教科书，科目既欠完备，种数亦多漏列，至未经本部审定而列入者，如新学制社会化的算术教科书等书，竟有八部之多。似此任意采择，与本部颁行之教科图书审查规程第一条，显有抵触，殊属非是。亟应予以纠正。

兹经规定，凡经前大学院及本部审定或准予发行之教科用书，已刊登本部各期公报者，准由各省、市教育行政机关抄单自由采用。其未经审定之教科用书，遇必要采择为教本时，应即先行呈经本部核准后，方许采用。

为此，除训令上海市教育局及分令外，合亟印发前大学院及本部已审定或准予发行之小学教科用书表一份。令仰遵照，并转饬所属各小学校一体遵照。此令。

（录自上海市书业同业公会档案）

申令凡经教育部审定之图书各校得自由采用，

各地方教育行政机关不得另行选择或据书局呈请通令采用

1930年9月15日（民国十九年）教育部令各省教育厅、南京、上海、汉口、天津、青岛市教育局

案查教科图书之审查应归本部统一办理，迭经前大学院及本部先后通令知照各在案。

近查各地方教育行政机关，仍有自行选择教科书，限令各学校采用情事，显与迭令抵触。又有仅凭书局砌辞呈请，遽尔据以令饬各校采用其所出图书，甚至未经审定之图书亦混杂其间，不分皂白者。似此违令，殊属不合。兹再将本部关于审定教科书之意旨申述如左：

凡本部及前大学院审定及准予发行之教科图书，均经陆续照登于本部及前大学院各期公报。各省、市教育局行政机关，应随时注意抄发各校，以便各校自由采用。不得再行组织审查会等，加以选择去取，令饬各校采用。各书局如有呈请采用若干种教科书情事，亦应严加驳斥，不得据以通令，以免侵越，而滋流弊。

除分令外，合行令仰该局、厅遵照办理。此令。

（录自上海市书业同业公会档案）

小学不得采用文言教科书

1930年11月25日（民国十九年）教育部训令

此次本部接到中央执行委员会秘书处第四三四号公函，和所抄送上海特别市执行委员会转据上海学生联合会呈请通饬全国中、小学校励行国语教育的呈文各一件。公函上说：这件呈文经常务委员会批交教育部核覆，所以抄送前来，希望查照见覆。呈文内容，大略这样说：……各国都有标准语通行全国。我国自教育部国语统一筹备委员会议决以北平语为标准语以来，各小学生并不注意实行，仍以方言教学。……我国人心不齐，……全国人数虽多，竟如一片散沙，毫无团结力量。……这虽然不是因为言语隔膜的缘故，可是言语隔膜也是一个最大的原因。为此恳请中央令教育部通饬全国中、小学校在最短期间厉行国语教育。……本部以为语言是造成民族的一种自然力，语言的统一与否，和民族的团结与否当然极有关系。总理在民族主义的演讲中，常常劝告我们民族应该团结合群。学校厉行国语教育，以期全国语言统一，情意相通，增加民族的合群团体力。这是和总理的遗教很相符合的。前大学院曾经通令所属各机关提倡语体文，禁止小学采用文言文教科书。这是厉行国语教育的第一步。第二步的办法，应由各该厅（局）一面遵照前令切实通令所属各小学不得再用文言教科书，务必遵照部颁小学国语课程暂行标准，严厉推行。一面转饬所属高中师范科或师范学校积极的教学标准国语，以期养成师资，这是很要紧的。望各该厅（局）遵照办理。此令。

（录自《教育法令汇编》）

仿印三民主义千字课办法

1931年3月16日（民国二十年）教育部令

一、教育部编印之三民主义千字课暂行本，得由发行教育书报之书坊仿印发行。但须遵照本办法办理。

二、仿印之书坊须备具声请书连同样本二份，呈请教育部核准后方得发行。

三、声请书应记载左列各事项：

甲、发行版数及每版部数；

乙、仿印用途；

丙、卖价；

丁、声请仿印之机关；

戊、发行人之姓名、住址、略历。

四、仿印本文字插图格式及内容，须悉依原本，不得增删或变更。纸张封面不必与原本相同，但以用本国纸为原则。

五、仿印本应于封面右上角注明经教育部核准发行。左下角得注明某某书局印行字样。并于封面底页登载教育部准予仿印之批示全文。

六、仿印本之封面上除书名及前条所列各项外，不得夹印其他字样。封面里页不得登载广告及附印其他文字。

七、仿印本之卖价，须经教育部核准。

八、不依本办法私自仿印者，经县、市政府查明后，呈由上级机关转报教育部禁止其发行。

九、本办法自公布日施行。

（录自《教育法令汇编》）

各书坊编辑教科用书时须将总理格言等注意编入

1931年3月31日（民国二十年）教育部训令

案准中国国民党中央执行委员会训练部第一四〇〇二号公函内开："案据湖南省党务指导委员会训练部呈，为湖南全省训练会议决议建议中央选录总理格言及先哲嘉言懿行之不违背三民主义精神者，编入各级学校公民教科书内，以树立青年中心思想一案，请察核施行等由到部。查各级学校现在并无公民课程一项，惟该案立意，本部经核，甚属正大。相应函请贵部于编辑各级学校有关党义、国文及社会科学等教科用书时，注意选择斟酌编入，俾该案精神得以充分实现。并希转饬一体遵行为荷。"等因，准此，除分令外，合行令仰转饬该省、市各书坊于编辑各级学校党义、国文及社会科学等教科用书时，一律须将总理格言及先哲嘉言懿行之不违背三民主义精神者，注意选择编入为要。此令。

（录自《教育法令汇编》）

教育部令严禁发行宗教教科书

1931年5月7日（民国二十年）教育部指令福建省教育厅

呈书均悉。查本部颁行之小学课程暂行标准，并无宗教一科之规定。该圣书协会出版宗教教科书，并于书面注明小学校初级用字样，实属荒谬已极。察其内容，不独宣传宗教，抑且包含政治色彩。例如第三册第十六课、第六册第四课等。显然含有一任帝国主义者之侵略而不加抵抗之意。其违反民族主义，麻醉儿童，莫此为甚。亟应严禁发行，停止采用，并将已印书籍封存，印板销毁，以杜流传，而免贻误。据陈前情，除通令全国各小学一律禁止采用该书外，仰即遵照办理，并将遵办情形，呈覆备核。书存。此令。

（录自《教育法令汇编》）

凡各教科用书印刷错误须一律于书后附勘误表并于再版时更正

1931年10月1日（民国二十年）教育部第一六四一号训令

案查各坊间发行之教科用书，每多印刷错误，甚至有更版数次尚未修正者。听其以讹传讹，贻误学子，实非浅鲜。为此规定：凡属该项错误，现应一律详加校正，各于书后附载勘误表。并限令于再版时，悉行修改，以资纠正。除分令外，合行令仰该厅、局、公署，转饬辖境内各书局遵照。此令。

（录自《教育法令汇编》）

中小学教科书加入拒毒教材办法

1932年3月4日（民国二十一年）教育部训令

准禁烟委员会咨开："查全国禁烟会议决议案全部业奉国府核准在案。其中第二十一案中小学教科书应加入拒毒教材一案，兹经提出本会第十五次委员会议决议。由会将原案咨请教育部施行等因，作根本之宣传，谋正当之解决。禁烟前途，所关甚巨。相应录案并抄同原案咨请查明施行。"等因。并附全国禁烟会议决议案第二十一案中小学教科书应加入拒毒教材案一件到部。查此案既经国府核准有案，自应遵照办理。除咨复外，合行抄发原案办法第一、第四、第五各条。令仰该厅局大学，转饬各书坊一体遵照。此令。

附：全国禁烟会议决议案第二十一案中小学教科书应加入拒毒教材案

理由：鸦片流毒社会，至深且久。近年来各种麻醉品输入中国，为害亦复不浅。欲求根本救正，非从教育入手不可。学生为国家社会将来之主人翁，应使彻底了解烟祸之危害国家民族，俾同具芟绝根本之决心，庶此辈青年将来出而服务，能与鸦片烟及各种麻醉品搏斗到底，收禁绝之全功。美国禁酒，得力于教科书之先例，可为吾人烟禁之所法也。

办法：

一、咨请教育部通令全国各书坊，将左列各种拒毒教材，编入中小学教科书：

甲、公民教科书内，应痛陈烟祸，并说明吸烟、种烟、运烟、售烟业，均触发刑律，须受法律裁判。且鸦片烟足以使人消磨志气，荒废职业，堕落人格。同时并提及其他麻醉品之害。

乙、历史教科书内，应详编鸦片战争一节。于鸦片流毒社会，与林则徐之奋斗情形，必须痛切陈词，以养成学生拒毒之决心。近来麻醉品之输入，亦应提及。

丙、地理教科书内，应将鸦片烟及各种麻醉品之来源及其生产、运输、销售情形，详加记述。使学生知如何杜绝此类毒物之方法。

丁、卫生教科书，说明鸦片烟及各种麻醉品如何影响生理，使学生明了其毒害人身之真相。

戊、初级小学教科书，若将上述四门并成一门，合编社会教科书，则书中必须特设一章节，将各种拒毒教材联合教授。

己、自然教科书（包括化学植物学等）内，应详述罂粟及各种麻醉品之形态、成分、品性、毒害等。

庚、将总理拒毒遗训制成照片，插入各种拒毒教材内。

二、咨请教育部编审处，对于坊间新辑之教科书，应一律令其加入上述各项教材。否则不予审定。

三、咨请教育部转请中小学课程标准委员会，将上述各项教材，列入课程纲要。

四、凡业经审定之教科书，亦应于翻印或再版时，加入各项教材。否则取销其审定资格。

五、凡已经出版之教科书，倘未列入此项教材，应赶印补充读物，随书发行，以资补授。

六、请禁烟机关及拒毒团体，尽量供给教材于教育部编审处。

（录自《教育法令汇编》）

特种小学校用国语读本编辑要点

1932年6月17日（民国二十一年）国民党第四届中央执委会第二十四次常务会议通过

第一　编辑方针

一、应以中央颁布之三民主义教育实施原则第一章第二节第一项各条主旨为编辑之骨干；

二、应暴露赤匪残暴事项；

三、应揭穿赤匪之欺骗阴谋；

四、应兼顾教育部现试行之小学课程标准，类于国语科所举各项目标。

第二　教材分配

一、暴露赤匪罪恶材料占百分之三十；

二、三民主义材料占百分之三十；

三、普通小学国语应用材料占百分之四十。

第三　教材排列程序

一、教材深浅排列，依照普通小学国语读本编配之；

二、课文排列宜多用比较法，以其针锋相对，俾受麻醉儿童易于辨别邪恶，趋归正轨；

三、前期小学侧重事实之描写，后期小学略具粗浅理论；

四、前期小学宜多用诗歌，后期小学逐渐减少。

第四　参考材料

一、三民主义及普通国语读本应有材料，由教育部选择之；

二、赤匪编成之小学教材；

三、赤匪编纂之各项歌谣；

四、赤匪各项宣传刊物；

五、赤匪残暴事迹；

六、其他关于匪区情况之报告。

附函

据中央民众运动指导委员会呈称：案查管卷内，彭湛园同志奉中央训练部派赴赣省工作，在克服匪区及毗连匪区地带，均发现赤匪编行之小学教材。就儿童询问，类能背诵。受赤匪麻醉，已达极点。现在我方虽努力恢复该项地区小学教育，强迫儿童入学。无如所用课本，均各地书局所编成营业性质之教材书，几乎完全失效。赤匪虽去，而邪说谬论，犹遗留于儿童脑海。为唤醒其迷梦，使回复人性计，拟请特编适用于匪化区域之小学教科书，签呈一件，经详加考虑，以为是项区域，儿童久经赤化，欲改造其心理，使趋于三民主义之光明坦途，确有特编是项教材书之必要。但小学教材种类不一，为取材便利及颁行迅速起见，特拟具适用于收复匪区之特种小学校用国语读本编辑要点，请核交教育部参照编订，完成后再送本会审查，以昭慎重等情一案，当经决议修正通过在案。兹特检同该项要点录案函达，希查照办理见覆为荷。此致

教育部

（录自《图书年鉴》二编，杨家骆编）

各书局凡印刷中文书籍应采用本国纸料

1932年7月29日（民国二十一年）教育部第五七七七号训令

案准中央执行委员会秘书处函开：顷奉常务委员会交下天津特别市党务整理委员会呈为："据情转请转饬教育部通令各书局，嗣后刊印中文书籍及教科书等一律采用国产纸料，藉以提倡国货而杜漏卮，请鉴核施行等情一案，奉批'交教育部'。相应抄同原呈函达，即希查照核办为荷。"等由。准此，除函覆并分别咨令外，合行令仰该局、厅转饬各书局遵照办理。此令。

（录自《教育法令汇编》）

各书局应遵照部颁课程标准编辑中小学教科图书

1932年11月21日（民国二十一年）教育部训令

查各书局呈送审查之中小学教科图书，其内容向系遵照中小学课程暂行标准编辑。现幼稚园、小学课程及高、初中体育等科课程正式标准，业经本部先后公布。今后各书局自应遵照是项正式标准，分别编辑该项教科图书。合行令仰转饬各书局遵照办理。此令。

（录自《教育法令汇编》）

中小学各学级递改采用教科图书办法

1933年2月20日（民国二十二年）教育部训令

查幼稚园、小学课程及初、高中体育等课程标准，前经本部明令公布，并以是项标准之分年实施办法通饬遵照各在案。各中、小学在分年实施新颁课程标准时，于采用教科图书，自亦应分年递改。兹特酌量情形，规定办法如次。

一、自二十二年度第一学期起，幼稚园及小学之各学级，应一律采用按照新颁幼稚园、小学课程标准编辑而经本部审定之教科图书。不得再行沿用前经本部审定按照幼稚园及小学课程暂行标准编辑之教科图书。

二、自二十二年度第一学期起，初、高级中学之第一年级，应一律采用按照新颁初、高中课程标准编辑而经本部审定之教科图书。不得再行沿用前经本部审定按照初中及高中普通科课程暂行标准编辑之教科图书。

三、二十二年度之初高中第二、三年级，仍准采用前经本部审定按照初中及高中普通科课程暂行标准编辑之教科图书，至毕业时止。

又查各书局应依照幼稚园、小学及初、高中课程标准赶编教科图书以资采用一节，前经本部令仰该厅转饬各书局，并训令国立编译馆知照各在案。本部于教科图书审查规程中，本订有第二条第二项凡未完成……之图书不与审查之规定。但为适合学年实施新颁课程标准采用教科图书办法起见，特准各书局将中学各科教科图书第一学年应用部份，先行按照新颁课程标准编辑送审。经本部审定后，准予发行。其第二、三学年应用部份，准予在一年内陆续送部，不必全部一并呈缴，以示变通，而应需要。惟不得中途停止各该部份之出版。至幼稚园及小学用各科教科图书，仍应按照教科图书审查规程规定之程序办理。

所有各书局前经本部审定按照课程暂行标准编辑之中、小学教科图书，其发行时期，自亦应依照上列各中、小学采用教科图书分年递改办法明定限制，即自二十二年学年度开始起，前经本部审定按照幼稚园及小学课程暂行标准编辑之教科图书，及前经本部审定按照初中及高中普通科课程暂行标准编辑之教科图书，第一学年应用部份，均一律不得再行发售。自二十三年学年度起，前经本部审定按照初中及高中普通科课暂行标准编辑之教科图书，第二学年应用部份，一律不得再行发售。自第二十四年学年度开始起，前经本部审定按照初中及高中普通科课程暂行标准编辑之教科图书，第三学年应用部份，亦一律不准再行发售。除训令国立编译馆并分令外，合行令仰该厅、局、署，转饬各书局及所属各校知照。此令。

（录自《图书年鉴》二编，杨家骆编）

教育部令各书坊协助推行国语

1933年3月21日（民国二十二年）教育部训令

案据全国国语教育促进会呈称：本会于民国二十年八月在上海召集全国国语教育讨论会，开会三天，议决呈请教育部通令全国各书坊协助推行国语案……等，该案办法有四：

一、停止印行不合标准国音的出版物；

二、小学教科书，一律加注注音符号；

三、儿童读物及民众读物，一律用国语文编辑，并附注注音符号；

四、各种书籍、杂志等印刷品上，最低限度须于名称上加注音符号。

上列四项办法，敬请本部通令全国各书坊限期实行。是否可行，敬请核夺施行等情。查核原议决案，系为协助国语推行起见，事属可行。惟原办法第二条书字下，应增加"之生字及读音易误之字"十字。除批出外，合行令仰转知境内各书坊，自本年八月一日起，所有印行之小学教科书、儿童读物、民众读物以及各种书籍、杂志等，均须查照办理。其不合标准国音之出版物，并应停止印行。是为重要。此令。

（录自《图书年鉴》二编，杨家骆编）

教育部令各书局登载教科书广告不合各点

1933年6月25日（民国二十二年）上海市教育局令上海市书业同业公会

案奉教育部第五八八六号训令开：

"近查报纸所载，各书坊关于教科书之广告，有其书未经审定，竟以签批'能选及最新材料是其优点'等话，诩为褒奖，并混为泛指一切'高级小学教本'者；亦有以所编国语读本插图墨色能分浓淡而得'在我国小学教科书中创一新例'等评语，冒为泛指国语、常识、算术等各教科书者；并有以少数编辑人曾任与本部有关之公职，而即将'中小学课程委员编辑'等名义号召；或其书先送审查，即以'首先审定'等字样刊登者……是均迹近取巧炫耀，殊属不合。嗣后，各书坊如将部批列入广告，应用文字标明专指之书籍名称及部分，并将全文刊出。节略处用删节号标明之。'首先审定'及'中小学课程委员编辑'等字样亦不准再行取用，以期切实，而免误会。合行令仰转饬各书局一体遵照。"

等因。奉此，除分令外，合行令仰遵照。此令。

中华民国二十二年六月二十五日

局长　潘公展

（录自上海市书业同业公会档案）

教育部令各地方教育行政机关不得另行组织教科图书审查会

1933年8月14日（民国二十二年）教育部令各省教育厅、上海、北平、南京、青岛市教育局

案查教科图书之审查，应归本部统一办理，迭经前大学院及本部先后通令知照各在案。近查各省、市、县教育行政机关，仍有组织教科用书审查会，限令各校一律采用某种教科图书者，殊与前令及小学规程第二十九条由学校选定采用之规定大相抵触。嗣后各省、市、县教育行政机关，不得再组审查会，审查本部已审定之教科图书。至教科书之采用，应由各校任课教师，凭其教学上之实际经验，自由选择，慎重办理，亦不得加以任何限制。否则往往有假借名义，暗中操纵者，其流弊所及，曷可胜言。除分令外，合亟令仰该厅、局、公署，如有省、市、县内教科图书审查会之组织者，应即一律裁撤。

仰即知照。此令。

（录自上海市书业同业公会档案）

选择小学用书方法

1933年10月24日（民国二十二年）国民政府行政院教育部第一〇八五九号指令江苏省教育厅

呈悉。该厅据嘉定县教育局呈称：选择用书与审查有所区别，自可准予试行。惟选择方法，仍须由县教育局召集各校任课教员，开会研究，详定标准，于可能范围内，对于同科课本，应选经本部审定之教科书二种以上，并附具详细意见，以供各校选择教科用书之参考，并不得强制少数服从。而教育行政人员对于是项会议，虽可列席，但不得与于表决之数，以期不背自由选择及避免少数操纵之原意。仰即转饬遵照。此令。

附：原呈

案据嘉定县教育局局长杨保和呈称：案查本年八月廿八日接奉钧厅第一七三三号训令，内开：案奉教育部第七九七六号训令，内开：案查教科图书之审查，应归本部统一办理，迭经前大学院及本部先后通令知照各在案。近查各省、市、县教育行政机关，仍有组织教科用书审查会，限令各校一律采用某种教科图书者，殊与前令及小学规程第二十九条由学校选定采用之规定大相抵触。嗣后各省、市、县教育行政机关，不得再组审查会，审查本部已审定之教科书。至教科书之采用，应由各校任课教师，凭其教学上之实际经验，自由选择，慎重办理；亦不得加以任何限制。否则往往假借名义，暗中操纵者，其流弊所及，曷可胜言。除分令外，合亟令仰该厅，如有省、市、县内教科图书审查会之组织者，应即一律裁撤。仰即遵照。此令。等因，奉此，除分行外，合行令仰该局长遵照。此令。等因，奉此，查本局前以乡村教育办理腐败，乡校教师程度幼稚，为谋改进起见，试行中心小学区制度，以中心小学树立楷模，尽力辅导，使全县各校平均发展，以增效率。

当此制未行以前，各校学生成绩参差不齐，为邑人所诟病。试行之初，力图整顿，以督促教师认真教学，提高学生程度，为改进之目标。其进行方针，经局中各职员之熟思考虑，认为可行者，厥有三端。

一、举办课业竞进会。使学生对于课业，因竞争而有兴趣，有兴趣而有进步。至教师方面，因竞进会之得失胜败，攸关学校及个人之名誉，对于平日教学，不敢忽视，收效必宏。此事自十七年度起，各中小学区每学期举行两次，均能切实进行，颇著成效。有各中心小学区竞进会一览表及各种竞进会暨其他活动集会详细办法，可资考证。

二、视察指导委员会。规定各校长每学期视察所属各校，注重平时课卷，并举行考查，行之有年，获得相当效果。此项办法，颇为精细。详载中心区制的理论与实际第八章。至其视察结果，有历次中心校长第三次视察报告书为证。

三、督促各校举办学月测验，以增加复习及考查之机会。最初规定各校每学月举行测验一次，惟乡村学校，每因人才经济关系，不免阳奉阴违，未能一律举办。乃于十八年度起，责成中心小学分别主持其事，进行颇见顺利。最近更作进一步之计划，由视察指导委员会主持办理，不特可使学生程度整齐划一，且收事半功倍之效。有学月测验办法及本年度第一次测验题，可供查考。

上述三点，均为推行义务教育之辅导事业，亦即为本县实行中心小学制度之收获品。在其进行过程中，与各校采用教科书问题，关系至巨。查本县各校用书，本各自为政，自试行中心小学区制度以后，厉行上项测验，渐趋一致。

本年，教育部颁行小学新课程标准，坊间流行课本，均已失其效用。沪地各书局，纷纷依照标准编辑新书。本县各中心小学区教职员，在研究会议席上，佥以各种新书，体裁内容颇多变更，且瑕瑜互见，一时无所适从。纷纷议决，具文呈请本局选择适当课本，通饬采用，以归一致等情前来。本局据情后，以年来举行联合测验及课业竞进会，颇有功效，端赖用书统一，现行着手编印辅导材料亦根据各校所用教科书办理，今各区所称各节，不无见地。爰于本年六月，召集公私立各校主任人员，就教育部审定各书，共同研讨，选择采用，以便续行上述联合测验等各项有效事业。非敢故违部令，藉口审查而有所操纵也。兹奉前因，仰见教育部重视地方教育之至意，自应遵照转令各校自由选择，以重功令。惟嗣后各校用书，既不一致，关于联合测验及课业竞进会，编行辅导材料考查成绩，以及小学毕业会考等种种设施，窃恐窒碍丛生，无法续办。如将有效事业，停止进行，似与改良之原则，亦有未合。局长学识谫陋，善后之方，一筹莫展，焦灼莫名。理合检同各项证件，具文呈报。仰祈鉴核训示祗遵，实为公便等情。并附呈附件四种到所。据此，查该局长所陈困难情形，非独该县一县为然，其他各县，亦每以用书不能统一，程度必致参差，考核难期精确等辞为虑。

本厅综核所陈，不无相当理由，容有考虑余地，即以小学毕业会考一端言之，关于成绩之考查，必须各校教学程度相齐，儿童所学相等，始能以同一之测验，获得正确之结果。倘使各校所用教本均不相同，则学生程度既各参差不齐，其成绩优劣之比较，自不能期其正确。是小学教员自由选择教科用书，虽一部分操纵之流弊或可获免，而上述困难恐转或滋甚。窃按钧部原令之意，在禁止各县擅行组织审查教科用书委员会，而对于选择用书，似与审查有区别，为图免除各地方实际困难，暨图增进效率计，似不妨由各县教育行政机关，将本县各小学教科用书搜集汇齐，择优规定数种，分令采用。庶于遵奉功令之中，仍寓顾全事实之意。是否有当？理合据情转呈，仰祈鉴核训示祗遵。

谨呈
教育部

（录自《图书年鉴》二编，杨家骆编）

编定或审查各项课本，如有引起各民族恶感之处，须格外审慎

1933年12月29日（民国二十二年）教育部训令

据考查新疆教育专员黄文弼呈称：据蒙人包悦卿君面称，在某种教科书内，有汉人杀蒙人纪念日之记载。嗣经查明，大约系民国十五六年前之小学课本，实为八月节为杀鞑子纪念日。蒙民因此颇示不满。请为设法取缔是项或类似之记载及言论，以免招致各民族间恶感，等情。据此，本党主张国内各民族一律平等。原无畛域之分。据呈前情，合行令仰该馆，凡编订或审查各项课本时，如有足以引起国内民族间恶感之处，务须格外审慎，以副政府历年融洽各民族感情之至意。此令。

（录自《教育法令续编》）

教育部令关于准予发行书籍应照指示各点办理

1934年2月20日（民国二十三年）上海市教育局令上海市书业并各书坊

案奉教育部第一四三一号训令内开：

"案据国立编译馆呈称：案查教科图书审查规程第七条规定，已经审定之图书，应在书面上记明

某年某月经国民政府教育部审定……字样。历年以来各书局均经遵照在案。惟中小学用参考书籍、课外读物、民众教育用书、高中第二外国语、注音符号各书及尚未颁布课程标准科目之教科书（如职业学校之各教科书等是），呈送审查合格者只作为准予发行，以示区别，而资限制。此种办法在民国十九年二月二十一日钧部前编审处第二十二次审查会议曾经决定有案。即凡经准予发行书籍，得于书面上注明：'经教育部审查准予发行，作为某某用书'字样。本馆自成立以来，奉令审查上列各种图书，亦均按照前编审处办法办理。近查每有准予发行书籍之发行人，往往于书面或广告上载明'教育部审定'字样，殊有未合。

又凡经令饬修正后准予发行书籍，最后尚应将修正发行本呈送查核无讹后方准发行。但其遵令呈送修正本覆核者固多，而迄未得修正本呈送者亦属不少。似此任意发行，于教科图书行政上难免无从查考之弊。兹拟请钧部通令各书坊，凡以后准予发行书籍，只得于书面上载明'教育部审查准予发行，作为某某用书'或'教育部审查准予发行'字样。不得标用'教育部审定'等字样。其令修正后准予发行各书，亦限定于六个月内将修正本呈送覆核，庶于标别上不至混淆。而是否遵令修正又得查考。是否有当？理合具文呈请鉴核施行，等情到部。除指令该馆并分令外，合行令仰（该厅、局、署）知照。并转饬所属一体遵照。此令。"

等因。奉此，除分别令行外，合行令仰遵照。此令。

中华民国二十三年二月二十日

（录自上海市书业同业公会档案）

中国童子军书籍审查暂行规程

1934年12月（民国二十三年）

第一条 凡用童子军名义出版之各级课程及童子军读物等，均应由总会审定。

第二条 上列各项出版物，未经审定或已失审定效力者，不得发行。

第三条 前项出版物发行人，应于出版物发行前呈送样本三份，请求总会审查。如未付印时，即用稿本一份，送会审查。凡未完成之图书，不予审查。

第四条 前项出版物呈请审查时，应缴纳该项出版物定价三倍之审查费。与依第九条之规定呈请覆审者，其覆审费以前项规定之半额为准。

第五条 前项出版物如为非卖品者，呈请审查时免纳审查费。各级理事会以及各童子军社团等出版之年刊或报告书类，除呈送总会二份备查外，无需审查。

第六条 呈请审查之前项出版物，如有应行修改者，由总会签示原书上，饬令发行人遵照修正后呈请覆查，惟不再缴费。

第七条 凡已经审定之出版物，随时在总会出版物上公布。

第八条 已经审定之出版物，得刊明某年某月经中国童子军总会审定字样。

第九条 已经审定之出版物如再版时，著作人将书中理论或事实有所变更，须于两个月前呈请覆审。逾期即失审定效力。

第十条 呈送审查之出版物中，如对于童子军确有相当价值，足供参考或阅读之用者，总会商得著作人同意，收买版权或代为出版。每年给付版税，以资奖励。

第十一条 本规程如有未尽事宜，得由中国童子军总会修改之。

第十二条 本规程自公布日施行。

（录自上海市书业同业公会档案）

出版童子军课程刊物须送童子军总会审查

1935年2月7日（民国二十四年）国民党上海市执委会训令书业同业公会

为令遵事，案准中国童子军总会公函第一五七号内开：迳启者，查童子军书籍审查暂行规程，前经本会公布在案。现各省、市书坊出版之童子军课程刊物等类书籍，依法呈请审核者固多，而未经审核擅自发行者亦复不少，紊乱儿童教育关系甚大。兹为严格检查擅自发行上项书籍起见，特再检同该项规则随函送达，即希查照，转饬当地各书坊遵照办理。倘若仍有故违者，一经查明，立应禁止发行。并盼将办理情形见覆为荷。等由。并附审查规程一份到会。准此，合行检发规程，令仰该会遵照，转饬各书店一体遵办为要。此令。

计发审查规程一份

中华民国二十四年二月七日

常务委员 吴醒亚 潘公展 童行白

各书坊间高中各科教本应一律于书后备附中西名词对照表以便检查

1935年2月12日（民国二十四年）教育部训令

案据国立编辑馆呈称：案查现在坊间送审各中学教科书中所用中西名词，均分散于书中各页内，于书后多未汇齐列表，于教学检查颇感不便。而呈送审查时，因无表列出，亦深以核对为难。本馆为便于检查核对起见，拟请通令各坊间，凡高中各科教本一律须于书后各附中西名词对照表，以便检查等情。据此，除分令外，合亟令仰知照。并转饬各书坊一体遵照。此令。

（录自《图书年鉴》二编，杨家骆编）

凡经教育部发还修正各教科图书一律须按照半年期限修正呈送覆核令

1935年2月27日（民国二十四年）上海市教育局令各书店

案奉教育部二十四年发普总陆16第〇一九三七号训令内开：

"案据国立编译馆呈称：'案查教科图书审查规程第五条规定：凡呈请审查之图书，如有应行修改者，由教育部签示要点于图书上，饬具呈人遵照修正，以半年为期。逾期不修正呈核时，不与审查。早经钧部公布施行在案。兹查顷来坊间呈送审查各书，经本馆签注发还修正，其按照期限修改送审者固多，但自发还后逾越期限，未将修正本送核者亦属不少。长此迁延，殊多流弊。本馆为维持功令、避免流弊起见，拟请钧部通令坊间，自后经部发出签正各书，一律须按期修正，呈送覆核。其以前发出各书签正本，无论已逾送核期限与未逾送核期限，均限令自通令之日起，在半年内应将修正本呈送覆核。逾期即取消审查效力'等情。据此，除分令外，合亟令仰知照，并转饬各书坊一体遵照。"

等因，奉此，除分令外，合亟令仰遵照。此令。

中华民国二十四年二月二十七日

局长 潘公展

（录自上海市书业同业公会档案）

教育部令将麻疯事实编入各级教科书饬

即转饬各书局于编辑初中卫生教科书时加入此项材料

1935年3月14日（民国二十四年）上海市教育局令各书局

案奉教育部普总陆16第二六二八号训令内开：

"案据中华麻疯救济会呈请通令全国各书局将麻疯事实编入各级教科书等情。据此，查初中卫生课程标准疾病常识内，原有麻疯病一项。兹据前请，合行令仰该局转饬所属各书局，于编辑初中卫生教科书时，务须酌量加入此项材料，仰即转饬遵照。此令。"

等因奉此，合亟令仰遵照。此令。

局长 潘公展

促进注音汉字推行办法

1935年9月3日（民国二十四年）教育部布告

一、民众学校课本及短期小学课本所有文字，完全用注音汉字。

二、初级小学国语科课本生字表，完全用注音汉字。

三、初级小学之社会、自然（或常识）、高级小学之国语、社会（或地理历史）、自然、卫生课本，应完全用注音汉字。

四、初小一年级上学期入学之始，应先授注音符号。俟练习纯熟后，再授汉字正文。嗣后凡新编之初小国语教科书，应于第一册前，另编音册，专用注音符号编成故事，供教学之用。教学方法，以先综合，后分析（拼音练习及各个符号之认识）为准。前项规定，在教授注音符号之师资缺少之地方，得由当地教育行政机关暂予变通办理。

五、自民国二十五年七月起，凡新编之小学及民众学校教科图书，须一律遵照本办法办理，否则不予审定。

六、各省、市各级师范学校，应教学注音符号，使师范毕业生均有教学注音符号之技能。

七、在过渡期内，各小学必须于国语科内抽出一部份时间专教注音符号。

八、自民国二十五年一月起，凡编辑儿童及民众读物者，一律须用注音汉字印刷。

九、由本部及各省，市教育行政机关劝令各新闻纸，在可能范围内，尽量用注音汉字印刷。

（录自《图书年鉴》二编，杨家骆编）

教育部令凡未经审定之民众学校教科图书，统限于本年十月内一律补送审查，逾限即行查禁发售

1935年10月9日（民国二十四年）上海市教育局令上海市书业同业公会

案奉教育部社校叁5第一三四七一号训令内开：

"查民众学校各科课本，出版日多。遵照教科图书审查规程呈请审查者固不乏人，而迄未呈送者，亦复不少。查学校所用之教科图书，未经本部审定，或已失审定效力者，不得发行或采用，在教科图书审查规程第一条内，早经明白规定公布施行在案。民众学校课本，系学校教科图书，自应遵照办理。除新编之该项课本嗣后应随时呈送审查外，凡现已出版之该项课本，尚未审定者，统限于本年十月内一律补送审查，逾限延不遵办，即由该局查明禁止发售。仰即通告境内各编辑人、出版人及各印刷公司、书局等一体知照。此令。"

等因，奉此，合亟令仰该会知照，并转饬所属各会员一体遵照。

此令。

中华民国二十四年十月九日

局长 潘公展

（录自上海市书业同业公会档案）

各级学校所用之教科图书，在未经教育部审查以前，不得迳送内政部呈请注册希图规避审查手续令

1935年10月29日（民国二十四年）教育部训令

查著作权法第二条第二项，有内政部对于依法令应受大学院审查之教科图书，于未经大学院审查前不予注册之规定。是各级学校所用之教科图书，未经前大学院或本部审查以前，不应迳送内政部呈请注册。近查各书坊多有将应受本部审查之教科图书，迳送内政部注册，希图规避审查手续者，殊属不合。嗣后各书坊应将各级学校所用之教科图书，依法先送本部审查，不得希图规避，致乱程序。除分令外，令仰该转饬各书坊一体切实遵照。此令。

（录自《图书年鉴》二编，杨家骆编）

修正教科图书审查规程

1935年11月15日（民国二十四年）教育部令修正公布

第一条 学校用教科图书，依法须经教育部审定。其未经审定发给执照，或经审定已失时效者，不得发行，学校并不得采用。

第二条 教科图书发行人或著作人，应于发行前呈送稿本及印刷样张各二份，请求审查。稿本须一

律用正楷抄写或用打字机打成（其自愿用排样者听便）。其正副稿本所用纸张页数、行数、字数以及图表格式、位置、横书、直写等，须完全相同。连同稿本呈送之印刷样张，须将正文二页及封面、著作人姓名、定价等印出。

第三条　学校用教科书含有科学名词及外国人名、地名及其他专名者，须编中外名词相互对照表（科学名词已经教育部公布者，应以公布者为标准），附于书后，以便查考。

第四条　呈请审查教科图书时，应随同稿本样张呈纳审查费。小学用教科图书，按全书定价之三十倍呈纳。中等学校教科图书，按全书定价之二十倍呈纳。各种挂图，按全图定价之十倍呈纳。

第五条　呈请审查教科图书时，须将稿本全部一次送齐。凡未完成及不按第二、第三、第四各条之规定者，不予审查。

第六条　教科图书定价过高时，教育部得酌量实在情形，令其减低。经审定后，如定价必须增加者，应说明理由，呈请核示。

第七条　呈请审查之教科图书，除不予审定者外，其内容如有应行修改者，由教育部饬具呈人依照签注于六个月内修正或改编再送审查。逾期呈送修正或改编本者，不予审查。

前项修正本或改编本，应照第二条之规定呈送正副本二份。

第八条　呈送修正本或改编本，暨审定后之印本，应于修改处加签载明前次稿本中原签册数、页数、行数。

前项印本应呈送二份。

第九条　教科图书之稿本经审定后，方准付印。印本呈送覆核无误后，由教育部发给审定执照。

第十条　已经审定之教科图书，由教育部将左列各项在教育郎公报上宣布之：

一、书名；二、册数；三、定价；四、著作人姓名；五、送审者；六、某种学校用；七、审定日期；八、执照号数；九、失效日期。

第十一条　已经审定之教科图书，应在每册书面上载明教育部审定字样，并须于底面中注明某年某月经教育部审定字样及执照号数。

第十二条　教科图书经审定后，如遇事实变更或其内容有不适当处，须加修改，经教育部饬令修正者，发行人或著作人应即从事修正，于三个月内将修正本二份呈核。逾期即取消其审定效力。

第十三条　教科图书审定之有效时期，中等学校为三年，简易师范学校及小学各为四年。届期满四个月前，应再送审查。再送审查时应按照第四条之规定，另呈纳审查费。

第十四条　发行人违反第一条之规定或对于禁止发行之命令故遵守者，予以行政处分，或科以法律上相当之处置。

第十五条　本规程自公布日施行。

（录自《图书年鉴》二编，杨家骆编）

内政部咨上海市政府请转饬各书店

呈请教科图书注册时须将审定执照一并送核

1935年12月13日（民国二十四年）上海市教育局令上海市书业同业公会

案奉市政府第一六四九三号训令内开：

"案准内政部警廿四年十一月十六日发一六四三八号咨开：'查教科图书未经教育部审定以前，本部不予注册，经于著作权法第二条第二项明白规定。迩来各书店关于上项图书呈请注册时，虽据声称业经教育部审定，而其实未经教育部审定者所在多有。兹为免除此项弊端起见，亟应通饬各书店，嗣后关于教科图书呈请注册时，须将教育部审定执照一并送部，以凭核办。除分行外，相应咨请查照。转饬遵照，并希见覆为荷。'等由。准此，除咨覆行令仰该局，转饬各书店一体遵照。此令。"
合行令仰该公会即便转知各书局遵照办理。此令。

中华民国二十四年十二月十三日

局长 潘公展

（录自上海市书业同业公会档案）

教科图书及其他图书划一出售办法

1936年4月4日（民国二十五年）教育部颁发

一、所有书籍，无论大、中、小学教科书或普通新书，古书，应一律标明定价。

二、教科图书订价，应以编辑印刷之成本为准，酌量订定，务求低廉。

三、所有书籍门市，一律照定价发售，不得减折或抬高。

四、已出版书籍，因原有折扣而定价较高者，应即由各该出版者核减，另定实价，标明于底里面。将来因纸价涨落或其他原因必须增减定价者，出版者仍得酌量增减之。但门市须照最后增减之定价出售，不得折扣或抬高。增减定价者如系教科图书，并应随时呈请教育部核准。

五、书籍得售预约或特价，但均照定价七折或七折以上出售。

六、书籍得减折售与者，以左列各项为限：

甲、同业批发酬劳，由同业公会议定之。

乙、学校贩卖部或合作社照定价九折。

丙、图书馆照定价九折。但同书以二部为限；字与词典，以五部为限。

丁、出版者之股东或在职同人，照定价九折。但普通书以一部为限，教科书以二部为限。

戊、著作人购自著之书，照定价七折；其版权共有者，不给版税，照定价六折，均以三十部为限。

七、出版者或贩卖者均不得以纪念名义举行廉价或赠送书券。

八、滞销或污损之书，得专设廉价部发售，不限折扣。但须于书面盖用廉价部图记。

九、在出版者总店以外各地发售之书籍，得酌加汇水、运费。但不得超过实在需要之数。

十、由教育部通令全国出版者及贩卖书籍者，一律照上开各款规定办理。有违反者，得由各该地同业公会或任一同业呈请地方官厅为有效之裁制。

（录自《中华民国法规汇编》（四））

民众学校课本印行办法

1936年9月5日（民国二十五年）教育部公布

第一条 教育部编辑之民众学校课本，得由发行教育书报之书坊承印发行。但须避照本办法办理。

第二条 承印之书坊，须备具声请书，连同样本二份，呈请教育部核准质，方得发行。

第三条 声请书应记载左列各事：

一 发行版数及每版部数；

二 卖价；

三 声请印行机关；

四 发行人之姓名、住址、略历。

第四条 承印书坊，于部编民众学校课本文字、插图、格式及内容，不得增删或变更。又所用纸张，以用本国纸为原则。

第五条 承印书坊应于所印课本封面底页，登载教育部准予印行之批示全文。

第六条 所印课本书面，除书名并注明"教育部编辑"及承印书坊名称外，不得夹印其他字样。封面底页不得登载广告，及附印其他文字。

第七条 课本之卖价，须经教育部核准。

第八条 不依本办法私自印行者，经县政府查明后，呈由上级机关转报教育部，禁止其发行。

第九条 本办法自公布日施行。

（录自中华民国法规汇编》（四））

关于小学教科书不得减少页数，字迹插图须力求清楚

（颁布年月不详）

教育部国字第二○九六二号训令开：

　　"查前以抗战期间教科用书运轮阻梗，供求不能相应，成本加重，价格一再提高，形成书荒、书贵之现象。本部顾念问题重大，书商困难，经召集各大书局代表会商补救议决办法六项。其至第三项课本变更形式问题规定：1. 小学教科书插图可酌量减少，另印小挂图廉价发售；2. 除初小国语生字须有注音文字外，各科课文均可单用文字，不加注音符号；3. 教科书封面得改用较粗而坚固之纸张；4. 小学教科书之版口得酌量缩小等四点，业经分别令饬知照在案。兹据本部视察员报告："最近各书坊出版之小学教科书，字体细小，印刷模糊，纸张既嫌粗簿，装订亦不坚固。儿童使用未及一月，即已破碎，势须重行购置，始能继续学习，既不经济，复伤目力。社会颇多责难，家属啧有烦言。尤以世界书局出版之小学教科书，不但版口改用四十二开，且在一面上下分印两课，字迹细如蝇头，教学均感困难，每册页数几减少一半，而售价并未降低，显系偷工减料，乘机牟利"等情。据此，查世界书局最近印行小学教科书，任意删除教材，缩减纸张，妨碍儿童目力，影响身体健康，殊属不合。应即改正送核。否则禁止发行。嗣后各书局出版小学教科书，除版口一项准予酌量缩小外，不得减少页数，字迹、插图须力求清楚，纸张、印刷更应改善，以期适用，而利教学。除分行外，合行令仰转饬

所属一体遵照。

（录自《中华民国法规汇编》，福建省政府辑）

教育部令凡新编小学国语教科书于送审时或送审后，
应另编与读文联络之说话作文写字各教学要目，
送请教育部审核后附教授书中

1936年12月26日（民国二十五年）上海市社会局令上海市书业同业公会

案奉教育部编陆16第一八三三四号训令内开：

"查小学课程标准国语科，包含说话、读法、作文、写字四类。各类教材须相互联络，方易增高教学效率。历来各书局所编国语教科书，尚未注意及此。本部现正依据修正小学课程标准，编订各科教学要目。合亟抄示编订是项要目，格式如下。（下略要目和说明）

各书局凡新编小学国语教科书，于送审时或送审后，应另编与读文联络之说话、作文、写字各教学要目。送请本部审核后，附入教授书中。仰即转饬遵照。此令。"

等因奉此，除另令外，合亟令仰该书局遵照办理。此令。

中华民国二十五年十二月廿六日
局 长 潘公展

附：上海市书业同业公会致教育部函

敬启者。顷奉上海市社会局海字第五九二八号训令内开："案奉教育部编陆16第一八三三四号训令内开：查小学课程标准国语科，包含说话、读法、作文、写字四类。各类教材须相互联络，方易增高教学效率。历来各书局所编国语教科书，尚未注意及此。本部现正依据修正小学课程标准，编订各科教学要目。合亟抄示编订是项要目格式如下（中略）。各书局凡新编小学国语教科书。于送审时或送审后，应另编与读文联络之说话、作文、写字各教学要目，送请本部审核后附入教授书中。仰即转饬遵照。此令。"等语。深佩 大部关心教学要目，敝同业均愿遵照编订，送请审核。

惟敝同业遵照修订课程标准改编小学各科教科书，供本年秋季始业之用，制稿装印需时甚多。且按照大部最近规定，非经审定不得先行印售。现距开学虽不止半年，惟教科书分布广远，必须于四、五月间印竣分发，则秋季开学时各内地始有供给。大部此次审查小学国语教科书，设必备教学要目始予审定，势必多延时日。于教科书之供给将益感困难。日前 台旆来沪面示，大部对于此次审查中小学教科书，顾念出版家事实上之困难，于规定上多有变通之处。此次事同一例，拟仍恳顾全事实困难，会商审查机关先行审定课本，随后审定要目，以免延误新教科书之出版。兹派本公会常务委员张叔良、陆高谊两君赍函晋谒

崇阶，兼备

谘询，如蒙

贵司长进而教之，幸甚幸甚

此致

教育部普通司司长顾

（录自上海市书业同业公会档案）

中小学教科书中所有选用叛逆作品应一律删除令

（颁布年月不详）

奉教育部二月五日国字第〇四〇五二号训令开："案据宁夏省教育厅呈称：'案奉钧部国字第三四二五二号训令，饬将国立编辑馆所编之高小实验国语课本第三册第三十三课故乡的野菜及第四册第二十七课周作人与友人论国民文学书等课文，均系周作人作品以及该逆图像。令饬删除。'等因。奉此，自应遵照办理。惟本厅复查有正中书局出版之初中国语课本第三册内；有周逆著"乌篷船"一文，汪逆兆铭著"执信的人格"及"和平奋斗救中国"两文。第五册有周逆著"怀爱罗先珂君"一文。及商务印书馆出版之二十六年改编高级复兴国语第三册第十四课"两个扫雪人"，亦系周逆作人作品。除由本厅令饬本省各中、小学分别遵照删除外，理合呈请钧部通令各省遵照，并饬该书局分别删除。

（录自《中华民国法规汇编》，福建省政府辑）

各省市搜集或编辑地方教材办法

（颁布年月不详）

一、选材标准

编辑地方教材应以乡土社会及自然为中心。小学适用之地方教材，应根据部颁小学常识科课程标准教材大纲所规定乡土自然环境及社会经济、政治、文化、警卫各项分别编辑。其选材标准如左：

1. 足以代表本乡土的特质的；
2. 与社会有重大关系的；
3. 与抗战建国有重大关系的；
4. 与生活有密切关系的；
5. 有关管教养卫最重要部份的。

二、编辑顺序

1. 各省、市教育厅、局应聘请专门人才，组织地方教材编辑委员会，主持统计、研究、编辑等事项。

2. 各省、市教育厅、局应订定地方教材编选标准，通饬全省各县县政府调查收集之。

3. 各省、市教育厅、局应订定奖励各校教员搜集地方教材办法，鼓励教员投稿。

4. 师范学校担任教育科目之教员，应指导高年级学生研究、搜集、编辑地方教材，择其优良者送地方教材编辑委员会采用。

5. 各省、市举办暑期讲习会时，应注意地方教材之搜集、编辑与教学方法之指导。

6. 地方教材应分别编辑小学用、民校用课本及教学法。

7. 各省、市编辑地方教材，应在国民教育月刊上陆续登载，以备各校随时研究试用。俟编辑完竣时，再行订印单行本分发各校应用。

8. 各省、市编辑之小学、民校用地方教材，应在二年内全部完成。

（录自《中华民国法规汇编》，福建省政府辑）

奖励编译职业技术教材暂行办法

（颁布年月不详）

一、教育部为推进技术教育，奖励研究、编译及供给各类职业学校需用教材起见，特订定本办法。

二、凡各地职业学校教职员、生产建设技术及研究机关工作人员、大学专科学校教授、讲师、高年级学生以及其他对于某种技术有研究者，所自编或翻译之各种职业技术教材，均得适用本办法申请奖励。

三、职业技术教材之范围，暂以适用于左列三种学校者为限：

（一）高级职业学校；

（二）初级职业学校；

（三）职业补习学校。

四、奖励编译之教材，除作教本者外，并包括其他适于职业学校之学生应用之参考书、手册、图表及教授挂图等类。其方式或供整个学科应用，或供一单元应用均可。

五、凡本部已颁有课程标准之科目，须依照规定标准编著、翻译者。其材料须适合本国情形及需要。

六、前述各项编译教材之经本部审查认为优良可应用者，由本部给予奖励金。奖励金分甲、乙、丙三种：

（一）甲种给予奖金自一千元至三千元；

（二）乙种给予奖金自五百元起至一千元以下；

（三）丙种给予奖金自一百元至五百元以下。

各种奖励金额之核定，视所编译教材之内容需要情形而定。

七、凡有编译完竣之该项稿件时，得由编译者依照规定表式填写。

申请表连同原稿迳呈或由学校及机关转送本部审核。本部于接到该项申请时，指派专家或组织委员会予以审核。其审核之时期至多不得逾三个月。

八、送审之教材稿件须缮写清楚，自加标点。如有附图者，均应附入。如系翻译者，并须附交原本。用油纸包好，挂号寄递本部。

九、凡得奖励之稿件，除由本部给予奖励金外，其原稿之稿费、版权，仍属原编辑人员。惟本部得有优先收购版权及发刊印行之权。

十、凡得奖励之稿件，对于原稿内容，本部得令其补充或修正。

十一、受本部奖励之稿件，对于本部核定后半年内付刊发行，并将出版处所、定价暨印成之书或图五份，呈送本部备查。

十二、本办法所予奖励之稿件，以自本办法公布日起编译尚未印行者为限。

十三、本办法自公布日施行。

（录自《中华民国法规汇编》，福建省政府辑）

224

教育部令关于审查教科书办法

1937年4月20日（民国二十六年）上海市社会局令上海市书业同业公会

案奉教育部第六五四二号训令内开：

"查中小学课程标准，业经修正公布。而暑假为期甚近，各书局遵照新标准编订之教科书势不及如期出版。兹为赶速审查以应需要起见，特决定办法，凡第二次送部审查之教科书，经覆核后，可照签严密修正，准予作为初审核定本，先行发行，以资应用。此项印行本数，应以实际需要为度，一面仍应将发行本送核。如无错误，即发审定执照，作为审定本。如有错误，或仍有应行修改之处，应于再版前改正送核；全书无误后，再发执照。此项办法之适用时期以本年八月底以前为限。除令知国立编译馆外，合行令饬转知各书局遵照。此令。"等因，奉此，合行令仰该会转饬所属各会员遵照办理，是为至要。此令。

中华民国二十六年四月二十日

局 长 潘公展

（录自上海市书业同业公会档案）

各省市仿印正中书局各级学校教科书办法

1940年9月（民国二十九年）教育部令

正中书局为救济书荒书贵，减轻运费汇费起见，呈报教育部，愿以所编小学、初中、高中、师范、简师、职校各科教科书版权，全部贡献中央，以便各省、市自行仿印。除由教育部呈报行政院嘉奖，以示褒扬外，所有正中书局贡献各书版权，应照左定办法办理，以免纷歧而杜流弊。办法于左：

一、正中书局贡献现有之各级学校教科书版权，以供各省、市仿印，其书名详见另单，单中未列之书，一概不得仿印。

二、各省、市仿印正中教科书，应由教育厅或社会局主持办理，小学教科书得由厅局指定县政府办理，此外任何机关、商人一概不得藉词仿印。

三、各省、市仿印正中教科书，应由教育行政主管机关径发各校学生购用，不得在市出售，以免流弊。

四、正中书局应将在贡献版权以前印成之书书名、数量、定价与分配各地情形，及各地运汇费数目，分别列单，呈报教育部。各省、市在仿印正中教科书之前，应尽先向重庆正中书局总局就现已印成之书现款批购，照定价六折计算，另加运汇费并照原价（加运汇费）发给学校。其不敷之书，得自行仿印。

五、各省、市仿印正中教科书，纸张、印刷费用应力求经济，以减轻成本。并因无版税、回佣、广告开支等费用，取价务须低廉。各书价格应列表呈报教育部核准。

六、各省、市仿印正中教科书，应照最新样本排印，不能任意印行旧版本，并不得修改内容。其样本由各省、市照第四条价格备价呈缴教育部，由部向正中书局购发。

前项教科书内容遇有修正之必要时，应由正中书局呈报教育部核准后，由部通饬各省、市知照。

七、各省、市仿印正中教科书，其版权页及定价仍应照样排印，惟于版权页左下角应加印省、市名、年月、版次、册数，以便考查。例如"川30：8，5 / 3"，即四川省三十年八月三版印五千册；又"桂31：1，3 / 2"，即广西省三十一年一月二版印三千册。余类推。各省、市仿印各书版次、册数及发给学校册数，应于每年三月底及十月底，各列表报部一次。

八、正中书局承印教育部编辑之小学民校教科书及中小学补充教材，其订有版权契约者，并适用本办法办理。

九、本办法适用于抗战时期，战事结束后，应即停止。

十、本办法如有未尽事宜，随时由教育部以命令行之。

十一、本办法经教育部部长核准后行之。

（《湖南教育》，湖南教育月刊编辑委员会）

教科图书、标本、仪器审查规则

1947年2月12日（民国三十六年）教育部令

第一条 学校用教科图书及标本、仪器，应经教育部审定。其未经审定发给执照或经审定已逾有效期间者，不得发售或采用。

第二条 呈请审查时，教科图书之发行人或著作人应呈送稿本及印刷样张各二份。标本、仪器之发售人或制作人应呈送样品二件，附具制作图样及说明书各二份，并均应注明制作人姓名及出品定价。

第三条 呈请审查时，所有科学名词、外国人名、地名及其他专门名词，应编中外名词相互对照表（名词之经教育部公布者应以公布者为标准），附于书后或标本仪器。

第四条 呈请审查时，应呈缴审查费。其数额：小学教科用书，按全书售价之五十倍。中等学校教科用书，按全书售价之四十倍；各种挂图，按全图售价之三十倍；标本、仪器，按每件售价之二十倍。

第五条 教科图书、标本、仪器定价过高者，教育部得令其减低之。经审定后定价必须增加者，应呈请核示。

第六条 呈请审查之教科图书、标本、仪器应行修正者，由教育部饬具呈人依照签注修正或改制（呈送之教科图书修正本或改编本，应于修改处加签载明前次稿本中原签册数、页数、行数、字数等），并应依照第二条之规定再送审查。

第七条 教科图书、标本、仪器审定后之印本或制品，应再呈送二份，经覆核无误，发给审定执照。

第八条 经审定教科图书、标本、仪器之左列事项，由教育部于教育部公报公布之：

一、名称；二、册数或件数；三、定价；四、制作人姓名；五、送审者姓名；六、适用学校之种类；七、审定日期；八、执照号数；九、有效期间。

第九条 经审定之教科图书，应将审定执照影印于底封面。标本、仪器应载明审定之年月暨执照号数。

第十条 教科图书、标本、仪器经审定后应予修正者，应依第二条之规定送请审核。其经教育部饬令修正者，应于三个月内为之。逾期撤销其审定。

第十一条 教科图书审定之有效期间，中等学校为三年，简易师范学校及小学各为四年。期间届满前四个月，应再送审查。并应按照第四条之规定另呈缴审查费。

第十二条 教育部认为应行审查之其他教育用品，得适用本规则。

第十三条 发售人违反第一条之规定或不遵守禁止发行之命令者，予以行政处分，或科以法律上之处罚。

第十四条 本规则自公布日施行。

（录自《教育法令汇编》）

印行国定本教科书暂行办法

1947年2月12日（民国三十六年）教育部令

第一条 凡公私印刷机关印行国定本教科书，均应符合左列最低标准：

一、版面——小学及初中各册版式为横十三公分，直十九公分（俗称三十二开本）。

二、装订——以坚固为原则。

三、纸质——以用白色新闻纸为原则。但亦得采用当地国产优良纸张，惟须坚韧洁白，不妨害学生目力。封面用纸，尤须坚韧。

四、字体——小学低年级各册字体，不得小于4方公分（比照头号铅字大小）。中年级各册字体，不得小于2方公分（比照老三号铅字大小）。高年级及初中各册字体，不得小于1．5方公分（比照老四号铅字大小）。

小学低年级各册用正楷手写体，制铜锌版翻成纸型印刷。小学中、高年级及初中各册，用各体清楚铅字排印。

五、插图——小学低年级各册插图，每课所占地位，不得少于课文之三分之一。中年级各册插图，每课所占地位，不得少于课文之四分之一。关于科学性质者，必须明了正确。关于文学性质者，必须宾主分明，人物生动。

第二条 公私印刷机关，依照本办法印行国定本教科书，应先将样本三份呈送教育部审核，发给许可执照后，方得印行。

第三条 公私印刷机关印行国定本教科书，应将各该书之许可执照用照相版印于底封面。

凡不遵守前项规定者，各级学校不得采用。各地主管机关并应予取缔。

第四条 本办法自民国三十六年七月一日起施行。

（录自《教育法令汇编》）

印行国定本教科书暂行办法施行细则

1947年4月1日（民国三十六年）教育部令

一、本细则根据印行国定本教科书暂行办法订定之。

二、国定本教科书分下列四组：

（一）小学初级组；（二）小学高级组；（三）中学组；（四）师范组。

各组书目由教育部随时公布之。

三、公私印刷机关得申请印行国定本教科书之全部，或第二条所列之任何一组或二组、三组。但不得于各组中抽选若干种。

四、凡申请印行第一组各书之印刷机关，必须同时承印国常课本各册之单式及复式教学法，算术课本各册之教学指引。申请印行第二组者，必须同时承印各册之教学指引，以利教学。约以每印课本一百册，至少印教学法或教学指引一册为准。

五、公私印刷机关在申请前，可先向部领取稿本，照缴各稿本规定之印刷费。

六、公私印刷机关申请印行国定本教科书时，须附送：一、申请书；二、样本。

七、申请时每科得以选印图文并有之课文若干页（每册至少一页），连同第一册之封面及版权页合订成本，先行送审。经审核合格后，再将各科各册完整之印刷样本全部送审。

八、凡用国产纸张印刷者，须送原全张大小之纸样，并注明产地单价及开数等。

九、暂行办法所称各书字体，系指课文而言。至小学高年级及初中各科各册之注释、作业、参考书等，均得用老五号字排印。

十、小学低年级国常各册之正楷手写字体，其笔画写法，不得用破体、简体及帖体，以免歧异。

十一、印刷本全部送审，经审核合格后，每组合发许可执照一张，以便影印于各册之里底封面。惟本组之执照，不得印于他组书上。

十二、许可执照有效期间以三年为限。

十三、凡核准发给执照之公私印刷机关，应于每学期开始前两个月，据实陈报各科课本每届印刷确数，销行区域。

十四、核给执照之公私印刷机关，如中途不愿继续承印时，应于每年六月或十二月前呈报，并缴销执照。

十五、凡核准发给执照之公私印刷机关，印行国定本教科书时，有违左列各项之一者，吊销其执照：

（1）印售之教科书粗制滥造，纸张制印均与送审样本不符者。

（2）印售之教科书擅自改易文字，贻误教学者。

（3）经部通知修订课本，一年内不遵照改版印制者。

（4）不印本组教学法或教学指引，查明属实者。

（5）将他组或他机关之执照蒙混印售者。

十六、本细则自公布之日施行。

水陆地图审查规程

（颁布年月不详）

第一条　本规程依照水陆地图审查委员会规则第十条制定之。

第二条　内政部、教育部关于地图之审查事项，应先送交地图审查委员会审查之。

第三条　在本规程未公布以前，经由内政部或教育部准予注册登记或审定之地图，得请各主管部令著作人或发行人重行呈送审查。

第四条　送交水陆地图审查委员会审查之地图，由主席酌定期限，分配审查，并签注意见后，提出会议决定之。

第五条　凡审查之地图认为不合条例者，应禁止之。其应行修改者，须于该图上明白签注，令发行人或著作人遵照改正；印成后，再行呈验核定。

第六条　凡经审查后之地图，仍由水陆地图审查委员会将审查结果，呈报主管部核夺。

第七条　本规程如有未尽事宜，得随时呈请修正之。

第八条　本规程自呈准行政院公布日施行。

（录自《蒙藏委员会法规汇编》）

陆军测量总局发售地图规则

1929年8月（民国十八年）参谋本部备案

第一条　本局为扩充地图效用起见，得发售规定之各种地图。

第二条　发售地图由本局局长指定专员管理，以专责成。

第三条　发售地图除参谋本部指定之机要秘密各图，不得发售外，得按左列各图发行：

一、二万分一地图（但限于军事机关购用）；

二、五万分一地图；

三、十万分一地图；

四、二十万分一地图；

五、五十万分一地图；

六、百万分一地图；

七、其他各种舆图。

第四条　经管售图人员，须将发售定印地图之尺度、名称、张数、日期、购印机关（或个人）、购印价款数目分别登记。每月呈送局长画阅一次，每月月终列表汇呈局长，转呈参谋本部备案。

第五条　每日所售图价，无论多寡，须随时送交总务科第三股核收。

第六条　各机关领用地图，除由本部批准免费者外，每张价洋悉按左列之规定，但各军机关均按半价核收：

一、二万分一地图（但限于军事机关购用　一角；

二、五万分一地图　一角；

三、十万分一地图　一角；

四、二十万分一地图　一角；

五、五十万分一地图　一角四分；

六、百万分一地图　一角二分；

七、其他各种舆图　另行规定。

第七条　机关或个人购买各种地图，非先将价款付清，不得发给。但有特殊情形者，须呈明局长核办。

第八条　各机关如临时委托本局代印地图，其图价在五十元以上者，应由局长与各机关议定后，呈请参谋总长核准行之。

第九条　发售各种地图，无论张数多寡，须在副官室掣取出门证，方准放行。

第十条　各种地图将来储存较多时，得委托各商店代售，其规则另定之。

第十一条　本规则如有未尽事宜，得呈请修正。

第十二条　本规则自呈奉批准之日起施行。

各省陆地测量局地图发行规则

1930年7月（民国十九年）参谋本部公布

第一条　陆地测量局为扩充地图效用起见，得发售规定之各种地图。

第二条　发售地图除机要秘密（如国防重要地带、要塞地带、重要工场等处，经参谋本部指定认为秘密）各图不得发售外，以左列各图为限：

一、二万五千分一地图；

二、五万分一地图；

三、十万分一地图；

四、二十万分一地图；

五、五十万分一地图；

六、百万分一地图；

七、其他各种与图。

第三条　发售地图事务由副官负责经理之。

第四条　购图机关或个人将图单及价款交副官核收后，由副官填给发图通知单持赴储藏室检发。

第五条　发售各种地图无论张数多寡，须在副官室掣取出门证方准放行。

第六条　发售地图应将尺度、名称、张数、日期、购图机关或个人价款数目等项分别登记，每周送交经理委员会查核，转呈局长核阅，每届月终应列表两份，呈报测量总局并转呈参谋本部备案。

第七条　各种地图每张售价悉数按左列之规定，但各军事机关均按半价核收：

一、二万五千分一地图：单色一角，彩色一角六分；

二、五万分一地图：单色一角，彩色一角六分；

三、十万分一地图：单色一角，彩色一角六分；

四、二十万分一地图：单色一角，彩色一角六分；

五、五十万分一地图：二角；

六、百万分一地图：一角六分；

七、其他各种舆图：另行规定。

第八条 机关或个人购买各种地图非先将价款付清不得发给，其有特殊情形者须呈明局长核办。

第九条 受军政各机关之委托定制地图时，应由该局核计工料价款商请先行发给以便制印，但各局代印之图应于图廓外标明该局名称以明责任。

第十条 每日所售图价，无论多寡须随时送交会计另款存储。

第十一条 售图款项除支付材料奖资等费外，余款须呈请总局转呈参谋本部核准后方得动用。

第十二条 本规则如有未尽事宜得呈请修正。

第十三条 本规则自公布日施行。

各省陆地测量局地图制印保管规则

（颁布年月不详）

第一条 各种尺度之地图应先行清绘，然后摄影制版，无摄影设备者得用模绘制版，但药纸之伸缩应设法改正之。

第二条 需要紧急不暇清绘时，得就原图直接模绘，但事后仍应清绘复制，若直接模绘之图，其精度已与清绘图相当时，得以清绘图纸印刷一幅，作为清绘图保存之。

第三条 五万分一实测图，未完成之前应先完成十万分一调查图，再根据此图缩编二十万分一民国图。

第四条 五万分一实测图告竣以后即缩制十万分一及二十万分一民国图，前制调查图即一律作废。

第五条 五十万分一及一百万分一中国舆图，应依据前北平出版之图各就本省区域尽先调查校正制印出版。

第六条 各图图廓仍用旧有规定十万分一以上之图必须绘注经纬度，不得省略。

第七条 上列各图若有因军事急需绘制草率不合规定格式者，均应陆续改制。

第八条 各种尺度之地图应以多色印刷为原则，但在急需时得以黑色印刷之。

第九条 上列各图均应制成亚铅版二份，以一份呈总局，一份为本局存版。

第十条 呈送总局之亚铅版应每幅附缴印刷图十张，每半年派员呈送一次，但交通不便省份得改为每年一次。

第十一条 亚铅版专为存版而设，印刷种版应以石版复制之无论需图如何紧急，不得直接以亚铅版印刷。

第十二条 各种地图于制版完成后即印刷五百份存局作为基本图，俟陆续发出至所存不足百份时，即复制增印补足之。

第十三条 紧急业务得于规定作业时间外延长其作业时间，其应延长时间之作业员工及其时间之起讫由科长核定呈请局长批准后施行之。

延长作业时间之奖资另行规定之。

第十四条 除本省各种尺度之地图外，其他各种地图因军事上之需要或各种机关之委托，亦得制印之。

第十五条 各种原图清绘图及印刷图，其收发保管均由副官秉承局长督饬储藏员负责处理之。

第十六条 原图清绘图及印刷图均应各备收发簿登记之，每月呈送局长核阅一次。

第十七条 各科股为复制或参考需用原图或清绘图时，得由科长填写图书领用联单签名盖章向储藏员借用，储藏员收入联单后，应于收发簿上妥为登记以备查考。

第十八条 印刷图完成后由印刷股填写送图簿呈报科长，送交储藏员检收盖章。

第十九条 印刷股每届月终应将本月印成各图缮具清册，送呈科长转呈局长核阅后交储藏员核对。

第二十条 印刷图之发出经局长核准后由副官填写发图通知单，签名盖章后交储藏员照发。

第二十一条 每届月终应将印刷图之收发缮具清册呈送总局查核备案。

第二十二条 制印机秘地图若有泄漏盗卖者，应按照军法办理。

第二十三条 本规则如有未尽事宜得呈请修改之。

水陆地图审查条例

1930年1月30日（民国十九年）国民政府公布

第一条 陆、海军要塞位置、国防界址、军港、要港、军用航空站，无论在陆在水，不得自由测勘及制图。

第二条 现在出版之地图水道图，如参谋本部、海军部认为兵要或有兵要关系者，得通行各机关各省区行政机关，禁止其刊行。

第三条 刊行水陆图表，备供国际通用者，除系参谋本部、海军部所辖测量局承办外，非经参谋本部、海军部会同审定，不得制版印刷或发行。其为土地测量专供建设之用者，不在此限。

第四条 前条应行审查之种类，依其性质暂定为左列四项：

一、本国地图；

二、本国水道图；

三、本国海岸潮汐图表；

四、本国江海水准之记载。

第五条 审查图表，以无关国防及适合技术的正确者为合格。

第六条 已经审查之图表，在书面上载明某年某月经参谋本部或海军部审定字样。

第七条 参谋本部、海军部会同审查办法另定之。

第八条 本条例自公布日施行。

（录自《军政法规汇编》第一辑，二十一年七月出版）

水陆地图审查条例

1931年8月24日（民国二十年）国民政府公布

第一条

（一）凡出版之本国水陆地图，除由参谋本部、海军部、内政部编制者外，非经审查认可，不得注册发行。

（二）本条例审查事务，由参谋本部、内政部、外交部、海军部、教育部、蒙藏委员会组织水陆地图审查委员会办理之。

第二条　本国水陆地图在外国印行者，非经审查认可，不得在国内发行或经售。

第三条　在本条例公布前，凡经注册或审定之水陆地图，除地籍地质图表外，水陆地图审查委员会认为必要时，得令著作人或发行人重行呈送审查。

第四条　审查图表之种类如左：

一、本国疆域地图；

二、本国水道航行图表；

三、本国出版国际通用图表；

四、其他有关本国地理图表。

第五条　审查图表之事项如左：

一、疆界位置之正确；

二、地方名称之正当；

三、记载及量度之适宜；

四、图式及颜色之合法；

五、负责测绘机关之认可；

六、其他有关系之事项。

第六条　凡非中华民国人民，不得在中国领土、领水、领空区域内施行测绘。

第七条　陆、海军要塞位置、国防界址、军港、要港、军用航空站，无论在陆在水，均不得自由测勘或制图。

第八条　现在出版之地图、水道图，如参谋本部、海军部认为重要或有重要关系者，经禁止刊印后，不得擅自发行。

第九条　违反本条例第一条、第二条、第六条之规定者，得科千元以下之罚金。

第十条　违反本条例第七条、第八条之规定者，依刑法外患罪治罪。

第十一条　本条例施行水陆地图审查委员会规则，另定之。

第十二条　本条例自公布日施行。

（录自《增订国民政府司法例规汇编》（第一次））

注：本条例于二十二年九月二十一日再次修正，修正部分如左：

第十一条　加"本条例施行细则及"八字于句首。

水陆地图审查委员会规则

1932年1月18日（民国二十一年）国民政府公布

第一条　本规则依照修正水陆地图审查条例第十一条订定之。

第二条　本委员会委员由内政部、教育部、外交部、海军部、参谋本部、蒙藏委员会各派一人至三人充任。

第三条　本委员会设主席一人，由内政部土地司司长担任。

第四条 本委员会设事务员两人，办理关于撰拟、纪录、收发、缮校及保管文件图书事宜。

第五条 本委员会于必要时得聘请专门委员。

第六条 本委员会得派专员分赴各处，实地调查疆界及收集图志材料事宜。

第七条 本委员会委员均为名誉职，但聘请之专门委员及所派专员并所设事务不得在此限。

第八条 本委员会每月开常会一次，遇必要时得开临时会，均由主席召集之。

第九条 本委员会讨论议决事项，应分别呈报各部会长官核夺。

第十条 本委员会审查地图规程及会议细则另定之。

第十一条 本委员会所需经费由内政部编制预算，商得关系部会同意后会呈行政院令财政部拨发。

第十二条 本委员会附设于内政部。

第十三条 本规则如有未尽事宜，得随时呈请修正之。

第十四条 本规则自呈奉公布日施行。

水陆地图审查条例施行细则

1933年9月21日（民国二十二年）国民政府公布

第一条 本细则依修正水陆地图审查条例第十一条之规定制定之。

第二条 修正水陆地图审查条例第四条所指各种图表，应在未出版以前由该著作人或发行人将图表样本各二份，呈由内政部发交水陆地图审查委员会依法审查。

第三条 送审图表经审查认可者，即由水陆地图审查委员会颁给发行许可证。

第四条 送审图表经审查认为不合者，由水陆地图审查委员会指明错误，发交原声请人遵照修正，送会覆核。

第五条 送审图表经审查认可出版后，如与审定样本不符者，应禁止其发行。

第六条 经审查认可发行之图表，如再版时有修正，应重请审查。

第七条 在修正水陆地图审查条例施行前业经出版之水陆地图，应将原图呈送二份，经审查后，如原图发见错误时，除有关军事及国界之严重错误应禁止发行外，得准由该发行人遵照指示意见，附具刊误图表暂予发行。俟再版时改正刊印，再行声请颁给发行许可证。

第八条 各项图表如经水陆地图审查委员会颁给发行许可证者，应于图末注明许可证号数。

第九条 本细则自公布日施行。

（录自《国民政府司法例规补编》（第二次），民国二十三年五月版）

水陆地图审查条例施行细则

1936年1月31日（民国二十五年）国民政府修正公布，同日施行

第一条 本细则依修正水陆地图审查条例第十一条制定之。

第二条 修正水陆地图审查条例第四条所列举各种图表，应在未出版以前，由该著作人或发行人将图表样本各七份，呈送水陆地图审查委员会依法审查。

第三条　送审图表应具备声请书。其应载明事项如左：

一、图表名称；

二、出版处；

三、声请人姓名、住址；

四、出版次数；

五、出版份数。

第四条　送审图表出版份数，每版最多不得超过五千份。但具有历史价值，经水陆地图审查委员会特许者，不在此限。

第五条　前条声请出版份数，水陆地图审查委员会得核减之。

第六条　送审图表经审查无讹者，即由水陆地图审查委员会颁发发行许可证书，并按照核定出版份数发给证票。

前项证票加盖戳记，注明图表名称、出版处及出版次数。

第七条　送审图表经审查认为不合者，由水陆地图审查委员会指示错误，发交原声请人遵照修正，送会复核无讹，再行颁发发行许可证书及证票。

第八条　经审查许可出版之图表印制发行时，除应依照出版法及出版法施行细则之规定外，送本会一份备查。

第九条　业经审定出版之图表，得于审定后半年内声请增加出版份数，并补领证票。但声请增加之份数，以不超过原核定之出版份数为限。

第十条　声请人应将领到证票黏贴于图末，始准发售。前项证票，不得转贴于他种图表内。

第十一条　未经黏贴证票之图表，如擅自发售，应照修正水陆地图审查条例第九条之规定处罚。

第十二条　业经水陆地图审查委员会审查完竣颁有发行许可证书之图表，未领有证票者，得呈请补发。

第十三条　送审图表经审查认可出版后，如与审定样本不符者，应禁止其发行，并依法究办。

第十四条　经审查认可发行之图表，如再版时，仍须依照本细则第二条及第三条之规定重请审查。

第十五条　证票每份收费一分，应按声请出版份数随同声请书缴纳，如出版份数经水陆地图审查委员会核减时，多缴之费应予发还。

第十六条　本细则自公布日施行。

水陆地图审查条例

1931年8月24日（民国二十年）国民政府公布，

1933年9月21日（民国二十二年）修正，1936年9月8日（民国二十五年）再修正公布

第一条　凡出版之本国水陆地图，除由参谋本部、海军部、内政部编制者外，非经审查认可，不得注册发行。

第二条　水陆地图审查事务，由内政部办理之。前项审查事务，内政部应召集参谋本部、海军部、教育部专门人员，会同审查之。

第三条　本国水陆地图，在外国印行者，非经审查认可，不得在国内发行或经售。

第四条 审查地图之种类如左：

一、本国疆域地图；

二、本国水道航行图表；

三、本国出版国际通用图表；

四、其他有关本国地理图表。

第五条 审查图表之事项如左：

一、疆界位置之正确；

二、地方名称之正当；

三、记载及量度之适宜；

四、图式及颜色之合法；

五、负责测绘机关之认可；

六、其他有关系之事项。

第六条 业经出版之地图、水道图，如参谋本部、海军部认为兵要或有兵要关系者，得请内政部禁止其发行。

第七条 违反本条例第一条及第三条之规定者，得科二百元以下之罚金，并得没收其出版物。

第八条 违反本条例第六条禁止发行之处分者，依刑法治罪，并没收其出版物。

第九条 本条例施行细则另订之。

第十条 本条例自公布日施行。

（录自《改订国民政府司法例规》（三））

水陆地图审查条例施行细则

1936年9月8日（民国二十五年）国民政府修正公布

第一条 本细则依修正水陆地图审查条例第九条制定之。

第二条 修正水陆地图审查条例第四条所列举各种图表，应在未出版以前，由该著作人或发行人将图表样本六份，呈送内政部，依法审查。

第三条 送审图表应具备声请书（附式），其应载明事项如左：

一、图表名称；

二、出版处；

三、声请人姓名，住址；

四、出版次数。

第四条 送审图表，经审查无讹者，即由内政部颁发发行许可证书。

第五条 送审图表，经审查认为不合者，由内政部指示错误，发交原声请人，遵照修正，送部覆核无讹，再行颁发发行许可证书。

第六条 经审查许可出版之图表，应将发行许可证书影印，附订于图末；单幅地图应附印于图角或背面。

第七条 依前条印附之证书，应影印清楚，未经印附证书之图表，不得发售。违者应照修正水陆地图审查条例第七条之规定处罚。

第八条 业经水陆地图审查委员会审定，颁有发行许可证书，并领贴证票之图表，准免予印附证书，一体发售。

第九条 送审图表经审定后，如出版时与审定样本不符者应禁止其发行，并依法究办。

第十条 再版之图表，仍须依照本细则第二条及第三条之规定重送审查。

第十一条 发行许可证书，每件收费十元，随同声请书缴纳；但再版之图表，如与原版无变更者，得免许可证书费。

第十二条 审定之图表印制发行时，应依照出版法及出版法施行细则之规定，送内政部二份备查。

第十三条 本细则自公布日施行。

（录自《中华民国法规汇编》（三））

水陆地图审查条例

1947年6月5日（民国三十六年）国民政府公布，同日施行

第一条 凡出版之本国水陆地图，除由内政部、国防部编制者外，非经审查认可，不得注册发行。

第二条 水陆地图审查事务由内政部办理之。前项审查事务，内政部应召集国防部、教育部、外交部、地政部专门人员会同审查之。

第三条 本国水陆地图在外国印行者，非经审查认可，不得在国内发行或经售。

第四条 审查地图之种类如左：

一、本国疆域地图；

二、本国水道航行图表；

三、本国出版国际通用图表；

四、其他有关本国地理图表。

第五条 审查图表之事项如左：

一、疆界位置；

二、地方名称；

三、记载及量度；

四、图式及颜色；

五、认可之负责测绘机关；

六、其他有关事项。

第六条 业经出版之地图、水道图，如国防部认为兵要或与兵要有关者，得请内政部禁止其发行。

第七条 违反本条例第一条及第三条之规定者，得科五千元以下之罚金，并得没收其出版物。

第八条 违反本条例第六条禁止发行之处分者，依刑法治罪，并没收其出版物。

第九条 本条例施行细则由内政部定之。

第十条 本条例自公布日施行。

（录自《活叶法令》，上海昌明书店印行）

修志事例概要

1929年12月（民国十八年）内政部呈奉行政院转奉国民政府令准通行

一 各省应于省会所在地设立省通志馆。由省政府聘请馆长一人，副馆长一人，编纂若干人组织之。

一 各省通志馆成立日期、地点及馆长、副馆长，编纂略历并经费常额，应由省政府报内政部备案。

一 各省通志馆成立后，应即由该馆编拟志书凡例及分类纲目，送由省政府转报内政部查核备案。

一 各省通志馆应酌量地方情形，将本省通志成书年限，预为拟定，送由省政府转报内政部备案。

一 志书所采材料，遇有关系党务及党义解释，须向中央请示者，可随时由省政府咨达内政部转请中央核示。

一 志书文字，但求畅达，无取艰深。遇有用满、蒙、回、藏文字、注音字母以及外国文字时，得附载原文。

一 旧志舆图多不精确。本届志书舆图，应由专门人员以最新科学方法制绘精印，订列专册，以裨实用。

一 编制分省分县市舆图时，对于国界、省界，县市界变更沿革，均应特别注意，清晰划分；并加附说明，以正疆界，而资稽考。

一 各省志书，除每县、市应有一行政区域分图外，并须将山脉、水道、交通，地质、物产分配、雨季分配、雨量变差、气候变差，以及繁盛街市、港湾、形胜、名胜地方，分别制绘专图，编入汇订。

一 地方名胜、古金石拓片，以及公家、私家所藏各种古物，在历史上有重要价值者，均应摄制影片编入，以存真迹。

一 各地方重要及特殊方物，均应将原物摄制影片编入，并详加说明，以资考证。

一 志书中应多列统计表。如土地、户口、物产、实业、地质、气候、交通、赋税、教育、卫生以及人民生活、社会经济各种状况，均应分年精确调查，制成统计比较表编入。

一 各省志书，除将建置沿革另列入沿革志外，并须特列大事记一门。

一 艺文一门，须以文学与艺术并重。如书画、雕刻及其他有关艺术各事项，均宜兼采。武术、技击，可另列一门。

一 收编诗、文、词、曲，无分新旧，应以有关文献及民情者为限；歌谣、戏剧，亦可甄采。

一 旧志艺文书目，仅列书名、卷数及作者姓名，颇嫌简略。本届志书，应仿四库全书提要例，编列提要，以资参考。

一 乡贤、名宦之事迹，及革命诸烈士之行状，均可酌量编入，但不得稍涉冒滥。

一 天时、人事发现异状，确有事实可征者，应调查明确，据实编入，以供科学家之研究，但不得稍涉迷信。

一 全书除图表外，应一律以国产坚韧纸张印刷，订为线装本。

一 本概要所定办法，各省兴修志书时，得体察地方情形，斟酌损益之。

一 各县及各普通市兴修志书应行规定事项，由各省通志馆参照本概要定之。

一 各特别市兴修志书，准用本概要之规定。

各省县修志应注重革命事实令

1930年7月（民国十九年）行政院令内政部转行各省

为令行事，案准国民政府文官处第四五八八号函开："迳启者，顷准中央执行委员会秘书处第一一四二三号公函内开；顷奉常务委员交下中央党史史料编纂委员会呈，为据该会编纂陈肇琪提请，转呈中央咨行国府通令各省、县修志机关注重革命事迹，并缮送备考一案，经议决照办，抄同原件呈请鉴核施行一案，奉批交国民政府。特抄同原案函达，查照转陈等由到处。经即转陈，奉主席谕交行政院等因。除函覆外，相应抄同附件函达查照。"等由，准此，合行抄发原提案，令仰该部即便遵照转行各省、市政府饬属一体遵照办理。此令。

附：陈肇琪提案原文

为提议以本会名义呈请中央咨请国府通令各省、县修志机关注重搜集与革命有关之传记事迹，并将其所得缮送本会参考事。查历来各省、县修志，其所认为模范人物者，类皆曩习显宦、缙绅或曾受旌表褒扬之顺民，若取义成仁之革命烈士，纵不认为大逆不道，亦讳莫如深，辄任其湮没。此在军阀专政时代无怪其然。若今日本党训政，表扬烈迹，矜式民众，实为当务之急。故凡各省、县现在设有修志机关者，当由国府切实通令其注重采访当地与革命有关之传记事迹。如昔年提倡革命、反抗满清之先知先觉，以及早入本党革命之先烈前哲，皆足为一省一县生色，同时可为革命有价值之史料。一面复当饬令各修志机关，将其搜集所得之革命史料缮送会一份，俾资参考，而补征集之所不及。以上所陈是否有当，敬候决。

（录自《中华民国法规汇编》，立法院编译处编）

纂修省市县志须慎重人选令

1931年4月（民国二十年）行政院令各省通饬

为令行事，案准国民政府文管处第二二三零号函开：迳启者：准中央执行委员会秘书处第三七七五号函，为福建省党务指导委员会转呈，请令各地纂修省、县志，须聘学识优良，并富有时代思想者主编；于纂修完竣时，送请各该地高级党部审查，以杜流弊一案。经交中央宣传部核覆，应函国府通令各省、市、县政府，凡纂修新志，须会同各该地高级党部及教育行政机关，聘请学识优良，兼备有时代思想者主编，至事后送请党部审查，则可不必。奉批照办。抄呈函达转陈办理等由。准此，经即转陈。奉主席谕，交行政院等因。查各省、县志应行修理，前经国民政府于十七年十二月第十一次国务会议议决，交贵院照办。并准函覆。已分令各省政府遵办，暨令行内政部知照在案。兹准前由，并奉上因，除函覆外，相应抄同原件函达查照办理等由。准此，查修理各省、县志一案，前奉国府交院照办。经令行各省政府转饬各县一体遵照，并令知内政部在案。兹准前由，除分令外，合行抄发原件，令仰该省政府遵照，并转饬遵照。

此令。

（录自《中华民国法规汇编》，立法院编译处编）

书店售卖志书管理办法

1936年10月20日（民国二十五年）内政部警字第六一六三号通行

一、各地书店现存省、市、府、县等新旧志书，应自该书店奉令之日起，其续有出版经售之志书，应自出版或经售之日起于三日内，将志书名称、部类、种类、卷数造具清册，送该管警察机关备查，违者得予封存该项志书，必要时并得封存其底版。

二、各地书店售卖省、市、府、县等新旧志书，应开具该项志书名称、部类、种数、卷数、售价及收买人之姓名、籍贯、住址呈报该管警察机关，经调查属实批示许可后，始得售卖。违者除勒令追缴原书、扣留外，并依行政执行法第五条之规定处罚之。

地方志书纂修办法

1946年10月1日（民国三十五年）内政部公布，同日施行

第一条 地方志书之纂修，依本办法行之。

第二条 地方志书分左列三种：

一、省志；

二、市志；

三、县志。

第三条 志书纂修期限：省志三十年纂修一次，市志及县志十五年纂修一次。

第四条 各省、市、县纂修志书事宜，应由各省、市、县政府督促各省、市、县之文献委员会负责办理。

第五条 各省、市、县文献委员会编纂志书时，应先编拟志书凡例、分类纲目及编纂期限，层转内政部备案。

第六条 纂修志书应依左列规定：

一、志书文字遇有用满、蒙、回、藏文字、注音字母以及外国文字时，得附载原文。

二、志书与图以最新科学方法制绘精印，订列专册。

三、编制分省、分市、县舆图，对于国界、省界、市县界变更沿革，应清晰划分，应附加说明。

四、省、市、县志书应绘制行政区域分图，并须将山脉、水道，交通、地质，物产分配、雨季分配、雨量变差，气候变差，以及繁盛街市，港湾形势、名胜地方，分别绘制专图。

五、地方名胜古迹、金石拓片以及公家、私家所藏各种古物，在历史上有重要价值者，应摄影片编入。

六、各地方重要及特殊方物，应将原物摄制影片编入，并详加说明。

七、各省、市、县土地、户口、物产、实业、地质、气候、交通、赋税、教育、卫生以及人民生活、社会、经济各种状况，应分年精确调查，制成统计比较表编入。

八、各省、市、县志书应特列大事记一门。

九、各省市县志书艺文一门，应文学、艺术并重。如书画，雕刻及其他有关艺术事项，均宜兼

采，武术、技击另列一门。

十、编列诗、文、词、曲，无分新旧，但以有关文献及民情者为限，歌谣、戏剧亦可甄采。

十一、各省、市、县志书艺文书目，应仿四库全书提要例，编列提要。

十二、凡乡贤、名宦之事迹，及革命先烈暨抗敌殉难诸烈士之行状，均可酌量编入，但不得稍涉冒滥。

十三、天时、人事发现异状，确有事实可征者，应调查明确，据实编入。但不得稍涉迷信。

十四、省、市、县志书除图表外，应一律以国产坚韧纸张印刷，订为线装本。

第七条　各省、市、县志书编纂完成，应将志稿送请内政部核定。俟核完后，始能付印。前项志稿之核定，由内政部组织志书审核委员会办理之。

第八条　各省、市、县志书印刷完成后，应分送行政院、内政部、国防部、教育部、中央图书馆暨有关机关备查。

第九条　本办法自公布日施行。

（录自《活叶法令》，上海昌明书局印行）

铁道部出版品管理办法

1935年6月2日（民国二十四年）铁道部公布

第一条　本部出版品由秘书厅图书室管理之。

第二条　图书室管理本部出版品之范围计分：（一）保管，（二）销售，（三）赠送，（四）交换等四项。

第三条　凡本部一切出版品一经印成，应即由主管印刷处所悉数点交图书室接收，并由图书室填给收据（格式甲附）。

第四条　出版品应分：（一）价售品，（二）宣传品，（三）非卖品三种价售品、以售买为原则。宣传品凡索赠者，即可酌发。非卖品须经该原编辑处与图书室商定后方得分发。

第五条　前条出版品之分类，得由该原编辑处所与图书室协商定之，但于必要时图书室得变更其分类。

第六条　凡出版品之赠阅与外间刊物交换等事，概由图书室处理之。

第七条　凡交换得来之刊物归图书室收受陈列。

第八条　图书室得编印本部出版品目录。

第九条　图书室应将每种出版品之收发数目逐日登记，每月呈报一次。

第一〇条　凡价售刊物应由图书室编制价目单存出纳科，以为售书计价之根据。

第一一条　购书人应先向出纳科缴纳书价，出纳科于收款后发给领书证，购书人即持领书证向图书室换取领书证上所载种类数量之刊物。

第一二条　本部出版品之发行概用本部图书室名义。

第一三条　本办法如有未尽事宜，得随时修正之。

第一四条　本办法自公布之日施行。

铁道部出版品代售办法

1936年4月10日（民国二十五年）呈奉核准

第一条 凡本部定价发售之出版品，各商号或团体如愿代售者，均得向本部图书室接洽办理。

第二条 代售之商号以经向地方主管官署注册领有营业执照者为合格，团体以经合法登记者为合格。

第三条 凡请求代售出版品之商号或团体，应先向本部图书室索取代售出版品声请单，依式填明加盖印章，径送图书室经审查合格后再行通知来部，正式签订代售契约。

第四条 代售出版品之商号或团体，应审察推销能力，酌定每批领销各种出版品数目，将来售余退还时不得超过原数百分之四十。

第五条 按照出版品种类代售酬金分为甲乙两种，（甲种：规程通则表册等出版品属之；乙种：除规程通则表册外其他皆属之。）甲种抽取百分之二十，乙种抽取百分之四十，均照本部图书室所印出版品价目表抽取之，所有推销上所需费用概由代售人自理。

第六条 代售之出版品，每种得酌量另发数册作为样本，由代售人陈列宣传，但停止代售时仍应交还。

第七条 代售之出版品，如有因保管不慎而致污损等，事应由代售人负责赔偿。

第八条 代售出版品之商号或团体，每隔三月结帐一次，届期应将所售得之书价按照第五条之规定扣除酬金外，悉数缴付本部图书室转送出纳科掣给正式收据为凭。

第九条 代售之出版品，如查有缺少页数时，即得将原书退还调换。

第一〇条 本办法自呈奉核准之日施行。

审查医学图书规则

1936年5月26日（民国二十五年）教育部医学教育委员会编审委员会制订，教育部公布

第一条 本委员会根据教育部医学教育委员会编审委员会规则第七条之规定，受教育部之命，审查医学图书：

一、医学院校教科及参考书籍；

二、护士职业学校教科及参考书籍；

三、助产职业学校教科及参考书籍；

四、中小学卫生教材及参考书籍（关于中小学卫生教科书，仍归国立编译馆办理）。

第二条 一、凡编著之书籍，其取材内容与教育部颁行之大学医学院医科及医学专科学校暂行课目表暨设备标准、大学医学院及独立医学院或医科教材大纲、医学专科学校教材大纲暨护士及助产职业学校课程标准相符者，为教科书。

二、凡编著之书籍，其取材内容与上述教育部颁行之课目及设备标准或教材大纲大体符合，但不违背教育原理者，为参考书。所有完全由原文翻译之书籍，亦为参考书。

第三条 呈请审查医学图书，应直呈教育部发交本委员会办理。本委员会审查之图书，呈由教育部

核发呈请人。

第四条　呈请审查医学图书时，应按全书定价之二十倍呈纳审查费，如系完全由原文翻译之参考书，并应附呈原书一份外，其余均遵照教育部公布之修正教科图书审查规则办理。

第五条　呈请审查医学图书时，应参照本规则第二条之规定分别声明，其请求审查之图书为教科书或为参考书。

第六条　呈请审查医学图书，其内容关于事例、引证、统计数字，以及图表等项材料，应注明各该项材料来源。

第七条　经本委员会审查合格或不合格之医学图书，呈由教育部核定后，在教育公报上宣布之。

本规则经呈由教育部核准公布日施行。

（录自《图书年鉴》二编，杨家骆编）

审查中医药图书暂行办法

1940年12月（民国二十九年）卫生署公布

第一条　中医药图书之审查，除教科图书由教育部另行审查及法令别有规定外，依本办法之规定。

第二条　中医药图书发行人或著作人，应于图书发行前呈送卫生署审查，经许可给证后，方准发售。

第三条　中医药图书在本办法施行前业已发行者，应于本办法施行后一年内补送审查。

第四条　依本办法呈请审查图书者，应附送该项图书或原稿二份，并预缴许可证之印花税费。许可证之印花税费于审查不合格时，仍予发还。

第五条　经审查许可之图书，由卫生署给予许可证，并刊登政府公报公告之。呈送审查之图书，在审查期间，原呈请人如欲将内容修改，得随时具呈声明。

第六条　呈送审查之图书，如有应行纠正者，由卫生署签示要点，饬原呈请人修改，半年为期，逾期不遵照修改呈核者，其呈请案应即撤销。

第七条　凡定价过高之图书，卫生署得令原呈请人酌减。

第八条　经审查不准发行，或未遵照指示修改之图书而擅自发行者，卫生署得转知内政部予以查禁。

第九条　经审查许可之图书，应于末幅标明某年月日经卫生署审查许可字样，并标明许可证字号。

第十条　经审查许可之图书，如原呈请人将内容变更者，须于两个月内呈请覆审；逾期不呈请覆审者，其许可证作为无效。

第十一条　经审查许可之图书，如遇事实变更，经卫生署饬令修改内容者，原呈请人应于三个月内遵照修改呈核；逾期不修改者，其许可证作为无效。

第十二条　经审查许可之图书，其许可证有效期间暂定为十年。期满三个月前，原呈请人应将图书重送审查；逾期不送审查者，其许可证作为无效。

第十三条　依前三条规定，许可证应作无效之图书不得再行发售。

第十四条　本办法由卫生署呈准公布施行。

（录自《警察法规汇编》）

首都警察厅取缔印刷业规则

1931年4月（民国二十年）首都警察厅公布

第一条 本规则凡以机械或印板及其他化学材料印刷中外文书图画为营业者，均适用之。

第二条 凡为前条营业者，无论专业或兼业，均应取具铺保，呈报该管警察局转呈本厅核准，给予开张执照，方能营业。

第三条 请领前项执照，须详载左列事项：

一、印刷所牌号及所在地；

二、店主及经理人姓名、籍贯、住址（如系合股者应将股东籍贯、住址一并注明）；

三、资本总额；

四、伙友及雇工之人数。

第四条 请领前项执照时，应缴纳执照费银一元。

第五条 凡经呈准本厅给照开张之印刷店铺，有变更前条所载营业状况时，须将原照缴由该管警察局转呈本厅核发新照。

第六条 凡营印刷业者，于承受委托印刷物时，应注意左列各事项，如有各款情事之一者，不得印刷：

一、违背党义者；

二、妨害治安风俗者；

三、抵触政令及揭载军事、外交未经公布之秘密者；

四、曲庇犯罪人、刑事被告人或陷害刑事被告人者；

五、轻罪、重罪之预审案未经公判者；

六、无端攻讦他人，损害名誉者。

第七条 凡印刷出版物者，应遵照图书出版条例办理。

第八条 凡营印刷业者，对于承受印刷之刊物，如有认为无第六条规定各款情形时，得先行印刷；惟印刷后须将印件加盖本铺戳记，呈由该管警察局转呈本厅审核，并将委托印刷人之姓名、住址登记备查。

第九条 凡营印刷业者，如遇本厅调取原稿时，不得故事迟延，焚毁、隐匿或抽换消灭之。

第十条 如承印族谱、讲义、契券、凭照、号单、照片以及请帖、贺笺、讣闻、哀启、名片等物，不适用前条之规定。

第十一条 违反本规则第二、第四、第五各条之规定者，除责令补正外，并科以相当处罚，其呈报不实者亦同。

第十二条 违反本规则第六条至第九条之规定者，按其情节轻重，得依据违警罚法处罚，或送法院分别办理。

第十三条 凡营印刷业者，闭歇时，须将原领开张执照报请注销。

第十四条 本规则呈请内政部核准施行，如有未尽事宜，得呈请修正之。

（录自《图书年鉴》二编，杨家骆编）

广州市印务店登记领证办法

1933年7月10日（民国二十二年）西南执行部第七十六次常会通过

一、凡在广州市区内开设之印务店，一律须到本会登记，经本会核发印刷许可证后，方准承印各种出版品。

二、凡印务店声请登记时，须来领取登记表，切实填报。登记表之格式由本会制发之。

三、印务店登记领证概不收费。

四、各印务店领得本会印刷许可证后，须将该证装置镜架，悬挂店内。

五、各印务店如有印刷各种反动或淫亵出版品时，本会除将其许可证没收，禁止营业外，并依法究办。

六、各印务店如歇业时，须将许可证呈报注销。

七、本办法自公布后施行。

（录自《中华民国法规汇编》，立法院编译处编）

南京特别市市政府公安局管理印刷营业规则

（颁布年月不详）

第一条 凡在本市以机械或印板及其他化学材料印刷中外文书图画为营业者，均依照本规则之规定管理之。

第二条 凡为前条营业者，无论专业或兼业，均应先行呈请该管区署转呈公安局核准给照，方得开业。其在本规则施行前已为印刷营业者亦同。

请领前项执照时，应缴纳执照费银一元。

第三条 请领前项开张执照时，须详载左列事项：

一、印刷所牌号及所在地；

二、店主及经理人或合伙者之姓名、年龄、籍贯、住址；

三、资本总额；

四、伙友及雇工之人数。

第四条 已经公安局许可之印刷营业，状况如有变更时，应随时呈报该管区署转呈公安局查核。

第五条 违反本规则第二、第三、第四各条之规定者，除责令补正外，并科以五元以上、十五元以下之罚金。其呈报不实亦同。

第六条 凡印刷营业者，于承受委托印刷刊物时，应随时开具印刷物之目录，呈送该管区署转呈公安局审核。

该管区署接到前项目录后，如认为有违反本党主义，抵触政令或妨害治安及揭载军事、外交未经公布之秘密与其他攻讦曲庇者，得调取其印刷物或原稿呈送公安局，审查属实，应禁止其印刷，并得勒令停止营业或追究之。

第七条 凡印刷营业者，如遇公安局调取印刷物或原稿时，不得故事迟延及毁灭、隐匿、抽换、减少之。

第八条 凡印刷营业者，对于承受印刷之刊物，如果确认无第六条规定之情形时，得先行印刷。每三日将各项目录汇开总目，加盖本铺戳记，呈由该管区署转呈公安局审核。并应将委托印刷人之姓名、住址登簿备查。

第九条 如承印族谱、讲义、奖券、凭照、号单、照片以及请帖、贺笺、讣闻、哀启、名片等物，不适用本规则之规定。

第十条 违反本规则第六条至第八条之规定者，按其情节轻重，得照违警罚法处罚或送法院分别办理。

第十一条 本规则如有未尽事宜，得呈准市政府修正之。

第十二条 本规则自呈奉市政府核准备案施行。

（录自《南京特别市市政法规汇编》初集）

各书摊报贩登记领证办法

1933年3月21日（民国二十二年）西南执行部制发

一、凡本市书摊及报贩营业者，须亲到本会登记。经本会核发营业许可证后，方准贩卖各种图书、杂志、大小报纸等刊物。

二、各书摊及报贩营业者，到本会登记时，须填具登记表，附呈最近本人二寸半身相片二张。登记表之格式由本会制发之。

三、登记领证概不收费。

四、本会所发给营业许可证，其属于书摊者须悬挂于书摊，其属于报贩者须随身携带。

五、各书摊报贩领证后，如有贩售反动及淫亵刊物时，本会除将其营业许可证没收，永远禁止营业外，并得将其拘送主管机关，依法究办。

六、本办法自公布后施行。

（录自《中华民国法规汇编》，立法院编，民国二十四年辑）

书店登记取缔规程

1934年1月22日（民国二十三年）西南执行部会议通过，西南政务委员会颁布

第一条 本会为彻底防止反动宣传起见，对于本市（区域暂定本市，必要时得扩大之）书店立案营业，认为有予以取缔之必要，特参照十八年中央宣传部书店登记取缔办法，举行书店登记取缔。

第二条 凡本市书店之设立，应于开始营业前十五日，到本会填具声请书表，并觅殷实保铺（营业证之资本额在五千元以上者，得免除铺保之手续），声请为左列各款事项之登记：

一、书店名称。二、营业地址。三、股东姓名。四、司理人姓名、住址。五、资本额。六、保铺字号。七、保铺营业地址。八、保铺资本额。九、保铺司理人姓名、住址。十、备考。

附列

一、凡在本市各马路街段摆卖书籍报纸者，由公安局另发给认可证，始准营业。

二、如发觉书摊有违犯本规程第八条之行为者，由公安局取销其认可证，停止其营业。

第三条　在本规程施行前业已设立营业之书店，应于本规程公布施行一个月内，到本会声请为前条之登记，始准继续营业。

第四条　第二条所定声请登记之事项有变更时，应于变更后七日内为变更登记之声请。

第五条　书店为前条及第二条、第三条之登记，免收费用。

第六条　凡本市书店之设立，经向本会登记核准后，由本会发给登记许可证，交其收执。

第七条　书店领有登记许可证后，依照商店营业法规，连同登记许可证向主管机关缴验，始得领取营业证。凡未经领有登记许可证者，各主管机关不得发给营业证。

第八条　书店经登记核准设立后，不得发售或代销反动及有伤风化之书籍。

第九条　书店发售之一切书籍，无论代售或出版，均应先行将样本送由本会审查，发给准售证后，始得发售。

第十条　如书店有违犯第八条、第九条之规定，得由本会依法处以罚金、或停止其营业。

第十一条　本规程自公布日施行。

（录自《中华民国法规汇编》，立法院编译处编）

印刷所承印未送审图书杂志原稿取缔办法

1939年6月14日（民国二十八年）内政部颁布

一、为取缔各地印刷所承印未送审图书，杂志原稿起见，订定本办法处理之。

二、各地印刷所对于未取有中央或地方图书杂志审查委员会审查证之图书、杂志，或原稿及清样未盖有当地审查机关签盖之"审讫"图记者，不得印刷。但左列图书杂志，不在此限：

（一）自然科学及应用科学之无关国防者；

（二）大、中、小学与民众学校教科书，其应送教育部审定者；

（三）纯粹学术著述，其内容不涉时事问题及政治、社会思想者；

（四）中国国民党各级党部、各级军政机关之公报及具有公报之性质者；

三、各地印刷所如违反前条规定时，分别予以处分。其办法如下：

（一）警告；

（二）没收承印该项图书、杂志印刷费之一部或全部；

（三）除没收全部印刷费外，再处罚该印刷所五十元以上、三百元以下之罚镪。

四、凡印刷所经发觉违反本办法第二条规定者，依前条第一款之规定办理。

五、凡曾受警告而又违反本办法第二条规定者，依第三条第二款之规定办理。

六、凡曾受没收印刷费处分而又违反本办法第二条规定者，得依第三条第三款之规定办理。

七、各地图书杂志审查委员会依法决定处分后，送当地市、县政府或警察局执行。

八、各地图书杂志审查委员会得随时派员检查各印刷所。但检查人员执行职务时，须出示证明文件。

九、检查人员如发觉有违反规定之印刷物，得出具收据，取回样品一二份。并得于必要时，由该印刷所主管人员出具确曾承印该项图书、杂志之证明文件。

十、各地图书杂志审查委员会处分违反规定案件情形时，须呈报中央图书杂志审查委员会审核。

十一、本办法未定事项，依其他有关之法令办理之。

（录自《中央战时法规汇编》下，江西省政府秘书处编印）

书店、印刷店管理规则

1942年5月5日（民国三十一年）行政院公布，1943年5月5日（民国三十二年）行政院修正，1943年9月28日（民国三十二年）行政院再修正

第一条 书店、印刷店之管理，除法令别有规定外，依本规则之规定。

第二条 本规则所称书店，指经营图书、杂志及其他出版品发行或代售之商店。所称印刷店，指经营印刷业之商店。

第三条 本规则所称地方主管官署，在县、市为县、市政府。在直隶于行政院之市，为社会局或警察局。

第四条 凡开设书店或印刷店者，须开具左列事项声请地方主管官署核准发给许可执照后，始得开业：

一、书店或印刷店之名称及地址；

二、店主或经理之姓名、年龄、籍贯、经历及住址；

三、店员及其他使用人之姓名、年龄、籍贯及住址；

四、资本金额；

五、业务范围；

六、营业组织。

在本规则施行前已开该书店及印刷店者，应于本规则施行后三个月内，依照前项规定补请核许可执照。

第五条 地方主管官署接到前条之声请，于审查合格后，填发许可执照。并按季汇报省政府民政厅图书杂志审查处及同级级党部，或直隶于行政院之市政府、市图书杂志审查处及同级党部，转报中央宣传部，内政部、经济部、教育部及中央图书杂志审查委员会备查。

前项审查，在设有图书杂志审查处或分处地方，应会商该审查处或分处办理之。

第六条 书店、印刷店应依其营业组织为公司登记或商业登记；其所设印刷部分，并应为工厂登记。

第七条 书店、印刷店应依法组织同业公会或加入商会。

前项同业公会对于会员有不遵守本规则者应加劝告。劝告无效，向地方主管官署检举之。

第八条 书店、印刷店有左列情形之一时，应向地方主管官署呈请核准。

一、变更名称或地址者；

二、变更店主或经理者；

三、所设工厂停业或歇业者；

四、变更业务范围者。

因前项第一款或第二款所定事项之变更而呈请核准者，应附缴原执照，换领新照。

第九条 书店有左列情形之一时，应向地方主管官署呈报备案。

一、变更店员或其他使用人者；

二、变更资本金额者。

第十条 书店、印刷店有第八条、第九条各款之一，经核准备案者，地方主管官署应依第五条之规定，按季分报备查。

第十一条 书店发行或代售之图书、杂志及其他出版品，应按月造具目录二份，分送地方主管官署及当地图书杂志审查处或分处，并由地方主管官署按季汇编目录，呈送省政府、民政厅、图书杂志审查处及同级党部，或直隶于行政院之市政府市图书杂志审查处及同级党部，汇送中央宣传部、内政部、教育部及中央图书杂志审查委员会。

印刷店承受印刷之图书、杂志及其他出版品，应按月造具目录二份，分送地方主管官署、同级党部及当地图书杂志审查处或分处。

第十二条 书店不得发行或代售曾经法令所禁止之图书、杂志或其他出版品。

第十三条 印刷店对于依法令应经审查之图书，杂志或其他出版品原稿，在未经证明审查前，不得印刷。其就原版改印或翻印者亦同。

第十四条 书店、印刷店不得为集会、结社之所。但董事会等业务会议，不在此限。

第十五条 书店、印刷店于必要时得由地方主管官署或当地图书杂志审查处或分处派员检查其发售或印刷状况。但检查人员执行职务时，须出示证明文件。

前项检查人员如发现该书店或印刷店有发售或印刷违禁图书、杂志或他出版品时，应迳予没收。其未经法令禁止而认为内容不妥或不符法令规定者，应给予收据，取回样本。该项发售或承印品得暂行封存，并饬该书店或印刷店具结证明。

第十六条 违反第四条之规定而开设书店或印刷店者，予以停业处分。

第十七条 书店发行经教育部审定之中、小学教科书，在未呈经主管官署转呈教育部核准前，不得任意涨价。并应继续供应需要。

第十八条 书店或印刷店违反第六条、第七条第一项，第八条、第九条、第十一条、第十七条之规定者，处以有期间之停业，并勒令遵办。

第十九条 书店违反第十二条之规定者，予以警告，并扣押该项存本及底版。

曾受前项处分而仍发售违禁之图书、杂志或其他出版品者，依出版法第四十九条办理，并得撤销许可执照。

第二十条 印刷店违反第十三条之规定者，予以警告，并扣押该项承印品及底版。

曾受前项之处分而仍印刷未经审查之图书、杂志或其他出版品者，除扣押该项承印品及底版外，并得科罚其印刷费之一部或全部。其情节重大者，并得撤销其许可执照。

印刷店违反出版法规定之限制或禁止者，依其规定办理。

第二十一条 书店或印刷店违反第十四条、第十五条之规定者，予以警告。其情节重大者，依法罚办。

第二十二条 各该业同业公会违反第七条第二项之规定者，予以商业同业公会法第四十四条之处分。在印刷业，呈由经济部依法处罚之。

第二十三条 本规则规定之停业及撤销许可执照处分，由地方主管官署执行。其属于出版法罚则规定事项，应依法移送法院审判执行。

本规则之警告、扣押、没收处分，由当地之省、市图书杂志审查处或县、市分处执行。其未设有图书杂志审查处或分处者一并由地方主管官署执行。

当地图书杂志审查处或分处，如发见书店或印刷店有本规则第十六条至二十一条规定情事，应受停业或撤销许可执照之处分时，得呈经中央图书杂志审查委员会核定后，请地方主管官署分别依法办理之。

第二十四条 前条各款之执行及办理结果，应由各该官署依第五条之规定，分报备查。

第二十五条 本规则自公布日施行。

附 核准书店印刷店营业季报表式（一）

XX省（市）XXXX县（市）核准书店印刷店营业季报表　　　　　年 月至 月

书店或印刷店名称	地址	店主或经理姓名	资本金额	业务范围	核准日期	许可执照号码	备考

　　附注：地方主管官署（县政府省辖市政府直隶于行政院之市社会局）或直隶于行政院之市政府依书店印刷店管理规则第五条第一项之规定，填送季报时，均适用此表式。

核准书店印刷店营业季报表式（二）

XX省核准书店印刷店营业季报表　　　　　年 月至 月

县市别	书店或印刷店名称	店主或经理姓名	资本金额	业务范围	核准日期	许可执照号码	备考

　　附注：省政府民政厅依书店印刷管理规则第五第一项之规定，填送报表时适用此表式

目录表式（一）

XX省（市）XX县（市）XX书店发售图书杂志及其他几点品目录表　　　　　年 月 日

出版品名称	编著人姓名	审查证号码	发行或代售	出版年月	定价	备考

　　附注：1书店依书店印刷店管理规则第十一条第一项之规定填报目录表时适用此表式，并由地方主管官署汇呈转报。

　　2、表内发行或代售一栏如系本店出版发行者填报发行二字，系代他店经售者填代售二字，并应于备考栏注明何家书店出版及其地址。

250

目录表式（二）

XX印刷店承印图书杂志及其他出版品目录表　　　　　　　　　　　　　　　年　月　日

印刷品名称	编辑人姓名	委托印刷者		审查机关	承印日期	承印数量	备考
		姓名	住址				

附注：印刷店依书店印刷店管理规则第十一条第二项之规定填报目录表时适用此表式

（录自《国民政府司法例规补编》）

修正书店印刷店管理规则第二十五条、第二十六条条文

1944年3月14日（民国三十三年）行政院公布

第二十五条　凡往来街市、戏院、茶馆、酒肆、轮船、火车，或其他公共场所，经售通俗书刊无固定铺店之流动书贩，应开具左列事项，向地方主管官署申请登记。合格者发给登记证，准许营业。不合格者禁止营业。

一、姓名，年龄，性别、籍贯；

二、永久及临时住址；

三、往来营业地点；

四、资本金额；

五、铺保名称、地址、资本金额及店主姓名、职业。

登记合格之流动书贩，将经售书刊编造目录二份，载明书刊名称、册数、价格及原购处，以一份缴呈地方官署，一份带身旁备查。其经售书刊，除应得原购处折扣之利润外，应照规定价格出售，不得提高价格。

地方主管官署于开始举行登记前，应举行调查，并规定登记期间，通告周知。以后并应每半年调查一次。

第二十六条　本规则自公布日施行。

邮局代订刊物简章

1934年4月1日（民国二十三年）交通部公布

第一条　邮局代订之刊物，以具备左列各款者为限：

甲、在设有中华邮政局所之地方出版者（现在先就设有邮局各地试办）。

乙、新闻纸、杂志发行满一年者。

丙、曾在邮局挂号，认为新闻纸类者。

丁、每期发行数目新闻纸在五千份以上，杂志在一千份以上者。

第二条 凡欲作为邮局代订刊物者，应由发行人依式填具邮局制就之声请书，附缴登记费国币十元，向该管邮政管理局声请登记。

声请书所列各款，如有变更，应随时函报该管邮政管理局。

第三条 邮政管理局对于声请登记之刊物，如查与本简章第一条规定相符者，即将该刊物编号登记，填给登记执据，认为邮局代订刊物。

发行人有违反法令或邮局章程时，前项登记执据邮局得撤销之。

第四条 已登记之刊物得由各邮政局、所代订，并由登记之邮政管理局于核准登记后，应将刊物详情通知全国各局、所张贴长期通告（现在先由各邮政管理局及各一、二、三等邮局试办）。

第五条 委托邮局代订之刊物，其订阅期间，新闻纸至少为三个月，杂志至少为半年。

第六条 委托邮局代订刊物者，应缴清售价及寄费，并依式填具邮局制就之托订刊物单两份，交由代订之邮局办理。

售价、寄费之汇费，邮局一概免收。但汇费超过每元二分时，得依其超过之数，征收补水费。

邮局收到售价、寄费或补水费，应给予收据为凭。

第七条 邮局代订刊物，应按该刊物售价扣除手续费，计杂志百分之十五，新闻纸百分之三十，其余数即汇寄发行人。由发行人缮具定单，寄回存查。

售价如运寄费在内者，亦同样扣除手续费。但寄费另有规定不在售价之内者，应将寄费全数寄交发行人。

第八条 邮局代订刊物时，应依次编一订户号数。发行人交寄刊物以及与邮局互相查询时，均应注明此项订户号数。

第九条 发行人应将刊物付足邮费，按期汇齐封寄。代订之邮局收拆转送订户，并于封面书明邮局所编订户号数及刊物份数。

第十条 邮局代订之刊物，如有中途停刊遗漏，或因故被扣情事，邮局概不负赔偿责任。惟可代为查询。

第十一条 本简章于呈奉交通部核准公布日施行。

（录自《中华民国法规汇编》，立法院编译处编）

邮局代订刊物办事细则

1934年4月1日（民国二十三年）交通部公布

第一条 邮政管理局收到刊物发行人声请书并登记费时，如所开各款均经查明属实，并核与邮局代订刊物简章第一条各款及邮局挂号执据存根相符，即将该刊物编号登记，发给登记执据，作为邮局代订刊物，并将原声请书粘附登记执据存根内备查。

前项登记费，应在损益帐内营业收入门第二项第三目后加添第四目"代订刊物登记费及手续费"一栏内入帐。并在收支员现金帐单内添列"代订刊物登记费及手续费"一格。

第二条 凡已登记之刊物，应由核准登记之管理局，将刊物详情依左列各款通令所属知照，并通函各区转知，一面将该通函录呈邮政总局备案：

一、刊物名称；二、登记执据号数；三、发行地址；四、几日发行一期；五、每期发行份数；六、每三个月，半年及一年之售价及寄费。前项各款遇有变更时应即通令及通函更正。

第三条 代订刊物各局、所于接到刊物登记之通知后，应将刊物详情缮具小条，粘贴于代订刊物一览表上，张贴局前公示。遇有变更时，应随时更正之。

代订刊物一览表，由各邮政管理局发给。每年新换一次。

第四条 代订刊物各局所应备具托订刊物单，订户得免费索取。订户填就之托订刊物单，一份存局备查，一份由局随同月帐寄缴管理局查核。

第五条 代订刊物各局、所应备具代订刊物三联单。第一联擎给订户作为代订刊物收据；第二联随同汇款寄交发行人；第三联作为存根，并将托订刊物单粘贴其上备查。

第六条 代订刊物各局、所应将代订之刊物，按每一信差投递地段，各备"代订刊物投递一览表"载明左列各款按照投递：

一、订户号数；二、订户姓名；三、订户详细地址；四、刊物名称；五、起讫日期。

第七条 邮局代订刊物简章第六条第二项之补水费，应登列随发汇票登记簿内，照普通汇票之汇费及补水费入帐。

第八条 代订刊物之局、所对于所收刊物售价（其售价连寄费在内者亦同），除按邮局代订刊物简章第七条扣除手续费外，其余数应于当日开发公事汇票，随同代订刊物单一并寄交发行人。如寄费另有规定，并在售价之内者，即以该寄费全数并入上述扣余之售价内开发公事汇票。邮局代订刊物之手续费，应登入本细则第一条第二项所规定之帐目内。

关于代订刊物之公事汇票，应在汇票登记簿"附注"栏内填明"代订刊物"字样。

第九条 各局所封发及转递邮局代订刊物时，应于寄信清单内注明备查。如遇刊物种类过多时，得由原寄局、所另立寄信清单，直接封寄。

第十条 代订刊物之局、所收到代订刊物时，应先查明封面所书份数及订户号数与内容是否相符，然后交由信差按照代订刊物投递一览表分别投送。

第十一条 邮局代订刊物简章及本细则规定之各书式单据，均由邮政总局核定之。

第十二条 本细则于呈奉交通部核准公布日施行。

（录自《中华民国法规汇编》，立法院编译处编）

邮局代购书籍章程

1934年9月12日（民国二十三年）交通部公布

第一条 各地邮局，得依该局开发汇票之限额及本章程之规定，代人定购书籍。

第二条 凡委托邮局代购之书籍，以经邮政总局登记而未撤销为限。

第三条 依邮局代购书籍声请登记规则登记之书籍，由邮政总局汇刊代购书目。

代购书目应于每月或每季刊行一次，并须于每年汇编总目。

代购书目应分别载明书类、书名、著者或译者姓名、发行人姓名、住址、发行年月、版次、版本、装订样式、册数、邮费、实售价目、登记邮区及号数。并得附载不逾五十字之简单说明。

第四条 邮政总局刊行之代购书目，应随时分配于全国各地邮局，置于公开处所，任人阅览。

前项代购书目并得定价售卖之。

第五条 委托邮局购买时，应由购买人依式填具邮局制就之声请购书三联单。

第六条 委托邮局购书时，购书人应按照代购书目所列预缴：

一、书籍实价之全部（发行人门庄另售实价）；

二、邮费（连挂号或快递费）；

三、按本章程第十二条应收之汇费。

缴清后由邮局给予收据为凭。

第七条 发行人接到邮局寄来之声请购书单第三联及副联后，须将所购书籍检齐。按邮政总局代购书目所刊书价开明发票，连同原声请购书单副联妥为包扎，按购书人指明办法（挂号或快递），纳足邮费寄交代购邮局收受。并于封面附注购书人姓名、住址及书单号数。

第八条 发行人对于所购书籍不能照寄时，应将原声请购书单第三联批明缘由，加封退还代购邮局，转知购书人。

第九条 发行人对于所购各种书籍如仅照寄其中一部者，应将不能照寄之缘由于原声请购书单副联上批明之。

第十条 书籍寄到后，由代购邮局通知购书人，凭第六条之收据到局换取书籍。

第十一条 书籍交清后，邮局即按书价之全部扣除手续费，将余数及寄费（连挂号或快递费）于当日开发汇票，连同购书单副联汇交发行人。代购书籍手续费为百分之二十，但得随时增减之。

第十二条 书价及寄费汇时免收汇费。但汇费超过每元二分时，得向购书人征收其超过之数。

第十三条 购书人于取书时，须即时核对。如书籍与原声请购书单内所列不符时，得凭原收据向邮局索还预缴之书价、邮费、汇费。同时将原书交局，退还发行人。

退还之邮费，应由邮局向发行人征收之。

第十四条 如定购之书籍寄到或无法投递，或经两次通告，购书人不到局领取已逾两个月时，邮局当将原书退还发行人，并汇还其邮费（挂号费、快递费在内）。

因前项情形退还书籍时，邮局于退还后三个月以内，依购书人之请求发还其书价之七成，逾期不得再行请求。

购书单之书价未满一元者，购书人不得请求发还。

第十五条 定购之书籍已逾三个月（新疆、甘肃、陕西、云南、贵州、四川、西康等边远省区半年），而发行人未照寄时，经购书人之请求，应将预付邮费、汇费及书价全部发还之。发还预付邮费、汇费及书价时，应将原收据收回注销之。其发还之邮费，应由邮局向发行人征收之。

第十六条 定购之书如有遗失、损坏或须查询等情事，均依邮政章程办理。

第十七条 本章程施行日期以命令定之。

（录自《中华民国法规汇编》，立法院编译处编）

邮局代购书籍办事细则

1934年9月12日（民国二十三年）交通部公布

第一条 各区邮政管理局收到本区内书籍发行人声请登记单时，应依邮局代购书籍声请登记规则之规定，详细审核。如与规则相符者，即将声请登记之书籍编号，由邮务长签名盖印，迳寄邮政总局。其不符者，应拒绝登记，并将登记费发还之。

第二条 邮政总局收到各区寄来声请登记单后，应按规定程式及期限，汇刊代购书目，按期分发各地邮局陈列及售卖。

分发各地邮局之书目，其期次、数目及发寄日期，应由总局同时通知各区管理局存查。

第三条 代购书目之印刷，得委托商人办理之。并得附载广告。

第四条 已经登记之书籍，如因故撤销登记或停止定购时，应于代购书目中注明之。

第五条 各地邮局陈列之代购书目，应按期编次，并于年终汇订成册。

第六条 邮政总局发给各局备售之代购书目，除本细则另有规定外，概依其他邮政出版物办法办理。

第七条 各地邮局应备具声请购书三联单，供购书人免费索取，依式填写。其第一联（即声请购书单）存局备查，第二联（即购书收据）掣给购书人作为收据，第三联（即购书通知单）及其副联由邮局签给购书人，由其直寄发行人。

发行人不同之书籍，不得同列于一声请购书单内。

第八条 各地邮局备具之声请购书三联单，由各管理局会计处于发给应用之前，照国际汇票收据办法，预为依次编列号数。

第九条 各地邮局收到代购书籍后，应缮发领取购书通知单，通知购书人到局取书。

第十条 各地邮局应于购书人领取书籍时，将包内所附声请购书三联单之副联收回，退还发行人。

第十一条 邮局代购书籍所收登记费及手续费，应在损益帐内营业收入门第二项第四目后加第五目"代购书籍登记费及手续费"一格。

第十二条 邮局代购书籍汇款所收汇费，应登列"随发汇票登记簿"内，照普通汇票之汇费及补水费入帐，并于登记簿内注明"代购书籍"字样。

第十三条 邮局代购书籍预收书价、邮费及汇费，应另立专册，作为收款登记，每项注明购书单号数。每次结帐时，将其总数登入"代购书籍登记费及手续费"项下，并注明"预收书价"字样。

预收书价、邮费及汇费汇交发行人或退还购书人时，均于专册作为付款登记，并注明相关汇票及收据之号码。

第十四条 汇交发行人之书价及邮费之汇票，应附粘购书单副联，并于该联上注明所扣手续费之数目及实际汇出之数目。

第十五条 依代购书籍章程第十三、十五两条第一项之规定，退还购书人预付书价及邮费、汇费时，应即缮发退还购书通知单，通知发行人缴付应纳之邮费，并同时通知其所在地之邮局。

第十六条 邮局代购书籍章程及本细则规定各种单据，由邮政总局另定之。

第十七条 本细则自邮局代购书籍章程施行之日施行。

（录自《中华民国法规汇编》，立法院编译处编）

中央图书杂志审查委员会组织规程

1934年4月5日（民国二十三年））

（一）中央宣传委员会为审慎取缔出版刊物，增进审查效能，并减除书局与作家之损失起见，特设立本会。

（二）本会设委员七人至九人，由中央宣传委员会聘任之，并指定三人为常务委员。

（三）本会设秘书一人，由委员兼任，承委员会及常务委员之命，办理本会一切事务。并分设总务、文艺、社会、科学三组，每组设组长一人，副组长一人，干事若干人。除由中央宣传委员会函党政机关调用外，得设专任干事、录事若干人，办理会中文书、会计、庶务等事务。

（四）本会成立后，由中央宣传委员会通告各出版机关，将出版书刊稿件送本会审查。

（五）本会遵照中央颁布之宣传品审查条例及审查标准、出版法、出版法施行细则等法令审查一切稿件，其详细办法另定之。

（六）本会每周经审稿件之审查意见，呈报中央宣传委员会备案，如认为有疑异之稿件，应将原件及审查意见随时送核。

本会每月将经审查通过之书刊稿件名单分别汇成表册，送内政部一份备查。

（七）本会对于认为应行处分之书刊稿件，应呈请中央宣传委员会查核办理。

（八）图书杂志出版后，除应依照出版法第十三条及第十五条之规定，每种送内政部二份外，并应送本会三份，以便核对转存。

图书杂志出版后，如发现与审查原稿不符时，由本会呈请中央宣传委员会转内政部予以处分。

（九）本会之经费预算另定之。

（十）本规程经中央宣传委员会主任委员核准，呈常会备案后施行。

附录：书刊审查工作要义（代序，潘公展主任委员）

编者按：本年（三十年）三月三日潘主任委员在本会总理纪念周训词，对书刊审查工作要义及工作人员之修养，有详确恳切之指示，谨节录大意，以代本手册之序言。

各位同志：

本会的专责在审查图书杂志，从外表上看，好像是一件消极的工作，如果仔细的研究起来，则实在是一件最积极的工作。我们恭聆总裁最近在参政会开幕的训辞，有一点应该特别注意的，就是指示我们要提高对国防的认识与信念，并要求全体国民的思想行动与知能，一切均合于民族战斗的需要，共同为加强国防力量而服务。所以"我们一切政策，一切设施，都要以国防为中心；一切利害，一切是非，要根据国防来判断。"什么叫作国防呢？国防可分为两种：一是物质上的国防，一种是精神上的国防。总裁指示的国民思想行动与知能都要合于民族战斗的需要，就是指精神上的国防。本会的工作，也就是精神上的国防之一种。因为在这个民族战斗最剧烈的时期最要紧的是国民思想的齐一。本会最神圣的使命，也就是在如何齐一国民思想，这种工作，不但是最积极的，而且是最切要的了。

因此，我们审查图书杂志的工作同志，不问在中央或地方服务，就好有两个比喻：一个是战士，一个是法官。怎么说好像一个战士呢？战士在战斗的阵地上挖战壕，我们在思想的防地上挖战壕。战士打倒肉体的敌人，我们要打倒思想工作的敌人。我们审查到反动的言论或歪曲的学说，删去一章或改动数段就等于没收敌人的枪弹，冲破敌人的电网。我们放行一本合理的书籍或一本良好的杂志，就等于编练几师新军，制造千百架飞机大炮。但有一点要注意，即战士唯一职责在服从命令，这命令就是战斗的标准。我们的标准是什么呢？我们审查图书杂志有一个最高的标准，就是三民主义及总理全部遗教、总裁的全部言论、历届全国代表大会中央全会的宣言及议决案与抗战建国纲领。凡合乎这标准的图书杂志，我们一律许他发行，不合的就"此路不通"。这纯然是为了巩固我们精神上的国防，而不得不如此。除此以外，关于图书杂志本身的法规章则（如原稿审查办法，图书杂志审查标准等）以及一切有关的法规章则（如出版法、新闻禁载标准等），都要仔细的研究，正确的了解，这些就等于我们的战略战术，是争取胜利的必要条件。

又怎么会说好像一个法官呢？法官审判案件，我们审查图书杂志。法官根据国家的法律作审判的标准，我们也是根据国家的法律和中央的决议作审查的标准。我们审查图书杂志就等于思想工作的判决，这一个判决是需要极其慎重的态度。何以说呢？法官的判决案件可以从从容容的处理，没有十分时间性的拘束。而我们审查图书杂志都有一定的期限，不能让你从从容容，如果稍为粗心或疏忽一点，就会酿成不正确或不完满的现象，所以我们的工作比法官尤难。还有一层，老百姓打官司是要透过三审制，初审判决不服可以上诉，二审判决不服再可以上诉，一直到三审判决了才是最后的决定，即是一宗案件，可以透过地方法院及最高法院。而图书杂志送到我们这里来的却只有一审的命运，放行不放行是本会的职权，著作人或出版人很少有上诉的事情。所以我们的工作同志比起法官更要小心谨慎，务使文字上没有冤狱，言论上有个天堂。不过实在说起来，我们会内还是一种严格的三审制的，即对原稿初审的同志要负百分之七十的责任，科长复审要负百分之二十的责任，主任委员或副主任委员的三审应负百分之十的责任。这样层层负责，节节管制，就可以避免许多错误。

根据上面的意思，可知我们在担任审查图书杂志工作的人，有两个必备的精神上的条件：第一是居心要忠贞果敢，第二是做事要细密公平。唯其忠贞果敢，才能对党对国负起坚实不拔的责任，才是一个战士的责任。凡是与党国有利及与民族利益有裨益的图书杂志，我们尽量放行，尽力的鼓励；反而则尽量的防止，尽法的制裁。我们的工作标准，是"国家至上！民族至上！"其他非我们所知。唯其强国富民公平，才能对自己的工作负起神圣尊严的责任，才是一个法官的责任。我们的判决书拿出来一定要使人心服，初审以后，即甘心情愿不再上诉，要做到这步田地，才可无愧。怎样才能做到这步田地？一定要我们勤于自修，乐于反省，忠于职守，勇于负责。对本党主义宣言国策政策以及一切法令规章，各科专门学识，都不断的做精密的研究，有正确的认识，为熟练的运用；尤其对于总裁的言论训示更要时时刻刻的记取，作为我们审查工作的最高标准，来完成我们对抗战建国的贡献，希望本会各位同志及全国各省市图书杂志审查处同人都以此自勉互勉！

（行政院档案）

中央图书杂志审查委员会组织条例

1940年9月6日（民国二十九年）国民政府公布

第一条 中央图书杂志审查委员会，依照战时图书杂志原稿审查办法第一条之规定组织之。

第二条 中央图书杂志审查委员会隶属于国民政府行政院，掌理全国图书杂志审查事宜。

第三条　中央图书杂志审查委员会设主任委员一人，副主任委员一人，委员五人至七人。

第四条　中央图书杂志审查委员会每月应举行委员会议一次。

第五条　中央图书杂志审查委员会设主任秘书一人，秘书一人，承主任委员、副主任委员之命，处理日常事务。

第六条　中央图书杂志审查委员会设左列各科室：

第一科、第二科、第三科、第四科、第五科、专员室。

第七条　第一科之职掌如左

一、关于各省、市图书杂志审查处指导考核事宜；

二、关于书店、印刷所之督导、检查事宜；

三、关于调查统计事宜。

第八条　第二科之职掌如左

一、关于图书原稿审查处理事宜；

二、关于已出版图书审查处理事宜

三、关于填发图书审查证许可证及图书登记保管事宜。

第九条　第三科之职掌如左：

一、关于杂志原稿审查处理事宜；

二、关于已出版杂志审查处理事宜；

三、关于填发杂志审查证许可证及杂志登记保管事宜。

第十条　第四科之职掌如左：

一、关于各种思想言论之分析研究事宜；

二、关于各种研究报告、小册编撰事宜；

三、关于各种图书、杂志之征集、整理、保管事宜。

第十一条　第五科之职掌如左：

一、关于典守印信事宜；

二、关于收发、撰择、保管、缮校文件事宜；

三、关于本会会议记录事宜；

四、关于庶务会计事宜；

五、关于本会及所属审查处人事事宜；

六、其他不属于各科主管事宜。

第十二条　专员室之职掌如左：

一、关于专门书刊之审核、检讨事宜；

二、关于设计及视察事宜。

第十三条　中央图书杂志审查委员会设科长五人，专员六人至十人，承主任委员、副主任委员之命及主任秘书之指导，分掌各科室事务。

第十四条　中央图书杂志审查委员会设科员十五至二十人，办事员十五人至二十人，承主任秘书及秘书科长之指导，分掌各科事务。

第十五条　中央图书杂志审查委员会因事务上之必要得酌用雇员。

第十六条　中央图书杂志审查委员会于必要时得聘请专门学者组织特种委员会，研究思想言论方面之重要问题。

第十七条 中央图书杂志审查委员会会议规程及办事细则另定之。

第十八条 本条例自公布日施行。

省市图书杂志审查处组织通则

1941年3月12日（民国三十年）行政院修正公布

第一条 各省、市政府应依照战时图书杂志原稿审查办法第二条之规定，成立各省、市图书杂志审查处（以下简称省市审查处），受中央图书杂志审查委员会之指导监督，办理各省、市之图书杂志审查事宜。

第二条 省、市审查处应冠以该省、市之名称。

第三条 省、市审查处之职掌如左：

一、关于该省、市及邻近未设审查处地方出版图书杂志原稿之审查处理事宜；

二、关于该省、市及邻近未设审查处地方已出版图书杂志之审查处理事宜；

三、关于制发图书杂志之审查证及许可证事宜；

四、关于各该省、市书店印刷所之检查督导事宜；

五、关于所属各县、市审查分处工作之指导考核事宜；

六、关于各该省、市出版机关之调查统计及联系事宜；

七、关于当地文化界言论动态之研究分析报告事宜；

八、关于图书杂志之征集保管及统计事宜。

第四条 省、市审查处得分组办事，分设两组为原则：

第一组掌理审查图书杂志及制发审查证许可证事宜；

第二组掌理调查、检查、指导、考核、文书、事务及其他不属于第一组事宜。

第五条 省市审查处设处长一人，综理处长，由中央图书杂志审查委员会呈请行政院简派或荐派之。

第六条 省、市审查处设秘书一人，承处长之命办理处务，由处长呈请荐派或委派之。

第七条 省、市审查处设组主任，由处长呈请荐派或委派之；组员办事员由处长委派之，其名额均由中央图书杂志审查委员会察酌各该处事务需要，分别核定，并得酌用雇员。

第八条 省、市审查处得就当地有关机关及专门人才中聘用设计委员五人至十一人，担任设计暨专门书刊之审查检讨事宜。

前项设计委员为无给职。

第九条 省、市审查处经费由省、市政府酌定列入省、市预算内支给。

第十条 本通则由中央图书杂志审查委员会呈请行政院核准施行。

省市图书杂志审查处工作须知（附应用表格）

1941年（民国三十年）中央图书杂志审查委员第六次委员会议通过

前 言

图书杂志审查工作之目标，消极方面在防止谬误庞杂言论，齐一国民意志，适应战时需要；积极方面在助长纯正言论，指导青年思想，树立以三民主义为中心之文化。欲达到消极目标，须办理调查审查及检查取缔等工作；欲达到积极目标，须进行研究纠正，宣传联络及指导考核等工作；而欲各项工作之贯彻进行，必须使每一个审查人员对有关审查之法令规章，皆有深切之研究，不但明确了解法规条文之意义，且能触类引申，灵活运用。因此本会特根据各项有关审查法规及历来重要指示与夫两年来实际工作经验之所得，辑为一编，俾从事省、市图书杂志审查处之工作者，有所准绳。其内容分调查、审查、检查取缔，研究纠正，宣传联络及指导考核等项，撮述如下：

甲、调查工作

一、调查范围

1、书店：应调查其名称，地址、营业状况、经售书刊之范围，以经售何家书刊为主体，资本总额、资本来源，经理姓名与略历背景，创办历史与经过等项，编制成表（兼营出版之书店应加填出版社调查表，或补充出版社调查表中所列之项目）。

2、出版社：应调查其名称地址、营业状况、出版书刊之范围，以及何种书刊为主体、资本总额、资本来源、负责人及编辑人姓名略历背景、出版书刊总额及其类别，抗战以后出版书籍详目、创办历史与经过等项，编制成表（该社有图书目录应附于调查表后）。

3、杂志社：应调查其名称地址、创刊经过、刊期类别、登记证号码、每期大约字数、言论中心、发行人姓名履历及背景、编辑人履历及背景、经费数目及来源、主要读者、销行份数、社会批评，主要撰稿者之姓名与略历等项，编制成表。

4、印刷所：应调查其名称地址、铅石印别之负责人姓名及略历背景、资本数额及来源、营业概况、机械及工人数量、印刷能力、印刷范围等项，编制成表。

5、著作人：重要著作人之言论与行动，应经常调查登记，对思想不纯正之著作人或勇于与奸党作思想斗争之著作人，尤应特别调查登记，并检同其代表作品，呈报本会登记，其他如文化团体之活动，各方文化界人士之行动，及有关文化界整个动态之事项，亦应详为调查，择要登记，或专案呈报到本会，或酌量载入每月工作报告陈报本会，以供参考。

二、调查方法

1、普通调查：即预制调查简表（仅列入可向对方直接查询之事项，不列背景等栏），分送各书店、出版社、印刷所、杂志社，限期自行填报。此种方法，成效极少，因对方每多迟疑，延不填送，内容亦多不详不实，但不妨进行，用作初步参考资料。

2、直接调查：即由各地审查机关直接派员访晤其负责人员，按照预拟之各项问题，作详细之访问，而一一予以记录。

3、间接调查：其他不便公开调查之事项，如各书店、出版社、杂志社、印刷所负责人之背景等事，必须秘密从其他有关方面收集确实情报。又如各刊物销行数目，必须从其承印之印刷所加以调查，乃更确实，举此两例，以概其余。

三、调查工作应注意事项

1、调查之前应有详细之计划与步骤，确定具体之范围，如有须令所属县市审查分处办理者，更应详细指示，限期办竣呈报。

2、调查工作务须达到"最详细""最准确"之目的。

3、调查人员之态度，应温和诚恳，力避被调查者之反感。

4、调查人员应有忍耐心，如一次调查无结果，不妨再作第二次与第三次之调查，务须达到目的，不可敷衍塞责。

5、调查应有持久性，随时注意其变迁，分别修正补充，对书店、出版社、印刷所、杂志社，最好每个月复查整理一次。

6、每次调查工作完竣后，应将所得结果详细整理，制成统计图表，以作该处审查检查及宣传联络等项工作之实施参考，并呈报本会备查。

乙、审查工作

一、审查表格之制订

1、送审图书申请表：表内应包括送审者、送审时间、图书名称、著译者、册数、页数与大约字数，出版处或经售处等栏，凡送审图书原稿请求印行，或送审民国二十九年九月六日以前出版图书与夫未设审查机关地方出版图书之申请许可发售者，均须由审查机关供给此项表格，依栏填写，连同原书或稿件，一并送审。

2、送审杂志原稿目录表：表内包括杂志名称、卷期或号数、编辑人或发行人姓名，预定出版日期，文稿题目页数字数及作者姓名等栏，由审查机关发给送审者填写备查，如因事实困难必须分批送审者、除逐次填写一表外，于最后一批送审时应补填全期目录表一份，并在上面注明"稿已送齐请发审查证"字样。

3、图书审查表：无论原稿或书籍，审查时均填写此表，内容包括图书名称（原名译名）、著作人或翻译人、送审者、图书类别、册数与大约字数、送审时间、审毕时间、审查者、内容摘要、审查意见、处置办法、批示等栏，送审时间以上各栏由收发人填写，处置办法由组主任秘书拟办，批示由处长决定，余由审查者填写。

4、杂志审查表：表内包括杂志名称，送审者、卷期或号数、大约字数、送审时间、审毕时间、审查者、内容摘要、审查意见、处置办法、批示等栏，送审时间以上各栏由收发人填写，处置办法由组主任秘书拟办，批示由处长决定，余由审查者填写。

二、接受稿件之手续

1、图书杂志原稿或已出版书刊接受审查时，应由收发人员分别点收详细登记于一定表簿内，对于杂志原稿并应特别注意其目录及页数之核对，以免疏漏。

2、接受审查之图书原稿或已出版书籍有上下两册或数册者，应令其一次全部送审，并须整理订好，以免脱落。

3、受审之杂志原稿，应令送审者将每篇整理订好以免脱落，并令其在每篇首页加盖社章，以免混淆。

4、各种杂志封面图画及文内插图或编辑后记编辑者言以及其他补白稿件，均应令其一律送审，方可付印；但恭录国父遗教或总裁言论以为补白者，可免送审手续。

5、送审杂志如系创刊号，应令其呈验登记证或核转登记机关之证明文件，其无证件者，应不予受审。

6、未设审查机关地方之书刊原稿，如送请邻近审查机关审查时，该邻近审查机关应接受审查。

7、送审之原稿或请样，其字迹过于模糊不能辩认者，审查机关得发还重缮后送审。

8、接受审查之图书杂志，绝对不得遗失或损毁，以免送审者对审查机关发生不良印象。

9、图书杂志之审查时间，有严格之规定，且须在规定时间内，经过收发、审查、核定等手续，故必须以紧张敏捷之精神，努力进行，不能有片刻耽延，尤不可有丝毫疏忽。

三、审查稿件之分配

1、审查图书，应由主管人员按其性质及种类，分配于适当审查人员，依限审讫，其性质专门或内容复杂非审查处所能决定者，应呈请本会核示。

2、当地所有杂志，应按其性质与种类，固定分配与适当审查人员，令其经常负责审查，俾收驾轻就熟指导一贯之效；其有内容复杂不能自行决定者，应呈本会核定之。

四、审查标准之运用

1、各地书刊种类繁多、性质复杂，论调各有不同，《修正抗战期间图书杂志审查标准》仅在原则上作弹性之规定，从事实际审查工作者，于审查一种书刊时，应特别注意其事前之动机与事后之影响，然后灵活运用审查标准，予以适当处置，方能维护精神国防，切合政府扶植文化事业之本意。

2、除前项之规定外，《修正战时新闻禁载标准》及《修正出版法》等有关法规，亦可灵活引用，至于总理遗教总裁言论以及中央重要文告，尤应作为审查书刊之最高准则。

3、关于国防、军事、外交机密之文字，如作战计划、军队番号及驻防地点、军事教育、军事地理、空军设施、兵役工役与夫国际贷款、交通路线，后方有关经济建设之重要机关及工厂地点设备及其他新建设事项等等，无论送审原稿或已出版书刊，均应严加取缔。

4、军事书籍，兵役著述，应呈由本会分别转送军训部军政部审查，中医药图书应令其送卫生署审定，各省、市审查机关不得自行处置。

5、审查记载空军之文字应遵照《战时空军新闻限制事项及附则》慎重处理。

6、关于讨论粮食问题之文字应慎重审查，不可轻予放行，于必要时并应呈送本会核办。

7、关于战时经济有关资料及数字应一律慎重处理。

8、关于总裁传记以及阐扬其言行之著述，应呈由本会转送侍从室核准后方可准印或放行。

9、有关军事、国防及利用外资之建设消息，非经呈请核准，不得放行。

10、讨论宪政问题之文字，应特别注意其是否反对宪政及违反三民主义而曲解宪政之言论，如为本党党员之著述，尤应注意其是否有违本党既定政策之言论。

11、审查之图书杂志，若有违反或曲解《抗战建国纲领》及《国民精神总动员纲领》之文字，应加取缔。

12、关于刺激民众与政府对立，对边疆民族恶意及不妥之称谓，与夫分化边疆与内地及宗教阶级各方面感情之文字，应特别注意删改或取缔。

13、对于电影画刊以及其他软性刊物，足以削减抗战情绪者，应严加取缔。

14、汉奸汪精卫等之言论，无论为现在或以前之著作，应不分译著，以一份呈会一份留处备查，其余一律没收焚毁。汪逆等未作汉奸前所提署或作序之书刊，审查时若内容无碍，得进其将题署或序文涂去或截去后发售，汪逆等既作汉奸后所提署或作序之书刊，则以汉奸作品论，一律依照本条前半段办法处理。

15、宣传"新民主主义"之文字，绝对不准刊布。

16、马克斯、恩格斯、列宁、史大林本人已出版之著作，可暂不处置，但出版者如故意不依法送审原稿者，仍应予以取缔，至其他公然鼓吹阶级斗争强调阶级对立之文字，应分别情节轻重，予以删削或扣留，并得呈报本会办理。

17、凡暴露后方弱点，影响国际视听之文字，如关于兵役、军训、后方治安及伤兵待遇等问题，即有如作者所指摘之不良现象，亦应以建议方式，促起政府注意，不必在刊物上尽情暴露，过分描写。

18、立论如有损民族国家之利益，妨碍军政军令与行政之统一，利用抗战形势，以鼓吹国家民族利益以外之任务企图者，应特别注意取缔。

19、敌伪汉奸或偏激分子所特创对我不利之名词与口号，各书刊不得随意引用，又摘引敌伪汉奸之言论，如不加剪裁，而在驳斥时，又未能在理论方面予以重大打击，此类文字，亦应注意取缔，免转为敌人宣传。

20、对于译文，如原作者对我之态度不利，或为敌人宣传辩护之处，则不可轻易放过。

21、对于抗战剧本，其内容积极描写杀敌锄奸之成功事迹者，可与鼓励，如过分描写失败牺牲情形及专门暴露弱点者，即应取缔。

22、对于歌曲及民间歌谣之审查，应特别注意，慎重处理，因其流行极广影响甚大。

23、对于企图透过小说诗歌或其他文艺作品，达到诋毁政府之目的者，审查时不可轻予放行。

24、对于理论文字，应注意其是否有曲解割裂三民主义，强调阶级对立，分化抗战力量，或以派系私利为立场，颠倒革命史迹，歪曲本国历史，贬低本国文化，诬蔑领袖及本党之言论，至于纯学理上之见解不同，议定之优劣互异，不触犯审查标准者，可不必深究。

五、审查意见之签拟

1、审查书刊，应先总括其全篇命意所在，再把握其中心要点，然后下笔择拟处理意见。

2、审查图书杂志时，如发现不妥或谬误之处，应用颜色笔将不妥之处一一标志，再将拟示修正之意见分条粘在应行修改之处，使送审者易于辩识。

3、审查意见之内容，应具体缜密，切忌用空疏含混之语句，使人无所适从。

4、审查意见所引证之理由，应在审查标准、中央文告及总理遗教、总裁言论范围内求之，切不可牵涉太多，措词太杂，以免送审者提出反驳理由，致有损审查机关之威信。

5、审查意见之措词，应诚挚详明，以友谊之态度指出应行修改免登或禁印理由，官场上习用之斥责术语，应避免采用。

6、审查意见之文字应简单扼要，恰如其分，不必要之字句不应掺入，以求时间与人力之经济。

7、审查人员若事前得主管人之同意，可就审查之原稿上将书刊内少数不妥语句予以改正，惟绝对不准损害原文之文气，并于改正之处加盖审查机关之小章，以示慎重。

8、触犯审查标准杂志原稿之重要者，应逐件填写《触犯审查标准原稿处理情形表》以备处理，该表应包括杂志名称、卷期号数、稿件题目、译著者、审查者、审查意见、处理办法等栏。

六、审查后之处理

1、原稿处置办法如下：

（一）准印类

子、准予付印——内容妥善，无须删改者，填发审查证，准予付印。

丑、修正后准印——内容局部欠妥，应予修正，填发审查证，饬照指示修正付印。

寅、令删改后送核——内容局部甚为不妥，必须删改者，应令其遵照指示删改后再经复核认可，方给审查证，准予付印。

（二）禁印类

子、暂缓印行——在抗战期间不便公开发行，经本会核定暂缓付印者，但可发还原稿。

丑、禁止印行——内容系汉奸敌伪或其他谬误反动言论，经本会核定者，原稿并予扣留。

2、已出版书刊处置办法如下：

（一）许可发售

子、在未设审查机关地方，或民国二十九年九月六日前出版之图书杂志，应由经售书店办理申请许可手续，其内容平妥者，发给许可证，准予发售。

丑、许可证之效力，以核发机关辖境为限，如在另一审查区域发售，仍应向该地审查机关重办申请许可手续。

寅、许可证号码应令送审者刊印于申请书刊底封面左上角，但不得视为审查证，故许可发售之书刊于翻版时仍应作为原稿，审查给证，方可发行。

卯、当地有审查机关而又在民国二十九年以后出版之书刊，未履行原稿送审手续者，自应依法取缔，但如查明该出版品之发行人，确系不明了审查法规，而书刊内容亦尚平妥者，第一次发觉时，得从宽予以警告处分后，姑准放行，再犯时即行查禁。

（二）暂停发售

子、在未设审查机关地方出版书刊，应履行申请许可手续而尚未履行者，应暂停发售，俟手续完成后发还。

各地审查机关呈请本会拟予查禁之图书杂志，均得令书店予以封存，暂停发售，静候本会核示。

（三）停止发行

子、在民国二十九年九月六日以后已设审查机关地方出版之图书杂志，内容虽尚平妥，但系故不送审原稿者，应警告其出版机关而予以停止发售，并呈请本会通令停止发行。

丑、在未设审查机关地方，或二十九年九月六日以前出版之图书，内容局部不妥者，应呈请本会复核，指示发行人将原书加以修正，在未修正前由本会通令停止发行，其无法通知原发行人修正者，即由本会列入查禁表通令停止发行。

（四）通行查禁

凡敌伪汉奸之宣传品或其他一切反动谬误言论均应由本会核定，通行查禁；其明显之敌伪汉奸谬论，各地审查机关，得先予以紧急处分，然后呈报核准，并通令查禁。

（五）暂不处置

子、因时局关系目前碍难处置者。

丑、因国际关系目前碍难处置者。

寅、暂不处置之书刊均由本会核定。

3、书刊审查处理时，其他应注意事项：

（一）图书杂志之审查时间：图书在十万字以内者，不得过五日；十万字以上者，不得过十日；杂志季刊不得过五日；半月刊及月刊不得过两日；三日刊及旬刊不得过一日，如有内容谬误应呈请核示者，不在此限。但为便利出版机关起见，仍以提前审查完毕为佳。

（二）审查意见经发缮后应慎重核对，并应将意见底稿妥为保存，以便查考。又各杂志在送审时所填送之目录，亦应按周整理慎重保存，以便核对。

（三）已经审查的图书杂志，每一项上均应盖"某某省市图书杂志审查处审查讫"之图记；原稿中如有修改处，不论其为原作者或编者或审查者所修改，均应由审查机关加盖小章，以防其于审查后，擅自更动。

（四）已经审查之书刊原稿，于出版时应由原审查人迅予连同原稿，送请复核，复核时应注意：（1）有无变更稿件内容或排入未经审查之稿件？（2）免登稿件有无仍载题目，或作其他任何解释？（3）指示修改或代为删削之稿件，是否遵照删改？如发觉此等错误，应即分别情节轻重，予以适当处分。

（五）各地审查处颁发之审查证号码，除按月列表相互通知参考外应通知各该杂志社及出版机关依照规定用五号字排印于底封面左上角，以保障其发行，否则检查时仍得扣留。此项审查证号码于发给时并应令其全部排出，例如"XXX图书杂志审查处审查登X字第X号"许可证号码亦应令其同样刊印。

（六）各杂志审查证号码，仅限于本期，不得沿用于下期；各图书审查证号码，仅限于本书，不得再用于他书。

（七）审查者应每日注意各图书杂志之出版广告，如发现未经依法送请复核擅自出版者，除迅即催请其送审外，并得扣留其下次送审之原稿，以示警诫。

（八）各杂志稿件之免登及删改情形，应按周填就《杂志免登及删改稿件呈核表》呈报本会备核，该表包括杂志名称、卷期号数、文稿题目、译著者、内容摘要、删扣理由等栏，可根据《触犯审查标准杂志原稿处理情形表》填造。免登稿件之重要者，并应抄附原稿，呈送参考。

（九）已经原稿审查之图书杂志于出版时应由出版机关检送二份，当地审查机关即抽存一份，另以一份转呈本会备查。各地审查机关征集存查之书刊，应分类登记，妥为保管，任何私人不得随意携出，或散漫置之。

（十）申请许可发售之书刊，审查机关得各留一册存查，经售书店若委托其联合组织（如书业公会）负送审新到书刊之责，亦可照办，惟在该联合组织未送审经许可前，不得先行发售。

（十一）审查人员如发现优良书刊，应随时报告由该审查处向本会呈荐，以便依法予以奖励。

（十二）各杂志出版期限均有一定，如过规定时间尚未送审者（如周刊逾七日，旬刊逾十日未见送审），应即查询有无延期出版或发行合刊或因故停刊或故不送审等情，以便分别处理。

七、审查者之态度与修养

1、从事书刊审查工作之人员，应自信为文化出版事业之辅导者，而非其干涉者，为出版机关及作家诚挚之友人，而非严酷之监视者，必如此乃能仰体中央维护文化事业之至意，而不致发生隔膜。

2、审查人员应有忠于职守之精神，盖此种工作极为繁剧，关系极为重大，而又有时间性，非有鞠躬尽瘁之精神，断不足以应付裕如。

3、审查人员应有继续不断之求知精神，以一己之学识，应付各方面复杂之作品，如不继续在求知方面为不断之努力，则必有匮竭而不敷应用之一日。

4、除各种专门智识外，审查人员应购置基本参考书，如总理遗教，总裁言论，中国国民党史及其政纲政策等书，至每日时事亦应注意，如中央重要文告与领袖训示，更应剪贴熟读，使此种理论默化于脑中，运用于笔下。

丙、检查取缔工作

一、检查范围

1、在取缔发售违禁书刊方面，应检查当地各书店书摊，及其他贩卖图书杂志之场所。

2、在取缔展览违禁书刊方面，应检查图书馆、民教馆，阅览室及其他供人阅览图书杂志之场所。

3、在取缔出版违禁书刊方面，应检查出版社、印刷所及兼营印刷发行之书店或报社。

二、检查手续

1、用下列宣传联络方法，先将检查取缔法令之意义尽量传达于书店、印刷所、出版社之负责人。

2、本会通令禁售之书刊，应按期制成禁售书刊一览表，通知各书店各学校及图书馆之负责人。该表应包括书刊名称、出版处、译著者、出版年月等栏，本会查禁表内"查禁理由"一栏，仍供各处工作人员之参考，对外公开时应予删去。

3、检查人员执行任务时，应出示审查机关制发附有照片之检查证，以资证明。

4、各地审查机关于必要时得商请或会同宪警执行检查工作，对重要交通孔道，尤应商请或会同宪警设立书刊入口检查站。

三、检查方法

1、检查人员应娴悉各项检查法令，并应尽量熟记查禁书刊之名称。

2、下列书刊一律立时予以没收：

（一）汉奸著作（不分译著）及经汉奸最近题署或序文之书刊；

（二）软性刊物（不分新旧）；

（三）奉令查禁经通知有案者；

（四）所印审查证号码经核对系冒印者。

3、书刊有下列情形之一者，一律暂予以封存，出具收据提回样本，听候审查处理：

（一）民国廿九年九月六日以前出版或在未设审查机关地方出版，而未依法办理申请许可手续者；

（二）未印审查证号码又不合《战时图书杂志原稿审查办法》第五条之免审规定者；

（三）虽印有审查证号码，但内容有不妥嫌疑者；

（四）廿九年九月六日以后在设有审查机关地方出版而未印有审查证号码者；

（五）未印出版地点及出版年月，或发行人著作人者。

4、书店、出版社之有栈房者，应同时检查其栈房，以其周密。

5、在图书馆、阅览室、民教馆等处如发觉陈列违禁书刊时，除予以没收外，其情节重大者，并得由审查机关通知其主管机关注意。

6、检查书店时应清查其进货簿册。

7、检查印刷所时应清查其定印单簿。

8、检查图书馆时应清查其图书目录之卡片。

9、检查方式应兼用公开与秘密两种，以求周密。

10、检查时限应兼用定期与临时两种，以求普遍。

四、检查后之处理

1、检查违禁书刊应全部运回，由审查处造具清册，呈报本会备案，定期焚毁。

2、应行禁毁之违禁书刊，可各酌留若干部，备作参考资料。惟须妥为保管，未经负责人同意不得借出阅览。

3、对发售违禁书刊之书店，应依照《检查书店发售违禁出版品办法》之规定程序，予以处分，并将处分经过呈报本会备案。

4、对承印未送审书刊原稿之印刷所，应依照《印刷所承印未送审图书杂志原稿取缔办法》规定之程序，予以取缔，并将取缔经过呈报本会备案。

五、检查人员应注意事项

1、检查人员应与当地邮电检查机关取得密切连系。

2、检查人员应设法与当地转运公司或运输公会取得联络。

3、检查人员应与当地调查机关取得联络，俾能明了各书店、印刷所、出版社之藏书场所及其负责人之背景与活动情形。

4、检查人员不得有遇事取巧，敷衍塞责或其他足以减少工作效能之行为。

5、检查人员不得有借故骚扰或匿报伪报情事，否则应受严重处分。

丁、研究驳正工作

一、研究之范围

1、对于敌伪汉奸破坏抗战之谬论，徒事检扣取缔，尚不能彻底肃清，为正本清源起见，必须在积极方面从事研究驳正工作，编撰各种小册论文，揭破其阴谋，暴露其罪恶，使国人明是非，知顺逆，以收澄清思想之效。

2、研究之对象，在消极方面，为敌伪汉奸及各种反动谬误言论发生之作用及其影响，并予以有力之驳斥；在积极方面则宣扬三民主义，国父遗教、总裁言论。

3、除研究反动谬误言论外，对于一般有关时事问题之言论亦应综合分析，加以研究，依照本会颁发《各地言论动向报告要点》，按月向本会陈报当地出版界言论动向，由本会加以整理，发交指定之党内刊物发表，俾各地审查人员，得明了全国出版界之言论趋向。

二、研究之方法

1、个别的研究：即由各地审查机关指定富有能力之工作人员，从事于专门问题之研究，按时提出报告。

2、集体的研究：即集合多数人员，用座谈会或讨论会方式，就某一事项为研究讨论之中心，然后再指定或推定一人，参照各方意见，起草研究报告。

3、各级审查机关工作人员均应负研究之责，但必要时亦应联合其他勇于对敌伪汉奸作理论斗争之本党同志共同研究。

三、研究报告之处理

1、不论个别或集体之研究，必须作有系统之研究报告。

2、研究报告如有特别价值者，得辑成小册呈请本会核定后介绍出版，或签交各地审查机关出版。

3、研究报告之处理，应根据本会颁发之《思想斗争小册子编印发行计划》办理。

戊、宣传联络工作

一、集体之方式

1、各地审查处于调查所在地各书店、各出版社、各杂志社、各印刷所负责人姓名及履历背景后，应即召开谈话会，互相交换意见。

2、举行集会之前，应与出版社本党同志事前加以布置，运用党团活动。

3、此种集会应分别举行，对各杂志社与出版社负责人集会，除讨论审查法令外，关于思想问题，时事问题，亦应斟酌提出讨论，以收宣传指导之效。至对于一般书店及印刷所主人，则可专门讨论审查手续。

4、尽量采纳对方意见，在不违反法令范围内无不可以照办，表示政府维护文化出版事业之诚意。

5、对各杂志社与出版社负责人之集会，最好每月举行一次，由各审查机关主持，并请当地有学识声望之本党同志参加，相机作宣传指导工作。

二、个别之方式

1、各地审查机关应经常派干练人员分别与各书店、出版社、杂志社负责人作个别之联络。

2、个别联络之方式，以访问为主，如属可能，对各杂志社及出版社发行人与编辑人，应每月与之谈话一次，对各书店负责人亦应经常与之晤面。

3、在个别谈话前，首应明了对方历史背景与思想程度（可从调查表及其发表之文字参证），再准备适当之谈话材料。

4、和蔼诚恳之态度，乃与人接近之必要条件，对于思想不同及素不相识之人，谈话时更应特别慎重，并应避免使对方不愉快之谈话，以期获得效果。

5、在谈话时，不宜主观太强，即令对方有不妥言论，亦不宜疾言厉色，予以纠正，应徐徐训导。

6、对方如对该审查处所颁发之审查意见或其他指示有所批评时，如为建设性者，应虚心接受；如为误解者应婉词详加解释，并将其批评要点详细报告负责人予以切实注意或改进，其尤重要者，更应呈报本会参考。

7、奉派接谈人员应将对每人每次谈话内容择要列入备忘录内，以备下次谈话时之参考。

三、侧面之方式

1、教育界人士对图书杂志之创作及推广，关系甚大，应择其平素为青年学生信仰者，与之联络。

2、作家与教育家之属本党党员者，应设法与党部切取联络，使在文化教育界团体或组织中发生领导作用。

3、联络方法可分别举行各种座谈会、讨论会、演讲会、研究会等……或本身设法组织与策动，或尽量设法参加其固有之各种文化组织。

4、各地审查处，对于有学识能力之人士，应尽量吸收，促其参加审查工作。

四、联络有关机关

1、对邮电检查所应在工作上打成一片，凡该所送请审查之书刊，尽速提供处理意见，俾资扣放，各地审查机关于必要时，并可商得同意后派员参加邮电检查所之审刊检查工作。

2、对调查机关如省、市党部调查统计室，应尽量取得联系，于杂志、出版社内人物之背景及秘密活动等事，可相互交换情报。

3、对新闻检查所除交换检扣稿件外，并可由双方高级人员定期举行茶会，共同研究敌伪汉奸反动宣传之动向，预为严密防范。

4、对警察宪兵之高级长官亦应多相往还，如书店、出版社之秘密堆栈，或其他阴谋蠢动，往往可由彼等获得确实情报与实力协助。

5、凡与吾人审查工作有关之机关，均应设法切实联络。

己、指导考核工作

一、指导考核之意义

1、各省审查处为避免或减少所属审查分处在工作上之错误，必须随时予以指示，对于其工作上之困难亦应代为设法解决。

2、各省审查处为加强所属审查分处之工作效率，必须认真考核其业务之进展实况。

3、藉指导考核之推行，选拔人才、培养干部，使整个审查机关之人事充实，以不断改善审查业务之推进。

二、指导考核之方法

1、各省审查处对于所属审查分处，应饬其根据当地实际需要与本身人力财力，拟具一定时限（三个月或半年一年）之工作计划，并严格督促其积极按照进行。

2、各省审查处对所属审查分处之工作，除重要事项随时指示外，应按月令其呈送工作月报，予以综合指示，促其全部业务之平衡发展。

3、各省审查处可酌派干员分赴审查分处，实地视察其工作情况，交换双方工作经验。

三、指导考核结果之处理

1、各省审查处对所属审查分处之指示事项，应分类记录，随时考查其是否切实遵行。

2、关于特别重要事项之指导，应详细转报本会备查。

3、成绩优良者应予奖励，重大错误应予惩处，并均应转呈本会备案。

附表：

1、书店调查表

2、出版社调查表

3、杂志调查表

4、印刷所调查表

5、送审图书申请表

6、外来杂志申请许可表

7、送审杂志原稿目录表

8、图书审查表

9、杂志审查表

10、触犯审查标准杂志原稿处理情形表

附表

XXXX书店调查表

店名			地址			
创办之历史与经过				书店背景		
资本来源			资本总额			
经理	姓名	年龄	籍贯	出身	经历	背景
重要职员						
经售书刊范围及种类				经售何家书刊为主体		
经营概况				有无副业		
备注						

XXX图书杂志审查处（分处）制　　　　　　　　　　　　年　月　日

附记：

1、本表为各地审查机关记载调查所得呈报本会之用

2、对各书店举行直接调查时，可参照本表格式制发简表令其填报

3、对背景及其他不能直接调查事项，应用侧面与秘密方法调查详填

4、其他特殊事项亦应详细调查，列入备注栏内

5、对各书店每隔三月即应重新调查填表一次，汇呈本会

6、营有出版业务之书店，并应加填出版社调查表

7、各地审查机关制用本表时，可就实际需要酌量放大

XXX出版社调查表

名称			地址			
创办之历史与经过			背景			
资本来源			资本总额			
负责人及编辑人	职别	姓名	年龄	籍贯	出身	略历与著述	背景

出版书刊之范围				以出版何种书刊为主体		
抗战以后出版书刊详目	书刊名	著译（编辑）人	出版册（期）数	书刊名	著译（编辑）人	出版册（期）数
最近计划出版书刊目录	书刊名	著译（编辑）人	拟出册数	书刊名	著译（编辑）人	拟出册数
每月印刷字数				印刷处所		
备注						

XXX图书杂志审查处（分处）制　　　　　　　　　　　　　　　　　　年　月　日

附记：

1、本表为各地审查机关记载调查所得呈报本会之用

2、对各出版社举行直接调查时，可参照本表格式制发简表令其填报

3、对背景及其他等不能直接调查事项，应用侧面与秘密方法调查详填

4、其他特殊事项亦应详细调查，列入备注栏内

5、对各出版社每隔三月即应重新调查填表一次，汇呈本会

6、该出版社有图书目录者并应附呈图书目录

7、营有出版事业之书店，亦应填报此表

8、各地审查机关制用本表时，可就实际需要酌量放大

XXX杂志调查表

名称			地址		
创刊与经过时期			背景		
印刷处所		刊期类别		登记证号码	
言论中心					
已出期数		每期字数		销行总数	

经费来源					经费数额			
发行人 与 编辑人	职别	姓名	年龄	籍贯	出身	经历	著述	背景
主要 撰稿人	姓名	年龄	籍贯	出身	经历	著述	现在职业	背景
主要读者					社会批评			
备注								

XXXX图书杂志审查处（分处）制　　　　　　　　　　　　　　　　年　　月　　日

附记：

1、本表为各地审查机关记载调查所得呈报本会之用

2、对各杂志举行直接调查时，可参照本表格式制发简表令其填报

3、对背景及其他等不能直接调查事项，应用侧面与秘密方法调查详填

4、其他特殊事项亦应详细调查，列入备注栏内

5、对各杂志每隔三月即应重新调查填表一次，汇呈本会

6、各地审查机关制用本表时，可就实际需要酌量放大

印刷所调查表

名称			铅石印别		地点	
创办年月			背景			
经理人	姓名	年龄	籍贯	出身	经历	背景

资本来源				资本总额		
职工人数	职员	排字工人	印刷工人	学徒	合计	
现有机械	机械种类及其数量		铜模种类及其数量		其他	
每日出品若干			承印物品范围		营业概况	
备注						

XXX图书杂志审查处（分处）制　　　　　　　　　　　　　　年　　月　　日

附记：

1、本表为各地审查机关记载调查所得呈报本会之用

2、对各印刷所举行直接调查时，可参照本表格式制发简表令其查填

3、对背景及其他等不能直接调查事项，应用侧面与秘密方法调查详填

4、其他特殊事项亦应详细调查，列入备注栏目

5、对各地印刷所每隔三月即应重新调查填表一次，汇呈本会

6、各地审查机关制用本案时，可就实际需要酌量放大

送审图书申请表

图书名称		类别		册数		页数		大约字数	
著作者			著　　译（原著者）　　编						
送审种类			原稿送审　　申请许可						
送审者				地点		省　市　县　街　号			
送审时间						年　　月　　日　　时			
出版处		地点			出版时间		年　　月		
					出版册数				
经售处			地点						
备注									

谨呈　图书杂志审查处（分处）　　　　　　　　　　　　　填送者　填章

附记：

1、送审图书无论原稿审查或申请许可均须填送此表

2、出版时间、出版册数对原稿系指其预计而言，亦应填入

3、如系删改后送请复审，应于备注栏填明

4、凭此申请表及本处审查表发给审查证或许可证

外来杂志申请许可表

杂志名称		刊期		页数	
		卷期		大约字数	
编辑人			发行人		
送审者		地点			
		送审时间		年 月 日 午时	
出版者		地点			
		出版时间		年 月	
备注					
谨呈 XXX图书杂志审查处（分处）			填送者 盖章		

附记：

　　1、外来杂志申请许可时，必须填送此表

　　2、凭本表及本处审查表发给许可证

送审杂志原稿目录表　　　刊第　卷　第　期

编辑人		发行人		预定出版日期	
目次	页数	大约字数	著译人	备考	
合计					
附记	1、每期送审原稿务须送此目录 2、凭此目录发给本处审查证				

填送者 　（盖章）　　　　　　　　　　　　　　　XXXX图书杂志审查处制

274

XXXX图书杂志审查处杂志审查表

杂志名称	刊期	送审者	卷期	大约字数	送审时间	审毕时间	审查人	备考
								1、已出版杂志 2、杂志原稿
内容简要								
审查意见								
处理办法								
批示								

XXXX图书杂志审查处图书审查表

收文号码　定第　号　　　　　　　　　　　　　　　　　审查表（署名盖章）

图书名称		内容摘要	审查意见	处置办法	批示
原名	译名				
著作者	翻译者				
送审者	出版者				
类别	出版地点				
册数	出版时间				
年　月　日					
页数	送审时间				
年　月　日　午					
大约字数	审毕时间				
年　月　日　午					
备考					
一、已出版图书或原稿					
二、初审或复审					
三、审查证或许可证号码					

审查须知

一、经审图书应详细阅读一切勿遗，不妥处用笔详细划出。

二、应熟读审查标准与审查法令。

三、应恪遵审查时间（自交审日起至审毕日止图书在十万字以内者不得过三日，十万字以上者不得过五日）。

四、内容摘要栏应提示内容要点，切不可写见目录或仅抄目录。

五、审查意见应具体缜密，将不妥或谬误之处分别详细指出，文字宜简明扼要。

六、请勿更换原发之审查表，签注时字体不宜太潦草亦不宜太大。

七、在备考栏内应注明已出版者或原稿初审或复审等项。

八、审毕后应署名、盖章，以昭慎重。

九、本表应保持整洁，勿使破烂以便保存。

触犯审查标准杂志原稿处理情形表

杂志名称	卷期数	稿件名称	著译者	审查者	月 日 午时
	卷　　　期				
审查意见					
处置办法					
批示					

XXXX图书杂志审查处制

县、市图书杂志审查分处组织通则

1941年3月（民国三十年）行政院修正公布

第一条　各省文化发达之县、市政府应依照战时图书杂志原稿审查办法第二条之规定，必要时得酌设各县、市图书杂志审查分处（以下简称县市分处），受各该省图书杂志审查处之指挥监督，办理各该县、市之图书杂志审查事宜。

第二条　县、市审查分处应冠以各该省及县、市名称。

第三条　县、市审查分处之职掌如左：

一、关于当地及邻近地方出版之图书杂志或其他原稿之审查事宜；

二、关于当地及邻近地方书店印刷所之检查事宜；

三、关于转发省审查处之审查证许可证事宜；

四、关于当地及邻近地方出版机关之调查联系事宜；

五、关于图书杂志之征集保管及统计事宜。

第四条　县、市审查分处设主任一人，综理事务，由省图书杂志审查处委派之，处员一人至三人，承主任之命办理处务，由主任委派之。

第五条　县、市审查分处经费由县、市政府酌定，列入县、市预算内支给。

第六条　本通则由中央图书杂志审查委员会呈请行政院核准施行。

划一各省市图书杂志审查处及其分处之印信办法

1941年3月7日（民国三十年）行政院核准施行

一、省、市图书杂志审查处发关防及小官章，县、市图书杂志审查分处发钤记。

二、省、市图书杂志审查处之关防，呈请国民政府颁发，其请发手续，应由该处呈请中央图书杂志审查委员会办理。县、市审查分处之钤记，呈请省政府刊发，其请发手续，应由各该分处呈请省审查处转请办理。

三、省、市图书杂志审查处启用关防时，应拓具印模将启用日期分别呈报省政府及中央图书杂志审查委员会备案，并呈由中央图书杂志审理查委员会层转国民政府备案。

四、县、市图书杂志审查分处启用钤记时，应拓具模样将启用日期呈请省审查处备案，并由省审查处分别转呈省政府及中央图书杂志审查委员会备查。

省市图书杂志审查处分级暂行办法

1941年5月14日（民国三十年）行政院令核准施行

一、中央图书杂志审查委员会视各省、市图书杂志审查处业务之繁简，分别暂定为甲乙丙三级。

二、各级审查处编制如下：

1、甲级审查处设处长一人，秘书一人，组主任二人，组员四人至八人，办事员二人至四人。

2、乙级审查处设处长一人，秘书兼组主任一人，组主任一人，组员四人至六人，办事员二人至三人。

3、丙级审查处设处长一人，秘书一人，暂不分组，组员二人至四人，办事员一人至二人。

4、各级审查处得酌用雇员。

三、各级审查处工作人员官阶如下：

1、甲级审查处处长简派或荐派，秘书组主任荐派。

2、乙级审查处处长荐派，秘书组主任荐派或委派。

3、丙级审查处处长荐派，秘书委派。

4、各级审查处组员及办事员委派。

5、各级审查处秘书组主任之荐派，应呈由省、市政府转送中央图书杂志审查委员会呈荐之。

四、各级审查处每月经常费标准如下：

1、甲级审查处三千元至六千元。

2、乙级审查处二千元至四千元。

3、丙级审查处一千元至二千元。

各级审查处之薪资总额不得超过其经常费五分之三。

五、经中央图书杂志审查委员会指定编印书刊之审查处，每月得另列编印费一千元至二千元。

六、各级审查工作人员之薪俸，得视该审查处经费状况，比照官阶酌为减低。

七、县、市图书杂志审查分处之等级，由各该省审查处酌拟呈报中央图书杂志审查委员会核定。

八、本办法由中央图书杂志审查委员会委员会议通过后呈报行政院核准施行。

中央图书杂志审查委员会奖励优良书刊暂行办法

1941年4月12日（民国三十年）中央图书杂志审查委员会第五次委员会议通过

一、本办法根据战时图书杂志原稿审查办法第三十三条之规定订定之。

二、已为原稿送审之书籍或杂志中论文合于左列之一项或数项者，得奖励之：

（一）对于三民主义、国父遗教或总裁言行为适当确实，而有系统之阐扬者；

（二）对于中国国民党政纲、政策、史实为适当确实，而有系统之阐扬与特别贡献者；

（三）对于本国历史文化学术思想为精密纯正之阐扬，而有益抗战建国者；

（四）依据国策对谬误或反动言论加以批判，而有助于抗战建国者；

（五）其他有利抗战建国之社会科学或文艺作品。

三、奖励办法得为左列之一种或数种：

（一）由本会发给奖状；

（二）由本会公开介绍；

（三）转请有关机关给予奖励。

四、各省、市图书杂志审查处认为内容优良应予奖励之书稿，发审查证后可通知其出版之机关，于出版时检送二部呈会审查议奖。

五、本办法由本会委员会议通过施行。

中央出版事业管理委员会组织条例

1942年6月8日（民国三十一年）国民党第五届中央常务委员会第二〇三次会议通过

第一条　中国国民党中央执行委员会为统一管理本党出版事业，实施本党出版政策以促进文化工作、增加宣传效能，特设中央出版事业管理委员会（以下简称本会）。

第二条　本会设委员十五人，由中央执行委员会指定中央秘书处、中央宣传部、中央组织部、中央海外部、中央训练委员会、中央财务委员会、三民主义青年团中央团部、教育部、战地党政委员会、政治部代表及其他人员充任之，并由中央执行委员会指定主任委员一人，副主任委员二人。

第三条　本会职权如左：

一、出版事业之扩充与指导事项；

二、出版机构之调整及管理事项；

三、出版经费之筹划支配及稽核事项；

四、出版机关从业人员之任免考核及训练事项；

五、出版品运输之统筹事项。

第四条　本会设秘书一人，秉承主任委员及副主任委员之命掌理会务。

第五条　本会设编审、指导、稽核、总务四科及人事室其职务如左：

甲、编审科

1、审核本党出版机构各项计划并复审书刊内容事宜；

2、征审书刊、编印总目并调整全国书刊供求事宜；

3、编辑出版书刊及不属于其他出版机构范围内之印刷品事宜。

乙、指导科

1、办理本党出版事业之调整并协助其推广改进事宜；

2、审核并指导本党出版业务及出版界之调整统计事宜；

3、督导各省市本党出版机构之工作并考核其成绩事宜；

4、关于出版品之印刷运输散布之指导事宜。

丙、稽核科

1、统筹本党出版经费及支配运用事宜；

2、稽核各出版机关概算决算事宜；

3、审查本党各出版机关营业及印刷报告事宜。

丁、总务科

1、撰拟缮核各项文电，保管印信档案及收发文件事宜；

2、编撰本会工作计划、报告及整理记录事宜；

3、办理会计出纳及庶务事宜；

4、办理其他不属于各科事宜。

戊、人事室

1、办理本会及本党各出版机关工作人员之任免迁调事宜；

2、办理出版机关工作人员之登记调查考核事宜；

3、办理出版人才之训练储备事宜。

第六条 本会各科各设科长室，设主任一人，总干事、干事、助理干事、录事各若干人，承命办理各科室事务。

第七条 本会得设专员视察若干人，必要时并设立设计委员会设委员若干人，聘请本党出版机关负责人或专家充任之。

第八条 本会委员会议每月举行一次，由主任委员召集之，并以主任委员为主席，主任委员缺席时由副主任委员代理之。

第九条 本会决议事项交由有关各机关执行。

第十条 各机关应向本会提出有关出版业务之报告。

第十一条 本会办事细则另定之。

第十二条 本条例如有未尽事宜得由本会呈请中央执行委员会修正之。

第十三条 本条例由中央执行委员会决议施行。

各省市出版事业管理暂行办法

1943年6月（民国三十二年）国民党第五届中央常务委员会第二四五次会议备案

第一条 各省市出版事业之指导管理除法令别有规定外，各省市党部应依照本办法行之。

第二条 各省市党部对于各该省出版事业之指导，应酌设机构或派员负责办理之（但不增加人员及经费为原则）。

第三条 各省市党部应将主办出版事业管理人员姓名简历呈报中央出版事业管理委员会备案。

第四条 各省市党部主管出版事业部门之职掌如左：

一、省市党部所属出版机构之调整扩充事项；

二、省市党部出版经费之筹划事项；

三、省市党部所属出版机构出版书刊之指导及复审事项；

四、出版品之印刷运输发行指导事项；

五、出版机构工作人员之调查登记事基；

六、一般民营出版事业之扶助指导事项；

七、各该省市出版事业状况之调查事项；

八、当地出版界之联络事项；

九、其他有关出版事业之指导管理及建设兴革事项。

第五条 各省市党部推进前条工作时应与当地有关机关密切联系

第六条 各省市党部每月应将各该省市出版事业状况列表（表式另订）报告中央出版事业管理委员会核备，必要时得举行总调查。

第七条 各省市党部于接得当地主管官署汇送各书店印刷所应送之各项季报后，加具意见转送中央出版事业管理委员会备核。

第八条 各省市党部每月应召集当地出版界举行谈话会一次，并将会议记录呈报中央出版事业管理委员会核备。

第九条 本办法呈奉中央常会核准施行。

中央文化驿站总管理处组织规程

1940年1月11日（民国二十九年）国民党第五届中央常务委员会第一三八次会议通过

第一条 中央文化驿站总管理处（以下简称本处）依据中央文化驿站设置办法第二条之规定组织之。

第二条 本处设处长一人综理本处一切事宜，副处长一人襄理之。

第三条 本处设秘书一人或二人承处长之命办理本处一切事宜。

第四条 本处分指导、运输、总务三科，其任务如左：

一、指导科　主管分支站及办事处工作之设计、指导、考核及发递书刊之审查分配等事宜。

二、运输科　主管书刊之运输散布及运输工具之调查、接洽管理等事宜。

三、总务科　主管文书、庶务会计及书刊之保管、统计、包装等事宜。

第五条 本处各科各设科长一人，承处长之命及秘书之指导处理各科主管事宜。

第六条 本处视事务之繁简酌设总干事、干事、服务员若干人。

第七条 本处处长、副处长由中央执行委员会派任之，秘书、科长、总干事、干事、服务员由处长呈报中央任用之。

第八条 本处在全国交通重要地点分别设置中央文化驿站分站，每一分站下设若干支站，各分支站之设置地点，本处得斟酌环境情况随时决定增设迁移或撤废之。

第九条 分站设主任一人，由本处呈请中央任用之，承本处之命办理书刊之传递、转运、散布事宜。

主任之下酌设干事服务员一人或二人，各支站设干事一人服务员一人或二人，承本处之命为分站之指挥，办理书刊之传递转运散布事宜，干事服务员由本处任用之。

分站主任、副主任、支站干事得以省党部（以下缺13字）

第十条 本处为便利运输与分支站之管理起见，得于适当地点分设办事处，加强传递、转运、散布，并就近指挥各分支站。

第十一条 本处每周举行会报一次，处长副处长秘书科长均须出席。

第十二条 本规程经中央执行委员会议决施行。

分站支站地域表

第一分站	重庆	支站	万县、宜昌、恩施、綦江、泸州
第二分站	成都	支站	雅安、康定、广元、汉中
第三分站	兰州	支站	天水、西宁、猩猩峡、宁夏、五原
第四分站	西安	支站	洛川、吉县、南阳、襄阳、宝鸡
第五分站	洛阳	支站	郑县、周家口、□□
第六分站	立煌	支站	英山、卢江、阜阳、定远
第七分站	长治	支站	泌县、五台、晋城、路口镇
第八分站	绥德	支站	榆林、柳□镇、与县
第九分站	贵阳	支站	昆明、沅陵、柳州

第十分站	南宁	支站	贵县、庆江、梧州、灵山、龙州
第十一分站	衡阳	支站	桂林、长沙、吉安、赣县
第十二分站	曲江	支站	英德、翁源、□□、南雄
第十三分站	上饶	支站	金华、屯溪、祈门、南城、宁都、福州
第十四分站	香港	支站	汕头、海防、上海、连云港、天津、温州

中央文化驿站总管理处各机关书店交运书刊须知

一、凡交运书刊，须依照本处递运书刊清单格式填写一式两份，并检同书刊样本每种二册，备函来处，以凭核运（如已有样本者下次交运时不必再送样本，本处递运书刊清单格式另订之）。

二、凡交运书刊，每竹篓以二十公斤为限，须用油纸、麻绳包捆完妥，以免雨浸散乱。

三、凡交运书刊，如系邮寄者，须用牛皮纸及绳索包扎，每包重量以两公斤为限。

四、凡交运邮寄书刊，如系寄往同一交通便利地点有八包以上者，请装竹篓，以便从公路或水路递运。

五、凡交运书刊，每次在三十篓或六百公斤以上者，须预先派员来处接洽。

六、凡交运书刊，名称、数量须与所送清单相符。

七、凡交运书刊，除由原机关指定递运地点外，请酌送若干份交来本处，以便分发支站散布，以广宣传。

八、各书店对于本处免费附运之书刊，应按照邮运价格，捐赠同样价值之抗战宣传书刊，交由本处，以便分散各分支站散布，以广宣传。

九、凡交运书刊之机关或书店须预缴运费　元，以备应用，俟月终结算，多存少补。

十、凡交运书刊之机关或书店，接到本处垫付运费通知书后，请即派员携同原通知来处清缴运费。

十一、凡交运书刊经本处审查，如认为不应寄发者，于通知后请即派员来处，将该项书刊抽除。

中央文化驿站总管理处各机关书店交运书刊包装须知

一、凡交运书刊，须用双层加料竹篓包装，用粗麻绳"井"字形捆扎两次再用"十"字形捆扎两次（各次麻绳均须单独捆扎），以免中途损坏。

二、凡交运书刊，除竹篓内加用油纸或牛皮纸上下周围妥为包装外，再用麻线将书刊"井"字形妥扎，然后放置篓内，以免星散而策安全。

三、凡交运书刊，除于竹篓上用浓墨将收件机关地址缮写清楚外，并用白布条将地址缮写清楚扎于竹篓绳上，以资认识。

四、凡交运邮寄书刊，先用麻线将书刊"十"字形捆扎，次用双层牛皮纸包裹再加麻线"井"字形捆扎（如系书卷亦应用麻绳捆扎）以防破散。

五、凡邮寄书刊，须于清单上将某省某县及地址缮写清楚，以便核算。

六、凡交运书刊，无论邮包或竹篓，须每包每篓自行编号。每包每篓开列清单送交本处，以便递运后抄送分支站而备遗失时稽核。

七、交运书刊，每篓每包册分数要详填于清单内，不可将各篓各包数量混合填写，以便查考。

八、交运书刊，每篓每包须开列清单于篓包内，以便收件机关点收。

九、交运书刊，每篓每包数量须点验准确。

十、交运书刊，清单内须将同县同省地点者排列一起，以便查考。

中央文化驿站总管理处递运各机关、书店、出版社交运书刊办法

一、各机关、书店、出版社交运宣扬本党主义及有利抗战书刊至各地者，数量不计多寡，本处均可代为递运。其邮运等费，概由交运机关自理。

二、交运书刊，经指定地点及及已配数量者，须分别包扎，书明收件人姓名及地址，并开具清单，加盖交运机关图记。其未经指定地址及分配者，本处得酌量分配递运，并散布之。

三、交运书刊，由本处代为分装包扎者，其包扎纸线等费，应由原交运机关照价缴付。

四、交运书刊，其重量超过二百公斤者，交运机关须事先来函或派员来处接洽，以便统筹运输。

五、交运书刊，先由本处核算其应付之邮运等费，交运机关须随时预缴，由本处出具临时收据，俟取得交运机关正式收据后，再行换取临时收据，并清算费用。有余退还，不足则请交运机关补缴。

六、各书店、出版社交运书刊所付之运费，如以本处统筹运输关系，较应付之数（暂以邮费为标准）减低，应即印赠本处书刊，其代价等于运费减低之数目，以便转递散布，而广宣传。

七、交运书刊，一俟运达目的地，取得收件人回单，寄回本处存查后，再由本处汇案通知交运机关查照。

八、交运书刊，须随件另附样本各两份。

九、交运书刊，如非本党之宣传品，得拒绝递运。

十、本办法呈准中央执行委员会秘书处备案施行。

中央文化驿站总管理处文化特约车代运各机关、书店、出版社书刊办法

1940年10月1日（民国二十九年）经中央秘书处核准备案

一、各机关、书店、出版社交本处特约车递运书刊，均须依照本办法办理之。

二、各机关、书店、出版社交运宣扬本党主义及有利抗战宣传书刊，均可由本处特约车义务递运。

三、各书店、出版社交运非宣传书刊，应照章缴纳运费，其运费另订之。

四、各书店、出版社凡免费递运之宣传刊物，如系卖品概不得加价出售，并须于书面加盖"此书系中央文化驿站免费递运概不加价"字样戳记，其不欲盖戳者，应照章缴纳运费。

五、各书店出版社交运非宣传书刊，除应缴本处运费外，如尚须利用各路局代运者，须预缴各路

局应缴纳之运费，以便代向路局接洽递运。付款时由本处出具临时收据，俟取得路局正式收据后，再行换取。

六、各书店、出版社交运非宣传书刊，先由本处核算其应付之沿途装卸、搬运等费用，原交运机关须随时预缴，由本处出具临时收据，俟取得各站正式收据后，再行换取临时收据并清算费用，有余退还，不足照补。

七、各机关、书店、出版社书刊，如需交本处特约车递运者，须于特约车开行期半月以前，派员来处接洽递运，并缴纳应缴之各项费用。

八、凡交运书刊，须先分别包扎妥善，详细书明收件人姓名及地点，并开具清单加盖交运机关图记。

九、凡交运书刊，如需改装者，其包装等费用，应由原交运机关照价缴付。

十、凡交运书刊，须随件另附样本两份，以便审核。

十一、本处特约车递运书刊，一俟到达目的地，取得收件人回单寄回本处后，再由本处通知交运机关查照。

十二、本办法如有未尽事宜，本处得随时修正，呈准备案。

十三、本办法呈请经中央秘书处核准施行。

中央文化驿站总管理处审核交运宣传书刊办法

一、凡交运书刊，须各附样本二册，交由本处审核后递运之。

二、交运书刊，如经中央图书杂志审查委员会审定者，须检附证件。

三、凡交运书刊，如经本处审核认为尚有疑义时，得送请中央秘书处、中央宣传部复审后，再行递运。

四、凡交运书刊如非本党之宣传品，本处得拒绝递运。

五、本办法呈准中央执行委员会备案施行。

中央文化驿站设置办法

1940年11月11日（民国二十九年）国民党第五届中央常务委员会第一三八次会议通过，

1943年12月27日（民国三十二年）国民党第五届中央常务委员会第二四五次会议修正

一、中央为宣传本党主义向全国各地传递并散发有利抗战建国之书刊起见，特设置中央文化驿站，隶属中央执行委员会出版事业管理委员会，在业务上兼受宣传部之指导。

二、中央文化驿站设总管理处总理驿站一切事宜，并于全国交通重要地点设分支站办理书刊传递散发及翻印事宜，其组织规程另定之。

三、中央文化驿站运输路线应与现有交通路线及军邮路线密切联系。

四、中央文化驿站得视环境需要，请军事委员会指导车辆或租置交通工具，并利用全国各地公私交通工具附运本党宣传书刊及有利文化教育之图书。其办法另订之。

　　五、各地党政军宪交通机关及军邮均有充分协助中央文化驿站传递散发本党宣传书刊之义务。

　　六、各地军邮及交通机关对于传递本党宣传书刊及有利文化教育之图书，应迅速确实不得无故压置且应于递到时妥为保管及通知当地文化驿站提领。

　　七、中央文化驿站总管理处为便利管理分支站起见，得于适当地点分设办事处。

　　八、中央出版事业管理委员会为推进文化驿站工作起见，得临时邀请中央宣传部、三民主义青年团中央团部、交通部、教育部、军事委员会政治部、军令部后方勤务部、运输会议秘书处、军政督察处等有关机关会商协助进行。

　　九、本办法经中央执行委员会议决施行。

中央宣传部各地书刊供应处组织通则

1941年9月1日（民国三十年）国民党第五届中央常务委员会第一八三次会议通过

第一条 本通则依照中央宣传部出版事业处组织规程第六条之规定订定之。

第二条 各地书刊供应处应冠以所在地地名。

第三条 各地书刊供应处之任务如左：

一、办理书刊之印刷、分配及发行等事宜；

二、办理书刊运输之联络事宜；

三、办理民众小报之编印或翻印中央报纸分发战地事宜。

第四条 书刊供应处暂设重庆、衡阳、上饶、西安、香港五处，其供应区域如下：

一、重庆区为川康黔滇鄂西鄂北；

二、衡阳区为湘粤桂鄂东鄂南；

三、上饶区为赣浙皖北苏闽；

四、西安区为陕豫晋鲁冀绥甘青宁新；

五、香港区为上海天津及海外各地。

　　第五条 各地书刊供应处设主任一人，综理全处事务；副主任兼印刷所所长一人，协助处务；干事、助理、录事各若干人，受主任、副主任之指导分别办理处务。

　　第六条 主任、副主任由中央宣传部出版事业处委派并呈报中央备案，干事、助理、录事由主任遴选呈请中央宣传部出版事业处任用。

　　第七条 各地书刊供应处分编辑、印刷、事务三股，其职务分配如下：

一、编辑股　办理书报之编辑、校对等事宜；

二、印刷股　办理印刷所之管理，纸张、器材之购置，保存书报之翻印等事宜；

三、事务股　办理书报之分配、运输之接洽，收发文书、出纳、庶务及其他不属于各股之事宜。

　　第八条 各地书刊供应处采会计独立制度，会计干事由中央宣传部出版事业处任用，受主任、副主任之指导。

　　第九条 各地书刊供应处办理细则另定之。

　　第十条 本通则自呈奉中央核准之日施行。

中央宣传部各地供应处办事细则

1941年9月23日（民国三十年）经部长核准施行

第一条 本细则依各地书刊供应处组织通则第九条制定之。

第二条 本处主任综理处务及指导印刷所事宜，副主任襄理处务并负责主持印刷所事宜。

第三条 本处干事、助理、录事承主任副主任之指导，分别办理本处事务。

第四条 本处分编辑、印刷、事务三股，其职务分配于下：

一、编辑股 办理书报之编辑、校对等事宜；

二、印刷股 办理印刷所之管理，纸张、器材之购置，保存书报之翻印等事宜；

三、事务股 办理书报之分配、运输之接洽，收发文书、办理出纳、庶务及其他不属于各股之事宜。

第五条 每股设股长一人，以支薪最高之干事充任之。

第六条 本处及印刷所一切开支须经主任、副主任核发，其承印及批销书刊所收之经费应专款存储呈部核准支配。

第七条 本处工作人员须按时到处办公，不得迟到或早退，工作时间必要时得随时延长之。

第八条 本处工作人员每日到公退公时应在签名簿上签到与签退，不得托人代签。

第九条 本处工作人员对于经办文件或事务、印刷工人对于秘密书刊应绝对严守秘密。

第十条 本处印刷书刊务须按期出版，印刷清楚，校对正确，装潢整齐，发行迅速，不得草率迟误。

第十一条 本处工作人员每日工作完毕后应依式填写工作日记，由值日员汇送主任、副主任审核，主任、副主任工作日记每月应送部审核，其格式另定之。

第十二条 本处每周工作报告须于下星期二前、每月工作报告须于下月五日前汇编呈部审核。

第十三条 本处工作人员考绩请假等事宜，依照党务工作人员服务规程办理之。

第十四条 本处每星期举行工作会报一次，由主任或副主任召集并主席，处内全体职员均应出席。

第十五条 本处所属印刷所管理规则另定之。

第十六条 本细则如有未尽事宜得随时修正之。

第十七条 本细则呈请中央宣传部核准施行。

中央宣传部书刊批销办法

1941年11月1日（民国三十年）经部长核准试办

一、本办法根据中央宣传部分区设立书刊供应处办法第十项之规定订定之。

二、本部出版之书刊由中国文化服务社总批发但在中国文化服务社未设分支社之地方，各书店得直接与本部或本部所属各书刊供应处接洽批销。

三、本部出版书刊得随时以书目通知各书店洽商批销事宜。

四、各书店承销本部书刊一律以七折计算，邮运费由本部担负。

五、本部出版书刊定价发售，不受书业同业公会之约束。

六、各书店出售本部书刊须遵照本部所定价格，不得借故加价。

七、各承销书店对于本部出版之书刊，得呈准自行翻印本部余酌量借给纸型外，其余付印事务及一切费用概由各书店自理。

八、各书店承销本部书刊须缴书价总值百分之五十之押金，余欠部分限于四个月内缴清。

九、各书店承销本部书刊遇有销路呆滞者，得于缴清账欠时以原批价退货，但不得超过原批数额百分之五十并以不污损者为限，其邮运费由该书店担负。

十、批销合同及书刊账款之收授手续随时另行商订之。

十一、本办法如有未尽事宜得随时修正之。

十二、本办法经中央宣传部核准施行。

中央宣传部出版会报办法

1942年1月6日（民国三十一年）经部长核准施行

一、中央宣传部为明了出版情况加强编印工作之联系起见，特订定本办法。

二、出版会报之单位如左：

1、普通宣传处；

2、艺术宣传处；

3、出版事业处；

4、编审室；

5、三民主义研究会；

6、中国文化服务社。

三、出版会报事项规定如左：

1、报告工作情况；

2、交换工作意见；

3、商讨工作联系或建议事项。

四、出版会报由本部秘书召集之并担任主席。

五、出版会报每月举行一次，必要时得临时召集之。

六、出版会报之记录由出版事业处担任，整理后印发有关各单位备查。

七、本办法经部长核准施行。

（中央宣传部出版事业处编辑《出版通讯》三十一年一月出版）

中央宣传部各书刊供应处管理办法

1942年2月5日（民国三十一年）经部长核准施行

第一章 总则

第一条 本办法根据中央宣传部出版事业处组织规程第三条之规定订定之。

第二条 各书刊供应处工作之管理与考核依本办法行之。

第三条 各书刊供应处工作人员之任用考核及奖惩等应呈部备核。

第四条 各书刊供应处所订法规方案及工厂管理规则等应呈部备核。

第五条 各书刊供应处应于每年度开始前拟具工作计划暨实施进度报告、经常费预算书、职工名册各两份呈部审核。

第六条 各书刊供应处每月应造具：

一、工作月报表；

二、付印及出版书刊报告表；

三、收发及批销书刊报告表（附收据粘存簿）；

四、经费累计表呈部备核。

每届年度终了，应造具工作总报告及决算书呈部备核。

第七条 各书刊供应处印刷处每月应造具：

一、资产负债平衡表；

二、收支报告表；

三、财物增减表；

四、材料增减表呈部备核。

每届年度终了应造具：

一、财物目录；

二、产品盘存目录；

三、材料盘存目录；

四、损益计算表；

五、成本计算表；

六、盈亏拨补表呈部备核。

第八条 各书刊供应处应依照本部规定之工作日志逐日将总务、业务、工务状况详细记载于每月底，呈部备核。

第二章 印务

第九条 各书刊供应处印刷所承印本部印件，应照本部核定价格办理并应如期出版，非具有特殊理由不得变更或延期。

第十条 各书刊供应处印刷所如有余力得承印外货，但应订定价格呈部备查。如有变更亦应随时报部，并应遵守信约如期出版。

第十一条 各书刊供应处印刷所承印外货，应将成品每种检具二份呈部，并分别填制工作传票以备查考。

第十二条 各书刊供应处印刷所对于一切印刷材料如纸张之使用、青铅之消耗等，应力求节约，以期减低生产成本。

第十三条 凡承印书件印刷应力求精美，调墨设色务须浓淡得宜，装订裁切务须整齐美观。

第十四条 各书刊供应处如自行编印书刊，须将编印计划呈部核准方得施行，出版后应检一份呈部以备审核。

第十五条 各书刊供应处对于工人应切实管理与训练，在可能范围内应注意增进其福利。

第三章 发行

第十六条 各书刊供应处依照部订书刊分配表册分发书刊，并应随时调查所辖区内单位之异动情形及书刊分配增减意见报部备核。

第十七条 各书刊供应处对各该区内分发书刊单位，应各就生产能力、书刊性质及分配对象随时拟具适当分配办法呈部备核。

第十八条 各书刊供应处于书刊出版后三日内应即寄发，不得迟延。其有时间性之书刊，应于出版后随时寄发免失时效。

第十九条 各书刊供应处批销书刊应依照本部所订书刊批销办法办理之。

第二十条 各书刊供应处分发书刊除依照本部出版事业处与中央文化驿站总管理处所订寄运办法办理外，并应与当地其他交通运输机关互相联系，切实合作以增加运输效能。

第二十一条 书刊之分发，整分者应取得文化驿站或其分支站之收据，零发者应取得收书机关团体回单或邮局单据，批发者应取得中国文化服务社或其分支社之收据作为报销。

第四章 会计

第二十二条 各书刊供应处会计账目悉依照中央会计法规及新式簿记办理之。

第二十三条 各书刊供应处会计员由部遴派。

第二十四条 各书刊供应处经费除预算有规定者外，其他临时或特别费用如由节余项下开支者，须经呈准方得动支。

第五章 奖惩

第二十五条 本部对于各书刊供应处之工作除随时指示按月考核外，并于年终总考绩一次，依其成绩分别奖惩之。

第二十六条 各书刊供应处工作人员合于左列情形之一者，分别予以奖状记功或升级之奖励：

一、对工作计划能按照进度依限完成者；

二、工作能达到规定标准（数量与质量）者；

三、工作有特殊表现表。

第二十七条 各书刊供应处工作人员有左列情事之一者，除依法办理者外，分别予以警告、记过、降级、撤职之处罚：

一、工作计划未能按照规定进度如期完成者；

二、玩忽命令懈怠工作贻误事机者；

三、泄漏秘密谎报失实或营私舞弊经查明属实者。

第六章 附则

第二十八条 本办法如有未尽事宜由本部随时修正之。

第二十九条 本办法经部长核准施行。

（《中央宣传部衡阳书刊供应处三十一年度工作报告》1943年铅印本）

修正中央宣传部书刊批销办法

1942年4月29日（民国三十一年）经中央宣传部核准施行

第一条 本部就各书刊供应处出版书刊数量之总和提七分之六分发、其余七分之一批发，中国文化服务社总社经售文艺书刊，其与宣传无关者得全部批发销售。

第二条 前条所称总数七分之一批销书刊，其交付数量分配暂定为重庆、衡阳各占十分之三，西安、上饶各占十分之一。如该社须变动此项分配比例时，须呈请本部核定。

第三条 书刊交付除重庆一处交中国文化服务社总社外，其余各处分别批发与当地中国文化服务社销售。

第四条 交付书刊之搬运等费概由中国文化服务社担负。

第五条 书刊定价由本部按照成本酌定，不受书业同业公会之约束。

第六条 中国文化服务社承销本部书刊以定价五折计算。

第七条 中国文化服务社得转行批销，惟承销书店发售价格不得超过原定价格。

第八条 批销书刊数量与价款由各供应处按月报部，该社各分社按月报总社，再由本部向该社总社结算。

第九条 中国文化服务社批销本部书刊应缴价款限按月缴清，由本部专款存储备作拨付该社资金之一部，每年六月十二月各拨款一次。

第十条 本办法如有未尽事宜得随时修正之。

第十一条 本办法经中央宣传部核准施行。

中央宣传部各地书刊供应处组织通则

1943年8月2日（民国三十二年）修正公布

第一条 本通则依本部组织条例第二十条之规定制定之。

第二条 各地书刊供应处应冠以所在地地名。

第三条 各地书刊供应处之任务如左：

一、办理书刊之印刷、分配及发行等事宜；

二、办理书刊运输之联络等事宜；

三、办理民众小报之编印或翻印中央报纸分发战地事宜。

第四条 书刊供应处暂设重庆、衡阳、永安、西安四处，其供应区域如下：

一、重庆区为川康黔滇鄂西鄂北；

二、衡阳区为湘粤桂鄂南鄂东；

三、永安区为赣浙皖闽苏；

四、西安区为陕豫晋鲁冀绥甘青宁新。

第五条 各地书刊供应处设主任一人，综理全处事务；副主任一人襄助处务并兼任印刷所所长，干事、助理干事、录事各若干人，承主任副主任之指导，分别办理处务。

第六条 主任副主任由本部委派并呈报中央执行委员会备案，干事、助理干事、录事由主任遴选呈请本部任用。

第七条 各地书刊供应处分编辑、印刷、发行、总务四股，其职务分配如下：

一、编辑股 办理书报之编辑校对等事宜；

二、印刷股 办理印刷所之管理，纸张、器材之购置保管，书报之翻印等事宜；

三、发行股 办理书报之分配及供应运输之接洽等事宜；

四、总务股 办理文书之收发、出纳、庶务及其他不属于各股之事宜。

第八条 各地书刊供应处采会计独立制度，会计干事由本部任用，受主任、副主任之指导。

第九条 各地书刊供应处办事细则另定之。

第十条 本通则自呈奉中央核准之日施行。

中央宣传部各地书刊供应处办事细则

1943年8月2日（民国三十二年）修正公布

第一条 本细则依各地书刊供应处组织通则第九条制定之。

第二条 各处主任综理处务及指导印刷所事宜，副主任襄理处务并负责主持印刷所事宜。

第三条 本处干事、助理干事、录事承主任副主任之指导，分别办理本处事务。

一、编辑股 办理书报之编辑校对等事宜；

二、印刷股 办理印刷之管理、纸张器材之购置保存、书报之翻印等事宜；

三、发行股 办理书报之分配及供应运输之接洽等事宜；

四、总务股 办理文书收发撰拟出纳庶务及其他不属于各股之事宜。

第五条 各股设股长一人，以支薪最高之干事充任之。

第六条 各处及所属印刷所一切开支须经主任副主任核发，其承印及批销书刊所收之经费应专款存储，呈部核准支配。

第七条 各处工作人员须按时到处办公，不得迟到或早退，工作时间必要时得随时延长之。

第八条 各处工作人员每日到公退公时应在签名簿上签到与签退，不得托人代签。

第九条 各处工作人员对于经办文件或事务印刷工人对于秘密书刊应绝对严守秘密。

第十条 各处印刷书刊务须按期出版、印刷清楚、校对正确、装潢整齐、发行迅速，不得草率迟误。

第十一条 各处工作人员每日工作完毕后，应依式填写工作日记由值日员汇送主任副主任审核，主任副主任日记每月应送部审核。其格式另定之。

第十二条 各处每周工作报告须于下星期二前、每月工作报告须于下月五日前汇编呈部审核。

第十三条 各处工作人员考绩请假等事宜，依照党务工作人员服务规程办理之。

第十四条 各处每二星期举行业绩检讨会议一次，由主任或副主任召集并任主席，处内全体职员均应出席。

第十五条 各处所属印刷所管理规则另定之。

第十六条 本细则自公布之日施行。

（中央宣传部西安区书刊供应处编《两年来工作实录》1943年铅印本）

修正中央宣传部各地书刊供应处管理办法

1943年10月19日（民国三十二年）经部长核准施行

第一条　各地书刊供应处（以下简称各处）工作之管理与考核依本办法行之。

第二条　各处工作人员之任免考绩请假出勤等除本办法特别规定者外，悉依党务工作人员服务规程及本部所颁人事法规办理之。

第三条　各处主管人员公出在两周以上者须先呈部核准，在公出期内应备日记簿将所办事项详细记载于、公毕时连同报告呈部备查。

第四条　各处如适应当地需要订立单行法规，应呈部核准方得施行。

第五条　各处应于每年度开始前拟具工作计划暨实施进度表、预算书及员工名册各两份，呈部审核。

第六条　各处每月应造具左列各表呈部备核：

（一）工作月报表；

（二）印发书刊月报表；

（三）收发书刊月报表；

（四）批销书刊月报表。

每届年度终了时，应造具年度政绩比较表、工作总报告及决算书呈部核准。

第七条　各处印刷所每月应造具左列各表呈部备核：

（一）资产负债平衡表；

（二）收支报告表；

（三）财物增减表；

（四）材料增减表。

每届年度终了时应造具：（一）财产目录、（二）出品盘存目录、（三）材料盘存目录、（四）损益计算表、（五）成本计算表、（六）盈亏拨补表　呈部备核。

第八条　各处印刷所承印本部印件，应遵照部订价格办理并应如期出版。非具有特殊理由呈经核准不得变更。

第九条　各处印刷所生产力有剩余时得接印外货，于每月终开具营业账目连同成品每种二份呈部备查。

第十条　各处印刷所对于一切印刷材料之使用与消耗，应力求节约以期减低生产成本。

第十一条　各处印刷书刊应力求精美、调墨设色务须浓淡得宜、装订裁切务须整齐美观。

第十二条　各处印刷书刊概由本部供给纸型，如须自行编印应先将原稿呈部核准方得印行并应检同成品二份呈部备查。

第十三条　各处分发书刊应依照部颁书刊分配表册办理，并随时调查各该供应处区单位异动情形拟具分配意见呈部备核。

第十四条　各处书刊应于出版后三日内寄发，不得迟延。其有时间性之书刊应于出版后随即寄发，免失时效。

第十五条　各处分发书刊应取得受书机关或团体回单，并自行保留以备本部随时抽查。

第十六条　各处分发书刊除依照本部出版处与中央文化驿站总管理处所订寄运办法办理外，并应与当地其他交通运输机关互相联系切实合作以期达到运输迅速分发普遍之目的。

第十七条　各处批销书刊应依照国民图书出版社同业批销办法办理。

第十八条　各处主办会计人员由部遴派充任之。

第十九条　各处会计事务处理及款项收支程序悉依中央颁布会计法规办理，其关于经常收支按月应送各项会计书表须于期间经过后三个月内送出。

第二十条　各处经费除预算有规定者外，其他临时或特别费用如须在节余项下开支者须经呈核后方得动支。

第二十一条　各处对于工人应切实训练与管理，在可能范围内应注意增进其福利。

第二十二条　本部为明了各处实际情形并改进其业务，得随时派员视察指导。

第二十三条　本办法经部长核准施行。

报刊法规、法令

管理新闻营业条例

1925年4月1日（民国十四年）京师警察厅

第一条 凡在京师地面经营新闻营业者，遵照本规则办理。

第二条 新闻分左列三种：

（一）报纸、凡日刊、周刊、不定期刊等，内容专载新闻者属之。

（二）杂志、无论定期刊、不定期刊，内容系研究学术性质者属之。

（三）通信社。

第三条 发行报纸、杂志，须由经理人依照左列各款呈报于警察厅：

（一）名称；

（二）体例；

（三）发行日期；

（四）经理人、编辑人、发行人、印刷人之姓名、籍贯、履历、住址；

（五）发行所之地址；

（六）印刷所之名称、地址；

（七）资本数目。

第四条 办理通信社，须由经理人依左列各款呈报：

（一）名称；

（二）经理人、编辑人、发行人、印刷人之姓名、籍贯、履历、住址；

（三）社址地点；

（四）资本数目。

第五条 学校学生不得充报纸、通信社经理人、编辑人、发行人、印刷人。

第六条 发行报纸、杂志或办理通信社者，均须于呈报时，取具五等捐以上铺保两家，以资负责。

第七条 报纸、杂志之发行所，通信社之社址房屋，均须商得房主允可，出具同意切结，存厅备案。

第八条 发行报纸、杂志或办理通信社，于呈报后，须俟官厅查明核准，发给执照，方得开始营业。在未经核准领照以前，不得擅自出版，或刊发稿件。前项执照，应按资本总额千分之五缴纳照费。

第九条 凡核准之报纸、杂志、通信社，登载新闻言论，须遵照出版法第十一条办理。

第十条 凡核准之报纸、杂志、通信社，内容如有变更，或迁移发行所暨社址时，仍须照本规则第一、五、六、七等条，另文呈报。

第十一条 在国外或京外发行之报纸、杂志、通信社，如在京设立分发行所或分社时，应遵照本规则办理。

第十二条 本规则自公布日施行。

修正管理新闻营业条例

1926年2月（民国十五年）京师警察厅

第一条　凡在京师地面经营新闻事业，须遵照本规则办理。

第二条　新闻分左列三种：

（一）报纸（凡日刊、周刊、旬刊、不定期刊等，内容专登载新闻者属之）。

（二）杂志（无论定期刊、不定期刊，内容系研究学术性质者属之）。

（三）通信社。

第三条　发行报纸、杂志，须由经理人依照左列各款呈报于警察厅，以凭发给执照：

（一）名称；

（二）体例；

（三）发行时期；

（四）经理人、编辑人、发行人、印刷人之姓名、籍贯、履历、住址；

（五）发行所之地址；

（六）印刷所之名称、地址；

（七）资本数目。

第四条　办理通信社，须由经理人依左列各款呈报：

（一）名称；

（二）经理人、编辑人、印刷人之姓名、籍贯、履历、住址；

（三）社址地点；

（四）资本数目。

第五条　营新闻业者，须于呈报时取具妥实铺保，以资负责。

第六条　报纸、杂志之发行所，通信社之社址房屋，均须商得房主许可。

第七条　发行报纸、杂志或办理通信社，于呈报后，须俟官厅查明核准发给执照，方得开始营业。前项执照，应按资本总额千分之五缴纳照费。

第八条　凡核准之报纸、杂志、通信社，内容如有变更，或迁移发行所暨社址时，仍应报厅备案。

第九条　在国外或京外发行之报纸、杂志、通信社，或在京设立分发行所或分社时，应遵照本规则办理。

第十条　本规则自公布之日施行。

（录自1926年2月18日《申报》）

上海特别市教育局小报审查条例

1927年10月31日（民国十六年）上海市政府核准施行

第一条　凡在本市发行或销行之小报，均由本局随时审查。

第二条　凡出版小报，须详开报馆地址及发行人、编辑人姓名，来本局备案。地址及发行人、编辑人有更改时，亦须呈报本局。

　　第三条　凡出版小报，报面须标明小报馆确实地址及发行人、编辑人姓名，以凭查核。

　　第四条　凡出版小报，每期均须呈送本局备查。

　　第五条　凡出版小报有合于左列各款之一，经本局审查合格者，准其发行销行，并褒奖之：

　　（一）宣传中国国民党党义，导引民众努力国民革命者。

　　（二）研究生活问题及风俗习惯，寓有领导民众除旧革新之旨趣者。

　　（三）传布知识或学术，有益于全社会或某一社会者。

　　（四）发挥文学美术，予民众或某一部分人以精神上之愉快者。

　　第六条　关于小报之褒奖办法规定如左：

　　（一）由本局与以"上海特别市教育局审查合格特准发行"字样刊印报端。

　　（二）由本局与以"上海特别市教育局认为优良特准发行"字样刊印报端。

　　（三）由本局呈请市政府传谕嘉奖。

　　（四）由本局呈请市政府通令各机关、各地方，广为推销。

　　（五）由本局呈请市政府与以补助费或奖金。

　　第七条　审查结果认为有左列各项之一者，禁止其发行或销行。并得惩戒发行人或编辑人：

　　（一）违反党义，煽惑舆论者。

　　（二）诡辞诲盗，有妨治安者。

　　（三）迹涉淫亵，足以诱惑青年者。

　　（四）摘人隐私，毁人名誉，专事嘲讪谩骂者。

　　（五）专载妄诞，以淆惑观听者。

　　（六）专事投机，意在敲诈者。

　　（七）文辞隐晦，实含上述六项恶意之一者。

　　第八条　关于小报之惩戒办法规定如左：

　　（一）由本局呈明市政府令公安局或请租界临时法院限期停刊，或禁止发行或销行。

　　（二）由本局呈明市政府设法封禁报馆；其情节较重者，并拘办发行人或编辑人。

　　第九条　审查结果认为有左列各项之一者，得由本局直接通函警告，劝其改良：

　　（一）大体尚佳，间有失当者。

　　（二）主张腐旧，违反时代精神者。

　　（三）记载失实，迹近谤毁他人者。

　　（四）意在劝惩，而反迹近淆惑者。

　　第十条　审查结果，认为旨在营业并无流弊者，本局得任其自由发行。

　　第十一条　审查小报事宜，由本局第三科组织小报审查委员会主任之。

　　第十二条　审查委员会须将审查意见报告第三科科长，其认为尚须复审，得指定其他委员复审之。审查结果，开会公同议决。

　　第十三条　凡经本局审查之小报，应简单加以评语，于本局半月刊或市政公报随时公布之。

　　第十四条　本条例得由局务会议随时修改，呈请市长核准施行。

　　第十五条　本条例自呈请市长核准施行。

（录自《上海特别市市政法规汇编》）

日报登记办法

1929年9月5日（民国十八年）国民党第三届中央执委会第三十三次常务会议通过，

9月23日第三十七次常务会议修正

一、在出版法未颁布以前，各种日报均须遵照本办法办理登记。

二、日报之登记机关，为各省党部宣传部、各特别市党部宣传部。登记之最后审核，由中央宣传部办理之。

三、中央直辖及受中央津贴之各项日报，其登记事宜，由中央宣传部办理之。但须通知所在地之高级党部。

四、凡非直辖或中央津贴之报纸，请求在中央宣传部登记，经许可后得免在地方党部登记。但仍通知所在地之高级党部，并受其指导监督。

五、凡登记手续办理完毕之日报，由各省党部宣传部、各特别市党部宣传部给予收据，经中央宣传部审核决定后，发给日报登记证。

六、凡请求登记之日报，其主办人须至当地办理登记机关履行左列之登记手续：

1. 须填缴志愿书；

2. 呈缴最近一个月所出版之刊物；

3. 填写登记考查表；

4. 答覆登记员之询问。

七、日报经登记合格后，如发见有反动之言论，经当地党部之检举，上级党部宣传部之审查确实，中央宣传部之核准者，得撤销其登记资格，禁止出版。

八、凡登记不合格或不履行登记之日报，得由当地高级党部呈准中央宣传部，禁止出版。

九、各地报纸之登记期间，由中央宣传部按各地情形定之。

十、日报登记手续发见错误者，须重新登记。但若隐匿实情，冒领登记证者，经发见后，其登记即作为无效。

十一、日报之登记，概不收取费用。

十二、本办法如有未尽事宜，由中央宣传部随时决定之。

十三、本办法由中央常会议决施行。

（录自《中国国民党现行党务法规辑要》，民国十九年七月出版）

指导党报条例

1928年6月21日（民国十七年）国民党第二届中央第一四八次常务会议通过，

1930年3月24日（民国十九年）国民党第三届中央第八十一次常务会议重订

第一条 为指导本党舆论统一宣传起见，制定本条例。

第二条 本条例所指导之党报为左列两种：

（一）各级党部宣传部主办，经呈由中央宣传部核准者；

（二）党员主办，经呈由中央宣传部核准者。

第三条 各级党部宣传部直辖之党报，其负责人员及总编辑，由其主管党部宣传部委派之。

第四条 直辖于中央之各党报，由中央宣传部直接指导之，其他各级党部宣传部之各党报，得由各该宣传部秉承中央意旨指导之。

第五条 各项党报均须履行日报登记手续。

第六条 各党报经中央宣传部核准后，无须向当地行政机关履行立案手续，得由其主管党部通知当地行政机关备案。

第七条 各党报应按期呈送刊物全份于中央宣传部及其主管党部宣传部审查，如认为有应须纠正之处，须绝对服从。

第八条 各级党部宣传部主办之党报，得酌将刊物逐期赠送当地区党部及区分部各一份。

第九条 各党报登载新闻，如有失检，影响私人或法人名誉时，当事人可举证事实，声请更正。倘拒不更正，得呈请其主管党部宣传部核办，或向法院提起控诉。

第十条 各级党部宣传部对所属党报，除将所定宣传纲要及方略尽先发给外，并应随时指示宣传要旨，以为立论取材标准。

第十一条 各党报应根据中央宣传部所颁宣传要点及时事问题，每周著刊社论。

第十二条 各党报除记载真实新闻外，须尽量宣传本党及政府所有政治设施、法律制度、建设计划等。

第十三条 各党报须尽量阐扬本党主义及政策，并辟除或纠正一切反动谬误的主义或政论。

第十四条 各党报副刊须尽量刊载科学、文艺、社会、教育、经济、建设及各种宣传文字。

第十五条 各党报应遵守左列之纪律：

（一）以本党主义，政纲、政策为最高原则；

（二）绝对服从上级党部之命令，并不得为私人所利用；

（三）对各级党部及政府送往发表之主要文件，须尽先发表，不得迟延或拒绝；

（四）对本党及政府应守秘密之事项，不得随意发表。

第十六条 各党报如有违背前条之规定，各级宣传部得按其情节轻重，分别议处。其办法如左：

（一）警告；（二）撤换负责人或改组；（三）停刊；（四）惩办负责人。

第十七条 各党报如有违背第十五条之规定，除依第十六条之办法处分外，其主管宣传部须负连带责任。

第十八条 各党报须按月将工作报告呈送主管宣传部审核，其工作报告书程式另定之。

第十九条 本条例如有未尽事宜，得由中央宣传部呈请中央执行委员会修正之。

第二十条 本条例由中央执行委员会议决施行。

（录自《中国国民党现行党务法规辑要》，民国十九年七月出版）

各级党部所辖报社管理规则

1932年9月29日（民国二十一年）四届第四十次中常会通过

第一条 各省、市党部所辖报社，除受各该省、市党部管理监督外，中央宣传委员会得直接指导之。

各县、市党部所辖报社，除受各该县、市党部管理监督外，其主管省党部得直接指导之。

属于中央或属于省之特别党部所辖报社之管理指导，应比照前项规定办理。

第二条　各报社经费，以各该社之营业收入充之。不足时，由主管党部酌给津贴。

第三条　各报社设社长一人，综理全社事务。任用手续如下：

各省、市党部所辖报社社长为专任职，由各该省、市党部遴选，报请中央宣传委员会任用之；

各县、市党部所辖报社社长，以专任为原则，由各该县、市党部遴选，呈请主管省党部任用，并转报中央宣传委员会备案。

第四条　各报社社长之下，分经理、编辑两部各设主任一人，分理各该部事务，由社长呈请主管党部任用之。社长须兼一部主任。

第五条　各报社经理、编辑两部，视事务之繁简，各设职员若干人，分掌采访、编辑、印刷、发行、广告等事宜，由社长任用，呈报主管党部备案。

第六条　各报社应逐渐采用会计独立制。会计人员由主管党部委派，受社长之指导，办理会计事宜。

第七条　各报社每年度开始，应由社长拟具营业损益预算书、营业计划书、各职工名册各二份（县、市三份），呈报主管党部存查。并以一份转送中央宣传委员会备核。

第八条　各报社每月应由社长造具营业状况报告表（甲、乙两种）、编辑工作报告表、资产负债表及营业损益表各二份（县、市三份），于次月十五日前呈报主管党部存查。并以一份转报中央宣传委员会备案。

第九条　各报社应以最速之方法，按期将所出之报纸，寄送中央宣传委员会及其主管党部各一份备核。

第十条　各报社除服从中央宣传委员会及主管党部之一切指导外，并须遵守出版法关于报纸之规定事项。

第十一条　本规则由中央常会核准施行。如有未尽事宜，由中央宣传委员会修正，报告中央常会备案。

（录自《出版法规汇编》）

定期出版物保证办法

1933年1月16日（民国二十二年）西南执行部第五十二次常会议决通过

一、本会为防范反动言论之发现起见，除订有审查及发给许可证办法外，特订定定期出版物保证办法。

二、定期出版物分左列三种：

1. 新闻日报：指用一定名称，每日继续发行者而言。

2. 小报：指用一定名称，每隔一日以上、七日以下之期间继续发行者而言。

3. 杂志：指用一定名称，每隔一星期以上之期间继续发行者而言。

三、凡定期出版物须具有左列保证之一，并须经由本会核发许可证后，方准发行。

甲、现金保证。

乙、商店保证。

四、现金保证分左列三项。

1. 新闻日报，一千元；2. 小报，一千元；3. 杂志，二百元至一千元。

五、保证商店须填具保证书，保证书式样由本会制发之。

六、凡定期出版物违反出版法第十九条所规定各款之一者，除依照出版法第三十五条办理外，得将其保证金没收。如系用商店保证者，得照本办法第四条规定，分别令该商店缴纳与保证金同等数量之罚金。

七、凡定期出版物停止出版时，应即将许可证撤销。并得请发还保证金或保证书。

八、凡各级党部及行政机关出版之定期出版物，得免予保证。

九、凡各教育机关及已立案之民众团体之定期出版物，得由该机关及主管人员或该团体及负责人备文，向本会声明负责保证，经本会核发许可证后，方准发行。

十、本办法经西南执行部核准后施行。

附：出版物保证书、通讯社保证书及通讯社人员姓名一览表

1. 定期出版物保证书（甲种）

具保证书商店　　　　　兹保证 　　发行之刊物，言论纯正。嗣后如有违反出版法第十九条第一款至第四款之一者，愿受西南出版物审查会定期出版物保证办法第六条规定之处分。所具保证书是实。此上 　　西南出版物审查会 　　　　　　　　　　　　　　　　具保证书商店　　（盖章） 　　　　　　　　　　　　　　　　中华民国　年　月　日

2. 定期出版物保证书（乙种）

社兹因　　　　　　　出版　　　　　小报/杂志 　　谨遵照西南出版物审查会定期出版物保证办法第四条第　项之规定具缴保证金　元，并保证该刊物言论纯正。嗣后如有违反出版法第十九条第一款至第四款之一者，愿受西南出版物审查会定期出版物保证办法第六条规定之处分。所具保证书是实。此上 　　西南出版物审查会　　　　　　　社社长　　（盖章） 　　　　　　　　　　　　　　　　中华民国　年　月　日

3. 通讯社保证书

具保证书人　　　　　　　通讯社社长 　　兹保证本社发行之通讯稿言论纯正。嗣后如有违反出版法第十九条第一款至第四款之一者，保证人愿受西南出版审查会之处分。 　　所具保证书是实。此上 　　西南出版物审查会 　　　　附缴本社一览表一纸 　　　　　　　　　　　　　　社长　　（盖章） 　　　　　　　　　　　　中华民国　年　月　日

4. 通讯社人员姓名一览表

名　称	地　址	社长及编辑人员姓名年龄及住址				
		姓　名	年　龄	籍　贯	职　别	住　址

中华民国　年　月　日填报　　（盖章）

（录自《中华民国法规汇编》，立法院编）

颁发外籍新闻记者注册证规则

1933年3月16日（民国二十二年）外交部公布

第一条　凡外籍新闻记者如欲在中国境内执行记者职务，应呈请本部情报司发给注册证。

第二条　请领注册证者，应先填具请领注册证事项表，附贴本人最近二寸相片一张，并缴该国领事馆所发之身份证明书。

第三条　请领注册证者，每证应随缴注册手续费国币二元。

第四条　本部情报司对于请求发给注册证者，如查有违反我国出版法令行为或对我国有恶意宣传之行为时，应予拒绝。其已领之注册证，应予取消。

第五条　注册证有效时期，自发给之日起以两年为限。期满应重新请领。

第六条　领有注册证者，得迳向交通部请领新闻电报凭照。

第七条　本规则对于非外籍而系代表外国新闻报社之记者，除第二条关于身份证明之规定外，亦一律适用之。

第八条　本规则如有未尽事宜，得随时修改之。

第九条　本规则自公布之日起施行。

（录自《增订国民政府司法例规补编第二次》）

注：民国二十二年九月八日修正，于第二条末增加一款如下：

代表一个以上之新闻报社之记者，应分别请领注册证。但每一注册证得适用于事项表内所填明之该报社任何收报地点。

新闻电讯检查标准

1933年4月10日（民国二十二年）西南执行部第六十三次常会通过

一、关于军事新闻电讯应扣留者：

1. 关于军事机关、要塞、堡垒、军营、仓库、飞行场港、兵工厂、造船厂、测量局及其他国防、省防上建筑物之组织及设备情形；

2．关于军事预定实施之军事计划及一切部署；

3．关于军队之兵力、番号与其行动，及军用品之输送、起卸地点或筹备情形；

4．关于军事长官之行踪及其秘密之军事谈话；

5．关于各级军事机关有关军事秘密之会议与记录；

6．关于敌我军情与事实不符之记载；

7．其他不利于我方之军事新闻。

二、关于外交、政治新闻电讯之应扣留者：

1．关于一切政治消息认为不确者；

2．关于一切政治消息或言论认为足以引起社会或其他之不良影响者；

3．凡对我国外交有不利影响之消息尚未证实或已证实不确者；

4．凡外交事件正在秘密进行中，其消息或文件尚未经正式或非正式发表者；

5．凡政治、外交谈话未经正式或非正式发表者。

三、关于地方治安新闻电讯之应扣留者：

1．含有煽乱性质，足以引起危险之行为或足以酿成地方人民生命财产之重大损失者；

2．关于金融消息认为足以引起社会之不安者；

3．关于妨害善良风俗之消息及记载或描写者。

（录自《中华民国法规汇编》，立法院编译所编）

重要都市新闻检查办法

1933年1月19日（民国二十二年）国民党第四届中央执委会第五十四次常务会议通过，
9月21日国民党第四届中央执委会第八十九次常务会议修正

一、各重要都市如南京、上海、北平、天津、汉口，遇有检查新闻必要时，经中央执行委员会常务会议核准，得设立新闻检查所，受中央宣传委员会之指导，办理各该地新闻检查事宜。

二、首都新闻检查所，由中央宣传委员会会同军事委员会及行政院派员组织之，新闻团体得派代表一人参加。其他各地新闻检查所，应由中央宣传委会（或当地高级党部）会同当地高级政府及高级军事机关派员组织之，当地新闻团体得派代表一人参加。

三、新闻检查所设主任一人，副主任一人或二人，主持所务；由各参加机关派充之。设检查员若干人，担任检查工作；由主任选定曾在大学或专门学校毕业而有新闻学识者，呈准中央宣传委员会任用，或由各参加机关调充之。设事务员若干人担任事务，由检查所雇用之。

四、新闻检查所经费由各参加机关分摊之。

五、新闻检查所检查新闻，限于军事、外交、地方治安及与有关之各项消息。

六、新闻检查所检查新闻，须依据中央执行委员会常务会议核准之新闻检查标准决定扣发。遇有疑问时，得由主任随时请示主管机关或中央宣传委员会决定之。

七、新闻检查所检查新闻手续，应由各该所于不妨碍各报社、通讯社工作进行之原则上自行订定，分呈各参加机关，并呈报中央宣传委员会备案。

八、新闻检查所各项条例及办事细则，均须呈报中央宣传委员会备案。

九、各报社、通讯社，如有违犯各该检查所之各项规定或命令者，应由各该所报告当地政府机关依照出版法处分之。

十、各地新闻检查所，于每月月终除应向各参加机关报告工作外，并应填具工作报告表，呈报中央宣传委员会。工作报告表另定之。

十一、本办法不适用于戒严时期。

十二、本办法由中央执行委员会核准施行。

（录自《中华民国法规汇编》，福建省政府辑）

新闻检查标准

1933年1月19日（民国二十二年）国民党第四届中央执委会第五十四次常务会议通过，10月5日第九十一次常务会议修正通过

一、关于军事新闻应扣留或删改者：

1. 关于我国高级军事机关、要塞、堡垒、军港、军舰、军营、仓库、飞行场港、兵工厂、造船厂、测量局及其他国防上建筑物之组织及设备情形与其应秘密之地点。

2. 关于国军预定实施之军事计划及一切部署。

3. 关于国军之兵力、兵种、番号与其行动、驻扎及军用品之输送、起卸地点或筹备情形。

4. 关于高级指挥官之行踪及其秘密之军事谈话。

5. 关于各级军事机关有关军事秘密之会议与记录。

6. 关于敌我军情与事实不符之记载。

7. 关于新式武器及军事工业之发明。

8. 其他不利于我方之军事新闻。

二、关于外交新闻之应扣留或删改者：

1. 凡对我国外交有不利影响之消息，尚未证实或已证实不确者。

2. 凡外交事件正在秘密进行中，其消息或文件尚未经外交部正式或非正式公布者。

3. 凡外交谈话未经外交部正式或非正式公布者。

三、关于地方治安新闻之应扣留或删改者：

1. 摇动人心，引起暴动，足以酿成地方人民生命财产之重大损失者。

2. 故作危言，影响金融，足以引起地方人民日常生活之极度不安者。

3. 对于中央负责领袖，加以无事实根据之恶意新闻及侮辱以损害政府信用者。

四、关于社会风化新闻之应扣留或删改者：

1. 关于淫盗之记载特别描写，以煽扬猥亵、凶恶之影响者。

2. 其他有妨善良风俗者。

附注

一、各新闻检查所检查新闻，除遵照以上规定外，并须依照出版法及宣传品审查标准第二项、第三项之规定。

二、各新闻检查所检查新闻，仍须随时遵照中央宣传委员会颁布注意之要点。

三、各报社刊布新闻，须以中央通讯社消息为标准。

（录自《增订国民政府司法例规补编》第二次）

检查新闻办法大纲

1934年8月9日（民国二十三年）国民党第四届中央执委会第一三三次常务会议核准备案

一、于中央执行委员会之下设中央检查新闻处，掌理全国各大都市新闻检查事宜。其暂行组织大纲及经费概算另定之。

二、电报检查与新闻检查有密切关系。为求工作便利计，中央检查新闻处对各地电报检查机关应取密切之联络。

三、全国报纸之审查，仍由中央宣传委员会办理。为取得密切联络起见，中央检查新闻处对各地新闻检查所有所指示，应随时抄送中宣会参考。中宣会对新闻机关有所指示，及每日审查报纸发现有违背检查标准或指示时，亦应随时抄送，或就原报圈送中央检查处参考。

四、所有关于各地报社违犯检查办法之处分及纠正，由中央检查处处理之。其不属于检查范围者，仍由中宣会处理之。

五、中央检查新闻处得向有关机关调用职员。各员一经调用，即应专任该处所指定之工作。考绩时，亦以该处之工作成绩为标准。其生活费，仍由原机关支给之。

（录自《图书年鉴》二编，杨家骆编）

对于报馆之健全舆论应予保护令

1935年2月1日（民国二十四年）军事委员会、行政院会同令饬各省政府

案查二十三年十二月第五次中央执行委员会全体会议开会时，曾有天津、上海各报馆联名电请：

（一）检查新闻应一律遵照中央所颁布标准，审慎执行；（二）对于新闻机关或记者之处分，不宜诉诸非常手段；（三）前此新闻机关或记者，无论在中央或地方，受停闭拘禁其他处分者，但使不以武力或暴动为背景，请一律开复等情一案，经中央常会决议交本院、本委员会核办。兹查修正新闻检查标准及修正重要都市新闻检查办法并检查新闻办法大纲，业经中央先后制定通行遵照。关于设置新闻检查所程序及检查新闻标准，上述办法及标准中业已详为规定。

该报馆等所请关于（一）检查新闻应一律遵照中央颁布标准，审慎执行；（二）对于新闻机关或记者之处分，不宜诉诸非常手段两项，自属正当。关于（三）前此新闻机关或记者，无论在中央或地方，受停闭拘禁其他处分者，但使不以武力或暴动为背景，请一律开复一项，查检查新闻除遵照修正新闻检查标准各条所规定外，并须依出版法及宣传品审查标准第二项、第三项之规定。修正新闻检查标准附注第一项已经明白规定。又依照出版法第三十六、三十七、三十九、四十、四十一各条新闻纸有违背出版法情事者，得禁止其发行，并得处发行人、编辑人等一年以下有期徒刑、拘役。是前此新闻机关或记者，在中央或地方所受停闭禁拘或其他处分，自难不论情由，一律开复。如被处分者认为

该项处分有不当或违法之处，自亦可分别提起上诉或诉愿，并不患无救济之途。

原电关于此项主张，自应无庸置议。惟保护言论自由，政府递经申令各机关对于各种言论机关之检查及取缔，自应一律依照法令办理，今后尤宜益加勉励，务期贯彻中央扶植舆论之方针。夫言论自由，原为法律范围内之自由，并非漫无限制。国内言论机关，深明大义、守法自爱者固属多数，而不健全不成熟者亦尚有所闻。或则泄露国家军事、外交之秘密。或则明知全系谣言，而故意散布，期遂挑拨离间、摇乱人心之私图。或则挟嫌报怨，利用报馆地位，肆意毁损他人名誉。因此种种遂致触犯法纪或引起被害方面之报复。政府对于公正优良之报馆，固应竭力奖掖，而于动机不正、罔知法纪者，亦不得不执法以绳。乃昧于事理者，不究内容，动辄以摧残舆论等名词加诸检查机关，以冀耸人听闻。以此而言自由，其结果恐报馆有自由而人民无保障，少数人快私意，而多数人蒙祸殃。小之则减少舆论之价值，大之则损害国家之利益。流弊所及，胡可胜言。

为此，申令各机关嗣后一面应保护健全之舆论，不得滥用职权。对于检查取缔事项，务应恪遵法令，毋稍逾越。一面对于各地言论机关，亦须剀切晓谕，务使其各自约束并厉守新闻道德，勿滥用报馆力量，以妨害国家及他人之利益。庶全国新闻事业，可期入于正轨，宏舆论之效力，树法治之根基，胥于是赖焉。除分令外，合行令仰遵照，并转饬各属一体遵照。此令。

审查取缔大小日报标准

1935年5月27日（民国二十四年）西南执行部第一七〇次常会修正通过，
5月28日函西南政务委员会转饬各机关（附函）

据西南出版物编审会呈称：查关于审查各种出版物，业经本会分别根据出版法原则订有规章，先后呈请钧部核准公布施行有案。惟近查在市面出版或销售之大小日报中，仍有少数玩忽功令等情，殊属可恨。兹为严整出版精神起见，谨集以前关于审查取缔大小日报规章及命令，重行修定标准，呈请察核，俯赐分别函令有关机关，根据规定，严厉执行，以肃风纪，而正人心，实为公便等情。计呈修订审查取缔大小日报标准一份。据此，业经本部第一七零次常务会议议决"照办"等议记录在案。除分行外，相应将原呈修订审查取缔大小日报标准抄录函达。即希查照，转饬所属遵照办理为荷。

附：修订审查取缔大小日报标准

凡大小日报内所载一切文字，如有违反左列之一者，应将其全部删扣之：

甲、违反中国国民党主义、政策、政纲或有违反之嫌疑者；

乙、损害中华民国之利益，或含有损害之意义者；

丙、属于军事秘密消息者；

丁、妨害善良风俗，诋毁固有美德者；

戊、诲淫诲盗之事实，或有诲淫诲盗之嫌疑者；

己、一切属于奸匪案件之记述；

庚、属于自杀案件之记述；

辛、属于肉欲或含有肉欲意味之记述或图画、影片；

壬、属于荒诞神怪之记述或图画、影片；

癸、有妨害公共秩序之一切纪述。

一、凡在当地出版之大小日报，应于出版前将全部稿件（包含论著、电讯、要闻、社会新闻、小品文字、小说、丛谈、杂俎、卫生问答、常识问答、法律问答、专载、副刊、图画、影片及一切刊在报内者），送交当地审查日报机关，依照本标准办理之。

二、凡违反上列各项之一者，得用出版法之规定分别处分之。

（录自《中华民国法规汇编》，立法院编译所编）

新闻检查标准

1937年8月12日（民国二十六年）国民党第五届中央执委会第五○次常会修正

一、关于军事新闻应扣留或删改者：

1. 关于我国高级军事机关、要塞、堡垒、军港、军舰、军营、仓库、飞行场港、兵工厂、造船厂、测量局及其他国防上建筑物之组织及设备情形与其应秘密之地点；

2. 关于国军预定实施之军事计划及一切部署；

3. 关于国军之兵力、兵种、番号与其行动驻扎及军用品之输送、起卸地点或筹备情形；

4. 关于军事高级指挥官及党、政重要负责人有关军事秘密之行动；

5. 各机关关于军事、外交、政治之报告、会议文件、谈话，其性质足资敌人利用者；

6. 关于战时受伤、被杀或被俘长官之姓名及士兵之实额；

7. 关于战时敌人扰乱后方之详细情形；

8. 关于敌我军情与事实不符之记载；

9. 关于新式武器及军事工业之发明；

10. 其他不利于我方之军事新闻。

二、关于外交新闻之应扣留或删改者：

1. 凡对我国外交有不利影响之消息，尚未证实或已证实不确者；

2. 凡外交事件正在秘密进行中，其消息或文件尚未经外交部正式或非正式公布者；

3. 凡外交谈话未经外交部正式或非正式公布者。

三、关于地方治安新闻之应扣留或删改者：

1. 摇动人心，引起暴动，足以酿成地方人民生命财产之重大损失者；

2. 故作危言，影响金融，足以引起地方人民日常生活之极度不安者；

3. 对于中央负责领袖，加以无事实根据之恶意新闻及侮辱以损害政府信用者。

四、关于社会风化新闻之应扣留或删改者：

1. 关于淫盗之记载特别描写，以煽扬猥亵、凶恶之影响者；

2. 其他有妨善良风俗者。

附注

一、各新闻检查所检查新闻，除遵照以上规定外，并须依照出版法及宣传品审查标准第二项、第三项之规定。

二、各新闻检查所检查新闻，仍须随时遵照中央宣传委员会颁布注意之要点。

三、各报社刊布新闻，须以中央通讯社消息为标准。

（录自《增订国民政府司法例规补编》第三册）

华侨发行新闻纸杂志登记办法

1934年3月1日（民国二十三年）国民党第四届中央第一一一次常会备案并公布，

1938年11月24日（民国二十七年）国民党第五届中执委会第二〇二次常务会议修正公布

第一条 华侨发行新闻纸、杂志，均须依照本办法登记之。

第二条 华侨为新闻纸或杂志之发行者，应于发行时，填具声请书及声请登记表，呈由所在国之中国使馆或领事馆，会同中国国民党该区总支部或直属支部加具登记考查表，送请侨务委员会声请登记。

所在国无中国使馆或领事馆者，得呈由该区总支部或直属支部加具登记考查表，送请中央海外部转送侨务委员会声请登记。

所在国无中国使馆或领事馆及总支部或直属支部者，得迳呈侨务委员会声请登记。

华侨在本办法施行前已发行之新闻纸或杂志，应于本办法施行后，依照前项程序为登记之声请。

第三条 侨务委员会于依第二条所定之声请，送由中央海外部审核后，会同内政部填发登记证，前项登记证不收费用。

第四条 华侨发行之新闻纸或杂志，于声明登记之事项有变更者，应于变更时，依照登记程序呈报备案。

前项所定变更登记之事项，如系变更该新闻纸或杂志之名称或负责发行人者，并应检同原领登记证申请换发登记证。

第五条 华侨发行之新闻纸或杂志，其发行人就应登记之事项，为虚伪之陈述者，得撤销其登记。

第六条 华侨发行之新闻纸或杂志，不得为非法言论或妨害邦交事项之记载。违反前项规定者，除撤销其登记外，并得依照出版法第二十四条禁止该新闻纸或杂志之入口。

第七条 华侨发行之新闻纸或杂志，应由发行人于每次发行时，按照左列机关及份数分别寄送：

一、中央海外部二份；二、内政部二份；三、侨务委员会二份。

第八条 登记声请登记表及登记考查表格式另定之。

第九条 本办法自公布之日施行。

（录自《新订国民政府司法例程》）

战时新闻检查办法

1939年5月26日（民国二十八年）军事委员会拟定，6月1日行政院训令通行

一、遵照委员长蒋手令：将现有军事委员会新闻检查机构改组，设立战时新闻检查局，集中管理战时全国新闻检查事宜。

二、为期新闻检查业务在战时推行顺利计，战时新闻检查局隶属于军事委员会；至组织训练及技

307

术上之责任，由中央宣传部负之。

三、战时新闻检查局局长，由中央宣传部、军事委员会派员分任之。

四、战时新闻检查局之经费，以原有中央检查新闻经费为基础；其不敷之数，由军事委员会核发之。

五、各地新闻检查所人事与经费，由战时新闻检查局统筹办理，并应注意提高检查员之素质。

六、新闻检查应依据中央核定之"新闻检查标准"、"战时新闻禁载标准"及中央宣传部与战时新闻检查局临时之指示办理。至于两项标准之运用与内容应如何更使具体化，由战时新闻检查局与各关系机关商办之。

七、战时新闻检查局之职员以调用为原则，必要时得遴选适当人才专任之。

（录自《中华民国法规汇编》，福建省政府辑）

对于新闻发布统制办法

1939年9月15日（民国二十八年）国防最高委员会颁布

一、除中央各院、部、会主官及特别指派之人员外，无论任何机关团体人员，非因职务或业务上之必要，应尽量避免与外人接触。遇有接触之必要时，亦不得告知任何政治消息，或表示政治意见。

二、各中央政治机关对外发表消息及一切文告，应送由外交部情报司或中央宣传部国际宣传处代为发表。

三、中央各院、部、会得指定一、二人专负接待一般外宾发言之责，但其谈论范围，应先得该主管长官之指示。

（录自《中央战时法规汇编（下）》，江西省政府秘书处法制室编印）

战时新闻违检惩罚办法

1939年12月9日（民国二十八年）军事委员会指令核准施行

第一条 军事委员会战时新闻检查局（以下简称本局）所属各省、市新闻检查所检查新闻，如遇有违检情事时，除出版法另有规定者外，悉依本办法规定办理之。

第二条 各报社、通信社违检惩罚办法，分左列五种：

一、忠告；

二、警告；

三、严重警告；

四、定期停刊；

五、永久停刊。

第三条 有左列情形之一者均属违检：

一、各报社、通信社稿件未经检查先行发表者。

二、各报社、通信社稿件不遵照删改刊载者。

三、各报社、通讯社对缓登稿件，未俟本局或新闻检查所通知即行披露；或免登之稿件仍行披露者。

四、各报社对删、免稿件之地位，不设法补足，于稿件文字内故留空白，或另作标记，易致猜疑者。

第四条　各新闻检查所，如发现各报社、通讯社违检情事，应按其情节之轻重，分别予以第二条所规定之各项惩罚。

第五条　定期停刊之时期，以一日至一月为限，视其情节之轻重而为日数之规定。

第六条　各新闻检查所执行第二条所规定之各项惩罚时，除迳予忠告及警告处分外，其余严重警告、定期停刊及永久停刊等处分，均呈报本局核定后执行之。

第七条　各报社、通讯社因违检须受惩罚者，如认为必要时，各新闻检查所未执行惩罚前，得施行紧急处分，扣押其违检部分之报纸或通讯稿。

前项紧急处分，各新闻检查所如事实上不及向本局请示时，得先迳予执行，补行呈报。

第八条　各报社或通讯社，如有披露特种重要机密稿件，因而引起国家重大问题者，其惩罚不限于适用于本办法。

各报社或通讯社遇有违检情事，如其他法律规定较重之处罚者，得依其规定处罚之。

第九条　本办法呈奉军事委员会核准施行，并报请中央宣传部转呈中央常会备案。

（录自《中华民国法规汇编》，福建省政府辑）

战时空军新闻限制事项

1942年2月28日（民国三十一年）航空委员会防空总监部

禁止公布者：

一、航委会及作战部队之组织系统。

二、部队番号及驻地。

三、各机种之性能。

四、空军出发地点及时间。

五、空军部队长官。

六、空军兵器之式样及口径。

七、空军飞机器材之补充及来源。

八、飞机数量及机种。

九、空袭后，我方关于飞机棚厂、人员，器材、油弹损失之情况，及有关军事上之损失。

十、空军移动之地点及根据地状况。

十一、人员伤亡消息。

十二、站、场、工厂地点。

十三、我空军与友邦之关系。

十四、敌机所投弹种，弹药。

十五、敌空军俘虏之姓名及其口供。

十六、我方所得敌方之机密消息及其企图。

十七、战斗详报。

十八、新机到达地点、日期、机数及来处。

十九、防空部队之番号及高射兵器之种类等。

可以公布者：

一、空袭后，我方非军事上之损失，如民房，医院，学校之被炸及人民之死伤（但不可详明地点，名称及确实状况）。

二、击落敌机之数量。

三、敌机之种类及机数。

四、我机出动轰炸后所得之成果。

五、我优待俘虏之情况。

六、空袭概况。

战时空军新闻限制事项附则

一、凡未经战时空军新闻限制事项（以下简称本限制事项）规定者，不得擅自公布。

二、凡空军新闻，专由航空委员会（以下简称本会）交由中央通讯社发布；其他空军机关或报社、通讯社等，不得擅自发布，以免纷歧。

三、凡专载空军消息之书报杂志，未经本会检查许可，不得刊行。

四、凡机关团体私人之广告，均不得违反本限制事项。

五、凡有关空军之图画、照片、影片等，未经本会检查许可者，不得公布。

六、凡违反本限制事项者，按情节轻重，由各主管机关依军机防护法及战时新闻违检惩罚办法议处。

七、凡奉准公布者，不在此限。

八、自本限制事项及附则呈准施行之日起，前颁空军新闻限制事项即予废止。

九、本限制事项，如有未尽事宜，得呈请修改之。

十、本限制事项及附则，呈奉军事委员会核准施行。

（录自《中华民国法规汇编》，福建省政府辑）

解释每半年继续发行之刊物是否杂志

1942年（民国三十一年）内政部电复湖南省政府

查每半年继续发行之刊物，既与出版法第二条第一项第二款规定杂志之刊期不符，自不得视为杂志，应依同法第八条之规定办理。

（录自《警察法规汇编》）

解释杂志新闻纸刊期之性质如何划分

1942年（民国三十一年）内政部函中央图书杂志审查委员会

查新闻纸与杂志之划分，依出版法第二条规定，每日或隔六日以下之期间继续发行者为新闻纸，每星期或隔三月以下之期间继续发行者为杂志。但杂志内容如系合于同条第一项第二款规定，"其内容以登载时事为主要者"，及同法施行细则第四条规定"通常登载时事新闻地位在全部篇幅三分之二以上"之情形者，仍应视为新闻纸，适用新闻纸法令之规定。此因法令对于新闻纸限制较严。为防止利用杂志形式发表新闻内容之流弊，故有上述特别规定。于采取刊期区分新闻纸与杂志形式之外，并依内容确定杂志中视为新闻纸之标准。法文既仅对杂志有视为新闻纸之特别规定，自难从而解释有适用于新闻纸视为杂志之可能。江西省图书杂志审查处所称：刊期在一星期以下，而内容又与出版法施行细则第四条规定不符之刊物，应否视为杂志一节，除刊期为一星期，合于原呈所称情形者仍属杂志外；其六日以下定期发行之新闻纸，依法尚难视为杂志。惟原稿审查与新闻检查本有殊途同归之功效。关于六日以下定期发行之新闻纸，如发现具有杂志内容，不属新闻范围，此为审检业务分配之事实问题，似可由贵会与新闻检查机关洽商。按照原稿审查法令办理，以杜取巧。

（录自《警察法规汇编》）

新闻记者法

1943年2月15日（民国三十二年）国民政府公布

第一条 本法所称新闻记者，谓在日报社或通讯社担任发行人、撰述，编辑、采访或主办发行及广告之人。

第二条 依本法声请核准领有新闻记者证书者，得在日报社或通讯社执行新闻记者之职务。

第三条 具有左列各款资格之一者，得申请给予新闻记者证书：

一、在教育部认可之国内外大学或独立学院之新闻学系或新闻专科学校毕业，得有证书者；

二、除前款外，在教育部认可之国内外大学、独立学院或专门学校，修习文学、教育、社会、政治、经济或法律各学科毕业，得有证书者；

三、曾在公立或经立案之大学、独立学院、专门学校任前二款各学科教授一年以上者；

四、在教育部认可之高级中学或旧制中学毕业，并曾执行新闻记者职务二年以上，有证明文件者；

五、曾执行新闻记者职务三年以上，有证明文件者。

第四条 有左列情形之一者，不得给予新闻记者证书；其已领有新闻记者证明书者，撤销其证书：

一、背叛中华民国，证据确实者；

二、因违反出版法第二十一条之规定，或因贪污或欺诈行为被处徒刑者；

三、禁治产者；

四、褫夺公权者；

五、受新闻记者公会之会员除名处分者；

六、国内无住所者。

第五条 声请给予新闻记者证书者，应于声请书载明左列各款事项，向内政部为之。

一、姓名、性别、年龄、籍贯、现在住址及永久通讯处；

二、学历、经历；

三、曾执行新闻记者职务者，其所服务报社或通讯社之名称、地址，及开始执行职务之年月与其服务期间。

第六条 本法施行前，在日报社或通讯社执行新闻记者职务者，应于本法施行后三个月内，声请给予证书。在其声请未被驳回前，得照常执行职务。

第七条　新闻记者应加入其执行职务地之新闻记者公会或联合公会。其地无公会者，应加入其邻近市、县之新闻记者公会。

第八条　市、县新闻记者公会，以在该管区域内执行职务之新闻记者十五人以上之发起组织之。其不满十五人者，应联合二个以上之县或市共同发起组织之。

第九条　省新闻记者公会，得由该省内县、市公会或其联合公会五个以上之发起，及全体过半数之同意组织之。其县、市公会及其联合公会不满五单位者，得联合二个以上省共同组织。

第十条　全国新闻记者公会联合会，得由省或其联合公会或院辖市公会十二个以上之发起，及全体过半数之同意组织之。

第十一条　在同一区域内，同级之新闻记者公会以一个为限。新闻记者公会之会员，以领有证书而现执行职务之新闻记者为限。

第十二条　新闻记者公会之任务如左：

一、关于新闻学术及新闻事业之研究与发展事项；

二、关于三民主义之阐发与国策之推进事项；

三、关于宣扬政令与协助政府之宣传事项；

四、关于社会文化之促进与地方风习之改良事项；

五、关于新闻记者品德之砥砺与风纪之整饬事项；

六、关于新闻记者共同利益之维护、增进事项。

第十三条　新闻记者公会之主管官署为各级社会行政机关，其目的、事业并受有关机关之指挥、监督。

第十四条　新闻记者公会设理事、监事，其名额如左：

一、县、市公会或其联合公会，理事三人至九人，监事一人至三人。

二、省公会或其联合公会或院辖市公会，理事九人至十七人，监事三人至五人。

三、全国公会联合会，理事十一人至二十一人，监事五人至九人。

前项各款理事、监事之任期，不得逾期三年。连选得连任一次。

第十五条　市、县新闻记者公会或其联合公会，每年开会员大会一次。省以上之新闻记者公会每年开会员代表大会一次。必要时得因理事会之决议，或经全体会员三分之一以上之请求，召开临时大会。

第十六条　新闻记者公会得向会员征收入会金及常年会费。有必要时，并得经主管官署之核准，筹集事业用费。新闻记者公会每年度终，应将财产状况报告主管官署，并刊布之。

第十七条　新闻记者公会应订立章程，连同会员名册及职员简明履历册各一份，呈请主管官署立案。

第十八条　市、县新闻记者公会或其联合公会之章程，应载明左列各款事项：

一、名称、区域及会所所在地；

二、宗旨、组织任务或事业；

三、会员之入会及出会；

四、理监事名额、权限、任期及其选任、解任；

五、会员大会及理事会、监事会会议之规定；

六、会员应遵守之公约；

七、经费及会计；

八、章程之修改。

省以上新闻记者公会之章程，除准用前项规定外，并应记载会员代表产生之方法。

第十九条　新闻记者公会会员大会，或会员代表大会或理事会、监事会之决议有违反法令者，得由主管官署撤销之。

第二十条　新闻记者于职务上或风纪上有重大之不正行为，得由所属公会全体会员三分之二以上之出席，出席会员四分之三以上之同意，于会员大会议决将其除名。

第二十一条　新闻记者于法律认许之范围内，得自由发表其言论。

第二十二条　新闻记者不得有违反国策、不利于国家或民族之言论。

第二十三条　新闻记者不得利用职务为诈欺或恐吓之行为。

第二十四条　新闻记者于其职务解除前，不得兼任官吏。

第二十五条　新闻记者应于开始执行职务后十日内，将证书及所加入之新闻记者公会会员证，缴由服务之日报社或通讯社报请市、县政府查验后，转请登记。其变更所服务之日报社或通讯社，或解除职务后而复执行者亦同。

第二十六条　新闻记者执行职务，于受有查验证书之命令时，非有正当理由不得拒绝。

第二十七条　未经领有证书而执行新闻记者职务者，除停止其职务外，处二百元以下罚镁。但第六条所定情形不在此限。

第二十八条　新闻记者违反第二十二条至第二十四条之规定者，撤销其证书。

第二十九条　新闻记者违反第二十五条之规定者，处五十元以下罚镁。

第三十条　本法施行细则，由内政部会同社会部定之。

第三十一条　本法施行日期以命令定之。

（录自《国民政府司法例规补编》，民国三十五年五月版）

注：本法于民国三十二（1943年）二月十五日在重庆公布后，复于同年九月二十七日修正第十四条（附后）。惟因一部分新闻界人士表示异议，于民国三十四（1945年）六月二十三日府令暂缓施行，直至同年七月一日起命令施行。

附：修正新闻记者法第十四条条文

民国三十二年九月二十七日国府公布

第十四条　新闻记者公会设理事、监事，其名额如下：

一、县、市公会或其联合公会，理事三人至九人，监事一人至二人。

二、省公会或其联合公会或院辖市公会，理事九人至十七人，监事三人至五人。

三、全国公会联合会，理事十五人至二十七人，监事五人至九人。

前项各款理事监事之任期，不得逾三年。连选得连任一次。

（录自《行政总纲活页法规》第六号）

新闻记者法施行细则

1944年8月19日（民国三十三年）社会部、内政部会令公布

第一条　本细则依本法第三十条之规定订定之。

第二条　本法第一条所称日报社或通讯社，以包括出版法第二条第一项第一款及第二款所规定之新

闻纸社为准。

第三条 本法第三条第四款及第五款所称执行新闻记者职务，以所服务之报社或通讯社，经依法登记者为限。

第四条 本法第四条第一款所称背叛中华民国证据确实者，以经法院判决确定，或国民政府通缉及中国国民党中央执行委员会开除党籍者为准。

本法第四条第五款所称受新闻记者公会之会员除名处分者，以经内政部审查核准执行者为准。

第五条 本法第十三条所称新闻记者公会之主管官署，在当地未成立社会行政机关者，由办理社会行政机关主管之市、县新闻记者联合公会及省新闻记者联合公会之主管官署，为各该公会会所所在地之社会行政机关。

第六条 依本法第五条声请给予新闻记者证书时，应备具声请书，附缴证书费一百元，印花税费二元，二寸半身相片二张，审查合格后给予证书。如证书遗失或毁损时，得于登报声明作废后，检同原登声明报纸，附缴证书费一百元，印花税费二元，二寸半身相片一张，声请内政部补发。

前项声请书及证书格式，由内政部定之。

第七条 内政部对于审查合格给予证书之新闻记者，应汇抄名册及证书号码，分送中央宣传部及社会部。属于外国新闻记者，并应分送外交部，其补发或撤销证书时亦同。

第八条 外国新闻记者在中国境内执行新闻记者职务时，得先向外交部请领外国新闻记者注册证后，暂时执行职务。惟仍应于六个月内，依照规定声请发给证书及加入新闻记者公会。

第九条 新闻记者以加入所服务报社或通讯社所在地之新闻记者公会或联合公会为原则。其兼为二个以上之报社或通讯社服务，而所在地管辖各异者，于其执行职务地之期间较长者加入之。

新闻记者如不在所服务之报社或通讯社所在地，而在执行职务地有六个月以上之期间时，应加入或移入执行职务地之新闻记者公会或联合公会。

第十条 新闻记者公会应冠以省或市或县地名。联合公会应冠以所联合之地名。

县、市新闻记者联合公会，以在同省内联合为限。

第十一条 省、市、县新闻记者公会会所，应设于各该省、市、县政府所在地。其联合公会会所，应设于会员较多之省、市、县政府所在地。全国新闻记者联合公会会所，应设于国民政府所在地。

第十二条 依本法第九条及第十条之规定，组织省以上之新闻记者公会时，其发起及同意，均以各该公会理事会之通过为准。

第十三条 新闻记者公会得设候补理事、候补监事。其名额不得逾理事、监事名额二分之一。但仅设监事一人者，仍得设候补监事一人。

第十四条 本法施行前核准组织之新闻记者公会，如与本法不合者，应自本法施行后六个月内依法改组。

第十五条 社会行政机关于核准新闻记者公会立案时，应照抄该公会会员名册及职员简明履历册，分送内政部及中央宣传部。

第十六条 新闻记者公会依本法第二十条之规定，议决会员除名时，应附具事实及理由，检同证据，呈请所在地之主管官署，报经内政部审查核准后，始得执行。

第十七条 本法第二十八条所定撤销证书之处分，如系违反同法第二十二条或第二十三条之规定者，应经法院判决确定后，始得执行。

第十八条 新闻记者因违反本法第二十四条之规定撤销证书者，非俟撤销证书之原因消灭后，不得重行声请给予新闻记者证书。

第十九条 内政部撤销新闻记者证书时，应转知该管地方主管官署，并注销被撤销人所服务报社或通讯社之职务登记。

第二十条 本法第二十七条、第二十九条规定之停止及罚锾处分，由市、县政府执行，并转报内政部。

第二十一条 本细则自本法施行之日施行。

（录自《警察法规汇编》）

注：本细则于1944年8月19日（民国三十三年）公布后，于1945年5月28日（民国三十四年）修正第六条条文。

非常时期报社通讯社杂志社登记管制暂行办法

1943年4月15日（民国三十二年）行政院公布施行

第一条 凡报社、通讯社、杂志社之声请登记，或迁地出版声请变更登记者，非经内政部会同中央宣传部核准，由内政部发给登记证后，不得发行。

违反前项规定者，由地方主管官署或当地新闻检查机关、图书杂志审查机关通知地方主管官署，会同同级党部，依法严加取缔。并分别转报内政部及中央宣传部。

第二条 地方主管官署于依法核转报社、通讯社、杂志社之登记，或变更登记声请时，应于十日内会同同级党部加具考查意见，转呈省政府或直隶于行政院之市政府。省政府或直隶于行政院之市政府，接到前项核转登记，或变更登记之声请时，应于十五日内会同同级党部加具覆核意见，并加盖印信，转送内政部。其声请者系报社或杂志社时，并得由省政府或直隶于行政院之市政府，送交当地新闻检查机关或图书杂志审查机关签注意见，仍依覆核限期及程序办理之。

内政部接到第二项登记文件，应会同中央宣传部审查，并与中央图书杂志审查委员会、军事委员会战时新闻检查局取得密切之联系。

第三条 报社、通讯社、杂志社之资本，暂以左列规定定其额数，并得由地方主管官署于考查时令其呈验证件：

一、在人口百万以上之省政府或市政府所在地，刊行报纸者五万元以上，刊行通讯稿者一万五千元以上，刊行杂志者二万元以上。

二、在人口未满百万之省政府或市政府所在地，刊行报纸者三万元以上，刊行通讯稿者五千元以上，刊行杂志者一万元以上。

三、在县政府或设治局所在地，刊行报纸者五千元以上，刊行通讯稿者一千元以上，刊行杂志者二千元以上。

第四条 报社、通讯社、杂志社之名称，如与已登记之他社名称完全相同，或怪异不经，及不适合时地者，得令更改其名称。

第五条 报社、通讯社之设立按分布规定调整之：

一、在人口五十万以上之省政府或市政府所在地，及其近郊地区，以报社五家、通讯社三家为原则。逾额得限制增设。

二、在人口未满五十万之省政府或市政府所在地，及其近郊地区，以报社三家、通讯社二家为原则。逾额得限制增设。

三、在前二款以外之重要城市，以报社二家、通讯社一家为原则。逾额得限制增设。

四、在县政府或设治局所在地，以有报社一家为原则。

第六条 杂志社得由中央宣传部、内政部参酌前条关于报社之规定，调整其分布。

第七条 杂志社经核准登记后，其出版内容与声请登记时所填之发行旨趣不符者，内政部得于中央宣传部审定后停止其发行，并注销登记。

第八条 报纸、通讯稿、杂志之内容如不合于抗战建国之需要，并足贻社会以不良之影响者，内政部得于中央宣传部审定后停止其发行，并注销登记。

中央图书杂志审查委员会或军事委员会战时新闻检查局，如遇有前条或本条所定情形，除依审检法规办理外，得报请中央宣传部审定，转函内政部办理之。

第九条 内政部于必要时，得会同中央宣传部指定区域内之报社全部或一部发行联合版或限制其篇幅。

第十条 本办法施行前，已设立之报社、通讯社、杂志社，应由各省、市政府于本办法施行二个月内，督饬地方主管官署，会同同级党部举行登记证总查验。凡未领登记证者，一律停止发行，并分别转报内政部及中央宣传部备查。

本办法施行前已核准登记发给登记证之报社、通讯社、杂志社，其停刊已逾修正出版法第十五条规定之期限或情形不明者，应由各省、市政府于本办法施行后二个月内，督饬地方主管官署会同同级党部查明，分别转报内政部及中央宣传部注销其登记。

依第二项规定因情形不明，应予注销登记之报社、通讯社、杂志社，内政部得委托省政府公告之。

第十一条 报社、通讯社、杂志社之呈缴样本，应切实遵照修正出版法施行细则第二十条之规定，制备呈缴簿。如呈缴样本未经收到而不能提出呈缴簿证明确已呈缴，或呈缴间断日数，报社、通讯社已逾三个月，杂志社已逾六个月者，以停刊逾期论。内政部得会商中央宣传部注销其登记。

前项呈缴间断日数每年积计，在报社、通讯社不得逾三个月，杂志社不得逾六个月，违者注销其登记。

第十二条 报社、通讯社未送新闻稿检查，杂志社未送原稿审查或每年积计送检送审间断日数已逾前条规定之限期者，当地新闻检查机关或图书杂志审查机关，应报由军事委员会战时新闻检查局或中央图书杂志审查委员会，转函内政部查明，注销其登记并由内政部函达中央宣传部。

第十三条 报社、通讯社、杂志社之迳由内政部或中央宣传部转函内政部注销其登记者，内政部应分别通知军事委员会战时新闻检查局或中央图书杂志审查委员会。

第十四条 凡未持有内政部发给登记证之报社、通讯社、杂志社，或已经内政部注销其登记者，各地新闻检查机关或图书杂志审查机关，除不予接受检查或审查外，应通知地方主管机关取缔，并转报备案。

第十五条 军事机关、部队、学校主办之报社、通讯社、杂志社，其登记办法另定之。

第十六条 本办法自公布日施行。

（录自《增订国民政府司法例规补编》）

战时新闻违检惩罚办法

1943年10月4日（民国三十二年）修正，军事委员会办四二政字第四四二六六号指令核准施行，并报请中央宣传部转奉中央二四三次常会备案

第一条 军事委员会战时新闻检查局（以下简称本局）所属各省、市新闻检查处、室检查新闻，如遇有违检情事时，除防护军机法、违反国家总动员惩罚办法及出版法另有规定者外，悉依本办法之规定办理之。

第二条 各报社、通讯社之违检惩罚办法，分左列六项；

一、警告；

二、严重警告；

三、没收报纸、通讯稿或其底版；

四、勒令更换编辑人员；

五、定期停刊；

六、永久停刊。

第三条 有左列情形之一者，均属违检：

一、各报社、通讯社稿件，未经检查先行发表者，

二、各报社、通讯社稿件，不遵删改刊登者；

三、各报社、通讯社对缓登稿件，不待本局或新闻检查处、室通知，即行披露，或对免登之稿件仍行披露者；

四、各报社对删免稿件之地位，不设法补足，于稿件之文字内，故留空白，或另标记，易致猜疑者。

第四条 各报社、通讯社如有违检情事，应按其情节之轻重，分别予以第二条所规定之各项惩罚。

第五条 各报社、通讯社及同一或类似违检情事之再犯，应合并情节，加重处分。

第六条 定期停刊之时期，以一日至一月为限，视其情节之轻重而为日数之规定。

第七条 各新闻检查处、室执行第二条所规定之各项惩罚时，除一、二、三三项得先自执行补行呈报外，其余均应呈请本局核定后，并通知当地军警机关协助执行之。

第八条 各报社、通讯社如有披露特种重要机密稿件，因而引起国家重大问题者，其惩罚不限于适用本办法。各报社，通讯社遇有违检情事，如其他法律规定有较重之处罚时，得依其规定处罚之。

第九条 本办法呈奉军事委员会核准施行，并报请中央宣传部转呈中央常会备案。

（录自《出版法规汇编》）

战时新闻禁载标准

1943年10月4日（民国三十二年）修正，奉军事委员会办四二政字第四四二六六号指令核准施行，并报请中央宣传部转奉中央第二四三次常会备案

甲 总则

左列各项，禁止发表文字、图画、照片或广播：

一、危害民国，破坏统一，诋毁领袖者；

二、违背或曲解三民主义及本党政纲、政策者；

三、违背抗战建国纲领，或国家总动员法令者；

四、恶意抨击政府施政方针及现行法律者；

五、凡可资敌利用损害国家民族之利益者；

六、挑拨离间中央与地方之感情，或分化国族间各部分之关系者。

乙 军事禁载事项

左列各项，除军事委员会核准公布或报告者外，禁止发表文字、图画、照片或广播：

七、陆海空军及地方团队组织、编制、装备及机关名称、部队番号、驻地。

八、陆海空军之动员计划、战斗序列，与动员令下达时日，部队集结日期、地点。

九、陆海空军兵种（包括舰种、机种）、兵额（包括兵舰吨数）、兵器制式、作战配备。

十、陆海空军高级官长或指挥官之行动。

十一、陆海空军军需品实况及制造、购置、运输、补给状况。

十二、要塞、堡垒、军港、军舰、军营、仓库、飞机场港、兵工厂、造船厂、测量局及其他军事建筑物，或封锁及防御工事之所在地点及设备情况。

十三、军事机关及有关国防事业机关之设置、日期及地点。

十四、军事教育训练实施上之计划、纲领、时间、地点以及有关人财物之实数。

十五、陆海空军在战役中重大损失及补充情形。

十六、陆海空军伤亡及被俘长官及士兵实额。

十七、陆海空军防御工事、交通线及情报网被敌破坏之情形。

十八、敌军之部队番号、兵力及编制。

十九、敌机空袭之详情（包括敌机所投弹种、弹量）及我方所受军事上之损失。

二十、我方所得之机密情报及敌军之企图。

二十一、俘虏含有秘密性之重要口供。

二十二、关于兵役与军事工役之计划及有碍其实施者。

二十三、我军在敌后方之组织训练及一切活动情形。

二十四、足以资敌利用之兵要地理及战区与后方联络之交通状况。

二十五、我、敌两军战术上优点及弱点之批判。

二十六、各种会战战果之统计数字。

二十七、军事机关所聘用之外籍军事人员之国籍、姓名、任务、人数及其行动。

二十八、军事演习校阅与各种有关军事集训之日期、地点及参加之部队。

二十九、军事机关部队之政治工作计划含有机密性者。

三十、有损军誉及有碍军民合作者。

三十一、违反战时空军新闻限制者。

丙 党政禁载事项

左列各项除主管机关核准发表者外，禁止发表文字、图画、照片或广播：

三十二、党政重要负责人员之更调。

三十三、重要党政机关之设置或移动情形及其地点。

三十四、战地党政殉职人员或被敌伪逮捕人员之姓名。

三十五、地方匪患未经剿灭，足以动摇人心者。

三十六、敌寇对沦陷区之没施及其结果；但足以暴露其罪恶者，不在此限。

丁 外交禁载事项

左列各项除主管机关核准发表者外，禁止发表文字、图画、照片或广播：

三十七、凡对外交涉、谈判、声明及缔约等事项。

三十八、中外使节之交换及任免之消息。

三十九、我国与友邦相互颁赠勋章之消息。

四十、足以影响友邦之信誉及妨碍我国与友邦之睦谊者，或妨碍同盟国间之团结者。

戊 财政经济禁载事项

左列各项除主管机关核准发表者外，禁止发表文字、图画，照片或广播：

四十一、左列各项措施尚未公布者：

子、税率、税则之变更；

丑、币制之改革；

寅、专卖政策之实施；

卯、公债之筹募；

辰、汇兑之管理；

巳、金融市场之管理；

午、金融法币及有价证券之输送；

未、内外债务之处理；

申、其他有关财政金融法令规章之变更事项。

四十二、国家岁出、岁入之预算、决算数字及其有关之统计数字。

四十三、国外贷款接洽情形、协定内容、贷款数量及其用途。

四十四、对外签定之商务协定、贸易协定或特约。

四十五、国防工业之工矿厂址、设备、仓库及其生产情形。

四十六、军用资源之估计及其购买、输送之状况。

四十七、友邦向我输入之物资种类、数量及其输入路线。

四十八、重要外销物资之产量及其输出路线。

四十九、沦陷区物资之抢购及其种类与运输路线。

五十、重要经济建设计划及物价管制之实施消息。

五十一、粮食之征实、征购、征借、运输、储藏，军公民粮之配拨，及各地粮价暴涨与粮荒之严重情形。

五十二、食盐、棉花、纱布及其他重要物资之征集与供应状况。

己 交通运输禁载事项

左列各项，除主管机关核准发表者外，禁止发表文字、图画、照片或广播：

五十三、国防交通建设及国际交通路线之计划与设施。

五十四、运输工具暨器材、燃料之储备数量及停置地点。

五十五、军用物品及重要物资之装卸地点及其运输日程。

五十六、水陆交通路线之运输能力及其重要基地之设备详情。

五十七、制造、修理运输及通讯工具之重要厂址及其设备情形。

五十八、电话、电讯、广播电台之设置情形及其重要机件之设置地点。

庚 社会禁载事项

左列各项禁止发表文字、图画、照片或广播：

五十九、强调或暗示阶级对立，或煽动劳资纠纷者。

六十、战地、战区内我方策动之民众组织情形。

六十一、鼓动学校风潮之记载。

六十二、足以动摇人心，妨害抗建信念及治安秩序者。

六十三、提倡迷信，足以影响社会者。

六十四、诋毁国家法令所认可之宗教者。

六十五、诲淫诲盗，有伤善良风俗者。

六十六、刑法上妨碍他人名誉及信用之记载。

（录自《出版法规汇编》）

各省市新闻检查规则

1943年12月24日（民国三十二年）军事委员会办制渝字第六〇四八号令准施行

一　各省、市新闻检查处、室检查新闻手续，除有特殊情形由各处室自行拟订呈核外，一般办法适用本规则。

二　各省、市新闻检查处、室检查新闻，依照战时新闻禁载标准之规定办理之。

三　各省、市新闻检查处、室检查新闻之标准，除依照前条办理外，得参酌各该省、市主管军政机关之意见办理之。

四　各省、市新闻检查处、室检查新闻时间，每日自上午十一时至翌晨三时止，必要时得酌量提前或延长之。

五　凡在各省、市发行之日报、晚报、小报、通讯社稿，及增刊、特刊、号外等，于发行前均须将全部稿件包含广告、启事，一次或分次送各该检查处、室检查，其送检手续分别规定如次：

甲、各通讯社，须将原稿送检后始得付印。

乙、各日报、晚报社除采用业经检查之本埠通讯社稿外，其自行采访之新闻及所得外埠电讯、通讯等，均须将原稿或小样二份送检。

丙、非日刊之小型报纸，须以小样二份送检。

六　外埠各报驻各地记者所发电讯，除采用业经检查之稿件外，其自行采访所得之任何消息，均应将原稿送当地检查处、室检查之。

七　各种稿件经检查后，除准予刊载者逐条加盖检查讫图章发还外，以左列办法分别处理之：

甲、部分不妥者，予以删改，并加盖删改章发还之。

乙、全部不妥者予以免登，并加盖免登章发还小样一份，如系原稿送检则留存各该处、室报局审核。

丙、与检查标准不违背，但尚未至发表时期者，予以缓登。并加盖缓登章后发还小样一份。如系原稿送检，则留存各该处、室备查或请示。俟至发表时期，再发还原稿，或通知报社、通讯社发表之。

八　凡经检查之原稿或小样，各报社、通讯社须保存十日，以备查考。

九　各报社或通讯社稿出版后，须尽先以二份送各该处、室审查。

十　本规则如有未尽事宜，得由战时新闻检查局随时修正之。

（录自《出版法规汇编》）

非常时期军办报社通讯社杂志社登记管制暂行办法

1943年（民国三十二年）

第一条　本办法依非常时期报社、通讯社、杂志社登记管制暂行办法第十五条之规定订定之。

第二条　凡军办报社、通讯社、杂志社之声请登记者，应由发行人填具声请登记书三份（发行人如有二人以上时，应互推一人具名为之），呈由军事委员会政治部，核转内政部，会同中央宣传部核发登记证。

第三条　军办报社、通讯社，杂志社填具登记声请书时，应先由配属之军事机关、部队或学校之政治部加盖印信；无政治部者，得由其主管机关加盖印信，再行呈报。否则军事委员会政治部不予核转。

第四条　已成立之军办报社、通讯社、杂志社未经登记者，应于本办法公布后六个月内补办登记手续。并检附已出版之刊物，连同登记声请书，呈由军事委员会政治部核转。逾期不登记者，军事委员会政治部得令其停止发行。

第五条　已登记之军办报社、通讯社、杂志社，其名称、发行人或发行刊期如有变更时，应由发行人于变更后七日内，按照登记程序，办理变更登记手续。

前项声请变更名称或发行人者，应附缴原领登记证。

第六条　军办报社、通讯社，杂志社声请登记或变更登记时，应由发行人照抄登记声请书二份，送发行所在地之县（市）政府，以一份存查，一份转送省政府。

第七条　军办报社、通讯社、杂志社之名称，如与他社名称完全相同者，军事委员会政治部审核时，得按声请先后，令其更改名称，或以字号区别之。

第八条　军办报社、通讯社、杂志社经核准登记后，其出版刊物内容与声请登记时所填之发行旨趣不符者，军事委员会政治部得令其停止发行，并追缴登记证，函送内政部注销其登记。

第九条　已登记之军办报社、通讯社、杂志社，如逾期六个月尚未出刊，或已出刊而中途停办逾期六个月者，应由军事委员会政治部追缴登记证，函送内政部注销其登记。

第十条　已注销登记之军办报社、通讯社、杂志社，如欲复刊时，应重办登记手续，始得复刊。

第十一条　军办报社、通讯社、杂志社经核准登记者，应按期检送出版刊物三份，迳寄军事委员会政治部及中央宣传部、内政部备查。

第十二条　已登记领证之军办报社、通讯社、杂志社，应于其出版刊物名称下，载明发行人姓名、登记证字号、发行年月日、发行所及印刷所之名称与所在地。

第十三条 军办报社、通讯社、杂志社所出版之刊物，应依照战时图书杂志原稿审查办法或战时新闻检查办法之规定，送当地审检机关审查或检查。当地无审检机关者，送由所配属之政治部审查。无政治部者，送主管机关审查。

第十四条 军办报社、通讯社、杂志社，每六个月应将社务组织及发行状况等事项，报请军事委员会政治部备查，并得于必要时派员抽查之。

第十五条 本办法自公布之日施行。

（录自《中华民国法规汇编》，福建省政府辑）

管理收复区报纸、通讯社、杂志、电影、广播事业暂行办法

1945年（民国三十四年）国民党中常会通过

甲 敌伪报纸、通讯社、杂志及电影、广播事业之处置。

一、敌伪机关或私人经营之报纸、通讯社、杂志及电影制片、广播事业，一律查封。其财产由宣传部会同当地政府接收管理。但其中原属未附逆之私人及非敌国人民财产而由敌伪占用，经查明确实，并经中央核准后，得予发还。

二、附逆报纸、通讯社、杂志及电影事业之处置：

（一）凡自国军撤退后（其在收复区各地利用外商名义掩护经营者则在太平洋战争发生后），继续在沦陷区公开出版或摄制者，概作附逆论。

（二）附逆之报纸、通讯社、杂志、电影事业，先由宣传部通知当地政府查封，听候处置。

（三）敌伪及附逆之报纸、通讯社、图书，杂志等印刷品，凡其内容含有敌伪宣传之毒素，违反抗战利益者，经宣传部审查后，应由地方政府予以销毁。

三、中央宣传部为便利推进宣传计，前项没收查封之敌伪或附逆报纸、通讯社、杂志、电影制片、广播等事业所有之印刷机器、房屋建筑、工作用具及其他财产，经中央核准后，得会同当地政府启封利用。

乙 报纸、通讯社复员办法。

一、宣传部、政治部、各级党部、政府原在收复区各地沦陷前所办之报纸、通讯社，应在原地迅即恢复出版，以利宣传。

二、各地沦陷前之商办报纸、通讯社，照左列优先程序，经政府核准后得在原地恢复出版。

（一）原在该地发行之报纸、通讯社，于该地沦陷后随政府内移，继续出版，致力抗战宣传者。

（二）原在该地发行之报纸、通讯社，因地方沦陷以致遭受牺牲，无力迁地出版，但其发行人及主持人仍保持忠贞，或至内地服务抗战工作有案可稽，由原发行人申请复业者。

三、凡自收复区因战争内移继续出版之报纸、通讯社，应以各返原地、恢复出版为原则。非经政府特许，不得迁地出版。

四、各级地方政府或军、师政治部，请求在收复区办理报纸、通讯社时，应依法声请登记后始得出版。

五、新请设立之报纸、通讯社，依照非常时期报纸、通讯社管理办法予以限制。

六、收复区报纸、通讯社，自政府正式接收日起，应一律重新登记，非经政府核准不得先行出版。

七、经政府核准出版之报纸、通讯社，在一年之内不得作变更登记之请求。

八、杂志之登记由政府斟酌各地情形办理。

丙　新闻检查及电影检查之处理。

一、收复区出版之报纸及通讯社稿，在地方尚未完全平定以前，应由当地政府施行检查。

二、各地新闻检查工作，应受宣传部之指导，并由宣传部派员协助地方政府办理。

三、电影检查办法另定之。

（录自《通行警察法规汇编》）

报社及杂志社应按期将出版品一份迳寄内政部礼俗司以凭查考

1947年7月26日（民国三十六年）上海市社会局化（36）字第二二二〇五号通知

事由，为奉令通知各报社、通讯社应将出版品按期寄送内政部礼俗司等由仰转饬送办由

案奉上海市政府沪新（36）字第一七七九一号训令内开："案准内政部礼字第一五四七号公函开：查出版品于发行时，应由发行人分呈本部一份，为出版法第八条所明定。目前各地出版之新闻纸及杂志，其能按期呈送本部者虽属不少，但未能遵照上开规定办理者为数亦多。本部为明了全国各地新闻纸及杂志之出版情形起见，相应函请查照，饬属通知当地报社及杂志社，依照出版法之规定，按期将出版品一份迳寄本部礼俗司，以凭查考，并希见复等由。准此，合行令仰该局转饬各报社及杂志社，依法按期将出版品迳寄该部礼俗司查考。"

等因。奉此，合行通知该会，仰即转行所属会员，除将出版品按期寄送本局外，另检一份，迳寄内政部礼俗司为要。

右通知上海市书业同业公会

局长　吴开先

中宣部之新闻事业已由行政院新闻局接管，
原应寄送中宣部之出版品一律改寄行政院新闻局

1947年8月7日（民国三十六年）上海市社会局化（36）第二三四八六号通知

事由，为奉令转饬各新闻纸及杂志社将出版品改寄行政院新闻局等因仰转饬知照由

案奉上海市政府沪新三六字第一九三一九号训令内开："案准内政部三六安四字第一一四七〇代电开：'准行政院新闻局函，以中央宣传部之新闻事业，现已由该局接管，各地新闻纸、杂志急需参阅。请咨各省、市政府转饬所属各报社、通讯社、杂志社将现行出版法第八条第二款所规定，原应寄送中宣部之出版品，一律改寄南京新街口国货大楼行政院新闻局等由。除分行外，相应电请查照，转饬遵办，并希见复为荷。'等由。准此，合行令仰转饬遵办。"等因。奉此，合行通知，仰即转饬各杂志社遵照为要。

右通知书商业同业公会

新闻纸杂志及书籍用纸节约办法

1947年9月5日（民国三十六年）行政院临时会议通过

第一条　各地报纸关于新闻及广告之编排，应力求节约篇幅。原在一张以上者，均应于本办法公布后自动缩减为一张；其原在二张以上，不得超过二张。

第二条　各地杂志篇幅应依照下述规定：

一、周刊，每期以十六页为度。

二、半月刊，每期以三十二页为度。

三、月刊以上，以六十四页为度。

前项页数均以单面计算。封皮可另加四页。

第三条　新闻纸、杂志及书籍应尽量采用国产纸张。

第四条　内政部得根据事实需要，酌量调剂各地新闻纸、杂志之数量，期于节约之中并收均衡文化发展之实效。

第五条　无充分资金、固定地址之新闻纸、杂志，并应严格限制其登记。

（录自《全国总动员法令汇编》）

附录一

中华民国临时约法（节录）

1912年3月8日临时参议院（南京）通过，3月11日公布实施

第六条　人民得享有左列各项之自由权：

……

四、人民有言论、著作、刊行及集会结社之自由。

中华民国约法（节录）

1914年5月1日公布

第五条　人民享有左列各款之自由权：

……

四、人民于法律范围内，有言论、著作、刊行、及集会结社之自由。

中华民国宪法（节录）

1923年10月10日公布

第十一条 中华民国人民有言论著作及刊行之自由，非依法律，不受制限。

中华民国训政时期约法（节录）

1931年6月1日公布

第十五条 人民有发表言论及刊行著作之自由，非依法律不得停止或者限制之。

陕甘宁边区施政纲要（节录）

1941年11月17日陕甘宁边区第二届参议会第一次会议通过

（六）保证一切抗日人民（地主、资本家、农民工人等）的人权、政权、财政及言论、出版、集会、结社、信仰、居住、迁徙之自由权，除司法系统及公安机关依法执行其职务外，任何机关部队团体，不得对任何人加以逮捕审问或处罚，而人民则有用无论何种方式，控告任何公务人员非法行为之权利。

中华民国宪法（节录）

1946年12月25日国民大会通过，1947年1月1日国民政府公布，同年12月25日施行

第一一条 人民有言论、讲学、著作及出版之自由。

附录二

伪华北临时政府修正教科图书审定规程

1938年9月8日（民国二十七年）临时政府教育部令

第一条 教科图书之审定，应遵照教育部所公布中学、师范学校、职业学校、小学及社会教育机关之法令，并依据各教科课程标准，认定为某种学校之教科书。

本规程所指定之教科图书，适用于中学、师范及职业学校者，完全为学生用书。

第二条 学校所用之教科图书，依本规程须经临时政府教育部之审定，其未经审定者，不得发行或

采用。

但小学教科书应完全采用编审会自行编纂之课本，外来者概不予以审定。

第三条 图书发行人准备发行之图书，须于发行前呈送本书三份，请临时政府教育部审定之。如用稿本，须一律用正楷抄写，或用打字机打成，有图表者添附之，并须预印数页，作为纸张、印刷、款式等之样本。此项稿本及样本，应各送二份。凡未完成及无著作人与发行人姓名、住所，并无定价之图书，不予审查。

第四条 教科图书应分为某种学校学生用及教员用两种，于呈请审定时须声明之。

第五条 呈请审定图书时，应缴定价十倍之审查费。但挂图类以每种定价之二倍为审查费。既纳之审查费，虽有任何理由，不予退还。

第六条 凡呈请审定之图书，如有应行修改者，由教育部编审会签示要点于图书上，饬具呈人遵照。如不遵从签示时，不予审定。

第七条 图书发行人于接到教育部编审会签示之时，应立即将签示之处加以修正，再请教育部编审会覆阅。

第八条 经覆阅之后，仍应将其修正印刷完成之本书两份，呈送教育部编审会核校。倘经签示后半年以内不请求核校时，仍不予审定。

第九条 已经审定之图书，由教育部将左列各项，在教育公报上宣布之：

一、书名；

二、册数；

三、定价；

四、某种学校用；

五、审定之年月日；

六、著作人及发行人之姓名、住所。

第十条 已经审定之图书，应在书面上记明某年某月某日经临时政府教育部审定字样；更须就学生用与教员用两种分别标明。

第十一条 图书经审定后，如遇有重大事实之变更或其内容有不适当之处，教育部编审会得对其发行人命令修正该图书。该发行人于接到命令后，须于一个月以内加以修正，再行呈核，倘逾期限，即失审定效力。

第十二条 图书审定之有效时期，中等学校为六年。届时满六个月前，应再呈送审查，并应按第五条之规定缴纳审查费。

第十三条 已经审定之图书，如遇该学科科程之制定有变更时，应失其审定效力。

第十四条 凡未经审定，或依前列各条已失审定效力之图书，不得标明临时政府教育部审定字样。违犯前项之规定，或对于禁止发行之命令故不遵守者，科以法律上相当之处罚。

第十五条 本规程自公布日施行。

附：审定教科图书共同标准

甲、关于教材之精神者：

一、适合国情。

二、适合时代性。

乙、关于教材之实质者：

三、内容充实。

四、事理正确。

五、切合实用。

丙、关于教材之组织者：

六、全书分量适合。

七、程度浅深有度。

八、各部轻重适度。

九、条理分明。

十、标题醒目确切。

十一、有相当之问题研究或举例说明。

十二、有相当之注释、插图、索引等。

十三、适合学习心理。

十四、能顾及程度之衔接。

十五、能顾及各科之连络。

丁、关于文字者：

十六、适合程度。

十七、流畅通达。

十八、方言、俚语屏弃不用。

戊、关于形式者：

十九、字体大小适宜。

二十、纸质无碍目力。

二十一、校对准确。

二十二、印刷鲜明。

二十三、装订坚固美观。

（录自《临时维新政府法令辑览》）

伪华北临时政府审查军用图书规则

1939年5月25日（民国二十八年）临时政府治安部修正公布

第一条 本部为统制刊售军用图书、提倡军事学说并奖励军学著述起见，特订立审查军用图书规则颁布之。

第二条 凡各坊肆或私人编译之军用图书，无论已否出版，均须送经本部审查方许刊售（如系译本应附原书）。

第三条 本部审查军用图书分甲、乙、丙三种，区别如左：

甲 给予审查证：

一、凡译述之书，原本有价值而译笔简洁精当、词句畅顺者；

二、凡著述之书，其理论精湛、引证详确、文笔畅顺者。

乙、只准出版不给审查证：

一、凡译述之书，其原本无甚价值而详笔精当、词句畅顺者。

二、凡著述之书，其理论平常、引证欠详而文笔畅顺者。

丙、不准出版：

一、凡译述之书，无论其原本价值如何而译笔舛误、词句不畅顺者。

二、凡著述之书，其理论陈腐荒谬，不适合本国体制或引证不确，文笔不畅顺者。

第四条 各坊肆已经出版之军用图书，虽未送请审查但发见其内容过于陈旧或谬误过多者，本部得令其烧毁或没收之。

第五条 凡已经本部审查之军用图书（除丙种外），本部当保障其出版权及发行权，他人或其他坊肆不得私行翻印。

第六条 凡经本部审查之军用图书出版后，均须送呈本部五本存案。

第七条 凡经本部审查合格之军用图书，于必要时得由本部通知取消其出版权。

第八条 本规则如有未尽事宜，得随时呈请修改之。

第九条 本规则自公布之日起施行。

（录自《中日对译中华民国六法全书》）

伪华北临时政府治安部修正审查军用图书规则

1939年6月1日（民国二十八年）

第一条 本部为统制考核军用图书并提倡奖励军学著述起见，特制定审查图书规则公布施行。

第二条 凡各书肆及私人译著之军用图书须先呈送本部，经审查认为合格发给审查证后方准出版。

第三条 凡未经审定已出阪行销之军用图书，着即暂停发行。亦按前条手续补请审定后，方准继续刊售。

第四条 军用图书大致区别如左：

甲 本部业经公布或编译交印之军用图书均无庸审查；

乙 凡私人译述编著之图书或已出版行销有年之军用图书，经审查认为理论学识极有价值确能稗益于修习参考者，给予审查证准其出版；

丙 凡译著之图书理解意义无甚价值或文字舛错，不适国体不切实用者一概不准出版。

第五条 各书肆若有未经呈送审查擅自出售涉于丙种之图书，经本部发见时得将原书悉数没收烧毁外，并对于该肆经理酌施惩罚。

第六条 凡已经本部交印审定之军用图书（如甲乙二种），本部当保障其出版权及发行权，他人或其他坊肆不得私行翻印，侵及版权。

第七条 凡经本部审定之军用图书出版后，均须送呈本部五份存案。

第八条 凡经本部审定之军用图书于必要时得由本部通知暂停刊售或取消其出版权。

第九条 本规则如有未尽事宜，得随时修正公布之。

第十条 本规则自公布之日施行。

汪伪国民政府全国重要都市新闻检查暂行办法

1940年10月1日（民国二十九年）行政院会议通过

第一条 宣传部为防止破坏和平反共建国国策之一切反动宣传起见，制定重要都市新闻检查暂行办法。

第二条 宣传部认为有实施新闻检查之必要时，得派员设立首都暨各地新闻检查所主持各该地新闻检查事宜。

第三条 各新闻检查所设主任一人，主持所务。必要时得增设副主任一人襄助之。主任、副主任由宣传部委派各所。于主任、副主任之下设检查员若干人，由主任呈请宣传部委派之。各所于必要时得呈准宣传部酌用事务员、雇员各若干人。

第四条 各检查所遇必要时，得商请当地行政军警机关派员会同检查。

第五条 凡新闻纸及通讯社所刊布之一切稿件，除宣传部认为不必检查者可免检查外，均得施行检查。

第六条 各报社、通讯社于发行前均须将全部新闻、言论、图片、广告等稿件一次或分次送当地新闻检查所检查，其送检手续如左：

一、各通讯社须备具所发行之稿件两份送所检查，其重要消息须于付印前将原稿送所检查；

二、各报社须备具其采用之稿件小样两份送所检查，其重要言论及消息须于付排前将原稿送所检查。

第七条 各检查所接受检查时间每日自上午十一时至翌晨三时止，必要时得酌量提前或延长之。

第八条 凡各稿一经检查，除准许刊载者逐条加盖检讫图章发还外，其不妥者照左列办法分别处理之。

一、一部分不妥者予以删改并加盖删改图章发还之；

二、全部不妥者不准刊载并加盖免登图章发还之，其送检之原稿免登者留所存查；

三、虽稿件内容尚无不合，但未至发表时期者予以缓登，并加盖缓登图章发还之，其送检原稿缓登者留所存查至可发表时，由所发还原稿或通知各报社发表之。

第九条 凡经检查发还之稿件，各报社、通讯社须保存一月以备查考。

第十条 各报社须于新闻出版后，各通讯社须于稿件刊印后，即以三份尽先送各该地检查所备查。

第十一条 凡含有左列性质之新闻及稿件应一律予以删扣：

一、关于违反和平反共建国国策破坏三民主义或其他有反动形迹者；

二、关于挑拨离间企图倾复政府危害民国者；

三、关于造谣惑众希图扰乱地方破坏金融者；

四、关于损害中华民国利益者。

汪伪国民政府教育部取缔不良民众读物暂行办法

1942年（民国三十一年）公布

第一条 本部为纠正民众思想起见，特订定本办法。

第二条 全国各书局、印刷所、店铺、摊贩有发售或出租不良民众读物者，均依本办法取缔之。

第三条 本办法所指民众读物之种类，暂分左列五种：

（一）小说；（二）刊物（定期或不定期）；（三）唱本；（四）连环图画；（五）花纸。

第四条 凡民众读物有左列事项之一者，均得取缔之。

一、违反国策者；二、诲淫诲盗者；三、荒谬怪诞者；四、提倡迷信者（违反科学）；五、印刷模糊者；六、字画谬误者。

第五条 各省市、县、区主管教育行政机关，对于所属辖境内之各书局、印刷所、店铺、摊贩发售或出租民众读物，有审查检查之权。

第六条 各省、市、县、区主管教育行政机关，对于取缔不良民众读物，应与当地警务机关协同办理之。

第七条 各书局、印刷所、店铺、摊贩，均有接受审查检查之义务，不得有推诿拒绝或隐匿情事，违者重予处罚。

第八条 审查或检查时，发现不良民众读物，得禁止其发售或出租之。违犯上项命令者，科以法律上应得之处罚。

第九条 本办法实施细则另订之。

第十条 本办法自呈院核准后公布施行。

汪伪国民政府教育部取缔不良民众读物实施细则

1942年（民国三十一年）公布

第一条 本细则依据本部取缔不良民众读物暂行办法第九条之规定订定之。

第二条 取缔不良读物暂行办法之实施步骤如左：

一、登记；二、审查；三、检查。

第三条 登记之程序如左：

甲、自取缔办法公布之后半个月内，由各地主管教育行政机关召集书业公会暨摊贩代表举行谈话，说明取缔之意义及办法，并分发登记表。

民众读物登记表（式）

读物名称	册数	出版处	价目	备注
填表者　店名　　　　经理人　　　　地址				

乙、谈话后一个月内，限各书局、印刷所、店铺、摊贩将现有（办法公布以前）发售或出租之民众读物，填就登记表，并检同读物各一种，送当地主管教育行政机关。

丙、各地主管教育行政机关收到登记表及读物后，应给予收据。

丁、登记限期届满，各地主管教育行政机关即将收到之民众读物分类编目，着手审查。

第四条 审查之程序如左：

甲、各地主管教育行政机关，或组织审查委员会，或指定负责人员，在规定审查期限内，依据部颁办法详细审查。

乙、凡经审查之民众读物，合格者，即在封面加盖"　教育机关　年月　审查合格"之图章，并编列字号。不合格者，加盖"审查不合格"之图章，以便检查。

丙、审查完竣，即将合格及不合格者列一总目，印发各书局、印刷所、店铺、摊贩。合格者准予发售（或出租）。不合格者停止发售及出租。并将总目公布，及分发各教育机关查考之。

民众读物审查表（式）

审核者　（盖章）

种类	读物名称	册数	编著者	出版处	审查结果		备注
					合格	不合格	

（说明）

一、种类。依照暂行办法第三条规定分别之。

二、审核结果，凡不合格者，应指出系犯暂行办法第四条之某某等款，即以数字注明之。如表式中（三）字即指"荒谬怪诞者"而言，合格者，书一"合"字即可。

丁、审查限期届满一个月内，各地主管教育行政机关，应将办理情形、审查结果逐级呈报备案。

第五条 检查之程序如左：

一、检查期限：

甲、定期检查。日期由各地主管教育行政机关自定。惟每月至少举行两次。

乙、不定期检查。随时举行。惟每月至少举行一次。

二、进行步骤：

甲、定期检查。由各地主管教育行政机关会同警务机关派员分赴各书局、店铺、印刷所、摊贩举行检查。

乙、不定期检查。由各地主管教育行政机关随时派员密查。

三、处理办法：

甲、检查时，如发现仍有继续发售或出租不良民众读物者，第一次没收；第二次，得交当地警务机关处罚；第三次，不准营业。

乙、检查时，如发现有冒刊"审查合格"字样之不良民众读物者，第一次除没收外，并送当地警务机关依法处罚；第二次不准营业。

丙、检查时，如发现有藏匿不良民众读物，暗中仍行发售或出租者，依照上项办法办理。

丁、检查员每次检查后，应将检查情形填表，呈报主管人员查核。

发售或出租处	地　　点	经理人
检查经过		
处理情形		
主管人员核　　阅		
备注		

填表者　　（签名盖章）

民国　年月日

第六条　登记、审查、检查等工作，各地主管教育行政机关应指定所属社教机关工作人员协同办理。

第七条　凡各书局、印刷所、店铺、摊贩在登记期限以后出版或新添之民众读物，应随时填表，检同读物送请当地主管教育行政机关审查；不得先行发售或出租，违者得依照出版法第四十九条之规定办理。

第八条　各学校应随时检查学生读物，如发现不良民众读物，应即予以劝戒、警告或没收。并通知其家长。

第九条　本细则自公布之日起施行。

行业规程

导读

书业同业组织变迁与行业发展

上海书业同业公会（以下简称书业公会）是上海书业经营者自筹组建，获得政府核准，旨在"谋求同业之利益，维护同业之信用"的行业组织，从1905年上海书业公所成立至1958年上海市书业同业公会结束，经过晚清政府、北京政府、国民政府和新中国四个时期的不懈努力，促进了近现代上海乃至中国书业的发展，进而推动了整个社会的教育普及、文化传播。那时，南京、北平、重庆也相继成立书业同业公会，但影响和作用显然以上海为大。因此，本文以上海书业同业公会作为主体内容展开。

上海书业同业公会的演变历程

一、初萌期（1840~1905年）

1840年英国对中国发动的鸦片战争，标志着中国近代史的开始。1851年爆发太平天国革命，连年兵乱，使扫叶山房、文瑞楼、醉六堂、抱芳阁等江浙书商相继来到上海避乱，这些传统的老书店加上同期在上海出现的80多家新书店和教会背景的由外国人开设的书店共同成为当时上海书业的主体。

1884年，迁居上海的苏州书商在上海站稳脚跟、顺利经营后，开始怀念曾经在苏州城里的崇德书院，想在上海也建立一个书业崇德公所，以继承苏州崇德书院的传统，但议而未决。1886年，由扫叶山房总经理朱槐庐、分号经理黄熙庭、翼化堂主人卫辅堂等用崇德堂名义邀集同行重申前议，决定先募集基金，并把基金的一部分买了上海老北门障川路老街的一所旧屋，计基地三分七厘四毫，奠定了书业公所的基础，却也因后续经费不足，未能正式成立。

1900年，鸿宝斋经理沈静安、宏文阁主人葛直卿再邀同业朱槐庐、黄熙庭等共同组织书业公所崇德堂，另租三马路鼎新里房屋为同业办事处，虽然宣告成立并有所动作，但也因费用完全由少数人凑集，参加的书店不多、缺乏固定的收入而仅仅维持了两个年头。

19世纪初叶，上海书业同行普遍感到没有同业团体组织，不能解决纠纷、保障利益。

1905年年初，由育文书局代表夏育芝、点石斋代表叶九如及傅子濂、斐蓉卿、陈咏和、华心斋诸人倡议组建上海书业崇德堂公所，草定章程，推举席子佩、夏颂莱、夏瑞芳为董事，租赁小花园一号为事务所。后删去崇德堂三字，改称"上海书业公所"，成为书业公会的最初组织。"凡上海一埠内关于图书业之商家，无论木板，石印、铜版、铅版，庄局、坊店以及各报馆、仪器馆之兼售书籍者，皆当认为同业。"（《上海书业公所初次订定章程》第二章第六条）

书业公所在前后跨时二十多年的组建过程中，显示出苏州书商期盼以崇德堂为号召聚首"抱团"经营、乡谊同业联手，但毕竟身处异地，经营环境、业绩和同业变化太大，难以作为，只有将这种诉求与上海本地经营古籍、石印为主体的老书店共同的需求相结合后，才使书业公所得以生成。

1905年12月，以出版教科书、铅印平装书为主的新派书业商人利益的上海书业商会建立。1906年经清学部批准立案，俞仲还、席子佩、夏瑞芳为正副董事。设会所于三马路望平街，最初入会者有文明书局、开明书局、点石斋、商务印书馆、广智书局、昌明公司、中国教育器械馆、启文社、新智社、会文学社、通社、新民支店、群学会、东亚公司新书店、彪蒙书室、时中书局、有正书局、小说林、乐群书局、普及书局、鸿文书局、新世界小说社等22家。书业商会以维护书商权益、保护版权为第一宗旨，代为办理著作物注册，讨论决定各项书业提案，在会员与外国出版商的图书版权纠纷中，维护书业的利益。

1905年是上海书业同业组织发展的一个重要年份，相继成立了以出版雕版书、石印书、翻印古书为主的书坊同业组织——上海书业公所，以出版新书为主的书店同业组织——上海书业商会，共同组成了上海民族出版业新格局。

书业公所与书业商会的诞生，为上海书业的发展创造了条件，虽然会员互有交叉，但所起的作用和行动还是有所侧重的。

二、发展期（1906~1928年）

书业公所、书业商会成立后，在政治、经济舞台上都发挥了积极的作用。此时的书业公所、书业商会乃"依法设立"，具有比较完备的规章制度，是被纳入整个城市组织系统的工商社会团体。

与传统的行会组织松散、奉行不干预政治的信条不同，书业公所、书业商会则以行业代言人的姿态，在政治、经济、公益等社会各方面都企图有所作为，以维护同业的权益，向政府争取更大的利益。如1905年，书业公所号召同业不用美货、不买美货，直到美国将华工新约改良为止；1913年，书业商会分别呈请教育部、外交部、工商部拒绝参加中美版权同盟。

北洋政府（也称北京政府，是对1912~1928年由北洋军阀控制的北京中华民国政府的通称）在1915年颁布了我国第一部商人组织法《商会法》，1918年颁布《工商同业公会规则》。这两个法规使新型的工商业同业组织的完善和旧式的同业组织的改造都进入了一个规范化时期，为建立、改组新式同业公会、商会，掀起了一个高潮。

1927年4月，国民政府在南京成立。新政府成立伊始，即着手对包括同业公会在内的商人团体及其他职业团体进行改组整顿，国民党上海市党部发起成立上海市商民协会。1927年11月上海市党部转发中央商民部通告，宣称："旧有商会组织不良，失却领导商人之地位，本部拟于第三次全国代表大会时提出议案，请求撤销全国旧商会，以商民协会为领导之机关。"通告援引1926年《商民运动决议案》的一段话，"明认"商民协会的商人为"革命商人"。据此，上海市商民协会筹备会的部分领导人指责上海总商会为"不革命的商人"，为改造上海总商会开始造势。

同年，上海书业商会改名为上海特别市商民协会书业分会。

1928年12月，亚东图书馆汪孟邹、泰东图书局赵南公、开明书店章锡琛、北新书局李志云、现代书局洪雪帆、光华书局张静庐和沈松泉等基于新书业的现状和发展的远景，不满原有的书业公所、书业商会的因循保守、缺乏生气而决议发起成立新书业公会。这也包含着这些书业的后来者在挤不进书业公所、书业商会之后试图另开炉灶、争取地盘的目的。其实，当初书业商会成立时，那些主事者也不乏有这种心态。参加发起新书业公会的还有创造社出版部、良友、群众、新月、金屋、嘤嘤、春潮、远东等图书公司。据沈松泉后来回忆，第一次开筹备会的时候，商务印书馆王云五也来了，中华书局没有派代表参加。新书业公会在筹备呈请政府批准时，因为国民政府限定同一行业不能有两个同业组织，被以新书业应加入原来的书业公会、没有另行组织公会的必要为由而未予核准。但是，新书业公会在之后的一段时间内仍在积极开展活动。

三、繁荣期（1929~1937年）

国民政府在1929年8月、1930年1月先后颁布了《工商同业公会法》及《工商同业公会法施行细则》，规定一年内要将原有的工商团体一律改组为同业公会。1930年下令取消商民协会，规定工商各业同业组织均统一隶属于工商业同业公会与商会组织，建立上海市商会。有了政府的法令和倡导，同业公会组织的运作进入了繁荣期，1936年上海工商各业同业公会总数已达236个。

1930年5月，上海市党部组织上海商人团体整理委员会指定叶九如、丁云亭、徐鸿云、乌仁甫、周菊亭、王松亮、周蔼如、沈继先（以上代表书业公所）、陆费逵（字伯鸿）、盛相荪、张叔良、陈协恭、沈知方、徐宝鲁、王淡如（以上代表商民协会书业分会）、李志云、毛剑云（以上代表新书业公会）等17人为书业团体整理委员会委员，陆费逵、张叔良、周蔼如被推选为常委。7月20日召开同业代表大会，正式组建上海市书业同业公会，选举执行委员15人，陆费逵为主席。"本公会以上海市区域内本国人设立之书业商店或公司及印书局（下文统简称书店）组织之，定名为'上海市书业同业公会'。"（见《上海市书业同业公会章程》第一章第一条）

新组建的书业公会仍采用两年一选、主席不能连任两届的做法。

1932年7月，照章改选半数，王云五、沈骏声等七人当选执行委员，陆费逵仍为主席。又增选张叔良等五人为监察委员。1934年7月二次改选，张叔良等八人为执行委员，陆费逵等五人为监察委员，王云五为主席。1936年第三次改选，陆费逵三任主席。1938年因抗战而没有改选。

1937年8月24日，书业公会召开执监联席会议，商讨劝募救国捐，商务印书馆、中华书局各认购5万元。

这个时期，是书业公会乃至整个上海书业繁荣发展的时期，在保障同业、维护会员利益、规范会员行为、严守商业操守方面制订了一系列的章程、业规。包括代表著作界和出版界向政府提出修改著作权法和出版法，申请减免税款等。

四、异动期（1938~1945年）

上海等华东及华中大片地区先后沦陷，原有工商业体系受到严重破坏，一些同业公会随着国民政府和大企业内迁西部和西南地区，仍在沦陷区生存的同业公会大部分处于停止活动或被改组，成为汪伪政府统治下维持社会经济运行的工具。

国民政府在1938年为了推行战时经济体制、加强经济统制与社会管制，采取了调整同业公会的举措，先后颁布了《修正商会法》《工业同业公会法》及《商业同业公会法》，之后还颁布了《非常时期农工商团体维护现状暂行办法》《非常时期重要商业同业公会工作纲要》《非常时期工商业及团体管制办法》等，为适应抗战时期的政治经济需要、匡正同业公会的生存作了限定。

初期，书业公会组织还算健全，每月依赖会员月费的收入作常年经费仍能运行。不久，日本侵略者开始查禁重庆政府出版品、反日、反伪满、宣传共产主义等内容的图书，使沦陷区的出版业陷入停滞和维持阶段，除了书店门市仍在经营，大部分的编辑和印刷力量内迁，留存的也在痛苦中生存，使书业公会在经济上处于极度困窘的状态。

1942年，日本兴亚院指令进行书业公会改组，操纵成立上海书业联合会，并由其接收书业公会，选举理监事，曹冰严当选理事长。同年7月，上海书业联合会改名为上海特别市书业同业公会。

曹冰严曾在1956年10月撰写的《抗日战争时期日本帝国主义在上海统制中国出版事业的企图和暴行》一文披露，1941年12月19日日本宪兵部会同当时的工部局分别到商务印书馆、中华书局、世界书局、大东书局、开明书店核查、没收涉有反日、反伪满、宣传共产等书籍，12月26日这些书店更遭查封，1942年1月25日才启封。

曹冰严写道："在各家书局启封以后，日帝兴亚院曾于一九四二年三月间先后两次召集商务印书馆等上海负责人谈话，一次是为了同业公会的改组，因此书业同业公会就于当月改选理监事，有一个时期曾改称为上海书业联合会，当选的理监事有商务、中华、世界、大东、开明、龙门、广益、锦章、百新、扫叶等会员书店的原来代表，另外多了一家三通书店，代表是一个华方经理。同业公会改组以后，在当时的政治上没有起什么作用。敌伪统治势力的目标是商务、中华、世界等几家大书局，一切直接交涉，同业公会遭到麻烦倒不少。同业公会经常只做些议价加价、集体缴纳税款的事情。但在那个时期，中、小会员书店在出售图书方面遭到统治势力禁忌的事故，却不断发生，要由同业公会出面保释。"（张静庐辑注，《中国近现代出版史料》补编，上海书店出版社2003年出版，第409页）

抗战胜利后，各大书局的经理逐渐回到上海，又新开了许多新书店，使上海出版业的数量和规模都有所增长。

五、维持期（1946~1949年）

1946年1月，上海特别市书业同业公会改组，改名为上海市书商业同业公会。1946年首任理事长为商务印书馆经理李伯嘉，副理事长为正中书局副总经理叶溯中、中华书局协理姚戟楣、生活书店总经理徐伯昕、儿童书局总经理张一渠。

1948年，正中书局总经理蒋志澄接替李伯嘉出任理事长。后来，蒋志澄随正中书局总管理处迁往台湾，张一渠曾短期代理理事长之职。

这个时期，各路人马纷纷复员南京和上海，上海再度成为中国出版繁荣的城市，无论是商务、中华等民营大书店还是党政背景的正中书局、中国文化服务社乃至众多的中小型新书店、旧书店都出现了短期的蒸蒸日上。书业公会在教科书利益重新分配、抵制政府扣压书刊、维护正义、营救会员单位职工、协调税务、报关互助、向国民参政会提出免征营业税、改进邮寄办法、办理分配白报纸限额外汇等方面都有所建树，发挥了同业公会的中间组织作用。

但是，好景不长，交通不畅、币制贬值、物价飞涨、社会动荡的同时也使书业经营者发生了分化：一部分选择离开书业从事他业，一部分选择离开大陆，一部分无奈地守着，一部分则从事着推翻旧政权的斗争。

六、结束期（1949~1958年）

1949年5月27日上海解放，1950年上海市书商业同业公会根据《上海市各业同业公会试行组织通则》被改造成为上海市书业同业公会筹备会，由新华书店华东总分店副经理卢鸣谷（1951.1~1952.8任经理）任主任，三联书店协理（上海联合出版社经理）万国钧、光明书局总经理王子澄、广益书局总经理刘季康等组成筹备会领导成员。会址先在平乐里3号，后迁至福州路436号。1951年成立上海市书业同业公会，由新华书店上海分店经理丁裕任执委会主任，会员257家。此时，书业公会在组织系统上已归属由上海市工商联领导，行政上以接受上海市工商行政管理局领导为主。

在上海市书业同业公会改组的同时，一个名为上海出版工作者协会筹备会的组织也在筹备之中。1949年6月29日，王益、章锡琛、史枚、王子澄、吉少甫等发起组织"出版工作者协会"。同年9月30日召开发起人会员大会，10月10日召开第一次筹备会，卢鸣谷任主任委员，张静庐、吉少甫任副主任委员。10月3日由张静庐、姚蓬子任正副团长，组织华北东北参观团等。但是，如同新成立的上海市书业同业公会一样，伴随着翻天覆地的社会主义改造、公私合营，出版社全部成为国有独资、书店也是国有独大、个别集体书店其实也只是做门面的时候，"出版工作者协会"自然也成不了气候，没有成功。与此同时，书业公会也在迅速走向历史的终点。

在整个国民经济恢复时期（1949~1952年）、社会主义改造时期（1953~1955年）、公私合营时期（1956~1957年），书业公会在新华书店的指导下在推动会员抗美援朝捐献武器、配合工商局办理工商业登记和会员登记、组织同业开展流动供应、进行同业重估财产、调整资本变更登记、办理同业统计报表登记、节约生产、爱国守法教育、配合同业普查、落实对批发商改造、推动全行业申请公私合营、清产核资、协助进行裁并进行人事安排、组织学习国家法令、推动私方人员参加企业社会主义竞赛、推销公债等方面做了许多基础性工作，为推动社会主义出版事业的建立发挥了积极作用。如1955年12月书业公会向上海市工商业联合会、上海市出版事业管理处、新华书店上海分店转送42户图书经销店及代销店要求全业公私合营的联名函等。1957年以后，随着一系列政治运动的开展，所剩不多的私营企业陆续关闭，到"文化大革命"前，整个出版业已变成单一的公有制形态。

新中国成立后，政府对同业公会中的商会和公会进行了改组。1949年8月，中共中央对组织工商业联合会发出指示："工商业以合并成立工商业联合会为好。我公营企业的主持人员亦应参加进去一些，以便教育和团结私人工商业家；但公家人员参加者不要太多，以免私营企业家因公家人占多数不便讲话而裹足不前。工商业联合会的重心应是私营企业，工业较商业的比重应逐步增加；公营企业主持人之参加，在各地亦应随各地工商业联合会之发展逐步增加，以便不占多数而能起有效的推动作用。"

1952年8月，中央人民政府政务院公布了《工商业联合会组织通则》《工商业联合会组织通则说明》，明确表示："工商业联合会不再以同业公会为其会员，而直接吸收工商业户为其会员。""但这并不是要废弃同业公会这一组织，而是要把同业公会的性质改变，变为工商业联合会领导下的专业性的组织。""这一改变，为进一步清除同业公会的封建行会性创造了更为有利的条件。"同业公会被标上了"封建行会"的标签，也就预示着同业公会快走完最后一程了。

在上海档案馆的档案中，仍有1957年2月至1958年4月《上海市书业同业公会关于推销一九五七、五八年国家经济建设公债委员名单、会议记录、工作计划与情况汇报暨认缴清册》（档案号S313-4-88）的资料。1958年之后，任何档案均未见"上海市书业同业公会"的活动资料，由此可推断书业公会退出的时间应该也在1958年。

同业公会经过清末的萌芽、民国的大发展，随着私有制资本被消灭而终于退出历史舞台。

上海书业同业公会的组织结构

从书业公会的组织结构来看，早期的书业公所采取的是司月制，公所负责人采取公举制，会员轮流负责，有关大局之事实行公论制。后来，书业公所与书业商会都相继采用会董制，对于权职、任期有着明确的规定，实行分科分层办事，逐步在政府的督导下实行理事会执行、监事会监督的制衡机制，实现了组织结构的现代化。

1929年8月国民政府颁布的《工商同业公会法》第九条规定："同业公会置委员七人至十五人，由委员互选常务委员三人或五人，就常务委员中选一人为主席。"（《工商同业公会法》载《国民政府公报》，1929年8月17日）1931年1月，国民政府又出台了《工商同业公会法施行细则》，对执委会、监事会以及各自的权限做了详细的规定。依此规定，各地工商同业公会相继修订章程，改为"执监委制"。

无论是司月制、会董制还是执监委制，都是书业公会的组织制度。20世纪30年代建立的同业公会治理结构中的成熟形态——执监委制，对治理机构的解释是这样的：

会员大会：最高权力机构，决定有关同业利益的重大事件。

执行委员会：执行机构，其委员由会员大会选举。

监察委员会：监督机构，其委员由会员大会选举。

会员大会是同业公会治理结构的最高层，是最高权力机构，对重大会务有着最终决策权。执委会和监委会是平行机制，执委会是执行机构，监委会是监督部门。下辖事务性机构，如总务股、宣传股、组织股等。主席由常务委员会中产生，常务委员由执行委员会中产生。一个完善的同业公会的治理结构大体如此，书业公会的治理机构便是以这样的模式运行的。

一、会员资格

1906年订立的《上海书业公所初次订定章程》规定："第一条，本公所系上海书业同人公同设立，命名上海书业公所。""第六条，凡上海一埠内关于图书业之商家，无论木板，石印、铜版、铅版，庄局、坊店以及各报馆、仪器馆之兼售书籍者，皆当认为同业。""第二十一条，本公所职员之资格，选举者须各坊、局有全权之人，推举者须与公所有关系之人。"以上，没有专列"会员"的条目，同业的范围比之1905年更广泛，且选举人必须为"各坊、局有全权之人"，说明书业公所会员的主体是资本所有者。

1905年订立的《上海书业商会章程（初次订定）》第三章第七条规定："本会会员须具有左列之资格。甲、书店、印刷处、仪器、文具店之全权代表人；乙、该店照章缴纳捐款；丙、本国籍（如该店系洋商，其全权代表仍须本国人，否则本会不能承认，本国人入他国籍者亦然）；丁、各家代表其到会之时，须认有该店全权之资格。"

1932年，书业公会的会员定位为书店。此时的书店是个大范围，既涵盖了书店也涵盖了出版社。会员拥有建议权、发言权、表决权、选举权及被选举权等各种权利。会员在团体中的地位和权益，从一个侧面反映了一个团体的民主化程度。至少，书业公会《章程》中已反映出那个时期所具有的民主意识。

二、会员大会

同业公会的最高权力机构是会员大会。会员大会是1927年北洋政府颁布的《工商同业公会规则》中被首次列入的。1932年订立的《上海市书业同业公会章程》规定："会员大会每年于六月中定期举行，由执行委员会召集之。""会员大会之决议，以会员代表过半数之出席，出席过半数之同意行之。出席代表不满过半数者，得行假决议，将其结果通告各代表，于一星期后、二星期内重行召集会员大会，以出席过半数之同意对假决议行其决议。""左列各款情事之决议，以会员代表三分之二以上之同意行之；出席代表过半数而不满三分之二者，得以出席代表三分之二以上之同意行假决议，将其结果通告各代表，于一星期后、二星期内重行召集会员大会，以出席代表三分之二以上同意对假决议行其决议：（一）变更章程；（二）会员或会员代表除名；（三）职员之退职；（四）清算人之选任及关于清算事项之决议。""执行委员会依本章程规定之会务及会员大会议决之事项行使职权。"可见，会员大会为最高权力机构，执行委员会及监察委员会由会员大会选出，要向会员大会负责。

三、执行委员会

执行委员会是同业公会的执行机构，由会员大会选举产生，人数不超过15人，任期为四年，依同业公会章程规定之会务及会员大会议决之事项行使职权。《商业同业公会法》规定，商业同业公会执行委员、监察委员均由会员大会就会员代表互选之，其人数之多不得逾15人，监察委员不得逾7人。主席由常务委员会中产生，常务委员由执行委员会中产生。

书业公会《章程》规定："本公会设执行委员十五人，由会员大会就会员代表中用无记名连选法选任之，以得票较多数者当选，并另选候补执行委员五人。""本会设常务委员五人，由执行委员会就执行委员中用无记名连选法互选之，以得票较多数者当选。""本会设主席一人，由执行委员会就当选之常务委员中用无记名单记法选任之，以得票满投票人之半数者当选。若一次不能选出，应就得票较多数之二人决选之。""执行委员、常务委员、主席均为名誉职。""执行委员任期四年。每二年改选半数，应改选者不得连任，惟第一次改选时以抽签决定。第一届执行委员多留一人，以后交替改选之。""执行委员会依本章程规定之会务及会员大会议决之事项行使职权。""执行委员会议每月开常会二次，由常务委员会召集之。"

执行委员会担负着同业公会的所有事务的管理，一般在其辖下还设有办事机构，如总务、专项委员会等。

四、监察委员会

监察委员会是同业公会的监督机构，其委员由会员大会选举，人数最多不得超过7人，主要职权是对"本公会一切会务有查询、纠劾之权"。

书业公会《章程》规定："设监察委员五人，由会员大会就会员代表中用无记名连选法选任之，以得票较多数者当选，并另选候补监察委员二人。""监察委员为名誉职，任期四年。每二年改选半数，应改选者不得连任，惟第一次改选时以抽签决定。第一届监察委员多留一人，以后交替改选之。""监察委员对于本公会一切会务有查询、纠劾之权。""执行委员会议监察委员均得列席，但无表决权。""监察委员会议每月至少举行一次，由首席监察委员召集之。"

监察委员会的设立，从理论上解决了以往同业公会领导者权力缺乏监督的痼疾。

五、其他

书业公会在进行日常工作时，还会临时性、专项性地设立相关委员会或特别小组从事某项工作。如1931年为了督促同业抵制日货，就专门成立检查委员会进行督促；通过编印《图书月报》《官商便览》（《国民便览》），举办艺徒补习所等开展便利会员、有益社会公益的事项。

上海书业同业公会的自律行为

一、规范同业，确保经营公平

同业公会的重要职能之一就是制定统一的营业规则。1906年制定的《上海书业公所初次订定章程》的第一章第二条载明："以联合同业、厘定规则、杜绝翻印、稽察违禁之私版、评解同业之辄轇为宗旨"。"厘定规则"成为仅次于"联合同业"的重要宗旨。

《上海书业公所初次订定章程》第二章规定："丙、同业所有木板、石印、铜版、铅版及新旧书底，皆须将花名、页数详细报明公所登册待查，并声明有无（申）请过版权。有版权者，倘被翻印公同议罚；即未有版权，若已经同行公认者亦不得翻印，如有违背，凭公议罚。丁、凡本埠同业向版主贩售书籍，应照售客帮之价减一折扣，因贩售者既有利益可沾，得免种种觊觎之弊。戊、本公所附设陈列所，凡同业已经出版之书，各检送一部来所陈列。己、凡铅、石、铜版各书底，此后或于首尾页或于中缝间，一律加以版主牌号，以免混淆。庚、凡违禁等书，倘经公所查有私行印售者，除将书与书底烧毁外，再公议重罚。辛、同业中如有辄轇之交涉，可告知公所，邀集两造代为和平理劝。倘劝而不从，本公所亦不得勉强。不关同业者不理。壬、同业中如有与外国人合股者，凡遇交涉事件概由经理华人理论，外国人不得与闻，否则作为违背公所论。"

这个规定除了不得翻印、严禁违禁书籍等在行规中反复强调的重要规则外，也有书籍上"一律加以版主牌号"等非常具体的内容。同业公会把行业自律作为矫正营业弊害、维护同业商人利益、塑造商业信誉的重要举措。

1936年，书业公会推定商务印书馆等起草业规，经议定通过，并呈请教育局审核后，推定商务印书馆、中华书局等组成业规实施委员会督促同行执行。这个业规分六章共五十五条，其主要内容为：①所有出版物都要一律标明定价。②根据各类图书（一般图书、教科书、特价书等）及对不同购书对象（读者自购、批发店包括特约店、代办分庄、邮局代办、贩卖店、书摊等）规定不同的门售和批发折扣。给予协作分店或单位的优惠条件和回佣也都作出明确规定，防止会员间利用售价进行不合理的竞争，伤害其他同业。③规定会员与本外埠同业间的记帐往来原则和条款，避免会员因滥放账款，导致自身的经营损失。④鼓励同业会员间团结互助，尊重别家出版物的著作权和版权，不抄袭、不翻印，维护彼此出版物的著作权和版权。知悉他家同业版权受侵时，有立即通知被害同业的义务。⑤不得虚设牌号或用其他不正当方法，诱骗读者和购书人。⑥规定对违规者或不遵守者进行处罚。对外要取得读者和社会的信任，诚实可靠；对内则团结互助，共同繁荣。

二、杜绝淫书，维护商业道德

对于书籍的制作买卖这个行业来说，淫书是行业中最令人头痛的问题，"不得翻印、严禁淫书"则成为维护行业信誉、确保书籍质量的重要行规。

书业公所成立伊始，就把"淫书宜禁绝"作为重要责任。1886年上海书业崇德公所《创建书业公所启》规定："创议八条开列于左……六、淫书宜禁绝也。历经示禁不免阳奉阴违，今公议彼此查询，以期净绝。每年春仲文帝社、秋季武帝社拈香，各宜矢诸神明，共明心迹，察出定予重罚。"1906年《上海书业公所初次订定章程》有"庚、凡违禁等书，倘经公所查有私行印售者，除将书与书底烧毁外，再公议重罚。"

1922年，书业公所针对淫书屡禁不绝的压力决定成立由唐驼、叶九如等主持的书业正心团。书业公所认为："窃以为淫书一类，最足荡青年之心，一经浏览，始而眉飞色舞，继而蝶肆蜂狂，卒至大则戕害生命，次则沿染疾病，小亦失业荡荡，贻误青年，实非浅鲜。"

书业正心团经过数月努力，集资搜购淫书及书底一并销毁，同时禁止同业印刷、装订、销售此类小说，共毁淫书版片36副、淫书46300余册，在市面上引起不小的轰动。

书业正心团收毁淫书行动效果卓著，有效配合了政府的教化政策。1922年8月，江苏省教育厅长蒋维乔奖匾额"正本清源"四字给书业公所。

1930年，书业公所再次集议销毁淫书版本、纸型，为净化市场显示了业者的决心。

三、价格自律，不得随意增减

图书价格行业自律，一直是书业公会关注的内容，通过以诚信为基础、制度为保障的自律体系实现同业的发展更是书业公会追求的目标。这种自律包括组织自律、行业自律。相比较于其他行业协会，书业的行业自律主要体现在价格自律层面。当初，图书价格一直是各书店随意定价，并没有一定的规章。1936年教育部颁布了教科图书及其他图书划一出售办法，首次明确："所有书籍，无论大中小学教科书或普通新书古书，应一律标明定价。"如果减价，则有下列规定："同业批发酬劳，由同业公会议定；学校贩卖部或合作社照定价九折；图书馆照定价九折，但同书以二部为限，字典、词典以五部为限；出版者之股东或在职同人照定价九折，但普通书以一部为限，教科书以二部为限；著作人购自著之书照定价七折，其版权共有者不给版税，照定价六折，均以三十部为限。""由教育部通令全国出版者及贩卖书籍者，一律照上开各款规定办理，如有违反者，得由各该地同业公会或任一同业呈请地方官厅为有效之制裁。"

根据这个办法，书业公会颁布了《上海市书业同业公会划一图书价目实施办法》及《本埠同行批发简章》《外埠同行批发简章》《同业寄售图书简章》《特约经销处契约》《代办分庄契约》《独家寄售契约》等一揽子配套实施办法，于1936年7月1日起实施。

《上海市书业同业公会划一图书价目实施办法》明确："本办法定于民国廿五年七月一日起实行，除登报公告同业一体照办外，并呈请教育部暨地方官厅备案，修订时亦同"，"自本办法实行之日起，所有出版图书均须一律印明实价，七月一日以前出版图书应一律加印实价，如一时不及加印，应刊行实价书目，所有加印实价手续必须于廿五年底以前办妥，如届时尚未办妥，即应照版权页上原来价目出售，原来未印明定价者应于同时期内加盖价目戳记，否则不得出售。"书价一旦确定，经营者不得随意增减，这应该就是我们现行的图书定价制的源头。

上海书业同业公会的社会功能

上海书业同业公会通过规范同业确保经营公平、杜绝淫书维护商业道德、价格自律不得随意增减等自律行为，体现了同业公会的存在价值。

一、祭祀神明，助人济贫恤孤

旧时的行会都有一年一度盛大的祭祀业祖与神祇的活动。祭神活动借助神祇的力量，不仅增强行会的权威性、团结同业，也是决定许多重要事务的集结地和集结时间。如行规的制定，总管、值年的轮换交替都被安排在这一时段。

此外，旧时的行会也将扶贫助弱视为商人济世的重要方式。作为行会的现代继承者，又出于乱世之中，新兴的同业公会都以自觉支持社会公益事业、资助公益与慈善事业为日常工作之一。

书业公会自书业公所开始每年都在春秋两季公祭先贤，以申追念，只是在抗战初期才"久未举行"。1942年8月27日上海特别市书业同业公会假座宁波同乡会举行典礼，有226人参会，"礼仪肃穆，至为诚敬"。礼毕聚餐，花费4314.32元，其中3990元系收取典礼的份额费。

1942年，书业公会代上海一家贫病救济协会劝募捐款，从会员单位募得45000元，这种捐助活动在书业公会的日常社会公益项目中是常见的，包括捐助贫困学生就读等等。

二、兴建学堂，注重人员培养

《书业商会十年概况》中写道："出版事业对于教育之进行、工艺之发达关系匪浅，故必有巩固之团体，始克享公共之利益。本会为书业总汇机关，兴利革弊，责无旁贷，苟有所见，无不竭力维持，所以保全公益者实多。"

1906年，书业商会创立了学徒补习所，推举陆费逵任教务长，俞仲还任事务长，定额三十人。"课程分国文、算术、习字、地理、尺牍、英文等科，开办三年卒业者约有十人，成绩甚优，今均任各同业职员，颇有得重要位置者。后以种种困难，遂致停办，去年又重新组织，专办国文一科，学生近三十人，无论何业学徒来会补习者，向来一概不取学费。"（《书业商会十年概况》）

这些公益措施，为书业的繁荣发展奠定了人才基础。

三、维护版权，保障行业利益

图书翻印、盗用版权是获得暴利的途径之一，杜绝翻印、维护版权也一直是书业公会关注的问题。

书业公所成立之时，就"以联合同业，厘定规则，杜绝翻印，稽察违禁之私版，评解同业之轇轕为宗旨"，明确维护版权是公所主要职责之一。1923年订立的《上海书业公所现行章程》第二章第三条规定："遵照著作权法、版权法保护版权，及依照出版法第7条办理维持同业公认之版权。"第十九条规定："入所者版权被人侵及，本所开会公断评理，如单方不服，本所应助其秉公办理。"第二十六条规定："未入本公所及退出本公所之同业，如有破坏著作版权及本所公认版权，除据理办法外，同业皆与断绝交易往来，并登报宣布出所理由。"

书业商会也将"遵照著作权法维持版权"作为首要"兴办事件"。在《书业商会十年概况》中也强调："书业商会之设，盖保同业之版权，为同业谋幸福。成立以来，功效昭著，始于乙巳之秋。"

（一）中国第一部著作权法诞生。

上海文明书局在建立之初就着力编译出版新学科教书。1903年5月，创办人廉泉、著名翻译家严复分别上书清朝学部和北洋大臣请求版权保护。当时，北洋官报局也在公然盗印文明书局图书。经廉泉上书维权和多方交涉，以文明书局为代表的出版方强烈呼吁政府加快著作权保护立法，促成了中国第一部著作权法正式产生——清朝政府于1910年颁布了《著作权律》。

1912年，北京政府批准公布实行由上海书业公所制订的《著作权章程》，共四章一附则。其中规定：所有著作物一律经民政部注册后即享受版权，个人著作者终身享有著作权，身故后可由其继承人享有30年，以官署、学堂、公司、寺院等名义发行之著作，其著作权得专有30年；对合著、汇编他人著作、出资聘人所成之著作，以及讲义、翻译著作、法令等的著作权归属亦作明确规定。凡假冒、割裂他人之著作者，分别处以40元至400元和20元至200元罚金。这是中国第一部关于著作物版权的具体法规。

1915年，北洋政府另行颁布了一部《著作权法》，其内容基本照抄《大清著作权律》；1928年，国民政府颁布《著作权法》及其《施行细则》；1944年、1949年进行了修订，但基本内容仍未超出《大清著作权律》。

（二）执掌上海地区著作权方面的主要事务。

书业商会成立之后，为同业代为注册出版物、审批中外著作人申请版权的著作，基本执掌了上海地区著作权的主要事务。

书业商会拥有版权审批权。"沪道将中外人呈请给与版权之书均送本会审查案。查洋商贩运图书至沪，历经呈送沪道署登录商标，声请注册，保护版权。前清之季，中国振兴学校，需用图书日繁，外国输入亦日加增，于是中外商人，时有朦请版权情事，本会爰即呈请沪道，以后凡有请求版权案内所送图书，先行发交本会阅看，是否按照法律条约可给版权，申复到日再行核分准驳，并声明中国书商或编译人自将出版图书，呈请道署注册保护，亦恐有剽窃割裂翻印影戤情弊，一并按照办理。以重版权，当蒙批准照办在案，陆续送交本会审查者，为数甚多，均由本会分别情形呈覆准驳。"

书业商会还为同业代为注册出版物。"前清末叶，颁行著作权律，凡著作物均须呈部注册，享受法律保护。此事前清由民政部主持，民国由内务部主持。顾各种手续同业容有未了然者，故本会特代为注册，以期便利。"

（三）集体维护版权。

书业公会以维护版权为己任，在维护版权上为同业作出了更大的努力。举例如下：

书业公会曾多次通过集议、请愿，抗议等政府允许的诉求形式表达同业声音，有效维护了同业利益。1906年，书业公所认为《大清印刷物件专律》剥夺书业权利，集议对策；1916年，代表著作界、出版界请愿政府修改颁布的版权法；1922年，向众议院请愿修改著作权法、出版法；1928年、1933

年，两次呈请解释著作权法，恳请内政部废除出版法施行细则；1935年，呈请解释国府敦睦邦交令，并要求变通执行该命令；1919年、1921年、1924年，多次强烈要求上海公共租界工部局取缔印刷业附件，在社会各界的同情和支持下，此附件终于未能施行。

1913年6月，书业商会因美国方面要求中国加入中美著作权同盟，分别呈文北洋政府教育、外交、工商三部，请求予以驳拒。"盖我国中学以上各学校教科用书，尚须取材于外国著作物，近年以来，毕业中学以上各校者日多，能直接读外国著作物者亦益众，需用外国之著作物亦日见增加，而外国著作物，如图书一项定价甚昂，近年我国业印刷者多翻译或翻印外国图书，廉价出售，以利学界。若加入版权同盟，嗣后即不得翻印，必至学界因外来图书价昂不能多所购读，文化进步大受影响，且既入版权同盟，则翻译他国人之著作物亦须俟其著作物行世十年以后方得自由，方今学问之竞争日剧，若外国新出著作，十年内不能翻译，则除少数人能读其原著作，此外皆无从得新智识输入之益，教育进步必因之停滞。"1920年12月，书业商会就英、法等国要求中国参加万国著作权同盟一事，再次分呈北洋政府教育、外交、农商三部，请求拒约严驳拒绝参加，获得北洋政府的认同。

1914年英美书商拟在上海设立万国出版协会，将所有出售之书，均向我国注册享有著作权，不许他人翻印仿制。书业商会据理力争："若使外国人得将其为该国自著之书设肆中国境内，即享有著作权并加保护，是无异自行遏绝生机，此又妨碍于工商业者也。"得到了北洋政府的认同，驳拒了外国书商的要求。

书业商会在与外国出版商的图书版权纷争中，始终为本国书商据理力争，维护了中国书业的利益。虽然，以今日的眼光判别，有些举措似有不妥，但毕竟对于当时的知识普及、文化传扬起到了明显的促进作用。

四、调解纠纷，保护同人利益

书业公所曾专门制定《评理章程》六条，规定"关于同业交涉来公所评理者，公众会同和平调处"，"两造不得直接说话，静听公正人辨驳，以免冲突"。

书业商会对国内同业的版权纠纷，"力主维持，凡遇翻版事件，靡不调查确实，剖别真伪，劝戒兼施，主张公道，社会上始知版权受法律保护。"20世纪上半叶，书业公会协调、解决了同业版权纠纷有50多件，维护了同业团结。

上海书业同业公会的政治眼光

书业公会与近代政府的关系非常复杂，一方面，政府为书业公会的建立提供了法律依据，使书业公会有了生存的空间。另一方面，政府通过《商会法》《工商同业公会法》等制度的建立，对书业公会进行了法制的规范与政治的渗透。如1929年国民政府在各大商埠建立商人团体整理委员会，对现存同业组织进行登记、整理；1934年10月3日上海市教育局令上海市书业公会，图书须经内政部审核后始准发行；1935年5月31日国民党上海市执行委员会令书业公会，翻印古书的新增材料需事先送审等等。

1949年以前，书业全行业每年的纳税都由财政部下属税局确定，书业公会每年都要派遣职员与税局有关人员进行谈判，力求降低税额，而且在会员的纳税总额度确定后，根据会员的实际情况确定每户应缴的税额，为了照顾一些小的会员单位，有时还会予以少缴或免交的优待，由同业中的大户多承担些税额。汇缴所得税一直是书业公会受政府财政部门委托进行的一个差事。为此，书业公会通常会季节性成立所得税委员会帮助受理会员缴纳。

书业公所、书业商会在1927年以前是上海市总商会的团体会员，书业商会在1927年改组成为上海商民协会书业分会，书业公所、书业分会、新书业公会1930年奉命合并成立上海书业同业公会，成为上海市商会的组织基础。

书业公会在维护行业利益时得到了商会的支持。在商会从政府手中获得更大的活动空间中，书业公会也坐享了其中的利益。书业从业人员在上海总商会十八年历史中，先后有15位杰出人士分别成为特别会员、合帮会员、分帮会员、个人会员。印有模、夏瑞芳、陆费逵、陆凤竹等还出任议董之类的高职……既体现了书业本身的影响力，也显示书业杰出人士受社会重视的程度。赵南公、陈芝寿、张静庐还在上海各路商联会、上海市商民协会等民间团体中有过出类拔萃的表现，成为热心社会活动的中间力量。

上海书业同业公会是书业同业自主组建、自筹经费，在政府框架下自我运作的行业组织，自1905年注册至1958年结束，名称时有不同，同期也曾有两个获得注册的同业公会，还有一个新书业公会虽然没有获准注册但也在不断开展活动。书业公会始终以维持、增进同业的公共福利，矫正营业之弊害为宗旨，从事同业公益和社会公益，在同业和政府的共同构建下生存发展，体现了企业与政府、商人群体与国家、企业与行业等方面利益关系的有机组合，成为中国商会团体的榜样。

书业公会是在政府的许可之下接受委托、遵守法令的行业组织，协助政府推动书业经济发展。同时，不断地以同业的名义与政府交涉，包括免征营业税等等，以维护行业利益，起着监督、制约政府执政的作用。

同业公会是整个社会商会团体的一个组成部分，书业公会一直是上海市商会的团体会员，是商会的组织基础。在商会设定的宗旨、任务的统辖、规范之下生存的书业公会也显示出了卓越的组织能力，书业的杰出人物在商会舞台上也曾有着不凡的表现。

上海书业曾经引领中国书业，虽然北京的古旧书业一直在全国占据主体地位，但是，北京、重庆、南京的新书业都是由"上海籍"、"上海帮"、"上海店"培育的，上海书业同业公会也较各地书业公会成立早、动荡少、成效大、影响深，是各地书业公会的"大哥"。

书业公会的历史终已结束，卷宗也早已尘封。如果我们有缘获知书业公会的沧桑、感受前辈的智慧和献身精神，就会由衷地产生敬畏，发现前辈的可敬。

附录：上海书业同业公会沿革一览

1608年

苏州书商集资创立崇德公所（苏州北利三图汪家坟）。

1860年

太平军进入苏州，崇德公所被毁。

1874年

书商集资重建崇德书业公所（苏州北利四图石幢弄）。

1886年

书商以崇德堂名义在上海新北门老街购房地产一处。

1900年

席子佩、陈詠和、叶九如等组织书业崇德公所，建于上海英租界鼎新里（二年后停办）。

1905年

叶九如等重组书业公所，租赁上海小花园一号为事务处。

上海书业商会创立。俞仲还、席子培（佩）、夏瑞芳为正副董事。在农工商部、学部、商务总会注册，会址设望平街。

1911年

书业公所呈请清廷民政部注册。

1914年

书业公所在新北门旧址修葺落成，11月上海书业崇德堂公所改称上海书业公所。

1927年

上海书业商会奉国民政府之命改组成为上海市商民协会书业分会，地址平乐里。推选张叔良、陈协恭、丁云亭为常务委员。

1928年

上海新书业公会创办，由赵南公、李志云、洪雪帆等人主持（未获准注册）。曾发起组织中国著作人出版人版权保护协会。

1930年

7月，上海书业公所、上海市商民协会书业分会、上海新书业公会合并组建上海市书业同业公会。

1942年

4月，上海书业联合会成立并接收上海市书业同业公会，主席曹冰严。

7月，上海书业联合会改名为上海特别市书业同业公会，主席曹冰严。

1946年

1月，上海特别市书业同业公会改名为上海市书商业同业公会，理事长：李伯嘉（1946）、蒋志澄（1948），后由张一渠代理理事长。

1949年

5月，上海市书商业同业公会改名为上海市书业同业公会筹备会。卢鸣谷任筹委会主任。

1951年

上海市书业同业公会成立，丁裕任执委会主任。

1958年

上海市书业同业公会结束。

上海书业公所

重建崇德公所征资小引

1874年3月14日（同治十三年）

观世业之盛衰，在勤与惰而已。勤者务博，惰者自弃，博者日隆，弃者日替，人事之必然者也。吾业自有书契以来，远者莫可考，汉唐之际，传写古籍，以行于世，及至后周，始刻九经，迨宋而盛，于是奇书异籍，林列于市，至今不匮。然专是业者，千百年来，著名者寡。有明郑氏，刊刻精善，为世所称。我朝苏州金氏专门收买旧书，当纯庙之世，采集遗书，以江浙为藏书之薮，谕令使臣采办书籍，须与湖州书贾、苏州金姓等辈善为物色。由此而上好下甚，旁其博采，为幽者显，使逸者出，则市廛之徒，苟有可用，亦得上厪宸怀，谓非务博之力欤。执是业者，考古知新，其可不尽心乎。盖传其文，以通其幽显，寿之枣梨，以期于久远，虑伪也。探之讨之，恐讹也。雠之校之，期造乎至善而后已。则玩索辄询，尤为当务之急，须招同类以相求，夫然必错之以地，此公所之由设也。若夫惜字，掩埋，岁时伏腊，乃其末事耳。崇德公所创于康熙初年，毁于咸丰十年。二百年间，同道研榷，同志成善，彬彬然有古社之风焉，殆不可废，因重构而新，是举也，资赖同业，匡恃众力，毋因吝而见沮，勿始勤而怠终。惟日新之为亟，则业之兴可引领而望矣。是为感。

同治十三年　月　日同业公启

一、公所之建，系是同行捐资，并不在外书募。

二、凡同城书坊，按照纸数捐助。每纸一块，捐银二分。著为常规，永远不替，作为岁修惜字掩埋等项公费。

三、凡外省外郡同行，运货来苏售兑，每大捆捐钱若干，以助公费之不敷。

补用知府候补直隶州署江南苏州府吴县正堂加二级高，为给示禁约事，据布政使衔前甘肃巩秦阶道金国琛、青浦县廪生席威、钱塘县文童生吴寿朋、抱属金陛等禀称：窃照苏城书坊一业，向于康熙七年间，曾建崇德书院在治北利三图汪家坟，供奉梓潼帝君。为同业订正书籍讨论删原之所。并同业中异乡司夥，如有在苏病故，无力回乡者代为埋葬狮山义塚等项事宜；历年久远，咸各遵守。兵燹后，公所被毁，故址荒蔓，难以修葺。今同业各愿捐资，更卜新茔，在于治下北利四图石幢弄内，重建崇德公所。择吉兴工，次第建造，一应章程，率循旧规，皆出同业自愿捐办，毫无假公勒捐情事。兴工在即，恐地匪藉端阻挠，有妨工作，粘呈碑示，并抄章程禀叩给示禁约等情到县。据此。除批示外，合行给示禁约。为此，示仰该司事暨地方人等知悉。现据金绅等在石幢弄内重建书业公所，如有地匪藉端阻挠，有妨工作者，许即指名禀县，以凭提究。该地保绚隐察出并处，各宜凛遵，毋违特示。

（同治十三年三月十四日示）

创建书业公所启

1886年（光绪十二年）

盖闻业期持久，慎始尤贵慎终，道在生财，乐利兼须乐善。我业自近年来日新月盛，各省流通。考之苏省、杭垣均立公所，而沪江尤称蕃盛之区，为中外总汇之地，独缺焉未举，将何以资整顿而壮观瞻。爰与同志广集捐输，购买基地，创造堂宇，名以崇德。仍苏例也。至同业朋侪，或年老、家贫、身亡、妻寡，或死无棺殓、葬乏墓田，则尤赖吾同人常年捐助接济扩充。庶几泉开涓滴，偕淞水而长流；塔聚金沙，共龙华而永峻矣。是为启。

创议八条开列于左：

一、公所宜亟建也。事经创始，捐款未充，不得不陆续劝募，以期藏事。落成之后，除岁除伏腊礼神叙福之外，悉以善举。惟冀同业常年慨助，以垂久远。

二、诸事宜公论也。创建公所，原为浃洽同人、惟持市面起见，如遇有关大局之事，应集同志公议，以免擅专而杜垄断。

三、司事宜轮流也。举同业中公正之人，挨季轮当以稽出入；另定司月，经理收捐、给发钱洋诸务。此系同业公事，取众擎易举之意，概不支取薪水，俟将来规模式廓、经费充盈，再延司事经管。

四、提捐宜定数也。上海乃华洋聚会之区，铜、石、铅、木各板远近风行，公议银洋钱各码每两（元干）酌提厘捐若干，由司月按月核账收取，填给联票，以凭执照。此外寄售书籍亦一律捐厘，以昭公允而绵善举。

五、收支宜明晰也。挨定司年，轮定司月，一应出入，月底抄粘清账交代接手者，以清界限。

六、淫书宜禁绝也。历经示禁不免阳奉阴违，今公议彼此查询，以期净绝。每年春仲文帝社、秋季武帝社拈香，各宜矢诸神明，共明心迹，察出定予重罚。

七、诸善宜推广也。凡同业实系孤寡无依无靠者概予矜恤。惟干犯大过，各店勿留，及沾染嗜好自甘暴弃者不在此列。其余恤嫠、赡老、施棺、寄柩、惜字诸善举亦当次第举行。凡我同人尚其慎始图终，以冀绵延不替。

八、规条宜详列也。此时创始，不过略举大纲，一应详细规程，俟堂宇落成再行集议，以示遵守。

上海书业崇德公所（印）

上海书业公所初次订定章程

1906年（光绪三十二年）

第一章 总纲

第一条　本公所系上海书业同人公同设立，命名上海书业公所。

第二条　以联合同业、厘定规则、杜绝翻印、稽察违禁之私版、评解同业之辄辂为宗旨。

第三条　昔年本埠同业集资生息购置新北门内基地三分七厘四毫屋十二间，当为书业崇德堂公产，永不出售，现按月收取租金，即充本公所经费（该基屋契据仍归前董收储）。

第四条 因交通之便，暂赁公共租界浙江路小花园弄口十二号洋房为公所，并设德律风一千一百四十一号。

第五条 前崇德堂置产支余之款，计洋一千五百六十六元四角、钱二百四十文，又本埠同业于戊戌、己亥间续筹经费支余之款，计□①，除现在创立公所动支此款外，仍存洋□②，统归本公所会计董事经管，存放妥庄生息。

第二章 办法

第六条 本公所依第二条宗旨定办法如左：

甲、凡上海一埠内关于图书业之商家，无论木板，石印、铜版、铅版，庄局、坊店以及各报馆、仪器馆之兼售书籍者，皆当认为同业。

乙、凡坊局来所报名挂号，限以四月三十日截止。此后如有复愿补入者，应补缴入所捐洋□③元。至新开之坊局愿入公所者，均须视其资本，输以特别捐款，以助公所经费。

丙、同业所有木板、石印、铜版、铅版及新旧书底，皆须将花名、页数详细报明公所登册待查，并声明有无（申）请过版权。有版权者，倘被翻印公同议罚；即未有版权，若已经同行公认者亦不得翻印，如有违背，凭公议罚。

丁、凡本埠同业向版主贩售书籍，应照售客帮之价减一折扣，因贩售者既有利益可沾，得免种种觊觎之弊。

戊、本公所附设陈列所，凡同业已经出版之书，各检送一部来所陈列。

己、凡铅、石、铜版各书底，此后或于首尾页或于中缝间，一律加以版主牌号，以免混肴。

庚、凡违禁等书，倘经公所查有私行印售者，除将书与书底烧毁外，再公议重罚。

辛、同业中如有辄辕之交涉，可告知公所，邀集两造代为和平理劝。倘劝而不从，本公所亦不得勉强。不关同业者不理。

壬、同业中如有与外国人合股者，凡遇交涉事件概由经理华人理论，外国人不得与闻，否则作为违背公所论。

第七条 本公所业经呈请本埠商务总会备案，并请移咨地方官一体立案给示，以维久远。

第三章 职员及其责任

第八条 本公所办事人员，除坐办一员外，司事二人照支薪水，服役二名酌给工资，余皆凭公选举各尽义务，不支薪俸。

甲、公举正董事一员，综理全所事务，对于外界为公所之代表，副董事四员辅之（坊、局各二人）。正董事有事不到时，即由副董事代理。

乙、推举议董八员（坊、局各四人），每日午后到所会议应办各事。凡评议同业交涉事件或有徇私偏袒情事，致同业有所屈抑，准其报告总董，邀集全所议董会议议决，即行开除。其情节较重，查系确实者，援商部定例罚惩。至总董如有通同徇庇等情，可禀总商会查办，诬控者反坐。

丙、推举会计董事一员，管理所中统年度支，预筹银钱出入、收执产业契据等务。

丁、推举干事六员，每日到所，凡已经议办之事即归照办。

戊、推举调查八员（坊、局各四人），遇有应查之事，随时委托归其设法稽查。

己、推举查账董事两人（坊、局各一人），每届账略须经查账人检查签允，方为核准。

庚、推举纠察一员，凡公所议事时必须到所。

辛、推举列表一员，管理所中应行列表事件。

壬、公所中延司事二人，常川住所经理账目、陈列书籍、抄记书底、收发往来各信、看管什物、兼任招待等事。雇服役二名，专司茶水、打扫一应杂务，亦须住所不得擅离。

第四章　职员权限

第九条　本公所正副董事、议董、会计董事及各职员皆由投票选举，固当各专职守而尽义务。设间有违背公所章程及犯不名誉之事，有损本公所体面者，可开特别会提议公令出所。抑各职员中苟有意见不合之处自愿出所者，可具函声明。惟出所后，均不得再与闻所中公事。

甲、正副董事，布决会议各事宜，视人数多寡为从违，是其权限。

乙、议董，商议公所应办各事宜及评议同业交涉事件，是其权限。

丙、调查员，凡公所中议决应调查各事宜，是其权限。

丁、干事员，凡公所中议决应办之事，是其权限。

戊、会计董事，管理公所中一切款项出入及产业契据，是其权限。

第五章　经济

第十条　本公所经费公议每月按二元、四元、六元、八元为四等，各坊、局量力愿认。月捐每月十六日收取，扫数汇交会计董事收存。以后造货捐议行，开支余裕，即将月捐议裁，以昭公道。

第十一条　本公所除按月预算度支照付外，如有特别用项满五元者，于礼拜日常会时公议决认。

第十二条　本公所账房至每月底汇造四柱清册，呈送正董事、会计董事处存根备核，另缮一分粘贴所中以昭征信。

第六章　会期

第十三条　公所会议章程必须照会议通例章程办理，凡开议时应以正董事为主席，副董、议董到场者，须有过半之数，否则不得开议。至议事之法，假如一人建议，更有一人赞议或复有一人起而驳议，总之不论人数若干，均须俟言者毕其词而后更迭，和平置议，从众议决，由书记登册，俟下次会议时，先将前所议决登册者当众宣读，如无不合，即由主席签字作准，如主席未到由副董事代签。

第十四条　每星期三点钟开常会一次，同业各职员均须到所，其应议应办各事皆于此时决议宣布。如因事不克到所者须投函报告，凡已议决之事作为默许；或请代表人只能听议认可，不得有议决之权。

第十五条　同业如有急要之事不及候至常会者，可请正董事临时定期柬邀开会。

第七章　预谋公益

第十六条　现同业中人拟筹备经费延聘教员创立夜班补习会，附于公所教授同业学徒，现已议决，俟暑假后照办（会章另订）。

第十七条　本公所俟筹款充裕，度支有余，当创立书业学堂以培后起。

第十八条　本公所应办之事甚多，以后视力所能及逐渐推广。

第八章　附则

第十九条　本公所正副董事、议董、会计董事及调查干事、查账、纠察、列表等员皆一年一任，任满另举。惟续被举者，仍可连任。或因事不克终任者，公同续举。惟次年董事，即于本年十二月第一期会议举定。

　　第二十条　本公所年终年会稽查本年所中情形，并刊印报告册，分送各坊、局备查。新正年会则改选职员，并商议本年应办事件。

　　第二十一条　本公所职员之资格，选举者须各坊、局有全权之人，推举者须与公所有关系之人。

　　第二十二条　本公所章程经同业会议决定订行，以后如须增改，归次年第一期常会时公议改革。惟未经改定宣布以前，仍照此章办理。各宜遵守，不得违背。

光绪三十二年　月　日

书业同人公订

附录：苏州崇德书业公所简章

　　一、本公所由苏州同业全体组织而成就，本城阊门内石幢弄旧有崇德书院房屋重行修葺为本公所基址。

　　二、联络同业，以结合团体群策群力而谋进行，并订定章程，呈请行政公署立案，给示以垂永久。

　　三、维持版权整理行规，为同业谋幸福。凡隶入本公所者，一律得享所中应有之权利，惟须得同业两家以上之介绍方可准于入所。

　　四、本公所除原有义塚善举等外，一俟经费充足再拟建设图书馆，以冀嘉惠同业、助长文明嗣后，更拟创立学校以栽培同业子弟，并立慈善会以济同业孤老贫弱，届举行时当另立专章。

　　五、本所董事职员经同业中推选应办事务，如同业出版图书有无妨碍风化及翻板影戏等情，审查曲直秉公处理。

　　六、本所原有基地房屋契据等各要件，公议交与正董执管，退任时移交新董接管以负保全责任。

　　七、本所素无恒产，经费无着，现由各号慨认月捐，作为岁修以及各项善举等费。

　　八、本所会议事项分常会、特会，并议定每年二月初三日、五月之十日两日恭逢文武二帝圣诞之期，是日同业到所虔祝并讨论一切进行事宜。

　　九、本章程如有未尽事宜，经众议决得以随时修改，呈由官厅报部备案。

　　十、本章程自同业议决后实行。

重整行规

1909年（宣统元年）

　　窃维吾业自有铅石印以来货物进出概照洋码结算之章，本极公平，乃近数年以来客帮付款往往以洋扣银，每元仅付九八元银七钱，暗中亏耗，不知凡几。迩来银价目贱，洋价日昂，加以各项开销在，在有继长增高之势，若不从速整顿规复旧章其亏累更不堪设想，兹同业公议自宣统贰年正月起，无论客帮同行货物往来概照洋码计算，银价照市不得任意减收，如有不遵定章，私行破坏，一经查出，照章议罚。另订细章，事关公益定诸君赞成签名于后。

议决章程

　　一、嗣后客帮交易付款不论规元、小洋、铜元统于收到日照上海钱业市价合算，不得抬高压低，即稍有上落亦只可减让厘毫，不得短少分数。如七钱五分，零作七钱、五分结算，以此类推。倘有紊乱行规私行减让，一经查出照第六条定章办理。

二、议嗣后，客帮结账五十元以内，扣让零头不得满角，百元以内不得让元，如满百元可让壹元，千元不得让过拾元，余则类推。

三、议嗣后，客帮结账倘仍高抬银价，账难结算，应由该店报告公所，由同业出为调停，万一调停不洽，即由公所通知同业一律停止该客交易，倘有私自往来，查出照定章第六条加倍办理。

四、议嗣后，客帮交易议定货价载明发票，倘有不合当即来函声明，如经认可再行更正，不得于结账之时再有减让，违者照定章第六条办理。

五、议未立牌号之同业，如有以上各弊，亦照定章第六条办理。

六、议嗣后，凡我同业皆当遵照办理，如有不守行规私行破坏，一经查出照每次生意大小计算：满洋拾元者罚洋叁元，满洋百元者罚洋叁拾元，以此类推。

七、议以上各条由同业协同调查，一经查出随时报告公所。

八、议调查得实，准将罚款提出一半作为调查人酬劳，其一半提作公所常年经费。

九、议同业中以前与客帮订立特约，凡与银价有关涉者，限年内一律报告公所，验明合同注册存查，俟约期届满，即由该店向订约人取销，不得延续。

十、议决各条定于宣统贰年正月实行，凡实行以前未结之账，不得拦入，以清界限。

宣统纪元嘉平月书业公所谨启

彩印同业规例

1915年（民国四年）

吾书业中五彩印刷一部分向无小团体之组合，以相联络而臻划一，兹由同人发起并承公所诸君赞成，斯举表示同情，藉以组织彩印同行互相联络。窃维东西各国虽至微极贱之一业莫不结成团体，出有专业报纸或旬报或月报调查本业之旺衰，与夫学术技能之直接间接可互换智识，裨益于本业者悉载诸报章，俾同业中人潜心研究以故其业日有进步，瞬息千里。回顾吾国同行必忌同业必妒，甚有不顾成本竟为害人害己之举，乌睹工业之能有进步得与世界各国相见于二十世纪工业场中，欤兹同人等结合团体第一目的。前除忌妒二字、各顾成本不为无意识之争夺，以其余力研究彩业印刷进步方法，不以劣等印刷迁就主顾。拟成规例，业经书业公所开特别会公决修正，兹将全稿印呈：

台览，赞同而无异议者即祈 签名盖印，限于 月 日送交书业公所，俾可集议实行日期，所有议决规例条列于左：

一、印刷种类不一，如铅印、钢、铜、锌、珂罗、雕镂、毛石、彩色、套印并专印书籍墨色石印等类名目本均属书业范围，惟照向来相沿之惯例得区别铅锌与珂罗套印及墨色等为三部分；

二、本规例系由彩印同业公同发起开会议决，以整理行规、联络团体，藉以互换智识、共求进步为主；

三、石印墨局如或间有红色面子书图单色仿帖等不在此范围之内，或有彩色套印及日后兼营彩印者皆须遵守此项条例互相实行；

四、如有新设及改组换立牌号经营彩印业者，愿来公所报告注册入行即认为同业得享同等权利；

五、印刷三部份每部须各推举代表一人或二人为公所职员，以便有事会议接洽；

六、彩印同业如有事集议或有要事皆可在公所开会，惟须依据公所现行规则之规定；

七、普通彩色套印价目公同议定，最低之实价计印额一千至二千者五元；三千至五千者，四元五角；五千以上者四元。如文凭、股票、钱钞票、地图，高等品不在此例。制版以十开为率，如一石内遇廿开以上须加制版费洋五角，五十开以上加洋一元，余类推；

八、每石内只许印一种样子，如有多种搭印者加画红粉工以花样计算，价值面议；

九、印阴文空壳字，用初等料或高等料印金色并特别满版金地等均面议；

十、月份牌用蜡纸双边一千以上一角九分，二千以上一角六分，五千以上一角半，一万以上一角三分半；

十一、木造道林纸单边一千以上一角六分五，二千以上一角四分，五千以上一角二分，一万以上一角零五；

十二、切工四开每万五角，十开以上四角，廿开以上三角，五十开以上二角五分；

十三、凡有印件垫用纸料按照市价酌加一成，因无论何等纸张均有坏破污损；

十四、主顾定货打样往往有价已论定，复往各家试询故意将价说少者，同业不察每为其破坏行规，凡吾同业均宜加意，务须互通声气，勿被所愚；

十五、凡遇向有交易之主顾，或因账款瓜葛就改就他家者，吾同业先询明原因，并须账款清楚方可承接；

十六、如有违犯本规例，一经调查确实者，须将所得印资（除纸张外）如数交出，以一半为调查报告人酬劳，一半为公所公益之费；

十七、本规例如有未尽善处，务请同业诸君详细开示，俾可公决修正。

民国四年七月　日

附录：书业公所创立经过略记（叶九如）

上海一隅，未开埠之前团体甚鲜少，我书握灌输学术、促进文化之枢纽，责职之重要，固非他业可比，理应领导各业。

先上海我业此时，只有数家营业之隆盛，均在苏州省城，清初康熙七年间，曾建有崇德书院在北利三图汪家坟地方供奉梓潼帝君，为同业订正书籍，讨论删原之所。逢春秋两祭，如逢异乡伙友病故在苏无力收拾，由院中代为埋葬狮子山书业塚地善举等事项。年深月久，该院被毁荒蔓，难以修葺。同治十三年，同业各家自愿捐资重建，在北利四图石幢弄内，购得新地基重行建造，为书业崇德堂公所。此事由扫叶山房王楼生、席孟则，小酉山房主人布政使衔前甘肃巩秦阶道，金国琛及文童生、吴寿朋等发起议定所章，具禀县治批准。勒碑举办善举及惜字会等事。其时太平天国革命，扫叶山房、文瑞楼、醉六堂、抱芳阁先后在沪营业之下，书业各店日见增多，交涉繁多；朱槐卢、卫甫堂、吴申甫、张金城等在同芳茶居茶叙议同业非团结不可，议得同业章程数则，每逢春秋二季，暂假邑庙内之文昌殿，邀集同业代表，拈香一叙，并讨论业中事宜。

至光绪十二年，朱槐卢、卫甫堂等提议建立公所，非开特别捐不可，共发出自愿任捐据三十八币，计捐得大洋七佰拾元，规银三百两，第一、十四、十七、廿一、廿五、廿六、卅一、卅七、卅八等九币未愿交来，如一号之同文书院主人富有虹口地产，不愿捐助现金，只愿需用地皮若干可捐，必须公所建立在虹口，当初该处荒辟，亦无电车，同业众皆不赞成作罢论。即将捐下之款，由朱槐卢、扫叶山房、卫甫堂、翼化堂主人等十四人经手，购得朱锡钧自产在城二十五保五图得字圩七十二铺，新北门内障川路北香花桥北首坐北朝南内外楼平屋一所共计十二间、天井两方并随屋基地三分七厘四毫，计分卖契、杜契、添加契、绝卖契、叹契、代笔契尾等，计价壹仟五佰十八元，中金图保等另外付洋不在此内。

计开：坐落二十五保五图得字圩七十号十二铺，新北门内障川路北香花桥北首朝东坐西，平房外墙门壹间，出路内巷一条，内进坐北朝南正屋楼三开三上下，对照中房三间，后披平房二间，前后天井二方，瓦井壹口，坑厕一座，太平后门止积善寺界，东至张姓墙脚为界；南至谢姓墙脚为界；西至积善寺为界；北至唐姓墙脚为界。原契抄下。又批四址：东至出门大街、南至谢姓、西至谢姓、北至周姓为界。以上房屋基地买下之后，大加修茸、添瓦添砖油漆等及付中金等费了四五佰元，所收捐款不敷所支。朱槐卢商之扫叶股东谢桂生所开允章绸缎店借洋壹仟元，后来此款印了一种加批本四书味根录，积山书局承印，同业分销，在余金拨还了借款。买下之屋理应设所，因为经常费困难再捐，同业集议讨论，将此屋先以出租，收下之房金，积数有资，再行建设。每年春秋常会仍假文昌殿。同业日常之事，丁酉间在四马路望平街西北转角处有乐心楼茶馆，每天下午每家的经理人到馆坐谈，讨论出版发行等事，后至铅石印书名目繁多，发起书籍兑换，臂似，甲方有一书三百页六开本合五十石，乙方书只有壹佰五十页六开本合二十五石，以二部兑换一部，以此类推，必须分明冷热门货等。分别木版书以批价纸张分别论之。是年后来由鸿宝斋发行所经理沈静安、宏文阁葛宜卿店东等发起在三马路鼎新里赁屋，重立书业公所筹备处，乐心楼茶会即移此处，捐款议章等，不妥未及二年中断。

在甲辰年间，育文书局主夏毓芝在英界公廨交涉事，交保，须要书业团体夏商之申报馆席子佩，重创书业公所。席嘱叶某设法作速召集同业筹备处办法，及请前公所之旧办事人一并邀请，当即在南京路蒙学报馆开会数次。参考旧章讨论所章，以联络商情、维持公益、保护同业新出图书为旨及兴办善举等，选举董事、评议董、会计、干事，选得席子佩、陈润夫、夏瑞方为正副董事。赁租小花园口洋房一所，为书业崇德堂公所临时办事处。道署、总商会备案，开同业月捐置办一切家具及开会用必须之品，备有生财账册，当时推宝善斋吴省吾为会计。后来改选鸿宝斋邬仁甫为会计。所收月捐入不敷出，开会提议，朱槐卢经手之存款，计大洋壹仟贰百元，光绪甲辰已移交文渊山房黄熙庭接管保存生息。至丙午存有壹仟五佰余元，席董致函朱黄二君，事后即将存款等件由朱槐卢亲自送到申报馆席子佩亲手收下。该款即交会计收入，以备支用及添配家俱。未几月捐日见收下不足乃入不敷出，捐款存款用罄之下，席董月垫数百元，且同业交涉频繁，席董一再辞职，致公所又将有中断之势，欲持久而经济最为困难。叶九如在点石斋发行经理时，自己置有红雪轩官商快览书版底一副，印过初版一次，彼发起将自置快览首先归入公所，一再开会劝导同业中有快览底者，一概归入公所。每年由书业公所重行编辑印刷，批交同业发行，每本公所只提大洋二分，以维持书业公所团结进行各事。除二分外，余多利润，归该官商快览，十九副书底作十九股分派。此事归文瑞楼华、周二君经办。提的二分计数划交会计，余款每次至翌年三月派交十九股，收据向文瑞楼取款，叶某之书底始终不取利润。

公所在小花园租赁洋房，房价需大洋百余元，加之季捐。如不节约，叶九如与周蔼如、魏炳荣、赵清澄、吴幼甫、荣少甫、丁云亭、徐鹤林、徐鸿云及会计邬仁甫一再商讨，城内旧屋租出只收每月二十元余，租金比较之下相差甚远，以持久办法，将租户贴迁费令其搬出，小花园办事处取消，迁入城内办公，况墙已拆去，较前方便。开会议决，民癸丑迁入新北门内障川路旧基，大加修茸，装设一切，另辟会议室，请张季直写书业公所匾额，同业均赠贺件如：商务印书馆、扫叶南北号、中国图书公司、中华、广益、鸿宝斋、鸿文、锦章、校经山房、文宝、天宝、章福记、尚古山房、千顷堂、会文堂、文瑞楼、国华、昌明等不亚百数家，再加个人及钉作坊，物件一一列入账册。兹再重议所章，重行选举，票一百三十余封，选得商务印书馆高凤池为正董，副董为中华图书馆叶九如、锦章书局许锦明二人，当选候补正董俞仲远，候补副董陈咏和、陈立炎，会计邬仁甫，评议董魏炳荣、周蔼如、周鉴声、吴省吾、吴幼甫、陈鉴堂、阙念桥、丁云亭、裘丽生、赵清澄、黄伯龄等十五人。所有书业公所、崇德堂重创以来至改组公会移交止，二十余年中办理同业互相翻版及一切交涉，调解息讼共千数百件，均有议案。

至另外经过事实，再大略述于后：

光绪甲申（一八八四），奉令办同业振款，由扫叶山房朱槐卢等全之下茶叙助捐，如顺宜山东之水灾，湖南徐海之灾，振助捐款，如此之后，始有发起公所。

民己未（一九一九），发生邮电加价之令，此时大权全在上海镇守使何礼林，驻在城南铁厂，我业联络日报公会商讨办法，一方面我们书业商会代表王显华、王竹亭、赵廉人，书业公所叶九如、周蔼如、周钟麟、丁云亭拜访何礼林镇守使，面商取消。

民戊午（一九一八），教育部咨开取消旧历，改用新历事。同业致电该部，以阴阳历对照合用，并通知同业出版历书以及彩印局月份牌一律改用对照合历。

戊午（一九一八）春，同业出版发售预约券时失信用，外间评论有烦言，有关同业名誉，开会致函同业，纠正勿失信用。

戊午（一九一八）夏，淞沪警察厅颁取缔印刷办法十六条，束缚箝制之，与部颁之出版法违背，万难遵守，联络书报公会致电北京内务部，迅电该厅废止。

己未（一九一九）二月，钉书作坊罢工，扩大邀请该坊之为首者来到公所讨论，以钱码改作洋码，加洋一角和平解决。

己未（一九一九）夏间，抵制日货，公所开会推定调查员八人。备有所章，至印局店号内调查账册，确有事实者以抵定章办法毁消或罚款。

各省客帮与同业往来，切以批价而结账时往往九折八扣不等，再以付银以七钱作大洋壹元。议得一律，但批价核正，登报声明，并通函各省同业团体，以固血本。

海关书籍加税，但海关向无税则，一再争执，乃古旧书籍以值百抽五纳税，余种书籍图画、有关教育一律免税。

辛酉（一九二一）春，公共租界工部局开年会，修正附律。取缔印刷向工部局领照一事，事关报纸、杂志、雕刻、石印、印刷出版等关系我业前途非常重要，书业商会与本公所叠次开会讨论，理应联络报界日报公会，集合书报联合会，该会设在南京路福和烟公司楼上。书业代表王显华、陆费伯鸿，书业公所代表魏炳荣、叶九如，报界代表史量才、汪汉溪，本公所讨论时，高正董发表或用西文信送交中西各报馆评论，先以送办法入手。六月二十七日，中西各报纸发行人集会组织了发行人联合会，专为其权利的保护，以抵制工部局之附律，为本会之宗旨。再筹备款印中西文之利害文字之印刷品分散各处，全上海纳税西人有所觉悟，后来此事未曾通过，结果每团体只各费了数百元费用。

民己未（一九一九），由裘丽生后来文明书局经理发起书业应办善举，自己拟有草章呈之公所，评议董丁云亭、阙念桥愿负此召集同业开会讨论，丁君发言捐同业特捐，开办先以医药枢入手办理，以助困苦伙友，后来印了一种事类统编，分派同业，余洋购得闸北地一方，此事清册中载明。定名书业公会，余再推举王显华、阙念桥、魏炳荣、丁云亭、裘丽生、周蔼如等十余人为会员，王显华发言该附在公所中办理，事权另为一组，以节省开支，医药二事商之城内石皮巷中医院，逢事至医院，由文瑞楼周君处领取条子，设要领枢，报告确实，亦到文瑞楼取条至材栈领取嘱送。

壬戌（一九二二），严禁淫书，本公所办有书业正心团，以正风化，开会通同业一律禁止印行。有愿将书底送到公所消毁，无力者以书底送所，给价消毁，兹将黄色书茬名列后：

《红楼梦》章福记；《快活》《女学生秘密记》《帘外桃花记》世界书局；《小姊妹秘史》交通图书馆；《玉楼春》《贪欢报》海左书局；《隔帘桃花记》群学社；《瑶台传》《苦尽甘来》《株林外野史》五洲书局；《绢榻野史》练石斋；《家庭黑幕》石新；《风流皇帝》东亚书局；《国色天香》《鸳鸯梦》文元书局；《五续今古》《隋炀艳史》《葛琴生》文元书局二家；《武则天外传》张百川；《留东外史》申报馆；《野草花》国华；《野叟曝言》李锦文；《无底洞》蒋春记；《素姊妹》锦章书局；《夹竹桃》泰东；《此中人语》新民书局；《金瓶梅前后集》殷阿三；《桃花庵》《醒世录》阿毛；《牡丹斋》《三世报》《疯婆子》《灯草和尚》《法海奇缘》《风流奇谈》阿毛。后来江苏省教育厅长蒋维乔奖匾额"正本清源"四字。

己巳年（一九二九），创办私立书业崇俭小学校，依照法令施行完全小学校。设在本公所屋内，教育部及厅立案。所有基本金由书业公所改组为公会结速时有余存款大洋九千余元，由会计处划洋五千元为基金，学生纳费初级四元、高级六元、同业中减半，推举校董魏炳荣、王松亮、马庸生、丁云亭、叶九如、邬仁甫、周葛如、王淡如等。

宣统二年（一九一〇）秋，由赵清澄、丁云亭发起书业首先创单位书业商团，以应孙中山先生种族革命。辛亥春成立，报名合格团员一百二十名，聘请教练三位，推举名誉会长席子佩、陈炎夫、夏瑞芳，正副会长陈詠和、叶九如、沈芝方，邀请同业各经理并各业公所及邀请道县厅，五月十三日在南市沪军行营操场举行开操典礼，观礼。至九月十三日光复上海收制造局，后来团员中加入各省联军，至南京攻紫金山克天保城，张勋逃走南京，完全光复。

民三年（一九一四），袁洪宪令解散我们团体，而取消团员及办事处结束，各归营业本位，不问政治。

民十九年（一九三〇），书业公所改组公会之下，将书业公所之基屋契据、屋中生财家具及学校一应等件并存款鸿宝斋会计折——如交造具清册壹册，检××日在四马路大西洋菜馆午叙移交。公会代表五人章锡深等，公所代表五人叶九如等，均各签字点交当初公会主席王云五。

书业商会乙巳（一九〇五）间创立，发起人夏清贻、俞仲远、席子佩、夏瑞方、陆费伯鸿、丁云轩、赵廉人、吴秋平等十余人。先在胡家宅文明小学会议十数次，方克成立，即移至望平街。举俞仲远为正董，副董夏颂来、席子佩，余事不详。

（1953年1月9日）

上海书业商会

上海书业商会最初章程

1905年（光绪三十一年）

第一章 总纲

第一条 本会系上海书业同人公同设立，命名上海书业商会。

第二条 本会以联络商情、维持公益为宗旨。

第三条 本会暂以公共租界三马路望平街三层楼洋房为会所。

第二章 办法

第四条 本会依第二条宗旨，目下兴办事件如左：

甲、遵照著作权律维持版权；

乙、联络会内会外及他处同业；

丙、谋同业之公共利益。

第五条 本会于成立之后即呈各官厅，均蒙批奖立案。

第六条 本会应办之事甚多，以后视力所及逐渐推广。

第三章 会员

第七条 本会会员须具有左列之资格：

甲、书店、印刷处、仪器、文具店之全权代表人；

乙、该店照章缴纳捐款；

丙、本国籍（如该店系洋商，其全权代表仍须本国人，否则本会不能承认。本国人入他国籍者亦然）；

丁、各家代表其到会之时，须认有该店全权之资格。

第八条 本会会员应担负左列之义务：

甲、担任本会之经济；

乙、尽识见所及筹议本会之事务；

丙、如被举为职员应尽力其职务。

第九条 本会会员应享受之权利：

甲、决议权及选举权；

乙、被选举为职员；

丙、会员有交涉，如系理直，本会当助其伸理，或需担保亦应随时酌助，惟理曲或涉嫌疑，本会不便干预者不在此例；

丁、有人侵及该店著作权关系重大、独力难了者，本会应助其办理。

第十条　新开之店可随时报告，由该店代表人签名簿上认纳月捐并缴入会费即可认为会员，旧店新入会或出会复入会者亦然。

第十一条　凡会员苟有意见不合之处自愿出会者，具函声明出会理由即可作为出会，惟捐款概不给还，已出会后不得与闻会事。

凡会员有违背会章、不缴月捐及犯不名誉之事，有损本会名誉者，本会提议公令出会，捐款亦不给还，亦不复得与闻会事。

第十二条　本会于各店执事及各著译家之表同情者均认为会友，除经济及议决权、选举权外，与会员一律待遇，亦可为推举职员。

第四章　职员

第十三条　本会应设正会董一员、副会董二员、评议员四员、会计一员、书记二员、干事四员，皆不支薪水；另雇用司事、杂役若干人，酌支薪水。

第十四条　正会董有对于会内综理全会事务、对于会外代表全会举动之责任。副会董有协助正会董之不逮之责任，如正会董因事不到，副会董有代行之责。

第十五条　评议员有评议事理、解决问题之责任，惟须会董认可、会员多数公决然后实行。

第十六条　会计员有筹度经济、综理出入之责任，惟特别用项须评议员认可、会董签字方可支付。

第十七条　书记员有掌理往来书信、记事、记言及草拟紧要文稿之责任，日常文件亦必由司事呈阅认可始可施行。

第十八条　干事员有承受会董许可实行各事务之责任，开会时并料理招待。

第十九条　司事若干人司银钱及笔札等事，惟非受会计员、书记员之许可，不能径自行事。杂役受各职员之指挥，服执役务。

第二十条　本会职员，凡会董、评议员皆投票选举，会计员、书记员、干事员由评议员推举、会董认可，司事需妥人荐引、经会董认可。

第二十一条　本会职员之资格选举者须本会会员，推举者须本会会员或会友，延用者则以其称职为度。

第二十二条　本会职员选举、推举者皆一年一任，任满另举，惟续被举者仍可连任。

第五章　经济

第二十三条　本会常年经费全恃月捐，每家自四元至三十元止，量力认定、按月缴纳。月捐如欲增减，于年终大会时声明。

第二十四条　本会如有特别用项，开临时会，经多数决议认为万不得已者，视其为数多寡，依月捐作比例摊派，或于多数认可后各自认捐。

第二十五条　新入会者应缴入会费五元。

第二十六条　房租、火食、薪水、工部捐、杂用等常费，由司事支付，月终由会计综核盖印。若特别费五元以上，须经会计及干事员认可，五十元以上须经会董认可。

第二十七条　本会银钱出纳，每月由会计员于下月第一次评议会报告，每年年终刊印报告册分送会内各店。

第六章 开会

第二十八条 本会开会分例会、临时会、职员会三种。例会每年四次，年会每年一次，临时会有特别事件必须全体决议者，临时定期举行，职员会无定期、遇有事件皆可随时柬邀开会。

第二十九条 每家只能有一代表人，各有一决议投票权。

第三十条 凡推举各职员除其本有代表权之人外，例会、临时会皆作为旁听，不能另有决议权，惟职员会不在此例。

第三十一条 年会改选职员，商议本年应办事件。

第三十二条 职员会除职员外，普通会员不必到会，到会亦只能旁听，无发言、决议之权。

第三十三条 会场规则另有专章。

第七章 杂则

第三十四条 右会章经多数认决后，其效用限一年，期内不能更改，若有应行提议之处，请说明理由，更定办法于年会公决之。

上海书业商会章程

1905年（光绪三十一年）

第一章 总纲

第一条 本会系上海书业同人公同设立，命名上海书业商会。

第二条 本会以联络商情、维持公益为宗旨。

第三条 本会暂以公共租界望平街外国坟山对面三层楼洋房为会所。

第二章 办法

第四条 本会依第二条宗旨，目下兴办事件如左：

甲 、维持版权（附件一）；

乙 、联络会内会外及他处同业；

丙 、发行月报以作机关（附件二）；

丁 、设立陈列所，罗列同业新出图书。

第五条 本会于成立后即呈请本埠总商会备案，并请会审公廨、上海道暨商部、学部各衙门一体立案，以维持久远。

第六条 本会应办之事甚多，以后视力所及逐渐推广。

第三章 会员

第七条 本会会员须具有下列之资格：

甲、书店、印刷处、仪器、文具店之全权代表人；

乙、该店照章缴纳捐款；

丙、本国籍（如该店系洋商，其全权代表仍须本国人，否则本会不能承认。本国人入他国籍者亦然）；

丁、各家代表人其到会之时，须认有该店全权之资格。

第八条 本会会员应担负左列之义务：

甲、担任本会之经济；

乙、尽识见所及筹议本会之事务；

丙、如被举为职员应尽力其职务。

第九条 本会会员应享受之权利：

甲、决议权及选举权；

乙、被选举为职员；

丙、出版之书于本会挂号，本会维持其版权，不另取费；

丁、会员有交涉，如系理直，本会当为之伸理，或需担保亦应随时酌助，惟理曲或涉嫌疑，本会不便干与者不在此例。

第十条 新开之店可随时报告，由该店代表人签名簿上认纳月捐并缴入会费即可认为会员，旧店在丙午正月入会及出会，复入者亦然。

第十一条 凡会员苟有意见不合之处自愿出会者，具函声明出会理由即可作为出会，惟捐款概不给还，已出会后不得与闻会事。

第十二条 凡会员有违背会章、不缴月捐及犯不名誉之事，有损本会体面者，本会可于月会提议公令出会，捐款亦不给还，亦不复得与闻会事。

第四章 职员

第十三条 本会应设正会董一员、副会董二员、评议员四员、会计一员、书记二员、干事四员，皆不支薪水；另雇用司事二人、杂役若干人，酌支薪水。

第十四条 正会董有对于会内综理全会事务，对于会外代表全会举动之责任。副会董有协助正会董之不逮之责任，如正会董因事不到，副会董有代行之责。

第十五条 评议员有评议事理、解决问题之责任，惟须会董认可，会员多数公决然后实行。

第十六条 会计有筹度经济、综理出入之责任，惟特别用项须评议员认可，会董签字方可支付。

第十七条 书记有掌理往来书信、记事、记言及草拟紧要文稿之责任，日常文件亦必由司事呈阅认可始可施行。

第十八条 干事员有承受会董许可实行各事务之责任，开会时并料理招待。

第十九条 司事二人，一司银钱，一司笔札，惟非受会计员、书记员之许可，不能迳自行事。杂役受各职员之指挥服执役务。

第二十条 本会职员，凡会董、评议员皆投票选举；会计员、书记员、干事员由评议员推举会董认可；司事需妥人荐引，经职员认可；杂役则由干事斟酌雇用。

第二十一条 本会职员之资格选举者须各店代表人，推举者须与本会有关系之人，荐引雇用者则以其称职为度。

第二十二条 本会职员选举、推举者皆一年一任，任满另举，惟续被举者仍可连任。

第五章 经济

第二十三条 本会常年经费全恃月捐，每家自四元至三十元止，量力认定，按月缴纳。月捐如欲增减，于年终大会时声明。

第二十四条　本会如有特别用项，开临时会，经多数决议认为万不得已者，视其为数多寡，依月捐作比例摊派，否则于多数认可后各自认捐。

第二十五条　丙午正月为始，入会者应缴入会费五元，未入本会而愿将所出图书来本会挂号者，应纳其定价十部之款作为版权税，该书即与入会各家之书一律享受维持利益（其详见附件一）。

第二十六条　房租、伙食、薪水、工部捐、杂用等常费，由司事支付，月终由会计综核盖印。若特别用费五圆以上，须经会计及干事员认可，五十圆以上须职员多数认可方可支付。

第二十七条　本会银钱出纳，每月由会计员于下月第一次评议会报告，每年年终由会董刊印报告册分送会内各店。

第六章　开会

第二十八条　本会开会分例会、临时会、职员会三种。例会又分年会、月会二种：年会每年二次，于年终及新正举行；月会于每月第一礼拜一举行。临时会有特别事件必须全体决议者，临时定期举行。职员会无定期。除例会、临时会之前举行外，凡遇有事件皆可随时柬邀开会。

第二十九条　每家只能有一代表人，各有一决议投票权。

第三十条　凡推举各职员除其本有代表权之人外，例会、临时会皆作为旁听，不能另有决议权，惟职员会不在此例。

第三十一条　年终年会改选职员稽查本年情形，新正年会则商议本年应办事件。

第三十二条　职员会除职员外，普通会员不必到会，到会亦只能旁听，无发言、决议之权。

第三十三条　会场规则另有专章。

第七章　杂则

第三十四条　右会章经多数认决后，其效用限一年，期内不能更改，若有应行提议之处，请说明理由，更定办法于年终年会前交司事登记簿记存，俟新评议员研究之后，于新正年会公决再议改良。

第三十五条　职员办事规则及各专章作为附件，可随时改良。

附件二则。

附件一：

版权章程

第一章　总纲

第一条　本会谨遵上谕并参酌东西洋出版通例，合力组织以维持版权。

第二条　本会版权规则暂就目下情形酌定，一俟商部版权律颁出即行遵照改订。

第三条　商部版权律未颁之前，本会悉照现定规则施行，惟仍呈经商部、学部、南洋大臣、上海道立案。

第二章　承认

第四条　凡在本会注册之书，须经本会承认。其承认之资格如左：

甲、确系自行著译、编辑，无抄袭、影射、改头换面情事；

乙、无悖逆情事；

丙、无挟私攻讦，败坏社会情事；

丁、戊戌以后出版者或戊戌以前有成案者。

第五条　凡愿来注册之书，须于每月二十五日以前，将该书二本送交本会司事掣取收条，待评议员议决，无论认可与否，均于下月初五披露，如经承认，当给与执据为凭。

第六条　会内各家注册不取费，著作权所有之书、出版之家若在会内者，注册亦不取费，会外人所印之书来会注册，须纳其定价十部之代价，寄售处所不得代表。

第七条　已注册之书，本会当维持其版权，如有人翻印，本会应助其伸理。

第三章　维持

第八条　会内同业已注册之书，同会者不得翻印，如违照第四章议罚。

第九条　凡已注册之书，会外如有人翻印，同会各家应合力稽查，协助交涉，本会亦当助其禀官罚办。

第十条　凡已注册之书，无论会内会外，本会视同一律，惟遇有翻印之事，若出版之家自不出面，本会不能独力干涉。

第十一条　凡未注册之书，无论会内会外，本会概不与闻，惟会内人倘因翻印会外之书与会外人涉讼，同会者亦无协助之责任。

第十二条　如他人翻会内之书、委托会内各家印刷发行者，被委托者应将该书及翻印者姓名告知本会，并将该书交出，并却其委托，否则与翻印者分别受罚，惟如改头换面而承印发行者并不知情，应公议免罚。

第四章　侵害之罚

第十三条　凡已注册之书，若同会翻印查出确据者应开会公议，除将所翻之书全数充公焚毁外，并斟酌议罚。

第十四条　会内各家凡翻印本会注册之书至二次以上，除将所翻之书全数充公焚毁，照第一次加倍议罚及公令出会外，并与之断绝往来。

第十五条　会外翻印本会已注册之书本会应协助被翻者交涉一切，如经涉讼本会亦助其伸理。

第五章　杂则

第十六条　此章从呈请立案之日起即行切实施行。

第十七条　此章如有未妥之处，可随时修改，惟不得背总章所订办法。

附件二：

图书月报章程

第一章　总纲

第一条　本报为本会机关以谋同业之发达，促学界之进化为宗旨。

第二条　本报内容纯依第一条宗旨办法，凡臧否人物、评议时事皆所戒绝于出版物，无论会内外不置褒贬。

第二章 体例

第三条 本报依第一条宗旨应设门类如左：

一、社说 专论述有益本业之事理；

二、出版界 译录本国外国出版界近事；

三、发明界 译录本国、外国新发明之印刷、雕刻、教育、制造等法；

四、教育界 译录本国外、国教育上之事务理论；

五、本会纪事 专纪本会近事；

六、谭丛 撰译精简文字以合第一条宗旨为主；

七、杂俎 撰译有关本业之有趣文字；

八、杂录 凡无类可归者隶之；

九、调查 本国、外国出版、发明、学校、阅书报处等之调查；

十、广告。

第四条 每期除广告外，洋装十页乃至二十页，各门虽不能悉备，然至少必有四门以上。

第三章 办法

第五条 本报暂不延撰述即由会员之识见明通、长于文学者分门担任，另请校对一员专理校对及各杂务。

第六条 本报每期以三成分酬担任撰译各会员，视其稿件字数多寡分送（另有分送表）公举掌理之干事亦酬以报。

第七条 本报印刷发行分送一切事务，即由会中干事员掌理。

第八条 广告每洋装一页，取费四元，会内各家六折。

第九条 广告如有自行印就交本报附订者，会外照五折收费，会内二折收费（惟版圈尺寸须照本报一律）。

第四章 发行

第十条 本报每月一册，零售每册一角，每年二次临时增刊，售价临时酌定。

第十一条 会内各家依月捐作比例分送每家四本至三十本止，如欲逾于分送之数，仍照章取价。

第十二条 本报批发五本八折，三十本七折，百本六折，一概零售不订全年。

第十三条 凡各地学务处、学会、中学以上之学堂以及阅书报处，皆常年赠送一份，不取报资。

上海书业商会章程

1916年（民国五年）

第一章 总纲

第一条 本会系上海书业同人公同设立，命名上海书业商会。

第二条 本会以联络同业感情、维持同业公益为宗旨。

第二章　办法

第三条　本会依第二条宗旨，目下兴办事件如左：

甲、遵照著作权法维持版权；

乙、联络会内会外及他处同业，并于各省会及商埠设立分会；

丙、为同业谋利益、除损害；

丁、设立陈列所，罗列同业出版图书，以资来宾观览及教育家之参考；

戊、编辑图书总目录及图书月报。

第三章　会员

第四条　本会会员分为四种，如左：

甲种会员　书店、印刷处、仪器文具店之全权代表，照章缴纳月捐者；

乙种会员　前条各店有两权以上，分畀该店职员出席本会者；

丙种会员　个人营著作出版，愿入本会者；

丁种会员　由甲种会员在该店职员中推举赞襄本会及曾为本会职员者。

第五条　本会会员应担负左列之义务：

甲、甲种会员有代表该店担任本会经济之义务；

乙、尽识见所及筹议本会之事务；

丙、如被举为职员，应尽力其职务。

第六条　本会会员应享受之权利：

甲、甲乙种会员均有议决权及选举权；

乙、被选举为职员，甲种会员有被选举为会董及以下各职员之权；乙种会员有被选举为评议员及以下各职员之权；丙丁两种会员有被举为干事员之权；

丙、各会员向农商部、内务部注册或呈请教育部审定，本会均可代办，除应有费用外不另取费；

丁、会员有交涉，如系理直，本会当助其伸理，或需担保亦应随时代为设法，惟理由不充足或迹涉嫌疑，本会不便于闻者不在此例；

戊、有人侵及入会各店之著作权，可由本会公同评判施行，如被告不服评判或关系重大独力难了者，本会应助其办理。

第七条　凡同业各店愿入会者，由该店代表人具函报告，认纳月捐并缴入会费，即可认为会员，出会复入者亦然。

丙种会员愿入会者，须甲种会员介绍，并缴入会费及年费。

第八条　凡会员苟有意见不合之处自愿出会者，具函声明出会理由，即可作为出会，惟捐款概不给还，已出会后不得与闻会事。

第九条　凡会员有违背会章、不缴月捐及犯不名誉之事，有损本会名誉者，本会可于会议时提议公令出会，捐款亦不给还，亦不复得享受会中权利。

第四章　职员

第十条　本会应设职员如左：

正会董一人；

副会董二人；

评议员六人；

干事员十六人。

干事中之一人常川驻会，并雇用司事、使役若干人，酌支薪水，其余均不支薪水及公费。

第十一条 正会董有对于会内综理全会事务，对于会外代表全会举动之责任。副会董有协助正会董之责任，如正会董因事不到，副会董有代行之责。

第十二条 评议员评议一切重要事务。

第十三条 干事员分部治事，由会董指定支配。

第十四条 对外文件须会董签名或盖印方生效力。

第十五条 驻会干事员督率司事、使役等办理各事。

第十六条 本会职员凡会董、评议员皆投票选举，干事员由评议会推举，司事须妥人荐引，经会董认可，使役则由干事员斟酌雇用。

第十七条 评议会议决本会兴革事项，由会董酌交干事员执行，干事会议决各事执行手续。

第十八条 本会开会时，正副会董有特别事故或他往，均不到会，如未经会董委任主席者，临时由全体会员公推一人为临时主席。

第十九条 本会职员选举推举者，皆一年一任，任满另举，惟续被举者，仍可连任。

第五章 经济

第二十条 本会常年经费以月捐充之，视各家自报资本之大小作比例，愿多认者听便。

第二十一条 月捐资本大小规定如左：

甲、资本未满一万元者月捐二元；

乙、资本满一万元者月捐三元；

丙、资本满二万元者月捐四元；

丁、资本满五万元者月捐七元；

戊、资本满十万元者月捐十元；

己、资本满二十万元者月捐十五元；

庚、资本满五十万元者月捐二十元；

辛、资本满一百万元者月捐二十五元；

壬、资本满一百五十万元者月捐三十元；

癸、资本满二百万元者月捐三十五元；

子、资本满二百五十万元者月捐四十元；

丑、资本满三百万元者月捐五十元。

第二十二条 一家月捐由两机关出者，权数乃并算，但如何支配，听其自便。

第二十三条 一家有两权以上者，或依权数出代表人，或由一代表人执行数权，均无不可。

第二十四条 新入会者应缴入会费五元。

第二十五条 丙种会员新入会者，应缴入会费二元，以后每年纳年捐二元。

第二十六条 经常费由驻会干事员照章支付，月终由会计干事员综核盖印，若特别用费十元以上须经会董认可，方可支付。

第二十七条 本会除经常费外，凡遇特别必需之款，由各家临时捐助，或自认或照月捐滩派。

第二十八条 本会银钱出纳，每年年终刊印报告清册，分送在会各店以昭信实。

第六章 集会

第二十九条 本会开会分例会、临时会、职员会三种。例会又分年会、季会两种：年会每年一次，于年终举行；季会于正、四、七、十等月择日举行。临时会有特别事件必须全体议决者，临时定期举行。职员会无定期，凡遇有事件皆可随时柬邀开会。

第三十条 例会、临时会，甲乙种会员有议决投票权，丙丁种会员虽可发言，但无议决权。

第三十一条 议决权、选举权之规定如左：

甲、纳甲乙丙三级月捐者各有一权；

乙、纳丁戊二级月捐者各有二权；

丙、纳己级月捐者有三权；

丁、纳庚级月捐者有四权；

戊、纳辛级月捐者有五权；

己、纳壬级月捐者有六权；

庚、纳癸级月捐者有七权；

辛、纳子级月捐者有八权；

壬、纳丑级月捐者有十权。

第三十二条 职员会除职员外，普通会员不必到会。若到会，无发言议决之权。

第三十三条 年终年会改选职员、稽查本年情形，季会则商议一切应办事件。

第三十四条 开会时所议各事，均记入议事簿，由主席签字交干事员执行。

第三十五条 凡例会、临时会、职员会、评议会、干事会，皆以会董为主席，决事以多数为准，倘可否权数相同时，主席得加一权决定之。

第三十六条 会场规则另订之。

第七章 选举

第三十七条 选举会董及评议员规则如左：

每家同时投选举票九枚，每票举一人，正会董一票，副会董二票，评议员六票；

所举之人须各为一人，不得重复，不合格者作为无效；

举者不得自举；

举者应将己名填在举者二字之下，并盖本店图章；

选举票限定日期封固，送投本会，逾限不投到即作为放弃选举权，届时开会拆封宣布。

第三十八条 选举投票之结果以最多数当选，如评议员票数最多者已当选为正副会董，即以次多数补评议员。

第三十九条 当选正副会董外得以最多数者一人为候补会董，当选评议员六人外得以次多数者二人为候补评议员，以备推补。

第八章 附则

第四十条 右会章经多数认决后，其效用限一年，期内不能更改，若有应行提议之处，应将修改事项具理由书送交本会，于年终印送各会员研究，于大会公决施行。

上海书业商会现行章程

1924年（民国十三年）

第一章 总纲

第一条 本会由上海书业同人组织，定名上海书业商会。

第二条 本会以联络同业感情、维护同业公益为宗旨。

第二章 事业

第三条 本会事业之大纲如左：

甲、遵照著作权法维持版权；

乙、联络会内外及他处同业，并于各省会及商埠设立分会；

丙、为同业谋利益、除损害；

丁、设立陈列所，罗列同业出版图书，以资来宾观览及教育家之参考；

戊、编辑图书总目录及图书月报；

己、各会员以其商店或出版物向农商部、内务部注册或呈请教育部审定，本会均可代办，除应有费用外不另取费；

庚、会员有交涉，如系理直，本会当助其伸理，或需取保亦应随时代为设法，惟理由不充足或迹涉嫌疑，本会不便与闻者不在此例；

辛、有人侵及入会各店之著作权，可由本会公同评判，如被告不服评判或其案关系重大、非会员独力能了者，本会应助其处理。

第三章 会员

第四条 本会会员分为四种如左：

甲种会员，缴纳本会月捐之出版业、印刷业及教育用品业各商店之全权代表；

乙种会员，前条各店有出席权之店员；

丙种会员，个人有著作出版，愿入本会者；

丁种会员，由甲种会员在该店职员中推举赞襄本会一切事务及曾为本会职员者。

第五条 本会会员应担负左列之义务：

甲、有筹议本会事务之义务；

乙、有被举为职员之义务；

丙、甲种会员兼有代表该店担任本会经济之义务。

第六条 本会会员应享受之权利：

甲、甲乙种会员均有议决权及选举权；

乙、甲种会员得被选举为会董及会董以下各职员，乙种会员得被选举为评议员及评议员以下各职员，丙丁两种会员得被举为干事员。

第七条 凡同业各店愿入会者，由该店代表人具函报告，认纳月捐并缴入会费，方可认为会员，出会复入者亦然。

丙种会员愿入会者须甲种会员介绍并缴入会费及年费。

第八条　会员苟因意见不合自愿出会者，具函声明出会理由，即可作为出会，惟捐款概不给还，出会后即不得与闻会事。

第九条　会员有违背会章、不缴月捐及其行为有损本会名誉者，本会可于会议时提议请其出会，捐款亦不给还，嗣后即不得享受会中权利。

第四章　职员

第十条　本会应设职员如左：

正会董一人，副会董二人，评议员六人，干事员十八人。

干事中推举一人常川驻会，并雇用司事、使役若干人，酌支薪水，其余职员均不支给薪水及公费。

第十一条　正会董有对内综理全会事务、对外代表全会之责任。副会董协助正会董处理会务，正会董因事不到会，其职务由副会董代行之。

第十二条　评议员评议一切重要事务。

第十三条　干事员分部治事，由会董指定支配。

第十四条　对外文件须会董签名或盖印方生效力。

第十五条　驻会干事员受会董指挥，督率司事、使役等办理各事。

第十六条　本会会董、评议员由甲、乙两种会员投票选举之，干事员由评议会推举之，司事由妥人引荐、经会董认可聘用之，使役则由驻会干事员斟酌雇用。

第十七条　评议会议决本会兴革事项，由会董酌交干事员执行之。

第十八条　本会开会，正、副会董有特别事故或他往，均不到会而未经会董委任主席时，临时由到会会员公推评议员一人为临时主席。

第十九条　本会职员一年一任，任满另举，继续被举者得连任。

第五章　经济

第二十条　本会常年经费以月捐充之，视各家自报资本之多寡作比例，愿多认者听便。

第二十一条　月捐照资本多寡规定如左：

甲、资本未满一万元者月捐二元；

乙、资本满一万元者月捐三元；

丙、资本满二万元者月捐五元；

丁、资本满五万元者月捐七元；

戊、资本满十万元者月捐十元；

己、资本满二十万元者月捐十五元；

庚、资本满五十万元者月捐二十元；

辛、资本满一百万元者月捐三十元；

壬、资本满一百五十万元者月捐四十元；

癸、资本满二百万元者月捐五十元；

子、资本满三百万元者月捐六十元；

丑、资本满四百万元者月捐七十元；

寅、资本满五百万元者月捐八十元。以下类推。

第二十二条　一家月捐由两机关合出者仍作一家论。

第二十三条　一家有两权以上者，或依权数分派代表人、或由代表一人执行数权，均无不可，权数多少以纳捐数目为比例。

第二十四条　新入会者应缴入会费五元。

第二十五条　丙种会员新入会者，应缴入会费二元，以后每年纳年捐二元。

第二十六条　经常费由驻会干事员照章支付，月终由会计干事员综核盖印，特别用费数目在十元以上者须经会董认可，方可支付。

第二十七条　本会除经常费外，凡遇特别用款，由各家临时捐助之，数目多寡或由各家自认或照月捐摊派。

第二十八条　本会银钱出纳，每年年终刊印报告清册，分送在会各店以昭信实。

第六章　集会

第二十九条　本会开会分例会、临时会、职员会三种：

甲、例会分年会、季会两种，年会每年一次于年终举行之，季会于正、四、七、十等月由会董择日举行之。

乙、本会遇有特别事件必须全体议决者，由会董定期召集临时会讨论之。

丙、职员会无定期，由会董或驻会干事随时召集之。

第三十条　例会、临时会，甲乙种会员有议决投票权，丙、丁种会员虽可发言但无议决权。

第三十一条　议决权、选举权之规定如左：

甲、纳甲乙丙三级月捐者各有一权；

乙、纳丁戊二级月捐者各有二权；

丙、纳己级月捐者有三权；

丁、纳庚级月捐者有四权；

戊、纳辛级月捐者有五权；

己、纳壬级月捐者有六权；

庚、纳癸级月捐者有七权；

辛、纳子级月捐者有八权；

壬、纳丑级月捐者有九权；

癸、纳寅级月捐者有十权。

第三十二条　职员会除职员外，普通会员不必到会，如到会旁听，无发言及议决之权。

第三十三条　年会举行改选职员、稽考本年成绩，季会则商议一切应办事件。

第三十四条　开会时议决各事，均记入议事簿，由主席签字酌交干事员执行。

第三十五条　凡例会、临时会、职员会、评议会、干事会，皆以会董为主席，决事以多数为准，倘可否权数相同则由主席决定之。

第三十六条　会场规则另订之。

第七章　选举

第三十七条　选举规则如左：

一、每家同时投选举票九枚，每票举一人，正会董一票，副会董二票，评议员六票。

二、所举之人须各为一人，不得重复，不合格者作为无效。

三、举者不得自举。

四、举者应将己名填在举者二字之下并盖本店图章。

五、选举票限定日期封固，送投本会，逾限不投到即作为放弃选举权，届时开会拆封宣布。

第三十八条　会董及评议员，由甲乙两种会员用记名投票法选举，以最多数当选。

甲、选举会董及评议员，应先期二日由本会将印就之选举票分送有选举权之会员，会董三票、评议员六票，由各会员自行填注被选人姓名，封固送投本会，其填注不合格式者作为无效；

乙、每票只举一人；

丙、各票应各举一人，不得重复；

丁、投票者不得自举；

戊、投票者应将己名填在举者二字之下并盖本店图章；

己、选举票限定日期封固送投本会，逾限不投到即作为放弃选举权，届期开会拆封宣布。

第三十九条　投票选择之结果以最多数当选正、副会董，除当选者外，得以次多数者三人为候补会董。评议员除当选者外，得以次多数者六人为候补评议员，以备递补。被举之票数或权数相同者，用掣签法定之。

第八章　附则

第四十条　本章程如有提议修改之处，会员应具理由书送交本会，由本会印送各会员研究，于年会时提出公决之。

附录：本会二十周年大事记

（一）书业商会十年概况

一　发起

我国之有书业，远在五代之交，殆已千余年矣。庚子以还，兴办学校，教科用书、著译图籍有日兴月盛之观。于是，版权生焉，书业商会之设，盖保同业之版权，为同业谋幸福。成立以来，功效昭著，始于乙巳之秋。迄今业已十稔，兹将经过事实，略胪陈之。

此事之发起，由俞仲还、夏颂莱、席子佩、夏粹方、陆费伯鸿、赵连人、楼卓儒、丁云轩、应季审、吴秋坪等十余人，先在胡家宅文明小学堂会议十余次，方克成立。会章由陆费伯鸿君起草，会所择定上海公共租界望平街。举俞仲还君为会董，夏颂莱、席子佩二君为副会董，何澄一、陆费伯鸿、楼卓儒、夏粹方四君为评议员。旋在农工商部、学部、地方官厅、商务总会立案注册。

二　维持版权

版权之事，我国向不知尊重，贪利者流，往往剿袭成书、冒仿翻刻、恬不知耻。本会成立，力主维持，凡遇翻版事件，靡不调查确实，剖别真伪，劝戒兼施，主张公道，社会上始知版权受法律保护。懔然罔敢侵害，书业因而大进，未始非本会维持之功焉。爰志各案如左：

琐案

从前翻版之案，层见叠出，推原其故，半由不谙法律，无知误为。半由利令智昏，有心侵犯。本会查办此种案件不下数十起，或经权利人申诉或由本会访查。凡理一案，必须调集确据，酌量情节重轻，施以相当之惩戒。其有怙过不悛者，则公议示罚，并将其翻版事实禀请会审公廨立案，务令受者甘服，闻者足戒，亦有误被牵累者，本会查明亦即代为申剖。如光绪三十二年十二月间，乐群书局因受山西书业昌代售山西大学堂教员新常富君所著之无机化学一书，被该校禀奉山西臬司移请沪道扎县查禁，后由本会据情函请上海县详道移复；又如均益图书公司函告科学书局翻印伊之中学算术教科书一案。本会查勘内容，互有不同，未便指为翻版；又如蜚英馆函告点石斋翻印伊之三希堂法帖一案，本会查得点石斋从施子谦原拓印出，并非翻印，均为和平解决，盖处事一秉至公，群情乃能悦服也。

沪道将中外人呈请给与版权之书均送本会审查案

查洋商贩运图书至沪，历经呈送沪道署登录商标，声请注册，保护版权。前清之季，中国振兴学校，需用图书日繁，外国输入亦日加增，于是中外商人，时有朦请版权情事，本会爰即呈请沪道，以后凡有请求版权案内所送图书，先行发交本会阅看，是否按照法律条约可给版权，申复到日再行核分准驳，并声明中国书商或编译人自将出版图书，呈请道署注册保护，亦恐有剽窃割裂翻印影戤情弊，一并按照办理。以重版权，当蒙批准照办在案，陆续送交本会审查者，为数甚多，均由本会分别情形呈覆准驳。

正则英文案

光绪三十四年十一月间，日本人斋藤秀三郎诬控至诚书局翻印正则英文教科书一案。经至诚书局函诉到会，本会查得正则英文教科书，日本原本系斋藤秀三郎所著，在日本出版发行已将十年，厥后有留美学生刘成禹暨留日学生但焘译为汉文，陆续出版，在昌明公司寄售。嗣因刘但二君与马华甫另开至诚书局，将该书提出自售，风行一时，惟此书系由但焘等在日本印刷，斋藤遂向裁判所控告禁止。是年秋，斋藤复派人来申，恐吓至诚书局不许出售，至诚不为所动，遂以翻印等词向日领事永泷呈控，函请公廨查究。本会因查光绪二十九年中日通商行船续约第五款，日本臣民为中国人备用起见，以中国语文著作书籍以及地图海图执有印书之权，亦允由中国国家定一章程保护云云。夫曰为中国人备用，则为日本备用者，自不在内。曰以中国语文著作则以日本或他国语文著作者，自不在内。今正则英文教科书原本专备日本人之用，又系以英日二国语文成书，则我国对于此书原本，自无保护之责，虽系原文翻印，日人亦无权过问，况译为汉文且经删改乎。我国未入版权同盟，除条约所载外，无论何国之书，法律均许翻译翻印，斋藤亦无控告之权，事关中国教育，万难迁就，爰即根据条约竭力主持。分呈前清学部、外务部、农工商部、咨本省督抚署，并会审公廨，均奉批示。以所持理由甚为正当，蒙道署公廨一再照会日领，将案注销。日领袒护未允，照请新署传讯，本会复为至诚延请高易律师辩护。斋藤自知理屈，延不到庭，斋藤又以现出华英对译英文二册，朦请日领转函沪道，禁止翻刻。沪道照会本会查勘，本会将其样本核对，其中译文系用刘成禹译本删改而来，纯属正则缠讼之变相，禀复沪道，请俟正则案结再行核办，亦邀批准在案，正则英文案遂以不取消而取消矣。

欧洲通史案

宣统三年二月间，美国经恩公司以商务印书馆翻印欧洲通史一书，请美领事转函沪道传谕勿再出售一案。经商务印书馆申诉到会，本会以我国翻印欧美书籍岁有出版，原为灌输文明补助教育起见，即欧美人士，亦因我国未入版权同盟，向不干涉，并查光绪二十九年八月十八日中美商约第十一款所载，必系专备为中国人民所用之书籍、地图、印件、镌件或译成华文之书籍，系经美国人民所著作或为美国人民之物业者，由中国政府极力保护，今欧洲通史一书并非专备中国人民之用，按照条约，即不得在我国享有版权，分呈前学部、外务部、农工商部暨本省督抚沪道，竭力争持。蒙外务部据约驳拒，美国经恩公司遂不生异议矣。

三　保全公益

出版事业对于教育之进行、工艺之发达关系匪浅，故必有巩固之团体，始克享公共之利益。本会为书业总汇机关，兴利革弊，责无旁贷，苟有所见，无不竭力维持，所以保全公益者实多，爰志各案如左：

代呈注册案

前清末叶，颁行著作权律，凡著作物均须呈部注册，享受法律保护。此事前清由民政部主持，民国由内务部主持。顾各种手续同业容有未了然者，故本会特代为注册，以期便利。

地图书籍免税案

查向年海关征税章程，中国所印书籍地图运至外国者，每百斤税银七钱，自通商口岸运至通商口岸书籍地图免税。其绘画及地图之已裱或装轴者，须完税银五厘，至外国所印书籍、地图无论进口出口，一律免税。当时立法之意因中国所印书籍地图出口甚少，而外国所印一律免税者，则为足以饷遗吾国学界起见，就时论事，似非有意轻重也，厥后各省推广教育需用图书日繁，而海外名埠华侨亦复争先兴学，所有教科书籍地图，每年出口为数甚巨，若仍照章纳税，非特成本较重售价不能从廉，有碍教育普及，犹恐外国所印图书销行日畅，凡一切印刷绘刻工艺难与竞争，或仍托香港及日本代印，希图免税，漏卮日多，关系学务商务均非浅鲜，爰于前清宣统二年四月十九日呈请税务处，凡出口进口书籍地图及绘画之件无论中国外国所印，概免纳税，以广教育而励工艺。嗣由税务处核准，以后中国旧书籍图画出口应按值百抽五征收税项，其余一切新书新图无论运至外国或由此口运至彼口，一概免税，咨行前农工商部转饬本会遵照有案。

缓入版权同盟案

民国二年六月间，美国要求我国加入版权同盟一事，本会当查版权同盟，本为保护著作权、国际间人民互享利益之举，然必一国之文化及其著作物之流布于国外与世界各国相等，方以加入同盟为有利，否则既足阻碍教育之进步并侵害工商业之发达。其害有不可胜言者，盖我国中学以上各学校教科用书，尚须取材于外国著作物，近年以来，毕业中学以上各校者日多，能直接读外国著作物者亦益众，需用外国之著作物亦日见增加，而外国著作物，如图书一项定价甚昂，近年我国业印刷者多翻译或翻印外国图书，廉价出售，以利学界。若加入版权同盟，嗣后即不得翻印，必至学界因外来图书价昂不能多所购读，文化进步大受影响，且既入版权同盟，则翻译他国人之著作物亦须俟其著作物行世十年以后方得自由，方今学问之竞争日剧，若外国新出著作，十年内不能翻译，则除少数人能读其原著作，此外皆无从得新智识输入之益，教育进步必因之停滞，方今洋货输入日多，利权外溢，仿造乏术，漏卮弥大惟印刷一业，近始稍有进步译印外国图书实为仿造外货、少塞漏卮，最有把握之一事。若加入版权同盟，即并此而遏绝，所关于工商业及一国之经济者甚大，夫国际间所订条约必以交换权利为原则，今我国既少著作物销流外国，未必得外国保护版权之益，倘加入同盟，是但有义务毫无权利，外既违反国际间平均之原理，内又阻碍教育及工商业之生机，从此各国援利益均沾之例，将至凡为外国人之著作概不得翻印翻译，损权利阻教育莫此为甚。日本学术进步，久称发达，然至明治三十二年始加入万国版权同盟，三十九年殆与美国结保护著作权条约，而当时实以收回领事裁判权为交易之品，然与日美条约犹但禁翻印而不禁翻译。今我国与东西各国交涉，凡国际间应享对等之权利，在往不能均沾。独此著作权，犹得于消极方面稍得利益，若亦被禁阻则国民于精神上、物质上受害均深。况美国至今并未加入瑞典万国版权同盟，亦因其国著作之多不及欧洲之故，则此项同盟之加入与否，全出各国之自由，其理甚明。今反要求我国，其为无理，尤属显然。爰即呈请教育、外交、工商三部据理驳拒，奉批邀准在案。

准旧教科书通行案

民国成立，旧教科书多不适用，元年一月十九日，奉前教育部通令，以民间通行之教科书其中如有尊崇满清朝廷及旧时官制军制等课，并避讳抬头字样，应由各该书局自行修改，呈送样本于本部及本省民政司教育总会存查。如学校教员遇有教科书中不合共和宗旨者，可随时删改，亦可指出，呈请民政司或教育司通知该书局改正等因，此电到后，上海出版书业遵照修正抽印发行，惟时日短促，存书繁多，势难于旬日之间修订推行内地，而各校又未便停课待书，某书肆商之陆费伯鸿君提议变通办法，呈请教育部通电各省，凡旧教科书中有与国体违碍者，准由教员自行修改，一律通用，并由出版书业将修正各课另刊校勘记，随处分送，以便教员照改免致旷误等，因蒙教育部批准，通电各省遵行，同业既因之少受损失，内地所存旧书亦不致违法废弃矣。

邮费减半案

书籍邮费向无减轻之例，近来出版教科书，每册廉者定价三分至一角，而邮费每册须纳五分，几与书价相若，寒士购书殊多窒碍，本会为维持教育起见，当援报界邮费减轻之例，于民国元年四月间呈蒙大总统允准书籍邮费照原价减轻二分之一，著为定例，学校书肆胥感便利。

四 刊行图书月报

本会刊行图书月报，由陆费伯鸿君、夏颂莱君、徐念慈君及文明商务两编辑所担任撰译，至总编辑一席，议定第一期由陆费伯鸿君担任，以后由各同业轮任后，仅出三册，夏君离沪，徐君作古，商务文明两编辑所亦无稿来，遂停刊矣。

五 学徒补习所

丙午冬间，本会开设学徒补习所，推举陆费君伯鸿任教务长，俞君仲还任事务长，定额三十人。课程分国文、算术、习字、地理、尺牍、英文等科，开办三年卒业者约有十人，成绩甚优，今均任各同业职员，颇有得重要位置者。后以种种困难，遂致停办，去年又重新组织，专办国文一科，学生近三十人，无论何业学徒来会补习者，向来一概不取学费。

（二）本会十周以后至二十周年大事记

民国四年，呈请重申翻印禁令

本会因河南、福建、山东、江西、直隶等省，仍有不肖书店翻印本会会员出版有版权之图书，纸张恶劣、图字模糊，妨碍教育，具呈内务部、教育部、各省巡按使署，请重申禁令。遇有翻印书店，按律严办，以维法律，而重课本，均蒙批示照准。

同年，呈请免征书籍转口税

沪关税务司饬知同业，书籍转口应纳抵厘半税，值百抽二五。本会以此项转口税，阻碍图书之流转、教育之普及，呈请教育部、农商部及税务处，转知海关免征，旋蒙税务处批准，凡中国自印之图书，由通商口岸运往内地，或由内地运至通商口岸者，所有值百抽二五之转口税，概行免征。

民国五年，请愿修改著作权法及版权法

本会以中华民国现行著作权法及版权法，宽严未得其平，特征会员意见，汇为呈文，分投国务院、内务部，请其提议修改（附上国务院呈文，呈内务部之主文同，旋又于民国十一年再呈国务院、内务部，并上请愿书于国会）。

呈为陈请修正著作权法，以振文化而维商业事，查著作印行之自由载在约法，诚以著作物之盛衰，文化首蒙其影响，关系国家，尤隆且巨。顾约法所定，只及大纲，其实际效力如何，全视各项法

律能否与约法精神相一致。法律中与著作印行相关最迩者，实惟出版法与著作权法。其中著作权法尤居重要之地位。按吾国著作权律之颁布，在前清宣统二年，当时秉轴于人民事业之奖进、国家文化之振兴，未能注意。是以对于著作印行诸事，限制束缚之意为多，利用推行之心殊少。民国四年，重加修订，而国家时方多事，于著作权法之讨论，亦未能十分注意，致其中不当之规定尚复存留不少，商等经验之余，深感不便，谨就蠡见所及，将其中应行修改各条，胪举如左：

一、第十七条可删。第三十九条"或不依第十七条之规定禀报"十二字删。

按著作权法之目的，在保护著作人之权利，其所以须注册之理由，则在于巩固著作权之保护，使诉讼之际，可免立证之困难，并令一般之人，不致误认其物为无著作权，冒昧印行，致招意外之损失。是故著作权除特别保护著作权利及其一般相对人外，无他种规定之必要，著作权注册亦然。一经注册之后，除发生继承或移转之事实外，在理可无须另行注册。至于著作物之名称及内容，有异常之变更，自应视为新著作物，另行注册，无须法律之规定。如第十七条所称修改章句、插入图画，既不能视为新著作物，又与继承移转之例，绝然不同。必令其重行注册，是徒与著作权者以种种之不便，而引起一般人之误会，在出版法因监视出版之内容，固有需于此种之规定，而在著作权法之立法主旨，则绝无用处可言，且既设此项规定，则不遵者必与以相当之惩罚。

第三十九条之规定，亦自缘之而生，结果乃至使著作者以些微之过失，生重大之危险。殊属有乖平允。又况著作者，因格外慎重之故，或则应行修改之字句，竟不修改，而住居偏僻地方之著作权，又因注册之故，往来跋涉，延误出版之时期。社会上文化上，皆因是受莫大之影响。况且今日法治时代，乃以此等并无特别目的之规定，限制人民权利与共和主旨，亦甚不合，故拟将第十七条及三十九条"或不依第十七条之规定禀报"十二字删去，以昭平允。

二、第十五条应全改。

著作权法第二十五条"著作权经注册后，遇有他人翻印、仿制及其他各种假冒方法，致损害其权利利益时，得提起诉讼"，此条与前清著作权律第三十条相当，该律第三十条原文"凡已注册之著作权，遇有侵损时，准有著作权者，向该管审判衙门呈诉"。两律语意相仿佛，而今法尤为暧昧，夫著作物但能合本法之法定条件，同时即可取得著作权注册之意，仍在于确实著作权之证明。全属别一目的，外国立法例中亦有规定，对于著作权者，非经注册，不得提起对于假冒之民事诉讼者。此项立法解释上有三要点：第一，所不得提起者，但为对于假冒之民事诉讼，即谓不得以民事诉讼主张其假冒而已，故对于假冒之刑事公诉权，检察官自可行使；第二，所不得提起之民事诉讼，但限对于假冒一层，故著作者对于假冒者，主张普通法上不法行为不当利得之责任，仍属无妨；第三，未注册之著作权者，对于假冒之诉讼权，法律上仅为停止，并非剥夺其全部或一部，故一经注册之后，所提起对于假冒之民事诉讼，其效力可溯及于既往，即注册前之假冒，仍须受假冒之制裁（按以上解释参照 *Goodeve's Modern Law of Personal Property*, p.251及水野炼太郎《著作权法要义》六十六页）。此类规定，于制裁有过失之著作权者，既不失之严酷，于惩罚有心之假冒者，亦不失之宽纵，条理甚当，法文亦殊明了。今著作权法第二十五条之规定，于上述之第一、第二要点，解释上既有暧昧之嫌，于第三要点，解释上直当认诉讼效力仅及于将来，遂至使著作者以懈于注册之些微过失，丧失著作法上之权利，不独蹊田夺牛，于著作者为已酷。且崇奖奸伪，使假冒者得逍遥事外，亦乖立法之平，商等居都会之地，耳目较灵，于著作权法之规定，尚能明了，可不至受此等之意外损失。至如乡僻地方之著作者，于法律情形多未谙悉，或因交通不便，注册稍有迟延，刁滑者即可乘机假冒，著作者反受严重之制裁，法意殊难领解。故须将第二十五条全文删除，或改为"著作权遇有他人翻印、仿制及其他各种假冒方法，致损害其权利者，非经注册，不得提起诉讼。"

三、第三十五条"若由法院判决被告并非有心假冒"一句，可改"证明被告并非有心且无过失者，只须将被告所已得之利益，偿还原告"。

按第三十五条"若由法院判决并非有心假冒"一句，解释上极有弊病。盖凡假冒者，大抵自谓无心，欲证明其确系有心，实为至难之事，法律于立证责任，并未特设明文，适用法律之人，或有误会审判官须确认有心之证据，始能按第三十五条判决者，似有流弊。今拟将判决改为证明，使假冒者无狡展之余地，又民法上之责任，与刑法上之责任不同。刑法上之责任，以有犯罪之故意为原则，而以过失为例外；民法取填补主义，凡因自己故意或过失，致损害及于他人，皆属不法行为，应负损害赔偿之责任；著作权法，别无特须宽大之理，故亦应课过失者以同一之责任，至受本条之适用者，既不涉及刑法问题，自无处罚之根据，可以无须明文规定，又有心假冒四字，究嫌不词，故拟改正如上文。

四、第四十三条"自注册之日起"六字宜删。

本法第四十三条关于本法之公诉期间，自注册之日起，以二年为限，"自注册之日起"六字，似有误谬。刑事法上时效之主旨，仍因犯罪事实，既历若干之岁月，倘犹事追求有妨社会之安定状态，故特予以免除耳。注册之事，与刑事时效有何关系，此项规定，诚难索解，查前清著作权律第五十条，"凡犯本律第四十条以下各条之罪者，其呈诉告发期限，对二年为断"，法意尚较明了，故不如采清律之规定，或将"自注册之日起"六字删去，以祛误解。

五、出版法第四条、第十四条宜改。

按本法第四条"出版之文书图画，应于发行或散布前禀报该管警察官署"，又十四条"违反第三条、第四条、第八条、第九条之规定者，处发行人以五十元以下、五元以上之罚金"云云，虽此项规定，仅以禀报为限，然禀报须在发行或散布以前，实寓有先经准许，而后出版之意，使执行官厅倾向干涉态度，则可利用本条规定，对于出版物为种种之阻难，其结果不仅出版家营业上重感不便，诚恐文化生机亦将横被摧残。查约法第六条第四项，人民有言论、著作刊行之自由，绝不容有先受准许而后刊行之法令，以相抵触，且自由而须先受准许，亦复成何自由，故虽维持约法之精神，不可不将出版法第四、第十四两条修改。

以上所举，实于文化前途关系至大，拟请贵院详加讨议，酌予增删。国家前途，实利赖之，非特书业受赐已也。

民国八年，本会议决以五月九日为国耻纪念日。

本会议决以五月九日为国耻纪念日，休业一天，提倡国货，当时并电政府，表示本会对日外交之意见。

同年，抗议上海公共租界工部局提出印刷业及新闻业注册之议案

本会以此案关系本国文化之传播、教育之发达，特推代表联合书业公所、日报公会共同研究，发表正当理由，促纳税西人注意。纳税西人会议，因人数不足未开议。

民国九年，呈请政府驳拒英商运动中国加入万国版权同盟

英国侨商会议，因中国已经行使版权律，运动中国加入万国学术保护会（即万国版权同盟会），同时并有法公使访我外交部，磋商此事。本会陈明教、农、内、外四部，以此举关系中国文化前途甚巨，请其驳拒。旋奉教育部批示（呈悉，加入万国版权同盟于文化前途关系甚巨，如果外人有此要求，自应据约驳拒，仰即遵照，此批）。

民国十一年，继续抗议上海公共租界工部局印刷业注册提案

本会以上海工部局取缔印刷办法，旧事重提，仍发表意见，继续抗议，送登中西各报，促工部局领事团及纳税西人注意。

民国十一年，抗议邮政局加增印刷物邮费（以下文字较长，删节——编者）

北京邮务总局通知，增加印刷物邮费，本会以其妨碍文化之流传，决发电至北京大总统、国务院、教育部、交通部抗议，同时并得各公团之赞助。加价之议，卒未实行，抗议之文电如左：

第一电

北京大总统、国务院、交通部、教育部钧鉴。窃查元年四月，本会呈请援新闻纸邮费减半之例，书籍邮费照减二分之一，荷蒙批准，学界称便。顷邮局发表第六十七号清单，新闻纸包裹寄费均不增加，信件增三分之一，书籍竟增至一倍，查小学用书有每本仅售四分者，邮费竟至二分，包裹可至万格，费一元一角，印刷物每二千格，需费三角，挂号另加七分。书籍为教育利器，较新闻纸关系尤重，故国家特予免税减邮，俾广流传。今新闻纸并未加费，则书籍当可邀免，伏祈查照元年四月成案，饬令邮务局免加书籍邮费，全国教育实利赖之。上海书业商会叩。

第二电

北京大总统、国务院、交通部、农商部、教育部钧鉴。今日报载邮务总局呈部，书籍邮费，亏累甚巨，书业反对加价，请坚持云云。书籍为教育之母，阻书籍之流通即阻人民之读书。书业代客邮寄，费非己出，何用反对，所以然者，为书籍流通计耳。客卿何爱于中国，教育尤非彼所过问，彼为邮局营业计固善，其如全国教育，何况书籍阻滞，读书人少，写信之人能独多乎，邮局如为永久发达计，亦当提倡书籍之流通。伏乞钧座主持，立饬邮局将书籍邮费增加办法取消，至新疆、蒙古购书一元，邮费须一元二角以上，尤属骇人听闻，此两处销书极少，与书业关系尤微，为国家计，不得不请求为蒙疆开一线光明之路，临电追切，鹄候电复。上海书业商会

呈文一

呈为寄递书籍，恳请查照成案，免加邮费，以维教育而广文化事，窃查民国元年四月，曾由敝会呈请援照新闻纸例，将书籍邮费核减二分之一等情，荷蒙批准在案，行之十年。全国教育，同深利赖。顷阅邮务局发表第六十七号寄费清单，所有信函、信片、书籍及双挂号邮件，国内寄递，反比寄往日本为昂，不胜惶惑之至，第就敝会营业范围之书籍印刷物言之，其邮费之增加竟多至一倍，较之各项邮费所加尤巨。查书籍原为教育利器，故国家特予免税减邮，俾广流传，以期普及，且我国生活程度较低，书价甚微，例如小学用书，每册有售四分余者，今邮费竟须二分，几占书价之半数，贫苦学生何以堪此。包裹寄费，万格为一元一角，而书籍印刷物每二千格竟需三角，轻重相权尤所不解。我国教育尚未普及，文化亟待宣传，今邮费骤增，是甫出萌芽，又遭摧折，殊违大总统提倡教育，扶植文化之盛意。又查此次邮局改章，新闻纸亦未加费，书籍较新闻纸关系尤重。民国元年，书籍、新闻纸既同蒙减费，此次当可同邀免加，理合具呈。仰祈查照民国元年批准成案，饬令邮务局，所有寄递书籍印刷物邮费，一例免加，教育幸甚。除电呈外，优乞训示只遵，谨呈。

呈文二

呈为书籍邮费增加阻碍教育，吁恳俯允前请，查照成案，免予增加事。窃自本年十月邮政总局颁布第六十七号寄费清单，书籍印刷物邮费增至一倍，较他项增加尤巨，敝会当于十月二十日，具呈恳请大部查照民国元年四月批准核减书籍邮费成案，免加书籍印刷物邮费，嗣又叠电大部请愿免加，旋阅报章，知大总统复教育会联合会电，书籍寄费仍照向章施行一节，已交院部核办，又奉部批示，谓已咨交通部核办，又接北京书业团体电称，向大部请愿，蒙允特别设法，未见维持教育，提倡读书之至意，惟十一月一日邮局新章施行，而书籍邮费之特别设法，未见明令，敝会正深疑虑，本日阅报，奉读交通部通告，解释邮费应加之理由，尤注重书籍邮费，敝会更为惶惑，交通部通告有云，邮寄贵州印刷物每月三千公斤，赔六百元，陕、甘、新、川、滇五省，莫不如是。此六省每月共一万八千公斤，即使所言不虚，国家每月亦不过赔三千六百元，以此区区，补救六省之文化，似已至廉，况尚有其余各省可以获利之三万七千公斤，藉资弥补乎。交通部通告又云，据上海邮务长报告，在沪收寄之书籍总数中，仅百分之四十五，确有关于教育之用，余百分之五十五，均为不正当之书籍及有伤风化之小说，更不能以低廉之邮费助其发行，查不正当书籍，内务部及上海工部局均所严禁，上海邮务长既查明有如许之多，何以代为寄递？且不知上海邮务长有无明确之调查统计，抑系任意诬毁书业之名誉。倘调查明确，则是知情寄递，且复增加邮费，许其流通，是但求收入之增加，不顾流毒之普及，而学校何辜，学子何辜？确有关于教育之书，亦复受加费之累，以减少其流通，敝会同人经营书籍，深知我国教育尚在萌芽，目下全国读书之人实在不堪再加担负，况书籍增加之邮费，照每月六省一万八千公斤，十七省三万七千公斤计，一公斤增费七分五厘，五万五千公斤每月仅增四千余元，年不过五万元，增费之后邮件必减，恐并此数而不可得。以此区区而贻教育界以莫大之影响，窃为政府不取，伏祈大部为全国教育计，查照民国元年成案，饬令邮政局取消新章，所有寄递书籍印刷物，邮费一律仍照旧章收费，不胜盼切待命之至，谨呈。

附交通部批示

据电已悉，查邮件加价理由，业经本部详晰解释，刊登政府公报公布，当邀国人谅解，至所称有教育文化关系，本部当转饬邮政总局核议具复。兹据复称，窃查关于书籍印刷物类加费一事，复奉第三四六九号训令及第五零六六号指令，均经祗悉。总局窃再声明，欲由邮局分别书籍印刷物果否专属教育用品，此于经办事实上委实不克办到，缘欲如此办理，则凡包装书籍之件，均须由邮局开拆，一则予寄件人以种种之不便，再则于发寄之时亦即难免迟延，又况确定某种书籍实系教育用品，某种书籍非系教育用品，邮局亦不克承担此项责任。诚恐纠葛争议了无底止之期。是以总局对于分别是否专属教育用品之书籍印刷物，不克拟议办法，且运寄书籍并非邮局专营之业，总局业经陈明，而营书业者对于此层不惟允认，且经办到。关于交邮寄往火车、轮船所通各地方之书籍量数，远不如交邮寄往辽远地方仅用邮差方法带运者之多，则其情形已可概知。然在邮局方面，因寄辽远地方之书籍为数过多，一切经办及运输之费须负严重之赔累，此其情势，实觉太不平允，诚以寄往近省书籍并无如是严重之运费。如果交邮付寄，能有如彼之巨数，则其情势当有不同。乃今营书业者，一面利用一切能有之廉贱运输方法，一面则冀政府担负远省莫与比伦之运输重费，此则洵非公允之道，至于书籍新定之寄费，与包裹新定之寄费相较，则请声明书籍包件，系用较快之运寄，可免所有税关之手续及稽延，惟若营书业者自行情愿，固可将书籍按较慢之包裹邮件交寄，理合将书籍资例未便核减各缘由，具呈声复，敬祈部长鉴核等情，合亟批示知照，此批。

呈文三

378

呈为书籍邮费增加，奉批未便核减，敬再沥陈下情，吁请收回成命事，奉读大部第四二四号批示，内开，据电已悉，查邮件加价理由，业经本部详晰解释，刊登政府公报公布，当邀国人谅解，至所称有教育文化关系，本部当饬邮政总局核议具复，兹据复称，欲由邮局分别书籍印刷物果否专属教育用品，此于经办事实上委实不克办到。在邮局方面，因寄辽远地方之书籍为数过多，一切经办及运输之费须负严重之赔累等情，合亟批示知照等因。闻命之下甚为惶惑，窃谓教育用品宜提出轻减邮费，既荷大部主持，倘因邮局分别之困难，即置提倡教育之政策不顾，在邮政总局主持者本系客卿，容多隔膜，大部居国内行政高级机关，于此等根本国计，似不能悉听下级机关执片面理由，据为定论。且细释邮局此次增加之理由及邮局十月三十一日呈复大部公文，似僻远六省邮寄虽有亏损，而交通利便之十七省尚能获利，故十七省邮费实无再议增加之必要，大部为增加邮政收入计，宜就僻远省份设法增进其交通之便利，不能使交通便利之省份人民，代僻远省份担负不应出之邮费，且邮费倍加以后，交通便利省份之邮递因邮费增加过重，与他种运费比较相去更远，各处邮递必将再加一层之减少，于邮局庸独有利，此外如边省所赔邮费数极微细，确有关于教育之书不应受不正当书籍之累，以及增费所得，年计不过五万元，而贻教育界以莫大影响，各理由已于本月四日具呈，恺切陈明，屈计达到之日尚在大部四二四号批示发布之后，故特再为声明。抑敝会犹有陈者，书业代学界邮寄书籍，本身并无任何邮费，只以经营斯业，深知国内学校经费支绌，及学生交兄担负竭蹶情形，此时增加书籍邮费实在无异征收读书之税，似非我国家急须补助教育，开通民智之时所当出此，故不避烦渎，再四吁恳。区区此心，实系代数百万学子请命也。再读邮政总局呈复大部文内，有谓欲将已改之寄费清单更订，觉时间有所不逮，敝会窃谓如蒙大部收回成命，免加书籍邮费，既与民国元年特许书籍邮费减半之成案相符，又可表示政府维持教育之诚意，至邮局方面或更订清单，或声明并非取消书籍邮费增加，实系照元年成案减半收费，如此办法以，尚无甚窒碍，谨再具呈吁恳大部饬令邮政总局，将所有寄递书籍印刷物邮费仍照曩例减半收费，敝会同业并已登报声明，十一月内所有增加邮费，由书肆担任，以待后命，是否有当，伏候批示祗遵，谨呈。

民国十二年，本会会所暂迁三马路兆福里

同年，援助英汉双解韦氏大学字典被美商诬控案

本会会员商务印书馆译印《英汉双解韦氏大学字典》一书，由美商米林公司代表克雷斯律师，向会审公厅起诉，诬控翻印。由本会致函会审公厅，声明兼延律师，代表本会向公堂声明，商务印书馆译印此书并不涉及版权问题，同时致电北京中华教育改进社第二届年会，报告此案经过情形。此案结果，该书仍由商务印书馆出版，本会历年所办与外人交涉版权之案件，亦于是年汇印成书，名曰《重订翻印外国书籍版权交涉案牍》。以供同业参考。

民国十三年，继续抗议上海公共租界工部局印刷业注册提案

上海公共租界工部局复提缔取印刷业附律之议案于上海纳税西人年会，本会仍联合其他出版团体，根据正当理由发表反对意见，除登中西各报，并通函上海纳税外侨，请其一致反对该议案外，并致函我国外交当局，协同抗议（当时本会所接驻沪江苏交涉使署关于此事之复函录后）。

迳启者，按准公函，以公共租界工部局前拟取缔印刷业附律，又将提出，此事种种发生困难，嘱为察核赞助等由，并附印刷品二件，准此。查此案前奉外交部训令，据上海总商会等来函，缕列反对

理由，饬即提出抗议。业经函致领袖总领事，请转致工部局将此项附律，取消提议在案。兹准前由，除再函致领袖总领事，迅予转致工部局将此附律立即取消提议，俟复另达外，相应函复等语。

同年，闸北捐局征收印书用纸捐税，本会提出抗议

本会查得印书用纸，闸北并无贩卖商店，所有此项纸张均印刷厂家自用印书，除关税外向无捐税，闸北市面本不如租界，如再重捐，阻抑市面，将更不堪设想，乃由本会致函省长，财政、实业、教育三厅及上海捐税局，说明不能纳税理由，请将书局用纸一律免捐，旋得批复，照准免捐。

同年，通过修订本会章程

同年，议决编印本会念周纪念册

本年为本会二十周纪念，因时局不靖，议不举行纪念会，而以本会二十年之六事，印为纪念册，分送中西各界。

（《上海书业商会廿周年纪念》1924年铅印本）

上海新书业公会

上海新书业公会宣言

1928年（民国十七年）

自五四运动以来，我国文化骤更一新面目。一般学子之知识欲，突焉亢进。顾以国内出版界之幼稚，与出版物之稀少，致识者咸抱知识饥荒之叹。迩者国民革命成功，政府对于促进文化，不遗余力，一般社会，遂群知出版事业关系文化前途之重要。多数著作家，感于时代之需求，往往投身出版界，努力于出版事业之经营。

海上为全国工商业中心，出版家之所荟萃，经营新出版业者，亦大都集中于此。昨今两载之中，新出版业之兴起，盖已盛极一时。然以同业之间，素乏联系之机关，致事业上感受种种困难，同人等因是乃有本会之发起。言其迫切，盖有六端：

新出版物之撰译，大抵出自当代名家，与曩时之翻印旧籍者有别。故一书之成，自购稿以迄发行，常非数百金不办。而书籍之发卖，门市本居少数，全恃外埠同业之批发。顾此等同业，狃于旧习，任意拖欠账款。往往书已告罄，而成本尚未收回，致难为继。此新订行规，限制放账，有赖于联合者一也。

中古时代，对于著作权利，素无保护，一书出版，尽人皆可自由印刷，不必得原著者之同意。前清末年，始有著作权律之公布，最近复由国民政府重加修正。然奸宄之徒，每多藐视法令，往往选择畅销之书，私行印售。不但侵害出版家著作家之利益，且纸墨粗劣，讹谬百出，有害读者，亦非浅甚少。顾若辈营此奸伪，大抵远在外埠，且行踪秘密，手段狡猾，侦查固属为难，惩办尤为不易，此防止翻版，杜绝奸伪，有赖于联合者二也。

旧来书物，翻印者多，译著者少，故海上虽书肆林立而新籍之出版，殆寥落可数。自新出版业勃兴，出版物骤见增多，每家多者年达数百种，少者亦数十种。然以向与读者缺少联络，致购读之人，每苦求焉不得，或新书已出版多日，而读者尚茫然不知其名。欧美、日本出版界大都皆有出版报告，或逐年统计，或按月发刊，在读者既感利便，印者亦易推销。我国对于此项事业，迄今尚未举办。此编印出版月刊、出版年鉴，以与读者沟通，有赖于联合者三也。

新出版物之来源，全恃著作家之译著。或让与著作权，或按期抽取版税，在著作家特此为生活之资，在出版家亦赖以为营业之需。顾旧来出版业者，待遇著作家常多菲簿，或任意低抑稿费，或暗中偷漏版税，延缓付款，致对著作家之信用坠地。新出版界虽力图矫正旧习，而著作家以向蒙损害之故，仍多惑于流言，未肯轻易致信。尚能订定划一办法，互相检察欺伪，使著作家得以安心著述，而新籍得因之增多，其有利于出版界，良非浅甚少。此维持对著作家之信用，促进出版业之进步，有赖于联合者四也。

中国土地广袤，欲出版物之推行，非在各埠遍设分肆不可。然在新出版业者，或限于财力，或难于人才，在势多所未能。而新创之家，且因出版物较少之故，即在本埠闹市开设总店，亦苦力有未逮。倘同业间互有联络，订定适当代售章程，则以此家之书，托彼家代为销售，相互为助，尽力推行，甚为易易。此推广销路，有赖于联合者五也。

出版物之良否，关系于文化之隆替，劣书应加禁止，佳籍尤宜奖励。旧来出版业者，或昧于书物之内容，或专图销行之有利，每多不择良否，贸然发行。近来政府对于出版物之取缔，颇知注意。然常因检查员偶尔疏忽或严于挑剔之故，不免有良者误受取缔，劣者幸获漏网情事。而以人各为政之故，劣而被漏者莫为检察，良而受诬者未由申诉，为害实多。此取缔劣书，保证良籍，有赖于联合者六也。

以上六端，仅举其娄娄大者，其他应兴应革之事，有赖于固结团体，共同策划者，尚多且巨，本会之组织，实为势不容缓。同业诸君子，幸共协助之。

上海新书业公会章程

1928年（民国十七年）

第一章　总则

第一条　本会联合上海全市新出版业各家组成，名曰上海新书业公会。

第二条　本会以辅导出版事业之发展，促进出版事业之改善，谋新出版业者之共同利益为宗旨。

第二章　事业

第三条　本会举办下列各项事业：

一、保证出版权利。遇发见版权被侵害时，得经会员之报告，由本会查明翻印人，呈诉官厅依法惩办。

二、要求出版自由。官厅对于新出版物有无故扣留或禁止者，经会员报告本会，查系正当书物时，得代为呈请解除。

三、取缔同业欠款。对于不理本会会员欠款之同业，得依会员之要求，由本会调查确实，经大会通过，通知全体会员执行，停止往来，并代为呈诉当地官厅追索。

四、推广会员营业。组织外埠坐庄推销会员出版物，未在本外埠设有总、分发行所之会员，得将出版物请本会委托已设者代为发行。

五、编印各种报告。每月编印出版月刊，每年编印出版年鉴，登载本月及本年新出版之书目报告，于读者并随时调查关于本业之内外各种状况，编成统计报告于会员。

六、代办审查注册。会员有出版物拟请求政府审查或注册者，得由本会代为办理。

七、调解同业纷争。会员与会员间或会员与非会员之同业间发生纷争事件，得依会员之请求，由本会代为调解。

八、维持对外信用。会员印行预约及有版税之出版物时，得由本会查明印刷及发行之数量状况，代向顾客及著作人证明。

九、代登报纸广告。本会与本埠及各地报馆订立广告特约，议定地位、折扣，会员得纳相当费用，请本会代为登载。又会员发行之定期刊物，其他会员得请本会取得发行者之许可，互相交换广告或纳最低费用登载广告。

其他应行举办事业随时由大会通过施行。

第三章　会员

第四条　凡在上海特别市内经营新出版事业之商店，成立在六个月以上，出版有版权新书在十种以上，或实价在五元以上者，皆得为本会会员，但须经过下列入会手续：

一、本会会员二人以上之介绍，经会员大会过半数之通过；

二、填写入会愿书；

三、缴纳入会费。

第五条　本会会员得享受下列各项权利：

一、选举及被选举权；

二、提出议案及表决权；

三、第二章本会举办各项事业之利益。

第六条　本会会员有下列各项义务：

一、遵守本会之章程及议程案；

二、担任本会指派职务；

三、缴纳会费；

四、应本会之咨询及调查；

五、不侵害他人之版权；

六、不出版不正当书籍及兼营不正当营业；

七、不以不正当之手段欺骗著作人及顾客。

会员有不遵守上列各项义务之一者，经大会过半数之通过，轻则予以警告，次则停止其应享权利，重则除名出会。

第四章　组织

第七条　本会以商店为本位，每店推代表一人，到会执行会务。

第八条　本会由会员大会于会员中选出常务委员九人、候补委员三人组织常务委员会，常务委员任期一年，连举得连任。

常务委员有缺额时，以候补委员补充之。

第九条　本会设下列各部，由常务委员管理之：

一、总务部　总理本会进行业务管理、往来文牍及其他不属各部事宜。

二、出版部　编印出版月刊、出版年鉴及其他调查报告。

三、会计部　管理本会账目及银钱出纳事宜。

四、交际部　管理内外交际事宜。

第十条　常务委员会设主席委员一人，由常务委员互推之。任期三个月，不得连任。

第十一条　本会每星期开常会一次，全体会员均须到会，如遇重要事故，得随时由常务委员会召集临时大会。

第五章　经济

第十二条　本会经费分为下列各项：

一、入会费　会员入会时须纳入会费三十元。

二、月费　分甲乙丙丁四种：（甲）每月纳费二十元，（乙）十五元，（丙）十元，（丁）五元，由各会员自由认定之。

三、特别捐 临时募集。

第六章 附则

第十三条 本章程未尽事宜，得由会员大会随时修改之。

第十四条 本会办事细则另定之。

第十五条 本章程自成立会通过之日实行。

（开明 第一卷第8期（儿童读物专号）1929年12月）

上海新书业公会举办流动书店简章

1928年（民国十七年）

一、上海新书业公会流动书店由本公会全体会员组织之。

二、流动书店专在上海以外之各大商埠，循环发售会员之出版物，以宣传文化、推广会员营业为目的。

三、流动书店视时期及地点之需要，得分作数组，每组设经理一人，助理员若干人，由会员介绍须熟悉情形而有殷实铺保者，经大会认可后任用之，但属于会员之职员不得任用。

四、流动书店经理受常务委员之指挥，如常务委员认为不合时，得提交大会议决撤换之。

五、流动书店每次出发之路由、地点、时期及发售场所，归常务委员会拟定，提交大会通过，但临时如有变动，得由常务委员会处理之。

六、会员出版物须各自审查，择其不致为各地当局所禁售者，并须拟定书目单抄送常务委员会，酌量删改，或指出书名通知会员送会查核决定之，以后续发之新书为前次书目单所未载者，亦应先将样书送交常务委员会许可方得寄发。

七、会员出版物如被该地当局禁售或没收时，其损失由该会员自负之，如因而致全部发生阻碍时，得由大会公决处理。

八、会员寄发之书为书目单所无，非经常务委员会之认可，私自寄发因而为当局所查禁者，其损失完全归该会员担付之。

九、流动书店发售出版物之售价，须经大会随时规定划一办法，不得分歧。

十、流动书店之经费由常务委员会规定，经大会公决，依各会员销货所得多寡分担之。

十一、流动书店售货所得之款，除少数留作用费外，应责成该组经理人随时汇交公会会计科，存入银行，并依其销货结算派交各会员。

十二、每次出发期前应行筹备事宜，由常务委员会办理之。

十三、其他办事细则另订之。

上海市书业同业公会

上海市书业同业公会章程

1932年（民国二十一年）

第一章　总纲

第一条　本公会以上海市区域内本国人设立之书业商店或公司及印书局（下文统简称书店）组织之，定名为上海市书业同业公会。

第二条　本公会会所设上海西藏路平乐里。

第二章　会务

第三条　本公会之会务如左：

（一）关于筹议发展书业，促进文化事项；

（二）关于维持、增进同业公共利益及矫正同业弊害事项；

（三）关于同业之征询及通报事项；

（四）关于教育界及社会采用各书之介绍及建议事项；

（五）关于各书之调查、宣传、统计及刊布部目录事项；

（六）关于同业之建议事项；

（七）关于同业之调处及公断事项；

（八）关于依法保护同业著作权、版权及代办其注册手续事项；

（九）关于公告同业事项。

前项第三、第五、第八各款，于必要时征收相当费用。

第三章　会员

第四条　凡入本公会之书店均为本会会员，得各推代表一人至二人，以经理人或主体人为限，但其最近一年间平均使用人数在十五人以上者，得增派代表一人，由各该店员互推之。

前项会员代表不论性别，年龄须在二十五岁以上并以现役于本市内书店者为限。

第五条　前项会员代表须由入会书店给以委托书，店员互推之代表须由入会书店给以证明书，并通知本公会，经本公会执行委员会审查合格后始得为会员代表，改派时亦同。

第六条　同一会员代表不能代表两个以上书店。

第七条　有下列各款情事之一者，不得充本公会会员代表：

（一）褫夺公权者；

（二）有反动行为经法庭判决者；

（三）受破产之宣告，尚未复权者；

（四）兼为不正当之营业者；

（五）有精神病者；

（六）无行为能力者；

（七）曾受本公会除名之处分者。

第八条 本公会会员之权利如左：

（一）有请求本公会向政府请愿，维护救济之权利；

（二）有请求本公会力争伸雪受屈情事之权利；

（三）会员与会员或非会员间发生争执时有请求本公会代为排解之权利；

（四）会员在大会中有建议权、发言权、表决权；

（五）会员有选举权和被选举权；

（六）会员有享受本公会所办同业公益事业之权利；

（七）会员有被举为本公会出席他会代表之权利。

第九条 本公会会员之义务如左：

（一）遵守本公会章程及议决案；

（二）按期缴纳规定之会费；

（三）担任本公会推举或指派之职务；

（四）应本会之征询及调查；

（五）不侵害他人之著作权及版权；

（六）不出版不正当图书及兼营不正当事业；

（七）不以不正当手段欺骗他人。

第十条 本公会会员如不履行第九条所列各项义务，轻则予以警告，重则停止其应享之权利或除名。

第十一条 对于会员予以警告或停止其应享权利之处分，须经执行委员会决议，由常务委员执行。

第四章 入会与出会

第十二条 上海市区域内本国人设立之正当书店，愿照第三十七条缴纳会费，经执行委员会审查通过，均得入本公会为会员。

第十三条 本公会会员愿出会者，须开具理由书加盖店章送交本公会，经本公会执行委员会审查属实，交会员大会通过后始得出会，但出会后须经过一年方得再行请求入会。

第十四条 本公会会员或会员代表有左列各款情事之一者，经执行委员会查有实据，提交会员大会通过后除名：

（一）会员代表丧失国籍者；

（二）发生本章程第七条所列举各款情事之一者；

（三）有不正当行为致妨害本公会名誉信用者；

（四）欠缴会费者。

会员或会员代表有上列情事之一者，经大会除名，除第四项外可由本公会通知原推派之书店照章另行推派。

第十五条 经大会除名之会员或会员代表，自除名之日起三年以内不得请求恢复会籍，但有第十四条第一项之情事者，非俟恢复国籍三年以后不得复充会员或会员代表。

第五章　职员

第十六条　本公会设执行委员十五人，候补执行委员五人，均由会员大会就会员代表中用记名连选法选任之，以得票最多数者当选。

第十七条　本会设常务委员五人，由执行委员会就执行委员中用记名连选法互选之，得票最多数者当选。

第十八条　本会设主席一人，由执行委员会就当选之常务委员中用记名单记法选任之，以得票满投票人之半数者当选，若一次不能选出，应就得票最多数之二人决选之。

第十九条　执行委员、常务委员、主席，均为名誉职。

第二十条　执行委员任期四年，每二年改选半数，应改选者不得连任，惟第一次改选时以抽签决定，第一届执行委员多留一人，以后交替改选之；候补执行委员每二年改选一次，连选者得连任。

第二十一条　主席及常务委员任期均为二年，如再被选得连任，惟以连任一次为限。

第二十二条　主席及常务委员缺额时由执行委员补选之，其任期以补足前任任期为限。

第二十三条　执行委员缺额时由候补执行委员依次递补，其任期以补足前任任期为限。

第二十四条　候补执行委员未递补前不得列席会议。

第二十五条　本会因事务上之必要得设置各股委员会，其委员人选由常务委员会就会员代表中拟具名单，提交执行委员会决定之。

第二十六条　本会职员有左列各款情事之一者，经会员大会议决通过后解任：

（一）因不得已事故准其退职者；

（二）旷废职务查有实据令其退职者；

（三）于职务上违背法令，营私舞弊或其他重大之不正当行为查有实据，令其退职，或由工商部或地方最高行政官署令其退职者。

第六章　职权

第二十七条　执行委员会依本章程规定之会务及会员大会议决之事项行使职权。

第二十八条　常务委员依本章程之规定及执行委员会之议决行使职权。

第二十九条　主席对外代表本会。

第三十条　常务委员会有延聘、雇用及辞退办事员之权。

第七章　会议

第三十一条　会议之种类如左：

（一）会员大会，每年于六月中定期举行，由执行委员会召集之；

（二）执行委员会议，每月开常会一次，由常务委员会召集之；

（三）常务委员会议，每星期开常会一次。

第三十二条　前条之会员大会，于执行委员会认为必要或会员十分之一以上请求时，由执行委员会召集之。

执行委员会、常务委员会于必要时均得开临时会议。

第三十三条　会员大会之决议，以会员代表过半数之出席，出席过半数之同意行之。出席代表不满过半数者，得行假决议，将其结果通告各代表，于一星期后、二星期内重行召集会员大会，以出席过半数之同意对假决议行其决议。

第三十四条 左列各款情事之决议，以会员代表三分之二以上之同意行之，出席代表过半数而不满三分之二者，得以出席代表三分之二以上之同意行假决议，将其结果通告各代表于一星期后、二星期内重行召集会员大会，以出席代表三分之二以上同意对假决议行其决议：

（一）变更章程；

（二）会员或会员代表除名；

（三）职员之退职；

（四）清算人之选任及关于清算事项之决议。

第三十五条 会员大会开会时由常务委员组织主席团轮流主席。

第三十六条 执行委员会开会时须有委员过半数之出席，出席委员过半数之同意，方能决议可否，同数取决于主席。

第八章 会费

第三十七条 本公会会费就左列之标准按月征收：

（一）入会书店资本在国币一万元以上者，每月缴纳会费五元；其资本在万元以下、三千元以上确营正当书业者，亦得入会，每月缴纳会费二元；

（二）资本在五万元以上者，每月缴纳会费十元；

（三）资本在二十万元以上者，每月缴纳会费二十元；

（四）资本在一百万元以上者，每月缴纳会费四十元；

（五）资本在五百万元以上者，每月缴纳会费八十元。

第三十八条 前条所规定之会费由该会员自行填报，并由常务委员调查提交执行，委员会审查后征收之。

依前条纳第一、二项会费者，得推代表一人；纳第三、四、五项会费者，得推代表二人。

其使用人过十五人者，均得推店员代表一人。

第三十九条 会员出会时，会费概不给还。

第九章 会计

第四十条 本公会事务费以会费充之。

第四十一条 本公会会计年度以七月一日始至翌年六月三十日止。

第四十二条 常务委员会应依会计年度分别编制预算案及决算案，提交执行委员会通过施行，前项预算得设预备费。

第四十三条 本会支款须经常务委员二人以上之签字或盖章，会计科委员方可照付。

第四十四条 会费收据须经会计科委员签字或盖章方为有效。

第十章 附则

第四十五条 本公会之章程修改须经大会决议，并呈请地方主管官署核转工商部备案。

第四十六条 本公会章程呈请地方主管官署转报工商部备案。

上海市书业同业公会章程修正条文

1932年7月16日（民国二十一年）上海市社会局批准

第十六条 本公会设执行委员会十五人，候补执行委员五人，均由会员大会就会员代表中用无记名连选法选任之，以得票较多数者当选。

第十七条 本会设常务委员五人，由执行委员会就执行委员中用无记名连选法互选之，得票较多数者当选。

第十八条 本会设主席一人，由执行委员会就当选之常务委员中用无记名单记法选任之，以得票满投票人之半数者当选，若一次不能选出应就得票较多数之二人决选之。

第二十五条 本公会设监察委员五人，候补监察委员二人，均由会员大会就会员代表中用无记名连选法选任之，以得票较多数者当选。

第二十六条 监察委员为名誉职，任期两年，不得连任。

第三十三条 监察委员对于本公会一切会务有查询纠劾之权。

第三十四条 会议之种类如左：

一、会员大会每年于六月中定期举行，由执行委员会召集之；

二、执行委员会议每月开常会一次，由常务委员会召集之；

三、执行委员会议监察委员均得列席，但无表决权；

四、常务委员会议每星期开常会一次；

五、监察委员会议每月至少举行一次，由首席监察委员召集之。

原章程第二十五条改二十七条、二十六条改二十八条、二十七条改二十九条、二十八条改三十条、二十九条改三十一条、三十条改三十二条、三十一条即改如右列三十四条、三十二条改三十五条、三十三条改三十六条、三十四条改三十七条、三十五条改三十八条、三十六条改三十九条、三十七条改四十条、三十八条改四十一条、三十九条改四十二条、四十条改四十三条、四十一条改四十四条、四十二条改四十五条、四十三条改四十六条、四十四条改四十七条、四十五条改四十八条、四十六条改四十九条。

上海市书业同业公会为划一图书售价办法公告

1936年（民国二十五年）

教育部近以各出版家图书定价多不核实，往往任意增减售价、伸缩折扣，对于教育实有重大影响，因订定教科图书及其他图书划一出售办法十条训令各省市教育厅局知照，并转饬所属各书店一体遵照。

本公会当即召集执行委员会会议，佥以图书售价参差不一，或抬高定价、大打折扣，或巧立名目、标榜廉价，不仅引起同业间不正竞争，酿成无谓之纠纷与损失，且使顾客受愚，反出较高之代价，而出版物改进之图，亦难免受其窒碍。教育部所定办法，实为整顿弊端、推进文化之要策，自当一致遵守。惟该办法系将纲要规定，为谋实施便利起见，本公会自应根据部颁办法，按照同业实际情形，拟定实施办法，因即组织委员会研究实施方案，提交本公会执行委员会详加讨论，议决订定上海市书业同业公会《划一图书售价实施办法》十五章，呈请教育部及地方官厅备案，并分发各会员遵照办理。

兹将教育部颁布办法及本公会所定实施办法分录于后，按教育部颁布办法第六条甲项规定，同业批发酬劳由同业公会议定之。本公会所定办法十五章，其中第三章系因同行账款伸缩宽紧与同行批发酬劳有重大关系，故连带规定。其他各章，或为关于同行批发酬劳之规定，如第二、第五、第六、第十二、第十三等章是；或为关于售价之规定，如第四及第七至第十一等章是；或为谋规定办法施行有效之规定，如第一及第十四两章是。所有规定皆系根据教育部颁布办法并参考同业实际情形，查教育部颁布办法第十条规定，全国出版者及贩卖书籍者，一律照规定办法办理，如有违反者，得由各该地同业公会或任一同业呈请地方官厅为有效之制裁。凡出版同业及贩卖同行，不论其是否为本公会会员，对于后录条款均应切实遵守。特此公告。

附件：

教育部训令：划一图书售价实施办法

1936年4月7日（民国二十五年）

一、所有书籍，无论大中小学教科书或普通新书、古书，应一律标明定价。

二、教科图书定价，应以编辑印刷之成本为准，酌量订定，务求低廉。

三、所有书籍，门市一律照定价发售，不得减折或抬高。

四、已出版书籍，因原有折扣而定价较高者，应即由各该出版者核减，另定实价，标明于底里面，将来因纸价涨落或其他原因必须增减定价者，出版者仍得酌量增减之，但门市须照最后增减之定价出售，不得折扣或抬高。增减定价者如系教科图书，并应随时呈请教育部核准。

五、书籍得售预约或特价，但均照定价七折或七折以上出售。

六、书籍得减折售与者，以左列各项为限：

（甲）同业批发酬劳，由同业公会议定之；

（乙）学校贩卖部或合作社照定价九折；

（丙）图书馆照定价九折，但同书以二部为限，字典、词典以五部为限；

（丁）出版者之股东或在职同人照定价九折，但普通书以一部为限，教科书以二部为限；

（戊）著作人购自著之书照定价七折，其版权共有者不给版税，照定价六折，均以三十部为限。

七、出版者或贩卖者，均不得以纪念名义举行廉价或赠送书券。

八、滞销或污损之书，得专设廉价部发售，不限折扣，但须于书面盖用廉价部图记。

九、在出版者总店从外各地发售之书籍，得酌加汇水运费，但不得超过实在需要之数。

十、由教育部通令全国出版者及贩卖书籍者，一律照上开各款规定办理，如有违反者，得由各该地同业公会或任一同业呈请地方官厅为有效之制裁。

上海市书业同业公会划一图书售价实施办法

1936年（民国二十五年）

第一章 总则

第一条 本办法系遵照教育部划一图书价目训令订定。

第二条 本办法定于民国廿五年七月一日起实行，除登报公告同业一体照办外，并呈请教育部暨地方官厅备案，修订时亦同。

第三条 自本办法实行之日起，所有出版图书均须一律印明实价，七月一日以前出版图书应一律加印实价，如一时不及加印，应刊行实价书目，所有加印实价手续必须于廿五年底以前办妥，如届时尚未办妥，即应照版权页上原来价目出售，原来未印明定价者应于同时期内加盖价目戳记，否则不得出售。

第四条 本办法由出版同业通知各地分店一律实行，当地有同业公会或有类似组织者并应请其照办。

第二章 同行批发酬劳

第五条 小学教科书及无著作权之出版物，每百元本埠同行酬给回佣二十元、外埠同行酬给回佣二十五元。

第六条 中学教科书、零本杂志及有著作权之出版物，每百元本埠同行酬给回佣十五元，外埠同行酬给回佣二十元。

第七条 预约书特价书及预定杂志，每百元本埠同行酬给回佣十元，外埠同行酬给回佣十五元。

第八条 第五条至第七条各项回佣率，出版同业得依照资本大小分别加给如左：

资本数	本埠同行加给数	外埠同行加给数
不满二百万元	不加	一元
不满一百万元	一元	二元
不满五十万元	二元	三元
不满十万元	三元	四元
不满一万元	四元	五元

第九条 出版同业除照本章各条酬给本外埠同行回佣外，不得再给津贴升水及其他任何利益，同行相互往来亦应照办。

第十条 出版同业总分店及其代办分庄、特约经销处，与所在地同行交易作本埠论。本埠两字之解释，以邮件寄递作本埠论者为范围。

第十一条 外埠同行，如在出版同业总分店所在地设立坐庄代配货物，其回佣分下列两项计算：

（甲）所配货物由坐庄经收者，照本埠同行回佣计算；

（乙）由各总分店直寄外埠同行者，照外埠同行回佣计算（其有特别情形者由同业协议另定办法）。

第三章　同行账款

第十二条　自廿五年七月一日起，本外埠同行往来以现款交易为原则，如有向例放账者照左列办法通融办理：

（甲）记账往来须先商定限额；

（乙）照往来限额应有妥实保证，欠数不得超过保额；

（丙）每次配货至少须付半数之现款，欠款超过保额者应全付现款，所付现款得先除回佣，例如外埠同行配小学教科书一千元，得先除回佣二百五十元，其余之七百五十元应付现款三百七十五元；

（丁）保额以内之欠款，照政府规定结账，日期即一月底、五月底、九月底各将本期内欠款结清，其账款尾数抹零，以不满一元为限；

（戊）每届不能结清欠款之同行，应由各同业互相通知下届一致不与往来；

（己）预定杂志、预约图书及批购特价书，应一律以现款为限，概不记账。

第十三条　新出图书，得于出版日起两个月内发交欠款，未满保额之同行试销此项试销书，每种只得发货一次，并应于发货日起四个月内收还货款或收退原书。

第十四条　廿五年七月一日起，同行往来办法变更，所有廿五年六月底以前账款，应照下列办法办理：

（甲）本外埠同行所有往来账目，应于廿五年六月底作一总结束；

（乙）六月底结束所欠账款以后每逢清账期至少拨还六分之一，廿五年九月底应拨还之六分之一，如不能拨还，得通融展至廿六年一月底一并拨还全数三分之一，以后须按期照拨，不再变通，如不能按期拨还，应通知同业协议制裁；

（丙）本外埠同行廿五年六月底结账时，对于以前存货，卖买双方均不得因定价及回佣变更要求找补。

第四章　邮运汇费

第十五条　通信现购，无论本外埠或外国所有邮运汇费，概向顾客收取。

第十六条　西藏、西康、四川、云南、贵州、甘肃、宁夏、新疆、青海、蒙古等处邮运汇费，由本公会照实在需要数通知以上各地同业照办。

第五章　特约经销处

第十七条　每家设立特约经销处，数目不论新旧，至多以共计六十所为限。

第十八条　每家设立特约经销处，以每地一所为限。

第十九条　每家所设特约经销处，不论新旧，均应用书面报告同业公会。

第二十条　特约经销处批发酬劳照第五、第六两条，回佣率每百元得加给三元。

第二十一条　特约经销处账款办法照第三章各条办理。

第二十二条　出版同业与同行订立特约经销处契约，应采用本会共同议定之条款，如有增减，不得违背本办法之各项规定。

第六章　代办分庄

第二十三条　代办分庄出版同业不得参加资本，同行承办代办分庄以出版同业一家为限。

第二十四条　代办分庄每家至多设四十处，其设置地点以上海出版同业设有自办分庄者为限。

第二十五条 各家所设代办分庄应用书面报告同业公会。

第二十六条 代办分庄批发酬劳，照外埠同行回佣率每百元得加给十元。

第二十七条 代办分庄账款由各家自定办法。

第二十八条 出版同业与同行订立代办分庄契约，应采用本会共同议定之条款。如有增加，不得违背本办法之各项规定。

第七章 廉价书发售办法

第二十九条 出版同业或贩卖同行均不得以纪念名义举行廉价或赠券。

第三十条 滞销或污损图书得设廉价部发售，不限折扣，但每年以二次为限，共计不得过两个月，并须事先通知同业公会。

第三十一条 廉价部发售书籍，均须于事先在书上标明折扣或价格，并须加盖廉价部戳记。

第三十二条 廉价部交易一律以现款为限。

第八章 特价书发售办法

第三十三条 教科书以外之图书得售特价，应照定价七折或七折以上出售。

第三十四条 特价图书每种每年以一次为限，时期不得过四个月。

第三十五条 特价图书应列举书名及特价起讫日期，于开始发售日在日报公布。每家每年发售特价图书种数，除新书外以占本身出版总数百分之十为限，其所占百分之十如超过三百种者，只能以三百种为限。

第三十六条 每种不论册数多少，以有单独定价及书名者为一单位，例如某某丛书整部发售特价，则该丛书整部为一种，如以该丛书单行本发售特价，则每种单行本作为一种。

第三十七条 发售特价，总分店及代办分庄、本外埠同行以同时举办为原则，其有远处不及同时举办者，得将起讫日期酌量延迟，惟至多以一个月为限。

第九章 预约书发售办法

第三十八条 教科书以外之图书得售预约，应照定价七折或七折以上出售，以全书出版以前为止。

第三十九条 预约书于发售时，即应将书名、定价、预约价及预约起讫日期先时登报公告。

第四十条 预约书于发售预约时，应将全部定价发表，并应在该项预约书内载明全部定价，即可证明其预约价确在七折以上。

第四十一条 在本办法实行以前，各家已经发售之预约图书得暂照原定办法办理。五月一日起发售之预约，其折扣在六月底前虽可不受拘束，但届至七月应即改照定价七折发售。

第十章 学校购书办法

第四十二条 学校觅购或学校贩卖部、合作社购书一律照定价九折。

第四十三条 出版同业、贩卖同行，与学校或其贩卖部及合作社等往来，一律现款交易，发货不得超过来款，但不得已如须记账时，每学期应于开学后一个月内结清，应通知各家停止记账。

第四十四条 学校或其贩卖部及合作社等与同业往来，如有账款结账时，抹零以不满一元为限。

第四十五条 学校或其贩卖部及合作社等退书，不得超过购书总额一成。

第十一章　图书馆购书优待办法

第四十六条　出版同业为优待图书馆购书起见，特印图书馆优待券备索，凡图书馆欲得优待券者，应备正式公函由馆长签字加盖图书馆印章，并附图书馆章程寄交同业。

学校附设之图书馆，如欲仿照办理，除照上列应备函件外，并应加寄学校章程。

第四十七条　索取优待券应与各该出版同业直接接洽，如经认可，所赠之优待券在有效期内适用之。

第四十八条　凭券购书概照定价九折计算，但预约书、特价书及国外出版书，优待券不能适用。

第四十九条　凭券购书须先将券缴验，通信现购亦须附寄，验明寄还，购普通书每种以二部为限，字典、词典每种以五部为限。

第五十条　凭券购书概用现款，均不记账，邮运费照加。依本章程受优待之图书馆须将长期阅览券赠送各该同业，以便该同业职员随时到馆阅览。

第十二章　邮政局代购图书办法

第五十一条　邮局代购图书提给回佣办法如左：

（甲）小学教科书及无著作权之出版物提给百分之廿；

（乙）中学书及有著作权之出版物提给百分之十五；

（丙）杂志提给百分之十；

（丁）特价书照特价实收数提给百分之十。

第五十二条　上开办法应由本会呈请交通部并函邮政总局备案。

第十三章　捐赠书物及公宴陈列办法

第五十三条　出版同业及贩卖同行对于往来同行及任何私人或机关，不得有所馈赠。

第五十四条　在本办法公布之前，同业同行如有第五十三条情事，限于本办法实行时立即取销。

第五十五条　任何团体机关向同业捐募图书，应由同业报告公会，经公会酌定办法交同业执行。公会认为不必捐赠者，同业不得私自赠送；公会认为可以捐赠，同业不愿捐赠者听。

第五十六条　私人请求捐赠图书，同业应一样谢绝。

第五十七条　各同业对于各地学术团体开会及其他各种公共集会时，不得赠送书物及任何宣传品，但认为有公宴及陈列之必要时，应报告公会，由公会通知同业，征求自愿参加者协商联合办理之。

第十四章　寄售图书办法

第五十八条　寄售图书须一律遵照部令标明定价，十足发售，由寄售同业负责实行其原有折扣，而定价较高者，应由寄售同业于本办法实行期前通知各该出版人核准另定，实价标明于底页里面。

第五十九条　寄售图书发售预约特价或在廉价部发售，须一律遵照本办法第七、八、九三章之办法办理。

第六十条　寄售图书对于学校贩卖部或合作社及图书馆，得照定价九折出售，图书馆购书同书以两部为限，字典、词典以五部为限。

第六十一条　寄售同业将寄售图书批发时，对同业所给酬劳至少应比照本版图书批发酬劳减少百分之五（即每百元至少应减少回佣五元），并得按资本大小分别等级。

例如有著作权寄售书，每百元给予外埠同行批发酬劳资本不满万元者只给廿元，不满十万元者只给十九元，不满五十万元者只给十八元，不满一百万元者只给十七元，不满二百万元者只给十六元，二百万元以上者只给十五元。

第六十二条 寄售同业所取出版人之寄售酬劳，由各家自定之。

第六十三条 寄售同业对出版人之结账期，得照政府规定之清账期延迟一个月，即每逢二月底、六月底、十月底结账，按期照实在售出之数，除去应得寄售酬劳及其他契约上规定之费用，付给之。

第六十四条 寄售同业将寄售图书批发，以现款交易为原则。如须记账交易，至少应照本办法第三章办理。

第六十五条 寄售图书之包箱、绳扎、邮运、保险等费，进货方面归出版人担负，销货方面归顾客担负。

第六十六条 寄售同业在接受委托代办批发之寄售图书时，应将书名、定价、著作人以书面报告书业同业公会，并同时知照其他各寄售同业。

第六十七条 寄售同业对于受委代办批发之寄售图书，得限制出版人再委托他家代办批发。出版人不受限制而发生严重交涉时，得报告书业同业公会，通知各寄售同业，对该出版人一律停止往来。

第六十八条 凡出版人自有发行机关者，其出版图书发交同业应照本版图书批发简章办理，不作寄售论。

第六十九条 寄售图书如载明受委寄售者之牌号，须得各该受寄售者之书面认可。如未经认可而擅自使用时，当时寄售同业得通知其他寄售同业对该书停止寄售。

第七十条 寄售同业对于受委寄售之图书，得限制出版人任意减折滥价出售，如发觉此等情形时，对该书应即停止寄售，并通知其他寄售同业一律照办。

第十五章　罚则

第七十一条 同业或与同业往来之同行，无论会员或非会员，违反教育部训令不按定价实售，私行增减者，经检举、调查属实，除由本会呈请政府作有效之制裁外，并得照本办法第七十二条各项处置之。

第七十二条 同业或与同业往来之同行不遵守本办法者，无论会员或非会员，由本会视情节之轻重，作左列之惩罚：

（甲）书面警告；

（乙）公议罚款拨充公益；

（丙）登报通知全国同行停止往来；

（丁）请政府或公共机关予以制裁。

第七十三条 同业之自设分店及代办分庄，遇有违反教育部训令及本办法时，该同业应受前条之处分，但如确系分店或代办分庄错误，该同业将该分店经理辞歇或将该代办分庄撤销者，得免除该同业应受之处分。

第七十四条 外埠同业发生违反教育部训令及本办法，因而牵动本会同业之自设分店、代办分庄及往来同行时，应由受损害者请由就地同业公会或地方官厅为有效之制裁，并同时报告本会协助之。

第十六章　附则

第七十五条 优待本外埠同行简章及特约经销处、代办分庄契约另定之。

第七十六条 本办法解释及修订之权属于本会执行委员会。

上海市书业同业公会划一图书售价实施业规应用附件

1936年（民国二十五年）

上海市书业同业公会公议本埠同行批发简章

一、各同业总分店对于本埠同行批发一律适用本简章。

二、同行与各同业往来，应先订明记账限额。

三、前项限额同行应备具各同业认可之铺保单，或现款保证。

四、同行具现款保证者，各该同业应掣给收据。

五、同行向各同业配货，在记账限额之内，每次应交半数现款，超过限额应全数付现。

六、同行结欠各同业货款全数，应于一月底、五月底、九月底结清。

七、同行所配各同业出版书籍，按照左列规定，计算回佣：

（甲）小学教科书及无著作权之出版物，每百元酬给二十元；

（乙）中学教科书、零本杂志及有著作权之出版物，每百元酬给十五元；

（丙）预定杂志及预约特价书，每百元酬给十元。

八、同行配货价格，按照各同业门市售价计算。

九、同行向各同业总店往来，不得再向其分店往来；在分店往来者，不得再向其总店往来。

十、同行配货，概不退换。

十一、各同业寄发货物，以舟、车、邮局盖章或收据为凭。中途如遇水、火、盗、窃及其他一切损伤、遗失、潮湿等情，概与各该同业无涉。

十二、同行发售各同业书籍，应绝对遵守各该同业在版权页上刊明之定价，十足发售。其预约、特价之书，应照各该同业之售价发售，均不得稍有减让。

十三、同行结欠各同业货款，应在往来之各该总店或分店所在地履行债务之处理，并应以上海通用之货币偿付。

十四、各同业与同行往来，除应遵守本简章外，并应查照上海市书业同业公会《划一图书售价实施办法》办理。

十五、本简章公布之日以前所有同行批发简章，均即取消，将来如有修订，再行公布。

上海市书业同业公会公议外埠同行批发简章

一、各同业总分店对于外埠同行批发一律适用本简章。

二、同行与各同业往来应先订明记账限额。

三、前项限额同行应备具各同业认可之店铺保单或现款保证。

四、同行具现款保证者，各该同业应掣给收据。

五、同行向各同业配货，在记账限额之内，每次应交半数现款，超过限额应全数付现。

六、同行结欠各同业货款全数，应于一月底、五月底、九月底结清。

七、同行所配各同业出版书籍，按照左列规定，计算回佣：

（甲）小学教科书及无著作权之出版物，每百元酬给二十五元；

（乙）中学教科书、零本杂志及有著作权之出版物，每百元酬给二十元；

（丙）预定杂志及预约特价书，每百元酬给十五元。

八、同行向各同业总店配货，按照其门市售价计算；向分店配货，各该分店得视需要另加邮运汇费。

九、同行向各同业往来，无论在其总店、分店、代办分庄或特约经销处，应以一处为限，不得同时在两处往来，但全数以现款购货者不在此限。

十、同行配货，概不退换。但试销新书，得于货到日起，四个月内退还。

十一、各同业寄发各货，其装箱、打包、水脚、关税、码头捐、验费、报费、下力、保险费、邮费、带力等项，均由同行认付；但试销新书寄费，由各该同业认付；其退货寄费，由同行认付。

十二、各同业寄发货物，以舟、车、邮局盖章或收据为凭。中途如遇水、火、盗窃及其他一切损伤、遗失、潮湿等情，概与各该同业无涉。

十三、同行发售各同业书籍，应绝对遵守各该同业在版权页上刊明之定价，十足发售。其预约、特价之书，应照各该同业之售价发售，均不得稍有减让。

十四、同行结欠各同业货款，应在往来之各该总店或分店所在地履行债务之处理，并应以上海通用之货币偿付。

十五、各同业与同行往来，除应遵守本简章外，并应查照上海市书业同业公会《划一图书售价实施办法》办理。

十六、本简章公布之日以前所有同行批发简章均即取消，将来如有修订，再行公布。

上海市书业同业公会公议同业寄售图书简章

一、本简章系依照本公会《划一图书售价实施办法》第十三章及第十五章订定。

二、凡出版人欲以图书或定期刊物委托同业经售者，须先送样书两份，经认可后，当即通知订立契约，或出立委托书，并商定初次发货数量；其未便寄售者，当将原样书退还。

初次发售数量，有特别约定者外，一般图书每种至多以二十份为限，定期刊物每种以五份为限。

三、寄售图书之定价及发售办法，须一律遵照本公会《划一图书售价实施办法》办理，由同业负责实行。

四、寄售图书，如有干犯法律以及侵害他人权利等情，应由出版人自负其责；同业倘因上项原因而受损失，应由出版人完全赔偿。

五、寄售图书，如欲刊印受委寄售者之牌号，须先得该受委同业之书面认可。

六、同业接受委托寄售图书，关于货物款项之收付手续，应参照左列办法办理：

（1）货物收付，由同业立折或出具单据为凭；

（2）每期结账，由同业开具存销清单，寄交出版人查核，凭折据、印鉴等向同业领款。

所有折据及印鉴等，出版人应妥为保存。如或遗失，其挂失及声明作废之手续，应照商业通例办理；在挂失声明作废以前，如有冒领货物款项等情，同业不负责任。

七、同业所取出版物之寄售酬劳，由各家自定，载明于契约或委托书内。

八、寄售图书之往来寄递、包扎、保险、捐税等费，概归出版人负担。款项如须寄汇，其汇费、带力，亦应由出版人认付。

九、未出版之图书，如欲委托同业代为发售预约，须先将样本内容交由同业审阅，经同意后，方可照办。所收预约书款，须于出书一个月后方可交付。如至原定出书期尚未出书，或顾客认为该书与样本不符，不能满意时，同业得将预约书款发还顾客，并向出版人取偿一切代办费用。

十、同业对于出版人之结账期，得照政府规定之清账期延迟一个月，即每逢二月底、六月底、十月底，按期照实在售出之数，除去应得酬劳及其他约定之费用付给之。

十一、每届结账后，出版物如不合销路，同业得通知出版人将所存出版物全部或一部分领回；倘经两次通知后不来接洽或不取回时，同业得自由处置，出版人不得有任何异议。

十二、出版人通信地址如有变更，应随时通知受委同业，否则信件无法投递，同业得将其货物自由处置，出版人不得有任何异议。

十三、寄售图书在最初一年内，出版人不得任意撤回；满一年后除有特别约定者外，如欲撤回，至少先期一个月通知。

十四、寄售图书之广告及推广品由出版人自理，如欲委托同业代办，应将所需费用先行交清。

十五、寄售图书在寄存期内，如遇天灾人祸等人力难以挽救之损失，以及虫蛀、鼠伤、水渍、火损等情，同业不负赔偿之责。

十六、本简章公布之日以前所有各家自定之寄售简章，应即废止。

上海市书业同业公会公议特约经销处契约

立契约　　　　（下文省称甲方/乙方）今因乙方在＿＿＿＿省＿＿＿＿地方承办甲方特约经销处，双方议定条件如左：

第一条　乙方自备资本，经销甲方出品，独立营业，所有银钱之出入、贸易之盈亏以及人欠欠人及代人担保等事项，完全由乙方负责，与甲方无涉。

第二条　乙方营业牌号，除使用本牌外，应兼用"某某牌号某某地方特约经销处"，但不得迳用甲方牌号。

第三条　凡与甲方出品类似或含有竞争性之货物，非得甲方同意，乙方不得发售。

第四条　在本约有效期内，甲方不得再以"特约经销"名义及其同样之权利，给与该某某地方之任何商店；但甲方如自设分庄或设代办分庄时，得将乙方之特约经销撤销之，并终止本契约。

第五条　乙方在本约有效期内，为甲方某某地方之特约经销机关，所有当地门市、批发、贩卖等交易，均由乙方办理；但不得越境招徕，并侵入甲方其他营业区域。

第六条　乙方向甲方总店往来，不得再向甲方分店往来；在分店往来者，不得再向总店往来。

第七条　乙方每年度推销甲方出品，其营业数不得少于＿＿＿＿元；如有不及之时，甲方得终止本契约。

第八条　乙方于本契约订定时，除应缴甲方现款＿＿＿＿元作为保证外，并应在上海或分店所在地觅取铺保，以＿＿＿＿元为总额，此项铺保与乙方对甲方连带负责。

第九条　乙方向甲方配货，在第八条之现金保证及店铺保证之总额以内者，每次交付甲方半数现款，其欠额分别于一月底、五月底、九月底，除回佣外以现款清偿之；如发货数目超过第八条之保证总数，每次应以现款配货，不得稍有拖欠。

第十条　乙方经销甲方货物，甲方按照左列规定计算回佣：

（子）甲方出版之小学教科书及无著作权之出版物，每百元交易数酬给廿八元；

（丑）中学教科书、零本杂志及有著作权之出版物，每百元交易数酬给廿三元；

（寅）预定杂志及预约特价书，每百元交易数酬给十五元。

第十一条　乙方门市或批发售价及给与同行之酬劳，应绝对遵守甲方规定之办法，或其公布之通告及规则办理。

第十二条　乙方付给甲方现款保证，甲方应掣给收据。

第十三条　乙方付给甲方货款，甲方应给收据。

第十四条　甲方发交乙方货物及乙方退货，所有运费、关税、保险、邮费、木箱、蒲包、绳索、包扎等费均由乙方认付；甲方发给乙方试销新书，寄费由甲方认付，其还书寄费由乙方认付。

第十五条　甲方寄发乙方货物，以舟、车、邮局盖章或收据为凭，中途如遇水、火、盗、窃及其他一切损伤、遗失、潮湿等情，概与甲方无涉。

第十六条　乙方应将所存甲方货物保险，其保额应先商之甲方，保险单由甲方收执；遇有火险之时，保险赔款，应以先偿付所欠甲方账款，不得异议。

第十七条　乙方自行向甲方添配之货物，每年退货不得超过发货数百分之十；甲方发给乙方试销新书，乙方退还应于到货日起四个月内办理之。

第十八条　乙方对甲方应尽左列各项之义务：

（子）邻近各处如有翻印甲方出版之图书或其他妨碍其法益之行为，应随时查察报告；

（丑）代甲方转运货件，调查当地教育及同业状况，并办理其他甲方委托事项；

（寅）粘贴招纸、分布传单、发送书目、刊登广告及办理其他关于推销上之事项。

第十九条　乙方对甲方之债务，应在＿＿＿＿＿＿履行，所有账款均以上海通用之货币偿付。

第二十条　本契约双方均应切实遵守，任何一方如违背本契约任何条文，对方得将本契约随时终止，其违背契约之一方并应赔偿对方之损失。

第二十一条　甲方对于全体特约经销处办法有变更时，本契约应同时照改。

第二十二条　本契约有效期为＿＿＿年，自＿＿＿年＿＿月＿＿日起至＿＿＿年＿＿月＿＿日止。

第二十三条　本契约一式两纸，双方各执一纸为凭。

中华民国　年　月　日

立契约

见议

上海市书业同业公会公议代办分庄契约

立契约　　　　（下文省称甲方/乙方）今因乙方在＿＿＿＿省＿＿＿＿地方承办甲方之代办分庄，双方议定条件如左：

第一条　乙方自备资本，代办甲方分庄，独立营业，所有银钱之出入、贸易之盈亏以及人欠欠人及代人担保等事项，完全由乙方负责，与甲方无涉。

第二条　乙方营业牌号，除使用本牌外，应兼用"某某牌号某地方代办分庄"，但不得迳用甲方牌号。

第三条　乙方营业应以甲方出品为范围，凡与甲方出品类似或含有竞争性之货物，非得甲方同意，乙方不得发售。

第四条　在本约有效期内，甲方不得再以"代办分庄"名义及其同样之权利，给与该某某地方之任何商店。但甲方如自办分庄时，得将乙方之代办分庄撤销之，并终止本契约。

第五条　乙方在本约有效期内，为甲方某某地方之营业代办机关，所有当地门市、批发、贩卖等交易，均由乙方办理；但不得越境招徕，并侵入甲方其他营业区域。

第六条 乙方配货应向甲方为之，甲方之其他自设分庄或其他代办分庄，乙方不得向之配货。

第七条 乙方每年度推销甲方出品，其营业数不得少于＿＿元，如有不及之时，甲方得终止本契约。

第八条 乙方于本契约订定时，除应缴甲方现款＿＿＿＿＿＿元作为保证外，并应在甲方总店或分店所在地觅取铺保，以＿＿＿＿＿＿元为总额，此项铺保与乙方对甲方连带负责。

第九条 甲方发交乙方货物，以第八条之现款保证及店铺保证之总额为限，其超过保证总额之货账，应于每年一月底、五月底、九月底分别以现款清偿之，其在现款保额内之欠款，于契约终止时由乙方清偿之。

第十条 乙方经销甲方货物，甲方按照左列规定计算回佣：

（子）甲方出版之小学教科书及无著作权之出版物，每百元交易数酬给三十五元；

（丑）中学教科书、零本杂志及有著作权之出版物，每百元交易数酬给三十元；

（寅）预定杂志及预约特价书，每百元交易数酬给二十五元。

第十一条 乙方门市或批发售价及给予同行之酬劳，应绝对遵守甲方规定之办法办理。对于甲方发布之营业通告规则等，乙方应一律遵守。

第十二条 乙方付给甲方现款保证，甲方应掣给收据。

第十三条 乙方付给甲方货款，甲方应给收据。

第十四条 甲方发交乙方货物及乙方退货，所有运费、关税、保险、邮费、木箱、蒲包、绳索、包扎等费均由乙方认付；甲方发给乙方试销新书，寄费由甲方认付，其还书运费由乙方认付。

第十五条 甲方寄发乙方货物，以舟、车、邮局盖章或收据为凭，中途如遇水、火、盗、窃及其他一切损伤、遗失、潮湿等情，概与甲方无涉。

第十六条 乙方应将所存甲方货物保险，其保额应先商之甲方，保险单由甲方收执，遇有火险之时，保险赔款应以先偿付所欠甲方账款，不得异议。

第十七条 乙方自行向甲方添配之货物，每年退货不得超过发货数百分之三十；甲方发给乙方试销新书，乙方退还应于到货日起六个月内办理之。

第十八条 乙方对甲方应尽左列各项之义务：

（子）邻近各处如有翻印甲方出版之图书或其他妨碍其法益之行为，应随时查察报告；

（丑）代甲方转运货件，调查当地教育及同业状况，并办理其他甲方委托事项；

（寅）粘贴招纸、分布传单、发送书目、刊登广告及办理其他关于推销上之事项；

（卯）甲方人员或其介绍之人经过乙方所在地，乙方应担任引导之责。

第十九条 乙方对甲方之债务，应在上海＿＿＿＿＿＿履行，所有账款以上海通用之货币偿付。

第二十条 本契约双方均应切实遵守，任何一方如违背本契约任何条文，对方得将本契约随时终止，其违背契约之一方并应赔偿对方之损失。

第二十一条 甲方对于上海市书业同业公会《划一图书售价实施办法》规定各项均应切实遵守，如有违犯，甲方得即声明终止本契约。

第二十二条 甲方对于全体代办分庄办法有变更时，本契约应同时照改。

第二十三条 本契约有效期为＿＿＿＿年，自＿＿＿＿年＿＿月＿＿日起，至＿＿＿＿年＿＿月＿日止。

第二十四条 本契约一式两份，双方各执一份为凭。

中华民国　年　月　日

立契约

见议

上海市书业同业公会公议独家寄售契约

立契约　　　　　（下文省称甲方/乙方）今因甲方将附表所列出版物＿＿种，委托乙方独家寄售，双方议定条款如左：

第一条　甲方委托乙方寄售之出版物，所有出版法规定之发行人责任完全属于甲方，如有干犯法律以及侵害他人权利等情，概由甲方负完全责任，乙方因此所受损失，应由甲方完全赔偿。

第二条　甲方在本契约有效期内，不得再将委托乙方独家寄售之出版物，在＿＿＿＿＿＿地方委托任何商号或个人寄售。

第三条　乙方在本契约有效期内为甲方＿＿＿＿＿＿之营业代理机关，所有零售批发等交易均归乙方办理，在书业同业公会业规所定同业共同遵守之办法范围内，甲方得规定营业办法，交乙方照办。

第四条　乙方经销甲方货物，于每年＿＿＿＿＿＿结算，按交易数每百元提取酬劳＿＿＿＿＿＿元。

第五条　甲方发交乙方货物，或乙方退回甲方货物，所有运费、关税、保险、邮费、木箱、蒲包、绳索、包扎等费均归甲方担负。

第六条　甲方在本契约有效期内，得于所有委托乙方寄售之出版物及其广告中刊明乙方为寄售者，但在本契约终止后，甲方应将出版物内所刊乙方牌号于三个月内撤销之。

第七条　甲方对于上海市书业同业公会《同业寄售图书简章》及本契约所规定之各条款，应一体遵守。

第八条　本契约双方均应切实遵守，任何一方如违背本契约任何条文，对方得将本契约随时终止，其违背契约之一方并应赔偿对方之损失。

第九条　本契约有效期为＿＿＿＿＿＿年，自＿＿＿＿＿＿年＿＿＿月＿＿＿日起，至＿＿＿＿＿＿年＿＿＿月＿＿＿日止。

第十条　本契约一式两份，双方各执一份为凭。

本契约甲方委托乙方独家寄售之出版物如左表：

书名	著作人	册数	定价
			中华民国　年 月　日 立契约 见议

寄售图书委托书

今将附表所列出版物＿＿＿＿＿＿种委托贵（局、馆、社、店）寄售所有　贵业同业公会《寄售图书简章规定》各项均愿切实遵守　此致

贵（局、馆、店、社）台照

寄售图书列表如左

书名	著作人	册数	定价	寄售酬劳
			每百元提　　　元	
			中华民国　年　月　日 立寄售图书委托书 证明人	

上海市书业同业公会业规

1936年（民国二十五年）

第一章 总则

第一条 本业规由上海市书业同业公会订定之。

第二条 本业规以谋同业之公共福利及矫正营业之弊害为宗旨。

第三条 凡在上海市区域内经营书业者及上海市同业之分支店，须一律遵守本业规。

第四条 凡上海市同业或上海市同业所设分支店之往来同行、特约经销处及代办分庄，对于上海市同业出版物之经售，亦须一律遵守本业规。

第二章 价目

第五条 所有书籍，无论大中小学教科书、普通新书古书及其他一切出版物，如杂志、地图、挂图、订本、碑帖、画册等，应一律标明定价（邮运费照加）。

第六条 学校贩卖部或学校合作社，购书一律九折。

第七条 图书馆购书，得向同业领用优待券，凭券购书，概照九折计算；预约书及特价书，照九五折计算（普通图书每种以两部为限，字典词典每种以五部为限，国外出版图书优待券不适用）。

第八条 出版者之股东或在职同人购书，照定价九折（但普通书以一部为限，教科书以二部为限）。

第九条 著作人购自著之书，照定价七折，其版权共有者，不给版税，照定价六折（均以三十部为限）。

第十条 教科书以外之出版物，得售特价，应照定价七折或七折以上出售。

第十一条 特价图书，每种每年以一次为限，时期不得超过四个月，于开始发售日，应列举书名及特价起讫日期，在日报公告，每家每年发售特价图书种数，除新书外，以占本身出版物总数百分之十为限，其所占百分之十如不及三十种得以三种发售特价，如超过五百种，只能以五百种为限。但无版权之出版物，版权页上印明定价及特价者，不受此条限制。

第十二条 每种特价图书，不论册数多少，以有单独定价及书名者为一单位，例如某某丛书，整部发售特价，则该丛书整部为一种，如以该丛书单行本发售特价，则每种单行本作一种论。

第十三条 发售特价，总分店及代办分庄、特约经销处、本外埠同行，以同时举办为原则，其有远处不及同时举办者，得将起讫日期酌量顺延，惟至多以一个月为限。

第十四条 教科书以外之出版物得售预约，应照定价七折或七折以上出售，其时期以全书出版时为止。

第十五条 预约书于发售时，应将书名、定价、预约价及预约起讫日期，登报公告。

第十六条 分期出版之预约书于发售预约时，应将全部定价发表，并应于该书之版权页内载明之。

第十七条 出版同业或贩卖同行，无论何时均不得以任何名义举行廉价或赠送任何物品。

第十八条 教科书以外之滞销或污损出版物，得设廉价部发售，不限折扣，但每年以二次为限，共计不得过两个月，并须事先通知本公会。

第十九条 廉价部发售书籍，均须于事先在书上标明价格，并须加盖廉价部戳记，一律现款交易，不得退换。

第三章　营业

第一节　直接营业

第二十条　出版物应一律依照定价发售，不得减折，通信现购并应加收邮运费。

第二十一条　同业如直接与学校贩卖部或学校合作社往来，一律现款交易，如不得已须记账时，应于一个月内结清。

第二节　间接营业

第二十二条　批发客户分类如左：

（甲）特约书店；

子、特约经销处：指贩卖同行与出版同业订有批发契约者而言，每一出版同业设立特约经销处数目，不论新旧，至多以六十所为限，每一邮件寄递之本埠区域内，不得超过一所，并应由该同业用书面报告本公会，由公会通告各会员；

丑、代办分庄：指贩卖同行与出版同业订有专销契约，并为该同业专设门面者而言，其设置地点，以上海其他出版同业设有自办分庄者为限，并应由该同业用书面报告本公会，由公会通告各会员。

（乙）贩卖书店；

（丙）邮局代办；

（丁）贩卖书摊。

第二十三条　批发酬劳之最高额，规定如左，在此范围内得分级酬给：

（甲）有著作权之教科书及杂书回佣最高额，每百元本埠同行酬给二十元，外埠同行酬给二十五元；

（乙）无著作权之图书回佣最高额，依版本之不同分类如左；

子、铅印石印者，每百元本埠同行酬给二十五元、外埠同行酬给三十元。

丑、影印善本，每百元本埠同行酬给二十元、外埠同行酬给二十五元。

（丙）地图、挂图及订本、碑帖、画册回佣最高额，有著作权者，每百元本埠同行酬给二十元、外埠同行酬给二十五元；无著作权者，本外埠各加五元；

（丁）预定杂志回佣最高额，每百元本外埠同行一律酬给十元；

（戊）预约图书及特价图书回佣最高额，每百元本埠同行酬给十元、外埠同行酬给十五元。

第二十四条　出版同业对于特约经销处批发酬劳最高额，得照第二十三条回佣率，每百元加给五元，但该条丁戊两项不适用本条之规定。

第二十五条　出版同业对于代办公庄批发酬劳最高额，得照第二十三条回佣率，每百元加给十元，但该条丁、戊两项不适用本条之规定。

第二十六条　出版同业总分店及其代办分庄特约经销处与所在地同行交易，作本埠论。本埠两字之解释，以邮件寄递作本埠论者为范围。

第二十七条　外埠同行，如在出版同业总分店所在地设立坐庄，其所配购之货物，不得在本埠销售。

第二十八条　第二十三条各项回佣率，出版同业得依照其资本大小，分别加给如左：

出版同业资本数	加给本埠同行数	加给外埠同行数
满二百万元	不加	不加
不满二百万元	不加	一元
不满一百万元	一元	二元
不满五十万元	二元	三元
不满十万元	三元	四元
不满五万元	四元	五元
不满一万元	五元	六元

但遇有同业二家以上印行内容版本及定价完全相同之图书，由各家协商酌减回佣率者，不适用本条依照资本大小分给回佣之规定。

第二十九条 邮局代办同业出版物，其回佣率不适用第二十三、二十四、二十五及二十八各条，另行规定如左：

（甲）有著作权之教科书及杂书，给以百分之二十；

（乙）无著作权之出版物，给以百分之二十；

（丙）杂志，给以百分之十；

（丁）预约书、特价书照预约价、特价，给以百分之十。

第三节　寄售营业

第三十条 寄售同业批发寄售图书时，所给酬劳至少应比照第二十三条之规定减少百分之五（即每百元至少应减少回佣五元），并得按资本大小分别等级。

例如，有著作权寄售书，每百元给予外埠同行批发酬劳，资本不满一万元者，只给二十六元；不满五万元者，只给二十五元；不满十万元者，只给二十四元；不满五十万元，只给二十三元；不满一百万元者，只给二十二元；不满二百万元者，只给二十一元；二百万元以上者，只给二十元。

第三十一条 寄售同业对于受委托代办批发之寄售图书，定有独家代办批发之契约者，如出版人违约再委托他家代办批发，经原寄售同业通知后，该他家应即尊重原寄售同业，与该出版人原定契约不得代为批发，否则原寄售同业得报告本公会，通知各寄售同业对该他家一律停止往来。

第三十二条 凡出版人自有发行机关者，其出版图书发交同业，应照本业规本章第二节办理，不作寄售论，出版人将出版物完全委托某一同业独家总经售，订有契约，而于版权页上刊明者，亦不作寄售论。

第三十三条 寄售图书如载明受委寄售之牌号，须得各该受委寄售者之书面认可，如未经认可而擅自使用时，该同业得通知其他寄售同业对该书停止寄售，必要时并得登报声明。

第四节　同行账款

第三十四条 出版同业与本外埠同行及特约经销处往来，如须记账，以下列办法为原则：

（甲）记账往来须先商定限额；

（乙）照往来限额，应有妥实保证，欠数不得超过保额；

（丙）每次配货须付一部分现款，欠款超过保额者，应全付现款；

（丁）保额以内之欠款，至迟应于一月底、五月底、九月底，各将本期内欠款结清，其账款尾数抹零，以不满一元为限；

（戊）本埠出版同业记账往来者，其账款应于每月底结清；

（己）预定杂志、预约图书及批购特价书，应以现款为限。

第三十五条 代办分庄之账款，由各同业自定办法。

第三十六条 新出图书，得于出版日起两个月内发交欠款未满保额之同行试销，此项试销书每种只得发货一次，如不能售脱，应于四个月内退还原书。

第五节 推广方法之限制

第三十七条 出版同业及贩卖同行在推广营业方面，不得有下列各项之行为：

（甲）在本业规规定之优待及回佣外，不得再给津贴升水及其他任何利益；

（乙）对于往来同行及任何私人或团体机关，不得馈赠书物或财物。但因公益慈善捐赠并报告本公会者，不受此项限制；

（丙）对于各种公共集会，除书目样本外，不得赠送书物，但认为有公宴及陈列之必要时，应报告本公会，由本公会通知同业，征求自愿参加者协商办理之；

（丁）不得用任何方法诋毁同业之出版物，亦不得为宣传自己出版物之内容，指摘同业他家之出版物；

（戊）同业宣传其出版物价目低廉时，不得以同业他家出版物之价目为比较。

第三十八条 未经原出版人之同意，不得以其出版物特价发售。

第三十九条 未经原出版人之同意，不得以其出版物登报公告或以印刷品宣传，在廉价部出售。

第四章 同业著作权及风纪之维持

第四十条 同业应以互助精神维护彼此出版物之著作权。

第四十一条 同业应尊重同业他家出版物之著作权及版权，不得有抄袭、翻印、仿制或著作权法所取缔之其他行为。

同业影印、石印或铅印出版图书，其他同业不得据以再行影印出版。

除编辑教科书、参考书及著作中引用外，不得将他人著作凑合出版，但得原出版人或著作人同意者，不在此例。

第四十二条 同业有侵害他家出版物之著作权或版权情事时，各同业均有于知悉后立即报告被害同业之义务。

第四十三条 同业办理寄售业务或因其他事由，发现某项出版物侵害他家出版物之著作权时，除履行前条规定外，应将该项出版物暂行扣留，如经被害同业请求法院核准，即应将该项出版物移交被害同业。

第四十四条 同业不得贩卖或寄售违反本业规第四十一条所规定之一切侵害著作权或著作权法所取缔之出版物。

第四十五条 同业出版物，如有印刷所、制版所、制本所代客或自行翻印制本者，除应依法办理外，并得由被害同业向本公会报告，请求援助，经查实，由本公会通告各会员，不得委托各该所印制。

第四十六条 同业经呈准主管官署专用之牌号，不得彼此影射。

第四十七条 同业不得虚设牌号或以其他不正当方法，欺骗诱致购书人。

第五章 罚则

第四十八条 出版同业及贩卖同行不遵守本业规者，由本公会视情节之轻重，作左列之惩罚：

（甲）书面警告；

（乙）公议罚款，拨充公益；

（丙）登报通知全国同行停止往来；

（丁）请政府或公共机关予以制裁。

以上乙、丙两项惩罚，呈报主管官厅核断之。

第四十九条 同业之自设分店，遇有违反本业规时，该同业应受前条之处分；如仅确系分店错误，该同业将该分店经理辞歇后得免除该同业之处分。

同业之代办分庄，遇有违反本业规时，经本公会议决处分后，应由该同业本店负责执行；如该代办分庄不接受，应将该代办分庄契约撤销，否则应由该同业代受处分。

第五十条 各地同业与本市同业往来者，违反本业规时，经本公会调查属实，通知各同业不与往来。

第五十一条 每年一月底不能结清欠款之同行，如由有关系之会员两家以上向本公会报告，经本公会调查属实后由本公会通知各同业不与往来，至还清时为止。

第五十二条 同业书店店员如有违反本业规第四十一条之行为，该同业除应立即将其辞歇外，并应报由本公会通告同业，非经该员悔改后，不得雇用。

第六章 附则

第五十三条 出版同业订立特约经销处契约及代办分庄契约，寄售同业订立寄售契约，均应采用本公会共同议定之条款，如有增加，不得违背本业规之各项规定，本、外埠同行批发简章、特约经销处契约、代办分庄契约及寄售契约各条款，由本公会依照本业规之各项规定另定之。

第五十四条 本业规由本公会会员代表大会通过，呈请主管官厅核准后实行，如有修改，须经会员代表大会通过，并须呈请主管官厅核准。

第五十五条 本业规施行及解释之权属于本公会执行委员会。

上海市书业同业公会实施业规应用附件

1937年（民国二十六年）

上海市书业同业公会规定本埠同行批发简章

一、各同业总分支店、代办分庄及特约经销处，对于本埠同行批发应一律遵照本简章办理。

二、同行与各同业往来，应先订明记账限额。

三、同行应备具各同业认可之铺保出立保单，或现款保证。

四、同行具现款保证者，各该同业应掣给收据。

五、同行向各同业配货，在记账限额之内，每次应交一部分现款，超过限额应全数付现。

六、预定杂志、预约图书及批购特价图书，均须现款，概不记账。

七、同行结欠各同业货款全数，每届一月底、五月底、九月底，均须结清。

八、同行所配各同业出版书籍，按照左列规定，计算回佣：

（甲）有著作权之教科书及杂书回佣最高额，每百元酬给二十元；

（乙）无著作权之图书回佣最高额：

子、铅印石印者，每百元酬给二十五元；

丑、影印善本，每百元酬给二十元。

（丙）地图、挂图及钉本、碑帖、画册回佣最高额，有著作权者每百元酬给二十元；无著作权者每百元酬给二十五元；

（丁）预定杂志回佣最高额，每百元酬给十元；

（戊）预约图书及特价图书回佣最高额，每百元酬给十元。

九、同行配货，按照各同业门市售价计算。

十、同行向各同业总分支店及代办分庄记账往来，应以其一处为限，不得同时在两处记账，不得再向其总店往来。

十一、同行配货，概不退换。

十二、各同业寄发货物，以舟、车、邮局盖章或收据为凭。中途如遇水、火、盗窃及其他一切损伤、遗失、潮湿等情，概与各该同业无涉。

十三、同行发售各同业书籍，应绝对遵守各该同业在版权页上刊明之定价，十足发售。其预约、特价之书，应照各该同业之售价发售，均不得稍有减让。

十四、同行结欠各同业货款，应在往来之各该总店或分支店代办分庄所在地履行债务之处理，并应以法币偿付。

十五、各同业与同行往来，除应遵守本简章外，并应查照上海市书业同业公会业规办理。

十六、本简章自公布之日实行。将来如有修订，再行公布。

上海市书业同业公会规定外埠同行批发简章

一、各同业总分支店、代办公庄及特约经销处，对于外埠同行批发，应一律遵照本简章办理。

二、同行与各同业往来，应先订明记账限额。

三、同行应备具各同业认可之铺保出立保单，或现款保证。

四、同行具现款保证者，各该同业应掣给收据。

五、同行向各同业配货，在记账限额之内，每次应交一部分现款；超过限额应全数付现。

六、预定杂志、预约图书及批购特价图书，均须现款，概不记账。

七、同行结欠各同业货款全数，每届一月底、五月底、九月底，均须结清。

八、同行所配各同业出版书籍，按照左列规定，计算回佣：

（甲）有著作权之教科书及杂书回佣最高额，每百元酬给二十五元；

（乙）无著作权之图书回佣最高额：

子、铅印石印者，每百元酬给三十元；

丑、影印善本，每百元酬给二十五元。

（丙）地图、挂图及钉本、碑帖、画册，有著作权者回佣最高额，每百元酬给二十五元；无著作权者每百元酬给三十元；

（丁）预定杂志回佣最高额，每百元酬给十元；

（戊）预约图书及特价图书回佣最高额，每百元酬给十五元。

九、同行向各同业总店配货，按照其门市售价计算；向分支店配货，各该分支店得视需要，另加邮运汇费。

十、同行向同业总分支店及代办分庄记账往来，应以其一处为限，不得同时在两处记账。

十一、同行配货，概不退换。但试销新书，得于货到日起，四个月内退还。

十二、各同业寄发各货，其装箱、打包、水脚、关税、码头捐、验费、报费、下力、保险费、邮费、带力等项，均由同行认付；但试销新书寄费，由各该同业认付；其退货寄费，由同行认付。

十三、各同业寄发货物，以舟、车、邮局盖章或收据为凭。中途如遇水、火、盗窃及其他一切损伤、遗失、潮湿等情，概与各该同业无涉。

十四、同行发售各同业书籍，应绝对遵守各该同业在版权页上刊明之定价，十足发售。其预约、特价之书，应照各该同业之售价发售，均不得稍有减让。

十五、同行结欠各同业货款，应在往来之各该总店或分支店代办分庄所在地履行债务之处理，并应以法币偿付。

十六、各同业与同行往来，除应遵照本简章外，并应查照上海市书业同业公会业规办理。

十七、本简章自公布之日实行。将来如有修订，再行公布。

上海市书业同业公会规定同业寄售图书简章

一、本简章系依照本公会业规第三章第三节及第六章订定。

二、凡出版人欲以图书或定期刊物委托同业寄售者，须先送样书两份，经认可后，当即通知订立契约，或出立委托书，并商定初次发货数量；其未便寄售者，当将原样书退还。

初次发货数量，除有特别约定者外，一般图书每种至多以二十份为限，定期刊物每种以五份为限。

三、寄售图书之定价及发售办法，须一律遵照本公会业规办理，由同业负责实行。

四、寄售图书，如有干犯法律以及侵害他人权利等情，应由出版人自负其责；同业倘因上项原因而受损失，应由出版人完全赔偿。

五、寄售图书，如欲刊印受委寄售者之牌号，须先得该受委同业之书面认可。

六、同业接受委托寄售图书，关于货物款项之收付手续，应参照左列办法办理：

（1）货物收付，由同业立折或出具单据为凭；

（2）每期结账，由同业开具存销清单，寄交出版人查核，凭折据、印鉴等向同业领款。

所有折据及印鉴等，出版人应妥为保存。如或遗失，其挂失及声明作废之手续，应照商业通例办理；在挂失声明作废以前，如有冒领货物款项等情，同业不负责任。

七、同业所取出版物之寄售酬劳，由各家自定，载明于契约或委托书内。

八、寄售图书之往来寄递、包扎、保险、捐税等费，概归出版人负担。款项如须寄汇，其汇费、带力，亦由出版人认付。

九、未出版之图书，如欲委托同业代为发售预约，须先将样本内容交由同业审阅，经同意后，方可照办。所收预约书款，须于出书一个月后，方可交付。如至原定出书期尚未出书，或顾客认为该书与样本不符，不能满意时，同业得将预约书款发还顾客，并向出版人取偿一切代办费用。

十、同业对于出版人之结账期，得照政府规定之清账期延迟一个月，即每逢二月底、六月底、十月底，按期照实在售出之数，除去应得酬劳及其他约定之费用付给之。

十一、每届结账后，出版物如不合销路，同业得通知出版人将所存出版物全部或一部分领回　倘经两次通知后，不来接洽或不取回时，同业得自由处置，出版人不得有任何异议。

十二、出版人通信地址如有变更，应随时通知受委同业；否则信件无法投递，同业得将其货物自由处置，出版人不得有任何异议。

十三、寄售图书在最初一年内，出版人不得任意撤回；满一年后除有特别约定者外，如欲撤回，至少先期一个月通知。

十四、寄售图书之广告及推广品由出版人自理；如欲委托同业代办，应将所需费用先行交清。

十五、寄售图书在寄存期内，如遇天灾人祸等人力难以挽救之损失，以及虫蛀、鼠伤、水渍、火损等情，同业不负赔偿之责。

十六、本简章自公布之日实行。将来如有修订，再行公布。

上海市书业同业公会规定特约经销处契约

立契约　　　　　（下文省称甲方/乙方）今因乙方在_____省地方承办甲方特约经销处，双方议定条件如左：

第一条　乙方自备资本，经销甲方出品，独立营业，所有银钱之出入、贸易之盈亏以及人欠欠人及代人担保等事项，完全由乙方负责，与甲方无涉。

第二条　乙方营业牌号，除使用本牌外，应兼用"某某牌号某某地方特约经销处"，但不得迳用甲方牌号。

第三条　凡与甲方出品类似或含有竞争性之货物，非得甲方同意，乙方不得发售。

第四条　在本约有效期内，甲方不得再以"特约经销"名义及其同样之权利，给与该某某地方之任何商店；但甲方如自设分店或设代办分庄时，得将乙方之特约经销撤销之，并终止本契约。

第五条　乙方在本约有效期内，为甲方某某地方之特约经销机关，所有当地门市、批发、贩卖等交易，均由乙方办理；但不得越境招徕，并侵入甲方其他营业区域。

第六条　乙方配货应向甲方之_____往来，不得再向甲方其他总分支店或代办分庄往来。

第七条　乙方每年度推销甲方出品，其营业数不得少于_____元；如有不及之时，甲方得终止本契约。

第八条　乙方于本契约订定时，除应缴甲方现款_____元作为保证外，并应在甲方之总分支店所在地或甲方认可之地方觅取铺保_____元。此项铺保与乙方对甲方连带负责。

第九条　乙方向甲方配货，在第八条之现金保证及店铺保证之总额以内者，每次交付甲方一部分现款，其欠额分别于一月底、五月底、九月底，以现款清偿之；如发货数目超过第八条之保证总数，每次应以现款配货，不得稍有拖欠。

第十条　预定杂志、预约图书及批购特价图书，均须现款，概不记账。

第十一条　乙方经销甲方货物，甲方按照左列规定计算回佣：

（子）甲方出版有著作权之教科书及杂书，每百元交易数酬给三十元；

（丑）无著作权之图书：

甲、铅印石印者，每百元交易数酬给三十五元；

乙、影印善本，每百元交易数酬给三十元。

（寅）地图、挂图及钉本、碑帖、画册，有著作权者每百元交易数酬给三十元；无著作权者每百元交易数酬给三十五元；

（卯）预定杂志，每百元交易数酬给十元；

（辰）预约图书及特价图书，每百元交易数酬给十五元。

第十二条 乙方门市或批发售价及给与同行之酬劳，应绝对遵守甲方规定之办法，或其公布之通告及规则办理。

第十三条 乙方付给甲方现款保证，甲方应掣给收据。

第十四条 乙方付给甲方货款，甲方应给收据。

第十五条 甲方发交乙方货物及乙方退货，所有运费、关税、保险、邮费、木箱、蒲包、绳索、包扎等费，均由乙方认付；甲方发给乙方试销新书，寄费由甲方认付，其还书寄费，由乙方认付。

第十六条 甲方寄发乙方货物，以舟、车、邮局盖章或收据为凭，中途如遇水、火、盗窃及其他一切损伤、遗失、潮湿等情，概与甲方无涉。

第十七条 乙方应将所存甲方货物保险，其保额应先商之甲方，保险单由甲方收执；遇有火险之时，保险赔款应以先偿付所欠甲方账款，不得异议。

第十八条 乙方自行向甲方添配之货物，每年退货不得超过发货数百分之十；甲方发给乙方试销新书，乙方退还，应于到货日起四个月内办理之。

第十九条 乙方对甲方应尽左列各项之义务：

（子）邻近各处如有翻印甲方出版之图书或其他妨碍其法益之行为，应随时查察报告。

（丑）代甲方转运货件，调查当地教育及同业状况并办理其他甲方委托事项。

（寅）粘贴招纸，分布传单，发送书目，刊登广告及办理其他关于推销上之事项。

第二十条 乙方对甲方之债务，应在甲方所在地履行，所有账款均以法币偿付。

第二十一条 本契约双方均应切实遵守，任何一方如有违背本契约任何条文，对方得将本契约随时终止；其违背契约之一方，并应赔偿对方之损失。

第二十二条 乙方对于上海市书业同业公会业规规定各项，均应切实遵守，如有违犯，甲方得即终止本契约。

第二十三条 甲方对于全体特约经销处办法有变更时，本契约应同时照改。

第二十四条 本契约有效期为一年，自＿＿＿＿年＿＿月＿＿日起，至＿＿＿＿年＿＿月＿＿日止。

第二十五条 本契约一式两纸，双方各执一纸为凭。

中华民国　年　月　日

立契约

见议

上海市书业同业公会规定代办分庄契约

立契约＿＿＿＿＿（下文省称甲方/乙方）今因乙方在＿＿＿＿省＿＿＿＿地方承办甲方之代办分庄，双方议定条件如左：

第一条 乙方自备资本，代办甲方分庄，独立营业，所有银钱之出入、贸易之盈亏以及人欠欠人及代人担保等事项，完全由乙方负责，与甲方无涉。

第二条 乙方营业牌号，除使用本牌外，应兼用"某某牌号某某地方代办分庄"，但不得迳用甲方牌号。

第三条 乙方营业，应以甲方出品为范围，凡与甲方出品类似或含有竞争性之货物，非得甲方同

410

意，乙方不得发售。

第四条　在本约有效期内，甲方不得再以"代办分庄"名义及其同样之权利，给与该某某地方之任何商店。但甲方如自办分庄时，得将乙方之撤销之，并终止本契约。

第五条　乙方在本约有效期内，为甲方某某地方之营业代办机关，所有当地门市、批发、贩卖等交易，均由乙方办理；但不得越境招徕，并侵入甲方其他营业区域。

第六条　乙方配货，应向甲方之 _____ 为之，甲方之店或其他代办分庄，乙方不得向之配货。

第七条　乙方每年度推销甲方出品，其营业数不得少于 _____ 元。如有不及之时，甲方得终止本契约。

第八条　乙方于本契约订定时，除应缴甲方现款　元作为保证外，并应在甲方之总店或分支店所在地或甲方认可之地方，觅取铺 _____ 元。此项铺保应与乙方对甲方连带负责。

第九条　（本条关系账款清偿办法，由订约者查照本公会业规第三十五条之规定协定之。）

第十条　预定杂志、预约图书及批购特价图书，均须现款，概不记账。

第十一条　乙方经销甲方货物，甲方按照左列规定计算回佣：

（子）甲方出版有著作权之教科书及杂书，每百元交易数酬给三十五元；

（丑）无著作权之图书：

甲、铅印石印者，每百元交易数酬给四十元；

乙、影印善本，每百元交易数酬给三十五元。

（寅）地图、挂图及钉本碑帖、画册，有著作权者每百元交易数酬给三十五元，无著作权者每百元交易数酬给四十元；

（卯）预定杂志，每百元交易数酬给十元；

（辰）预约图书及特价图书，每百元交易数酬给十五元。

第十二条　乙方门市或批发售价及给予同行之酬劳，应绝对遵守甲方规定之办法办理。对于甲方发布之营业通告规则等，乙方应一律遵守。

第十三条　乙方付给甲方现款保证，甲方应掣给收据。

第十四条　乙方付给甲方货款，甲方应给收据。

第十五条　甲方发交乙方货物及乙方退货，所有运费、关税、保险、邮费、木箱、蒲包、绳索、包扎等费，均由乙方认付；甲方发给乙方试销新书寄费，由甲方认付，其还书运费，由乙方认付。

第十六条　甲方寄发乙方货物，以舟、车、邮局盖章或收据为凭，中途如遇水、火、盗窃及其他一切损伤、遗失、潮湿等情，概与甲方无涉。

第十七条　乙方应将所存甲方货物保险，其保额应先商之甲方，保险单由甲方收执；遇有火险之时，保险赔款应以先偿付所欠甲方账款，不得异议。

第十八条　乙方自行向甲方添配之货物，每年退货不得超过发货数百分之三十；甲方发给乙方试销新书，乙方退还，应于到货日起六个月内办理之。

第十九条　乙方对甲方应尽左列各项之义务：

（子）邻近各处如有翻印甲方出版之图书或其他妨碍其法益之行为，应随时查察报告。

（丑）代甲方转运货件，调查当地教育及同业状况并办理其他甲方委托事项。

（寅）粘贴招纸，分布传单，发送书目，刊登广告及办理其他关于推销上之事项。

（卯）甲方人员或其介绍之人，经过乙方所在地，乙方应担任引导之责。

第二十条 乙方对甲方之债务，应在甲方所在地履行，所有账款均以法币偿付。

第二十一条 本契约双方均应切实遵守，任何一方如违背本契约任何条文，对方得将本契约随时终止；其违背契约之一方，并应赔偿对方之损失。

第二十二条 乙方对于上海市书业同业公会业规规定各项，均应切实遵守，如有违犯，甲方得即声明终止本契约。

第二十三条 甲方对于全体代办分庄办法有变更时，本契约应同时照改。

第二十四条 本契约有效期为＿＿＿＿年，自＿＿＿＿年＿＿月＿＿日起，至＿＿＿＿年＿＿月＿＿日止。

第二十五条 本契约一式两份，双方各执一份为凭。

中华民国　年　月　日

立契约

见议

上海市书业同业公会规定独家寄售契约

立契约　　　（下文省称甲方/乙方）今因甲方将附表所列出版物＿＿＿＿种，委托乙方独家寄售，双方议定条款如左：

第一条 甲方委托乙方寄售之出版物，所有出版法规定之发行人责任，完全属于甲方，如有干犯法律以及侵害他人权利等情，概由甲方负完全责任，乙方因此所受损失，应由甲方完全赔偿。

第二条 甲方在本契约有效期内，不得再将委托乙方独家寄售之出版物在＿＿＿＿地方委托任何商号或个人寄售。

第三条 乙方在本契约有效期内，为甲方＿＿＿＿之营业代理机关，所有零售批发等交易，均归乙方办理。在上海市书业同业公会业规所定范围内，甲方得规定营业办法交乙方照办。

第四条 乙方经销甲方货物，于每年＿＿＿＿结算，按交易数，每百元提取酬劳＿＿＿＿元。

第五条 甲方发交乙方货物或乙方退回甲方货物，所有运费、关税、保险、邮费、木箱、蒲包、绳索、包扎等费，均归甲方担负。

第六条 甲方在本契约有效期内，得于所有委托乙方寄售之出版物及其广告中刊明乙方为寄售者，但在本契约终止后，甲方应将出版物内所刊乙方牌号于三个月内撤销之。

第七条 甲方对于上海市书业同业公会同业寄售图书简章，及本契约所规定之各条款，应一体遵守。

第八条 本契约双方均应切实遵守，任何一方如违背本契约任何条文，对方得将本契约随时终止，其违背契约之一方，并应赔偿对方之损失。

第九条 本契约有效期为＿＿＿＿年，自＿＿＿＿年＿＿月＿＿日起，至＿＿＿＿年＿＿月＿＿日止。

第十条 本契约一式两份，双方各执一份为凭。

本契约甲方委托乙方独家寄售之出版物如左表。

书名	著作人	册数	定介

中华民国　年　月　日

立契约

见议

寄售图书委托书

今将附表所列出版物_____种委托_____贵（局、馆、社、店）寄售所有_____贵业同业公会寄售图书简章规定各项均愿切实遵守。此致

书（局、馆、社、店）台照

寄售图书列表如左

书名	著作人	册数	定价	寄售酬劳
				每百元提　　　元

中华民国　年 月 日

立寄售图书委托书

证明人

上海市书业同业公会章程

1937年（民国二十六年）

第一章　总纲

第一条　本公会以上海市区域内本国人设立之书业商店或公司及印书局（下文统简称书店）组织之，定名为上海市书业同业公会。

第二条　本公会会所设上海虞洽卿路平乐里。

第二章　会务

第三条　本公会之会务如左：

（一）关于筹议发展书业，促进文化事项；

（二）关于维持增进同业公共利益及矫正同业弊害事项；

（三）关于同业之征询及通报事项；

（四）关于教育界及社会采用各书之介绍及建议事项；

（五）关于各书之调查、宣传、统计及刊布总目录事项；

（六）关于同业之建议事项；

（七）关于同业之调处及公断事项；

（八）关于依法保护同业著作权、版权及代办其注册手续事项；

（九）关于公告同业事项。

前项第三、第五、第八各款于必要时征收相当费用。

第三章　会员

第四条　凡入本公会之书店均为本会会员，得各推代表一人至二人，以经理人或主体人为限。其最近一年间平均店员人数每超过十人时，应增派代表一人，就各该公司行号之店员推定之，但至多不得逾三人。

413

前项会员代表不论性别，年龄须在二十五岁以上并以现役于本市内会员书店者为限。

第五条 前项会员代表须由入会书店给以委托书，店员互推之，代表须由入会书店给以证明书并通知本公会，经本公会执行委员会审查合格后始得为会员代表。改派时亦同。

第六条 同一会员代表不能代表两个以上书店。

第七条 有左列各款情事之一者，不得充本公会会员代表：

（一）褫夺公权者；

（二）有反动行为经法庭判决者；

（三）受破产之宣告尚未复权者；

（四）兼为不正当之营业者；

（五）有精神病者；

（六）无行为能力者；

（七）曾受本公会除名之处分者。

第八条 本公会会员之权利如左：

（一）有请求本公会向政府请愿维护救济之权利；

（二）有请求本公会力争伸雪受屈情事之权利；

（三）会员与会员或非会员间发生争执时有请求本公会代为排解之权利；

（四）会员在大会中有建议权、发言权、表决权；

（五）会员有选举权和被选举权；

（六）会员有享受本公会所办同业公益事业之权利；

（七）会员有被举为本公会出席他会代表之权利。

第九条 本公会会员之义务如左：

（一）遵守本公会章程及议决案；

（二）按期缴纳规定之会费；

（三）担任本公会推举或指派之职务；

（四）应本会之征询及调查；

（五）不侵害他人之著作权及版权；

（六）不出版不正当图书及兼营不正当事业；

（七）不以不正当手段欺骗他人。

第十条 本公会会员如不履行第九条所列各项义务，轻则予以警告，重则停止其应享之权利或除名。

第十一条 对于会员予以警告或停止其应享权利之处分，须经执行委员会决议，由常务委员执行。

第四章 入会与出会

第十二条 上海市区域内本国人设立之正当书店，愿照第四十条缴纳会费，经执行委员会审查通过，均得入本公会为会员。

第十三条 本公会会员愿出会者，须开具理由书加盖店章送交本公会，经本公会执行委员会审查属实，交会员大会通过后始得出会，但出会后须经过一年方得再行请求入会。

第十四条 本公会员或会员代表有左列各款情事之一者，经执行委员会查有实据，提交会员大会通过后除名：

（一）会员代表丧失国籍者；

（二）发生本章程第七条所列举各款情事之一者；

（三）有不正当行为致妨害本公会名誉信用者；

（四）欠缴会费半年以上者。

会员或会员代表有上列情事之一者，经大会除名，除第四项外，可由本公会通知原推派之书店照章另行推派。

第十五条　经大会除名之会员或会员代表自除名之日起三年以内不得请求恢复会籍，但有第十四条第一项之情事者，非俟恢复国籍三年以后不得复充会员或会员代表。

第五章　职员

第十六条　本公会设执行委员十五人，候补执行委员五人，均由会员大会就会员代表中用无记名连选法选任之，以得票较多数者当选。

第十七条　本会设常务委员五人，由执行委员会就执行委员中用无记名连选法互选之，以得票较多数者当选。

第十八条　本会设主席一人，由执行委员会就当选之常务委员中用无记名单记法选任之，以得票满投票人之半数者当选，若一次不能选出，应就得票较多数之二人决选之。

第十九条　执行委员、常务委员、主席均为名誉职。

第二十条　执行委员任期四年，每二年改选半数，应改选者不得连任，惟第一次选改时以抽签决定第一届执行委员多留一人以后交替改选之，候补执行委员每二年改选一次，连选者得连任。

第二十一条　主席及常务委员任期均为二年，如再被选得连任，惟以连任一次为限。

第二十二条　主席及常务委员缺额时，由执行委员补选之，其任期以补足前任任期为限。

第二十三条　执行委员缺额时，由候补执行委员依次递补，其任期以补足前任任期为限。

第二十四条　候补执行委员未递补前不得列席会议。

第二十五条　本公会设监察委员五人，候补监察委员二人，均由会员大会就会员代表中用无记名连选法选任之，以得票较多数者当选。

第二十六条　监察委员为名誉职，任期四年。每二年改选半数，应改选者不得连任，惟第一次改选时以抽签决定。第一届监察委员多留一人，以后交替改选之。候补监察委员每二年改选一次，连选者得连任。

第二十七条　本会因事务上之必要得设置各股委员会，其委员人选由常务委员会就会员代表中拟具名单提交执行委员会决定之。

第二十八条　委员有左列各款情事之一者，应即解任：

（一）因不得已事故，经会员大会议决准其退职者；

（二）旷废职务，经会员大会议决令其退职者；

（三）于职务上违背法令、营私舞弊或有其他重大之不正当行为，经会员大会议决令其退职或由实业部或地方最高行政官署令其退职者。

第六章　职权

第二十九条　执行委员会依本章程规定之会务及会员大会议决之事项行使职权。

第三十条　常务委员依本章程之规定及执行委员会之议决行使职权。

第三十一条　主席对外代表本会。

第三十二条　常务委员会有延聘、雇用及辞退办事员之权。

第三十三条　监察委员对于本公会一切会务有查询、纠劾之权。

第七章　会议

第三十四条　会议之种类如左：

（一）会员大会每年于六月中定期举行，由执行委员会召集之；

（二）执行委员会议每月开常会一次，由常务委员会召集之；

（三）执行委员会议监察委员均得列席但无表决权；

（四）常务委员会议每星期开常会一次；

（五）监察委员会议每月至少举行一次，由首席监察委员召集之。

第三十五条　前条之会员大会于执行委员会认为必要或会员十分之一以上请求时，由执行委员会召集之。

执行委员会、常务委员会于必要时均得开临时会议。

第三十六条　会员大会之决议，以会员代表过半数之出席，出席过半数之同意行之。出席代表不满过半数者，得以行假决议，将其结果通告各代表，于一星期后、二星期内重行召集会员大会，以出席过半数之同意对假决议行其决议。

第三十七条　左列各款情事之决议，以会员代表三分之二以上之同意行之；出席代表过半数而不满三分之二者，得以出席代表三分之二以上之同意行假决议，将其结果通告各代表，于一星期后、二星期内重行召集会员大会，以出席代表三分之二以上同意对假决议行其决议：

（一）变更章程；

（二）会员或会员代表除名；

（三）职员之退职；

（四）清算人之选任及关于清算事项之决议。

第三十八条　会员大会开会时由常务委员组织主席团轮流主席。

第三十九条　执行委员会开会时须有委员过半数之出席，出席委员过半数之同意方能决议可否，同数取决于主席。

第八章　会费

第四十条　本公会会费就左列之标准，按月征收：

（一）入会书店资本在国币一万元以上者，每月缴纳会费五元。其资本在万元以下、三千元以上确营正当书业者，亦得入会，每月缴纳会费二元；

（二）资本在五万元以上者，每月缴纳会费十元；

（三）资本在二十万元以上者，每月缴纳会费二十元；

（四）资本在一百万元以上者，每月缴纳会费四十元；

（五）资本在五百万元以上者，每月缴纳会费八十元。

第四十一条　前条所规定之会费，由该会员自行填报并由常务委员调查，提交执行委员会审查后征收之。

依前条纳第一、二项会费者得推代表一人，纳第三四五项会费者，得推代表二人。

其最近一年间平均店员人数每超过十人时，应增派代表一人，至多不得逾三人。

第四十二条 会员出会时，会费概不给还。

第九章　会计

第四十三条 本公会事务费以会费充之。

第四十四条 本公会会计年度以七月一日始，至翌年六月三十日止。

第四十五条 常务委员会应依会计年度分别编制预算案及决算案，提交执行委员会通过，施行前项预算得设预备费。

第四十六条 本会支款须经常务委员二人以上之签字或盖章，会计科委员方可照付。

第四十七条 会费收据须经会计科委员签字或盖章方为有效。

第十章　附则

第四十八条 本公会之章程修改须经大会决议并呈请地方主管官署核转实业部备案。

第四十九条 本公会章程呈请地方主管官署转报实业部备案。

上海市华商书业联合会

上海市华商书业联合会章程草案

1942年（民国三十一年）

第一章 总纲

第一条 本会以上海市区城内之华商书业商店或公司（下文简称书店）组织之，定名为上海市华商书业联合会。

第二条 本会受工部局及兴亚院之监督与指导。

第二章 会务

第三条 本会之任务如左：

（一）关于筹议发展书业，促进文化事项；

（二）关于维持增进同业公共利益及矫正同业弊害事项；

（三）关于同业之征询及通报事项；

（四）关于各书之调查审议统计及刊布总目录事项；

（五）关于同业之建议事项；

（六）关于同业之调处及公断事项；

（七）关于依法保护同业著作权、版权及代办登记手续事项；

（八）关于公告同业事项。

第三章 会员

第四条 凡入本会之书店均为本会会员，每一会员应推代表一人，以各该书店现任重要职员为限。

第五条 前项会员代表须由入会书店给以委托书。

第六条 同一会员代表不能代表两个以上书店。

第七条 本会会员之权利如左：

（一）有请求本会向主管机关请愿维护救济之权利；

（二）会员有享受本会所办各项事业之权利；

（三）会员与会员或非会员间发生争执时，有请求本会代为排解之权利；

（四）会员在大会中有建议权、发言权、表决权；

（五）会员有选举权及被选举权。

第八条 本会会员之义务如左：

（一）遵守本会章程及议决案；

（二）按期缴纳规定之会费及募集之特别费；

（三）担任本会推举或指派之职务；

（四）应本会之征询及调查；

（五）不得侵害他人之著作权及版权及不代理经销妨害他人著作权与版权之图书；

（六）不得出版及经销不正当图书与禁止之书；

（七）本会会员新出版图书杂志均应送由本会初步审查后批注意见，转送主管机关复审核准始得发行。

第九条 本会会员如不履行第八条所列各项义务，轻则予以警告，重则停止其应享之权利或报告主管机关依法办理。

第十条 前条对于会员之处分须经理事会决议执行之。

第四章 入会与出会

第十一条 上海市区域内华商所设之正当书店，无论其为出版业或贩卖业均应为本会会员。

第十二条 会员不得无故出会，其因商店解散或迁移于本区域外营业及商店倒闭等，必须出会者，须以书面声叙理由送交本会审查认可。

第十三条 本公会会员有左列各款情事之一者，经查有实据，由理事会议决提交会员大会通过后除名：

（一）不履行第八条第（五）、第（六）项之义务者；

（二）有不正当行为致妨害本公会名誉信用者。

第十四条 本会会员代表如有前条情事之一者，由理事会议决通知该会员将该代表撤换。

第五章 职员

第十五条 本会设理事十一人，由会员代表大会就会员代表中选任之，以得票较多数者当选，并另选候补理事五人。

第十六条 本会设主席一人，由理事互选。

第十七条 理事缺额时，由候补理事依次递补，其任期以补足前任任期为限。

第十八条 本会理事、监察委员均为名誉职，任期一年，连选得连任。

第十九条 本公会得由理事会聘请文化界有声望人士为顾问或评议员。

第二十条 理事有左列各款情事之一者应即解任：

（一）因不得已事故，经会员大会议决准其退职者；

（二）旷废职务，经会员大会议决令其退职者；

（三）于职务上违背法令、营私舞弊或有其他重大之不正当行为，经会员大会议决令其退职者。

第六章 职权

第廿一条 理事会分设左列四部，每部推举理事一人为主任：

（一）总务部 掌管本会会员进退之登记与调处公断及经常事务；

（二）审议部 掌管调查或审阅出版物及代办图书登记事务；

（三）国际部 掌管国际文化之沟通及承办国外出版物之介绍与代理、经销事务；

（四）财务部 掌管本会财务收入支出及预算决算报告事务。

第廿二条 主席对外代表本会。

第廿三条 理事会有延聘雇用及辞退办事员之权。

第廿四条 监察对于本公会一切会务有查询、纠劾之权。

第七章　会议

第廿五条 会议之种类如左：

（一）会员大会每年于二月中定期举行，由理事会召集之；

（二）理事会议每月至少开会二次，由理事长召集之；

（三）理事会议，监察均得列席，但无表决权；

（四）监察会议每月至少举行一次，由首席监察召集之。

第廿六条 前条之会员大会于理事会认为必要或会员代表十分之一以上请求时，由理事会召集之。

理事会于必要时得开临时会议。

第廿七条 会员大会之决议以会员代表过半数之出席，出席代表过半数之同意行之，出席代表不满过半数者得行假决议，将其结果通告各代表于一星期后、二星期内重行召集会员大会，以出席代表过半数之同意对假决议行其决议。

第廿八条 理事会开会时须有理事过半数之出席，出席理事过半数之同意方能决议可否，同数取决于主席。

第八章　经费

第廿九条 本会以下列各项收入为经费：

（甲）入会费。

凡加入本会为会员者，一次缴纳入会费念元；

（乙）会费。

（一）入会书店资本在国币五千元以下者每月缴纳会费十元；

（二）资本在一万元以下者每月缴纳会费念元；

（三）资本在十万元以下者每月缴纳会费肆拾元；

（四）资本超过十万元者，每超过十万元，每月加缴会费念元，不足十万元者，以每万元类推之。

（丙）筹集特别费。

第三十条 本会收支经费于每年会员大会造具决算表报告之。

第三十一条 本会支款须经主席及财务部主任会同签字或盖章方可照付。

第三十二条 会费收据须经财务部主任签字或盖章方为有效。

第九章　附则

第三十三条 本章程经大会决议通过施行，修改时亦同。

上海书业联合会

上海书业联合会章程草案

1942年（民国三十一年）

第一章 总纲

第一条 本会以上海公共租界区域内之华商书业商店或公司（下文简称书店）组织之，定名为上海书业联合会。

第二条 本会受工部局之监督与兴亚院及各关系当局之指导。

第二章 会务

第三条 本会之任务如左：

（一）关于筹议发展书业，促进文化事项；

（二）关于促进中日文化之交流事项；

（三）关于维持增进同业公共利益及矫正同业弊害事项；

（四）关于同业之征询及答复同业咨询之事项；

（五）关于各业之调查审议统计事项；

（六）关于同业之建议事项；

（七）关于同业纷争之调处及公断事项；

（八）关于依法保护同业著作权、版权及代办登记手续事项；

（九）关于公告同业事项。

第三章 会员

第四条 凡上海公共租界区域内华商所设之正当书店，无论其为出版业或贩卖业，均应为本会会员，每一会员应推代表一人，以各该店现任重要职员为限。

前项会员代表须由入会书店给以委托书。

上海法租界华商书店亦得加入本会为会员。

第五条 同一会员代表不得代表两家以上之书店。

第六条 本会会员之权利如左：

（一）会员有请求本会向主管机关请愿，维护救济之权利；

（二）会员有享受本会所办各项事业之权利；

（三）会员与会员或非会员间发生争执时，有请求本会代为调处之权利；

（四）会员有建议权、发言权、表决权；

（五）会员有选举权及被选举权。

第七条 本会会员之义务如左：

（一）遵守本会章程及议决案；

（二）按期缴纳规定之会费及募集之特别费；

（三）担任本会推举或指派之职务；

（四）应本会之征询及调查；

（五）不得侵害他人之著作权及版权，并不得代理经销妨害他人著作权及版权之图书；

（六）不得出版及经销不正当之图书与被禁止之图书；

（七）本会会员新出版图书杂志均应附具说明送由本会转送主管机关审查核准后始得发行。

第八条 本会会员如不履行第七条所列各项义务，轻则予以警告，重则停止其应享之权利。

第九条 前条对于会员之处分，须经理事会议议决执行之。

第十条 会员入会时应填具入会愿书。

第十一条 会员不得无故出会，其因商店解散或迁移于本区域外营业等，必须出会者，须以书面声叙理由，送交本会审查认可。

第十二条 本会会员有左列各款情事之一者，经查有实据，由理事会议议决提交会员大会通过后除名：

（一）不履行第七条第（五）第（六）项之义务者；

（二）有不正当行为致妨害本会名誉信用者。

如会员代表个人有前条情事之一者，由理事会议决通知该会员撤换代表。

第四章 组织

第十三条 本会设理事十一人、监察三人，由会员大会就会员代表中选任之，以得票较多数者当选，并另选候补理事五人，候补监察二人。

第十四条 本会由理事互选一人为主席，主持会务，对外代表本会。

第十五条 本会理事及监察均为名誉职，任期一年，连选得连任。

第十六条 理事或监察缺额时，由候补理事、候补监察依次递补，其任期以补足前任任期为限。

第十七条 理事或监察者有左列各款情事之一者，应即解任：

（一）因不得已事故，经会员大会议决，准其退职者；

（二）旷废职务，经会员大会议决令其退职者；

（三）于职务上违背法令、营私舞弊或有其他重大之不正当行为，经会员大会议决令其退职者。

第十八条 本会由全体理事组织理事会，分设左列四组，每组推举理事一人为主任：

（一）总务组 掌握本会会员进退之登记与调处，公断及经常事务；

（二）审议组 掌握调查或审阅出版物及代办图书登记事务；

（三）国际组 掌握中日及其他国际文化之沟通及承办国外出版物之介绍与代理经销事务；

（四）财务组 掌管本会财务收支及预算决算报告事务。

第十九条 理事会得延聘顾问及雇用办事员。

第二十条 监察对于本会一切会务有查询纠劾之权。

第五章 会议

第二十一条 会议之种类如左：

（一）会员大会每年于二月中定期举行一次，必要时得举行临时会，均由理事会召集之；

（二）理事会议每半月举行一次，必要时得开临时会议，均由主席召集之；

（三）理事会议时，监察均得列席，但无表决权。

第二十二条　会员大会之提案须由会员三人以上之连署，送经理事会审查后提出讨论。其决议以会员代表过半数之出席，出席代表过半数之同意行之。出席代表不满过半数时，得行假决议，将其结果通告各代表，于二星期内重行召集会员大会，以出席代表过半数之同意，对假决议行其决议。

第二十三条　理事会开会时须有理事过半数之出席，出席理事过半数之同意方能决议可否，同数取决于主席。

第六章　经费

第二十四条　本会以下列各项收入为经费：

（甲）入会费。凡加入本会为会员者，一次缴纳入会费五十元；

（乙）会费。会员每月缴纳会费，分五级：（子）十元、（丑）二十元、（寅）三十元、（卯）五十元、（辰）一百元，每半年预缴一次；

（丙）特别费。由理事会募集之。

第二十五条　本会收支经费每年由理事会造具决算报告书，经监察之审核，提出于会员大会报告之。

第二十六条　本会支出款项须经主席及财务组主任会同签字或盖章方可照付。

第二十七条　会费收据须经财务组主任签字或盖章。

第七章　附则

第二十八条　本章程经会员大会决议通过施行，修改时亦同。

上海书业联合会图书审查实施纲要

1942年（民国三十一年）

一、审查图书应属政治机关之职权，但本会极应尽其能力所及从旁辅助，特于理事会中设审议组办理此事。

二、本会会员所出之图书为求便于行销起见，得送请本会审查并代办登记手续。

三、审查工作除由本会审议组理、监事担任外，得延聘各科专家担任之。

四、会员交审图书须填具声请书＿＿＿份连同样册＿＿＿份送至虞洽卿路三四〇弄三号本会会所。

五、交审图书经审查员签具意见后提出审查会议通过之，然后转呈主管机关请求登记，如准予发行，应请发给登记证。

六、本会审查图书及代办登记手续，必要时得酌取费用，其数额另订之。

七、私人著作须由本会会员经销者须指定一会员为其发行人并由其代为办理送审手续。

八、凡未经本会审查合格及主管机关登记之图书，本会会员均不得销售。

上海特别市书业同业公会

上海特别市书业同业公会章程

1942年（民国三十一年）

第一章 总纲

第一条 本公会以上海特别市区域内之华商书业商店或公司（下文简称书店）组织之，定名为上海特别市书业同业公会。

第二条 本公会受上海特别市经济局之指导及监督。

第二章 会务

第三条 本公会之任务如左：

（一）关于筹议发展书业，促进文化事项；

（二）关于促进中日文化之交流事项；

（三）关于维持、增进同业公共利益及矫正同业弊害事项；

（四）关于同业之征询及答复同业咨询之事项；

（五）关于同业之调查、审议、统计事项；

（六）关于同业之建议事项；

（七）关于同业纷争之调处及公断事项；

（八）关于依法保护同业著作权、版权及代办登记手续事项；

（九）关于公告同业事项。

第三章 会员

第四条 凡上海特别市区域内华商所设之正当书店，无论其为出版业或贩卖业均应为本公会会员，每一会员应推代表一人，以各该书店现任重要职员为限。

前项会员代表须由入会书店给以委托书。

第五条 同一会员代表不得代表两家以上之书店 。

第六条 本公会会员之权利如左：

（一）会员有请求本公会向主管机关请愿，维护救济之权利；

（二）会员有享受本公会所办各项事业之权利；

（三）会员与会员或非会员间发生争执时，有请求本公会代为调处之权利；

（四）会员有建议权、发言权、表决权；

（五）会员有选举权及被选举权。

第七条 本公会会员之义务如左：

（一）遵守本公会章程及议决案；

（二）按期缴纳规定之会费及已呈请主管机关核准募集之特别费；

（三）担任本公会推举或指派之职务；

（四）应本公会之征询及调查；

（五）不得侵害他人之著作权及版权，并不得代理经销妨害他人著作权及版权之图书；

（六）不得出版及经销不正当之图书与被禁止之图书。

第八条　本公会会员如不履行第七条所列各项义务，轻则予以警告，重则停止其应享之权利。

第九条　前条对于会员之处分须经理事会议议决执行之。

第十条　会员入会时应填具入会愿书。

第十一条　会员不得无故出会，其因商店解散或迁移于本区域外营业等，必须出会者须以书面声叙理由，送交本公会审查认可。

第十二条　本公会会员有左列各款情事之一者，经查有实据，由理事会议议决，提交会员大会通过后除名：

（一）不履行第七条第（五）、第（六）项之义务者；

（二）有不正当行为致妨害本公会名誉信用者。

如会员代表个人有前条情事之一者，由理事会议决通知该会员撤换代表。

第四章　组织

第十三条　本公会设理事十一人，监事三人，由会员大会就会员代表中选任之，以得票较多数者当选并另选候补理事五人、候补监事二人，以得票次多数者序次当选。

第十四条　本公会由理事互推三人为常务理事，再由常务理事互推一人为理事长，主持会务，对外代表本会。

第十五条　本公会理事及监事均为名誉职，任期二年，连选得连任。

第十六条　理事或监事缺额时，由候补理事、候补监事依次递补，其任期以补足前任任期为限。

第十七条　理事或监事有左列各款情事之一者应即解任：

（一）因不得已事故，经会员大会议决准其退职者；

（二）旷废职务，经会员大会议决，令其退职者；

（三）于职务上违背法令、营私舞弊或有其他重大之不正当行为，经会员大会议决令其退职者。

第十八条　本公会由全体理事组织理事会分设下列四组，每组推举理事一人为主任：

（一）总务组　掌管本公会会员进退之登记与调处公断及经常事务；

（二）审议组　掌管调查或审阅出版物及代办图书登记事务；

（三）国际组　掌管中日及其他国际文化之沟通及承办国外出版物之介绍与代理经销事务；

（四）财务组　掌管本公会财务收支及预算决算报告事务。

第十九条　理事会得延聘顾问及雇用办事员。

第二十条　监事对于本公会一切会务有查询纠劾之权。

第五章　会议

第二十一条　会议之种类如左：

（一）会员大会每年于二月中定期举行一次，必要时得举行临时会，均由理事会召集之；

（二）理事会议每半月举行一次，必要时得开临时会议，均由理事长召集之；

（三）理事会议时监事均得列席但无表决权。

第二十二条　会员大会之提案须由会员三人以上之连署送经理事会审查后提出讨论，其决议以会员代表过半数之出席代表过半数之同意行之，出席代表不满过半数时得行假决议，将其结果通告各代表，于二星期内重行召集会员大会，以出席代表过半数之同意对假决议行其决议。

第二十三条　理事会开会时须有理事过半数之出席，出席理事过半数之同意方能决议可否，同数取决于理事长。

第六章　经费

第二十四条　本公会以下列各项收入为经费：

（甲）入会费。

凡加入本会为会员者，一次缴纳入会费一百元；

（乙）会费。会员每月缴纳会费分六级：（子）二十元，（丑）四十元，（寅）六十元，（卯）一百元，（辰）二百元，（巳）五百元。每三个月预缴一次。

（丙）特别费。由理事会募集之。

第二十五条　本公会收支经费每年由理事会造具决算报告书，经监事之审核，提出于会员大会报告之。

第二十六条　本公会支出款项须经理事长及财务组主任会同签字或盖章方可照付。

第七章　附则

第二十八条　本章程经会员大会决议通过后呈准主管机关上海特别市经济局备案后施行，修改时亦同。

会址：上海西藏路三四〇弄三号　电话：九五二九一

上海特别市书业同业公会章程

1944年（民国三十三年）

第一章　总纲

第一条　本会遵照工商同业公会暂行条例及暂行条例施行细则之规定组织之，定名为上海特别市书业同业公会。

第二条　本会以协助政府施行经济政策及增进同业之公共利益为宗旨。

第三条　本会会所设于上海特别市。

第二章　会务

第四条　本会之任务如左：

（一）关于筹议发展书业，促进文化事项；

（二）关于会员出版图书售价之协议事项；

（三）关于维持增进同业公共利益及矫正同业弊害事项；

（四）关于同业之征询及签复同业咨询之事项；

（五）关于同业经营事业之调查、统计、设计指导事项；

（六）关于执行主管官署指定或委托之事项；

（七）关于同业间纷争之调处及公断事项；

（八）关于依法保护同业著作权、版权及代办登记手续事项；

（九）关于公告同业事项。

本会主要会务之办理情形，应于每年终了三个月以内呈报上海特别市经济局备案。

第三章 会员

第五条 凡上海特别市区域内华商所设之正当书店，无论其为出版业或贩卖业，均应加入本会为会员。

第六条 会员入会时应填具入会愿书并由本会会员二人以上之介绍，经理事会过半数之通过，并须提出确实经营书业并已呈奉核准登记之证明文件。

第七条 本会会员之权利如左：

（一）会员有请求本会向主管机关请愿维护救济之权利；

（二）会员有享受本会所办各项事业之权利；

（三）会员与会员或非会员间发生争执时，有请求本会代为调处之权利；

（四）会员有建议权、发言权、表决权；

（五）会员有选举权及被选举权。

第八条 本会会员之义务如左：

（一）遵守一切经济法令及本会之章程、决议，并呈准备案之业规；

（二）按期缴纳规定之会费及募集之特别费；

（三）担任本会推举或指派之职务；

（四）应本会之征询及调查；

（五）不得侵害他人之著作权及版权，并不得代理经销妨害他人著作权及版权之图书；

（六）不得出版及经销不正当之图书与被禁止之图书。

第九条 本会会员如不履行第八条所列各项义务，轻则予以警告，重则停止其应享之权利；

第十条 前条对于会员之处分，须经理事会议决执行之；

第十一条 会员不得无故出会，其因商店解散或迁移于本区域外营业等，必须出会者，须以书面声叙理由送交本会审查认可；

第十二条 本会会员有左列各款情事之一者，经查有实据，由理事会议议决，提交会员大会通过后除名：

（一）不履行第八条第（一）、第（五）、第（六）项之义务者；

（二）有不正当行为致妨害本会名誉信用者。

如会员代表个人有前条情事之一者，由理事会议决通知该会员撤换代表。

第四章 组织

第十三条 本会以书店为本位，每一书店以其资本额之大小得派代表一人至三人出席于会员大会，但全体会员代表之总额不得超过三百人，有左列情形之一者不得为代表：

（一）业外人；

（二）褫夺公权者；

（三）受公会除名者；

（四）有违反国策之言行及犯刑事处分经法院判决者；

（五）受破产之宣告尚未复权者；

（六）无行为能力者。

第十四条 本会会员委派代表时，须给委托书并通知公会审查其资格，改派时亦同。

第十五条 同一会员代表不得代表两家以上之书店。

第十六条 本会受上海特别市经济局之指导监督。

第十七条 本会为上海特别市商会之会员。

第五章 职员

第十八条 本会由会员大会就会员代表中用无记名连记法选举理事十五人，候补理事七人，以得票最多数者充任理事长，并由理事中互选常务理事五人，并选举监事五人，候补监事二人，以得票多寡定其次序，票数相同抽签定之。

前项选举应呈请上海特别市经济局派员莅场监督。

第十九条 本会理事及监事均为名誉职，任期一年，连选得连任。

第二十条 理事或监事缺额时由候补理事、候补监事依次递补，其任期以补足前任任期为限。

第二十一条 理事或监事有左列各款情事之一者，应即解任：

（一）因不得已事故经会员大会议决准其退职者；

（二）旷废职务经会员大会议决令其退职者；

（三）于职务上违背法令，营私舞弊或有其他重大之不正当行为，经会员大会议决，令其退职者。

第二十二条 本会由全体理事组织理事会，分设总务、评议、交际、财务四组，每组推举常务理事一人为主任。

第二十三条 理事会得延聘顾问及雇用办事员。

第二十四条 监事对于本会一切会务有查询纠劾之权。

第六章 会议

第二十五条 会议之种类如左：

（一）会员大会，每年举行一次，必要时得举行临时会，均由理事会召集之；

（二）理事会议，每月举行一次，必要时得开临时会议，均由理事长召集之；

（三）常务理事会议，每星期举行一次，由理事长召集之，但遇紧要事项得临时召集之；

（四）监时会，每六个月开会一次，由首席监事召集之，但遇紧要事项得临时召集之。

第二十六条 会员大会之提案，须由会员三家以上之连署送经理事会审查后，提出讨论其决议以会员代表过半数之出席，出席代表过半数之同意行之，出席代表不满过半数时，得行假决议，将其结果通告各代表于一星期后二星期内重行召集会员大会，以出席代表过半数之同意对假决议行其决议。

第二十七条 左列各款事项之决议，以会员代表三分之二以上之出席，出席代表三分之二以上之同意行之，出席代表逾过半数而不满三分之二者，得以出席代表三分之二以上之同意行使假决议，将其结果通告各代表于一星期后二星期内重行召集会员大会，以出席代表三分之二以上之同意对假决议行其决议：

（一）变更章程；

（二）会员或会员代表之除名或退会；

（三）理、监事之退职；

（四）同业业规之通过。

第二十八条 理、监事会及常务理事会开会时，须有理、监事过半数之出席，出席理、监事过半数之同意方得决议可否，同数取决于主席。

各种会议均以理事长为主席，理事长有事故不能出席时，由出席之常务理事互推一人为主席。

监事得列席于理事会及常务理事会，但无表决权。

第七章 经费

第二十九条 本会以下列各项收入为经费：

（甲）入会费。凡加入本会为会员者，一次缴纳入会费二百五十元；

（乙）会费。会员每月缴纳会费分六级：（子）五十元，（丑）一百元，（寅）一百五十元，（卯）二百五十元，（辰）五百元，（巳）一千二百五十元，每二个月预缴一次。

（丙）特别费。由理事会募集之。

第三十条 本会如遇特别事故，须筹募特别捐时，须经会员大会之决议，如会员大会不及召集时，经理事会议出席理事三分之二以上之通过举行，但仍须提交下届会员大会追认，并备具理由书呈经上海特别市经济局备案方得开募。

第三十一条 本会收支经费每年由理事会造具决算报告书，经监事之审核提出，于会员大会报告之。

第三十二条 本会支出款项须经主席及财务组主任会同签字或盖章方可照付。

第三十三条 会费收据须经财务组主任签字或盖章。

第三十四条 本会之预算、决算应于每会计年度终了三个月以内呈报上海特别市经济局备案。

第八章 附则

第三十五条 本章程经会员大会通过并呈请上海特别市经济局核准备案后施行，修改时亦同。

第三十六条 本会成立于民国三十一年四月二日。

附录：上海特别市书业同业公会历史沿革及其人事变迁

一、沿革

1、事变前情形。

本公会前身在前清末年为上海书业公所，会所在城内九亩地，民国成立后出版事业渐次发达，另组上海新书业公会于前公共租界山东路，民国十七年依照同业公会法合并组立上海特别市书业同业公会，设会所于西藏路（即今会址）。八一三事变发生，会务无形停顿。

2、事变后情形。

民国三十一年三月由上海各大书店发起恢复组织，当推出筹备员十三人，于三月六日开始筹备，曾以上海书业联合会名义向前兴亚院及工部局两机构备案，迄四月二日正式成立后续向国民政府宣传部及工部局警务处分别登记。是年六月间，本市市商会恢复组织查前书业公会原为市商会会员当即加入为会员，同时依照国民政府法令将本会名称恢复改称为"上海特别市书业同业公会"，续向上海市政府社会局及前工部局警察署重行登记，先后领到登记证书。三十二年四月二日依章召开年会（第二次大会）修订会章，三十三年四月二日依章召开年会（第三次大会）修订章程，并改选本届理监事。

二、会员及书业公会最近动态

1、事变前及最近情形。

事变前已无记录可查，情形未详。

事变后会员之一般状况如左：

卅一年 新设书店加入公会者计有三家，因停业而出会者计有六家。

卅二年 新设书店加入公会者计有四家，因停业而出会者一家，暂停营业者三家。

卅三年 停业者一家，改组者三家。

至于现存书店之一般状况均以营业范围减缩，进货困难，无不在勉强维持之中。

2、会员业者种类。

本公会会员书店业务性质可分为四类：

甲、出版业 以编辑印刷发行各种图书为主要业务；

乙、贩卖业 以经销各出版家图书为主要业务；

丙、影印西书业 以影印原版英文科学图书为业务；

丁、古书流通业 以搜买及发售木刻古旧书籍为业务。

3、原料（纸张）来源。

除会员中国联合出版公司承印之国定教科书，纸张由日本驻华大使馆配给及一二家书店所出杂志由中央书报发行所配给纸张外，所有各家书店出版之各种图书一切纸张原料均仰求于市场。

4、印机台数及铅字种类及数目。

本会出版业会员自设印刷厂者谨寥寥数家，大致各会员出版之图书均委托印刷厂家代印，其自设印刷厂者均另加入本市铅印业同业公会及平版印刷同业公会为会员，不由本会管制，故无调查纪录。

5、销路状况。

甲、以前情形：

以前上海为文化事业之中心故销路甚广，除通销国内各地外，即日本、南洋等处销路亦甚广大。

乙、现在情形：

营业场区减缩兼之运输不便，连年销路日见减少。

丙、将来发展：

原料来源困难，造货不易，生活费用日高，书籍非必需品，购买需要日渐减退，故于最近之将来尚无可发展。

6、配给情形。

原料来源既无配给，成书供应完全自由买卖，供求双方均尚无配给制之需要。

7、限价。

除国定教科书由国民政府教育部限价发售外，其余一般图书均属自由买卖，但为顾全文化起见，近由公会依照战时物价管理条例将一般图书之售价标准由公会协定。

8、黑市。

战时期间文化事业最为衰落，书籍销路呆滞，可谓供过于求，故绝无黑市。

三、会员业者资本比率

会员中资本最大者计四千万元，最低者资本为壹千元。

四、非会员业者动态

凡本公会查知之书店均已参加本会为会员，其尚未加入者，规模必甚简陋，情形如何本会无从知晓。

上海特别市书业同业公会制

卅三年十一月

上海市书商业同业公会

上海市书商业同业公会章程

1946年（民国三十五年）

第一章 总则

第一条 本章程依据商业同业公会法及商业同业公会法施行细则订定之。

第二条 本会定名为上海市书商业同业公会。

第三条 本会以维持、增进同业之公共利益及矫正弊害为宗旨。

第四条 本会以上海市行政区域为区域，事务所设于西藏中路340弄3号。

第二章 任务

第五条 本会之任务如左：

一、关系会员商品之共同购入、保管、运输及其他必要之设施；

二、关于会员营业之协助指导、调查及统计；

三、办理合于第三条所揭宗旨及其他事项；

兴办前项第一款事业时，应拟定计划书，经会员全体三分之二以上之同意，呈请市政府核准。其变更时亦同。

第三章 会员

第六条 凡在本区域内经营中外图书杂志出版买卖商业之公司、行号，均应为本会会员，前项会员推派代表出席本会，称为会员代表。

第七条 本会会员推派代表人数以担负会费等级为准。计分七级：甲级代表七人，乙级代表六人，丙级代表五人，丁级代表四人，戊级代表三人，己级代表二人，庚级代表一人，以经理人、主体人或店员为限。

第八条 本会会员代表以有中华民国国籍，年在二十岁以上者为限。

第九条 有左列情事之一者，不得为本会会员代表：

一、背叛国民政府，经判决确定或在通缉中者；

二、曾服公务而有贪污行为，经判决确定或在通缉中者；

三、褫夺公权者；

四、受破产之宣告尚未复权者；

五、无行为能力者；

六、吸食鸦片或其代用品者。

第十条 会员推派代表时，应给以委托书，并通知本会。撤换时亦同。但已当选为本会职员者非有依法应解任之事由，不得撤换。

第十一条 会员代表均有表决权、选举权及被选举权。

会员代表不得出席会员大会时，以书面委托他会员代表代理之。

第十二条 会员非迁移其他区域或废业或受永久停业之处分者，不得退会。

第十三条 会员代表有不正当行为致妨害本会名誉信用者，以会员大会之议决通知原推派之会员撤换。

前项撤换之会员代表，自撤换之日起三年内不得充任会员代表。

第十四条 公司、行号不依法加入本会或不缴纳会费或违背章程及决议者，得经理事会之议决予以警告，警告无效时得按其情节轻重依照商业同业公会法第二十六条规定之程序为左列之处分：

一、五千元以下之罚金；

二、有时间之停业；

三、永久停业。

前项第二款、第三款之处分，须先呈经主管官署核准。

第四章 组织及职权

第十五条 本会设理事十五人组织理事会，监事七人组织监事会，均由会员大会就代表中用无记名连举法选任之。

前项理事、监事外，另以次多数七人为候补理事，次多数三人为候补监事，遇有缺额依次递补，以补足前任任期为限。未递补前，不得列席会议。

第十六条 当选理、监事及候补理、监事之名次，依得票多寡为序。票数相同时，以抽签定之。

第十七条 理事会设常务理事五人，由理事会就理事中用无记名连举法互选之，以得票最多数者为当选常务理事。有缺额时，由理事会补选之，其任期以补足前任任期为限。

第十八条 理事会就当选之常务理事中用无记名单记法选任理事长一人，以得票满投票人之半数者为当选。若一次不能当选出时，应就得票最多数之二人决选之。

第十九条 理事会之职权如左：

一、执行会员大会议决案；

二、召集会员大会；

三、执行法令及本章程所规定之任务；

第二十条 常务理事之职权如左：

一、执行理事会议决案；

二、处理日常事务。

第二十一条 监事会之职权如左：

一、监察理事会执行会员大会之决议；

二、审查理事会处理之会务；

三、稽核理事会之财政出入。

第二十二条 理、事及监事之任期均为四年，每二年改选理事七人，监事三人，不得连任。

前项理事及监事之改选，以抽签定之。

第二十三条 理、监事有左列情事之一者，应即解任：

一、会员代表资格丧失者；

二、因不得已事故，经会员大会议决，准其辞职者；

三、依商业同业公会法第四十三条准其解职者。

第二十四条 本会理、监事均为名誉职。

第二十五条 本会事务所设办事员若干人，秉承常务理事分科办事，其办事细则另定之。

第五章 会议

第二十六条 本会会员大会分定期会议及临时会议两种，均由理事会召集之。定期会议每年开会一次，临时会议于理事会认为必要或经会员代表十分之一以上之请求或监事会函请召集时召集之。

第二十七条 召集会员大会应于十五日前通知之，但有商业同业公会法第二十五条、第二十六条之情形或因紧急事项召集临时会议者，不在此限。

第二十八条 本会会员大会开会时，由常务理事组织主席团轮流主席。

第二十九条 本会会员大会之决议，以会员代表过半数之出席，出席代表过半数之同意行之。出席代表不满过半数者，得行假决议，在三日内将其结果通告各代表，于一星期后、二星期内重行召集会员大会。

第三十条 左列各款事项之决议以会员代表三分之二以上之出席，出席代表三分之二以上之同意行之。出席代表不满三分之二者，得以出席代表三分之二以上之同意行假决议，在三日内将其结果通告各代表，于一星期后二星期内重行召集会员大会，以出席代表三分之二以上之同意对假决议行其决议：

一、变更章程；

二、会员之处分；

三、理、监事之解职；

四、清算人之选任及关于清算事项之决议。

第三十一条 本会理事会每月至少开会一次，监事会每两月至少开会一次。

第三十二条 理事会开会时，须有理事过半数之出席，出席理事过半数之同意方能决议可否，同数取决于主席。

第三十三条 监事会开会时，须有监事过半数之出席，临时互推一人为主席，以出席监事过半数之同意决议一切事项。

第三十四条 理事监事开会时不得委托代表出席。

第六章 经费及会计

第三十五条 本会经费分会费及入会费两种。

第三十六条 本会会员入会费及会费规定如左：

一、入会费每家金圆券二十元；

二、会员每月会费暂分七级缴纳，甲级金圆券五十元，乙级金圆券二十五元，丙级金圆券十二元，丁级金圆券八元，戊级金圆券四元，己级金圆券二元，庚级金圆券一元。

第三十七条 会员退会时，会费概不退还。

第三十八条 本会会费之预算、决算于每年年度终了一个月以内编制报告书，提出会员大会通过，呈报主管官署并刊布之。

第三十九条 会计年度以每年一月一日始至同年十二月三十一日止。

第七章 附则

第四十条 本章程未规定事项，悉依商业同业公会法及商业同业公会法施行细则办理之。

第四十一条 本章程如有未尽事宜，经会员大会决议呈准上海市社会局修改之，并逐级转报中央社会部及经济部备案。

第四十二条 本章程经会员大会决议呈准上海市社会局备案，并逐级报中央社会部及经济部备案。

上海市书业同业公会发行组贩卖小组组织简则

1951年

一、本组为上海市书业同业以贩卖书刊为主要业务的会员同业共同组织之。

二、本组定名为上海市书业同业公会发行组贩卖小组。

三、本组组织宗旨：

（一）响应政府号召贯彻执行政策法令；

（二）团结同业做好书刊发行工作；

（三）集中力量共谋改善经营方针。

四、本组接受上海市书业同业公会行政上之领导并接受公营及公私合营同业业务上之指导。

五、本组基本任务：

（一）调查研究同业情况；

（二）建立基层组织全面推展工作；

（三）加强学习提高政治认识；

（四）忠实地为人民服务；

（五）反映读者意见促进出版事业发展。

六、凡为上海市书业同业公会会员而以贩卖书刊为主要业务者，愿意加入本小组，经调查合格得为本组组员。

七、每一组员单位得推派代表一人出席本组会议，出席代表须由主要负责人任之。

八、加入本小组须由本组组员二人之介绍。

九、本组组员得享受之权利：

（一）出席组员大会；

（二）选举及被选举权；

（三）对本组有建议讨论及批评之权；

（四）组员被他人侵害权益时得向本组申请协助保障；

（五）得参加本组所举办之文化活动；

（六）得参加本组所承办之各项联营业务（其办法另定之）。

十、本组组员应尽之义务：

（一）遵守本组简则，服从集体公约及各项决议案；

（二）参加本组工作；

（三）负责完成领导上所分配之任务。

十一、本组组员大会为最高机构：

由组员大会选举干事十九人，候补干事六人，组织干事会任期一年，连选得连任，但每届至少应有新干事三人产生。

十二、干事会互选主任一人、副主任二人、秘书二人、组织二人、总务二人、会计二人、福利三人、业务三人、稽核二人，共计十九人。

十三、干事会职权如左：

（一）执行大会决议案；

（二）召集组员大会；

（三）执行本简则规定任务；

（四）处理日常事务。

十四、本组组员每半年开会一次，如经干事会半数以上或组员三分之一以上之提议，得召开临时组员大会。

十五、本组干事会每一月开会一次，必要时得召集临时会议，由主任召集之。

十六、组员代表如有不正当行为致妨害本组者，得由干事会提出劝告警诫或撤换，再提交组员大会追认。

十七、本组经费视实际需要由干事会另行规定之。

十八、本简则经组员大会通过，呈报上海市书业同业公会核准后施行，修改时亦同。

上海市书刊贩卖业联合举办流动供应业务办法

1953年

一、上海市书刊贩卖业为贯彻政务院"关于改进和发展全国出版事业的指示"加强读者服务，开展流动供应工作，特商定本办法。

二、为加强流动供应工作的领导，在上海市书业公会领导之下组织"上海市书刊流动供应工作委员会"，负责全市流动供应工作之计划，督促推进事宜。

三、"上海市书刊流动供应工作委员会"由民主选举产生，设主任委员一人，副主任委员二人，委员十二人。

四、流动供应工作，由本市书刊贩卖业组织流动供应队进行之统一采用"上海市书刊流动供应队"的名称，分别编列"第一队"、"第二队"……以示区别。

五、每一流动供应队，至少有工作人员二人。

六、凡愿参加流动供应工作之本市公私营书刊贩卖业，组成符合第五条规定之流动供应队，可向流动供应工作委员会申请登记，经核准后发给登记证，正式给予"上海市书刊流动供应队第×队"名义指定服务地区，并介绍必要之关系。

七、公私营书刊贩卖业所组织之流动供应队，其资金、人事开支、盈亏均由组织该流动队之同业自理。

八、凡经"上海市书刊流动供应工作委员会"登记核准之流动供应队，可向新华书店上海分店流动供应科进货，享受较一般批发较低之折扣，但流动供应队必须保证所批之书刊全部在流动供应工作中出售，出售价格、折扣应按流动供应工作委员会之规定办理，如发生舞弊情事，流动供应工作委员会当按情节轻重给以处分，情节重大者可撤销其登记。

九、流动供应队务必奉公守法，不得借流动队之名义进行任何非法活动，如有发现，举办该流动供应队之书店应负全部责任。

十、"上海市书刊流动供应工作委员会"得随时发布通告，指示各流动供应队进行改善工作，各流动供应队必须遵守。

十一、本办法经上海市书业工会（目前为筹备会）批准，呈准上海市政府新闻出版处备案后，即认为有效。

此办法经"上海市书刊流动供应工作委员会"第一次全体委员会会议通过。

上海市书刊流动供应队工作人员守则

1953年

一、在工作方针上，要服从"上海市书刊流动供应工作委员会"的领导。按照"上海市书刊流动供应工作委员会"对工作地区、范围、任务的规定及一切指示，有计划的进行工作。

二、按时向"上海市书刊流动供应工作委员会"汇报工作，目前暂确定每周一次口头或电话汇报，半月一次书面汇报，如有特殊问题，随时报告。

三、切实遵守"上海市书刊流动供应工作委员会"规定之销货折扣进行营业，不得私自更改书价与减低折扣。

四、流动供应队的工作时间，应尽量利用职工学生的休息时间，不要影响工厂生产、学校学习、机关团体的工作，要和工会、学联等有关群众组织建立联系，取得他们的帮助，但尽量想法减少他们的麻烦。

五、对读者要虚心、诚恳，服务要周到，言语要和蔼。

六、要切实遵守政府法令，到工厂、学校、机关团体工作时，要遵守他们的规则，严格禁止作非法的活动。

七、流动供应队，七天至半月召开一次会议，由队长负责召集，主要来总结、检查、研究改进工作。

八、流动供应队的联席会，一月召开一次，由"上海市书刊流动供应工作委员会"负责召集，遇有特殊情况，可随时提前或延期召开。

此守则经"上海市书刊流动供应工作委员会"第二次委员会议通过。

其他同业公会

上海市彩印业同业公会章程

1932年8月27日（民国二十一年）修正，同年10月19日社会局批准

第一章　总纲

第一条　本会系上海市区域内彩印业同业遵照工商同业公会法所组织，定名为上海市彩印业同业公会。

第二条　本会以维持增进同业之公共利益、解除同业之痛苦及矫正营业之弊害为宗旨。

第三条　本会在上海市区域内设置事务所（暂设西藏路平乐里）。

第二章　会员

第四条　凡上海市区域内经营彩印业之商店，依照本会章程、遵守本会纪律、履行本会决议案、经过本章程第五条之入会手续者，皆得为本会会员，但以完全华商为限。

第五条　入会之手续如左：

甲、本会会员二人之介绍，经本会执行委员会之通过；

乙、填写入会志愿书；

丙、推派代表；

丁、缴纳入会费。

第六条　会员之权利如左：

一、会员与会员或会员与非会员间发生争执时，有请求本公会代为调解之权利；

二、有请求本会规定价格，并纠正破坏已规定价格及其他弊害之权利；

三、有请求本会向政府呈请解除痛苦之权利；

四、如有受屈情事，有请求本会力争伸雪之权利；

五、本同业商店所印之出品达到足供本市应用时，有请求本会转呈上海市商会及官厅通告各业商店一致勿向非本国人所设之本业商店代印同样印刷品之权利；

六、会员有选派代表权；

七、会员代表在本会会员大会中皆有发言权、建议权及表决权；

八、会员代表有选举权及被选为本会职员之权；

九、会员有享受本会一切应有之权利。

第七条　会员之义务如左：

一、遵守本会章程及决议；

二、担任本会指派之职务；

三、缴纳会费；

四、应本会之咨询及调查；

五、不侵害他人营业；

六、不得兼营不正当营业。

第八条 会员如有不遵前条各项义务之一者，轻则予以警告，重则除名出会。除名出会者，须经会员大会之决议并登报公布。

第九条 会员如欲请求出会，应备具理由书，经会员大会出席代表过半数之通过，方得出会。所有出会以前如有未缴付之会费仍应如数缴清。

第三章 组织

第十条 本会以公司行号为本会每一公司行号，得选派会员代表一人至二人，以经理或主体人为限，其最近一年间平均店员人数每超过十人时，应增派代表一人，由各该公司行号之店员互推之，但至多不得逾三人。

第十一条 有左列情事之一者不得为会员代表：

一、褫夺公权者；

二、有反革命行为经法庭判决者；

三、受破产之宣告尚未复权者；

四、无行为能力者。

第十二条 会员代表如发生左列情事之一者，得由本会执行委员会决议，随时函请原选派之会员将其撤回，另行改派：

一、丧失国籍者；

二、发生本会章程第十一条所列情事之一者；

三、违背本会章程及决议案情节重大者。

第十三条 会员代表得由原选派之会员随时撤回另行改派但已当选为本会职员者，除该代表已与原选派之会员脱离关系、或丧失国籍、或发生本章程第十一条所列情事之一者外，在任期未满前不得撤回。

第十四条 本会会员委派代表应给以委托书，并以书面通知本会，改派时亦同。

第十五条 本会受上海特别市党部之指导，并受上海市社会局之监督。

第十六条 本会为上海市商会之会员。

第四章 职员

第十七条 本会由会员大会就会员代表中选举执行委员十五人、候补执行委员五人、监察委员五人、候补监察委员三人；

由执行委员互选常务委员三人，并就常务委员中推定一人为主席；

由监察委员互选首席监察委员一人；

执行委员监察委员如遇有缺额时，以候补得票最多者挨次递补，其任期以补足前任期为限；

常务委员如遇有缺额时，由执行委员补选之；主席如遇缺席时，由常务委员代理之；所有本会委员均为名誉职。

第十八条 执行委员及监察委员任期均为四年，每二年改选，半数应改选者不得连任。

前项第一次之改选，以抽签定之；但委员人数为奇数时，留任者之人数得较改选者多一人，以后交替改选。

第十九条 执行委员如遇有左列情事之一者，得开会员大会公决，令其解任：

一、因有不得已事故请求辞职者；

二、旷废职务、遇事推诿者；

三、于职务上违背法令、营私舞弊，或其他重大之不正当行为者，或由主管机关令其退职者。

第五章 会务

第二十条 本会应办之事务如左：

一、关于同业之调查研究改良整顿及建设事项；

二、关于兴办同业教育及其他公益事项；

三、关于会员与会员或非会员间争执，经会员请求之调解事项；

四、关于同业劳资间争执之调解事项；

五、关于党政机关及商会委办事项；

六、关于会员营业必要时之维持事项；

七、关于会员营业上弊害之矫正；

八、关于请求政府免除杂税事项。

第二十一条 本会分设下列各科，会同主席及常务委员执行各项会务，各科之委员由执行委员分任之：

一、总务科　掌管文书及保管，并其他不属于各科之事项；

二、组织科　办理征求会员及入会手续、及开会员大会等事项；

三、财务科　保管出纳本会财务及预算、决算、报告账略事项；

四、研究科　研究本业关于艺术之改良营业、之进展，及其他关于一切建设事项；

五、调查科　办理一切调查及宣传等事项；

六、调解科　调解会员与会员或会员与非会员间一切争执事项。

以上各科均得互推主任一人，并按事务之繁简，聘用办事员，常川驻会办事。

第六章 会议

第二十二条 本会会议分下列四种：

一、会员大会每年于八月间开会一次，由执行委员会召集之，如执行委员认为必要时，或经会员十分之一以上之请求得临时召集之；

二、执行委员会每月开会两次，由常务委员召集之，如遇有紧要事项得临时召集之；

三、执行委员开会时应通知监察委员列席，但无表决权；

四、监察委员每月开会一次，由首席监察委员召集之。

第二十三条 本会会员大会之决议，须以会员代表过半数之出席。出席代表过半数之同意行之，出席代表不满过半数者得行假决议，将其结果通告各代表，于一星期后、二星期内重行召集会员大会，以出席代表过半数之同意对假决议行其决议。

第二十四条 左列各款事项之决议，以会员代表三分之二以上之出席。出席代表三分之二以上之同意行之，出席代表逾过半数而不满三分之二者，得以出席代表三分之二以上之同意行假决议，将其结果通告各代表，于一星期后两星期内重行召集会员大会，以出席代表三分之二以上之同意对假决议行其决议：

一、变更章程；

二、会员之除名；

三、委员之退职。

第七章 经济

第二十五条 本会以下列各项收入为会费：

一、会员入会费每一会员三元；

二、会员月费：

甲、资本不满五万元者，每代表一人每月纳费二元；

乙、资本在五万元以上者，每代表一人每月纳费四元；

丙、资本在十万元以上者，每代表一人每月纳费六元；

三、特捐；

遇有特别事故须筹募特捐时，须经会员大会之决议。如会员大会不及召集时，得经执行委员会议出席委员三分之二以上通过。举行特捐，但仍须提交下届会员大会追认之，并备具理由书，呈准本市社会局备案后方得开募。

第八章 附则

第二十六条 本会办事细则另订之。

第二十七条 本章程经会员大会之决议，并呈请本市社会局核准后施行之，修改时亦同。

上海特别市装订书业同业公会章程

1942年（民国三十一年）

第一章 总纲

第一条 本会遵照工商同业公会暂行条例施行细则之规定组织之，名曰上海特别市装订书业同业公会。

第二条 本会以协助政府施行经济政策及增进同业之公共利益为宗旨。

第三条 本会会所设于上海特别市广西路汉口路六九二号。

第二章 会务

第四条 本会应办之事务如左：

一、关于会员经营物资之共同取得及分配事项；

二、关于会员经营装订书籍价格之审议事项；

三、关于会员事业资金之调节及债务之担保事项；

四、关于会员移动物资及其他应行证明之事项；

五、关于会员经营事业之调查统计设计指导及检查取缔事项；

六、关于执行主管官署指定或委托之事项；

七、关于与办同业教育及其他慈善公益事项；

八、关于同业劳资间争执之调解事项；

九、关于会员营业之必要时之维持事项；

十、关于章程内未经规定其他各项而本会能力所及应办之事项。

第五条 本会主要会务之办理情形应于每年终了三个月以内呈报上海特别市经济局备案。

第三章 会员

第六条 凡在上海特别市区域内确实经营装订书籍工厂，凡经上海特别市经济局核准登记者均应加入本会为会员，但须经过下列入会手续：

一、本会会员二人以上之介绍，经理事会过半数之通过；

二、提出确实经营装订书籍业并已呈奉核准登记之证明文件；

三、填写入会志愿书；

四、缴纳入会费。

第七条 会员应享之权利如左：

一、选举权及被选举权；

二、提出议案及表决权；

三、依法令及本会规章所载各项应享有之一切权益。

第八条 会员应尽之义务如左：

一、遵守一切经济法令及本会之章程决议并呈准备案之业规；

二、担任本会推举或指派之职务；

三、应本会之咨询及调查；

四、按期缴纳会费；

五、准时出席会议；

六、不侵害他人营业；

七、不兼营不正当营业。

第九条 凡会员有不遵守第八条各项义务之一者，轻则予以警告，次则停止其应事之权利，重则除名。

前项情形除警告得由理事会决议外，余均应经大会之决议。

第十条 会员如欲请求出会者，须备具理由书经理事会过半数之通过方得出会。

第十一条 会员经除名或退会者均不得继续经营装订书籍业，会员于除名或退会以前缴纳各种会费概不退还，如系除名因违及会章致本会发生损害时，并得依法追偿之。

第四章 组织

第十二条 本会以装订书籍工厂为本位，每一工厂得派代表一人至三人出席于会员大会，但全体代表之总额不得超过三百人，如会员单位在三百家以上时，由理事会依其营业额之大小决议，呈请经济局核定分区推定代表，有左列之一者不得为代表：

一、业外人；

二、褫夺公权者；

三、有违反国策之言行及犯刑事之处分，经法院判决者；

四、受破产之宣告尚未复权者；

五、受公会除名者；

六、无行为能力者。

第十三条 本会会员委派代表时须给委托书，并通知公会审查其资格，改派时亦同。

第十四条 本会受上海特别市经济局之指导监督。

第十五条 本会为上海特别市商会之会员。

第五章 职员

第十六条 本会由会员代表大会就会员代表中用无记名连记法选举理事七人、候补理事三人，以得票最多数者充任理事长，并由理事中互选常务理事二人，并选举监事三人、候补监事一人，以得票多寡定其次序，票数相同抽签定之。

理、监事均为名誉职，但因办理会务得核实支给公费。

前项选举由市经济局派员莅场监督。

第十七条 本会理事长及理、监事任期均为一年，连选得连任，理、监事有缺额由候补理、监事依次递补，以补足前任日期为限，候补理、监事于未递补前得列席会议。

第十八条 理、监事如有左列各款情事之一者，得开会员代表大会公决，令其解职：

一、旷废职务遇事推诿者；

二、于职务上违背法令、营私舞弊或有其他重大之不正当行为者，或由主管官署令其退职者；

三、因为不得已事故自请辞职者；

四、发生第十二条各款情事之一者。

第十九条 本会得因事务之繁简酌设总务、财务、调查、组织等科或推举理事分组办事以专责成并得酌设秘书、干事、会计、各种顾问及办事员，均由常务理事会议决行之。

第六章 会议

第二十条 本会会议分左列四种：

一、会员大会，每年开会一次，由理事会召集之。但理事会认为必要时或经会员十分之一以上之请求，得随时召集之。

二、理事会，每二星期开会一次，由常务理事会决议召集之，但遇紧要事项得随时召集之。

三、常务理事会，每星期开会一次，由理事长召集之，但遇紧要事项得随时召集之。

四、监事会，每六个月开会一次，由首席监事召集之，但遇紧要事项得随时召集之。

第二十一条 本会理监事会及常务理事会须有理监事过半数之出席，理监事满半数之同意方得议决可否，同数时取决于主席。各种会议均以理事长为主席，理事长有事故不能出席时，由出席之常务理事互推一人为主席。监事得列席于理事会及常务理事会，但无表决权。

第二十二条 本会会员大会之决议须以会员代表过半数之出席，出席代表过半数之同意行之。出席代表不满过半数者，得行假决议，将其结果通告各代表于一星期后两星期内重行召集会员代表大会，以出席代表过半数之同意，对假决议行其决议。

第二十三条 左列各款事项之决议，以会员代表三分之二以上之出席，出席代表三分之二以上之同意行之。出席代表逾过半数而不满三分之二者，得以出席代表三分之二以上之同意行假决议，将结果通告各代表于一星期后两星期内重行召集会员大会，以出席代表三分之二以上之同意对假决议行其决议：

一、变更章程；

二、会员或会员代表之除名或退会；

三、理监事之退职；

四、同业业规之通过。

第七章 经济

第二十四条 本会以下列收入为经费：

一、会员入会费，月费分甲乙丙丁四种：

　甲、入会费二千元，每月月费二千元；

　乙、入会费二千元，每月月费一千五百元；

　丙、入会费二千元，每月月费一千元；

　丁、入会费二千元，每月月费五百元。

二、特捐　公会基本金。

第二十五条　本会如遇特别事故，须筹募特别捐时，须经会员大会之决议，如会员大会不及召集时，经理事会会议出席理事三分之二以上之通过举行，但仍须提交下届会员大会追认并备具理由书呈经上海特别市经济局备案后方得开募。

第二十六条　本会之预算、决算应于每会计年度终三个月内呈报上海特别市经济局备案。

第八章 附则

第二十七条　本章程经会员大会通过，并呈请上海特别市经济局核准备案后施行，修改时亦同。

第二十八条　本会办事细则另订之。

上海特别市装订书业同业公会业规

1942年（民国三十一年）

第一章 总则

第一条 本业规以增进同业公共福利及维护矫正营业弊害为宗旨。

第二条 本业规依据本会章程第四条第二款及第六条第八条第一、六两款之规定监定之。

第三条 凡本业规在本市区域内以装订书籍为营业之同业会员均应一律遵守。

第四条 各装订书作商号名称均应报告本会登记以便查考。

第五条 凡新开设之订作，应由同业会员之介绍，经本会认可并缴纳入会费后方得为本会会员。

第六条 凡同业会员中途改组或加记出盘均须报告本会登记备查。

第二章 营业

第七条 同业原来承做之客户均须向本会登记。

第八条 同业新接客户生意，须报告本会查明其价目是否与本会定价相符，如无冲突倾轧，方可接做。

第九条 同业须遵照本会议定价目单，一律实行不折不扣，如有私自增减或暗码回折招徕生意违反业规举动，一经查明确实处罚停业半月。

第十条 凡数同业合做同一客户之生意，其价目应一律遵照本会议定价目单结算，必要时得请本会会同结账。

第十一条　凡本会会员承做之户，其他会员或非会员不得兜揽，如无力胜任承做者，亦须报告本会，经调查确实，方准接做。如违反接做，经会员之报告，一经查有实据，处以五万元之罚金，其生意仍归原做人承做。

第十二条　如遇新样生意，须投票估价者，当事人应先报告本会计算成本，评定价目方可接做。

第十三条　凡同业间因业务上发生争执或劳资纠纷等事，得以书面报告本会，召开理、监事会议作公正之评判，予以处理。

第十四条　同业工作时间及职工待遇，须依照本会议决或主管机关议决办法实行，不得参差，如有违背当处以五千元以上一万元以下罚金。

第十五条　同业间不得偷工减料粗制滥造，妨害文化事业之发展，如敢故犯当处以一万元之罚金。

第十六条　同业间不得互相挖用职工、学徒，如有违反，处以五千元以上一万元以下之罚金。

第三章　处罚

第十七条　凡违反本业规第二章各条规定之一者，经本会调查确实，得按情节之轻重依照制裁办法，经本会理、监事会议通过后执行之：

一、轻则由本会根据业规用书面劝告；

二、劝告无效当，予书面警告，如警告无效，由本会理监事会议议定处罚办法，请求主管官署予以执行之；

三、重则由本会理监事议定处罚办法，呈请主管官署核断执行，并开除其会籍、停止其全部之营业；

四、所罚款项充作慈善事业经费。

第四章　附则

第十八条　本业规经会员大会之通过呈请主管官署备案后施行。

第十九条　本业规如有未尽事宜，得随时提交本会会员大会议决修正之，并呈报主管官署备案，始生效力。

上海市铅印业同业公会书版组公议标准价目表

1940年12月1日（民国二十九年）

　　兹因各种原料、燃料以及日常生活无不继续增涨，本会书版组为顾全本业血本及维持员工最低生活计，业经本组专责委员会之决议，自十二月一日起，对于承印价目除纸张照市价计算另加手续费百分五外，所有排印工价重行订定，最低限度之标准价格刊列于后，俾全体书版组同业一律遵守：

	排字大小（以每千字为单价）	排法（圈点排在字中，二面无装工）	排法（圈点人名线排在一面，单面装工）	排法（圈点人名线排在二面，双面装工）	附注
排工价目	五号字	一元五角	一元六角	一元七角	1. 头号字排工另议 2. 用楷书及仿宋字排者每千字照普通字加排工二角，如排长仿宋字，排工另议 3. 表格不装线照文字加一倍计算，装线加二倍计算，复杂者另议之 4. 各种动植物、数理化工程医药等专门书籍照普通者每千字加排工二角，其中，叠排公式依所排地位照文字三倍计算，杂志者另议之 5. 嵌司配司排工照文字实数加倍计算 6. 西文字排工排十磅字以上者，每行每英寸计二分，排八磅字者每行每英寸计二分半，排六磅字者每行每英寸计三分二厘，西文中夹排中文者亦照西文计算 7. 西文用花色字体另议 8. 横排一律照直排之双面装算 9. 七行字每字加一角五分，五行字每字加八分，四行字每字加四分
	小五号字	一元五角五分	一元六角五分	一元七角五分	
	小四、四、六号字	一元六角五分	一元七角五分	一元八角五分	
	三号字	一元九角五分	二元零五分	二元一角五分	
	二号字	三元一角	三元三角	三元六角	
	统改排工	照各项排工加半计算，赍纳印铸机排西文字作重排计算			

	类别（以报纸尺寸为标准）	印一千本之每令单价	印二千本之每令单价	印三千至五千本之每令单价	印五千以上至一万本之每令单价	印一万本以上之每令单价	附注
印工价目	报纸黑色印文字	三元六角	三元四角	三元二角	三元	二元八角	1. 凡报纸、道林纸等印铜锌版图或印颜色墨者价目另议 2. 用铜版纸印价格另议 3. 凡插图、封面、插页等如用阴文版铜版印工加倍计算，实地满版全面铜版双色版、三色版及印金银墨、双色墨，亮油印工，价目均另议
	副道林黑色印文字	四元	三元八角	三元六角	三元四角	三元二角	
	白道林黑色印文字	四元二角	四元	三元八角	三元六角	三元四角	
封面插图插页	类别（以报纸尺寸为根据）	印一千张每面每色之单价	印二千张每千每面每色之单价	印三千至五千张每千每面每色之单价	印五千以上至一万张每千每面每色之单价	印一万以上每千每面每色之单价	
	八至九开	二元二角	二元一角	二元	一元九角	一元八角	
	十开以下	一元九角	一元八角五分	一元八角	一元七角五分	一元七角	

纸型价目	大小以报纸开本为根据	16–18开	23–28开	32–40开	48–64开	附注
	每页价目	九角	七角	五角	四角	报版及四开大小之价目另议之
浇工价目	大小以报纸开本为根据	16–28开	16–28开	32开以下	32开以下	附注
	每页价目	初版一角五分	再版三角五分	初版一角	再版二角	如初版印数满五千本者免收浇版费
以上所定各项价格均以中央储备券为标准，划头照市贴水						

在十二月一日以前所接之稿件而尚未竣工者，除排工送过校样之一部分照本年三月十日公订价目外，其余在十二月一日以后排出送校者，其排工与印工纸型浇版等一律照本价目结算，如一种印件排工在十万字以上或工作需时一月以上者，届时价目容有增减仍须依照其时本会公订办法。

上海市铅印业同业公会书版组公订

中华民国二十九年十二月一日

上海市铅印业同业公会书版组公议标准价目表

1943年5月1日（民国三十二年）

现因本业所用各种原料及材料来源日少，价格步涨不已，如铅料、铅字、铅线、日常损耗铅量甚巨，油墨、车油、煤油、棍胶、洋钉、麻绳、云母粉等添购更属不易，价格更昂，即打样及纸型用之纸张价格亦日见昂贵，如不酌加售价，实难维持血本，迫不得已，经本会议决，自五月一日起于原订价目外酌加材料费藉资弥补，一俟来源畅通价格回松时，即行酌减或取消之。兹将改正价目刊列于后，俾全体书版组同业一律遵守：

	排字大小以每千字为单价		排法（圈点排在字中，二面无装工）	排法（圈点人名线排在一面，单面装工）	排法（圈点人名线排在二面，双面装工）	附注
排工价目	五号字	排工	十八元五角	廿元	廿一元五角	1. 头号二号字排工另议 2. 用楷书及仿宋字排者每千字照普通字加排工二元，如排长仿宋字，排工另议 3. 表格不装线照文字加一倍计算，装线及复杂者另议之 4. 各种古诗文字典科学及多部位字且中西文夹杂之专门书籍，照普通者每千字加六元，如间有叠排算式或较复杂之化学式，依排式所用字号加三倍计算，如全书中算式或有机化学式繁多者，排工另议之 5. 嵌司配司排工照文字实数加倍计算 6. 西文字排工排十磅字以上者，每行每英寸计四角五分，排八磅字者每行每英寸计五角五分，排六磅字者每行每英寸计六角，西文中夹排中文者亦照西文计算，花色西文另议 7. 横排一律照直排之双面装算 8. 七行字每字加五元，五行字每字加四元，四行字每字加三元 9. 广告零件及书版题目所用铅字如需指定字体者，照买价计算 10. 诗文集字典医药等书刻字另加刻工
		附加材料费	十五元	十六元	十七元	
		合计	三十三元五角	三十六元	三十八元五角	
	小五号字	排工	廿元	廿一元	廿三元五角	
		附加材料费	十六元	十七元	十九元	
		合计	三十六元	三十八元	四十二元五角	
	小四、四、六号字	排工	廿一元五角	廿三元五角	廿五元	
		附加材料费	十七元	十九元	廿元	
		合计	三十八元五角	四十二元五角	四十五元	
	三号字	排工	廿五元	廿六元五	廿八元	
		附加材料费	廿元	廿一元	廿二元	
		合计	四十五元	四十七元五角	五十元	
	统改排工		照各项排工加半计算赍纳印铸机排西文作重排计算			

印工价目

类别（以报纸尺寸为标准）		印一千本每令单价	印一千本以上之每令单价	封面插图插页	类别（以报纸尺寸为标准）		印一千张每面每色之单价	印一千张以上之每千每面每色之单价
报纸黑色印文字	印工	四十八元	四十元		八开至九开	印工	廿四元	十八元五角
	附加材料费	三十四元	廿八元			附加材料费	十七元	十三元
	合计	八十二元	六十八元			合计	四十一元	三十一元五角
道林纸黑色印文字	印工	五十五元	四十七元		十开以下	印工	廿一元	十六元五角
	附加材料费	三十八元	三十三元			附加材料费	十五元	十二元
	合计	九十三元	八十元			合计	三十六元	廿八元五角
海月连史毛边单面黑色印文字	印工	四十八元	四十元					
	附加材料费	三十四元	廿八元					
	合计	八十二元	六十八元					

1．印一千本以上除第一千本照第一千印价计算外，其余以一千以上之印价计算，三十六开以上的酌加装版费，如遇粗松报纸费墨者，每令另加十五元

2．凡报纸道林纸等印铜锌版图或印颜色墨者价目另议

3．用铜版纸印价格另议

4．凡插图封面插页等如用阴文版铜版印工加倍计算，实地满版全面铜版双色版三色版及印金银墨印工价目均另议

纸型价目

大小（以报纸开本为根据）	16–18开	23–28开	32–40开	48–80开	附注
每页价目	十三元六角	十一元	八元	六元六角	报版及四开大小之价目另议，挖补另加挖工
附加材料费	十一元	九元	六元四角	五元二角	
合计	廿四元六角	廿元	十四元四角	十一元八角	

浇工价目

大小（以报纸开本为根据）	16开–28开	32开以下	附注
每页价目	四元	三元	挖字及铜图另加挖工

以上所定各项价格均以中央储备券为标准，划头照市贴水

在五月一日以前所接之稿件而尚未竣工者，除排工送过校样之一部分照上次公订价目外，其余在五月一日以后排出送校者，其排工与印工纸型浇版等一律照本价目结算，如一种印件排工工作需时一月以上者，其已竣工部分须逐月结清，其未竣者遇有价目增减时仍须依照其时本会公订办法、纸张依照市价计算，另加手续费百分之五。

上海市铅印业同业公会书版组公订

中华民国三十二年五月一日

上海市铅印业同业公会书版组公议标准价目表

1943年7月25日（民国三十二年）

　　兹因各种原料步涨以及工价之增高，本会书版组售价为顾全血本及工友生活计，业经本业同业公会之决议，自七月廿五日起对于排印价目重行订定，最低限度之标准价格刊列于后，俾全体书版组同业一律遵守：

排字大小以每千字为单价		排法（圈点排在字中，二面无装工）	排法（圈点人名线排在一面，单面装工）	排法（圈点人名线排在二面，双面装工）	附注
排工价目	五号字	六十元	六十五元	七十元	1. 头号二号字排工另议 2. 用楷书及仿宋字排者每千字照普通字加排工三元，如排长仿宋字，排工另议 3. 表格不装线照文字加一倍计算，装线及复杂者另议之 4. 各种古诗文字典科学及多部位字且中西文夹杂之专门书籍，照普通者每千字加十一元，如间有叠排算式或较复杂之化学式，依排式所用字号加三倍计算，如全书中算式或有机化学式繁多者，排工另议之 5. 嵌司配司排工照文字实数加倍计算 6. 西文字排工排十磅字以上者，每行每英寸计八角，排八磅字者每行每英寸计一元，排六磅字者每行每英寸计一元一角，西文中夹排中文者亦照西文计算，花色西文另议 7. 横排一律照直排之双面装计算 8. 七行字每字加七元，五行字每字加六元，四行字每字加四元 9. 广告零件及书版题目所用铅字如需指定字体者，照买价计算 10. 诗文集字典医药等书刻工另加刻工
	小五号字	六十五元	七十元	七十五元	
	小四、四、六号字	七十元	七十五元	八十元	
	三号字	八十元	八十五元	九十元	
	统改排工	照各项排工加半计算 赉纳印铸机排西文字作重排计算			

印工价目	类别（以报纸尺寸为标准）	印一千本每令单价	印一千本以上之每令单价		类别（以报纸尺寸为标准）	印一千张每面每色之单价	印一千张以上之每千每面每色之单价
	报纸黑色印文字	一百四十五元	一百二十元	封面插图插页	八开至九开	七十元	五十五元
	道林纸黑色印文字	一百六十五元	一百四十元		十开以下	六十五元	五十元
	海月连史毛边单面黑色印文字	一百四十五元	一百二十元		1. 印一千本以上除第一千本照第一千印价计算外，其余以一千以上之印价计算，三十六开以上酌加装版费，如遇粗松报纸费墨者，每令另加二十元 2. 凡报纸道林纸等印铜锌版图或印颜色墨者价目另议 3. 用铜版纸印价格另议 4. 凡插图、封面、插页等如用阴文版铜版印工加倍计算，实地满版全面铜版双色版三色版及印金银墨印工价目均另议，印数不满一千者亦作一千计算		

纸型价目	大小（以报纸开本为根据）	16-18开	23-28开	32-40开	48-80开	附注
	每页价目	四十五元	三十五元	廿五元	二十元	报纸及四开大小之价目另议，挖补另加挖工
以上所定各项价格均以中央储备券为标准							

在七月廿五日以前所接之稿件而尚未竣工者，除排工送过校样之一部分照上次公订价目外，其余在七月廿五日以后排出送校者，其排工与印工纸型浇版等一律照本价目结算，如一种印件排工工作需时一月以上者，其已竣工部分须逐月结清，其未竣者遇有价目增减时仍须依照其时本会公订办法，纸张依照市价计算，另加手续费百分之五。

上海市铅印业同业公会书版组公订

中华民国三十二年七月二十五日

上海市铅印业同业公会书版组公议标准价目表

1943年12月16日（民国三十二年）

兹因各种原料步涨以及工价之增高，本会书版组售价为顾全血本及工友生活计，业经本业同业公会之决议，自十二月十六日起对于排印价目重行订定，最低限度之标准价格刊列于后，俾全体书版组同业一律遵守：

	排字大小以每千字为单价	排法（圈点排在字中，二面无装工）	排法（圈点人名线排在一面，单面装工）	排法（圈点人名线排在二面，双面装工）	附注
排工价目	五号字	一百三十元	一百四十元	一百五十元	1. 头号、二号、三号字排工另议 2. 用楷书及仿宋字排者每千字照普通字加排工十元，如排长仿宋字，排工另议 3. 表格不装线照文字加一倍计算，装线及复杂者另议之 4. 各种古诗文字典科学及多部位字且中西文夹杂之专门书籍，照普通者每千字加廿五元，如间有叠排算式或较复杂之化学式，依排式所用字号加三倍计算，如全书中算式或有机化学式繁多者，排工另议之 5. 嵌司配司排工照文字实数加倍计算 6. 西文字排工排十磅字以上者，每行每英寸计二元，排八磅字者每行每英寸计二元五角，排六磅字者每行每英寸计三元五角，西文中夹排中文者亦照西文计算，花色西文另议 7. 横排一律照直排之双面装计算 8. 七行字每字加十元，五行字每字加八元，四行字每字加六元 9. 广告零件及书版题目所用铅字如需指定字体者，照买价计算 10. 诗文集字典医药等书刻字另加刻工
	小五号字	一百四十元	一百五十元	一百六十元	
	六号字	一百五十元	一百六十元	一百七十元	
	小四、四号字	一百八十元	一百九十元	二百元	
	统改排工	照各项排工加半计算 赍纳印铸机排西文字作重排计算			

印工价目	类别（以报纸尺寸为标准）	印一千本每令单价	印一千本以上之每令单价	封面插图插页	类别（以报纸尺寸为标准）	印一千张每面每色之单价	印一千张以上之每千每面每色之单价
	报纸黑色印文字	三百元	二百五十元		八开至九开	一百零五元	八十五元
	道林纸黑色印文字	三百三十元	二百八十元		十开以下	一百元	七十五元
	海月连史毛边单面黑色印文字	三百元	二十五百元		1. 印一千本以上除第一千本照第一千印价计算外，其余以一千以上之印价计算 2. 三十六开以上每版另加装版费六十元 3. 粗松报纸费墨者，每令另加四十元 4. 活字版印工照价加三成 5. 凡报纸道林纸等印铜锌版图或印颜色墨者价目另议 6. 用铜版纸印价格另议 7. 凡插图、封面、插页等，如用阴文版铜版印工加倍计算，实地满版全面铜版双色版三色版及印金银墨印工价目均另议，印数不满一千者亦作一千计算		

纸型价目	大小（以报纸开本为根据）	16–18开	23–28开	32–40开	48–80开	附注
	每页价目	一百元	八十元	六十元	四十五元	报纸及四开大小之价目另议，挖补另加挖工

浇工价目	大小（以报纸开本为根据）	16开–28开	32开以下	附注
	每页价目	十五元	十一元	挖字及铜图另加挖工

以上所定各项价格均以中央储备券为标准

在十二月十六日以前所接之稿件而尚未竣工者，除排工送过校样之一部分照上次公订价目外，其余在十二月十六日以后排出送校者，其排工与印工纸型浇版等一律照本价目结算，如一种印件排工工作需时一月以上者，其已竣工部分须逐月结清，其未竣者遇有价目增减时仍须依照其时本会公订办法，纸张依照市价计算，另加手续费百分之五。

上海市铅印业同业公会书版组公订
中华民国三十二年十二月十六日

上海市簿册装订商业同业公会上海市装订书业同业公议装订价目单

1945年11月21日（民国三十四年）

名称	每万页或每本计算	价格	备注
纸面平装	每万页	一千元	1. 不满廿页者作廿页计算 2. 做圆角，每本另加四元 3. 包套子或包玻璃纸，每本另加三元一角 4. 接面子沿单张，每千页另加三百八十五元 5. 穿线钉须帖帖钉者，每万页另加二百八十五元 6. 上下用衬页者，每本另加五角四分 7. 如须揩红头者，每本另加一元二 8. 如须用铁丝钉者，每本另加三元四
精装（内心、拷眼钉）			
纸面平装（穿线钉）	每万页	一千五百元	
精装（内心、穿线钉）			
全布面精装做工	每本	三十八元五角	此价目三百页为标准，如其三百页至八百页者，每本另加一成半，八百页以上者，每本另加三成，接面超过十六开者，另加三成，毛本送还局家者，每本作价十九元四角，烫金锌版等归局家供给，如背脊用纱布绳头布者，由局方供给
全纸面精装做工	每本	三十一元七角	
布腰纸面精装做工	每本	四十三元五角	
影印西书精装做工	每本	一百十五元二角	
影印西书平装做工	每本	五十元	
杂志/期刊铁丝骑马钉	每本32开	三元	每本以二帖为限，每加一帖另加八角，如有单页，每千页另加三百八十五元，接面每千另加三百八十五元，用线钉另加二成
杂志/期刊铁丝骑马钉	每本16开	三元八角	
杂志/期刊铁丝骑马钉	每本11开	四元五角	
杂志/期刊铁丝骑马钉	每本9开	五元七角	
连环画图书	每万页	一千二百卅六元	如有单本改订合订本者一律照新书价格计算
画图书：画宝	每万页不满廿页者	一千五百八十六元五角	十六开至廿五开另加二成，接面每千加三百八十五元，穿丝带另议
图书书：画宝	每万页廿页以上者	一千一百三十五元六角	
本装（有光纸）	六开（每万页）	二千五百元	三开加五成，四开加三成，单衬加五成，双衬加八成，包套每千一千元，拍上加三成，每本不满十五页者，每万页加二成，连史毛边海月加三成
本装农历（报纸）	六开（每万页）	一千三百卅六元	
日历	一百廿开报纸四连每只	十五元	三连十八元四角，二连廿一元七角，单连卅三元七角，台历四十一元五角，挠书每万只加八千八百五十元，五六八十等连一律每单只十五元，连史毛边有光道林照加三成，铜钉在外，其余各开各连另议

包书纸一律由局方供给，如需订作代理者，概照市价计算。如有不载在本价目单内之书籍、地图等，一律按照原价，增加价目面议，精装书籍所用金叶书面布冲皮纸板衬纸等如欲代料，均照市价计算，账目一律收现，如有汇划照市贴水

中华民国三十四年十一月廿一日实行

上海市簿册装订商业同业公会订书组公议装订价目单

1947年5月1日（民国三十六年）

注意：一、本价目单凭五月一日送货回单结账

二、照此价目实收，凡我同业一律遵守

名称	每万页或每本计算	价格	备注
纸面平装	32开、64开每万页	二万三千元 其他各开 二万五千五百元	1. 不满廿页者作廿页计算 2. 做圆角每本另加一百元 3. 包套子或包玻璃纸每本另加八十元 4. 接面子或沿单张每千页另加九千元 5. 穿线钉须帖帖钉者每万页另加六千五百元 6. 上下用衬页每本另加十二元 7. 揩红头每本另加三十元
精装（内心/拷眼钉）			
平装（内心/穿线订）	32开、64开每万页	三万四千五百元 其他各开 三万八千元	
精装（内心/穿线钉）			
全布面精装做工	每本	九百元	此价目三百页为标准，如其三百页至五百页者每本另加一成半，五百页至八百页者每本另加三成，八百页以上者每本另加四成，面积超过十六开者，另加三成；毛本送还局家者每本作价四百六十。烫金铜锌版等归局家供给，如背脊用纱布绳头布者，由局方供给
全纸面精装做工	每本	七百五十元	
布腰纸面精装做工	每本	一千元	
纸面穿线平装做工	每本	二百元	
影印西书精装做工	每本	二千七百元	
影印西书平装做工	每本	一千一百五十元	
（杂志/期刊）铁丝骑马钉	32开 每本	六十五元	每本以二帖为限，每加一帖另加二十元，如有单页每千页另加九千元，接面每千另加九千元，用线钉另加二成
（杂志/期刊）铁丝骑马钉	16开 每本	八十五元	
（杂志/期刊）铁丝骑马钉	12开 每本	九十五元	
（杂志/期刊）铁丝骑马钉	9开 每本	一百二十元	
连环图画书	全部新出 每万页	二万八千五百元 三万八千五百元	如有单本改订合订本者一律照新书价格计算
图画书：画宝	不满廿页者每万页	四万六千元	十六开至廿五开另加二成，接面子每千加九千元，穿丝带另议
图画书：画宝	二十页以上者每万页	三万三千元	
本装（有光纸）	六开 每万页	七万三千五百元	三开加五成，四开加三成，单衬加五成，双衬加八成，包套每千三万元，拍上加三成，每本不满十五页者每万页加二成，连史毛边海月加三成，折钉及单页照本装价目计算
本装农历（报纸）	六开 每万页	三万三千元	
日历	120开报纸四连每只	三百七十元	三连四百元，二连四百九十元，单连七百元，台历九百五十元，挠书每万只加二十万元五□□，等连一律每单只四百元，连史毛边有光道林照加一成，铜钉在外，其余各开各连另议

包书纸一律由局方供给，如需订作代理者，概照市价计算。如有不载在本价目单内之书籍、地图等，一律按照原价，增加价目面议。精装书籍所用金叶钢精书面布冲皮纸板衬纸等如欲代料者，须预付全部价格百分之六十，如一部分代料者，预付百分之三十，账目一律收现，如有汇划照市贴水

中华民国三十六年五月一日实行

上海市簿册装订商业同业公会订书组公议装订价目单

1949年4月8日（民国三十八年）

注意：一、本价目单凭四月八日送货回单结账

二、照价目实收金圆券，凡我同业一律遵守

名称	每万页每本计算	价格	备注
纸面平装	32开、64开每万页	二万五千四百元 其他各开 三万零四百八十元	1. 不满廿页者作廿页计算 2. 做圆角每本另加一百五十五元 3. 包套子或包玻璃纸每本另加六十九元 4. 接面子裁页或沿单张每千页另加一万一千一百元
精装（内心/拷眼钉）			
平装（内心/穿线订）	32开、64开每万页	四万七千二百二十元 其他各开 五万六千八百七十元	5. 穿线钉须帖帖钉者每万页另加八千三百元 6. 上下用衬页者每本另加21.2元 7. 18、16、200开照32开另加五成
精装（内心/穿线钉）			
全布面精装做工	每本	一千一百七十六元	此价目二百页为标准，如其二百页至四百页者每本另加一成半四百页至六百页者每本另加三成，六百页以上者每本另加四成，十六开另加三成，影印西书毛本送还局家者每本作价977元，烫金铜锌版等归局家供给，如背脊用纱布绳头布者由局方供给，揩红头另加一成
全纸面精装做工	每本	九百八十七元	
布腰纸面精装做工	每本	一千三百三十九元	
纸面穿线平装做工	每本	一百九十八元	
影印西书精装做工	每本	二千九百五十七元	
影印西书平装做工	每本	一千三百二十四元	
折图	四开每张	八十元零九角	上项价目均连做地图封袋在内，袖珍折叠图每张以九折为限，如其超过九折以上，每张另加二成
	对开每张	一百元	
	全张双拼每张	二百八十二元五角	
	全张每张	一百三十一元	
	袖珍折叠每张	一百八十一元八角	
沿钉平装袖珍图	32、64开每万页	四百七十四元	此价以六十页为标准，如其超过六十页，另加一成半，其他各开另加二成
各种单片本地图	32、64开每本	八万元	其他各开另加二成，九开以下价目面议，精装本做工照上项价目计算
（杂志/期刊）铁丝骑马钉	32开 每本	七十九元	每本以二帖为限，每加一帖另加三成，如有单页每千页另加一万一千一百元，接面每千另加一万一千一百元，用线钉另加二成
（杂志/期刊）铁丝骑马钉	16开 每本	一百零九元	
（杂志/期刊）铁丝骑马钉	12开 每本	一百十三元	
（杂志/期刊）铁丝骑马钉	9开 每本	一百三十五元	
连环图画书	全部新出每万页	三万二千七百元 四万二千九百元	如有单本改订合订本者一律照新书价格另加二成
画图书：画宝	不满廿页者每万页	五万三千一百元	十六开至廿五开另加二成，接面子每千加一万一千一百元，穿丝带另议
画图书：画宝	二十页以上者每万页	四万元	

454

本装（有光纸）	六开 每万页	八万六千三百元	三开加五成，四开加三成，单衬加五成，双衬加八成，包套每千三万五千元，拍上加三成，每本不满十五页者每万页加二成，连史毛边海月加三成，折钉及单页照本装价目计算
本装农历（报纸）	六开 每万页	四万元	
日历	120开 96开 80开 64开 四连每只	四百三十三元 四百六十八元 五百五十四元	三连五百四十元，二连五百八十五元，单连一千一百元，台历每只一千四百五十元，挑书每万只二十二万叁千四百元月，八十等连一律每百只四百三十三元，连史毛边有光道林照加三成，铜钉在外，其余各开各连另议

包书纸一律由局方供给，如需订作代理者，概照市价计算。如有不载在本价目单内之贵珍书籍订价面议，精装书籍所用金叶铜精书面布、冲皮纸、板衬纸等如欲代料者，须预付全部价格百分之八十，如一部分代料者，预付百分之六十，账目一律收现，如有汇划照市贴水

中华民国三十八年四月八日发

译书公会章程

1897年（光绪二十三年）

一、本公会之设，以采译泰西东切用书籍为宗旨。考各国书籍，浩如烟海，中国从前所译各书，仅等九牛一毛；兹已向伦敦、巴黎各大书肆，多购近时切要之书，精延翻译高手，凡有关政治学校律例天文与地光化电汽诸学，矿务商务农学军制者，次第译成，以飨海内同志先睹为快之意。至日本为同文之国，所译西籍最多，以和文化中文取径较易，本会尤为此兢兢焉。

二、本会集股廿分，每股规元银五百两，官利暂提周年六厘，三年后，将所获赢余按股均分。

三、会中延聘总理一人，协理一人，英文翻译三人，法文翻译二人，德、俄、日本文翻译各一人，西文总校一人（邃于英法文字者），中文总校一人，复校一人，初校三人，写字四人。

四、译书之法，凡翻译能中西并通者，则亲自涉笔，否则一人口授，一人笔述后，仍互相勘校，务与原书语气不差累黍、事迹不少增损，方为定本。原书具在，海内通人仍可复核，而知本公会煞费经营之苦心。

五、所译各书略仿抛而毛而藏书报之例，每一星期将译成之书汇订成册，以三十页为率，用三号铅字精印，俾各自为卷，以便拆订。

六、泰西新政史策等书，大都荟辑时报而成，兹择西报之最要者，如英泰晤士、律例报，法勒当报，德东方报，法国政报五种，撷其菁英，汰其鄙委，译附书籍之后，以备留心时务者流览。俟岁星一周，即将以上各报，考核同异，订为西历系年录，另行发售。

七、中国已译各书，如兵法、军械、格致、制造、算数、化学、矿质、医理等书，已粗具崖略；若各国刑律，仅见法国律例一书，未臻详备；他如各国条约及职官表、度量权衡考，尤所罕见，本会当求善本，一一详译刊行。

八、江浙商务出口之货，以丝绸为大宗，近年华商所耗，苦累已极，日本蚕务蒸蒸日上，由其加意考核广译西书也。今本会广译东方蚕桑各书，并刊简明善本，绘图列说，遍飨村农，或亦中国收回权利之一助云尔。

九、本会意在拘回风气，富国保民，而愿大力棉，时虞绝膑，如荷当代巨公鉴此微忱，慨输廉俸，用相引掖，俾底于成，本会当书立尊衔于报端，以申感激；所有译出各书，当照送一部，藉酬盛意。

附件：

现译各书目

法文：《五洲通志》《东游随笔》

英文：《交涉纪事本末》《中日构兵纪》《拿破仑失国记》《威灵吞大事记》《英岁政比较》《五洲与地图考》《西事纪原》《泰西志林》

续译各书目，已购未来者

法文：《欧洲今世史》《国政制度字典》《拿破仑任总统及得国记》《俄帝王本纪》《现今武备》《英政府议院制》《舆地史大事记》《欧洲通制》

英文：《欧洲人物志》

东文：《日新丛书》（共七册）、《欧洲新政史》《庆长以来名人著述书目》（和学家）、《庆长以来名人著述书目》（汉学家）。

按此公会，均由董君康、赵君元益主持，集资万金，在上海新马路开设。先是，赵君拟译法文地图史事一大册，正拟集款兴办，适董君集成此会，遂与合办。有吴君挹清精于法文由欧西回，应廖穀帅之聘，公事余暇，尚可译书，遂与订明在杭译书，分期寄交公会刊印。近来中国所刊之书，多为初学而设，得此公会以辅助不及，获益良非浅鲜。若各省仿而行之，中国自强之基，捷如影响，本会实有厚望于诸君子焉。

译书交通公会序

1906年（光绪三十二年）

中国文学，素称极盛，降及挽近，日即陵替，好古之士，慭焉忧之，乃亟亟焉谋所以保存国粹之道，惟恐失坠。蒙窃惑焉：方今人类日益进化，全球各国，交通利便，大抵竞争愈烈，则智慧愈出，而国亦日强，彰彰不可掩也。吾国开化虽早，而闭塞已久；当今之世，苟非取人之长，何足补我之短。然而环球诸国，文字不同，语言互异，欲利用其长，非广译其书不为功。顾先识之士，不新之是图，而惟旧之是保，抑独何也！夫旧者有尽，而新者无穷，与其保守，毋宁进取；而况新之于旧，相反而适相成，苟能以新思想新学术源源输入，俾跻吾国于强盛之域，则旧学亦必因之昌大，卒收互相发明之效。此非译书者所当有之事欤。虽然，以吾近时译界之现状观之，谓遂足以尽输入新思想新学术之责矣乎，抑有愈于保守旧学诸子之所为乎？译一书而能兼信达雅三者之长，吾见亦罕。今之所谓译书者，大抵能率尔操觚，惯事直译而已。其不然者，则剿袭剽窃，敷衍满纸。译自和文者，则惟新名词是尚；译自西文者，则不免佶曲聱牙之病；而令人难解则一也。尤其甚者，坊间所售之书，异名而同物也；若此者不一而足，不特徒耗精神，无补于事，而购书之人，且倍付其值，仅得一书之用，而于书贾亦大不利焉。夷考其故，则译书家声气不通，不相为谋，实尸其咎。鄙人于英法二文，得稍知门径，从事译述，盖十余年于兹矣。此中况味，颇有所知。爰敢不揣冒昧，发起斯会，愿与海内译述诸君，共谋交换智识之益，广通声气之便，惟是志愿虽宏，才力绵薄，尚希大雅君子，匡其不逮，共襄美举，有厚望焉。

光绪丙午（一九〇六年）桂月二十四日，上海周树奎（桂笙）甫识。

附件：简章

一、定名 本会定名为译书交通公会。

二、宗旨 本会以交换知识，广通声气，维持公益为宗旨。

三、会员 发起人一员、书记员一员、名誉赞成员无定员，此外拟请学界中声望卓著者数位为议董，公同主持会务。

四、会友 凡各处译书家，各省学务处，学堂教员、学生，书局编辑所、印刷所等处一切人员，皆可入本会为会友，一律平等相待。

五、会费 会员、会友每年缴会费银洋二元，每半年先缴一元（愿全数预交者听），聊作告白印刷报告邮递之费；会费之外，愿另捐开办经费或捐资至二十元以上者，本会当认之为名誉赞成员，永远题名会籍，以彰盛德。入会姓名、籍贯、里居均须详细开列，与会费同寄本会。

六、办法 凡各处会友开译一书，无论正书、小说及无论何国文字，均须先将原书书名、译定书名以及著书人之姓名，用中西文详细开列，寄交本会书记注册，按月列表刊单分送各会友，俾在会之人，详悉某人现译某书，以除重复同译之弊。译书出版之后，如能见惠一册，则本会犹当竭力介绍于人；其有关教育与夫世道人心者，本会尤当竭力担任广销之责。内地会友或因交通不便，限于见闻，欲托本会同人物色中西书籍，或向外洋代定书报等物者，本会自当竭尽能力，以效微劳，惟价值须酌量先付。

七、度支 一切度支，每届一年，本会当详细开列清单，报告会友。

八、会所 本会暂假上海泥城桥西牯岭路毓麟里内月月小说社为会所；并暂假月月小说报为本会机关报。

译书交通公会发起周树奎（桂笙）、赞成员吴沃尧（趼人）、汪庆祺（惟父），代理书记员谢允燮（强夫）同启。

中国著作人出版人联合会组织缘起暨章程草案

1932年（民国二十一年）

中国著作人出版人联合会组织缘起

我们感觉，因为中国的著作人和出版人之间缺乏相当的联络，中国的学术界很感受不幸的影响。著作人有了著作，寻不着出版人，于是呕心织血写成的稿子，竟不能行世。这不能不算是社会的损失！反之，出版人努力于文化之传播，但因为不能与较多的著作人认识，以致有时欲求较好的著作而不可得，这又是社会的损失。不独著作人与出版人无联络，即著作人与著作人、出版人与出版人，也散沙似的各不相关。于是，无耻之徒抄袭他人的著作，割裂拼凑，欺世牟利，贪鄙商人，盗窃翻印，鲁鱼亥豕，错讹百出，不独原著者与出版人深受其害，而一般读者不能细辨，日日买读伪书与误书，其所受损失也很不少。因此，我们几个著作人与出版人发起组织这个会。我们希望国内著作出版两界的朋友们一齐加入，增加著作人与出版人联合的力量，抵御那些窃盗贪利的恶势力。

发起人

著作人

王礼锡 余上沅 沈　樱 周作人 周佛海 邵洵美

孟宪章 胡　适 马彦祥 施蛰存 徐霞村 孙席珍

容　庚 唐坚吾 陶希圣 许地山 章廷谦 章锡琛

张君劢 张恨水 冯友兰 冯文炳 黄庐隐 陆晶清

傅斯年 舒新城 彭芳草 叶灵凤 杨晶华 台静农

潘家洵 刘　复 黎东方 樊仲云 郑宾宇 郑振铎

谢冰心 谢似颜 萨孟武 顾颉刚

出版人

王子澄 史佐才 史惠生 申善修 杜海生 沈松泉

汪孟邹 李志云 李叔明 李盛林 林徽音 洪雪帆

计志中 孙惠泉 袁子英 徐毓源 陶良鹤 张啸空

张一渠 张松涛 张秉文 陈　霖 陈子安 陈维清

陈宝骅 盛导吾 傅润休 曾献声 郭照熙 叶子贤

赵南公 谢汝明

（名次以姓字笔划多少为序）

中国著作人出版人联合会章程草案

1932年（民国二十一年）

第一章　总则

第一条 本会定名为"中国著作人出版人联合会"，会址设在北平。

第二条 本会以互助之精神，敦睦情感，努力于著作出版事业之改善，以促进社会文化之进展为宗旨。

第三条 本会之职务如左：

一、筹议著作出版物之改良及发展事项；

二、关于著作出版物之征询及通报事项；

三、关于著作出版物之介绍及指导事项；

四、关于著作出版物之证明及鉴定事项；

五、关于著作出版物之统计调查编纂事项；

六、得设办出版物陈列所或其他关于著作出版人之公共事业，但须经该管官署之核准。

第四条 凡藉隶中华民国国民之著作人出版人赞助本会宗旨，恪守本会会章，有本会会员二人以上之介绍填具入会志愿书审查合格者均得为本会会员。

第五条 凡会员具有左列事情之一者，拒绝入会或令其出会：

一、褫夺公权者；

二、受破产之宣告尚未复权者；

三、无著作能力或出版能力者；

四、曾有破坏本会行为者；

五、曾受本会除名之处分未满一年者。

第六条 凡本会会员皆得享受本会之一切权利。

第七条 凡本会会员皆有负责协助本会进展，遵守本会会章之义务。

第二章　组织

第八条 本会以会员大会为最高权力机关。

第九条 本会定执行委员九人、候补执行委员三人，由会员大会选任之。

第十条 本会执行委员互选常务委员三人，组织常务委员会。

第十一条 本会设总干事一人，承常务委员会之命处理本会一切事务。

第十二条 本会分设"总务""编述""调查"三股，各设主任一人、助理员及书记若干人，承总干事之命分别掌理本会各项事务，其职务另定之。

第十三条 本会于必要时得设特种委员会办理某种特殊事项。

第十四条 本会特种委员会之产生方式由执行委员会会议决定之。

第十五条 本会执行委员之任期为二年，连举得连任一次。

第十六条 本会执行委员有左列各款情事之一者应即解任或除名：

一、因不得已事故经会员大会决议准其退职者；

二、旷弃职务经会员大会议决除名或令其退职者；

三、于职务上违背法令或营私舞弊或有其他重大之不端行为，经会员大会议决除名或令其退职或由主管官署令其退职者；

四、发生对于本章程第五条之规定事项者。

第十七条 本会执行委员均为名誉职，但为办理会务得核实支给公费。

第十八条 本会于必要时得在各省设立办事处或通信处，其办法另定之。

第三章　会议

第十九条 本会会员大会每年由执行委员会召开一次，遇必要时得由执行委员或由五分之二以上会员之请求，执行委员会召开临时会员大会。

第二十条 会员大会之决议以会员过半数之出席，出席者过半数之同意方为有效。

第二十一条 左列各款之决议以会员三分之二以上之出席，出席者三分之二以上之同意方为有效：

一、修订章程事项；

二、会员或执行委员、候补委员之除名事项；

三、委员之退职事项；

四、其他一切特殊事项。

第二十二条 本会执行委员会每月开会一次，由常务委员会召集。必要时得召集临时会议。

第四章　职务

第二十三条 本会一切事务，由执行委员会负责交常务委员会督同各职员处理之。

第二十四条 本会总干事承常务委员会之命督同各职员办理各种事务。

第二十五条 本会总务股之事务如左：

一、关于本会之购置事项；

二、关于本会器具之保管及登记事项；

三、关于本会会所之修砌及布置事项；

四、关于本会经费之保管事项；

五、关于本会经费之出纳事项；

六、关于本会经费之收支报告事项；

七、关于公文函件之撰拟缮发事项；

八、关于公文函件之保管事项；

九、关于会员进退之登记事项；

十、关于会议之记录事项；

十一、关于其他不属于他股之事项。

第二十六条 本会编述股之职务如左：

一、关于本会会刊之编述事项；

二、关于本会会员著作和出版之登记事项；

三、关于其他一切不属于他股之事项。

第二十七条 本会调查股之职务如左：

一、关于调查本会会员状况事项；

二、关于调查有无妨碍本会会员之利益事项；

三、关于其他一切不属于他股之事项。

第五章　经费

第二十八条 本会经费之收入分入会费与月费、年费三种征收之，其征收之规定如左：

一、入会费，著作人每人二元，出版人每人二十元；

二、月费，出版人分五元、十元、二十元、三十元、四十元、五十元、六十元七等，著作人免缴；

三、年费，著作人分五元、十元、二十元、三十元、四十元、五十元六等，出版人免缴。

第二十九条 本会经费之支出分事业费及事务费两种，应拟定预算书由执行委员会审核提交大会通过施行之。

第三十条 本会经费遇特殊情形而不敷应用时，得由执行委员会议决临时征集之，其征集办法另定之。

第三十一条 本会经费除由会员照章缴纳外，如有会员愿意多多乐助者听。

第三十二条 本会会员对于本会经费愿意多多乐助者，本会特为之表扬以作名誉之奖励。

第三十三条 本会由执行委员另组经费稽核委员会稽核本会经费之收支决算概况，其组织简章另定之。

第三十四条 本会出纳经费每月由经费稽核委员会稽核公布之。

第三十五条 本会经费得组织保管委员会保管之，其组织简章另定之。

第六章 附则

第三十六条 本章程如有未尽事宜，得由会员大会修改之。

第三十七条 本章程由会员大会议决，呈请市党部及社会局，转呈中央党部及内政部核准施行之。

中国著作人出版人联合会会员表（出版组）

店名	代表人姓名	地址	会费等级
商务印书馆	李伯嘉	棋盘街	甲等
中华书局	路锡三	同上	乙等
世界书局	沈知方	四马路	丙等
开明书店	杜海生	同上	丙等
现代书局	洪雪帆	同上	丙等
北新书局	李志云	同上	丙等
光华书局	张松涛	同上	丙等
神州国光社	曾献声	棋盘街	丙等
亚东图书馆	汪孟邹	五马路	丙等
太平洋书店	张秉文	白克路	戊等
新生命书局	陈宝骅	四马路	戊等
新中国书局	计志中	爱而近路	戊等
儿童书局	张一渠	浙江路	戊等
乐华图书公司	陈维清	四马路	己等
华通书局	陈霖	同上	己等
文艺书局	李盛林	同上	己等
光明书局	王子澄	同上	己等
湖风书局	周濂卿	老靶子路（163号）	己等
新月书店	邵洵美	福州路	己等
昆仑书店	李叔明	浙江路	己等
大江书铺	郭昭煦	七浦路	己等
三友书社	李柳溪	方浜桥	己等
南强书局	陈子安	北四川路	己等
黎明书局	徐毓源	四马路	己等
合众书局	邹企鲁	同上	庚等

南京市书店印刷所登记规则

10月13日南京市政府公布（颁布年份不详）

第一条 本规则依照市组织法第十二条之规定，制定之。

第二条 凡在本市开设书店或印刷所者，均须依照本规则向社会局声请登记，领得登记证后，方准营业。其在本规则施行前开设者，限两个月内，补行登记。

第三条 声请登记，应由经理人填具登记声请书，并随缴四寸半身相片二张，经社会局审查合格后，发给登记证。声请书格式，另定之。

第四条 登记之书店印刷所，因故停业或移转时，应即呈报社会局，并缴销登记证。

第五条 书籍不得代售后服务反动刊物。

第六条 书店凡自印或代销之新出刊物，除已经主管机关依法核准者外，须先呈送社会局审查。

第七条 印刷所不得承印反动刊物。

第八条 印刷所承印文件，发现有反动嫌疑之文字时，应即报明社会局查核。

第九条 违反本规则第四第六第八各条规定之一者，由社会局酌予处分。违反本规则第五或第七条规定者，除查封外，并移送法院依法惩处。

第十条 本规则自公布之日施行。

南京特别市印刷业同业公会公议价目表

1944年10月15日（民国三十三年）

类别				单价	附注
铅印排工及印工价目	排工	四号 五号 新五号字	每千	四百元	加线条者每千加半，有双行者照双行计算，旁装标点者加倍计算，两旁装者加倍计算，横排者加四分之二计算，以上各种字均以主体老宋字为标准，标题字所占地位与主体字同样计算
		六号字	每千	六百元	外国文排工普通书版体四号及五号，每英寸十八元，其他各号及加铅线者均加倍计算
		三号字	每千	七百元	
		二号字	每百	三百元	另件排工每方寸九元，表格排工每方寸十八元，套色的版加倍计算，多式以此类推，以上各件六方寸起算，繁简酌量增减。
		头号字	每百	五百元	
	印工	印书版	每令	一千四百元	不满令者作令计算，以一千本起算，一千本以上者类推。
		全张机印另件	每千	二千元	不满千者作千计算，印黑色以外其他颜色另加五成，印铜版加倍计算，六十四开加倍计算。
		对开机印另件	每千	一千四百元	
		四开机及大圆盘机印另件	每千	六百四十元	印铜版每版每千加倍，印满色及亮油与黑色以外其他颜色每版每千加两倍计算，印信纸信封八折计算。
		二三号圆盘机印另件	每千	四百八十元	
石印价目		落石制版费对开机	每石	八百元	繁复者加倍计算 绘图打样视图案之简繁另订之 墨色满版者加倍
		落石制版费四开机	每石	四百八十元	
		印工对开机	每令	三千八百元	
		印工四开机	每令	二千六百元	
工价目		单面印	每百	一百元	每一衔加排工三十元 外国文字加倍计算 不满一百者作百计算
		双面印	每百	一百六十元	
装订工		报纸平装	每千	一百元	另件装订不满一百页者每本十六元，一百页以上者每本二十四元，二百页以上者每本三十二元，余仿此本装，精装另订
		道林平装	每千	一百四十元	
附注		本会所订价目经呈请主管机关核准施行 铸字所铅字价目，制版所铜锌版价由本会核定，另行分发			

据《印刷月刊》第22期

南京特别市印刷业同业公会公议标准价目表

1944年10月21日（民国三十三年）

类别				单价	附注
铅印排工及印工价目	排工	四号、五号字	每千	五元	加线条者每千加半，有双行者照双行计算，旁装标点者加半计算，两旁装者加倍计算，横排者加四分之二计算，以上各种字均以主体老宋字为标准，标题字所占地位与主体字同样计算。
		三号、新五号字	每千	六元	
		六号字	每千	七元	
		二号字	每百	四元	外国文排工普通书版体四号及五号，每英寸二角，其他各号及加铅线者均加倍计算另件排工每方寸一角，表格排工每方寸三角，套色版加倍计算，多式以此类推，以上各件六方寸起算，繁简酌量增减。
		头号字	每百	八元	
	印工	全张机及对开机	每令	十五元	不满令者作令计算。印数每版超过十令者，每令计洋十二元。
		全张机印铜版或另件	每千版	五十元	不满千者应作千计算
		对开机印铜版或另件	每千版	四十元	
		各种圆盘及四开机印普通另件	每千版	六元	如印铜版每版每千十五元，印满色封面及亮油每版每千三十元，一千起算。
石印价目		落石制版费对开机	每石	十元	繁复者加倍计算绘图打样视图案之简繁另订之印工二百张起计算墨色满版者加倍
		落石制版费四开机	每石	六元	
		印工对开机	每令	八十元	
		印工四开机	每令	六十元	
名片排印工价目	中文	单面印	每百	一元二角	每一衔加排工二角揩松香粉者应加倍计算不满一百者作百计算
		双面印	每百	一元八角	
	西文	单面印	每百	一元四角	
		双面印	每百	二元	
装订工		报纸平装	每千页	八角	另件装订不满一百页者每本一角，一百页以上者每本二角，二百页以上者每本三角，余仿此本装，精装另订
		道林平装	每千页	一元	

据《印刷月刊》第1期

北平市书业同业公会为划一图书售价办法公告

1936年（民国二十五年）北平市书业同业公会编

教育部近以各出版家图书定价多不殷实，往往任意增减售价，伸缩折扣，对于教育实有重大影响，因订定教科图书及其他图书划一出售办法十条训令各省市教育厅局知照，并转饬所属各书店一体遵照，当由上海市书业公会召集执行委员会会议，金以图书售价参差不一，或抬高定价，大打折扣，或巧立名目，标榜廉价，不仅引起同业间不正竞争，酿成无谓之纠纷与损失，且使顾客受愚，反出较高之代价，而出版物改进之图，亦难免受其窒碍，教育部所定办法，实为整顿弊端，推进文化之要策，自当一致遵守，前奉北平市社会局训令第3056号令行到会，业已行知各同业在案，现经上海市书业同业公会议订划一图书售价实施办法十五章，呈请教育部及地方官厅备案，并分发各会员遵照办理，准于七月一日起实行，本市书业同业公会，自应根据部颁办法，及依照上海市书业同业公会所定办法十五章办理，查教育部颁布办法第十条规定，全国出版者及贩卖书籍者一律照规定办法办理，如有违反者，得由各该地同业公会或任一同业呈请地方官厅为有效之制裁，凡出版同业及贩卖同行，不论其是否为本公会会员，对于后录条款，无均应切实遵守，特此公告。

附录：

北平市社会局训令

1936年（民国二十五年）

令北平市书业同业公会

案奉

教育部二十五年发编陆12第四四零七号训令内开：

"案查本部以各书业所出教科图书定价殊欠核实，已失时效之旧教科图书，复往往运销边远省县，经售者更借口增加运费，往往任意抬高售价，伸缩折扣，对于教育不无重大影响，殊有整顿必要；经令饬上海市教育局，转饬上海书业公会迅即召集会议拟定教科图书等划一出售办法，转呈备核在案。兹据该局呈称，教科图书等划一出售办法，业经书业公会订定，转呈鉴核等由到部。查所拟办法，尚属可行。除酌加修正指令知照并分令外，合丞检发该项办法一份令仰该局知照，并转饬所属各书店一体遵照此令。"

等因；附发教科图书及其他图书划一出售办法一份，奉此，合丞抄发附件，令仰该会，即使通传各同业会员一体遵照办理。

此令。

附抄发教科图书及其他图书划一出售办法一份

中华民国二十五年四月十六日

局 长 雷嗣尚

重庆市出版商业同业公会章程

1943年（民国三十二年）

第一章　总则

第一条　本章程依据《非常时期人民团体组织法》《商业同业公会法》及《商业同业公会法施行细则》订定之。

第二条　本会定名为重庆市出版商业同业公会。

第三条　本会以维持增进同业之公共利益及矫正弊害为宗旨。

第四条　本会以重庆市行政区域为区域，事务所暂设于民生路七十一号。

第二章　任务

第五条　本会之任务如左：

一、关于主管官署及商会委办事项；

二、关于同业之调查研究事项；

三、关于兴办同业劳工教育及公益事项；

四、关于会员营业上弊害之矫正事项；

五、关于会员营业必要时之维持事项；

六、办理合于第三条所揭宗旨之其他事项。

第三章　会员

第六条　凡具有左列资格之一者，均应为本会会员；左列会员推派代表出席本会，称为会员代表。

甲、凡在本区域内经营出版事业之公司或经注册之商店，曾出版具有著作权之书籍十种以上，且设有发行机关者；

乙、凡在本区域内经营图书业，其总店系经营出版事业之公司或经注册之商店，曾出版具有著作权之书籍十种以上者。

但出版具有著作权之书籍不满十种而有特殊情形者，经理事三分之二以上之同意，得为本会会员。

第七条　本会每一会员推派代表一人，其担负会费满五单位者得加派代表一人，以后每增十单位加派一人，但至多不得过七人，代表以经理人、主体人或店员为限。

第八条　本会会员代表以有中华民国国籍，年在二十岁以上者为限。

第九条　有左列情事之一者不得为本会会员代表：

一、背叛国民政府经判决确定或在通缉中者；

二、曾服公务而有贪污行为经判决确定或在通缉中者；

三、褫夺公权者；

四、受破产之宣告尚未复权者；

五、无行为能力者；

六、吸食鸦片或其他代用品者。

第十条 会员推派代表时应给以委托书，并通知本会，撤换时亦同；但已当选为本会职员者，非有依法应解任之事由不得撤换。

第十一条 会员代表均有表决权、选举权及被选举权。

会员代表因事不能出席会员大会时，得以书面委托其他会员代表代理之。

第十二条 会员非因废业或永久停业或迁至其他区域营业者，不得退会。

第十三条 会员代表有不正当行为致妨害本会名誉信用者，得以会员大会之议决通知原推派之会员撤换。

第十四条 公司商店不依法加入本会，或不缴纳会费，或违背章程及决议者，得经理事会之决议予以警告；警告无效时，得按其情节轻重，依照《商业同业公会法》第二十六条规定之程序，为左列之处分：

一、五千元以下之违约金；

二、有时间之停业；

三、永久停业。

前项第二款、第三款之处分，非经主管官署之核准不得为之。

第四章 组织及职权

第十五条 本会设理事十五人组织理事会、监事五人组织监事会，均由会员大会就代表中用无记名选举法选举任之。

前项理事监事选举时，另选候补理事七人、候补监事二人，遇有缺额依次递补，以补足前任任期为限，未递补前不得列席会议。

第十六条 当选理事、监事及候补理事、监事之名次，依得票多寡为序，票数相同时以抽签定之。

第十七条 理事会设常务理事五人，监事会设常务监事一人，由理事会、监事会各就理事、监事中用无记名选举法互选之，以得票最多数者当选。

常务理事、常务监事有缺额时，由理事会、监事会补选之，其任期以补足前任任期为限。

第十八条 理事会就当选之常务理事中用无记名单记法选任理事长一人，以得票满投票人之半数者当选，若一次不能选出时，就得票最多数之二人决选之。

第十九条 理事会之职权如左：

一、执行会员大会决议案；

二、召集会员大会；

三、执行法令及本章程所规定之任务。

第二十条 常务理事会之职权如下：

一、执行理事会议决案；

二、处理日常事务；

第二十一条 监事会之职权如左：

一、监察理事会执行会员大会之决议；

二、审查理事会处理之会务；

三、稽核理事会之财政出入。

第二十二条　理事及监事之任期均为四年，每二年改选半数，不得连任。

前项第一节之改选以抽签定之，但人数为奇数时留任者之人数得较改选者多一人。

第二十三条　理事有左列情事之一者应即解任：

一、会员代表资格丧失者；

二、因不得已事故经会员大会议决准其辞职者；

三、依《商业同业公会法》第四十三条解职者。

第二十四条　理事监事均为名誉职。

第二十五条　本会事务所得设书记一人，并得雇用办事员若干人，分总务、财务、组训三股办事，其办事规则另订定之。

第五章　会议

第二十六条　本会会员大会分定期会议及临时会议两种，均由理事会召集之，定期会议每年六月二日开会一次，临时会议于理事会认为必要，或经会员代表十分一以上之请求，或监事会函请召集时召集之。

第二十七条　召集会员大会应于十五日前通知之，但有《商业同业公会法》第二十五条、第二十六条之情形，因紧急事项召集临时会议者不在此限。

第二十八条　本会会员大会开会时由常务理事组织，主席团轮流主席。

第二十九条　本会会员大会之决议，以会员代表过半数之出席，出席代表过半数之同意行之，出席代表不满过半数者得行假决议，在三日内将其结果通告各代表，于一星期后、二星期内重行召集会员大会，以出席代表过半数之同意，对假决议行其决议。

第三十条　左列各事项之决议，以会员代表三分二以上之出席，出席代表三分二以上之同意行之，出席代表不满三分二者得以出席代表三分二以上之同意行假决议，在三日内将其结果通告各代表，于二星期内重行召集会员大会，以出席代表三分二以上之同意，对假决议行其决议。

一、变更章程；

二、会员之处分；

三、理监事之解职；

四、清算人之选任及关于清算之事项决议。

第三十一条　本会会员代表人数超过三百人以上时，会员大会得就地域之便利，先期分开预备会，依各预备会会员代表人数比例推选代表，合开代表大会，行使会员大会之职权。

第三十二条　本会理事会每一月开会一次，监事会每两月开会一次。

第三十三条　理事会开会时须有理事过半之出席，出席理事过半数之同意，方能决议，可否同数取决于主席。

第三十四条　监事会开会时须有监事过半数之出席，以常务监事为主席，以出席监事过半数之同意决议一切事项。

第三十五条　理监事开会时不得委托代表出席。

第六章　经费及会计

第三十六条　本会经费分会费及事业费两种。

第三十七条　会员会费比例于其资本额缴纳之，每单位每年应缴国币二百五十元分两次缴付。

第三十八条　事业费由会员大会决议筹集，并专案呈准主管官署核准后施行。

第三十九条　本会会费之预算决算于每年年度终了一个月以内编制报告书，提出会员大会通过，呈报主管官署并刊布之。

第四十条　会计年度以每年一月一日始，至同年十二月三十一日止。

第七章　附则

第四十一条　本章程未规定事项，应依《商业同业公会法》及《商业同业公会法施行细则》办理之。

第四十二条　本章程如有未尽事宜，经会员大会决议，呈准重庆市社会局修改之并转呈社会部备案。

第四十三条　本章程经会员大会决议呈准重庆市社会局备案施行，并转呈社会部备案。

附：本会会费、单位会员代表及权数计算表

资本额	会员单位	会员代表	表决权选举权	备注
一万元以下	一单位	一人	一权	
逾一万元至五万元	二单位	一人	一权	
逾五万元至十万元	三单位	一人	一权	
逾十万元至十五万元	四单位	一人	一权	
逾十五万元至二十万元	五单位	二人	二权	以下资本每增五万元加一会费单位，每增十单位加一代表及一表决选举权
逾六十五万元至七十万元	十五单位	三人	三权	由十五单位至二十四单位，代表均为三人
逾一百一十五万元至一百二十万元	二十五单位	四人	四权	由二十五单位至三十四单位，代表均为四人
逾一百六十五万元至一百七十万元	三十五单位	五人	五权	由三十五单位至四十四单位，代表均为五人
逾二百十五万元至二百二十万元	四十五单位	六人	六权	由四十五单位至五十四单位，代表均为六人
逾二百六十五万元至二百七十万元	五十五单位	七人	七权	以下会费单位仍照资本额递增，权数照会费单位递增，但代表人数不得逾七人

（录自《中国现代出版史料》丁编下卷，张静庐辑注）

附录

商会法原则

1929年8月（民国十八年）中央政治会议第一七七次会议议决

一、商会为商业的集团，以同业公会或商业的法人为组织之单位。

二、商会以图谋发展工商业及国际贸易为目的。

三、各特别市、各市、各县及繁盛乡镇之同业公会或商业的法人有五家以上之发起，均得在本区域内设立商会，并于设立时应拟订章程，呈请主管机关备案。

四、凡称总商会，必须由主管机关核定。

五、同业公会为商会会员，别无同业者以商店为商会会员；前项会员均应举派代表出席商会，称为会员代表，并得随时更换之，但其资格宜加以明白规定。

六、全省各县市商会得联合设立全省商会联合会，各省商会联合会及特别市商会得联合设立中华民国商会联合会。

七、商会执监委员由委员就会员代表中选任，其人数由商会自由规定。

八、每任四年，每二年改选，半数不得连任。

九、旅外华商得设立旅外中华商会，并得加入中华民国商会联合会。

商会法

1930年3月3日（民国十九年）国民政府修正公布同日施行

第一章 总则

第一条 商会以图谋工商业及对外贸易之发展、增进工商业公共之福利为宗旨。

第二条 商会为法人。

第三条 商会之职务如左

一、筹议工商业之改良及发展事项；

二、关于工商业之征询及通报事项；

三、关于国际贸易之介绍及指导事项；

四、关于工商业之调处及公断事项；

五、关于工商业之证明及鉴定事项；

六、关于工商业统计之调查编纂事项；

七、得设办商品陈列所、商业学校，或其他关于工商业之公共事业，得须经该管官署之核准；

八、遇有市面恐慌等事，有维持及请求地方政府维持之责任；

九、办理合于第一条所揭宗旨之其他事项。

第四条 商会得就有关工商业之事项，建议于中央或地方行政官署。

第二章 设立

第五条 各特别市、各县及各市均得设立商会，即以各该市县之区域为其区域，但繁盛之区镇亦得单独或联合设立商会。

第六条 商会之设立，须由该区域内五个以上之工商同业公会发起之，无工商同业公会者须由商业的法人或商店五十家以上发起之，但旅外华商设立商会时不在此限。

前项发起人应召集设立大会，依第七条规定订立章程，连同其他必须事项，呈请特别市政府或呈由地方主管官署转呈省政府核准，设立并转报工商部备案。

第七条 商会章程应载明左列各款事项：

一、名称区域及事务所所在地；

二、关于事业及其执行之规定；

三、会员入会、出会及除名之规定；

四、职员名额极限及选任、解任之规定；

五、关于会议之规定；

六、关于经费及会计之规定。

第八条 商会应于本区域内设置事务所。商会因有特殊情形认为必要时，得经会员会议之议决设置分事务所；分事务所之事务即由该商会职员中居住或营业于分事务所区域内者执行之。

第三章 会员

第九条 商会会员得分左列二种：

一、公会会员；

二、商店会员。

前项会员均得举派代表出席商会，称为会员代表。

第一〇条 会员代表以在本区域内经营商业之中华民国人民年在二十五岁以上者为限。

第一一条 公会会员之代表由该同业公会举派之，前项代表每公会举派一人，但其最近一年间之平均使用人数超过十五人者，就其超过之人数每满十五人得增加代表一人，惟其代表人数至多不得逾二十一人。

第一二条 商业的法人或商店别无同业，或虽有同业而无同业公会之组织者，得为商会之商店会员。每店举出代表一人，但其最近一年间之平均使用人数超过十五人者，就其超过之人数每满十五人得增加代表一人，惟其代表人数至多不得逾三人。

第一三条 有左列各款情事之一者，不得充商会会员代表：

一、褫夺公权者；

二、有反革命行为者；

三、受破产之宣告尚未复权者；

四、无行为能力者。

第一四条 会员代表均有表决权、选举权及被选举权。

第一五条 会员代表得由原举派之，公会会员或商店会员随时撤换之。但已当选为商会职员者非有依法应解任之事，由不得将其撤换。

第一六条 会员代表丧失国籍，或发生第十三条所列各款情事之一者，原举派之会员应撤换之。

第一七条 会员代表有不正当行为至妨害商会之名誉信用者，得以会员大会之议决将其除名，并应通知原举派之会员。受除名处分之会员代表，自除名之日起三年以内不得充任会员代表。

第四章 职员

第一八条 商会之执行委员及监察委员，由会员大会就会员代表中选任之，其人数执行委员至多不得逾十五人，监察委员至多不得逾七人。

前项执行委员得互选常务委员，并就常务委员中选任一人为主席。

第一九条 执行委员及监察委员之任期，均为四年，每二年改选，半数不得连任。

前项第一次之改选，以抽签定之，但委员人数为奇数时，留任者之人数得较改选者多一人。

第二〇条 委员就任后，应于十五日内呈报特别市政府，或呈由地方主管官署转呈省政府转报工商部备案。

第二一条 执行委员及监察委员均为名誉职。

第二二条 委员有左列各款情事之一者应即解任：

一、因不得已事故，经会员大会议决准其退职者；

二、旷废职务，经会员大会议决令其退职者；

三、于职务上违背法令、营私舞弊，或有其他重大之不正当行为，经会员大会议决，令其退职，或由工商部或地方最高行政官署令其退职者；

四、发生第十三条各款情事之一者。

第二三条 商会事务所及分事务所，均得酌设办事员。

第五章 会议

第二四条 会员大会分定期会议及临时会议两种，均由执行委员会召集之。

第二五条 前条之定期会议每年至少开会一次。临时会议于执行委员会认为必要，或经会员代表十分之一以上之请求，或监察委员会函请召集时，召集之。

第二六条 召集会员大会应于十五日前通知之。但有第二十七条、第二十八条之情形，或因紧急事项召集临时会议时，不在此限。

第二七条 会员大会之决议，以会员代表过半数之出席，出席代表过半数之同意行之；出席代表不满过半数者得行假决议，将其结果通告各代表，于一星期后、二星期内重行召集会员大会，以出席代表过半数之同意，对假决议行其决议。

第二八条 左列各款事项之决议，以会员代表三分二以上之出席，出席代表三分二以上之同意行之；出席代表逾过半数而不满三分二者，得以出席代表三分二以上之同意行假决议，将其结果通告各代表，于一星期后、二星期内重行召集会员大会，以出席代表三分二以上之同意，对假决议行其决议：

一、变更章程；

二、会员或会员代表之除名；

三、职员之退职；

四、清算人之选任及关于清算事项之决议。

第二九条 执行委员会每月至少开会二次，监察委员会每月至少开会一次。

第六章 经费及会计

第三〇条 商会经费分左列二种：

一、事务费由会员比例于其所派代表之人数及资本额负担之；

二、事业费由会员大会议决筹集之。

第三一条 商会经费之预算、决算及其事业之成绩，每年须编辑报告刊布之，并呈报特别市政府，或呈由地方主管官署转呈省政府转报工商部备案。

第七章 解散及清算

第三二条 商会之解散，须经会员代表四分三以上之出席，出席代表三分二以上之同意方得决议，前项决议非经工商部核准不生效力。

第三三条 商会解散时，得依决议选任清算人，如选任后有缺员者更行补选；清算人不能选任时，得由主管行政官署指定之。

第三四条 清算人有代表商会执行清算上一切事务之权，清算人所定清算及处理财产之方法，须经会员大会之决议。会员大会不为前项之决议或不能决议时，清算人得自行决定清算及处理财产之方法，但非经地方最高行政官署核准不生效力。

第三五条 商会所有财产不足清偿债务时，其不足额应依照第三十条第一款之规定比例分担之。

第八章 商会联合会

第三六条 为图谋增进工商业公共之福利起见，同一省区域内之商会得联合组织全省商会联合会，各省商会联合会及特别市商会得联合组织中华民国商会联合会。

第三七条 设立全省商会联合会，应有该省商会五分一以上为发起人，得该省商会三分二以上之同意订立章程，呈请省政府核准，转报工商部备案。设立中华民国商会联合会，应有各省商会联合会及特别市商会四分一以上为发起人，得各省商会联合会及特别市商会三分二以上之同意订立章程，呈请工商部核准，转报国民政府备案。

第三八条 全省商会联合会以全省各商会为其会员，中华民国商会联合会以各省商会联合会及特别市商会为其会员。

第三九条 商会联合会召集会员大会应于二个月前通知之，但临时会得于一个月前通知。

第四〇条 商会联合会除法律别有规定外，准用本法第一章至第七章之规定。

第九章 附则

第四一条 旅外华商商会得准用本法各章之规定设立之。

第四二条 本法施行前已成立之商会及商会联合会，应于本法施行后一年内，依本法改组之。

第四三条 本法施行细则由工商部定之。

第四四条 本法自公布日施行。

商会法施行细则

1929年11月13日（民国十八年）工商部公布，1930年7月25日（民国十九年）工商部修正公布
1933年10月28日（民国二十二年）实业部修正公布

第一条 本细则依商会法（以下简称本法）第四十三条制定之。

第二条 本法及本细则所称地方主管官署，在市为市政府，在县为县政府，在隶属行政院之市为社会局。

第三条 依本法第六条第一项发起商会时，发起人应呈明地方主管官署，如同时有两组以上发起，由地方主管官署核定之。

第四条 设立大会之召集自呈明之日起，至迟不得过两个月，其日期于十五日前通知之。

第五条 发起人之责任终止于商会核准设立后、委员就任之日，但发起时之费用得由商会公决追认。

第六条 商会会员加入时，须先向商会登记，由商会给予凭证。

第七条 公会会员举派之代表，由公会会员大会举派之，给以委托书，并通知商会。

第八条 公会会员之代表额，应就公会所属商店之使用人综合计算之。

第九条 前条所称之商店使用人，以经理、伙友及直接在业务上服务之店员为限。

第一〇条 本法所称虽有同业而无同业公会之组织者，系指同一区域内之同业不满七家者而言已满七家时，不得以商店资格加入商会。

第一一条 商店会员应以在本区域内设有商店、曾经依法注册者为准。

第一二条 公会会员或商店会员撤换代表时，应以书面通知商会。

第一三条 商会改组或改选前，应根据本法第十条第十三条及本细则第八条至第十二条，审查会员代表之资格，其撤换时亦同。

第一四条 商会执行委员及监察委员，由会员大会就代表中用无记名连举法选任之，不得按业摊派或分业自选，以得票最多数者为当选。

前项选举时县、区、镇商会由县政府，市商会由市政府，隶属行政院之市商会由社会局，全省商会联合会由实业厅，中华民国商会联合会由实业部，派员莅场监督，并执行本法及本细则规定之抽签事项。

第一五条 商会得依章程于选举执行委员或监察委员时另选候补委员，遇有缺额依次递补，其任期以补足前任任期为限。

前项候补委员人数不得逾委员名额之半，未递补前不得列席会议。

第一六条 前两条当选委员及候补委员之名次依得票多寡为序，票数相同时以抽签定之。

第一七条 商会设立或改组或改选时，除依本法规定呈报各件外，应造具会员名册。当选委员（附候补）名册县市区镇各四份，隶属行政院之市及全省商会联合会各三份，中华民国商会联合会各二份，呈由本细则第十四条第二项之监选机关依次核转。

第一八条 本法第二十条委员就任之，呈报应详具姓名、年龄、籍贯、住址、商业行号。

第一九条 商会应依法改组或改选时，由现任职员负责办理，如届期不能完成，即不得继续行使职权。

第二〇条　执行委员会开会时，须有委员过半数之出席；出席委员过半数之同意，方能决议；可否同数取决于主席。

第二一条　监察委员开会须有委员过半数之出席，临时互推一人为主席，以出席委员过半数之同意决议一切事项。

第二二条　执行委员会常务委员不得逾执行委员额之三分一，依本法第十八条第二项，用无记名连举法选出之，以得票最多数者为当选。

第二三条　主席之选任，由执行委员会就当选之，常务委员中用无记名单记法选出之，以得票满投票人之半数者为当选，若一次不能选出，应就得票最多数之二人决选之。

第二四条　常务委员有缺额时，由执行委员会补选之，其任期以补足前任任期为限。

第二五条　主席及常务委员就任后，应于十五日内呈报地方主管，官署转报实业部备案。

第二六条　会员大会开会时，由常务委员组织主席团轮流主席。

第二七条　本法第二十三条所称之办事员，指依法选任职员外之聘用或雇用者而言。

第二八条　前条办事员得分科办事，其分科细则及办事员之名额、薪金，由执行委员会拟定，会员大会议决。

第二九条　依本法第八条第二项设置之分事务所，其组织及权限须经会员大会之议决。

第三〇条　遇有本法第二十八条各款情事之一时，商会应于决议后三日内呈由地方主管官署转报实业部备案。

第三一条　本法第三十条第一款规定之事务费比例方法，由商会于章程中明定之。

第三二条　公会会员以其所属各商店之资本金总额为资本金额。

第三三条　各商会对于官厅有所陈请时，均适用公文程式条例人民对于官厅公署之规定，但对于不相统属之官厅，得用公函。商会、全省商会联合会、中华民国商会联合会及工商同业公会彼此往来用函。

分事务所对于官厅之关涉事项由所属之商会行之。

第三四条　商会核准备案后，由实业部刊发钤记。其本法施行前工商部所发之钤记，除于本法及本细则抵触者应换领外仍准照旧。应用前发关防，应一律缴销换领钤记。

前项钤记公费国币二十元，于请领时呈缴，换领者概免缴费。

第三五条　本法第三十七条第一项所称之五分一、三分二，以全省之县市区镇商会合并计算，第二项所称之四分一、三分二，以全国之全省商会联合会及隶属行政院之市商会合并计算。

第三六条　全省商会联合会之事务所，不以省政府所在地为限。

第三七条　全国商会联合会之事务所，得于全国商务最繁盛之区域设立之。

第三八条　全省商会联合会开会时，每一会员得派会员代表一人至三人出席会议，但一会员只有一表决权及选举权。

第三九条　全国商会联合会开会时，每一会员得派会员代表三人至五人出席会议，但一会员只有一表决权及选举权。

第四〇条　本细则第十五条、第十六条、第十八条至第二十八条、第三十四条之规定，于全省商会联合会及全国商会联合会准用之。

第四一条　旅外华商商会之设立，呈由该管或附近领事馆核转实业部备案；惟未设领事馆之处，附近复无领事馆者，得由该商会直接呈部或呈请侨务委员会核转。

第四二条 本法施行前关于商会法之一切附属法令，自本细则公布之日起一律失效。

第四三条 本细则自公布之日施行。

工商同业公会法

1929年8月17日（民国十八年）公布，1930年8月9日（民国十九年）修正第十四条、第十五条、第十六条条文，1931年9月15日（民国二十年）修正第七条条文

第一条 凡在同一区域内经营各种正当之工业或商业者，均得依本法设立同业公会。

第二条 工商同业公会以维持增进同业之公共利益，及矫正营业之弊害为宗旨。

第三条 工商同业公会之设立，须有同业公司行号七家以上之发起。

前项发起人于依第四条所规定订立章程后，应造具该同业公司行号及其营业主或经理人姓名表册，连同章程分别呈请特别市政府，或由地方主管官署转呈省政府核准设立。

第四条 工商同业公会章程，须有该地同业公司行号代表三分二以上之出席方得议决。

前项章程应载明左列各款事项：

一、名称及所在地；

二、办理之事务；

三、组织及职员之选任；

四、关于会议之规定；

五、关于同业入会、出会及会员除名之规定；

六、关于费用之筹措及其收支方法；

七、关于违背会章者，除除名外其他之处分方法；

八、公会之成立期间。

第五条 同一区域内之同业设立公会以一会为限。

第六条 工商同业公会应于本区域内设置事务所。

第七条 同业之公司行号，均应为同业公会之会员推派代表出席于公会，但受除名之处分者不在此限。

第八条 有左列各款情事之一者不得为同业公会会员之代表：

一、褫夺公权者；

二、有反革命行为者；

三、受破产之宣告尚未复权者；

四、无行为能力者。

第九条 同业公会置委员七人至十五人，由委员互选常务委员三人或五人，就常务委员中选任一人为主席，均为名誉职，但因办理会务得核实支给公费。

第一〇条 商会法关于职员及会议之规定，于工商同业公会准用之。

第一一条 工商同业公会之职员，有违背会章或其他重大情节者，得由公会议决令其退职。

第一二条 工商同业公会有违背法令、逾越权限，或妨害公益情事者，其在特别市者，得由特别市政府命令解散；其在县或市者，得由县政府或市政府呈准省政府命令解散，但均须呈明工商部备案。

第一三条 工商同业公会之预算、决算及主要会务之办理情形，应于每会计年度终三个月以内，呈报所在地之主管官署备案。

第一四条 二以上之工商同业公会，各自经其会员三分二以上之同意得组织联合会。

前项联合之工商同业公会属于同一省区者，其联合会章程应经省政府之核准，并转报工商部备案；不属于同一省区，或跨连省与直隶行政院之市者，应经工商部之核准。

工商同业公会联合会受其会所所在地地方行政官署之监督。

工商同业公会联合会除前三项规定外，准用本法关于同业公会之规定。

第一五条 本法施行前原有工商各业同业团体，不问其用公所、行会、会馆或其他名称，其宗旨合于本法第二条所规定者，均视为依本法而设立之同业公会，并应于本法施行后一年内依照本法改组。

第一六条 本法自公布日施行。

工商同业公会法施行细则

1931年1月27日（民国二十年）实业部修正公布、同日施行

第一条 依工商同业公会法（以下简称本法）组织之工商同业公会（以下简称公会），称某地某业同业公会。

第二条 同一区域之同业公司行号有七家以上时，须依本法组织公会。

第三条 公会不得以其名义为营利事业。

第四条 本法及本细则所称区域准用商会法第五条之规定。

第五条 本法及本细则所称地方主管官署，在隶属行政院之市为社会局，在市为市政府，在县为县政府。

第六条 依本法第三条第一项发起公会时，应呈明地方主管官署；如同时有两组以上发起，由地方主管官署核定之。

第七条 依前条呈明发起后，须于四十日内召集当地同业开会议决章程，其会期于十日前通知之。

第八条 公会经省政府或隶属行政院之市政府核准设立后，须转报工商部备案。

第九条 公会核准后由地方主管官署刊发图记，应缴公费国币四元，依本法第十五条改组时亦同。

前项图记用篆文木质长方形，长七公分五厘、宽四公分五厘、边宽五厘文，曰某地某业同业公会图记。

第一〇条 本法第七条之会员代表，每一公司行号得派一人至二人，以经理人或主体人为限，其最近一年间平均店员人数每超过十人时，应增派代表一人，由各该公司行号之店员互推之，但至多不得逾三人。

第一一条 公司行号推派代表时，应给以委托书，并通知公会，改派时亦同。

第一二条 公会对会员推派之代表，应根据本法第八条审查其资格，改派时亦同。

第一三条 依本法第十一条议决令其退职之职员，并应通知原推派之会员，撤消其代表资格。

第一四条 公会经费由会员分担，其分担方法由会员代表大会决定之。

第一五条 公会之解散及清算，适用商会法之规定。

第一六条 商会法施行细则第五条、第六条、第十四条至第二十条、第二十二条至第二十六条，于

公会准用之。

　　第一七条 本细则自公布之日施行。

工商同业公会章程准则

1937年5月8日（民国二十六年）行政院颁行

第一章 总则

　　第一条 本章程依据工商同业公会法及工商同业公会法施行细则订定之。

　　第二条 本会定名为某县市某某同业公会。

　　第三条 本会以维持增进同业之公共利益及矫正营业之弊害为宗旨。

　　第四条 本会以某县市行政区域为区域事务所设于某处。

第二章 任务

　　第五条 本会应办理之事务如左：

　　一、关于主管官署及商会委办事项；

　　二、关于同业之调查、研究、整理及建设事项；

　　三、关于兴办同业劳工教育及公益事项；

　　四、关于会员营业上弊害之矫正事项；

　　五、关于会员营业必要时之维持事项；

　　六、办理合于第三条所揭宗旨之其他事项。

第三章 会员

　　第六条 凡在本区域内经营某业之公司行号，均应为本会会员。

　　前项会员推派代表出席本会称为会员代表。

　　第七条 本会会员代表由各会员推派一人至二人，以经理人或主体人为限，其最近一年间平均店员人数每超过十人时，应增派代表一人，由各该公司行号之店员互推之，但至多不得逾三人。

　　第八条 有左列各款情事之一者，不得为本会会员代表：

　　一、褫夺公权者；

　　二、有反革命行为者；

　　三、受破产之宣告尚未复权者；

　　四、无行为能力者。

　　第九条 会员应享之权利如左：

　　一、有发言权、表决权、选举权及被选举权；

　　二、本会举办各项事业之利用。

　　第十条 会员应尽之义务如左：

　　一、遵守本会会章；

　　二、服从本会议决案；

三、按时缴纳会费；

四、不侵害同业间之营业；

五、应尽本会所举办各项事业上之义务。

第十一条 会员不遵守本会章程决议，或有其他破坏本会之行为，或欠缴会费者，得由会员大会予以警告或除名等处分。

第十二条 会员入会手续如左：

一、填写入会志愿书及调查表；

二、领取会员证。

第十三条 会员不得无故出会，其因商店解散、或迁移于本区域外营业、及商店倒闭等必须出会者，须声叙理由，填具出会书，送交本会审查认可。

第十四条 会员推派代表时，应给以委托书，并通知本会，改派时亦同。但已当选为本会职员者，非有依法应解任之事由，不得改派。

第十五条 会员代表有不正当行为，致妨害本会名誉信用者，得以会员大会之议决，将其除名，并通知原举派之会员。

第十六条 受除名处分之会员代表，自除名之日起三年以内，不得充任会员代表。

第四章 组织及职权

第十七条 本会设执行委员○○人，由会员大会就代表中用无记名连举法选任之，以得票最多数者为当选。

选举前项执行委员时，应另选候补执行委员○○人。

第十八条 本会设常务委员○人，由执行委员会就执行委员中互选之，以得票最多数者当选，并就常务委员中选任一人为主席。

第十九条 执行委员及常务委员各组织委员会以行使职权。

第二十条 执行委员会之职权如左：

一、执行会员大会议决案；

二、召集会员大会；

三、决议第二章列举各项事务。

第二十一条 常务委员会之职权如左：

一、执行执行委员会议决案；

二、处理日常事务。

第二十二条 执行委员任期四年，每二年改选，半数不得连任，以抽签定之；但委员人数为奇数时，留任者之人数得较改选者多一人。

第二十三条 执行委员缺额时，由候补委员依次递补，其任期以补足前任任期为限。

第二十四条 候补执行委员未递补前，不得列席会议。

第二十五条 本会委员有左列各款情事之一者，应即解任：

一、因不得已事故，经会员大会议决准其退职者；

二、旷废职务，经会员大会议决令其退职者；

三、于职务上不遵会章、违背法令、营私舞弊，或有其他重大情节，经会员大会议决，令其退职，或实业部及地方最高行政官署令其退职者；

四、发生第八条各款情事之一者。

第二十六条 委员均为名誉职，但因办理会务，得核实支给公费。

第二十七条 本会酌用办事员若干人。

第五章 会议

第二十八条 本会会员大会分定期会议及临时会议两种，均由执行委员会召集之。定期会议每年至少开会一次；临时会议于执行委员会认为必要，或经会员代表十分之一以上之请求召集时，召集之。

第二十九条 召集会员大会应于十五日前通知之，但因紧急事项召集临时会议时，不在此限。

第三十条 本会执行委员会议每月至少开会二次。

第三十一条 本会常务委员会议每星期至少开会一次。

第三十二条 会员大会开会时，由常务委员组织主席团轮流主席。

第三十三条 本会会员大会之决议，以会员代表过半数之出席，出席代表过半数之同意行之；出席代表不满过半数时得行假决议，将其结果通告各代表，于一星期后、二星期内重行召集会员大会，以出席代表过半数之同意对假决议行其决议。

第三十四条 左列各款事项之决议，以会员代表三分二以上之出席。出席代表三分二以上之同意行之；出席代表逾过半数而不满三分二者，得出席代表三分二以上之同意行假决议，将其结果通告各代表，于一星期后、二星期内重行召集会员大会，以出席代表三分二以上之同意对假决议行其决议：

一、变更章程；

二、会员或会员代表之除名；

三、职员之退职。

第三十五条 执行委员会开会时，须有委员过半数之出席，出席委员过半数之同意方得决议，可否同数取决于主席。

第六章 经费及会计

第三十六条 本会经费分左列二种：

一、事务费由会员比例于其所派代表之人数及资本额负担之如左表；

代表人额 应缴总数 资本额	1	2	3
在四百元以下者			
在一千元以下者			
在二千元以下者			
在五千元以下者			
在一万元以下者			
在二万元以下者			
在十万元以下者			

二、事业费由会员大会决议筹集之。

第三十七条 会员出会时，会费概不给还。

第三十八条 会计年度以每年一月一日始，至同年十二月三十一日止。

第三十九条 本会经费之预算成立与决算审核，须经会员大会决议之。

第四十条 本会之预算、决算，每年须编辑报告刊布之，并呈由地方主管官署备案。

第七章 附则

第四十一条 本章程未规定事项，悉依工商同业公会法及工商同业公会法施行细则规定办理之。

第四十二条 本章程如有未尽事宜，经会员大会决议，呈准某县市党部及某县市政府修改之，并逐级呈报备案。

第四十三条 本章程呈准某县市党部及某县市政府备案施行，并逐级转报中央民训部及实业部备案。

说明：

一、本章程准则系供各地党部指导各该地同业公会订立章程之参考。

二、各地同业公会订立章程，应参照本准则，并按照各该地方实际情形，根据法令规定之。

三、区镇同业公会依照本准则订立章程，其名称应订为某县某区镇同业公会，其区域应订为以某县某区镇行政区域为区域。

四、本章程准则第六条所称"经营某业之公司行号"，例如经营米业之公司行号，均应为米业同业公会会员。

五、委员人数及应否设置候补委员，可根据各该同业公会实际情形，遵照法令明白予以规定，并应注意执行委员须为七人至十五人，候补执行委员不得逾执行委员名额之半，常务委员须为三人至五人。

六、各业同业公会，如经会员大会认为有设置监察委员之必要，可自由订定于会章，并适用商会章程准则（第廿一廿四廿五廿七廿八廿九卅四卅八四十各条）关于监察委员之规定。

七、各业同业公会会员分担事务费办法，不必完全适用本章程准则第三十六条第一款之规定，可由会员大会斟酌实际情形决定，并订定于会章。

一 商会委员名册式样

○○○○○商会第○届当选委员名册（附候补）

○年○月○日选举　○年○月○日填报

职别			
姓名			
别号			
性别			
年龄			
籍贯			

营业种类			
所属公会名称或商店牌号			
在公会或商店之职务			
教育程度			
是否党员			
住址			
备注			

说明——凡属改选委员名册应于备注栏内注明"留任"或"新选"字样并于标题改称第○次改选委员名册以便识别

二　商会会员名册式样

甲　公会会员名册式样

○○○商会公会会员名册

○年○月○日填报

	公会名称		
	主席及常务委员		
	资本金额元		
	使用人数		
代表	人数		
	姓名		
	别号		
	性别		
	年龄		
	籍贯		
	营业种类		
	商店牌号		
	在店职务		
	教育程度		
	是否党员		
	会址		
	备注		

乙 商店会员册式样

○○○○商会商店会员名册

	商店牌号			
	营业主或经理人			
	营业种类			
	资本金额元			
	使用人数			
代表		人数		
		姓名		
		别号		
		性别		
		年龄		
		籍贯		
		在店职务		
		教育程度		
		是否党员		
	店址			
	备注			

三 工商同业公会委员名册式样

○○○○○○○○○○业同业公会第○届当选人员名册

职别	姓名	别号	性别	年龄	籍贯	营业种类	所属商店	在商店之职务	教育程度	是否党员	会址	备注

说明——凡属改选委员名册应于备注栏内注明"留任"或"新选"字样并于标题改称第○次改选委员名册以便识别

四 工商同业公会会员名册式样

○○○○业同业公会会员名册

○年○月○日填报

	商店牌号			
	营业主或经理人姓名			
	店员人数			
	资本金额			
代表	人数			
	姓名			
	别号			
	性别			
	年龄			
	籍贯			
	营业种类			
	商店牌号			
	在店职务			
	教育程度			
	是否党员			
	会址			
	备注			

不加入同业公会及不缴纳会费之公司行号制裁办法

一、各业商店均应依法加入本业同业公会。

二、各同业公会对于会员入会手续务求简单、迅速，至入会费应尽量减少，由各该公会拟定，专案呈请当地党政机关核定后施行。

三、未加入同业公会之商店，由各该同业公会限期若干日正式加入；逾期仍不遵办者即予警告；自警告之日起十五日内仍不接受，即报由商会转呈主管官署，依据行政执行法罚办；罚办后仍不入会者，呈请勒令停业。

四、不缴纳会费之同业逾若干日，即由各该公会予以劝告；再逾若干日，则予警告；警告后逾期若干日仍不缴纳者，报由商会转呈主管官署依据行政执。

企业章则

导 读

出版机构生存空间与经营模式

关注中国近现代出版，日记、文本、档案、出版物等等，以及亲历者在1966年以前撰写的回忆史料（1978年以后的回忆，常因手头无资料又加了不少想象和个人喜好而不怎么可靠）都是可以开卷的。只有阅读和辨别了这些资料，通过旁证侧引才能对一些影响出版文化发展进程的人物、出版物和书店机构的真实面貌有所了解和把握，从而，疏理、还原出一个真实的历史，给后人提个醒。

那时，以商务印书馆为代表的民营和其他出版机构，在数十年的经营活动中，先后制定、补充、修订了众多的办事准则、操作规程，既有常规化、日常性的纪律，也有体现人性化、时代性特色的企业文化，这些涵盖整个出版业，包括出版、印刷、发行整个行业的规章制度，其详细、周到、严厉，又不乏可操作性，常常使后人不得不敬佩、仰望。

商务印书馆1932年公布的总管理处职员暂行规则有六章五十一条

制定类似规则，是一些成熟书店、有限公司（以下均简称书店）的共同举措。商务的规则相对比较详细，其中有几条可以提出来说说：

"各职员对于顾客门市购货或批发计议交易条件时，不论成交与否，必须竭诚招待，谦和应付，不得有厌烦、自大、傲慢、怠忽或出言不逊情事"。这里的"竭诚招待、谦和应付"值得关注，可能是延用旧书铺古玩店那种来者都是客，先上茶让座、生意慢慢谈、成否无妨交朋友的习惯，如果这种态度一直沿用至今，那该多好啊。

同年代的书店对职员（以下也称作同人，依各家书店的规则所定称呼）的限定都曾出现，"在工作时间内，除因公司事务由管理人员召集外，不得聚集开会"，"各职员不得兼营与本公司同样之营业，或兼做与本公司同样营业店铺之工作"，"各职员不得在外兼任他处职务，但与本公司及职务无妨碍，事前报告公司，经公司许可者，不在此限"，"各职员对于公司营业或事务上之秘密，不得泄漏"等等。也许掌柜者对于工人运动在二十世纪三十年代的屡次争利争权有点怕了，"不得聚集开会"成了每家书店的一律规定。同样，当年的跳槽、另起山头的做派太多了，对于兼职也作了明确的规定。既不能吃里扒外，也不能私自兼职。如果出现这种状况，则要受到解雇的处分。一般的惩戒依次有警戒、记过、记大过、解雇四种。患花柳病者、扰乱安宁秩序者、殴人致伤者、在工作场所赌博者、吸食鸦片或其他代用品者等等，都被列入解雇的理由。这个年代，患花柳病、吸食鸦片已为正当职业所不容。

同时，还规定在一年内记过九次或记大过满三次者，得随时解雇。同样，记过次数与记功次数可以抵消，记大过次数与记大功次数抵消。"记大过一次者，如遇有记功一次，得相抵改作记过两次，以此类推，但受解雇处分者，不得以功作抵。"

如果职员因为平时工作无积压、办事成绩优良、改进对顾客及往来关系有成效、改进办事程序及方法有成效、遇有损害本公司之事，于事前预先报告本公司，因而得免损害，或损害减轻；各职员建议有利于本公司之事项，经公司采纳施行等都将随时酌量奖励。

这种奖惩规则的执行，为这些闻名于今的老牌书店良性发展奠定了基础，成为发展的基石。

过去，政府没有养老保险制度、退休金制度，
但一些书店则推出了储蓄办法

曾经听说，那个年代是做牛做马等老了就被一脚踢开的年代，那些卓有成效的书店则推出了同人储蓄（活期、长期）、人寿保险、赙慰金等方法，使职员安心工作、勤俭持家、退休娱老。商务印书馆为了鼓励职员储蓄，在1934年发布的《通告》中强调："期各同人均能积有相当整数之储金，以为将来退休娱老之资"，且注重鼓励，并不强迫，介绍了储蓄只需每月薪工的百分之一，加上每年的奖励金、年终所得的特别休假薪工的一部分。利息常年以一分至一分二厘计算。"月储薪工百分之五，似甚细微，然积少成多，持之以恒，若干年后，必可得相当整数之储金。例如月薪六十元，提百分之五为储蓄三元，全年三十六元。假定每年以等于一个月薪工之奖励金六十元及特别休假薪工平均十天计二十元加入储蓄，利息与奖金一并利上生利，五年之后约可得九百元。十年之后，约可得二千五百元；十五年之后，约可得五千三百元。而其中增加薪水尚未计算在内"，表示"依上述储蓄方法与利益，凡我同人，人人可储蓄，应不致有困难"。

按照陈明远先生在《文化人的经济生活》一书中的推算，当时的一元约合今日的三十元。十五年的正常储蓄，可获相当于今日的十六万元娱老。当年，一般人四口之家的月度基本开支约三十八元，这五千三百元可维持十一年的家庭开支。当年，大米每斤约五分、鲜猪肉每斤约三角、活鸡每斤约三角五分、糖每斤二角，大饼加油条一分。

关于同人储蓄，使我想起二十多年前刚进单位时，也有互助储金，部门中每人每月交二元，如果同事中有意外之不幸或喜事，从这项储金中经全体讨论划拨。年度用不完则长年积累，同事有难时也可商借。虽然没有利息，但这个互助储金还是蛮有味的。可惜，随着老人的逐渐退休和机构的变化，这种方式只能存于记忆了，有着这种记忆而且能够回忆，也成了一种享受。

为了保障职员的福利，也有书店开展了人寿保险

商务印书馆1933年同泰山、友邦、四海三家保险公司订立了合同供同人任择一家参加保险，推出了"保费半数由本公司津贴，其余半数由被保人自己认付"。而且，被保人自己认付的半数也由公司先行垫付，在本人薪工内分两个月扣清。起始三个月内投保，"可享免验体格之权利"。

为了促成投保，商务先后颁布了《同人人寿保险暂行规则》《通告》《本公司与友邦泰山四海保险公司订立之合同》，以及与保险公司往来函件及补充说明等。这种做法放在今天，就是事务公开了。

投保，也是娱老之一种。读了这些规章及文件，你就会感受到商务等老书店的发展是有群众基础的。

职员婚丧假、女职员生产假津贴也值得记住

常例是本人结婚或父母、夫妻丧，得请假六天至十五天不等，婚假路程日期至多以八天为度，丧假路程日期至多以十六天为度，请假以连续一次为限。"但丧假因丧葬不能一次办竣，其请假不足

规定日期者，得将请假不足规定日期，保留于一年内再请假一次，照给津贴，惟外埠不再加路程日期"。

对于丧假不能一次办妥，假期可保留一年的条款，现在可能也做不到了。当我将这个例子告诉同道时，都对这个条款表示敬佩。

女职员生产前后得请假共八星期，薪工照给。

商务印书馆工厂设有哺儿室，有专人看护，"婴儿可由家属送来哺乳，每日二次。设疗病房，施医给药。春秋两季，施种牛痘。亦不收费。"作为一种延伸，一些年份长久的出版单位至今仍设置有医务室、托儿所。不过，这种做法现在都成了企业的包袱，被责以企业社会化而改革了。

年终奖如何分配？过去叫每年度结账盈余所提之款

一般总经理、经理占百分之十，全公司同人普遍奖励金、特别奖励金各百分之四十五、普遍奖励金以总分支馆各个同人月薪数目比例分配。

以个人而言，门市柜友（营业员）出现下列情况，就可获特别奖励金：营业数量及次数均超过平均数者；营业数量列于最高之百分之二十者；营业次数列于最高之百分之二十者；办事细心而常常矫正他人之错误者；屡次兼办他之事，而本职并无延误者；曾为公司节省耗费者。如果不是营业员，则办事敏捷而无积压者、改良工作而有效者。若以各部门、各工厂、发行所而言，还有具体的操作办法。而且，总管理处副科长、各工厂副厂长及发行所副所长以上人员的特别奖励金由总经理主持派发。其他人的特别奖励金由总经理商同经理并咨询各主管人之意见，参考人事科或其他部分记录，酌量派发。

对照现在的联销计奖、以利计奖之类的单一统计方法，过去的方法肯定会显得繁琐。但是，不能造假，也有制约。其实，复杂事情简单化在于发放年终企业盈余时，似乎没有说服力。

在颁布各种规章时，几乎都有一个《人事陈述规则》

这个规则现在已经被批评与自我批评，民主生活会、谈心等取代。了解当年人事陈述规则，其实也是颇有价值的。

首先，陈述什么？有十项内容可以陈述：本人对于工作无兴趣；本人感觉工作太繁重；所任工作不能使本人才能充分展布；本人才能对于工作不能胜任；本人对于报酬或其他待遇不满意；本人对于同事间感觉不能合作；本人对于安全设备不满意；本人对于卫生及工作环境不满意及其他对于本人人事有关的事情。

其次，如何陈述？以书面送交或寄交人事科科长，向人事科科长当面陈述，以书面送交或寄交所属部门之主管人员，面陈主管。

再次，书面陈述应注明姓名、部门及通讯处。当面陈述每人每次接谈以十五分钟为度。

最后，在不宣布陈述意见者及事由的同时，由人事科设法处理或提请人事委员会讨论办法并陈报总经理核夺。同时规定："对于同人陈述之意见，凡须从缓解决或有其他情形时，均由人事科通知本人。""同人陈述此项关于人事之意见，概不给奖"。

既不允许擅自聚集开会，又建有人事陈述规则，有阻有畅，目的都是为了维护企业的正常运作，使职员有正常反映本人情况的空间。

这种规则在今天的失缺，似乎也可追究或补充一番。

为了建立诚信，普遍设有同人保证金、同人押柜金的办法

同人保证金是新进职员非直接经营银钱，但一时没有保证人保荐时，可以通过暂缴存保证金的办法进入工作。

这种保证金在商务印书馆以银币五百元为额，如月薪在四十元以下者，可酌减至二百元为底限。缴存保证金者应先约人事科领取知照单（凭证）连金额交出纳科，由出纳科出具存单为凭。如果觅得保证人或离职，保证金凭单如数发还。保证金自缴存之日起计息，按常年九厘计算，每年结算一次，到期不计复利。不能在外抵押借款。存单如有遗失，"应即立具报告书报告人事科，并登载公司指定之上海著名日报两种，经过一个月后，始得补给新存单"。

同人押柜金是对账友（财务人员）直接经管银钱者采取的管理办法。与保证金不同之处是押柜金以银币二千元为额，按常年一分二厘计算。缴存押柜金之同人，如离职或调任非直接经管银钱之职务时，其缴存之押柜金，俟交代清楚，即凭单如数发还。但如有宕欠款项，应即照数扣抵。

现在，遇到辞职而有宕欠款项之类时，大概只能扣留人事档案了。

三联书店设立了总、分店联系的工具

《分店店务日记》由三联书店总店统一制发，各店必须按日总结情况，于次日填好邮寄总管理处。这种日记包含本日销货（门市、批发、邮购）、进货（现进、赊进）、本日库存、昨日存现、本日共收、本日共付、本日现存、银行存款、银行透支、应收票据、其他、合计、总处往来、分店往来、收发信包件数及摘要、工作状况、本日畅销书、学习状况、生活状况、读者意见、备考及年月日、编号、分店经理签字等栏。

现在已经没有人做了。据说，三联书店也因为机构变化太快而没有太多执行时间。

同业准则，一种生存的条件

1936年，上海书业同业公会为了执行教育部颁布教科图书及其他图书划一出售办法，相继公布了一系列措施：

同行批发：小学教科书及无著作权之出版物，每百元本埠同行酬给回佣二十元，外埠同行酬给回佣二十五元；中学教科书、零本杂志及有著作权之出版物，每百元本埠同行酬给回佣十五元，外埠同行酬给回佣二十元；预约书、特价书及预定杂志，每百元本埠同行酬给回佣十元，外埠同行酬给回佣十五元。

这里说的回佣就是现在的折扣了。相对于现在的折扣率，过去做出版的利润空间比现在要多20—30%，还不得再给津贴、升水（升水是指旧时调换票据或兑换货币时，因为比价的不同，比价高的一方向另一方收取一定的差额）或其他任何利益或借予款项。针对账款支付的难题，当年也指定了明确的标准：

每次配货至少须付半数之现款，欠款超过保额者应全付现款。所付现款得先除回佣。例如，外埠同行配小学教科书一千元，得先除回佣二百五十元，其余之七百五十元应付现款三百七十五元；

保额以内之欠款，照政府规定结账日期，即一月底、五月底、九月底各将本期内欠款结清。其账款尾数抹零，以不满一元为限；

本埠出版同业得记账往来，于每月底结清；

每届不能结清欠款之同行，应由关系人报告本公会经调查属实后，由本公会通知各同业，一致不与往来，俟还清时为止；

预定杂志、预约图书及批购特价者，应一律以现款为限概不记账。

同行试销，此项试销书每种只得发货一次，如不能售脱应于四个月内退还原书。

这个标准是很令人肃然起敬的。规定了结账的比例、日期，也提出了对不当欠款者的处置办法。

当时，分清了廉价书与特价书的概念，这两个词现在几乎等同了，有时还以为廉价书不够雅，把原本可定性为廉价出售的书也统称为特价书了。

廉价书发售办法：

出版同业或贩卖同行无论何时均不得举行廉价或赠券。

滞销或污损图书得设廉价部发售，不限折扣，但每年以二次为限，共计不得过两个月，并须事先通知本公会。

廉价部发售书籍均须于事先在书上标明折扣或价格并须加盖廉价部戳记。

廉价部交易一律以现款为限，并不得退换。

按照这个办法，只有滞销或污损书才在廉价部出售，而且以现款交易为限，还不得退换。

特价书发售办法：

教科书以外之图书得售特价，应照定价七折或七折以上出售。

特价图书每种每年以一次为限，时期不得过四个月。

特价图书应列举书名及特价起兑日期，于开始发售日在日报公告。每家每年发售特价图书种数，除新书外以占本身出版总数百分之十为限。其所占百分之十如超过三百种者，只能以三百种为限。

每种不论册数多少，以有单独定价及书名者为一单位。例如，某某丛书整部发售特价，则该丛书整部为一种。如以该丛书单行本发售特价，则每种单行本作为一种。

发售特价，总分店及代办分庄、特约经销处，本外埠同行以同时举办为原则。其有远处不及同时举办者，得将起讫日期酌量顺延，惟至多以一个月为限。

特价书如同现在时行的优惠打折，参照当年的办法，我们的市场该净化了。

其他还有对学校、图书馆购书优待办法，邮政局代购办法等，都是划一有标准。

如果不执行怎么办？罚则有以下说法：

出版同业及贩卖同行违反教育部训令，不按定价实售，私行增减者，经检举调查属实，出版同业及贩卖同行不遵守本办法者，除由本公会呈请政府作有效之制裁外，由公会视情节之轻重作下列之惩罚：

书面警告；

公议罚款拨充公益；

登报通知全国同行停止往来；

请政府或公共机关予以制裁。

二十世纪三四十年代，上海书业处于全国独大的地位，由上海书业同业公会制定的规则，一般也就具有了全国价值，虽然当时的大环境不理想，但是，凭着这些规则及格式化的特约经销处契约、代办分庄（分庄）契约、独家寄售契约、寄售图书委托书等文本，书业的小环境应该是不错的。可是，现在的大环境好了，小环境却日见其弊端，有时，新出一个销售四联单，轰轰烈烈表述成一种包治百病的法制举措。可是，走不多久或被忘记或也潦草而为，再过若干时间，谁也记不住了。这既是我们这个行业的特点，其实也是与社会环境的不入流之处。

造货、配送，其实不是很简单的

1937年商务印书馆在自己的规则中制订了《分馆常备本版图书规则》，分为"分馆等级表""图书等级表"和"各级分馆应备各级图书表"。这种标准做法，按现在的说法就是配送了，只是现在没有几家能这样做的。随机、无序在计算机时代变得更加混乱，于是，人们不断通过更改程序来满足自己的习惯，除了主发、退货、结款，还在干些什么有价值的事？

1934年，开明书店制定的造货规则，也是一份值得关注的文本，这个规则只十八条。阅读这个文本，下列事项值得注意：每本书要有广告词（由著作人拟定或审订人代拟）；发排时出版部与印刷所决定每日排出页数等；每种初版书最多送出二十九本样书，其中著作人十八本。三联书店1949年的样书发放标准是：书出版后，总处留样本新版十册、再版书二册，作者新版书十册、再版书二册。发编审部、本部负责人、设计科、保管科及备查样书各一册。现在一般给作者是二十本，看来经过七十年的变革，在赠送作者样书数量方面没有与时俱进。

开明书店的造货程序放在现在，我们可能早就改革了。

稿费办法，让后人知晓其认真

1950年，东北新华书店编辑部作为新中国最有成效、东北最大的出版机构，颁布了一个《稿费暂行办法》，分为"书籍出版费""杂志稿费""美术作品稿费"等三个门类，计二十六条，看似很复杂，但很常见。当时付给"初版新稿"的稿费为每千字八分到十分，我们现在不能小看1950年八分千字的价值。现在稿费变成了版税，通常是半年结一次，一般的情况下可能一年后也不要想，基本上都忘了，或者书都退回了。

对于出书品种年年增长的出版社而言，稿费制度的简单化是件好事，但对于一般作者而言，除了把稿纸变成书，满足了一种追求之外，还有的就是书了。

格式化的出书合同现在获得严格执行了，但是，稿费制度的简单化却未必是一件双赢、人性化的举措。

搞出版、做编辑、开书店，前辈早已提供了完整的经验模式，处在"纸媒"仍有市场的今天，我们何必也无知者无畏呢？虽说"历史的经验值得注意"，但人们常常遗忘过去积累的东西。

附录：中国近现代主要书业机构一览

1843年

12月28日，英国传教士麦都思在上海东门外创立墨海书馆，后迁入山东路，是中国具有近代印刷设备的第一家出版机构。

1860年

12月，花华圣经书房从宁波迁上海北四川路，改名美华书馆，至1895年时成为上海最大的现代印刷机构。

1864年

是年，上海耶稣会在徐家汇土山湾开办孤儿院，1868年设土山湾印书馆。

1868年

6月，江南制造局翻译馆开馆。

1877年

5月10日，在华基督教传教士第一次代表大会在上海召开，决议成立基督教学校教科书编纂委员会，中文名益智书会。中国由此始有"教科书"的名称。

1880年

是年，苏州席氏在上海彩衣街（今复兴东路）设立扫叶山房分号。

1887年

11月1日，上海基督教创立同文书会，1892年中文名改为广学会，为全国性的基督教出版机构。

1894年

3月，陈瀛澜设立千顷堂书局。

1897年

2月11日，夏瑞芳、鲍咸恩、鲍咸昌、高凤池等在江西路德昌里创立商务印书馆。

1903年

10月，商务印书馆改制为商务印书馆股份有限公司，吸收日资并聘用日本技师改进印刷技术。

1907年

是年，陈子佩、陈子寿设立群益书社。

1906年

4月，中国图书有限公司开业。

1908年

2月17日，席子佩、傅子廉在棋盘街（今河南中路）创立中国图书公司总发行部。

是年，中国书业有限公司开业。

1912年

1月1日，陆费逵、陈寅、戴克敦、沈颐创立中华书局。

1913年

1月，汪孟邹创立亚东图书馆。

4月，中华书局改组为股份有限公司。

是年，徐鹤龄创办百新图书公司，后改名为百新书店。

1914年

1月6日，商务印书馆与日本金港堂签订日方退股协议。

1915年

是年，赵南公创立泰东图书局。

1916年

是年，吕子泉、王幼堂、沈骏声、王均卿等创立大东书局。

1917年

是年，沈知方创立世界书局。

1918年

是年，世界书局改组成股份有限公司。

1924年

是年，大东书局由合资公司改组为股份有限公司。

1925年

4月，北新书局在北京成立。次年在上海设立分销处，1927年上海分销处改为总局。

6月，余汉生、伍联德创办良友图书印刷公司。

9月1日，张静庐、沈松泉、卢芳创立光华书局。

1926年

8月，章锡琛、章锡珊创立开明书店。

1927年

5月，梁实秋、徐志摩等开设新月书店。

7月16日，现代书局创立，洪雪帆任总经理，张静庐为经理。

10月，王子澄创立光明书局。

是年，陈群等投资设立华通书局，陈邦祯设立新亚书店，平襟亚设立中央书店。

1928年

是年，开明书店改组为股份有限公司。

是年，周佛海创设新生命书局。

1929年

6月，中国科学社创立中国科学图书仪器公司。

6月，锦章图书局开业。

10月，书报邮售社开业。

1930年

2月，张一渠、石芝坤等创设儿童书局。

6月，严幼慈、严仲华创立龙门联合书局。

1932年

1月29日，侵华日军炸毁商务印书馆总管理处、总厂4个印刷所、各栈房及尚公小学。

2月1日，日本浪人纵火烧毁东方图书馆及商务印书馆编译所，50万册藏书大部分化为灰烬，损失达1600万元。

4月，女子书店股份有限公司成立。

7月1日，邹韬奋创办生活书店。

8月1日，商务印书馆复业。

1933年

是年，正中书局建立。

1934年

5月，张静庐创立上海杂志公司。

1935年

5月，吴朗西、巴金等创办文化生活出版社。

5月，上海教育局调查，全市书店共计260家。其中资产在5000元以下者164家，5000至10000元者29家，10000至50000元者28家，50000至100000元以上者5家，100000元以上者34家。其中，商务400万元，中华200万元，中国图书公司、世界书局各100万元，民智书局50万元，大东、神州、国光各40万元，良友30万元，开明20万元，华通18万元，北新15万元。

9月，钱俊瑞、薛暮桥、徐雪寒、孙晓村等创办新知书店。

10月，正中书局上海办事处成立（后改为上海支局）。

是年，中国文化服务社开业。

1936年

1月，艾思奇、郑易里创办读书生活出版社。

1937年

8月16日，开明书店及美成印刷厂被侵华日军炸毁。

11月2日，中华书局将总办事处移至昆明（31日宣布编辑所、印刷所停业）。

是年，商务印书馆总管理处迁长沙。

是年，商务、中华、开明、大东等出版企业将500吨教科书和部分机器迁移内地。

是年，中国农业书局开业。

1938年

10月，中华书局印刷厂改为美商永宁公司。

是年，华通书局与日本三省堂书店合作改组为三通书局。

1940年

是年，内山书店接管中美图书公司。

1941年

12月26日，侵华日军军部查封商务、中华、世界、大东、开明、兄弟图书公司、光明、良友等8家书店（1942年1月18日启封）。

12月，国民党中央宣传部直属三民印刷所开业。

1942年

8月，中国书业联资社开业。

是年，中国出版配给股份有限公司成立。

1943年

6月1日，上海中国联合出版公司成立，由留守上海的商务、中华、世界、大东、开明五家书店集资组建。

6月，太平书局成立。

1945年

是年，商务印书馆、中华书局、中国文化服务社、正中书局等陆续"复员"或迁回上海经营。

是年，生活·读书·新知三店成立。

1946年

11月，老舍、赵家璧创立晨光出版公司。

1949年

5月29日，上海市军管会开始接管正中书局、中国文化服务社、拔提书局、胜利出版公司、独立出版社等国民党、国民政府主持的33家出版单位。

5月30日，华东新华书店总店迁上海开始办公。

6月5日，新华书店第一门市部在福州路679号（中国文化服务社原址）开业，经理朱晓光；第二门市部在河南中路170号（正中书局发行所原址）开业，经理宋玉麟。

6月5日，上海生活·读书·新知联合发行所恢复营业。

6月，人民书报供应社在福州路331号（独立出版社原址）开业。

6月，上海市总工会创立劳动出版社。

7月21日，新华书店等61家公私营书店组建上海联合出版社，出版发行中小学教科书。

8月6日，上海市军管会对世界书局、大东书局等实行军管，经过清理后，没收了其中的官僚资本，私股仍归股东所有，对全部职工作了安置。

9月，华东出版委员会在上海成立。

是年，上海市书刊同业公会统计，全市新书发行业共176家，出版兼发行67家，发行兼营文具76家。

商务印书馆

董事会议章程

1909年4月12日（宣统元年）

第一条　董事局会议必须三人到场才能开议。

第二条　董事局会议应就董事中公推一人充主席，一人充副主席。

第三条　董事局会议主席、董事主议主席不到，由副主席代理，副主席亦不到，临时另举一人代理。

第四条　董事局会议所议之事有与董事一人之私事牵涉者，该董事应自行回避。

第五条　董事局会议时，每人有一决议之权，所谓决议之权者，指一人有一决事之权也。假如有五人在场，共议一事，则五人得有决事之五权。

第六条　董事局会议时，董事遇有事故未能到会者，应函告董事会，毋庸另举代表，所有议决事件作为默许。

第七条　董事局会议事件如有意见不同者，总以从众为决断，如董事在场共有五人，有三人以为可行，二人以为不可行，所议之事即从众照行，即由书记注明记事册内，由主席签字作准。

第八条　董事局会议时，如在场董事连主席共有六人会议一事，三人以为可行，三人以为不可行，则彼此议决之权相等。主席董事可加一议决之权，酌理以决定其事；若议决之权不相等，主席即不得加一议决之权。

第九条　董事局会议时，应就公司董事中选派一人充书记，将议决各事登记董事局会议记事册。

第十条　书记将议决各事登记会议记事册，俟下次会议时，对众董事宣读，如无不合（专指誊写错误而言），即由主席签字作准。

第十一条　董事局每月逢第一星期二、日，第三星期二、日，赴公司总发行所会议，如有紧要事件，总副经理可请董事局随时至公司会议酌夺。

第十二条　董事会议如有必要之时，得请股东或职员到会，征其意见，但不得加入会议之数。

第十三条　董事局遇有紧要事件，但有两人欲行会议者，可即定期举行特别会议。

第十四条　本公司日行寻常事件由总、副经理照章程办理，遇有重大事件应由总、副总经理请董事局决议施行。

第十五条　关于重大事件如左：

（甲）房屋地产之买卖或建筑及变更。

（乙）各项之章之订定及改废。

（丙）分馆之设立或停止。

（丁）营业方针之变更。

（戊）银行钱庄之来往及存款借款等事。

（己）订立重要之契约及诉讼等事。

（庚）股票让售之承认。

（辛）公益、公积酬、公积之支用方法。

（壬）其他之关系重大事件。

第十六条 董事局会议议决之事，总、副经理及各司事人等必须遵行。

函购本馆图书办法

1915年4月20日（民国四年）订定

一、如欲购本馆图书者，可就图书汇报或小学图书目录、中学图书目录、英文图书目录内查看价目。

二、汇报及目录所开各书价目，除小学共和书及单级书已注明对折外，其余亦各有折扣，但须看所购之书及购数之多少而定。

三、寄书邮费难于悬拟，请照原书定价加一成寄下（邮局至少以五分起码、信局至少以一角起码）如有多余敝馆当即寄还，倘有不足，亦当请为找补，信件如防跌则须由邮局挂号，再一件加费五分。

四、购书款项由邮局汇下或由信局汇下，最为妥便。

五、邮局汇兑不通及信局寄款不便之处，亦可以邮票为代，惟须作九五折算（即邮票百分抵实洋九角五分）仍以一二角者为限，三角以上者不收，有污损者不收，不能揭开者不收，彰清旧邮票亦不收，凡信内附寄邮票务须挂号寄下，信面上切不可写内有邮票字样，止须用坚固信封严密封好，以免中途偷拆等弊，如寄到后，或有被人偷窃等事，敝馆止能知照邮局追究，不能认赔。

六、如欲将纸币迳寄本馆者，须查照中华民国邮务局所订办法，先向该地邮务局购买特备之信封，将钞票封入信内，外盖火漆印两个，或数个，寄数每封以一千元以为限，每元纳费洋一分，如在十元以内，概须纳洋一角，仍另邮邮费及挂号费，一切纸币总发行所须以上海通行者为限，分馆须以当地通行者为限，否则不收，其纸币之价均照当地市面计算。

七、诸君如欲俟图书收到后，方能付款者，请先向当地邮局一问，可否代收货价，如可代收请即专函见告，并将书名开示，敝局即当将向书寄交该处邮局，托其代收书价，收到后即行交书，同时并发函收书之人，请一面将书价交与邮局，一面即向邮局取书，照此办法须先照寄书价一成，作为寄书之邮费。

八、现在各处省城及繁要地方，敝馆均已设有分馆，其无分馆地方，亦均已委托各书坊代为销售，故诸君如欲购敝馆图书，自以在当地各分馆及书坊购买为便，其无分馆及书坊之地方，则上列第四五六七条各项办法均可查照办理。

特别优待储蓄章程

1916年7月4日（民国五年）

第一条 本章程以适用于小学校校长、教员及各地方之主办学务非公司股东者。为限期缴纳储蓄金时，应先依另式填写，原书由各本机关证明并盖章为凭。

第二条 储蓄金以收到之日起算，满一年为期，期满再按每户至多以一次或分次交至一百元为止。

第三条　储蓄金每次缴纳至少不得在十元以下，零数既不收受。

第四条　优待储蓄办法如下：

（一）周年利息先定为一分二厘，以收到当日起息。

（二）不在总公司及分馆所在地缴纳储蓄金者，得用邮票，不加折扣。

（三）第一次缴纳储蓄金得将第一年应得周年一分二厘利息预行扣付。

（四）如积储蓄至一百元，有愿购附本馆股份者，得先行函知上海总公司股务科，预为存记，有尽先购股之权。

第五条　收受储蓄金每月一次，均由上海总公司经理或委托分馆代收（分馆不得转托他人），由总公司出立折据折收付。

第六条　储蓄金均须用本人姓名，不得用堂名"某记"等字样。

第七条　每省得收储蓄金若干，由本馆酌量各该省情形，预定之已满，预定之额得停收受。

第八条　储蓄金在定期以内不得提取，每年阳历年终发给利息，如期满不取作为母金一并计息，但储蓄总额仍依照第二条以一百元为止。

第九条　在分馆提取储蓄金者，应先期将折据交由收受储蓄金原分馆转寄总公司，俟核定寄送分馆后方可支付。

第十条　储蓄各户由本公司另给优待券，如凭券以现金购买各种图书、笔墨、纸笺及一切文具用品，得照批发折扣计算，各省分馆一律通用。

第十一条　储蓄金满一百元，如已移购本公司股份的，仍照第二条继续缴纳储蓄金。

第十二条　本章程如有未尽之处，得随修改。

人寿保险章程

1916年7月4日（民国五年）

（一）宗旨：奖励储蓄兼寓酬恤。

（二）范围：专保本公司总、分各馆同人寿险，至愿保与否，听人自便，不加强迫。

（三）期限：保险不定期限，以身故为止。一俟接到保户身故之确据，即可照赔。

（四）保费：照年薪十成之一缴付，譬如年薪一百元以上二百元以下缴十元，二百元缴二十元，以此类推，零数不计。每年分两次缴，到期不缴，宽限两月，过期无效，还本不还利。

（五）赔款：照历年所得保费总数加一倍，譬如自投保之日起至身故之日止，十年内共缴过洋壹仟元，当赔款贰仟元，十年后本利照此叠加。

（六）优待：凡经总务处认为有特别勤劳或因公身故或服务远省者，除仿照第五条规定外，应提交董事会另行酌加以优待。

（七）退款：如因正当原因中途离馆，无论自辞、被辞，除退还历年所缴之保费外，另加常年八厘之利息；如因违背馆章辞退者，只还保费不加利息。

（八）赠品：凡投保寿险之人，公司另赠卫生书籍。

（九）附则：凡于民国五年一月一日或以后到馆者，酬恤办法既不适用于本章程，得适用之凡于五年一月一日以前到馆者。除适用此项章程外，本公司本年六月二十二日总务处通告酬恤办法仍有效力，但以四年十二月底为限。

同人戒约

1917年6月19日（民国六年）

一、此项戒约本公司无论何人不得违犯。

二、戒约如左：

（一）兼营同杵之业。

（二）以本公司名义私挪款项或兼营他业。

（三）个人兼营有关于本公司之他业而取赢于本公司者。

（四）因个人有串合情弊，故意滥放账货。

（五）以本公司名义在外为他人作担保。

（六）经手无论有无抵押，向本公司借贷非经董事会认可者，但总、副经理遇有迫不及待时，可以先自处理，报告董事会追认。

（七）在本公司外兼任他处职未经总经理认许者。

（八）为其他直接或间接有损于本公司利益及名誉之事。

三、罚例如下：

（一）违犯戒约第一款者辞退。

（二）违犯戒约第二款者，除辞退外，如有私挪款项情弊，应责成偿还。

（三）违犯戒约第三款者辞退。

（四）违犯戒约第四款者除辞退外，应责由本人将账货分别收清。

（五）违犯戒约第五款者，由本公司责令本人自行登报声明与本公司无涉。至于应否处罚视事情之轻重酌定。

（六）违犯戒约第六款者，责成经手人如数偿还。至于如何处罚视情形之轻重而酌定。

（七）违犯戒约第七、八两款者，由总、副经理临时酌量惩罚。

四、戒约自本年六月二十日施行。

五、戒约如有未尽之处，得由董事会随时增订。

按：本戒约第六款复总经协理，详细思维，诚恐公司以外之人见而误会，拟将此条第六款一并删去，另作议案，各董事函复赞同，故通知内未曾列入此条。

同人戒约

1920年1月6日（民国九年）重订

本约所列各项，本公司在职人员共同遵守。

（甲）不得兼营与本公司同样之营业。

（乙）不得兼营有关于本公司之他业，而取赢于本公司。

（丙）不得在本公司外兼任他处职务，但总经理、经理报告董事会，其他报告总务处得其认可者，不在此限。

（丁）不得用本公司名义私挪款项。

（戊）不得用本公司名义为他人担保。

（己）不得因个人关系滥放贷款。

（庚）不得漏泄本公司事务上或技术上认为应守秘密者。

（辛）不得假借职务上之权利或名义为一切直接或间接有损于本公司利益及名誉之事。

如有不遵守者，由本公司酌量处置之。

监理办事章程

1920年5月13日（民国九年）

第一条　监理对于全公司一切事务均有随时规划及指导或查察之责，但不直接执行。

第二条　监理关于规划及指导或查察之事有所表示，均用文字，除应提交会议外，均送交总经理、经理执行。总经理、经理如认为有窒碍时，得陈述其意见于监理。

第三条　监理列席各项会议并得提议事件，但不加入表决之数。

第四条　监理对于议决案得提出意见，请求复议。如复议后仍执前议，而监理全体仍认为未能适宜者，得请总经理、经理停止执行，再提出于董事会。

第五条　总经理、经理无论是特别会议或日行事件，遇有疑难，得商询监理；惟其他职员，如有商询之事，仍应候总经理、经理之定决。

第六条　本章程如有未尽之处，由董事会增改之。

储才办法

1920年6月1日（民国九年）

（一）本章程以公司需才日广，预为储备，期得实用为宗旨。

（二）此项费用每年以贰万元为度。

（三）设"储才委员会"，由总务处推定主任一人，办理各事，其《委员会章程》别定之。

（四）合于储备之资格以下列者为限：

甲：在外国学校毕业得有学位者。

乙：在外国学校选科毕业，虽未有学位，而确有专长，为公司之用者。

丙：在本国高等以上学校毕业者。

丁：在他公司或机关办事确有经验者。

（五）储才委员会主任遇有合于第四条资格之人才，应报告给委员会，经审查后，认为确系适宜，即延聘到馆，试用期限至多不得过一年。

（六）在试用期内，储才委员会主任得派至任何局分考察或练习，各该局主任及最高级之机关应尽力相助。

（七）试用人才在考察或练习之时，经各该局分主任及最高级之机关报告，认为不适宜者，储才委员会主任得调派他局分。

（八）试用人才经储才委员会主任认为不适宜者，可随时报告于委员会，于原计试用期满时辞退之。

（九）试用人才经储才委员会认为适宜者，随将其成绩报告于委员会，酌定任用方法。

（十）试用人才经公司任用者，其薪水不得在储才项下开支。

（十一）每届半年，委员会主任应将所试用人才造具清册，报告于总务处。

（十二）所有关于本章程之用费，应由会计科特立一门，每届月终，会同委员会主任造具清册，报告于总务处。

（十三）本章程如有未尽之处，得由总务处随时提出，董事会增删修改。

酬恤章程

1920年12月21日（民国九年）

第一章　总纲

第一条　本公司积存及后来陆续拨入之酬恤金定为同人酬恤基金，但仍为公司所有。

第二条　自八年份起，每年照公司章程所提之酬恤金，为每年支付酬恤之用，如有余剩，拨入基金。

第三条　凡总公司三所分支馆局及附设营业机关（例如中国广告公司）同人之在职者，均得依据本章程享受酬恤之利益，但在外办事（例如在外编译）或工作（例如订作笔作等）者，不在此限。

第四条　酬恤金由总务处派给，汇报董事会，但监理、总经理、经理之酬恤金由董事会定之。

第二章　支给

第五条　酬恤金分为三种：

（一）退俸金；（二）赙赠金；（三）补助金。

第六条　有左列情况之一者，给退俸金，一次支付。

甲、在公司继续十年并无过失，其退职系出于公司之意者，照在职时所实得薪水百分之五支付，嗣后满五年加百分之二分五，加至百分之十五为止；自行退职者不给。

乙、年岁已满六十，衰老不能任事，无论自行退职或者被辞退，但非过失，在公司已继续十五年者，照在职时所实得薪水百分之十支付，每多五年，加百分之二分五，加至百分之二十为止。

第七条　凡给退俸金者，不给赙赠金。

第八条　在职满一年以上而死亡者，给赙赠金，一次支付。

第九条　赙赠金照在职时所实得薪水百分之十支付，继续满十年以上者，加百分之二分五，嗣后满五年加百分之二分五，加至百分之二十为止。

如所实得薪水在千元以下者，照百分之十二支付，八佰元以下每递减二百元，加百分之二。

由总公司派往分支馆、局者，除赙赠金外，并照川资加两倍支付丧费，成都、陕西、云南、贵州、新加坡等五处地方者，加四倍支付，在总馆者不给。

第十条 确系直接因职务死于非命，得照第九条赙赠金加倍支付，但至少不得在一年薪水以下。

第十一条 有左列事情之一者，给补助金。

甲、确系直接因职务致成残废，公司因为不能任事者，至多照在职时月薪之半按月支付至死亡为止，死亡后不给赙赠金，但总计所得补助金尚不足第九条应得赙赠金之数，应该补之。

乙、确系直接因职务受伤者，酌给医药费（疗治期内月薪照支）。

第三章 附则

第十二条 凡离职后复入公司者，其年资及计算薪水均应从复入公司之日起算；其因病离职，在离职中并未就他处职务者，得以未离职论，但前资应减半计算。

第十三条 第六条、第九条、第十一条甲项所称薪水凡有以他项摊入月薪者，除加班照计外，余均除去计算。

第十四条 本章程实行以前，议定分年应给赙赠金，其年限未满者，仍继续有效，不受本章程之拘束。

第十五条 本公司所给各种酬恤，如第二条指定之款不敷支出，必动用第一条之基金时，得提交董事会议决，照第二章支给办法，酌量减少之。

第十六条 本章程遇有疑义，其解释权完全居于董事会，不受法律及其他之拘束。

第十七条 本章程由董事会议决实行，如经总务处会议议决提交董事会或董事会自行提出，均得增删修改。

附设公益保安会保险章程

1922年4月15日（民国十一年）

第一条 本公司自谋便利兼塞漏卮起见，经董事会议决，设立保险局，定名为：公益保安会。

第二条 由本公司拨规元二十万两，连保安会盈余（截至十年底止）五万两，共计二十五万两作为公益保安会资本。

第三条 本公司拨给本会之资本二十五万两，按周年八厘计息，所有本会存入本公司之款，亦按年息八厘计算。

第四条 本会保险营业额以规元七十五万两为限。

第五条 本会每逢年终结账一次，如有盈余收入，保安会账遇有亏折时，须开细单报总务处核夺。

第六条 本会所保之险以总、分支馆局、房屋、货物、生财、装修火险为限，分支馆局每一处至多一万五千两，惟店屋与货栈隔离在三百尺以外者得作两处论。

第七条 各分支馆局保险超过一万五千两者，可向就地他公司加保，但在该保单上需写明（如遇不测，得将货物搬移）等字。

第八条 各分支馆局如与他公司联保，需在保单上批明本公司公益保安会已保之数。

第九条 保险费应照总馆及各该分支馆局本地市价计算，一切规则照普通保险章程办理。

第十条 本章程由董事会议决实行，如有应行增删修改之处，得由总务处提交董事会或董事会自行提出议决办理。

酬恤章程第六条之甲项修改

1922年7月18日（民国十一年）

甲、在公司继续十年并无过失，其退职系于公司之意或自行退职，经公司许可者，照在职时所实得薪水百分之五支付，嗣后满五年加百分之二分五，加至百分之十五为止。

《酬恤章程》原第十一条下即照所拟增加一条，原第十二条拟改作第十三条，原第十三至十六条依次递推，均即照改。

（商务印书馆董事会议录第四册）

酬恤章程第六条依照上提议原案修改

1922年8月15日（民国十一年）

（一）原第六条甲项末句"自行退职者不给"删去。

（二）原第六条甲项下增一项。

已在本公司继续十年并无过失，自行退职，经公司认为无碍职务者，酌给退俸金，但至多不得超过前项之规定。

其原列之乙项应即改为丙项。

（商务印书馆董事会议录第四册）

组织类

商务印书馆股份有限公司章程

1932年9月4日、11月6日（民国二十一年）股东临时会修改

第一章　总则

第一条　本公司依公司法所定股份有限公司组织，名曰商务印书馆股份有限公司。

第二条　本公司本店设立在上海，经营出版图书印刷事件并制造贩运关于印刷之机械、铜模、铅字、纸张、墨料及学校用品等。

第三条　本公司分店之设立及裁撤或变更，由董事会议定办理。

第四条　本公司除在国内因营业关系，得购置不动产外，并得在国外不论何处购置、租赁、收押、掉换并售卖、出租、出押动产及不动产，又在国外因营业上认为有必要时或便宜时，并得享受土地、房屋、地役、机器、工厂、存货等之权利及其特权。

第五条　本公司于前清光绪三十一年十二月遵照注册章程，呈请商部注册，三十二年三月十二日奉商部批准给照。中华民国二年，增加股份，于同年七月五日在工商部注册批准给照；三年续加股份，于同年六月二十五日呈准农商部注册给照；九年第三次增加股份，于同年六月二日在农商部注册

批准给照；十一年第四次增加股份，于同年六月二日呈奉农商部批准注册给照，十七年二月九日在国民政府全国注册局注册，颁给第一号执照；二十一年因遭国难，减少股份，于二十二年五月一日呈准实业部登记给照。

<h2 style="text-align:center">第二章　股份</h2>

第六条　本公司股份总额银元五百万元，因民国二十一年国难之损失，减为三百万元分作五万股，每股银元六十元，股票或一股一张或合并若干股为一张，由股东酌定。

第七条　本公司股东以本国人为限。

第八条　本公司股份为记名式，如股东欲将股份转让于他人时，应先向本公司声明，俟本公司允许，填给转股单，方可过户注册。凡未经注册者，本公司仍认原股票署名之人为股东。

第九条　股票如有遗失，得随时觅保，报明公司，将遗失号数注销，并登报声明，俟两个月后，另行按号填给新股票。

第十条　股票因转让过户及遗失注销，由本公司另行填给者，每张应缴纸笔费银元一元，并附缴应行贴用之印花税费。

<h2 style="text-align:center">第三章　股东会</h2>

第十一条　本公司每年召集股东常会一次，由董事会通信知照，并登载广告于上海著名日报。

第十二条　本公司常会时，董事及监察人应据簿册报告，由各股东决定分派利息，并选举下届董事及监察人。

第十三条　本公司遇有必要时得遵照公司法召集股东临时会。

第十四条　股东常会及临时会之决议，须有股份总数过半数之出席，以出席股东表决权之过半数行之，如出席股东之股数不满股份总数之半数时，得以出席股东表决权之过半数为假决议，并将假决议通知各股东于一个月内召集第二次股东会，其决议以出席股东表决权之过半数行之。

第十五条　股东常会及临时会，关于左列第一项至第三项须依《公司法》第一百八十六条办理，其关于左列第四、第五两项，须依《公司法》第一百八十六条第二项之规定办理：

（1）变更章程；

（2）增减资本；

（3）募集公司债；

（4）与他公司合并；

（5）解散。

第十六条　本公司股东在十股以下者，每一股有一表决议；自十一股至五十股之表决权，照九折计算；自五十一股至一百股之表决权，照八折计算；自一百零一股至二百股之表决权，照七折计算；自二百零一股至五百股之表决权，照六折计算；五百零一股以上之表决权，照五折计算，零数不满一权者不计。

第十七条　本公司举行股东常会及临时会，应将所议各事，由书记录列册。凡议决之事，经股东会主席签押后，董事会及总经理等必须遵行。如有股东因事不能到场会议者，得具证书委托他股东为代表，但代理他股东行使之权数与代表人自有之权数，合计不得超过全体股东表决权五分之一。

<h2 style="text-align:center">第四章　董事监察人</h2>

第十八条　本公司由股东会就股东中选举董事十三人，凡有本公司股份十股以上者，皆有被选举

之资格，由董事会选总经理一人，经理二人，执行公司一切事务，但遇有重大事件，由总经理、经理请董事会取决办理。

第十九条　董事非经股东会议允许，不得营与本公司相同之贸易。总经理、经理非经董事会允许，不得营与本公司相同之贸易。惟著作出版，经董事会认为与本公司贸易无妨者，不在此限。

第二十条　董事会遇有必要之时，得请股东及职员到会，征其意见，但不得加入议决之数。

第二十一条　本公司由股东会就股东中选举监察人三人，第十八条十九条关于董事之规定，除选任总经理、经理外，于监察人均准用之。

第二十二条　本公司董事及监察人任期一年，连举者得连任，但监察人连任，以三次为限。

第二十三条　董事遇有缺额者，按照公司法第一百四十三条办理。

第二十四条　董事及监察人办事规程别定之。

第五章　账目

第二十五条　本公司每年结账，如有盈余，先提十分之一为公积金，次提股息常年八厘，其余平均分为甲、乙两部。甲部份之半数，作为发股东红利，其他半数，作为甲种特别公积；乙部之半数，作为同人奖励金，其他半数作为乙种特别公积。

甲种特别公积：专为恢复原有股份之用，每积至五十万元时，即将股份陆续恢复，至五百万元后，不再提存，一并作为股东红利。

同人奖励金之分配办法：由董事会定之。乙种特别公积为公益之用，由董事会支配之，其未用完之部份，完全为公司所有。

第二十六条　本公司总经理、经理等每年应将账目详细结算造具簿册，由董事会转交监察人复核后，布告于各股东。

第六章　修改章程

第二十七条　本章程如需修改之时，得由董事会或有限股份总数二十分之一股东提议，召集股东会，依法议决施行。

第二十八条　本公司章程有未尽之处，悉依公司法股份有限公司各规定办理。

总管理处暂行章程

1932年7月20日订定（民国二十一年），1933年11月20日（民国二十二年）修改，
1934年10月11日（民国二十三年）修改

第一条　总管理处主管本公司之行政，但董事会议章程规定须经董事会议决之事项，应于议决后执行之。

第二条　总经理主持总管理处一切事务，经理二人辅助之。设协理无定员，协助助总经理、经理。

第三条　总管理处设编审、生产、营业、供应、主计、审核六部及秘书处、人事委员会。

第四条　编审部掌出版物之编译、审查、计划及其相关之事。

第五条　生产部掌制版、印刷及其相关之事，统辖出版科及各工厂。

第六条　营业部掌营业及其推广之事，统辖分庄科、推广科、上海发行所及各分馆、支馆。

第七条　供应部掌材料、货物之供给及保管、运输之事，统辖进货科及栈务科。

第八条　主计部掌账务、统计、稽核、收支及其相关之事，统辖会计科、出纳科及稽核科。

第九条　审核部掌货物、款项、服务之检查及工作改良之事，统辖检查科及考工科。

第十条　秘书处掌文书、契约、保管、保险、股务、收发、庶务及不属于各部或人事委员会之事，股秘书无定员，分别主持之。

第十一条　人事委员会掌全公司职工进退、奖励及福利之事，辖人事科委员人数另定之。

第十二条　秘书处、发行所、各工厂及各科得就所办之事分设若干股。

第十三条　各部设部长一人，由总经理、经理、协理兼任之。各科设科长一人或兼设副科长一二人。各厂设厂长一人，或兼设副厂长一二人；发行所设所长一人，或兼设副所长一二人。各股设股长一人，或兼设副股长一人；其余职员无定额，视事之繁简定之。

第十四条　各机关办事规则，由总管理处另定之。

第十五条　本章程经董事会议决后公布施行，代替前修订总务处试行章程之效用。将来如有增删修改，应提交董事会议决之。

总管理处处理重要事务暂行规则

1932年7月22日（民国二十一年）订定，1934年10月16日（民国二十三年）修改

（甲）关于职工之进用

一、各机关需用职工（副科长以上除外）时，其属于各部者，应先商明主管部长，属于秘书处者应先商明首席秘书，属于人事科者，应先商明人事委员会主任，通知人事科或由人事科就登记人才中选择相当者，或由各机关自行开具拟进用者之姓名履历，均提交人事委员会审核开列审核结果，送请总经理核定。

二、副科长以上人员之进用，由总经理订立聘约。

三、其他职工之进用，于人事委员会审核通过，并由总经理核准后，以人事科名义订立契约。

四、各分厂之正副厂长、正账之进用，由生产部长提出；各分支馆之经副协理、正账之进用，由营业部长提出，由总经理核定，订立聘约。

（乙）关于款项之开支

一、各部、各厂、发行所及秘书处，于主管范围之用款，得开具付款知照单，交由主计部核开付款凭单，送请总经理、经理、协理或其代表人签字。

（丙）关于进货

一、关于机器、纸张及生产所需之一切原料（除书稿外），应由生产部开单，通知供应部查照购进。

分厂对于前项之进货，应于需用前至少四个月，开具预算，送交生产部核定，通知供应部照办。但纸张、油墨等生产必需之原料，如临时发生急切之需要，不及于事前函请生产部核定代办者，得由各该分厂就地购进，事后应即开具理由及其数量价值，报告生产部，并由生产部通知供应部。

二、关于文具仪器之进货，应由发行所及分庄科开单、汇交营业部长审核后，通知供应部照购。

三、关于西书进货规定办法如下：

（1）由发行所代表进货科进行办理；

（2）发行所客户特定者不轮价值多寡，由发行所迳行定购，各分馆客户特定者，不论价值多寡，由分庄科转送发行所定购；

（3）发行所定购备销之西书，须经营业部长审核后，仍交还发行所定购；

（4）各分馆定购备销之西书，须经分庄科审核及营业部长复核后通知发行所定购。

四、特别进货，每次在二千元以下，而同一个月内其他特别进货未超过二千元者，由供应部长决定行之。其超过此数者，应商同总经理核办。

五、关于新定代理契约之事件，应由供应部长商同总经理核办。

六、每月终，应由进货科将本月各项进货、发行所将本月各项西书进货开列种类、次数及价值详表，报告总经理核阅后，发交主计部存查。

（丁）关于购买外币

购买外币，在未来三个月应付货款三分之一以下者，由供应部长会同主计部长行之。其超过此限度时应商明总经理后办理。

（戊）关于出版造货之委托

凡本馆尚无相当设备或设备能力不足，不能自行担任之出版造货，得委托他家代办，由出版科拟具办法及商定条件，请生产部长核定行之。

（己）关于购赁版权

一、凡外来稿件均先送编审部各关系编审员或编译员审查，开具意见，再送部长核定却退、收购，或租赁。但关于租赁著作权之契约，送由总经理签订之。

二、凡委托外间编译书稿，应先由部长依编审员协助拟订之计划。商经总经理同意后，即由部长按照计划陆续执行之。

（庚）关于检查

一、进货送到栈房时，应由栈务科通知检查科派员会同点收，检查科人员如认为货物不合原定标准时，应拒绝点收，并报告审核部长转报总经理核办。

二、检查科得随时派人至各收银机关，点查款项是否与账册相符，如发现不符，应即报告审核部长，转报总经理核办。

三、检查科得随时派人至各机关，检查经办事件有无积压及应付外客有无轻慢情事，据实报告审核部长，转报总经理核办。但检查范围，只问该事件之曾否办结，不涉及各该案卷之内容。

（辛）关于工作改良

一、各工厂出品应以样本一份送考工科，考核其印刷品质上有无缺点，签注意见，通知各该工厂，以便改良。

二、考工科对于各工厂之设备，得随时考核，提出改良意见，由审核部长转送生产部长参考。

（壬）关于文书

一、凡以公司名义或总管理处名义发出之文书，概由秘书处拟稿，送总经理或经理一人阅过签字在底稿上，即行缮正，分别盖用公司或总管理处图章发出。

二、凡以各机关名义对外发出之函件，应于次日以其副稿汇送各主管部长，转送秘书处存阅（但人事科得迳送）。如有必要，秘书处得随时向各该机关调阅全卷。

三、西文函件凡用公司名言发出者，须由总经理或经理一人签名，另盖西文图章。

（癸）关于契约

一、凡进货（除购稿外）契约及购买外币契约，概由供应部部长签名。

二、凡出版造货契约，概由生产部长签名。

三、凡发行所同行契约，概由发行所长签名。

四、雇佣契约（除副科长以上人员外）均由人事科长签名。

五、其他契约，概由总经理签名。

编审部暂行办事规则

1934年10月16日（民国二十三年）订定

第一章　组织

第一条　编审部为总管理处之一部份，依照总管理处暂行章程之规定，掌全公司出版物之编译、审查、计划及其相关之事。

第二条　编审部设部长一人，主持本部一切事务，于必要时，得添设副部长一人，协助部长处理本部一切事务。

第三条　编审部设左列各级人员：

（子）编审员；（丑）编译员；（寅）助理编译员。

第四条　编审部得设各杂志社，以编审员或编译员主持之。

第五条　编审部设事务股，事务股设股长一人、股员若干人。

第二章　职掌

第六条　部长之职掌如左：

一、参酌各编审员之意见，拟定出版方针及计划；

二、参酌各编审员之意见，处置外来书稿；

三、督察及分配各编译员及助理编译员之工作；

四、按照决定之编译计划，委托馆外编译书籍；

五、决定书稿之印行；

六、督察编译事务股处理事务。

第七条　编审员之职务如左：

一、协助部长拟定出版方针及计划；

二、分科审查外来书稿及编译员自编书稿；

三、分科主管书稿之印行；

四、分科主管旧出版物及旧稿；

五、指导编译员及助理编译员之工作；

六、协助部长分配编译员及助理编译员之工作；

七、办理部长委托之事件。

第八条 编译员之职务如左：

一、编辑各种教科书、参考书或定期刊物；

二、协助编审员整理旧出版物及旧稿；

三、协助编审员审查外来书稿；

四、办理部长分配之工作。

第九条 助理编译员之职务如左：

一、协助编译员办理各项工作；

二、办理部长或编审员、编译员交办之工作。

第十条 各杂志社之职务如左：

一、负责编辑杂志；

二、征集杂志文稿；

三、处理杂志社一切事务。

第十一条 事务股之职务如下：

一、收发书稿文件；

二、保管书稿文件；

三、核算稿费；

四、办理著作人订约事项；

五、保管参考图书；

六、依部长之核准，购置参考图书；

七、依部长之指导，处理各种事务。

第三章　办事总则

第十二条 编审部在职权范围内，得以总管理处编审部名义发信及通告。

第十三条 编审部于必要时，得举行编审会议，由部长召集。

第十四条 编审会议以部长、副部长及各编审员组织之。于必要时得由部长指定编译员列席或邀请其他部份人员列席。

第四章　附则

第十五条 本规则由总管理处公布施行，修改时亦同。

生产部暂行办事规则

1932年8月18日（民国二十一年）订定，1933年11月17日（民国二十二年）修改，

1934年10月16日（民国二十三年）修改

第一章　组织

第一条 生产部为总管理处之一部份，依照总管理处暂行章程之规定，掌制版、印刷及其相关之事。

第二条 生产部设部长一人，主持本部一切事务，于必要时得添设副部长一人，协助部长处理本

部一切事务。

第三条 生产部设出版科及厂务股。

第四条 生产部管辖上海各厂及各地分厂。

第五条 出版科设科长一人,处理本科一切事务;副科长一人或二人,协助科长处理本科一切事务。

第六条 厂务股设股长一人,处理本股一切事务,于必要时得添设副股长。

第七条 出版科及各厂得按事之性质分设若干股,各股设股长一人,处理各本股一切事务。事务较繁之股得副股长一人,协助股长处理本股一切事务。

各股股员无定额,视事务之繁简定之。

第二章 职掌

第八条 部长之职掌如左:

一、督察本部各部份、上海各厂及各地分厂之事务;

二、规划全公司之生产,并督促其进行;

三、委托出版造货之核定;

四、购买机器、纸张及其他关于生产原料之核定;

五、审核本部各部份、上海各厂及各地分厂关于生产之建议;

六、考核本部各部份、上海各厂及各地分厂人员办事之状况,并调动、奖惩事项;

七、主持其他关于本公司生产事项。

第九条 出版科之职掌如左:

一、筹拟出版物供给之计划;

二、主管出版物之发制、发印、发订事项;

三、办理出版造货之委托事项;

四、办理出版物之预约、特价、再版、绝版等事项;

五、查催各厂对于出版物工作之进行;

六、关于出版物之缮绘事项;

七、主管其他关于出版事项。

第十条 版务股之职掌如左:

一、核算上海各厂成本;

二、审核各分厂成本报告;

三、办理各厂生产统计;

四、关于各厂之需要及供给;

五、关于分厂预算、决算事项;

六、关于生产部与各厂通信事项;

七、其他关于生产部与各厂接洽事项。

第三章 办事总则

第十一条 生产部在职权范围内,得以总管理处生产部名义发信及通告。

第十二条 生产部于必要时,得举行部务会议,由部长召集。

第十三条 部务会议以部长、出版科科长、副科长、厂务股股长及上海各厂厂长、副厂长组织之，遇必要时得由部长指定其他职员列席会议。

第十四条　上海各厂及各地分厂添购机器原料，均由生产部部长核定后，开单送供应部照办。并依照总管理处处理重要事务暂行规则丙项办理。

第十五条　出版物发交本厂外之他家工厂制版、印刷、装订者，均由出版科拟具办法，商定条件，由科长签字，送生产部部长核定办理。各地分厂有委托本厂外他家工厂代办一部份工作之必要时，应于事后报告生产部部长。

第十六条　本部职员对于本公司生产上之秘密，不得稍有泄漏。本公司职员如有询问事项，其答复应以询问人之职务有关者为限，否则概不答复。

第四章　附则

第十七条　本部所辖各部份办事细则另定之。

第十八条　本规则由总管理处公布施行，修改时亦同。

营业部暂行办事规则

第一章　组织

第一条　营业部为总管理处之一部份，依照总管理处暂行章程第六条之规定，掌营业及其推广之事。

第二条　营业部设部长一人，主持本部一切事务，于必要时得添设副部长一人，协助部长处理本部一切事务。

第三条　营业部份设左列之两科：

（一）分庄科；（二）推广科。

第四条　营业部管辖上海发行所及各分支馆。

第五条　营业部各科设科长一人，处理各本科一切事务。并得设副科长一人或二人，协助科长处理本科一切事务。

营业部设专员若干人，办理部长指定之专任事务，并得兼办本部各科各股事务。

各科按事之性质，分设若干股，各股设股长一人，处理各本股一切事务，事务较繁之股得设副股长一人，协助股长处理本股一切事务。

各股股员无定额，视事务之繁简定之。

第六条　本部科长得兼任股长之事股员得以一人兼办两股以上之事。

第二章　职掌

第七条　部长之职掌如左：

一、督察本部各科及上海发行所、各分支馆之事务；

二、规划全公司之营业，并督促其进行；

三、审核本部各科及上海发行所、各分支馆关于营业上之建议；

四、考核本部各科及上海发行所、各分支馆人员办事之状况，并调动、奖惩事项；

五、主管其他关于本公司营业事项。

第八条 分庄科之职掌如左：

一、审核分支馆业务与事务之进行；

二、筹划分支馆之配货事项；

三、审核分支馆之配货单据；

四、办理分支馆向总馆接洽之事件；

五、筹拟分支馆之设立与裁撤；

六、处理其他关于分支馆之事项。

第九条 推广科之职掌如左：

一、本公司各种货品推销之设计；

二、调集本公司各项营业报告，筹拟改进之计划；

三、调查与本公司营业有关系之事项；

四、主办本公司营业上一切宣传事项；

五、办理关于本公司出版物外来刊登广告事项；

六、处理其他关于营业之推广事项。

第三章　办事总则

第十条 营业部在职权范围内，得以总管理处营业部名义发信及通告。

第十一条 营业部于必要时，得举行部务会议，由部长召集之。

第十二条 部务会议以部长、各科科长、副科长，上海发行所所长、副所长组织之，遇有必要时，得由部长指定其他职员列席会议。

第十三条 本部职员对于本公司营业上之秘密，不得稍有泄漏。本公司职员如有询问事项，其答复应以询问人之职务有关系者为限，否则概不答复。

第十四条 营业部派员赴各分支馆稽查或考察时，须商经总经理之核准，以总管理处名义委行之。

第十五条 营业部各科收到信件，概由科长或副科长拆阅处理。

第十六条 营业部各科发出信件，概须由科长、副科长核阅并盖用各该科图章，其关系重要者应转送本部部长核阅后再行缮发。

第四章　附则

第十七条 本部所辖各部份办理细则另定之。

第十八条 本规则由总管理处公布施行，修改时亦同。

供应部暂行办事规则

1934年12月26日（民国二十三年）订定

第一章　组织

第一条 供应部为总管理处之一部份，依照总管理处暂行章程之规定，掌货物之供给、保管及运输之事。

第二条 供应部设部长一人，主持本部一切事务。

第三条 供应部份设下列之两科:

（一）进货科；（二）栈务科。

第四条 供应部各科设科长一人，处理本科一切事务。并得设副科长一人或二人，协助科长处理本科一切事务。

各科得按事之性质分设若干股，各股设股长一人，处理各本股一切事务，事务较繁之股得设副股长一人，协助股长处理本股一切事务。

各股股员无定额，视事务之繁简定之。

第五条 本部科长得兼任股长之事，股员一人得兼办两股以上之事。

第二章　职掌

第六条 部长之职掌如左:

一、督察本部各科之事务；

二、筹划及考核进货之事项；

三、规划栈房之设备及存储与运输之管理；

四、审核代理契约；

五、核签进货契约及购买外币契约；

六、其他关于本公司供应事项。

第七条 进货科之职掌如左:

一、关于各种货物之购进事项；

二、审拟进货、定货契约；

三、调查市场价值；

四、关于购进货品发售之定价事项；

五、关于到货时期及提取事项；

六、关于到货误期、损缺、出险等事项；

七、试销样品之分配事项；

八、关于调查研究货品之改良事项；

九、其他关于进货事项。

第八条 栈务科之职掌如左:

一、书籍之收发及保管事项；

二、纸张之收发及保管事项；

三、仪器、文具之收发及保管事项；

四、工厂材料用品之收发及保管事项；

五、杂志之寄发事项；

六、宣传品之寄发事项；

七、各种货品之运输事项；

八、各种货物进口、出口之报关事项；

九、造具各种存货报告；

十、各栈房之设备及其安全事项；

十一、其他关于栈务事项。

第三章　办事总则

第九条　供应部在职权范围内，得以总管理处供应部名义发信及通告。

第十条　供应部于必要时，得举行部务会议，由部长召集之。

第十一条　部务会议以部长、各科科长、副部长组织之，遇有必要时，得由部长指定其他职员列席会议。

第十二条　供应部依总管理处处理重要事务暂行规则之规定，凡生产部及营业部分庄科、上海发行所开单定购之货品，应分别查照购进，但供应部认为有疑问或有关其他意见者，均应随时与原开单部份协商办理。

特别进货每次在二千元以下而同一月内其他特别进货未超过二千元者，由供应部部长决定行之。

第十三条　发行所遇有顾客立等进购之仪器、文具等价值每次在五百元以下者，得由发行所迳行通知进货科照购后，再行分别报告营业部部长及供应部部长。

第十四条　供应部经调查研究之结果，认为应行采办或变更之货物，得随时通知有关系部份，请其注意，仍由各该主管部份开单送供应部办理。

第十五条　供应部部长对于外币市价，应随时注意。依进货之情形，与主计部部长商协购买外币之办法。

第十六条　遇外币低落，市场货价变动，供应部认为有购进货品之必要时，得与营业部或生产部商酌，由营业部或生产部开单送供应部进货科照购。

第十七条　新货品之进购，由供应部随时与营业部商酌，由营业部开单送供应部进货科照购。

第十八条　供应部对于旧有货品，认为价格昂贵或式样不合，应行停止续购或改购相当货品者，应随时与各该货原开单部份商酌办理。

第十九条　本馆自用之零星货物，其价值在五十元以下者，得由主管庶务部份迳自购买。其超过五十元者，均应由进货科购办。

第二十条　供应部部长对于各栈房之设备及收发、保管、运输等事务，均应随时查核。

第四章　附则

第二十一条　本部各科办事细则另定之。

第二十二条　本规则由总管理处公布施行，修改时亦同。

主计部暂行办事规则

1932年8月18日（民国二十一年）订定，1933年11月27日（民国二十二年）修改

第一章　组织

第一条　主计部为总管理处之一部份，依照总管理处暂行章程第八条之规定，掌账务、统计、稽核、收支及其相关之事。

第二条　主计部设部长一人，主持本部一切事务。

第三条　主计部份设左列三科：

（一）会计科；（二）出纳科；（三）稽核科。

第四条 主计部设收发股，掌管本部簿据、文书、收发及保管之事。

第五条 主计部各科设科长一人，处理各本科一切事务，并得设副科长一人或二人，协助科长处理本科一切事务。

各科得按事之性质，分设若干股，各股设股长一人，处理各本股一切事务，事务较繁之股得设副股长一人，协助股长处理本股一切事务。

各股股员无定额，视事务之繁简定之。

第六条 本部科长得兼任股长之事，股员得以一人兼办两股以上之事。

第二章 职掌

第七条 部长之职掌如左：

一、出纳之管理；

二、各种付款凭单之核签；

三、外币买卖之审核；

四、本公司财产之审查；

五、各银行钱庄存款额之核定；

六、关于本公司财政契约之协商；

七、关于本公司不动产购置及资产变卖之协商；

八、审订公司会计制度、成本会计制度及其他各种财政管理制度；

九、稽核本公司各项账目；

十、主管其他关于本公司财政事项。

第八条 会计科之职掌如左：

一、总公司各种账务之记载、结算与核对；

二、分支馆、分厂账目之复核；

三、本公司各种账款之催收；

四、本公司各种账册单据之保管；

五、本公司结算报告之编制；

六、本公司各种付款之开单；

七、其他关于会计事项。

第九条 出纳科之职掌如左：

一、关于本公司收款事项；

二、关于本公司一切付款事项；

三、本公司现款及各种票据之保管；

四、市面金融情形之稽查；

五、其他关于款项之收付事项。

第十条 稽核科之职掌如左。

一、稽核总分馆、厂各项账目；

二、编制稽核、预算、统计各项报告；

三、规定各种账法及单据、簿册、表格等式样；

四、总分馆、厂关于稽核各项报告之催制；

五、办理关于总经理、经理及本部部长委托密查事项；

六、其他关于稽核及预算、统计事项。

第三章　办事总则

第十一条　主计部在职权范围内，得以总管理处主计部名义发信及通告。

第十二条　主计部于必要时得举行部务会议，由部长召集之。

第十三条　部务会议由部长、各科科长、副科长组织之，遇有必要时，得由部长指定其他职员列席会议。

第十四条　主计部所属职员处理事务时，应注意左列各项：

一、不得忽略细致；

二、不得随意涂改撕毁账本、单据；

三、不得忘填日期、签名、盖章；

四、不得一人兼任银钱与簿记两种工作；

五、不得一人兼任记账与核对两种工作；

六、不得擅自变更账法；

七、不得使用非经规定之印件；

八、不得拖延工作；

九、不得汇漏账务消息。

第十五条　公司账务重要，本部所属职员对于任何方面询问，应以询问人之职务有关者为限，否则概不答复。

第十六条　凡各科应行签字各项记账单据，均应先经各主管员核对无误，再由各该科长签字。

第十七条　各项记账及复核工作以及开写单据，应由各经手人加盖图章，以明责任。

第十八条　主计部各科收到信件，概由科长或副科长拆阅办理。

第十九条　主计部各科发出信件，概须由科长、副科长核阅，并盖用各该科图章，其关系重要者，应转送本部部长核阅后再行缮发。

第二十条　主计部派稽核员赴分支馆、分厂查账时，须先商明营业部部长或生产部部长，并经总经理核准，以总管理处名义委任之。

第四章　附则

第二十一条　本部各科办事细则另定之。

第二十二条　本规则由总管理处公布施行，修改时亦同。

审核部暂行办事规则

1932年8月26日（民国二十一年）订定

第一章　组织

第一条　审核部为总管理处之一部份，依照总管理处暂行章程第九条之规定，掌货物、款项、服务之检查及工作改良之事项。

第二条　审核部设部长一人，主持本部一切事务。

第三条　审核部份设左列之两科

（一）检查科；（二）考工科。

第四条　审核部各科设科长一人，处理各本科一切事务，设副科长一人或二人，协助科长处理本科一切事务。各科得按事之性质分设若干股，各股设股长一人，处理各本股一切事务。事务较繁之股得设副股长一人，协助股长处理本股一切事务。

各股股员无定额，视事务之繁简定之。

第五条　本部科长得兼任股长之事，股员得以一人兼办两股以上之事。

第二章　职掌

第六条　部长之职掌如左：

一、督察本部各科之事务；

二、审核本部各科之报告；

三、关于检查、考工应行奖惩之提议；

四、关于全公司事务及工作改良之建议；

五、总经理委托审核事项；

六、其他关于审核事项。

第七条　检查科之职掌如左：

一、现款之检查事项；

二、各种货物进栈之检查事项；

三、各种存货之检查事项；

四、委托造货之检查事项；

五、各栈房年终盘货之监察；

六、监视票据或货物之销毁；

七、各处退货之检查；

八、各部份复信之查催事项；

九、各部份服务之检查事项；

十、其他关于检查事项。

第八条　考工科之职掌如左：

一、各种出版图书制版之考核及改良事项；

二、各种出版图书印刷之考核及改良事项；

三、各种出版图书装订之考核及改良事项；

四、除图书外本馆各种出品之考核及改良事项；

五、各工厂设备之考核及改良事项；

六、各工厂工作之考核及改良事项；

七、其他关于考工事项。

第三章　办事总则

第九条　审核部在职权范围内得以总管理处审核部名义发信及通告。

第十条　审核部于必要时，得举行部务会议，由部长召集之。

第十一条　部务会议以部长、各科科长、副科长组织之，遇有必要时，得由部长指定其他职员列席会议。

第十二条　所有本馆出版图书无论初版、重版印成时均应将样书送考工科考核。

第十三条　除图书外之其他出品，考工科应随时酌量调取考核。

第十四条　考工科如发现有错误、缺点及应行改良之事，应签注意见连同样书、样品送交各该印制工厂并报告部长。

第十五条　检查科如发现有错误或舞弊情事，应据实报告部长，其关于进货者并应不准进栈。

第十六条　本部职员对于检查考工事务，应秉公办理不得稍有瞻询，并不得泄漏审核上之秘密。

第十七条　审核部部长于审核职权内认为有应行奖励或惩戒者，得提出意见请总经理核办。

第十八条　审核部部长于全公司事务认为有兴革改良之必要者，得随时提出意见请总经理核办。

第四章　附则

第二十一条　本部各科办事细则另定之。

第二十二条　本规则由总管理处公布施行，修改时亦同。

秘书处暂行办事规则

1932年8月18日（民国二十一年）订定，1934年12月24日（民国二十三年）修改

第一章　组织

第一条　秘书处依照总管理处暂行章程第十条之规定，掌文书、契约、保管、保险、股务、收发、庶务及不属于各部或人事委员会之事。

第二条　秘书处设秘书无定员，分别主持本处事务。

第三条　秘书处由总经理就秘书中指定一人为首席秘书，综核本处一切事务。

第四条　秘书处分设下列之六股：

（一）文书股；（二）股务股；（三）保管股；

（四）庶务股；（五）收发股；（六）旧厂股。

第五条　不属于前条各股之事务，或由总经理指定秘书兼任或由首席秘书商承总经理职请专员办理之。

第六条　各股设股长一人，承主持秘书之指导办理各本股事务，事务较繁之股得设副股长一人，协助股长办理本股事务。

各股员无定额视事务之繁简定之。

第七条　秘书及专员得兼任股长之事，股员得兼办两股以上之事。

第八条　秘书请假时，其主持之事商承总经理由他秘书兼代之。

第二章　职掌

第九条　秘书处职掌如左：

一、重要或机密文件之起草；

二、典守公司及总管理处图章；

三、受总经理、经理之委托，用公司名义或总管理处名义签发对内对外各项文件；

四、受总经理、经理之委托签收、签付各种款项；

五、签发本处各项文件；

六、关于文书事项；

七、关于股务事项；

八、关于保管事项；

九、关于保险事务；

十、关于收发事项；

十一、关于庶务事项；

十二、总分馆注意事项；

十三、审拟各种契约；

十四、审拟总管理处各部份及分支馆、分厂各种章程规则；

十五、审拟有关法律之文件；

十六、复阅总管理处各部份所发通告底稿；

十七、办理诉讼事项；

十八、设计并指导建筑及其他各种工程；

十九、审定制发总管理处及分支馆、分厂各项图章戳记；

二十、核定总管理处各部份及分支馆自用印刷品；

廿一、核定通信录之编制；

廿二、股东会会议事项；

廿三、董事会会议事项；

廿四、审查捐款及关于捐税事项；

廿五、办理特别交际事项；

廿六、复阅总管理处各部份所发文件之副稿，对于认为有重要关系，随时报告总经理；

廿七、查察本处人员办事状况。

以上各项职务，由总经理指定各秘书分别主持，其中二、三、五、廿六、廿七各项由首席秘书主持之，如首席秘书不在馆时，由首席秘书商承总经理委托他秘书一人代理之。

第十条 文书股职掌如左：

一、总管理处及本处对内对外文件之撰拟及缮发；

二、译发电报；

三、编印通信录；

四、草拟各种章程规则及契约。

第十一条 股务股职掌如左：

一、编制股东名簿；

二、填发股票事项；

三、股票移转过户注册及遗失注销事项；

四、股东印鉴存记及遗失或更换事项；

五、关于召集股东会之一切事项；

六、发给股息单事项；

七、关于股东印刷品之寄发；

八、通常股东通信及其他关于股务事项。

第十二条 保管股职掌如左：

一、总分馆注册执照及其他文件之保管；

二、各种契据、股据、押据及各种合同、契约之保管；

三、单据之保管；

四、各种书信、文件、案卷及章程、规则之保管；

五、各种奖惩、奖章之保管；

六、发行礼券事项；

七、密码电报书之编掌；

八、其他一切关于保管事项。

第十三条 庶务股职掌如左：

一、各部份消耗用品之置备及发给；

二、各部份生财器具之置备及保管；

三、各部份自用印刷品之发印；

四、汽车之修理及汽油零件之发给；

五、卫生清洁之事项；

六、因公送礼之购办事项；

七、管理店司；

八、其他一切关于庶务之事项。

第十四条 收发股职掌如左：

一、签收一切信件；

二、折阅总管理处所辖各部份之信件；

三、编号分送总管理处所辖各部份之信件；

四、寄发总管理处所辖各部份之信件；

五、查填总管理处所辖各部份稽查复信单；

六、编造收发信件统计。

第十五条 旧厂股之职掌如左：

一、旧厂余存机器之修理及保管事项；

二、生产部各厂之机器修理事项；

三、旧厂余存材料货物之保管及利用事项；

四、旧厂余存废物之处置事项；

五、旧厂未用房屋之保管事项；

六、旧厂地产之照料事项；

七、其他关于旧厂事项。

第三章　办事总则

第十六条　凡总管理处各部份及分支馆、分厂致总管理处之信件，均送交秘书处签收。

凡各处致总经理、经理之信件，除写明总经理、经理人名义应迳送各个人外，余未写明个人名义者亦送交秘书处签收。

第十七条　秘书处每日接到各处信件，应由主持秘书或其指定人员分别拆阅，凡关于秘书处主管范围内重要事务及与秘书处有关系之各事务，应送呈总经理或经理一人核阅，于批核单上批明办法，连同原信送还秘书处。

第十八条　秘书处依总经理、经理批明办法或口授之事，应先行办稿，送候总经理或经理一人核阅签字后，即行缮发。

第十九条　公司对内之文件，以总管理处名义行之，加盖总管理处图章。其对外之文件以商务印书馆股份有限公司名义行之，加盖公司图章。如总经理、经理认为应由个人具名者，即于稿内注明，俟缮正后，送总经理、经理个人签字。

第二十条　凡属于秘书处主管范围内事务之文件，经主持该事务之秘书在稿内签字后即行缮发，以秘书处名义行之，加盖秘书处图章。如遇应用公司名义或总管理处名义者，应照第十七条办理。

第二十一条　秘书处经办对内对外之文书、契约、章程等均应由首席秘书及主持秘书在原稿上签字，但首席秘书或主持秘书有一人缺席在半日以上时，得由一人签字行之。

股务、保管、庶务、收发、旧厂各股所办文书，由主持秘书签字行之。但应于次日将副稿送首席秘书阅看。

第二十二条　总管理处所辖各部份，依照总管理处重要事务暂行规则之规定，将函件副稿送交秘书处时均由首席秘书阅看，对于认为关系重要者，随时报告总经理。

第二十三条　秘书处接到之信件，其事务之性质如遇有属于其他部份主管者，应即转送主管部份办理，但认为应用公司名义或总管理处名义答复者，仍归秘书处办理，将副稿送主管部份存查。

第二十四条　总管理处各部份及分支馆、分厂如须订定或修改各种章程、规则、办事细则等，均应送交秘书处审订。

前项章程之审订，无论由总经理、经理交拟或秘书处提议或各部份提出草案，均由秘书处与原提案人或有关系部份之主管人随时商酌之。所有审订完毕之草案，应由秘书处送总经理核定，经签字后，以总管理处名义公布之。

第二十五条　总管理处各部份及分支馆、分厂如须刊制图章戳记，均应备函送交秘书处审定式样，制发启用。制发图章规定另定之。

第二十六条　秘书处付款咨照单，应由首席秘书核签。本处各股之付款咨照单，由主持各该股事务之秘书核签并加盖秘书处图章。

第二十七条　总管理处各部份发布通告，须先将底稿送秘书处，由总经理指定之秘书复阅签字后，再行送还各部份，以各部份名义发布之。

第二十八条　旧厂余存机件教材或一切废物之出售及关于地产之任何事项，须经总管理处之书面核准。

第二十九条　本处各股办事细则另定之。

第三十条　本规则由总管理处公布施行，修改时亦同。

人事委员会暂行规则

1932年7月22日（民国二十一年）订定

一、本会专任审核全公司同人（副科长以上人员除外）之进退、奖惩及福利之事。

二、本会设委员七人，除人事科科长为当然委员外，其余由总经理就总管理处人员中聘请兼任之。

三、本会委员任期无定，由总经理随时更调之。

四、本会设主任一人，由总经理指定之；又书记一人，以人事科科长兼任之。

五、本会委员除主任及书记外，其姓名非必要时不公开之。

六、本会接受人事科关于全公司同人进退，奖惩及福利之提案，从事审查考核经议决后，制成报告书送请总经理核定，发交人事科执行之。

七、关于同人进退、奖惩及福利之事，如情形急迫不及提交本会，得由人事科科长与本会主任商定办法，先行送请总经理核定施行，事后再向本会报告之。

八、本会之议决，过半数委员之出席及出席委员三分之二同意行之。

九、本会之表决以无记名投票行之。

十、本会通过各案，应由全体委员负责。会内个人意见对外概不发表。

十一、本会议案中如有与本会委员个人有关系之处，于议及该案时，主任得令该委员暂行退席，或事前由书记商承主任，以书面通知之。

十二、本会每星期举行常会一次。如有必要时，得举行临时会，由书记商承主任召集之。

安全委员会规则

1933年6月28日（民国二十二年）订定

一、本公司为完密安全设施，特设安全委员会，属于总管理处。

二、本委员会设委员九人，由总经理就本公司人员及馆外专家中聘任之。

三、本委员会设主席一人，书记一人，由总经理就委员中指定之。

四、本委员会委员任期一年，连聘得连任。

五、安全事项之范围如左：

甲、关于房屋建筑及设备上之安全事项；

乙、关于机器、工厂设备上之安全事项；

丙、关于电气、煤气等设备之安全事项；

丁、关于装修设备上之安全事项；

戊、关于防火事项；

己、关于公共卫生事项；

庚、其他一切关于安全事项。

六、本委员会之职权如左：

甲、查察本公司各项安全事项；

乙、关于安全之研究设计事项；

丙、关于安全事项在设施时之指导；

丁、总管理处交议或各部份提议关于安全之事项；

戊、本规则规定应由本委员会执行事项。

七、本委员会每月开常会一次，由主席召集之，遇必要时得召集临时会议。

八、本委员会对于查察本公司各部份各项安全事项，每月应举行一次。

查察时认为有碍安全，应行改善之处，随即报告总管理处，由总管理处核定，通知主管部份办理，如遇有紧急事项，得由本委员会直接知照主管部份办理，一面仍报告总管理处。

九、本委员会议决关于安全设施之计划，应随时建议于总管理处。

十、本委员会得斟酌情形分设若干组，组设主任一人，由本委员会就委员中推行之。

十一、本委员会建议事项，总管理处核定后，即通知各关系部份执行，一面并通知本委员会，由本委员会临时指导之。

十二、关于消防队一切事项及消防队人员，由本委员会管理之。

十三、本委员会工作情形，每月报告总管理处。遇有重要事务，随时报告之。

十四、本规则由总管理处公布施行，修改时亦同。

十五、本规则施行后，原有防火委员会即行裁撤归并于本委员会。

分厂暂行办事规则

1932年9月10日（民国二十一年）公布

第一章　组织

第一条　本公司于总管理处所在地外设立之工厂，均属分厂。分厂之设立或裁撤由总管理处提议于董事会决定之。

第二条　分厂依照总管理处暂行章程第五条之规定，由生产部管辖之。

第三条　分厂设定厂长一人，主持分厂一切事务，副厂长一人协助厂长处理分厂一切事务。

第四条　分厂分设左列各股：

（一）总务股；（二）审核股；（三）会计股；（四）工务股。

第五条　各股设股长一人，处理各本股一切事务。并得设副股长一人，协助股长处理本股一切事务。

各股股员无定额，视事务之繁简定之。

第六条　工务股按工作情形分设若干课，由厂长提议于生产部决定之。

各课设课长一人，掌管各本课事务，并得设副课长一人，协助课长掌管本课事务。

各课工友无定额，视事务之繁简定之

第七条　厂长、副厂长得兼任股长之事，各股股员得以一人兼办两股之事。

第八条　厂长、副厂长之进退、移调，由总管理处决定之。各股股长、副股长或由总管理处派人担任，或由厂长保荐相当人员经总管理处之核准。其他职员、工友之进退，由厂长核定后报告总管理处生产部，转送人事科。

第九条　总务股主管银钱出纳人员或由总管理处派人担任，或由厂长保荐相当人员经总管理处核准，但均须依照本公司规则，觅具妥保，并交押拒金。

第二章　职掌

第十条　总务股之职掌如左：

一、关于文书之撰拟及收发事项；

二、关于进货、添货事项；

三、关于存货、发货及运输事项；

四、关于人事事项；

五、关于银钱出纳事项；

六、关于营业事项；

七、关于保管事项；

八、关于庶务事项；

九、不属于其他各股之事项。

第十一条　审核股之职掌如左：

一、账务之稽查事项；

二、银钱之检查事项；

三、进货之检查事项；

四、存货之检查事项；

五、定印数与印成数之检查事项；

六、发货之检查事项；

七、工作之考核事项；

八、其他关于审核事项。

第十二条　会计股之职掌如左：

一、账务之记载及核对事项；

二、成本会计事项；

三、预算之编制事项；

四、统计之造报事项；

五、付款之开单事项；

六、其他关于会计事项。

第十三条　工务股之职掌如左：

一、工作之支配及调度事项；

二、工作之预算及统计事项；

三、工作之改良事项；

四、纸张原料之预计及支配事项；

五、工场之安全及卫生事项；

六、其他关于工务事项。

第三章　办事总则

第十四条　总管理处生产部出版科发交分厂制印之图书，均应按照限期制印完成。如遇有不能依期完成者，应于接到凭单后预先声明理由。

第十五条　分厂所用之纸张原料，均由总馆供给。分厂应于需用前四个月预计所需用之纸张原料，开单送总管理处生产部经核定后，转送供应部预为定购，如有临时急需，而数量不多，就地有现货可购者，得由分厂就地迳购后，将种类、数量及价格详细报告生产部考核后，转知供应部。

第十六条　分厂印成本版图书，应妥为存储，俟接到总管理处生产部出版科之发书通知单，应即查照分别运寄，各分馆不得迳向分厂提取图书，但分厂邻近之分馆遇有特别情形不得不随时配取少数者，应于配发后向该分馆索取定式添单，送生产部出版科补备手册。

第十七条　分厂除制印本馆出版图书外，如于生产部核准之范围内有余力时，得承接外客印件。

第十八条　分厂各项开支，每年应编制预算，其办法另定之。

第十九条　分厂需用款项，应随时遵照生产部核定之预算范围支付之。

第二十条　分厂之付款，均应由会计股开具付款凭单，经厂长签字后，再送总务股支付。

第二十一条　会计股开具付款凭单时，如遇有发票不全或手续不完，或数目不符，或超出预算范围者，得拒绝开单。

第二十二条　总务股付款时，如遇有发票不全，或手续不完或数目不符者，得拒绝支付。

第二十三条　分厂对于总馆之各项报告，均应按期照寄，不得迟误。

第二十四条　分厂如需添购机器时，应开具理由，寄总管理处生产部核定之，不得迳自购置。

第二十五条　分厂职工学徒进用时，均应订立契约，契约之方式另定之。

第二十六条　分厂职工如需增加工时，应拟具数目，开列考勤表，送经总管理处核准后，再行发表。

第二十七条　厂长对于分厂全体职工，无论为总馆委派，或分厂进用，均应负督察之责。

第二十八条　分厂职员，在本人职务范围应办之事，均应当日办理清楚。如遇必要须延长工作时间，不另加给薪水。

第二十九条　审核股股长对于审核之结果及意见，应随时报告厂长。如有必要，并得迳行报告生产部核办。

第三十条　审核股股长于审核职权内认为有应行奖励或惩戒者，得提出意见，报告厂长核办。

第三十一条　工务股股长对于改良工作、节省原料及工场之安全卫生，应随时注意提出意见，报告厂长核办。

第三十二条　工务股股长对于工场内各课职工之勤惰及工作之成绩应随时注意考核，如认为有应行奖励或惩戒者，得提出意见，报告厂长核办。

第三十三条　厂长、副厂长及各股股长、副股长交替时，应会同监同交替人立具交替报告书。

第四章　附则

第三十四条　分厂职工待遇规则及服务规则另定之。

第三十五条　分厂各股办事细则，由分厂自行订定，报告总管理处备案。

第三十六条　本规则由总管理处公布施行，修改时亦同。

本版图书轧销规则

1934年7月13日（民国二十三年）订定

第一节　销存报告册

一、由出版科将所有本版图书分别编定书号，通知稽核科查照印成本版图书销存报告册，备上海发行所及各分馆、支馆、现批处轧销之用。以后初版新书之书号亦由出版科编定，除在各书版权页上用阿拉伯字母印注外（从前版权页上之书号应即取消）并印入初版书通知单，通知各关系部份。初版再版各书之印数应由出版科通知稽核科，至从前已出各书，俟重版时亦照上例于版权页上改印新书号。

二、上海发行所及各分馆、支馆、现批处填造本版图书销存报告册，其销存数量应根据实销、实存数计算之。

三、本版图书销存报告册应由上海发行所及各分馆派专员管理，每日应将上日之销存数量先行查填草簿，逐日结清，至月终，再将逐月销存数结算全月销存总数填造本版图书销存报告册，复写两份，一份存根，一份寄稽核科复核汇总总数，此项报告册，至迟须于下月十日以前办竣寄出，不得积压。

四、上海发行所所属之本埠支店，其本版图书销存报告册应并入上海发行所办理。分馆所属之现批处在同地者，其本版图书销存报告册应并入该分馆办理。如不在同地者，应各别办理。所有销存数量，并应各自单独计算。支馆及现批处单独办理扎销者，其本版图书销存报告册应复写三份，一份存根、一份寄该管辖之分馆、一份寄稽核科。

五、稽核科应根据出版科通知之初版书名书号及初版、再版各书之印数，记入货物进销总册，一面根据上海发行所及各分馆、支馆、现批处每月所造之本版图书销存报告册及栈务科之报告，记载汇核之。

第二节　栈存稽查册

六、栈务科及上海发行所存货股、各分馆货栈课或支馆、现批处之货栈部份，均应另备定式栈存稽查册，将每次收货数、发货数、结存数详细记入。

七、栈务科每届月终，应将本月内收发总数及结存数量造具报告，送交稽查科汇核。

八、上海发行所向栈务科配货时，或各分馆向总馆配货时，均应填开添单，并将添单日期、号数及所添数量记入栈存稽查册之"定添"栏。

九、上海发行所收到栈务科发来之货，或分馆收到总馆发来之货，检点无误后，应将发货单或箱单之日期、号数及所收数量记入栈存稽查册之"收入"栏。

十、上海发行所将货退还栈务科，或分馆将货退还总馆时，均应开具付退货单，并将付退货票日期、号数及所退数量记入栈存稽查册之"付出"栏。

十一、各分馆间互相划货，亦应随时将收付数量记入栈存稽查册之"来源"及"去路"栏，并应分别注明某分馆字样。

十二、上海发行所或各分馆各柜及批发部份向栈房支货，不论多寡，均须开具支货单，栈房于货物检交后即将支货单之日期、号数、所支数量及支去部份，记入栈存稽查册之"付出"各栏。

十三、上海发行所或各分馆各柜及批发部份向栈房退货，不论多寡，均须开具退货单，栈房于货物点收后即将退货单之日期、号数、所退数量及退来部份记入栈存稽查册之"收入"各栏。

十四、依栈存稽查册之收付数量，随时结出实存数量。

十五、栈存稽查册依货号排列之。

十六、管理轧销人员应随时与栈存稽查册核对，俾所填造之销存报告得以准确。

第三节　附则

十七、本规则由总管理处订定公布施行，修改时亦同。

十八、本规则自二十三年八月一日起施行。

分馆业务改进委员会规则

1934年4月5日（民国二十三年）订定

一、总管理处为谋各分馆（下文省称分馆）业务之改进，特设本委员会。

二、本委员会之工作大纲如左：

（甲）推广营业方案之拟订；

（乙）分馆新考成标准之拟订；

（丙）分馆营业区域之拟订；

（丁）统一回佣及售价之拟订；

（戊）存货适当及调剂办法之拟订；

（己）汇款办法及报告限期之拟订；

（庚）分馆与总馆合并决算之计划；

（辛）分馆业务进行之调查；

（壬）其他关系事项。

三、本委员会设委员九人，除分庄科正副科长为当然委员外，除由总经理就本公司人员聘任之。

四、本委员会设主席一人，书记一人，由总经理就委员中指定之。

五、本委员会会议，由主席随时召集之。

六、本委员会为处理事务，得调用他部份职员或雇佣职员。

七、本规则第二条每项工作完成后，即提出报告先由营业部长加注意见，再送转经理核定后，由本委员会通知各主管部份办理。

八、本规则由总管理处公布施行。

发行礼券规则

1933年12月28日（民国二十二年）订定

一、本公司礼券暂分壹元、贰元、肆元、拾元四种。

二、秘书处保管股应备发行礼券稽查册，依照礼券种类分别立册，所有收数、发数均随时登记。

三、秘书处保管股收到印成之礼券，应逐张按照印成号码详细检点，如无错误，即将每本号码之起讫注明于封面之上，加盖保管股图章。并将收到张数、金额记载于稽查册内，妥为保管。

四、新礼券印成之后，第一次由秘书处保管股将各种礼券酌量分发上海发行所及各分馆备用，以后须由上海发行所及各分馆陆续开单添配，再行核发。

五、上海发行所添配礼券，应开具知照单，注明种类张数，由所长签字，加盖该所图章送秘书处保管股。

各分馆添配礼券应开具知照单，注明种类、张数，由经理签字加盖该分馆图章寄由分庄科转送秘书处保管股。

六、秘书处保管股发出礼券，应先在礼券背面、正券及存根骑缝处，逐张加盖本公司发行礼券之方形图章及保管股股长个人印章。并在礼券每本封面上加盖发至该处之戳记（如上海发行所或某某分馆）一面填开发寄礼券知照单，复写三份，经秘书处盖章后，以一份连同礼券送上海发行所或送分庄科转寄该分馆（应保险邮寄，并在号信内写明）。一份送会计科登账，一份存根，上海发行所或分庄科即在该存根上签收。

七、上海发行所支店所需之礼券，应由上海发行所转发。各支馆及现批处所需之礼券，应由其管辖之分馆转发。

八、上海发行所收到礼券，应由所长或其指定人妥为保管，并立专簿，记载其收付发行之时，应在礼券背面"发券处"下加盖"上海发行所"戳记，并在"此处须发券处盖章始生效力"下加盖上海发行所图章，再发交门市柜发售。

九、上海发行所交门市柜发售之礼券，应指定专员管理，发售时应由该员在礼券背面"此处须发券处盖章始生效力"下加盖个人印章，每日售出礼券所收之款应于晚间连同礼券存根送交出纳科，由出纳科在售出之券存根上签收。

上海发行所支店每日售出礼券所收之款，应用回单写明售出种类、张数、号码及金额，送出纳科签收。

十、各分馆收到礼券，应即于复分庄科号信内声明收到日期及种类、张数、金额。一面按照所收礼券金额收总馆之账，借方为"礼券"、贷方为"总馆"。

十一、各分馆收到礼券，应由会计主任妥为保管，并立专簿（礼券稽查册）记载其收付，门市柜遇有购买礼券者，随时向会计主任领取，会计主任发券时，应在礼券"发券处"下加盖"某某分馆"戳记并在"此处须发券处盖章始生效力"下加盖会计组图章及会计主任个人印章。

十二、主计部会计科接到秘书处保管股寄发礼券知照单，即凭以转账，发至上海发行所者，借方为"领用礼券"账，贷方为"礼券"账；发至各分馆者，借方为"分馆"账，贷方为"礼券"账。

十三、出纳科每日所收上海发行所及支店售出礼券款，应开收款知照单，记入收款簿，并转知会计科记入"领用礼券"账之贷方。

十四、分馆每日所收门市售出礼券款，应凭门市收款簿，记入"礼券"账之贷方。

十五、顾客凭礼券兑货时，如遇有不能一次兑完，而余数满壹元者，得由门市柜将该券全数收回，另就余数满壹元之整数，以现款向售礼券处购买礼券，找与顾客；如余数不满壹元者，应请顾客选购他物凑足之。

十六、发行所门市柜收兑礼券，每日汇总记入门市收款汇总单内礼券项下，将收回礼券连同是日门市收入现款、凭汇总单送出纳科签收，视作现款收账，一面由出纳科按照收回礼券全额开付款凭单，付礼券户，转送会计科记入"礼券"账之借方。

十七 分馆收兑礼券，应随即加盖兑讫戳记，并凭门市收款簿记入"废礼券"入"礼券"账之借方，并将废礼券于月终汇齐，分别种类开单，记明张数、号码，寄交总馆会计科转账，借方为"总馆"，贷方为"废礼券"。

十八、会计科收到分馆寄回之废礼券，即行转账借方为"礼券"、货方为"分馆"。

十九、会计科每届月终，应将所收回上海发行所及各分馆兑讫之废礼券分别原发券处所及种类，送交秘书处保管股。

二十、秘书处保管股收到之废礼券，应记入废礼券稽查册，仍行保存，于每年六月底、十二月底，声请秘书处派员会同检查科监视销毁，并将销毁日期记载于稽查册，由监毁员签字。

二十一、秘书处保管股所存未发行之礼券及上海发行所售存之礼券，检查科得随时检查之。

二十二、分馆经理及会计主任交替时，应将所存礼券列入交替报告书内。

二十三、本规则由总管理处公布施行，修改时亦同。

赠书券施行规则

1933年4月26日（民国二十二年）订定

一、赠书券存于主计部。

二、如遇有需赠书券时，其性质属于赠贻者由推广科，属于稿件酬报者由出版科开具定式赠书咨照单，经各该科科长签字后，送交主计部。

三、主计部接到前项赠书咨照单，即照填赠书券及支根加盖主计部硬印后，送由总经理、经理签字。

四、前项手续完备后，主计部即将赠书券送交原开单部份转赠，一面将支根送交指定兑书部份（上海发行所或各分支馆，其寄各分支馆之支根，应交由分庄科转寄）。

五、赠书券赠出后，主计部应即分别转账，属于赠贻者转入赠书费之账，属于稿件酬报者转入稿费之账，如系函授学校等应用者，应由原开单部份在赠书咨照单注明，即照转入各该户之账。

六、赠书券印有样张，分交上海发行所及各分支馆存查。

七、上海发行所或各分支馆遇有持赠书券前来兑书者，应先与支根核对无误，始可发书，如支根尚未寄到者，应请持券人稍缓若干日，俟支根到后再行兑书。

八、赠书券由兑书部份兑讫后，即可收回，加盖兑讫戳记，连同支根寄还主计部。

各分支馆兑出之书，主计部凭寄还兑讫之赠书券，一律按分支馆杂书原进价之折扣，转收各该分支馆之账。

九、本规则由总管理处订定施行，修改时亦同。

印制有价证券规则

1933年8月14日（民国二十二年）订定

一、本公司发行所每次承接有价证券时，应行报告总管理处核定后，方可定约。

二、本公司发行所承印有价证券定约后，应将约定办法通知检查科，其分次定印，每次接到客户之定印数目时，随时通知检查科。

三、本公司自用之股票、礼券、书券等添印时，原发印部份应将所印数目及印制方法通知检查科。

四、所有有价证券之各项工作凭单，均须先经检查科或主管检查员加盖图章后，始得开始制版或印刷。

五、顾客交来为印有价证券用之特种纸张，或本馆特定专备印有价证券用之特种纸张，栈务科纸张股应另开一室，妥为存备。

六、工作部份因印有价印件领取纸张，须开具领纸单，经检查科主管检查员加盖图章后，始得向栈务科纸张股领取，否则纸张股应拒绝发付。

打样用纸亦应照前项手续办理。

七、检查科应将所派主管有价证券之检查员所用图章印样，备函送交各关系部份存记。

八、检查科参考于各项报告及检查情形，应立专簿，随时详细记载每日应记事项，必须当日记载完竣以免疏漏。

九、有价证件之各种原版印版，无论已否制成，各该工作部份均应妥为保存，检查科得随时检查之。

十、票版制就后，应由各该工作部份将所有台纸墨样印底等数目报告检查科，由检查科派员会同该工作部份销毁之，在未销毁之前原工作部份应妥为保存。

十一、有价印件所制各种暗记，各该工作部份应印成墨样，加以标志，送检查科存查。

十二、工作部份所领纸张，应照领纸单所填数量，详细点准，倘有数量不符及破碎缺角等情事，应随即报告检查科指定检查员，经检查无误，再由工作部份开具领纸单，经检查员加章后，向栈务科纸张股补领或掉换。

十三、有价印件开印时，应先报告检查科，其上架印样，并应送由检查科校阅暗记，再行开印，如印版因中途损坏掉换新版时，亦须将印样再送检查科重新校阅暗记。

十四、印刷时吸墨用纸，印后由工作部份妥为保存，并将数量报告检查科，由检查科派员会同销毁之。

十五、所有有价印件纸张，无论在何项工作时，主管各该工作人等应特别注意，不得发生短少情事。每日工作完毕，无论已否印制完成，所有废票及废坏纸张，各该工作部份均应妥为保存。

每批工作完竣，所有废票及废坏纸张，应由工作部份会同检查科点封后，仍由各该工作部份妥为保存。其特种纸张切除之纸边，工作部份亦应检点保存，并由检查科随时抽查之。

十六、有价印件每一工作完竣移交他部份时，应用回单写明种类、张数交由接受部份点收，在回单签印为凭。

十七、有价印件印制完成，经工作部份点查准确后，由检查科酌量抽查后，在每包上加贴封条，并由检查科及发行所承印股分别加盖图章。

每包上应注明种类、张数及其号码之起讫。

十八、印制部份之工作情形、收付数目，应逐日填具报告单送交检查科。

十九、有价印件交货时，应用回单详细注明种类、张数及其号码之起讫，交由定印者签收。

原经手发货人对于签收之回单，应随时查阅如签收人之图章或签字有前后不符或其他可疑之处，应随即查明。

二十、各工作部分保存之废票，废坏印版及废余纸张，应由检查科斟酌情形，或随时或定期会同工作部份及定印者监视销毁之。

二十一、印版制成后，其原版应随时通知检查科，由检查科加贴封条，仍由主管工作部份妥为保存，如遇需重制印版时，再行通知检查科将原版启封，俟用毕后仍行加封。

二十二、印竣后之印版，除应行留存者依照第二十一条办理外，其余均依照第二十条销毁之。

二十三、各主管部份应各指定一人，专任管理及保管之事。

二十四、每次或每批有价印件交货完竣之后，检查科应将经过一切情形，分别列表，详细报告总管理处，遇有必要时应随时报告之。

二十五、本规则未尽事宜，随时商承总管理处办理。

二十六、本规则由总管理处规定施行，修改时亦同。

向银行汇款购书免费办法

1934年5月（民国二十三年）订定

一、托本馆指定银行汇款，向本馆上海发行所购买本版图书、杂志、原版西书及仪器、文具，其汇款数适合下列规定者，一律免收汇费：

（甲）江浙两省，每人每次汇款在一百元以内者；

（乙）除江浙两省外，每人每次汇款在十元以内者（四川、广东、东三省、香港各地，因货币兑价不同，均除外）。

二、本馆印就通信购书汇款用纸，备汇款人记载金额、姓名、地址及拟购货名、数量之用，免收汇费之各地指定之银行，均各存有此项用纸，任人索取。

三、购货人填就此项用纸，交由各地指定之银行收汇本馆，不必另行寄信，兼省信资。

四、本馆收到各地指定之银行转交之货款，并填就之前项用纸，即依照所填货名数量，于两日内配齐，交邮迳寄购货人。

分馆常备本版图书规则

1934年6月4日（民国二十三年）订定

一、中小学教科书，以照上年同期销数加二成备足为原则，至多可加三成至少加一成。

二、普通图书，以各种备齐足敷销路为原则，兹就各分馆原有普通书营业大小及应常备各级图书数量、酌分等级规定如下：

1. 分馆等级表

特等	广					
甲等	港、京、平					
乙等	湘、梧、汴、滇、渝、津、沈、成、济、杭、厦、汉					
丙等	潮、晋、赣、兰、保、陕、皖					
丁等	金、慈、衡、浔、运、青、埠					

说明：（1）上列等级系就1933年各分馆普通书之销数多少分别定之。

（2）支馆及现批处与所隶属之分馆，其备货数量应各按等级分别计算。

2. 图书等级表

等级　书类	子	丑	寅	卯
一般用书定价	五角以下	满五角以上	满一元以上	满二元以上，十元以下
儿童用书定价	一角以下	满一角以上	满二角以上	满三角以上
字典词典全年销数	五万部以上	六千部以上	二千部以上	五百部以上

说明：（1）一般用书类定价十元以上图书，作为例外，由各分馆酌存。

（2）字典词典分级，另印书目附上。其不列入目录者，因销路太少，归入一般用书等级备存。

3. 各级分馆应备各级图书表

等级类别		特级			特等分馆		甲等分馆		乙等分馆		丙等分馆		丁等分馆	
		单位	分数	本位部数	单位	应常备部数	单位	应常备部数	单位	应常备部数	单位	应常备部数	单位	应常备部数
一般用书	子	3	4	12	6	72	4	48	3	36	2	24	1	12
	丑	3	3	9	6	54	4	36	3	27	2	18	1	9
	寅	3	2	6	6	36	4	24	3	18	2	12	1	6
	卯	3	1	3	6	18	4	12	3	9	2	6	1	3
儿童用书	子	15	4	60	6	360	4	240	3	180	2	120	1	60
	丑	15	3	45	6	270	4	180	3	135	2	90	1	45
	寅	15	2	30	6	180	4	120	3	90	2	60	1	30
	卯	15	1	15	6	90	4	60	3	45	2	30	1	15
字典用书	子	15	4	60	6	360	4	240	3	180	2	120	1	60
	丑	15	3	45	6	270	4	180	3	135	2	90	1	45
	寅	15	2	30	6	180	4	120	3	90	2	60	1	30
	卯	15	1	15	6	90	4	60	3	45	2	30	1	15

说明：书级单位乘书级分数，为各类每种本位为数，再以馆级单位乘本位部数即分各分馆每种应常备部数。

例如，甲等分馆应备一般用书子类者，其算式为3×4×4=48即系应常备四十八部，余类推。

三、各分馆应常备之普通书，得照上条规定数量加减一级。

例如，甲等分馆应常备一般书丑类为三十六部。多备者，得照子类加至四十八部，少备者，得照寅类减至二十四部，余类推。

加无可加者，得加三分之一，减无可减者，得减三分之一。

例如，甲等分馆应常备一般用书子类为四十八部。多备者，得加至六十四部，又卯类为十二部少备者，得减为八部，余类推。

在春秋销前，须多备之书照章加一级。尚不足者，得再加一级，或再加三分之一。其照章加三分之一，仍不足者，得再加三分之一。遇有特别情形，须少备之书，照章减一级，尚嫌多者得再减一级，或再减三分之一。其照章减三分之一仍嫌多者得再减三分之一，但本项加减办法须先行声明理由，经总馆核准。

四、分馆轧销簿于每种普通书，均印有常备存数一栏，各分馆应各自逐项照规定数目填注，其有超出增减一级或三分之一时，应加注总馆核准日期。

五、派发初版新书及特价书备存数量，得照例外办理。

六、分馆原存普通书，如不及规定者应即添足，如超过规定者，应先行开单报告分庄科，俾可划拨，已添未到数量，得并入存数计算，但应注明现存若干，第几号添单已添若干。

七、以后新出字典词典，在版权页各加符号，*为子类，∵为丑类，+为寅类，○为卯类。

八、凡盈亏与总馆并计之分馆，对于常备存数是否照本规则办理，均列入考成分数。

九、本规则于本年七月一日起实行，凡盈亏与总馆并计之分馆，必须照办，其他分馆得酌量参考办理。

字典词典分级书目表

子类：依新标准订正国音学生字汇（纸面）戊种辞源正编 戊种辞源续编 纸面学生字典

丑类：洋装纸面缩本新字典 丁种辞源正编 丁种辞源续编 布面校改国音学生字汇字典 缩本王云五大辞典 双解标准英汉字典 英汉模范字典 硬纸面王云五小字典 英华合解辞汇 袖珍英汉辞林 日用百科全书

寅类：汉英辞典 纸面国音常用字汇 双解标准英文成语辞典 中国人名大辞典 综合英汉大辞典 中国地名大辞典 缩本教育大辞书 国音标准白话词典 国音白话注学生字典 怀中英汉字典 寸半小本英汉字典 小自然科学词书 洋装布面缩本新字典

卯类：缩本植物学大辞典 缩本地质矿物学大辞典 缩本动物学大辞典 英汉双解评注略语辞典 中国医学大辞典 汉英新辞典 布面国音常用字汇 英华合解袖珍新字典 实用学生字典 新文化辞书 华英会话文件辞典 商务印书馆增广英华新字典 标准初级英汉字典 校改国音字典 平民字典 英文集语大全 英汉对照百科名汇 洋装康熙字典 商务印书馆袖珍英华字典 英汉双解英文成语辞典 现代外国人名辞典 英文俚语辞典

通信现购免费寄货办法

1934年6月18日（民国二十三年）订定

一、凡照本馆通信现购简章，向上海发行所或各省分馆采购本版图书寄往国内各行省者（西藏、蒙古、新疆除外），依左列两项免收邮寄挂号等费：

甲、所购书价不满实洋一元者，平邮发寄，免收邮寄费；

乙、所购书价满实洋一元者，一律挂号发寄，所有邮寄挂号等费均免收。

二、采购预约、特价书、廉价书及文具仪器、原版西书或代配非本版图书者，均仍照邮章收取邮寄挂号等费，如有照章应行纳税者，亦由顾客担负。

三、寄往西藏、蒙古、新疆及国外者，一律照邮章收取邮寄挂号费。

四、本办法自本年七月一日起实行。

通信现购简章

1934年7月1日（民国二十三年）改订

甲 总则

一、本馆为便利读书界及学校团体等在内地或国外未设分馆之处，向本馆采购图书、文具、仪器，特设通信现购股于上海河南路二一一号本馆发行所。

二、向本馆通信现购股采购，均须现款交易。

乙 寄款方法

一、由银行或钱庄汇划。

本馆近与中国银行、交通银行、浙江兴业银行、上海银行、金城银行及江苏省农民银行商定免费汇款办法，如当地有上述各银行之分行，请尽量利用。

二、向所在地邮局购取邮汇票，汇银单上请注明"上海邮政储金汇业总局付款，送交商务印书馆通信现购股收"。

三、向所在地邮局购收保险信封，加纳邮费，封寄纸币，纸币以上海通用者为限。

四、邮局不发汇票各地，得以邮票代用，十足计算，邮票以每枚二角以内上海通用者为限，各省加盖本省限用戳记之邮票、外国邮票、旧邮票、污染邮票及印花税票均不收。

五、南洋及欧美各国可由银行汇兑（但须询明在上海设有分行或代理店者）或由所在地邮局按国际汇兑（International Money Order）寄款，同时请另发一信通知本馆，来信署名须与汇票上之汇款人姓名相同。

六、来函附有款项者，除已购用邮局保险信封外，均须用坚厚信封缜密固封，加盖火漆印章，挂号寄递。

七、国外如因汇兑不便，所寄钱币，虽非上海通用，但在上海日常有行市可以兑用者，本馆照市价代为兑用。

丙 采购手续

一、购书之姓名、住址或委托本馆代寄他人，其收件人之姓名、住址，均请用正楷详细开列于来信显明之处。

二、采购各书，其名称、著作人姓名、部数，请详细开列。如为教科书，请分别注明"复兴""基本"等名称，及初小、高小、初中、高中各等级。其他各书，如列入丛书或"万有文库""四部丛刊"者，请兼注丛书或文库、丛刊名称。

三、惠定本馆杂志（国内三等以上邮局均可代定），请注明全年、或半年，如系续定，请声明自第几号起，来信未经声明或续定通知过迟致有售缺者，概由最近期定起。

四、原版西书请列完全西名，并示著作人及出版家。

五、代定外国书籍，请详示书名、著作人、出版家，并照书价二分之一预付定洋，未知书价者，每种暂收国币十元，本馆收到后，当先函复，书到后通知补款，然后寄书。代定外国杂志办法亦同，惟价须全付，并详示收件人之西文地址、姓名以便由出版家直接寄奉。

六、惠购文具、仪器，缘同类者极多，请指明牌号或格式、用途，价格照市涨落，除寄费外并须照章纳税，务请宽汇款项。

七、邮局押汇（即由邮局代收货价），专购本馆出版书籍者，请先付书价三分之一，押汇费由顾客自理。

丁 邮寄费

一、通信专购本版图书寄往国内各行省者（蒙、藏、新疆除外），所有邮寄等费，一律免收。

二、惠购预约、特价书、廉价书、杂志及文具、仪器、原版西书、或代配外版图书者，均照章收取邮寄等费，如遇有不能邮寄而须装运者，照收装运等费。

三、寄往蒙古、西藏、新疆及国外者，一律照收邮寄或装运等费。

戊 附则

一、本馆保藏信件，按照王云五氏四角号码检字法编号存卷，来函先后具名，敬诉一律，幸勿名号互用，致难检觅。

股务类

本公司支取股息规则

1927年10月1日（民国十六年）董事会修改

第一条　公司每届发息之期，当将股东应得利息数目，填成息单，寄交股东。

第二条　股东收到息单，即于息单中加盖图章，特向公司支取或派人持息单向公司支取，公司但以图章为凭。

此项图章务须印成同式两纸，交公司存记，以后支息概以此项图章为凭。他项图章，虽系本人姓名而形式不同者，亦不得代用，切望注意。

第三条　股东如住居远地，其地公司设有分馆者，可加盖图章于息单中，交各该分馆转寄公司，公司验明无误，即将股息如数汇付该分馆转交股东，不收汇费，惟息单未经公司验明，分馆不得先行垫付及划抵账项。

第四条　股东得将息单加盖图章，由邮局双挂号寄交公司，公司收到息单，验明无误，即将息款汇寄股东，其汇费由股东担任，于股息中扣除，途中如有错误，公司当代为查究，惟不负赔偿责任。

第五条　股东如欲委托代理人支取股息，应另具委托书，加盖图章，先期交公司存查。

第六条　股东及代理人所用图章，须特别保存。如被他人窃取向公司冒收股息，公司不负责任。

第七条　上项图章如有遗失等事，应照股东更换印监规则办理，股东更换印鉴规则另定之。

第八条　股东住址如有迁移，务祈随时通知公司，以免寄递息单，致有错误。

第九条　支取股息者请先至本公司股务股核对加盖股务股印章，再向出纳科支取。

第十条　以上办法，原为慎重起见，以免错误，彼此均宜遵守。

股票转让规则

第一条　本公司股东如欲将股份一部份转让，或全数转让者，应会同受让人各立转股证书，连同股票送交本公司股务股查核。

第二条　转让人在转股证书上所盖印鉴，应与原在本公司股务股存记之印鉴相符。

第三条　转让人及受让人应各邀见议人在转股证书上签名盖章，注明见议人职业、住址并附缴依法应贴之印花税费。

第四条　本公司股务股接到转股证书及股票，如查核转让从所盖印鉴与原存记印鉴不符，或该股票已经抵押注册尚未满期，或有其他纠葛者，应拒绝转让。

第五条　本公司股务股如查核转股证书上转让人所盖印鉴与原存记印鉴相符，并无任何纠葛者，即查照转让过户，并将原股票收回注销，另填给转股收据，交与受让人，以凭换领新股票，转让人如将一张股票中分让若干股，仍自留若干股者，其自留之部份亦另填给转股收据凭换新股票。

第六条　股东经本公司股务股核明查照转让后，自发给转股收据之日起，本公司即认受让人为股东，该股份一切权利即归受让人所有。

第七条　受让人应将本公司所发之股东注册调查单照式填就，并就定式印鉴纸加盖印鉴一式两份，交本公司股务股存记（此项存记印鉴，必须与转股书上受让人名下所盖之印鉴相符），以后领取股息或变更通信地址之报告，及行使股东一切之权，均以此存记之印鉴为凭。

第八条　如受让人原为本公司之股东，而此次因受让所填之股票户名与原有户名相同者，不必另存新印鉴，即以原有户名所存记之印鉴为凭，但受让人在转股让书上所盖之印鉴必须与原有户名所存记之印鉴相符。

第九条　换填新股票，或将股份分填若干张，或合并若干股为一张，得由受让人酌定在股东注册调查单上附记栏内注明，但股份号数不衔接者，不能合并填于一张。

第十条　填给新股票，应由受让人每张缴银币一元。

股票抵押注册规则

第一条　凡受押本公司股票者，无论个人或商号，均须向本公司索取股票抵押声请注册书，会同股东详细填具，向本公司注册。

第二条　本公司接到声请注册书，经核明并无纠葛后，除在股东名簿注明外，另给注册复允书，交由受抵押者收执，以为凭证。

第三条　注册有效时期以抵押满期之日为止，过期即为无效，如到期续押者，应另具股票抵押声请注册书，重行注册。

第四条　凡抵押未到期中途取赎者，应由受抵押者会同股东填具取销股票抵押注册通知书，寄交本公司，取销其注册。

第五条 凡在注册有效期内已注册之股票，如有下列事项发生，本公司当拒绝之，并立即通知注册者：

（一）过户；（二）挂失；（三）更换印鉴；（四）他方又有声请注册事项。

第六条 本公司无论开会或发给股息或其他事项，均与原股东直接通信，并仍以原股东存记之印鉴为凭。

第七条 每次注册应纳注册费银币一元。

股票挂失规则

第一条 凡股东遗失股票，可至本公司索取空白遗失股票报单，按式填写完全，加盖存记印鉴，并觅殷实商人或店铺为保证人先告由本公司认许，经保证人在单上签名盖章，粘贴印花税票，送交本公司股务股。

第二条 本公司接到遗失股票报单，应即查验，如有不符将原件退还改正。如验明无误一面将通知挂失情形在股东名册上登记，即一面告或函嘱股东即将所遗失之股票号数等拟就广告稿底，送由本公司股务股，经审阅认为可用，即知照股东照登本公司指定上海两种著名日报明显广告，至少各两天，如股东在外埠遗失，该埠倘有日报，并应另登该埠一种以上有名日报之明显广告，所有登报日期之多寡，由本公司视股东股数之多少及其他情形酌定之。所登广告之报纸，须各缴全份至本公司存案。

第三条 登报后如无纠葛发生，满二月时，由股东至本公司索取空白遗失股票补领新股票证书，并邀同前请保证人在证书同为署名盖章、粘贴印花税票，交由股务股查明加章，交还股东收执，一面由收股务股补填新股票。

第四条 股票填成后，通知股东持遗失股票补领新股票证书换取股票。

第五条 挂失费每股票一张，收银币一元。

附注：如遗失转股收据或换股票收据者，均依照股票挂失规则办理。

股东更换印鉴规则

1927年10月1日（民国十六年）董事会议定

第一条 凡股东遗失原存记印鉴图章，应即报明本公司，将原印鉴作废，并拟就遗失印鉴广告稿，送交本公司核阅认可后，自行登报声明。

第二条 遗失印鉴广告，须在本公司指定之上海著名日报登载，至少登两种日报各两天，其在外埠股东，除照登上海日报外，并应另登所在地之日报广告一天以上，所有登报以日期之多寡，由本公司视股东股数之多少及其他情形酌定之，所登广告之报纸，须各缴全份至本公司存案。

第三条 广告登出后如无纠葛发生，满两个月时，应由股东向本公司索取空白遗失印鉴证书及印鉴纸，按式样填写完全，加盖新印鉴，粘贴印花税票，并觅殷实商人或店铺为保证人，同在证书上签名盖章后，将该证书连同新印鉴纸送交本颂司查核。

第四条　如原存记印鉴未曾遗失而欲换用新印鉴者，亦可报明本公司，索取空白换用印鉴证书及印鉴纸，按式填写完全，加盖新旧两印鉴，粘贴印花税票，并觅见证人，同在证书上签名盖章后，将该证书连同新印鉴纸送交本公司查核，但不必登报声明。

第五条　无论遗失印鉴证书或换用印鉴证书，本公司收到后，如查有不符或所邀保证人经本公司调查后，认为未能满意时，得将证书退还股东重请填具，或另觅保证再行核定。

第六条　无论遗失印鉴证书或换用印鉴证书，经本公司认为手续完备后，方准将新印鉴存记，新印鉴之效用亦以此时为始，惟旧印鉴自报明遗失或换用日起，即作无效，股东在旧印鉴已废新印鉴尚未发生效力前，应暂时停止股票过户、挂失、抵押、注册及支取股息等事以免遗误。

事务类

收发信件试行规则

1932年9月28日（民国二十一年）

、

一、凡外来各种信件、电报等，送交本公司各部份者，一律由秘书处收发股签收。

二、收发股收到外来信件等，均应编写号码，并填开定式"收信单"及收信存根，连同信件等送交受理部份。

三、受理部份收到信件等，应在"收信单存根"下截"受理部份签字处"签字或盖章，退回收发股，其"收信单"及"复信单"应逐号撕下，与原来同号信件并夹一处。

四、收发股收到受理部份退回之"收信单存根"应挨号汇齐，于次日送交检查科。

五、受理部份对于所收信件答复时，应在原来"收信单"下截"复信单"内填明复信日期，其中"寄信地址"及"寄递方法"两项，只须就所需要之格加一记号，例如寄汉口航空快信即在"国内"及"航空""快信"三格下，各加一记号即可。其复信单号码前应注明各该部份冠首字，以资查考。

此项复信不必另行编号，即将收信原号填入复信封面，使来信与复信同一号码，但各部份冠首字仍应注明，以备如遇邮局退回时，收发股可以查明退还复信部份。

前项手续完备后，将原"收信单"及"复信单"连同复信一并送收发股。

六、收发股收到受理部分交来之复信后，应在"收信单"上"秘书处收发股接复信时签字"栏内签字或盖章，退还复信部份收存，其下截"复信单"应撕下留存，以备计算邮费。

七、收发股将复信寄发并将邮费结算之后，应将"复信单"送交检查科。

八、检查科接到前项"复信单"，应即按"复信单"之号码检查原"收信单存根"在其下截"销号单"填注销号日期，仍将"复信单"逐日汇齐保存。

九、检查科每星期一，应将一星期前之"收信单存根"查阅，如遇有尚未复信销号者，应即填开稽查复信单，送交原受理部份催查。

十、受理部份收到信件等，如认为无须答复者，应即在"复信单"上"备注"栏内，注明"不复"字样，连同原"收信单"一并送交检查科。

十一、检查科收到前条不复之"收信单"及"复信单"后，应在"收信单"上签字或盖章送还原受理部份，并将"复信单"撕下留存以便销号。

十二、受理部份收到秘书处收发股交来之信件等，认为应归他部份受理者，应连同原"收信单"一并转交该部份，一面另以定式"移转信件通知单"通知检查科。

十三、检查科收到前条"移转信件通知单"，应即粘附于原"收信单存根"。

十四、受理部份如遇有两封以上之信件并复一信者，应检齐各该号原"收信单"及"复信单"，将其中一张，按照本规则第三条办法送交收发股，并在其余各张"复信单"之"备注"栏内，逐一注明与某某号并复字样，迳送检查科。

十五、检查科收到前条并复之"收信单"及"复信单"，应按照本规则第十一条办理。

十六、本公司各部份其有未接来信而自动发出之信件等，应自行另编号码，并填开定式之"发信单"连同所发信件一并送交收发股。

十七、收发股收到前条之信件等，应在"发信单存根"上"秘书处收发股签收"栏内签字或盖章退还发信部份收存其"发信单"应留存收发股，备计算邮费之用。

十八、本规则自二十一年十月一日起试行。

定货收款办事程序

1934年4月6日（民国二十三年）订定，1935年9月（民国二十四年）修订

甲 定货

一、进货科每次定货，一律须用定单，如事前已电话或当面与客户接洽者，须于定单内注明，以资查考。

二、定单用五复写计：第一页送客户（副）客户回单，第二页由进货科留存备查，第三页送收货部份，第四页送检查科，第五页送主计部。

三、定单发出后，如遇客户货物缺乏，致定单之全部或一部份作废，以及不能准期交货等情，概由进货科填明进货咨照更正单，通知上述第二条各关系部份。

四、大宗定货须分批交货者，应由进货科与客户商定分批交货数目，并于定单上注明之。

乙 收货

五、客户每次交货时，应备正发票一纸，副发票四纸（外洋进货应备正发票一纸，副发票五纸），逐项分别注明定单号数及交货次数，与货物同时交到（遇有特别情形发票不足规定数目者，由进货科加备副发票）。

六、客户发票一律须以复写纸复写，字体务须清晰，发票之尺寸，规定为二十公分与十四公分，不宜再小。

七、收货部分，视上述第五、六条各项全备后，即严密检点货物，于末张副发票上，盖"收货回单凭此收账"图章，交客户带回。同时在正发票背面之左下端，用红色盖"凭此开单付款"图章及收货记录章各一，并在该章内"收货人"一格签字，其余副发票之背面，则盖一收货部份之图章。

八、收货部份每次收到货物后，应即日通知检查科，由检查科依据定货咨照单及发票，查验货物。同时在正发票上加盖"1"字橡皮章，其余副发票上各盖"2""3""4"等字橡皮章，再于正发票背后之收货记录章"查验人"一格签字并注明月日。

九、收货部份待检查科查验签字后，应即日根据发票并参考定货咨照单，开收货咨照单，连同发票，尽速分送各关系部份，并于正发票背面之收货记录章内"定单编号"及"收咨编号"二格分别注明号数及月日，同时在该章右端盖收货部份图章及栈务科图章，将第一张正发票及第二张副发票，并收货咨照单转送进货科，第三张副发票连收货知单送主计部。第四张附在收货知单存根内，留存收货部份备查。

十、进货科收到上述发票及收货咨照单后，（一）将正副发票编号，并于正发票背面收货记录章内"发票编号"一格注明号数、月日及登记人；（二）根据定单存根查对发票，如所开各项均无错误，即于收货记录章内"查对人"一格签字，同时在定单内将货物之已交到者注销，以免重复；（三）上述手续完备后，即将正发票送检查科。

十一、检查科收到正发票后，即与定货咨照单校对，并检点上述手续已否完备，如无错误或遗漏即于收货记录章内"核对人"一格签字，并于该章右端盖部份图章，将发票交还进货科。

十二、进货科收回正发票后，由科长在发票正面共计价值旁签字，照开付款咨照单，并于收货记录章内"付咨编号"一格注明号数、月日及开单人签字。

十三、前列各条手续完备后，即将付款咨照单，连同正发票送主计部核开付款凭单，其付款手续由主计部定之。

十四、如客户因特殊情形，于交货时用正副回单，而发票须日后补交者，则于回单之一张上，盖"收货回单凭此收账"图章，交客户带回，于另一张背面，盖收货记录章，仍留存栈房，一俟正副发票到后，即附贴于正发票背面，并于正发票背面盖"凭此开单付款"图章。其余手续，与本程序第八条至第十三条同。

十五、每次交到货物，除前列各单据外，其多余之发票或回单，一律作废。

十六、各部份图章及签字均须一律签盖于单据背面，俾正面可保清晰。

十七、所定各单图章，关系极为重要，主管人员务宜妥为保存。

十八、本馆所有往来客户之店号及价格折扣，等等，各关系部份应严守秘密，不得泄漏。

丙　退货及更正

十九、收货部份于每次收货时，如遇货物短少，或品质不符，而须退货等情，应于全份正副发票或回单上，同时用墨水笔中文大写，在原数旁一更正。并在更正处加盖经手人个人图章，无须另开付退单。

二十、如货物已签收后而有退货等情，应开付退货单，尽速交进货科，于开付款咨照单时扣除。

二十一、进货科查对发票时，如发现错误，亦应开进货咨照更正单，并于开付款咨照单时更正之。

二十二、客户交货时，如所定货物缺乏或不符，非经进货科填进货咨照更正单通知本程序第二条各关系部份，不得以他物替代。

丁　现进

二十三、现进文仪材料交货时，仅用正式发票一纸，于该票背面加盖"现进""凭此开单付款"及"收货记录章"三种图章，不开收货咨照单。

二十四、现进详细手续，由供应部定之。

二十五、本程序由总管理处订定施行，修改时亦同。

考工科考核本版样书规则

1933年10月28日（民国二十二年）订定

一、所有本馆出版图书，无论初版、重版，印成时均应由出版科将样书送考工科考核。

二、考工科收到样书，应在专簿登记，除有特别情形外，自收到之日起在一星期内考核完竣，如无问题者，即用回单簿将原样书送还出版科，并在登记版簿内载明送还日期，作为销号。

三、考工科考核样书时，如发现有错误、缺点及应行改良之事，应填具通知书，复写四份以一份送出版科接洽，二份连同样书送交各该印制工厂查复，一份存根，其关系重要者并即时报告审核部部长，如系委托造货者，即由出版科查明答复

四、各该印制工厂接到考工科所提出之意见后，应逐项查明缘由，并改良或补救办法即在通知书二分上面详细填明，以一份连同样书送还考工科，一份送出版科存洽。

五、考工科对于前条交还之样书，应留存本科备查，不送还出版科。

六、每届月终，将本月收到样书本数，考核样书本数，以及应行改良各书之种数，列就工作报告表，送交审核部部长核阅。

投保火险规则

1933年4月26日（民国二十二年）公布

一、本馆每一机关成立，或自建房屋竣工后，该处主管人应即开具保险声请书，复写三份，一份存根，两份送交秘书处保管股转呈总经理批核。

二、总经理核定后，送还秘书处保管股，以一份送交主管保险秘书，依照办理，一份送交检查科。

三、秘书处主管保险秘书接到已由总经理核定之保险声请书后，随即向殷实保险行投保，俟手续完毕后，应将保险单送交秘书处保管股妥为保存。并由该股填具保险通知单，复写三份，一份存根并作为稽查册，其余两份，一送检查科登记、一送原声请部份备查。

四、检查科接到已由总经理核定之保险声请书，经过七日未接秘书处保管股保险通知单，应即查催。

五、保险标的物如有增加时（如新购进重要机器，或新进大宗货物或加添重大装修等，认为有应加保火险之必要者，亦应由主管部份开具保险声请书，依照上列各项规定办理）。

六、保险标的物所在地如有变更时，主管部份应于变更三日前，将变更地点及日期，通过秘书处保管股转送主管保险秘书向保险行更正，保管股并应将更正地址及日期填注于稽查册内。

七、保险标的物如有减少甚多或消灭时（如房屋已拆除或退租，或所存货物售罄），主管部份应即通知秘书处保管股转送主管保险秘书向保险行商酌收回保费。

八、秘书处保管股应将所有保险到期日期列表两份，一交主管保险秘书，一存该股备查，每届到期前一月，应填具继续保险查询单，向该保险标的物主管部份查询续保保额有无变更。

九、主管部份接到继续保险查询单，应随即将有无变更情形填明，送还秘书处保管股转送主管保

险秘书。

十、主管保险秘书接到各部份送还之继续保险查询单，如保额有变更者，应加具意见，送请总经理核定后，再行照办。如保额无变更者，随即照原来保额续保，倘距离届期仅有十日，主管部份尚未将查询单送还者，主管保险秘书应即按原有保额继续投保。

十一、续保手续办妥后，主管保险秘书应将保险单送交保管股保存并由该股依据本规则第三条规定，填开保险通知单，分别通知各保险标的物之主管部份及检查科。

十二、检查科对于保险届期前五日，如未接到秘书处保管股续保通知单，应即查询。

十三、本规则由总管理处核定施行，修改时亦同。

十四、在本规则施行前所有已保火险单据，均由主管保险秘书点交秘书处保管股妥为保险并补开保险通知单通知检查科。

总管理处职员服务暂行规则

1932年1月（民国二十一年）公布、10月18日增订，
1933年2月15日（民国二十二年）上海市社会局核准

第一章　总则

第一条　凡本馆总管理处职员，均应遵守本规则。

前项所称职员，包括总管理处所辖上海各机关职员及发行所门市柜友等在内，但上海工厂职员、工友应适用本馆上海工厂职工服务暂行规则。

第二条　试用或短期职员不照同人待遇者，亦应一律遵守本规则。

第二章　规则

第三条　各职员对于本公司一切章程、规则及通告均应遵守。

第四条　各职员应觅相当保证人，按照本馆规定格式，填具保证书。如本馆认为须更换保证人时，各同人应随即另觅，不得推诿。

第五条　各职员应承受本馆派定管理人员之指导及监督。

第六条　各职员应服从本馆之移调、派遣，不得借故推诿。

第七条　各职员应遵守本馆规定之工作时间，不得无故旷工或迟到、早退。

如本人职务未曾办完，或有他项事务必须帮同办理者，即已超过工作时间，亦应办理完竣。

第八条　各职员在工作时间内，应佩戴公司发给之徽章于胸前明显之处。

第九条　各职员到馆、离馆均应亲自按打钟片，不得托人代打或代人按打。

如偶有遗忘失按情事，应即开具失按单，经主管人员签字证明后，交人事科查核补记。

第十条　职员到馆后，如有紧急事故，必须出外者，应开具请假单，送交管理人员，经其核准后，始可打钟出外，事毕回馆，仍应按打钟片。

第十一条　职员如因公须外出者，应开具公出单，经管理人员核准后送交人事科存核，在工作时间前已因公在外未能预开公出单者，应于公毕回馆时补开之。

第十二条　职员遇有要事，须请假在半日以上者，应预先开具请假单，送经管理人员签字核准

后，交人事科登记，倘假期已满，尚未毕事者，应先期续假。

倘遇本馆工作繁忙，或假单所开事由，公司认为无请假之必要者，得拒绝其请假或续假。凡请假与续假，未经核准，不到馆工作时，作无故旷工论。

第十三条 管理人员之请假单及公出单，应经上级管理人员之核准。

第十四条 各职员不得携带违禁品或危险品到馆。

第十五条 各职员均应勤慎工作，不得疏忽错误。

第十六条 各职员对于顾客门市购货，或批发计议交易条件时，不论成交与否，必须竭诚招待，谦和应付，不得有厌烦、自大、傲慢、怠忽或出言不逊情事。

第十七条 在工作时间内，遇有亲友到馆探访者，应在会客处所会晤，并应尽量缩短谈话时间。

第十八条 在工作时间内，除因公司事务由管理人员召集者外，不得聚集开会。

第十九条 在工作时间内，不得购食零物，阅看书报（因公查阅书报者，不在此限）或瞌睡、戏谑、任意离开职守及妨碍他人工作等事。

第二十条 各职员不得有损坏本公司之名誉或营业情事。

第二十一条 各职员不得兼营与本公司同样之营业，或兼做与本公司同样营业店铺之工作。

第二十二条 各职员不得在外兼任他处职务，但与本公司营业及职务无妨碍，事前报告公司，经公司许可者不在此限。

第二十三条 各职员对于公司营业或事务上之秘密，不得泄漏。

第二十四条 公司一切货物，均应随时爱护，不得任意损坏耗费，或私自携带外出。

第二十五条 各职员如携带包裹物件出馆，无论公私，须报明稽查员，认为必要时，得施行检查。

第二十六条 各职员在馆内应彼此充分合作、和衷共济，不得有寻衅、吵闹、斗殴、播弄是非或其他扰乱安宁秩序，妨害公益情事。

第二十七条 各职员应操守谨严，屏除一切恶习，不得在馆内有赌博或饮酒情事。

第二十八条 各职员在请假期内，不得私自在他处工作。

第二十九条 管理人员对于同人指导及监督事务，均应秉公办理，如遇有同人违背规约情事，应据实报告上级管理人员。

第三章　安全与卫生

第三十条 本馆出入要道及太平门、太平梯应由各该主管部份职员，随时注意，务使通道达无阻，不得堆积任何货物或杂件。

第三十一条 每日工作完毕后，应由庶务部份主管职员，督率杂役，将各工作部份之电力开关、火炉、窗户等，察看一周，以免发生意外事故。

第三十二条 各职员在各门市柜上，或存货栈房内，或堆积货物处所，不得吸烟。

第三十三条 本馆举行安全训练时，各职员有遵照参加之义务，不得推诿。

第三十四条 各职员应尽量维持及协助工作部份之清洁事项，不得有妨碍公共卫生之行动。

第三十五条 职员遇有受伤或患急病者，应由各该管理人员，立即通知人事科，送指定医院医治。

第三十六条 职员如有患传染病者，各该管理人员，应通知人事科，令其暂行离馆以免传染他人。

第四章　奖励

第三十七条 奖励分为下列四项：记功、记大功、奖现金、特别加薪。

第三十八条 各职员有下列事实之一者，均随时酌量奖励之：

一、平时工作无积压者；

二、办事成绩优良者；

三、改进对顾客及往来关系有成效者；

四、改进办事程序及方法有成效者；

五、遇有损害本公司之事，于事前预先报告本公司，因而得免损害或损害减轻者；

六、各职员建议有利于本公司之事项，经公司采纳施行者；

七、其他应行奖励事项。

第三十九章 记功、记大功者，除用以考核成绩外，如遇移调职务，或雇佣契约期满时，由公司特别注意之。

第四十条 凡受奖者，均以书面通知本人并由人事科登记之。

第五章 惩戒

第四十一条 惩戒分下列四项：警戒、记过、记大过、解雇。

第四十二条 各职员有左列事情之一者警戒之，警戒满三次以记过一次论：

一、在工作时间任意嬉笑、瞌睡或任意离开职守者；

二、随意唾涕，其他有碍卫生之行动者；

三、损坏货品物件，其价值不满一元者；

四、在工作时间内不佩戴公司发给之徽章者。

第四十三条 各职员有左列情事之一者，记过一次，记过满三次以记大过一次论：

一、对顾客傲慢怠忽者；

二、在馆内饮酒者；

三、在工作时间内购食零物，阅看书报者（因公查阅书报不在此限）；

四、离开本人职守而妨碍他人之工作者；

五、在工作处所或厕所，任意糟蹋或其他有碍卫生行动情节较重者；

六、损坏货品物件，其价值在一元以上、五元以下者。

第四十四条 各职员有左列情事之一者，记大过一次：

一、怠慢顾客、出言不逊情节较重者；

二、无故旷工继续满三日，或一个月内无故旷工满六日者；

三、在工作时间内抛弃工作，故意睡觉者；

四、在工作时间内参预开会者（因公由管理人员召集者不在此限）；

五、侮辱他人者；

六、在馆内殴人未致伤者；

七、酗酒滋事者；

八、寻衅吵闹或播弄是非者；

九、私事出外不打钟片者（并须照扣本日全日薪水）；

十、损坏货品物件，其价值在五元以上（并应责令赔偿）；

十一、利用公司时间私做本人或赠与他人之物件，或以之牟利者；

十二、在各门市柜上、或存货栈房内、或堆积货物处所吸烟者；

十三、本人未到馆而托人代打钟片，或代未到馆之人打钟片者。

第四十五条 各职员有左列情事之一者，得随时解雇之：

一、因急惰疏忽，致顾客有重大损害之可能，影响公司名誉信用者；

二、无故旷工继续满五日，或一个月内无故旷工满十日者；

三、丧失工作能力至三个月以上者（因公直接执行职务而致受伤或残废者，不在此例）；

四、在工作场所赌博者；

五、吸食鸦片烟或其他代用品者；

六、在馆内殴人致伤者；

七、在馆内扰乱安宁秩序者；

八、在工作时间内擅自召集同人开会者；

九、患花柳病者；

十、不小心火烛以致肇祸者；

十一、携带违禁品来馆者；

十二、营私舞弊者（除解雇外并依法办理）；

十三、向本馆请假在他处工作，未经本馆允许者；

十四、携带包裹物件出馆不报明稽查员，并拒绝检查者；

十五、偷窃馆内一切公私银钱物件者；

十六、在外肇事，经官厅判决有罪而不能到本馆执行职务，或本公司认为不能继续信任者；

十七、损害本公司之营业或名誉，查有实据，情节重大者；

十八、兼营与本公司同样之营业或兼做与本公司同样营业店铺之工作者；

十九、泄漏本公司营业上或事务上之秘密者。

第四十六条 各职员有左列情事之一者，酌量情节轻重惩戒之：

一、不服管理人员指导或监督及故意侮辱管理人员者；

二、不服从公司之移调、派遣者；

三、违背本规则或公司一切章程、规则、通告者；

四、工作疏忽错误者；

五、工作成绩恶劣者。

第四十七条 在一年内记过九次或记大过满三次者，得随时解雇之。

第四十八条 受记过、记大过处分者，遇有记功、记大功时得抵销之。

记过次数与记功次数抵销，记大过次数与记大功遇次数抵销。记大过一次者，如遇有记功一次，得相抵改作记过两次，以此类推，但受解雇处分者，不得以功作抵。

第四十九条 凡受惩戒者，均随时以书面通知本人，并由人事科登记之。

第六章　附则

第五十条 本规则施行以前所订关于同人服务之各项章程、规则、通告，均一律废止之。

第五十一条 本规则自呈奉社会局核准后揭布施行，如有变更时亦同。

上海工厂职工服务暂行规则

1932年8月1日（民国二十一年）公布，1933年2月15日（民国二十二年）上海市社会局核准

第一章 总纲

第一条 凡本馆上海工厂职工，均应遵守本规则。

前项所称职工，包括工厂职员及工场中之管理员、职员、工友等在内。

第二条 试用职工及短期职工不照同人待遇者，亦应一律遵守本规则。

第二章 规则

第三条 各职工对于本公司一切章程、规则及通告均应遵守。

第四条 各职工应觅相当保证人，按照本馆规定格式填具保证书，如本馆认为须更换保证人，各职工应随时另觅，不得推诿。

第五条 各职工应承受本厂派定管理员之指导及管理。

第六条 各职工应服从本厂之移调、派遣，不得藉故推诿。

第七条 各职工均应按照规定工作时间到厂工作，不得无故旷工。

第八条 各职工在工作时间内，应佩戴公司发给之徽章于胸前显明之处。

第九条 管理员应比其他同人先到，后散，照料启闭门户，察看所属部份内一切事件。

第十条 各职工每次到厂，均应亲自按打钟片，不得托人代打。职工等如遇开工时间均不得进厂工作，厂长室职员及工场管理员，如遇开工时间进厂，所有旷分，月终结算，照扣薪水。

第十一条 职工到厂后，如有下列紧急事故，必须出外者，应将详细事由，报告各该部份管理员，经其查明，并签给紧急假出知照单后，由本人持交厂长室核准放行，并由稽查员加盖时间钟于单上，记明出厂时刻。事毕回厂者，仍在稽查处就原单上加盖时间钟，记明回厂时刻，但左列甲、丙两项特先口头报告出厂，俟回厂时再补手续：

甲、本人临时疾病有显著之证象者；

乙、本人父母、公婆或夫妻、子女临时发生重病，由家中来厂报告者；

丙、本人家中或贴邻发生火警。

第十二条 职工到厂后，如因公须外出者，应由各该部份管理员，填明公出知照单，送厂长签字后，由本人持交稽查员加盖时间钟，始得出厂。俟各本人回厂时，仍在原单上加盖时间钟注明回厂时刻。

在未届规定开工时间前，如因公出外未及预开公出知照单，应于公毕回一厂时补开之。

第十三条 职工到厂上工后，凡无核准之紧急假出知照单或公出知照单者，一律不得出厂。

第十四条 职工遇有要事，须请假在半日以上者，应预先开具请假单，填明事由期限，送经管理员许可签字，再由各该管理员转送厂长核准后，交人事科登记，倘假期已满，尚未毕事者，应先回续假。

临时请假，如本厂工作繁忙或假单所开事由，经厂长认为无请假之必要者，得拒绝其请假或续假。

凡请假或续假未经核准不到厂工作者，作无故旷工论。

第十五条 各部份门户，规定于开工前二十分钟开启，其锁钥应由各该管理员或其指定之人，亲向厂长室领取，放工后仍亲自送还，未届开门时间，无论何人，不得擅自开启。

第十六条　各职工不得携带违禁品或危险品或不需要之物品进厂。

第十七条　鸣开工铃后，各职工均应随即工作，鸣放工铃后，始得停工并整理工具完毕后，方可出厂。

第十八条　各职工在工作时间，均应勤慎工作，不得疏忽错误。

第十九条　各职工不得携带孩童至工作场所。

第二十条　女职工家属，在开工后，送婴孩进厂哺乳者，须交验号牌，并以抱送之人为限，其随来之人，不得入厂。

第二十一条　各职工在工作时间，不得做非本公司之工作。

第二十二条　各职工非有必要事故经管理人员特准者，不得在工厂内会客。

第二十三条　在工作时间不得聚集开会，但因公由管理员召集者不在此限。

第二十四条　各职工在工作时间，不得看书阅报（因公查阅书报者不在此限），或瞌睡、戏谑、任意离开职守及妨碍他人工作等事。

第二十五条　各职工不得有损坏本公司之名誉或营业情事。

第二十六条　各职工不得兼营与本公司同样之营业，或兼做与本公司同样营业厂店之工作。

第二十七条　各职工不得在外兼任他处职务，但与本公司营业及职务无妨碍、事前报告群众公司，经公司许可者，不在此限。

第二十八条　各职工不得泄漏本公司营业上或技术上之秘密。

第二十九条　各职工不得利用公司原料，私做物件或客货。

第三十条　工厂内一切原料物件，及已制成之货品，均应随时爱护，不得任情损坏耗废，或私自携带出厂。

第三十一条　各职工携带物件包裹出厂，无论公私，须报告管理员，填发门证，交由稽查员查验核对后，方得放行。

第三十二条　各职工在工厂内，不得有寻衅、吵闹、殴斗或播弄是非或其他扰乱安宁秩序、妨害公益情事。

第三十三条　各职工不得在工厂内赌博或饮酒。

第三十四条　男女职工在工厂内不得有暧昧或不规则情事。

第三十五条　各职工在请假期内，不得私自派人顶替或私在他处工作。

第三十六条　管理员无论分配工作及管理事务，均应秉公办理，不得稍徇私情，如遇有同人违背规例情事，应据实报告厂长，不得扶同隐徇。

第三十七条　管理员及某项工作领班或上手等，对于学徒应尽心教导，从严管束。

第三章　安全与卫生

第三十八条　工厂各部份一切机器及锅炉，在使用前后及使用时，应由各该部份管理员随时注意检查，如遇有发生危险之可能者，应立即报告厂长，从事修理，或更换机件，如情形紧急者，得先行停止使用，再行报告。

第三十九条　凡掌管各该机器之人，应于使用前后及使用时，特别慎重，并随时注意危险之发生，如遇有不甚安全之现象者，应立即报告管理员，转报厂长处理之。

第四十条　工厂各项机件，凡非掌管之人，不得擅自使用或开动戏弄。

第四十一条　工厂所有一切安全设备，除应由各管理员随时检查外，各同人必须注意保护，并遵照使用，不得擅自移动损坏，或疏忽弃置不用。

第四十二条 各部份管理员，对于各该部建筑之安全，应随时留意查察，如觉有不甚安全之时，应即报告厂长。

第四十三条 各部份出入要道及太平门、太平梯，应由各该管理员随时注意，务使通达无阻，不得堆积任何货物或杂件。

第四十四条 各职工不得在工场或堆积货物处所吸烟。

第四十五条 各职工对于火烛及纸张、油墨等一切易于引火之物，均应格外小心，各该管理员应随时注意查察。

第四十六条 各部份管理员，对于所属部份内各项电力开关、电线、火炉等是否安全及防火器具是否充实，均应随时留意查察。

第四十七条 各职工对于本厂一切电力开关、电机、电线，不得玩弄。

第四十八条 各部份所用机器油、挥发油等，用时应特别谨慎。用后应严密加盖，所有机器揩布等，亦应于用后收拾清楚，置于指定储藏之所，不得稍有疏忽。

第四十九条 工厂举行安全训练时，各职工有遵照参加之义务，不得推诿。

第五十条 各职工应维持及协助工作部份之清洁事项。

第五十一条 各职工不得随地吐痰，及其他有碍公共卫生之行动。

第五十二条 各职工脱下衣服及所带雨具应置于指定之处，不得随意抛置。

第五十三条 各职工不得在工作场所吃食零物。

第五十四条 各职工在厕所时，应遵守厕所规则。

第五十五条 各职工在工作时间内，遇有受伤或患急病者，应由各该管理员，立即通知人事科，将其送往指定医院医治，并报告厂长。

第五十六条 各部份管理员对于本部份之同人，倘发现有患传染病者，应即通知人事科，并报告厂长，令其暂停工作，往指定之医院疗治。

第四章 奖励

第五十七条 奖励分下列四项：记功、记大功、奖现金、特别加薪。

第五十八条 各职工有下列事实之一者，均随时酌量奖励之：

一、生产数量及品质均超过标准者；

二、生产品质合于标准而数量超过标准者；

三、生产数量合于标准而品质超过标准者；

四、平日工作无积压者；

五、办事成绩优良者；

六、对于本厂各种工作有新发明经公司采用者；

七、办事程序及方法之改进；

八、机器工或手工方法之改良；

九、不必要工作与程序之减却；

十、于不减工资及保持生产品质、数量之限度内减少生产费；

十一、一切耗费之节省；

十二、遇有损害本公司之事，于事先预先报告公司，因而不受损害或损害减轻者；

十三、职工建议有利于本公司之事项，经公司采纳施行者；

十四、其他应奖励事项。

第五十九条 记功、记大功者，除用以考核成绩外，如遇有移调职务或工作契约期满时，由公司特别注意之。

第六十条 凡受奖者，均以书面通知本人，并由人事科登记之。

第六十一条 各部份管理员，对于主管事务之改良，以记功为原则，但对于机器技术之改良，不在此限。

第五章 惩戒

第六十二条 惩戒分下列四项：警戒、记过、记大过、解雇。

第六十三条 各职员工有下列情事之一者警戒之，警戒满三次者以记过一次论：

一、在工作时间任意嬉笑或怠惰游荡离开职守者；

二、不将衣服、雨具置于指定之处者；

三、随地吐痰或其他有碍卫生行动者；

四、损坏原料物件或货品，其价值不满一元者；

五、在工作时间内不佩戴公司发给之徽章者；

六、在工作时间看书阅报者（因公查阅书报不在此限）。

第六十四条 各职工有左列情事之一者，记过一次，记过满三次以记大过一次论：

一、在开工铃已响后而不工作，或放工铃未响前作停工之准备者；

二、男女职工在厂内戏谑者；

三、在厂内饮酒者；

四、离开职守妨碍他人之工作者；

五、在工作场所吃食零物或其他有拟卫生行动情节较重者；

六、在工作场所或厕所任意糟蹋者；

七、损坏原料物件或货品，其价值在一元以上、五元以下者。

第六十五条 各职工有左列情事之一者，记大过一次：

一、无故旷工继续满三日，或一个月内无故旷工满六日者；

二、在工作时间内抛弃工作故意睡觉者；

三、在工作时间内参与开会者（因公由管理员召集者不在此限）；

四、在本厂内殴人未曾致伤者；

五、寻衅吵闹或播弄是非者；

六、在工场或堆积货物处所吸烟者；

七、擅自使用或开动戏弄非本人掌管之机件者；

八、擅自移动本厂安全之设备者；

九、损坏原料物件或货品，其价值在五元以上者（并应责令赔偿）；

十、本人未到厂而托人代打钟片，或代未到厂之人打钟片者；

十一、在厂内利用公司时间私做物件者。

第六十六者 各职工有左列情事之一者，得随时解雇之：

一、无故旷工继续满五日，或一个月内无故旷工满十日者；

二、丧失工作能力至三个月以上者（因公直接执行职务而致受伤或残废者不在此例）；

三、在本厂内赌博者；

四、吸食鸦片烟或其他代用品者；

五、在本厂内殴人致伤者；

六、在本厂内扰乱安宁秩序者；

七、在工作时间擅自召集同人开会者；

八、患花柳病者；

九、不小心火烛以致肇祸者；

十、携带违禁品入本厂者；

十一、故意损坏本厂安全之设备者；

十二、向本厂请假在他处工作，未经本厂厂长允许者；

十三、本人不到厂工作，私自托人顶替者；

十四、携带包裹物件出厂，未填门票并拒绝稽查员检查者；

十五、在本厂内发生勾引诱奸等违法行为者；

十六、营私舞弊者（除解雇外并依法办理）；

十七、偷窃厂内一切公私银钱物件者；

十八、在外肇事，经官厅判决有罪而不能到本厂执行职务，或本公司认为不能继续信任者；

十九、损害本公司之营业或名誉，查有实据，情节重大者；

二十、兼营与本公司同样之营业，或兼做与本公司同样营业厂店之工作者；

二十一、泄漏本公司营业上或技术上之秘密者；

二十二、工作时因怠惰、疏忽、瞌睡或擅离工作地点以致损坏机器者（除解雇外并得酌量情形，责令赔偿或送官厅究办）。

第六十七条　各职工有左列情事之一者，酌量情节轻重惩戒之：

一、不服指导或管理及故意侮辱管理员者；

二、不服从本厂之移调、派遣者；

三、违背本规则或公司一切章程、规则、通告者；

四、工作上或职务上疏忽错误者；

五、工作成绩恶劣者。

第六十八条　在一年内记过满九次或记大过满三次者，得随时解雇之。

第六十九条　受记过、记大过处分者，遇有记功、记大功时得抵销之。

记过次数与记功次数抵销，记大过次数与记大功次数抵销。记大过一次者，如遇有记功一次，得相抵改作记过二次，以此类推，但受解雇处分者，不得以功作抵。

第七十条　凡受惩戒者，均随时以书面通知本人，并由人事科登记之。

第六章　附则

第七十一条　在本规则施行前所订关于同人服务之各项章程、规则、通告均一律废止之。

第七十二条　本规则自呈奉社会局核准后揭布施行，如有变更时亦同。

总管理处职员暂行待遇规则

1932年7月28日（民国二十一年）公布

第一章　总则

第一条　凡本馆总管理处职员，均应遵守本规则。

前项所称总管理处职员，包括总管理处所辖上海各机关所有职员，发行所门市柜友及工厂厂长室各职员。

第二章　雇用契约

第二条　凡本馆职员均应与本馆订立雇用契约。

雇用契约之方式另定之。

第三条　有定期雇用契约，期满解雇。除契约中另有规定外，双方不受任何拘束，如双方愿意继续者，须另订契约。

第四条　新进职员得先行试用，不作同人待遇。俟试用期满，如双方合意，再照本规则第二条订立雇用契约，但试用期间至多以六个月为限。

第三章　工作时间

第五条　内部分职员之实在工作时间，每日八小时，但各本人职务范围内应办之事，须当日办理清楚。如遇必要须延长工作时间，不另加给薪水。门市柜友之实在工作时间，每日九小时前项工作时间之起讫，由公司随时订定公布之。

第六条　星期日下午一时至六时，柜友照常工作，加薪水半天。

第七条　职员到馆时，应各自按打钟片。

第四章　休假

第八条　本馆职员休假之期如左：

星期日给假一天（柜友星期日下午工作，另照本规则第六条加给薪水）；

年节给假三天，纪念节放假遵照中央政府规定办理。

第九条　年节、纪念节假期内，如适遇星期日，补假一天，纪念节假期内，如适遇年节假期者，不另补假。

第十条　每年各给特别休假二十四天。在职不满一年者，按月计算。不满一月之零数不计。请假满一月者，按月照减。前项特别休假，每届年终或终止契约时算给薪水。平时请假照本规则第十四条第二项办理。

第五章　薪水

第十一条　本馆职员之薪给制度另定之。

第十二条　职员膳宿费用，已包含于薪水之内，本馆不另供给。但夜间留馆看守人员，应住宿馆中。

第十三条　职员薪水每月分两次发给。上半月于二十日，下半月于次月五日，以上海通用钱币支付之。

第十四条　星期日加班薪水，于前条发薪时结算照给。如有请假或旷工满半日者，结算照扣。

每日迟到及假出之旷分，月终结算，照扣薪水，但不满半天者不扣。

第十五条　职员如遇有本人婚嫁父母、夫妻丧或火灾时，得特别预借薪水至多以额定薪水一个月为限。自支借之下月起，至多分四个月在薪水内平均摊还。

第十六条　星期日给假，薪水照给。但同人连续请假日期中，有两个星期日者扣一个星期日。有三个星期日者扣两个星期日，有四个星期日者扣三个星期日。全月不到者完全照扣。

公司放假日期薪水照给，全月不到者不给。

第六章　津贴及抚恤

第十七条　职员确系直接因职务受伤者，由公司给予医药费。疗治期内，每日给予照薪水额三分之二之津贴。如经过六个月，尚未痊愈其津贴得减至薪水二分之一。但总计以一年为限。

第十八条　职员确系直接因职务受伤，致成残废，公司认为不能任事者，按残废部份之轻重酌给津贴一次，或分期支付，但以一半之薪水为限。

第十九条　职员确系直接因职务受伤致死者，除给予五十元之丧葬费外，另由公司酌量情形，特别优恤之。

第七章　附则

第二十条　本规则施行以前所订一切关于同人待遇之各项章程、规则、通告均一律废止之。

第二十一条　本规则自民国二十一年八月一日起施行。

上海工厂职工暂行待遇规则

1932年8月1日（民国二十一年）公布

第一章　总则

第一条　凡本馆上海工厂职工，除厂长室职员应适用总管理职员暂行待遇规则外，均应适用本规则。

前项所称之职工，包括工厂中之管理、职员及工友等在内。

第二章　工作契约

第二条　凡工厂职工均应与本馆订立工作契约。工作契约之方式另定之。

第三条　有定期工作契约期满解雇，除契约中另有规定外，双方不受任何拘束。如双方愿意继续者，须另订契约。

第四条　新进职工，得先行试用，不作同人待遇。俟试用期满，如双方合意，再照本规则第二条订立工作契约，但试用期间，至多以六个月为限。

第三章　工作时间

第五条　工厂职工每日实在工作时间定为八个小时，其开工放工时间由公司随时订定公布之。

第六条　职工到厂上工，应各自按打钟片。

职工、学徒等如过开工时间，不得进厂工作。

厂长室职员及工场管理员如遇开工时间进厂，按照本规则第十四条第四项照扣旷分。

第七条　工厂如因工作紧急，在本规则第五条规定时间内不及赶办完竣时，得酌量情形按照下列办法办理：

甲、延长工作时间，以三小时作半工。

乙、放假日期特别加班，凡本厂放假之日以八小时作一工。

丙、采用轮班制，每日分两班或三班工作，以八小时为一班，每星期更换一次。

第八条 前条延长工作时间及放假加班，均由管理员以声请书声请之。

第九条 在延长工作或放假加班工作时间内，遇有电力停止情事，不能立即修复者，得由各部管理员宣布停止工作，或停止机器部份之工作，其工资凡已做工作时间在四分之一以内者，作日工四分之一计算；在二分之一以内者，作日工二分之一计算。

第十条 凡延长工作时间及放假加班经本厂指定工作者，无论何人，必须按时工作，如有紧急假出者，其已做工作时间每满四分之一，作日工四分之一计算，不满四分之一之零数不计。

第十一条 采用轮班制时，其各职工之班次一经派定，应即依照班次轮流工作，不得借故推诿。

第四章 休假

第十二条 工厂职工休假之期如左：

星期日给假一天，年假给假三天，纪念节放假遵照中央政府规定办理。

第十三条 年节、纪念节假期内，如适遇星期日，补假一天。

纪念节假期内，如适遇年假假期者，不另补给。

第十四条 职工在厂工作未满三年者，每年给予特别休假七日。在三年以上未满五年者，每年十日，在五年以上未满十年者，每年十四日。在十年以上，每年加给一日，其总数至多三十日，不满一年者，按月计算，不满一月之零数不计。请假满一个月者，按月照减。

照前项计算应给特别休假，假期零数不满半天者给予半天。在半天以上不满一天者给予一天。

前项特别休假，每届年终算给工资，平日请假，工资照扣。

每日假出之旷分，月终结算，照扣薪工，但不满半天者不扣。

第十五条 女职工生产前后给假八星期，不扣薪工。

第五章 工资

第十六条 工厂职工工资，每月分两次发给。上半月于十八日，下半月于次月三日，以上海通用钱币支付之。

第十七条 延长工作及放假、加班工资，一律于前条发给工资时，结算照给。

如有请假及旷分满半日者，结算照扣。

第十八条 发给工资时，如有未到厂工作者，他人不得代领，其款应仍由计算工资部份保存。俟本人到厂工作，仍由各该管理员同至计算工资部份领取。

第十九条 职工如遇有本人婚嫁，父母、夫妻丧或火灾时，得到特别顶借工资，至多以额定工资一个月为限，自支给之下月起，至多分四个月内扣还，此外不得通融。

第二十条 星期日给假一天，工资照给。但同人连续请假日期中，有两个星期日者扣一个星期日。有三个星期日者扣两个星期日，有四个星期日者扣三个星期日。全月不到者完全照扣。

公司放假日期工资照给，全月不到者不给。

第六章 津贴及抚恤

第二十一条 职工确系直接因职务受伤者，由本公司给予医药费。治疗期内，每日给予照薪工额三分之二之津贴。如经过六个月尚未痊愈，其津贴得减至薪工二分之一。但总计至多以一年为限。

第二十二条 职工确系直接因职务受伤致成残废，公司认为不能任事，按残废部份之轻重，酌给津贴一次，或分期支付，但以一年之薪工为限。

第二十三条 职工确系直接因职务受伤致死者，除给予五十元之丧葬费外，得由公司酌量情形特别抚恤之。

第七章 附则

第二十四条 本规则施行以前所订一切关于职工待遇之各项章程、规则、通告，均一律废止之。

第二十五条 本规则自民国二十一年八月一日起施行。

分厂职工暂行待遇规则

1933年1月27日（民国二十二年）核定

第一章 总则

第一条 凡本馆各地分厂职工，均应适用本规则。

前项所称之职工，包括分厂中之管理员职员及工友等在内，但厂长室及总务、审核、会计、工务各股职员之待遇另订之。

第二章 工作契约

第二条 凡分厂职工均应与本厂订立工作契约。工作契约之方式与订立之手续另定之。

第三条 新进职工得先行试用，不作同人待遇，待试用期满，如双方合意，再照本规则第二条订立工作契约，但试用期间，至多以六个月为限。

第四条 分厂于工作繁忙时，临时雇用短期职工，不定雇用时期，双方得随时解雇。

第三章 工作时间

第五条 分厂职工，每日实在工作时间定为九小时，其开工放工时间由本厂随时订定公布之。

第六条 职工到厂上工应各自照翻名牌或打钟片。

职工学徒等如遇开工时间，不得进厂工作。

工场管理员如遇开工时间进厂，按照本规则第十八条第二项照扣旷分。

第七条 分厂如因工作紧急，在规则第五条规定时间内，不及赶办完竣时，得酌量情形照下列办法办理：

甲、延长工作时间，以三小时作半工；

乙、放假日期特别加班，凡本厂放假之日，以七小时做一工；

丙、采用轮班制，每日分两班，工作以九小时为一班，每星期更换一次。

第八条 前条延长工作时间及放假加班，均应由管理员于事前以声明书请厂长核准后，始得加班。其设有生产部驻分厂代表者，首当并应由驻分厂代表复核副署。

第九条 在延长工作或放假加班工作时间内，遇有电力停止情事，不能立即修复者，得由各部管理员宣布停止工作，或停止机器部份之工作。其工资凡已做工作时间在四分之一以内者，作日工四分之一计算，在二分之一以内者，作日工分二之一计算。

第十条　凡延长工作时间及放假加班，经本厂指定工作者，无论何人，必须按时工作，如有紧急假出者，其已做工作时间，每满四分之一，作日工四分之一计算，不满四分之一之零数不计。

第十一条　采用轮班制时，其各职工之班次，一经派定，应即依照班次轮流工作，不得藉故推诿。

第四章　休假

第十二条　分厂职工休假之期如左：

星期日给假一天，年假给假三天，纪念节放假遵照政府规定办理。

第十三条　年节纪念节假期内如适遇星期日，补假一天。

纪念节假期内如适遇年假假期者，不另补给。

第十四条　分厂职工每年特别休假日期另定之。

前项特别休假，每届年终，算给工资。平日请假工资照扣。

第十五条　分厂职工本人婚嫁及父母夫妻丧之假期另定之。

第十六条　女职工生产前后给假八星期，不扣薪工。

第五章　工资

第十七条　分厂职工工资，每月分两次发给，以各该分厂所在地通用钱币支付之。

第十八条　延长工作及放假加班工资，一律于前条发给工资时结算照给。

每日假出之旷分，月终结算，照扣薪工。但不满半天者不扣。

第十九条　发给工资时，如有未到厂工作者，他人不得代领，其款应仍由计算工资部份保存，待本人到厂工作，仍由各该管理员同至计算工资部份领取。

第二十条　职工如遇有本人婚嫁，父母、夫妻丧或火灾时，得特别预借工资，至多以额定工资一个月为限，自支给之下月起，至多分四个月内扣还，此外不得通融。

第二十一条　星期日给假一天，工资照给，但同人连续请假日期中，有两个星期日者，扣一个星期日，有三个星期日者，扣两个星期日，有四个星期日者，扣三个星期日。全月不到者，完全照扣，公司放假日期，工资照给，全月不到者不给。

第六章　津贴及抚恤

第二十二条　分厂职工，由上海工厂调来，或托由总管理处代为进用派来者，每年得回家一次，津贴来回川资，其数目视路程远近酌定之。

来回路程日期，不扣工资。不回家者，川资照给，路程工资不给。

第二十三条　职工确系直接因职务受伤者，由本公司给予医药费，疗治期内，每日给予照薪工额三分之二之津贴，如经过六个月尚未痊愈，其津贴得减至薪工二分之一，但总计至多以一年为限。

第二十四条　职工确系直接因职务受伤致成残废，公司认为不能任事者，按残废部份之轻重，酌给津贴一次，或分期支付，但以一年之薪工为限。

第二十五条　职工确系直接因职务受伤致死者，除给予五十元之丧葬费外，得由公司酌量情形特别抚恤之。

第七章　附则

第二十六条　本规则施行以前，所订一切关于职工待遇之各项章程规则通告，均一律废止之。

第二十七条　本规则由总管理处核定施行，修改时亦同。

练习员服务及待遇规则

1934年4月（民国二十三年）订定

一、本馆为管理便利起见，特设练习员管理主任一人，由总经理就本馆高级职员中选任之。副主任一人，由人事科科长兼任之。

二、练习员练习期间定为一年（并以初进馆三个月为试习期），每月由本馆津贴国币五十元，不作同人待遇。

三、练习员由本馆分派各办事部份轮流练习各该部份之一般事务，其在每一部份之练习时期临时酌定之。

四、练习员应将练习经过及心得，于每周末编成简明报告，送呈主任核阅，每月终由主任汇送总经理核阅。

五、练习员应于每周末，受主任之指导，出席讨论会或讲演会一次。

六、练习员练习期满后，由主任编制成绩报告，送请总经理核阅，如认为满意者，派定职务正式进用，另订服务三年之契约，练习员不得推辞。

七、练习员正式进用后之薪水，以每月国币八十元为最低额，由总经理依各该员之平时成绩及工作性质分别核定之，以后视成绩酌加薪水。

八、练习员在试习期内，如不合意，彼此均可随时解约，在练习或服务期内自行退职或因过失被辞退者，应偿还本馆实给练习期内津贴之全数并服务期内薪水之半数。

九、练习员除本规则特定各项外，对于本馆随时颁布之同人服务规则通告等均应遵守。

十、本规则由总经理核准施行之。

学生、学徒规则

1934年4月（民国二十三年）订定

一、学生、学徒须于进馆前填具志愿书及保证书，并由其法定代理人与本公司订立契约。

二、学生、学徒进馆时，由本公司指定某职员或某工友为其业师，负责训练或传授职业并酌定日期，举行谒师礼。

三、学生、学徒应绝对服从指定业师及其他上级职员工友之管理及训练。

四、学生、学徒初进馆时，作为试习，以三个月为期。

五、试习期满后之学习期间，以三足年为标准，但成绩优异或资质较差者，得由本公司酌量缩短或延长之。

前项缩短或延长期间，至多以一年为限。

六、学生、学徒由本公司按月给予津贴，其数目按地方情形分别另定之。

七、学生、学徒应受本公司指定学校补习教育，其补习教育之成绩，应与工作成绩并计考核之。

八、学生、学徒对于本公司所订之各种服务规则及通告，均应遵守。

九、学生、学徒在试习期内，如本公司或学生之法定代理人有不合意时，得随时解除契约。

十、学生、学徒在试习期满后之学习期内，如有左列情事之一者，得随时辞退之：

（一）不服从管理或训练者。

（二）违犯本公司所订各种服务规则，照章应行解雇者。

（三）资质呆笨或品性不良，难资造就者。

（四）体弱多病者。

十一、学生、学徒在学习期内，未得本公司同意而离职者，或故意违犯本公司规则而被辞退者，本公司得令学生、学徒或其法定代理人，偿还自进馆日起本公司所给之津贴。

十二、学习期满，经本公司认为及格，得升任职员、职工，视工作能力另定薪水。

十三、本规则于杂务生准用之，但初进馆试习三个月后，应先行服务一年期满后得升作学生。如成绩优异者，得由本公司酌量缩短服务期间。

十四、本规则由总管理处订定施行，修改时亦同。

十五、本规则施行后，原订学生规则应即废止。

杂役服务规则

1932年1月（民国二十一年）公布

第一条　凡本馆店司、信差、运货车夫、电话接线人及担任消防、查更、稽查杂差等工作者（以下均称杂役），均应遵守本规则。

第二条　杂役对于工作部份之其他同人服务规则，除本规则另有规定者外，亦应一律遵守。

第三条　本馆杂役，随时雇用统辖于庶务部份，应绝对服从指挥、调遣，其派在各部份工作者，并应受各该部份主管人员之管理。

第四条　杂役应在工作时间前到馆，将本人名份内应做之收拾、整理及清洁等事，办理清楚，并于每晚职工离馆后，做洒扫、拂拭及照料关闭电灯、电扇、火炉、门窗等事俟工作完毕方得离馆，担任消防、查更、稽查等工作者，其工作时间另行规定之。

第五条　杂役在办公时间内，绝对不准私自走开。

第六条　杂役对于各职员应有相当礼貌，不得有言语粗暴、形态傲慢情事。

第七条　传递文件不得偷看，办公地方及其他各处所放文件，不得擅自翻动。

第八条　职员知照办理事件，须限定时间做完者，必须尽力做完，如有实在不能做完之理由，应报明职员，不得随意搁置。

第九条　杂役平日所穿衣服，应整洁清楚，无论何时，不准赤身露体，致碍观瞻。

第十条　在办公时间，不得高声谈笑或与同伴戏谑。

第十一条　同伴遇有争执，应报告主管庶务人员，或工作部份之主管人员秉公判断，不得有口角或动武情事。

第十二条　杂役按月薪工，由庶务部份规定时期发给之。

第十三条　星期日上午给假半天，工资照给。其他假期，由庶务部份随时通告。

第十四条　杂役每年给予特别休假七日。

第十五条　杂役违犯本规则者，轻则警戒或记过，重则立即开除。

总管理处各部份工作时间

1932年7月31日（民国二十一年）人事科通启

一、上海发行所门市柜工作时间如下：

（甲）星期一至六分为两班，第一班上午九时至十二时，下午一时至七时；第二班上午九时至下午一时，下午二时至七时；

（乙）星期日下午一时至六时。

二、秘书处庶务股及收发股之工作时间，参照发行所门市柜分班办法，但下午至六时为止，星期日休息经指定担任固定工作之人员除外。

三、依前二条所定之工作时间，各人班次之分配，由各柜主任或各股股长，商承发行所所长，或主管秘书核定之。

四、发行所门市柜学生之工作时间如下：

（甲）上午九时至十二时，下午一时至七时；

（乙）星期日下午一时至六时。

五、上海各工厂之工作时间另定之。

六、总管理处其他部份之工作时间：四月至九月为上午九时至十二时，下午一时至五时；十月至三月为上午八时半至十二时半，下午一时半至五时半，星期日休息。

按打钟片办法

1932年7月31日（民国二十一年）人事科通启

一、每日上午、下午到馆及每晚离馆应各自按打钟片。

二、凡中午轮班出外用膳者应于出外时亦照打钟片。

三、凡因私事请假出外者，除开请假单，经主管人员签字后送交人事科外，于离馆及回馆时均应按打钟片。

四、凡因公出外者应开公出单，经主管人员签字送交人事科，不必再打钟片，但上午、下午第一次到馆及散班离馆时仍应照打钟片。

五、如有失按钟片情事应即开具失按单，经主管人员签字后送交人事科。

六、凡请假单、公出单及失按单，除另有特别规定者外应随时送交人事科。

同人保证金章程

1932年9月1日（民国二十一年）公布

第一条　凡总分馆厂同人，除直接经营银钱者外，如一时未能觅得保证人，经人事科之许可，得暂缴存保证金。

第二条　保证金以银币五百元为额，如月薪在四十元以下者，得酌量减少，但至少以二百元为度。

第三条　缴存保证金者，应先向人事科领取知照单，连同金额一并送交出纳科，由出纳科出具存单为凭。

分支馆、分厂同人缴存保证金者，俟转至总馆后，再由总馆发给存单，寄交该分支馆、分厂转交本人收执。

第四条　保证金自缴存之日起，按常年九厘计息，每年十二月底结息一次，结息后凭存单向出纳科支取利息，不支取者，亦不计复利。

分支馆、分厂同人每届支付利息之期，得凭存单就近向各该分支馆、分厂支取利息，在存单内注明支付日期及数目，由经理、正账盖章为凭并一面将存单寄至总馆转账。

第五条　缴存保证金之同人，如觅得相当之保证人或离职时，其缴存之保证金即凭单如数发还，但如有宕欠款项，应即照数扣抵。

第六条　保证金届应行发还时，经人事科通知提取而不来提取者，其利息结至人事科通知提取期限届满之日为止，以后不再计息。

第七条　保证金存单不能在外抵押借款。

第八条　保证金存单如有遗失，应即立具报告书报告人事科，并登载公司指定之上海著名日报两种，经过一个月后，始得补给新存单。

同人押柜金章程

1932年9月1日（民国二十一年）公布

第一条　本章程以适用于总分馆厂账友直接经管银钱者为限，由人事科通知缴存之。

第二条　押柜金以银币二千元为额，但得由公司酌量情形增减之。

第三条　缴存押柜金者，应先向人事科领取知照单，连同金额一并送交出纳科，由出纳科出具存单为凭。

分支馆、分厂同人缴存押柜金者，俟转至总馆后，再由总馆发给存单，寄交该分支馆、分厂转交本人收执。

第四条　押柜金自缴存之日起，按常年一分二厘计算，每年十二月底结息一次，结息后凭存单向出纳科支取利息。不支取者，亦不计复利。

分支馆、分厂同人，每届支付利息之期，得凭存单就近向各该分支馆、分厂支取利息，在存单内注明支付日期及数目，由经理、正账盖章为凭，并一面将存单寄至总馆转账。

第五条　缴存押柜金之同人，如离职或调任非直接经管银钱之职务时，其缴存之押柜金。俟交代清楚，即凭单如数发还。但如有宕欠款项，应即照数扣抵。

第六条　押柜金届应行发还时，经人事科通知提取而不来提取者，其利息结至人事科通知提取期限届满之日为止，以后不再计息。

第七条　押柜金存单不得在外抵押借款。

第八条 押柜金存单，如有遗失，应即立具报告书报告人事科，并登载公司指定之上海著名日报两种，经过一个月后，始得补给新存单。

因公出外津贴规则

1935年2月6日（民国二十四年）公布

一、总馆派员出外公干，除往江、浙两省地方外，往返日期满一个月者，于回总馆后由人事科开单呈请总经理核定，酌量支给津贴。

二、前条支给津贴之数目，每月至多以本人月薪四分之一为限，按往返之天数计算之。

三、派往分馆、分厂常驻办事者，不适用本规则。

四、本规则自廿四年二月份起施行。

因公出外旅费支给章程

1932年8月1日（民国二十一年）公布

一、凡同人因公出外支给旅费，除有特别规定者外，均照本规则办理。

二、旅费以下列四种为限，其各人适用之舟车膳宿等之等，第于出发前由人事科商承总经理核定。

（甲）舟车费，包括火车、轮船及舟、车、轿、马等费，各依定价支给。其无定价者，据实开报。

（乙）膳宿费，包括旅馆房金、饭食及途次餐费等。

（丙）杂费，包括旅行中必需之药品、洋烛及上下舟车时力钱，并在所驻地每日开支车费及零星费用。

（丁）特别费，包括邮电及其他因公必需之费用。

三、公出人之旅费，自起程日起，至公毕日为止，其间因私事滞留者，除患病外不得支用旅费。

四、公出人应于事竣后一星期内，将各费详细分别逐日记入旅费报销清单，连同工作日记送经主管部份部长核阅签字，转主计部复核。

五、公出人支出费用时，凡可取得之单据，应一律取存，逐一编号，贴入单据黏存册，倘于应可取得之单据，并不贴入，或称遗失而无充分理由者，不得支给。

六、公出人于必要时，得向公司预支旅费，依因公暂借银钱规则办理。

七、公出人所带旅费不敷时，得函请核准汇给，如所在地有分支馆、分厂者得向分支馆、分厂暂借，其办法另订之。

八、工作日记及旅费报销清单与单据黏存册，可向主计部领取备用。

九、本规则如有未尽事宜，由人事科随时商承总经理办理。

因公暂借银钱规则

1932年7月31日（民国二十一年）公布

一、凡因公支用银钱而未能预知确数，不得不向出纳科暂借者，应开具定式凭单，填写因公事由，务必详细。

二、因公暂借银钱以下列二种用途为限：

（甲）向外购进物品，必须支付现款者，如现进货物，并置办零星用品及礼物等；

（乙）临时支出费用，如各部份拍发电报费，临时寄件邮费及提货应付捐税等，并其他临时急需不及待开付款凭单者。

三、开单人以由主计部核发各部份掌管该凭单之主任职员为限，收银人以开单人本人或由开单人在凭单内指定之本馆同人为限。

四、开单人应视借款用途性质，预计归还日期，在凭单内填明，其期限至多不得逾半个月。

五、凭单开就后，须先送经主计部总稽核签字核准后，持向出纳科支款。

六、出纳科接到此项凭单时，应查明开单人、收银人、核准人签印完全，方可照付。

七、总稽核应备因公暂借银钱稽查册一份，将核准之凭单随时详细登记，查有过期不出账者，应即向原开单部份催询。

八、因公暂借银钱到期出账时，由原开单人开具付款咨照单，详细注明下列各项：借单登记号数、借单原号、借款日期及洋额，送经主计部总稽核复核批注后，再开付款凭单出账。

人事陈述规则

1932年9月16日（民国二十一年）公布

一、本公司各部份同人均得依本规则陈述意见。

二、同人陈述意见以下列各项为限：

（1）本人对于工作无兴趣；

（2）本人感觉工作太繁重；

（3）所任工作不能使本人才能充分展布；

（4）本人才能对于工作不能胜任；

（5）本人体力对于工作不能胜任；

（6）本人对于报酬或其他待遇不满意；

（7）本人对于同事间感觉不能合作；

（8）本人对于安全设备不满意；

（9）本人对于卫生及工作环境不满意；

（10）其他对于本人人事有关之事项。

三、同人陈述意见之方法如下：

（1）以书面送交或寄交人事科科长；

（2）向人事科科长当面陈述；

（3）以书面送交或寄交所属部份之主管人员；

（4）向所属部份之主管人员面陈。

依第3、4两项方法陈述之意见，由各所属部份转达人事科。

四、同人以书面陈述意见者，应注明姓名、所属部份及通讯处。

五、同人当面陈述意见者，每人每次接谈以十五分钟为度。如所请见之人无暇，得另行约期接谈。

六、陈述意见者之姓名及事由，除总经理及主管人事人员外，概不宣布。

七、同人陈述之意见，由人事科详加研究后，依下列方法处理之：

（1）随时由人事科设法处理；

（2）提请人事委员会讨论办法陈报总经理核夺。

八、对于同人陈述之意见，凡须从缓解决或有其他情形时，均由人事科通知本人。

九、同人陈述此项关于人事之意见，概不给奖。

十、本规则自公布之日施行。

同人奖励金分配暂行章程

1933年4月6日（民国二十二年）公布

第一条 同人奖励金，就本公司章程第二十五条规定，每年度结账盈余所提之款，依本章程分配之。

第二条 每年度奖励金之总数分配如下：

甲、总经理、经理占百分之十；

乙、全公司同人普遍奖励金占百分之四十五；

丙、全公司同人特别奖励金占百分之四十五。

第三条 普遍奖励金就总分支馆各个同人月薪数目比例分配之，以普遍为原则。

第四条 特别奖励金就总馆及分支馆全体之盈余数量比例分配之，以奖励成绩特优之同人为原则。

第五条 总馆或分支馆应得之特别奖励金均得保留一部份，并入下届派发。

第六条 普遍奖励金派发规则、总馆特别奖励金派发规则、分支馆特别奖励金派发规则均由总管理处定之。

第七条 本章程由董事会订定施行，修改时亦同。

同人普遍奖励金派发暂行规则

1933年4月8日（民国二十二年）公布

第一条 依同人奖励金分配暂行章程第三条之规定，同人应得普遍奖励金，按照本规则派发之。

第二条 计算月薪之标准如下：

甲、月薪按该年度十二月份之额定数计算，以每元作一分，不满一分之零数作一分计算；

乙、各项津贴，特别休假及加班所得之薪工均不计入；

丙、全年请假满三十日者应得月薪减去十二分之一，满六十日者减去十二分之二，余类推；

丁、件工工友，按假定工资计算，以日计薪者，每月除星期日外，做二十六日计算；

戊、新进同人，其正式进用后，到馆办事日期在月之十五日以前者，是月份作半个月计算。在月之十六日以后者，是月份不计。

第三条　有左列情形之一者，不给普遍奖励金：

甲、试办或短期职工或另订契约声明不作同人待遇者；

乙、在本年度服务不满三个月者；

丙、派发普遍奖励金时，业已退职或病故者（但总经理认为必要，得于其人退职或病故时，酌量预给之）；

丁、在本年曾记大过一次或小过三次，尚未以大功或小功抵销者。

第四条　每届股东会将盈余分派之议案决定后，由总管理处人事科按照同人奖励金分配暂行章程及本规则之规定，计算总分支馆全体同人应得普遍奖励金总数若干，又月薪总分数若干，每分比例应派若干，呈经总经理核定后，制成分派表，会同主计部份派之。

第五条　总分支馆互相移调同人，在派发普遍奖励时，其人在何处办事，即由何处就近派发之。

第六条　记账本位不同之各分支馆、分厂于计算月薪时，概以原在本位数为标准，而以上海通用银行币派发之。

第七条　本规则由总管理处订定施行，修改时亦同。

总馆特别奖励金派发暂行规则

1933年4月8日（民国二十二年）公布

第一条　总馆按同人奖励金分配暂行章程第四条规定应得之特别奖励金，由总经理先行提出一部份，酌量派发于总管理处副科长、各工厂副厂长及上海发行所副所长以上人员余数再分配于下列三组：

甲、总管理处各部份同人；

乙、各工厂同人；

丙、上海发行所同人。

第二条　总管理处副科长，各工厂副厂长及上海发行所副所长以上人员，以其职务之繁简及各本人与其主管部份之成绩，为派发特别奖励金之标准。

第三条　甲、乙、丙三组人员依下列原则，为派发特别奖励金之标准：

甲、每一组假定为一百分，按下列乙、丙、丁三项酌量增减之；

乙、甲组以上年度该组全体开销与全公司营业数量之比例，与本年度同比例相较，开销愈抵分数递增至一百五十分，开销愈昂递减至五十分；

丙、乙组以上年度该组全体开销与其全部生产价值之比例，与本年度同比例相较，开销愈低分数递增至一百五十分，开销愈昂递减至五十分；

564

丁、丙组以上年度该组全体开销与全公司营业数量之比例，与本年度同比例相较，开销愈低分数递增至一百五十分，开销愈昂递减至五十分；

戊、每组实得分数与其全年薪水相乘，即为每组得派特别奖励金之标准；

己、各组标准数之和，与各组合派之特别奖励金额比例分配，即为该组派得之特别奖励金。

第四条　甲组派得之特别奖励金额，依左列原则分配于各股，未设股者以科代股：

甲、每股假定为一百分，按左列乙、丙、丁、戊、己各项增减之；

乙、上年度该股全体开销与其主管范围之营业数量、生产数量或工作数量之比例，与本年度同比例相较，开销愈低递增至一百五十分，开销愈昂递减至五十分；

丙、办事不积压者递增二十分，积压者递减二十分；

丁、有新建设而成功者递增三十分；

戊、有重大错误者递减三十分；

己、总增加至二百分为止，总减退至0分为止；

庚、各股实得分数与其全年薪水相乘，即为各该股得派特别奖励金之标准数；

辛、各股标准数之和与本组派得之特别奖励金总数比例分配，即为各该股派得之特别奖励金。

第五条　各股派得之特别奖励金，除先提一部份派给股长、副股长外，余数分派于左列各同人：

甲、办事敏捷而无积压者；

乙、办事细心而常常矫正他人之错误者；

丙、改良工作而有成效者；

丁、屡次兼办他人之事而本职并无延误者；

戊、曾为公司节省耗费者；

己、其他之特别勤劳者。

第六条　乙组派得之特别奖励金额，依下列原则分配于各厂：

甲、各工厂出品由总管理处分别规定标准价格；

乙、每厂假定为一百分，按左列丙、丁、戊各项增减之；

丙、各工厂出品总价与开销（包括直接、间接工资，折旧及除纸张以外之各种材料）之比例，每元所摊之数，最少者将分数递增至一百五十分，最大者递减至五十分；

丁、品质在标准以上者递增二十分，在标准以下者递减二十分；

戊、不正当耗费材料者递减三十分，特别节省材料者递增三十分；

己、总增加至二百分为止，总减退至0分为止；

庚、每厂实得分数与其全年出品总价相乘，即为每厂应派特别奖励金之标准数；

辛、各厂标准数之和与本组派得之特别奖励金总数比例分配，即为各该厂派得之特别奖励金。

第七条　各厂派得之特别奖励金额，除提出一部份酌量派给厂长室职员及间接生产部份之成绩特优者外，余数按左列原则分配于各成本区间：

甲、每成本区间假定为一百分，按其出品总价与开销之比例，每元所摊之数最小者将分数递增至一百五十分，最大者递减至五十分；

乙、出品品质在标准以上者递增二十分，在标准以下者递减二十分；

丙、不正常耗费材料者递减三十分，特别节省材料者递增三十分；

丁、总增加至二百分为止，总减退至0分为止；

戊、每成本区间实得分数与其全年出品总价相乘，即为每厂得派特别奖励金之标准数；

己、各成本区间标准数之和与各区间派得特别奖励金之总数比例分配，即为各该区间派得之特别奖励金。

第八条 各成本区间派得之特别奖励金，除先提一部份派给主任及副主任外，余数酌量分配于左列各工友：

甲、件工实得工资超过各该成本区间之平均工资者；

乙、月工之特别勤劳者；

丙、改良工作而有成效者；

丁、曾记功一次以上者。

第九条 丙组派得之特别奖励金额，依左列原则分配于各股：

甲、每股假定为一百分，依乙项增减之；

乙、上年度该股全体开销与其直接营业（如各柜）或间接营业（如各存货股及文书股等），数量比例与本年度同比例相较，开销低者递增至一百五十分，开销高者递减至五十分；

丙、各股实得分数与其全年薪水相乘，即为各该股应派得特别奖励金之标准数；

丁、各股标准数之和与本组派得之特别奖励金总数比例分配，即为各该股派得之特别奖励金。

第十条 各股派得之特别奖励金，除先提一部份派给股长、副股长外，余数分派于左列各同人：

甲、柜友营业数量及次数均超过平均数者；

乙、柜友营业数量列于最高之百分之二十者；

丙、柜友营业次数列于最高之百分之二十者；

丁、非柜友办事敏捷而无积压者；

戊、非柜友改良工作而有效者；

己、办事细心而常常矫正他人之错误者；

庚、屡次兼办他之事，而本职并无延误者；

辛、曾为公司节省耗费者；

壬、其他之特别勤劳者。

第十一条 有左列情形之一者，无论合于任何得奖之资格，不给特别奖励金：

甲、试办或短期职工或另订契约声明不作同人待遇者；

乙、在本年度服务不满三个月者；

丙、派发特别奖励金时，业已退职或病故但总经理认为必要者，得于其人退职或病故时酌量预给之；

丁、在本年度曾记大过一次或小过三次，尚未以大功或小功抵销者。

第十二条 总管理处副科长、各工厂副厂长及上海发行所副所长以上人员之特别奖励金由总经理主持派发之。

第十三条 其他各同人之特别奖励金，由总经理商同经理，并咨询各主管人之意见，并参考人事科或其他部份之记录，酌量派发之。

第十四条 总馆每年度应得特别奖励金，总经理认为无需全数派发时，得保留其一部份滚入下年度并计。

第十五条 本规则由总管理处订定施行，修改时亦同。

第十六条 本规则施行之第一年，因缺乏比较之资料，所有特别奖励金之派发，由总经理酌量决定之。

同人婚丧假津贴薪工暂行规则

1933年4月11日（民国二十二年）公布

第一条 每年由董事会就本公司章程第二十五条规定，每年度结账盈余所提之乙种特别公积项下提拨若干，为同人婚丧假津贴薪工之用。

第二条 本人结婚或父母、夫妻丧，得请假六日。其因请假所扣去之薪工，由公司津贴之。件工工友，按假定工资计算。

请假日期中，遇有星期日，应包含在内。件工星期日，不另津贴。

第三条 祖父母丧或儿女结婚，其请假日期得照前条规定减半计算。

第四条 外埠婚、丧假另加路程日期，于请假之前报告人事科，视路途远近，随时核定，但婚假路程日期至多以八日为度，丧假路程日期至多以十六日为度。

分馆、分厂同人之外埠婚、丧假路程日期，由各该分馆经理或分厂厂长核定之，至多限度以前项规定为准。

第五条 本埠、外埠之区别，婚假以结婚地点为准，丧假以身故地点为准。

第六条 请假以连续一次为限，不请假或请假不足规定日期者，不给津贴。但丧假因丧葬不能一次办竣，其请假不足规定日期者，得将请假不足规定之日期，保留于一年内再请假一次，照给津贴，惟外埠不再加路程日期。

第七条 本规则总分支馆、分厂一律适用。

第八条 本规则第一条规定提拨之款如遇有不足时，得将津贴薪工数目酌量减少之，如遇必要时，并得将本规则暂行废止之。

第九条 本规则由总管理处订定施行，修改时亦同。

第十条 本规则自二十二年五月一日起施行。

女同人生产假津贴薪工暂行规则

1933年5月31日（民国二十二年）公布

第一条 每年由董事会就本公司章程第二十五条规定，每年度结账盈余所提乙种特别公积项下提拨若干，为女同人生产假津贴薪工之用。

第二条 女同人生产前后得请假共八星期，其因请假所扣去之薪工由公司如数津贴之，件工工友按假定工资计算。

请假日期中之星期日如已给薪工者，不给津贴。又，件工星期日不给津贴。

第三条 女同人应于临产前约三星期报明主管人员给假休息，一面由主管人员报告人事科核给津贴。

在分厂者由分厂厂长照本规则核给津贴后报告人事科转账。

第四条 给假期内如有私向他处工作者，应将已给之津贴追还，并酌量惩戒之。

第五条 本规则由总管理处订定施行，修改时亦同。

第六条 本规则自二十二年六月一日起施行。

同人疾病补助暂行规则

1933年4月11日（民国二十二年）公布，1934年6月1日（民国二十三年）修订

第一条 每年由董事会就本公司章程第二十五条规定，每年度结账盈余所提之乙种特别公积项下提拨若干，为同人疾病补助之用。

第二条 同人患病，依左列各项之规定由公司补助之：

甲、住本公司指定医院治疗，其每日住院费在一元以下者补助全数；超过一元在二元以下者补助一元；超过二元者，经本公司同意得补助半数；

乙、住本公司指定医院施用手术或注射药针，并于事前报经本公司许可者，其手术费及药资得照甲项补助其住院费之比例补助之；

丙、住本公司指定医院治疗，其住院期间在一个月以内者，按其所扣去之薪工数目补助三分之二；

件工按假定工资计算补助之，但星期日应除外不计；

丁、请本公司指定医生门诊诊治者，其医院费及药资补助全数，但挂号费由本人自付；

戊、请本公司指定医生到本人住所诊治者，其出诊费由本人自付一元，其余由公司补助之，并补助药资全数；

己、患病在二日以上，不住本公司指定医院诊治，惟经本公司指定医生验明开诊断书者，报由人事科转请总经理核夺，酌量补助之，在分馆、分厂者，由各该分馆经理、分厂厂长酌核之。

第三条 本公司总馆指定之医院及医生，另行公布。同人前往诊病时，应先向人事科或人事科指定各部份兼办人事人员索取凭单，如请本公司指定医生到本人住所诊病者，应于事前向人事科索取凭单，如因紧急不及于事前索取凭单者，应于事后补具手续。

分支馆、分厂指定之医院或医生，由各该分支馆、经理或分厂厂长酌量指定之。

第四条 有左列情事之一者概不补助：

甲、同人不在本人办事部份所在地治疗者；

乙、非就本公司指定之医院或医生诊治，及非向本公司指定药房配药者，但合于本规则第二条己项者，得照该项规定补助之；

丙、继续患病或最近四个月内患病已满一个月者；

丁、与本公司所订契约已满期者；

戊、患花柳病者；

己、所用药品或注射药针，非疗病所必需或属于补养性质者。

第五条 如有特殊情形，总经理认为须加特别优待者，不受本规则之限制。

第六条 本规则总分支馆、分厂一律适用，并由总管理处就本规则第一条规定提拨之款，酌量情形，分别规定总馆及各分支馆、分厂支付补助之限度。

第七条 如遇前条规定之限度数目将不敷支付补助时，应由人事科或由分支馆经理、分厂厂长报告人事科转呈总经理核定办法或减少补助。如遇必要时，并得将本规则暂行废止之。

第八条 本规则由总管理处订定施行，修改时亦同。

第九条 本规则自二十二年五月一日起施行。

附：同人疾病补助应用之手续

一、同人患病，如住公司指定医院治疗者，请自己或托人向人事科领取"送住医院凭单"。住入医院后，除病愈出院将"住院证书"交与人事科外，即不必再有其他证明手续。

病人出院时，如尚须休养若干日者，应请医院医师在证书上批注证明。

二、同人患病不住医院者，务请于当日自己或托人向人事科领取"门诊诊病凭单"赴公司指定医师处诊验，公司自指定医师证明后之第二日起，照规则第二条己项酌量补助。

三、同人如患病较重，既不住医院，并不能往公司指定医师处诊验者，请于当日托人向人事科领取"请医师出诊凭单"，或通知人事科将凭单送请指定医师出诊诊验，其出诊费照规定第二条戊项由公司补助半数。

四、经指定医师诊验后，由医师出给诊断书，开明休养日期，病人即在该诊断书背面签名，送交人事科，转请总经理批核。如休养期满，病尚未愈，应即续请医师诊验，开给诊断书，其中日期请注意勿令间断。

医师之诊断书，如系直接送交人事科者，当由人事科迅即通知本人接洽。

五、同人患病往指定医院门诊疗治而不住者，如须休养若干日，应请医院证明，就诊病单上批注，送交人事科查核。倘在休养日期中逐日前往者，于请人事科盖章时声明登记之。

六、以上各节，关于与人事科接洽事项，凡在各厂同人，请就近向人事科驻厂办事员或该厂厂长室兼管人事人员接洽。

同人储蓄章程

1932年8月22日（民国二十一年）公布，1933年4月11日（民国二十二年）修订

第一章　总纲

第一条　本章程以适用于本馆在职同人为限。

第二条　储蓄收付事宜统归出纳科办理。

第三条　同人储蓄分活期、定期两种。总馆同人得兼存活期、定期。分支馆、分厂同人以定期为限，不存活期。

第四条　同人存款须用本人姓名，不得用堂名、某记、别号等字样。

第五条　利息起算，无论定期、活期，均以收到之次日为始。

第二章　定期储蓄

第六条　定期储蓄以一年为限，满期如不提取或满期前并无来信嘱不转期，即于满期之日再转一期，其以前利息凭存单照付不再计息。

第七条　定期存数以洋五千元为足额利息常年九厘，前后合计逾五千元者不收。

第八条　定期由总馆发给存单，分支馆、分厂收到定期存款时先给收条，俟该款转入总馆后，再由总馆发给存单交本人收执。

第三章　活期储蓄

第九条　活期储蓄凭折收付。

第十条　活期存数以洋一千元为足额,利息常年八厘,如有超出一千元者,其超出之数不计利息。存数不满一元之零数,不计利息。

第十一条　活期存款利息,每年十二月底结算一次,加入本金内计息。

第四章　附则

第十二条　存单或存折如有遗失,应通知本人办事之总分支馆、分厂,并另立定据及登载总馆所指定上海日报,经过两个月后,始能补给新存单或新存折。

第十三条　遇有特别情形,得临时通知各同人,暂时停收或核减利息。

第十四条　同人身故后其家属如愿继续储蓄,定期得俟期满后、活期得俟本届结息后,在三年内均照第七条、第十条、第十一条给息。

第十五条　同人离职后,其定期储蓄俟期满后、活期储蓄俟本届结息后均不续存,如不来提取,不再计息。

同人长期奖励储蓄规则

1934年4月30日（民国二十三年）订定,1935年4月15日（民国二十四年）修订

第一条　本公司为奖励同人储蓄,以备将来退休娱老起见,特举办同人长期奖励储蓄。凡本公司总分馆、分厂在职同人,均适用本规则,其非正式进用不作同人待遇者不适用之。

第二条　各同人得将每月额定或假定薪工百分之五,存于本公司为长期储蓄金（薪工百分之五,全数不满一元者,凑足一元）。一经储存后,如额定或假定薪工遇有变更时,应俟本届结息后,再行更改储存数目。

前项长期储蓄金经同人认定之后,为便利每月缴存起见,由本公司于每月下半月发薪时在各该同人薪工内代为扣除之。如是月实得薪工不满额定或假定薪工半个月时,得免扣储蓄金。倘本人不愿免扣者,得另以现款交存之。

第三条　同人愿依前条提存长期奖励储蓄者,随时均可向人事科声请,一经声请后,由主计部于收到第一次储蓄金时,即发给凭折交各储蓄人收执,除照本规则第十二条、第十三条凭折提款随时登记外,其逐月储蓄金,每年三月底汇登一次,即由储蓄人于每年三月底将凭折送交主计部,俟汇登完竣后,仍交各储蓄人收执。

第四条　每年年终发给同人特别休假薪工时,同人得将所得特别休假薪工,加入长期储蓄金。但至多以所得特别休假薪工之全数为限,前项加入之数,应由同人于发给该薪工后十日以内,另以现款交存,过期不收,本公司亦不代为扣除。

第五条　每年派发同人奖励金时,同人得将所得奖金之一部份,加入长期储蓄金,但至多不得超过本人一个月额定或假定薪工之数。

前项加入之数,应由同人于发给奖励金后十日以内,另以现款交存,过期不收,本公司亦不代为扣除。

第六条　依本规则第四条、第五条加入储蓄金时,须填具声请书,经人事科证明后,连同现款送交主计部出纳科。所有加入储蓄金数目,均以一元为单位,不满一元之零数不收。

第七条　长期储蓄金利息按常年一分计算,每年三月底结算一次,加入本金内计算。

如储满三年中途未曾停止者，自第三年起，将历年积存储蓄金一并改按常年一分一厘计息。

如储满五年中途未曾停止者，自第五年起，将历年积存储蓄金一并改按常年一分二厘计息。但增加利息后，倘有停止储蓄情事，自停止之年份起仍按常年一分计息。

储蓄金不满一元之零数，不计利息。

第八条　本公司每年结账有盈余时，由董事会在乙种特别公积项下酌提若干，为储蓄人奖金，前项所提奖金由总管理处按照本年度储蓄数目酌量支配。如认为必要，得将本年奖金之一部移并下年度奖金内。

第九条　前条奖金之分派，于每年四月内举行之，按各储蓄人上年四月一日以后，本年三月底以前，一年内交存储蓄金之数目比例摊派之。但月薪在五十元以下者，其储蓄金每一元作二元计算奖金；月薪超过五十元在一百元以下者，其储蓄金每一元作一元五角计算奖金；月薪超过一百元者，其储蓄金每一元作一元计算奖金。

前项所称之月薪，一律以上年四月份之额定或假定薪工计算。但本届开始储存者，应以开始储存月份之额定或假定薪工计算。

第十条　所有派与储蓄人之奖金，悉数并入各该储蓄人之储蓄金数内，自分派奖金年份之四月一日起，一并按本规则第七条计算利息。

第十一条　储蓄人自开始存储之月份起，满二年后，如不愿继续存储者，得声请本公司停止储蓄，其已储存之数，非依本规则第十二条、第十三条之规定不得提取，仍照常计息，但一经停止储蓄，即行停止分派奖金（例如三月底以前停止储蓄者，四月分派奖金时一律不派奖金）。停止储蓄后，仍得随时声请继续储蓄，但停止前之储蓄数不派奖金。继续储蓄后，如再欲停止者，须自继续储蓄之月份起满二年后始得为之。

第十二条　储蓄人自开始存储之月份起，满一年后如遇左列情事之一者，得酌量提取储蓄金，但至多不得超过当时积存数三分之一：

甲、本人结婚；

乙、父母、夫妻丧；

丙、本人患病连续请假满两个月以上者；

丁、家遭重大之灾变。

第十三条　储蓄人如遇左列情事之一者，储蓄金即全数发还：

甲、本人离馆；

乙、本人身故。

第十四条　依本规则第十三条应行发还之储蓄金，如在分派奖金以后提取者，其依本规则第九条应派之奖金仍照分派。

第十五条　依本规则第十三条甲项应发还储蓄金时而不来提取者，俟本届结息再满一年后不再计息。

第十六条　依本规则第十三条乙项应发还储蓄金时而不来提取者，俟本届结息再满三年后不再计息。

第十七条　本储蓄金凭折不得在外抵押借款。

第十八条　本储蓄金凭折如有遗失，须由本人立具报告书，并妥觅保证人，经总管理处核准并由秘书处登载通信录，经过一个月后始得补立新折，如其储蓄数满五十元者，并应登载指定之日报，经过两个月后，再补新折。

第十九条 本规则由总管理处订定施行，修改时亦同。如认为必要时得将本规则暂行废止。

附： 总管理处通告（第97号，1934年4月30日）

通启者，储蓄之益，人所尽知。然能实行储蓄者十不得一，或因生计关系，力有未逮，或因忽视少数，怠于积储，或因缺乏恒心储而复辍，此皆由于无适当之储蓄方法使然。倘能有适当之储蓄方法勉力行之，养成习惯，究非难事。忆昔年本公司办有特别储蓄，当举办之初亦颇有以为不便者，迨至前年"一二八"之难同人中赖特别储蓄以维持生活者甚多，由此更知储蓄利益之广大。本公司复业以来，力量微薄，然对于同人福利之事仍时时注意，疾病补助金、同人保寿险、同人赙慰金等项已次第举办，兹复感于上述储蓄之利益，深觉奖励同人储蓄实不容缓。经多次之研究，特订《定同人长期奖励储蓄规则》，公布于后，并于四月二十一日董事会议决，在乙种特别公积项下提一万五千元，为第一年度储蓄之奖金，按本规则之宗旨，期各同人均能积有相当整数之储金，以为将来退休娱老之资。且注重鼓励，并不强迫。用将其优点略述于次：

一、就每月薪工中提百分之一为储蓄金，为数甚微，轻而易举；

二、每年所得奖励金及年终所得特别休假薪工，亦可以一部份加入储蓄金；

三、利息常年一分至一分二厘，每年并在盈余中所提乙种特别公积项下提拨若干为奖金，储蓄者之利益更为优厚；

四、为优待薪工较小者储蓄起见，薪工在五十元以下者，储金一元作二元计算奖金，薪工超过五十元在一百元以下者，储金一元作一元五角计算奖金；

五、储满一年后，如遇重大事故，提取储金三分之一；

六、储满二年后，如实在无力继续者，得声请停止储蓄；其已储之数仍按常年一分计息。

七、全月所得薪工，如遇有不满半个月者，免扣储金，不以中途停止论。

八、月储薪工百分之五，似甚细微，然积少成多，持之以恒，若干年后，必可得有相当整数之储金，例如月薪六十元，提百分之五为储蓄计三元，全年三十六元，假定每年以等于一个月薪工之奖励金六十元及特别休假薪工平均十天计二十元加入储蓄，利息与奖金一并利上生利，五年之后约可得九百元，十年之后，约可得二千五百元，十五年之后，约可得五千三百元。而其中增加薪水尚未计算在内。

依上述储蓄方法与利益，凡我同人，人人可储蓄，应不致有困难。本规则定于五月份起实行，如早储蓄一日即可多得一日之利益。总之本公司对于同人福利事项，苟为力所能及，极愿勉为进行。前办人寿保险，冀同人将来无身后之忧，兹办长期储蓄，期同人将来享优游之乐，务望我同人一体加入，不胜厚幸。

同人长期奖励储蓄规则施行细则

1934年5月31日（民国二十三年）订定，1935年4月15日（民国二十四年）修订

一、同人愿依本规则提存长期奖励储蓄者须填具声请书，在总馆者应于开馆储蓄月份之二十五日以前将声请书送交人事科转送主计部会计科预备一切手续，过期须待下月份开始储蓄。

在分馆、分厂者应将声请书先期填送经理、厂长，核准后由该馆、厂会计主任于每月底发给本月

下半月薪工时代为扣除，将代扣之数填入薪水稽查册"本月已支"栏内，并标明"代扣储蓄"字样。

对于同人声请长期储蓄之核准范围应以正式进用者为限。分馆、分厂核准后应于月底汇开"代收同人长期储蓄通知单"（注明第一次字样）连同声请书及登账咨照单一并寄人事科，经复核后转送会计科，至迟须在次月十五日以前寄到，过期须俟下月开始储蓄。

二、分馆、分厂除第一次开始储蓄，向总馆登账应依照前条规定手续办理外，其以后每月陆续存储者，应于每月底另行汇开"代收同人长期储蓄通知单"连同登账咨照单一并迳寄会计科转账，并应于发下半月薪工之次日交邮寄出。

三、总馆每月所扣同人长期储蓄金，由会计科就薪水稽查册记明数目，同时填入钟片内，并结出所扣总数，开具付款凭单，付入未付薪水账，一面转收"同人长期奖励储蓄账"，并分别过入"同人长期奖励储蓄稽查册"。

分馆、分厂每月代扣同人长期储蓄金，就薪水稽查册结出扣除总数，开具付款凭单，付入"薪水暂记"账，同时由现款簿记入"总公司往来账"，其照本规则以现款交存者，由现款簿迳收总公司往来账，不得由薪水暂记转付。

四、主计部会计科接到人事科转来之声请书，并收到第一次储蓄金后，即分别发给凭折交各储蓄人收执，在分馆、分厂者，寄各该分馆经理、分厂厂长转交各储蓄人收执。

五、依照本规则第二条第二项，因实得薪工不满额定或假定薪工半个月者，免扣储蓄金，不以中途停止论。

如本人不愿免扣另以现款交存者，至迟应于次月七日以前为之，过期不收。

收款部份收到前项现款应出给收据，俟三月底再汇齐登折。

前项收据上应注明"某月份长期储蓄款业已收账"等字样。

六、各同人储蓄，按每月额定或假定薪工百分之五计算，全数不满一元者应凑足之（即每月储蓄至少一元）。如全数已满一元者，其零数无庸凑足一元，但零数以角为止，角以上采四舍五入法。

七、同人加班薪工不得加入额定或假定薪工数内，但分馆供膳者，应加膳资十元。

八、所有每月下半月发薪时扣除之储蓄金，一律收本月底期之账，于次月一日起息，总馆下半月薪工于次月三日及五日发给者，亦依此同样办理。

依本细则第五条，于次日以前以现款交存者，亦照前项规定日期起息。

九、每年派发奖励金及每年终发给特别休假薪工时，均由人事科将印成之声请书，分别填注各同人姓名及每月额定假定薪工数目，或应得特别休假薪工数目，加盖证明图章，发交各同人。

各同人如愿将所得奖励金或特别休假薪工加入长期储蓄者，其在总馆，即将声请书填注加储数目，签名后连同现款送交主计部出纳科或其临时指定之银行，由收款部份在声请书下联回执上签印后扯下，交还各该储蓄人收执。其在各分馆、分厂应送交各该会计部份，并取回执。

前项回执系专备各储蓄人与凭折核对之用。

十、各分馆、分厂收到同人以奖励金或特别休假薪工加入长期储蓄，应于收款后三日内将声请书连同登账咨照单寄交人事科转送会计科入账。

十一、凡欲将奖励金及特别休假薪工加入长期储蓄者，必须先存有长期储蓄。否则不收，即已收款而后查觉者，仍行退还。

十二、奖励金加入长期储蓄系以一个月额定或假定薪工数目为至多数，如遇有所得奖励金不足薪工一个月而愿储足一个月薪之数者听。

十三、特别休假薪工加入长期储蓄，系以实得特别休假薪工全数为至多数，超过者不收。

特别休假薪工在分馆即为存假薪水，如欲加入长期储蓄，须于每次发给后十日内声请之。

十四、特别休假薪工加入储蓄，一律于应得该特别休假薪工之次年一月一日起息。

奖励金加入储蓄，一律于总馆派发奖励金之次日起息。

十五、所有登折手续一律由总馆办理，分馆、分厂不得代为登折。

十六、每年三月底由会计科将所有储蓄金利息结算一次，并将上年四月至本年三月底止，逐月储金及加储之款、上年派给之奖金，应得利息等汇登凭折。

各储蓄人应于三月底以前，将凭折送交会计科，其办事部份与会计科同在一处者，应迳自送交其办事部份，与会计科不同在一处者，应交各该部份主任用回单转送，其在分馆、分厂者，应于三月二十日以前将凭折交各该经理、厂长或其指定人汇集转寄会计科。凡将凭折自行送交会计科者，由会计科给以收条，其交各部份主任或呈各分馆、分厂转至会计科者由各该部份主任或分馆、分厂给以收条，将来即凭收条换回凭折。

分馆、分厂同人三月份之储金，应提前于三月上半月发薪时扣除，即将三月份代收同人长期储蓄通知单、登账咨照单连同各人凭折寄交会计科，至迟必须于三月二十日以前交邮寄出，以便会计科结算储款总数，核给奖金。

十七、会计科将各凭折登记齐集后，其由各部份主任或各分馆经理、分厂厂长转来者，仍交由各该部份或分馆、分厂转交各储蓄人；其由各储蓄人自行交来者，应通知各该储蓄人凭所发收条换取凭折。

各储蓄人收到凭折应详细检阅，如有疑问可随时向会计科查询。

十八、每年四月间，会计科应将上年四月一日以后本年三月底以前一年内收存储蓄金之数目，并分别月薪五十元以下者、超过五十元在一百元以下者、超过一百元者三类所存储蓄数目送总管理处核定，支配奖金。

前项奖金核定后由总管理处以通告公布之。

十九、依本规则第十一条声请停止储蓄者，应填具声请书，详叙事由，送人事科经核准后转送会计科登记；在各分馆、分厂者，应填具声请书，经各该分馆经理、分厂厂长核准后转寄会计科登记。

二十、依本规则第十二条各项提取储蓄金者，应填具声请书，详叙事由，送人事科经核准后交还本人，连同凭折送会计科核付；在分馆、分厂者应填具声请书，由经理、厂长签字，后连同凭折一并寄交人事科核准后转送会计科，查明应付数目，开单通知分馆、分厂照付，并将凭折登记寄还。

会计科对于前项之登折，应查明未登折之储蓄金等项先行登齐，再登提取数目。

分馆、分厂储蓄人遇有本规则第十三条事故，亟须提取储蓄不及待人事科核准办理者，得由该馆、厂经理或厂长就各该储蓄人凭折上已登记之数目借支三分之一，付入暂记之账后，仍按前项手续办理。

二十一、依本规则第十三条甲、乙两项提取者，应填具核单送人事科，经核准后交还提取人，连同凭折送会计科核付；在分馆、分厂者，应填具核单由经理、厂长签字后连同凭折一并寄交人事科核准，并注明退职或身故日期后，转送会计科结算本息，开单通知分馆、分厂照付，并将原凭折注销。

二十二、依本规则第十三条甲、乙两项提取者，应将所有本息一次如数提取。

二十三、依本规则第十三条乙项提取者，应交储蓄人之法定继承人收取，并令觅具保证。

二十四、分馆、分厂同人依本规则第十二条及第十三条提取储蓄金时，各该分馆、分厂应俟接到会计科通知及出纳科划款收条后始得照付，其依本细则第二十条第三项借支之数应即扣还。

二十五、储蓄人遇本规则第十三条所列情事时，如有欠本公司之款，由人事科查明通知会计科在其储蓄金内如数扣抵。

二十六、本细则由总管理处订定施行，修改时亦同。

同人人寿保险暂行规则

1933年4月15日（民国二十二年）公布

第一条 由本公司代同人约定人寿保险公司三家，备本公司同人投保寿险。

第二条 本公司在职同人，如系国难前旧同人经正式订定聘约或契约者，如系新进同人或分支馆、分厂同人正式进用已满一年者，均得依本规则投保寿险，但以年龄在五十五岁以下为限。

第三条 本公司同人合于前条之资格，如愿投保寿险者，应填具志愿书送交人事科。

第四条 同人投保寿险者，就本公司约定人寿保险公司三家中任择一家投保，投保后本公司除按本规则第八、第九条在任付半数保费外，所有保险契约之履行完全为被保险人与保险公司间之关系，与本公司无涉。

第五条 一律投保终身寿险。

第六条 保额以本人月薪十个月之数目为标准，至多以四千元为限，但保额不足四百元者得保至四百元，零数不足百元者均凑足一百元。

件工按假定工资计算。

第七条 保费由本公司与人寿保险公司商定后另行公布之。

第八条 保费半数由本公司津贴，其余半数由被保人自己认付。

第九条 前条本公司津贴之半数保费，由董事会就本公司章程第二十五条规定每年度结账盈余所提之乙种特别公积项下拨充之。

被保人所认付保费之半数，由本公司先行垫付，在本人薪工内分两个月扣清，嗣后每年续交保费时，均由本公司于垫付后仍分两个月扣还。

第十条 保险单每人一纸，交由各投保寿险本人收执。

第十一条 被保人如于三年后愿将保险单向承保寿险公司抵借现金时，须得本公司之同意，同意之标准以左列为限：

甲、本人结婚；

乙、父母、夫妻丧；

丙、本人患病连续请假满两个月以上而仍须继续请假者。

第十二条 被保人退职时，所有退职后应续付之保费，应全数由被保人自行认付，其保险单亦完全由被保人自由处理，与本公司无涉。

第十三条 除本规则已有规定外，其余悉依照各该承保寿险公司章程办理。

第十四条 关于投保寿险之手续，由本公司别以细则或通告规定之。

第十五条 学生、学徒、女职工及年龄在五十六岁以上之男职工均不适用本规则，如遇有病故者，依照同人赙慰金暂行办法办理。

第十六条　本规则由总管理处订定施行，修改时亦同。

附一　总管理处通告（第60号，1933年4月28日）

启者，查《同人人寿保险暂行规则》第一条规定"由本公司代同人约定人寿保险公司三家，备本公司同人投保寿险"，又第七条规定"保费由本公司与人寿保险公司商定后，另行公布之"各等语，兹约定泰山保险公司、友邦保险公司、四海保险公司三家，备本公司同人投保寿险，已与该三家签订合同，所有保费，具载于合同第七条，用将合同全文公布于后，惟有一点应请同人特别注意者，本公司与保险公司另行文交换凭信，约定凡同人合于《同人人寿保险暂行规则》第二条规定之资格者，务望于五月一日起三个月内，填具投保寿险志愿书交由人事科转交保险公司，可享免验体格之权利。惟志愿书交到人事科后，尚有种种手续，兹特规定以七月二十五日为限。倘过此期限投保者，保险公司仍须检验体格。其在分支馆、分厂同人，得于三个月期限外另加信件往返路程日期，但至多连规定之三个月，不得超过五个月，即人事科于九月二十五日以前收到远地分馆同人之投保险寿险志愿书，始可享免验体格之权利。

至于以后新进同人，正式进用满一年后欲保寿险者，亦须于三个月内决定投保，否则保险公司即照章检验体格，始允承保。统祈注意是为至要。本公司与保险公司交换之凭信一并录附于后，特此通告。

附二　本公司与友邦、泰山、四海保险公司订立之合同

立合同　商务印书馆（下文简称甲方），泰山、友邦、四海保险公司（下文简称乙方）今因乙方愿为甲方之职工承保寿险，经双方同意议定条件如左：

一、本合同所称职工，指甲方现已聘雇及日后陆续聘雇之男性职工，具有甲方《同人人寿保险暂行规则》所定资格，自愿投保寿险，经甲方通知乙方者。

前项规定之职工，乙方均应承保，但四十九岁至五十五岁之职工如超过全数百分之十时，其超过人数之保险费，由双方协商于合同第七条所定之标准数外酌量增加。

二、本合同所称寿险，指不分红终身寿险。

三、职工投保寿险，得于乙方三家公司中任择一家投保。

四、职工投保寿险须受体格之检验。

五、保险金额按各职工十个月薪水额定之，但不得超过四千元，其不满四百元者得保至四百元。十个月薪水额有零数不足一百元者凑足一百元。

六、保险单每人一张，由乙方制给甲方转交各职工收执。

七、保险费依左列标准计算之。〔略〕

八、保险费半数由甲方津贴各职工，其余半数由各职工自己认付，但本合同第一条第二项但书增加之保险费，全数由甲方津贴。

前项由各职工自己认付之保险费由甲方先行拨垫，连同甲方津贴之数一并给付乙方。

九、职工退职后，不论自行辞退或被甲方撤退，经甲方通知乙方后，其保险费全数由该职工自行给付，与甲方无涉，但乙方对于该职工之保险条件，不因退职而有所变更。

十、职工得于保险寿险日起三年后，将保险单向乙方抵借现金，但除已退职者外，乙方须得甲方书面认可始得受抵。

十一、职工死亡时，如在甲方任职期间者，经甲方通知后，乙方应立即将该职工之保险金额全数一次给付其所指定之受益人；如已退职者，乙方应给付保险金额之手续依乙方所定章程办理。

十二、甲方允于本合同签订后五年内，不代聘雇之职工向别家保险公司投保寿险；乙方亦允于本合同签订后五年内，凡甲方所通知之职工投保寿险者，均照本合同规定承保。

十三、除本合同及甲方所订《同人人寿保险暂行规则》已有规定者外，均依照乙方章程办理。

十四、本合同一式四纸，一纸由甲方收执，其余三纸由乙方三家各执一纸为凭。

中华民国二十二年四月二十一日

立合同　商务印书馆

泰山保险公司

友邦保险公司

四海保险公司

见 议　潘学安

附三　友邦、泰山、四海保险公司二十二年四月二十四日来信

商务印书馆

云五先生大鉴：迳启者，关于尊处与敝公司所订之同人人寿保险合同，兹有两点对于贵公司方面无何出入，而于弊公司方面关系匪浅，是以敢拟稍事修改，尚乞鉴谅。

（一）关于合同第一条职工投保人寿保险之规定，当然以贵馆总管理处民国二十二年四月十五日所公布之五十五号通告《同人人寿保险暂行规则》为根据，关于职工投保人寿保险，自本年五月一日起在三个月内决定，倘以后半途愿欲投保者，敝公司得照常检验体格之权利。至于以后贵馆雇用之新职员，照尊处《暂行规则》规定。一年后得以投保，亦须于合符投保规定资格后三个月内决定。过期则须受体格之检验，凡在规定三个月内，未曾投保之职工，敝公司应有于公作时间内向彼解释人寿险之权利，凡于规定三个月后投保之职工，须先受身体之检验，一经敝公司承保而其投保志愿书系经贵馆盖章转来者，即作加入以前投保之团体论，所有保费半数，亦由贵馆担负。所有上述三个月之期限，系适用于上海贵总馆职工，至于各地贵分馆、分厂职工应于三个月期限外另加信件往返路程日期，但至多连规定之三个月不得超过五个月。

（二）关于合同第十一条职工死亡后领款手续，除遵照合同办理外，如调查死亡原因，依敝公司保单条件规定不能享受赔偿权利者，弊公司不给付保险金额。

上述两点，作为双方所订合同之附款，务祈尊处加签于上，以资清楚，感甚幸甚。专此布达，顺颂

台安

友邦人寿保险公司

泰山保险股份有限公司 谨启

英商四海保险公司

附四　本公司四月二十六日复友邦、泰山、四海保险公司函

友邦、泰山、四海保险公司台鉴：迳复者，按二十四日　尊致敝公司王总经理函，内开"关于尊处与敝公司所订之同人人寿保险合同，兹有两点对于贵公司方面无何出入，而于敝公司方面关系匪浅，请酌予修改：

（一）关于合同第一条职工投保人寿保险之规定，当然以贵馆总管理处民国二十二年四月十五日所公布之五十五号通告《同人人寿保险暂行规则》为根据，关于职工投保人寿保险，自本年五月一日

起，在三个月内决定，倘以后半途愿欲投保者，敝公司得照常检验体格之权利，至于以后贵馆雇用之新职员，照尊处《暂行规则》规定，一年后得以投保，亦须于合符投保规定资格后三个月内决定，过期则须受体格之检验，凡在规定三个月内未曾投保之职工，敝公司应有于公作时间内向彼解释人寿险之权利，凡于规定三个月后投保之职工，须先受身体之检验。一经敝公司承保而其投保志愿书系经贵馆盖章转来者，即作加入以前投保之团体论，所有保费半数亦由贵馆担负。所有上述三个月之期限，系适用于上海贵总馆职工，至于各地贵分馆、分厂职工，应于三个月期限外，另加信件往返路程日期，但至多连规定之三个月，不得超过五个月。

（二）关于合同第十一条职工死亡后领款手续，除遵照合同办理外，如调查死亡原因，依敝公司保单条件规定不能享受赔偿权利者，敝公司不给付保险金额，上述两点，作为双方所订合同之附款等语，敝公司考虑之下，敬表同意，惟第一点内"凡在规定三个月内未曾投保之职工，敝公司应有于公作时间内向彼解释人寿险之权利"一节，应请贵公司改用书面为之，以免妨碍敝公司之工作，又敝公司尚有一点应请贵公司允予照办者，此次双方所订之合同另印单张，应由贵公司黏贴于每一保险单上，并于骑缝处加盖图章，如保险单上之条件或其他章程与合同有抵触之处应依照合同规定办理，此点与双方议定条件毫无出入，而将来可以免除争执，敬祈查照为荷。专复，祗颂

公安

上海商务印书馆谨启

附五 人事科通启摘要（1933年6月27日及7月14日）

一、兹又据泰山、友邦、四海三保险公司来函声述两点，摘告如左：

（一）同人投保志愿书，须于保险公司收受之日正午十二时起发生效力，倘该保寿同人于是日正午十二时前遇有不测，该保险公司不负责任；

（二）总分馆、厂新进同人，在任职满一年后投保此项寿险者，其投保单于满一年后三个月内（前函原定分馆、分厂得加信件往返路程日期至多共计五个月，今关于新进同人，因已有一年考虑之机会，故分馆、分厂亦改定在一年后之三个月内寄由弊科送到该公司）交由敝科核准盖章转送保险公司，其发生效力等程序，悉同第一条规定如于三个月限期后交去者，则须经检验身体合格者，方可投保。

上开两项业经本馆允予照办，用再通造，务请总分馆、厂同人特加注意，克日投保，以免失去权利，是为至幸。

二、一般同人颇有万一将来中途无力缴纳保费为虑者，查保公司章程曾有"现金借款""退还现金""保费作为付清酌减保额""停缴保费另订有效期限"等种种补救方法，前经分庄科五月十八日第十九号通告在案（登三八六期通信录），尚祈一并详察查照。

三、同人投保寿险志愿书中生辰一栏，请完全照阴历填写，并请于年岁下加注生肖，至照阳历应作几岁，计费若干，则当责成保险公司计算准确。

附六 营养部份庄科通启（第19号）

启者，本公司约定人寿保险公司备同人投保寿险，并由公司津贴保费半数，业经将《同人人寿保险暂行规则》及本公司与保险公司所订合同，先后公布在案。兹有数分馆来函询问，万一同人脱离公司后而无力缴费，或所缴保费超过保额时应如何办理等情，查保险单上原载有"现金借款及退保现金数目""保费付清之保险金额""延长保险"等价值表，用特分别说明如下（下列均以年三十岁，保

额以一千元为计算标准）：

一、现金借款及退保现金　被保人如有急需，以保险单向保险公司抵借现金或退保取回现金，得依缴足保费年份照下表计算：

价值	20	31	42	53	64	76	89	102	115	128	142	158	172	187	202	219	235	252
缴足保费年份	3	4	5	6	7	8	9	10	11	12	13	14	15	16	17	18	19	20

以保险单抵借现金利息常年六厘，预付全年。

二、保费付清之保险　被保人若不欲或不能继续付费，亦不愿取销保险，则可改为保费付清之保险，由保险公司换给无须再付保费之保险单一份，至原定保险约期满，至身故时领取保险金，其金额照已缴年限改如下表：

赔额	56	85	113	140	166	193	221	249	274	299	325	352	377	401	424	450	472	496
缴足保费年份	3	4	5	6	7	8	9	10	11	12	13	14	15	16	17	18	19	20

三、延长保险　被保险人如不愿或不能继续付费，而仍欲取得原保额之保障者，可向保险公司书面声请，将保险单上之现金价值用以延长原保额期限若干年月，照后表规定。如在此规定之期限内，被保险人虽不缴付分文，如遭不测，保险公司仍照原额十足赔偿。

保单延期有效年月	1.2	2.5	3.9	5.1	6.6	7.10	9.2	10.4	11.7	12.9	13.9	14.5	15.2	15.8	16.3	16.6	16.1	17
缴足保费年份	3	4	5	6	7	8	9	10	11	12	13	14	15	16	17	18	19	20

照上述办法，对于无力缴费者自可任择一种，以资救济。至所缴保费超过保额一节，照延长保险之规定，似不致有此事实。例如年三十岁者缴过二十年，即五十岁不能再缴费，可延长十七年至六十七岁，而保额一千元所缴保费尚只四百五十四元二角也，诸祈察照，并随时转向同人解释为荷。

同人子女教育补助暂行规则

1935年4月24日（民国二十四年）订定

第一条　每年由董事会就乙种特别公积项下提拨若干为同人子女教育补助之用。

第二条　各级补助生额以左列规定为原则，每年视前条所拨金额由总管理处核定增减之：

甲、小学补助生额一千名；

乙、中学补助生额一百名（与中学同程度之师范学校、职业学校视同中学）；

丙、大学补助生额五名。

第三条　各级补助金额规定如左：

甲、小学补助生，按其肄业学校所收学费补助全数，但至多每名每年补助二十元；

乙、中学补助生，每名每年补助四十元；

丙、大学补助生，每名每年补助二百元。

以上各级补助金，均于春秋两季始业时各发半数。

第四条　小学补助生额之声请者，以现在本公司任职满一年以上，所得月薪或假定薪资在一百元以下者为准，并依左列规定比较分配之：

甲、薪工较小者先于薪工较大者；

乙、薪工相同时，子女较多者先于子女较少者；

丙、声请补助之子女，上学年已受补助得先于新声请补助者。

第五条　受小学补助金之学生，每家以一人为原则，如有余额时得补助第二人，但至多以二人为限。

第六条　中学补助生额之声请者，以现在本公司任职满二年以上，而其子女合于下列资格之一者为准：

甲、小学毕业升入初级中学者，须小学毕业成绩总平均分数在八十分以上；

乙、初级中学毕业升入高级中学者，须会考列入甲等；

丙、已在初级中学或高级中学肄业者，须最近一学期考试成绩总平均分数在八十分以上。

第七条　大学补助生额之声请者，以现在本公司任职满五年以上，而其子女合于下列资格之一者为准：

甲、高级中学毕业会考列入甲等，并考入本年度本公司指定之大学学院者；

乙、已在大学肄业，最近一学期考试成绩总平均分数在八十分以上者。

第八条　大学补助生额分为甲、乙两部，甲部为新升学者，乙部为已在大学肄业者，甲、乙两部名额之分配，每年由总管理处核定公布之。

甲部之学校学院，由本公司逐年指定之。

第九条　中学补助生额，尽先补助肄业初级中学者，如有余额再补助肄业高级中学生者。

第十条　受中学、大学补助金之学生，每家均以一人为限。

第十一条　各级补助生如在校留级者即停止补助，中学、大学补助生，每年并须考核成绩一次，如其最近一学期考试成绩总平均分数不及七十分者亦停止补助。

第十二条　同人加薪超过一百元时，其子女受小学补助金者俟本学业期满后停止补助。

第十三条　各级补助生之声请每年举行一次，于秋季开学前行之，所有声请手续另以细则定之。

第十四条　本规则第六条、第七条规定中学、大学补助金资格之审查及第九条第二项大学学院之指定，由人事委员会主持之，遇必要时，并得由本公司聘请馆外专家会同办理。

第十五条　本规则由总管理处订定施行，修改时亦同，如遇必要时，并得将本规则废止之。

同人子女教育补助暂行规则施行细则

1935年6月7日（民国二十四年）订定

一、同人依据《子女补助暂行规则》之规定声请子女教育补助金者，无论初次声请或继续声请，均应于每年七月底以前填具声请书，并附缴左列各件：

甲、已入学者须附最近一学期之学业成绩报告；

乙、小学升学者须附最近毕业成绩报告，中学以上升学者须附会考成绩证明书。

上开各件连同所入或拟入学校之章程全份，在上海各部份者直接送交人事科或人事科驻各部份办事人员，在外埠分支馆、分厂者交由各该分支馆、分厂主管人员，汇齐转寄人事科审查。

二、声请人应在声请书内将其子女所拟肄业之小学、初中、高中或大学及年级等详细填明，所有声请书内各栏均应分别详细填注，不可缺漏。

三、本规则第二条甲项所称之小学补助生，以初级小学、高级小学为限，幼稚园不在补助之列。

四、中小各学校以在总馆及分支馆、分厂所在地为限，并须经人事科及各该所在地之分支馆、分厂主管人员之认可。

五、本规则第四条所称之月薪，凡分支馆同人供给膳宿者，其月薪均加十元计算。

六、本规则第四条乙项所称之子女，凡已经就业者，应除去计算之。

七、本规则第四条、第六条、第七条规定之同人任职年资，所有任何同人"一二八"以前之年资得合并计算。

八、本规则第六条乙项及第七条甲项之会考等级，如该生所肄业之学校经教育当局核准无需会考者，即代以该生之毕业成绩总平均分数，其分数须在八十分以上。

九、所有声请书经审查后，无论合格与否均由人事科通知各该声请人。

十、补助金分春秋两季各付半数，于开学前核付之。

支付补助金得开所肄业学校之记名支票付给之。

十一、凡受补助者每学期终了时，均应将学校成绩报告送交人事科。

十二、小学补助生停止补助者，得于升级后重行依照本规则声请之。其中学、大学补助生因学期考试成绩总平均分数不及七十分停止补助者，以后须合于本规则第六条丙项及第七条乙项之规定，始得重行声请。

十三、凡有下列情事之一经查明属实者，除追还已付该学校之补助金外，该声请人之子女并永远停止补助：

甲、未将领取之补助金缴入核定之学校者；

乙、朦领补助金经事后查明者。

十四、小学、中学补助生，如于春季转入他学校肄业者，须先填具转学声请书送交人事科审核。

十五、同人退职，其子女受补助者，下学期即停止补助。

十六、同人因直接执行本公司职务而死亡，其子女受补助者如合于本规则之规定，在小学、中学者得继续补助至高中毕业为止，已在大学者得继续补助至大学毕业为止。

十七、本细则由总管理处核定施行，修改时亦同。

附：总管理处通告（第144号，1935年10月5日）

启者，据人事科函称同人子女教育补助金本届因声请人数不多，故小学补助生额之第二声请人均已予以补助，惟将来第一声请人加多，原定名额不敷分配时，如依《同人子女教育补助暂行规则》第四条丙项规定上学年已受补助者先于新声请者，而同规则第五条规定受小学补助金之学生每家以一人为原则，如有余额时，得补助第二人，应请解释，以资依据。经提出人事委员会讨论议决，函请总管理处解释在案，请裁夺示复等语，查规则第五条既规定受小学补助金之学生每家以一人为原则，如有余额始得补助第二人，则不论本届或将来均应依此原则先尽第一声请人补助，以免向隅。本届第二声请人虽已受补助，不适用规则第四条丙项之规定，下届俟第一声请人补助完毕，如有余额始得补助第二声请人，但审查第二声请人时应先尽上学年已受补助者。除函复人事科查照外，特此通告。

同人赙慰金暂行规则

1932年11月1日（民国二十一年）公布

一、华安保寿公司前退还本公司代同人保寿险费用余之款，暂作同人赙慰金，专为全公司在职同人遇有病故而身后萧条者酌量赙慰之用。

二、在职同人遇有病故而身后萧条者，在总馆由该本人办事部份之报告，在分支馆、分厂由经理、厂长之报告，经公司审查认为应行赙慰者，酌量情形核定支给赙慰金。

三、前项核定支给之赙慰金，领取时应由该家属邀同证明人立据具领，遇必要时，公司得令该家属另觅妥保填具保证书。

四、受领前项赙慰金之家属为本人之妻或夫，如无妻或夫者依左列顺序，但本人有遗嘱者依其遗嘱。

（一）子女；

（二）父母；

（三）孙；

（四）同胞兄弟姊妹。

五、本规则第一条指定之款用完时，由总管理处或另订规则，或将本规则废止之。

六、本规则由总管理处公布施行，修改时亦同。

同人购货优待办法

1932年8月（民国二十一年）起实行

凡本馆同人以现款购本版图书照门售价八折计算，预约特价书及本公司指定之大部书、原版西书照九折计算，每种书每人每年以一部为限（小学教科书以五部为限，中学教科书以二部为限），购仪器、文具等照九折计算，均以人事科介绍信息为凭，一概不立折赊欠。

同人入本馆函授学校补习优待办法

一、本馆同人业余加入本校补习，得依照左开办法享受半费之权利：

甲、服务总馆者应由部长或主任证明；

乙、服务分馆、分厂者应由分馆经理、分厂厂长证明。

二、同人享受上项优待办法者不得享受本校章程第十三章第四十一条之权利。

三、香港分馆、分厂同人除照第一条缴纳学费外，应照原定学费加缴一成为邮费。

四、同人购买课艺纸等均无折扣。

五、同人在本校修毕国文科或英文正科之一级者，得参与本校每年举行之评奖。

六、同人入学后离职者，其优待权利享受至修毕本级功课为止。

同人汇划家用款项免费办法

1934年6月（民国二十三年）起实行

凡本公司总馆同人于收到领薪钟片时，欲就钟片上款额，以全部或一部份交上海中国银行总行汇划他埠作家用者，持片往汇，得免计汇水。其汇往地点，如在江浙两省，每人每月以二百元为限，其他各省每人每月以五十元为限。但四川、东三省、广东、香港等处，因货币不同，不适用此项规定，应分别按照当日实际行市计算。

中华职业补习学校优待本馆同人办法

1934年2月（民国二十三年）起实行

人事科与第二中华职业补习学校（在三马路江西路东）约定，凡本馆同人入该校晨夜班各科补习者，学费可一律照八折缴纳，同人中有愿入该校补习者，可先填就该校报名单，持向人事科盖章证明再付学费，即可照前项优待办法办理。

新进同人须知

一、详阅本公司规则汇编中各项记载，如有不明了处，可面询主管人员或人事科。

二、注意应缴半身三寸照片两张及觅殷实店铺或商人为保证人，填具保证书送交人事科。

三、徽章应悬挂胸前显明之处，切勿忘记或遗失。

四、注意工作时间之起讫，勿忘按打钟片。

五、注意服务规则及其他与本人有关之事项。

六、需用文具及其他办公用品时，可开具"领取自用品凭单"，请主管人员签字或盖章后，着杂役往庶务股领取。

七、同人在本公司内，以雇用或工作契约上所填之姓名为正式通用之姓名，务请勿用其他别号。

八、每日离馆时须将文件锁藏抽屉或保管箱内，并注意自己经管之钥匙。

保证须知

一、凡本公司同人应照章取具保证。

二、试用或短期人员不照同人待遇者，本公司认为必要时亦应取具保证。

三、保证人以上海之殷实商号或殷实商人为限，但分支馆、分厂就地进用同人，得就各该所在地觅取之。

四、本公司同人不得互为保证人。

五、本人之最近亲属不得为保证人。

六、取具保证应先开列保证人姓名、职业、住址送交本公司人事科，经认可后再行填具保证书。分支馆、分厂就地进用同人之保证人，应先由分支馆经理、分厂厂长认可之。

七、保证书废止后如保证人欲索回原保证书者，至少须经三个月以后始可发还。

请假须知

一、同人遇有要事请假外出或请假在半日以上者，均应预先开具请假单送经主管人员签字核准后，交人事科登记，倘假期已满尚未毕事者应先期续假。

二、请假单应用回单簿送交人事科。

三、请假出外应于离馆及回馆时按打钟片。

四、如同人在馆外临时发生重要事故或疾病不及到馆备具请假手续者，应以电话或其他最速方法通知主管人员，随后仍应补具请假单。

五、同人在假出之前应将经办事务及经管之钥匙交托主管人员，其有前条情形不及预先交托者，亦应随时设法办理。

六、遇本馆工作繁忙时，苟非必要事务，请勿请假或尽量缩短假期。

七、凡请假未经公司核准即不到馆工作或假后补开请假单而公司认为无相当理由者，作无故旷工论。

受补习教育学生请假须知

一、学生因有疾病或重要事故不能到校上课者，应预先开具"学生请假单"送经人事科核准，倘假期已满尚未痊愈或未毕事者应先期续假。

二、总管理处各部份及发行所学生（工作地点在河南路二一一号者）请假，直接向人事科为之；其他各厂、栈、支店学生请假，向各该部份主管人员取填请假单，用回单簿当日送交人事科。

三、学生如因病、因事在工作时间内须请假而亦不能到校上课者，除照章向主管人员请假外，并须按照前条办理。

四、如学者在馆外临时发生重要事故或疾病不及到馆备具请假手续者，应于到馆时补具请假单。

五、凡请假未经核准即不到校上课，或假后补开请假单而人事科认为无相当理由者，作无故缺课论。

招收工读学生简章

1933年5月（民国二十二年）订，1935年6月（民国二十四年）改订

一、宗旨　本馆为辅助清寒子弟起见，特招收工读学生，令其于课余时间，从事商业上之实习与服务。

二、资格　须备具左列各项条件：

（甲）、在本埠公立或私立中学初中三年级以上肄业者；

（乙）、家境清寒而成绩优良者；

（丙）、体格强健者；

（丁）、年龄在十六岁至十八岁之间者；

（戊）、有妥实之保证者。

三、招收手续　由本埠公立或私立中学介绍合于前条资格之学生，填具登记表寄交本馆，再行定期考选录取。

四、实习与服务期间　自本年暑假开始日起至明年同时期止，以一年为度，并规定时间如下：

（甲）、暑假及寒假期中，由本馆参照学校假期酌定起讫日期，每日上午九时至下午七时；

（乙）、秋季及春季开学期内，以共计两个半月为度，每日下午四时至八时，其起讫日期临时酌定；

（丙）、平日，（子）每周之星期六下午一时至七时；（丑）每周之星期日下午一时至七时。

五、工作　实习本馆营业范围内之一切事务，如整理橱架、添配商品、开写单据、缮复函件、应接顾客及其他助理职员办事等项。

六、酬报　每天全年致送洋一百元，于秋季开学、春季开学时各给二十五元，寒假开始日与服务期满日各给二十五元，其他本馆待遇同人章程均不适用。

七、附则　工读学生应遵守本馆各种关于同人服务之章程、规则、通告，否则本馆得随时解约并酌量追还已付之酬报，如有请假或旷分者，其酬报均结算照扣。

招考练习会计员简章

1933年7月（民国二十二年）订

一、名额　正取五名，备取五名。

二、资格　须备具左列各项条件：

甲、大学毕业或具有同等之程度者；

乙、年龄在二十五岁以下者；

丙、体格强健、不染嗜好、能耐劳苦者；

丁、有妥实之介绍人及保证人者。

三、报名　凡具有前条资格愿投考者应先办理左列各项手续：

甲、交阅介绍人之介绍书或其他证明文件；

乙、填写履历表；

丙、缴纳本人最近三寸半身照片一张。

四、考试　报名后经审查合格者，当即专函通知约期考试。考试科目为（1）国文、（2）英文、（3）算学、（4）商业概论、（5）初级会计、（6）常识、（7）口试（考试时须交验毕业或修业证书及成绩单）。

五、录取　经考试录取者当即通知先行检验身体，如身体及格即行进用。

六、试习　录取后先行试习，以三个月为期，试习期内如不合意，彼此均可随时解约。

七、实习与服务　试习期满，如双方同意继续者为练习会计员，另订两年之契约。

八、待遇：

（甲）、试习期内每月津贴洋四十元，不作同人待遇；

（乙）、练习期内第一年薪水自五十元起，第二年每月薪水自六十元起，练习期满经双方同意，另订职员契约。

九、规约　练习会计员对于公司各种关于同人服务之一切章程、规则、通告均应遵守。在练习期内如自行辞职或因违犯公司章程而被辞退者，公司得追还已付之津贴及薪水。

招考第三届练习员简章

1935年6月（民国二十四年）订定

一、宗旨　本馆为培植适用办事人才起见，特招取练习员进馆练习各项事务。

二、名额　暂定五名（男性）。

三、资格　投考练习员者须备具左列各项：

（1）身体强健、能耐劳苦并志愿服务于商业机关者；

（2）国内大学毕业者；

（3）年在二十五岁以下者；

（4）经毕业之学校证明介绍者。

四、报名手续

（1）先由本馆依需要科目通函各大学，请其介绍若干人，并嘱本人迳向本馆报告。

（2）凡志愿投考人，须填具本馆所发之人事登记表，连同左列各件亲自携交或由邮局挂号迳寄本馆人事科报名：

（甲）、毕业学校之介绍信及证明书；

（乙）、本校成绩报告单；

（丙）、最近著作（如有已出版之著作请尽量检交）；

（丁）、最近四寸半照片一张。

（3）本馆接到上项表式及文件后，分别加以审查，其认为合格者，由本馆定期通函请其前来投考。

五、考试手续

（1）考试时日与地点临时由本馆酌定通知；

（2）考试科目定为国文、外国文（英、法、德、日任择一种）及常识测验；

（3）口试；

（4）体格验查。

六、进馆手续

（1）限期报到由本馆临时通知之；

（2）录取各员须先填具志愿书及保证书方得进馆；

（3）录取各员进馆后之工作由本馆酌定分派之。

七、附则

（1）投考练习员者之川旅膳者等费，不论录取与否，概由投考者自备；

（2）凡报名未合格或考试未录取者，均由本馆将所缴文件及照片退还。

招考会计学生简章

1934年12月（民国二十三年）订，1935年6月（民国二十四年）改订

一、名额　暂定十名（男性）。

二、资格　须备具左列各项条件：

（甲）、高中毕业对于会计学科有特别兴趣者；

（乙）、年龄在二十岁以下者；

（丙）、品性优良、体格强健、能耐劳苦者；

（丁）、有妥实之保证人者。

三、报名　由本公司函请本埠公立或私立中学介绍合于前条资格之学生，每校三人至五次，填具人事登记表，并附本校成绩报告单及本人最近四寸半身照片一张，挂号寄交本馆。

四、考试

（甲）、日期（略）

（乙）、地点（略）

（丙）、科目：国文、英文、簿记、珠算、笔算、口试。

五、录取　考试及格经录取者，由本馆函令照章办理进馆一切手续。

六、学习与服务　学习期定为一年，学习期满如本公司认为合格，升任职员，另订服务两年之契约。

七、待遇　学习期间内照第三年级学生待遇，月给津贴二十元，膳宿自备，学习期满后，视办事成绩，另订薪水，并照职员待遇。

八、规约　学生对于本馆所订《学生、学徒规则》及共他一切同人服务、章程、规则均应遵守，在本简章规定之服务期间内，如未得本公司同意而辞职或故意违犯本公司章程而被辞退者，本公司得追还实给学习期内津贴之全数及服务期内薪水之半数。

附录

商务印书馆人事管理概况

（本附录自商务印书馆1935年10月编印之《商务印书馆人事管理概况》，

全书计十章，第十章"特载"本书未收。）

引言

本公司对于人事之管理，向所注意，但在初创办时范围较小，职工无多，尚无设立专门部份主管

之必要，民国五年公司成立总务处以统辖全公司一切业务，规定有人事一股，嗣因当时实际上仍无此需要，故未正式成立。至民国十五年，公司感觉部份渐多，职工日众，往往因各部份待遇偶有参差，易引起无谓之争执，而同人福利事项日渐增多，手续亦随之加繁，乃成立人事股直隶总务处，办理关于人事之一切事项。民国十九年秋，经理王云五先生自欧美考察归国，实行科学管理，改人事股为人事科，事权渐次集中。民国二十一年"一二八"之役，公司不幸遭遇国难，是年八月勉力复业，一切规章重新订定，组织管理均较有系统，但公司规模既广，人事之应付益繁，应如何随时研究改进，实片刻不容忽视，除管理及服务待遇之各项章程、规则已订入本公司规则汇编外，爰再将现有办事手续及各种表格编成此册，藉供同人参考，或亦为改进之一助也。

人事管理之组织与职权

民国二十一年七月十二日，本公司董事会议决总馆定于八月一日复业，嗣于七月十五日议定《总管理处暂行章程》，于七月二十日公布，订定设立人事委员会，其职权为掌管全公司职工（副科长以上人员除外）之进退奖惩及福利事项，辖人事科。

所有本公司人事管理工作，经人事委员会议决后，由人事科依据人事委员会之决议，送请总经理核定执行之。

人事委员会之议案，系由人事科根据各关系部份之提议，或人事科自行提出者，制成提案单，送会核议。经核议后，由会缮成议决案，呈请总经理核定，交还人事科。其有因时间关系，不及交议者，得由人事科长与人事委员会主任商定办法，先行送请总经理核定，而后报告委员会。

人事科负责执行全公司一切关于人事事务，大概可分为职工进退移调、职工服务、职工待遇、同人福利，以及调查研究等数类，范围颇广。而因总馆各部份之办事地点并非集中一处，且分馆、分厂散布全国各地，故工作上不得不委托各分设机关人员兼办。但此仅限于通常之事务，关于重要事项，则仍归人事科直接办理之。

上海制版、印刷、平版三厂及发行所承印股工场，主计部原派专管成本会计人员，二十二年十一月起，改属生产部厂务股，人事科为节省人手计，曾将各该处通常之人事事项，如：职工打钟片之管理，职工请假公出之记录等，开明注意各点，托由驻各厂办理成本会计人员兼办，其他事项，则仍由人事科直接办理，或按时派员到厂办理。惟成本会计人员本身工作殷繁，爰自二十三年八月起将印刷厂与平版厂之人事工作，改由人事科自行派员轮驻办理，至于制版厂及承印股则暂仍其旧。

分厂分馆之人事事项，除进用人员于二十三年六月由人事科通告，须先经人事委员会通过后，再转陈总经理核夺，以期划一外，其他事项属于各分厂、分馆内部者，分厂由总务股秉承正副厂长办理，分馆由事务组秉承经副协理办理。于各事决定后，开具各种报告单报告人事科。惟职工薪额及其他待遇之规定或更改，仍须先行函知人事科，经转呈总经理核定后行之。又奖励金、保寿险及储蓄等福利事项，仍集中于总馆人事科，分馆、厂仅办理初步审查及承转之手续。

职工之进用移调及退职

一、进用

本馆复业后，关于职工之进用，经《总管理处处理重要事务暂行规则》订定原则四项如后：

（一）各机关需用职工（副科长以上除外）时，其属于各部者，应先商明主管部部长，属于秘书处者，应先商明首席秘书，属于人事科者，应先商明人事委员会主任。通知人事科，或由人事科就登记人才中选择相当者，或由各机关自行开具拟进用者之姓名、履历，均提交人事委员会审核，开列审核结果，送请总经理核定。

（二）副科长以上职员之进用，由总经理订立聘约。

（三）其他职工之进用，于人事委员会通过并由总经理核准后，以人事科名义订立契约。

（四）各分厂之正副厂长之进用，由生产部长提出，各分支馆之经副协理会计主任之进用，由营业部长提出，由总经理核定订立聘约。

各部份需添人员时，先开具需添人员知照单（附表一）送交人事科，单为二联，一送人事科，一留底备查。人事科接到上项知照单，除需添部份已提人选经审查后提交人事委员会核议者外，应就左列各类甄选之：

（甲）"一二八"国难前旧同人；

（乙）登记人才；

（丙）临时征求。

查本公司在"一二八"国难前，合总务处、编译、印刷、发行三所及附属东方图书馆同人，都凡三千八百余人。复业后需用人才，苟旧同人中有能胜任者尽量选择录用。故可谓为人才来源之最大者。至对于外界自荐与介绍之人才，备有人事登记表（附表二），择优存记，遇需用时再与接洽。如临时需用某种人才，则登报或请职业介绍机关公开征求，考选录用。

甄选时采用回避制度，即凡一家中父母、兄弟、夫妻、子女已有一人在本公司任职者，其余不再进用，其理由有二：

（一）本公司"一二八"前旧同人颇有父母兄弟夫妻子女一家四五人同受雇用者，复业后雇用人数较少，而待用之旧人极多，倘一家有两人以上之进用机会，则他家仅有一人者进用之机会必少。在雇用者固未尝偏袒，而待用者总不免有不平之感。

（二）一家有二人以上共同办事，易于瞻徇情面。例如举行考试时，必易发生运动请托情事；又遇升调奖惩，亦必感觉种种为难，使办理人事者艰于应付。

有上述两项理由，故经总经理核定施行回避制度。但"一二八"前进用，在分馆办事，未遭事变退职及公司旧卡片未填清楚，于复进时未曾察出者，则一家两人仍所难免，惟为数则极少耳。

甄选方法分为考试（或测验）、谈话、检查体格三种，除旧同人仍担任原有职务者及高级员工得不经考试外，无论存记或征求，以及各部份自行提出之人才，均视其职务之种类，加以考验、谈话，经认为合格，再由公司指定医师为之检查体格（附表三）。如考试谈话及格，而身体检验不合格者，仍不予录用。

人事科就前项甄选合格之人才中，按所需人数，提出同数或较多之候选人，开具提案单（附表四），提请人事委员会审核，经人事委员会议决，并由总经理核准可以进用者，先行试用。试用期间少则一月，多则半年。照章不作同人待遇试用之手续如下：。

（一）由人事科与业经核定试用人员交换试用凭信（附表五），惟学生、学徒及什务生均须亲填志愿书（附表六），其未满法定年龄者，并与其法定代理人交换试用凭信（附表七），又练习员及工读者，只须填写志愿书（附表八、九）而不交换凭信；

（二）由试用人员觅具殷实保证（经管银钱人员并须缴纳押柜金），并缴三寸半身照片二张；旧同人未填具人事登记表者，须填同人履历表（附表十）；

（三）人事科接到试用人员同意之复信及保证书（附表十一）等后，即一面复查保证书（附表十二），认为合格即通知本人到职；一面填具试用知照单（附表十三），复写三纸，以一纸送交职工任职部份，一纸送交核算薪水部份，一纸留存，并备置钟片，以便试用人员到职时按用。

试用人员初进馆时，人事科即发给（一）徽章、（二）规则汇编，并为说明到班散值时间及按打钟片手续，再导引至办事部份，为之介绍于主管人员。规则汇编中备载公司组织系统及一切章程、规则并主管人员姓名等，新职工于初进馆时如能细读一遍，即可明了本公司内部大概情形及职工自身必须了解之各项手续。

临时短期工作人员之甄用程序及进馆手续与正式职工同，惟短期工作人员初进馆时，由人事科与之交换短工凭信（附表十四），信上载明职务、期限、薪工等项。如雇用短期杂役，则除亲自填具志愿书（附表十五），并缴杂役保证书（附表十六）外，不另交换凭信，亦不立钟片。于雇用前由雇用部份开具雇用短期杂役报告单（附表十七），其雇用期限在一星期以内者报由人事科核准，在一星期以上者仍须提交人事委员会通过，经总经理之核准；并检验身体。雇用期限至多一个月，如期满而雇用尚不能中止，则须重行报请核准。

人事科于试用人员将届满期之前，向其所在部份之主管人员征询意见，并再报请总经理核定可否正式进用，待核定进用后，即由人事科与之，商订契约，一式二纸或三纸。契约之种类，因职工所任职务之不同及其计酬方法之各异而区别之除聘约（附表十八），外计分为雇用（附表十九）、工作（附表二十）、件工（附表二十一）三种契约；对于学生、学徒及什务生，另定学生契约（附表二十二）及学徒契约（附表二十三）二种。总馆副科长以上人员及分馆经副协理、会计主任，分厂正副厂长均适用聘约；事务部份之各级职员、工厂中之管理员及股长、课长均适用雇用契约；工厂中之工友按月计酬者适用工作契约；按件计酬者，适用件工契约；事务部份之学生，适用学生契约；学习工艺之学徒适用学徒契约；杂务生为程度较低之学生，服务一年后即可升为学生，故亦适用学生契约。自契约有效之日起，即作为正式进用。人事科于收到职工签字之契约后，填写进用职工知照单（附表二十四），以一纸送该职工办事部份，一纸送核算薪水部份，一纸留存，与试用职工知照单同。

新进同人间有不经试用时期间即行进用者，其进用之手续，除不用试用凭信即行订立契约外，其余手续均与上同。

副科长以上及编译人员之进用，由总经理订立聘约，聘任人员之须经试用者，亦由总经理函约。人事科于其进馆时办理左列手续：

（一）请其缴三寸半身照片二张，并填写登记表或履历表；

（二）发给徽章及规则汇编；

（三）视职务需要得请其觅具保证；

（四）备置钟片；

（五）填具进用知照单（须先试用者，填试用知照单）。

各分厂正副厂长之进用由生产部长提出；各分馆经副协理会计主任之进用由营业部长提出，经总经理核定，订立聘约。人事科接到通知后，填具进用职工知照单，并请其缴保证书及三寸半身照片二张，其任分馆会计主任者并请其缴押柜金。

各分馆、分厂其他职工之进用，原定由各该分馆、分厂于进用同人五日开具新进同人报告单，连同本人照片、保证书及复查报告书、履历表等件，一并寄交人事科查核，嗣为划一总分馆、分厂用人手续起见，于二十三年六月起改订办法，凡分厂、分馆需新添人员时，应于未正式进用前先将左列各件寄至人事科，经人事委员会通过，总经理核定后，始得进用。并规定分馆厂对于新进用人员必须先委托就地相当医院或医师负责检验身体。寄件为：

（一）分馆厂需添人员知照单（附表二十五）；

（二）分馆厂同人履历表（附表二十六）；

（三）身体检查表；

（四）学校毕业或修业证书；

（五）服务证明书；

（六）本人三寸半身照片。

分馆、分厂拟添人员，经总馆核准后，即由人事科填具分馆厂进用职工知照单（附表二十七），通知分馆厂。此项知照单，共复写四纸：甲张留底；乙张送交添用人员部份，即系通知分馆厂准予进用者，丙丁两张为分馆厂进用职工到职报告单，为节省分馆厂手续计，故由人事科复写附去，分馆厂只须俟该进用职工到职时，觅就保证，经复查合格后，即在该丙丁二报告单上填注到职日期，连同保证书及复查报告书一并寄回人事科，其中之丁张再由人事科送主计部。

本馆与各职工所订之服务契约，均有一定期限，期满如双方愿意继续者，须另订契约，其手续如左：

（一）公司方面：

甲、聘约人员，人事科至迟于契约满期前十五日缮具考核表，报告总经理核定是否续聘；

乙、订立雇用契约，工作契约或件工契约之人员，人事科至迟于契约满期前十日缮具考核表，分发各该部份之主管人员征询其意见，然后转呈总经理核定；

丙、学生、学徒修业期满，人事科亦同样缮具考核表，征询各主管人员之意见，然后转呈总经理核定，如升任职员或工友则须改订雇用契约、工作契约或件工契约；

丁、续订契约，于旧契约满期前若干日行之。

（二）同人方面：

同人于契约满期前应先自行考虑，俟接到公司续订之契约后，如可同意，即在契约上签字，于旧约期满前一纸交人事科。

职工在契约存续期间，依契约之规定，本公司得随时更动其职务，职工不得异议。但本公司饮食有事务（即管理与营业）与工厂两大部份，职工服务于事务部份或工作部份，其待遇不能不因事实而微有不同，工厂之中又有月工与件工之分，故职工如由事务部份移调工厂部份，或由工厂部份移调事务部份，或因月工件工之改变，则于调动之际须改订契约。惟人事科为节省手续计，亦得先以书面通知职工，声明待遇办法，俟旧契约期满再行改订契约。

职工各种服务契约期限之长短，除试办性质有订三个月者外，其余通常以六个月为最短期。

二、移调

本公司总馆所属部份綦众，分馆、分厂分布各省，所有职工常因事实上之需要相互移调，可别为左列五种：

（甲）总馆各机关间之移调；

（乙）总馆各机关内部之移调；

（丙）总馆与分厂、分馆间之移调；

（丁）各分厂、分馆间之移调；

（戊）各分厂、分馆内部之移调。

甲、丙、丁三种移调，除总经理直接核定发交人事科办理者外，均由关系机关或分馆、分厂先向人事科接洽，再由人事科转陈总经理核定，人事科接到总经理交办或经转呈总经理核定后，即行填具移职知照单（附表二十八甲），通知各关系部份，而于月终报告人事委员会。

乙、戊二种移调，除系总经理直接核定者外，概由关系部份或分馆、分厂自行决定举行，随时向人事科报告（附表二十八乙），由人事科登册。惟乙种如有股与股或课与课间之移调，仍应照甲种移调手续办理。

职工移调时，人事科即为办理左列各事项：

（甲）契约　分馆、分厂职工现时尚有未订契约者，故遇有分馆厂职工调来总馆时，应与订立契约。分馆厂间互调之职工，除经副协理会计主任于移调时订立聘约外，余暂仍旧。总馆间职工移调至待遇不同之部份，应与改订契约，或书面通知声明待遇办法。

（乙）徽章　总馆各机关之徽章，依契约关系分为聘约、部管理处、发行所及三厂六大类，每类徽章号数各自起讫。移调时遇有徽章异类，应即为更换。总馆移调分馆或分厂者，应将徽章收回，分厂分馆职工调来总馆者，应补发之。

（丙）保证　调任直接经管银钱职务之职工，应请其于保证书外再缴纳押柜金。直接经管银行之职工，调任其他职务时，应通知主计部将其所缴押柜金发还。

（丁）钟片及记录片　随其调任部份转移之。

三、退职

同人解聘解雇，其原由约可分为三种：（一）契约期满；（二）职工本人自辞或死亡；（三）公司辞退。第一种契约期满之职工，事前经任职部份及人事科之考核，总经理之核定，认为无续约必要者，即于契约满期前声明不再续约。第二种职工死亡为当然之解约，惟职工本身自辞，依契约规定，须得公司之同意，故应于提请人事委员会议决，陈报总经理核定后方能执行。第三种公司辞退之职工，其解约处分完全依据服务规则之规定，执行时亦应提请人事委员会议决，陈报总经理核定。

同人解雇经总经理核定后，人事科即填发职工退职知照单（附表二十九），以一份送主计部，一分送该同人原任职部份，一份存查。同时填发同人离职稽查单（附表三十），分别向主计部及原任职部份查询解雇同人经管银钱、货物、文书、徽章等已否交代清楚，薪工、储蓄、欠薪、欠账等已否收付清讫，以为退还保证书、保证金及押柜金之参考。如认为解雇同人尚有未了之债务或未清之手续，即向该解雇同人或其保证人催其于最短期内了清，倘解雇同人无上项情事，或已料理清楚，即由人事科科长签字于稽查单后发还保证书，并酌定期限请其提取保证金或押柜金。

副科长以上人员之退职，经总经理核定后，除由人事科填发退职知照单外，其他事宜秉承总经理核示办法办理之。

各分厂正副厂长及各分馆经副协理、会计主任之退职，经总经理核定后，交人事科填发退职知照单，其他事宜亦秉承总经理核示办法办理。各分馆、分厂其他职工之退职，由各该分馆、分厂自行核定，填退职知照单（附表三十一），报告人事科及主计部，如无未了手续，即将保证书发还。

职工服务

一、工作时间

上海总馆内部及上海各厂职工之实在工作时间每日八小时。但上海发行所门市柜友及分厂职工之实在工作时间定为九小时。其时间之起讫，上海由总管理处核定，各分厂则自行订定，各地分馆职工之工作时间，亦由分馆视当地商场情形分别酌定。以上均系每周六日计算。各厂工场部份因赶制产品关系，得于规定工作时间外声请延长工作时间（附表三十二），于星期放假日声请特别加班工作。延长工作时间以三小时作半工；特别加班工作，上海以八小时作一工，分厂以七小时作一工；上海发行所柜友于星期日下午加班五小时作为半天计算；各地分馆星期日如全天加班者作全天计算，加班半天者作半天计算。前项加班及延长工作时间，均加给薪水。

二、按打钟片

上海各部份均设有到班钟，以为职工工时之记录。职工每日上午、下午到馆及每晚离馆应各自按打钟片，其因私事请假外出者，除开具请假单外，于离馆回馆时均应按打钟片（附表三十三）。其因公事出外者应开具公出单，不必再按钟片；惟上下午第一次到馆及散班离馆时仍应照打钟片。如有失按钟片情事，应即开具失按单（附表三十四），经主管人员签字后，送交人事科或兼办人事人员。间有办事部份人员甚少者，则改用签到片（附表三十五），职工于上下午到班时，应各签名于片上，经主管人员每晚将片签字后，送交人事科。分厂、分馆职工，除北平分厂最近亦增设到班钟外，余均尚用其他方法记录工作时间。

三、请假及公出

职工遇有要事须请假者应预先开具请假单（附表三十六），或紧急假出单（附表三十七，工厂职工于工作时间内须请假出外者用之），或特种请假单（附表三十八，婚丧假用），经主管人员核准后，送交人事科或交各厂兼管人事人员记录。若假期已满尚未毕事者，应先期续假；如临时发生重要事故或疾病，不及具备请假手续者，应以最速方法通知人事科或主管人员，随后补具请假单。

职工因公外出者，填具公出单（附表三十九），经主管人员签字后送交人事科或各厂兼办人事人员，其有因职务关系，每日必须公出，而每日公出不止一次者，得经主管人员之请求，领用公出日记册（附表四十），遇公出时自行填明事由时间于册上，经主管人员之核准签字，每半月或每册用完时，送交人事科存核。凡请假未经公司核准即不到馆工作，或假后补开请假单，而公司认为无相当理由者，概作无故旷工论。

以上均系上海总馆之办法，至分馆、分厂之职工，则依此原则由各经理厂长核定办理。

四、徽章

本公司之徽章规定为"商"字形，上列号码。白底蓝字者为职工用；蓝底红字者为学生用；黑底白字者为杂役用。号数自一至九号为总经协理用；自十至九十九号为聘约人员用；自一百至四百九十九号为总管理处各部份职员用；自五百至九百九十九号为上海发行所职员用；自一千至一千四百九十九号为上海制版厂职工用；自一千五百至二千号为上海印刷厂职工用；自三千至三千四百九十九号为上海平版厂职工用；学生徽章之号数为二千零零一至二千一百号，后复续增自二千五百号至三千号；杂役徽章之号数为二千一百零一至二千四百九十九号。又自四千零零一至五千号为香港、北平两分厂职工用。至各分支馆职工之徽章，现亦在添置，上标地名、号数，各自起讫。凡在工作时间内，各职工应将徽章悬挂胸前明显之处，如有遗失应即报告人事科补领新章，并须缴补制费五角。

五、奖励与惩戒

本公司职工勤惰之考核及其他应奖应惩者均有详明之规定。凡经人事科或各部份主管人员考查有应行奖惩事项，由人事科提出人事委员会讨论及送请总经理核定后，填发奖励知照单（附表四十一），或惩戒知照单（附表四十二），通知任职部份及各该本人。前者分记功、记大功、奖现金、特别加薪四项，后者分警戒、记过、记大过、解雇四项。

六、成绩考查

本公司职工之成绩考查，除平日由人事科及任职部份主管人员随时注意外，每遇契约满期，再由人事科根据记录，并征询主管人意见汇填考核表（附表四十三），以作续约与否及增加酬报与否之标准。人事科平日备有职工记录片（附表四十四），每人一纸，上除职工照片并详载姓名、性别、年龄、籍贯、地址、程度、经历、保证人、介绍人及历年职务、按月薪工、请假期日等项外，凡关于该职工奖惩及其他一切事项亦均一一记录之。

职工待遇

一、休假

各部份职工，除上海发行所柜友星期日下午照常工作加给薪水半天，及各地分馆职工星期日全天工作者，加给薪水一天外，星期日均给假一日。年节，总管理处及各分厂给假三日，各地分馆依当地情形酌定。纪念节假期遵照中央政府规定办理。年节、纪念节假期内如适遇星期日，补假一天；纪念节假期内如适遇年节假期者不另补给。此外，尚有特殊休假之规定，上海各职员每年各给特别休假二十四天，上海各厂工友之特别休假依照工厂法：凡在职未满三年者，每员每年给予七天；三年以上未满五年者，每年给予十天；五年以上未满十年者，每年给予十四天；以后每年加给一天，加至三十天为止。杂役一律每年七天。其在职不满一年者按月计算。不满一月之零数不计。请假满一月者按月照减。年终或终止契约时，依照规定日期算给薪水，平日请假薪水照扣。

二、薪资

职工之薪资，每月分两次发给，以所在地通用钱币支付之。总馆职工之膳宿费用已包含于薪资之内，本公司不另供给，但夜间留守人员供给住宿。分馆职员供给膳宿。总馆职工平时之加工、请假或旷工满半日者，由人事科计算加班、假期及旷分，记于钟片之上，送至主计部按照各人额定薪水核算各职工实得薪资；惟件工薪资则由厂务股驻厂成本会计员列成各人应得之数，送交主计部核发。主计部既经核算准确，乃将各人应得之数填明各人钟片背面，仍将原片发交各职工签字自赴出纳科领薪。至于杂役或短期杂役则由雇用部份开工资清单（附表四十五）三纸，一备存查，一送人事科，一粘附于付款咨照单送交主计部。职工薪资不平日不得预支，如遇灾害、婚丧时得特别预借（附表四十六），至多以额定薪工一个月为限。并规定自支给之日起，在薪资内，至多分四个月平均摊还。至分馆厂职工薪资，则由各分馆厂根据人事科所开之本年薪水知照单（附表四十七）内数目自行发给，于付出后，填具薪水稽查册寄至主计部。

三、津贴及抚恤

本公司对于职工之有特殊情形者，均有津贴之规定，津贴之分类大致如左：

（一）居住费津贴；

（二）派往远省服务津贴；

（三）川资津贴；

（四）公伤津贴；

（五）其他津贴。

本公司各地分馆之经副协理、会计主任，分厂之厂长、副厂长、各股股长等，均由总馆派往，例有居住费津贴；支馆之主任、司账由总馆派往者，亦有居住费津贴；其数依各地生活程度之高下，分等规定。又边陲分馆，路途遥远，其经理及会计主任除居住费外，复有远省津贴，数亦以远近分等。凡由总管理处派往，或代为进用派往分馆厂之职工，每年得回家一次，津贴来回川资，其数目视路远近酌定之。不回家者，亦每年津贴之。其他因特殊情形尚有种种津贴，须临时酌定。职工确系直接因职务受伤者，由本公司给予医药费，疗治期内每日给予照薪工三分之二之津贴，如经六个月尚未痊愈，其津贴得减至薪工二分之一，但总计至多以一年为限。其因职务受伤致成残废，公司认为不能任事者，得按残废部份之轻重，酌给津贴一次，或分期支付，以一年之薪工为限。其因职务受伤致死者，本公司给予五十元以为丧葬之资，并酌量情形特别抚恤。

教育与训练

本公司经营出版事业，历年以来，对于社会文化可谓尽相当之努力，故就对外言，本馆全体职工，无论在编辑、营业、印刷各部份，实均负有推进教育与文化之责任。第欲救其胜任愉快，职工自身之知能，首应与时俱进，以为社会服更大之劳务。本公司之所以重视职工之教育与训练者，其目的在此，而对于新进人员则尤为注意。

现今学校学生，初入社会任事，每有后扦格之处，补救之道，允宜令其先有相当之练习，以为过度，俾学生离校以后，于担任实际工作之时，仍可持续其研究精神，学用相长。本公司对所有新进人员，如其甫在学校毕业者，不论程度高下均须经过练习。初进馆时以三个月为试习期，试习期满，双方同意，即作为正式练习时期，规定一年至三年，或指定一个部份练习，或派赴各部份轮流练习，大致系就公司中之需要情形并参考各个人兴趣之所在，分别酌派。大学程度之练习员，由公司聘任之管理主任及指导员负责训练，中小学程度之学生、学徒，由公司指定之业师负责训练，并须受补习教育。

本公司关于职员工友暨学生、学徒之教育与训练事项，或系自行举办，或系委托其他机关代为办理，约略分述如左：

一、对于职工者

（甲）营业员讲习班　本班于二十一年十月举办，旨在授予上海发行所营业员以营业上各方面之知识，在短程二月中，每晨举行讲演，凡四十四次，属于共同科目者六次，属于本版组者十三次，属于西书组者十四次，属于文仪组者十一次。由本馆高级职员十六人及聘请外界专家十二人分别担任演讲。听讲者共三十九人，计本版组者十九人，西书组者七人，文仪组者十三人，始终未缺席者占三分之一以上。每次讲演均有记录，送请原讲演者核阅，然后付印分发各听讲员及其他部份。

（乙）暑期仪器制造讲习班　二十三年暑假江苏教育学院创设此班，经选派职员八人前往听讲实习，计总馆三人、分馆五人。嗣以该班办理情形与本公司所期望者略有不同，故中途先行回馆者二人，其余留该院，直至修毕之日为止。

（丙）文具仪器训练班　本班于二十三年十月举办，旨在传习文具仪器之新知识。训练期间三星期，每晨一小时，讲演与实习并重，凡上海发行所文仪柜、文仪存货股，栈务科文仪股各柜友及职员均为听讲员，共三十一人，由本馆职员三人担任讲授。

（丁）业务讲习班　二十三年十月，本馆为增进总分馆职员知能起见，特设立第一届业务讲习班，聘定正副主任二人，学员由总管理处各科、上海发行所及各分馆就职员中照章选送，计总馆十三人、分馆二十人。借闸北宝通路本馆同人住宅一幢以为校舍。每日上午九时至十二时在班讲习，下午一时至六时分组轮流至本馆各部份实习，及沪上各大工厂参观，讲习期间原定三个月，嗣缩短为七十日。讲授科目凡三十有六，共一百六十二小时，包括营业、印刷、出版、现行学制及图书馆学等各方面之学识，分请总馆高级职员三十一人担任讲授；并另聘太极拳专家教授拳术，每早一小时。实习场所凡十二处，共二百二十五小时；又实习理化器械三十小时。参观场所凡十五处，共四十五小时。各教员均编订讲议，学员于听讲及实习时亦均有详细笔记，复写三份，一份自存，余二份交由主任核阅分别转送各学员原派部份及总经理存阅。

（戊）英语训练班　本公司上海发行所各股柜各支店时与外邦人士交易，为使各营业人员接待外国顾客应对便利起见，特举办英语训练班，指定所内西书、本版、文仪三柜，服务、承印两股及三支店之营业员二十人参观学习，聘请富于教学经验之西籍女士于每星期一、三、五日上午七时四十分至八时半个别口授英语，自二十四年六月十日开班，以六个月为期。

二、对于学生、学徒者

（甲）指定业师　本公司对于学生、学徒，均就其所在习业部份聘定某职员或某工友为其业师，负责训练或传授职业；并酌定日期举行谒师礼。学生、学徒在馆学习以三足年为标准，但成绩优异或资质较差者，由本公司酌量缩短或延长之。在学习期中，学生、学徒应绝对服从指定业师及其他上级职员工友之管理及训练，并遵守本公司所订之一切规则及通告。学习期满经本公司认为合格后，得升任职员或工友。

（乙）补习教育　本公司学生、学徒大都为小学毕业，初高中肄业程度，学识较浅，故规定必须于工作时间外受补习教育，原有自行举办之拟议，惟因限于人力、财力未能实现。爰自二十一年秋季学期起指定上海中华职业补习学校、沪东职工补习学校、高级商业补习学校、立信会计补习学校等，就各生之便利，分别资送入各该校晨夜班，补习国文、英文、簿记、会计等科，学书各费均由公司担负，而其补习成绩则与工作成绩并计考核。

（丙）特殊训练

（1）华文打字机练习班　二十二年五月设立，指定学生八人分两组练习，每星期各练习三日，每日下午六时至七时一小时请秘书处打字员一人担任指导，机为本馆自制者，为期三个月，各生颇能应用纯熟；

（2）发行所学生训练班　上海发行所为养成学生办事能力，传习必需知识，特于二十三年三月开办发行所学生训练班（第一届），全所学生、杂务生均须受训，讲习时间为每星期五下午六时至七时，讲习课程凡三十种，分请馆内前任及现任人员与馆外专家担任讲授，指定学生二人担任记录，请讲师修改后登载本馆刊物；各听讲生亦随时笔记，以为考核成绩。共计讲演十次，至同年九月结束。

（3）主计部学生讲习班　主计部为求于短期内授予部内各科股学生实用之会计知识起见，特定于二十四年四月办理学生讲习班，预定讲习时期十五个星期，每星期一至五下午四时半至六时止，分为两课，每星期计十课，全期共授一百五十课。所授课目有十六种，包括主计部全部办事程序，每课均由讲师编写讲义，以备事后留存，供新进学生及职员之参考。

三、工读学生

本公司自二十二年暑假起，每年招收上海各中学肄业之工读学生一次，其目的为辅助清寒学生，令其于课余时间来馆从事商业上之实习与服务，以一年为期，实习时间为：

（1）一年中之寒暑假期中，每日上午九时至下午七时；

（2）春季及秋季开学后共两个半月，每日下午四时至八时；

（3）每周之星期六下午一时至七时及星期日下午一时至六时；

全年致送酬金洋一百元，分四期给付。

各分馆、分厂对于职工及学生、学徒，亦颇多于工作时间以外开办补习班，以补充其普通常识及职业知能，或资送学生、学徒入就地相当学校补习。并间有参照总馆办法收用工读生者。

四、其他

本公司为鼓励各职工之向上心理，维持公众秩序，增进工作效能起见，特撰拟标语多种，制成搪瓷牌，悬挂于各工场所，俾各人时知警惕，努力不懈，共负"为文化而奋斗"之使命。标语牌阔八寸，字数在六字以内者长二十四寸，在七字以上者长三十寸。普通者用白地蓝字，特别紧要者用白底红字，殊为显目经久。兹将各项标语文句列登本编特载栏之末，以便查阅。

同人福利

一、储蓄

储蓄分普通与长期二种，皆有明文规定，各于民国二十二年四月及二十三年四月先后修订公布，均以适用于在职同人为限。凡非正式进用不作同人待遇者，不得享受此项利益。

普通储蓄分定期、活期二种，前者以五千元为足额，常年利息九厘，超额者不收；后者以一千元为足额，常年利息八厘，超额者不计利息。总馆同人得兼存活期、定期，凡愿储存者，第一次应由任职部份填具同人存款介绍书（附表四十八），经主管人员签字后，连款送交主计部出纳科，出纳科收到款项后，定期发给存单、活期发给存折。至各分支馆、分厂同人仅限存定期储蓄，缴付存款由该分支馆、分厂代收，先出具收条，俟该款转入总馆后，再由总馆发给存单，交本人收执。

除上项普通储蓄外，本馆又举办同人长期奖励储蓄，期使各同人均可积有相当整数之储金以为将来退休娱老之资。凡愿意存储者，填具同人长期奖励储蓄声请书（附表四十九），送交人事科转主计部会计科，就该储蓄人之每月额定或假定薪工中扣提百分之五作为长期储蓄金。其提存之数不满一元者凑足一元，已逾一元者照实际数提存，以角为单位，以角以下之零数，用四舍五入法计算。各同人每年所得之特别休假薪工及分派之奖励金，亦可加入长期储蓄金，但加存之数，前者以应得之全数为限，后者以本人每月额定或假定薪工为限。当每年派发奖励金或年终发给特别休假薪工时，即由人事科将印成之声请书（附表五十、五十一）分别填注各同人姓名及每月额定或假定薪工数目，或应得特别休假薪工之数目，加盖图章，发交各同人。如同人有愿将所得之奖励金及特别休假薪工加入长期储蓄者，则依规定之限额，在声请书上填注加储数目，签名后连同现款在规定期限内送交主计部出纳科，或其临时指定之银行。收款部份收到款项后，应在声请书下联回执签字后扯交储蓄人收执。储金年利以一分计算，如储满三年未曾停止者，自第三年起年利加增一厘，满五年未曾停止者，自第五年起又加一厘，以一分二厘计算。同时公司方面在乙种特别公积项下酌提若干，为储蓄人奖金，按各储蓄人存储之总数比例分配，并入各储蓄人之储蓄金内。若有无力缴付中途停储者，亦须自开始存储之月份起满二年后，始得填具声请书（附表五十二），停止存储。惟遇同人离职或身故者则全数发还。所有储金，除因婚丧疾病变故得声请酌提三分之一外，其他一概不许提取（附表五十三）。

各分支馆、分厂同人之愿存储长期储蓄者，其声请书应先由经理、厂长核准后再送人事科，其余手续同上。所不同者，仅分馆之供膳者应将膳资折为十元，加入原薪计算而已。至加储奖励金及特别休假薪工，应由各储蓄人填具声请书连同现款送交各该分支馆、分厂会计部份，各会计部份于收到款项后，即签给回执，并连同登账咨照单寄交人事科转送会计科入账。

二、人寿保险

本公司为增进同人福利起见，特于二十二年四月二十一日与泰山、友邦、四海三家保险公司订立合同，为同人投保团体终身寿险，凡本公司在职同人，除学生、学徒、女职工外，如系国难前旧同人经正式订立聘约或契约者，或系新进同人及分支馆、分厂同人正式进用已满一年者，均可投保寿险，但以年龄在五十五岁以下者为限。

投保寿险者，于规定期内投保，得以免验身体，惟过期投保仍须检验身体。规定期限可分列如左：

（甲）总馆同人

（1）二十二年四月三十日前已进用之国难前旧同人，在二十二年五月一日起至七月三十一日止之期内；

（2）陆续进用之国难前旧同人，在正式进用日起，三个月之期内；

（3）新进同人进用满一年之日起，在三个月之期内。

（乙）分馆、分厂同人

（1）二十二年四月三十日前进用已满一年之同人，在二十二年五月一日起至九月三十日止之期内；

（2）陆续进用之同人，在进用已满一年之日起，三个月之期内。

投保寿险者决定后，就本公司约定之各保险公司中任择一家，填具同人投保寿险志愿书（附表五十四），送交人事科，核定各投保人之保额，加盖印章，即行转送保险公司，保险公司接到志愿书，即于是日中午十二时起发生效力，保险金额以本人月薪（分馆之供膳者并加膳资十元计算）十个月之数目为标准，至多以四千元为限，但保额不足四百元者得保至四百元。零数不足一百元者均凑足一百元。保险费按照各保险公司之规定标准缴付，半数由公司在乙种特别公积项下拨作津贴，半数由各投保人自己认付，先由本公司垫付后，随在各投保人薪工内分两个月扣清（附表五十五）。惟同人退职后，其应续缴之保费，全数由投保者自行认付。于投保日起三年后，万一投保者中途无力缴付，或不愿继续缴付，则保险公司另订有现金借款、退还现金，或将保险费作为付清之保险酌减保额，或引长保险期限等种种补救方法，但保险公司接受上项请求，除已退职者外，应先得公司书面认可。其认可之标准以左列为限：

（甲）本人结婚；

（乙）父母夫妻丧；

（丙）本人患病连续请假满两个月以上而仍须继续请假者。

不幸投保人病故，如尚在公司任职者，在分馆、分厂同人应由所在馆厂填开同人病故报告（附表五十六）三纸，一送人事科、一送保险公司、一备留存。内人事科及保险公司之二份，应连同保险单并寄人事科，再由人事科转知保险公司，保险公司接到通知，应即将该职工之保险金额全数一次给付其所指定之受益人。但保险公司为手续简捷计，每将赔款交由公司转付受益人，故外埠家属亦得到便利不少。总馆各部份同人之病故报告单则由人事科直接办理，其已退职者一切手续，全由该职工家属自行办理，与公司无涉。但保险公司对于该同人之保险条件，不因退职有所变更。

三、疾病补助

本公司每年在乙种特别公积项下提拨若干为同人疾病补助之资，并经指定医院、医师、药房，以为同人诊病住院配药之所。

同人患病如住公司指定医院疗治者，应先向人事科领取送住医院凭单（附表五十七），再住入医院。其每日住院费在一元以下者由公司补助全数；超过一元在二元以下者补助一元；超过二元者经本公司同意得补助半数。如欲施用手术或注射药针，应于事前报明公司，经公司许可者，其手术费及药资亦得按照上项补助其住院费之比例，由公司补助之。住院凭单为三联式，一存根，二住院凭单，三住院证书。指定医院待病人病愈出院时，除留存住院凭单作为将来向本公司收取住院费用之凭证外，应立即签给住院证书，交由病人转送人事科存查。

如患病不住医院欲赴公司指定医师处门诊诊治者，应向人事科领取门诊诊病凭单（附表五十八），再赴医师处诊治，凭单为四联式，一存根、二诊病凭单、三药方纸、四收药签字单。医师于诊察后，即将病况记录于诊病备查单（附表五十九），随将二联留存，作为将来计算诊费之凭证，在三联药方纸上开就药方，连同四联交与病人，病人即可持此药方往指定之药房配取药物，而以四联收药单签字后给与药房，不必付给现款。上项医费与药资概由公司补助全数，但挂号费由本人自付。

如患病既不住院，又不能亲往公司指定医师处门诊者，得请医师出诊，可由家属向人事科领取请医师出诊诊病凭单（附表六十），持往医师处，或用电话通知人事科将凭单送至医师处，请其出诊。其出诊费只自出一元，其余由公司补助，药资补助全数，领药手续与门诊同。

公司除上述补助住院费诊费药费外，对于同人因病扣去之薪资亦有补助之规定。凡住院诊治者，人事科即根据医院所出之住院证书，在一个月以内者，按其所扣去之薪资数目补助三分之二。不住院诊治而经指定医师验明，患病在二日以上，开诊断书（附表六十一）者，亦可得补助。其手续应将诊断书由本人签字后，送交人事科转请总经理核准，其数目由总经理酌定之。

惟上述补助各费亦有相当之限制，如有左列情事之一者，概不在补助之例：

（甲）同人不在本人办事部份所在地治疗者；

（乙）非经本公司指定之医院或医师诊治，或非向本公司指定药房配药者；

（丙）继续患病，或最近四个月内患病已满一个月者；

（丁）与本公司所订契约已满期者；

（戊）患花柳病者；

（己）所用药品或注射药针非疗病所必需或属于补养性质者。

人事科于计算上述各项补助金时，最先应根据各项单据，分别记入各项稽查册、片，然后根据稽查册、片，每半个月开一同人疾病补助金清单（附表六十二），再开填付款咨照单，咨照会计科照付。除职工补助金仅开付款凭单，由职工自向出纳科领取外；其他各费均须填开记名支票，由出纳科分送。册、片类别及其记录所根据之单据，可分述于下：

（1）医院费用稽查册手　本册系根据住院凭单，记入病人姓名；根据住院证书记入住院日期，根据医院账单，记入应付各费。并记明付费日期、付款咨照单，以便事后稽考（附表六十三）；

（2）医师诊费稽查册　医师向本公司收取诊费，除开具账单外，应将门诊及出诊凭单一同附来。人事科接到上项凭单时，先与凭单存根核对无误后，再记入稽查册（附表六十四）；

（3）药房药费稽查册　药房付药，系凭同人收药签字单付给。收取药费时，应将收药签字单连同账单交来。人事科接到上项单据，亦应与诊病单核对无误后，再记入稽查册（同上）；

（4）同人疾病补助金稽查片　同人补助金，住院者系根据住院证书，不住院者系根据医师诊断书，记入稽查片（附表六十五）。

此外如同人家属患病，另有同人家属诊病介绍单（附表六十六）。

职工疾病补助，总分馆厂一律待遇，惟办理手续在分馆厂者均自行酌办。

四、婚丧生产假津贴

职工遇有婚丧情事，得依照本公司之规定请假，其情形限于本人结婚、父母夫妻丧、祖父母丧及儿女结婚。其因请假所扣去之薪工，由人事科填具津贴清单（附表六十七），通知主计部在乙种特别公积项下津贴之。

女同人生产前后得请假八星期，其因请假所扣去之薪工，亦由公司在乙种特别公积项下津贴之。

五、奖励金

本公司每年度结账，如得有盈余，除先提十分之一为公积金，次提股息常年八厘外，其余均分为甲乙两部份，以乙部之半数作同人奖励金。其分配之比例为总经理经理占百分之十，全公司同人普遍奖励金及特别奖励金各占百分之四十五。

普遍奖励金就总分支馆、分厂各个同人月薪数目比例分配，以普遍为原则。月薪之计算，以各个同人每年十二月份之额定薪水为准，件工工友以假定工资为准，件工之假定工资以日计者，以二十六天作一月。每元作为一分，不满一分之零数作一分计算。凡各项津贴、特别休假及加班工作之薪工，均不计入。若在该年度内请假满三十日者，应得月薪减去十二分之一；满六十日者，应得月薪减去十二分之二，余类推。新进同人按到职月份比例计算。到职日期在月之十五日以前者，是月份作半个月计算；在月之十六日以后者，是月份不计。凡（一）试办或短期职工，（二）另订契约声明不作同人待遇者，（三）服务不满三个月者，（四）派发奖励金时业已退职或身故者，（五）在本年内曾记大过一次或小过三次尚未以功抵销者，均不得享受奖励金之利益。派发奖金时，由人事科按照章程及规则之规定，计算总分支馆、分厂全体同人应得普遍与特别奖励金时，由人事科按照章程及规则之规定，计算总分支馆、分厂全体同人应得普遍与特别奖励金总数各若干，又月薪总分数若干，每分比例应派普遍奖励金若干，呈经总经理核定，连同特别奖励金制成分派表，会同主计部份派之。

特别奖励金以奖励成绩优异之同人为原则，除总管理处副科长、各工厂副厂长、上海发行所副所长及各分馆经副协理、会计主任以上人员之特别奖励金，由总经理先行提出一部份，按其职务之繁简及各本人与其主管部份之成绩，主持派发外，其他各同人之特别奖励金，另定有派发之标准。派发标准大致分四组：（甲）总管理处各部份同人，（乙）各工厂同人，（丙）上海发行所同人，（丁）各分支馆同人。每组假定为一百分，各以上年度该组全体开销与营业数量或生产价值之比例，与本年度同比例比较，酌量增减，开销愈低，分数递增至一百五十分，开销愈昂，分数递减至五十分。以各组实得分数与其全年薪水相乘，即为各组得派特别奖励金之标准数。将各组标准数之和与各组合派之特别奖励金额比例分配，即为各组派得之奖励金。各组派得奖金后，复按各职工办事之成绩，用同样方法再逐步核算，分派于各股及各厂、各分支馆个别同人。其不得享受特别奖励金之限制，与普遍奖励金规定相同。

六、同人子女教育补助

本公司对于同人子女教育，自民国十五年起设置扶助基金，历年以来，同人子女之受补助者为数甚众；二十一年公司复业之后，因限于财力，暂未继续补助，至二十四年初乃筹拟另订新章，并先举行同人子女调查（附表六十八），以明实际上需要之情形，四月间遂订定《同人子女教育补助暂行规则》施行。补助经费，每年由董事会就乙种特别公积项下酌量提拨。补助生额，暂定小学一千名，中学一百名，大学五名，均以公立或已经各地教育行政机关准许设立之学校为限。各级学生补助金额，小学按肄业学校所收学费补助全数（图书馆、建筑等费视同学费）。但至多每名每年补助二十元，中学每名每年补助四十元，大学每名每年补助二百元。于春秋两季开学前各付半数。

小学补助生额，以普遍分配于全公司薪资较小各同人之子女为目的。凡现在公司任职满一年以上、月薪或假定薪资在一百元以下之同人均得声请，每家以一人受补助为原则，有余额时得补助第二人。中学及大学补助生则限于同人子女之成绩优良者。声请人，中学生额以在公司任职满二年以上之同人，大学生额以在公司任职满五年以上之同人为准。受中学、大学补助金之学生，每家均以一人为限。

各级补助生之声请，每年举行一次，声请人应于每年六月底以前详细填具声请书（附表六十九）并依照规定，附缴各项证件，在上海各部份者直接送交人事科或人事科驻各部份办事人员，在外埠分支馆、分厂者，交由各该分支馆、分厂主管人员汇齐转寄人事科审查。合格者由人事科以书面通知各该申请人（附表七十），并付给核定之补助金，其不合格者，亦由人事科分别通知。

受补助各生应于每学期终了时，将学校成绩报告送交人事科，凡在校留级者即停止补助；中学、大学补助生并每年考核成绩一次，如其最近一学期考试成绩总平均分数不及规定者亦停止补助，另行递补。

七、现款购货优待

凡本公司同人以现款购本版图书照门市售价八折计算。预约、特价书及本公司指定之大部份书、原版西书照九折计算。每种书每人每年以一部为限（小学教科书以五部为限，中学教科书以二部为限）。购仪器文具等照九折计算。均以人事科购货介绍信（附表七十一）为凭，一概不立折赊欠。

八、业余消遣

本公司对于同人业余消遣，亦尽力赞助，期于业余之暇能得正当良好之运动与娱乐，以益身心，故曾举行工余调查，藉知同人之所好。每值精武体育会、青年会、国术馆征求新会员时，本公司即力为介绍，除本人付一部份会费外，并由公司津贴若干，凡入会者得享受学术研究、运动、参观、远足等种种利益。此外，同人等自动组织者有摄影研究社、书法研习社等，并有组织小球队以与外界比赛者，均有益身心者也。

安全与卫生　本公司对于各项安全卫生设施极为注意，二十二年六月复设立安全委员会，聘请馆内外工程及卫生专家担任委员，负责计划与指导全公司各种设备上之安全、防火及公共卫生等事项。各委员按期轮流至各办事处所各厂栈实地视察，并委托营业专员代为视察各地分馆、分厂之安全卫生等项设施，随时增置改善，兹举其设施之比较重要者如次：

消防练习　本馆为防止火灾计，总分馆、分厂原设置有药沫灭火机、沙箱、救火龙头等，以备应用。安全委员会因感尚有增进之必要，乃详密研究，于二十四年四月自行设计制造安全灭火机一种，计二百具，分发备用。该机药力充足，使用便捷，屡经试验，较成绩最优之舶来品不相上下，而成本则较原价减少十之五六。各部份职工对于公司所备灭火机器均须训练使用，并定期举行防火演习。

急救训练　职工在工作场所如受有伤害，应即施行急救，以减轻其危险之程度，而后请医生治疗。二十二年十一月上海青年会办理急救伤科班，本公司经选派职工十二人于每星期二、四两晚六至七时前往听讲，上足二十课，经考试合格。二十四年四月复商请上海市卫生局吴淞区卫生事务所举办工厂简易急救员训练班，讲解急救常识并实习急救手续，选派职工八人前往训练，自四月二十三日起连续四日，每日上午九时至下午五时止，计上课十五小时，实习十小时。考试后各人回厂工作并担任急救事务。又为防日久生疏起见，仍令曾受训练各人于每月轮流赴卫生事务所实习一天。

公共卫生　本公司各办事处所及工厂中职工人数众多，对于公共卫生必须严密注意，除职工服务规则内订有条文数项令各职工遵照外，更规定左列三点：

（甲）工友工作完毕必须洗手，公司并应于放工时作不定期之检查；

（乙）绝对不许在工场食物，如遇延长工作时间必须购食点心时，必须先行洗手；

（丙）茶杯、手巾须每人一份，各自收藏。

人事科并多制关于安全卫生之搪瓷标语牌悬挂各工作场所，以促全体职工之注意。

此外为鉴于春夏两季时疫流行，如天花、霍乱、伤寒等症，传染极速，尤应严为防范，故每年三、四月间均商请上海市卫生机关派医生前来公司各部份，为各同人接种牛痘及伤寒、霍乱混合疫苗，合计先后约达二千人。

人事研究 人事管理之方法，须时时以实施经验之分析为根据而谋改进，必能明了管理上实际所得之结果，方可了解应用方法之效力。故人事管理中一切事务，平时既均需有确切之记录，而其科学的研究尤不可少。本公司人事研究，除根据以上各章所述各项记录作成各项统计外，并举行定期与不定期之各种调查，分析比较，互相参证，以求发现真实，而便作客观之判断。此项调查可分为职工调查及职务调查两类，分述于下：

（甲）职工调查

本公司为沟通同人与公司之意见，消除双方之隔阂起见，特举行职工调查，调查时由人事科编印各种表格，分发各部份主管人员转交各同人按项填写送还人事科。人事科于收到表格后，整理分类，详细分析，编制统计，对多方面作进一步之研究。并谋所以改良之方法。

本公司复业后，计已举行调查三次。第一次在二十一年十月举行全体职工调查（附表七十二），调查范围计分左列数项：

（一）职工姓名、年龄、籍贯、住址；

（二）职工在本馆之职务与经历；

（三）未到本公司前之服务经验；

（四）教育程度；

（五）对于职业之兴趣与成就；

（六）个人之兴趣与成就；

（七）家庭状况。

第二次在二十三年二月，第三次在二十四年一月，举行总馆职工人事调查（附表七十三），调查之主旨系侧重于工作兴趣，职务、报酬是否满意，有无特殊贡献、其他特长，并余暇时消遣方法及对于服务部份或公司全体之改良意见。

又在平时各职工若有陈述之意见，可以书面送交或亲向人事科或所属部份主管人员陈述，经人事科详加研究，设法处理，或提出人事委员会讨论，陈报总经理核夺。

（乙）职务调查

本公司总分馆、分厂职工人数众多，各人所任职务亦颇为复杂；又分馆组织虽经厘定，而各分馆各组人员所任之职务，因事实上、历史上种种关系，仍颇不一致。本调查之目的，即在于明了各职工现任之详细职务，以为考查及调剂之参考。民国二十一年十月举行全体职工总调查，及二十三年、二十四年举行第一、二两次总馆职工人事调查时，曾请各职工自行详细填列日常及偶尔担任之工作名称。另于二十二年八月及二十三年七月先后举行分厂职工任务调查（附表七十四）两次，二十三年六月举行分馆同人职务调查（附表七十五）一次，均系由人事科制成表格寄请各分馆、分厂主管人填报者；惟因各项任务名称未经规定，致填写详略各有不同，故人事科复于二十四年二月详密筹划，制订分馆任务分析一览表及分馆同人分任职务一览表两种表式（附表七十六及七十七附说明），托由营业部派赴各分馆视察人员亲为实地调查，分别记载，更较详尽而有系统。

本公司人事管理方面之记录与统计种类颇多，除已分载以上各章及表式尚未经刊印者外，兹再择登数种于后，以供参考（附表七十八至八十八）。又各项表式在拟订时固已审虑至再，而应用之后间有因实际情形变更，或因发现新事实须加以改订者，当即斟酌损益，重行制订，以期更为适用，甚望诸同人亦能随时各抒所见也。

附表一

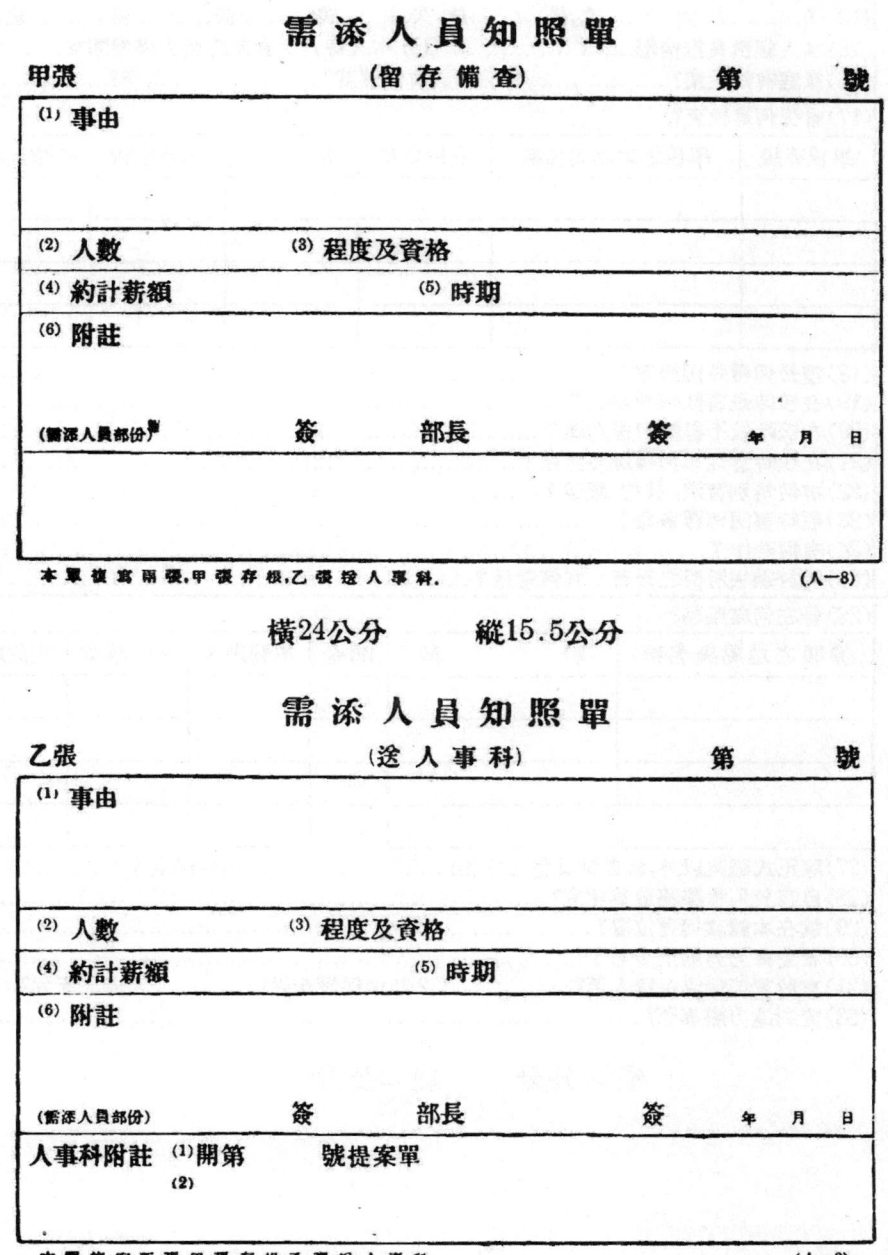

附表二（正面）

上海商務印書館
人事登記表

年　　月　　日

（甲）個人與家庭

（1）姓名…………；別號…………（2）性別…………（3）年齡…………
（4）原籍………省，………縣　（5）現在住址…………
（6）介紹人姓名………；職業………；通信處…………
（7）已結婚………；夫妻姓名………現在何處任事?…………；薪金若干?…………
（8）父（存,亡）名………年………歲,現在何處任事?………；薪金若干?…………
（9）母（存,亡）姓………年………歲,現在何處任事?………；薪金若干?…………
（10）兄弟………人,職業………；同居或分炊?…………
（11）姊妹………人,已嫁者………人
（12）子………人,女………人,長………歲,次………歲,………歲,………歲,………歲,
（13）本人經濟負擔情形…………（14）本人每月所負擔之至少經常開支…………
（15）家庭有無產業?…………（16）本人有無儲蓄?…………；若干?…………

（乙）學歷與知能

（17）曾受何等教育?

學校等級	學校之地點與名稱	在校幾年	曾否畢業	何時離校	學位與出身

（18）擅長何種外國語言?…………
（19）在校時最喜歡何種功課?…………
（20）在校時最不喜歡何種功課?…………
（21）在校時曾從事何種課外活動?…………
（22）有何特別智識,技能,經驗?…………
（23）暇時喜閱何種書籍?…………
（24）有何著作?…………
（25）對於過去所受之教育,有何意見?…………

（丙）服務經驗與旨趣

（26）曾在何處服務?

機關之地點與名稱	職　務	酬金	服務幾久	何時離職	何故離職

（27）除正式職業以外,倘兼做其他工作否?…………；報酬若干?…………
（28）自審於何種職務最為相宜?…………
（29）欲在本館謀何種位置?…………
（30）希望每月月薪至少若干?…………
（31）有股實舖保或保證人否?…………（32）能備保證金否?………；至多若干元?…………
（33）能到遠方辦事否?…………

橫23公分　　縱32公分

604

附表二（反面）

（丁）考察後記載

(34)對於表中所填各項有無疑義?...

(35)對於被考察人觀察所得之意見：
   （a）儀表 ....
   （b）態度 ....
   （c）言談 ....
   （d）思想 ....
   （e）性情 ....
   （f）能力 ....
   （g）品行 ....
   （h）志向 ....
   （i）其他 ....

(36)測驗評語 ....

(37)考試成績 ....

(38)體格檢查之結果 ....

(39)綜合以上各項，被考察人宜於擔任 ....職務；
   開始時最低月薪宜為.............元

(40)其他 ....

考察人.....................簽

（戊）進用情形

（己）備考

605

To Dr.

193

Please examine the physical condition of
Mr. _ _ _ _ _ _ _ _ according to the items
as listed in the certificate below, and return the
certificate directly to us

THE COMMERCIAL PRESS, LTD.
PERSONNEL DEPT.

Signature

商務印書館
人事科謹啓
年　月　日

茲由
前請爲檢查身體並將下
附之身體檢查表填寫簽
字後交下爲荷

醫師台鑒啓者
君持函趨

商　務　印　書　館
The Commercial Press, Limited

身　體　檢　查　表
Certificate of Health

第　　號
No.

年　月　日
193

照　片
Photo

茲　　證　　明　　Mr. 　　　　　　　君
This is to certify that Mr.

身　體　情　形　如　下
Physical condition is as follows:—

神經系 Mental condition

目 Eyes: (1) 目 光 Sight　　　　　(2) 砂眼 Trachoma

(3) 色盲 Color-Blindness

耳 Ears:　　　　　　　　　　鼻 Nose:

喉 Throat:　　　　　　　　　心 Heart:

肺 Lungs:　　　　　　　　　肺癆 Tubercu:

腹 Abdomen:

小 便 Urine: (1) 蛋白質 Albumen:

(2) 糖 Sugar

四 肢 Extremities:

血 壓 Blood Pressure:

體高 Height:　　　　　　　體重 Weight:

全身狀態 General Condition:

(1) 宜/不宜 於擔任假定之工作
fit/unfit for job assigned;

(2) 不宜擔任　　　　　　　　　工作
Unfit for　　　　　　　　　　work.

(3) 備　註
Remarks:

醫師
M.D
Signature

姓 名
Name
性 別
Sex
年 齡
Age
假定之工作
Job assigned:

人 45-2000-23, 63

横20.5公分　　　縱33公分

附表四

人事科提案單
（留存備查）

甲張　　　　　　　　　　　　　　　　　　第　　號

關係人之姓名				
事由				
人事科附註				
	科長	簽	年	月　　日
人事委員會議決辦法				
	主席	簽	年	月　　日
總經理核定				
			年	月　　日
人事科註　　年　　月　　日發表開第　　號　　單				

本單複寫三張，甲張存檔，乙丙兩張經人事委員會，人事委員會議決填就後以丙張送總經理核定交還人事科。

橫27.5公分　　　縱20公分

註　乙丙兩張式樣同此。

附表五

職工試用憑信

逕復者茲擬請　台端在敝館任職試辦　月自　年　月　　日止每月致送津貼洋　元　起至　台端對於敝館現行及隨時公佈之章程規則通告均應　一律遵守倘荷　同意卽請填具覆函並覓具保證連同　台端最近三寸半身照片二張交下並希准於　年　月　　日到館任事為荷此致

　　　　　先生台照

　　　　　　　商務印書館人事科謹啓
　　　　　　　　　年　月　　日
（人一37）

逕復者接奉　　　來函承　約在　貴館服務試辦　月自　年　月　　日止每月由　貴館給予津貼洋　元不作同人待遇又　貴館現行及隨時公佈之章程規則通告均應一律遵守　各節鄙人均表同意相應函復並連同保證書一紙及最近三寸半身照片二張奉上鄙人准於　年、月　　日到館工作此致

　　　商務印書館台照

　　　　謹啓
　　　　　年　月　日

橫29.5公分　　　縱25公分

學生學徒試用憑信

縱25.5公分　橫29公分

逕啓者茲據

其先來

函承

示令

其先來

貴館

試習自民國三十　年　月　日起至民國三十　年　月　日止每月申請

貴館津貼國幣　元不供膳宿在此試習期內任何一方不合意時得隨時終止試習試習期滿如雙方同意另訂修業契約倘荷

貴同意即請填具覆函並另覓

保證人連同

君之願書及最近半身照片二張交下並請

賜其准於　年　月　日到館爲荷此致

君台照

商務印書館人事科謹啓

民國　年　月　日

（人83-200-22,11）

逕覆者接奉

華函令其先來　貴館試習自民國三十　年　月　日起至民國三十　年　月　日止每月由

貴館津貼國幣　元不供膳宿在此試習期內任何一方不合意時得隨時終止試習試習期滿如雙方同意另訂修業契約各節均

表同意特將保證書一紙連同

之願書及最近半身照片二張　到館此致

商務印書館台照

　證啓

民國　年　月　日

學生學徒志願書

縱25.5公分　橫17公分

立願書人

在

茲願專心修業服從管理人員及

願學自願專心修業並遵守公司所定之學

為學商務印書館授人之管理及訓練並遵守公司所定之代理人及

具職業傳授人之管理及其他一切章程規則通告除由法定代理人及

立願書人

中具願書如右

華民國　年　月　日

立願書人

（人-87）

608

工讀學生志願書

立志願書人

兹在

商務印書館爲工讀學生 讀學生自願依照公司所訂招收

工讀學生簡章各條之規定 在公司指定時間之內

盡心實習與服務 服從管理人員之管理及指導 並

遵守公司一切服務章程規則 通告除另具保證

呈繳外 謹具願書如右

民國　年　　月　　日

　　　立願書人

縱25.5公分　橫17公分

練習員志願書

立志願書人

兹承

商務印書館股份有限公司錄取爲練習員自願依照公司所訂

練習員服務及待遇規則各條之規定在公司盡心練習服從管

理主任副主任及指導員之管理與指導並遵守公司一切服務

規則通告練習期間自　年　月　日起至　年　月　日止每月由公司津貼國幣伍拾元不作同人待

遇練習期滿後公司如予正式進用亦願另訂服務三年之契約

決不推辭除另具保證書呈繳外謹具願書如右

民國　年　　月　　日

　　　立願書人

縱25.5公分　橫19.5公分

609

附表十（正面）

年　　月　　日

上海商務印書館
同人履歷表

編號 ....
姓名 ....

<table>
<tr><td rowspan="14">（甲）個人與家庭</td><td colspan="6">

（1）姓名 ....;別號 .... （2）性別 .... （3）年齡 ....

（4）原籍　　省　　縣　　（5）現在住址 ....

（6）介紹人姓名 ....;職業 ....;通信處 ....

（7）保證人姓名 ....;職業 ....;通信處 ....

（8）已未結婚 ....;夫妻姓名 ....;現在何處任事? .... 薪金若干?

（9）父（存,亡）名　　年　　歲,現在何處任事? .... 薪金若干?

（10）母（存,亡）姓　　年　　歲,現在何處任事? .... 薪金若干?

（11）兄弟 ....人,職業 ....同居或分炊? ....

（12）姊妹 ....人,已嫁者 ....人

（13）子 ....人,女 ....人,長 ....歲,次　　歲,　　歲,　　歲,　　歲,

（14）本人經濟負擔情形 ....（15）本人每月所負擔之至少經常開支

（16）家庭有無產業? ....（17）本人有無儲蓄? ....;若干?

</td></tr>
</table>

（乙）學歷與知能

（18）曾受何等教育?

學校等級	學校之地點與名稱	在校幾年	曾否畢業	何時離校	學位與出身

（19）擅長何種外國語言? ....

（20）有何特別智識,技能,經驗? ....

（21）有何著作? ....

（22）暇時作何消遣 ....

（丙）服務經驗與旨趣

（23）未進本公司前曾在何處服務?

機關之地點與名稱	職　　務	酬金	服務幾久	何時離職	何故離職

（24）在本公司之經歷　　　　初進本公司日期　　年　　月　　日

年　月至　年　月	在　　部份擔任	職務,每月薪工開始洋	元　　角
年　月至　年　月	在　　部份擔任	職務,每月薪工改爲洋	元　　角
年　月至　年　月	在　　部份擔任	職務,每月薪工改爲洋	元　　角
年　月至　年　月	在　　部份擔任	職務,每月薪工改爲洋	元　　角

（25）除正式職業以外,尙兼做其他工作否? ....;報酬若干? ....

（26）自審於何種職務最爲相宜? ....

（27）能到遠方辦事否? ....

橫23公分　　　縱32分

附表十一（甲）

（甲）職工保證書　（1）封面

保證須知

一　凡本公司同人應照章取具保證

二　試用或短期人員不照同人待遇者本公司認為必要時亦應取具保證

三　保證人以上海之殷實商號或殷實商人為限但分支館分廠就地進用同人得就各該所在地覓取之

四　本公司同人不得互為保證人

五　本人之最近親屬不得為保證人

六　取具保證應先開列保證人姓名職業住址送交本公司人事科經可後再行填具保證書分支館分廠就地進用同人之保證人應先由分支館經理分廠廠長認可之

保證書

職工姓名

保證人姓名

（上海貼印花稅少二角以上由保證人自貼）

（人—37）

（2）裏面

立保證書

　　　縣人民　　　今因　　　年生在　　　君字　　　係　　　省

貴館執業願按照左列條款擔任保證人之一切責任特具保證書請

貴館存查

商務印書館存查

計開保證條款

一　凡被保人職工對於商務印書館應清償之債務或應賠償之損害由保證人與被保人連帶負清償或賠償之責

二　被保人在商務印書館服務不論部份有所更動或職位有所升降保證人應仍照前條規定負責關於前項服務部份之更動或職位之升降商務印書館無須通知保證人

三　本保證書於有左列情事之一時廢止

（甲）被保人脫離商務印書館交代清楚後

（乙）被保人另行覓得保證人經商務印書館認可後

中華民國　　年　　月　　日

保證人

籍貫

職業

通信處

與被保人之關係

（人·7·3000-22.8）

（乙）學生學徒保證書（裏面）

立保證書縣人民　　　今因　　　年生在　　　　君字係省縣人民願按照左列條款擔任保證人之一切責任特具保證書請貴館修業商務印書館存查計開保證條款

一、凡被保學生對於商務印書館應清償之債務或應賠償之損害由保證人與被保學生之法定代理人連帶負清償或賠償之責

二、被保學生在商務印書館修業之部份或所修事務有所更動保證人仍照前條規定負責商務印書館無須通知保證人

三、本保證書於有左列情事之一時廢止
（甲）被保學生脫離商務印書館交代清楚後
（乙）被保學生另行覓得保證人經商務印書館認可

中華民國　　年　　月　　日

保證人
籍貫
職業
通信處
與被保學生之關係
與學生法定代理人之關係

橫21公分　　縱22公分

註　學生學徒保證書封面與職工保證書相同，惟於保證書上加學生二字。

附表十二（甲）

（甲）（1）前封面

原保證書第　　　　號

覆查職工保證書報告

職工姓名	覆查人姓名
保證人姓名	覆查年月日
	覆查次數

縱22公分　橫10公分

（A30-1000-24,8）

（2）裏面

商務印書館職工保證書復查單

職工姓名		服務部份	
保證人	姓名	籍貫	
	服務機關	職務	
	服務機關所在地		
	住址	與被保證人之關係	
保證書上所蓋係何種圖章			
保證人以何種資格查用該章			

（請保證人填註）

貴館保證人

此證明此　君之保證書確係依

商務印書館人事科

　　民國　年　月　日　　　啟

（上列所畫之保證圖章）

兹謹將覆查情形詳細報告如下

民國　年　月　日　　復查員　　　具

縱22公分　橫20公分

附表十二（乙）

（乙）保證書複查信

謹啓者 敝館同人 君前由
敝號出具保證書負擔保證責任在案茲屆年度開始照章應行覆查
特再專函奉達請即將後附覆函簽名並加蓋原保證書所用圖章於
月 日前寄下倘
閣下擬不再繼續擔保應請即日另行
函示當由敝館囑令 君另具妥保俟新保證書交到經敝館
認可後再將原保證書奉還并祈
查照為荷此請
寶號台鑒
先生

商務印書館人事科謹啓
年
月
日

逕覆者接讀來函籍悉一切對於
貴館同人
此致
商務印書館人事科

君 敝號
鄙人 仍願繼續負擔保證責任特此奉復
年
月
日
啓

橫25公分　　縱26公分

附表十三

試 用 人 員 知 照 單

甲張　　　　　留底備查　　　　第　號

姓名		性別		年齡		籍貫	
住址							
部份			職務				
試用時期自　年　月　日起至　年　月　日止（憑信第　號）							
每月津貼洋	元正不作同人待遇						
			人事科　　簽　年　月　日				

本單由人事科橫寫甲乙丙三張甲張存查乙張送交薪水部份丙張送交派用人員部份

橫24公分　　縱15.5公分

註　乙,丙兩張式樣同此。

614

雜役志願書

茲願遵守公司所定雜役服務規則及其他一切章程規則通告如有違犯情事或公司認為無績僱用之必要得由公司隨時辭退除

立願書人　商務印書館僱用為雜役自願遵守公司所定雜役服

雜役志願書外謹具願書如右

另具保證書呈繳

中華民國　　年　　月　　日

立願書人

縱25.5公分　　橫17公分

臨時工作人員試用憑信（甲，乙聯）

（甲）第　　號

君

茲約在本館擔任臨時短期工作不作同人待遇訂定職務

期限薪工各項如下

職務　　　　　　　但退必要時得隨時變更

期限

薪工每　計銀洋

業得

覆函同意並定　　月　　日到館辦事

存根　　年　　月　　日

（八25-5.00-24.1）

縱24公分　　橫16.5公分

（乙）第　　號

敬啟者　先生台鑒

執事任數館擔任臨時短期工作不作同人待遇特將職務

期限薪工各項開列於後

職務　　　　　但退必要時得隨時變更

期限

薪工每　計銀洋

如荷同意即薪

見覆並請准於　　月　　日到館為荷此頌

大安

謹啟　　年　　月　　日

（八25-5.00-24.1）

縱24公分　　橫16.5公分

註　此信由人事科複寫三份，甲張存根，以乙張連同印就之覆信寄臨時工作人員，於覆信上依式填寫並簽字後交回；丙張送會計科。
　　覆信格式樣同甲張。

附表十七

雇用短期雜役報告單

第　　號

連同乙張送人事科經人事科批註後轉送主計部

丙張

茲經雇用下列短工不作同人待遇即請查照

姓名	擔任工作	每天工資	約雇期間 雇用時期 起 年月日 止 年月日	備註

（雇用部份）

簽　　　　年　月　日

人事科註　　　年　月　日

橫24公分　縱15.5公分

註　本單由雇用部份複寫三張，甲張留底，乙丙兩張同送人事科，丙張經人事科批註後轉送主計部。

附表十六

雜役保證書

立保證書人　　　今因
保證充當雜役　顧擔任保證人
貴館對於　任保證人之
貴員有應清償或賠償之責之責此致
連帶負清償或賠償之責當由
照　　損害時

商務印書館存照

中華民國　年　月　日

保證人
職業
通信處
與被保人之關係

貼印花處　至　角

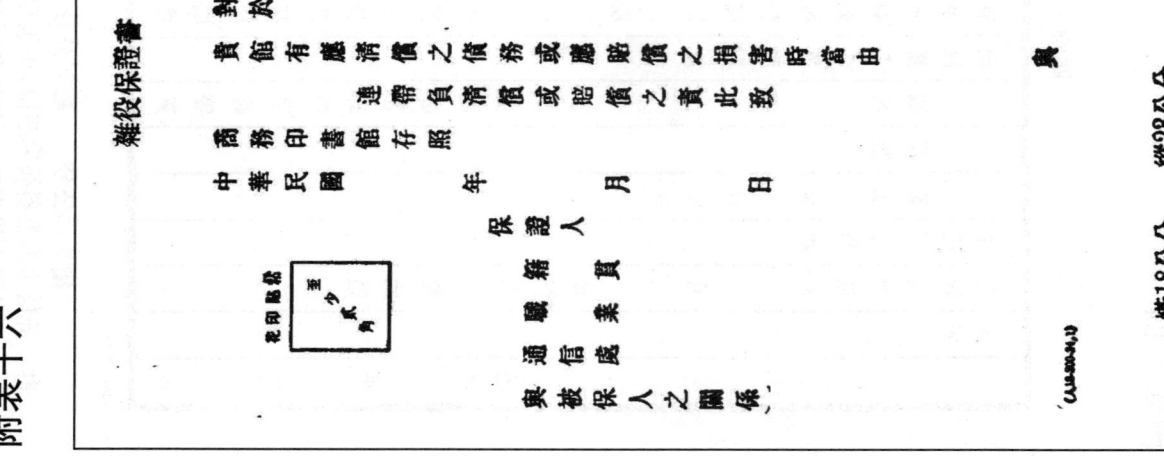

橫18公分　縱28公分

附表十八

```
第　號（甲）

立聘約　聘請人商務印書館　茲經雙方約定受聘人為
　　　受聘人

聘請人擔任　　　　　　　職務月薪國幣　　元

聘期自民國　　年　　月　　日起至民國　　年

　　月　　日止期滿時如雙方同意繼續另訂聘約所

有受聘人辦事之處所時間及雙方應行遵守之事項悉

依聘請人公布之章程規則通告行之

　　　　立聘約
　　　　　受聘人
　　　　　聘請人商務印書館總經理

中華民國　　年　　月　　日

花印

（人—5）
```

橫21公分　縱22公分

註　雙摺式，前封面印「聘約」兩字。本契約一式兩紙，乙
張由受聘人存執。

雇用契約（裏面）

橫30公分　縱24公分

```
第　　　　　號

立契約

商務印書館（下文簡稱甲方）
　　　　　　（下文簡稱乙方）
茲經雙方合意訂定雇用契件如左

(一) 乙方應在甲方指定之處所及時間辦理甲方指定之事務
　　 前項處所時間及事務得由甲方隨時更動乙方不得異議

(二) 甲方應每月給付乙方薪水國幣　　元賸宿由乙方自理
　　 甲方依照前條第二項之規定更動處所時間或事務時乙方不得向甲方要求變更
　　 前項規定之薪水或要求另給報酬

(三) 雙方應遵守甲方現行及將來公佈之章程規則通告

(四) 關於乙方之待遇辦法依照甲方民國二十一年八月一日以後施行之規則通告辦理

(五) 本契約有效期間自民國　　年　　月　　日起至民國　　年　　月　　日止
　　 期滿時如雙方同意繼續雇傭關係須另訂契約

(六) 甲方非經乙方同意不得於民國　　年　　月　　日前終止本契約但有左列情事之一時不在此限
　　 (子) 乙方參加違背法定程序之罷工政對甲方為其他敵對行為違背甲方所公佈之章程規則通告內應受解雇處分之規定時
　　 (丑) 法律准許受雇備人得終止雇傭契約之事由發生時

(七) 乙方非經甲方同意不得於民國　　年　　月　　日前終止本契約但有左列情事之一時不在此限
　　 (子) 甲方違背本契約第二條第一項之規定時
　　 (丑) 法律准許受雇備人得終止雇傭契約之事由發生時

(八) 乙方應另具保證書繳與甲方如保證書中途失效應即另行覓具保證書應繳
　　 滿半個月以上時得由甲方即時終止本契約

(九) 甲方依照本契約第一條第二項之規定交與乙方所辦理之事務時政乙方因本契約
　　 第五條至第八條之適用而股離甲方時乙方應將其經管事務交代清楚

(十) 本契約一式兩紙雙方各執一紙為憑

　　　　　商務印書館

　　　　　立契約

　　　　　見　　証

花押印

中華民國　　年　　月　　日
```

工作契約（裏面）

第　　號

工作契約

商務印書館（下簡稱甲方）
　　　　　（下文簡稱乙方）

茲經雙方合意訂定工作條件如左

（一）乙方應在甲方指定之處所及時間從事甲方指定之工作

（二）前項所定時間及工作得由甲方隨時更動乙方不得異議

（三）甲方應每月給付乙方工資國幣　　元膳宿由乙方自理

（四）甲方依照前條第二項規定更動乙方工作之時間致乙方於原定時間外放假日歷須工作時甲方應照前項規定之工資外加給工資其辦法於甲方公布之工廠規則内定之

（五）甲方現行及將來公布之章程規則通告凡適用於乙方工作部份者乙方應遵守之

（六）關於乙方之待遇辦法依照甲方於民國二十一年八月以後訂定公佈之章程辦理

（七）本契約有效期間自民國　　年　　月　　日起至民國　　年　　月　　日前終止本契約但有左列情事之一時不在此限
　（子）乙方參加違法程序之罷工致對甲方為其他敵對行為或違背甲方所公布之章程規則通告内受解僱處分之規定時
　（丑）法律准許工廠終止工作契約之事由發生時

（八）乙方非經甲方同意不得於民國　　年　　月　　日前終止本契約但有左列情事之一時不在此限
　（子）甲方違背本契約第二條之規定時
　（丑）法律准許工人終止工作契約之事由發生時

（九）乙方應繼續作滿一個月以上時甲方如保證書與甲方所保證之事中途失效應即另行另僱保證書應繳末

（十）甲方依照本契約第五條至第八條之規定更動乙方所從事之工作時應適用而股雞甲方時乙方應將經管之工作交代清楚

（十一）本契約一式兩紙雙方各執一紙為憑

中華民國　　年　　月　　日

立契約
見證

商務印書館

[老印]

CA3-2000-24,1/1

橫30公分　縱24公分

註　三摺式，前封面印「工作契約」四字。

件工契約（裏面）

縱24公分　橫30公分

第　號

立件工契約　商務印書館

茲經雙方合意訂定工作條件如左（下文所稱甲方即指商務印書館所稱乙方即指乙方）

（一）乙方應在甲方指定之處所及時間從事工作

前項廠所及時間由甲方隨時更動乙方不得異議

（二）乙方之工資及其他待遇按照粘附之件工工友暫行待遇細則辦理乙方之假定工作者不在此限所有甲方於民國二十一年八月以前訂定關於粘工待遇之各項章程規則通告概不適用於件工待遇

工資每月計國幣　正

（三）雙方應遵守甲方於民國二十一年八月以後公布之各種規則通告但不適用於本契約有效期間自民國　年　月　日起至民國　年　月　日止

（四）本契約有效期間自民國　年　月　日起至民國　年　月　日止

期滿時如雙方同意繼續須另訂契約

（五）甲方非經乙方同意不得於民國　年　月　日前終止本契約但有左列情事之一者不在此限

子　乙方參加違背法定程序之罷工或對甲方為其他敵對行為或違背甲方所公布之各種規則通告內應受解雇處分之規定時

（六）乙方非經甲方同意不得於民國　年　月　日前終止本契約但有左列情事之一者不在此限

子　甲方違背本契約第二條之規定時

丑　甲方違背本契約之規定

（七）乙方依照本契約第四條至第六條之規定而脫離甲方時應將其經管之工作交代清楚

（八）乙方應繳保證金於本契約訂立後半個月內繳與甲方如逾期未能繳照甲方得即終止本契約

（九）本契約一式兩紙雙方各執一紙存憑

商務印書館

立件工契約
見讓

中華民國　年　月　日

印花　印

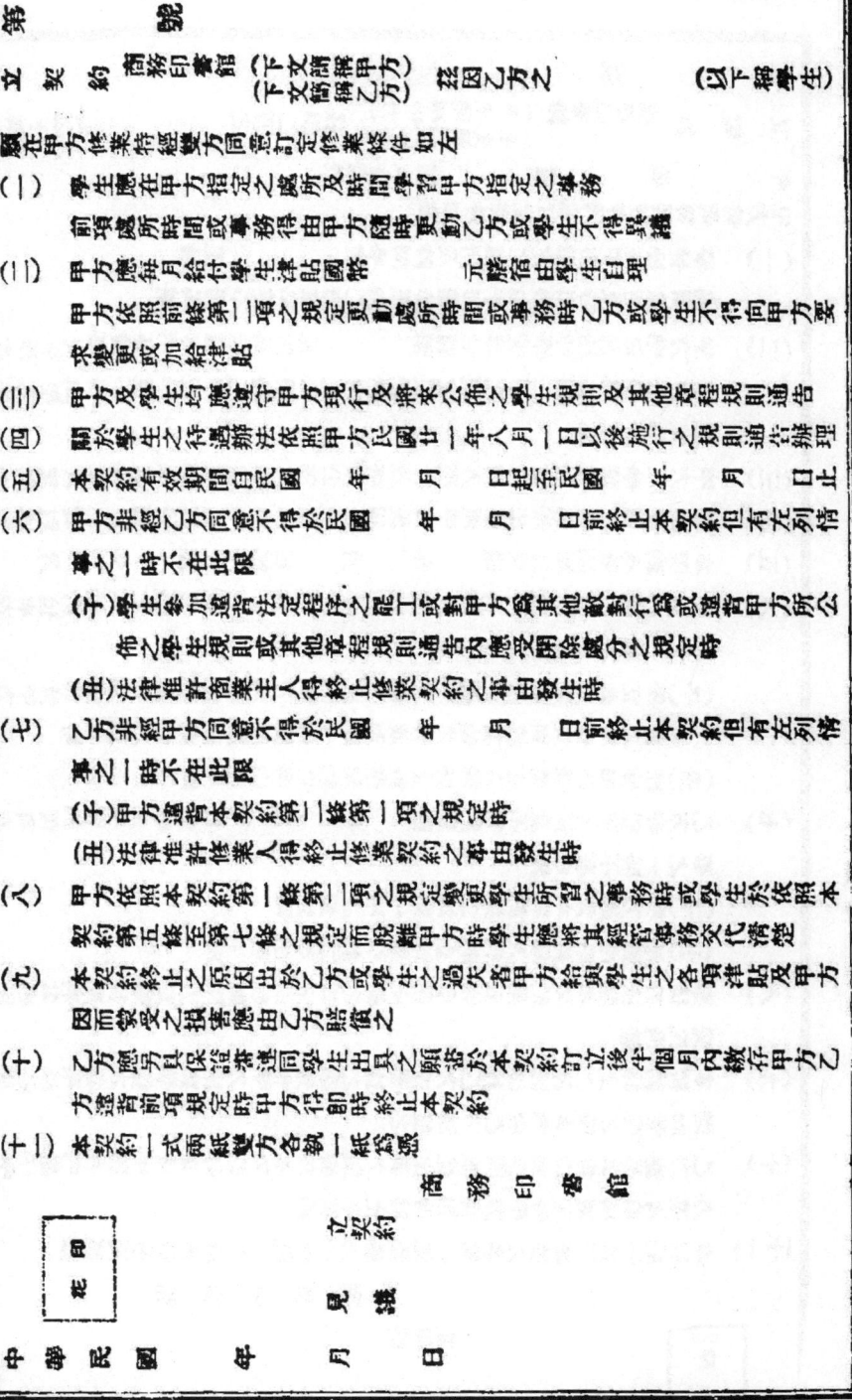

附表二十二

學生契約（裏面）

第　　　　　號

立契約　商務印書館（以下簡稱甲方）　學生（以下簡稱乙生）　經乙方同意訂定修業條件如左：

（一）茲因乙方請求甲方修業，經甲方同意訂定修業條件如左。

（二）學生應在甲方指定之處所及時間學習甲方指定之事務，前項處所及時間甲方得隨時變更，學生不得異議。

（三）甲方應每月給付學生津貼國幣　　元，階宿由學生自理，學生不得向甲方要求變更或加給津貼。

（三）甲方依照前條第一項之規定變更處所時間事務時，乙方學生不得向甲方要求。

（四）關於學生之待遇辦法依照甲方民國廿一年八月一日以後施行之學生規則及其他規程規則通告辦理。

（五）本契約有效期間自民國　年　月　日起至民國　年　月　日前終止，本契約但有左列情事：
　（子）學生參加違背法定程序之罷工或其他不法行為對甲方之規定時，甲方應開除之其他懲戒對於學生之規定時，甲方所公佈之學生規則及其他規程規則修改時，本契約即由發生之日前終止。
　（丑）法律准許商業主人得終止修業契約之事由發生時。

（六）甲方非經乙方同意不得於民國　年　月　日前終止本契約，本契約但有左列情事：
　（子）甲方違背本契約第一條第二項之規定時。
　（丑）法律准許修業人得終止修業契約之事由發生時。

（七）乙方非經甲方同意不得於民國　年　月　日前終止本契約，本契約但有左列情事：

（八）甲方依照本契約第一條第二項之規定變更學生所習之事務時，學生應依照本契約第五條至第七條之規定而脫離甲方時學生應將其經管事務交代清楚。

（九）本契約終止之原因出於乙方或甲方時學生因而致受之損害應由乙方賠償之學生津貼及甲方給與學生之各項津貼及甲方。

（十）乙方應另具保證書連同契約於訂立後半個月內繳存甲方乙方違背前項規定時甲方得即時終止本契約。

（十一）本契約一式兩紙雙方各執一紙為憑。

立契約　商務印書館　[印]
見證
中華民國　年　月　日

横30公分　縦24公分

註　三摺式，前封面印「學生契約」四字。

學徒契約（正面）

第　　號

立契約　商務印書館經理　方甲

甲方特聘　乙方同意訂定件如左

（下文簡稱乙方）人住於

（下文簡稱甲方）甚悉乙方

（以下簡稱徒）願在

（一）學徒應在甲方指定之處所及時間內學習工藝
由甲方酌量勸令乙方改正學徒不得異議

（二）甲方應每月給付學徒津貼國幣　　元作為膳宿零用等費每月分兩次給付
甲方依照前條第三項之規定更正加給津貼時應將所改定時間通知乙方改正學徒不得異議向甲方要求變更

（三）甲方及學徒均應遵守甲方現行及將來公佈之規則並遵照辦理

（四）關於學徒之待遇辦法依照甲方民國廿一年八月一日施行及將來修改之規則通告各項辦理

（五）本契約有效期間自民國　　年　　月　　日起至民國　　年　　月　　日止

（六）甲方非經乙方同意不得於民國　　年　　月　　日前將本契約但有左列情事之一時不在此限
（子）學徒參加違背甲方所定程序之罷工或其他擾亂秩序行為或違反甲方所公佈之規定時
（丑）法律准許甲方解僱其他人本人辭職停止營業之事由發生時

（七）乙方非經甲方同意不得於民國　　年　　月　　日前將本契約但有左列情事之一時不在此限
（子）甲方違背本契約第三條第一項之規定時
（丑）法律准許甲方解僱本人辭職停止營業之事由發生時

（八）學徒應依照本契約第五條至第七條之規定而解僱甲方時學徒應將五經費包

（九）本契約終止之原因出於乙方或學徒之過失者甲方對於學徒之各項因前而事應受之損害應由乙方或學徒賠償之

（十）乙方違背前項規定時甲方得於本契約終止後　　個月內數存及甲方

（十一）本契約一式三紙雙方各執一紙另一紙由上海市社會局備案

見　　　　立
證　　　　契約人

（立約人印）

中華民國　　年　　月　　日

橫30公分　縱24公分

註　三摺式，前封面印「學徒契約」四字。

附表二十四

進用職工知照單

甲張　　　　　　　留底備查　　　　　　第　　號

姓名		性別		年齡		籍貫	
住址							
部份				職務			
僱用時期自　年　月　日起至　年　月　日止						（契約第　號）	
每月薪水洋　　　　　元正							
					人事科　　簽　年　月　日		

本單由人事科複寫甲乙丙三張甲張存根乙張送交核算薪水部份丙張送交派用人員部份

(人—20)

横24公分　　　縱15.5公分

註　乙，丙兩張式樣同此。

附表二十五

（分館分廠用）

需添人員知照單

乙張　　　　　　（送人事科）　　　　　第　　號

(1) 事由		
(2) 人數		(3) 程度及資格
(4) 約計薪額		(5) 時期
(6) 擬進用人員姓名		
(7) 附件　履歷表　紙，身體檢查表　紙，學校證明書　紙，服務證明書　紙，測驗成績　紙		
	分館經理　　分廠廠長　　簽　年　月　日	
人事科附註 (1) 開第　號提案單　(2)		

本單複寫兩張，甲張存根，乙張送人事科．

(人42-1500-25.6)

横22公分　　　縱15.5公分

註　甲張式樣同此，但無「人事科附註」一欄。

（分館分廠用）

商務印書館
同人履歷表

..........分廠
　　　　　分館　　　　　　　　　　　　　　　　　　　年　月　日

（甲）個人與家庭	(1) 姓名..........;別號..........　(2) 性別..........　　　(3) 年齡..........
	(4) 原籍..........省..........縣　(5) 現在住址..........
	(6) 介紹人姓名..........;職業..........;通信處..........
	(7) 保證人姓名..........;職業..........;通信處..........
	(8) 已未結婚..........;夫妻姓名..........;現在何處任事?..........;薪金若干?..........
	(9) 父(存,亡)名..........年..........歲,現在何處任事?..........;薪金若干?..........
	(10) 母(存,亡)姓..........年..........歲,現在何處任事?..........;薪金若干?..........
	(11) 兄弟..........人,職業..........同居或分炊?..........
	(12) 姊妹..........人,已嫁者..........人
	(13) 子..........人,女..........人,長..........歲,次..........歲,..........歲,..........歲,..........歲,
	(14) 本人經濟負擔情形..........(15) 本人每月所負擔之至少經常開支..........
	(46) 家庭有無產業?..........(17) 本人有無儲蓄?..........;若干?..........

（乙）學歷與知能	(18) 曾受何等教育?					
	學校等級	學校之地點與名稱	在校幾年	曾否畢業	何時離校	學位與出身
	(19) 擅長何種外國語言?..........					
	(20) 有何特別智識,技能,經驗?..........等					
	(21) 有何著作?..........					
	(22) 暇時作何消遣?..........					

（丙）服務經驗與旨趣	(23) 未進本公司前曾在何處服務?					
	機關之地點與名稱	職　　務	薪金	服務幾久	何時離職	何故離職
	(24) 除正式職業以外,尚兼做其他工作否?..........;報酬若干?..........					
	(25) 自審於何種職務最爲相宜?..........					
	(26) 能到遠方辦事否?..........					

横23公分　　　縱32公分

註　反面與總館同人履歷表同。

附表二十七（A）

分館分廠進用職工知照單

甲張　　　　　　留底備查　　　　　　第　　號

姓名		性別	年齡		籍貫	
部份				職務		
月薪						
上開職工業經人事委員會通過呈奉　總經理核定准予進用						
				人事科　·　簽	年　月　日	

本單由人事科填寫甲乙丙丁四張甲張存根乙張送交添用人員部份丙丁兩張由添用人員部份填註
到職日期寄回人事科丁張再由人事科核轉主計部

(人01-1000-23,6)

橫21.5公分　　縱17公分

分館分廠進用職工知照單

乙張　　　　　送添用人員部份　　　　　第　　號

姓名		性別	年齡		籍貫	
部份				職務		
月薪						
上開職工業經人事委員會通過呈奉　總經理核定准予進用卽祈查照俟該職工到職日（已經過試辦者以核定進用日為到職日）卽請填具到職報告單並附該職工保證書一份照片二張寄下存核為荷						
				人事科　　簽	年　月　日	

本單由人事科填寫甲乙丙丁四張甲張存根乙張送交添用人員部份丙丁兩張由添用人員部份填註
到職日期寄回人事科丁張再由人事科核轉主計部

(人01-1000-23,6)

625

分館分廠進用職工到職報告單

丙張　　　　　　　　送　人　事　科　　　　　　第　　　號

姓名		性別		年齡		籍貫	
部份				職務			
月薪							

上開職工經　總經理核准進用已於　　年　　月　　日到職茲附上保證書
一份照片二張卽祈　察核爲荷
（試辦日期自　　年　　月　　日起至　　年　　月　　日止）

總管理處人事科　台照　　　　經理　　　　　　簽　年　　月　　日
　　　　　　　　　　　　　　廠長

本單由人事科複寫甲乙丙丁四張甲張存根乙張送交派用人員部份丙丁兩張由派用人員部份填註
到職日期寄回人事科丁張再由人事科核轉主計部
（人91-1000-23,6）

分館分廠進用職工到職報告單

丁張　　　　　　　　送　主　計　部　　　　　　第　　　號

姓名		性別		年齡		籍貫	
部份				職務			
月薪							

上開職工經　總經理核准進用已於　　年　　月　　日到職卽祈　查照爲
荷
（試辦日期自　　年　　月　　日起至　　年　　月　　日止）

總管理處主計部　台照　　　　經理　　　　　　簽　年　　月　　日
　　　　　　　　　　　　　　廠長

人事科核轉蓋章

本單由人事科複寫甲乙丙丁四張甲張存根乙張送交派用人員部份丙丁兩張由派用人員部份填註
到職日期寄回人事科丁張再由人事科核轉主計部
（人91-1000-23,6）

移 職 知 照 單

甲張　　　　　留 底 備 查　　　　　第　　號

姓名	
原任職務	調任職務
原有月薪	改定月薪
移調日期	
備註	
	人事科　　　簽　年　月　日

本單由人事科填寫甲乙丙丁四張甲張存根乙張送核算薪水部份丙張送原任職部份丁張送調任部份

(人—21)

橫24公分　　　縱15.5公分

註　乙,丙,丁三張式樣同此。

分 館 同 人 移 職 報 告 單

民國　年　月份

甲張　　　　　(存根)　　　　　第　　號

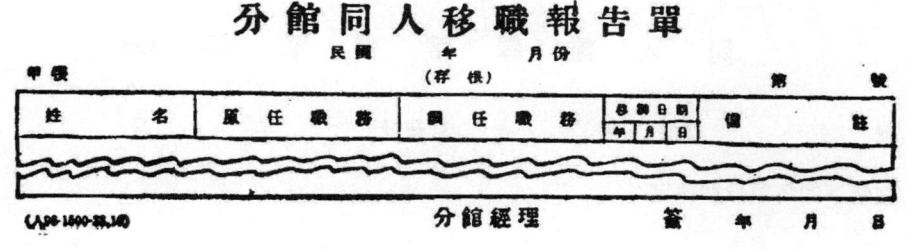

姓　　名	原 任 職 務	調 任 職 務	移調日期 年 月 日	備　　註

(人96-1400-第16)　　　　分館經理　　　簽　年　月　日

橫21.5公分　　　縱17公分

註　本單由分館複寫三份,甲張存根,乙張送人事科,

　　丙張送主計部。

附表二十九

<table>
<tr><th colspan="4">退　職　知　照　單</th></tr>
<tr><td>甲 戳</td><td colspan="2">節，底　備　查</td><td>第　　號</td></tr>
<tr><td>姓名</td><td colspan="3">原任職務</td></tr>
<tr><td>退職日期</td><td colspan="3"></td></tr>
<tr><td>退職原由</td><td colspan="3"></td></tr>
<tr><td>備註</td><td colspan="3"></td></tr>
<tr><td colspan="4">人事科　　　簽　年　月　日</td></tr>
</table>

(人—四二)

本單由人事科填寫甲乙丙三聯甲聯存根乙聯送核算薪水部份丙聯送原任職部份

橫24公分　　縱15.5公分
註　乙,丙兩張式樣同此。

附表三十（A）

同　人　離　職　稽　查　單　（甲頁）

查　　　部份　　　君業於　　年　　月　　日退職

茲將下開各項分別核定

年　月　日

<table>
<tr><td></td><td>項　　目</td><td>辦　　　法</td><td>處　理　情　形</td></tr>
<tr><td rowspan="3">批核處</td><td>保　證　書</td><td>可以暫緩發還</td><td>於　年　月　日交　收</td></tr>
<tr><td>保　證　金</td><td>洋　　元限於　年　月　日以前提取</td><td>於　年　月　日付訖</td></tr>
<tr><td>押　櫃　金</td><td>洋　　元限於　年　月　日以前提取</td><td>於　年　月　日付訖</td></tr>
<tr><td></td><td>備　　註</td><td colspan="2"></td></tr>
</table>

科長　　　簽　年　月　日

(人—四一)

附表三十（B）

同人離職稽查單（乙頁）

查　　　部份　　　君業於　　年　月　　日退職請

棘處將下開各節詳細填就簽字交下為荷此致

主計部　台照

人事科　　簽　年　月　日

應付各款	項　　目	付訖日期	經手人簽	應收各款	項　　目	收訖日期	經手人簽
	1.薪工　元				1.預借薪工　元		
	2.例假　元				2.貨物欠根　元		
	3.儲蓄　元				3.其他		

主計部　　簽　年　月　日

（人一36）

同人離職稽查單（丙頁）

查　　　部份　　　君業於　　年　月　　日退職請

棘處將下開各節辦理完竣後　簽字交下為荷此致

台照

人事科　　簽　年　月　日

應點交各件	項　　目	退職人簽	接收人簽
	1.徵東		
	2.經管級籍		
	3.經管文書		
	4.經管物件		
	5.其他		

部份　　簽　年　月　日

（人一36）

橫23公分　　縱18.5公分

註　本單由人事科複寫三張,甲張存根,乙張送主計
部,丙張送任職部份。

629

附表三十一

......................分館廠同人退職報告單

第　　號乙張　　　　　　（送人事科）　　　　年　月　日

姓名	職務
退職原因	
退職日期　　　　　年　　　月　　　日	
薪給停止日期　　　年　　　月　　　日	
退職後有無宕欠？............如有，為數若干？............如何辦法？............ 退職後有無經手未了手續？............如有，作如何處置？............	
備註	

總管理處人事科　台照　　　　　　經理　　　　簽
　　　　　　　　　　　　　　　　廠長

橫21.5公分　　　縱17公分

　　註　本單由分館廠複寫三張，甲張存根，乙張送人事
　　　　科，丙張送主計部。

630

延長工作時間聲請書

事由	日期	延長時間	人數	姓名職務			總經理台鑒 廠股長簽 年月日	總經理核批處
	自月日起至月日止	每日自午點分至午點分	人（姓名及擔任職務詳列於后）	姓名職務	姓名職務	姓名職務		

註意●
(1)(2)
本單須經廠長核明呈由廠股長核分送各單位後再送交人事科留底
工作人員姓名在本單格內如不敷填寫可用另紙附列填寫但紙張不宜較本單為大

人.30-2000-34,0

橫21.5公分　　縱26公分

註　特別加班亦通用此項聲請書。

（反面）　　　　　　　　　鐘片正面

姓　名 ＿＿＿＿＿＿

（Ａ11-20000-21.8）

姓　名 ＿＿＿＿＿＿

	年	月上半月
半月薪	＄	
加班　天		
假缺　天		
缺分　天		
結　發	＄	

本期計洋　　圓　角　分正

＿＿＿＿＿＿ 簽驗

人事計鐘紀要	早到	中午出	下午到	晚出	特別進出	
					出	回
1						
2						
3						
4						
5						
6						
7						
8						
9						
10						
11						
12						
13						
14						
15						

加班　　　　天　　事病假工　假假　　天天天　　天　　分分　　分

橫9公分　　　縱18公

註　上半月係黑色印刷，下半月係紅色印刷，日期改爲十六至三十一，形式相同。

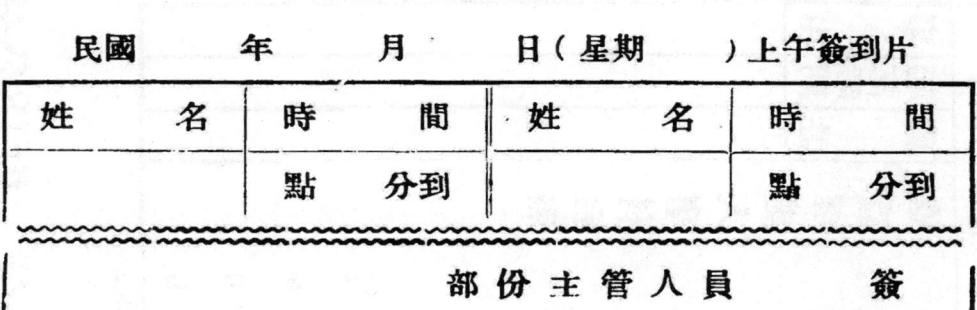

失 按 單

本科

君(今昨)日　午　點　分鐘

館因忘按鐘片敬謝
補貼失按為荷此上
總管理處人事科台照

科謹啓

年　月　日　簽字　圖章

注意

一　如遇失按逾期須于次日填單退交人事科責註逾期無效

二　此單須由主管人員蓋章簽字以昭鄭重

(人16-5000-34,3)

橫6.5公分　縱17.5公分

附表三十五

簽到片

民國　　年　　月　　日（星期　　）上午簽到片

姓　　名	時　　間	姓　　名	時　　間
	點　分到		點　分到

部份主管人員　　　簽

(人59-3000-24,5)

橫19公分　　縱15公分

註　本片雙面印,每面五格。正面印紅色,上午用;反面印綠色,下午用。

緊急出假單（正面）

事由	
起訖時間	自 午 點 分起 至 午 點 分止
備註	

總管理處人事科台照

　　課長

　　廠長

具 年 月 日

簽

橫8公分　縱18公分

（人17 3000-21,b）

（反面）

出廠時刻

刻 時

一、職工因故須在本廠工作時間內出廠者，須填用本單。

二、本單應經課長及廠長核准之。

三、本單須於出廠時打卡，及回廠時打卡，每片記明出廠及回廠時刻。

四、本單須記明出廠回廠時刻，於每月彙送人事科查核，如有不符，概不適用本單。

五、凡得假片者，其在半日以上者，概填送人事科。

出廠時刻

刻 時

請假單

事由	
起訖時期	
備註	

總管理處人事科台照

具 年 月 日

長

簽

橫8公分　縱18公分

（人15 10000-24,b）

附表三十九

公出單		
事由		
事須在地點		
何時出外	月　日　午　時　分	
何時可回	月　日　午　時　分	
總管理處人事科台照		長　具　　年　月　日　簽

（A）14-8000·24,1）

横8公分　　縱18公分

附表三十八

特種請假單		
事由		
地點		
外出詳細路程		
請假日期	月　日　起　至　月　日　止	
總管理處人事科台照		長　具　　年　月　日
人事科批註照事給假　天　外加路程　天		

AR-600-12,10

横12公分　　縱21公分

635

附表四十

<table>
<tr><td>（2）乙種</td><td>（1）甲種</td><td>（裏封面）</td></tr>
</table>

（2）乙種

公 出 日 記

事 由

地 點

月 日　午　點　分出外
　　　午　點　分回館

主管人　　簽

（人13-3000-33.6）

（1）甲種

（人80.1500.34.3）

公 出 日 記

事 由

地 點

月 日　午　點　分出外
　　　午　點　分回館

簽

（裏封面）

公 出 日 記 冊

（一）本冊專備個人中每日須因公出外且每日出外不止一次者填寫之用

（二）本冊應於出外時隨時填寫經主管人員之核准簽字

（三）本冊每半月或每冊用完時應隨即送交人事科存核

（四）填就本冊後出外及回館時均不必再打鐘片但上下午第一次到館及散班離館仍應照打鐘片

橫7公分　縱12.5公分

附表四十一

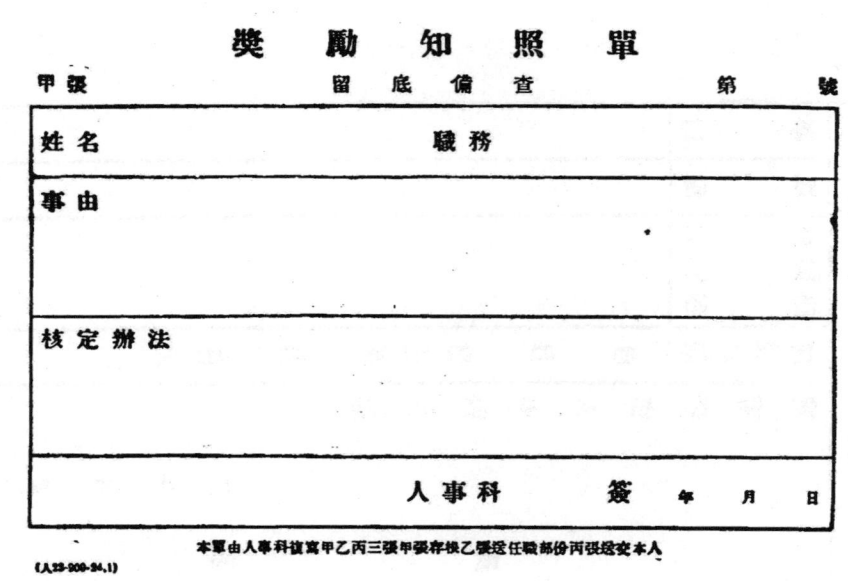

獎 勵 知 照 單

甲發　　　　留 底 備 查　　　　第　　號

姓 名　　　　　職 務

事 由

核 定 辦 法

人 事 科　　簽　年　月　日

本單由人事科填寫甲乙丙三張甲張存核乙張送任職部份丙張發交本人

（人23-900-34.1）

橫24公分　　縱15.5公分

註　乙,丙兩張式樣同此。

636

附表四十二

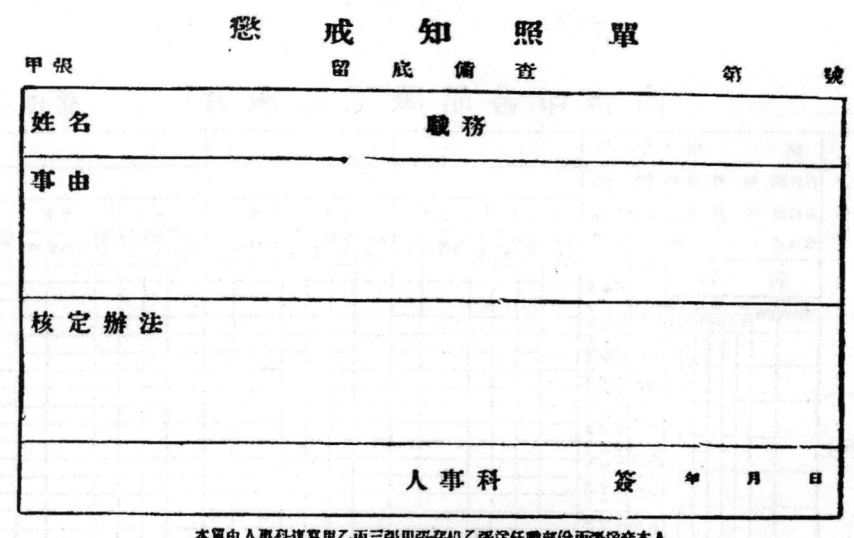

横24公分　　纵15.5公分

註　乙，丙張式樣同此。

附表四十三

職工考核表

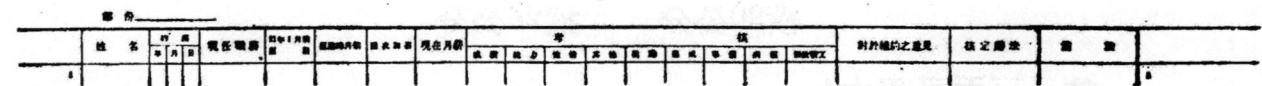

横55公分　　纵24公分

（正面）

姓名＿＿＿＿＿ 商務印書館職工記錄片 部份＿＿＿＿＿

	試　用	年份										
	自民國　年　月　日起	職務										
	至民國　年　月　日止	額定月薪	/月 $	/月 $	/月 $	/月 $	/月 $	/月 $	/月 $	/月 $		
	得信第　　　號	項月 月份	加班天數	位績事務病假	天數	實得薪水	加班天數	位績事務病假	天數	實得薪水	加班天數	位績事務病假 天數 實得薪水
	契　約	一月 止中月下半月										
		二月 止中月下半月										
	等级大約数 日止月年日日年日	三月 止中月下半月										
		四月 止中月下半月										
字＿＿性別＿＿		五月 止中月下半月										
民國　　　年生		六月 止中月下半月										
籍貫		七月 止中月下半月										
住址		八月 止中月下半月										
		九月 止中月下半月										
程度		十月 止中月下半月										
		十一月 止中月下半月										
		十二月 止中月下半月										
		全年共計										
經歷		派得花紅或契勞金										
	受記表號數	附　記										
	測驗卷宗號數	注意										
	身體檢查表號數	記有用紅筆 記過用藍筆										
保證人	保證書號數	加薪調職等										
介紹人	徽章號數	亦須記于此										

横30公分　　　縱24公分

註　反面可用六年。

（甲）

民國　　年　　月份　　半月

商務印書館雜役工資清單

甲張　　　　　　　　　存　根

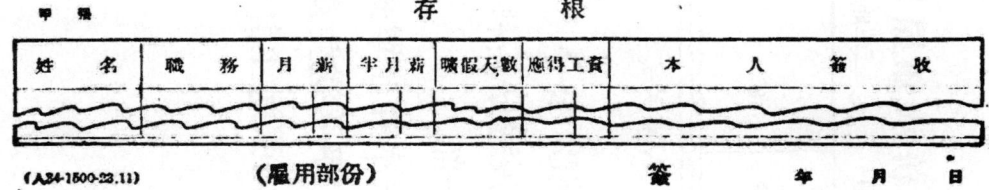

姓　名	職　務	月薪	半月薪	曠假天數	應得工資	本　人　簽　收

（A34-1500-23.11）　　　（雇用部份）　　　　　　簽　　年　　月　　日

横20公分　　　縱17公分

註　本單由雇用部份複寫三張，甲張存根，乙張黏附付款
　　咨照單背面送主計部存查，丙張送人事科存查。

（乙）

民國　　　年　　　月　　　日至　　　月　　　日止

商務印書館短期雜役工資清單

存　根

甲　張

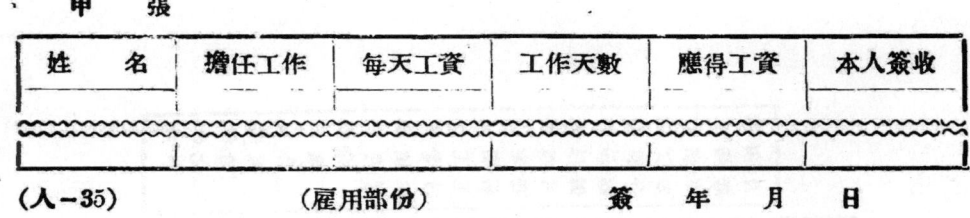

姓　名	擔任工作	每天工資	工作天數	應得工資	本人簽收

（人－35）　　　（雇用部份）　　　　　簽　　年　　月　　日

横20公分　　　縱14.5公分

註　本單由雇用部份複寫三張，甲張存根，乙張黏附付款
　　咨照單背面送主計部存查，丙張送人事科存查。

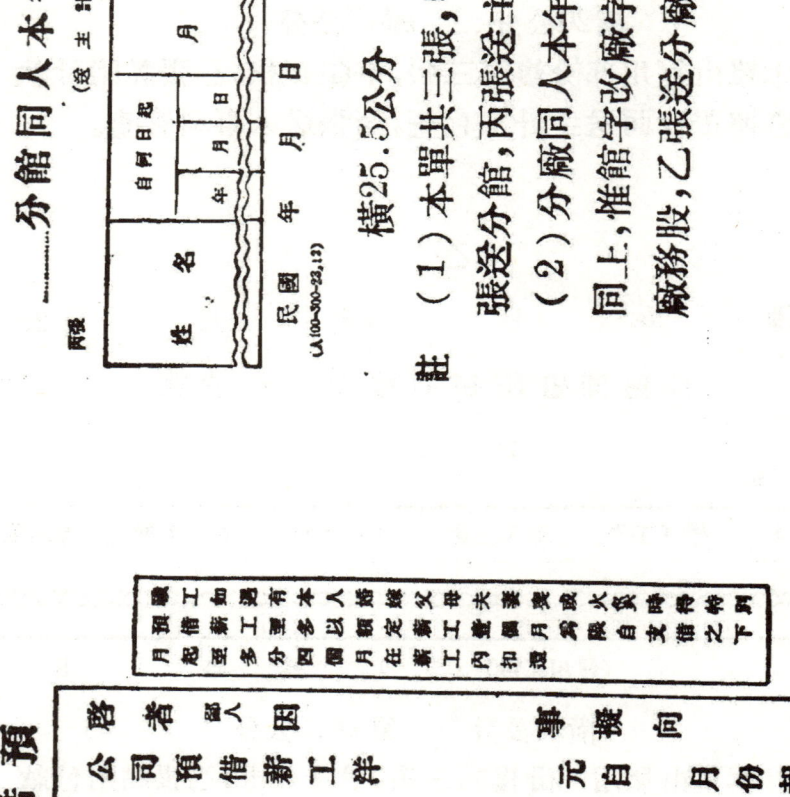

分館同人本年薪水知照單

（送 主 計 部）

橫25.5公分　縱20公分

註　（1）本單共三張，甲張送分莊科，乙
張送分館，丙張送主計部。
（2）分廠同人本年薪水知照單式樣
同上，惟館字改廠字。甲張送生產部
廠務股，乙張送分廠，丙張送主計部。

商務印書館

同人長期獎勵儲蓄書請

人長期起月份為長期儲蓄書
獎勵儲蓄書規則之規定即薪工所定
本公司同人每月儲蓄書規則之規定薪工定
人同本公司長台照
照本公司年存於此請
遵照之分為人事科
茲願百分察照總管理處人事科
人事科證明蓋章

盤請人

（印鑑）

姓名 簽

年　月　日

注意：

（一）補領同人儲蓄簿須於給發新簿月份之二十五日以前送經理處廠長批准由人事科以便轉會計科辦理。

（二）分給分廠同人之儲蓄簿先期寄交同人身份證明書月份之次月十五日以前送到廠長批准由人事科辦理。

橫14公分　縱28公分

商務印書館　同人存款介紹書

同人存款介紹書存根
茲有　　　部份
同人　　　君擬存
臺期存款　 元特為介紹至所
此致　出納科
年　月　日　簽
介紹人

商務印書館　同人存款介紹書

茲有　　　同人　　　君擬存定期

存款　　　元特為介紹或存單擬存合收

照章繳給存摺合鑒

此請　君查章

年　月　日介紹人　　　　長

橫18公分　縱8公分

出 收 No.　　　年　　月　　日 轉會 No.

商務印書館同人獎勵金
加入同人長期獎勵儲蓄聲請書

茲遵照本公司同人長期獎勵儲蓄規則願將
本屆所得獎勵金之一部份計洋　　元
加入長期儲蓄金特填具聲請書連同現款一
併送上即新
察收擊給回執為荷

聲請人

部份

姓名

年　月　日　簽

人事科證明蓋章

聲請人姓名

聲請人每月假調定薪工

收款部份蓋章

收款日期

年　月　日

注意

一、此項加儲額至多不得超過本人一個月額定或假定薪工數並須於聲給獎金後十日內以現款交存過期不收

二、在總館者應將此聲請書連同現款送交主計部出納科在分館分廠者應送交各該會計部份

三、各該分館收款後應於三日內將聲請書連同聖賬各照單寄交人事科轉送會計科入賬

四、凡未聲請長期儲蓄者不得將獎勵金加儲

商務印書館同人獎勵金
加入同人長期獎勵儲蓄回執

茲收到　　君

現款　　元

除照入賬外

特給此回執

以資核對

收款部份

年　月　日　簽

横16.5公分　　縦28公分

出收 No.　　年　月　日會轉 No.

商務印書館同人特別休假薪工加入同人長期獎勵儲蓄聲請書

茲遵照本公司同人長期獎勵儲蓄規則願將本年所得特別休假薪工之一部份計洋　　元加入長期儲蓄金特填具聲請書連同現款一併送上即祈

察收擊給回執為荷

聲請人　（部份）
　　　　（姓名）
　　　　年　月　日　簽

人事科證明蓋章
　聲請人姓名
　聲請人應得特別休假薪工數

收款部份蓋章
　收款日期
　　年　月　日

注意：

一、此項加儲款額至多不得超過本人本年應得特別休假薪工數並須於聲給後半個月內以現款交存逾期不收

二、在總館者應將此聲請書連同現款送交主計部出納科在分館分廠者應送交各該會計部份

三、各該分館分廠收款後應於三日內將聲請書連同登摺或照單等交人事科轉送會計科入賬

四、凡未聲請長期儲蓄者不得將特別休假薪工加儲

商務印書館同人特別休假薪工加入同人長期獎勵儲蓄回執

茲收到
　　　　　君
現款　　　　　元
除照入眼外
特給此回執
以資核對
　　　　　簽
收款部份
　年　月　日

橫16.5公分　　縱28公分

商務印書館同人長期獎勵儲蓄

提款聲請書

因　本人第×號憑摺儲蓄金內提取全部三分之一數附繳在上

茲　長期獎勵儲蓄金所　敬請　台照

　　人事科　荷此　總察核　管理處　人事科

　　　聲請人（部份）（姓名）

　　　　　　年　月　日簽

人事科批核	會計科批註

●注意（一）儲書人自開始儲書之月份起滿一年後如將獎勵儲蓄金全部提取至多不得過本人儲書金三分之一其續請程序依

（二）儲書人如因本人疾病或父母夫妻或子女身故欲提前領取儲蓄獎金者得隨時提取其全部

商務印書館同人長期獎勵儲蓄

聲請停止儲書書

因　茲

獎勵儲蓄書自視

則之規定條請將本人長期之月份起儲書停止本人長期儲書

事　照　本公司同人長期

　　人事科　此請　總察核　管理處

　　　聲請人（部份）（姓名）

　　　　　　年　月　日簽

人事科批核

注意：儲書人如欲聲請停止儲書須自開始儲書之月份起滿二年後始得停之

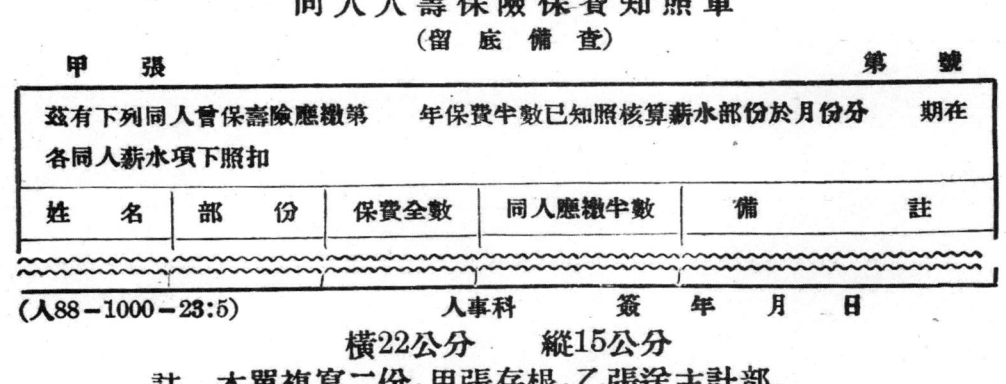

附表五十四

商務印書館同人投保壽險志願書

橫33公分　縱25公分

投保人姓名		別號		服務部份	
生辰	年　月　日生			保險歷計算現年　歲	
籍貫		已否結婚			
住址					
薪水數目				商人印批者註院	
壽險保額				商人印批者註院	
受益人姓名				保交人壽之人顧問保校院	
受益人住址				受益人職業	

(註)受益人得由投保人隨時通知變更

投保人如已保有其他人壽保險者請註明於下	保險公司名稱	保險金額	何年起保	保單號數

本人投保壽險對於商務印書館所訂同人人壽保險證暨
本行規則及商務印書館與保險公司所訂之合同均願遵照
守特立此志願書為證

　　　　　保險公司台照

中華民國　　年　　月　　日立於　　　地方

立志願書人　　　　　簽

此志願書填就後先逕交商務印書館人事科
經核准查詢後再轉交保險公司收存

商務印書館人事科置表處

附表五十五

同人人壽保險保費知照單
(留底備查)

甲張　　　　　　　　　　　　　　　　　　　第　　號

茲有下列同人曾保壽險應繳第　　年保費半數已知照核算薪水部份於月份分　　期在各同人薪水項下照扣

姓　名	部　份	保費全數	同人應繳半數	備　註

(人88-1000-23:5)　　　人事科　　簽　　年　　月　　日

橫22公分　　縱15公分

註　本單複寫二份,甲張存根,乙張送主計部。

645

————————————分 館廠 同人病故報告單

第　　　號甲張　　　留底備查　　　年　月　日

姓名	別號	年齡	籍貫
進館年月		最近所任職務	
病假起日		所患病症	

治療經過　（曾經診病之醫生或醫院均須詳細開明所有藥方噃件並請附寄如有醫生證明書更佳.）

病故月日及時間

病故所在地

家屬狀況　（關於壽險受益人之狀況更須調查清楚填入本欄）

所保壽險數目

附件　人壽保險單一份　醫生證明書　份　藥方　紙

備註

以上所填各項均經詳細調查核明無誤

填表人　　　　簽　經理 廠長　　　　　簽

A 82-3000-22,11

註 横21公分　縱23公分
本單由分館廠複寫三張，甲張存根，乙張送人事科，丙張送承保已故同人壽險公司。

（正面）

No............ **同人送住醫院憑單存根**

姓名 ....部份 ....

送醫院日期...............年 ....月 ....日

醫院名稱...

No............ **商務印書館**
同人送住醫院憑單

...............醫院台鑒

今有敝館 ....部份同人...............君／女士 因病擬送請

貴醫院住院診治其住院費在每天一元以下者由敝館照付又

病人病愈出院時請簽給下附證書交本人帶下爲幸

商務印書館總管理處人事科謹啓

年 月 日

No............ **住 院 證 書**

商務印書館台鑒

貴館 ....部份同人...............君／女士 前患...............

疾病於.........年 ....月 ....日到院醫治茲已於

...........年 ....月 ....日出院特此證明

.........................（醫院）.......................簽

年 月 日

人—65

橫17.5公分　　縱25公分

No............ **LETTER OF CERTIFICATION**

.............................., 193 .

To the Commercial Press, Ltd.,
Shanghai.

Gentlemen,
　　This is to certify that M.........................of your

.........................was a patient here for.........................treatment
(Department)　　　　　　　　　　　　　　(Name of ailment)

from.........................193 to.........................193 .
(Date)　　　　　　　　　　　(Date)

Yours truly,
Signature

(Attending Physician or Hospital Superintendent)

（住院證書反面）

同人門診診病憑單存根

同人姓名＿＿＿＿＿ 部份＿＿＿＿＿

醫師姓名＿＿＿＿＿

門診日期＿＿＿＿年＿＿＿月＿＿＿日

診　費＿＿＿＿核對人＿＿＿簽

藥　費＿＿＿＿核對人＿＿＿簽

No.＿＿＿＿　商務印書館

同人門診診病憑單

＿＿＿＿＿醫師台鑒

今有敝館＿＿＿＿部份同人＿＿＿男女

因病擬請

貴醫師診治特給此憑單爲證除掛號費由本人

自付外其診費請向敝館結算爲荷

商務印書館總管理處人事科謹啓

年　月　日

商務印書館指定醫師藥方紙

No.＿＿＿＿＿＿＿＿

藥房注意一此方配竟藥物後請將下聯留存每月底彙齊向總館結帳

姓名＿＿＿＿＿＿＿

Rx

醫師＿＿＿＿＿＿簽

年　月　日

同人注意一此方請向本館指定藥房配藥不另付給現款

收藥人＿＿＿＿＿＿簽

No.＿＿＿＿＿藥價￥＿＿＿

藥房＿＿＿＿＿＿＿簽

年　月　日

橫12.5公分　　縱34公分

附表五十九

商務印書館指定醫師診病備查單

姓名 Name................................號數 No......................................日期 Date...................

住址 Address.......................................診斷 Diagnosis..

性別 Sex......................., 年齡 Age......................, 部份 Dept..

主要病痛 Chief Complaint

病人歷史 Personal History

家屬歷史 Family History

現時病狀 Present Illness

體格檢查 Physical Exam.

治療 Treatment

(人73-1000-24,8)

橫21公分　　縱15.5公分

649

No.......... 請醫師出診診病單存根

同人姓名............ 部份...........

同人住址............................

醫師姓名............................

請診日期........ 年...... 月...... 日

....

No.......... 商務印書館
同人請醫師出診診病憑單

............醫師台鑒

今有敝館............部份同人............君
女士

住居於..

因病擬請

貴醫師出診特給此憑單為證即請駕往診費請

向本人收取半數餘歸敝館結算為荷

商務印書館總管理處人事科謹啟

年　　月　　日

....

商務印書館指定醫師藥方紙

No. ....

姓名............................

Rx

醫師 .... 簽

年　月　日

（附表六十）

横
12.5
公分

縱
34
公分

藥房注意：此方配發藥物後請將下聯留存每月底彙齊向敝館結帳

同人注意：此方請向本館指定藥房配製不必付給現款

收藥人............................ 簽

No.......... 藥價 $........

藥房............................ 簽

年　月　日

附表六十一

（正面）

<table>
<tr><th colspan="2">存　根</th><th colspan="3">醫　師　診　斷　書</th></tr>
<tr><td>姓名_____</td><td></td><td colspan="3">今有貴館_____部份同人_____君
女士經</td></tr>
<tr><td>病名_____</td><td></td><td colspan="3">本醫師診驗確係患病其病名爲_____應自本日</td></tr>
<tr><td>休息天數_____</td><td></td><td colspan="3">起休養_____天</td></tr>
<tr><td>　　　年　月　日
（A.67-1000-22.12）</td><td></td><td colspan="3">醫師_____簽　年　月　日</td></tr>
</table>

橫21公分　　　縱11公分

（反面）

啓者鄙人因病請假業經　醫師開具診斷書
證明特報請
貴科轉請
總經理核奪酌給補助爲幸此請
人事科　台照　　　　　　謹啓　年　月　日

（人事科註最近四個月已請病假　　天）
總經理批核

附表六十二

同人疾病補助金清單

No...................... 　（民國　年　月份　半月）

<table>
<tr><th>部　份</th><th>姓　　名</th><th>月薪</th><th colspan="2">病　假　日　期</th><th>天數</th><th>應補助天數</th><th colspan="2">本期補助</th><th>付款照知單號數</th><th>備　註</th></tr>
<tr><th></th><th></th><th></th><th>起
年月日</th><th>訖
年月日</th><th></th><th></th><th>天數
洋</th><th>額</th><th></th><th></th></tr>
<tr><td colspan="11"></td></tr>
</table>

開單人　簽　　　覆核人　簽

橫24公分　　　縱16公分

651

附表六十三

醫院費用稽查册

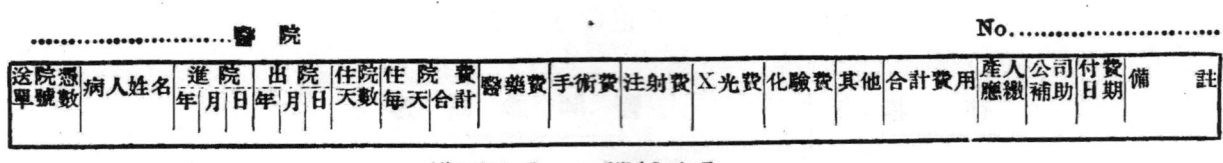

............................醫院　　　　　　　　　　　　　　　　No...............................

送院憑單號數	病人姓名	進院年月日	出院年月日	住院天數	住院費每天合計	醫藥費	手術費	注射費	X光費	化驗費	其他	合計費用	產人應繳	公司補助	付費日期	備	註

橫25公分　　　縱18公分

附表六十四

醫師診藥房藥費稽查册

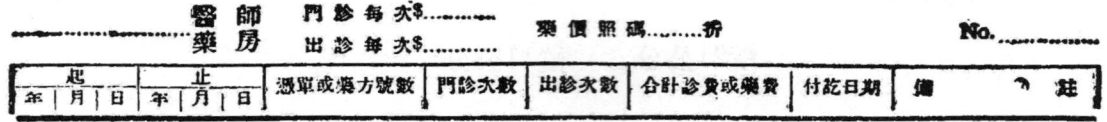

............................醫師藥房　門診每次$............　出診每次$............　藥價照碼............折　　　No...............

起年月日	止年月日	憑單或藥方號數	門診次數	出診次數	合計診費或藥費	付訖日期	備　　註

橫25公分　　　縱18公分

附表六十五

同人疾病補助金稽查片

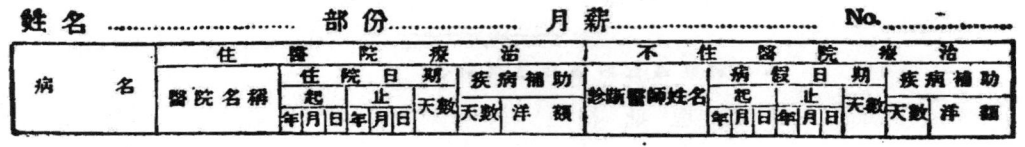

姓名 .... 部份............ 月薪............ No............

病　　名	住院療治					不住醫院療治				
	醫院名稱	住院日期			疾病補助	診斷醫師姓名	病假日期			疾病補助
		起年月日	止年月日	天數	天數　洋額		起年月日	止年月日	天數	天數　洋額

橫21公分　　　縱15.5公分

附表六十六

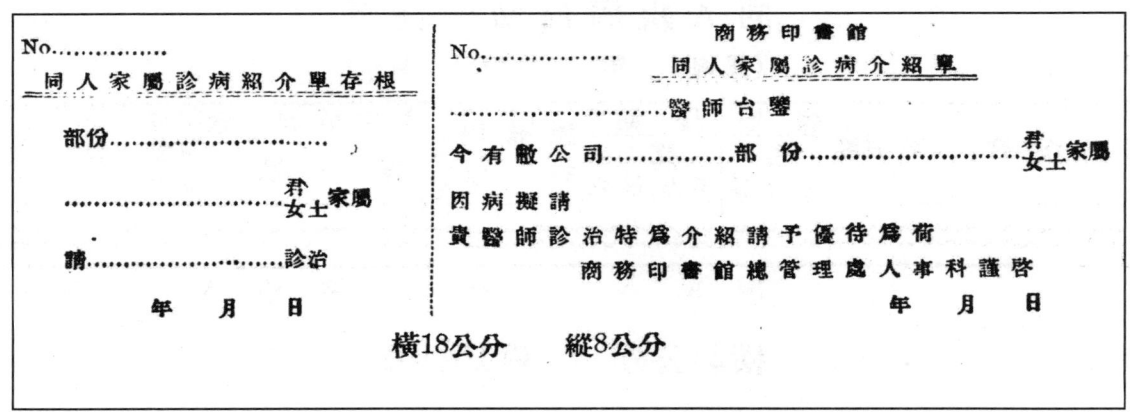

No..............

同人家屬診病紹介單存根

部份..............

..............君女士家屬

請..............診治

年　月　日

商務印書館
同人家屬診病介紹單

..............醫師台鑒

今有敝公司..............部份..............君女士家屬

因病擬請

貴醫師診治特爲介紹請予優待爲荷

商務印書館總管理處人事科謹啓

年　月　日

橫18公分　　　縱8公分

652

附表六十七

同人婚喪假津貼清單

No...............

部　　份	姓　　名	假別	月薪	假　　　期		津貼天數			洋　額	備　　註
				起 年 月 日	訖 年 月 日	應給	路程	共計		

另開第　　號付款查照單　　　　　　　　人事科具　年　月　日

橫24公分　　縱16公分

附表六十八

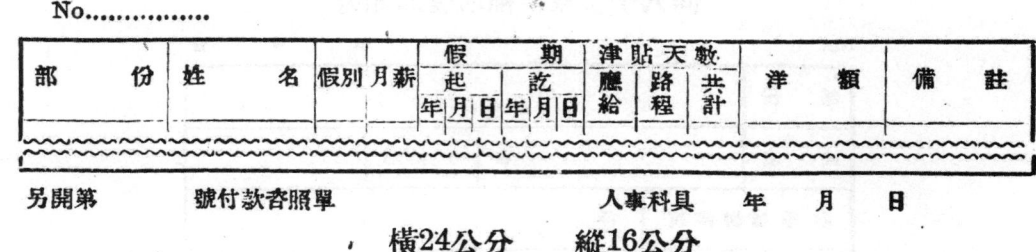

同 人 子 女 調 查 表

注意　(1)本表以本人子女為限,弟妹姪兒女均勿填入.
　　　(2)本表請即日填就,交與主管人員.

同人姓名　　　　　　　　　　　　　年　月　日填

子　女　名	年　齡	在　何　校　讀　書		每學期付學費若干（膳宿費在外）	備　　註 已有職業或尚未讀書者均在此欄註明
		校　名	年　級		

橫20公分　　縱18公分

附表六十九

同人子女教育補助金初次聲請書

編號...............

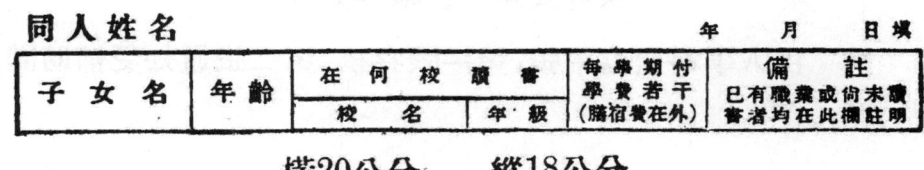

聲　　請　　人		子女名	性別	年齡	
姓　名		上 期 所 在 學 校		現 在 擬 入 學 校	
部　份		名　稱		名　稱	
月　薪		地　點		地　點	
住　址		全 年 學費		全 年 學費	
逃館時期	國難前 民國　年　月	肄業學科及學級		肄業學科及學級	
	復業後 民國　年　月	考試總平均分數	（小學畢業或中學大學肄業者塡此）	輟學原由	（學季轉入他校者塡此）
塡具日期	年　月　日	會考等級	（初中高中畢業者塡此）	附　件	
分支館分廠主管人員審查批註處		人事科審查批註處 年資計　年　個月		人事委員會批核處	
	年　月　日		年　月　日		年　月　日
收到日期	年　月　日	秋季補助洋額		備	
核准日期	年　月　日	春季補助洋額		註	

(A108-3000-24.6)

橫27公分　　縱19公分

附表七十

同人子女教育補助金通知書

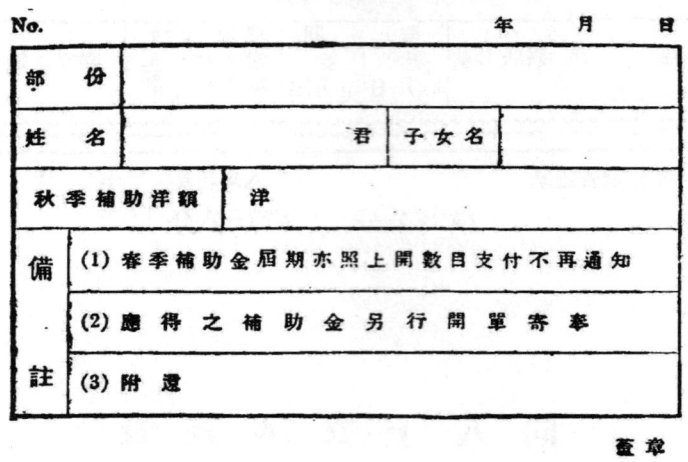

No.　　　　　　　　　　　　　　年　　月　　日

部　份	
姓　名	君　子女名
秋季補助洋額	洋
備 註	(1) 春季補助金屆期亦照上開數目支付不再通知
	(2) 應得之補助金另行開單寄奉
	(3) 附　還

蓋章

橫16公分　　　縱12公分

註　由人事科複寫兩張，第一張存根，第二張通知受補助同人。

附表七十一

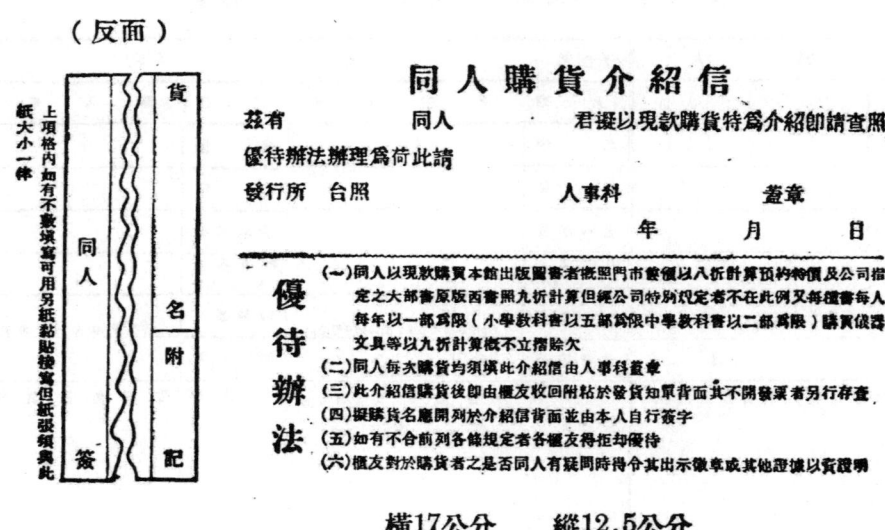

（反面）

紙大小一律

上項格內如有不敷填寫可用另紙粘貼接寫但紙張須與此

貨

同人

名

附

記

同人

簽

同人購貨介紹信

茲有　　　　同人　　　　君擬以現款購貨特為介紹卽請查照
優待辦法辦理為荷此請
發行所　台照　　　　　　　　人事科　　　　蓋章
　　　　　　　　　　　　　　　　年　　　月　　　日

優
待
辦
法

(一)同人以現款購買本館出版圖書者概照門市售價以八折計算預約特價及公司指
　　定之大部書原版西書照九折計算但純公司特別規定者不在此例又每種書每人
　　每年以一部為限（小學教科書以五部為限中學教科書以二部為限）購買儀器
　　文具等以九折計算概不立摺除欠
(二)同人每次購貨均須填此介紹信由人事科蓋章
(三)此介紹信購貨後卽由櫃友收回附粘於發貨知單背面其不開發票者另行存查
(四)擬購貨名應開列於介紹信背面並由本人自行簽字
(五)如有不合前列各條規定者各櫃友得拒却優待
(六)櫃友對於購貨者之是否同人有疑同時得令其出示徽章或其他證據以資證明

橫17公分　　　縱12.5公分

附表七十二（A）

商務印書館全體職工調查表

號＿＿＿號

此表作爲公司研究人事之資料務請據實詳細填就如
有不明瞭處請詢問人事科或工作部份之主管人員

(A1000000-34,4)

（甲）

(1) 姓名＿＿＿＿＿＿＿＿＿＿
(2) 年齡＿＿＿＿＿＿＿＿＿＿
(3) 現在住址＿＿＿＿＿＿＿＿
(4) 原籍＿＿＿省＿＿＿縣
(5) 介紹人姓名＿＿＿職業＿＿通信處

(6) 法定代理人姓名＿＿職業＿通信處
(7) 保證人姓名＿＿＿職業＿通信處
(8) 保證金若干？＿＿＿ (9) 押柜金若干？
(10) 知遇本人發生意外事故時應通知何處何人？

（乙） 在本館之職務與經歷

(11) 民國二十一年一月二十八日以前在本館之經歷　　初進館日期　年　月　日

年	月至	年	月	在	部份擔任	職務,每月薪工開始洋	元	角
年	月至	年	月	在	部份擔任	職務,每月薪工改爲洋	元	角
年	月至	年	月	在	部份擔任	職務,每月薪工改爲洋	元	角
年	月至	年	月	在	部份擔任	職務,每月薪工改爲洋	元	角

(12) 曾否在本館著後辦事處辦事？＿＿＿＿　每月按期津貼洋　元　角
(13) 現在＿＿＿部份擔任＿＿職務,每月薪工洋＿元＿角
日常擔任之工作(請詳細列舉)＿＿＿＿＿
偶爾擔任之工作(請詳細列舉)＿＿＿＿＿

横49公分　　縱31公分

（丙） 經驗

(14) 未到本館任事之前曾在何處服務？

機關之名稱	機關之地點	職務	每月薪工	服務期間	何故離職
				年　月至　年　月	
				年　月至　年　月	
				年　月至　年　月	
				年　月至　年　月	

(15) 總館停業期間曾在外界服務否？(舊同人填)＿＿＿；機關＿＿；職務＿＿；月薪＿＿

（丁） 教育

(16) 曾受何等教育？

學校等級	學校之名稱	學校之地點	在校期間	曾否畢業	無畢業 何故離校	備註
小學			年　月至　年　月			
中學			年　月至　年　月			(專修科目)
大學			年　月至　年　月			學位 專攻科目
其他			年　月至　年　月			出身

(17) 能講或讀或寫何種外國語言文字？
(18) 在校時最喜歡何種功課？
(19) 在校時最不喜歡何種功課？
(20) 在校時有何課外作業？
(21) 對於過去所受之教育有何感想？

655

（戊）對於職業之興趣與成就

(22) 對現任工作有興趣否？ ....

(23) 對現任工作能勝任否？ ....

(24) 現任工作能使自己才能盡量展布否？ ....

(25) 對現任工作如不滿意希望改任何種職務？ ....

(26) 對現在報酬滿意否？ .... 如不滿意原因何在？ ....

....

(27) 能否到遠方辦事？ ....

(28) 除現任工作上應需之知能經驗外尚有其他特長否？請詳細說明 ....

....

（己）個人之興趣與成就

(29) 在公司工作時間以外兼為其他工作否？ .... 何種工作？ ....

報酬如何？ .... 對於兼任工作之興趣如何？ ....

(30) 有何著作？ ....

(31) 暇時作何消遣？ ....

（庚）家庭狀況

(32) 已未 結婚 夫妻 之姓名 .... 現在何處任事？ .... 薪金若干？ ......

(33) 父(存,亡)名 ...... 年 ...... 歲在 ...... 任事；母(存,亡)姓 ...... 年 ...... 歲在 ...... 任事

(34) 子女 ...... 人， ...... 歲， ...... 歲， ...... 歲， ...... 歲，

(35) 本人經濟負擔：(子)有幾人須靠你生活？ .... 何人？ ......， ......， ......，

(丑)有幾人須你供給學費？ ...... 小學 ...... 人，何人？ ...... ，中學 ...... 人，何人？ ......，

大學 ...... 人，何人？ ....

(寅)家庭在上海否？ ...... 每月房租若干？ ...... 每月其他開銷若干？ ......

(卯)僱用男女僕幾人？ ....

(36) 有無儲蓄？ .... (37) 有無債務？ ....

(38) 有無人壽保險？ ...... 若干？ .... (39) 是否本館股東？ ......

(40) 有無親屬在本館任事？ .... 如有，請列舉姓名： ......， ......，

（辛）備註

（此處請勿填寫）

民國 年 月 日

.... 親填寫

.... 代填寫

(A—6)

附表七十三

商務印書館人事調查表

編號 _____

(1)姓名 _____ ,(2)職務 _____ ,(3)月薪 _____

(4)住址 _____

(5)對現任工作有興趣否？ _____

(6)對現任工作有困難否？ _____

(7)現任工作能使自己才能盡量展布否？ _____

(8)對現任工作如不滿意,希望改任何種職務？ _____

(9)對現在報酬滿意否？ _____ 如不滿意原因何在？ _____
_____

(10)自當一年來對所任工作有特殊貢獻否？ _____
_____

(11)自當除現任工作上應需之知能經驗外,尚有其他特長否？請詳細說明 _____
_____

(12)暇時作何消遣？ _____

(人60-3000-23,1)

橫31公分　　縱24.5公分

（反面）

關於服務部份或公司全體之改良意見

民國 __ 年 __ 月 __ 日 親填寫 __ 代填寫 __

附表七十四

分廠職工任務調查表

部　份 ....

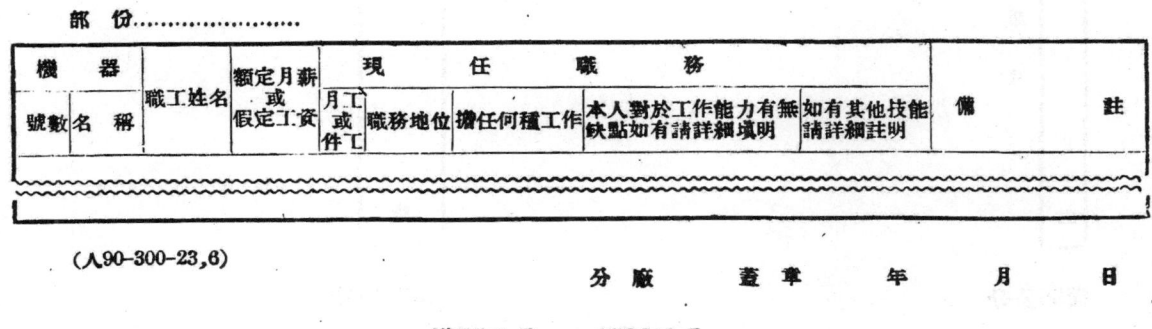

機器		職工姓名	額定月薪或假定工資	現　任　職　務					備	註
號數	名稱			月工或件工	職務地位	擔任何種工作	本人對於工作能力有無缺點如有請詳細填明	如有其他技能請詳細註明		

(人90-300-23,6)

分廠　查章　年　月　日

橫35公分　　縱30公分

657

附表七十五

………………分館同人職務調查表

民國　　年　　月　　日填

姓　名	職　務	實際管理事項（請詳細列舉）		對現任職務能否勝任	有否餘暇可再兼任他事	備　　註
		日常擔任事項	偶然擔任事項			

橫35公分　　縱30公分

附表七十六

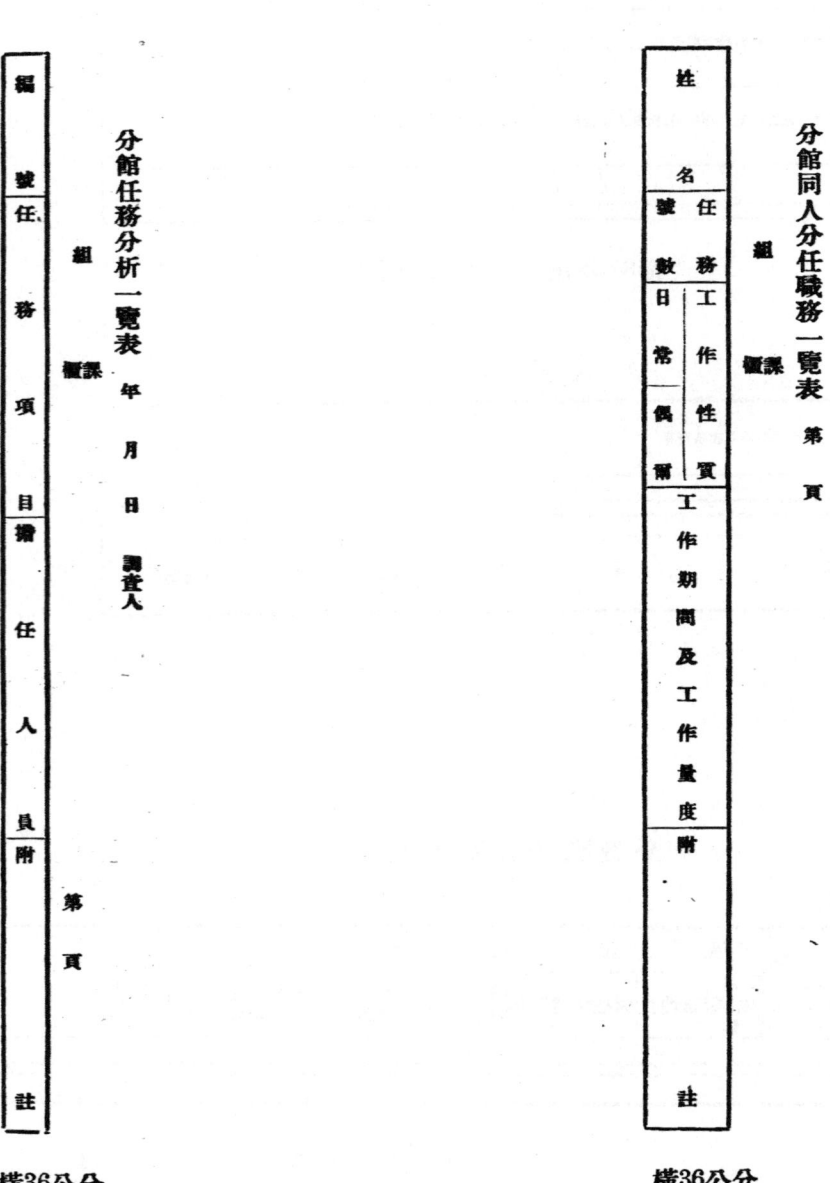

分館任務分析一覽表　年　月　日　調查人

組　櫃課

編號	任務項目	擔任人員附	第頁	註

橫36公分

縱25公分

附表七十七

分館同人分任職務一覽表　第　頁

組　櫃課

姓名	任務號數	工作性質日常偶爾	工作期間及工作量度附	註

橫36公分

縱25公分

附表七十八

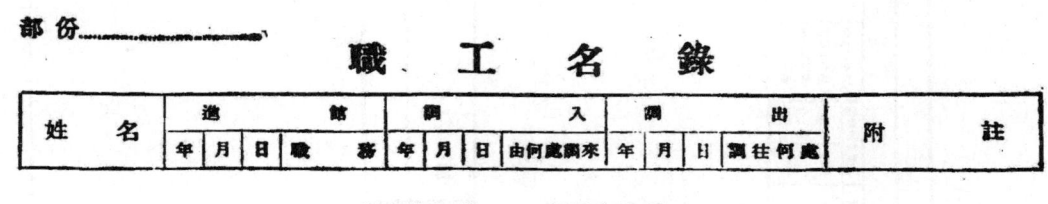

部份............

職 工 名 錄

姓 名	進 館				調	入			調	出			附 註
	年	月	日	職 務	年	月	日	由何處調來	年	月	日	調往何處	

橫25公分　　縱21公分

附表七十九

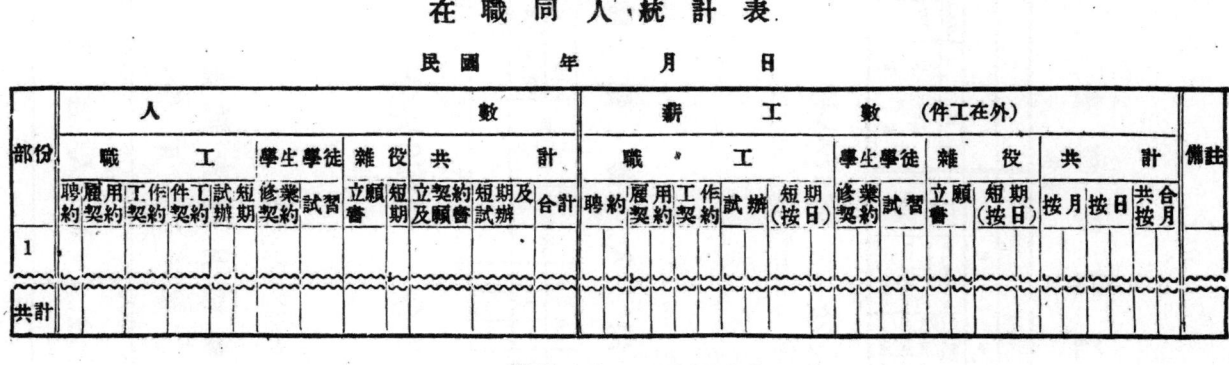

在 職 同 人 統 計 表

民　國　　年　　月　　日

部份	人										數	薪 工 數 （件工在外）												備註
	職 工							學生學徒		雜役	共 計	職 工					學生學徒		雜役		共 計			
	聘約	履用契約	工作契約	件工契約	試辦	短期	修業契約	試習	立願書	短期	立契約及願書	短期及試辦 合計	聘約	履用契約	工作契約	試辦	短期（按日）	修業契約	試習	立願書	短期（按日）	按月	按日	共按月合月
1																								
共計																								

橫40公分　　縱25公分

附表八十

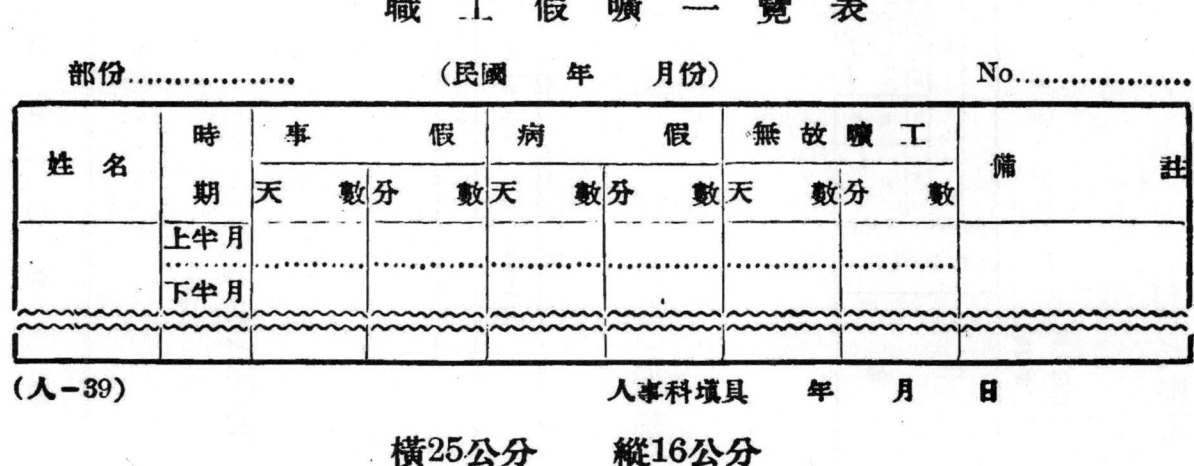

職 工 假 曠 一 覽 表

部份..............　　（民國　年　　月份）　　　　No..................

姓 名	時 期	事 假			病 假			無 故 曠 工			備 註
		天 數	分 數		天 數	分 數		天 數	分 數		
	上半月										
	下半月										

（人－39）　　　　　　　　　　人事科填具　　年　　月　　日

橫25公分　　縱16公分

附表八十一

件工工資比較表

鄉份名稱

工作種類

民國　年　月份

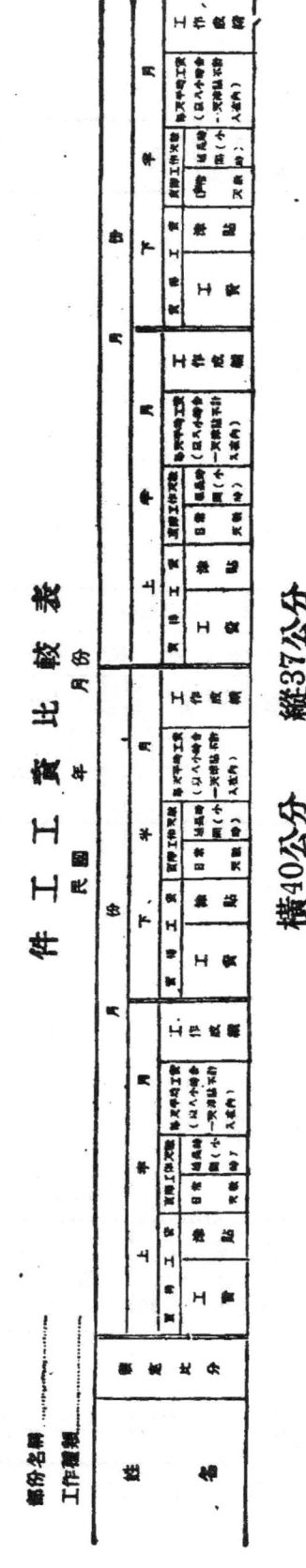

縱37公分　橫40公分

附表八十二

同人投保人壽保險名冊

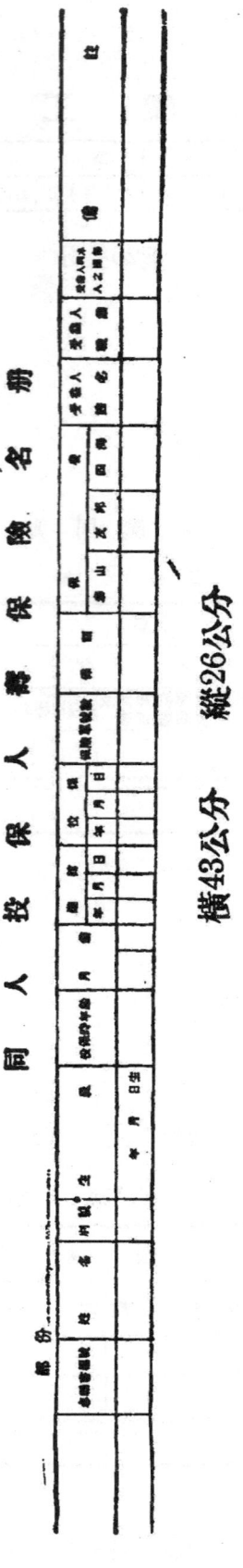

橫43公分　縱26公分

附表八十三

職工保證審核月復查記錄

民國　年　月份

兩人姓名	保證人姓名	同人姓名	備註	保證人姓名	備註

橫20公分　縱32.5公分

附表八十四

保證人檢查單　　No._____

保證人	姓名		同人	姓名	
	籍貫			籍貫	
	職業			服務部份	
	住址		備		
	與同人關係		註		
立保證書日期　　年　月　日					
保證書編號					

(人104-5000-24,3)

橫22公分　　　縱11.5公分

附表八十五

保證書檢查單　　No._____

同人	姓名		保證人	姓名	
	籍貫			籍貫	
	服務部份			職業	
立保證書日期　　年　月　日				住址	
保證書編號					
發還日期　　年　月　日				與同人關係	
發還原因			備		
發還時由何人簽收			註		

(人105-5000-24,3)

橫22公分　　　縱11.5公分

附表八十六

延長工作時間登記表

部份名稱．．．．．．．．．．．．．．．．．．　　民國　年　月上半月　　　　第　頁

姓名＼日期	1	2	3	4	5	6	7	8	9	10	11	12	13	14	15	
1																

橫20.5公分　　縱13.5公分

註　反面爲下半月。

附表八十七

同人子女教育補助金稽查片

編號.................

姓 名		（二十　年份）　年查　年　個月	服務部份		子女名	
年　份	月　薪	校　名　及　所　在　地	學科及學級	成　　績	全年學費	每學期補助洋額	秋季支付日期	春季支付日期	備　　註
年									

横32公分　　　縱13.5公分

註　反面式樣同，自第9年至16年。

附表八十八

便查卡片（正面）

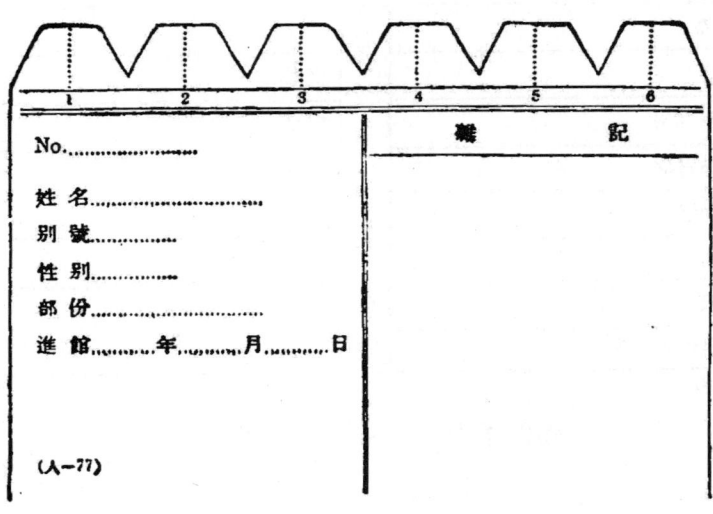

横12公分　　　縱8.5公分

註　反面爲住址。

附表七十六、七十七说明

甲 分馆任务分析一览表

一、功用　从本表可知某项工作为何人担任。

二、办法

（一）将分馆每组及每课每柜工作分析至最小之范围，逐一厘定其名目印入表内。

（二）每一工作之名目编一号数，会计组每课占一百号，营业组、事务组之每课或每柜占五十号，各组课柜之号数前后连接，计：

1. 会计组　（1）总项1-100（2）出纳课101-200（3）账务课201-300（4）轧销课301-400

2. 营业组　（1）总项401-450（2）推广课451-500（3）批发课501-550（4）现购课551-600（5）货栈课601-650（6）中书柜651-700（7）文仪柜701-751（8）西书柜751-800（9）定书柜801-850

3. 事务组　（1）总项851-900（2）文书课901-950（3）庶务课951-1000

（三）在各"任务项目"下，将担任该项工作者之姓名记入"担任人员"栏，一事如有两人以上办理，姓名在前者为主持之人，在后者为协助之人。

乙 分馆同人分任职务一览表

一、功用　从本表可知每人共任若干职务及各项职务之量度。

二、办法

（一）按照各组课柜之次序，将各该部份人员姓名先后填入（待前一人任务号数填完后，再填后一人）。

（二）将各人所任工作之号数一一并列各本人名下（每号码占一格）。

（三）在"工作性质"栏内用＞号分别标明，日常担任者画在上一格内，偶尔担任者，画在下一格内。

（四）在"工作期间及工作量度"栏内注明各人做本项工作所必需之时间（每日），或时期（每月每年），及该项工作占各本人全部工作之比例量度。

总务处同人会简章

1926年8月25日（民国十五年）订定

第一章　总纲

第一条　本会由商务印书馆总务处同人组织之，故定名为商务印书馆总务处同人会。

第二条　本会以交换意见、增进福利为宗旨。

第二章　会务

第三条　本会会务分列如下：

（一）书报室；（二）娱乐科；（三）体育科；（四）消费合作社；（五）同人子弟学校

第四条　本会会务除第三条列举者外，得依本会能力和需要次第举办之。

第三章　会员及惩戒

第五条　凡属商务印书馆总务处同人，皆为本会会员并须填具志愿书。

第六条　本会会员有享受及应尽本会举办一切事务之权利及义务。

第七条　凡会员有下列行为之一者，经组长报告执行委员会由执行委员会之通过斟酌情形分别儆戒或开除之：

（一）违背本会章程者；

（二）不遵守本会议决案者；

（三）不缴纳会费者。

第八条　执行委员或组长遇有轶出范围之处，经会员三分之一以上之签名认为应行弹劾时，得自由召集大会提出弹劾。

第四章　组织

第九条　本会设执行委员十一人组织执行委员会，执行本会一切事务。由全体大会选出之执行委员中互选委员长、副委员长、文书、组织、宣传、会计、庶务、纠察、调查、交际、娱乐委员各一人，委员长不能执行职务时，由副委员长代理，副委员长不能执行职务时，由执行委员会另行互选之。

第十条　本会设候补执行委员五人，由大会选举之。执委委员离职时由候补委员依次递补之。

第十一条　每十人为一组，设组长一人，由组织委员就各科股处同人分组后由各组选举之。

第十二条　全体大会为本会最高机关，在大会闭会时执行委员会为最高机关。

第十三条　本会执行委员会认为必要时得设立各种特别委员会，或其他机关并得聘任顾问及编译等人员。

第十四条　本会执行委员会及组长均每年改选，次连举得连任之，但至多以二次为限。

第五章　会议

第十五条　本会全体大会每一年开会两次，遇重大事故时经全体执行委员或组长会议之通过或全体会员三分之一请求，得召集临时全体会员大会。

第十六条　执行委员会每一星期开常会一次。

第十七条　全体组长会每两星期开常会一次，将本期内所经过一切事务由组长中举出一人于执行委员开会时报告，执行委员会议决办理之。

第十八条　以上各种会议遇必要时得临时召集之。

第十九条　同人同乐会无定期。

第六章　会费

第二十条　本会会费由各会员于每年阳历一月缴纳一次，月薪在五十元以上者，至少不得在大洋一元以下；月薪在五十元以下者，至少不得在小洋六角以下。

第廿一条　会员会费由组长收齐后汇交会计委员制取收据。

第廿二条　本会遇必需时由执行委员会之通过得向会员特别募捐。

第九章　附则

第廿三条　本章程经全体大会通过后即发生效力。

第廿四条　本章程由全体大会会员二分之一以上之通过修改之，但一年不能修改两次，全体大会以实到会员二分之一以上方得开会。

总务处同人会执行委员会办事细则

1926年10月1日（民国十五年）第十三次临时会议议决

（一）本委员会依据会章第四章第九条之规定，由委员十一人组织之，议决及执行对内对外一切事务。

（二）本委员会互选委员长、副委员长各一人，文书、组织、宣传、会计、庶务、纠察、调查、交际、娱乐委员各一人，委员长不能执行职务时由副委员长代理之，副委员长不能执行职务时由各委员中另行选举之。

（三）委员长及副委员长总揽本会一切事务，并有督察各委员及随时查阅案卷账目之权。

（四）文书委员掌理对内对外一切文件，其关系重大之文件须由委员会审定后始能发出。

（五）组织委员办理组织事宜并代表本委员会召集及出席组长会议。

（六）宣传委员掌理一切宣传事宜，及管理印刷品等。

（七）会计委员掌理本会收支银钱，每月编造收支报告。

（八）庶务委员掌理购办一切应用物品，开各种会议时筹备会堂及一切事务。

（九）纠察委员掌理全会纠察事宜，平时探访会员中有无破坏本会行为，开会时维持会场秩序。

（十）调查委员对外调查与本会同一阶级之团体，对内调查各会员事宜及各委员各组长之不尽责者。

（十一）交际委员掌理对内对外一切交际事宜，如联络其他机关或团体，并代表本会出席其他机关或团体之各种会议，但遇有极重大事务时，得由委员会临时推举之。

（十二）娱乐委员掌理一切娱乐事宜。

（十三）各委员遇必要时得依据会章第四章第十三条所规定聘任助理员若干人。

（十四）本会委员由大会选定，非不得已时不得轻易辞职，并由大会选定候补员五人，委员如有辞职时得由候补委员依次递补之。

（十五）本委员会于每星期一开常会一次，如遇特别事故得随时召集临时会。

（十六）每次集会时由正副委员长轮流主席，正副委员长均缺席时，由各委员互推一人为主席。

（十七）每次集会各委员不得无故缺席，如有特别事故不能出席时，应先期书面申述理由，托他委员为代表，但每一委员只能代表一人。

（十八）每次开会须有实到人数过全体委员半数以上，议决案件须得实到人数半数以上之同意。

（十九）本委员会议决案件如有宣布之必要者随时宣布之。

（二十）本细则自议决之日施行，将来得由全体委员三分之二以上之同意随时修改之。

修改秘书处暂行办事规则

1934年12月24日（民国二十三年）公布

原文第四条条文修改如左：

第四条　秘书处分设左列六股：

（一）文书股（二）股务股（三）保管股（四）庶务股（五）收发股（六）旧厂股

附录原文

第四条　秘书处分设左列之五股：

（一）文书股（二）股务股（三）保管股（四）庶务股（五）收发股

原文第十四条后增加一条如左：

第十五条　旧厂股之职掌如左：

一、旧厂余存机器之修理及保管事项；

二、生活部各厂之机器修理事项；

三、旧厂余存材料货物之保管及利用事项；

四、旧厂余存废物之处置事项；

五、旧厂未用房屋之保管事项；

六、旧厂地产之照料事项；

七、其他关于旧厂事项。

原文第十五条至二十六条改为第十六条至第二十七条，其后并增加一条，条文如左：

第二十八条　旧厂余存机件材料或一切废物之出售及关于地产之任何事项，须经总管理处之书面核准。

原文第二十七条至第二十八条改为第二十九条第三十条。

（《商务印书馆通信录》405期，二十四年一月十日出版）

修改营业部暂行办事规则

1934年12月26日（民国二十三年）公布

第五条条文如左：

第五条　营业部各科设科长一人，处理各本科一切事务，并得设副科长一人或二人，协助科长处理本科一切事务。

营业部设专员若干人，办理部长指定之专任事务，并得兼办本部各科各股事务。

各科按事之性质分设若干股，各股设股长一人，处理各本股一切事务，事务较繁之股得设副股长一人，协助股长处理本股一切事务。

各股股员无定额，视事务之繁简定之。

附录原文

第五条　营业部各科设科长一人，处理各本科一切事务，并得设副科长一人或二人，协助科长处理本科一切事务，各科得按事之性质分设若干股，各股设股长一人，处理各本股一切事务，事务较繁之股得设副股长一人，协助股长处理本股一切事务。

各股股员无定额，视事务之繁简定之。

（《商务印书馆通信录》405期，二十四年一月十日出版）

同人会章程

1927年（民国十六年）春季修订

第一章　总纲

第一条　本会由商务印书馆总务处同人组织之，故定名为商务印书馆总务处同人会。

第二条　本会以交换意见、增进福利为宗旨。

第二章　会务

第三条　本会会务分列如下：

（一）书报室 ；（二）娱乐科；（三）体育科；（四）消费合作社；（五）同人子弟学校。

第四条　本会会务除第三条列举者外，得依本会能力和需要次第举办之。

第三章　会员及惩戒

第五条　凡属商务印书馆总务处同人，填具入会志愿书者，皆为本会会员。

第六条　本会会员，有享受及应尽本会举办一切事务之权利及义务。

第七条　凡会员有下列行为之一者，经组长报告执行委员会，由执行委员会之通过，斟酌情形，分别儆戒或开除之。

（一）违背本会章程者；（二）不遵守本会议决案者；（三）不续纳会费者；（四）损害本会公众之利益者。

第八条　执行委员或组长遇有轶出范围之处，经会员三分之一以上之签名，认为应行弹劾时，得自由召集大会提出弹劾。

第四章　组织

第九条　本会设执行委员十三人，候补执行委员五人，监察委员三人，候补监察委员二人，由全体大会选举出之。

（甲）执行委员　组织执行委员会，执行本会一切事务，其办事细则由该会自定之。

（乙）监察委员　审查本会会务之设施、稽核经济之出入，并得随时调阅执行委员会之议事记录。

（丙）执行委员或监察委员离职时，由各该候补委员依次递补之。

第十条　会员每十人为一组，设组长一人，由执行委员会之组织委员就各科股处同人分组后，由各组选举之。

第十一条　全体大会为本会最高机关，在大会闭会时，执行委员会为最高机关。

第十二条　本会执行委员会认为必要时，得设立各种特别委员会或其他机关，并得聘任顾问及编

667

译等人员。

第十三条　本会执委委员、监察委员及组长，均于每年春季常会时改选一次，连举得连任，但至多以二次为限。

第五章　会议

第十四条　本会全体大会于每年春秋二季开常会二次，遇重大事故时，经全体执行委员或全体监察委员或组长会议之通过，或全体会员三分之一之请求，得召集临时全体大会，全体大会以会员实到二分之一以上方得开会，但会员遇有重大障碍不能到会时，得以委托书请他会员代表出席，惟每一会员只得代表一人。

第十五条　执行委员会每星期开常会一次。

第十六条　全体组长会每两星期开常会一次，将本期内所经过一切事务，由组长中举出一人，于执行委员会开会时报告，执行委员会议决办理之。

第十七条　以上各种会议遇必要时，得临时召集之。

第十八条　同人同乐会无定期。

第六章　会费

第十九条　本会会费由各会员于每年一月份缴纳一次，至少不得在月薪百分之二点五以下，多缴者听。新会员于入会时缴纳会员。

第二十条　会员会费由各组长收齐后，汇交执行委员会之经济委员，制取收据转交各会员。

第二十一条　本会遇必要时，由执行委员会之通过，得向会员特别募捐。

（商务印书馆《同德》第二、三期合刊，民国十六年九月出版）

上海市商务印书馆产业工会章程

1948年9月26日（民国三十七年）会员代表大会通过

第一章　总则

第一条　本章程依据修正工会法及工会法施行细则订定之。

第二条　本会定名为上海市商务印书馆产业工会。

第三条　本会以实行互助、维护会员生活、改善劳动条件、保障会员权益、增进会员智识技能、举办福利事业及发达生产、促进劳资合作，并协助政府政令之实施为宗旨。

第四条　本会暂设于上海市九江路二九九号。

第二章　会员

第五条　凡在商务印书馆服务年满十六岁之男女职工，除代表馆方直接行使管理职权者外，均应加入本会为会员。

第六条　会员入会时须填写入会志愿书，并缴纳规定入会费。

第七条　会员有发言、表决、建议、选举、被选举、罢免诸权及其他一切依法应享之权利。

第八条　会员有遵守本会章程决议案，并按时缴纳会费，及担任本会委派职务之义务。

第九条　本会会员如因故离职改就其他职业时，应向理事会申请退会。

第十条　本会会员如有违反章程决议案，或其他不法情事致妨害本会名誉信用，经理监事会调查属实者，得按其情节轻重分别予以警告、停权、罚款及除名等处分；惟除名处分，须经会员大会或会员代表大会三分之二以上通过行之，据情呈报上海市社会局备案。会员除名后并须缴还一切会员凭证。

第三章　组织及职权

第十一条　本会基本组织为小组，三小组以上得依地区划分支部，互推干事一人，承理事会命办理会务。

第十二条　本会最高机构为会员代表大会，遇必要时得召开临时会员大会。代表大会闭幕时，以理事会为最高机构。

第十三条　本会设理事九人，候补理事四人、监事三人、候补监事一人，均由会员代表大会选举之。但有下列情形者不得当选：（1）褫夺公权者；（2）宣告破产尚未复权者；（3）年龄不满二十三岁者（如依规定年龄，选举未能足额时，得选二十岁以上之会员为理监事）。

第十四条　本会理事组织：理事会，互选常务理事三人，处理日常会务。

第十五条　理事会下设三股，各股设主任一人，由理事互推之分别掌理各该股事务：（1）第一股：掌理本会文书、收发、会计、庶务、报告、交际及其他不属于各股之事项；（2）第二股：掌理本会组织、人事、教育、调查、连络、统计、出版等事项；（3）第三股：掌理本会合作、储蓄、保健、娱乐、调解及有关会员福利等事项。

第十六条　本会监事组织：监事会，互推常务监事一人，处理日常会务。

第十七条　本会视会务之需要，得聘请顾问、书记及办事人等助理会务，以上人员如由非会员担任者得酌支薪金。

第十八条　理事会之职权如下：（1）处理本会会务；（2）对外代表本会；（3）召集会员代表大会或临时会员大会并执行其决议案；（4）接纳及采行会员之建议。

第十九条　监事会之职权如下：（1）稽核本会经费之收支；（2）审核本会议决案之实施状况；（3）考核本会职员工作之勤惰。

第二十条　理监事之任期均为二年，连选得连任，连任人数不得超过三分之二。如因故出缺，由候补人依次递补，惟以任足原任期为限。

第二十一条　理事会及监事会办事细则另订之。

第四章　会议

第二十二条　本会会员代表大会每年举行一次，如有会员三分之一以上联署请求，或理监事会认为必要时，得召开临时会员代表大会或临时会员大会。

第二十三条　理事会及监事会每二星期各举行一次，理监事联席会议每月举行一次。

第二十四条　会员代表大会或会员大会、理监事会等各种会议，除法令另有规定外，以过半数之出席方得开会，经出席过半数之通过方得决议。

第二十五条　下列事项必须经过会员代表大会或临时会员大会之议决：（1）本会章则及重要办法之变更；（2）会员之除名；（3）劳动条件之维持或变更；（4）总工会或工会联合会之组织合并及分立（以上四项须经出席会员代表或会员三分之二以上之通过方得决议）；（5）宣告罢工或怠工（本项必须经全体会员以无记名投票过半数以上之表决方得决议）；（6）被选举人之罢免；（7）经费之收

支预算；（8）事业报告及收支决算之承认；（9）基金之设立保管及处分；（10）福利事业之创办。

第二十六条　本会各种会议规则另订之。

第五章　经费及会计

第二十七条　本会经费之来源规定下列五项：（1）会员入会费；（2）经常会费；（3）特别基金；（4）临时募集金；（5）馆方补助金。

第二十八条　会员入会费，职工规定每人缴纳金圆贰角，学生、学徒规定每人缴纳金圆壹角，均于入会时缴纳之。

第二十九条　经常会费，每人每月以全部薪津收入百分之一收取，该项会费由馆方于每月下半月发薪工时在每人薪工项下扣除之，如会员遇有灾难或特别情形时得报请理事会酌减或免除之。

第三十条　特别基金及临时募集金，因有特别需要时，经会员代表大会通过，并呈准上海市社会局临时征收之。

第三十一条　本会举办各项福利事业，如经费困难时，得请馆方依法补助之。

第三十二条　本会财产状况应于每月月底报告一次，如有会员十分之一以上联署，得选派代表查核之。

第六章　任务

第三十三条　本会之任务如下：（1）团体协约之缔结修改或废止；（2）消费信用合作社及储蓄之举办；（3）职工教育之举办；（4）图书馆及书报社之设置；（5）出版物之刊行；（6）俱乐部及其他保健娱乐事业之举办；（7）会员间纠纷事件之调处；（8）劳资间纠纷事件之调处；（9）职工家庭经济及生活状况之调查与统计；（10）关于劳动法规之规定、修正、废止等事项，得陈述意见于行政机关及立法机关并答复行政机关及立法机关之咨询；（11）各项有关改进会员工作状况，增进会员福利事业之举办；（12）其他有关法令实施之协助事项。

第三十四条　上列会员福利事业得按本会经济能力与事实需要逐步举办之。

第七章　附则

第三十五条　本章程未规定事项，悉依修正工会法及工会法施行细则之规定办理之。

第三十六条　本章程如有未尽事宜，经会员代表大会议决修正之。

第三十七条　本章程经会员代表大会通过，并呈准上海市社会局备案施行之。

总务处同人会组长会办事细则

1926年9月10日（民国十五年）订立

第一条　依据大会章程第四章第十一条之规定组织之。

第二条　组长以代表同人发表意见，辅助执行委员会促进会务为宗旨。

第三条　每届组长选出后约期开一成立会，以后每隔一星期三、星期四开常会一次，如遇特别事故或组长三人以上之要求，得开临时会由组织委员召集之。

第四条　成立会由组织委员主席，其他会议时由到会组长公推一人为临时主席。

第五条 全体组长中公推正副书记各一人于成立时举出之，司印发开会通知书，排列议程及每次开会记录，并报告议决案于执行委员会等事。

第六条 每届常会由组织委员报告本届会务进行状况。

第七条 凡议决案件必须出席组长过半数人之表决。

第八条 每届开会时，组长如遇有事不能出席，得请该组中之另一会员为临时代表，驻所同人之组长因时间与地点之关系，得请其他组会员为代表，但均须正式书面通知书记存查。

第九条 组长于开会时无故缺席亦不请代表连续三次以上者，即作违背章程论，由书记通知执行委员会办理。

第十条 凡案件经组长三人以上之签名得成立议案，送交书记排列议程，并由书记定期印发各组长征集意见以便讨论。如临时动议案件，经出席组长过半数之通过亦得开议。

第十一条 组长之职务

（甲）属会员方面：

1. 向本组会员填入会志愿书，汇交组织委员存查。

2. 征收本组会员之会费，转交会计委员随取收条各交该会员。

3. 报告会务进行状况及会议之决议案于各本组会员。

4. 接受本组会员之提议案，征求他组同意以合提案规程。

5. 查察本组会员有无不遵守本会章程及决议案，应即报告执行委员会置理之。

6. 本组会员如有缺额时，即报告组织委员办理之。

（乙）属于执行委员方面：

1. 接受交办事件，如分发印刷品及通告等。

2. 传达执行委员会所办会务消费。

3. 辅助执行委员会关于执行本组一切事务。

4. 执行委员会决议案尽三日内通知组长转告会员。

第十二条 遇有关于全体或大部分同人切身利害之重大事件，须先征组长会议之意见方能执行。

第十三条 本细则经全体组长会议之通过，并得执行委员之同意方能发生效力。

第十四条 本细则如有未尽事宜，须经全体组长之半数提议方能修改之，但每年不得修改二次。

（《商务印书馆总务处同人会编印》，《同德》第一期，民国十六年一月出版）

中华书局

中华书局宣言书

1912年1月（民国元年）

　　立国根本在乎教育，教育根本实在教科书。教育不革命，国基终无由巩固，教科书不革命，教育目的终不能达也。往者异族当国，政体专制，束缚抑压，不遗余力。教科书、图书钤制弥甚，自由真理、共和大义，莫由灌输即国家界说亦不得明；最近史事，亦忌直书。衷我未来之国民究有何幸而受此精神上之惨虐也。

　　同人默察时局，眷怀宗国，隐痛在心，莫敢轻发。幸逢武汉起义，各省响应，知人心思汉，吾道不孤。民国成立即在目前，非有适应之教科书，则革命最后之胜利仍不可得。爰集同志，从事编辑。半载以来，稍有成就。小学用书业已蕆事，中学师范正在进行。从此民约之说，弥漫昌明；自由之花橘煌灿烂，俾禹域进于文明，华族获葆其幸福。是则同人所馨香祷祝者也。兹将本局宗旨四大纲列左：一，养成中华共和国国民；二，并采人道主义、政治主义、军国民主义；三，注重实际教育；四，融和国粹欧化。

（录自1912年1月《中华教育界》创刊号第21页，陆费逵执笔）

中华书局扩充营业增收股本说明书

1914年（民国三年）

　　本局创办三年，股本自二万五千元增至五十万元。出版事业，若中小学校教科书，若杂志、若英文书、若其他各书，风行全国，声誉甚隆。分局已设至二十三处，特约及贩卖者已千余处，营业发达之速，实为向所未见。历届盈余，皆甚优厚，本届（二年七月至三年六月）虽遇二次革命，白狼扰乱，纸币减值之潮流，而营业仍有进步。虽尚未结账，官余利当在二三分之间，此差甚告慰者也。顾吾局营业，向仅注重华文书籍，此外若仪器文具、若英文书籍、若代人印刷、若美术制版、若笔墨笺筒、若纸张墨料、若机器铅字铜模向皆未遑及之，本年增售仪器文具，于总发行所及各分局，不无小补，代印之件亦渐增多，于名誉利益交际均有裨益，若更将上述各项悉皆兼营，其所获当更可观，盖营业方面扩充，利益随之扩充，开销所增殖属无几。譬如仅售华文书籍，岁约万元，利益三千元，开销二千元，余利千元；如兼营其余各项，岁亦约万元，利益二千元并前为五千元，然开销不过二千五百元是余二千五百元。即使资本增一倍，余利仍多四分之一也，此拟扩充营业之第一因。顾客购物种类繁多，如兼营其他各项事业，且可以连带之关系，推销本版书籍，襄因文具西书不备，致本版书籍连带而去者，在所不免，是为增加利益计，不能不兼营文具西书等，即为推广本版图书计，尤不能不兼营他项事业也。此拟扩充营业之第二因。外间委托代印之件日兴月盛，因厂屋不敷不能多添机械职工，代人印则误本版书籍，不代人印不惟利益损失，且恐有碍交际，年来西人托印之件甚多，尤觉局面太小，肆应为难，此厂屋之亟于建筑者一；编辑、事务、营业三所，人满为患。书栈纸栈尤苦不敷，营业方面增多办事房屋必须增加，方可敷用，此厂屋之亟于建筑者二；印刷事业日新月异，吾国印刷之需要亦日益增多，非增购新式机械不足以促图书之进步，尤不足以应社会之需求。然厂屋不敷即现在定购之机器已苦无地可容，若再增益，尤为困难，此厂屋之亟于建筑者三。

本局信用昭著，五月间中西人士来局参观颇蒙谬赞，彼时拟有中华书局概况一篇，于本局沿革现状了如指掌矣。

本局股本额定一百万元，先集五十万元，业已收足，现因扩充营业建筑厂屋，前经董事局议决续收二十五万元，后细察营业状况，希望甚大。益以大总统两下命令注重教育，教育部又有推行义务教育之议，他日教育兴盛吾业随而发达可断言也。坐是之故，厂屋不宜过小，地基尤须宽大，而印刷推广尤非完备不可，故又议决改续收二十五万元，为续收五十万元。合成定额一百万元之数，用途如左：

（甲）购地三四十亩，连造厂屋，约十五万元至二十万元。

（乙）推广印刷约十余万元。

（丙）推广营业约十余万元。

此次添收新股办法如左：

一、取消扣除公积。本局新旧公积约占股本百分之十五六，前此因新股增加旧股受损，故有扣第一年余利一份补充公积之规定。但新股东有以第一年扣提稍觉不便为言者，现经董事局议决，取消扣提公积办法，惟第四届结账以前之公积，当酌提若干归旧股东，俟下届股工会议决。

二、新旧股权利一律。除酌提公积归旧股东外，以后新旧股权利一律平等。

三、预行认定以便留额。认股者可填认股证书，寄交本局总务部即当代为留额。

四、股款用上海通用银元。缴纳股款以上海通用银元为限，如用他种货币照市换算。

五、缴纳股款之处所。缴纳股款处为上海东百老汇路本公司会计部，及抛球场本局总发行所内账课，均先给收条，换填股票，外埠交由分局转交亦可。

（《民国三年春中华书局概况》，附扩充股份推广营业说明书）

中华书局添设通信贩卖部

1917年2月（民国六年）

本局现为便利内地顾客起见，特设通信贩卖部于上海总店，不独本局出品之件可以函购，即上海各种物品亦可代买，办法如下：

贩卖品：（甲）本局出版书籍、仪器、文具、笔墨、信笺、信封、名人对联、画屏、折扇及欧美原文书籍（均有目录，函索每种附邮票一分，即寄上），并代印一切印件，如图书、票券、章程、名片等；（乙）上海书肆出版图书；（丙）各药房药品及一切饮食、衣着品、化装品、玩具等，但危险品及有伤风化之品概不代办。

函购法：（甲）顾客约计所购之物需寄洋若干，连同邮费一并寄下（写明通信贩卖部收），本局当即代办寄上，如有余款，或寄回或暂存，均可照办；（乙）顾客若预存款项于本局以后，只须用本局印就之明信片（款到即寄奉），通知欲购何物即行寄奉；（丙）寄款最好由邮局、银行、钱庄汇兑，如用邮票只能照九五折计算，并以一角以下之邮票为限；（丁）邮费书籍照定价百分之五，其余各物照定价加二成以备邮费及纳税之用，有余寄还，不足由本局代垫，函告顾客即行补下；（戊）函购各物须将店号、名目、种类、大小、尺寸、颜色、花样一一开明，能寄样者尤佳；（己）代办各物除本局出版书籍外，其余各件概不退还。

售价：（甲）书籍、仪器等照定价七折、八折、九折不等，刻明对折者照对折；（乙）其余各物概照代购实价，并不另加，当将原发票寄上。

（《申报》1917年2月16日）

中华书局股份有限公司章程

1925年12月19日（民国十四年）股东会修改议决

第一章　总则

第一条　本公司依公司条例股份有限公司组织，定名中华书局股份有限公司。

第二条　本公司以经营出版业、印刷业为主要目的，并制造贩卖教育用品及印刷用器械材料。

第三条　本公司总店设于上海河南路福州路转角，总厂设于上海静安寺路。经董事会之议决，得在国内外重要城埠设立支店、分厂，或变更之。

第二章　股份

第四条　本公司股份定为银币贰百万元，分作四万股，每股银币伍拾元。

第五条　本公司股票用记名式。股票分一股、五股、十股、廿股、百股五种。附有息单。

第六条　本公司股东以本国人为限。

第七条　股票后面印有让渡表，股东欲将股份让与他人，应向本公司申请，依表签名盖章，并由总经理、驻局董事签名盖印，过户注册。

第八条　股票如有遗失，得觅妥实保人将户名号数通知本公司挂失，一面登本公司指定日报两种，过两个月如无纠葛，由本公司填给新股票。存记之图章如有遗失，亦照前项觅保、挂失、登报各手续办理。

第九条　原股票让渡过户，每张收手续费银二角，遗失补给或数张合为一张或一张分为数张者，每张收费银壹圆，并收应贴之印花税费。

第十条　股东会期前，自登报通告之日起至开会止，停止股票过户。

第十一条　股东之住址通讯处及图章式样（或签字式样）当送交本公司股务课存记。其用堂名记名者，并当开明姓名。如姓名、住址、通讯处、图章式样或签字式样有变更时，当随时通知本公司股务课。

第十二条　股东图章式样或签字式样一经存记，以后凡领取股息、转股注册等事，均以此项式样为凭。

第三章　股东会

第十三条　本公司每年开股东常会一次，由董事会召集之。除通信知照外，并登广告于上海之著名日报三种。

第十四条　遇有必要时得依公司条例由董事、监察人或股东依法召集临时股东会。

第十五条　股东常会及临时会之报告、议决事项及手续，均依公司条例及本章程之规定。

第十六条　股东如因事不能出席股东会者，得委托他股东代表。无论自己股份或代表他人均每一股有一议决权。

第十七条　股东会之议决案由议长签字印送各股东。

第四章　董事监察人

第十八条　本公司董事及监察人均由股东会选举，其被选资格至少须有本公司股份二十股。

第十九条　本公司设董事九人，每年改选一次。但续被选者仍得连任。新选举未成立时，旧董事不得退职。

第二十条　本公司设监察人二人，每年改选一次。但续被选者仍得连任。

第二十一条　董事监察人之职权依公司条例之规定。

董事会得互选驻局董事。

由董事会选任总经理一员，其它职员由总经理进退之。但总店店长、总厂各所所长及分局经理之选任，须得董事会同意。

第二十二条　董事会遇必要时得邀股东及职员出席与议，但不得加入表决之数。

第二十三条　董事监察人缺员时以次多数补充。

第五章　计算

第二十四条　本公司以七月一日至来年六月三十日为一年度结账一次。

第二十五条　每年度收入之利益除去开支及折除外，如有盈余，先提二十分之一为法定公积，二十分之一为职员奖励金，其余分为十成，股东红利得八成，职员花红得二成，并得视察当时情形酌提特别公积。

派剩之数应并入来年度计算。法定公积依照公司条例，除填补亏损外不得动用。

特别公积得依股东会之议决处分之。

第二十六条　每届营业盈亏应由董事会报告于股东会。

第二十七条　贷借对照表当于股东常会后印刷分布。

第六章　限制

第二十八条　本公司职员不得经营与本公司相同之贸易，但印行自己之著作不在此例。编辑员别依编辑所章程及契约定之。

第二十九条　本公司不得为他人担保。

第七章　变更章程

第三十条　本章程如须修改之时，得由董事会或股东依法提出交股东会议决。

第八章　附则

第三十一条　本章程未规定事项，悉依公司条例办理。

（《中国出版史料近代部分·补卷（上册）》宋原放主编，山东教育出版社2011年2月版）

中华书局杂志定单说明

1939年（民国二十八年）

1. 敝局于各省重要地方，设有分局及特约分局，诸君就可近预定敝局发行之各种杂志。

2. 敝局近更将发行之各种杂志，按照邮局代订刊物简章，分别声请邮局登记；此后各地读者，如欲订阅敝局出版已经邮局登记之杂志者，如当地无敝分局，可就近向邮务管理局及一二三等邮局索取《托订刊物单》，概照原价代定，不收汇费及信资。

3. 敝局近与中国银行、交通银行订定代收货款办法，此后各地读者，亦可向各地中国、交通二银行之分支行所在地，照原价预定敝局发行之各种杂志，免收汇费及信资，另订有详细办法。

4. 如贵地不能用上列（1）（2）（3）条办法者，则请用背面之定单，就欲定之杂志一栏内，填明各项，并向邮局买邮汇票挂号寄"上海河南路福州路转角中华书局总店定书课"预定。如不通汇兑之处，可用邮票代洋，十足通用，但以二角以内者为限，外国或某省专用邮票及粘污者均不收。

中华书局函购图书简章

1939年中（民国二十八年）

I 通则

1. 敝局为各地读者及学校、机关等现款采购本局图书、文具、仪器之便利起见，特设函购部于上海总店，为各地惠顾诸君服务，历有年所。凡函购本局图书及询问本局出版情形者，请迳函"上海河南路福州路转角中华书局函购部"。

2. 凡本局出版之各种图书、名称、册数、定价等等，详见本目录及书画目录，各级教科书内容概说，各种样张、样本。经售及自制之各种文具、仪器、标本、模型，另备有目录样本。

3. 本目录内◇符号照定价八折计算，○●◎符号均售实价；预约书、特价书及其他减折廉售各书，均另订办法，随时公布。

II 函购手续

4. 惠购本局图书，请写明书名、著者、册数、定价，如系丛书及教科书，并请注明丛书及教科书名称，愈详细愈好。

5. 订阅本局出版之各种杂志，请注明起迄期数，如来信未注明期数者，一律自最近出版期寄起。

6. 惠购各种碑帖、画册及屏联堂幅等，同名同类者甚多，务请指明书名前括弧内所列之字。

7. 惠购文具、仪器，因同名同类者甚多，务请指明商标及号数；如未知商标及号数者，则请于来信时写明用途，并限定价目若干。

8. 委购外国文书籍者，请开示书名、著者、定价、期数、出版者等，并预付定书之款，俟书到后再行通知补找。

III 汇寄货款方法

9. 由银行、钱庄或信局汇寄。

10. 向当地邮局购买邮汇票，汇银单上请注明"上海邮务管理局"兑付。

11. 如欲将纸币迳寄本局者，可向当地邮务局购买特别之信封，将钞票封入信内，外盖用火漆印，寄数每封以一千元为限，每元纳费洋一分，如在十元以内，亦须纳洋一角。其纸币总店以上海通用者为限，分局以当地通用者为限，否则不收，币价均照当地市面计算。

12. 不通邮汇之处，可用邮票代洋，十足通用，但以二角以内者为限，外国或某省专用邮票及粘连污损者不收，印花税票亦不收。

13. 外国及南洋等地，可向上海设有分行或代理行家之银行汇款；或由邮局按照国际汇兑办法寄款，手续办妥后，请另函通知敝局。

IV 银行代收货款

14. 敝局于各省重要地方，均设有分局、特约分局及代理分销处，请惠顾诸君就近购买。近更为各地惠顾诸君节省费用及便利起见，特与中国银行、交通银行订定代收货款办法，凡国内各地未设有敝分局、特约分局之处，可就上列银行之所在地付款订购，所有汇费信资，一律免收。敝局于接到银行通知后，即将货品配齐寄奉。

V 邮局代收货款并代定杂志

15. 诸君如须于图书收到后，方能付款者，当地邮局如可代收货价，请即面告。并将书名开示，敝局当将各书寄交该处邮局，托其代收书价（须在十元以上），收到后即行交书；同时发函通知收书人，请一面付价，一面收书。惟照此办法，须先照寄书价二成作为定银，空函恕不答复。如押寄后，付款人不向邮局取书者，即将预付之定银扣作邮运费损失，不再退还。

16. 敝局为内地人士订阅杂志之便利起见，特将敝局发行之各种杂志，按照邮局代订刊物简章，分别声请邮局登记，已领到登记证，此后各地读者，如欲订阅敝局出版已经邮局登记之各种杂志者，如当地无敝分局，可就近向邮务管理局及一二三等邮局索取《托订刊物单》，照单填写各项后，随将书价缴清，即可免除汇费及信资。

VI 邮运费

17. 向本局总店或国内各地分支局函购本局及文明书局各种图书，除预约及特价书等外，凡寄交国内各行省及日本、朝鲜等地者，一律免收邮费，藉省惠顾诸君费用。但寄交蒙古、新疆、西藏、香港、澳门等地及邮会各国之邮件，应请惠顾诸君于汇款时照邮章加费寄下，香港、澳门等书价约加四成；蒙古、新疆、西藏及邮会各国约加九成，有余不足当找补。

18. 惠购文具、仪器及理化器械、药品、博物标本、模型等，照邮章须作包裹寄递。凡代装木箱费、包扎费、邮寄费及代纳税洋，均由惠顾诸君负担。如不能邮寄者，敝局当酌量情形，托报关行、转运公司运奉。以上邮运等费，随地各有不同，殊难预计，最好请汇货款等宽付若干，俾免补款麻烦，敝局于货款及邮运费收足后，俾可将货品迅速寄奉。

VII 附则

19. 惠函购买货品，敝局回件寄发之责任以交到邮局或路局等为止，但邮局或路局等，每遇人力难施之事（如盗劫、水灾、火灾等），不负赔偿之责，敝局只能据情报告，不能补赔。

20．信内附寄邮票，封面不必写明，最好用坚固信封，严密封好，挂号寄下，以免中途偷拆等弊，如寄到后或发现中途被人盗窃等事，敝局只能知照邮局追究，不能认赔。

21．来函查询事件，先后具名务须一律，并请注明前次来函之日期。

中华书局股份有限公司章程

1948年3月28日（民国三十七年）股东常会议决修正，现正呈请经济部核准中

第一章 总则

第一条 本公司依照公司法股份有限公司之规定组织之，定名为中华书局股份有限公司，简称中华书局。

本公司成立于民国元年。民国十九年二月呈奉国民政府工商部注册，换领公司注册第三类第二二一号部照。民国二十五年十二月五日股东会修正章程，假决议同年同月二十七日第二次股东临时会决议通过。民国二十七年三月三十日增资注册，换领公司注册新字第五号执照民国三十七年因升值增资于　年　月　日呈奉经济部注册换领　字　号执照。

第二条 本公司营业以发行图书为主，并以发卖一切教育用品辅之。

为达上述目的便利起见，得兼营印刷业、装订业、教育用品制造业、纸张油墨制造业等，或自行经营或许人附股经营，又为营业及金融关系，得在国内外购置、典入、租凭地产或抵押、售出、租出，均由董事会决议之。

本公司不得为他公司无限责任股东或合伙事务之合伙人，如为他公司之有限责任股东时，其所有投资总额不得超过本公司资本二分之一。

第三条 本公司本店设于上海，经董事会之决议，得在国内外重要城埠设立支店或变更之。

第二章 股份

第四条 本公司股份定为国币一百亿元，分作一十亿股，每股国币一十元，一次收足。

第五条 本公司股票用记名式，由董事长暨常务董事署名盖章。

第六条 本公司股东以本国人为限。

第七条 股票背面印有转让表，股东欲将股份让于他人，应向本公司声请，依表签名盖章，并由总经理签名盖章，过户注册。

第八条 原股票转让过户应酌收手续费，如遗失，补给或数张合为一张，或一张分为数张者，应酌收手续费及印制费，并收应贴之印花税费。

第九条 股东会期前自登报公告之日起至开会日止，停止股票过户。

第十条 股票须用股东本名，股东之姓名或名称住所及印鉴当用本公司制就之，印鉴纸填盖后送交本公司股务课存记，其为政府或法人所有者应记载政府或法人之名称，不得仅载代表人姓名，如姓名或名称住所及印鉴有变更时，应随时通知本公司股务课。

第十一条 股东领取股息、转股注册，均以印鉴为凭。

第十二条 股票如有遗失，得觅妥实保人将户名号数通知本公司挂失，一面登本公司指定之日报，

经过一个月后如无纠葛，由本公司填给新股票。

存记之印鉴如有遗失，亦照前项觅保挂失登报各手续办理。

第三章 股东会

第十三条 本公司每年开股东常会一次，由董事会召集之。

第十四条 遇有必要时，得由董事、监察人或股东依法召集股东临时会。

第十五条 股东会之决议，除公司法有特别规定者外，应有代表股份总额过半数之股东出席，以出席股东表决权过半数之同意行之。如出席股东代表之股份不足半数时，应以出席股东表决权过半数之同意为假决议，并将假决议通知各股东于一个月内再行召集股东会，其决议以出席股东表决权过半数之同意行之。

第十六条 股东之表决权，每股有一权，股东如因事不克出席，得委托代理人代理。

第十七条 股东会之决议案，由主席签字印送各股东。

第四章 董事、监察人及经理人

第十八条 本公司董事及监察人，均由股东会就股东中选任之。

第十九条 本公司设董事十五人，每年改选一次，但续被选者仍得连任。

第二十条 本公司设监察人五人，每年改选一次，但续被选者仍得连任。

第二十一条 董事、监察人、经理人之职权，依照公司法之规定。

设董事长一人，常务董事四人，由董事互选之。

本公司设总经理、副总经理各一人，由董事会选任之，秉承董事会执行公司业务，并得设协理二人至四人，由总经理提请董事会通过聘任，辅助总、副经理处理业务。

董事会之决议以董事过半数出席，出席过半数之同意行之，但关于总经理副总经理之选任、不动产之进出、事业之举办停歇及支店之设立收歇，须经董事全体过半数之同意。

第二十二条 董事会遇必要时，得邀股东或职员出席与议，但不得加入表决。

第二十三条 董事缺额时，依照公司法第一百九十条之规定办理。

第五章 计算

第二十四条 本公司以每年一月一日至二十月三十一日为营业年度结账一次。

第二十五条 每年度收入之利益，除去开支及折除外，如有盈余先提应缴税款，及十分之一为法定公积，二十分之一为职员奖励金。其后提出整数分作十成，股东红利得八成，职员花红得二成，零数作为派剩并入下年度计算。

第二十六条 每届营业年度终应由董事会造具（一）营业报告书、（二）资产负债表、（三）财产目录、（四）损益表、（五）盈余分派之议案，交监察人查核后，提出于股东会请求承认。

第二十七条 前条（二）（四）（五）各项表册，应于股东会议后分发各股东。

第六章 限制

第二十八条 本公司职员不得经营与本公司相同之贸易及为同性质公司之无限责任股东，但印行自己之著作，董事会认为与公司营业无妨碍者，不在此列。

第二十九条 本公司不得为他人担保。

第七章 变更章程

第三十条 本章程如须修改之时，得由董事会或股东依法提出交股东会决议。

第八章 附则

第三十一条 本章程未规定事项，悉依公司法办理。

第三十二条 本公司之公告登载上海通行日报二种。

（《中华书局1949年6月至1950年7月综合报告书》）

上海市中华书局产业工会章程草案

1946年8月（民国三十五年）

第一章 总则

第一条 本章程依据工会法及工会法施行细则订定之。

第二条 本会定名为上海市中华书局产业工会。

第三条 本会以实行互助，联络感情，维持、改善劳动条件及生活，举办福利事业，保障会员权益，增进会员知识、技能，并发达生产，促进劳资合作，并协助政府关于国防生产等政令之实施为宗旨。

第四条 本会暂设于上海澳门路八九号中华书局厂内。

第二章 任务

第五条 本会之职务如左：

1. 团体协约之缔结、修改或废止。2. 消费、信用等合作社及储蓄之举办。3. 职工教育、补习夜校及子女学校之举办。4. 书报社之设置及出版物之刊行。5. 俱乐部及其他康乐事业之举办。6. 诊疗所及托儿所之举办。7. 职工家庭经济及生活状况之调查与统计。8. 工会或会员间纠纷之调处。9. 协助资方增加生产、促进劳资感情及调处劳资纠纷。10. 关于劳动法规之规定、修正、废止事项，得陈述意见于行政机关，及立法机关，并答复行政机关及立法机关之咨询。11. 各项有关于改良工作状况、增进会员利益及卫生安全事业之举办。12. 其他有关法令实施之协助事项。

第六条 上列关于会员之福利事业，按照本会之经济能力与需要逐步举办。

第三章 会员

第七条 凡在中华书局上海区内服务年满十六岁之男女职工，除代表雇主行使管理权者外，均应加入为本会会员，如有经劝导限期入会仍不加入者以除名论。

第八条 会员入会时须填写入会志愿书，并缴纳入会费，新会员并须有会员二人介绍。

第九条 本会会员有左列权利：

1. 选举、被选举及建议等权。2. 对各级职员及办法章则如有不满时，经全体会员十分之一的联署提出，得重选或重订。3. 本会举办全部事业之享受。4. 会员遇有无故侵害时受本会保护。

第十条 本会会员应尽左列义务：

1. 按时缴纳会费及一切必要费用。2. 遵守、执行本会会章及一切决议案。3. 担任本会或委派职务。

第十一条 本会会员如转业于本会范围区域以外之同业时，得经本会介绍加入该地工会，如因故离职改就其他事业时，得于一星期内申请退会。

第十二条 本会会员如有违反章程、决议或其他不法情事，致妨害本会名誉、信用，经理监事会调查属实者，得按其情节轻重分别予以警告、停权、罚款或除名等处分，除名处分须经会员大会三分之二以上通过行之，并通知局方解雇，会员除名后须缴还一切会员凭证。

第四章 组织

第十三条 本会最高决定机构为会员大会，会员大会闭会时，以理监事会为最高机构。

第十四条 本会设理事十五人，候补理事五人，组织理事会，互推常务理事五人，组织常务理事会，并由常务理事中，互选理事长一人，处理日常会务。本会设监事五人，候补监事一人，组织监事会，互推常务监事一人，处理经常会务。理监事均由会员大会或代表大会选举之。本会得视会务之需要酌聘顾问若干人，办事员若干人。

前项理监事如有左列情形者不得当选：（一）无中华民国国籍者；（二）褫夺公权者；（三）受破产宣告尚未复权者；（四）年龄不满二十三岁者；（五）具有劳资两种资格，同时参加劳资两种团体者。

第十五条 理事会下设五股，每股设主任一人，由理事互推之，分别主持各该股事务。各股职掌如左：

第一股掌理：文书、收发、庶务、交际及不属于他股之事项。第二股掌理：组织、人事、联络、调查、统计、调解等事项。第三股掌理：会计、征集、保管、出纳等财务事项。第四股掌理：宣传、教育等事项。第五股掌理：各种福利事项。

第十六条 理事会之职权如左：

1. 处理会务。2. 对外代表本会。3. 召集会员大会或代表大会，并执行其决议案。4. 接纳采行会员建议。

第十七条 监事会之职权如左：

1. 稽核本会经费之收支。2. 审核各项事业之进行状况。3. 考核本会职员工作之勤惰及会员之行动。

第十八条 理监事之任期均为二年，连选得连任，其因故出缺由候补人依次递补，惟以原任期为限。

第十九条 本会得依法设立支部及小组，其划分办法另定之。

第五章 会议

第二十条 本会会员大会每一年举行一次，若有重大事件发生，或会员三分之一以上之请求，经理、监事会认为必要时，得召开临时大会，如大会不易召集得召开会员代表大会，大会须有会员半数以上出席方得开会，出席半数以上通过方得决议。

第二十一条 理事会及监事会每二星期举行一次，每月举行理监事联席会一次。

第二十二条 左列事项必须经过会员大会或代表大会之议决：

1. 本会章则及重要办法之变更。2. 会员之除名。3. 劳动条件之维持或变更（以上三项之决议应经出席会员三分之二以上之通过）。4. 宣告罢工或怠工（本项必须经会员以无记名投票过半数以上之表决方得决议）。5. 被选举职员之解职。6. 经费之收支预算。7. 事业报告及收支决算之承认。8. 基金之设立、保管及处分。9. 福利事业之创办。10. 总工会或同业联谊之组织、合并或分立。

第六章 经费及会计

第二十三条 本会经费来源规定如左:

1. 入会费 金圆壹元。

2. 经常会费 每人每月分金圆五角、三角二级。

3. 特别费 必要时经理监事会议通过,并呈准上海市社会局核准得征收之。

4. 捐赠 外界热心者,或会员无条件之捐赠,本会受领之。

5. 局方拨补 局方依法补助之职工福利金。

第二十四条 会员每月会费,由公司代扣转缴本会。

第二十五条 本会财产状况应于每月月底公布一次,如有会员十分之一以上联署,得选派代表查核之。

第七章 附则

第二十六条 本章程未规定事项,悉依工会法及工会法施行细则之规定办理之。

第二十七条 本章程如有未尽事宜,得经会员大会议决呈准上海市社会局修改之。

第二十八条 本章程呈准上海市社会局备案施行。

上海市中华书局员工消费合作社章程草案

1947年（民国三十六年）

第一章 总则

第一条 本社定名有限责任上海市中华书局员工消费合作社。

第二条 本社以置办日常生活必需物品及政府配给物资供应社员之需要为目的。

第三条 本社为有限责任组织,各社员以其所认股额为限负其责任。

第四条 本社以本书局上海区所属各机构为业务区域。

第五条 本社社址暂设于上海澳门路八十九号内,并设三门市部于:1、澳门路新厂；2、铜仁路老厂；3、福州路发行所。

第二章 社员

第六条 本社社员以在本书局上海地区服务之职员、工友,年满二十岁或未满二十岁而有行为能力者。

第七条 凡愿加入本社者,应先填具入社志愿书,经社员二人之介绍,或直接以书面请求,经理事会之同意,并报告社员代表大会。

第八条 本社社员有左列情事之一者为出社:

（一）丧失中华民国国籍者；

（二）违反七条所规定情事之一者；

（三）死亡；

（四）自愿退社；

（五）改业（脱离本局工作者）。

第九条　本社社员得以年度终了时自请退社，但应于三个月前向理事会提出请求书，经理事会核准。

第十条　本社社员有左列情事之一者，得经社务会出席理监四分之三以上之决议予以除名，以书面通知被除名之人，并报告社员代表大会：

（一）不遵照本社章则及社员代表大会决议履行其义务者；

（二）有妨害本社社务业务之行为者；

（三）有犯罪或不名誉之行为者。

第十一条　出社社员得请求退还其已缴股款，但本社得以货物价付出社社员之退还股金，前项股款之退还于年度终了结算后决定之。

第三章　社股

第十二条　本社社股金额除提倡股外，每股国币四万元，每人认购至少拾股，入社后并得随时添认社股，但不得超过股金总额百分之二十。前项提倡股额暂定社股之二倍，除由社发给股票送请认购提倡股机关存执外，并得酌认股息。

第十三条　社员认购社股分二期缴纳，第一次所缴股款不得少于所认股金总额二分之一，但须于一个月内缴足。

第十四条　社员不得以其对于本社或其他社员之债权，抵销其已认未缴之社股金额；亦不得以其已缴之社股金额，抵销其对于本社或其他社员之债务。

第十五条　社员非经本社同意，不得出让其所有之社股或之担保债务。

第十六条　凡受让或继承本社股者，应继承让与人或被继承之权利义务，受让人或继承人为非社员时，应用第七条及第八条之规定。

第四章　组织

第十七条　本社设社员大会、理事会、监事会及社务会。

第十八条　社员大会出代表方式举行之，代表本社之最高权力机关：

（一）全体社员工作地点（1、新厂；2、老厂；3、发行所）划为三单位；

（二）各单位社员以十人为一组，另数在六人以上得设一组，不满六人者拼入各该单位其他组内；

（三）凡举行社员大会时，各组应先推举代表一人出席。

第十九条　理事会由理事九人、候补理事三人组织之。

监事会由监事三人、候补监事一人组织之。

理事、候补理事、监事及候补监事，均由社员代表大会就社员中选举之。理事会、监事会，并各设主席一人，由理事监事、分别推荐之。

前项理事之任期为一年，监事之任期为一年，连选均得连任。

第二十条　社务会由理事监事及经理共同组织之。

第二十一条　社员大会之职权如左：

（一）选举及罢免理监事；

（二）审核并接受本社业务报告及会计报告；

（三）通过预算决算及业务计划；

（四）通过社员之入社出社；

（五）制定或修订各种章则；

（六）规划社务进行；

（七）处理理事监事及社员之提议事件。

第二十二条 理事会之职权如左：

（一）拟订业务计划；

（二）聘任职员；

（三）处理社员提出之问题；

（四）调解社员间纠纷；

（五）处理社员代表大会决议交办事项；

（六）处理其他理事监事提出之事务。

第二十三条 监事会之职权如左：

（一）监事本社财产状况；

（二）监查本社业务执行状况；

（三）当本社与理事订立契约，或为诉讼上之行为时，代表本社。

第二十四条 本社设经理、业务、总务、主任、文书、司库、会计各一人，门市部设主任一人，由理事会任用之助理员、业务员、办事员、见习生若干人，由经理提请理事会任用之，理事得兼任经理或经理以下之其他职员。

第二十五条 本社于必要时设各种委员会（如教育委员会、物价评定委员会等），委员会委员由理事会聘任之，各种委员会章程另定之。

第二十六条 理事、监事、各种委员会委员皆属义务职，但有必需公务费用时由理事会之认可支付之，惟理事兼任经理及经理以下其他职员时，得酌支办公费。

第二十七条 本社出席联合社之代表，由理事会提出，于社员代表大会推选之，其任期为一年，但出席联合社代表被选为理监事时，以联合社规定之任期为任期。

第五章　会议

第二十八条 社员大会分通常社员大会及临时社员大会两种，通常社员大会于每一业务年度终了后一个月内召集之，临时社会大会因下列情形召集之：

（一）理事会、监事会于执行职务上认为有必要时；

（二）社员代表全体有四分之一以上书面说明提议事项及其理由，请求理事会召集时。

第二十九条 社员大会应有全体社员代表过半数之出席始得开会，出席社员代表过半数之同意始得决议，但解除理事监事职权之决议须由全体社员代表过半数之决议解除，本社或与他社合并之决议应有全体社员代表四分之三以上之出席，出席社员代表三分之二以上之同意。

第三十条 社员大会以理事主席为主席，理事主席缺席时以监事主席为主席，监事会召集大会时由监事主席为主席，社员代表自行召集大会时，临时公推一人为主席。

第三十一条 社务会每三月召集一次，由理事主席召集之，其主席由理监事或经理互选之。

社务会应有全体理事监事三分之二出席始得开会，出席理事监事过半数之同意始得决议，社务会开会时业务主任、总务主任、门市部主任及事务员、技术员得列席陈述意见。

第三十二条　理事会、监事会、评议会每月召集一次，理事会监事会由各该会主席召集之，评议会由评议员召集之，理事会、监事会及评议会应各有理事监事评议员过半数之出席始得开会，出席理事、监事、评议员过半数之同意始得决议。

第六章　业务

第三十三条　本社业务为米、面、粉、杂粮、酱、醋、糖、油兼杂货、布疋、文具及日用必需品等之供给。

第三十四条　理事会得按照社员之特约购进货物，或自行制造。

第三十五条　社员非得理事会承认不得向社外购买本社经售物品，违反前项规定者，得征收相当之违约金，其情节重大者得按照第十条之规定予以除名。

第三十六条　本社售货价格以不超过一般市价为准，由理事会定之。

第三十七条　本社售货以现金交易为主。

第三十八条　凡订购贷物者，须预交代价之一部或全部，前项订购货物到社后，本社通知社员限期来取，过期不取得征收相当违约金，或由本社转售他人，其损失仍由原订购人负责。

第七章　结算

第三十九条　本社以国历一月一日至十二月三十一日为一业务年度，理事会应该每年度终了时造成业务报告书、资产负债表、损益计算表、财产目录及盈余分配案，至少于社员代表大会开会十日前送经监事会审核后，连同监事会查账报告书报告社员代表大会。

第四十条　本社年终结算后，有盈余时除弥补累积损失及付股息至多年利一分外，其余数应平均分为一百分，按照下项规定办理：

（一）以百分之二十作公积金，由社员大会指定机构存储，或其他确有把握之方法运用生息，公积金除弥补损失外，不得动用；

（二）以百分之五作公益金，由社务会决议作为发展本社业务区域内合作教育，及其他公益事业之用；

（三）以百分之十作理事及事务员技术员之酬劳金，其分配办法由理事会决定之；

（四）以百分之六十五作社员分配金，按照社员交易额比例分配之。

第八章　解散

第四十一条　本社解散时清算人由社员代表大会就社员中选充之。

第四十二条　本社清算后有亏损时，以公积金顺次抵补之，由清算人拟定分配案，提交社员代表大会决定之。

第九章　附则

第四十三条　本章程未尽事项悉依合作社法、合作社法施行细则及有关法令之规定。

第四十四条　本章程经社员代表大会通过，呈准主管机关登记后施行。

世界书局

世界书局股份有限公司章程

1925年3月（民国十四年）第二次修正

第一章 名称地址营业及公告方法

第一条 本公司定名世界书局股份有限公司。

第二条 总公司及总发行所设上海英租界福州路，分发行所设北京、广州、天津、奉天、汉口、武昌、长沙、常德、衡州、太原、烟台、南昌、重庆、汕头、济南、宜昌、徐州、芜湖、吉林、杭州、嘉兴、宁波、兰溪、温州、香港、梧州、福州、开封等处。嗣后营业发达，随时添设。

第三条 印刷所暂设上海闸北虬江路及上海闸北香山路二处，俟大连湾路厂屋造就，再行迁入。

第四条 专编学校应用中西文各种教科书，及普通实用各书，并发刊杂志，精制各种印刷品，暨仪器、文具、教育玩具。

第五条 凡公告事项，除通函外，再登上海新申两报。

第二章 股份

第六条 本公司股份额定洋五十万元，分作一万股，每股计洋五十元。

第七条 股份官利定为常年一分，每年于定期股东会后凭息票发给之，但无盈余时不得提本作息。

第八条 股票概用记名式，由董事签名盖章，如遇转让时，须先期知照本公司登记过户，否则不生效力，惟在定期股东会前一个月内，暂停过户。

第九条 股票如有遗失，须函知遗失缘由，向本公司挂失，并登报声明，经一个月之后，无纠葛发生，得觅妥保向本公司补给之。但在本公司未接通知信之前，倘有被人冒取息银情事，概不负责。

第十条 凡股票过户及遗失补给者，每张均收手续费洋五角，并附缴应贴之印花税费。

第十一条 本公司股票不得转让于外国人。

第三章 股东会

第十二条 股东会分定期会、临时会两种，定期会每年夏历三月中旬举行之，会期前由董事会通告各股东，并登报声明。临时会凡遇紧急事务发生，由股份总额二十分之一以上之股东，得具理由书请董事会定期召集之。

第十三条 定期会公推董事一人为主席，临时会公推股东一人为主席。

第十四条 定期股东会时，董事及监察人应将公司营业经过情形并各项账册，报告于众股东。

第十五条 凡股东之不能到会者，得委托他股东为代表，但须有委托书留存本公司。

第十六条 凡股东会之议决权，以到会股东过半数为决议。如遇同数取决主席。若修改章程、变更营业、增减股份、公司解散与合并等重大问题，须有股份总额四分之三以上，并有股东总数过半到会始得表决。

第十七条 股东会之议决权及选举权，以一股为一权，有代表委托书者同。

第十八条 股东会议决各事，应清缮议决录，由主席签名盖章而保存之。

第四章 董事及监察人

第十九条 本公司设董事十一人，监察二人，由股东会于满五十股以上之股东中票选之。

第二十条 董事及监察人任期一年，期满后若连举者，得以连任，但监察人连任以三次为限。

第二十一条 每月开董事常会一次，会期前三日应将会议各事通告各董事，若遇重要事宜，得随时召集开临时会。

第二十二条 会议时，由各董事公推主席一人，议决权以到会董事过半数为决议，如遇同数取决于主席。

第二十三条 董事会议决事项，应清缮于议决录，由主席签名而保存之。

第二十四条 董事不得兼任监察人。

第二十五条 监察人得随时调查公司营业情形及账簿财产目录等件，且得出席于董事会，陈述意见，但无表决权。

第二十六条 监察人对于董事会所报告之各项账册，须先复核，并签字盖章。

第二十七条 董事及监察人，不得兼营本公司同等之营业。

第五章 结算

第二十八条 本公司每届阴历年终总结账目一次，由董事会造具各项账册，经监察人复核后，于次年定期会时报告各股东。

第二十九条 每年总结账目后，若有盈余，先提公积金二十分之四，再提去官利及折旧外，如再有盈余，按十六成分派于下：

各股东红利十成；董事监察人酬劳一成；办事各职员花红五成。

第三十条 所有红利于每年定期股东会后，凭股单发给之。

第六章 附则

第三十一条 本章程经全体股东总会逐条议决通过，各宜遵守。所有未尽事宜，悉遵公司条例办理。如有应行修改之处，得召集股东总会议决修改。呈请农商部核准实行。

世界书局存款通则

1931年（民国二十年）

一、条款 存款之收支以上海四马路总局为限，各省分局只可通讯，不能收款。

二、住址 本局另备存户通知单，存户将姓名、住址详细填写，如有更改应随时通知，以后因事通讯，必须将存折或存单号数及户名注明。

三、书券 本局各项存款除优给利息外，每月或每年一律加赠实洋书券，此项书券得向上海总局及各省分局兑取本版或原有代售之外版，各种图书不折不扣照实洋收用，惟不能作定杂志及预约书籍之用。

四、杂币 进出款项概以上海通用银元为限，凡以小洋铜元或本埠不甚通行之银币来存者，均按当日市价折合入账。

五、规银 凡以规银存入及以后欲以规银收支者，如系定期存款、活期存款二种，均可照各该章程办理，其应加赠之实洋书券，以规银折合洋数推算，惟支息存款一种只限洋数不收规银。

六、票据 凡以票据存入者须在票据背面签字盖章，候本局收到现款后，方可起息，倘遇退票当即通知存户领回，并在存款内如数扣除。

七、提款 活期存款可以随时提取，但存入不满一月存数不满十元者，概不计息，定期存款未到期以前不能提取，但存户"存数一百元以上者"遇有急需，商经本局同意亦可将存折或存单抵押款项，其利息临时酌定。

八、挂失 如将存折或存单或印章遗失，应立将该存折或存单之户名、号数、存额及遗失缘由备案，通知本局并自行登报声明，如一月后无纠葛者，得邀妥保来局补领新折或新单，或更换印鉴，概不收费，如在报失前被人冒领者，本局不负责任。

九、利息 各种存款之利息，本局得参酌市面上情形，日后或须更改，当正式通知存户。

十、查对 存折或存单数目如有错误，存户须通知本局查对更正，请勿自行涂改，结算时仍以本局帐据为凭。

十一、注意 存户对于本章程所载各项务宜详悉，否则倘受损失，本局不负责任。

十二、附则 上列各条不限本埠，外埠一律适用。

世界书局宣言

1930年8月31日（民国十九年）

为教科书革命，受到种种破坏。

将事实经过，请社会公评。

近有人故意与本局为难，完全同行嫉妒关系不值一笑。本局承各界关爱，纷纷来函询问，不克一一答复，特发宣言如左：

教科书的重要性

教科书是书籍中的书籍，因为教科书所负的使命比任何书籍为远大，所负的责任比任何书籍为重要。教科书是一国的教育赖以普及的工具，教科书是一国文化赖以发展的重要的阶梯，所以教科书的出版是愈多愈好愈新愈好，愈竞争愈好！

教科书竞争的价值

出版界对教科书的竞争是有益于教育界的：（1）可以比较选择，使教育进步；（2）免除供不敷求的恐慌；（3）不致被少数出版家操纵垄断。

我们出版教科书的目的和第一次竞争的经过

我们是出版界的一份子，我们不忘记我们的责任，所以我们在民国十三年时代不避艰难出版第一套小学教科书，全部目的在使教育界能够用到比较进步和价廉的教科书，当时即有两家同业联合起来，百计破坏，强制外埠贩卖店不许卖我们的书，又特开一某某书局与我们为敌，欲作一网打尽之计。我们幸蒙教育界的爱护，我们也尽我们的力量奋斗，竟获相当地位，教育界方面也因我们出版教科书得到物美价廉的利益，大家称许我们是出版界的革命军，至于那某某书局损失甚巨，最近业已清理。可见意图损人利己者结果既未损人亦不利己。

我们出版中学教科书造成第二次竞争局面

我们世界书局的中学教科书是十八年秋季开始出版的，现在已完全出齐了。各书的编校人都是教育界的专家，他们多年的经验卓绝的学识都用在我们这套教育书里了，而且大多数是符合教育部颁布的中学课程暂行标准的。在中学教科书中，又是一队革命军，所以出版以后即蒙全国中学教员不约而同的引为教授的善本。同时那种腐旧的书当然不能立足，于是又引起了嫉妒，不惜用种种手段欲破坏我们中学教科书的名誉信用，他们的居心不过如此而已。

我们负责声明，我们的中学教科书毫不违背著作权法，假使果有违背著作权法，他们何不走正当途径而要用破坏手段呢？

我们用正当态度对付环境

现在出版教科书的同业中有将我们的书抄袭了大部分去的，也有模仿我们中学书的式样的，我们对于同业一向推重，所以不愿起无谓的纠纷，连他们的店号也不宣布。

我们以为教科书的竞争是正正当当的事情，在教科书的立场以有益于教育界为目标，至于用恶劣的手段作损人利己的事，完全为了我们的教科书占了优胜关系而生的嫉妒作用。

总之，我们既有优良的教科书，系蒙教育界批评比较而予采用，所以我们不怕任何破坏的。谨此宣言。

世界书局通信购书办法

1931年（民国二十年）

函购手续：凡函购本书图书，先在图书目录内查明书名、册数、价目，详细开列，连同书款寄费一并寄交上海四马路世界书局函购部，或各省世界书局，函到立即配奉。

寄书邮费：书籍寄费先照书价加一成寄来，例如购书一元，应加寄费一角，余类推。来款如有余多，当即寄还，倘有不足亦当找补。如欲挂号寄递，须另加挂号费；如欲快递，再加快递费。

汇款方法：购书汇款最好买邮局汇票，或托银行钱庄汇寄，惟票面上均须注明世界书局收字样，藉防冒领，信内封有汇票，必须用坚厚信封严密封口挂号或快信寄下。

邮票代洋：邮票代洋十足收用以示优待。惟以一分至二角者为限，本国邮局不能通用及污损用过者不收，邮票上注明限于一地方之用者亦不收。邮票须衬蜡纸，如无蜡纸致不能揭开者亦不收，惟云南邮局禁寄邮票违者没收，故云南省及其他有同样禁令之地方，信中切勿附寄邮票。

邮局押汇：购书人须先向当地邮局询问明白，如可代收书款，至少须先汇书价二成，作为定银，本局收到后，当即发书，一面咨照购书人，向邮局付款领取。

纸币用法：如欲以纸币寄本局购书者，须先向当地邮局询问明白，如可寄递者，该项纸币以本局所在地通用者为限，否则退还。且纸币价格须向本局照所在地市面计算。

寄信须知：无论信内装汇票或邮票，亦不论数目多寡，为防遗失偷窃起见，最好须用挂号或快信寄来，能于封口处用火漆盖印更妥，否则如有遗失，或被偷窃，邮局不负责任，无可查究也。

余款处置：来款除书价寄费者，如有余数，以邮票寄还。如欲代存本局，俟下次购书之用，信中说明亦可照办。

详细住址：购书人姓名、住址，务请详细写明，以免误投或遗失。

慎重邮件：邮包交邮局寄递，本局均有回单为凭。设遇遗失或遭意外灾险，本局只可代为查究，不负赔偿之责。

退换限制：配奉之书，除系本局配错，或该书缺页、订错等情，可寄来掉换外，否则无论何书，一概不能退换。

（《世界杂志增刊：十年》第7卷，1931年铅印本）

世界书局股份有限公司章程

1947年6月15日（民国三十六年）股东会修正通过

第一章 总纲

第一条 本公司定名曰世界书局股份有限公司，简称世界书局，英文称（THE WORLD BOOK COMPANY, LIMITED），依照公司法股份有限公司之规定组织之。

第二条 本公司营业种类计分三种：（一）出版各种图书；（二）经营印刷事业；（三）贩卖或制造教育用品。

第三条 本公司设总店，于上海设分支店，于国内外各大城市依营业情形由总经理随时提请董事会决议设立或裁撤。

第四条 本公司之公告登上海著名日报两种以上。

第二章 股份

第五条 本公司资本总额定为国币四亿元，分作一千六百万股，每股计国币二十五元，一次收足。

第六条 本公司股票分为五百股、一千股、五千股、一万股，不满五百股者从其数填给之。

第七条 股票概用记名式，由董事五人签名盖章，如欲转让时须正式书面通告本公司，核明过户或更换股票，否则不生效力。惟在举行股东常会前一个月内，或股东临时会前十五日内，停止过户或更换股票。

第八条 股票或印鉴如有遗失，须函知本公司，声明遗失原由，请求挂失并登报声明，经一个月后无纠葛发生，得觅保请求本公司补给股票，或更换印鉴。但在本公司未接通知信以前，倘有被人过户，或领息情事，本公司概不负责。

第九条 凡更换股票或遗失补给者，每张应酌缴手续费，并附缴应贴之印花税费，如仅属过户者，手续费减半。

第十条 本公司股东以有中华民国国籍者为限。

第三章 股东会

第十一条 股东会分常会、临时会两种。常会于每届结帐后三个月内举行之，在会期一个月前由董事会发通知书于各股东，并登报公告。临时会凡遇紧急事务发生，由董事会或监察人随时召集之，或由股份总额二十分之一以上之股东用书面记明提议事项及其理由，请求董事会定期召集之，惟均须于十五日前通知及公告。

第十二条 股东常会由董事长为主席，董事长缺席时公推董事一人为主席；临时会得公推股东一人为主席。

第十三条 开股东常会时，董事及监察人应将公司营业情形并结算表册报告于股东。

第十四条 凡股东有不能到会者，得委托代理人代为出席，但须备具委托书交存本公司。

第十五条 凡股东会议决事项，应有代表股份总数过半数之股东出席，以出席人表决权过半数之同意行之，如遇表决权可否各居半数时，则取决于主席。

关于修改章程、增减资本、或解散与合并等事项决议时，须依照公司法第二四六条及第二六四条规定办理之。

第十六条 股东会之表决权以一股为一权，但股东对于会议之事项与本人有利害关系致有害于公司利益之虞时，不得加入表决，亦不得代理他股东行使表决权。

第十七条 凡股东会议决事项应作成决议录，由主席签名盖章，与出席股东之名簿一并保存之。

第四章 董事、监察人及职员

第十八条 本公司由股东大会就股东中选举董事二十一人、监察人七人；凡有股份一千股以上者有被选为董事之资格，五百股以上者有被选为监察人之资格；董事当选后组织董事会，再由董事会互选董事长一人，常务董事六人，董事长对外代表公司，遇必要时董事长或董事会得委托常务董事中一人代表之。

第十九条 董事、监察人当选后如有因故不能就职者，得以次多数递补。董事任期三年，监察人任期一年，连选得连任之。

第二十条 董事会互选总经理一人为常任职，执行公司一切事务及董事会议决事件；设经理一人，由总经理向董事会推荐聘请之；总经理如因事出缺时，由董事会公推经理或常务董事一人代理之。

第廿一条 每月开董事常会一次，于会期前三日通信召集，遇有重要事务得随时召集临时会，每次开会时以董事长为主席，遇有缺席时由常务董事中一人代理之。

第廿二条 董事因不能出席会议时，得委托出席董事为代表。

第廿三条 董事会会议时，以到会董事过半数之决议行之，如遇同数取决于主席。

第廿四条 董事会议决事项应作成决议录，由主席签名保存之。

第廿五条 监察人得随时调查公司营业情形财务状况，查核簿册文件，并得出席于董事会，陈述意见，但对于提议事件无表决权。

第廿六条 监察人对于董事会所具之各项表册，应先查核，并签字盖章，报告其意见于股东会。

第廿七条 董事、监察人不得相互兼任。

第廿八条 董事长、常务董事及总经理经理均不得兼营本公司同等之事业，但董事长、常务董事经股东会认可者不在此限。

第五章 结算

第廿九条 本公司每年自国历一月起至十二月底止为会计年度总结，账目一次由董事依法造具各项表册，经监察人查核签字盖章，并经会计师查核证明后，于股东常会时报告于各股东。

第三十条 每届总结账后如有盈余，除先提公积金十分之一及依法应纳之税款外，其余由董事会作成盈余分配案，提请股东会承认之。

第六章 附则

第卅一条 本章程如有未尽事宜，悉依现行公司法办理，日后如认为尚有应行修改之处，得提交股东会依法决议修改之。

上海市世界书局产业工会章程

1947年7月（民国三十六年）

第一章 总则

第一条 本章程依据工会法及工会法施行细则订定之。

第二条 本会定名为上海市世界书局产业工会。

第三条 本会以实行互助，联络感情，维持并改善劳动条件及生活，保障会员权益，增进会员知识、技能，举办福利事业，并发达生产，促进劳资合作，并协助政府关于政令之实施为宗旨。

第四条 本会会址暂设于福州路三九〇号。

第二章 任务

第五条 本会之任务如下：

（一）团体协约之缔结修改或废止；

（二）消费、信用等合作社及储蓄之举办；

（三）职工教育、补习夜校及子弟学校之举办；

（四）书报社之设置及出版物之刊行；

（五）俱乐部及其他保健娱乐事业之举办；

（六）职工家庭经济及生活状况之调查与统计；

（七）工会或会员间纠纷之调解；

（八）协助资方增加生产，促进劳资感情及调处劳资纠纷；

（九）关于劳动法规之规定、修正、废止等事项，得陈述意见于行政机关及立法机关，并答复行政机关及立法机关之咨询；

（十）福利事业之举办；

（十一）其他有关法令实施之协助事项。

第六条 上列会员福利事业，得按照本会之经济能力与实际需要逐步举办之。

第三章 会员

第七条 凡现在世界书局服务年满十六岁之男女职工，除代表资方行使管理权者外，均得加入为本会会员。

第八条 会员入会时须填写入会志愿书，并缴纳入会费。

第九条 本会会员有左列各项之权利：

（一）选举、被选举及建议等权；

（二）对理监事或各级职员及办法章则如有不满时，经全体会员三分之一联署提出，经会员大会依法通过，得重选或重订；

（三）得享受本会所举办之全部福利事业；

（四）会员遇有无故侵害时得受本会之保护。

第十条 本会会员应尽左列各项之义务：

（一）按时缴纳会费及一切必要费用；

（二）遵守并执行本会会章及一切决议案；

（三）担任本会委派职务。

第十一条 本会会员如因故离职改就其他事业时，得于一星期内向理事会申请退会。

第十二条 本会会员如有违反章程、决议，或其他不法情事致妨害本会名誉、信用时，经理监事会调查属实者，得按其情节轻重分别予以警告或除名处分，但除名处分须经会员大会三分之二以上通过后行之，并通知本公司当局解雇，呈报社会局备案，会员除名后须缴还一切会员凭证，如有欠费亦须一律缴清。

第四章 组织

第十三条 本会得依法设立分会支部小组，其划分办法另定之。

第十四条 本会最高决定机构为会员大会，当会员大会闭会时，以理监事会为最高决定机构。

第十五条 由会员大会选举理事九人，候补理事四人，组织理事会，互推常务理事三人，并由常务理事中互选理事长一人，处理日常会务。设监事三人，候补监事一人，组织监事会，互推常务监事一人，处理经常会务。均由会员大会选举之。本会视会务之需要酌聘顾问若干人，秘书一人，办事员若干人，协助办理之。

前项之理监事如有下列情形之一者不得当选：

（一）褫夺公权者；

（二）受破产宣告尚未复权者；

（三）年龄不满廿五岁者。

第十六条 理事会下设三股，每股设股主任一人，由理事会互推之，分别主持各该股事务。各股职掌如左：

（一）第一股掌理：文书、收发、会计、庶务、连络、交际等事宜及其他不属于各股之事项；

（二）第二股掌理：组织、调查、统计、人事、教育等事宜；

（三）第三股掌理：储蓄、合作社、俱乐部、调解、书报社等福利事宜。

第十七条 理事会之职权如左：

（一）对外代表本会；

（二）处理会务；

（三）召集会员大会，或代表大会并执行其决策案；

（四）采纳会员建议。

第十八条 监事会之职权如左：

（一）稽核本会经费之收支；

（二）审核各项事业之进行状况；

（三）考核本会职员工作之勤惰，及会员之言论、行动。

第十九条 理监事之任期均为二年，连选得连任，连任人数不得超过三分之二，其因故出缺时由候补人依次递补，惟以任足原任期为限。

第五章 会议

第二十条 本会会员大会每一年举行一次，若有重大事件发生，经理监事会认为必要时，或会员三分之一以上之联署请求，得召开临时会员大会，大会须有会员半数以上出席方得开会，出席半数以上通过方得决议。

第二十一条 理事会及监事会每二星期举行一次，每月举行理监事联席会一次。必要时得随时召集之。

第二十二条 左列事项必须经过会员大会之议决：

（一）本会章则及重要办法之变更；

（二）会员之除名；

（三）劳动条件之维持或变更（以上三项之决议应经出席会员三分之二以上之通过）；

（四）宣告罢工或怠工（本项必须经全体会员以无记名投票过半数以上之表决方得决议）；

（五）被选举理监事或职员之解职；

（六）经费之收支预算；

（七）事业报告及收支决算之承认；

（八）基金之设立，保管及处分；

（九）福利事业之创办；

（十）工会联合会之组织，合并或分立。

第六章 经费及会计

第二十三条 本会经费来源规定如左：

（一）入会费：职工每人二万元，练习生每人一万元；

（二）经常会费：每人每月按实得薪津之百分之一；

（三）特别费：必要时经会员大会或临时会员大会之通过，并呈准上海市社会局核准后征收之；

（四）捐赠外界：热心者或会员无条件之捐赠，本会受领之；

（五）本公司拨补：本公司依法补助之职工福利金。

第二十四条 会员每月会费，由小组组长或支部代表汇集转缴与会计。

第二十五条 本会财产状况应于每月月底公布一次，如有会员十分之一以上联署，得选派代表查核之。

第七章 附则

第二十六条 本章程如有未规定者，均依工会法及工会法施行细则之规定办理之。

第二十七条 本章程如有未尽事宜，得经会员大会议决修正之。

第二十八条 本章程经第一届会员大会通过并呈准上海市社会局备案施行之。

大东书局

大东书局股份有限公司章程

1947年（民国三十六年）

第一章 总则

第一条 本公司依公司法股份有限公司之规定组织之，定名为大东书局股份有限公司。

第二条 本公司设于上海，在其他都市设立分店分厂，其设立裁撤或变更由董事会议决之。

第三条 本公司于民国四年由创办者四人合资开设，至十三年改照股份有限公司组织，呈请农商部注册，十七年三月呈请国民政府全国注册局换领第三项第二十号执照，二十三年十二月二日呈准实业部登记换领股份有限公司新字第二七八号执照，三十六年因升值增资于三十七年九月十七日呈准工商部登记换领新字第一六九号执照。

第四条 本公司营业以出版及印刷为主，并发售一切教育用品。

为达上述目的起见，得兼营印刷、装订业、教育用品、制造业、纸张、油墨、机器制造业等，或自行经营，或许人附股经营，又为营业关系，除在国内得购置不动产外，并得在国外不论何处购置、租赁、收押、掉换，并售卖出租出押动产及不动产，均由董事会决议之。

本公司不得为他公司无限责任股东，如为他公司之有限责任股东时其所有股份不得过本公司资本四分之一。

第二章 股份

第五条 本公司股份总额国币伍拾亿元，分作五亿股，每股国币拾元，一次收足。

第六条 本公司股份为记名式，股东欲将股份转让于他人时，应提交公司过户。凡未经过户者，本公司仍认原股票署名之人为股东。

第七条 本公司股东以中华民国国籍者为限。

第八条 股票如有遗失，得随时觅保报明公司，办理挂失手续，并将遗失股票号数注销及登报声明，俟一个月后无纠葛时，由公司另行按号填给新股票。

第九条 股票因转让过户及遗失注销，应酌收手续费，如须由本公司另行填给股票者，每张并应酌收印制费，及其应贴之印花税票。

第十条 本公司股票由董事五人签名盖章发行之。

第三章 组织

第十一条 本公司设董事会及监察人，代表股东行使职权。

董事会由股东会就股东中选举董事十七人组织之，由董事推举常务董事五人至七人，互推一人为董事长。

监察人由股东会就股东中选举三人。

董事任期三年，监察人任期一年，连选得连任。

第十二条 本公司置总经理一人，由董事会推举聘任之，秉承董事会对外代表公司，对内主持公司一切业务。并置经理二人至四人，副经理襄理若干人，由董事会聘任之，协助总经理办理业务。

第十三条 本公司职员非经董事会允许不可经营与本公司相同之业务。

第四章 股东会

第十四条 本公司每年结账后开股东常会一次，由董事会通信知照，并登上海著名日报召集之。

第十五条 本公司股东常会时，董事及监察人应根据账册提出报告，由股东会决定分派利息，并选举下届董事及监察人。

第十六条 本公司遇有必要时，得依照公司法召集股东临时会。

第十七条 股东常会及临时会之决议，须有股份总数过半数之出席，以出席股东表决权之，过半数行之；如出席股东之股数不满股份总数之半数时，得以出席股东表决权之过半数为假决议，并将假决议通知各股东，于一个月内召集第二次股东会，其决议以出席股东表决权之过半数行之。

第十八条 本公司举行股东常会及临时会时，应将决议事项纪录在卷。股东如因事不能出席，得出具委托书委托代理人出席，但其权数合计不得过全体股东表决权五分之一。

第五章 会计

第十九条 本公司每年结账如有盈余，除依法缴纳所得税外，先提十分之一为公积金，次提股息常年一分，余作十二成分派股东红利六成，创办人红利半成，董事监察人红利二成，同人红利三成半。

公积金为股东公共储蓄，非提存已超过资本总额二分之一及股东会通过不得挪动。

创办人红利系提酬杜月笙、殷子曰、吕子泉、黄谷梅、沈骏声、王幼堂等六君平均分配之。

第二十条 本公司每年应将详细结算造具表册，由董事会交监察人查核，并提出于股东常会请求承认。

第六章 附则

第廿一条 本公司章程有未尽之处，悉依公司法股份有限公司各规定办理。

第廿二条 本公司章程经股东会议决后行之，并呈报主管官署备案。

大东书局总管理处暂行章程

1947年（民国三十六年）

第一条 总管理处主管全公司之行政，但根据章程须经董事会议决之事项应议决后执行之。

第二条 总管理处由董事会推聘行政管理主任委员一人、委员四人，组织行政管理委员会，主管一切事务。下设管理、出版、印刷及发行四部，分别负责处理各该事项，但遇有重大事件由委员会取决办理。

第三条 四部主管事项如左：

（1）管理部　主管人事、文书、庶务、股务、出纳、审计及保管事项；

（2）出版部　主管出版及编审事项；

（3）印刷部　主管印刷事项；

（4）发行部　主管推广、批发及机务事项。

第四条　各部设主任一人，由行政管理委员兼任之；副主任一至二人，各事务得设主管员一人，余称办事员，无定额。

第五条　上海印刷厂属印刷部，设厂长一人，由印刷部主任兼任。

第六条　上海发行所及各地分局属发行部，所设所长一人，局设经理一人，其组织另订。

第七条　各部正副主任及所长、分局经理，由行政管理委员会任免之；以下人员由主任委员任免之。

第八条　各部正副主任及所长、分局经理之薪给，由行政管理委员会议定之；以下人员之薪给由各部所或局，以民主方式评定数额，提请主任委员核定之。

不论主管人员或职工对服务应有互助精神，兼职者不兼薪，从其高额支之。

第九条　各部应在管理部统一审计领导之下，分立单位会计，计算盈亏，以自给自足为任务。单位会计制度以及各项报表由管理部修订之。

第十条　现金采集中收付制：各部于主管范围内之付款，开具付款通知单，交管理部核付收款，由管理部统一办理。

第十一条　各部应每星期召开会报一次。

第十二条　契约及文书处理如左：

（1）银钱契约由主任委员签署，其他契约由主管各部主任签署，惟应以副本交管理部存卷；

（2）对外文书以大东书局股份有限公司名义行之，加盖公司及主任委员签章，对内以管理处名义行之，加盖公司及管理部主任签章；

（3）各部对外文书应以副本交管理部存卷。

第十三条　各部办事规则另定。

第十四条　本章程由行政管理委员会通过日起施行，修改时同前有类似规章无效，本章程应送董事会备案。

上海大东书局股份有限公司职员服务规则

1947年（民国三十六年）

甲　服务

第一条　每日办公时间：总务处及编辑所八小时，印刷所八小时半，发行所十小时。

第二条　每日到局应打钟片或在签到簿上签到，其早退或因事暂出复返者，进出时均须随打钟片或签明时刻。

第三条　职员均须受各该部分主任及管理员之指导及监督。

第四条　职员应觅妥保，但经特许者不在此限。

第五条　办公时间不得阅览无关公务之书报及缮写私人文件。

第六条　办公时间不得互相谈笑及高声朗诵。

第七条　来宾应在会客室接待，不得擅自引入办公室，致妨碍全体工作。

第八条　各人办事均有专责，对于他人案上之文件不得翻阅移动。

第九条 本局之一切计划设施未经发表者，不得擅告外人。

第十条 职员不得私营同性质之营业，并不得在外兼任同性质之任务，但有特约者不在此限。

第十一条 职员每日工作须在办事日记上记明，交与各科主任汇齐，由总务处派人收取。

乙 例假及告假

第十二条 凡政府规定放假之纪念日及星期日均休假一天；年假，总务处、编辑所、印刷所五天，发行所三天。

第十三条 职员因事或因病请假，必须填具请假单，经主管所所长或科主任允准，始得离局；如假期届满尚不能销假，应预先续假，否则作旷职论。

第十四条 告假期内薪水照扣，假期在一星期以内者，遇星期例假薪水照给，在一星期以上者不给。

第十五条 总务处、印刷所、发行所职员假期在一日以上者，编辑所职员假期在七日以上者，须将经手之事向主管者接洽清楚，以免搁置。

第十六条 迟到早退于每月底结算，其职工时间满二百四十分者扣薪半日，多则类推；不满二百四十分者不扣。

第十七条 职员未经请假手续，无故继续旷职至五日以上或一个月之内，无故旷职十天或告假期内在他公司工作者，均作自愿解约论。

丙 待遇

第十八条 职员薪水每月月底一次致送，凡因婚丧或疾病预支薪水者，其数不得超过一个月，支后匀分四个月扣还。

第十九条 职员膳食由公司供给，宿舍自备。

第二十条 职员遇有本人婚嫁或父母夫妻之丧，本埠给假十天，江苏及武汉、浔、皖、芜、杭、嘉、湖、宁、绍二十天，远地三十天，薪水照给。

第二十一条 职员病假（花柳病除外）有相当证明者，照给半薪，但以一个月为限。

第二十二条 公司对于职员每月给予升工薪水四天，按到局之日起算，告假并计满一星期者，扣除升工一天，但有特约之职员不在此例。

第二十三条 公司每年营业如有余利，结账后得酌给花红，除因过失被解雇或自行辞职者外，得给其在职时应得之分。

第二十四条 公司裁减人员由公司于事前依左列之规定预告之，或照给预告时期之薪水：

一、在公司继续工作三个月以上未满一年者，于十日前预告之；

二、在公司继续工作一年以上未满三年者，于二十日前预告之；

三、在公司继续工作三年以上者，于三十日前预告之。

丁 附则

第二十五条 本规则所称之职员，包括练习生在内。

第二十六条 本规则呈请市社会局核准公布施行，修改时亦同。

上海大东书局股份有限公司职员奖惩规则

1947年（民国三十六年）

第一条 本公司各部分职员之奖励或惩戒依本规则之规定。

第二条 本公司职员之奖励分为下列四种：

一、嘉奖；

二、记功；

三、记大功；

四、晋级。

第三条 有左列各项之一者，得嘉奖之：

一、在办事室内恪守规则为众表率者；

二、工作勤奋从无积压者；

三、办事有条不紊成绩优良者；

四、依照规定时间到局办事，继续三个月中无迟到、中缺、早退等事情者；

五、继续在三个月内未请假者。

第四条 有左列各款情事之一者，得记功一次：

一、办事谙练、精熟、完密者；

二、对于本局事务能随时留意使益臻完密者；

三、建议有利于本局事项，经本局采纳施行者；

四、一年内嘉奖满三次者。

第五条 有左列各项款情事之一者，得记大功一次：

一、办理重要事务有特殊成绩者；

二、应付紧急事务悉中机宜者；

三、办事奋勇、不避艰辛、为众倡导者；

四、改进对顾客往来关系有成效者；

五、改进办事程序及方法有成效者；

六、一年中记功满三次者。

第六条 有左列各项情事之一者，得予晋级：

一、有特殊才能而原叙薪级过低者；

二、效忠本局职务时有供献成绩显著者；

三、遇有损害本局之事项，能事先报告，因而得免或减轻者；

四、一年内记大功满三次者；

五、经人事委员会平时考核成绩认为应予晋级者。

第七条 本公司职员之惩戒分为下列四种：

一、警戒；

二、记过；

三、记大过；

四、解雇。

第八条 有左列各款情事之一者，得警戒之：

一、迟到、中缺或早退，一星期中满三次者；

二、未经请假或续假，任意旷职未满一日者；

三、在工作时间嬉笑、瞌睡，或任意离开职守者；

四、玩忽职务者；

五、办事手续有错误者；

六、在办事室内不守纪律，或作无意识行动，有碍公共秩序卫生者；

七、毁坏或遗失货物，价值未满五元者。

第九条 有左列各款情事之一者，得记过一次：

一、未经请假或续假，任意旷职满一日者；

二、办事不按程序，贻误要公者；

三、账目含混者；

四、遗失各项文件单据，出于玩忽者；

五、对顾客态度傲慢、怠忽者；

六、在工作时间饮酒，或作不正当行动，妨碍他人工作者；

七、毁坏或遗失货物，价值在五元以上十元以下者；

八、年中警戒满三次者。

第十条 有左列各款情事之一者，得记大过一次：

一、不服指导或管理者；

二、公然侮辱他人，或挑衅、吵闹、播弄是非者；

三、酗酒滋事者；

四、殴人尚未成伤者；

五、怠慢顾客出言不逊，情节较重，妨碍本局名誉或营业者；

六、未经请假或续假，擅自旷职继续满三日者；

七、毁坏货物，价在十元以上者。

第十一条 有左列各款情事之一者，得随时解雇之：

一、办事确无能力者；

二、因病丧失工作能力至三个月以上者，但因执行职务受伤或残废以致不能工作者，不在此限；

三、因怠惰、疏忽致顾客有受重大损害之虞，影响本局名誉信用者；

四、泄漏本局营业或事务上之机要秘密者；

五、未经本局许可兼营其他事务，有碍本局营业者；

六、营私舞弊，经本局查有实据者；

七、酗酒滋事殴人致伤，或其他不法行为，扰乱安宁秩序者；

八、在工作场所赌博者；

九、未经请假或续假，擅自离职继续满五日者；

十、患花柳病者；

十一、私取公物银钱货物者；

十二、受拘役以上之刑事处分者；

十三、一年内记大过三次或记过九次者。

第十二条 凡职员遇有本规则第三至第六条，或第八至第十一条所列各款以外之情节，经本局人事委员会认为必要时，得其情事之轻重，酌量奖励或惩戒之。

第十三条 主管人员于所属各员受奖惩时，人事委员会得就其监督上管理上之关系，酌量予以奖惩。

第十四条 凡职员因犯第九条第三款，或第十一条第六款及第十一款而受惩戒者，除刑事部分依法办理外，本局如有损害，应责令赔偿，或向保证人追偿。

第十五条 应受惩戒之职员，各该所所长、各科主任得酌其平时办事，请人事委员会酌量减轻。

第十六条 受惩戒处分者，遇有应受奖励时得抵销之，但受解雇处分者不得以功相抵。

第十七条 应受奖励或惩戒者，除以书面通知本人外，由人事委员会分别登记，以备考绩时并案办理。

第十八条 本规则呈经市社会局核准，由总务处公布施行，修改时亦同。

上海大东书局股份有限公司印刷所工场规则

1933年5月12日（民国二十二年）批准备案

第一章 总则

第一条 凡本所工友均应遵守本规则。

第二条 本所设所长一员，管理所内一切事务。

第三条 工友须服从所长及所长指定之管理人员之指导及监督。

第四条 工友每日应准时到所，打钟片入场工作，至工作完了时离所，无论计时、计件均应遵守，不得藉故迟到、早退。

第五条 各种印件须凭付印签字据照印。

第六条 工友遇有亲友到所探访时，须经管理员之许可方得会晤；不得导入工场，谈话时间不得过十五分钟，女工不得带婴孩入工场。

第七条 工友不得在工作场所吸烟，以免危险。

第八条 工友均宜保持工作场所之卫生及清洁，不得随地涕吐及抛弃杂物。

第九条 凡工友携带物件出外，须经收发处检查放行，以避嫌疑。

第二章 工作契约

第十条 本所与工友订立工作契约时，其契约上证明左列各项：

一、工作性质；

二、工作时间；

三、雇用期限；

四、工资定额。

第十一条 契约期满，如工友品性优良、技能称职，并于契约有效期内未曾受过处分者，准予续约。

第十二条 解除工作契约时，本所得应工友之请求，给予工作证明，书记载左列各事：

一、工友之姓名、年龄、籍贯及住址；

二、工作种类；

三、在本所之工作年数及成绩。

第三章 工作时间

第十三条 日工：每日上午八时至十二时，下午一时至五时半，计共八小时半为一工。

第十四条 半夜工：自下午五时半至八时半，计三小时为半工；全夜工：自下午五时半至十一时，计五小时半为一工。

第十五条 每次放工前五分钟为整理印件，及洗手、穿衣之时间。

第四章 休假

第十六条 凡星期日及政府公布之工厂放假日均休假，工资照给。国定纪念日具有两种意义，或适逢星期日不倍给工资，亦不补行休假。

第五章 工资

第十七条 本所工友均视其技术之程度、工作之状况，酌定工资之多少。工友之膳宿均须自备。

第十八条 本所遇必要时加开夜工或星期工等，其工资半夜工给半日，全夜工给一日，星期工加给一日，每月依照本规则第十九条之支给方法支给之。

第十九条 工资每月分二次支付，上半月于二十日，下半月于次月五日，以上海通用货币支给之。

第二十条 计时工友如有迟到、早退或旷工，按日按时照扣工资。其在十五分钟以上者，照半小时计算；半小时以上者，照一小时计算；余类推。

第二十一条 除第二十三条规定外，请假期限在一星期以内者，遇星期例假工资照给；在一星期以上者不给。

第六章 优待

第二十二条 计时工友全月不请假、不旷工者，每月升工一日。

第二十三条 工友遇有本人婚娶或父母夫妻之丧，本埠给假十天，江苏及武汉、浔、皖、芜、杭、嘉、湖、宁、绍给假二十天，远地三十天，工资照给。

第二十四条 工友遇有婚丧事故急需款项时，得预支工资一个月，分期扣还。

第二十五条 本公司营业如有盈余，经董事会之决议提出若干，由经理按工友所得工资实数比例分配之，并得视服务年数、工作成绩酌量加减。

第七章 保恤

第二十六条 工友因执行职务而致伤病或死亡确有实据者，依工厂法第四十五条办理之；其因而终身残废者，致送十八个月工资之赡养金。

第二十七条 工友患病（花柳病除外）须住本所指定之医院三等病室，费由本所担任（二等病室担任一半），并支半数工资，但均以一个月为度。其非住本所指定之医院者，不得享本条之权利。

第二十八条 工友在本所工作一年以上绝少过失、积劳病故者，致送工资三个月；其有特别功绩者，另由董事会议决抚恤。

第二十九条 女工之产前产后共给假八星期，工资照给。

第八章 请假

第三十条 工友告假，须填具请假单，由管理员转报所长核准，将职务交代清楚，领取准假证后，始得离所；假满应到所销假，逾期须预先续假，否则作旷工论；其因病请假者得托人代行之。

第三十一条 工友因事请假，在一星期以上者，须由本人妥觅替工，经管理员之许可入所暂代；但值本所工作紧急认为不得离职者，得不准其告假及觅代，但婚丧疾病不在此限。

第九章 罚则

第三十二条 工友告假期内在他厂工作者，以违约解雇论，不给工作证明书。

第三十三条 工友在工作契约期限内自愿解雇者，不给工作证明书，但有正当理由者不在此限。

第三十四条 工友确因自身不规则行为（如沾染花柳病、与人闹殴等事），或系重大疏忽以致丧失或减少劳动能力时，无论自行告退或被解雇，均不得享受本规则第二十六条至第二十八条所规定之待遇。

第三十五条 本所遇工作紧要加开夜工时，工友经管理员之指派，须准时到所工作。

第三十六条 工友有左列行为之一者，得由所长或管理员警戒之，其违犯三次者记过一次：

一、在工作时间嬉笑、瞌睡者；

二、懒惰及疏忽工作者；

三、在工场内吸烟者；

四、毁坏原料物件，价值不满五角者。

第三十七条 工友有左列行为之一者，记过一次：

一、在工作时间内饮酒者；

二、未经请假旷工满一日者。

第三十八条 工友有左列行为之一者，记大过：

一、不服指导及管理者；

二、无故殴人未曾致伤者；

三、酗酒滋事者；

四、在工作时间内利用本所原料，私做物件者；

五、未经请假，旷工继续满二日者；

六、男女工友行为不检致妨害工作，或有伤风化者；

七、毁坏原料物件，其价值在五角以上、不满三元者；

八、毁坏本所名誉或营业，查有实据者。

第三十九条 工友有左列行为之一者，得由所长分别处分之：

一、因工作疏忽致出品低劣，本所因而受损失者，得酌减其工资；

二、印件印出后，与校对之签字据有异者或错误者，得责令赔偿纸价；

三、任意毁坏物件、损害原料，其价值在三元以上者，得责令赔偿；

四、殴人致微伤者，除记大过外，得责令赔偿医药费。

第四十条 工友有左列行为之一，查有实据者，得解雇之；

一、殴人致重伤者；

二、偷窃所内一切公私物件者；

三、患花柳病者；

四、吸食鸦片烟者；

五、在工作时间内赌博者；

六、一年内记过九次，或大过三次者；

七、聚众扰乱工作者；

八、受刑事处分者；

九、侮辱职员者；

十、丧失工作能力至三个月以上者，但如因执行职务而致残废，被解雇时其待遇照本规则第二十六条之规定办理之。

第十章 附则

第四十一条 本规则如有与继续颁布之劳工法令抵触时，抵触部分无效；其有未经规定者，概遵现行劳工法令办理。

第四十二条 本规则呈请市社会局核准公布施行，如有变更时亦同。

开明书店

开明书店始业宣言

1936年8月1日（民国二十五年）刊发

书籍是现代人类精神的食粮。除了低等异族外，现代人的日常生活中，书报出版物必须有多量的供给，而负有此种供给的责任的，便是出版家，便是书店。

书店的营业，从一方面说，当然是商业本位的，其唯一的目的，在于图利。但从他方面说，书店的性质，却又和杂货铺、绸缎铺、珠宝铺不同，它所贩卖的是精神的物品，它是文化的媒介。所以书店的经营者，决不能专顾物质的利益，而忘却精神的价值；他除了一般应守的商业道德外，更负有文化的责任。

但是现在国内出版界却正在混乱状态中，资本雄厚的书肆大多只以营利为目的，出版书物既不经严格的选择，又缺乏改进的计划，对于著作家和读者，都不负相当的责任。至于下等的市侩，专以广告骗钱，连商业道德都谈不到，自然更不必说文化二字了。这种混乱的现象，虽出于批评界不尽力督责，教育不普及，大多读者易于受欺的缘故，但是我们自身——出版事业的经营者——能逃避这个重大的责任吗？

开明书店创立的基础，是很薄弱的，我们不敢说有什么伟大的理想，不敢说对于出版界将有什么重要的贡献。但是我们承认我们所负文化责任的重大，我们觉得出版事业，如单以营利为目的，那便是出版事业的自杀，因此在开明书店开始营业以前，我们取十二分的忠诚，向全国著作界、批评界、读者、社会作以下的告白：

（一）我们对于出版书籍的选择，常取慎重态度，不单以营业利益为标准。非比较有价值的读物，决不随意发刊。我们的审别不免有疏漏的时候，希望批评界与一般读者，加以严格的指摘。内容形式如有缺点，或再版改正，或毁板停售。总之我们宁愿牺牲营业的利益，而不愿对于一般读者存丝毫的欺骗。

（二）我们不愿专做投机的出版事业。我们出版书籍，打算确定计划，按序进行。在最近时期内，我们准备刊行ABC丛书，介绍各科的常识，以后当再逐步规划，编译各科的专门著述。

（三）开明书店愿为国内各著名学术机关代尽传播学术之责。现在已经接洽，归我们发行的，有立达学会的《一般》杂志，北京大学研究所的《国学门周刊》，妇女问题研究会的《新女性》杂志，妇女问题丛书，文学研究会的文学周报社丛书，狂飙社的狂飙丛书。

（四）我们对于著作界愿采取合作的精神。我们虽为资本所限，书稿酬报不能十分丰厚，但至少当使作者得较优的利益，并处处为著作家谋最大的便利。

（五）书籍的形式，在我国最不讲究。以后我们当对于排印法、装订法、封面图案都特别注意，使书本的内容与形式，都能相称。这样方对得起读者和著者。

（六）为求普及起见，我们的书籍，定价又都力求低廉。而且打破向来习惯讨价还价的恶习，一切的书报，概定为实价，不再加折扣。

在目前纷乱的时代，出版事业，不免受着多方面的打击。而我国教育停滞，民智幼稚，书店事业自然更不易有发展的机会。开明书店不过是少数私人的集合，财力与人力的准备都不十分充足，比之于大资本、老牌子的书肆来，真是瞠乎其后。所以我们对于营业的前途，竟可以说全无把握。但是我们既已认定出版业在文化生活中所负使命的重大，也就顾不得一切的利害得失。"非以役人，乃役于人"这是我们所确定的目标。希望国内的著作界、批评界以及一切读者，都能加以谅解。凡是一切友善的指导与扶助，我们十分愿意领受。

上海开明书店通信购书办法

1928年（民国十七年）

采购手续

（一）姓名、住址务用墨笔楷书，切勿潦草、涂改住址，亦请记明省、县、城、镇、村、市、街道、里巷、门牌店号，并寄运方法愈详愈妙，国外请注中文及外国文。

（二）前后来信务请只用一名，切勿改字易名，如地址更改尤须详细前后地址，以免有同姓同名之舛误。

（三）本店每次发货时发票或定单之外均另开结账清单，如有查询或存款续购，均请示明清单号码或将原单寄还，以免迟误。

（四）本店月日均用阳历，来信最好阴阳历并用，以便稽查。

（五）书名、部数、定价，务请详告，如非本店出版物，尤须指明出版家及代售处字号，以便代办。

注意邮章

（一）邮章除印刷品及贸易契外，凡以墨笔及打字机缮写者，概须照普通信件贴足邮票，欠资信件本店不收。

（二）信件尤不宜夹入印刷品中寄，否则经邮局查出，亦作欠资或不予寄递。

（三）凡有汇票、邮票之信须用厚纸固封，能用火漆封品尤好，如交邮局邮递最好挂号，较为稳妥，此外，请向邮局购邮政章程查阅办理。

免除寄费

（一）本店为优待外埠顾客起见，凡在国内普通省区采购本店出版物，均可免纳邮资。但须挂号寄递大约货价三元以下者，另加挂号费五分；三元以上至六元者加一角六；六元以上者，类推。但下列各项不在此例：

（甲）本埠顾客或不愿邮寄者；

（乙）外埠顾客以优待券购书者；

（丙）购外版书者（如同时购本版书，则将外版书之邮费另算）；

（丁）购信笺信封者（按：信笺、稿纸、信封等照邮章不能作印刷品，须按包裹货物寄递，每包至少邮费二角）；

（戊）不挂号邮件如有遗失，本店不负责任。

代办书报

（一）凡购本店经售各家出版书报，或沪地各出版家之书及及预定书报，均可代为承办，请详开书名等（参阅第一项第五条），一并将书价寄下，另加寄费一成。

（二）外版书报如因开列不明，致有误购者，恕不退换。

（三）不正当书报或禁书，概不代办，否则倘本店不及检查，寄发致被中途扣留没收者，不负责任。

（四）代定书报，本店不负迫索定书之责。

（五）索阅沪地各出版家书目，须另附邮费，空函恕不答复。

汇款方法

（一）汇款请购邮局汇票，或托信局、银行、钱庄等亦可。

（二）汇票中须注明开明书店字样，以免他人冒领。

邮票代用

（一）邮局不通汇兑之处，得以邮票代钱，但邮票作九五折，即邮票一元作银九角五分。

（二）邮票以二角者为限，二角以上之邮票不收。

（三）邮票有污损者不收。

（四）邮票须衬蜡纸，如无蜡纸致不能揭开者不收。

（五）新疆及外国邮票及各省有限于本省通用之邮票不收，印花税票不收。

（六）邮票必须向邮局购买，局外兜售时有假冒之弊。

存欠办法

（一）购书人寄来书款苟有多余时，得暂存本店归入下次购书时并算（但得预先声明同时退还原购书人）。

（二）苟有不敷时，于本书物收到之日请即如数补下。

附则

（一）邮局押汇；至少须先寄货价二成。

（二）寄递钞票须用邮局保险信封并纳保险费，否则邮局禁止寄递（以上二项详细办法请向本地邮局查询）。

（三）无论何物，除书有缺页者外，寄出概不退换。

（开明书店《开明》第一卷第一期，1928年7月）

开明书店股份有限公司组织大纲

1934年4月15日（民国二十三年）董事会通过

第一条　本公司于经协理下设编译、营业处、总务处，并设经理室及经济、人事、审核三委员会分别掌管全公司之业务与事务。

第二条　编译所掌理编译事宜，统辖编纂、校对两部及中学生杂志社、开明函授学校、开明图书馆，并由所主任从各机关选聘编审委员别组编审委员会。

第三条　营业处掌理营业及推广事宜，统辖分店、推广、发货、进货四部及上海总店暨各分支店。

第四条　总务处掌理不属编译所、营业处之事宜，统辖会计、出纳、出版、供应、栈务五部。

第五条　经理室职掌全公司机要事务及文牍、收发、保管、统计、庶务及股务事项，分设各课主持之。

第六条　经济委员会掌全公司经济之规划、支配事项。委员人数另定之。

第七条　人事委员会掌全公司职工之进退、奖惩及福利事项，辖人事、考工、舍务三科。委员人数另定之。

第八条　审核委员会掌账务货物之检查事项，统辖核账、核货两科。委员人数另定之。

第九条　本公司为推进业务起见，特组业务会议。其章程另定之。

第十条　各处所各设主任室。分掌各该处所之文牍、收发、庶务等事项。

第十一条　各处所置处所主任一人，各部置部主任一人，各课置课主任一人，各科置科主任一人。

第十二条　经理室置秘书若干人，分办本室及各处所主任室之秘书事务，并分任经济、人事、审核三委员会之书记，由首席秘书总其成。

第十三条　办事职员无定额，视各处所部课事务之繁简酌定之。

第十四条　各机关办事规程由经理室另定之。

第十五条　本大纲经董事会议决施行。如有增删修改，应提请董事会议决之。

开明书店组织系统表

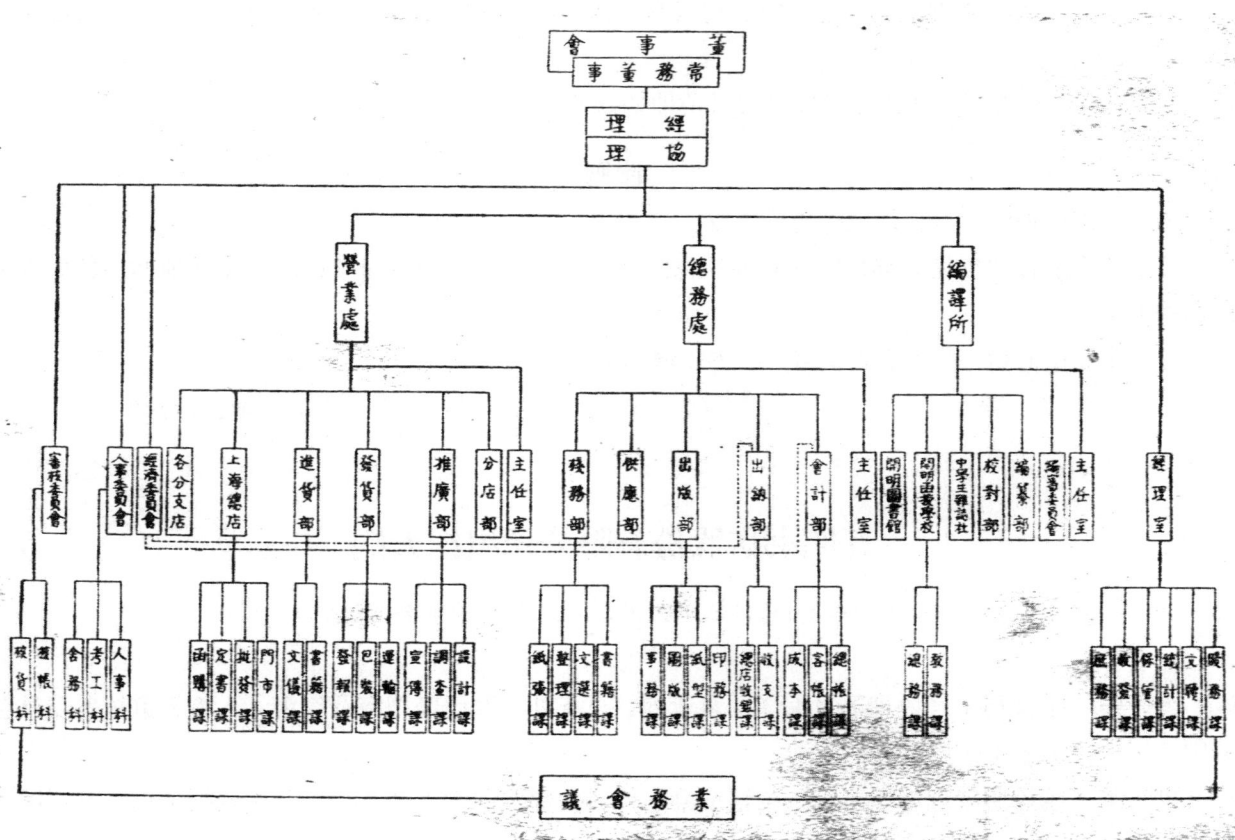

经理暂行办事规程

1934年5月1日（民国二十三年）公布

第一章　组织

第一条　经理室依照本公司组织大纲第五条之规定，职掌全公司机要事务及文牍、收发、保管、统计、庶务及股务等事项。

第二条　经理室依照本公司组织大纲第十二条之规定，暂置秘书七人。由经理指定一人为首席秘书，主办本室一切事务；其余六人分办各处所主任室之秘书事务，并分任经济、人事、审核三委员会之书记。

第三条　经理室分设下列各课办理各项日常事务：（1）股务课；（2）文牍课；（3）统计课；（4）保管课；（5）收发课；（6）庶务课。

第四条　分课设课主任一人，承首席秘书之指导，办理各本课事务各课员无定额，视事务之繁简定之。

第五条　分办各处所主任室秘书事务之秘书，及分任经济、人事、审核三委员会书记之秘书，应各定期将所办事务汇报经理室。

第六条　为谋全公司事务上之统一及联络起见，经理室秘书应定期举行联席会议，以首席秘书为召集人，其会议规则另定之。

第二章　职掌

第七条　经理室秘书职掌如左：

一、审拟重要或机密之文件；

二、审拟各种契约及其他有关法律之文件；

三、审拟各项章程规则；

四、典守公司及本室之印章；

五、审定制发各处所各部份及各分支店所有各项图章戳记；

六、处理以公司名义或经理室名义对外对内签发之文件；

七、审定制发各处所各部份及各分支店所有簿册单据等多项自用印刷品；

八、编印通信录；

九、复阅各处所各部份对外所发文件之底稿或副稿；

十、处理以经理名义签收、签付款项之各项单据；

十一、审核捐款及关于捐税事项；

十二、办理总分支店注册事项；

十三、办理出版物之送审及注册事项；

十四、办理陈诉及诉讼事项；

十五、办理特别交际事项；

十六、设计并指导建筑及其他工程事项；

十七、办理生财货物等保险事项；

十八、经协理委办之其他事项。

以上各项职务，由经理指定各秘书分别主持，由首席秘书总其成。

第八条 首席秘书受经理之委托综核全公司事务之处理。所有经理室、各处所主任室及人事、审核两委员会附设之各科职员，均归节制。

第九条 股务课职掌如左：

一、编制股东名簿；

二、填发股票事项；

三、股票移转、过户、注册及遗失注销事项；

四、股东印鉴存记及遗失或更换事项；

五、关于召集股东会之一切事项；

六、发给股息单事项；

七、关于股东印刷品之寄发；

八、通常股东通信及其他关于股务事项。

第十条 文牍课职掌如左：

一、公司及本室对内对外文件之撰拟及缮发；

二、拆阅公司所辖各部份之信件；

三、译发电报；

四、经理或首席秘书委办之其他文书事项。

第十一条 统计课职掌如左：

一、调集全公司统计材料；

二、编制全公司各项统计图表；

三、经理委办之其他统计事项。

第十二条 保管课职掌如左：

一、各项注册执照及其他文件之保管；

二、各种契据、股据、押据及各种合同契约之保管；

三、单据之保管；

四、各种书信、文件、案卷及章程、规则之保管；

五、各种奖凭、奖章之保管；

六、各部份自用印刷品之发印；

七、发行礼券事项；

八、密码电报书之编掌；

九、其他一切关于保管之事项。

第十三条 收发课职掌如左：

一、签收一切文件；

二、编号分送公司所辖各部份之信件；

三、寄发公司所辖各部份之信件；

四、编造收发信件之统计；

五、其他关于文书处理规则所定之收发事项。

第十四条 庶务课职掌如左：

一、各部份消耗用品之置备及发给；

二、各部份生财器具之置备及保管；

三、关于卫生清洁之事项；

四、因公送礼之购办事项；

五、管理店司；

六、其他一切关于族务之事项。

第三章　办事总则

第十五条　凡各处所各部份及各分支店致公司之信件，送交经理室签收。

凡各处致经协理信件，除写明经协理个人名义应迳送各个人外，其未写明个人名义者，亦送交经理室签收。

第十六条　经理室每日接到各处信件，应由秘书或其指定人员分别折阅。凡属于本室范围内重要事务及与本室有关系之各事务，应送请经理或协理核阅，批明办法，连同原信交还本室。

第十七条　经理室依经理或协理批明办法或口授之事，应先行办稿，送候经理或协理核阅，签字后即行缮发。

第十八条　凡公司对内之文件，以经理室名义行之，加盖经理室图章；其对外之文件，以开明书店股份有限公司名义行之，加盖公司印章。如经理认为应由个人具名者，即于稿内注明，俟缮正后送经理个人签字。

第十九条　经理室经办对内、对外之文书、契约、章程时，均应由首席秘书及主办秘书在原稿上签字。但首席秘书缺席在半日以上时，得由主办秘书签字行之。

股务、统计、收发、庶务各课所办文书，由各该课主任签字行之，但应于次日将副底送首席秘书阅看。

第二十条　各处所各部份依照本公司文书处理试行规则之规定将函件副稿送交经理室时，均由首席秘书阅看。对于认为关系重要者，随时报告经理。

第廿一条　经理室接到之信件，其事务之性质如遇有属于其他部份主管者，应即转送主管部份办理。但认为应用公司名义答复者，仍归本室办理，将副稿送主管部份存查。

第廿二条　各处所各部份及各分支店如须订定或修改各种章程、规则、办事细则等，均应送交经理室审订。

前项章程等之审订，无论由经理交拟或经理室提议，或各部份提出草案均。由本室与原提案人或有关系部份之主管人随时商酌之。所有审订完毕之草案，应由本室送经理核定经签字后，即以本室名义公布之。

第廿三条　各处所各部份及各分支店如须刊制图章戳记，均应备函送交经理室审定式样制发启用。

第廿四条　各处所各部份及各分支店日常应用之各项簿册单据等自用印刷品，均应备函向经理室领取，如有需要必须特印之印刷品，应援照第廿三条手续，酌量办理。

第廿五条　经理室开具收入传票及支款凭单，由经理或经理委托之秘书一人签发之。

第廿六条　各处所各部份发布通告，须先将底稿送经理室，由经理指定之秘书复阅。签字后再行送还各部份，以各该部份名义发布之。

第廿七条　各处所及各委员会之办事规程另定之。

第廿八条　本规程于公布日施行。

编译所暂行办事规程

1934年5月1日（民国二十三年）公布

第一章　组织

第一条　编译所依照本公司组织大纲第二条之规定，掌理本公司编译事宜。

第二条　编译所设主任一人由董事会任免之，主持本所一切事务。

第三条　编译所暂设左列各部份：

一、编纂部；

二、校对部；

三、中学生杂志社；

四、开明函授学校，分设教务、总务二课；

五、开明图书馆。

以上各部份除开明函授学校校长由所主任兼领外，余各置主任一人。

第四条　编译所为处理全所文牍、收发、庶务各事，设主任室，由经理指定之秘书一人商承所主任办理之；依事务之繁简，设助理员若干人。

第五条　编译所为审议出版方针及其相关之事，由所主任从各部份选聘编审委员若干人，组织编审委员会。其规则另定之。

第二章　职掌

第六条　所主任职掌如左：

一、主持本所一切事务；

二、主席编审委员会；

三、拟定出版方针及计划；

四、督察及分配本所各部份人员之工作；

五、处理著作权之购赁；

六、按照决定之计划，委托图书编译人；

七、决定书稿之发排；

八、签付本所各种款项；

九、主持其他关于编译之事项。

第七条　编纂部职掌如左：

一、编译各种图书；

二、审订外来稿件；

三、整理旧出版物及旧稿；

四、办理所主任委托之事件。

第八条　校对部职掌如左：

一、主管书稿之发排；

二、校对图书；

三、查催排字工作；

四、整理并保管排成之清样及书稿。

第九条 中学生杂志社职掌如左：

一、主持本杂志及中学生文艺之编校事务；

二、拟定本杂志之编辑方针；

三、约定本杂志之撰译人及征集外稿；

四、决定外稿之收用或退却；

五、决定本杂志之撰译稿费；

六、撰发本社各种文件；

七、处理其他各项社务。

第十条 开明函授学校校长职掌如左：

一、主持全校事务；

二、订聘各科讲师；

三、决定讲义之编辑方针；

四、决定学员之奖惩事项；

五、分配并督察全校人员之工作。

第十一条 开明函授学校教务课职常如下：

一、主持讲义自习册及学员俱乐部之编辑、审订、发排、校对及发印事项；

二、主管讲师之接洽；

三、主持学员成绩之核阅评改事项；

四、答复学员之质问事项；

五、拟定学员之奖惩事项。

第十二条 开明函授学校总务课职掌如左：

一、主管学员之登记事务；

二、分配学员之讲义自习册及学员俱乐部；

三、答复学员关于事务之询问；

四、向学员催询学费；

五、办理其他关于本校一切事务上之事项。

第十三条 开明图书馆职掌如左：

一、关于图书之典藏及编目；

二、关于图书之征集及采购；

三、关于借书出纳之登记及催取；

四、关于图书之修装及杂志期刊之汇钉；

五、关于日报之分类剪贴及保管；

六、关于其他本馆事务上之事项。

第十四条 编译所主任室职掌如左：

一、办理关于本室之重要或机密文件；

二、典守本所印章及本室各项图章；

三、办理用本所名义或本室名义对内对外签发之各项文件；

四、办理本所各种款项之签收、签付事项；

五、办理关于本所之文书、保管、收发、庶务各事项；

六、拟订关于本所之各种契约；

七、拟订关于本所各部份之各种章程规则；

八、核发本所各部份之自用印刷品；

九、办理关于本所各项会议之事项；

十、办理关于本所各项事务之月计岁会事项；

十一、复阅本所各部份所发文件之副稿，对于认为有重要关系者，随时报告所主任；

十二、查察本所人员办事之状况。

第十五条 编审委员会职掌另定之。

第三章 办事总则

第十六条 本所对内之文件以所主任名义行之，加盖"开明书店编译所主任室"扁方印章；其对外之文件以开明书店编译所名义行之，加盖"开明书店编译所"狭长仿宋字印章（对本所以外之各处所亦同）。如所主任认为应由个人具名者，即于稿内注明，俟缮正后送所主任个人签字。

第十七条 主任室经办对内对外之文书契约章程等，均应由秘书在原稿上签字。其对外之契约由所主任签名，并盖用"开明书店编译所章"长方篆文印章。

第十八条 本所各部份所办函件应将副稿送交主任室，由秘书阅看。对于认为关系重要者随时报告所主任。

第十九条 主任室接到之信件，其事务之性质如遇有属于其他部份主管者，应即转送主管部份办理。但认为应用本所名义答复者，仍归主任室办理，将副稿送主管部份存查。

第二十条 主任室开具支款凭单，概由所主任签发。如所主任缺席时，得委托秘书代签之。

第二十一条 编译所各部份记载单据账册，悉依账务规则办理。

第二十二条 编译所各部份收发文件，悉依文书处理规则办理。

第二十三条 编译所各部份收支款项，悉依款项收支规则办理。

第二十四条 编译所职员对于公司编译计划及工作上之秘密不得稍有泄漏，即答复本公司各部份同人之询问，亦只应以询问人之职务有关者为限。

第四章 附则

第二十五条 编译所各部份办事规则另定之。

第二十六条 本规程由经理室公布施行，修改时亦同。

营业处暂行办事规程

1934年5月1日（民国二十三年）公布

第一章 组织

第一条 营业处依照本公司组织大纲第一条之规定，掌理营业及推广事宜。

第二条 营业处设主任一人，由董事会任免之，主持本处一切事务。

第三条 营业处暂设下列四部：

一、分店部；

二、推广部；

三、发货部；

四、进货部。

各部设主任一人，处理本部一切事务，并得设副主任一人协助之。各部按事之性质分设若干课，各课设主任一人，处理本课一切事务。各课办事员无定额，视事务之繁简定之。

第四条 营业处统辖上海总店及各分支店。上海总店置主任一人，主持上海总店之营业，并得置副主任一人或二人协助之。分支店各置经理一人，处理各该分支店之业务与事务，并得设协理一人或二人协助之。

上海总店及各分支店之下均得视事务之繁简分设若干课，各课各置课主任一人，处理各本课一切事务。

第五条 营业处为处理全处文牍、收发、保管、庶务各事，设主任室，由经理指定之秘书一人，商承处主任办理之，依事务之繁简设办事员若干人。

第二章　职掌

第六条 处主任职掌如左：

一、规画全公司之营业，并督促其进行；

二、审核本处各部及上海总店各分支店关于营业上之建议；

三、督察及分配本处各部份人员之工作；

四、签付本处各种款项；

五、主持其他关于营业之事项。

第七条 分店部职掌如左：

一、督察分支店业务与事务之进行；

二、处理分支店之配货事项；

三、复核分支店之账目；

四、办理分支店与本处及经理室往来接洽之事件；

五、筹拟分支店之设立与裁撤；

六、处理其他关于分支店之事项。

第八条 推广部之职掌如下：

一、本公司各种货品推销之设计；

二、调查本公司各项营业报告，筹拟改进之计划；

三、调查与本公司营业有关系之事项；

四、主持本公司营业上一切宣传事项；

五、办理关于本公司出版物外来刊登广告事项；

六、处理其他关于营业之推广事项。

第九条 发货部之职业如下：

一、本公司各种货品寄发、运输之设计与处理；

二、办理本公司各种货品之配发事项；

三、办理本公司各种货品之包装事项；

四、办理本公司定期刊物及预定图书之寄发事项；

五、处理其他关于发货之事项。

第十条 进货部之职掌如左：

一、主办外版图书及定期刊物之寄售事项；

二、进购备销之文具、仪器等货品；

三、处理上海总店各项经售货品之契约事务；

四、代办各分支店及上海总店批发客户委托之进货事务；

五、处理其他关于进购备销货品之事项。

第三章 办事总则

第十一条 本公司营业及推广事宜，悉由营业处主任总其成；但关于营业方针及方策之决定或变更，应与经理协商之。

第十二条 本公司关于营业之契约，概由营业处主任签名，并盖用"开明书店营业处章"长方篆文印章。

第十三条 营业处对外之文件，概以开明书店营业处名义行之，加盖"开明书店营业处"狭长仿宋字印章。如营业处主任认为应由个人具名者，不在此限。

第十四条 营业处于必要时得举行处务会议，由营业处主任召前项处务会议，以营业处各部课主任组织之，营业处主任为当然主席。遇必要时得由主席指定其他职员到席。

第十五条 营业处派员赴各分支店稽查或考察时，须经经理核准，以经理名义委任之。

第十六条 各分支店经理每年应各向经理及营业处主任面洽业务一次。

第十七条 营业处各部份记载单据账册，悉照账务规划办理。

第十八条 营业处各部份收发文件，悉照文书处理规则办理。

第十九条 营业处各部份收支款项，悉照款项收支规则办理。

第二十条 营业处职员对于公司营业上之秘密不得稍有泄漏，即答复本公司各部份同人之询问，亦只应以询问人之职务有关者为限。

第四章 附则

第二十一条 营业处各部份办事细则另定之。

第二十二条 各分支店章程另定之。

第二十三条 本规程由经理室公布施行，修改时亦同。

总务处暂行办事规程

1934年5月1日（民国二十三年）公布

第一章 组织

第一条 总务处依照本公司组织大纲第四条之规定，掌理不属编译所、营业处之事宜。

第二条 总务处设主任一人，由董事会任免之，主持本处一切事务。

第三条 总务处暂设左列各部：

一、会计部；

二、出纳部；

三、出版部；

四、供应部；

五、栈务部。

各部设主任一人，处理本部一切事务，并得设副主任一人协助之。各部按事之性质分设若干课，各课设主任一人，处理本课一切事务。各课办事员无定额，视事务之繁简定之。

第四条 本处主任得兼任部主任之事，主任得兼任课主任之事，课主任得以一人兼任两课以上之事。

第五条 总务处为处理全处文牍、收发、保管、庶务各事，设主任室，由经理指定之秘书一人，商承处主任办理之。依事务之繁简，设办事员若干人。

第二章　职掌

第六条 处主任之职掌如左：

一、主持本处一切事务；

二、筹拟原料品之采办计划；

三、签订订购原料契约；

四、审拟货物之供给调剂事项；

五、审核本处各部之报告及建议事项；

六、关于本处各部应行兴革之提议；

七、考核本处各部人员办事之状况，并督促其进行；

八、处理经理交办事项；

九、处理编译所、营业处托办事项；

十、主管其他不属于经理室编译所营业处之事项。

第七条 会计部之职掌如左：

一、总公司各种账务之记载与结算；

二、总公司各种账单之抄发；

三、本公司结算报告之编制；

四、外来账单之核对；

五、本公司货物成本之计算；

六、本部使用账册单据之保管；

七、筹拟改善记账方法之计划；

八、其他关于会计之事项。

第八条 出纳部之职掌如左：

一、本公司库存银钱要据之保管；

二、关于本公司一切收付款事项；

三、库存日报之造具；

四、市面金融之调查；

五、门市课之收款与结算；

六、其他关于款项之收付事项。

第九条 出版部之职掌如左：

一、筹拟出版物供给之计划；

二、主管出版物之发排、发印、发钉事项；

三、主管图版纸型之发制事项；

四、办理图版纸型及其附属品之收发保管事项；

五、办理出版之预算、特价、再版、绝版事项；

六、查催各制造者对于工作之进行；

七、代办编译所委托之事务；

八、代办本公司自用印件之事务；

九、主管其他关于出版事项。

第十条 供应部之职掌如左：

一、办理原料品之订购事项；

二、工料货物市价之调查；

三、外币市价之调查；

四、工料账单之结算事项；

五、办理外币购买事项；

六、关于货物供应状况之报告；

七、关于本公司其他物品委托采办事项。

第十一条 栈务部之职掌如左：

一、总公司出版物之收发与保管；

二、纸张及未了品之收发与保管；

三、损污货物之修整；

四、货物出纳账册之记载与保管；

五、管理货栈内之安全事项；

六、活叶文选之排钉及发装；

七、货物出纳状况之报告；

八、关于其他货物之收发与保管。

第三章　办事总则

第十二条 本公司会计上之变更，货物品质存数标准之决定，得由总务处主任与经理协商规定之。

第十三条 本公司出版物定价及发售方法之决定，由出版会议处理其规则另定之。

第十四条 本公司订购原料物品，签订契约，概由总务处主任签名并盖用"开明书店总务处章"长方篆文印章。

第十五条 总务处对外之文件，概以开明书店总务处名义行之，盖用"开明书店总务处"狭长仿宋字印章，对内文件概用"开明书店总务处主任室"扁方印章。

第十六条 总务处所属之会计部、供应部对外发出信件，概由该部主任核阅，盖用该部图章。但总务处主任认为关系重要者，得由该部拟稿，送经本处主任核准后，再行缮发。其他所属各部对外信件，概由本处主任室办理。

第十七条 总务处各部份记载各项单据账册，悉依账务规则办理。

第十八条 总务处各部份收发文件，悉依文书处理规则办理。

第十九条 总务处各部份收支款项，悉依款项收支规则办理。

第二十条 本公司账务及出版上之秘密关系重要，本处所属职员对于任何方面询问，应以询问人之职务有关者为限，此外不得稍有泄漏。

第四章　附则

第廿一条 总务处各部份办事规则另定之。

第廿二条 本规程由经理室公布施行，修改时亦同。

经济委员会试行章程

1934年3月21日（民国二十三年）公布

一、本会依照本公司组织系统组织，专任公司经济之规划支配事件。

二、本会设主席一人，委员若干人，以经理为当然主席，其他委员由经理就本公司董事监察人或职员中聘任之。

三、委员任期一年，连聘者得连任。

四、本会主席及委员均为义务职。但非本公司职员之委员，得酌送夫马费。

五、本会设书记一人，助理员若干人，由经理另行聘任，专司召集会议、记录、通告及处理本会日常事务。

六、本会每月开常会一次。遇有重要事务，得由主席或委员三人以上之提议，召集临时会。

七、本会会议时，得请有关系部份之主任列席。

八、本章程自公布日施行。

人事委员会试行章程

1934年3月21日（民国二十五年）公布

一、本会依照本公司组织系统组织，专任审核全公司同人（各部主任以上人员除外）之进退、奖惩及福利等事。

二、本会以经理为当然主席，下设书记一人，委员七人。除协理及各处所主任为当然委员外，书记及其他委员概由经理就本公司职员聘任，并得随时更调之。

三、本会除主席及当然委员外，其姓名概不公开。

四、本会附设人事、考工、舍务三科，由经理另聘职员若干人，处理日常事务。

五、木会接受关于全公司同人进退、奖惩及福利之提案，由经理审阅后，交书记分别提交各委员审查考核，限期汇集意见，由书记制成报告书，送请经理核定后执行之。但事关急要者，得由书记或人事科迳请经理核定后执行，再通知各委员。

六、本会汇集各委员意见纳成决议后，即由本会全体委员负责，个人意见对外概不发表。

七、本会办事规则另定之。

八、本章程自公布日施行。

人事委员会试行办事规则

1934年5月1日（民国二十三年）公布

一、本会除书记外，附设人事、考工、舍务三科处理日常事务。

二、书记之职掌如左：

（1）接受本会委员之人事提案；

（2）接受全公司同人之人事陈述，并作记录；

（3）分配提案于各委员征集意见；

（4）整理各委员意见，报告主席；

（5）办理订立进用职工契约之手续；

（6）发布并保管关于人事之各种契约文件；

（7）登记同人奖惩事务，并通知本人。

三、人事科之职掌如左：

（1）执行本会决议事件；

（2）办理同人薪给等之计算及分发事务；

（3）登记同人加班、请假、旷工等事务；

（4）办理同人津贴、抚恤补助等事务。

四、考工科之职掌如左：

（1）考查各机关经办事件有无积压及职工应付顾客有无轻慢情事，据实报告本会主席；

（2）考查职工办事成绩之优劣勤惰，据实报告本会主席；

（3）考查职工能否遵守本公司发布之章程、规则、通告，据实报告本会主席；

（4）考查职工之保证人、保证金、押柜金等是否适当；

（5）考查全公司之安全、卫生设备是否完备。

五、舍务科之职掌如左：

（1）指定寄宿同人之铺位及安放器物位置；

（2）逐日记录寄宿同人在外就宿之事由及考查其是否实在；

（3）考查同人有无违犯宿舍规则；

（4）注意宿舍之安全卫生状况；

（5）处理夜间临时发生之紧急事故。

六、各科主任及职员，逐日将处理事务记录于各种簿册，每星期送请主席查阅。

七、本规则自公布日施行。

审核委员会试行章程

1934年3月21日（民国二十三年）公布

一、本会依照本公司组织系统组织，专任全公司账据审核及银钱、货物等检查事项。

二、本会设主席一人，委员若干人，以经理为当然主席，其他委员由经理聘任之。

三、本会设书记一人，由经理聘任之，专司收发、保管本会文件及召集会议、记录、通告等事。

四、本会附设核账、核货两科，由经理另聘职员处理之。

五、本会每月开常会一次，遇有重要事务得由主席或委员三人以上之提议，召集临时会。

六、本会办事规则另定之。

七、本章程自公布日施行。

业务会议章程

1933年10月14日（民国二十二年）董事会通过

第一条　本会议定名为开明书店业务会议，讨论关于本店对内、对外业务上各种应行建设改进事务。

第二条　本会议以经协理、各处所主任、各处所部主任、科主任社、主任等组织之。

第三条　本会议以经理为主席，经理缺席时，由协理或各处所主任代理之。

第四条　本会议设书记一人，由经理聘任之，专司关于召集会议、记录议事录、通告决议案等事务。

第五条　本会议议事，除关于经协理及各处所主任之职权者须归核办外，依多数取决之，可否同数时取决于主席。

第六条　本会议议决事项，由经协理及各处所主任执行之，各主管人员应将施行状况随时报告于本会议。

第七条　本会议每月召集常会一次，并得由经协理各处所主任或会员三人以上之提议，召集临时会。

第八条　本章程经董事会通过后施行。

业务会议议事规则

1933年12月10日（民国二十二年）第二次业务会议通过

第一条　本会议照章每月举行常会一次，开会日期规定为每月第一星期日，开会时间规定为三小时（上午九时至十一时）。临时会日期不定，时间定为二小时。

第二条　每逢开会，会员均应准时出席。因故不能出席者，须先期提出缺席理由书，由书记于开会时提出报告。

第三条　会议有需要时，得由书记先期通知有关系之职员列席，但无议决权。

第四条　本公司其他职员，经主席之认可，得列席旁听，但无发言权。

第五条 本会议应议事件由书记编列议程，其次序如左：

甲、报告事件；

乙、董事会及经协理、各处所主任交议事件；

丙、会员提议事件；

丁、临时动议。

第六条 遇有紧要事件未列入议程，或列入而顺序在后必须速议者，由主席提起或会员动议，得以多数通过变更之。

第七条 议事未毕已届散会时间，得由主席酌量宣告延长，或留待下次讨论。

第八条 会员提案应说明理由，拟具办法，于开会前二日交由书记编入议程。

第九条 会员临时动议，须有人附议，始得作为议题。

第十条 讨论时发言，须遵守普通议事秩序。

第十一条 重大之议案一时不易解决者，得由主席指定委员审议，于下次开会时报告审议结果而讨论之。

第十二条 本会议表决议案，通常适用举手表决法。主席认为必要或经会员五人以上之要求时，得行其他较慎重之表决法。

第十三条 会议时由书记担任纪录，其议事录应记载左列事项：

甲、开会日期、时间；

乙、出席人名、列席人名及旁听人名；

丙、报告事件；

丁、决议事件。

第十四条 议事录须经主席签名盖章，散会后印发各出席人查照，但事关秘密者从略。

第十五条 本规则自议决之日施行。

第十六条 本规划之修改，由主席提起成会员三人以上之动议，经多数通过行之。

编译所编审委员会组织大纲

第一条 本会由编译所主任及其所聘委员组织之。

第二条 本会任务为规划或审议出版方针与编译方案及其相关各事项。

第三条 本会每月开编审会议常会一次，有必要时得开临时会。

第四条 本会以编译所主任为主席，但开会时主席因故不能出席时，得指定代理人。

第五条 本会设书记一人，由编译所主任室秘书兼任之，掌理关于召集会议、编制议程及记录议案等事宜。

第六条 本会为职任专属及适应需要起见，暂就各委员指定为左列各组：

甲、小学书组；

乙、中学书组；

丙、一般书组；

丁、活叶文选组；

戊、函授讲义组。

各组均由主席指派一人为主任，分别主管各该组事务，并负责召集本组会议。

第七条　本会开会时，遇有关系其它各处所事宜须连带讨论者，得请各该处所主任亲自列席或指派负责人员列席会议，但无表决权。

第八条　本大纲经业务会议通过后施行。

编译所编审会议议事规则

第一条　本会议依据编译所编审委员会组织大纲之规定，每月开常会一次，于每月二十二日下午三时至五时举行之。临时会不定期。

第二条　每届开会，本会议全体委员均应准时出席。其因故不能出席者，须先期用书面通知本会议书记，待开会时提出报告缺席之理由。

第三条　本会议应议事件，由书记编列议程其序次如左：

甲、报告事件；

乙、经协理、编译所主任及业务会议交议事件；

丙、委员提议事件；

丁、临时动议。

第四条　遇有急要事件未列入议程，或列入而顺序在后必须速议时，得由主席提起或其它出席委员动议，以多数通过变更之。

第五条　议事未毕已届散会时间时，得由主席酌量宣告延长，或留待下届开会时再议。

第六条　委员提案应说明理由，拟具办法，于开会前二日交由书记编入议程。

第七条　出席委员之临时动议，须有人附议，始得成立议题。

第八条　讨论时发言须遵守普通议事秩序。

第九条　本会议表决议案适用举手表决法。

第十条　关于重大之议案一时未易解决者，得由主席指交各该主管组或另组委员会详审妥议，于下届开会时将审议结果提出报告，再付讨论。

第十一条　会议时由书记担任记录，其议事录应记载下列事项：

甲、开会日期及时间；

乙、出席及列席人名；

丙、报告事件；

丁、决议事件。

其议事录须经主席签名盖章，由书记录案，通知各委员查照，并知会经理室及其他各处所备查，事关秘密者从略。

第十二条　本规则自议决之日施行。

营业会议章程

1934年5月28日（民国二十三年）公布

第一条 本会议定名为开明书店营业会议，讨论本公司营业方策之因革，及关于营业及推广应行建设改进之事务。

第二条 本会议以经协理、营业处主任及营业处各部主任、上海总店主任、各分店经理组织之。

第三条 本会议以经理为主席，经理缺席时，由协理或营业处主任代理之。

第四条 本会议开会时，如有必要，得由经理通知营业处之各课主任及本公司其他处所各级主任列席，但无议决权。

第五条 本会议设书记处，由经理室指定经理室秘书三人组织之，办理会议之筹办及编列议程、纪录议事录、通告决议案等事务。

第六条 本会议每年举行一次，由经理召集之。

第七条 本章程由经理室公布施行，修改时亦同。

出版会议试行章程

1934年5月1日（民国二十三年）公布

一、本会专议关于书籍出版上各项问题（如纸张、印数、定价、重版以及发售预约及特价等）之决定事宜。

二、本会设主席一人，委员七人，以经理为当然主席，编译、总务、营业三处所主任及出版、编纂、校对、推广四部主任为当然委员。

三、本会设书记一人，由出版部主任兼任之，专司收发、保管本会一切文件，及召集会议、纪录、通告等事。

四、本会每两星期开会一次，遇有重要事务，得由书记临时召集。

五、本章程由经理室订定，自公布之日施行。

分店暂行办事规则

1934年6月1日（民国二十三年）

第一章　组织

第一条 本公司于上海总店外设立之营业机关均称分店。分店之设立或裁撤，由经协理或营业处主任提议于董事会决定之。

第二条 分店依照本公司组织系统，由营业处管辖之。

第三条 分店设经理一人，并得视事务之繁简设协理一人或二人，协助经理处理店务。

第四条 分店设左列各股：

一、主计股；

二、事务股；

三、货务股；

四、营业股。

第五条 各股设主任一人，处理本股一切事务。并得设副主任一人，协助主任处理一切事务。各股股员无定额，视事务之繁简定之。

第六条 分店经协理得兼任股主任之事，各股股员得以一人兼办两股之事。

第七条 分店经协理及主计股主任之进退移调，由营业处商承本公司经理决定之。其他各股主任之进退移调，由分店经理报请营业处核定之。各职员及学生店司之进退，由分店经理核定后报告营业处转送人事科。

第八条 主计股主管银钱出纳人员，除依照本公司规则觅具妥保外，并须照章缴纳押据金。

第二章　职掌

第九条 分店经理之职掌如左：

一、筹拟营业计划及督促其进行；

二、办理分店营业上契约之签订；

三、支配全店职员工作并考核其勤惰；

四、审核各股职员关于营业上之建议；

五、处理关于银钱、账目、货物之审核事项；

六、办理总公司之委托事项；

七、主持全店其他对内、对外一切事项。

第十条 主计股之职掌如左：

一、关于银钱出纳事项；

二、账务之记载及核对事项；

三、款项及货物之检查、审核事项；

四、预算之编制事项；

五、统计之造报事项；

六、付款之开单事项；

七、欠款之催索事项；

八、其他关于会计之事项。

第十一条 事务股之职掌如左：

一、关于文书之撰拟及收发事项；

二、关于人事事项；

三、关于保管事项；

四、关于货物生财之保险事项；

五、关于其他庶务事项。

第十二条 货务股之职掌如左：

一、关于进货、添货事项；

二、关于发货及运输事项；

三、关于货物之保管、整理事项；

四、其他关于货物之事项。

第十三条 营业股之职掌如左：

一、关于门市之营业事项；

二、关于批发之营业事项；

三、关于函购之营业事项；

四、关于寄售之营业事项；

五、关于营业之调查、推广事项；

六、关于其他营业事项。

第三章 办事总则

第十四条 分店不得以分店名义借贷款项或收受存款。

第十五条 分店不得以分店名义代人担保。

第十六条 分店所用各项图章，均由总公司刊发启用，不得自行改换或添刻。

第十七条 分店所用各项簿册、单据及公用笺封均由总公司经理室规定格式，估价印发，不得自行改换格式或照样另印。

第十八条 分店所用书目传单及发刊登报广告，均由总公司推广部排印寄发，不得自行刊印。

第十九条 分店非经本公司营业处认许，不得兼营本店营业范围以外之他项营业。

第二十条 分店除推销本店出版之图书外，得经售其他同业之出版物。但承订经售同业书籍、仪器之特约时，须经营业处核准。

第二十一条 分店代售外版图书，应由分店经理填具寄售书通知单，送经营业处核准后，方得发售。

第二十二条 分店得由本公司划定营业区域，在该区域内推销本店货品及与同业往来交易。但将一地之经售权赋与同业订立特约时，须经营业处之核准。

第二十三条 分店对于营业区域内之客户为记账放款时，应填具记账客户调查表寄送营业处存查。如营业处认为应停止放款时，应即向客户催款或停止交易。

第二十四条 分店各项开支，每年应编制预算，其办法另定之。

第二十五条 分店开支款项，应随时遵照营业处核定之预算范围内支付之。

第二十六条 分店之收款，应由主计股开具收款凭单，送经分店经理签字。

第二十七条 分店门市收款，应由收款人于每日收市后，将现款连同发票账单送交主计股点存。

第二十八条 分店之付款均应由主计股开具付款凭单，经分店经理签字。

第二十九条 主计股开具付款凭单时，如遇有发票不全，或手续不完或数目不清或超出预算范围者，得拒绝开单支付。

第三十条 分店得由总公司酌量地方情形，限定现金存数，逾限应即由主计股汇寄总公司。

第三十一条 分店得由总公司委托划付款，但存款不足划付时，得向总公司声明。

第三十二条 分店得委托总公司划付款项，但总公司认为不应划付时，得拒绝之。

第三十三条 分店经手银钱之部分，应由分店经协理随时检查，至少每星期一次，并将检查结果报告营业处存查。

第三十四条 分店货物应由分店经协理会同主计股主任随时检查，至少每月一次，如查有散乱污损，应督促货务股整理，其有滞销货物，外版应随时退还，本版应询明营业处分店部，决定退还或划寄他处，并将检查结果及办理情形逐次报告营业处存查。

第三十五条 分店经协理及主计股主任，如因怠于前项之检查因而发生银钱、货物之缺少损失等情事时，应负连带赔偿之责。

第三十六条 主计股应将营业处规定之各项簿册、单据，每旬汇寄营业处查核。

第三十七条 事务股应每日填写店务日记，按月汇寄营业处查核。

第三十八条 货务股应每月将货物存销清册，送由分店经协理签字后，寄营业处查核。

第三十九条 营业股应每旬造具营业报告，送由分店经协理签字后，寄营业处查核。

第四十条 分店对于总公司之各项报告，均应按期照寄，不得迟误。

第四章　结账

第四十一条 分店得由总公司审视地方情形，分为左列两种：

（甲）不计盈亏者；

（乙）计算盈亏者。

第四十二条 甲种分店之营业，受总店之直接管理，不划定区域，一切开支概由总店支出，年终结账，不计盈亏。

第四十三条 乙种分店由总店制定区域营业，依照预算开支，年终结账，照本规划第四十五条及第四十六条计算盈亏。

第四十四条 分店于每年终结账一次，由分店经协理会同各股主任，依照总公司规定格式造具营业报告书、财产目录、资产负债表、损益计算书等，于次年一月以内寄总公司查核。

第四十五条 分店每年结账，应按原数逐年折扣如下：

（1）开办费　每年减四分之一，在四年内减尽之。

（2）生财装修　第一年九折，以后不论新旧每年递减二折，减至二折为止，破坏者不计。

（3）存货　开办第一年照进价九折，每年递减半折，本版书减至五折，外版书及其他货物减至七折为止，污损绝版与过期刊物不计。分店为预备春销提前添配本版书者，得函报总公司营业处核准，于规定时间内发货，免予折扣。

（4）客账　开办第一年提存准备金十分之一，以后每年加提十分之一，至限足十分之五为止，倒账或呆欠至三年者不计。

第四十六条 分店每年终结账，如有盈余，先提十分之一为法定公积金，存入总公司，再照资本额提官利长年一分，其余分作两成，一成作总公司盈余，一成作该分店职员花红。

总公司每年度结账如有盈余，酌量各分店办理成绩，派给花红。分店对于前两项花红并作十八成分派，计恤养金一成，经理四成，协理二成，各股主任各一成半，其余由经理决定后经公司同意派分之（其不设协理之分店，作十六成分派。有协理二人之分店，作二十成分派）。

第四十七条 分店结欠总公司货款，在规定资本限额内依照前条办理外，如有超过资本额之数，并另由总公司酌量计息。

第五章　附则

第四十八条 分店职员待遇规则、服务规则另定之。

第四十九条　分店各股办事细则由分店自行订定，报告营业处备案。

第五十条　本规则由经理室公布施行，修改时亦同。

货务处理暂行规则大纲

1934年8月5日（民国二十三年）第十次业务会议通过

关于造货者

一、凡外来书稿，经过审查后，由编译所主任提出于编审会议讨论之。

二、书稿经决定收用，应请著作人拟定广告词转交推广部。

三、业经订约之书稿，应由编纂部指定负责人员，审订内容，配制图版，注明排式字体等，交还编译所主任室，决定发排日期，然后存入稿箱。其广告词未经原著作人拟定者，并由审订人代为拟就，转送推广部。

四、书稿一到决定发排日期，由编译所主任室提交出版部，造具成本估计表准备发排。同时由出版会议预计纸张、印数，咨照供应部预备，并将估计表移送成本课。

五、发排时应由出版部与印刷所决定每日排出页数，及最后排成日期，并即通知校对部。

六、书稿在排校中，应由校对部将排校状况每星期通知出版部，并于出版会议报告之。

七、校样在最后一批初校送出后，校对部应将全书面数及预计签齐日期报告编译所主任室及出版部、推广部。

八、出版部接到前项报告后，应即提交出版会议，并准备发印手续。

九、出版会议决定印数、纸张、定价后，即将记录通知公司各部及总店各课（其不及开会议时，由出版部另备单据通知）。

十、印书用纸凭单，应由出版部开三复写单，除存根外，一交印刷所，一交供应部。但印刷所持凭单领纸时，须送经供应部签字。

十一、书印成后，应先令装订作速打草样两本，由出版部送交原审订人查核，经审订人复查签字后，送还出版部处理之。

十二、书出装后，应先令装订作装出若干本，由出版部分送下列各部（此项书本在额定印数之外，于付印时注意加放附印）：

（1）栈务部转核货科转经理室（核货科应于该书全部入栈后送交经理室）一本；

（2）营业处主任室一本；

（3）编译所主任室转图书馆一本；

（4）供应部转成本课转出版部一本；

（5）经理室（呈请注册用）二本；

（6）著作人十八本（版权著作人仅需五本）。

（再版则5、6两项减免。）

其应呈送教育部审定者，应多印五本。

十三、图书发装时出版部应协同装订作决定分装批数，每批装出日期及册数开成四复写发装单。除存根外，一交装订作，一送栈务部，一送营业处主任室。

十四、初版书封面应多印五十张，交整理课备用。再版封面应否添印，由整理课查明经由栈务部通知出版部。

十五、各种图版、纸型一律须先送核货科考核签字。

十六、各书标准存数、印数，不论初版、再版，应由出版会议决定。

十七、出版部对于栈务部通知再版之书，应将能否发印之实际情形及预计印成日期，通知栈务部及营业处主任室。

十八、再版样书除有大改动者照初版书再送各部外，概不另送。

关于存货者

甲　图书

十九、栈务部接到出版部交来样书，应即转交核货科，并即预备储藏位置。

二十、凡图书须先经核货和查核签字，方许入栈。

二十一、栈务部每次收货，应随时入册编卡，并将收到数随时开单通知营业处主任室及供应部，至全书送齐为止。

二十二、栈务部接到发货部交来配单，应即登记入卡，分别凭卡配取，点交发货部。

二十三、栈务部应于每日四时半后，将当日各书之收付数分别结账入册。

二十四、栈务部存书将到标准存数时，应开单通知出版部，限期赶印；同时报告三处所主任室，如处所主任认为有问题时，应即通知出版部，提交出版会议解决之。

二十五、栈务部开出再版通知时，应附开最近四个月之实际销数。

二十六、滞销书应由栈务部随时报告出版部，提出于出版会议处理之。

二十七、各处退书应由各部课汇退发货部，经发货部分别登记后，汇送栈务部。

二十八、栈务部接到退书时，分别入册入卡，按部储藏，其破旧者应即移交整理课整理。

二十九、整理课接到书籍课交来旧书，应即分别计数入册，从事整理；其须加印或改装者，应报由栈务部开单，通知出版部处理之。

三十、整理课对于书籍之不堪整理者，应报由栈务部，商承总务处主任处理之。

三十二、栈务部应每月月终造具存销报告，分送总主室及营主室。

乙　纸张

三十二、需用纸张，力求标准化，其标准由出版会议决定之。

三十三、所在纸张，不得少于标准存数，其标准存数由出版会议决定之。

三十四、标准存数，应每月调整，由出版会议预计三个月之用量决定之。

三十五、预定纸张，应由供应部主持，开单交由总务处主任核定，同时将定货情形通知经济委员会、出版部及栈务部。

三十六、定纸到埠，供应部应即通知经济委员会及栈务部、出版部。

三十七、纸张（除印书用纸外）不论支取或售出，一律须由供应部开具支货单。

三十八、纸张之收进、付出及存数，须每日报告出版部及供应部。

关于发货者

三十九、各部配单一律汇交发货部。

四十、发货部接到配单，应却依号编次登记，分别缓急，移交栈务部，限时配出。

四十一、栈务部按单配齐移交时，须慎重点收。

四十二、每一箱包，须复核确数，附入包装单。

四十三、每单装齐，须立即按序运出。

四十四、发货部应将工作实况每日报告营业处主任室。

文书处理试行规则

1934年3月4日（民国二十三年）业务会议第五次常会通过

一、凡外来各种信件、电报等送交本公司各部份者，一律由经理室收发课属下之收发处或收发分处签收，对外以本公司日期信件回单戳及收发员签字或盖章为凭，其应给收据者另给本公司信件收据。但遇有特殊情形须立即应付时，得迳由主管部份变通办理，一面报告经理室或本处所主任室备查。

二、收发处或收发分处收到外来文书等，即开活页编号甲乙页收文单及甲乙页收文汇送单，随文分别送至经理室或各处所主任室签收。

三、经理室或各处所主任室点收后，即按件摘由，记入甲乙页收文单，送交各受理部份签收。但文书中附有银钱票据者应开复写来信收款单，一份送交出纳部签收，一份附于原来文书。

四、私人收到信件如完全属于公务者，应即退交原收发处，倘仅有一部份涉及公务者，应由收信人节录来信，或剪取原信，并详载来信人姓名及其通信处、发信日期等，送交收发处或收发分处，均依照本规则外来文书处理之（不经规定手续者概由私人负其责任）。

五、各受理部份收到文书等即按件签收，将收文单甲页粘附原信办理，乙页退回经理室或各处所主任室。

六、经理室或各处所主任室收到前项乙页收文单，即加整理，每日应与所存收发处收文汇送单收文总数核对，以免遗漏。

七、各受理部份收到文书等，经核阅后，认为可以不复者，得将收文单甲页批明不复字样，连同文书退回经理室或各处所主任室。但其文书经受理部份认为不必退回者，得于收文单甲页批明处理之。

八、各受理部份收到文书，其中有涉及他部份者，应开咨照单送与该主管部份办理。但不属于同一处所之部份者，须送交该管处所主任室转交受理部份办理，其手续按照第三条处理之。

九、发文（答复外来文书或对外发出文书）均应用三复写公用信笺留下副稿及底稿，由主办部份编列号次，逐件填开活页A、B页发文单，连同来件并副稿送至经理室或本处所主任室签收，其A页发文单仍退回主办部份存查。

十、经理室或各处所主任室收到发文时，应逐件核阅固封，再在文书封面批注寄法及所需邮费，并开具A、B页发文汇送单（其总数应与发文单总数相符），送交收发处或收发分处签收，其发文汇送单A页于签字后退回经理室或各处所主任室，B页留存用以造具收发日记，并领支邮票。

十一、经理室或各处所主任室每日将收到各部份B页发文单整理号次，如系复信应分别在乙页收文单上加盖日期复讫戳销号，若查有经过一星期尚未复出者应即向受理部份催查。

十二、各受理部份对于外来文书中有一部份事件非一时即可答复者，应先将可复部份复出，其原件仍留受理部份，以便随时补办。

十三、发文如用两处所以上之主任室名义时，由首先接受来件或动议办理此项文件者主稿，送有关系者参阅并盖章后发出。如用同一处所之两部课以上名义者仿此。如用不同处所之两部课以上之名义者，主稿部课应送本处所主任室转他处所之有关系部课参阅盖章后发出。

十四、发文概用主管部份印章，并由该部份主任签名或盖章。

十五、收发处或收发分处发出文件，专送者应粘附回单，交邮者应登录送邮簿，其回单及邮局回执应交发出各室存查。

十六、收发处或收发分处应根据收文汇送单及发文汇送单登录日记，报告收发课。

十七、各处所主任室收到各部份缴回之外来文书及发文副稿，每星期六汇送经理室保管课归档，依适当之分类法编制，妥慎庋藏，并填写检查片，以便检查。

十八、各部分向保管课调取文件，须先填明调卷单交存，至缴还时取回，以便稽查。

十九、本规则自二十三年五月一日试行。

款项收支试行规则

1934年5月1日（民国二十三年）公布

收入之部

一、本公司因收入款项而发给付款人之凭证，分为下列四种：

（1）甲种收据　出纳部存用；

（2）乙种收据　存经理室由收账员领用；

（3）定期存款单　经理室存用；

（4）活期存款折　经理室存用。

上项甲种收据，盖用出纳部图章，并经主管人员签字或盖章为凭。乙种收据，盖用出纳部图章，并经收账员签字或盖章为凭。定期存款单及活期存款折，现均盖用公司方图章，并经经理签字或盖章为凭。

二、由汇兑人送达之收款，由经理室加盖"收银回单"戳于原送回单，交付来人。一面开具收入传票连款送交出纳部签收，取回登账咨照单，转送主管部份。如附有信件者，应速同登账咨照单交由收发处，依照文书处理试行规则处理。

三、由来客而交之收款，得由主管部份开具收入传票，连款送交出纳部签收，随即索取收据，交与来人。主管部份认为应另开登账咨照单者，得请出纳部另开之。

四、定期存款收入时，经经理许可，开具收入传票及定期存款单，连款送交出纳部签收后，将存单发给存款人。

五、活期存款立折，须经经理认可签字。凡存款收入时，由经理室开具收入传票，连同存折及来款，送交出纳部登折签收后，将存折发给存款人。

六、门市课收入款项，由总店收银课依照发票、定单等签收，逐日并开门市销货收款单正副两页，送出纳部签收。取回副页，随同各项票单交核账科。其正页由出纳部逐日送经理室核阅后，交会计部登账。

七、各部份收款，有因付款人通知确数，须派人收取者，得由主办部份开具预领收据咨单，向出纳部取具收据。款项收到后，再由主办部份补开收入传票，连款送交出纳部签收，收回咨单。

八、各部派人出外收款，由主办部份开具预领收据咨单，向经理室领取乙种收据册。收款后，由主办部份开具收入传票，连款及收据册送出纳部签收后，取回收据册，缴还经理室，收同咨单。

九、送货取款，其货物已由顾客选定者，由门市课开具发票连同预盖收款戳知单，送总店收银课，经查核后留下知单，在发票上盖戳，交门市课派人将发票及乙页回单，送由受货人在回单上签字并注明付款数目，由送货人将货款及乙页回单交还门市课，凭向收银课取回知单。

前项送去货物，倘未先经顾客选定者，由门市课主任开具领货凭单，交经手店员签字，将单交存收银课，请其在空白发票上盖戳，连货送去。货物经顾客选定后，依数开发票交顾客收执，即凭发票存根交门市课主任查核签字后，由原经手人持向收银课，换还领货凭单销账。

十、凡付给庄行银票，遇有不能按兑而退回者，由经理室加盖"收银回单"戳于原送回单，将退票根查付款人，开具退票通知书，交由主办部分向原付款人交涉。如能立时兑现者，即由经理室开收入传票，连款送出纳部收入原退庄行之账。如当日不能兑现，即由经理室开具转账单转账，其退票暂由经理室保存，责成主办部分追收。倘须将退票退还者，交由主办部分寄还之。

十一、来信附到款项，由各处所主任室开收入传票，送出纳部签收，取回收据，附入来文交主办部分。但函购客户来款，应依文书处理试行规则另开收款单，将其总数另开放入传票，连款送出纳部签收，取回收款单。

支出之部

十二、凡支出款项，必须由主办部分开具付款知单，连同收款人应备单据，送由经理室开具支款凭单，经经理签字后，方可向出纳部支取。但另行规定单册经主办部份造具者，可不必再开付款通知单。

十三、库存现款，得由经理室根据出纳部库存日报，及当日收款数，开具支款凭单，随时提取；另开送款回单，派人送存往来庄行，取得回单，交出纳部粘附支款凭单。

十四、各部分付款有应付支票者，得由经理室开具庄行支票及转账单，送出纳部盖章转付，其转账单，由出纳部转送会计部照转。

十五、定期存款支出时，由经理室收回存单，注销存根，批明应付利息，开具支款凭单，粘附注销存单，交出纳部照付，同时开转账单交会计部转账。

十六、活期存款支出时，由经理室凭折开具支款凭单，连同存折送出纳部照付。余同前条。

十七、未定公用款项，如当日可以决定者，由主管部主任开具公用款暂支单，送经理室签字后，持向出纳部支取，俟用款决定再办正式支款手续，取回暂支单。

十八、未定公用款项，非当日可以决定者，作暂记账论，应照正式支款手续办理。

十九、零星付款，得依各部份需要，酌支预备金，记入规定册中。在一定时期总结，撕下副页，连同应付单据送经理室，依实支数开具支款凭单，向出纳部续支。

二十、各部份付款，其款项如须汇往外埠者，先由经理室向总店主任或分店部，查询外埠同行或分店能否划付；如可划付，即由经理室开具划款条，依划款简章办理；同时开具转账单，由出纳部交会计部转账。倘不能划付则支出现款付汇，取回汇款收条粘附支款凭单。

二十一、凡受委托划付款项时，由经理室向批发课或其他关系部份，查询受款人与本店有无银钱进出，斟酌办理。

通则

二十二、各种收付款项，凡由第三者转手者，应由出纳部开具登账咨照单，交由主办部份通知对方。

二十三、特种收付款项，得另定办法，印备单据，临时公布之。

二十四、不以现款或货物授受之转账，由会计部开具转账单，送由关系部份转送经理室签字，而后登账，登账后开具登账通知单通知客户。凡收票及付票，应各立专簿，由经理室登记保管之。

二十五、各部份所存现金及票据，由经理室随时派员检查之。

二十六、本规则自公布之日施行。

职员服务暂行规则

1934年5月1日（民国二十三年）公布

第一章 总则

第一条 凡本公司上海总公司职员，均应遵守本规则；试用或短期职员，亦应同样遵守。

第二条 各职员对于本公司一切章程规则及通告，均应遵守。

第三条 各职员应觅相当保证人，按照本公司规定格式填具保证书。如本公司认为须更换保证人时，各职员应即另觅，不得推诿。

各职员如一时不能觅得相当保证人时，得代以保证金，其办法另定之。

第四条 各职员应服从本公司之移调派遣，不得推诿。

第五条 各职员应遵守本公司规定之工作时间，不得无故旷工或迟到早退。

各职员遇有当日应行办理完竣之事，或有他项事务必须帮同办理者，即已过工作时间，亦应继续工作。

第六条 各职员在工作时间内，应佩戴公司徽章于胸前显明之处。

第七条 各职员到店时，均应亲自在签到簿上签到，不得托人代签或代人签到。如偶有遗忘未签时，应告知管理人员，经其认许，方可补签。

第八条 职员如有因事过规定时间到店者，应将事由告知管理人员，经其认许后，另行签名于旷工簿上，并注明到店时间。

如到店后因有紧急事故必须出外者，应开具请假单，送交管理人员认许后，始可出外，仍在旷工簿上注明出外时间，事毕回店亦同。

因迟到、早退之旷分，月终结算，照扣薪水。但不满半日者不扣。

第九条 职员如因公须外出者，应开具公出单，经管理人员认许后，送交人事科存查。倘在工作时间前已因公外出未能预开公出单者，应于回店时补开之。

第十条 职员遇有要事须请假至半日以上者，应预先开具请假单，经管理人员认许签字后，送交人事科登记。倘假期已满未能到店者，应先期续假。但本公司对于职员之请假或续假认为未能允许者，得拒绝之。其未经认许而不到店工作者，作无故旷工论。

第十一条 各职员在请假期内，不得私在他处工作。

第十二条 在工作时间内遇有亲友来店探访者，应在会客处所会晤，并应尽量缩短会客时间。

第十三条 在工作时间内，不得购食零物，阅看书报（因公查阅者除外），或瞌睡、戏谑、任意离开职守及妨碍他人工作等事。

第十四条 各职员不得兼营与本公司同样之营业，或兼任与本公司同样营业店铺之工作。

第十五条 各职员对于本公司营业或事务上之秘密不得泄漏。

第十六条 各职员如携带包裹物件离店，无论公私，须报明稽查员；认为必要时，得施行检查。

第二章　奖励

第十七条 奖励分左列四项：

记功、记大功、奖现金、特别加薪。

第十八条 各职员有左列事实之一者，均随时酌量奖励之：

（1）平时工作无积压者；

（2）办事成绩优良者；

（3）改进对顾客及往来关系有成效者；

（4）改进办事程序及方法有成效者；

（5）遇有损害本公司之事，于事前预先报告管理人员，因而得免损害或损害减轻者；

（6）建议有利于本公司之事项，经本公司采纳施行者；

（7）其他应行奖励事项。

第十九条 记功、记大功者，除用以考核成绩外，如遇移调职务或雇用契约期满时，由公司特别注意之。

第二十条 凡受奖者均由人事委员会以书面通知本人，并登记之。

第三章　惩戒

第二十一条 惩戒分左列四项：

警戒、记过、记大过、解雇。

第二十二条 各职员有左列情事之一者警戒之，警戒满三次以记过一次论：

（1）在工作时间内任意嬉谑、瞌睡或任意离开职守者；

（2）在工作时间内购食零物、阅看书报者（因公查阅者除外）；

（3）随意涕唾或其他有碍卫生之行动者；

（4）损坏货品物件，其价值不满一元者；

（5）在工作时间内不佩戴公司徽章者。

第二十三条 各职员有下列情事之一者记过一次，记过满三次以记大过一次论：

（1）对顾客傲慢怠忽者；

（2）离开职守而妨碍他人之工作者；

（3）在工作处所或厕所任意糟蹋或其他有碍卫生行动，情节较重者；

（4）损坏货品物件，其价值在一元以上、五元以下者。

第二十四条 各职员有左列情事之一者记大过一次：

（1）怠慢顾客，出言不逊，情节较重者；

（2）无故旷工继续满三日，或一个月内无故旷工满六日者；

（3）在工作时间内抛弃工作故意睡觉者；

（4）侮辱他人者；

（5）殴人未曾致伤者；

（6）酗酒滋事者；

（7）寻衅吵闹或播弄是非者；

（8）私事出外未经请假者（并须照扣本日全日薪水）；

（9）损坏货品物件，其价值在五元以上者（并应照价赔偿）；

（10）利用公司时间，私做本人或赠与他人之物件或以之牟利者；

（11）在门市柜上或存货栈房内、或堆积货物处所吸烟者；

（12）本人未到店而托人代为签到或代人签到者；

（13）携带包里物件出店不报明稽查员并拒绝检查者；

第二十五条　各职员有左列情事之一者得随时解雇之：

（1）因怠慢疏忽致顾客有受重大损害之可能，影响公司名誉信用者；

（2）无故旷工继续满六日，或一个月内无故旷工满十日者；

（3）丧失工作能力至三个月以上者（因直接执行职务而致受伤或残废者除外）；

（4）在工作场所赌博者；

（5）吸食鸦片烟或其他代用品者；

（6）殴人致伤者；

（7）扰乱安宁秩序者；

（8）患花柳病者；

（9）不小心火烛以致肇祸者（除解雇外，并依法办理）；

（10）营私舞弊者（除解雇外，并依法办理）；

（11）向公司请假，私自在他处工作者；

（12）私自携取本公司一切银钱、物件出外，作为己有或赠与他人者；

（13）在外肇事经官厅判决有罪，不能到店执行职务，或本公司认为不能继续信任者；

（14）损害本公司之营业，或名誉，查有实据，情节重大者；

（15）兼营与本公司同样之营业或兼做与本公司同样营业店铺之工作者；

（16）泄漏本公司营业或事务上之秘密者。

第二十六条　各职员有左列情事之一者，酌量情节轻重惩戒之：

（1）不服管理人员指导或监督，及故意侮辱管理人员者；

（2）不服从本公司之移调派遣者；

（3）违背本规则或本公司一切章程、规则、通告者；

（4）工作疏忽错误者；

（5）工作成绩恶劣者。

第二十七条　在一年内记过九次或记大过满三次，得随时解雇之。

第二十八条　受记过、记大过处分者，遇有记功、记大功时，得抵销之。但受解雇处分者，不得以功作抵。

第二十九条　凡受惩戒者均随时由人事委员会以书面通知本人，并登记之。

第四章　附则

第三十条　本规则施行以前所订关于同人服务之各项章程、规则、通告，一律废止之。

第三十一条　本规则自公布日施行。

职员待遇暂行章程

1934年5月1日（民国二十三年）公布

第一章　总则

第一条　凡本公司上海总公司职员均适用本规则。

第二章　雇佣契约

第二条　凡本公司职员，均应与本公司订立雇佣契约雇佣契约，之方式另定之。

第三条　有定期雇佣契约，期满解约，除契约中另有规定外，双方不受任何拘束。如双方愿意继续者须另订契约。

第四条　新进职员得先行试用，不作同人待遇。俟试用期满，如双方合意，再照本规则第二条订立雇佣契约。但试用期间，至多以六个月为限。

第三章　工作时间

第五条　内部份职员之实在工作时间，每日八小时，但本人职务范围内应办之事，均须当日办理清楚。如遇必要须延长工作时间，不另给薪水。

门市柜友之实在工作时间，每日十小时。

前项工作时间之起讫，由公司随时订定公布之。

第六条　星期日下午一时至六时，柜友照常工作，加给薪水半天。

第七条　职员到店时，应各自在签到簿上签到。

第四章　休假

第八条　本公司职员休假之期如左：

星期日给假一天（柜友照第六条办理），年节给假三天；纪念节放假，遵照中央政府规定办理。

第九条　年节、纪念节假期内，如适遇星期日，补假一天；纪念节假期内，如适遇年节假期者不另补假。

第十条　每年各给特别休假三十六天。在职不满一年者，按月计算；不满一月之零数不计。请假满一个月者，按月照减。

前项特别休假，每届年终或终止契约时，算给薪水。平日请假，照本规则第十四条第二项办理。

第五章　薪给

第十一条　本公司职员之薪给制度另定之。

第十二条　职员膳宿费用，已包含于薪给之内，不另供给。但本公司指定之夜间看守人员，应住宿店中。

第十三条 职员薪水每月分两次发给，上半月于二十日，下半月于次月五日，以上海通用钱币支付之。

第十四条 星期日加班薪水，于前条发薪时结算照给。有请假或旷工满半日者，结算照扣。

每日迟到及假出之旷分，月终结算，照扣薪水。但一个月内累计不满半日者不扣。

第十五条 职员如遇有本人婚嫁，父母夫妻丧或火灾时，得特别预借薪水，至多以额定薪水一个月为限。自支借之下月起，至多分四个月在薪水内平均摊还。

第十六条 星期日给假，薪水照给。但同人连续请假日期中有两个星期日者，扣一个星期日；有三个星期日者，扣两个星期日；全月不到者，完全照扣。

公司放假日期，薪水照给。全月不到者不给。

第六章　津贴及抚恤

第十七条 职员确系直接因职务受伤者，由公司给予医药费；疗治期内，每日给予照薪水额三分之二之津贴；如经过六个月尚未痊愈，其津贴得减至薪水二分之一，但总计以一年为限。

第十八条 职员确系直接因职务受伤致成残废，公司认为不能任事者，按残废部分之轻重，酌给津贴一次，或分期支付，但至多以一年之薪水为限。

第十九条 职员确系直接因职务受伤致死者，除给予五十元之丧葬费外，另由公司酌量情形，特别优恤之。

第二十条 职员患病得请求公司补助；本人结婚或父母夫妻丧请假，得请求公司津贴薪给，其规则另定之。

第七章 附则

第二十一条 本规则施行以前所订一切关于同人待遇之各项章程、规则、通告，均一律废止之。

第二十二条 本章程自公布日施行。

人事陈述规则

1934年5月1日（民国二十三年）公布

一、本公司各部分同人均得依本规则陈述意见。

二、同人陈述意见以左列各项目为限：

（1）本人对于工作无兴趣；

（2）本人感觉工作太烦重；

（3）所任工作不能使本人才能展布；

（4）本人才能对于工作不能胜任；

（5）本人体力对于工作不能胜任；

（6）本人对于报酬或其他待遇不满意；

（7）本人对于同事间感觉不能合作；

（8）本人对于安全设备不满意；

（9）本人对于卫生及工作环境不满意；

（10）其他对于与本人人事有关系之事项。

三、同人陈述意见之方法如左：

（1）以书面送交或寄交人事委员会书记；

（2）向人事委员会书记面陈；

（3）以书面送交或寄交所属部分之管理人员；

（4）向所属部分之管理人员面陈。

依第3、4项方法陈述之意见，由各所属部分转达人事委员会。

四、同人以书面陈述意见者，应注明姓名、所属部分及通信处。

五、同人面陈意见者，每人每次接谈以十五分钟为度，如所请见之人无暇，得另行约期接谈。

六、陈述意见者之姓名及事由，除经理及主管人事人员外，概不宣布。

七、同人陈述之意见，由人事委员会详加研究，设法处理，并将办法通知本人。

八、同人陈述此项关于人事之意见，概不给奖。

九、本规则自公布日施行。

职员保证金章程

1934年5月10日（民国二十三年）公布

第一条　凡总公司及各地分支店同人，除直接经管银钱者外，如一时未能觅得相当保证人，经人事委员会之许可，得暂缴存保证金。

第二条　保证金以银币五百元为额，如月薪在四十元以下者，得酌量减少，但至少以二百元为度。

第三条　缴存保证金者，应先向人事委员会领取知照单，连同金额一并送交出纳科，由出纳科出具存单为凭。

分支店同人缴存保证金者，俟转至总公司后，再由总公司发给存单，寄交该分支店转交本人收执。

第四条　保证金自缴存之日起，按月八厘计息。每年十二月底结息一次，结息后凭存单向出纳科支取利息，不支取者亦不复利。

分支店同人每届支付利息之期，得凭存单就近向各该分支店支取利息，在存单内注明支付日期及数目，由经理正账盖章为凭，一面将存单转至总公司转账。

第五条　缴存保证金之同人，如觅得相当之保证人或离职时，其缴存之保证金，即凭单如数发还，但如有宕欠款项，应即照数扣抵。

第六条　保证金届应行发还时，经人事委员会通知提取而不来提取者，其利息结至人事委员会通知提取日期届满之日为止，以后不再计息。

第七条　保证金存单不得在外抵押借款。

第八条　保证金存单如有遗失，应即开具报告书报告人事委员会，并登载本公司指定之上海著名日报两种，经过一个月后无纠葛者，始得补给新存单。

职员押柜金章程

1934年5月1日（民国二十三年）公布

第一条 本章程以适用于总公司及各地分支店职员之直接管理银钱者为限，由人事委员会通知缴存之。

第二条 押柜金以上海银币二千元为额，但得由公司酌量情形增减之。

第三条 缴存押柜金者，应先向人事委员会领取知照单，连同金额一并送交出纳科，由出纳科出具存单为凭。

分支店同人缴存押柜金者，俟转至总公司后，再由总公司发给存单，寄交该分支店转交本人收执。

第四条 押柜金自缴存之日起，按常年一分二厘计息。每年十二月底结息一次，结息后凭存单向出纳科支取利息，不支者亦不计复利。

分支店同人于每届支付利息之期，得凭存单就近向各该分支店支取利息，在存单内注明支付日期及数目，由经理正账盖章为凭，一面将存单寄至总公司转账。

第五条 缴存押柜金之同人，如离职或调任非直接经管银钱之职务时，其缴存之押柜金，俟交代清楚，即凭单如数发还，但如有宕欠款项，应即照数扣抵。

第六条 押柜金届应行发还时，经通知提取而不来提取者，其利息结至人事委员会通知提取期限届满之日为止，以后不计利息。

第七条 押柜金存单不得在外抵押借款。

第八条 押柜金存单如有遗失，应即开具报告书报告人事委员会，并登载本公司指定之上海著名日报两种，经过一个月后无纠葛者，始得补给新存单。

同人疾病补助暂行章程

1934年5月10日（民国二十三年）公布

第一条 本章程凡在本公司上海各部分办事之同人均适用之。

第二条 每年由经济委员会就本公司章程第三十条规定每年度结账盈余中所提恤养金项下提拨若干，为同人疾病补助之用。

第三条 同人患病依左列各项之规定，由公司补助之：

甲、向本公司指定医生门诊者，其诊金补助全数，挂号费由本人自理。

乙、请本公司指定医生到住所诊察者，其诊金补助半数，挂号费由本人自理。

丙、因病请假经本公司指定医生之证明者，得依下列规定向人事委员会申请酌量支给补助金：

（1）月薪不满二十五元者，照原薪支给；

（2）月薪二十元至五十元者，照原薪九折支给；

（3）月薪五十一元以上不满一百元者，照原薪八折支给；

（4）月薪一百元以上者，照原薪七折支给。

第四条 本公司指定之医生另行公布。同人前往诊病或请其出诊时，应先向人事科或各处所主任室索取凭单，如因紧急不及于事前索取者，应于两天内补具手续。

第五条　有左列情事之一者不予补助：

甲、不经本公司指定医生证明者；

乙、继续患病或最近四个月内患病满一个月以上时；

丙、与本公司所订契约期满时；

丁、患花柳病者。

第六条　本章程第二条规定提拨之款，如遇不敷支付时，人事科应先期申请人事委员会核定办法，或将本规则修改，于必要时并得将本规则暂行废止之。

第七条　本章程自公布之日施行。

同人婚丧假津贴薪金暂行章程

1934年7月1日（民国二十三年）公布

第一条　本章程凡在本公司上海各部分办事之同人均适用之。

第二条　每年由经济委员会就本公司章程第三十条规定每年度结账盈余中所提恤养金项下提拨若干，为同人婚丧假津贴薪金之用。

第三条　本人结婚或父母、夫妻丧得请假十日，祖父母丧或儿女结婚得请假五日，其因请假所扣之薪金由公司津贴之。

第四条　外埠婚丧假另加路程日期，于请假之前报告人事科视路途远近随时核定。但婚假路程日期至多以六日为限，丧假路程日期至多以八日为限。

第五条　本埠、外埠之区别：婚假以结婚地点为准，丧假以丧居地点为准。

第六条　请假以连续一次为限，不请假者不予津贴，请假不足规定日期者，其津贴照请假日期计算，但丧假因丧葬不能一次办竣，其请假日期不足规定时，得保留一年，惟外埠不再加路程日期。

第七条　本章程第二条规定提拨之款，如遇不敷支付时，人事科应先期申请人事委员会核定办法，或将本规则修改。于必要时并得将本规则暂行废止之。

第八条　本章程自公布之日施行。

特种储蓄章程

1934年7月1日（民国二十三年）公布

第一条　本公司为提倡同人储蓄起见举办特种储蓄。凡本公司上海总公司职员，均适用本章程。惟试用职员不作同人待遇者，不适用之。

第二条　凡同人必须将每月额定薪给百分之五存入本公司为特种储蓄金（零数不满一角者四舍五入）。

前项储金，为每月缴存便利起见，由本公司于次月五日发薪时，在各同人薪给内扣除之。如本月实得薪给不满额定之半数时，得免扣除。倘本人愿储蓄者，得另以现款交存之。

第三条 特种储蓄由人事科办理之。第一次交储金时，即由经理室发给存折，交储蓄人收执。除照本章程第六条、第七条之规定凭折提款、随时登记外，其逐月储金于每年六月底汇登一次，即由储蓄人于每年六月底将存折送交经理室。俟汇登完竣后，仍交各储蓄人收执。

第四条 每届本公司发给职员花红时，同人须将所得花红百分之十存作储金。

第五条 储金利息于每年六月底结算一次，其利率如下表：

总存数	年利率
不满五十元	贰分
五十元以上不满壹百元	一分九厘
壹百元以上不满二百元	一分八厘
二百元以上不满三百元	一分七厘
三百元以上不满四百元	一分六厘
四百元以上不满五百元	一分五厘
五百元以上	一分四厘

第六条 储蓄人自开始存储之月份起，满三年后，如遇左列情事之一者得酌量提取储金，但至多不得过当时积存数三分之一：

甲、本人结婚；

乙、父母、夫妻丧；

丙、本人患病连续请假满二个月；

丁、家遭重大之灾变。

第七条 储蓄人如遇左列情事之一者，储金即全数发还：

甲、本人离店；

乙、本人身故。

第八条 依前条规定发还储金，其利息结算至发还前一日为止。

依前条规定应发还储金时，而储蓄人或继承人不来支取者，不再计息。

第九条 特种储蓄不得在外抵押借款。

第十条 特种储蓄存折如有遗失，须由储蓄人立即觅保具函，报告经理室查核公告，经过一个月，始得补立新折。如其储金满五十元者，并须登载本公司指定之日报声明。

第十一条 本章程自经理室订定施行，修改时亦同。如认为必要时，得将本章程暂行废止之。

练习生规则

1934年7月1日（民国二十三年）公布

一、练习生在进店前，须具志愿书及保证书；并由其家长或保护人与本公司订立契约。

二、练习生进店时，由本公司指定职员为其业师，负责训练，并定期举行谒师礼。

三、练习生应绝对服从业师及其他上级职员之管理及训练。

四、练习生初进店时，先试习三个月，试习期满后得为正式练习生。其学习期间以三足年为标准，但成绩优异或资质较差者，得酌量缩短或延长之。但其缩短或延长之期间，至多以一年为限。

五、练习生应在本公司指定之学校补习，其学业成绩，应与工作成绩并计考核之。

六、练习生对于本公司所订之各种服务规则及通告，均应遵守。

七、练习生在试习期内，如本公司或学生之家长等有不合意时，得随时解除契约。

八、练习生在学习期内，如有左列情事之一者，本公司得随时辞退之：

（1）不服从管理或训练者；

（2）违犯本公司所订各种服务规则，照章应解雇者；

（3）资质愚笨或品性不良，难资造就者；

（4）体弱多病者。

九、练习生在学习期内，未得本公司同意而离店者，或故意违犯本公司规则而被辞退者，本公司得令练习生或其家长等偿还各种损失。

十、练习生在学习期内，由本公司按月酌予津贴，其数目另定之。

十一、学习期满后，经本公司认为及格，得升任职员，视工作能力另定薪水。

十二、本规则由经理室订定施行，修改时亦同。

十三、本规则施行后，以前练习生待遇办法，应即废止。

明社章程

1946年9月28日（民国三十五年）上海第五次社员大会修正

第一条 本社定名曰：明社，为开明书店股份有限公司同人之业余组织。

第二条 本社之任务如左：

1、关于社员进修事项；

2、关于社员康乐事项；

3、关于其他社员福利事项。

第三条 本社设社长一人，由公司经理任之。

第四条 本社由社员大会选举干事七人组织干事会，负责办理社务，干事中互推一人为总干事，代表干事会。

第五条 本社由社员大会选举监事二人，监督社务之进行。

第六条 干事及监事之任期为六个月，连选得连任；但以一期为限。

第七条 干事会分总务、康乐、进修三组，每组由干事会互推干事两人主持之；必要时得由干事会就社员中聘请助理干事若干人。

第八条 总务组之事务如左：

一、处理本社文书、主计及交际事项；

二、编辑本社刊物；

三、其他不属于进修、康乐两组之事务。

第九条 进修组之事务如左：

一、举办社员进修班、演讲会及座谈会；

二、举办其他有关同人进修事项。

第十条 康乐组之事务如左：

一、办理社员卫生、清洁及其他健康事项。

二、举办社员娱乐事项。

第十一条 本社组织消费合作社，其章程另定之。

第十二条 本社经费来源如左：

一、社费——由社员各照每月薪资总额百分之一缴纳之；

二、合作社盈余——依合计章程提充之；

三、公司补助费——必要时请求公司指拨之；

四、捐款——必要时向社员募集之。

第十三条 本社由社员大会之议决，由经费内提拨一部分款项，作为基金；非经社员三分之二以上之通过，不得动用。

第十四条 本社社员大会，每三个月举行一次，由干事会召集之。必要时得由社长、干事会或社员五分之一以上之提议召开临时大会。

第十五条 公司分店所在地同人，人数在三人以上者，得设明社小组，人数在五人以上者，得设明社分社；其章程依据本章程，并参酌当地情形自定之。

第十六条 本章程经社员大会通过后施行，修改亦同。

附录：本社第八届明社干事及监察人员名单

周予同　44票　　徐调孚 35票　　唐锡光 31票　　傅彬然 29票
欧阳文彬　24票　　顾均正 23票　　叶至善 22票
以上七人当选本届干事

张纯嘉　　20票　　卢芷芬 18票　　朱子如 18票
以上三人次多数当选本届候补干事

王伯祥　　20票　　叶圣陶 18票
以上两人当选本届监事

朱达君　　15票
以上一人次多数当选本届候补监事

（开明书店《明社消息》第17期，1946年12月）

743

生活书店

生活书店职工生产合作社章程草案

1933年（民国二十二年）

第一章 总则

第一条 本社定名"生活书店职工生产合作社"，对外简称"生活书店"。

第二条 本社本生产合作社之原则，以社员共同投资、工作，经营出版事业，促进文化生产为宗旨。

第三条 本社社员负有限责任。

第四条 本社业务限以下各项：

（一）出版图书及定期刊物；

（二）贩卖本版及外版图书、定期刊物；

（三）其他有利于社会文化之事业。

第五条 本社信条如下：

（一）服务社会；

（二）赢利归全体；

（三）以共同努力增进社员福利；

（四）社务管理民主化。

第六条 本社社址设于上海，于业务发展时，得在外埠设立分社。

第二章 社员及股份

第七条 合于以下各项资格之一者，为本社社员：

（一）除短期雇员外，现在本社任职之职工；

（二）本社职工任职十年以上，年满六十而退休者；

（三）虽未在社内任职，但过去对于本社积有勋劳，以后仍继续在社外为本社尽职者。

第八条 前条第一项之社员，除本社成立时已加入之社员外，新进职工于任职满六个月时，方取得社员资格。第三项之社员，须经理事会向社员大会提出通过，方得入社。

第九条 本社资本无定额，每五元为一股，社员每人至少须有两股，至多不得超过二十股。

第十条 除本社成立时已入股者外，新进职工于任职时起，每月就其薪水中扣除百分之二十，于任职满六月时，并计作为入社时之股份。以后继续每月扣除薪水百分之二十，至入社满一年时，再行并计，作为增加之股份。

第十一条 股份年给股息八厘，于每年总结算后发给之。但社员大会得依营业之盈亏，酌量增加或减少股息之分派。

第十二条 本社股份不得买卖转让，并不发给股票。但社员入社时，发给社员证一纸，载明社员姓名、年龄、入社日期、所有股份数目及增加股份数目，即凭此证领取股息。

第十三条 社员于死亡或离职时，即作为出社。但第七条第三项之社员，于死亡时方作为出社。

第十四条 社员自出社日起，即不得再派股息。其所有股份由本社分期付还现款，不加利息。其每年应付还之成数，由理事会决定之，但全部所有股份，至多应于一年内还清。

第三章 社员大会

第十五条 社员大会于每年二月、七月举行常会一次，于必要时得由理事会或社员三分之一之请求召开临时社员大会。

第十六条 社员大会之任务如下：

（一）通过社务报告、会计报告、监察报告；

（二）通过股息、红利、分派成数及股额之扩充；

（三）选举理事及监察人；

（四）讨论社员之提案；

（五）变更本社章程；

（六）其他本章程所规定之事项。

第十七条 社员大会任何表决，须有社员三分之二之出席，遇半数通过方为有效，社员须亲自出席，每一社员谨有投票权。

第四章 理事会

第十八条 社员大会选出理事五人至七人组织理事会，设计及管理一切业务。理事会至少每月开会一次。

第十九条 理事任期两年，连选得连任。

第二十条 理事会互选常务理事一人，任理事会主席。

第二十一条 理事会互选经理一人，为理事会之代表，总揽社务，并为本社对外之代表。经理请假时，由常务理事代行其职务。

第五章 监察人

第二十二条 社员大会选出监察人二人，查核会计账目，并保障社员利益。

第二十三条 监察人任职一年，连选得连任。

第六章 人事委员会

第二十四条 凡进退职工，核定之薪水数额，分配职工红利及与职工直接利益相关之事务，均由人事委员会代表社员大会全权处理之。人事委员会设委员三人，常务理事及经理为当然委员，此外委员一人，则由当选监察人中，由社员大会主席指定一人任之。

第二十五条 人事委员会表决有损害职工利益（如裁员、减薪等）之提议，须经委员会一致通过。

第二十六条 人事委员会遇有重大问题不能解决时，得召集理事、监察人职席会议决定之。如仍不能决定，则由社员大会决定之。

第七章 会计

第二十七条 本社于每年六月终、十二月终各结算一次，十二月终之结算应合并六月终之结算而为总结算。

第二十八条 理事会在总结算时应造具下列各项表册，交由本社所聘任之常年查账会计师详细查核，转送监察人，由监察人复核后提交社员大会：

　　（一）营业报告书　　　（二）资产负债表（原件以下部分缺失）

生活出版合作社章程修正草案

1933年（民国二十二年）

第一章 总则

第一条 本社定名"生活出版合作社"，对外简称"生活书店"。

第二条 本社本生产合作社之原则，以社员共同投资、工作，经营出版事业，促进文化生产为宗旨。

第三条 本社社员负有限责任。

第四条 本社业务限以下各项：

　　（一）出版图书及定期刊物；

　　（二）贩卖本版及外版图书、定期刊物；

　　（三）其他有利于社会文化之事业。

第五条 本社信条如下：

　　（一）服务社会；

　　（二）赢利归全体；

　　（三）以共同努力增进社员福利；

　　（四）社务管理民主集权化。

第六条 本社社址设于上海，于业务发达时，得在外埠设立分社。

第二章 社员、社费及股份

第七条 合于以下各项资格之一者，为本社社员：

　　（一）除短时期或特约雇员外，现在本社之职工任职满六个月者；

　　（二）本社职工任职十年以上，年老而退休者；

　　（三）虽未在社内任职，但对于本社曾有特殊劳绩，并仍经理事会向社员大会提出通过者。

第八条 本社资本以社员之股份充之。

第九条 社员以其所缴纳之社费应得之股息及第十六条所规定之溢出红利作为股份，每积满国币拾元为一股，每一社员之股份不得超过五百股。

第十条 本社职工于任职时起，每月就其薪水中扣除百分之十，于任职满六个月时并计作为入社时之股份；职工任职未满六个月而去职者，则发还其扣除之数额。

第十一条 社员入社以后，应继续缴纳月薪百分之十作为社费，至所有股份积满五十股时为止；以后如股份未满五百股而愿继续缴纳社费者听之。

第十二条 第七条第三项之社员于入社时缴纳社费无定额，以后社费得自由缴纳之．

第十三条 社员应得之利益为股息，于每年总决算后，依照第三十九条之规定分派之。社员所有股份满五百股者不派股息；社员所有股份超过五十股以上至四百九十九股者，超过二十五股以上者及二十五股以下者，其应得股息为一、二、三之比率分派之。

第十四条 社员所派得之股息一律作为增加之股份，倘有奇零数目不满一股者，应移入下年度派得之股息并计之。

第十五条 倘遇本社资本充足不需增股时，得经社员大会议决以现金分派股息，不扣作股份；但社员股份未满五十股者，其应得股息仍应扣作股份。

第十六条 倘遇本社资本缺乏而职工所得红利溢出月薪总额时，得经社员大会议决，以溢出红利之一部或全部作为股份，但以社员股份未满五百股者为限。

第十七条 本社股份不得买卖、抵押、转让，并不发给股票，但社员入社时发给社员证一纸，载明社员姓名、年龄、入社日期、所有股份数额、增加股份数额及每年应派股息数额。

第十八条 社员于死亡或离职时即作为出社，但第七条第三项之社员于死亡时方作为出社。

第十九条 社员自出社日起即不得再派股息，其所有股份由本社分期付还，未付还之股份按周年七厘给息，其每年应付还之成数由理事会决定之，但分期付还之时期至长不得过十年。

第二十条 社员出社后重行复职者，倘经一次缴纳其出社时所有股份之总额或股份五百元者，得即行恢复社员资格。

第二十一条 本社解散时应尽先发还社员股份之票面数额，倘有余额则由社员大会决定分派之。

第三章　社员大会

第二十二条 社员大会于每年二月、八月举行常会一次，于必要时得由理事会或社员三分之一之请求召开临时社员大会。

第二十三条 社员大会之任务如左：

（一）通过社务进行计划；

（二）通过本期决算及下期预算草案；

（三）通过股息及职工红利分派案；

（四）选举理事、人事委员会及监察人；

（五）讨论社员之提案；

（六）变更本社章程；

（七）其他社员大会应行讨论之事项。

第二十四条 社员大会任何表决，须有社员三分之二之出席，除修改章程外，须过半数通过方为有效。社员须亲自出席，每一社员仅有一投票权。社员大会因不足法定人数致不能开会时，得将议案自大会之日起一个月内用通讯方法以投票决定之。

第四章　理事会

第二十五条 社员大会选出理事七人组织理事会，设计及管理本社一切业务。理事会至少每月开会一次。

第二十六条 理事任期一年，连选得连任。

第二十七条 理事会互选常务理事一人，任理事会主席。

第二十八条 理事会互选总经理及经理各一人，为理事会之代表，总揽社务，并为本社对外之代表。

第二十九条 理事会除总经理、经理外，均为无给职。

第五章　监察人

第三十条　社员大会选出监察人二人，查核会计账目。

第三十一条　监察人为无给职，任期一年，连选得连任。

第六章　人事委员会

第三十二条　人事委员会设委员七人，常务理事、总经理及经理为当然委员，此外委员四人，则由社员大会选出之，任期一年，连选得连任。人事委员会为无给职。

第三十三条　人事委员会职权如下：

（一）决定职工进退；

（二）核定职工薪额；

（三）核定工作时间；

（四）分配职工红利；

（五）考核职工勤旷劳绩，拟定工作纪律及惩奖办法；

（六）核准职工请假；

（七）管理宿舍安适及教育、卫生、娱乐等事项；

（八）其他有关职工福利之事项。

但以上第一、二、五、六项如系关于总经理及经理，则由理事会核定之。

第三十四条　人事委员会各项决定足以削减职工利益者（如裁员、减薪、增加工作时间等），除由社员大会决定者外，须经全体委员一致通过。

第三十五条　人事委员会各项决定足以变更本社预算，须经理事会核准；如人事委员会与理事会意见不能一致，则由社员大会决定之。

第七章　会计

第三十六条　本社于每年六月终、十二月终各结算一次，十二月终之结算应合并六月终之结算而为总结算。

第三十七条　理事会在总结算时应造具下列各项表册，交由本社所聘任之常年查账会计师详细查核，转送监察人，由监察人复核后提交社员大会：

（一）营业报告书；

（二）资产负债表；

（三）财产目录；

（四）损益计算书；

（五）公积金及股息红利分派之议案。

第三十八条　本社会计年度自每年七月一日起至次年六月三十日止，下届会计年度总预算由理事会决定，提交社员大会核准之。

第三十九条　每届总决算如有盈余，应先提公积金百分之十五捐助中华职业教育社，公益金百分之二十，社员福利基金百分之十五，股息百分之二十及职工红利百分之三十。

第四十条　公积金除由社员大会议决拨作扩充业务或弥补损失外，不得移作别用。

第四十一条　社员福利基金须积满资本总额二分之一以上或本社解散时方得动用，其动用方法由社员大会或人事委员全决定之。

第八章 附则

第四十二条 本章程于成立大会通过后发生效力。

第四十三条 本章程须经社员大会三分之二之通过方得加以修正。

生活出版合作社章程

1940年3月（民国二十九年）第六届社员大会通过

第一章 总则

第一条 本社定名为"生活出版合作社"，对外简称"生活书店"。

第二条 本社本生产合作之原则，以社员共同投资、共同工作，经营出版事业，促进大众文化为宗旨。

第三条 本社社员负有限责任。

第四条 本社业务如下：

一、出版（包括出版编辑、印刷）图书及定期刊物；

二、贩卖本版及外版图书和定期刊物；

三、举办其他有利于社会文化之事业。

第五条 本社信条如左：

一、为社会大众服务；

二、赢利归全体（包括一切工作人员）；

三、依据"各尽所能，按劳取值"原则，共同努力增进全体福利；

四、社务管理采用民主集中制。

第六条 本社总社社址设于总管理处所在地，必要时得于各地设立分社或社的执行部。

第二章 社员

第七条 合于以下各项资格之一者，得为本社社员：

一、除特约职员外，现任本社服务之职工，经试用期满六个月，任职六个月，年满二十岁，由人事委员会审查合格向理事会提出通过者（未满二十岁者，须在二十岁时开始，又如审查不合格者，得在三个月后再审查一次）。

二、曾因事退出本社，重行复职，经人事委员会审查合格，向理理事会提出通过恢复社员资格者。

三、本社职工任职十年以上，合于退休规则者（退休细则另定之）。

四、虽未在本社内任职，但对本社有特殊赞助，经理事会审查合格，向社员代表大会提出通过为名誉社员者。

第八条 社员于死亡或离职（暂准告长假者除外）时，即作为出社。但第七条第三、第四项之社员于死亡时方作为出社。

第三章 社股

第九条 本社资本以社员之社股充任之，每十元为一股，每人至少缴纳五年，至多不得超过股金总额百分之二十。

第十条 社员入社后，应按月缴纳月薪百分之十作为社股，每积满国币十元为一股，至满五年为止，以后愿否继续听便。

第十一条 第七条第四项之名誉社员，社股得自由缴纳，但至少五股，至多不得超过股金总额百分之二十。

第十二条 社员应得之利益为股息，于每年总决算后，依照第四十三条之规定分派之。

第十三条 社员派得之股息（除股款满百分之二十者外）一律作为增加股份，如有奇零数目不满一股者，应移入下年度派得之股息并计之。

第十四条 倘遇本社资本充足不需增派时，得经社员代表大会议决，以现金分派股息，停止扣作股份。

第十五条 倘遇本社资本缺乏而社员所得红利超出月薪总额时，得经社员代表大会议决，以超出红利之一部或全部作为股份，但以社员股份未满百分之二十者为限。

第十六条 凡出社社员恢复社员资格后，除将全部尚未退清之社股作为社股外，余照第十条办理。

第十七条 本社股份不得买卖、抵押、转让，并不发给股票。但社员入社时发给社员证一纸，上贴本人二寸小照，载明社员姓名、年龄、籍贯、入社日期及所有股份数额。该社员证由常务理事会主席签名盖章发给。

第十八条 社员自出社日起，其所有股份，由本社按照每年盈亏分期付还，未付之股份，按周年七厘给息，其每年应付还成数，由理事会决定之。但分期付还之时期至长不得过五年。

第十九条 本社解散时，除清偿债务外，应尽可能照比例先发还社员股份之票面数额，如尚有余额，由社员代表大会议决处理之。

第四章 社员代表大会

第二十条 社员代表大会由各地社员推举代表组织之。各地社员每三人推举代表一人，不满三人者，按照三人计。社员代表大会为本社最高机关。

第二十一条 社员代表大会之职权如左：

一、讨论社员提案及理、监、人事委员会报告；

二、处理社员及理、人、监委员会提出之弹劾案；

三、通过社务进行计划；

四、通过本社本年度决算及下期预算草案；

五、通过股息及职工红利之分派；

六、通过变更本社社章；

七、通过解散本社；

八、通过名誉社员；

九、处理其他社员代表大会应行讨论事项。

第二十二条 社员代表大会每年春季举行常会一次，由理事会负责筹备及召集。必要时得由理事会或社员三分之一的请求，召开临时社员代表大会。

第二十三条 社员代表大会以代表三分之二之出席为法定人数，每一代表仅有一表决权，如因特殊情形而不能派代表出席时，得由该处社员指定社员一人代表出席大会。

第二十四条 除修改社章须经出席代表三分之二之通过及解散本社须经出席代表五分之四通过外，其他任何表决以出席代表过半数之通过为有效。

第五章 理事会

第二十五条 全体社员用通讯直接选举方式，选出理事十一人，候补理事二人（以未当选理事得票次多数充任）组织理事会，执行社员代表大会之决议案，设计及管理本社一切业务（每届理、监、人事委员会选举由前届理事会负责筹备）。

第二十六条 理事会每三个月开会一次，遇必要时得召开临时会议，由理事会主席召集。如果某理事因果不能出席时，得由该理事指定社员一人代表出席，

第二十七条 理事任期一年，连选得连任，当选理事之在职社员以尽可能调至社址所在地工作为原则，在下届理事会未选出前得继续执行职权，但至多不得超过三个月，理事概为无薪职。

第二十八条 理事会选举常务理事五人，组织常务理事会处理日常会务，常务理事互选主席一人，秘书一人，每月至少举行常会一次，由主席召集，常务理事如有不能出席时，可指定理事一人代表出席。

第二十九条 理事会职权如左：

一、核定社员进退；

二、召集并筹备社员代表大会；

三、决定出版计划；

四、决定营业计划；

五、解释一切规章及社务进行计划；

六、任免总经理、经理；

七、理事会认为必要时，得指定各种问题的专门委员会研究专门事项；

八、处理其他有关于设计及管理本社一切业务事项。

第三十条 理事会互选一人为总经理，代表理事会总揽本社业务并为对外代表，又选任社员一人为经理，协助总经理处理业务，于必要时得增襄理一人，由总经理推荐，向人事委员会提出通过，经理事会核准聘任之。

第六章 监察委员会

第三十一条 全体社员用通讯直接选举方式选出监察委员三人，候补监察委员二人（以未当选监委得票次多数充任），组织监察委员会管理本社监察事务。任期一年，连选得连任，监察委员概为无薪职。

第三十二条 监察委员会职权如左：

一、监护本社财产；

二、查核会计账目；

三、督促决议案之实施；

四、监督履行社章；

五、弹劾失职理事、人事委员及总经理、经理，提交社员代表大会处理之；

六、处理与监察有关的其他一切事务。

第三十三条　监察委员会互选主席一人，秘书一人，主持会务。监委会三个月开常会一次，由主席召集，如监察委员因事不能出席时，得由该委员指定社员一人代表出席。

第三十四条　监察委员得列席理事会及人事委员会会议，并有发言及建议之权，但无表决权。

第七章　人事委员会

第三十五条　全体社员用通讯直接选举方式选出人事委员九人，连同总经理、理事会主席共十一人组织人事委员会，处理本社人事问题，保障社员利益；设候补委员二人，以未当选正式人事委员得票次多数者充任之。

第三十六条　人事委员会互选主席一人，秘书一人，处理日常会务，人委会每月至少开常会二次，由主席召集，不能出席之委员，得由该委员指定社员一人代表出席。人事委员任期一年，连选得连任，人事委员概为无薪职。

第三十七条　人事委员会职权如左：

一、核定职工进退调迁；

二、核定职工薪额；

三、决定工作时间；

四、拟定职工红利分配办法；

五、考核职工勤旷，拟定工作纪律及奖惩办法；

六、核准职工两个月以上之长假；

七、管理宿舍安适及教育、卫生、娱乐等事项；

八、处理其他有关职工福利之事项。

但以上一、二、五、六项如系关于总经理、经理者，则由理事会核定之。

第三十八条　人事委员会各项决定，足以削减全体职工利益者（如裁员、减薪、增加工作时间），除由社员代表大会决定者外，须经出席委员五分之四之通过，方为有效。

第三十九条　人事委员会各项决定足以变更本社预算者，须经理事会之核准，如人事委员会与理事会意见不能一致时，则由理、监、人委会各推相等数量之委员，组织研究委员会解决之。如研究委员会再不能解决时，则由社员代表大会决定之。

第八章　会计

第四十条　本社于每年六月终、十二月终各结算一次，十二月终之结算应合并六月中之结算为总结算。

第四十一条　在总结算时，理事会应通知总管理处造具左列各项表册，交由本社所聘任之常年查账会计师详细查核，转送监察委员会，由监察委员会复核后提交社员代表大会：

一、营业报告书；

二、资产负债表；

三、财产目录；

四、损益计算书；

五、公积金及股息红利分派之方案。

第四十二条　本社会计年度自每年一月一日起至同年十二月卅一日止，下届会计年度总预算由理事会决定，提交社员代表大会核准之。

第四十三条　每届总决算如有盈余，应先提公积金百分之十五捐助生活周刊社创办者中华职业教育社，公益金百分之二十，社员福利基金百分之十五，股息百分之二十及职工红利百分之二十。惟股息不得超过年息一分，其超过之数，拨归社员福利基金。

第四十四条　公积金除由社员代表大会议决拨作扩充业务或弥补损失外，不得移作别用。

第四十五条　社员福利基金其动用方法，须得社员代表大会提出决议之。

第九章　社员之权利与义务

第四十六条　社员有自由退出本社之权。

第四十七条　社员均有工作权，有权获得有保障之工作和按其劳动的质与量而得适当之报酬。

第四十八条　社员均有休息权，以七小时工作制之推行，星期日例假之确定，每年卅六天休假期之施行，休息室之普遍设立，为之保证（其细则另定）。

第四十九条　社员年老及疾病或丧失工作能力时，均得有物质保障权（细则另定之）。

第五十条　社员不限性别，均享受同等权利，惟女社员在生育前后得有两个月休假权，薪给照发。

第五十一条　社员均有选举权与被选举权。选举方法系采取记名投票直接方式。

第五十二条　社员有对社务提出意见与批评之权。

第五十三条　社员不得在外经营与本社同样性质之业务。

第五十四条　社员有遵守本社一切规章之义务。

第五十五条　社员有执行上级决议或指示之义务。如对上级指示有不同意见时，可向上级机关提出询问，但在未得解答前，仍须执行该上级决议或指示。

第五十六条　社员有保护及保障本社财产利益之义务。

第五十七条　名誉社员除第四六、四七、四八、四九、五十等条，关于在职社员权利不能享受与第五十三条不受拘束外，其余权利义务相同。

第五十八条　尚未加入本社之正式职工除无选举权及被选举权外，在试用办法规定范围内，亦得与社员受同等权利并负同样义务。

第十章　附则

第五十九条　本章程经全体社员三分之二通过后发生效力。

第六十条　本章程须经社员代表大会三分之二通过方得加以修正。

第六十一条　凡本章程未规定之事项，悉依照合作社法办理之。

生活书店通信购书简章

1935年（民国二十四年）

一、购书人及收件人姓名、地址，均请用正楷分别写明；国外并写西文。

二、书籍名称、著作人姓名、价格、部数、出版处；杂志名称、全年或半年、份数、起迄期数、出版处，均须详细开列。

三、购书或委定杂志，必须附足书款。如由邮局代收货价，须货价在五元以上者，方能照办（代定杂志不能代收货价）。

四、信件或汇款请寄：上海福州路384号生活书店邮购科。

五、本店接信后，在最短期间将书籍、定单、发票先后寄上。如有余款则寄还，或给"邮购户存款单"，以备日后购书时支用。

寄款方法

六、书款可委托各地中国银行、交通银行、上海银行、新华银行、江苏农民银行、浙江兴业银行、华侨银行、聚兴诚银行、大陆银行、富滇新银行等汇寄，不收汇费，并可填用购书汇款单，兼省信费。如无免费汇款银行者，可委托其他银行或钱庄汇划，或购用邮局汇票（汇银单上请注明"上海生活书店收"字样）。

七、邮局不发汇票各地，可用邮票代款，十足收用。邮票每枚以一元以内者为限。上海不通用邮票不收。

八、寄纸币须用邮局特制保险信封，并纳保险费。纸币以上海通用者为限。

九、南洋及欧美各地，可由银行汇兑或邮局国际汇兑。如汇兑不便，可附寄外国纸币，在上海照市价兑用。

十、附有款项之信件，须用坚厚信封慎密固封，挂号寄递。

邮费、运费

十一、书籍寄费，概由购书人负担。国内及日本：书价一元五角以内约加一角；三元以内约加一角五分；六元以内约加二角三分；十元以内约加三角一分。国外：约照书价加三成半。香港、澳门：约照书价加二成。多还少补（有特种情形免收寄费者不在此例）。

十二、为稳妥计，包件必须挂号寄递。挂号费国内每包八分，国外二角五分，香港、澳门一角五分，均已大约计算在十一项内。

十三、信局寄费，每件至少一角，送力等概由购书人自付。

十四、单本大部书籍，须装木箱作包裹寄递，运费因地而异，请预先宽付。

优待

十五、凡惠购敝店出版各种图书杂志（预定杂志除外），一律照实价再打九折，以示优待。

凡委托敝店代购外版图书（预约书、廉价书等特种情形者除外），一律照各原出版处门市售价之外，再打九折，以减轻读者负担。凡委托敝店代定杂志，代预约各书，代购廉价书等，均无折扣；惟不另加手续费，免收包扎费。

附则

十六、所购书籍如未收到，而来函查询时，信上请写明前信寄发日期，附银若干，书籍名称，以及与前信同样之具名。

十七、各书寄出后，除有缺页及装钉颠倒者外，概不退换。

（《中国出版史料现代部分·第一卷（下册）》宋原放主编，山东教育出版社2001年版）

生活书店通信购书简章

1936年（民国二十五年）

采购手续

一、购书人及收件人姓名、地址，均请用正楷分别写明；国外并写西文。

二、书籍名称、著作人名称、价格、部数、出版处；杂志名称、全年或半年、部数、起讫期数、出版处，均须详细开列。

二、购书或委定杂志，必须附实足书款。如由邮局代收货价，须货价在五元以上者，并须先付现款半数，方能照办（代定杂志及办别家出版书籍不能代收货价）。

四、信件及汇款请寄：上海福州路三八四号生活书店邮购科。

五、本店接信后，在最短期间将书籍、定单、发票先后寄上。如有余款则寄还，或给"邮购户存款单"，以备日后购书时支用。

寄款方法

六、书款可委托各地中国银行、交通银行、上海银行、新华银行、江苏省农民银行、浙江兴业银行、华侨银行、聚兴诚银行、大陆银行、富滇新银行等汇寄，不收汇费，并可填用购书汇款单，兼省信费。如无免费汇款银行者，可委托其他银行或钱庄汇划，或购用邮局汇票（汇银单上清注明"上海生活书店收"字样）。

七、邮局不发汇票各地，可用邮票代款，十足收用。邮票每枚以一元以内（最好一角以上）者为限，上海不通用邮票不收。

八、寄纸币须用特制保险信封，并纳保险费。纸币以上海通用者为限。

九、南洋及欧美各地，可由银行汇兑或邮局国际汇兑。如汇兑不便，可附寄外国纸币，在上海照市价兑用。

十、附有款项之信件，须用坚厚信封慎密固封，挂号寄递。

邮费、运费

十一、凡购买本店出版书籍杂志，或委托本店代购全国各种图书杂志，一律免收邮费。但有下列情形者，邮费一律照收：寄往国外或香港澳门者，应该当作包裹寄递的特种书籍，标点书及特价、廉价书，代定杂志及预约书。

十二、为避免遗失而用"挂号"寄，为求寄递迅速而用"快邮"寄，则挂号费每包八分，快邮费每包十二分，概须另收。

十三、单本大部书籍，须装木箱作包裹寄递，寄费因地而异，请预先宽付。

十四、委办大批书籍，须装木箱由铁路轮局转运，其木箱费及运费，概由购书人负担。

优待

十五、除照第十一条免收邮费之优待外，凡委托本店代预约特价书，代购廉价书，一概不另加手续费，免收包裹费。

十六、凡图书馆委托本店代办任何一家出版之图书、杂志，均可照各出版家优待图书馆办法同样优待；如某出版家对图书馆规定有九折之优待，则本店亦必同样优待，同时并得享受第十一条免收邮费之优待。

附则

十七、所购书籍如未收到，而来函查询时，信上请写明前信寄发日期，附银若干，书籍名称，以及与前信同样之具名。

十八、各书寄出后，除有缺页及装订颠倒破损者外，概不退换。

生活书店同人储金章程

1937年6月25日（民国二十六年）

（一）本店为鼓励同人俭约储蓄起见，举办同人储金，由总管理处主计部负责办理。

（二）同人开户存款时，当掣给存单收执，按照存额多寡与期限久暂，酌给利息。

（三）储金暂以定期为限，每次存额至少须在三十元以上，定期最短须在半年以上，在订定限（期）内，不得提取，到期本息一次付清。

（四）储金到期，如储户愿继续存储时，应将原存单交总管理处主计部批注或另换新存单。

（五）储金利息定期半年以上者年息六厘，一年以上者八厘，三年以上者九厘，五年以上者一分，每扣完六个月结算一次，并入本金计息。

（六）储金利息自存入之次日起算至到期之日为止，过期日数概不计息。

（七）储户于开户时可预存印鉴，到期取款时应在存单上签字盖章，经本店与原有印鉴核对无误时方能照付；如当初不存印鉴者到期时可凭单取款，但本店认为有疑问时，得交取款人觅具妥保方能照付。

（八）存单如有遗失或毁灭等情，应立即具（申）请书叙明存单号数，金额存入与到期年月日，以及遗失缘由，报告主计部挂失止付，并自行登载作废声明二天，于主计部指定之二种著名日报，如经一个月后毫无纠葛，准由储户觅铺保补领新存单，但在未经照章挂失以前，如有被人冒领本息等情，本店不负任何责任。

（九）印鉴如有遗失或毁灭等情，应立即具声（申）请书叙明事由，报告主计部挂失，一方觅具铺保，一方准掉换新印鉴。

（十）存单到期时应交总管理处主计部核付本息，未经主计部委托前，各分支店不得代付。

（十一）本储金由本店负无限责任，如遇本店清理或解散时，应尽先发还。

（十二）储金存单须经总管理处总副经理或主计部主任二人以上会同签字盖章，方生效力。

（十三）储金额暂定国币五万元。

（十四）本章程由临时委员会通过后施行。

生活书店奖励特约分销改用回佣办法

1938年2月12日（民国二十七年）

本店自各地分店及办事处陆续成立后，原有特约分销处已逐渐减少，但为使发行网深入内地起见，对各地同业及救亡团体，应以各分店及办事处为中心，分向附近各重要城市，切实联络，先建立初步分销网，以后逐渐使之扩展，订立特约，能预缴若干保证金，于本店新书刊出版时，得随时分发试销，借以普遍于内地。同时为鼓励分销处努力推销计，似应改照全年营业总额之多寡，作酬劳增减之标准，较为妥善，并寓奖励之意。业已照原有特约办法，重行修正，除另印新章外，兹将重要各点，摘录如下：

一、各分店附近区域之重要城市，凡全年营业总额（以本版图书为限）在五百元以上者，得订立特约，惟须征得总店同意，以资接洽。

二、特约分销对外营业，得应用"生活书店某地特约所"名称，但不能运用上项牌号。

三、特约所批发折扣，仍照普通折扣办理，惟在年终结账时，本版书销售额在五百元以上者，得照下列规定，补给回佣：

（1）五百元以上九五折；

（2）一千元以上九四折；

（3）二千元以上九三折；

（4）三千元以上九二折；

（5）五千元以上九折；

（6）八千元以上八七折。

四、特约所订约时，至少须预缴保证金二百元，证金息照周息八厘计算，自缴付后二日起算，于每年一月底结付。

五、寄发新书刊，以预缴证金额之半数为限（其余半数，留备续发新货之用），特约所自动添配书刊，概须汇付现款。

六、特约所结账，每年分六月底、十二月底两届结清。惟按月须开寄清单核对。如欠款超过保证金之半数时，应催特约所续付现款，否则停发新货。

七、余均照普通批发简章办理。

生活书店有眷属员工住外津贴规则

1938年10月11日（民国二十七年）

第一条 本店员工在工作当地携有家眷在外寄宿者，得照本规则领受津贴。

第二条 员工眷属以夫妇、子女为限。

第三条 凡工役、服务生、练习生、练习员与职员在试用期内，满六个月者，亦得领受此项津贴。

第四条 员工领受住外津贴，按照下列标准：

一、凡薪金在五十元以下者，月给津贴八元。

二、凡薪金在五十元以上至一百元者，月给津贴六元。

三、凡薪金在一百元以上者无津贴。

第五条 本津贴按月连同薪金发给，不得预支。

第六条 本规则于廿七年十一月一日起施行。

第七条 本规则如有未尽事宜，得随时提出临委会（将来是人事委员会）修改之。

生活书店编审委员会组织及办事规则

1939年1月24日（民国二十八年）

一、组织

第一条 生活书店总管理处设编审委员会，区管理处得视必要设立编审委员会分会。

第二条 编审委员由总经理聘请之。依照一般职员之待遇之，但工作时间得变通办理，并依工作决定薪水报酬，本店职工年资加薪办法对于编审委员不适用之。

第三条 编审委员会设主席一人，副主席一人至三人，秘书一人，均由总经理就编审委员中聘任之。

第四条 编审委员会主席担任编审会议主席，起草生产计划，并指挥全部编审工作。

第五条 编审委员会副主席协助主席，指挥全部编审工作，并于主席缺席时代行主席之职权。

第六条 编审委员会秘书，应兼任生产部编校科长，担任稿件之登记、分发、退还、保管及一切编辑事务工作，于主席、副主席缺席时代理主席。

第七条 编审委员分别负责某种图书或什志之编审工作，依照编审委员会决定之计划进行工作。对于外来投稿之初次审查，应于一天至三天内完毕之。

第八条 编审委员会分会得由副主席代行主席兼秘书之职权，但生产计划须经总会核定之。

二、编审会议

第九条 总管理处、区管理处所在地应于每周召开编审会议一次，于必要时由主席召集临时会议。

第十条 编审会议之出席者如下：

1. 所在地全体编审委员；

2. 总经理、经理；

3. 生产部长或副部长；

4. 营业部长或副部长；

第十一条 编审会议之工作如下：

1. 决定编辑计划；

2. 报告编辑计划实施状况（图书及什志）；

3. 决定收购书籍并报酬率；

4. 决定重版书及其印数；

第十二条 对于编审会议之决议，主席保留最后决定权，对于编审委员会主席之决议，总经理保留最后决定权。

三、编审委员会分会

第十三条 各区管理处分会应由主席负责于每月十五日及月终各一次，报告过去半个月编辑计划之执行情况，而由总会核定之。

第十四条 除什志外，分会收购书稿，每种在百元以下者，由分会主席征得区管理处主任同意决定之。百元以上须由总管理处核定之。

四、工作计划

第十六条 工作计划分为全年计划及每季计划之二种，内容应包含以下各项：

1. 生产品之种类性质；

2. 字数或件数；

3. 预计印行册数；

4. 编稿费之支出数额；

5. 编辑用资料支出数额；

6. 印刷成本支出数额；

7. 营业总数之估计。

全年计划应规定每季完成之数字，每季计划应规定每月完成之数字。

第十七条 全年计划应于每年一月以前由编审会议通过之。每季计划应根据全年计划由各负责编审委员于每年十二月、三月、六月、九月提交编审会议通过之。

第十八条 每月最初一次会议应检讨过去一月之工作，每季最初一次会议应检讨过去一季之工作。

第十九条 工作计划之实施，倘未达原定标准时，应于下届工作时期中补足之。

五、资料室

第廿条 编审委员会及分会应设资料室，由秘书管理之，各编审委员得依照预算请求供给资料。

生活书店丙种同人储金办法

1939年1月（民国二十八年）

为实行战时节约并增强本店资力起见，兹经人事委员会决议，自七月份起举办丙种同人储金，定期一年，按月于薪工项下扣储，照月息一分计息。扣储成数：（一）凡薪工在三十元以下者不储；（二）凡薪工在三十一元至五十元者扣储百分之十；（三）凡薪工在五十一元至一百元者，扣储百分之十五；（四）凡薪工在一百零一元以上者，扣储百分之二十。根据上列决议案之原则，兹拟定办法如次：

一、此项储金由各店会计科于每月十六日发薪时照章扣储。各分店代扣之储金，收总店往来账，开通知单咨照总处已账。

二、凡储金有零数时，不满五角者扣足五角（例如月薪三十二元者应储三元五角），超过五角者扣足一元（例如月薪三十八元者应储四元）。

三、每月储金额按照第一次扣储时之月薪照章确定后，继续储足一年，不随薪工增减而变动。

四、凡自愿多储者，请在第一次扣储时自行认定。一经认定，中途不得增减。

五、凡在廿八年七月一日至廿九年六月卅日之一年间到职之职工，均须照章扣储，并继续储足一年。

六、如同人有暂记欠款（如预借薪水等）者，其扣除之款应尽先拨还欠款，待欠款还清后再开始储金，储足一年。

七、如同人有暂记欠款，原定有拨还办法者，应仍照原定办法拨还。如其拨还之数额低于本办法应扣之成数时，得照第六条规定办理之。

八、在储金期内，如有预借薪工等情，在预借之次月不归还者，其已存之储金概不计息。

九、此项储金当发给储金存单收执，各店于每月扣储时，应由经手人盖章于存单证明。

十、凡每月储金一元，一年到期时应得本息十二元七角八分。其到期应得本息，当在存单上分别注明。

十一、储金到期时或存储人中途离职提取时，请在存单上签字盖章寄交总处，经总处核对无误后，当通知所在地分店代付本息。

生活书店文书工作统一办法

1939年4月19日（民国二十八年）

本店业务日益发展，事务日烦，办理之法，须求科学化，改变传统的手工业方式，以达迅速、准确。关于文书工作，试办如下：

甲 到文、发文手续

一、凡由邮局、专差等送来之文件，均由秘书处接收。

二、秘书处收到文件后，即启封编号登入到文簿，并分别填写到文摘由笺。

三、各项文件由秘书处主任批阅后，分送各部科办理，或转呈总经理、经理批阅。如关系一部科以上者，转送有关系各部科先后办理。

四、各部科收到文件后，应由该部科主任在到文簿上签字。如隔相当时间未曾办竣，由秘书处催询之。

五、各部科复信，由各部科拟定函稿，交秘书处签收，编号缮写，登记发文簿发出。如关系各部科者，由有关系各部科注明办理经过及意见，由秘书处拟稿复信。

六、各部科函稿，均由秘书处主任会阅，由总经理或经理核定后分别缮发。

七、凡发出之信件，均须分别顺次编字、编号，发往分店者，以所在地地名编字；发往政府机关者，编"政"字；发往其他个人团体者，编"总"字。

八、秘书处依据到文摘由笺，将办讫日期录入到文簿。

九、原信及函稿，均由秘书处整理保管之。

乙 文件内容和格式

十、凡发往各分店之信函，其称呼为"XX分店XXX同志"；具名用"总管理处经理徐伯昕"或"总管理处总经理邹韬奋"，并盖私章。

十一、凡发往各分店之通告，关首为："生活书店总管理处通告第XX号"，结尾为"右通告XXX店"。无论关于营业、总务、服务者，具名均用"总经理邹韬奋"，并盖私章或签字。

十二、凡关于社务之函件，称呼为"XXX社友"，具名用"生活出版合作社理事会常务理事XXX"或"生活出版合作社人事委员会主席XXX"，并盖会章及私章。

十三、凡发往政府机关呈文函件，具名用"生活书店"或"XX生活书店"，并盖店章。

十四、凡发往读者、客户、作家、团体及其他个人之信函，具名概用"生活书店总管理处"或"XX生活书店"，并盖店章，必要时用总经理、经理之私名，并盖私章。

十五、凡发出文件，均写明年月日。

十六、凡有附件须写明名称及件数。

十七、凡分店致函总处，称呼为"总管理处徐经理伯昕"或"总管理处邹总经理韬奋"，具名用"XX分店XXX"，并盖私章。

十八、分店往来公事信函，文字务须简洁明白，绝对不可叙述私事。

十九、分店接洽公事，如有问题提出，尽可能须附提办法，愈详细周到愈好。

二十、叙述公事，须分段落，一函叙述一事以上者，每一事之首段开始，冠以"（一）（二）（三）（四）……"。末段用"此达"或"专覆"等词结束。废除祝颂等词语。

二十一、分店叙述公事，一份信件以接洽一部之事务为原则，关于人事、事务、会计者一类，关于编审、出版者一类，关于添货、发货、推广者一类，关于服务代办者一类，关于报告和计划业务者一类，关于社务组织者一类。一份以上之信件，可并合封寄。

二十二、职员对外接洽公务，如有用私人名义之必要者，须经总经理或经理之核准后行之。

二十三、分店致总管理处公事信函，信封一律写"生活书店总管理处启"。如与总经理、经理等私人通信，则写收信人姓名。

二十四、信笺、信封之格式，须求齐一（由秘书处另行拟定）。

二十五、因特殊原因及理由，必须变换文件内容及格式者，得按照实际需要变换之。

生活书店存货、轧销与抄报统一办法及其他

1939年6月（民国二十八年）

（一）自二十八年七月份起，各店应增设存货账（详附样），以登记本版书与本版杂志。存货之收进、发出、销售、损失及其结存数，均照定价入账，由栈务科负责经营。存货账分下列各栏：

1. 年月日　记存货增减之发生日期。

2. 单据号数　记发货通知单、销货通知单及收货更正通知单等号数。

3. 摘要　记发货店名、进货店名、销货月份、损失原因及其他必要记载事项。

4. 收货　根据发货通知单，记各店发来之本版金额。如点收来货与发货通知单不符时，其多收或缺少之金额，当根据收货更正通知单存根，记入本栏，如缺少用红笔书写。

5. 发货　根据发货通知单存根，记发往各店之本版金额。如接收货更正通知，查明有多发或少发时，记入本栏，如少发以红笔书写。

6. 销货　根据销货通知单存根，记本版销货金额，每月登记一次，其金额当与总账内本版销货额相同。

7. 损失　凡捐赠、没籍、炸毁、过期或污损已不能销售者之本版书刊损失金额，记入本栏。

8. 结存　记本版结存余额。其月底结存数，当与月底本版存货清单之总定价相等。

（二）各店每月根据存货账，抄每月存销月报（详附样）一份，同月底本版存货清单寄交总处营业部分店科。

（三）各店每月向总处转进本版进货。当根据每月本版销货金额，按七折计算入账，开销货通知单寄总处转账。

（四）所有各店本版书刊之损失，均由总处处理之。分店除登记存货外，应抄清单一份，详刊书名、数量、定价、总值等项，寄总处存查，并备结算版税时作"不计版税"一项之根据。

（五）为减少分店处理存货之工作及统一办事手续起见，拟定办法如下：

1. 本版书轧销工作，必须切实执行。

2. 外版书之轧销，由各店视实际情形而自行酌定之。

3. 本版存货每月底盘点一次，抄本版存货清单，寄总处分店科。

外版存货每三个月盘点一次，抄报清单。清单至迟于盘点后十天内必须寄出。

4. 按照第二条之规定，各店每月底应向总处抄报本版存销月报一份，至于销货通知单所应附之销货清单，今后毋须抄寄。

（六）本版书加价发售，纯为补偿邮运费之损失。其加成部分，兹改订处理办法如下：

1. 加成部分与书价分计，开发票时概照原定价填写，将加成部分总数，在另一行写明。

2. 加成部分，不随书价计算折扣（例如本版书定价一元，同行八折批发，当实收书价八角外，另加一成寄费一角，共收九角）。

3. 加成部分之收入，入"装运费"科目（在总账内另立装运费户记载之），至决算时以此户之贷差划转总处往来。

4. 本版书刊之销货与进货，以后概照定价计算入账（加成部分详上条）。

（七）本版书因污损滞销等原因而发售特价，其折扣低于七折时（例如对折发售），该部分销货，即照特价计算转进货账。应另开销货通知单，并抄销货清单（以备减低版税之根据）寄交总处转账。

生活书店读者顾问部简章

1939年5月13日（民国二十八年）

一、本店为解答读者在读书上和生活上所发生之问题，并代替读者随时选择最有价值之图书，特设读者顾问部，为读者服务。

二、本部服务范围分下列三项：

1. 关于读书计划上、方法上、字句上所发生之疑问的解答；

2. 关于职业生活、家庭生活上及其他方面生活上所发生之疑问的解答；

3. 每两个月推荐最新出版最有价值之必读书一册或二册，及选读书数册，使读者能有计划的读书。

三、本部答复的稿件，除由本部撰拟外，遇有特别专门性质者，由本部另请专家撰拟。关于推荐必读图书与选读图书，则由本部特聘专家组织图书推荐委员会选定之。

四、加入本部之读者须缴纳《生活推荐书》预约金每年五元，除来店自取者外，加收邮费两元，采购选读书者，其书款及邮费另行缴纳。

五、加入本部之读者，履行上举手续后，即得享受下列各项之权利：

1. 全年阅读《生活推荐书》六期（六册以上）、《读书月报》十二册，价值总额至少在十元以上，不另缴费用；

2. 得随时要求本部义务解答在本简章第二条第一、二两项范围内之一切问题；

3. 定购本店出版之图书杂志，一律九折优待。

六、读者加入本部特请填具读者登记表一份，以便编号。以后来信时务请注明预约证号数及本人姓名，以便稽查，通讯处如有变动，必须迅速通知本部。

七、本部选定之《生活推荐书》于出版后，分别通知来店自取，或由本店提前挂号寄发。

八、本部每二月所推荐之图书由图书推荐委员会分别为文，将各该书内容、价值、读法等随时在本店《读书月报》上发表。

九、读者来信中如有精采而具有一般性质之信件，随时由本部交《读书月报》发表，并致送稿酬。

《生活推荐书》发行办法

1939年5月13日（民国二十八年）

一、《生活推荐书》每两月出版一册或两册为一期，规定一、三、五、七、九、十一月中旬在总处印行，桂林、香港两处另寄纸型重版发行。上海有必要时，亦得由香港将纸型转去重印发行。

二、《生活推荐书》除重庆暂用嘉乐纸印刷外，余均用报纸印行。

三、《生活推荐书》版本装帧，仍照普通形式印行，如系丛书，亦照丛书式样排印。

四、《生活推荐书》预约全年五元，除向各店门市部自取者外，如指定邮寄一律加收邮费二元（国外照实加收），此项预约金及邮费以在一年内寄满《生活推荐书》六期，"读书月报"十二册，总值在十元以上为限，概不追补或发还。

五、《生活推荐书》预约定户凭预约证购本版图书杂志，一律九折优待。

六、《生活推荐书》预约户如需购买选读书或委办其他图书杂志时，概须另行汇寄书款与邮费。

七、《生活推荐书》之预约，限定自预约时最近出版之一期开始。已出版之各期，只能照九折补购，不能作预约计算。

八、上海、香港两处预约户以定价与内地区不同，全年应取书七期，即照内地区多取一期。如预约户变更取书地址，无论沪、港移至内地或内地移至沪、港，概照内地取书六期计算。

九、预约金应一次缴纳，各店随时掣给预约证，此项预约证由总处指定分区印制编号，寄发各店备用。预约证共三联，一存根，一给读者，一通知区中心店。自取者每取一期，须在预约证反面填注日期。《读书月报》则一律分区另行邮寄。

十、《生活推荐书》预约户应在交费时将"生活推荐书读者登记表"上详细填写，由分店将预约证号数、加入日期、取书办法等项填妥后，用最快方法寄给总处编号备查。如系邮购预约者，应于掣寄预约证时附寄登记表，请读者填就寄还。

十一、《生活推荐书》寄发预约户部分，各册均应详加检查，勿使有缺页污损之弊，免致寄发后有退换等损失。

十二、《生活推荐书》预约户应较门市发售时间提早两星期邮寄或通知自取之。

十三、《生活推荐书》以读者直接向本店预约为限，同行代为预约无折扣。如察觉同业有假借个人读者名义预约者，概以零售定价照普通批发折扣办理之。

十四、《生活推荐书》发行普通本或丛书本时，应加印一单张订入扉页前，以表明此书为《生活推荐书》之第几种，并附载介绍委员会介绍文字、加入手续及下期预告等。

十五、《生活推荐书》预约户在期满前二个月，即第五期出版时，应将下年度计划预告通知预约户，请其续缴预约金。

十六、《生活推荐书》本店同人购阅，概照零售定价对折计算，预约无折扣。

十七、各店接收《生活推荐书》预约户后，无论自取或邮寄，必须即将预约通知单寄交该区区管理处（沿海区——香港，西南区——桂林，华西区——重庆），以作造货时之参考。区管理处必须每星期列表汇报总处一次。

十八、预约《生活推荐书》自取与邮寄手续不同，预定时一经指定，不得中途变更。如自取户必须要求改变时，应即通知区管理处（区管理处并须转告总处），并补收邮费，如邮寄户改为自取时寄费不发还。

十九、本店编印之各种图书目录，应随时寄赠《生活推荐书》预约户。

生活书店分店交待与接管办法

1939年9月7日（民国二十八年）

总处近因本店业务发展，各地各店人事，时多调动，为使职务上交接手续办理清楚，并使责任分明起见，特订定交待与接管办法暨交待与接管须知，此实系使本店业务走上轨道所应采取的办法之一。今后各店交接，即希依据此项办法实行。如办理时有何意见，亦可提出。

一、分店经理（以下称办理交待者为旧任经理，接管者为新任经理）在接到总处更调职务之通知后，应即准备办理交待，新任经理即应前往接管。

二、旧任经理对于该分店的一切生财用品，应责成总务主任分类造具表册二份（并须注明价格，及有无损害），一份存分店、一份寄总处查考。该项表册上并须经新旧经理及总务主任共同签名盖章。

三、旧任经理对于该分店所存货物，应责成营业主任根据账册点交新任经理，经新旧经理在账册上签名盖章后，仍交营业主任掌管。

四、旧任经理对于银钱部分，应责成会计主任根据账册、单据及库存点交新任经理，经新旧经理在账册、单据上签名盖章后，仍交会计主任掌管。

五、关于存货及银钱部分，如有数目不符或手续不清之处，仍由旧任经理负责，对于不符及不清部分，应会同办理清楚，报告总处，必要时新任经理得拒绝接管。

六、关于分店与外间往来欠款，如属旧任经理私人性质者，仍由旧任经理负责追索或偿付，新任经理得拒绝承认。

七、分店各课主任如遇职务更动时，其交接办法与经理交接相同。

八、旧任及新任经理将交代及接管手续办竣后，即应将经过情形联名缮具报告，并连同表册一并寄总处查考，如总处认为有不合之处，得责成旧任及新任经理共同负责。

九、分店各课新旧主任将交接手续办竣后，应联名缮具报告，连同表册送由经理签名盖章后寄总处查核，如总处认为有不合之处，得责成分店经理及新旧主任共同负责。

十、本办法对于总处及区管理处各部科负责人办理交接，亦得适用。

十一、本办法经业务会议通过，由总经理核定施行，并报告常务理事会备查。

十二、本办法如有未尽事宜，得由业务会议随时修订之。

附：生活书店分店办理交待与接管须知

（1939年9月29日总处第八次业务会议通过）

一、办理交待时，如已有规定表册者，只需根据该项表册查点，毋需另行拟制。

二、交待与接管应由双方规定限期办竣，不得迁延时日，以免影响整个工作。

二、交待接管手续办竣后，在联名报告内，应将实际经过情形分类分项（如总务、会计、营业等）详细说明。

四、关于交待方面如有不清及不符部分，交待及接管者双方系用何种办法处理，亦应在报告内详加说明。

五、在交待方面之有不清及不符部分，系内部事件，不得影响或牵涉本店对外关系。

六、交待者对于银钱、生财、用具等，如有遗漏未交者，接管人应即向交待人提出，如不提出，一经总处查觉，得责成交待与接管者双方共同负责。

七、附于联名报告内之各项附件（如表册等）均须由交待与接管人签名盖章。

八、在联名报告末尾，对于所附表册、单据，应载明件数，以免遗失，而凭查考。

九、本须知为交待与接管办法之附件，总处所属各组织单位均适用之。

生活书店节约运动实施办法

1939年10月（民国二十八年）

甲、原则

一、撙节一切物力、财力，尽量减除浪费。

二、尽可能不用外货，多用土货。

三、实行废物利用。

乙、项目

一、毛笔、钢笔、铅笔须节用。

二、墨、墨汁、墨水须节用。

三、信封、信笺、便条、公用稿纸及公函稿纸须节用。

四、各种印刷品如票据、表册、簿子等等须节用。

五、回形针及小型别针之节用。

六、其他一切文具纸张之节用。

七、节用电、火、水（自来水）。

八、提倡徒步，减少车资。

九、邮电费之节省。

十、其他一切财力及物力之节省。

丙、办法

一、规定每人每月以用毛笔二枝、钢笔尖四个、铅笔四枝（指门市部）为度，如工作上无使用毛笔、钢笔、铅笔之必要者及可以少用者，得分别减发或免发。

二、不得用公家信笺、信封、便条及其他一切纸张写私人信件及文稿。

三、公用信封、信笺、便笺、稿纸等，除各部科及其他工作主管部门外，私人一律不得领用。

四、凡公家物品，经私人毁坏者，一律须照原价赔偿。

五、领用毛笔、钢笔，须将原有用旧者交物品管理人换领，如物品管理人认为原有物品确属尚可使用时，得拒绝换发。

六、领用墨及铅笔，须将所余残末携交物品管理人换领。

七、领用墨水、墨汁，须将原空瓶送验。

八、领用物品须经各科或课负责人签字后，再送总务部或总务课主任签字，始得发给。

九、领用数量过多或并无此项需要者，负责人得拒绝签字或注明减发。

十、添购物品须先开具购物单，经各部科负责人签字，价值在五元以上者，由经理或总务部主任签字。

十一、电灯或其他油灯，须在规定时间内开关，就寝后不得燃灯。

十二、因公出外，如路程较近者，不得开车轿资。

十三、如当地有造纸厂，得将旧有报章杂志售给纸厂，另购当地廉价之土纸包书（可加印广告）以节财力。

十四、凡在当地对内往来之信封，得两面书写（即将正面写字样涂去，反面书写收件人姓名）。

十五、对一切纸张、票据、表册，不得因稍有污渍或一字写错即撕毁不用，如确属不能用于原有工作方面时，亦须裁去污损之处改作便条或其他用途。

十六、切实节省邮电费，如无时间性或重要性者，得避免用挂号、快信、航空信，尤其是电报。

十七、使用公家信封、信笺及纸张书写私人信件、文稿及浪费一切公物者，由同人相互监督与检举，被检举一次以上者得由负责人予以纠正，被检举至三次以上者得提交人事委员会酌办。

十八、各部科或课所用公家信笺、信封所写之信件，除有秘密性经负责人证明者外，其他一切信件送交总处收发时，不得封口，如无负责人证明而又已封口时得拒绝发出，并以私用公家信封、信笺论。

十九、同人领用物品，每月须有统计，并将节约情形，列成比较表公布。

二十、各区处及各分支店节约情形并须报告总处。

丁、考察

一、为贯彻本办法之执行，得实行随时考察。

二、考察任务由经理或总务部（或课）负责人执行。

三、考察所得，如遇有不爱惜公物及浪费情事，并得当场纠正。

戊、标语、口号

一、节省一分浪费，即增加一分抗战力量！

二、节省消费，就是充实本店资金！

三、节约就是巩固同人福利的保证！

四、要发扬生活精神，必须厉行节约！

五、要以"自觉"的精神厉行节约！

六、浪费物力、财力即是摧残本店事业！

七、节约等于生产！

八、浪费就是罪恶！

九、以自己的人格，保证节约的实行！

十、要发展本店事业，必须实行节约！

己、附则

一、标语必须贴在办公室内。

二、本办法总处所属各单位组织均适用之。

三、本办法经业务会议通过后由总经理核定颁行。

四、本办法如有未尽事宜，得由业务会议修正之。

生活书店活期定户统一处理法

1940年10月24日（民国二十九年）

一、各种杂志均得按照活期定户办法处理，但遇有下述情形之一者，暂行除外：（一）本店出版月刊以内之杂志；（二）本店总经售而变动性较少之杂志；（三）日报及刊期在五日以内之杂志；（四）读者指明必须定阅而信用久著之杂志。

二、接受定户时，须开"活期预定杂志定单"活期定单系三联式，第一联为"通知单"，第二联为"定单"，第三联为"存根"。定单号码由各店自编，从第一号起，号码前冠以"渝活字"或"筑活字"等字样，以资区别。

三、开发定单时，写明定户姓名、地址、日期、预收定费数额（用大字写，每种每份收费三元至五元），杂志名称、每种份数、开始卷期及寄递方法（将来采用者划√）。如系续定或有优待者，须在单注栏内注明。最后由经手人签字并盖上店章。订阅种数如超过十二种，须另开定单。所收定费作为"预收定费"全计科目，依据存根缴账。

四、通知单背面兼作账单用，定单号码兼作账单号码。于接受定户之当日，将通知单交与发行组，据此办理寄发刊物之手续。

五、定单交给定户收存。正面载有附注五项："一、所定刊物，由本店按期直寄尊户收阅；二、平邮寄递之邮件，如有遗失，恕不查补；三、所定刊物如不合尊需，可将本单寄回，通知更换别种刊物或退还剩余定费；四、改寄地址或查询事件，请声明本定单号数；五、本店按值发货，定费用完时，本定单即告作废"。定单背面印"活期定户办法"六项。

六、存根据以缴纳定费，由会计科盖章后交发行组保存备查。

七、发行组收到通知单后，估计需用贴头之多寡，缮写蜡纸油印、贴头以定单号码为单位，不以杂志种类为单位，需要较多者可在同一蜡纸上缮写一个以上之贴头，以免等待延搁。贴头上注明定单号码，印就切开，顺码排列，以便需要时便于顺码检出应用。

八、贴头印就后，即依据通知单编制"发货簿"，以每种杂志编制一册（如贴头尚未印就，亦可提前编制"发货簿"）。将刊物名称、开始卷期、定户姓名、地址、定单号码填入"发货簿"，并顺序另编页码，各册发货簿均自第一号起。其中定户姓名、地址一项如以贴头粘贴，可省填写手续。每编成一页发货簿，须在通知单"发号"项下注明各该刊发货簿页码，以资查考。

九、编制发货簿时同时编制索引卡。索引卡系将贴头贴在空白卡片上，并依照姓名用四角号码排列，首字取四角，次字及第三字各取二角，逢单名第二字取四角，机关团体以地名编号。

十、依据发货簿所载，每种杂志数量，通知进货组于出版时配进，以备寄发之需。中途遇有增减，可以应用"销货计数表"记载之。销货计数表表示某杂志某卷某期于某日截至第几页止，计增加若干份或减少若干份，参考上期实销数加减后即得本期实销数。每种发货簿首页之前，各附该表一张，随时记录。

十一、杂志配到后即依据发货簿上所注明之账号（即定单号码）检取贴头。检得贴头，经与发货簿上所开列者核对无误，即将寄发日期及卷期填入发货簿，作为刊物业已寄出之记载，平寄邮费不收，如挂号、快递或航寄者，邮费照加。遇有多份及不用平寄者，另行检出，依据贴头将刊物分别包卷付邮，并请邮局特盖回单存查。

十二、根据发货簿之记载，计算实发数量，填入销货计数表之"本期实销"项下。根据该期定价，结算总值。结出总值后即以"销货"科目出账，账款由"预收定费"划转。

十三、根据发货簿之记载，将各户发货之价值，记入"分户账单"。如遇存款将完，即须通知续定。如遇存款已完，即须停寄，并将该页发货簿抽出，另行依照账号保存，以免与未停寄者混杂。

十四、通知续定用双信式，须填明结存数，刊物名称，最近发出卷期，及发货簿页码。日后如来续定，可以检出原发货簿页应用。

十五、遇定户来信查询或改寄地址时，即可由索引直接查知分户账单号码，如写明定单号数者，即可由分户账单查知全部办理过程，并据以答复定户。

十六、通知单所开各种杂志，如有某种或某期未能寄发时，应向定户声明，以免定户因久待而引起责问。

十七、如定户请求更换别种刊物，只须将原定单及通知单加以改正，加注日期并盖章，不用另开新定单，发货簿则随即更正。如请求退款，须收回定单，如定单遗失，须另补退款收据，并将分户账单、发货簿及贴头全部注销。索引卡片继续保留以备日后查考。

十八、活期定户有随时退款及更换刊物之便利，但有时费用较定期定户为昂贵，故此点须于事先向读者解释清楚，以免引起误会。

十九、经常编印全国定期刊物目录分赠读者。该目录包含杂志名称、刊期、单价、编者及出版地，其中可以定期定阅者须注明半年及全年定费，以便需定期者定阅，并附刊"活期定户办法"。

二十、全国定期刊物之出版情形，必须熟悉，方能正确处理活期定户。为此，经常须填制调查表，记录每种刊物之名称、编辑者、出版地点、刊期、单价、预定价格、折扣及变动情形，其出版日期、卷期，尤应随时择要记录，俾知最近出版期数。此项调查表除自行填写外，同时可请原出版处填写。调查表依照名称编四角号码排列，随时检阅、核对、更正，务求正确。每种杂志须保存样本一册，并附一签贴，以作参考，如陈列门市，同时亦可供读者参考。

附件：

生活书店活期定户办法

1940年10月24日（民国二十九年）

1．创办缘起 抗战时期，印刷困难，交通多阻，杂志时出时停，定价涨落不一，定阅极感不便。本店有鉴于此，特创办"活期定户"办法，为读者忠诚服务，随时配寄全国出版之杂志、画报，便利妥捷。

2．手续简便 读者将所需之杂志名称及收件人地址通知本店，并先预附定费若干。本店接到委托后，随即掣奉定单，并开始寄发新出版杂志。

3．定费邮费 预付定费额，随定阅杂志种类多寡而异，每定一种杂志，须请预付定费三元至五元，多付听便。货价依照各该刊在寄发地之实售价格计算，每发出一期，计算一期。平寄邮费奉送，如须挂号、快邮或航空寄递者，各费另加。

4．自由退定 如所定杂志中途停刊或读者之兴趣转移，均可通知改寄别种杂志，不加限制。倘需退还定费，亦可照办，邮汇费则由读者负担。读者之利益，由此得到确切之保障。

5．通知续定 读者预付之定费行将用完时，由本店抄奉结单，通知各该刊讫止寄发之期数，并请继续惠付定费，以便源源寄发杂志，不使间断。

6．优待定户 除本店出版之杂志及一部分出版期短促或变动性较少之刊物外，余均欢迎按照"活期订户"办法定阅，本店备有"全国杂志画报目录"，承索即寄。凡"活期定户"购买本店出版各书，概照书九折计算，以示优待。

百新书店

百新书店股份有限公司组织大纲

1949年1月（民国三十八年）

第一条 本大纲依本公司章程第十九条订定之。

第二条 本店组织以经理室为中枢，共分设左列各会、部、所：

一、编审委员会；

二、业务部；

三、发行所；

四、人事委员会。

第三条 编审委员会设左列各科：

一、编译科；

二、美术科；

三、宣传科。

第四条 业务部设左列各科：

一、生产科；

二、稽核科；

三、总务科；

四、账务科。

第五条 发行所设左列各科：

一、供应科；

二、营业科；

三、会计科；

四、事务科。

第六条 各科因事实上之需要，得分组办事。

第七条 编审委员会置常务委员一人及委员四人至六人，除经理、协理与编译科主任为当然委员外，另聘委员二人至四人组成之。

第八条 业务部、发行所各置主任一人，必要时得设副主任，由经协理提请董事会核准后聘任或罢免之。

第九条 人事委员会置委员七人，除经理、协理为当然委员外，另由经协理就职员中聘请二人，全体职员中推选三人组成之。

第十条 人事委员会置总干事一人，由经理任用之。

第十一条 各会、部、所所属各科各置主任一人，必要时得设副主任，均由经协理任用之。前项主任、副主任得由一人兼任数职。

第十二条 各科视事实上之需要，酌置办事员及助理员与实习生、练习生各若干人，其名额由人事委员会议决交由经协理核定、施行，并报告董事会查核。

第十三条　本店为谋业务发展、集思广益起见，特组织店务会议。由经协理，各会、部、所主任及各科主任组成之。遇必要时得由经协理指定其他人员列席陈述，但不得参加表决。

第十四条　各会、部、所及各科之职掌，另订办事通则定之。

第十五条　本大纲如有未尽事宜，得随时修正之。

第十六条　本大纲须经董事会通过方生效力，其修改时亦同。

第十七条　本大纲自公布日施行。

百新书店股份有限公司组织系统

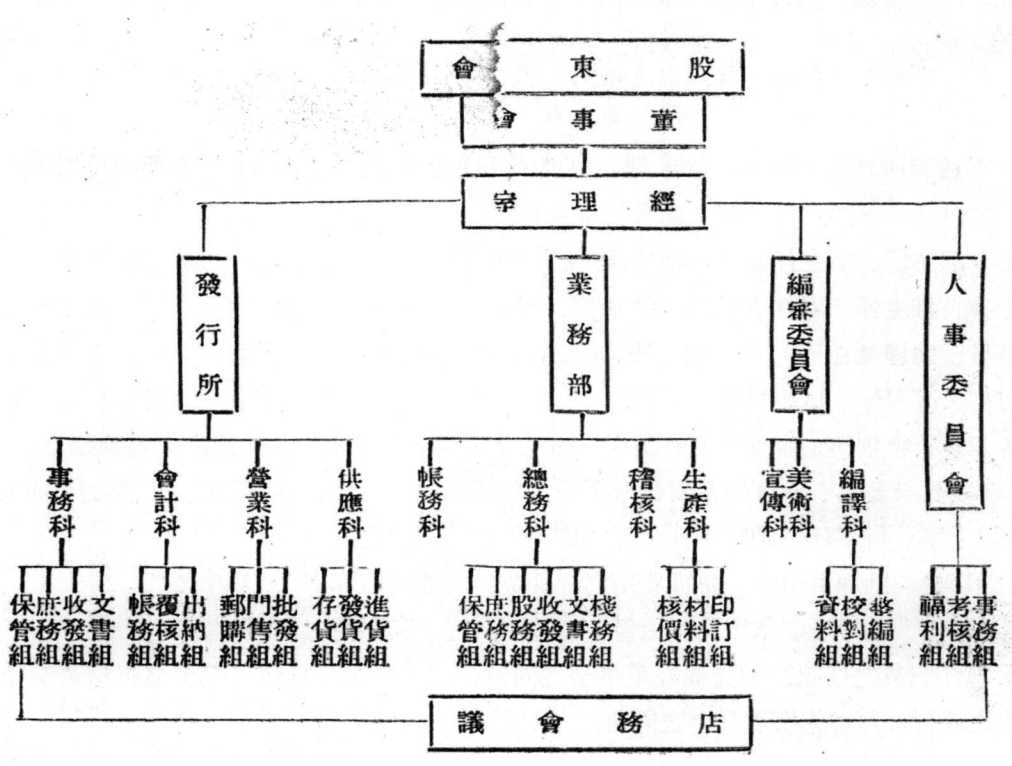

百新书店股份有限公司办事通则

第一编　总则

第一章　职名阶等

第一条　本店职员除经理、协理外，其职员阶等名称规定如左：

甲、事务员：（一）一等自任用六级至十二级；（二）二等自任用二级至八级；（三）三等自雇用十九级至任用五级。

乙、业务员：（一）一等自雇用十四级至任用三级；（二）二等自雇用十级至十九级；（三）三等自雇用七级至十五级。

丙、助理员：（一）一等自雇用五级至十二级；（二）二等雇用二级至十极。

丁、试用助理员：自雇用一级至二级。

戊、实习生：自派用七级至雇用一级。

己、练习生：自派用三级至八级。

庚、试用练习生：自派用一级至二级。

第二条 本店各会、部、所之职务、名称、人数如左：

甲、编审委员会：（一）委员五人至七人；（二）各科主任各一人；（三）各科办事员、助理员无定额。

乙、业务部：（一）主任一人；（二）各科主任各一人；（三）各科办事员、助理员无定额。

丙、发行所：（一）主任一人；（二）各科主任各一人；（三）各科办事员、助理员无定额。

丁、人事委员会：（一）委员七人；（二）总干事一人；（三）办事员若干人。

前项各部、所及各科，得视事务之繁简由一人兼任数职，或一部、所任一科得设副主任若干人。练习生视事实需要派往，各会、部、所学习，人数无定。

第二章 任免

第三条 本通则所列各种职员，除经理、协理依法由董事会推选外，下列各项职员均依本通则任免之：

甲、委员、部主任、所主任、部所副主任；

乙、总干事、科主任、副科主任；

丙、办事员、助理员；

丁、实习生、练习生、试用员生。

除甲项各职及有特别约定者外，所有员生一律须觅具保证，并履行其他规定必要手续。

第四条 各委员会委员、业务部及发行所主任、部所副主任由经、协理聘任之，其罢免时亦同。

第五条 总干事、科主任、副科主任由经、协理任用或罢免之。

第六条 办事员、助理员由经、协理雇用之，其罢免时亦同。

第七条 实习生、练习生、试用员生由经、协理派用之，其罢免时亦同。

第八条 聘任职员之任免，须先提经董事会之同意任用。职员于任免以后，应报请董事会查核。雇用派用员生之任免，须经人事委员会之同意。

第三章 服务

第九条 各职员对其所掌管之事项，各负其责。

第十条 各职员在其职掌或在当时情形应负责任之事项范围内，如受他人干涉或须他职员合作，而他职员拒绝合作致不能完成其使命时，须将事由报告上级负责职员立予解决。

倘因怠于报告致不能完成其使命或使公司或第三者受有损害时，该职员对该事项仍须负责。

第十一条 各职员服务时间除有约定者外，均须遵照人事委员会公布之规定时间服务。

上项时间，人事委员会得随时调整之。

第十二条 各职员遵时到店，服务时须先在员生值勤签名簿上签名，并记明到值时间，其退值时亦同前项。

前项职员到值、退值服务签名规则另定之。

第十三条 已届退值时间而当日公务尚未完毕者，非俟经办公务完毕不得退值。

第十四条 在办公时间内除因公务上关系外，不得看书、阅报，并不得随意谈笑及作公务以外之事项。员生在工作时间内遇有亲友来访者，应在会客处所会晤，并应尽量缩短会客时间。

第十五条 在办公时间内因公暂出或须早退时，须请核发公出证，记明事由。

第十六条 在办公时间内如因私事外出时，须照章请假。

第十七条 值勤职员对于掌管之文件、器具、货物等物，于办公时间完了时，均须整理收拾清楚，其须点交于他人者并须点交清楚。其点交时依规则或习惯手续，须有证明文件者并须取得证明文件。

违反上项规定先行退值者，依旷职例予以惩戒。其因此使公务或他人受有损害时，并须负赔偿之责任。

第十八条 各职员对业务上之秘密均有保守之义务，其因违反上项义务而发生损害时，除立予停职外，并须负赔偿之责任。

违犯前项情形时，虽受停职处分及履行赔偿义务，倘有违犯刑法情形时，仍不能免除其责任。

第十九条 本店职员不得经营或与他人合作与本店同样之业务，但在办公时间以外以技术供给他人使用者不在此限。

第四章 待遇

第二十条 本店职员待遇，除经理、协理由董事会决定外，依下列之规定按月支取酬报：

甲、任用职：自三十四元起至五十六元止，分为十二级，每级二元；

乙、雇用职：十四元起至三十三元止，分为二十级，每级一元；

丙、派用职：自六元起至十元半止，分为十级，每级五角。

第二十一条 各级职员应支薪给，如左：

甲、委员兼职不另支薪，其专聘者为名誉职，但必要时得由经、协理提请董事会决定，酌致车马费；

乙、一等事务员支任用六级至十二级薪；

丙、二等事务员支任用二级至八级薪；

丁、三等事务员支雇用十九级至任用五级薪；

戊、一等业务员支雇用十四级至任用三级薪；

己、二等业务员支雇用十级至十九级薪；

庚、三等业务员支雇用七级至十五级薪；

辛、一等助理员支雇用五级至十二级薪；

壬、二等助理员支雇用二级至十级薪；

癸、试用助理员支雇用一级至二级薪；

子、实习生支派用七级至雇用一级薪；

丑、练习生支派用三级至八级薪；

寅、试用练习生支派用一级至二级薪。

前项各款员生均得兼任他职或数职，不另支薪。

第二十二条 凡初经任用之员生，除有特别约定者外，均依该员阶等规定之最低级起支。

第二十三条 依考勤奖惩晋级者，自晋级之次月起实支，但其晋级日期在该月之十五日前者，得自本月下半月起实支。

第二十四条 低阶之员生任高级职务，或高阶之员生任低级职务，仍依其阶等支薪。但低阶员生任高级职务极为繁重者，得由人事委员会提请经、协理酌给津贴。

第二十五条 各员生之薪给，除有特别约定者外，均于每月之五日及二十日分两期支给之。

前项发薪期限因人事委员会之决议，经经理、协理核准后，得予以变更。

第二十六条　非发薪时间如有特别重大事故时，除得向人事委员会福利组请求不超过二个月薪给之一次贷款外，不得宿借。

第二十七条　本店员生一律供给膳宿，但不愿接受供给者并不给予膳宿津贴。

第五章　休假

第二十八条　本店放假休业日期为左列各日：

甲、国定纪念日；

乙、星期日；

丙、春节。

前项春节之日期由人事委员会临时决定之。

第二十九条　前条各假期，因事实上之需要，经人事委员会之决议，须照常服务时，应对服务员生加支相当之薪给。对于人事委员会之前项决定，员生不得拒绝。

第三十条　员生因私请假时按日扣薪，但每月请假时间之和不满四小时者，得免于扣薪。

第三十一条　员生因病请假时，按日扣除半薪。

第三十二条　请给病假时除经验明者外，应有医生之证明文件。

第三十三条　父母丧亡及本人结婚，得请给特假十五日，不予扣薪。

第三十四条　女性员生在生产时，得请给四十日之特假，不予扣薪。

第三十五条　除前两条之规定特假日期外，其超过之日数，经请求人事委员会核准者，照第三十条之规定扣薪，其未经请求核准者，依旷职之规定并予惩戒。

第三十六条　请假满两个月者，依下列规定处分之：

甲、一年度内之请假日期积满二个月者停职；

乙、连续请假满二个月者免职；

丙、连续请病假满二个月者，留职停薪；

一年度内请病假日期积满三个月，照丙项办理。

第三十七条　未经人事委员会之核准而擅离职守或不遵守值勤者以旷职论。

凡请假逾期而不续假，或续假而未经核准者，其逾期之日作旷职论。

第三十八条　凡旷职者除予加倍扣薪外，并依下列规定处分之：

甲、不满半日者警告，再犯记过，第三次犯记大过，第四次犯停职；

乙、满半日以上未满五日者记过，再犯记大过，第三次犯停职；

丙、满五日以上而不超过十五日者，记大过或停职；

丁、满十五日以上者开除。

第三十九条　依照第三十六条及第三十八条之规定而停职者，非经过三个月并经人事委员会之核准不得复职。

第四十条　违反第三十一条至三十四条之规定，有伪造诈欺行为者，予以免职处分。

第六章　晋级及转职

第四十一条　有下列情形之一者得予晋一级：

甲、服务满一年，考勤合格并无过失者；

乙、服务满半年而成绩优良者；

丙、有特殊劳绩者。

第四十二条 有下列情形之一者得予晋二级：

甲、服务满一年而成绩优良者；

乙、服务满半年而有特殊劳绩者；

丙、连续记大功二次者。

第四十三条 有下列情形之一者，得予转职或升等：

甲、薪给已支至本职最高级，服务满半年成绩优良者；

乙、薪给已支至本职最高级，服务满一年并无过失者；

丙、薪给已支至本职最高级而有特殊劳绩者；

丁、连续记大功三次者。

第七章 调派

第四十四条 员生所任职务因人事委员会之决定得随时更调或改派。

第四十五条 高级职员得改任低级职务，但其薪给仍依原有阶等级数支给。

第四十六条 改派往远地之员生，得给特假，其日期由人事委员会核定之。

第八章 奖惩

第四十七条 凡员生不服从上级指挥或因过失而违犯各项规则者，依下列情形分别惩戒之：

甲、普通事件得由人事委员会予以警告；

乙、情节稍重者得予记过；

丙、使公司或他人受损害时，得记大过。

第四十八条 故意违犯各项规则者，依下列情形予以惩戒：

甲、普通事件得予记过；

乙、情节稍重者得记大过；

丙、使公司或他人受重大损害者开除。

第四十九条 依前两条丙项惩戒者，并得责令赔偿。

第五十条 有第三十八条甲、乙、丙三项事实而贻误要公者，记大过二次或开除。

第五十一条 依本章上述各条予以记过、处分者，考勤时得予以下列惩戒：

甲、记小过者得停止晋级；

乙、记大过者得予降级；

丙、半年中记大过三次者开除。

半年中记小过三次者作大过一次论。

第五十二条 记功者得抵销记过，免予前条之处分。

第五十三条 连续三个月不假、不旷职、亦无其他过失、服务勤劳者，记功一次。

第五十四条 六个月中服务成绩优异者记大功一次。

半年中记功三次者作大功一次论。

第五十五条 记功之员生得依第六章办法予以晋级或转职，亦得支给一次之特别奖金。

第五十六条 受处分员生不服人事委员会所为之奖惩处分时，得声请再议。

再议维持原案时，非有特殊情形不得再请复议。

第五十七条 再议经变更原处分时，其原处分认为自始无效。

第二编 分则

第一章 经理室

第五十八条 经理、协理除章程、规则别有规定者外，综理本店一切重要事项，并负监督指挥各级员生之责任。

第五十九条 经理、协理非经人事委员会之决议，不得对各级员生迳发奖惩之命令，但因突发事故之紧急处分不在此限。

依前项，但书所为之紧急处分，应于三日内召集人事委员会提请追认之。

第六十条 经、协理之紧急处分如经人事委员会否决，而经、协理认为其处分有理由时，应提请董事会决定之。董事会认为人事委员会自会之否认有理由时，应通知人事委员会，并认经、协理之原处分为自始无效。

第二章 编审委员会

第六十一条 编审委员会掌理编校及出版之计划与实施暨其他相关事项，统辖编译、美术、宣传三科。

第六十二条 编审委员会常务委员之职务如左：

甲、会议之召集及纪录之保管；

乙、日常编审事务之处理；

丙、关于各科工作之促进及调度。

第六十三条 编审委员之职务如左：

甲、关于出版方针及其计划之拟定及审议；

乙、关于稿件之审核与研讨；

丙、其他经会议议决指办之编审工作。

第六十四条 编译科之职务如左：

甲、编译各种图书；

乙、审订并整理外来或自编之各项稿件及旧出版物；

丙、校对各种图书；

丁、整理并保管排校完成之清样及原稿；

戊、关于参考图书之修装、典藏、编目及出纳登记事项；

己、关于杂志、期刊、日报之汇订，剪贴及编制卡片事项；

庚、办理其他有关编纂事项。

第六十五条 美术科之职务如左：

甲、办理书稿发排以前之式样、插图、美术等之设计事项；

乙、办理图书之装帧、绘图事项；

丙、办理各种图版制作之监督、指导事项。

第六十六条 、宣传科之职务如左：

甲、宣传品之拟撰绘图；

乙、其他一切有关宣传事务之处理。

第六十七条　业务部掌理本公司之业务计政及总务等事项，统辖生产、稽核、总务、账务四科。

第六十八条　生产科之职务如左：

甲、主管出版物之发排，发印、发订事项；

乙、主管图版、纸型之发制及保管事项；

丙、关于出版物应用材料之购置及保管事项；

丁、筹办图书之预约、特价、重版、绝版之处理；

戊、出版物定价、售价之核定及变更；

己、出版物与其他半制品之收发及保管；

庚、有关货栈安全之管理事项。

第六十九条　稽核科之职务如左：

甲、关于本公司及分支机构收支簿册、单据之查核事项；

乙、关于售存货品之清点事项；

丙、关于总分支店库存现金之点验事项。

第七十条　总务科之职务如左：

甲、关于本公司印章之盖用及典藏事项；

乙、关于文牍之收发、撰拟及保管事项；

丙、关于一切庶务事项；

丁、关于股务之处理、登记事项；

戊、关于生财单据、有价证券及重要契据之保管事项。

第七十一条　账务科之职务如左：

甲、关于各种账务之核对、记载与结算；

乙、关于结算报告之编制；

丙、关于货品成本之计算；

丁、其他有关账务事项。

第四章　发行所

第七十二条　发行所掌理营业事宜，统辖供应、营业、会计、事务四科。

第七十三条　供应科之职务如左：

甲、办理图书、文仪及一切应销货品之赊进及现进与定购事项；

乙、办理货品之点收及分发门市、批发、邮购各组等事项；

丙、办理本版书与外版书之交换事项；

丁、办理发行所货栈管理事项。

第七十四条　营业科之职务如左：

甲、主办门市及邮购零售事项；

乙、主办同业现批及赊批事项；

丙、处理门市货品之陈设；

丁、处理货品存销之检点补配；

戊、办理现存货品及预约货品之包装发运。

第七十五条　会计科之职务如左：

甲、关于营业收支、预算、决算及损益计算之编造；

乙、关于收支之记载及结算；

丙、关于现金出纳之记载及结算；

丁、关于货品往来账款之记载及结算；

戊、关于各项捐税之造报及缴纳；

己、关于各种表报之编造；

庚、关于账册、单据之保管；

辛、关于营业单据售价之复核及结算；

壬、关于库存银钱、票据之保管；

癸、其他有关会计出纳事项。

第七十六条　事务科之职务如左：

甲、关于批发、邮购、邮电之收发撰拟及保管；

乙、关于消耗用品之置备及保管；

丙、关于生财器具之置备及保管；

丁、关于因公馈赠礼品之购办及致送；

戊、关于膳食餐具之管理；

己、关于清洁卫生之维持及促进；

庚、关于栈司厨役及粮食、日用品之添置与管理；

辛、其他有关文书庶务事项。

第五章　人事委员会

第七十七条　人事委员会掌理公司同人之任免、考勤、奖惩、人事管理及有关同人福利事项。

第七十八条　本会总干事之职务如左：

甲、本公司员生铨选及训练之筹拟；

乙、人事管理文件之拟订、汇核及保管；

丙、员生奖惩事件之登记；

丁、同人福利事业之筹办；

戊、其他有关人事管理事项之处理。

第六章　店务会议

第七十九条　店务会议为讨论本公司对内、对外事业上及业务上一切应行建设及改革之机构。

第三编　附则

第八十条　店务会议议事规则另定之。

第八十一条　人事委员会议事规则另定之。

第八十二条　员生值勤签名规则另定之。

第八十三条　办公时间以外及休假日员生轮值规则另定之。

第八十四条　练习生服务规则另定之。

保 證 書

覆照記錄

經手人
年 月 日 覆查

經手人
年 月 日 覆查

經手人
年 月 日 覆查

保 證 人

姓名及別號	籍貫	年齡	住址	店或廠地址	擔保人之職務	與被保人關係

被 保 人

姓名及別號	籍貫	年齡	永久地址

立保證書 （以下簡稱保證人）

今擔保 （以下簡稱被保人） 充任 所有擔保事

項及擔保責任經雙方同意詳列於後

一、被保人如有營私舞弊或意圖危害店方或違背被保人所立志願書等情以致店方受到損害者及被保人或有向店方貸借或暫宕款項者保證人願負完全責任

二、被保人如由店方派往本外埠分店或其他聯枝機關辦事所有一切責任保證人亦願完全負責

三、保證人對於應負責任或清償之款均願依照店方所開之字樣或數目立即履行決不藉口向被保人接洽或以其他任何理由而其延緩並情願拋棄民法第七百四十五條之權利

四、保證人簽名於保證書上之簽名印章如有作廢或變更之時須將新簽名印章式樣以書面通知店方在未通知以前原有簽名印章仍為有效

五、保證人如聲請退保時應以書面通知店方經被保人換繳新保證書滿三個月時將本保證書發還後始得卸除保證人責任決不以登報退保或已有任何退保表示其免除本保證書規定之保證人責任

六、無論被保人解除職務或另行他就均須滿三個月後繳店方將本保證書發還保證人後方得解除保證人之責任

七、基於本保證書之訴訟地區為地方法院

中華民國 年 月 日

立保證書人 （簽名蓋章）

（蓋商店之書東）

百新書店

第八十五条 同人福利事业规则另定之。

第八十六条 本通则经董事会核准后施行，其修改时亦同。

店务会议议事规则

第一条 本规则依本公司办事通则第八十条之规定制定之。

第二条 店务会议之会议除依办事通则规定外，依本规则行之。

第三条 本会议以经理为主席，经理缺席时由协理或各会、部、所主任及各科主任互推一人代理之。

第四条 本会议每月召开常会一次，但必要时得由主席决定召集临时会议。

第五条 店务会议之开会及散会由主席宣布之。

第六条 出席人员应在记录簿上签名，开议时主席并应报告出席人数。

第七条 店务会议之会议以公开为原则，但有必要时得由会议议决改开秘密会议。

第八条 本会议议事除关于经、协理及各会、部、所主任及各科主任职掌之事务应仍归其核办者外，依多数取决之，可否同数时取决于主席。

第九条 主席或会、部、所及所属各科负责人，于开会时应先将上届议决各案执行之经过情形提出报告。

第十条 议事之顺序如左：

甲、报告事项；

乙、讨论事项：（一）经、协理交议事项；（二）各会、部、所负责人提议事项；（三）各科主任提议事项；（四）同人建议或陈述事项；

丙、临时动议。

第十一条 议案之提出以书面行之，亦得临时为口头提议，但均须有出席人员一人以上之连署或附议。

第十二条 议案须付审查者得由主席指定出席人员组织审查委员会审查之。

审查委员会须将审查结果编为报告，提出会议讨论。原提案人如对审查报告认为理由不充分时，得再声述旨趣。

第十三条 议案未讨论前，原提案人得申请撤回或修正之，但其议案已经成立时，非经多数表决同意不得撤回。

第十四条 议案之表决采取举手或起立方式，但遇重大事故亦得采用无记名投票决定之。

前项表决可否之人数及议案之通过或否决，均须即时详记，并由主席当场宣布。

第十五条 会议纪录应记明左列事项：

一、开会之次数及年月日时；

二、开会地点；

三、出席人姓名及人数；

四、主席之姓名；

五、纪录者之姓名；

六、报告事项；

七、讨论事项；

八、临时动议及审查事项。

前项七、八两款均应记明表决方法及可否之人数。

第十六条　每次会议纪录应由主席及纪录签名盖章，妥为保存，议决各案并应摘要列表汇报董事会查核。

第十七条　店务会议之议决案，如有违反法令禁止或限制之规定、或公司章程、或董事会上决议时，其决议无效。

第十八条　店务会议之决议案与人事委员会之决议有分歧或冲突时，由经、协理决定或提请董事会决定之。

第十九条　店务会议之决议，经、协理认为不适合时得提交复议。

第一十条　本规则经店务会议通过后由经、协理送请董事会核准施行，修改时亦同。

人事委员会议事规则

第一条　本规则依本公司办事通则第八十一条之规定制定之。

第二条　本委员会开会以经理为主席，经理缺席时由协理或委员互推一人代理之。

第三条　本委员会每月举行常会一次，遇有必要时得举行临时会议，均由主席召集之。

第四条　本委员会之议决案不得违反法令限制及公司章程并董事会之决议。

违反前项规定时其议决案无效。

第五条　董事会议决交付实施之议案，本委员会仅负订定执行细则之责任。

前项细则经主席认为须提请董事会认可时，在未经认可前不生效力。

第六条　有下列各项情形之一之议决案，非经董事会核准不生效力：

甲、变更本公司各部、会、所组织者；

乙、更调人员至三分之一以上者；

丙、增加本公司之开支负担者；

丁、依法令、章程或习惯须经董事会核准者；

戊、经、协理与人事委员会间发生异议者。

第七条　本委员会议事时取决于多数可否，可否同数时取决于主席。

第八条　本会各委员对本公司人事有关事项均得单独提出书面提案或口头动议。

第九条　本公司同人对人事上亦得向本委员会以书面或口头陈述意见，藉供参考。

第十条　每届常会应由总干事将上月份本公司各项人事记录分类择要列表提会查核。

第十一条　本委员会讨论事项无论议决与否，对外均由全体负责并不得向外径行发表。

第十二条　本规则经董事会核准后施行。

员生值勤签名规则

第一条　本规则依本公司办事通则第八十二条之规定制定之。

第二条　本公司各级员生除经、协理与各会、部、所主任及有特别约定者外，其到值、退值签名办法均依本规则之规定。

第三条　各会、部、所分别置备签名簿，于开始办公前十分钟及退值前五分钟置放指定场所，备众轮签，于开始办公后十分钟及退值后五分钟由各该部门主管人员收集检核，并于末一人签名之后加盖名章或签"阅"字，以防私自补签，统于翌日上午移送人事委员会考核组汇核。

第四条　各级员生到值、退值均应亲自在签名簿签名，不得托人代签或为他人代签。如遇有遗忘以致漏签时，应会知主管人员，经其认许方可补签。

第五条　签名时每一行格限签一人，不得两人同签一行，亦不得在夹行中补签，违反者无效。

第六条　员生如因事致过规定时间到值者，应将事由告知主管人员，经其认许后补签于主管人员签阅后之空白地位上，并记明实际到值时间。

第七条　员生到值后因有紧要事故必须外出者，应开具请假单送经主管人员认许签准后始可出外，并须在请假单上注明外出时间，事毕回店销假时亦同。

第八条　员生因迟到、早退之旷职时间，月终结算，均予照章扣薪。

第九条　员生如因公外出者，应开具公出单，经主管人员认许签准后送交考核组存查。倘在工作时间已因公外出不及预办上开手续者，应于回店时补办之。

第十条　员生因事请假至一日以上者，应预先开具请假单，经人事委员会认许签准后，送交考核组登记。

倘假期已满未能销者，应先期续假，但本公司对于员生之请假或续假认为不能允许时得拒绝之。

第十一条　员生请假未经认许而不到值工作者，以无故旷职论。

第十二条　本规则经人事委员会通过，由经、协理送董事会核准后施行，其修改时亦同。

办公时间以外及休假日员生轮值规则

第一条　本规则依本公司办事通则第八十三条之规定制定之。

第二条　各级职员及练习生除有特别约定及章程另有规定者外，在办公时间以外及休假日须依本规则轮流值勤。

第三条　职员值勤及值勤任务、办事地点由人事委员会随时订定公布之。

第四条　职员当值期间不得擅离指定地点，其有必须离开者须委托他人暂时代理。

依前项规定托人暂代时，除其离开事由系因公务并有不得不离开之事实理由外，对其代理人之行为仍须负责。

第五条　值勤员生当值时须在服务签名簿签名并记明当值日期时刻，如有迟到、早退等旷职情形时均须照章扣薪。

第六条 当值时如遇有紧急事故必须紧急处置者，得先行处分，但必须在最经济之时间内以其事实状况并处置情形报告主管人员或经、协理。

前项紧急处置以保全行为及紧急防卫为限。

第七条 有前条情形时，当值员生如怠于处置或在紧急处置后怠于报告因而发生公私上之损害时，该当值员生对其损害应负责任。

第八条 当值员生如因事故必须请假时，应商得其他周次之当值员生之同意，向人事委员会声请对调。其未经声请核准对调而私行代替者，依旷职论，该旷职员生对于发生之事故仍须负责。

第九条 因紧急事故必须请假而不及为前条之声请时，得直接请人代理，但应在最速期间内报告人事委员会并叙明理由及事实证明。

有前项情形而在当时状况仍可依第八条规定办理者，仍须依照第八条规定手续办理。

第十条 当值员生因长假或病假不能当值时，得由人事委员会免除其轮值之义务。

第十一条 当值员生下值时，应将经手事务逐项报告主管人员送请办理或签核。

第十二条 本规则经人事委员会议决通过，由经协、理核准后施行。

练习生服务规则

第一条 本规则依本公司办事通则第八十四条之规定制定之。

第二条 练习生在本公司服务除办事通则及志愿书别有规定外，悉依本规划之规定。

第三条 练习生在学习或实习期间，均应服从指挥、遵守教导，不得抗拒或违背。

第四条 练习生在学习期间内应遵照人事委员会之指派，赴各部门轮番学习，不得违抗或申请改派指定部门。

第五条 练习生在办公钟点外及休假日除应努力进修外并应轮流值勤，前项轮流值勤表由人事委员会按期支配公布之。

第六条 练习生服务时应实心任事，不得藉词规避或诿卸。

第七条 练习生服务时对顾客及各级职员应注重礼貌，不得傲慢。

第八条 练习生在某一部门学习终了时，应缴学习报告呈由该管负责人加具评语，转送人事委员会汇核，以定成绩。

第九条 本规则经店务会议通过，由经、协理提交董事会核准后施行。

百新书店有限公司服务志愿书

立志愿书人 字 年 岁 县人兹承。

百新书店有限公司雇用，自愿遵守下列各条：

一、愿意遵守店方所订各项章程规则及通告等，并听从上级之指挥，绝不违抗，否则店方得立即解雇。

二、愿意服从店方之命令派往任何分支店及联枝机关等处服务，或充任有助地方治安之工作，决不藉词反对。

三、绝不组织或参加对店方有不利行为之任何集团。

四、如服务地区发生水、火、兵灾，或遭遇其他不可抗力之事而受伤亡者，除由店方自动抚慰外，本人或家属决不向店方提出任何要求。

五、自即日起至民国　年　月　日止之时期内，如未得店方之同意，绝不擅离职守。

六、如违背前列各条之约言时，除应受法律之制裁外，并愿意赔偿店方违约金国币　元正。

七、保证人担保立志愿书人确系正当良民，决无扰乱治安及其他不法行为，并绝对遵守关于兵役与保甲制度之一切法令。再立志愿书人如被解雇或辞职，凡由店方代领之一切证件（如国民身份证等），均当立即交还店方。

立志愿书人：

家长：

保证人：

注：百新书店在20世纪40年代通用之"服务志愿书"，本文由胡仁德先生惠供，胡前辈1945年抗战胜利后进入百新书店时与店方签署本文，1948年下半年进行工潮斗争时由店方发还给职工。

正中书局

上海正中书局职工消费合作社章程

1947年（民国三十六年）

第一章 总则

第一条 本社定名有限责任上海正中书局员工消费合作社。

第二条 本社以买办日常生活必需物品及政府配给物资供应社员需要为目的。

第三条 本社为有限责任组织，各社员以其所认股额为限负其责任。

第四条 本社以本局及印刷厂为业务区域。

第五条 本社以设于北四川路新乡路一号正中书局总管理处内，另于印刷厂内设立分社。

第二章 社员

第六条 本社社员以本局服务之职员及年满二十岁或未满二十岁而有行为能力者为限。

第七条 凡愿加入本社者应先填入社志愿书，经社员二人之介绍后或直接以书面请求，经理事会之同意并报告社员代表大会。

第八条 本社社员有左列情事之一者为出社：违反第七条所规定情事之一者；二死亡；三自请退社；四脱离本局工作者。

第九条 本社社员得于年度终了时自请退社，但应于三个月前向理事会提出请求书，经理事会核准。

第十条 本社社员有左列情事之一者，得经社务会出席理监事四分之三以上的决议，予以除名，以书面通知被除名个人，并报告社员代表大会：

一、不遵守本社章则及社员大会决议履行其义务者；

二、有妨害本社社务业之行为者；

三、有犯罪或不名誉之行为者。

第十一条 出社社员得请求退还其所交股款，但本社得以货物价付出该社员有限责任之退还股金，前项股款之退达于年度终了结算后决定之。

第三章 社股

第十二条 本社社股金额除提倡股外，每股国币壹万元，每人认购至少拾股。入社后得随时添认社股，但至多不得超过股金总额百分之二十。前项提倡股应由社发给股票送请局方存执，并得酌认股息。

第十三条 社员认购社股一次交足。

第十四条 社员不得以其已交之社股金额抵销其对于本社或其他社员之债务。

第十五条 社员非经本社同意不得出让其所有之社股或以之担保债务。

第十六条 凡受让或继承社股者应继承让与人或被继承之权利义务。受让人或继承人为非社员时应适用第七条及第八条之规定。

第四章 组织

第十七条 本社设社员代表大会理事会、监事会及社务会。

第十八条 社员代表大会为本社之最高权力机构，由全体社员每十人推举一人共同组织之。

第十九条 理事会由理事四人、候补理事六人组织之。监事会由监事三人、候补一人组织之。理事及候补理事、监事及候补监事，均由社员代表大会就社员中选举之。理事会、监事会并各设主席一人，由理事、监事分别推举之。

第二十条 社务会由理事、监事共同组织之。

第二十一条 社员代表之职权如左：

一、选举及罢免理、监事；

二、审核并接受社务、业务报告及审计报告；

三、通过预算、决算及业务计划；

四、通过社员之入社、出社；

五、制定或修订各种章则；

六、规划社务，进行处理理事、监事及社员之提议事件。

第二十二条 理事会之职权如左：

一、拟订业务计划；

二、聘任职员；

三、处理社员提出之问题；

四、调解社员间纠纷；

五、处理社员代表大会决议主办事项；

六、处理其他理事监事提出之事物。

第二十三条 监事会之职权如左：

一、监查本社生产状况；

二、监查本社业务执行状况；

三、当本社与理事订立契约或为诉讼上之行为时代表本社。

监事为执行前项职务认为必要时，并得多开临时社员代表大会。

第二十四条 本社设总经理（分社设经理）一人文书或秘书、司库、会计各一人，由理事会任用之。助理员、业务员、办事员、见习生若干人由经理提请理事会任用之。理事得聘任经理或经理以下之其他职员。

第二十五条 本社因业务之需要得分部经营，各部设主任一人，由经理提名请理事会任用之，受经理之督导进行专可之业务。

第二十六条 本社于必要时得设各种委员会（如教育委员会物价评定委员会等）委员会委员由理事会聘任之。各种委员会章程另定之。

第二十七条 理事监事委员会委员皆为义务职，但有必需公费用时由理事会之认可支付之。惟专兼任经理及经理以下其他职员时得酌支薪给。

第二十八条 本社出席联合社之代表由理事会提出于社员代表大会推选之，其任期为一年，但出席联合社代表破选为理监事时以联合社规定之任期为任期。

第五章 会议

第二十九条 社员代表大会分通常社员代表大会及临时社员代表大会两种。通常社员代表大会于每一业务年度终了复一个月内召集之，临时社员代表大会因下列情形召集之：一理事会、监事会于执行业务上认为有必需时；二社员代表会议有四分之一以上书面说明提议事项及其理由请求理事会召集之。

前项请求提出后十日内理事会不为召集之，通知的社员代表得呈报主管机关自行召集。

第三十条 社员代表大会应有全体社员代表过半数之出席始得开会，社员代表过半数之同意始得决议，但得除理事、监事之决议后由全体社员代表过半数之决议。解散本社或与他社合并之决议应有全体社员代表四分之三以上之出席，出席社员代表三分之一同意。

第三十一条 社员代表大会以理事主席为主席，理事主席缺席时以监事主席为主席。监事会召集大会时由监事主席为主席。

第三十二条 社员代表自行召集大会时公推一人为主席。

第三十三条 社务会每三月召集一次，由理事主席召集之，其主席由理监事各选之。社务会应有全体理事、监事三分之二出席始得开会，出席理事、监事过半数之同意始得决议。

第三十四条 理事会、监事会评议会每月召集一次理事会监事会由各该会主席召集之。评议会由评议员召集之。理事会、监事会及评议会应各有理事、监事、评议员过半数之出席始得开会。出席理事监事评议员过半数之同意始得决议。

第六章 业务

第三十五条 本社业务为米、面粉、杂粮、酱、醋、糖、油、盐、杂货、布疋、文具等之供给。

第三十六条 理事会得按照社员之特约购进货物或勿行制造。

第三十七条 社员非得理事会承认不得向外购买本社经售物品，违反前项规定者得征收相当之违约金，具情节重大者得按照第十条之规定予以除名。

第三十八条 本社售货价格以不超过一般市价为准，以理事会定之。

第三十九条 本社售货以现金交易为主。

第四十条 凡订购货物者须预交代价之一部或全部。前项订购物款到社后，本社通知社员限期来取，过期不取得征收相当违约金，或由本社转售他人，其损失仍由原订购人负责。

第七章 结算

第四十一条 本社以国历一月一日至十二月三十一日为业务年度。理事会应于各年度终了时造成业务报告书、资产负债表、损益对照表、财产目录及盈余分配表，至少于社员代表大会开会十日前送经监事会审核后，连同监事会查帐报告书报告社员代表大会。

第四十二条 本社年终结算复有盈余，除弥补累积损失及股息至多年利一分外，其余款每年分为一百分按照下项规定办理。

一、以百分之二十作公积金，由于社员代表大会指定机关存储或其他有把握之方法，选用生息，公积金除弥补损失外不得动用。

二、以百分之三十作公益金，由社务会决议作为发展本社业务区域内合作教育及其他公益事业之用。

三、以百分之十作理事及事务员技术员之酬劳金，其分配办法由理事会决定之。

四、以百分之三十作社员分配金，按照社员交易额比例分配之。

第八章 解散

第四十三条 本社解散时，清算人由社员代表大会就社员中选充之。

第四十四条 本社清算后有亏损时，以公积金股金顺次抵补之，由清算人拟定分配案提交社员代表大会决定之。

第九章 附则

第四十五条 本章程未尽事项，悉依合作社法合作社法施行细则及有关法令之规定。

上海市正中书局印刷厂产业工会章程

1947年7月（民国三十六年）

第一章 总则

第一条 本章程依据工会法及工会法施行细则订定之。

第二条 本会定名为上海市正中书局印刷厂产业工会。

第三条 本会以实行互助，联络感情，维持、改善劳动条件及生活，举办福利事业，保障会员权益，增进会员知识、技能，并发达生产，促进劳资合作，并协助政府关于国防生产等政令之实施为宗旨。

第四条 本会会址设于西康路四八九号正中书局印刷厂内。

第二章 任务

第五条 本会之职务如下：

1. 团体协约之缔结、修改或废止；2. 消费、信用等合作社及储蓄之举办；3. 职工教育、补习夜校及子弟学校之举办；4. 书报社之设置及出版物之刊行；5. 俱乐部及其他康乐事业之举办；6. 诊疗所及托儿所之举办；7. 职工家庭经济及生活状况之调查与统计；8. 工会或会员间纠纷之调处；9. 协助资方增加生产，促进劳资情感及调处劳资纠纷；10. 关于劳动法规之规定、修正、废止事项得陈述意见于行政机关及立法机关，并答复行政机关及立法机关之咨询；11. 福利事业之举办；12. 其他有关法令实施之协助事项。

第六条 上列会员福利事业按照本会之经济能力与需要逐步举办。

第三章 会员

第七条 凡在正中书局印刷厂服务年满十六岁之职工，除代表雇主行使管理权者外，均得加入为本会会员。

第八条 会员入会时须填写入会志愿书，并缴纳入会费，新会员并须有会员二人介绍。

第九条 本会会员有左列权利：

1. 选举、被选举及建议等权；2. 对各级职员及办法章则如有不满时，经全体会员三分之一的联署提出，经会员大会依法通过，得重选或重订；3. 本会举办全部事业之享受；4. 会员遇有无故被侵害时得受本会保护。

第十条　本会会员应尽左列义务：

1. 按时缴纳会费及一切必要费用；2. 遵守、执行本会会章及一切决议案；3. 担任本会委派职务。

第十一条　本会会员如转业于本会范围区域以外之同业时，得经本会介绍加入该地工会，如因故离职改就其他事业时，得于一星期内申请退会。

第十二条　本会会员如有违反章程、决议或其他不法情事，致妨害本会名誉、信用，经理监事会调查属实者，得按其情节轻重分别予以警告或除名，除名处分须经会员大会三分之二以上通过，并通知局方解雇，会员除名后须缴还一切会员凭证，如有欠费须一律缴清。

第四章　组织

第十三条　本会得依法设立分会支部小组，其划分办法另定之。

第十四条　本会最高决定机构为会员大会，会员大会闭幕时，以理监事联席会为最高机构。

第十五条　由会员大会选举理事九人，候补理事四人，组织理事会，互推常务理事三人，并由常务理事中互选理事长一人，处理经常会务。设监事三人，候补监事一人，组织监事会，互推常务监事一人，处理经常会务。均由会员大会选举之。本会视会务之需要酌聘顾问若干人，书记一人，办事员若干人。

前项之理监事如有下列情形者不得当选：（一）褫夺公权者；（二）受破产宣告尚未复权者；（三）年龄不满廿三岁者。

第十六条　理事会下设三股，每股设主任一人，由理事会互推之，分别主持各该股事务。各股职掌如左：

1. 第一股掌理：文书、收发、会计、庶务、交际等事宜；2. 第二股掌理：组织、人事、教育、连络、调查、统计、调解等事宜；3. 第三股掌理：合作社、诊疗所、俱乐部、书报社等福利事宜。

第十七条　理事会之职权如左：

1. 处理会务；2. 对外代表本会；3. 召集会员大会并执行其决议案；4. 接纳采行会员建议。

第十八条　监事会之职权如左：

1. 稽核本会经费之收支；2. 审核各项事业之进行状况；3. 考核本会职员工作之勤惰及会员之言论、行动。

第十九条　理监事之任期均为一年，连选得连任，其因故出缺由候补人依次递补，惟以任足原任期为限。

第五章　会议

第二十条　本会会员大会每一年举行一次，若有重大事件发生，或会员三分之一以上之请求经理监事会认为必要时得召开临时大会，大会须有会员半数以上出席方得开会，出席半数以上通过方得决议。

第廿一条　理事会及监事会每二星期举行一次，每月举行理监事联席会一次。

第廿二条　左列事项必须经过会员大会之议决：

1. 本会章则及重要办法之变更；2. 会员之除名；3. 劳动条件之维持或变更（以上三项之决议应经出席会员三分之二以上之通过）；4. 宣告罢工或怠工（本项必须经全体会员以无记名投票过半数以上之表决方得决议）；5. 被选举职员之解职；6. 经费之收支预算；7. 事业报告及收支决算之承认；8. 基金之设立、保管及处分；9. 福利事业之创办；10. 总工会或同业联合会之组织、合并或分立。

第六章 经费及会计

第廿三条 本会经费来源规定如左：

1. 入会费 分五千与一万二级；2. 经常会费 暂定每人每月三千与一万二级；3. 特别费 必要时经理监事会议通过，并呈准上海市社会局核准得征收之；4. 捐赠 外界热心者或会员无条件之捐赠，本会受领之；5. 局方拨补 局方依法补助之职工福利金。

第廿四条 会员每月会费，由小组组长汇集、转缴与会计。

第廿五条 本会财产状况应于每月月底公布一次，如有会员十分之一以上联署得选派代表查核之。

第七章 附则

第廿六条 本章程如有未尽事宜，得经会员大会议决修正之。

第廿七条 本章程经会员大会通过，并呈准上海市社会局备案施行之。

正中书局著作物让与契约

1946年（民国三十五年）

让与人姓名： 职业： 住所：

让受人： 正中书局 上海新乡路

著作物名称： 著译人： 卷数： 册数：

如系译本其原书名称：

原著作人姓名：

第一条 本契约签订后，本著作物之著作权及其一切权利永为让受人所有。

第二条 本契约签订后，让受人对于本著作物得自由处置。

第三条 让与人声明其对于本著作物有让与之全权。

第四条 让与人须担保本著作物内容并无违反现行法规之记载，或侵害他人著作权或出版权情事。

第五条 本契约签订后，让与人不得利用本著作物之全部或一部分为下列之行为：

（1）将本著作物自行或委托他人印行；

（2）将本著作物另行让与第三人；

（3）用自己或第三人名义编印与本著作物类似之著作物；

（4）其他足以妨害让受人应享本著作物一切利益之行为。

第六条 让与人对于第三、第四条各项担保不实，或违反第五条之规定，须负全责，所有让受人因此所受之损失概由让与人赔偿。

第七条 本著作物除一次付给让与人稿费国币金圆 圆外，让受人为谋双方合作起见，再于出书后致送让与人本著作物每部实售价百分之 之酬金；预约特价及廉价时，酬金应照预约价、特价及廉价之折扣计算。

第八条 本著作物重版时，酬金部分按照第七条之规定致送。

第九条 上项酬金按期结算，通知让与人向本局支取。

第十条 本著作物初次出版后，让受人应赠送让与人本著作物拾部，及八折购买三十部之优待券一纸。

第十一条 让与人如欲预行指定承继本契约权利之人，得另以附款订定之。

第十二条 本契约签订后，本著作物之名称或内容有修改之必要时，得请让与人无偿修改或由让受人迳行修改损益之。

第十三条 本著作物印刷时，得由让与人无偿担任最后一次之校对，出版后如遇阅者质疑而让受人不能代答时，让与人应负答复之责任。

第十四条 本著作物出版权页应载著作人姓名，但已与让与人另有特约者不在此例。

第十五条 本契约一式两份，由让与人、让受人两方各执一份凭。

中华民国　年　月　日　订

让 与 人：

右保证人：

住　　所：

让受人：正中书局

右代表人：

总经理：

总编辑：

正中书局出版权授与契约

1946年（民国三十五年）

授字第　号

出版权授与人：　　　职业：　　　住所：

右保证人：　　　职业：　　　住所：

出版权让受人：正中书局　地址：

著作物名称：　　　著译人：　　卷数：　　册数：

如系译本其原书名称及原著作人：

上开出版权授让人（下文简称甲方）愿将上开著作物（下文简称本著作物）之出版权，依照下列条件授与上开出版权让受人（下文简称乙方）。

第一条 甲方允许将本著作物交付乙方一家印刷发行永远出版，乙方允照本契约第二十一条所定版税酬报甲方。

第二条 甲方担保其对于本著作物确有出版授让之权利。

第三条 甲方担保本著作物并无侵害他人著作权及违背有关著作出版等现行各项法令之情事，甲方并应先将著作物自行送请各有关机关审查，亦可委托乙方代办，但若著作物因内容不妥致被审查机关扣留压搁时，乙方不负任何责任。

第四条 甲方于本契约签订后，不得利用本著作物之全部或部分为不利于乙方之行为，如：（1）将本著作物自行或委托他人印售；（2）用自己或他人名义编印与本著作物类似之著作物，或足以妨碍本著作物销路之著作物；（3）其他足以妨害乙方关于本著作物应享法益之行为。

第五条 甲方违背前条之规定，或遇有第二条及第三条之担保不符事实时，所有乙方因此所受之损害应由甲方与其保证人连带负赔偿之责。

第六条 本著作物文字、图表、数字、标符等应由甲方整理齐全，完全无误，以无须增减或变更可以直接付印为度，否则乙方不负出版延期之责；其有加入图画之必要者，应将适用之原图照相一并交与乙方，甲方并应自备副本。

第七条 如遇天灾、事变、不可抗力及不可归责于乙方之事，由致前条所定由甲方交付乙方之稿本及原图照相等，毁损灭失时，乙方不负赔偿之责，由甲方将副本清缮交与乙方，重付排印、清缮之费归乙方担任。

第八条 甲方基于本著作物在制版中或制版后不得再修改文字或图画，否则因此增加之制版费、排工费、校对费及其他不可预见之费用，应由甲方负担之。

第九条 甲方于本著作物已出版后认为有修订之必要时，应即将修订部分整理齐全尽早送交乙方，改正修订部分应避免通行通版之改动，力求适应原来之篇幅，并应以不妨害乙方出版之利益及不增加乙方之责任者为限，因前项改版所生各种不可预见之费用应由甲方赔偿乙方。

第十条 乙方对于本著作物之名称或内容，认为有变更之必要时，得无偿商请甲方酌改之，如甲方不克自为时，乙方得甲方之同意可代为之，但因此而生之费用应就甲方应得之版税内扣除之。

第十一条 对于本著作物之名称或内容所为之修改，不影响本契约之效力。

第十二条 乙方于接到本著作物后应依最适于营业需要之方式印行之，为便于推销起见，甲方应预撰简要广告交乙方采酌、宣传，并自请相当人士撰作书评、介绍文字刊登报章杂志，此项文字应于刊出后通知乙方。

第十三条 本著作物每版印刷时，乙方以对原稿负责校对为原则，原稿中如有错误，甲方不应归咎于校对及手民，必要时其最后一次之校对，乙方得无偿要求甲方担任之，并限期校竣。

第十四条 本契约有效期内，本著作物著作权归甲乙两方共有，但呈请注册或审定，由乙方办理其执照，由乙方保管呈请费用，亦由乙方负担之；遇有妨害本著作物著作权情事时，由甲乙两方共同或单独追究。

第十五条 本著作物初次出版后，乙方应以样书拾册赠送甲方，并赠送现购本著作以三十册为限之八折优待券一纸，此三十册之版税版仍照给甲方。

第十六条 如乙方依约规而赠送本书时，除不计版税外，其他费用均由乙方负担之。

第十七条 本著作物出版后，由乙方登入图书目录及酌登广告外，如甲方须增登广告，拟定后可委托乙方代办，但其费用应由版税内扣除，如有不敷，仍由甲方担任。

第十八条 本著作物定价由乙方决定。

第十九条 乙方认为必要时，得将本著作物发售预约，或特价或减价，但应于事后通知甲方。

第二十条 本著作物出版后，其出版物有损坏者，乙方得减价发售；其损坏过甚不能销售者，乙方得毁弃之。遇有前项情形，乙方应于事后通知甲方。

第二十一条 乙方为报酬甲方依本契约第一条授与之权利，允照本著作物实际售出之部数，按照实际售价百分之 之版税给付甲方，但以本著作物依法享有著作权之年期为限。

第二十二条 依照第十六条及第二十条赠送、分送及毁弃之部数，不付版税。

第二十三条 依照第十九条及第二十条发售预约特价及减价之部数，按各该预约价特价或减价计算版税。

第二十四条　本著作物出版后，版税每年照实际售出部数，分四月、八月、十二月三期结算后，由乙方开具清单通知甲方，凭单领取版税。甲方如有疑义时，得商请乙方之同意查核簿册，非常时期另有版税支付办法之规定者从其特殊之规定。

第二十五条　本著作物版税不可分割，如甲方有数人时应推定代表一人向乙方支取版税。

第二十六条　本著作物之销路，如乙方认为不佳时，得通知甲方终止本契约；或乙方积欠版税至一年以上时，甲方亦得要求解约。

第二十七条　本契约终止时，本著作物余存之出版物图版、执照，应依下列方法处分之。

（1）余存之出版物由双方按照比例分配之（例如版税为售价百分之十者所余出版物，甲方取百分之十，乙方取百分之九十），其递送费用各自负担之；

（2）余存之图版照原价折半，由甲方备款承受，如甲方不愿承受，得由乙方保有或以其他方法处分之，但不得再以之印刷本著作物；

（3）注册执照由乙方交付甲方，其著作权改归甲方独有。

第二十八条　甲方或乙方非经对方书面许可，不得将本契约之权利让与他人，但法定继承人不在此限。

第二十九条　甲方如欲预行指定继承本契约权利之人，得另以附款订定之。

第三十条　甲方住所或通信处有变更时，须随时通知乙方，如因未通知致乙方依照本契约应通知甲方之通知书不能到达时，乙方不负责任。

第三十一条　本契约如有未尽事宜，得由双方协商，另订附款黏贴于本契约之后，并加盖双方印章为凭。

第三十二条　本契约一式两纸，甲乙双方各执一纸为凭。

中华民国　　年 月 日

出版权授与人：

右保证人：

出版权让受人：正中书局

右代表人

总经理：

总编辑：

正中书局著作物让与契约

1936年（民国二十五年）

让与人姓名：　　职业：　　住所：

让受人：正中书局　南京中央路童家巷

著作物稿名：　　卷数：　　册数：

如系译本其原书名称：

原著作人姓名：

第一条　本契约签订后本著作物之著作权及其他一切权利永为让受人所有。

第二条 本契约签订后，让受人对于本著作物得自由处置。

第三条 让与人声明其对于本著作物有让与之全权。

第四条 让与人须担保本著作物内容无违反现行法规之记载，或侵害他人著作权或出版权情事。

第五条 本契约签订后，让与人不得利用本著作物之全部或一部为下列之行为：

（1）将本著作物自行或委托他人印行；

（2）将本著作物另行让与第三人；

（3）用自己或第三人名义编印与本著作物类似之著作物；

（4）其他足以妨害让受人应享本著作物一切利益之行为。

第六条 让与人对于第三、第四条各项担保不实，或违反第五条之规定，须负全责，所有让受人因此所在受之损失概由让人与赔偿。

第七条 本著作物酬金定稿为国币　　元。

第八条 本契约签定后，本著作物之名称或内容有修改之，必要时得请让与人无偿修改或由让受人迳行修改之。

第九条 本著作物交付时，让与人应撰简明广告，并贡献关于印刷及推销方面之意见。

第十条 本著作物印刷时，得请让与人无偿担任最后一次之校对，出版后如遇阅者质疑而让受人不能代答时，让与人应负答复之责任。

第十一条 本著作物出版权页应载著作人姓名，但已与让与人另有特约者不在此例。

中华民国　　年　月　日

著作物让与人：

右保证人：

住所：

附录：

台湾正中书局股份有限公司章程

1945年2月24日（民国三十四年）订立，2011年3月2日第二十四次修正

第一章　总则

第一条 本公司依照公司法股份有限公司规定组织之，定名为正中书局股份有限公司。

第二条 本公司业务如左：

一、编行图书、杂志及唱片。

二、产销文化用品。

三、辅助文化事业之推广。

四、经营一般进出口贸易业务。

五、图书礼券买卖业务。

六、书籍印刷制造加工。

七、书籍装订制造加工。

八、各种印刷品之印刷。

九、各类文具用品制造加工买卖业务。

十、各种包装材料制造加工买卖业务。

十一、电子书、电子计算机、教学用、事务用、娱乐用光盘制造加工买卖业务。

十二、自有剩余厂房、办公室、会议室出租业务。

十三、1401010一般广告服务业。

十四、1501010产品设计业。

十五、F301030一般百货业。

十六、Z299999除许可业务外，得经营法令非禁止或限制之业务。

第二条之一 本公司所有投资总额得超过本公司实收资本百分之四十，不受公司法第十三条转投资之限制。

第二条之二 本公司得为转投资事业及关系企业保证。

第三条 本公司总公司设于新北市，必要时经董事会之决议，得在国内外设立分公司。

第四条 本公司之公告，以登载于总公司所在地日报之显著部分及通函行之。

第二章 股份

第五条 本公司股份全额一次发行。

第六条 本公司资本额定为新台币壹亿贰仟柒佰伍拾万元，分为壹仟贰佰柒拾伍万股，每股新台币壹拾元。

第七条 （删除）。

第八条 本公司股票，应编号载明股数、金额，由本公司董事长及董事署名盖章，并经依法签证后发行之。

第九条 本公司股票，用记名式（股东中用法人、堂名、记号、记名者，得随其便，但应将本人或代表人之真实姓名、住址报明本公司，记入股东名簿）。

第十条 股东如欲转让其股份，应填具转让股份申请书，转让人署名，加盖印鉴，送本公司审核后，方可过户，在过户之前，股份之权力，仍属于原股东。

第十一条 股东如有遗失、毁灭情事，该股东应即向本公司报告，并在本公司所在地及失灭地之通行日报，公告三日。声明失灭缘由，经二个月无人提出异议时，原股东得将登载公告之日报全份，送交本公司察存，填具补领股票声请书，加盖原印鉴，并觅取妥当保人，方可补给新股票。

第十二条 股东应将其印鉴送交本公司备察，以后股东向本公司领取股利，或以书面行使其股权时，概以本公司所存之印鉴为凭。

第十三条 每届股东常会前三十日内，股东临时会前十五日，或本公司决定分派股息及红利，或其他利益之基准日前五日，不得为股票变更之登记。

第三章 股东会

第十四条 本公司股东会分常会与临时会两种：

（甲）常会于每年决算后六月内，由董事会召开之。

（乙）临时会于公司遇有重要事项时，依法召集之。

第十五条 股东常会之召集，应于开会前二十日，股东临时会之召集，应于开会前十日，将开会之日期、地点及提议事项，通知各股东。

第十六条　本公司股东会，每股有一表决权，但公司依法自己持有之股份，无表决权。

第十七条　股东会，须有代表股份总额过半数股东出席，方得开议，其决议，除公司法有特别规定外，以出席股东表决权过半数之同意行之。

第十八条　股东因事不能出席股东会时，委托本公司其他股东代表出席，但应受公司法第一七七条第二项规定之限制。

第十九条　股东开会时，以董事长为主席，董事长因故缺席时，由董事长指定董事一人代理之。

第二十条　股东会应备置决议录，记载开会日期、地点、主席姓名、出席股东人数、股数、表决权、决议事项及决议方法，由主席签名或盖章，连同股东签到簿，及代表出席委托书，一并保存于本公司。

第二十一条　本公司股东仅为法人股东一人时，本公司股东会职权由董事会行使，不适用本章程有关股东会之规定。

第四章　董事监察人

第二十二条　本公司股东会，就有行为能力之人中选举董事三人，组织董事会，并由董事互选一人为董事长，代表本公司。董事会聘任经理人，其委任、解任及报酬依照公司法第二十九条规定办理。

第二十三条　本公司由股东会，就有行为能力之人中选举监察人一人，行使监察权。

第二十四条　本公司董事及监察人，任期均为三年，连选得连任。

第二十五条　董事如有缺额达总数三分之一时及监察人全体均解任时，董事会应于三十日内召开股东临时会补选之。

第五章　决算及盈余分派

第二十六条　本公司应于每一会计年度终了，依法造具左列各项表册，送交董事会核转监察人查核后，报告股东会承认。

（一）营业报告书（二）财务报表（三）盈余分派或亏损弥补之议案。

第二十七条　本公司盈余，除应缴税款外，提法定盈余公积十分之一，并得经董事会之决议，酌提特别盈余公积，次提股息，余按左列百分比分派之：

（一）股东红利百分之九十四。

（二）董事、监察人酬劳百分之五。

（三）员工奖励金、红利百分之一。

第六章　附则

第二十八条　本章程经本公司股东会依法决议，呈请主管官署核准备案后施行，修正时亦同。

第二十九条　本章程如有未尽事宜，悉遵公司法股份有限公司之规定，及其他有关法令办理之。

第三十条　本章程于民国三十四年二月二十四日订立。

民国三十七年五月二十日第一次修正。

一九五一年三月二十一日第二次修正。

一九五二年三月二十八日第三次修正。

一九五八年五月二十五日第四次修正。

一九六五年七月十二日第五次修正。

一九六九年七月二十八日第六次修正。

一九七三年七月八日第七次修正。

一九八一六月十九日第八次修正。

一九八六年十月十四日第九次修正。

一九八八年五月十日第十次修正。

一九九零年六月二十八日第十一次修正。

一九九三年二月六日第十二次修正。

一九九四年六月二十八日第十三次修正。

一九九五年六月二十三日第十四次修正。

一九九七年六月二十七日第十六次修正。

一九九八年三月二十四日第十七次修正。

一九九八年六月二十三日第十八次修正。

一九九九年五月四日第十九次修正。

二零零三年四月一日第二十次修正。

二零零三年七月二十一日第二十一次修正。

二零零四年五月十日第二十二次修正。

二零零四年八月六日第二十三次修正。

二零一一年三月二日第二十四次修正。

正中书局股份有限公司章程修正条文对照表

修正后章程条文	原章程条文
第三条 本公司总公司设于新北市，必要时经董事会之决议，得在国内外设立分公司	**第三条** 本公司总公司设于台北县，必要时经董事会之决议，得在国内外设立分公司。
第二条 本公司业务如左：	**第二条** 本公司业务如左：
一、编行图书、杂志及唱片。	一、编行图书、杂志及唱片。
二、产销文化用品。	二、产销文化用品。
三、辅助文化事业之推广。	三、辅助文化事业之推广。
四、经营一般进出口贸易业务。	四、经营一般进出口贸易业务。
五、图书礼券买卖业务。	五、图书礼券买卖业务。
六、书籍印刷制造加工。	六、书籍印刷制造加工。
七、书籍装订制造加工。	七、书籍装订制造加工。
八、各种印刷品之印刷。	八、各种印刷品之印刷。
九、各类文具用品制造加工买卖业务。	九、各类文具用品制造加工买卖业务。
十、各种包装材料制造加工买卖业务。	十、各种包装材料制造加工买卖业务。
十一、电子书、电子计算器、教学用、事务用、娱乐用光盘制造加工买卖业务。	十一、电子书、电子计算器、教学用、事务用、娱乐用光盘制造加工买卖业务。
十二、自有剩余厂房、办公室、会议室出租业务。	十二、自有剩余厂房、办公室、会议室出租业务。
十三、I401010一般广告服务业。	十三、I401010一般广告服务业。
十四、I501010产品设计业。	十四、I501010产品设计业。
十五、F301030一般百货业。	十五、F301030一般百货业。
十六、ZZ9999除许可业务外，得经营法令非禁止或限制之业务。	十六、除许可业务外，得经营非禁止或限制之业务。
第七条 （删除）。	**第七条** 本公司股总定为国币壹仟贰（伍毫伍厘）

798

本章程于1945年（民国三十四年）2月24日订立，笔者经多方努力并求助于台北的正中书局，都未能获得。承好友王承惠先生从台北发回最新修正版，录之以补缺漏。

第三十条 本章程于民国三十四年二月二十四日订立。

民国三十七年五月二十日第一次修正。
一九五一年三月二十一日第二次修正。
一九五二年三月二十八日第三次修正。
一九五八年五月二十五日第四次修正。
一九六五年七月十二日第五次修正。
一九六九年七月二十八日第六次修正。
一九七三年七月八日第七次修正。
一九八一年六月十九日第八次修正。
一九八六年十月十四日第九次修正。
一九八八年五月十日第十次修正。
一九九零年六月二十八日第十一次修正。
一九九三年二月六日第十二次修正。
一九九四年六月二十八日第十三次修正。
一九九五年六月二十三日第十四次修正。
一九九七年六月二十七日第十六次修正。
一九九八年三月二十四日第十七次修正。
一九九八年六月二十三日第十八次修正。
一九九九年五月四日第十九次修正。
二零零三年四月一日第二十次修正。
二零零三年七月二十一日第二十一次修正。
二零零四年五月十日第二十二次修正。
二零零四年八月六日第二十三次修正。
二零一一年三月二日第二十四次修正。

第三十条 本章程于民国三十四年二月二十四日订立。

民国三十七年五月二十日第一次修正。
一九五一年三月二十一日第二次修正。
一九五二年三月二十八日第三次修正。
一九五八年五月二十五日第四次修正。
一九六五年七月十二日第五次修正。
一九六九年七月二十八日第六次修正。
一九七三年七月八日第七次修正。
一九八一年六月十九日第八次修正。
一九八六年十月十四日第九次修正。
一九八八年五月十日第十次修正。
一九九零年六月二十八日第十一次修正。
一九九三年二月六日第十二次修正。
一九九四年六月二十八日第十三次修正。
一九九五年六月二十三日第十四次修正。
一九九七年六月二十七日第十六次修正。
一九九八年三月二十四日第十七次修正。
一九九八年六月二十三日第十八次修正。
一九九九年五月四日第十九次修正。
二零零三年四月一日第二十次修正。
二零零三年七月二十一日第二十一次修正。
二零零四年五月十日第二十二次修正。
二零零四年八月六日第二十三次修正。
二零一一年三月二日第二十四次修正。

中国文化服务社

中国文化服务社计划书

1939年（民国二十八年）

一、社务

中国文化服务社之组织分为：1、总社；2、分社；3、支社；4、分销处。

总社设于上海，组织特种股份有限公司经营之，称总社。

分社设于各省省会及各特别市或院辖市，分别组织股份有限公司或特种股份有限公司经营之，称某某分社。

支社设于各县县城，得组织公司，亦得独资经营，称某某支社。

分销处设于各县各重要乡镇。

分销处之设立，须经支社之核准；支社之设立，须经分社之核准；分社之设立，须经总社之核准。

说明一：中国文化服务社之最大目标，在构成全国文化交流或沟通之分布网，其总枢纽为总社，其大动脉为分社，其末梢为支社及分销处。

说明二：我们地域之广，人口之多，每一省区几等于欧洲一大国，一县之大亦复等于欧洲之一小国，因此全国文化事业之发展，殆为今后全国各种建设之最艰巨最繁重之工作。如欲在最短期内迅速使之发展，必一面健全总社组织，增厚总社资金，使之立于全国分支社最高之发动地位，一面分别建立各分支社使之个个独立，利用各地人才，吸引各地资金，然后乃能自由发展，逐渐演进，以达成最庞大之实业计划，易言之，中国文化服务社之组织制度，采联立制，不采集中制。总社之于各分支社，采领导方法，不采彻底管理方法。

说明三：迄民国三十一年止，总社设于陪都，成立于民国二十七年十二月二十五日。分社共二十一所，支社分销处共五百五十九所。总社公司尚在筹备期中，分社完成公司组织者，惟陕西、广西、福建各省，及重庆市。其他或正在筹备，或尚未发动。从本年起，原定二年内完成后方及半沦陷区各省市分社之组织。抗战胜利后，尽速完成收复各省市分社之组织。其已完成各省分社公司之组织者，即应分别整理各该省之重要各支社。

二、资本

总社资本，暂定国币二万万元，由公股非公股集成之，定民国三十五年完成特种股份限公司之组织。

分社资本，暂定最低额为国币一千万元。由公股非公股集成之。

□□资本公司组织者暂定最低额为国币二百万元，独资或合伙经营者暂定一百万元，分销处资本最低额为五十万元。

总社向分社投资：其投资之比率，为分社资本总额五分之一；分社向总社投资，其投资之比率，为分社资本总额十分之一，例如分社资本总额为国币一千万元；总社投入分社之股本应为二百万元，而分社向总社所投之资本为一百万元。

分社向支社投资：其投资之比率，为支社资本五分之一；支社投资分社之比率，为十分之一。

（说明一）□□□□之因，为支社必须□□本社的□股份，□公司之□□，例如四川□□□，民国三十一年制定全省中国文化服务社发展计划，确定全省交通便利、文化发达、地点适中之□市为节点，如成都、资中、乐山、宜宾、绵阳、德阳、万县、雅安、南充、剑阁、涪陵、茂县、巴□等地，此等支社，必须组□支公司，各省准此。

（说明二）企划中国文化服务社之资本，总额为二万万元；分社四十处，资本最低额每处一千万元，总计四万万元，减去总社投入之资本八千万元，应为三万二千万元。全国三十五省，固定支社公司所，总计支社公司三百五十所，资本最低额每所二百万元，总计七万万元，减去分社投入资本一万四千万元，应为五万六千万元。独资或合伙经营之支社，假定平均每省五十处，每处一百万元，共三十五省，资本总数应为十七万五千万元，□□总社资本外全国各省市分支社之资本总和应为二十六万三千万元，□分销处□□未计。

三、业务

中国文化服务社编辑之项目，约如左述：

一、编印各种丛书图书，□□□□大规模丛书文库辞书及世界名著的编著或翻译，此等编译之选择，其属于一般者，由总社全盘规划，交由各分社分配刊行，则此等大部之工作可□于成就。例如清季局本之廿四史，由江南官书局，湖北官书局，四川官书局，浙江官书局，广东官书局等，分别刻版，蔚成巨大之文化工作，将来本社出版工作，则大可仿效。其属于地方文献者，得由各分社自己编印，例如广东官书局之岭南丛书，江西官书局之豫章丛书等是。近年浙江、湖北、广西等各省，亦在□印当地文献，将来此等出版，都由本社各分社担任。

二、制造文化用品。设文化用品制造厂，此等工厂，可依各分社之环境，随当地之物资及需要各各设立。例如在东南各省，可设立纸厂，在海外南洋各地，则设橡胶厂等是。

三、扩大代办业务联系。举凡官公私出版物之代售，学校图书馆民众教育馆之大批委托配购，教育界学生界之零星代定杂志报纸，代购中外书籍，无不悉心办理，务求供求两方之满意信托。

四、办理资料供应。仿外国剪报公司办法，分类收集各种专门参考资料，依订购者之需要，规定办法，分类供应。

五、编送特约地方通讯。此项工作，随本社各分支社之普遍设立，本社工作人员之分布，亦即为新闻业地方通讯人中之分布，举凡当地政治经济教育文化之考察及现况，撰为通讯，寄由总社或分社，编稿分送各报馆或杂志社应用，此项工作，可认为中央通讯社之补充工作。

六、办理派报工作。此项工作，亦随本社各分支社之普遍设立为极自然之附随工作，必须兼办此项派报工作，然后本社建立全国发行机构之任务，方告完成。

七、代印国定教科书。国定教科书由教育部交由全国各大书局分任印行。本社各分社，均设有印刷所，担任印刷亦□便利。

（说明一）关于各类丛书文库之编印，总社□陆续刊行者，有中国国民党丛书、青年文库、及现代文库等。分社自行出版者，亦有四川、陕西、江西、广西、福建、安徽等分社。

（说明二）关于文化用品之制造，目前仅福建、陕西等分社，设有机构。

（说明三）关于代办工作，□□□□□□年止，□□□者计□□户、经售者计□□四户、□□代定者计□四六八四八户、□□□□者计五三三户、□□因□□□□之□□。此项工作，大受阻碍，□□交通恢复，运输便利，此项工作，□□本社最重要之业务。

（说明四）关于剪报工作，□□出□□已□开始，目前□□□□、尚未开展作为本社业务□□。

（说明五）关于特约地方通讯工作。须待本社各分支社普遍设立，□□邮递开通，方可开始。

（说明六）关于派报工作。亦必须□□交通恢复，运输便利，方可开始。

（说明七）关于教科书之印刷。本社目前仅有陕西分社担任此项工作。国定教科书之代印，陕西□□分社均在请□，本社各分社有印刷所者，计陕西、□□、广东、江西等分社。支社有印刷所者，计四川□□等支社。

中国文化服务社特种股份有限公司章程草案

1939年（民国二十八年）

第一章 总则

第一条 中国文化服务社由中国国民党中央执行委员会依特种股份有限公司条例组织之，定名为中国文化服务社特种股份有限公司（以下简称本公司）。

第二条 本公司以阐扬三民主义，推进文化事业为宗旨。

第三条 本公司之业务如下：

一、办理中央各种书刊之发布及销售；

二、编辑出版并发行本党书刊及其他青年读物参考书籍；

三、经售国内外官私典籍；

四、接受关于文化事业上之设计及信托；

五、担任各界关于文化上学术上各种询问之解答；

六、代办国内外书籍杂志及其他教育用品。

第四条 本公司设总社于上海，设分社于各省省会及特别市，设支社于各县市，设分销处于各乡镇，并在海外华侨集中地点，酌设分支社；各地分支社得自行选择组织公司，其办法另定之。

第五条 本公司公告登载于总社所在地之日报。

第二章 股份

第六条 本公司资本总额定为国币二万万元，计分二万股，每股国币一万元。

第七条 本公司股份分公股与非公股两种：公股除中央执行委员会自认外，并向其他有关机构及团体募集之；非公股公开募集之，但认股人以中华民国人民为限。

第八条 本公司公股公股息定为周息八厘，非公股股息一分二厘，但无盈余或盈余不足时，不得提本作（股）息。

第九条 本公司之股票为记名式，由董事长主签，常务监事副签，编号填发；非经董事会之同意，不得转让，其转让人姓名住址及权利起止过户填明，由本公司另换新股票。

第十条 股票如有遗失，须由股东申请补发，并登报声明，经三个月而无纠纷，始行补发新股票。

第三章 股东会

第十一条 本公司每年于结账后一个月内，召集股东大会一次，但遇有特别事故，持有股份总额二十分之一以上之股东以书面提出理由申请召集时，得由董事会召集临时股东会。

第十二条 股东会之决议，须有股东过半数代表股份总额过半数者之出席，以出席人股权之过半数表决行之。

第十三条 本公司各股东每股有一表决权，一股东而有十一股以上者，自十一股起每十股有七表决权，表决权不足一表决权时，按一表决权计。

第十四条 股东大会由董事长任主席，董事长因事不能出席时，由常务董事互推一人代理之。

第四章 董事会及监事会

第十五条 本公司设董事十五人至二十七人，按公股、非公股所认股数比例分配，公股部分，由认股机关自行派任之，非公股部分由非公股股东互选之，董事任期为三年，但得连任。

第十六条 董事会设董事长一人，常务董事三人至五人，董事长由董事中互选之，常务董事由董事长就董事中指定之，董事长于董事会不开会时，代表董事会执行其职务。

第十七条 董事会之职权如左：

一、召集股份大会；

二、执行股东大会决议案；

三、审核预算及决算；

四、审核业务计划及报告；

五、社长、副社长之选任及解任。

第十八条 董事会每半年开会一次，由董事长召集之，常务董事会每月开会一次，必要时均得召开临时会议。

第十九条 本公司设监事一人至九人，诞生方法与董事同，其任期为三年，但得连任。

第二十条 监事会设常务监事一人至三人，由监事互选。

第二十一条 临事会依公司章程一百五十六条至一百六十一条之规定，行使其职务。

第五章 职员

第二十二条 本公司设社长一人，其职权如左：

一、对外代表本公司；

二、对内总揽一切业务；

三、执行董事会之决策；

四、编制预决算；

五、制定业务计划；

六、职员之推荐聘任免考核。

第二十三条 本公司设副社长一人至四人，辅佐社长，处理社务。

第二十四条 社长、副社长由董事长提出董事会通过聘任之，对董事会负责。

第六章 决算及盈余分配

第二十五条 本公司于每营业年度终结时，应造具左列各项决策书表，由董事会审核，于股东大会前十日送交监事会查核后，再提报股东会核议：

一、营业报告书；

二、资产负债表；

三、财务目录；

四、损益计算表；

五、盈余分配表。

第二十六条 本公司每届决算如有盈余，先提百分之十为公积金，但公积金达资本总额二分之一时，得不受此限制，次提股息，其余按百分比率分配如左：

一、股东红利百分之五十；

二、董事监事社长副社长及职工红利百分之三十；

三、职工福利基金百分之十；

四、文化事业补助金百分之十。

第七章 附则

第二十七条 本章程未规定之事项，悉依特种股份有限公司条例及公司法之规定办理。

第二十八条 本章程经呈中央常务会议核准施行。

中国文化服务社各省市县分支社公司筹设办法

1939年（民国二十八年）

一、中国文化服务社为集积各文化力量，发展本社业务，得依照本办法在各省市县，分别由总社发动，或由当地发起人之请求，经总社或分社之核准，组织筹备委员会筹集资本，成立各分支社公司。

二、各省市县设立中国文化服务社筹集资本时，应依照公司法或特种股份有限公司条例组织各分支社公司，称中国文化服务社某某分社或某某支社股份有限公司。

三、各省市县组织筹备委员会，其委员人选，由发起人提请总社董事会或径向总社董事会聘请之。

四、各分支社公司筹集资金，其资本总额，分社公司至少一千万元，支社公司至少二百万元，并将左列各项先行呈准总社董事会方得进行筹设。

甲、发起人姓名、籍贯、年龄、职业、住址；

乙、预定筹集资金总额；

丙、公股及非公股数额；

丁、每股股额及股票种类；

戊、股权标准及股息；

己、规定筹集资本期限。

五、各分支社公司筹集资本，其公股部分除由当地党政教育文化机关团体认购外，在分社公司，总社为当然投资人；在支社公司，分社公司为当然投资人；非公股部分尽先由出版业著作人及读者认购之。

六、总社公司与分社公司及各分社公司与支社公司除前条规定之投资办法外，支社公司应以其额定资本之十分之一投资于分社公司，作为分社公司之非公股，分社公司，应以其额定资本之十分之一投资于总社公司，作为总社公司之非公股，其相互间之投资办法临时议定之。

七、各分支社公司成立后，应将各项章则，各股东所占股份及董监事暨重要职员姓名、籍贯、年龄、经历呈报总社备案，并拟具详细业务计划及资金运用方法，呈请总社核准后方得开始营业。

八、各分社公司成立后，其经理由总社派任之。

九、各分社公司每届营业年度终了应将营业报告书、资产负债表、财产目录、损益计算书、盈余分配表呈送总社存核。

十、各分社公司对于业务方针，或内部组织有重要决定与变更时，应随时先行呈准总社核定。

十一、本办法经总社董事会议决施行，如有未尽事宜由总社董事会议修改之。

中国文化服务社书报供应队组织办法

1939年（民国二十八年）

（一）本队定名中国文化服务社书报供应队。

（二）本队以销售本社出版及经售之书刊，推广抗战建国之宣传为宗旨。

（三）凡照章缴纳保证金或觅有妥实保证者，均得请求加入本队工作。

（四）本队队员推销折扣及领书缴款奖励办法另定之。

（五）本队队员应随时利用余暇接受本社之各种训练。

（六）本队队员须绝对恪守本社纪律。

本社书报供应队推销折扣暨领书缴款奖励办法

甲、推销折扣：

一、本社发行之书籍六折；

二、本社经售之书籍；

1、独立出版社出版者六折；

2、正中书局出版者八折；

3、其他书局出版者九折；

三、各种杂志自四折至九折。

乙、发书手续：

一、书刊种类由服务课定之；

二、发书登记由业务课办理；

三、队员向社具领书刊时须缴保险金，其数额约当应付书款百分之五十，但觅有妥实保证经本社认可者得缓缴；

四、队员具领书刊时须在本社所备之发书簿上签名盖章。

丙、缴款手续：

一、应缴书款须逐日缴清，不得拖欠。未销书刊得以退书结账（经销书刊如有污损不得退换）；

二、书款结算等事项由业务课办理。

丁、奖励办法：

推销成绩特别优良者，每三月由本社发给奖励一次：销售总额在一百元以上者按百分之五给奖，在二百元以上者按百分之拾奖。

中国文化服务社优待读者办法

1939年（民国二十八年）

一、凡学校学生购买或订阅本社出版发行之图书，照定价九折优待。

二、凡加入本社各种讨论会者购读或订阅本社出版发行之书刊，照定价八折优待。

三、凡机关、学校、团体批购本社出版发行之书刊，照定价八折优待。

四、凡购买本社经售之书籍一次满五种者，赠阅《战时书报评介》两个月。

五、凡订阅本社经售之定期刊物二种，均在半年以上者，赠《战时书报评介》半月刊四个月。

六、三、四两项优待办法得与其他各项优待办法同时适用。

中国文化服务社本、外埠同业批销书刊简章

1939年（民国二十八年）

本社为推广业务，欢迎本、外埠同业批购，兹规定本、外埠各同业批购办法如下：

一、凡本埠同业批销本版及本社发行之书刊一律八折。

二、凡外埠同业批销本版及本社发行之书刊一待照价七五折，但邮运费照加。

三、凡愿负责推销本版及本社发行书刊之同业，如能在一年内推销至五百元以上者，除享受前条规定折扣外，并得依照全年营业额再以几折奖销金。

四、付款手续：本埠同业批购书刊在取货时，须先缴半数货款，其余每月底结算；外埠同业批销书刊时如先缴半年货款，但余欠项觅妥本市殷实铺保负责担保，但可每二月结清一次，否则须全数付清。

五、批购书刊如有不能推销时，限退半数，但若有污损等情，恕不收退。外埠退书并须自负往返邮运费。

六、退书期限限于每结账期以前退到本社，如逾期作已销论。

七、外埠运输须由各同业自行保险，如并不保险，倘有发生意外，本社须恕不负责。

八、本简章如有未尽事宜，本社得随时修正之。

中国文化服务社书报代订代办简章

1939年（民国二十八年）

一、本社为谋各地读者购买书籍或代订日报刊物之便利起见，特订本办法。

二、本社以绝对服务为宗旨，凡经委托代办事项不论繁简，一切手续包扎等费概行免除。

三、代办书籍务请详开列书名、著作人、出版处、价格、数量等项，代订日报及定期刊物并希开明订阅期限及起讫期数。

四、应缴书价报费及邮费务请预先汇下，如因汇兑不通，邮票代现，十足通用，惟以一角以内者

为限。汇下书报款项有余时，本社当如数寄还，若欲暂存本社以备日后订购书报时支用者，希预为声明，本社当给以收据为凭。

五、代办之书报及发票定单，本社当于最短时间先行寄上。

六、收件人姓名、地址务请详细开列，并须用正楷缮写，以免寄递错误。如欲稳妥加快，请照加挂号或快递邮费，收件人地址如有变更时，请即通知本社。

七、订购书报如未收到，查询时请开明委托订办时原函号数、寄发日期及书报名称、数量等项。

八、凡经政府禁止发行之书籍，本社恕不代办。

九、读者对于各种出版物内容及文化界动态有所询问时，本社当设法查复，但以附有回信邮费者为限。

十、凡本社战时读者会、时事研究会会员如有委办或询问时，除免收手续包扎费外并免收邮费。

中国文化服务社读书会入会须知

一、本会由中国文化服务社总社主办，会址设于上海福州路六七九号中国文化服务社总社内。

二、凡拟入会者，须先向本会索取"会员入会申请书"，照式楷书填明，并加盖印章，挂号邮寄本会。

三、汇缴本会之会费，最好用邮局或银行汇票，如用邮票须在一百元以上者。

四、本会收到申请书及会费后，即予登记，并即寄发会员证。

五、本会寄发之会员证，须妥为保存；甲种及甲种团体会员证，每一年换发一次；乙种及乙种团体会员证，每半年换发一次；会员于期满前一个月内，须将原会员证挂号寄还本会存记，并汇缴第二期会费后，始得为第二期会员。

六、会员如向本会通讯询问时，须于姓名前注明会员证字号（如甲字第三号），并附足挂号信件之邮票，否则概不作答。

七、本须知如有未尽事宜，得随时修改之。

中国文化服务社资料供应部订购简则

1948年8月（民国三十七年）

一、本社特设资料供应部，搜集国内各种报纸、杂志等资料，分类剪贴，经常供应各界人士订购。

二、本社供应资料，分经常与临时两种，经常订购者，请先指定资料项目，由本社随时收集，每周邮寄，临时委托者，本社按照指定资料，代为收集邮寄。

三、经常订购者，为精选资料起见，得指定报纸杂志种别，经常剪集，如未指定种别，本部即尽量收集，尽量供应。临时委托者，最好请示明刊载何种报纸、何种杂志、何年何月何日或几卷几期，以便收集。

四、本社供应资料之取费，凡属经常订购者，一次先收订费金圆叁元，每次供应资料时，按照当时成本计算，此项订费价额之规定如有变动，随时奉告。报纸资料以页数论，每一贴页收费贰分；杂志资料以篇数论，每篇最高计算标准照原杂志每本售价计算，其小件照报纸贴页计算，每次寄出资料，均由本社按页数或篇数计价后，开具发票，附入资料，一并奉寄察阅。发票内所列费用包括资料费、邮寄费、包卷费等，均在定户存款中扣算。存款用罄时，即请续付订费，以免中断。资料定价之变动在每次开具之发票中表示或另通知。凡属临时委托之件，照经常订阅之件，加倍计算，惟遇搜集特别困难者价格临时议定。

五、定户所定资料，如因报纸杂志上一时无登载，逾时甚久，未能搜得邮寄者，以后遇有资料寄出，而定价已增加时，存款满一月者价格照新定价八折计算，满二月者照新定价七折计算，满三月以上者照新定价对折计算。

六、经常订户收藏资料成帙，须装订成册时，本部可以代为装订，式样有一定规定，取费临时议定。

中央宣传部直属三民印刷所组织规程

1941年12月13日（民国三十年）部长核准修正

第一条 本所根据中央宣传部出版事业处组织规程第六条之规定组织之。

第二条 本所定名为中央宣传部直属三民印刷所。

第三条 本所为党营事业，其资金悉由中央宣传部拨给。

第四条 本所任务为承印中央宣传部各种书刊，但在生产力有余时，并得以营业方式接受外部印刷品。

第五条 本所设所长一人综理全所事务，副所长一人协理所务，由中央宣传部委派之。

第六条 本所设业务、工务二组，每组设主任一人，承所长、副所长之指导主办各该组事宜。

业务组设干事、助理、录事各若干人，工务组设领班、技工、练习生各若干人，承主任之指导办理各该组事宜。

第七条 业务组设总务、营业、校对、保管四股，其任务如左：

一、总务股

（一）文书之收发、分配、撰拟、缮校及保管事项；

（二）印信、图记之保管事项；

（三）员工、练习生之登记考核及福利事项；

（四）房屋之建筑修缮，物品材料之购置事项；

（五）成品材料之运送事项；

（六）工役之管理、训练事项；

（七）清洁卫生，警卫及员工生役之食宿管理及其他不属于各股事项。

二、营业股

（一）承揽印件，计算成本，估价设计事项；

（二）承揽制版、制型、铸字等业务事项；

（三）催收账款事项；

（四）业务之登记、统计事项；

（五）对外接洽一切事务。

三、校对股

（一）印件、编辑、排版之校对事宜；

（二）成品式样之校核登记事项。

四、保管股

（一）物品材料之登记、存储、保管事项；

（二）成品之登记、保管、收发事项。

第八条 工务组设排字、机印、浇铸、装订、石印、装版六房，其任务如左：

一、排字房 办理一切印件之排版事项；

二、机印房 办理一切印件之印刷事项；

三、浇铸房 办理铅字铅版纸型之铸制事项；

四、装订房 办理印品之折裁、装帧、包装事项；

五、石印房 办理一切石印印件之写绘、制版、印刷事项；

六、装版房 办理一切金属版之摄制木版之镌刻事项。

第九条 各组主任及干事、助理、录事由所长遴呈中央宣传部任用，领班、技工、练习生由所长遴用，但须呈部备案。

第十条 本所设会计室，采用会计独立制度，设干事一人，由中央宣传部派任，受所长、副所长之指导办理左列事项：

一、账簿之登记、清算，账册、单据之保管及账款之催解；

二、现金、票据之收支、保管与登记及营业传票之签署；

三、账目发票及购进材料之审查、稽核，印品成本之稽核及登记；

四、编造各种预算书表及各种报告表。

第十一条 本所于必要时得在渝设置办事员或营业处。

第十二条 本所视业务工务会计上事务之需要，得雇用练习生。

第十三条 本所办事细则及工场管理规则另定之。

第十四条 本规程如有未尽事宜，得呈请中央宣传部核准修订之。

第十五条 本规程呈中央宣传部核准施行。

三民印制所组织系统表

中央宣传部　　　　　三民印刷所（正副所长）

业务组

　　总务股　　营业股　　保管股　　校对股

工务组

　　排字房　　机印房　　浇铸房　　装订房　　石印房　　装版房　　会计组

三民印刷所编制表

职别	人数	备注
所长	1	
副所长	1	
组主任	2	业务、工务二组各一人
干事	6	业务组之总务、保管、校对三股各一人，营业股二人（一驻外），会计室一人
助理	3	业务组之总务、校对二股各一人，会计室一人
录事	2	
领班	6	工务组之工房每房一人

中央宣传部直属三民印刷所管理办法

1941年12月29日（民国三十年）部长核准施行

一、三民印刷所之管理依照本办法行之。

二、三民印刷所应拟具办事细则及工厂管理规则，呈部核准施行。

三、三民印刷所职员非经本部许可，不得兼任外职。

四、三民印刷所每年度开始前应造具营业计划书、营业预算书及职工名册各二份，呈部备核。

五、三民印刷所于每年度终了时应造具左列各表，呈部备核：

1、业务报告；

2、财产目录；

3、产品盘存目录；

4、材料盘存目录；

5、成本计算表；

6、损益计算表；

7、资产负债表；

8、盈亏总补表。

六、三民印刷所每月应造具左列各表，呈部备核：

1、工作月报表；

2、业务实施进度报告表；

3、损益估计表；

4、营业收支累计表；

5、财产增减表；

6、材料增减表。

七、三民印刷所应按照本部规定之印刷所工作日志，逐日将业务工务状况详细记载，以凭考核。

八、三民印刷所经常收支，应按月造册，报销不得迟延，至三个月会计账目及报销手续，悉依照中央会计法规办理。

　　九、三民印刷所承印本部印件应照核定价格办理，非呈经核准不得变更，非有特殊理由并呈经核准者，不得误期出版。

　　十、承印本党各机关印件及其他客货应订定价格呈部备查，如有变更，亦应随时报部，并应遵守信约如期出版。

　　十一、凡承印书件印刷应力求精美，调墨设色务须浓淡得宜，装订、裁切务须整齐美观。

　　十二、凡承印本部及本党各机关印件或其他各客货，应将成品每种检送二分呈部备核，于施工前并应分别填制工作传票以备考查。

　　十三、三民印刷所在业务及工务上应切实注意减低生产成本，对于一切印刷材料及纸张之使用青铅之消耗应力求节约，以免浪费，并须严防产生斠换或盗失情事。

　　十四、印刷机件及所内公物，应妥慎管理，毋得毁损。

　　十五、三民印刷所对于工人应切实注意管理及训练，务期宽严得宜，在可能范围内应增进工人之福利。

　　十六、本部为欲明了该所实际工作情形并改进其业务，得随时派员视察查账及督导其工作之进行。

　　十七、本办法如有未尽事宜，依照本部其他有关法令办理之。

　　十八、本办法经部长核准施行。

其他书店

中国图书有限公司

1906年

中国图书有限公司缘起（代论）

教育者国民之基础也。书籍者，教育之所藉以转移者也。是以数千年之国髓，传于经史。五洲各国进化之程度，金视新书出版之多寡以为衡。今者科举废、学校兴、著译之业盛行，群起以赴教育之的。然而书籍之不注意何也。

书籍之组构，由于编辑、由于印刷、由于发行，而后乃得流传于世。是编辑印刷发行者，所以组构而成书籍者也。故编辑、印刷、发行之权在我，则组构书籍之权在我，而教育之权亦在我。编辑、印刷、发行之权在人，则组构书籍之权在人，而教育之权亦在人。夫今之爱国之士，动曰保国权；今之谈国权者，动曰保教育权。然而书籍所出之编辑、印刷、发行书局之不注意何也。

夫今日编辑、印刷、发行之书局，未尝无有也。然而挟资本之最大者，则非我本国人。且闻非我本国人者，亦将更挟其更大资本以经营我书籍业。而我之书籍业者又皆资本簿弱而不能统一。夫大可以兼小，强可以并弱。我人兢兢业业焉以求编辑、印刷、发行书局之发达，以巩护书籍而保教育之权。然而设立统合编辑、印刷、发行事业之不注意何也。

夫教育权之宜巩护、书籍之宜视为重要，编辑、印刷、发行事业之权之不可旁落，今日所已知者也。资本弱小之书局必被强大者所兼并，他日所必至者也。然则我人何勿早自为计乎。早自为计则上可以保国权，下可以免侵略。中国图书公司之所以发起者以此。

中国图书有限公司招股章程

一、本公司以巩护我国教育权，驱策文明之进步，杜绝外人之觊觎，消弭后来之祸患为宗旨。

一、本公司系中国人公众创办，不入外国人股本，故定名曰中国图书有限公司。

一、设编译部，编译精良适用之图书、教本，以发本国人之爱国心，增进学界之幸福。

一、设印刷部，改良印刷上之各种工业，以图美术之进步，即以收回利权、杜绝障害。（吾国应用之精良印件，历来取之外洋，不第为绝大之漏卮，且生种种之障害。）

一、设发行部，推广销路，分利益于同业，集合团体，联络各埠声气，以保全我国书商应得之利益，且俾外人无播谬种于我教育界。

一、设收支部。各部除零款外，所有银钱皆总于此部，并以为前三部之总机关。

一、设总局于上海。编译、印刷两部应于租界以外购地建造。地价既属便宜，房屋亦可宽敞。发行、收支两部设于租界内交通便利之处，并于南北繁要各埠逐渐添设分局，开遍各行省而止。惟分局专管发行。如有合宜之处，亦可酌设印刷部。惟编译、收支两部不得分设，以一事权，而节繁费。

一、本公司拟招股本银元一百万元。每股银十元，合成十万股。先收五十万元，作为有限公司。

一、凡附本公司股分者，请将附股人姓氏、籍贯、居址详细开明，连股本送交代收股分处，掣取收条，以便换取股单。股本交上海黄浦滩通商银行代收。

一、凡系书业同行有愿附本公司股份者，如满五十股，本公司即认为特约贩卖店，予以特别利益。外埠同行亦照此条办理。

一、西例，公司有红股名目。今本公司仿照办理，另设红股二厘半（即十万股另填红股二千五百股），以酬创办招股之劳。（假如经售一千股，即给以红股二十五股。若经售股票系属畸零，亦可与人合并凑领。）此项红股在本公司股本之外。

一、股本于四月初一日开收，至六月三十日截止，逾期不收。如期前股额已足，随时登报停止。有因道远不及者，请先函电本公司暂时办事处挂号，俟下次扩充添招股本，先尽挂号诸君，以副提倡之雅。

一、股本官息定常年八厘；红股利息特别酬劳，照常股加倍，常年一分六厘。股本于交银之次日起息，红股于开办之日起息。

一、每年结账一次。除付官息外，所得盈余提十成之二为公积，再以八成分作十五份，以十份作股东红利，以四份作办事人花红，以一份作董事酬劳。股东所得红利，照股均派，以副利益均沾之实。

一、官息、红利概凭息簿支取。

一、本公司当由各股东会集公举董事九人，任稽查、协赞、决议之责。即由董事于九人中公推办事总董、银钱总董各一人，再推查账董事二人。所有董事权限，于举定时由各股东议订。

一、每届议事，如股东不能齐到，须以过半为率（如到有五位即可开议），否则改期再议。

一、公司中办事人员由董事公同选派。其账房以下各项司事，由经理人延用。并各取具保证书存公司内（办事细章另订）。

一、股票、息簿如有遗失，准其随时取具保证书，报明本公司，将遗失号数查明注销，一面登报声明。俟三月后，另行按号补给票簿。

一、如有本人愿将股票、息簿转售于人，须亲赴本公司填写退股据，将股票、息簿过户注册，由董事一人及经理人签字于票后空格内，概不更换新票。惟股票不得售与外国人，或有蒙混，察出作废。

一、所有详细办事规条，俟公议决定，续行布告。本公司暂时办事处在英大马路泥城桥东五十二号洋房。凡有函件请径投该处可也。

发起人：张謇、曾铸、恽祖祁、严信孚、马良、周廷弼、周晋镳、刘树屏、孙廷翰、李厚祐、胡琪、朱佩珍、陈作霖、黄继会、樊棻、施则敬、李钟珏、朱开甲、胡焕、谢轮辉、连文征、席裕成、席裕光、汪钟霖、夏清贻、秋葆贤、俞复、席裕福同启

（录自《申报》光绪三十二年四月初二）

中国图书有限公司开收股份广告

本公司电禀学商两部，开办中国图书有限公司。定招股本银洋一百万元。每股十元，合成十万股。先筹五十万元，除发起人认股十五万外，再招洋三十五万元。即日开收。欲附股份者，请将附股人姓名、籍贯、居址详细开明，连股银送交上海黄浦滩通商银行、自来水桥北塃信成储蓄银行、后马路兴仁里钧康庄、后马路长鑫里瑞元庄、南市吉祥弄元兴庄、花衣街鸿裕庄、三马路申报馆、四马路时报馆各代收股份处，掣取收条，索阅章程。勿迟为盼。

本公司事务所现迁定英大马路虹庙对门泰和里四百七十三号洋房，凡有函件请径投该处可也。

发起人：张謇、曾铸、恽祖祁、严信厚、刘树屏、周廷弼、周晋镳、马良、金绍城、朱佩珍、谢纶辉、樊棻、李厚祐、孙廷翰、胡琪、席裕光、席裕成、丁维藩、陈作霖、施则敬、朱开甲、李钟珏、虞和德、黄继曾同启

（录自《申报》光绪三十二年四月初九）

中国书业有限公司忠告同业

1908年（光绪三十四年）

不群之害，人人皆知，若与个人无密切关系，必不动心。我书业自朝廷骤停科举以来，千百万资本之老书，半多呆搁，幸值学堂遍立，新书之发达，可期而待，若同业各自为谋，编译势必雷同，稿本有完善与否，销路有滞广之别，即有畅销独版、再译再编者，亦必接踵而起，同室操戈，失败立待。全国文明之教育，藉吾书业灌输者为多，应得首先倡合群之义，为百业之表率。

是以去年九月，同人发起创立中国图书公司，诚恐能力财力不足，公举席君为代表，运动名誉赞成，于本年四月朔宣布招股开办，距知其性质全行改变，吾同业虽亦能投资入股，并无参决议事之权，实负组织选举之初心，且其章程第七条，于吾书业实有妨害，此尤吾人不可不注意之。查昔日出版之多，以江西、湖南、广东、四川四省为最，后自泰西石印法输入上海，而四省之木板，隐为消灭，石印局印本精良，推同文书局为冠，规模宏大、获利甚丰，后为不能因时制宜，以致半途而废，惜哉！

前车之鉴，确有明证，同人惧灭业之祸，为百世之罪人，为此仍主原议，重结团体，组织全体中国书业有限公司，既能保全吾业固有之利益，又能免强权者之蚕食，拟有粗章一本，呈请同业诸君斧正，并祈广为劝导店东店友，自一股而至十百千股，各自量力，踊跃投资。成败利钝，在此一举，各尽天职，万弗放弃，书业幸甚，同人幸甚。

书业同人公启

中国书业有限公司缘起

1908年（光绪三十四年）

保固有之势力，辟将来之利益，以为我社会扩充生计者，商业而已；传先哲之精蕴，启后学之童蒙，而为我国家培育人才者，书籍而已。至经商而专为书业，则国家教育之成败，社会进化之迟速，悉于是托命焉。其业之隆替，即以人才之多寡，为实验之衡；书业而有失败，即国家社会之运命亦将随以中蹶，其所系顾不重哉？印版术之发明也，典籍传流，为之大增。中兴以来，书业之盛，以粤蜀江湘为最，四省刊行之本，衣被遍天下，自西人聚珍石印之法输入中国，而刊木之用，日形其绌，至今日而几绝响矣。迩者　朝廷停罢科举，广开学校，旧时典册不适教科，庠序之中咸欲购取新编，以供训迪，海内达识之流闻风兴起，沪上一埠，书肆林立，进步文明此其先导，然而经营伊始，缺点实多，无消息以相关通，无章程以相部勒，同一有用之书而彼此编译，各自为谋，优者犹思创作，黜者

不耻袭取，面目改变则专利无权，辞义雷同则购资虚牝，推其流弊，悉数难终，小则丧失信用，大则贻误学术，使非有以整齐而划一之，几何不立见失败也耶。往者同文书局之设，影印精良、规模宏达、中外推重，卒以经理失宜，重资虚掷，曾几何时，戛然中止。前车之鉴，其可不深长思耶？用敢不辞苦口，敬告同人，凛优胜劣败之危言，据同舟共济之大义，重鸠团体，明定商联，合各省为大群，化么匿为拓声，以拯国觉民为天职，宗旨必期相同，以大局公益为指归，利害必思与共，谨定名曰中国书业有限公司，用竞争于对外，萃秦越为一家，则我书业之宏大博实，莫之与京而互相砥砺，益求精善，其影响于国家社会者，庸有既哉。

中国书业有限公司章程

1908年（光绪三十四年）

一 名号

第一条 本公司以联合全国书业团体共享固有之利权，辅佐教育普及，驱策文明之进步为宗旨，故定名曰中国书业有限公司，遵照 钦定大清商律有限公司章程，在 商部呈请注册。

二 营业

第二条 本公司系办理各种石印、铅印、铜版、印刷、编辑、翻译各种书籍图画，发行杂志，制造标本，铸售铜模、铜版、铅字、铅板，并制造运售学校一切用品及印刷机器、纸张、物料等事。

三 营业地方

第三条 本公司发行所设于上海英租界，编辑所、印刷所先行赁屋开办，再行择地建造。

第四条 本公司系本埠全体同业创办，故暂设小花园书业公所为议事处，再行酌定办事处。

第五条 各行省府厅州县之同业，既与本公司联络一气，概由各该贩卖店自行贩运，本公司可毋庸分设，既予同业以利益又节省本公司之繁费。

第六条 偏僻之区，如无贩卖店者，本公司可酌行分设，以开风气，如本省贩卖同业愿去分设者，可先行报告，本公司不必分设。

四 股本

第七条 本公司股本共集银圆五十万元，分作五万股，每股计银圆十元，先收二十万元作为有限公司优先股，除本埠创办同业先认十万元外，再招外股十万元（除外埠同业外，凡学界、商界皆得预股），其余三十万元作为普通股，俟办有成效，需用款项，分三次续招，每次招股，须于两个月前登报布告。

第八条 凡书业同行，附股至五十股以上者，将来交易自应特别看待，另订专章办理。

第九条 本公司为中国书业同人组织创办，并为保全华商利益起见，故专收华人股本，惟创办人不得有非分利益。

第十条 本公司股票，任凭转售析售，须到本公司填写过股据，由经理及董事一人在股票空格内填写新户，不另换票，亦不收费，惟不得售与外国人，如有朦混，察出作废。

第十一条 如有遗失股票，准其随时取具保人证书报明公司，将遗失号数查销，一面登报声明，俟三月后，另行按号填给，每票应缴费银圆壹元正。

五　股东权利

第十二条　本公司董事，每年于结账分利之前，应招集众股东举行寻常会议，先于半月前登报布告，会议时并将公司年报及总结清单分送众股东查阅。

第十三条　本公司会议时，董事应对众宣读年报，并由众股东查阅账目，如无异言，即行列册作准，决定分派利息，并公举次年董事。倘有以账目为未甚明晰等情，可向总司理及查账人详细考察。

第十四条　本公司遇有紧要事件，董事可随时招集众股东举行特别会议，凡有股分合全数十分之一之股东有事欲会议者，亦可知照董事，先期声明事由，举行特别会议。

第十五条　本公司举行寻常特别会议时，即将所议各事由书记列册，凡议决之事，一经主席签押作准，必须遵行，所有总号分号一律通知，俾众股东随时查阅，其股东不能到场会议者，可具证书派人代表。

六　办事权限

第十六条　本公司由股东公举董事七人，任稽查协赞议决之责，由董事推任总司理一人、副司理一人、选任会记一人，其余各项司事由总副司理量才酌派，并各取具证书，存公司内。

第十七条　本公司由各股东公举查账二人。

第十八条　除总副司理人外，所有董事概不开支薪水，议定每年每位津贴车费洋百元。

第十九条　本公司日行寻常事件，由总司理人等照章程办理。遇有重大事件，应由总司理人请董事决议施行。

第二十条　每届议事，各董事不能齐到，须以过半为率（如到有四位即可开议）否则改期再议。

第二十一条　办事人员除请编译外，概延在股同业之人，以资熟手（办事细章另订）。

第二十二条　本公司董事暨查账任事之期，以一年为限，如股东公许胜任，可于寻常会议时，公举续任，否则届时投票另选。

第二十三条　董事遇有事故不能满任者，如果人数不敷，可暂请妥慎殷实之股东一人代理，俟寻常会议时，再行公举充补。

第二十四条　公举董事，由股东投票公举，以股本多寡为衡，满十股者有一选举权。

第二十五条　总司理人暂定薪水，按月　元、副司理按月　元，俟一年后，办有实在效验，由董事会议增加。

第二十六条　本公司常派伙友分往各埠，明查暗访翻版事件及考察有无违碍本公司销路等情，以定方针。

第二十七条　新巧印匠，暂延东西洋一二人，订定期限合同，并派聪颖子弟专心学习。

第二十八条　先收在股同业平常（铅/石）印机　部，公估价值作为普通股，添在现股之外，既省现款而惜物力。如机器需用十部，而愿并者有廿部待估价后，用抽签法，以定去留，如皆不愿并则动用现款新置，其最新式之五彩印机，必须购之外洋，其新老书及不关印刷件不收。

七　分派利息

第二十九条　本公司官利定为常年一分，以缴银之次日起息。

第三十条　本公司每届年终结账，除官利外所得盈余分为二十股，以十二股作为股东余利，以一股作为优先股红利，以二股为公积，以五股为办事人花红。

第三十一条　本公司总司理人等将账目详细结算，每年造具年报。于次年二月由董事登报布告，定期举行寻常会议。于三月十五日一律照付官利、余利，概凭息簿。

八 附则

第三十二条 本章程所未及者，悉遵 钦定大清商律有限公司律办理。

第三十三条 将来如有须更易本章程之处，遵照 钦定大清商律，由董事招集股东会议，决定施行。

第三十四条 本公司实事求是，杜绝浮开滥支，克扣回佣、冒领乾俸、影射偷漏一切弊窦。

第三十五条 所有详细办事规条，俟公议决定再行布告。

附：现行招股章程

（一）本公司创办人，共认定一万股，其余一万股，在外招集，凡属华人均可附股；

（二）发起赞成、不支薪水、不沾利益，俟公司成立，即行告退，归入股东；

（三）本公司收股银日期，以本年七月初一日为始，以拾月三十日截止，如于限内股数已足，即行登报停收；

（四）凡愿附股者，于七月初一日后，十月三十日前，开具店号、姓名、籍贯、住址，向本公司代收股本处、挂号、并将所认每股之十元同时缴纳，制取收据；

（五）收股截止，应换股单，于两个月内登报布告。

发起者：

中西书局 六艺书局　会文学社　　同文书社 宝善斋　文富楼

文盛书局　　读味楼　彪蒙书室 同文晋记 新学界图书社 文通书局

上海亚东图书馆宣言

1913年（民国二年）

中国书籍之兴，肇于《坟》《典》，隆于晚周。暴秦燔灭文章以愚黔首，汉兴，书缺简脱，而向、歆所录尚有三万数千卷，百家咸备，翳古艺文，炳焉可观矣。西方希腊、罗马，文教覃敷，亦当中国周、秦之际，东西相较，无多让也。

顾自意大利国文艺复兴，五百年来，欧洲列国，百家竞起，继轨增饰，制作之富，溢市阗城。官书皮蓄，且轶天禄、石渠之盛。东邻文艺，虽不能比隆欧、美，亦足以连跂诸夏。识者将于此校民族之文野、卜国势之隆替焉。

诸夏之不振，因缘万端，宋、明以来，尊向制艺，废置《诗》《书》，人知以晦，国力以堕，此其大原也。近岁情势稍稍变矣，然犹攘臂论政之士多，冥心著述之士少。人不知古今，予以印绶，则为土偶；予以戈矛，则为盗贼。群一国不学无文之人民，虽有圣君、哲相，求几及小康且不易，况期以共和大同也耶！

同人夙凛斯义，相与醵金立社，最（聚）海内耆宿、欧学巨子，综辑群艺百家之言，迻译欧美命世之作，接翼并轨，以趣修途，邦人诸友，倘亦乐观其成也。

群益书社通信购书章程

1915年9月（民国四年）

一、凡购本版书籍者，概照定价七折计算。

二、书价以上海通用银元为准，银两小角照市折算。

三、寄递款项或由信局兑寄，或由邮局汇寄，均可。其兑费、汇费由购书人自理。

四、僻远之地信局、邮局均不能汇兑者，其书价及寄费可用邮票代之，其办法如下：（甲）邮票以一角、二角为限，三角、五角、一元之邮票用处无多，概不收用；（乙）如有零数，可将一、二分者合足三角为限；（丙）邮票以九五折计算，如寄邮票一元仅能购书九角五分；（丁）邮票有污损者不收；（戊）邮票不能揭开者不收；（己）以上不收之邮票当即寄还原主，其邮费即由所寄邮票中取用。

五、书籍寄费邮局、信局各有不同，本社特定一预寄寄费之法，如下：（甲）由邮局寄费照书价加一成，如购书一元应加寄费一角；（乙）购书如不满一元者，邮局寄费至少须五分；（丙）信局寄费至少亦须一角；（丁）如欲将书籍挂号寄奉者，每件另加挂号费五分。

六、凡来信由信局寄下者，请先给以力赀，免生重复交涉，有未给者，即于来款内取付。

七、来款中如遇有伪金或金额与信语不符时，当即交原人带返，其责任由原持信人负之。

八、来信务请将地名详细开写，庶回件不致误投。

书报邮售社（上海中华路1420号）邮售方法

1929年（民国十八年）

（一）通函注意

一、敝处收发信件所标年月日概用阳历，并编有某字第几号字样。

二、诸君接到敝处来函后，如承答复，请写明收到敝处某月某日字第几号字样，以便敝处查考。

三、赐函具名，敬请先后一律，幸勿名号兼用，又或为团体或为个人，亦请先后一律，以免敝处难于查考，或有错误。

四、发信人住址，务祈于信内或封面详细开明，除省名县名外，街巷或乡镇，亦祈逐项详列，并乞勿用简称，勿写古地名，如有迁移，并恳声明，以便敝处接洽。

五、如个人或机关，本在甲地，而因事或在乙地，发信时，务祈于信末注明某地某人（或某机关）现由某地发，复信仍寄某地字样，庶免敝处误会。

六、来函末行，并祈将发信之年月日写明，更宜填用阳历。如用阴历，须兼注明阳历日月，以免误会。

七、来函字迹，务以清楚为主，姓名、地址，更望用正楷书写，勿作草书，更不可用本地通行之简笔破体字，以致不能认识。

八、来函有所询问，如事项较多，请将各事标明一二三四等条，分段书写，庶眉目清楚，敝处即可逐条答复，以免前后复查，或有遗漏。

九、承购图书器物，如名目较多，亦请分行开列，庶敝处配取时，即可逐项照配，较为迅速，且免遗漏等弊。

十、函发后，久未得复，务祈再发一函挂号寄下，函中请说明前寄信出之年月日，及在何局发出，庶敝处得以稽查，有无收到，详细答复。

（二）采购手续

一、图书之名称、定价、部数，须详细开列，其有西名者须并列西文，如购西书，西名尤为重要。

二、购书人之姓名、住址，须详细开列。

三、信件请寄上海书报邮售社。

（三）注意邮章

一、邮章除印刷品及贸易契外，凡以墨笔及打字机缮写者，概须照普通信件贴足邮票，欠资信件，本店不收。

二、信件尤不宜夹入印刷品中寄，否则经邮局查出，亦作欠邮，或不予寄递。

三、凡有汇票邮票之信，须用厚纸固封，能用火漆封口尤好，如交邮局寄递，挂号较为稳妥，此外请查阅邮政章程办理。

（四）免除寄费

一、本社为优待顾客起见，凡国内普通省区采购本社出版物，均可免纳邮资（国外及新疆、蒙古邮资酌加），但须挂号寄递。大约货价三元以下者，另加挂号费六分；三元以上至六元者，加一角二分；六元以上者类推。

二、不挂号邮件如有遗失，本社不负责任。

（五）代办书报

一、本社书目未列之书，并预定书报，均可代为承办，请详开书名等，一并将书价寄下。

二、代办之书，倘系查禁之书，则中途如遭扣留没收，本社不能负责。

（六）汇款方法

一、汇款请购邮局汇票，或托信局、银行、钱庄等，亦可。

二、汇票中须注明书报邮售社字样，以免他人冒领。

（七）邮票代用

一、邮局不通汇兑之处，得以邮票代钱，但附近地方能通汇兑者，仍以购寄汇票，较为省费，且甚稳妥。

二、其书价在二元以上者邮票九五折，即邮票一元作银元九角五分。

三、邮票以二角为限，二角以上之邮票，不收。

四、邮票有污损者，不收。

五、邮票须衬蜡纸，如无蜡纸，致不能揭开者，不收。

六、新疆、外国及各省有限于本省通用之邮票不收，印花税票不收。

七、邮票必向邮局购买，局外兜售，时有假冒之弊。

八、云南邮局禁寄邮票，违者没收，此后云南省内，及其他有同样禁令之地方，信中切勿附寄邮票。

（八）存欠办法

一、购书人寄来书款，苟有多余时，得暂存本社归入下次购书时并算（但得预先声明，同时退还原购书人）。

二、苟有不敷时，于本书收到之日，请即如数补下。

（九）附则

一、邮局押汇，至少须先寄货价二成。

二、寄递钞票以本社所在地通用者为限，须用邮局保险信封，并纳保险费，否则邮局禁止寄递。以上二项详细办法，请向本地邮局查询。

三、购买仪器文具，及代印各件，办法不同，请先赐函接洽。

本社退换书报章程

一、由本社购去的书，如果阅后不能合意，均可按章退换。

二、退换书籍，请于书籍收到后五天内寄回本社退书部。

三、退换书籍，请将发票同时寄回本社退书部。

四、退回书籍系换他书者，扣原来书价一成半，作为邮递手续费。如原购之书值一元，退回时，只能掉换价值八角五分之他书。

五、退回书籍欲收回书价者，除扣除邮递手续费书价一成半外，其寄回书价时之邮汇手续费，恕亦由书价中扣除。其款少者，更得以邮票作价。

六、退回之书籍，如污损过甚，本社得拒绝退换，或按旧书作价。

七、如购去书籍，查有缺页，退换原书时，邮费由本社负担。

八、本书目所不载而为读者特别嘱办者，除缺页外，概不退换。

锦章图书局外埠函购书籍章程

1929年6月（民国十八年）

一、采购图书者务将名目及书价、寄费迳寄本局或分局，接信后当即照信配齐寄奉。

一、寄递款项或由信局或由邮局，均随尊便。惟兑费、汇费均由购书人自出。

一、信局、邮局不能兑汇款项者，其书价及寄费可用邮票代之。办法如下：

（甲）邮票以一分至贰角为限，贰角以上之邮票不收；

（乙）邮票抵实洋以九五折计算；

（丙）邮票有污损者不收；

（丁）须用本国新邮票，外国邮票及印花税票等一概不收。

一、书籍寄费照书价约加贰成，若有余多原班寄还。

一、有汇票、邮票之信函须挂号寄下，以免遗失。

一、邮寄本局汇票，票面须注意书明上海锦章图书局或洋文Kying Tsang Press（Shanghai），以免他局缠误。

一、如蒙索本局书目者，请惠邮票一分，即当寄赠。

一、购书者于发出信后，倘或一个月内（远省二月）尚未接到本局回件者，即宜发信知照本局，以便查核。

一、邮局定章，信内如附有汇票、邮票封入，不能写明只用纸、皮或棉纸、包封或以火漆、戳记，交邮局单挂号或双挂号均听其自便寄下，可免失误及损坏、偷拆之弊，否则概不负责。

一、本局寄出货物，以邮局或民局之回单或收条为证，如有意外损失概不负责。

一、不论购书、索阅书目，均须开明住址，即第二次来信亦宜叙明住址，因本局逐日收发函件甚多，恐难追查笔画，务请缮正。倘或地址不清因而邮局不能投递者，本局恕不答复。

本局创设上海历有余年，精印经史子集、医卜星相、论说尺牍、法律政书、图画剧本，各种新旧小说、评词、古词，不下数千余种，并自建筑印刷厂置办石印、彩印、机器，力求精美，积极进行。又于北京、广东、四川、汉口、长沙、常德各要区设立分局，俾爱购本局书籍者得有就近采择之便利。故自历年推广销路以来，营业之增与年俱进，各省购贩络绎，于途东则鲁皖，南迄闽广，西如滇黔，北至奉吉，远而至于东西洋诸名国，邮筒往来日必数十起，定价从廉批发，更加克己一以，期诚信相见，则受欺无虞。凡荷　　　　　　　　　　　　　　　　　　　　　　惠顾无任欢迎

光华书局读书会章程

1931年3月（民国二十年）

一、定名　本会定名为光华书局读书会（简称光华读书会）。

二、宗旨　本会以提倡文化、联络读者、扩大全国读书运动，谋青年读者负担之减轻，俾读书界与书局界互相结合为宗旨。

三、会员　凡志愿入会者，不分性别国籍，均可随时入会。

四、会费　入会时只纳入会费国币五元，即为本会正式会员。

五、入会办法　在本埠者，可将会费交于本局门市部接洽入会；在外埠者，请开明详细地址姓名，填就入会表，连同会费寄下。本局收到后，即将会员应得之书籍、书券及会员证等原班由邮局寄奉，决不延误。

六、入会利益　凡入会后之会员每人立刻可得左列之十项利益：

（一）赠送书券五元。本券选购本版书籍，一律十足通用，惟不能预定杂志（本券购书，概无折扣）。

（二）赠送《新文艺辞典》一部。《新文艺辞典》是时代青年所必备的一部宝库，凡会员概赠精装一册，价值二元。如不要此书，可另掉本局其他书籍。

（三）赠送杂志半年。本局出版之《读书月刊》及《南风月刊》，平常另售每册二角，半年一元二角，全年二元，另加邮局三角。凡会员任择一种赠送（邮费免收）（凡赠送之杂志均在最近一期起，以前可以另购）。

（四）赠送《读书会月报》一份。本报为会员之机关报，专登会员作品，凡会员一律赠送一份。惟每期收寄费二分（全年二角四分）。

（五）赠送《波士顿》优待券。《波士顿》是辛克莱的最近巨著，全书八十万言，一千五百余页。平装上下两大厚册，实价四元。凭本券购买（只限现款）优待特价二元八角。

（六）赠送《沫若小说戏曲集》优待券。郭沫若的创作是值得我们注意的，这里面包含小说、散文、戏剧等名贵作品数十篇。全书六十万言，分装六册，实价三元另五分，凭本券购买（只限现款）优待特价二元一角。

（七）赠送长期优待券。凭券选购本版书籍，优待七五折；外版书籍，可照其原实价再打九折。本券并无限期，永远通用。

（八）赠送特别优待券。凡在本局廉价期内，凭券选购本版书籍，优待七折；外版书籍，可照其原实价再打八五折，本券永远通用。

（九）赠送杂志优待券。凭券预定本局发行之各种杂志，优待照原定价再打六五折，邮费照加，每种限定全年一份。

（十）赠送美术信笺信封一札。本局精印读者用美术信笺信封，凡会员各赠一扎（价值二角）。

七、会员介绍　凡会员介绍入会会员一人者，另赠本局实价书券五角，多则类推。

八、会员义务　凡属光华读者会会员，均有代本会宣传、介绍同志入会，并负推进文化、扩大读者运动等义务。

九、组织　本会设主任一人，以主持一切事务，设干事二人，编辑二人，交际一人，均由本局经理聘任之。

十、担保　光华读书会为光华书局之一部，光华书局以全部之资产为光华读书会之保证。

十一、会址　本会会址暂设上海四马路光华书局总店内。他日事务发展，当另组会所。

十二、附则　本章程如有未尽善处得随时修改之。

华通书局邮售办法

1931年（民国二十年）

（1）函购手续

一、凡欲购之书报名称、定价、部数、著作者及出版家须详细开列，共有西名者须并列西文，如购西书，西名尤为重要。

二、购书人之姓名、住址，须详细开列。

三、信件请寄上海四马路望平街口华通书局附设邮售部收。

（2）免除寄费

一、邮售部为优待顾客起见，凡国内普通省区采购各家出版物，均可免纳邮资（国外及新疆、蒙古邮资酌加），但须挂号寄递，大约货价三元以下者，另加挂号费六分；三元以上至六元者，加一角二分；六元以上者类推。

二、不挂号邮件如有遗失，邮售部不负责任。

（3）代办书报

一、《月报》书目内未列之书，并预定书报，均可代为承办。请详开书名等，一并将书价寄下。

二、代办之书，倘系违禁者，中途如遭扣留没收，邮售部不能负责。

（4）邮票代现

一、邮局不通汇兑之处得以邮票代现。

二、邮票以二角为限，二角以上之邮票不收。

三、邮票有污损及不能揭开者不收。

四、新疆与外国及各省有限于本省通用之邮票不收，印花税票不收。

五、邮票必向邮局购买，局外兜售时有假冒之弊。

六、云南邮局禁寄邮票，违者没收，此后云南省内及其他有同样禁令之地方，信中切勿附寄邮票。

（5）汇款方法

一、汇款请购邮局汇票，或托信局、银行、钱庄等亦可。

二、汇票中须注明华通邮售部字样，以免他人冒领。

（6）存欠办法

一、购书人寄来书款，苟有剩余时，得暂存本部归入下次购书时并算，但得预先声明，同时退还于原购书人。

二、苟有不足少数时，邮售部可代垫，惟于本书收到之日请即如数补下。

（7）通函注意

一、敝处收发信件所标年月日概用国历，并编有某字第几号字样。

二、尊处接到敝处来函后，如承答复，请写明收到敝处某月某日某字第几号字样，以便敝处查考。

三、赐函具名，敬请前后一律，幸勿名号兼用，又或为团体或为个人，亦请前后一律，以免敝处难于查考，或有错误。

四、发信人住址，务祈于信内或封面详细开明，除省名县名外，街巷或乡镇，亦祈逐项详列，并乞勿用简称、勿写古名，如有迁移，即恳声明，以便敝处接洽。

五、如个人或机关本在甲地，而因事或在乙地发信时，务祈于信末注明某地某人（或某机关）现由某地发信，复信仍寄某地字样，庶免敝处误会。

六、来函末行，并祈将发信之年月日写明，更宜填用国历，如用废历，须兼注明国历月日，以免误会。

七、来函字迹，务以清楚为主。姓名、地址，更望用正楷书写，勿作草书，更不可用本地通行之简笔破体字，以致不能认识。

八、来函有所询问，如事项较多，请将各事标明一二三四等条，分段书写，庶眉目清楚，敝处即可逐条答复，以免前后复查，或有遗漏。

九、承购图书器物，如名目较多，亦请分行开列，庶敝处配取时即可逐项照配，较为迅速，且免遗漏等弊。

十、函接后久未得复，务祈再发一函挂号寄下，函中请说明前信寄出之年月日，及在何局发出，遮敝处得以稽查，有无收到，详细答复。

（8）注意邮章

一、邮章除印刷品及贸易契外，凡以墨笔及打字机缮写者，概须照普通信件贴足邮票，欠资信件，本店不收。

二、信件不可夹入印刷品中寄递，否则经邮局查出亦作欠邮，或不予寄递。

三、凡有汇票、邮票之信，须用厚纸固封，能用火漆封口尤好，如交邮局寄递，挂号较为稳妥，此外请查阅邮政章程办理。

（9）附则

一、邮局押汇，至少须先寄货价二成。

二、寄递钞票以敝处所在地通用者为限，须用邮局保险信封，并纳保险费，否则邮局禁止寄递。以上二项详细办法，请向本地邮局查询。

三、购买仪器、文具及代印各件，办法不同，请先赐函接洽。

退换书报办法

一、由敝处函购之书，如果阅后不能合意，均可按章退换。

二、退换书籍，请于书籍收到后七天内寄回敝处。

三、退换书籍，请将发票同时寄回敝处。

四、退回书籍系换他书者，扣原来书价一成，作为邮递手续费，如原购之书值一元，退回时，只能掉换值价九角之他书。

五、退回书籍欲收回书价者，除扣除邮递手续费书价一成外，其寄回书价时之邮汇手续费用，恕亦由书价中扣除，其款少者，更得以邮票作价。

六、退回之书籍，如污损过甚，敝处得拒绝退换，或按旧书作价。

七、如购去书籍查有缺页，退换原书时，邮费由本社负担。

华通书局《中国新书目报》（第一卷第三期1931年2月）

华通书局日文书邮售规则

1931年（民国二十年）

（1）函购手续

一、凡欲购之书报名称、定价、部数、著作者及出版家须详细开列，其有西名者须并列西文，如购西书，西名尤为重要。

二、购书人之姓名、住址，须详细开列。

三、信件请寄：上海四马路望平街口华通书局附设日文书代办部收

（2）书价及邮费

一、一切日书均照原价加一，以作手续及包裹费之用。

二、不挂号邮件如有遗失，代办部不负责任。

（3）代办书报

一、《月报》书目内未列之书与预定书报，均可代为承办。请详细开书名等，一并将书价寄下。

二、代办之书，倘系违禁者，中途如遭扣留没收，代办部不能负责。

（4）邮票代现

一、邮局不通汇兑之处，得以邮票代现，但以十元以下为限。

二、邮票以二角为限，二角以上之邮票不收。

三、邮票有污损及不能揭开者，不收。

四、新疆与外国及各省有限于本省通用之邮票不收，印花税票不收。

五、邮票必向邮局购买，局外兜售，时有假冒之弊。

（5）汇款方法

一、汇款（日金、华币均可）请购邮局汇票，或托信局、银行、钱庄等亦可。

二、汇票中须注明华通书局日文书代办部字样，以免他人冒领。

（6）存欠办法

一、购书人寄来书款苟有剩余时，得暂存本部归入下次购书时并算（但得预先声明，同样退还于原购书人）。

二、苟有不足少数时，代办部可代垫，惟于本书收到之日，请即如数补下。

（7）通函注意

一、敝处收发信件所标年月日概用国历，并编有某字第几号字样。

二、尊处接到敝处来函后，如承答复，请写明收到敝处某月某日某字第几号字样，以便敝处查考。

三、赐函具名，敬请前后一律，幸勿名号兼用，又或为团体或为个人，亦请前后一律，以免敝处难于查考，或有错误。

四、发信人住址，务祈于信内或封面详细说明，除省名、县名外，街巷或乡镇，亦祈逐项详列，并乞勿用简称，勿写古名，如有迁移，即请通知，以便敝处改正。

五、如个人或机关，本在甲地，而因事或在乙地发信时，务祈于信末注明某地某人（或某机关）现由某地发，复信仍寄某地字样，庶免敝处误会。

六、来函末行，并祈将发信之年月日写明，更宜填用国历，如用废历，须兼注国历月日，以免误会。

七、来函字迹务以清楚为主，姓名、地址，更望用正楷字书写，勿作草书，更不可用本地通行简笔破体字，以致不能认识。

八、来函有所询问，如事项较多，请将各事标明一二三四等条，分段书写，庶眉目清楚，敝处即可逐条答复，以免前后重复，或有遗漏。

九、承购图书、器物，如名目较多，亦请分行开列，庶敝处配取时，即可逐项照配，较为迅速，且免遗漏等弊。

十、函接后久未得复，务祈再发一函挂号寄下，函中请说明前信寄出之年月日，及在何地发出，遮敝处得以稽查，有无收到，详细答复。

（8）注意邮章

一、邮章除印刷品及贸易契约外，凡以墨笔及打字机缮写者，概须照普通信件贴足邮票，欠资信件，本局不收。

二、信件不可夹入印刷品中寄递，否则经邮局查出，亦作欠邮，或不予寄递。

三、凡有汇票、邮票之信，须用厚纸固封，能用火漆封口尤好，如交邮局寄递，挂号较为稳妥。此外，请查阅邮政章程办理。

（9）附则

一、邮局押汇，至少须先寄货价二成。

二、寄递钞票以敝处所在地通用者为限，须用邮局保险信封，并纳保险费，否则邮局禁止寄递。

以上二项详细办法，请向本地邮局查询。

三、购买仪器、文具及代印各件，办法不同，请先赐函接洽。

四、购去之日书，绝对不能退换。

华通书局《中国新书月报》（第一卷第八期1931年7月）

女子书店股份有限公司章程

1932年4月（民国二十一年）

第一章 总则

第一条 本公司依中华民国国民政府公布之公司法组织而成，定名为女子书店股份有限公司，简称为女子书店，英文为The Women's Press Ltd.呈请主管官署登记，转呈实业部立案给照营业。

第二条 本公司之宗旨为运用妇女经济能力，藉营业方式，编印发行各种有益于人类文化之图书杂志及文具，并注重开发妇女智识，促进妇女运动，且将用其所得盈余之一部分提倡有益于妇女之各种社会文化事业，以提高妇女文化，增加妇女福利，故与一般专事牟利之商业机关微有不同。

第三条 本公司设于上海圆明园路二十九号。

第四条 本公司之公告方法为书面通信法，并登载广告于上海各大报。

第二章 股份

第五条 本公司之股本除由发起人、赞助人自由认缴外，并用公开招股之方法，向本国公民招集之，无男女性别之限制，但外国不得为本公司股东。

第六条 本公司之股本总额，定为国币五万元，分为一千股，每股五十元，一次收足。每人认缴最多以一百股为限。

第七条 本公司股票概用记名式，由董事三人签字盖章发行之，股东应将户名、姓名、住址及印鉴填明备查。

第八条 转让股份，须先通知本公司过户，始生效力，每年股东常会开会前一个月内，暂停过户。

第九条 股票或印鉴如有焚毁遗失，须向本公司挂失，并登报声明，如无纠葛，又能提出健全之证据，觅得真实之铺保，得向本公司要求补给新股票。

第三章 股东会

第十条 股东常会每年年终结账后举行一次，日期由董事会先期通告。

第十一条 遇有重大事件，得由董事会或股东权数三分之一以上之请求，召集股东临时会。

第十二条 股东常会之主席由董事会公推董事一人充之。股东临时会之主席由股东公推股东一人充之。

第十三条 表决权及选举权，以一股为一权，五十股以上对折计算。

第十四条 股东会以到会表决权超过股东总权数四分之三为法定权数，其通过议案以附议权数超过到会权数四分之三为法定权数。

第十五条 股东会之权限如左：

1、选举及罢免董事及监察人；

2、通过公司每年营业总报告；

3、议决董事会提出之议案；

4、增减股份；

5、修改章程；

6、变更营业方针或解散公司。

第十六条 股东如不能亲自出席股东会，须具委托书委及其他股东为代表人。

第四章 董事会 监察人

第十七条 董事五人、监察三人，由股东常会选举，凡持有股票十股以上之股东得被选为董事，持有股票五股以上之股东得被选为监察人。

第十八条 董事合组成董事会，互选一人为会议主席。其任期皆为二年，下届如仍当选，得连任。倘有出缺者，由次多数递补。

第十九条 监察人之任期一年，连选得连任，但不得过三次。倘有出缺者，由次多数递补。

第二十条 董事会之职权如下：

1、选任经理而监督之；

2、议定公司营业之方针及大计；

3、审核公司及各种重要契约及账册；

4、解决经理所不能擅决之事件。

第二十一条 监察人之职权为监察董事会之是否称职，得列席于董事会而无表决权，董事会如有渎职之处，得提出弹劾于股东会。

第五章 职工

第二十二条 经理一员由董事会选任，任期无限制，遵照董事会会议决案，负全责主持本公司之一切业务。

第二十三条　本公司暂分经理部、编辑部两部，各设主任一员，随营业之发达而增雇各种职工，其聘辞升降之权操于经理。惟任免部主任时，须先商承董事会而得其同意，始可执行。

第六章　会计

第二十四条　本公司股票官息定为周年八厘，若无盈余时，不得提本作息。

第二十五条　本公司会计，每月一小结，由经理报告董事会及监察人，每年终一总结，由董事会报告股东会。

第二十六条　每年总结，如有盈余，除去折旧外，先提十分之一为公司公积金，次提股息八厘，其余作十二成分配如下：

1、股东之红利　四成；

2、董事、监察人之酬劳　一成半；

3、经理及职工酬劳　一成半；

4、女子图书馆之基金　三成；

5、女子奖学金之基金　二成。

公积金，非有不得已之情形，经股东会议决，则不得挪用。盈余五项分配之细则，由董事会另议定之。第四五两项，关系一股妇女之福利甚巨，又为本公司特长所在，无论如何，不得减少及取消。

第七章　附则

第二十七条　本公司之股东、董、监、职工皆无男女性别之限制。

第二十八条　本章程如有未尽之处，悉遵公司法关于股份有限公司之规定而办理之。如有须修改之处，股东会得依法修改之。

中国农业书局（上海河南路交通路）邮购简章

1937年5月（民国二十六年）

一、采购图书，务将书名及译著者姓名并书价、数目详细开明，以免错误。

一、购者姓名、地址务作正楷，愈详愈妙。国外请将中西文并书（西文切勿潦草），前后来信请用一名。住址更改，尤须叙明前后地址，以免两歧，而便查考。

一、货款先行汇寄，信到即可配发。

一、本版书籍一律实价发售。

一、凡标明实价之图书，因版本已旧，定价极低，售罄为止，即行绝版。

一、寄递款项可委托各地大银行汇寄，不收汇费，并可填用购书汇款单，以节省信资。

一、如无免费汇款银行之处，可购邮局汇票，最为稳妥。由邮局代收货价，须在五元以上者，并预付书价二成，方可照办。

一、邮局不发汇票之地，或数值不到一元者，可用邮票代价，十足收用。但每枚邮票以一角之内者为限。上海不通用之邮票不收。

一、邮费包扎照价外加一成，廉价者加二成。

一、信内封寄邮票或汇票，须严密固封，挂号寄下，以免遗失及偷拆之弊，信内勿封寄现钞，免犯邮章。

一、各书寄出后，除有缺页及装订颠倒者外，概不退换。

一、挂号邮件，以邮局回单为已经寄出之佐证，如有遗失，本局只任调查，不负赔偿责任。

一、寄来货款，核算有余，寄还或暂存，以备下次购货之用，悉听尊便。

（1937年5月）

中国书业联资社发起人第一次会议录

1942年（民国三十一年）

日期：三十一年八月十七日

地址：上海书业同业公会

出席者：　书业公会　曹冰严　　　　　　　商务印书馆　鲍庆林、黄仲明

　　　　　中华书局　吴叔同、赵亮伯　　　世界书局　陆高谊、刘季康

　　　　　大东书局　蒋息岑、蒋石洲　　　开明书店　章锡琛、索非

　　　　　广益书局　周菊亭　　　　　　　会文堂新记书局　徐宝鲁（王秋泉代）

　　　　　百新书店　徐少鹤　　　　　　　春明书店　陈兆椿

　　　　　中央书店　平襟亚　　　　　　　锦章书局　俞益卿、徐荷云

　　　　　启明书局　沈志明（朱炎代）　　龙门联合书局　沈溯明、李昌声

　　　　　尚古山房　丁云亭（张庆寿代）　富晋书社　王廷栋

一、书业同业公会主席曹冰严报告公会执监会议议决，组织经济委员会之经过，并分别将本日出席代表一一介绍。

二、推黄君仲明为临时主席，蒋君石洲为记录。

三、议决各事如左：

（一）本组织定名为中国书业联资社；

（二）本社应脱离上海书业同业公会成一独立组织；

（三）本社资本总额暂定为中储券壹百零壹万元；

（四）认股截止期定为八月廿五日；

（五）推黄君仲明起草本社章程；

（六）下次会议定八月廿六日举行。

中国书业联资社章程草案

1942年（民国三十一年）

一、本社为华商书业同业所组织，以联合投资于发展本业之事业为目的，定名为中国书业联资社。

二、凡完全华商书业及其从业员均得为本社社员。

三、本社资本暂定为中储券壹百零壹万元，为投资于中国出版配给股份有限公司之用。嗣后如遇须联合投资于其他事业时，由社员大会之决议随时认募之。

四、本社资本以中储券壹百元为一股，一次缴足。

五、本社代社员投资于某种事业之办法如左：

甲、所收社员之资金，由本社出具正式收据，载明投资于某种事业，除盖本社印章外，并由理事五人会同签字盖章为凭；

乙、投资于某种事业，应得之股票由本社理事会组织保管委员会保管之；

丙、投资于某种事业，应得之股息及红利由本社代领，按照原得金额如数转发于各社员，不收任何手续费。

六、社员应将印鉴交与本社存记，为备领取股息红利及其他行使社员权利义务之凭证。

七、社员如欲将股份转让应先尽本社社会员承受并经理事会之认可，方得过户。

八、本社为代社员向投资于某种事业之公司领取股息红利及行使一切权利义务，应备印鉴交该公司存记，印鉴之式样由理事会定之。

九、本社社员大会分常会及临时会二种：

甲、常会每年举行一次，其日期由理事会定之；

乙、临时会遇有重要事经理事会之决议，或监察认为必要，或有社员股份总额二十分之一以上之书面要求，均得临时召集之。

十、社员大会之召集，均由理事会办理，开会时由社员就理事中推举一人为主席。

十一、本社社员每一股有一表决权。

十二、社员大会以有社员过半数及股份过半数之出席，方得开会，其决议以出席社员表决权过半数之同意行之。

十三、社员因事不能到会，得填具委托书委托其他社员为代表。

十四、本社设理事十一人、监察三人，均于社员常会时就社员中选举之。

十五、理事任期为二年，监察任期为一年，均连选得连任。

十六、理事组织理事会处理本社事务，以会议议决行之。

十七、理事会由理事互推一人为理事长。

十八、理事、监察均为义务职。

十九、本社各项费用以左列经费充之：

甲、社费 每一社员股份在十股以下者，每年缴纳社费五元，如股份超过十股者每超过二股加缴壹元；

乙、特别费 由理事会之决议临时向社员募集之。

二十、本社经费之收支应于每年社员常会时报告之。

二十一、本章程由社员大会议决施行，修改时亦同。

二十二、本章程如有未尽事宜，由理事会议决办理。

中国出版配给股份有限公司筹备委员会
临时国定教科书总配给处组织规程

1942年7月28日（民国三十一年）第七次筹备委员会议决施行

第一章 总则

第一条 本处事务所暂设于上海福州路中华书局内，栈房暂设于上海世界书局及大东书局。

第二条 本处运用资金定为中储券四十万元（中国方面二十万元，日本方面二十万元），不足时经筹备委员会之议决，由中国方面随时筹集之，所有运用资金于中配成立后转作股份。

第二章 委员与组织及职员

第三条 本处设业务委员五人，并互选一人为主任。

第四条 中配筹备委员会主席及日方代表一人为本处监督，本处对外订立重要契约由监督代表签订之。

第五条 本处组织分秘书、主计、营业、总务、栈务、推广等六课。

第六条 本处职员除各课课长外，暂以三十人为限，分配于各课办事，其薪给另定之。

第七条 业务委员会于每日上午十时在临时总配给处举行业务会议，应请监督列席，其所赋之重要事项于每星期二、五之筹备委员会提出取决之。

第三章 会计

第八条 本处应备下列各账册：

①日记簿；②销货簿；③进货簿；④总账；⑤现金出纳日记表；⑥财产记录簿；⑦销货客户账；⑧商品存销账；⑨进货客户账。

第九条 会计科目另定之。

第十条 每月底作成月计试算表，报告筹备委员会。

第十一条 往来银行为横滨正金银行及金城银行。

第十二条 本处预算自七月十六日起至九月底止，预算表附后。

收入之部

    中储券　3000000元

       中储券　3000000元　出售教科书所得金

支出之部

    中储券　3000000元

    中储券　2700000元

       批购教科书付款及付给支店代理店回佣

    中储券　50000元　从业员薪银

    中储券　5000元　□食

    中储券　5000元　□□

    中储券　5000元　□□

中储券　5000元　□医费
中储券　5000元　宣传费
中储券　20000元　事务通讯装运费
中储券　5000元　杂费
中储券　20000元　短工工资
中储券　180000元　纯益金

中国出版配给股份有限公司筹备委员会
国定教科书临时总配给处营业规程

1942年（民国三十一年）

第一章　总则

第一条　本处经理之教科书为中华民国政府编纂之国定教科书（以下简称国教）及民间各出版公司已经出版而此次受日本宪兵队许可发卖之民营教科书（以下简称民教）二种。

第二条　国教及民教非经由本处配给不得自行发售。

第三条　国教及民教各地卖价概由本处规定，承销者不得私自增减。

第二章　承销机构

第四条　本处设支店于南京、杭州、宁波、汉口、厦门、广州、汕头，各在一定之地域内从事贩卖。

第五条　本处依据下列三种方法中之一种，视其必要设置支店：

（一）自办支店　由本处出全部资金而设立者；

（二）合办支店　由本处及支店共同合资而设立者；

（三）代办支店　资金与本处无关，仅担任支店名义者。

本处暂时采用第三种方法。

第六条　本处于外埠主要各地设置代理店，各在规定地域内营业。其地域之划分及代理店之指定，均另定之。

第七条　各支店及代理店在规定之地域内为谋配给普遍起见，得转批于零售店代为销售，但此项零售店必须经由支店或代理店呈报本处登记，取得承认。

第八条　各支店及代理店除规定之营业地域以外，不得越境招揽，但遇特殊情形与理由时，经本处许可者不在此例。

第三章　进货

第九条　国教向华中印书局，民教向各出版公司批入之。

第十条　批入之价格一律照定价七折计算。

第十一条　交货场所国教为华中印书局仓库，民教为各出版家之仓库。

第十二条　付款方法：交易之当日先付成交实价之二成，余额自该日起九十日内随时付清之。

第十三条　卖剩品得于民国三十一年十一月底以前退货。

第四章　承销

第十四条　承销者以提供保证金及保证人为原则。

零售店如付与支店或代理店之保证金，应由支店或代理店全部汇交本处保存。

第十五条　承销品以卖完为原则。

第十六条　本处配给与承销者之折扣如左：

本埠　大同行（照定价八五折）；

　　　小同行（照定价九折）；

外埠　支店（照定价八折）；

　　　代理店（照定价八五折）；

　　　零售店（照定价九折）。

第十七条　承销者第一次添货至少须付货价现金三分之一，以后每次添货须酌付相当现金，其余欠数陆续交付，在本年十月十五日以前全部结清。

第十八条　包扎、运汇等费，均由承销者负担。

第五章　处罚

第十九条　承销者如违反本处各种规则及对于本处有不利行为，由业务委员会总处之，其情节重大者得取消其承销之资格。

第六章　从前贩卖店所存教科书之处理

第二十条　从前承销教科书之贩卖店如仍继续承销时，其旧有之存货可照新定价发售。

第二十一条　从前承销教科书之支店及代理店如不能继续承销时，其存货得转让与本处指定之支店或代理店，其转让价格由双方协商之。

第七章　调解

第二十二条　同业中如有因承销教科书而发生债权债务之纠纷，无论新旧得声请本处调解之。

第二十三条　债权者因本处调解而收回其欠款时，须缴纳实收额百分之二为本处调解手续费。

第八章　附则

第二十四条　本规程经中配筹备委员会议决后施行之，修改时亦同。

中国联合出版股份有限公司章程

1943年（民国三十二年）

第一章　总则

第一条　本公司遵照公司法股份有限公司之规定组织之，定名为中国联合出版股份有限公司。

第二条　本公司以出版、印刷、发行各种图书、杂志为业务。

第三条　本公司设于上海，经董事会之决议，得设分公司于各地。

第四条　本公司之公告方法，以通函或登载于本公司所在地通行之日报二种为之。

第二章 股份

第五条 本公司资本总额定为国币壹百万元，分为壹万股，每股国币壹百元，先收半数，即行开业。其余半数视业务发展情形，经董事会决议随时收足之。

第六条 股票分一股一张，或合并若干股为一张，由股东自行酌定，分别填给。

第七条 股票概用记名式，由董事五人签名盖章，如欲转让时，须先期正式书面通知本公司，核明过户或更换股票，否则不生效力。惟在举行股东常会前一个月内或股东临时会前十五日内，停止过户或更换股票。

第八条 股票如有遗失，须函知本公司声明遗失原因，请求挂失，并登报声明，经一个月后无纠葛发生，得觅保请求本公司补给，但在本公司未接通知信以前，倘有被人冒取息银情事，本公司概不负责。

第九条 凡更换股票或遗失补给者，每张应缴手续费国币贰元，并附缴应贴之印花税费，如仅属过户者，手续费减半。

第十条 本公司股东，以中华民国国民为限。

第三章 股东会

第十一条 股东会分常会、临时会两种，常会于每届结账后三个月内举行之，在会期一个月前，由董事会发通知书于各股东，并登报公告。临时会凡遇紧急事务发生，得由董事会或监察人随时召集之，或由股份总额二十分之一以上之股东用书面记明提议事项及其理由，请求董事会定期召集之，惟均须于十五日前通知及公告。

第十二条 常会公推董事一人为主席，临时会公推股东一人为主席。

第十三条 开股东常会时，董事及监察人应将公司营业情形并结算表册报告于股东。

第十四条 凡股东有不能到会者，得委托他股东为代表，但须备具委托书交存本公司，惟代理他股东行使之权数与代表人自有之权数合计不得超过全体股东表决权五分之一。

第十五条 凡股东会议决事项，应有股东代表股份总数过半数之出席，以出席人表决权之过半数行之，如遇表决权可否各居半数时，则取决于主席。

关于修改章程，增减资本或解散与合并等事项决议时，须有股东过半数代表股份总数过半数之出席，以出席股东表决权三分之二以上之同意行之。

前二项出席人数不满定额时，得以出席人表决权之过半数为假决议，并将假决议通知于各股东，于一个月内再行召集第二次股东会，其决议亦以出席股东表决权之过半数行之。

第十六条 股东会之决议权，以一股为一权，自第十一股起其股权概以八折计算，零数不满一权者不计，但股东对于会议之事项与本人有特别利害关系者，不得加入表决，亦不得代理他股东行使表决权。

第十七条 凡股东会议决事项，应作成决议录，由主席签名盖章，与出席股东之名簿一并保存之。

第四章 董事、监察人员及职员

第十八条 本公司设董事七人，监察人二人，由股东会就股东中选举之。凡有股份千分之三以上者，有被选为董事之资格，千分之一以上者，有被选为监察人之资格。

第十九条 董事当选后，组织董事会，再由董事会互选董事长一人、常务董事四人，组织总管理处处理公司业务。

第二十条　董事长为董事会及常务董事会之主席，并对外代表公司。遇有缺席时，由常务董事中互推一人代表之。

第二十一条　董事、监察人当选后，如有因故不能就职者，得以次多数递补，董事任期三年，监察人任期一年，连选得连任之。

第二十二条　董事会每月开常会一次，于会期前三日通信召集之，临时会随时召集之。

第二十三条　董事因事不能出席会议时，得委托出席董事为代表，但每人以代表一人为限。

第二十四条　董事会会议时，以到会董事过半数之决议行之，如遇同数，取决于主席。

第二十五条　董事会议决事项，应作成决议录，由主席签名保存之。

第二十六条　监察人得随时调查公司营业情形、财务状况，查核簿册文件，并得出席董事会陈述意见，但无表决权。

第二十七条　监察人对于董事会所具之各项表册，应先查核并签字盖章，报告其意见于股东会。

第二十八条　董事、监察人不得相互兼任。

第二十九条　总管理处设秘书主任、会计主任、编辑主任、营业经理各一人，商承常务董事办事。职员若干人，分别秉承各该主管人办事。

第三十条　本公司职员之待遇及任免，概须经常务董事会通过，并报告董事会备案。学生及雇员，则由常务董事会决议行之。

第三十一条　本公司得设顾问若干人，由董事会聘请之。

第五章　结算

第三十二条　本公司每年自国历一月起至十二月底止为会计年度，总结账目一次，由董事造具各项表册，经监察人查核签字盖章，并经会计师查核证明后，于股东常会时报告于各股东。

第三十三条　每届总结账后，如有盈余，除先提公积金十分之一及依法应纳之税外，再提股息周息八厘，其余由董事会作成盈余分配，提请股东会承认之。

第六章　附则

第三十四条　本公司各种办事细则另订之。

第三十五条　本章程如有未尽事宜，悉依现行公司法办理，日后如认为尚有应行修改之处，得提交股东会依法决议修改。

中国联合出版股份有限公司业务计划大纲

1943年（民国三十二年）

本公司为协力调整思想及沟通中日两国文化起见，特制定方案如左：

一　关于编辑方面者

（1）罗致第一流作家参加编辑；

（2）出版杂志；

（3）编辑或翻译各种有关沟通中日两国文化及其他各种实用图书；

（4）编辑上参考用书因购置困难，当尽量利用各书业股东之图书馆，以资便利。

二　关于出版方面者

（1）尽量利用各书业股东印刷厂之剩余力量，以资经济；

（2）纸张及印刷上必需之材料，除在可能范围内尽量购买外，其余不足之数设法向有关当局请求协助。

三　关于发行方面者

（1）上海方面当委托各书业股东代为推销；

（2）外埠方面当尽量设立分店或与当地同业订立特约为本公司总经售处；

（3）为补助教育发达推行国定教科书起见，应向政府请求赋予承销国定教科书之特权。

生活·读书·新知三店

生活·读书·新知三店模范工作者标准

1945年2月5日（民国三十四年）

1、关于工作方面的：

甲、认识上的：

A、有正确认识、愿为文化事业尽其最大努力（甚或终身）者。

B、爱护事业，坚持事业者。

C、不卑视劳动，乐于从事劳动工作者。

D、有群众观点，肯为人群服务牺牲者。

乙、态度上的：

A、对本位工作的态度：

1. 遵守工作纪律者。

2. 实事求是，勇于负责，做事认真者。

3. 遵守集体利益，不独善其身者。

4. 耐心工作，虚心学习，能力求进步者。

B、对他人工作的态度：

1. 能与人合作并推动他人者。

2. 肯耐心说服并帮助他人者。

C、对外的态度（须有群众观点）：

1. 能与读者建立良好关系，并帮助争取者。

2. 能与同业建立良好关系，并帮助争取者。

丙、能力上的：

A、对本位工作任务的完成：

1. 能及时完成本位工作者。

2. 迅速而准确者。

B、计划性和创造性：

1. 善于掌握，分配工作者。

2. 能从工作中发现问题，深入研究而改进工作者。

3. 富于创造性者。

2、关于生活方面的：

甲、集体生活方面的：

A、能遵守集体生活纪律者。

B、严格遵守时间，经常参加集体活动者。

C、经常保持整洁者。

乙、私生活方面的：

A、无不良嗜好者。

B、不浪费金钱者。

C、能求身心平衡发展者。

D、待人接物坦白、诚恳、有正义感者。

E、能正确处理恋爱问题者。

3、关于学习方面的：

甲、学习的态度：

A、学习与工作生活一致，而不偏废者。

B、富有求知欲，能不断进步者。

C、积极参加集体学习者。

乙、文化学习与政治学习：

A、每日必读日报一种以上者（并经常阅读新书刊）。

B、读书能作剖记者。

C、每周读书时间达10小时以上者。

丙、业务学习：

A、对业务学习有兴趣，会自行钻研者。

B、对业务学习肯"不耻下问"，令人感觉随时在进步者。

生活·读书·新知三店模范工作者促进委员会组织条例

1945年2月10日（民国三十四年）

一、定名：本会定名为：模范工作者促进委员会。

二、宗旨：本会以促进同人加强对工作认识，研究工作技术，提高工作效率，增进学习兴趣，建立严肃活泼的生活作风，及团结同人、协助店方发展业务，完成模范工作者的选举为宗旨。

三、组织：本会设委员三人，由全体同人用无记名式票选之，以得票最多者为召集人。

四、职务：本会处理下列事宜：

1. 主持模范工作者运动的各项事宜。

2. 协助拟订店、部、科、个人的工作、生活、学习计划。

3. 随时检查同人工作、生活、学习的情况，并审阅工作报告。

4. 推动工作竞赛，介绍与批评每一同事之优良成绩，并予表扬。

5. 确立生活规律并监督执行。

6. 执行集体学习和帮助个人学习之进行。

7. 研究改进工作技术与业务组织之方法。

8. 举办有关各项问题之研究讨论或请专人演讲。

9. 主持模运壁报、手报等编辑工作。

五、任期：本会委员任期，于每届模范工作者选举完毕时终了，下届委员另选之，连选得连任。

六、附则：本条例经全体同人通过施行，如有未尽事宜，得随时修正之。

生活·读书·新知三店推行模范工作者运动的办法

1945年2月21日（民国三十四年）

一、总的原则

为发扬工作者的自发性，提高工作效率，完成工作计划，培养干部开展业务，我们决定在"五·一"选举模范工作者，作为我们的模范。

二、模范工作者

合乎下面条件，工作、生活、学习一致的，不论是负责人、职员、工友都是我们的模范工作者，其条件：

（一）在认识上——重视，坚持事业，以集体利益为最高利益的。

（二）在态度上——重视劳动纪律，勇于改过，实事求是，能帮助别人的。

（三）在工作上——能及时完成工作，有条理，有创造性，迅速准确的。

（四）在生活上——生活有规律，刻苦耐劳，无不良习惯和与人为善的。

（五）在学习上——有恒心，虚心学习，力求进步，确以学习为整个人生的一环的。

三、民主、自觉、竞赛、检查，是推行这个运动的最好方法，因之：

（一）推行这个运动要先在思想上有酝酿、准备，使之成为每一同人的自觉要求，然后才能汇为澎湃的运动。

（二）用民主方式加强各种同人组织，进行动员工作。

（三）不论单位（整个店、部、科）、个人都要制定工作、生活学习计划，并以竞赛来加速完成它。

（四）在日常工作中，对有成绩的要发扬，错误的要教育，不够的要帮助，并展开文化教育和业务教育，提高水准。

四、实施步骤

（一）思想上的准备

（甲）说明1945年文化工作者的任务，要为争取民主政治、发展业务而努力，要为新文化事业的将来作准备。

（乙）建立劳动观点，强调精通业务的重要性。

（丙）纠正轻视事务工作与事务主义的偏向，克服无计划的盲目性。

（二）动员与组织

（甲）用民主方式产生模范工作者促进委员会，由全体同人选举三人组织之（总经理、经理不得当选），推行全运动，发挥自发性与积极性。

（乙）领导机构应经常以极大注意与帮助，使之正确顺利准行。

（三）计划与推行

（甲）由各级负责人召开会议，依据众意，制定单位（店、部、科）工作计划，由负责人帮助同人制定个人计划。

（乙）展开部科间的，同人与同人间的工作竞赛，提高同人工作热情与工作能力，保证工作计划之完成。

（丙）用手报、壁报发扬工作过程中每一个值得称颂的成绩，广泛介绍、批评，以提高积极性。

（四）检查

（甲）定期对各单位各个人的工作进行检查，作为考核的标准。

（乙）各单位各个人应按期编制报告。

（丙）检查成绩，要在手报、壁报或集会上公布。

（五）选举

（甲）选举分为初选与复选。

（乙）初选程序

（1）照五项标准，分别制作初选表（表上细列各项标准），于运动成熟时，分发同人填选之。

（2）五项标准总分为1000分（认识为200分，生活为200分，学习为200分，工作为250分，态度为150分），每项标准按照项分另行厘定分数之最高额（比如××为50分，但如填选者认为被填写者只应给予30分或20分时，即填入30分或20分）。

（3）初选为无记名式填表，其平均分数在700分以上者，当选为候选人。

（丙）复选程序

（1）初选结果，公布候选人名单后即展开集体讨论，以做复选准备。

（2）复选为无记名式投票，得票占选举人数三分之二以上者，当选。

（3）当选模范工作者，限定每店最多三人，如复选结果，超过三人以上时，由复选当选者互相选举之。

（丁）初选应于复选前五日举行。

（戊）如模促会认为届选举期前各种准备工作，未臻完成时，选举日期得延期举行之。

（己）当选名次以得票多寡为序。

（六）奖励

凡当选为模范工作者，按其名次给予下列奖励：

第一名——奖状一张、奖金3000元、纪念品一件；

第二名——奖状一张、奖金2000元；

第三名——奖状一张、奖金1000元。

新中国文化企业有限公司增资缘起及简章

1948年10月18日（民国三十七年）通过

在中国，旧的时代已在死亡，新的时代正在开始；全国人民解放事业的彻底胜利业已在望，自由、民主、和平、幸福的新中国即将诞生。

在建设新中国的过程中，文化建设事业，无疑是极重要的一环。过去数十年来，在当局虐杀新文化的政策下，正在萌芽时期的中国新文化事业，不断遭受着最酷烈的摧残，使中国新文化园地，呈现一片荒凉。没有以正确观点编纂的各级学校教科用书，缺乏大量的通俗读物，缺乏完整的各科高级理论指导书，缺乏齐备的各种应用科学工具参考书，至于各种优秀文艺作品的亟待刊行，更无待赘述。倘就中国文化事业的现状来加以检讨，岂止是需要充实与扩展，简直是一个新的开始。

迎接这个新的开始，不仅一切文化工作者，应该集中力量，整齐步伐，迈步前进，同时，广大人士也应给予应有的支持和扶助，才能期望新中国的文化园地，可以开放璀璨的花朵。

我们三家书店——生活书店、读书出版社、新知书店，自始即一本"促进大众文化，发扬服务精神"两大目标，从事于出版事业。20余年来，发行了近二千种的进步书籍，期刊20余种，销行最广者，遍全国海内外，达20余万份，分布各大中城市的分支店曾达50几处，因而不断遭受暴力的压迫与打击，停刊、查禁、封门、抓人等等，不一而足。物资的损失，精力的消耗，生命的牺牲，可说是擢发难数。但在全国广大读者群的支持与鼓励下，我们始终坚定着我们的步伐，把紧了我们的方向舵，一直奋斗到现在。

为了迎接新的开始，为了在新中国文化事业中做新的贡献，我们集中三店的人力和资力，完成了三店的合并工作，组成新中国文化企业股份有限公司。综计三店现在还能畅销的出版物，从各种读物到大学丛书，达四百余种，正在排印中的书稿，尚有百余种，计数千万字。

今后，拟于三年内，在全国各大都市至少增设分支店40处，在各大城市增设具有相当规模的铸字所、印刷厂若干所。出版方面，以编印各级学校教科用书及参考书为主。已在编印中的大众百科小丛书拟印行至五百种。各种字典、辞典、手册、地图、挂图，亦已分别开始编制，同时希望集中全国作家的力量，编行文艺、科学、教育、妇女等各方面的高、中、初各级指导学习的以及学术的各种定期刊物。此外正筹备建立造纸厂，监制仪器文具和电播教育事业。

我们深信，一切事业的成功，只有依靠广大人士的支持与协助，也只有为人民服务的事业，方能存在和发展。因此，我们公开征募股份，竭诚欢迎社会人士和我们合作，期为新中国文化事业而尽其绵薄的努力。

代表人

生活书店 徐伯昕

读书出版社 黄洛峰

新知书店 沈静芷

新中国文化企业有限公司招股简章

第一条　本公司依照公司法股份有限公司之规定组织之。定名为"新中国文化企业股份有限公司"，简称"新中国文化企业公司"。

第二条　本公司以提高人民文化，经营人民大众新文化事业，或与人民文化有关之企业为宗旨。其业务范围如下：

一、出版、经销图书事业；

二、印刷、铸字、制版事业；

三、造纸事业；

四、文具、仪器事业；

五、其他文化事业。

第三条　本公司设总公司于XX，得在各地设立分公司、厂及办事处。

第四条　本公司之公告，以通讯或登载于总公司所在地之通行日报行之。

第五条　本公司股份总额，定为港币五百万元，分为甲乙种股，甲种股（一般股）一万五千股，每股港币二百五十元；乙种股（读者股）五万股，每股港币二十五元，分次缴足。

第六条　本公司股息以周年五厘为率，但公司无盈余时，不得以本作息。

第七条　本公司股票概用记名式，各股东得用记号堂名作为户名，惟仍须将股东之真实姓名及地址报明本公司，记入股东名簿。

第八条　股东表决权，每一股有一权；但一股东而有五十一股至一百股者，其五十一股以上之股份以九折计算；有一百零一股至三百股者，其一百股照前项计算，其余股份，以七折计算；有三百零一股至六百股者，其三百股照前项计算，其余股份以五折计算；有六百股以上者，其六百股照前项计算，其余股份，以三折计算；不满一股之零数不计（股权以乙种股为单位，每一甲种股折合乙种股十股计权）。

第九条　本公司设董事19人至25人，监察三人至五人，由股东会互选之，董事任期三年，监察任期一年，连选得连任。

第十条　本公司设总经理、副总经理各一人，协理一人至三人，由董事会任免之。

第十一条　本公司以每年7月1日至翌年6月30日为会计年度，年度终了，即行决算。

第十二条　本公司每届决算，除去各项开支及照提资产折旧准备外，如有盈余，先提付应缴税款，次提付法定公积金十分之一，再次以百分之二十提付股息（如超过年息五厘，其余额为特别公积金），其余额按下列百分比分配之：

一、股东红利40%；

二、董事监察人酬劳4%；

三、总副经理、协理酬劳3%；

四、各级员工奖金30%；

五、特别公积金10%；

六、同人福利基金10%；

七、文化事业补助金3%。

第十三条　本公司股份已由生活书店、读书出版社、新知书店全部资产并足甲种股八千股，计港币贰百万元，余额公开招募。

第十四条　本公司招股日期自1948年12月1日起至1949年5月31日止。

第十五条　认股人须填具认股书，送交本公司，于1949年5月31日以前将股款缴入本公司或指定之代收股款处，掣取临时收据，以凭换发股票。

第十六条　本简章于1948年10月18日经本公司临时股东代表会通过，如有未尽事宜，悉依本公司暂行章程办理。

收款处：香港皇后大道中54号　生活 读书 新知香港联合发行所

三联书店暂行薪给办法

1946年1月（民国三十五年）

第一章 总则

第一条 凡本店员生薪给，均依照本办法施行之。

第二条 本店员生薪给分为下列三种：

一、薪给；

二、津贴；

三、特别办公费。

第三条 薪金采取按劳给酬之等级制度，津贴则从规定。

第四条 员生膳宿统由本店供给，自愿放弃权利者不另给津贴，员生家属，概须外宿。

第二章 薪金

第五条 员生月薪，依照职别厘定等级，如下表（单位为元）（表略）：

第六条 上表所列为基本薪额，实发数视各地物价及书价之变动，由总处决定实发倍数发给之，其倍数每逢一月、七月各调整一次。

第七条 各级职位起薪额规定如下：

一、三等二级为总经理之起薪额；

二、三等七级为协理之起薪额；

三、三等十级为总处主任之起薪额

四、四等四级为甲等分店经理之起薪额；

五、四等十级为乙等分店经理之起薪额；

六、五等五级为支店办事处主任及甲等分店科主任之起薪额；

七、五等七级为甲等分店组主任、乙等分店股主任之起薪额；

八、五等十级为办事员之起薪额；

九、六等五级为初级办事员之起薪额；

十、六等十级为练习生之起薪额；

十一、编辑及其他聘雇人员之起薪额另行酌定之。

第八条 初任职之员生以本职起薪额支给，但经总处另行核定者不在此限。

第九条 员生如遇升调，其薪金未到该级起薪额者应即照新职位起薪额支给（惟属暂代者仍支原薪），如因工作需要所调职务，其起薪额低于其原薪时，仍照支原薪。

第十条 加薪根据考绩施行，第一、二、三等薪额每年得加一级，第四、五等薪额每半年得加一级至二级，第六等薪额每半年得加一级至三级。

第三章 津贴

第十一条 津贴分为下列五种：

一、医药津贴；

二、家属津贴；

三、生产津贴；

四、结婚津贴；

五、丧葬津贴。

第十二条 前条所列津贴，均须按本办法规定由经理或总处核准始得支给。

第十三条 医药津贴

甲、普通病症：医药津贴每人每月合计数不得超过四元（以薪金倍数实给），其超过数由本人自负之。

乙、急病重病：经本店指定之医院或医师（以下同）诊断，必须住院或服用、注射名贵药品者，其医药费全部由店津贴，惟住院费津贴以公立医院三等病房为限。

丙、经医师证明需要长期疗养（三个月以上）者，其医药津贴由总处核定之。

第十四条 家属津贴

甲、子女年在10岁以上、15岁以下，按服务地米价，每人给四市斗之米代金津贴；10岁以下给二市斗之米代金津贴；惟夫或妻均有职业者减半发给，夫妻同在本店工作者得各领一半。

乙、无职业收入之夫或妻，按服务地米价给四市斗之米代金津贴，惟须服务届满二足年以上者始得申请。

丙、无职业收入、无恒产收入之父母，按服务地米价每人给四市斗之米代金津贴，惟须服务届满五足年以上者始得申请。

丁、前列各款之米代金，均依员工服务地本店食用之米价为准，每年调整两次，上半年以一月份为准，下半年以七月份为准。

戊、家属津贴须由各分支店经理报请总处核准之。

第十五条 生产津贴

甲、女职员如遇生产，得津贴服务地点公立医院三等住院费及接生费，住院费津贴不得超过半个月。

乙、男职员妻子生产时，得照其薪金酌予津贴，但不得超过服务地点公立医院10天之三等住院费。

丙、夫妻同在店内工作者，只得享受甲项津贴。

第十六条 结婚津贴

甲、双方同在店工作者得各给月薪三个月之津贴。

乙、一方在店工作者，给以月薪四个月之津贴。

第十七条 丧葬津贴

甲、职员亡故，其丧葬费概由本店负担，但支一、二等薪金者，至多不得超过其月薪10个月之金额。支三、四等薪金者，不得超过20个月。支五、六等薪金者，不得超过30个月。

乙、职员之父母、夫妻亡故，得酌给津贴月薪两个月至五个月。

丙、如须奔丧者，其旅费得照"旅费支给办法"津贴半数。

第四章 特别办公费

第十八条 总经理、协理及各分支店经理、主要负责人得于事实需要，由总处分别核定特别办公费。此项费用仅限于无形之消耗，其普通交际费及特别交际费仍可循例实报实销。

第十九条 前条办公费，经总处核定之日起，按月照薪金倍数连同月薪同时发给，规定等次如下：

甲等　五十元；乙等　四十元；丙等　三十元；丁等　二十元；戊等　十元。

第五章 附则

第二十条 本办法所定薪津额适用于法币通行之地区。于币制不同之地区，得按照该地币制与法币之比率核算发给之。各地实发薪金之倍数，得依各地不同之物价指数分别规定之。

第二十一条 工友之待遇得依各地一般习惯标准酌定之，连续在本店服务届满三年以上者，得照本办法规定酌给各种津贴。

第二十二条 本办法自一九四六年一月起施行。

生活·读书·新知三联书店组织规程

1949年10月

第一章　总则

第一条 本规程依本店章程总规定订定之。

第二条 本店股东会闭会期间，以董事会或临管会为最高权力机关。举凡重要设施，总经理均秉承董事会或临管会决议或董事长之指示办理之。

第三条 本店各级业务会议，如出席人员意见与主持人（总经理、副总经理、协理或分店经理）意见争持不决时，得以主持人意见作最后决定，先付实行，事后由各级会议请求其上级追认核准，遇特别紧急事故，各级主持人得先行处置，然后提请各该级业务会议或其上级追认核准之。

第四条 本店对外现用"生活•读书•新知三联书店"。

第五条 本店组织系统如左表：

三联书店组织机构图

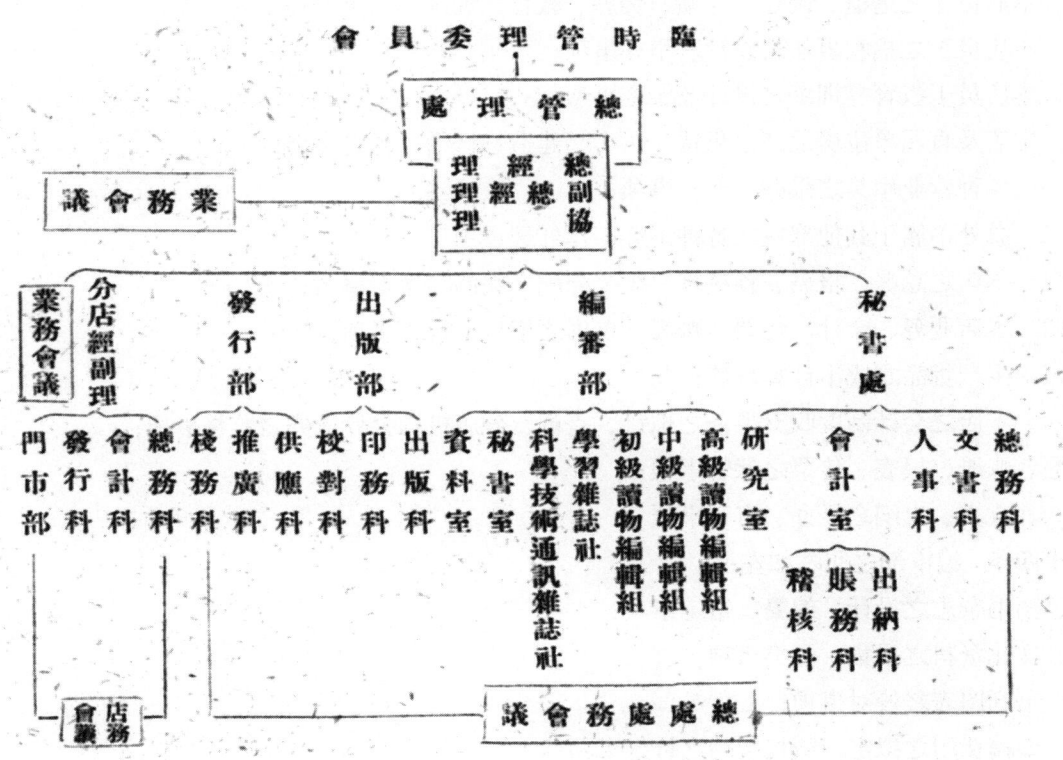

第二章 总管理处

第六条 本店总经理，对董事会及董事长或临管会负责，主持本店一切业务，副总经理、协理协助总经理处理各项事务。

第七条 在总经理主持下设总管理处（简称总处），为综理本店事务之中心机构。

第八条 总处设业务会议，设计研讨及决定本店各项业务，由总副经理、协理、室主任、部主任组织之，业务会议由总经理主持召集，如总经理不在时，得由副总经理主持召集之。

第九条 总处设总处处务会议，由总处全体员工组织之，研讨及建议本店各项业务，所有决议，提供总经理及业务会议参考，采择施行。总处会议主席，由总处各部室负责人轮流担任之。

第十条 总处设左列各部室及编审委员会（得依需要设立各种临时委员会）：

一、秘书处；二、编审部；三、出版部；四、发行部；五、编审委员会。

第十一条 部室之增设、合并或裁撤，由总经理根据需要，呈准董事会、董事长或临管会办理之。

第十二条 各部室之下，视事务繁简，设科、股、组，分别办事，其裁并增减，由业务会议决议行之。

第十三条 秘书处之职掌如左：

一、秉承总副经理、协理，协助处理各项重要业务；

二、本店各规章、办法之拟定、修正、颁布及撤销事项；

三、总处对内、对外往来函电、文件（通告等）之拟缮、收发、保管事项；

四、不属其他各部之契约之审拟、签定事项；

五、本店业务资料之搜编、分析、统计及有关业务之专题研究事项；

六、有关文化事业之调查、研究、统计事项；

七、本店员工之进退、调迁、考绩、奖惩、教育、训练等人事处理记录事项；

八、本店员工之福利事业之设计、举办事项；

九、本店员工教育、训练之设计及实施事项；

十、本店及直属单位房地产之租赁、买卖、建造、修缮、经管事项；

十一、各种营业用具之采办、保管事项；

十二、总处不属于其他部室之各种事务工作处理事项；

十三、本店之总账、报表、预决算、盈余分配之编制与拟定事项；

十四、本店业务、会计、传票、账表、单据之稽核、检查事项；

十五、生产货品之成本计算事项；

十六、本店之会计制度收支事务之拟订、兴革，分店机构会计业务之监督事项；

十七、账册、报表、传票之保管事项；

十八、收支、出纳之经办、审正事项。

第十四条 编审部之职掌如左：

一、图书杂志之设计、编纂、审定事项；

二、文化资料之采集、分类事项；

三、书刊图表之校对事项；

四、编稿费用之拟定，版权契约之订定事项；

五、教科用书、参考图表之编制、审定事项；

六、来稿之审阅、决定事项；

七、总处图书之选购、管理、保存事项；

八、主持总处编委会之工作。

第十五条 出版部之职掌如左：

一、图书、杂志、图表之印制事项；

二、书刊之装帧、设计、广告、制作事项；

三、出版物之分类、版次、版权、版式之登录事项；

四、各种出版物之原稿、纸型、样书、图版等经管事项；

五、出版物应用材料之购置及保管事项。

第十六条 发行部之职掌如左：

一、本店营业之设计及定价之调整事项；

二、各种图书、文具、仪器之发行、代理发行（总经售）、推广、保管事项；

三、栈务存货之轧销与调节事项；

四、分店机构及同业货物往来供应事项；

五、其他有关业务事项。

第十七条 总处编审委员会，由编审部负责人及总经理聘任之特约编辑若干人组织之（组织规程另订），定期集会，其任务如左：

一、本店编辑方针之拟订；

二、本店编辑计划之检查。

第十八条 各部室设主任一人（必要时可由副总经理或协理兼任），视工作需要，设副理或副主任及办事员、助理员、练习生若干人。

第十九条 各部室职掌除前条所列外，总经理或业务会议，得就业务需要指定或交办各项工作。

第二十条 本公司得依章程规定，经董事会或董事长认可，投资各种文化事业，其办法另定之。

第三章 分店

第廿一条 各分店设经理一人，由总经理聘任之，办事员、营业员若干人，由经理提请总处聘任之。练习员、练习生若干人，由经理聘用之。

第廿二条 各分店视业务之繁简，分设课组，分别办事，其掌职于分店办事细则分别规定之。

第四章 附则

第廿三条 总处与分店、各部、室、科、课、组之财务关系，依照本规程规定，另以办事细则分别订定之。

第廿四条 本规程经董事会或临管会核准施行。

第廿五条 本规程如有未尽事宜或须订定之处，经由本店总经协理或全体员工五分之一以上之提议，呈请董事会或临管会修正之。

三联书店出版部各科工作细则（草案）

（本草案尚未经总务处业务会议通过，其中尚有与现行组织抵触处）

出版部下设设计、出版、保管、计核四科，设计科负责封面、内封设计、制版事宜，出版科负责书刊付排、付印事宜，保管科负责纸型、图版、存纸保管事宜，计核科负责复核书刊定价、用纸，核付各项成本，调配印书用纸，编制成本报告表等事宜，每科工作细则订定如下：

甲 设计科工作细则

一、根据出版程序之缓急，制作封面图稿。

二、设计装帧包括外封、内封、环珑衬页、扉页、插图及广告页等。

三、装帧之图稿应先绘成草样，交部负责人共同商量后决定制版。

四、丛书应用一律格式及同样大小之同样字体，单行本可根据内容制作不同之格式。

五、内封、版权页之格式、大小，应以丛书开本之大小统一编排。

六、图稿制版时须在制版登记簿上编号详细登记，并于图稿上批明如何制法。

七、各版制成后，应检查是否正确，方可在制版所回单上签收，如有错误，应即退回重制。

八、制成之图版，应各附清单一份，交给图版股保管，各版之原稿清样一份，应由设计科汇贴保管。

九、封面、内封、版权、广告页、付排、校样付印由设计科负责，付排、收校、签印都要登记。

十、封面、内封、版权之书名、著译者、发行名义应注意里外一律，书名、著译者、定价、面数应根据出版科之付印单。

十一、每周末应统计各制版费用，抄列细单，交付计核科。

十二、经常搜集有关装帧之图画资料。

十三、特约绘稿之发稿，应为明书名、著译者、开本、页数、内容大要，以作绘稿人之参考。并应注意绘稿人之特长，分别特约之。

十四、特约绘稿，收到稿件后，应即开具稿费单，交会计科支付稿费，如不能采用者，应将原稿退还，或付以半数之酬劳。

十五、每周应造具一周工作报告单，交部负责人。

十六、每书之封面、内封、插图等印出后应留二份汇贴存样。

乙 出版科工作细则

发排部分

一、根据编辑发下之原稿及发稿单上批明之排版格式，详细查对与统一排版格式是否相符（一般应以排版格式所规定者为标准），开具发排通知单。

二、发排通知单一式三份，存根备查，第二联交承排者，第三联交校对科。

三、发排单应交出版科主任签字后，方可发交承排者。

四、书内如有图版者，应向保管科领取图版，一并发交承排者。

五、发交印刷厂之稿件、图版必须取得回单，以备查考。

六、每书必须先排试样，校核格式、字号、版面、书眉、页码、标题等是否相符，签字后正式交付排版。

七、每次收发校样均应详细登记，并交由编审部或印刷厂签收。

八、收到校样时，须经常注意各次之版式是否相符，及字体、排版技术上之好坏，随时通知印刷厂改正。

九、全书排成后，应在发排单上注明排成日期。检收纸型、图版清样，登记后交保管科点收。

十、纸型送来时，应根据最后签字样校对，检查错处是否全部改正（未改正者应退回重改）。

十一、发排各书于最后一批初校收到时，应通知设计科，开本大小、页数、著译者、丛书等，准备封面之装帧。

十二、月刊杂志发排付印办法仍照上列手续办理，惟应顾到时间性，即在发排至相当程度（如初校排竣时），即应开具发印单，以资工作衔接无阻。

十三、每周应造发排书报告及一周工作报告表，交本部负责人。

十四、检查排成各书并提出报告。

付印部分

一、初版书根据排成之清样，再版书根据修正之样书，详细开具付印通知单。

二、各书于付印前应预算浇印、装订、纸张等成本，以作经济上的准备。

三、付印各书如有修正、挖补部份，应于样本中批明（样书由编审负责修正）。

四、每书付印前应将所需之纸型、图版，通知保管科检齐，一并交与承印者。

五、每书付印时计算用纸、定价，并交计核科复核。

六、再版书付印前，应注意版次、定价、作者名义的改动。

七、初版书每种加印三十册，再版书每种加印十册，以作赠送作者及存样之用。

八、付印单一式三份，存根备查，第二联交承印者，第三联交计核科。付印单发出前，需经出版科负责人签字。

九、各书付印后应即开发装订格式单，及装订凭单交装订作，并将装订凭单第三联交栈务科，以作收书之准备。

十、应经常去印刷厂监督印刷情形，随时矫正其短处。

十一、全书印竣时，应叫印刷厂将原样本及印成之折样一册送来校对、检查，检查后的折样，作为装订蓝本。

十二、全书印成后，应通知印刷厂即将纸型、图版送回，及将用纸清单送来。

十三、全书装订前，应叫装订作装订样本随同折样送来，检查号码、开本大小、插图次序是否相符后，方可签章照样装订。

十四、书出版后，应即登记出版纪录卡片。

十五、每出一书，应将该书之数量、定价通知会计核对收书入账，通知营业部准备发行。

十六、书出版后，总处应留样本新版十册，再版书二册，作者新版书十册、再版书二册，地址问编审部。发编审部、本部负责人、设计科、保管科及备查样书各一册。

十七、每周应造具付印、出版通告单，及一周工作报告表交本部负责人。

十八、检查造成各书，并提出报告。

丙 计核科工作细则

一、付刊印刷、装订等费，原则上须全部排、印或装订完竣后方可结清（纸型、图版、用纸清单、收货清单一并交来）。

二、预付排印等工资，不得超过总价百分之五十，预付各款应纪录分户账。

三、核算印刷、装订费，须核对样本及与出版科、保管科、栈务科取得联系，注意有否错误及缺少等情形。

四、付款时应逐项纪录于成本报告表，并制付款传票，由部负责人签核后，交承造者向会计科支取。

五、每书用纸作价，根据印成日之纸价登入成本报告表。

六、每出一书，应即造就该书之成本报告表二份，交部负责人。

七、登纪纸账，纪录每次购进纸张之令数、单价、购纸店号，分类登入总账，再依实际存放处所，分别登入分户账内（分户账与总账数目必须相符）。

八、本栈、外栈（栈单）存纸，登账后交由保管科保管（此项存纸每半月轧对一次）。

九、调度用纸，根据出版科付印单上之用纸数量，查对承印厂之存纸，如需送纸者，通知保管科送去。

十、每一本书，之用纸，应于书出版后，即登入存纸总账及分户账，并做"在制品印刷费用纸"传票，送会计科转账。

十一、每月底应造报纸张收付清单，及结算购纸所付金额与用纸结价金额之差额，以"存纸溢价损益"科目作传票交会计科转账。

十二、经常复核出版科付印各书之定价、用纸数量等。

十三、注意每出一书，必须取得栈务科之收货单，备查。

十四、每月十、廿、卅编算成本计算表，以作调整售价之参考。

十五、逐日纪录全张报纸、对开报纸、道林纸售价及折实单位价备考。

丁 保管科工作细则

一、纸型

（1）全部纸型应编造存型清册。

（2）纸型用牛皮纸妥包，每副内附纸型登记卡一张（纸型登记卡上所列各项均须详细填明），样书或清样一册（以修正本为准）。

（3）纸型的包面及包旁应粘标签，依次编号，写明书名、编号、张数，顺序置放于架上。

（4）每张纸型后面应顺序编写数码，以便于查点。

（5）纸型付印时，应检点有否缺少或损坏。如有缺少及损坏者，应注明补排之面数或修补之面数。

（6）纸型交付印刷厂时，必须取得收据，注明纸型之张数、面数。

（7）新排好的纸型，由出版科转来点收时，要注意张数是否齐全，纸型是否好，如发现有不齐全或制作不好时，应即通知计核科缓付款，并通知出版科同承排者交涉重制。

（8）纸型用后应检查有否浇坏，如有浇坏，应交承印者修补。浇用或修补，均应在纸型卡上填明。

（9）纸型在使用能浇量3/4以上次数时，应在付印时通知出版科翻造复型（但如格式改变而要重排者可不复，由出版科决定）。

（10）纸型局部损伤者，要翻造复型，此项经翻造的坏型，如为整张损坏者，可除去，勿与好型混在一起，如为一张中坏一二面者，则在坏型面上写明"不用"两字，以示区别。

（11）纸型寄递外埠时，应在登记卡上及清册上注明寄往之日期地址，外埠来型亦同样办理。

（12）检查新造纸型之优劣，提出报告作为排版上之参考。

（13）每周末应造具一周工作报告表（造型、复型、补型）交部负责人。

二、图版

（1）所存图版应编具一存版清单。

（2）图版应根据原书编号标明于版子上。插图版及单行本之封面版子可包扎存放，编号写于封签上；丛书版子可顺序置放橱架中。

（3）铜版尽量避免叠放，如包扎叠放时每版之间须衬一软纸。

（4）铜版散放时，可在版面上洒一层白粉，以保护网点。

（5）刚制成之铜、锌版，因底版本版之水分未干，切勿叠放，以防腐蚀。

（6）铜、锌版每次印刷后，均应注意版面是否已洗干净及有无损坏。

（7）图版不能晒或受潮。

（8）设计科所制之图版，发根据图样点收，分别包放。

（9）发印图版，均要取得收据，以备查考。

三、存纸及其他

（1）本栈存纸应注意清洁整齐。

（2）外栈存纸应注意其存放处所及存放期间（栈租问题）。

（3）收进纸张及送出纸张均要登记，要取得收据备查。

（4）每周末造报收纸、存纸统计，每半月与计核科检对存额。

（5）保管各种切剩之回水纸边。

（6）保管多余之封面、内封等。

（7）保管各种单据、表册。

（8）保管本版各种样书。

三联书店门市部办事细则草案

一、门市部主要工作是推销本店及新华书店出版物，以及其他经过编审部认为可售之进步文化书刊。

二、门市主要工作分左列各种：

（1）收银；（2）开发票；（3）预定杂志；（4）管理书架及书台；（5）配货；（6）委托代办书刊；（7）电话购书；（8）应付读者。

三、新书来后，配书的同志应负责登记册数，然后交由各个管理书架以及管理书台的同志分别陈列。

四、新书来后，每位工作同志应知道其基本定价、现实售价、倍数、进货折扣、著作者姓名、译者姓名、书籍在分类上属于何类、出版处、开本及书的大概内容。

五、负责整理书架的同志，应注意书籍是否分类清楚，厚本的放顶格或下格，簿本的及畅销书放中间格，书架要放满，但不要太紧，每一种书陈列多少当然无一定标准，但求其适度，要做到整洁美观。

六、负责整理书台的同志，新书来时要放入书台显著的地方，陈放书台亦应大致分类，以便利于读者选择。布置书台要注意整洁爽朗，要经常调换放书方式，不要摆成一大摊，混杂不清。

七、各负责书架及负责书台的同志，当书籍售缺时应开单交配货同志添配。

八、卖出之书籍应用纸和绳包扎。开发票时要迅速敏捷，开出发票字迹须清晰，计算须正确，本外版应分明，发票号码亦须连贯。发票上经手人应签名，以明责任。发票如因故作废时，开票人应于票上注明原因，并请门市部负责人签字证明。

九、售出之书如装订错误或印刷模糊而读者要求更换时，应予更换。

十、开门市发票及计数单的同志，如计数错误因而发生损失者，应照进货价赔偿。

十一、读者因故退书应开具退货单。

十二、负责开发票及计数单的同志，应于每日晚间将当天发票及计款单，结出本外版，并抄写销货清单。

十三、收款人于收得款项后应仔细清点，如款项与计数单或发票数字无误时，应于发票或计数单数字旁边盖章，以示收讫。

十四、收款人不得擅自涂改发票或计数单。

十五、收款人于当天晚上将收得款项编制收入传票，悉数交出纳科，并填写所收之款项数字于送款簿内。

十六、收款人如因短少等情事应负赔偿之责。

十七、预定杂志同志应将定户姓名、地址、起讫期、份数、定费详细填写清楚，字迹不得潦草。

十八、配发同志应于每日根据门市部售缺书刊开具配货单，交栈房或进货科同志添配。接收书刊时应问清楚定价有无错误，然后根据清单当面清点，如无错误，在清单上签字，以示收讫。

十九、委托代办书刊同志应将委托人姓名、地址、电话号数以及代办书刊名称、著译者、出版处详细记入登记簿内，然后根据读者所要之书刊，开具添单交进货科添配。书到后，应立刻通知委托者来取。

二十、凡工厂职工会、职员、工人、学校及图书馆来电话购书，应立刻开具发票送去，并将书款带回。

二十一、工作同志在工作时间内，一律不得吸烟、吃零食。

二十二、工作同志在工作时间内，衣服必须整洁，男同志风纪扣必须扣好。

二十三、工作时间内禁止高声喧哗、唱歌及擅离工作岗位。

二十四、工作同志对读者态度要谦和、诚恳、坦白，不得与读者发生口角。

二十五、上班必须签到。

二十六、工作同志如请假一天以下者，必须经主任许可后，并在签到簿上注明请假时间。一天以上者，必须填具请假单，交主任转请经理批准。

二十七、门市部工作会议每月举行三次。

二十八、门市部工作日记每日由负责同志填具。

二十九、门市部工作同志应熟悉门市工作七十二条，并应用到具体工作上去。

三联书店邮购工作处理方法

邮购是一种用通讯方式直接购书给国内外读者的业务。除大量输送精神食粮外，还代解答学术上的疑难问题及介绍良好读物，因为是完全用文字应付读者的，故而手续比较繁复。兹将该项工作概要说明如下：

一、拆信：文书科拆开邮购读者来信，将有款信及无款信分别登入专用之到文簿，倘系附有银钱之信，即将银数注明在来信的眉角上，款子即按照到文簿数字，制就来户清单及传票点交会计科收，此项工作特别要注意信内所附款子是否符合，如有缺少必须指出，收发科在接收挂号或快信时必须细察封口是否完整，倘有裂痕或可疑点，应当场退交邮局拆看，如果发现信内所附邮票或汇票被窃，应请邮局查究或将原信退回拒绝盖章。

二、登记：邮购科接受函件后，当即将款项逐户登记入邮购户账目卡片（无款信另交批阅者查办）。此项卡片系顺序排列，另有索引卡片系按照姓名用四角号码编排，这样可以从索引卡片查得账目卡上的号码。登记后，将账卡号码及存款总数注明在来信的角上。

此项工作，登记必须精熟，四角号码查找才能迅速，如系新户，须另立新账卡，对于姓名、地址，收入款项都必须详确核对登记，假如张姓之款登入李姓账户，必致闹出绝大错误。

三、批阅：邮购科负责人将所有的来信批阅一遍。凡来信之主要点，须用红笔标明或批注，并分类，然后分配各科负责同志办理。

此项工作，应由经验较丰富者任之，它的主要点是核对账卡，登记是否无误，寄书地址是否正确，发信是否与发票相符？批阅者应注明某某事项应该如何办理，以及介绍良好读物等。

四、抄配货单：办理者将来信购买书刊全数抄出配货单，配货单分本版、外版两种，本版配单提交栈务照配，外版配单提交进货科采办（配单均须留底，以便查考），书配到后按照来信，一一分配，提交开发票。

此项工作，第一要熟识书名、著作者及出版处，配单上字体要清楚，数量要准确，第二要注意书的内容是否正确。如内容有毒素者，应向读者提出对该书的意见，暂时不寄。第三要注意来款与书价是否相同，倘款子不足，应将次要书暂缓配给。第四要力求迅速，我们知道读者寄款购书，无不希望早日接到回件，而本项工作关系迅速甚切，办理者倘觉配书应到时候而未到时，或配办结果不明确时，应立即向进货科及配货者查询，或直接向出版处调查，以免延误。第五配不到的书，答复要完善详尽，比如读者要买一本《苏联纪行》（郭沫若著，现在买缺），不要光说"售完"或"买不到"，应当告诉他，开明书店的《苏联见闻录》或改用书名的《苏联杂谈》两书，是茅盾写的，内容同样非常精彩的，附单说明介绍。

五、开发票：开配单者已将全部配书办妥之后，按户一一搁放，并把来信夹在配书上很明显而不易落掉的地方，开发票者只须按照次序开列发票。如须特别优待或廉价期内，应同样给予折扣优特。

此项工作比较简单，只要珠算熟练、字迹清楚者即可以担任，在开发票之先，须详细阅读来信一遍，倘有漏配或书名配误等情，随即交开配货单者补办，寄书地址须开列详细清楚，以免错递或退回。

六、开定单：来信凡光定刊物者，大部分都属发行科办理，如系邮购往来户或定期刊兼买书籍者，则为邮购科办理，定单开就后，将外版通知单交进货科，向原出版处代定（或自己寄）本版通知单交发行科办理。原信与定单提交开清单者，若倘有配书，即提交开配货单。

此项工作须熟悉各刊期定价、最近卷期数及出版处，并应了解各种杂志的内容与性质，务使定单所开各项与实际照合，字迹要精楚，地址要不错，同时要顾到起讫期数与来款是否足够。

七、开清单：开清单者，须先复核发票和定单是否有错误及办理事节上有不周到之处，然后将书价定费应付出之数记入账卡，并开往来清单一张和发票定单等寄给读者，最好能够夹入邮包内，俾便读者能在收到邮包时，当场可以检点，并且立即知道账目的存欠情形。

此项工作责任较重，如办理不周或错误者，都须由此核对出来。办理者要耐心仔细，不怕麻烦。因为普通邮购手续，到此已是最后一关，此关错误而不发觉，直要等到读者来信责问时才会发现，到那时，再虚心认错或补办，可是已给读者不良印象了。

八、复信：开单后尚有事节须专信答复者，邮购业务上有较重要的事业需要接洽者，及对于读者提出询问，以及须要解答学习上的问题，均须专函答复。

此项工作甚为吃重，因读者所提问题不一，经办者须有一般的修养的基础和比较广博的常识，更须明了各种书刊内容，熟悉出版界的情况，每当处理一个问题，必须正确明晰，切实简洁，措辞要谦逊，文句务求流畅。如万一对某一问题不能肯定答复时或自己不够了解时，应请编辑部同志或专家答复，切勿含糊其词不负责任的解答之，每对答复读者的信使读者感到满意，有裨实益。

九、打包付邮：开好发票的书刊，已经分开，只待打包付邮，这工作很机械，只须按次包扎，但须注意坚固，不使中途有散失，对于远道或精装书，邮包尤须注意。

十、推广：每半年须遍发读者完全书目一次（如包括全国性之目录），平时亦须备每周新书目录、简明书目、新书月报、其他各项宣传品。

此项工作须由推广科负责计划，合作办理。

十一、交账：书价定费等应付出之数记入账卡之后，即将此项账卡连同发票定单存根（或用销货清单）提出，向会计科交账，由会计科出纳员在账单卡付出项下及发票定单存根上盖章。

此项工作须与会计合作办理（至制传票所用转账科目，另详会计规程各款）。

十二、检查统计：每隔半月或一月，必须检查各部份工作情况，与会计科校对邮户存款账目，卡账与总账是否符合，同时要检查卡片，以防散失及排号参差，对于办妥之函件，应分别归入档案。

每月读者来信，收入款及销货种类及读者地区阶层及阅读兴趣等，均加以统计。

此两项工作，须在时间许可，应经常办理，对整个工作上，可以发现问题、解决问题及改进工作是有很多的帮助的。

十三、特殊服务：对于读者有时委购文具、仪器等，亦应尽可能代为效劳，并须代为选择精良，打算经济，这也是一种为读者服务的工作。

此项工作从斟酌情形来做，如委买物件，以适合于文化需要并与邮购科有连带关系者，若如采购其他日用物品，可以婉词拒办，或介绍可靠商店办理。

十四、不能办理的情况：如遇下述情况，须斟酌实际情况妥为办理，务使读者感到满意：

（一）来信没有写明通信地址时，保留来信及款，并在本版杂志上或在日报登出启事。如以后来信查询或补来通信地址时即可迅速办理；

（二）所购之书刊如系外版，而本店已售缺或该书需向外埠及国外订阅者，我们都应该尽责设法办到，并且告诉读者该书刊购到日期及其定价，待他再来信时即办理订阅手续；

（三）如读者委托之事，一时不能办到，必须登记起来，并且回信说明不能办到原因，而我们负责限期保证办妥；

（四）读者向我们所提意见、建议或问题，必须逐条详予答复，而对我们提出关于书刊内容、形式或改进业务上的意见，经我们录用后，看事情的轻重，应给予书面的感谢或以赠送书刊答谢之。

以上各项的具体分工，系供业务范围较大的书店参考的。若规模较小的分店，函件有限，方法可按照实际环境变通办理。

三联书店定期定户处理办法

一、准备工作

（1）杂志定户办法在下述四类情况中为适合本办法之标准：1、本店出版之月刊及月刊以内之杂志；2、本店总经售之杂志；3、日报及刊期在五日以内之杂志及其他信用久著之外版杂志；4、预约书。

（2）全国杂志出版情形应随时调查登记，选择其内容良好者，编成《全国杂志总目录》，适宜于定期定阅之杂志，在目录上载明期限及预定价格，以备读者参考定阅。

（3）依照第一条所定之原则，在调查所得之全部材料中，选择适宜于定期定阅杂志制成"定期杂志参考折"（见附件一），该折内容分定法、刊物名称、期限、期数、最近出版日期及卷期、备注等六栏，各业务机构如门市、批发、邮购各组各备该折一份，以便开定单时应用，如遇有变动须随时相互校正，俾求经常正确。

二、开定单

（4）收定户时须开"定阅书报杂志定单"，定单系三联式，第一联为"通知单"，第二联为"定单"，第三联为"存根"，定单由总处印好，编定号码，从第一号起，号码前冠以"京定字"或"沪定字"等字样，以资识别。

（5）开定单时写明定户姓名、地址、日期、杂志名称、期限、份数、起讫期数、共计份数、定资、邮费及寄法，并结算总价（用大写），如系续定或优待者，须在备注栏内注明，最后由经手人签字并盖上店章。由本店自发之杂志与向同业转定之杂志须分开，不开在同一份定单上，以便分别办理自发及转定手续，定单开出，定费随即收讫。

（6）通知单作为寄发刊物之用，经手人于接收定户之当日将自发者交与发行，以便办理发刊手续，又将转定者交与进货组，以便转向原出版处定阅（通知单格式与定单同，仅将"定单"两字改为"通知单"，"尊户"改为"定户"，注意五项改为下列四项：1、兹介绍右开定户定阅贵刊，请由贵处将刊物直接寄交本定单定户收阅；2、请即照本单所开列者，制给正式定单，连同本单一并交下，定费由本店照付；3、如有疑问或错误请即更正或询问敝店；4、本单字记及号码，在贵定单上注明，以便查核）。

（7）定单交给定户收存，在定单正面附载注意五项：1、所委定刊物，由各该原出版处于出版时按期直寄尊户收阅；2、平邮寄递之邮件，如有遗失，恕不再补；3、所定刊物除停刊外，概不退换，中途如有变更，得凭原出版处办法办理；4、改寄地址或查询事件，请声明本定单号数，如注有原定单号数者，为迅速计，请摘录原定单号数，速向原出版处查询；5、刊物寄转，本单即告作废。

（8）依据存根结算定费，以"预收定费"科目交账，由会计科盖章签收，存根交账后由杂志发行组保存备查。

三、划转中心分店代办

（9）定期定单之刊物，直接由原出版处寄发后最为迅速便利，故一般分店所接收之定期定户须划至中心分店（以该出版物集中印造所在地为划转之标准）代办，其手续之第一步，根据通知单所开列定费之多寡，由会计科开"往来单"将定费划转中心分店，检同通知单寄与中心分店代办。在该通知单及存根上须注明往来号码，以备查考。

（10）中心分店接到往来后，即将自发部分之通知单交与发行组签收（在往来单上）办理发刊手续，又将转定部分之通知单交与进货组签收，办理转定手续。

（11）进货组收到转定通知单后，即分别向原出版处转定，转妥而经核对无误后，在通知单上注明原定单号码，并在原定单上注明通知单号码，通知单交发行科保存，原定单交会计科转寄分店。

（12）会计科收到原定单后，经核定无误应检同往来回单，寄交该接收该定户之分店。

（13）分店接到往来回单及原定单后，即检出定单存根核对，并将原定单号码摘入存根，原定单则分类保存，以备查考。自发部分，即根据回单，将发行组签收之日期，在存根上注明，务使每张定单存根都按原定单号码或发行组签收日期，方称办理无误，而告手续完毕。

四、自发

（14）发行科接到自发之定期定户通知单后，先予整理，如有疑问之处，即向经手人查问，已出版者立即缮写贴头发出，并在通知单上注明已发期数及发出日期。

（15）以每种刊物为单位，缮写蜡纸，油印贴头，贴头上须加注定单号码、刊物简名及起讫期数。贴头以卅九个编为一页（八开大小），每种自第一号起编号，并冠以刊物之简名，例如：学1、学2、……，科1、科2、……等，油印数量随需用之多寡而定，缮写蜡纸后，将页码在通知单上注明，以便查考。

（16）油印之贴头印出后，各取一页，分类顺码夹订，即成为发货簿，以备作发货之根据，每户之截止期数，即用红笔在贴头上端表明，同一定户定有一份以上之同一刊物，或挂号、快邮寄递者，须用红笔圈出，并加以注明，以资引起注意（发货簿见附件二）。

（17）另取印出后之油印贴头各一页，分别裁开，将每个贴头贴在小卡片上，注明该户贴头所属之发货簿页码，即编成索引卡，索引卡依照四角号码编列，首字（姓）取四角号码，次字及第三字（名）各取二角（逢单名第二字取四角），机关及团体以地名编号。各种自发杂志之索引编制成一付，不以杂志之种类或定阅办法之不同而分开，如遇索引卡重复（即同一定户定有甲、乙……数种杂志），即将用贴头之定单号码、刊物简名、起讫期数注明在乙贴头上，随即将甲贴头弃置，或改贴另一定户贴头。

（18）依据发货簿，计算每种杂志所需之数量，于杂志出版前通知进货组配办，以便进货组能统筹分配，为使计算精确无错与随时能查知合计份数起见，可应用销货计数表记载之（见附件三）。此表附于发货簿首页之前，遇有增加或减少，须随时记账，根据此项记载，参考上期实销数，即得本期实销数，此外尚有未编入发货簿之新定户所需之数量及备补之数量，亦须予以估计，作为准备数量，即得通知进货组配办之总数量，例如实销数量为一千，准备数量约加百分之五，则共需一千零五十本。

（19）刊物出版时（如该刊定户数量满五百者须事先准备），将油印之贴头页，按号各取一页，与发货簿仔细校对，依据发货簿所载，将已满期者划掉，地址模糊者改清楚，多份者与挂号、快邮、邮寄者用红笔圈出，将到期或已到期者另行做一个记号，以备封刊时夹寄续定通知书，校正后将贴头分别裁开，抛弃停寄部分，把多份、挂号、快邮、邮寄者与普通的分开，并划出将到期与已到期者，准备填写继续通知书，然后依据贴头分别将刊物包卷付邮，除挂号与快寄者另有回条外，请邮局特盖普通之付邮总数回单存查。自取者，分类顺码保存，以备来取。

（20）刊物发出后，根据发货簿所记之实销数量，按价结算总值，以"销货"科目出账，账款由

"预收定费"内划转，如该期定价超出平均之预定价格时，其超出之数作为销货折扣。

五、向原出版处转定

（21）进货组收到转定通知单后，则分别向各原出版处办即转定手续，每定妥一份，即将通知跟号码注明在原定单上即核对，特别须注意价格、折扣与排名、地址是否正确，刊物定讫，通知单即告作废，但如由其他分店划转代办者，须将通知单保存，并在通知单上注明原定单号码，以备查考（保存时以各该分店为单位，并按次排列）。

（22）进货组获得原定单后，即处以计算付出定费而开列清单，作为进货出账。原定单即交与发行组，办理摘录号码手续。如系其他分店划转代办者，须将原定单交与会计科，以便连同往来回单寄与接收定户之分店。

（23）发行组收到原定单后，当即依据该原定单上所注明之通知单号码，检出定单存根一一核对，将原定单号码摘入存根，以示该份刊物业已转定清讫，核对时如发现不符，须即通知原出版处与定户予以更正，邮购户要定之外版杂志，其定单尚未撕下寄出，可将原定单号码摘入定单，以示办理迅速正确，且便利定户于必要时可直接向原出版处查询。

（24）每张转定定单之存根上，务必注有原单号码，如发现缺少须立即查究，倘系遗漏，则须即行补定。

（25）全部原定单依据杂志种类分别保存，以备查检。倘遇有停刊等情，即可检出交涉退款。

（26）刊物定后，隔若干时期未收到，定户必来查询，或因地址变更，定户必来通知改寄，凡遇上述情形，一般根据定单存根办理查询或改寄手续。如自发者转向中心分店查询或通知改寄地址，转定者直接向原出版处查询或通知改寄，同时答复定户，查询时须详示姓名、地址、定阅地点及日期，原定单号数，原定卷期，未收到期数原寄及改寄地址，并咨照原出版处查明后直接函复定户。办理查询或改寄之经过，须在存跟上注明，以备查考。

（27）中心分店接受定户查询及改寄，如系转定者，可依据定单存根所载，向原出版处查询，手续与26条同。如系查询自发者，可检查索引卡，由索引卡查知发货簿，即能了解刊物寄发情形，据以答复定户，如发现漏寄，即须补寄，如发现误寄，除声明外，须立即改正，如因卡片插错而未能查获时，可请定户告知定单号码，据以查出存根或通知单，然后作确切之答复。

（28）中心分店接受自发定户改寄地址，其手续须先查检出索引卡，将改寄地址注明于该卡片上，并划掉发货簿上之旧户名，根据卡片上之新地址另写蜡纸，并另编发货簿，手续办毕，索引卡仍归原处，以后即可依照新编之发货簿户名发刊。

（29）自发之刊物，如遇刊期、定价更动，而需伸缩各定户原定期数时，应将改动情形预先通知各该定户。

（30）定期定阅的杂志，规定除停刊者外，概不能退换。如遇自发之杂志停刊，可凭定单办理退款手续。退款时，将已寄刊物按照平均价格扣除，在定单上注明退还余费额及日期。

（31）如遇转定杂志停刊，可将该原定单全部检出，向原出版处交涉退还余款，退得余款后，即通知定户凭定单办理结束，以保读者利益及本店之信誉。如未能退款，亦须将交涉经过通知定户。

（32）刊物寄出后，有时因"邮路不通"或"地址迁移"或"收件人死亡"等原因而退回者，须根据退回原因检出索引卡及发货簿详加注明、停发，并注明停发起始期数及日期。

（33）自发之杂志，遇行将期满须先通知续定，时期以邮程及刊期计算，大概周刊于四期前通知，月刊于一期前通知为宜，续定通知用双信式，附在杂志中发出（见附件四）。

（34）为办理发行工作上查、改、退、续定等手续上之简便起见，可将各项事由汇集印成便笺，备随时应用。

附件一：定阅杂志参考摺　　××租用

刊物名称	期限	期发预定价格	最近出版日期及期数	备注
自发　群众	全年　半年	50　25　12	十月三十日·一四八期	
自发　世界知识	六月	一〇·五	九月十五日一卷一期	一年一卷
自发　学习	半年　一年	二·四　四·八		一年一卷
自发　科学技术通讯	半年　一年	二·四　四·八	十月一日一卷一期	
转定　文艺报				
活期　和平民主报				

参考折：可由各店自行油印或划就填写，并多留些空格，各组备用时依据所列各栏随时填写已补填各种杂志，最近出版期及日期可用铅笔填注，以便随时可擦去更换新的（所列定价为基本价按现售倍数计）。

附件二：

170			
京南　过衙楼一一号　熊子陵先生	11121　146　学—70	水彭　南门外县立女子学校　张启良先生	43720　136　学—70
北河　沧县（改址）盐务收税分处　于锡璞先生	43372　146　学—70	160顺富　萧化钟花园口　赵的波先生	43718　146　学—70
川合　二里坊　贾雨中先生	43417　146　学—70	170京北　北新华街　朝华书店（快邮）	43722　146　学—70
江浦　中兴坊　陈先聪报民众阅报先生室	43395　146　学—70	156海上　林森中路一〇号　陈介新先生	43752　146　学—70

70

资墨目口以出顯者以紅

附件三：

生活·读书·新知　三联书店
定期定户销货计数表

刊物名称　　　　　　　　　　NO

月日	卷期	截止期数	增加份数	减少份数	本期实销	定价	折扣	总价	会计科签盖

附件四：

迳启者，前承惠订後列刊物，敝店已按期寄奉，想荷收到，兹查寄至後期为止，即将期满，尚希继续定阅，以免间断。
此致
　　　　　　三联书店发行科启　年月日

刊物名称	续定份数 年份共期	定限期 自起至止	寄刊地址
	满期期数　定单号码 卷期止	预付定费　元角分	

迳复者：来信收到，兹寄上各项暨给定单并继续发寄为荷。
此致
　　三联书店发行组　定户：
年月日

858

三联书店人事委员会组织简则（草案）

一、总则

第一条 本会为专门处理本店一切人事问题之机构。

第二条 本会在本店的地位，与各级业务会议相等。

二、组织

第三条 本会分总会、分会二级会议机构，其组成人员分列如左：

（一）分会，以分店经理、总务课主任及分店全体员工推选之代表一人组织之，以分店经理为当然主席；

（二）总会，以总副经理、协理、秘书处主任及总处全体员工推选之代表一人、各区全体员工推选之代表一人组织之，以总经理为当然主席。

三、职权（工作）

第四条 分会之职权（工作）：

（一）决定分店课主任以下员工之进退；

（二）决定及调整分店课主任以下员工之薪津；

（三）考核分店全体员工之勤旷劳绩；

（四）实施分店员工教育工作；

（五）执行既定之奖惩办法；

（六）其他一切有关分店人事问题之商讨与建议。

第五条 总会之职权（工作）：

（一）决定总处部室主任以下、分店经理等各级员工之进退；

（二）决定及调整总处部室主任以下各级员工及分店经理之薪津；

（三）考核总处全体员工之勤旷劳绩；

（四）拟定及实施总处员工教育计划；

（五）拟定及实施全体员工奖惩办法；

（六）拟订并实施联系旧干部及吸收新干部之计划大纲；

（七）审阅分会关于人事问题之报告；

（八）解决分会提出关于人事诸问题；

（九）其他一切有关人事问题之商讨与决定。

四、实施

第六条 有关人事问题一切决定，除公布外，总会应即通知分会，务求全体员工均能充分明了，有切实执行。

第七条 有关人事问题一切建议，非分会职权所能决定者，均由分会函陈总会，务求及早获得适当解决。

第八条 分会应按月将月内工作之意见汇报总会。

第九条 总会、分会必须定期举行常会，开会时必须与会者取得多数之同意，始得成立决议（会议时如遇主席之意见与其他与会者不能一致时，应照组织规程第三条办理）。

第十条 总会、分会各项决议，应择要由各该会主席向总处或分店业务会议报告。

第十一条 凡因工作需要而调动员工工作时，应由各级业务会议决定，通知本会办理。

第十二条 总会、分会各项决议，应由总经理或分店经理领导具体执行。

五、附则

第十三条 本简则由临时管理委员会通过公布施行。

三联书店员工服务规约

第一条 本店员工均应遵守及享受本规约之规定。

第二条 本店员工对于本店一切章则、通告及有关主管人之领导，均得严格遵守。

第三条 本店员工于未入本店前，须先经本店考试及格或经提出其他服务证件，经本店认可免试决定录取者，方得入本店工作。

第四条 员工一经录取即应向本店主管部门报到，并妥觅保证人，填具保证书，如本店认为不适合须另觅保证人时，应随时另觅，须俟保证手续完毕，始能分发工作。

第五条 初入本店之员工，须经过六个月之试用期，试用期满，经有关负责人甄别，认为称职者方得作为正式员工，其不称职者即行辞退（本店特约聘任人员，不受第三、四、五条之规定限制）。

第六条 员工应严守本店业务上之秘密，不得泄漏。

第七条 非经本店特许，员工不得兼任本店以外之职务。

第八条 员工不得经营与本店同样性质之营业。

第九条 员工应服从本店负责机构之调遣。

第十条 本店负责机构或负责人支配之工作，员工应坚决执行。

第十一条 员工应按照本店规定工作时间到工、退工，不得无故迟到、早退或旷工。

第十二条 员工经办事项，均应于规定时间内办毕，如有特殊困难不及办毕者，应向有关负责人声明，请求派人协助或延长工作时间。

第十三条 工作时间内如有亲友探访，应在指定处所会晤，并尽量缩短会客时间。

第十四条 员工经办事件应力求正确，如发现错误，应勇于承认，勇于改正。

第十五条 员工应注意业余进修，尤应特别注重与本身工作有关之业务技术学习。

第十六条 员工应注意思想文化学习，对新中国文化事业应作明确的了解。

第十七条 员工应积极研究本店业务之改进，如有设法提高生产、扩充营业之意见，应随时提交各级业务会议商讨。

第十八条 员工有出席或指定列席各种有关会议之义务，对各种有关会议之决议，员工应严格遵行。

第十九条 员工应支薪津，按照本店薪给办法支给，如有急需借支，应得当地负责人之签字核准，并须分期扣还。

第二十条 员工除月支薪津外，每月另给升工三天，于年终并计之，事假、病假均照扣算，其在试用期者不在此例。

第廿一条　除本店规定之例假外，在工作日，不论因事、因病，请假满一日以上者，概须依照本店《员工请假办法》之规定，用书面请求有关负责人之核准。

第廿二条　在工作日未经请假手续而不到工者，作旷工论。旷工员工除照章扣薪外，并应受奖惩办法所定之处分。

第廿三条　员工因公外出，除舟车、膳食、旅馆费用实支实销外，其他费用，每日另支旅费，其数字由各级机构负责人酌定之。

第廿四条　员工对本人职务尽职，确守本店各项章则、通告及有关主管人之领导，并无过失，且能积极改进本店业务及避免或减少本店损失者，得由各机构负责人叙明事实，按奖惩办法之规定分别奖励之。

第廿五条　员工如办事不力或故违本店各项章则者，得根据奖惩办法之规定，经各级业务会议之决定，予以适当处分。

第廿六条　员工如有不法行为除由主管人决定解聘解雇外，如直接或间接致本店受损失时，并得责成赔偿。

第廿七条　员工离职时，除在职期内应领未领之额定薪津得补发外，其他任何津贴概不补发。

第廿八条　本规约经总处业务会议拟定，提请临管会通过施行，修改时亦同。

三联书店员工签到及请假规则

第一条　本店员工均须按照规定之工作时间到工及退工。

第二条　员工到工时应在签到簿上签名，并注明到工时间。

第三条　员工如需于工作时间内外出或早退者，应向负责人口头请假，经负责人同意后，应在签到簿上签注早退或中缺时间。

第四条　签到簿由各该机关主持总务工作人员收存统计及保管。

总处：秘书处人事科

分店：总务课

第五条　每日工作时间开始一小时后，签到簿即须收取，员工如在一小时后到工者，须向负责人申述理由，并向签到簿保管人处补办签到手续。

第六条　员工如未签到，且未向负责人申述理由补签到者、作旷工一日论。

第七条　签到工作每日小计一次，每月统计一次，均须交负责人审核，统计结果须揭示于公告处。

第八条　一个月内，迟到、早退或中缺时间满八小时，而经向负责人请假者，作请假一日论。

第九条　一个月内，迟到、早退或中缺时间满八小时，而未办理请假手续者，作旷工一日论。

第十条　除星期例假及政府或本店规定之假期外，其余均为工作时间。因事、因病，概须办理请假手续。

第十一条　员工如遇有本人婚嫁给假十天，父、母、夫、妻丧事给假七天，薪金照给，倘系居住外埠，所有往还日程，亦照给薪金。

第十二条　女员工如遇生产，前后给假两个月，薪金照给。

第十三条　员工请假，除上列两条规定者外，不论因事或因病，全年在三十六天以内者，薪水照给，在三十六天以外者，须照扣薪水。

第十四条　除第十一、第十二条，员工今年不请假者，年终另给升工三十六天（以最后一月之薪金为计算单位），请假不满三十六天者，在扣除请假日期后，按照日期发给升工。

第十五条　员工请假满一天以上者，概须用书面向各单位上级负责人申请。经核准后，即由负责人将请假单交总务工作人员登记及保存。

第十六条　星期例假及规定假日，薪金照给，但连续请假日期中有两个假日者，扣一个假日之薪水，余类推，全月请假者，完全照扣。

第十七条　员工如未办请假手续而不到本店工作者，作旷工论，旷工员工除薪水照扣外，其余处分，根据奖惩办法之规定办理之。

第十八条　本办法经总处业务会谈通过后公布施行，修改时亦同。

三联书店同人会暂行组织条例

第一条　本会以全体同人组织之，定名为"三联书店同人会"。

第二条　本会宗旨如左：

一、增进同人团结精神；

二、提高同人业务技术；

三、提高同人思想文化学习；

四、增进同人福利及集体康乐活动。

第三条　本会工作范围如左：

一、提供关于业务改进之意见；

二、提供关于同人进退、调迁、勤旷、劳绩、薪额等之意见；

三、提供关于工作时间、工作纪律、奖惩办法等之意见；

四、提供关于缮宿、卫生等之意见；

五、举办集体学习；

六、举办各种康乐集体活动；

七、举办同人福利事业。

第四条　本会设主席一人，文书一人，学习、生活、康乐等干事各一人组织干事会，干事由全体同人互选之，任期为半年，连选得连任。

第五条　本会定每月开全体大会一次，遇必要时，经全体职工三分之一以上之提议，得由主席召开临时会。

第六条　干事会定每两周开会一次。

第七条　学习组干事，主持并协助同人集体学习及个人学习事宜。

第八条　生活组干事，协助区处总务科改善及调整同人物质生活事宜。

第九条　康乐组干事，负责主持假日或业余各种康乐活动。

第十条　本会所需经费，每届半年由干事会拟具预算，经干事会提请大会通过，然后按累进率向同人按月征收。遇特别开支、经业务会议核定后向本店支取之，随时报销。

第十一条　本会经费之收支，每二个月结算一次，由干事会向本会报告核销。

第十二条　本条例经大会通过施行，修改时亦同。

三联书店总管理处对于员工鉴定工作的决定

一、搞鉴定工作我们还是第一次，因此比较缺乏经验，同时在同志们的思想上也可能缺少准备，所以各店在进行这个工作时，必须好好酝酿，深入动员，要使每个同志都能认识到这个鉴定是革命环境中提高工作、改造自己最有力量的办法。

二、鉴定的内容应包括思想、作风、工作、学习和生活等五个方面。思想方面以分析思想情况，特别着重指出已经克服了那些缺点，目前还存在着那些缺点，以及今后努力的方向，作风方面以是否正派，是否实事求是为鉴定的标准；工作要指出成绩但也提出缺点；学习要指出学习的态度是否正确，以及学习的成绩有了多少；生活方面要注意是否严肃刻苦。

三、鉴定的目的主要是发扬优点，以便互相学习，提高思想，加强工作，但也应在发扬优点的精神之下来认识自己的缺点，进而可以改正缺点——缺点改正后也就是又有了优点。因此为了要达到这个目的，在进行鉴定中，决不能光找缺点，光找毛病，这种吹毛求疵的左倾偏向是必须防止的，但是如果只谈优点不提缺点，这种互相捧场的右倾偏向也是不足为训的。

四、鉴定工作以小组会为基础，每组人数以五人至七人为度，各级可互选组长一人，主持会谈，方式采取一人自己报告提出优缺点，进行自我批评，然后大家提出意见，进行批评。批评与自我批评要结合得很好，提意见的同志态度要诚恳，应有帮助同志与人为善的立场，被提意见的同志，则应虚心接受大家的意见，有则改之、无则加勉。最后的结论要由自己来做，如果和别人的意见不能一致，那么可以保留，提交总处来研究。

五、这次鉴定除掉主要的目的在于提高思想、改进工作以外，同时也和调整底薪联系起来。调整底薪一定要在鉴定进行之后，根据鉴定的结论，可由各店负责同志参照小组的意见拟定数字，最后由总处全盘考虑最后决定。

六、试用期未满的同志现在不作鉴定，俟期满时再作鉴定，但可以参加小组，给要鉴定的同志提意见。

七、各分店成立几个小组，每组五人至七人（不一定就是学习小组，大家大体可按行政系统划分，此事由分店经理处理），每组选举小组长一人（每一分店至少分两组），各组组长加上分店经理合成一个委员会，负责领导本单位的鉴定及评薪工作（试用期未满同人，以不担任小组长为原则）。

三联书店秘书工作概述

（一）本店秘书处设秘书主任一人，承总经协理之督导综理本处一切事宜。本处下设总务、会计、人事、文书、研究等五科室。

总务科

总务工作的职掌如左：

设庶务与收发两组，庶务组之职掌如左：

（1）购买物品；

（2）保管物品；

（3）装修房屋及修理用具事务；

（4）管理工友及清洁事务；

（5）职工膳宿事务。

收发组之职掌如左：

（1）收发本店一切信件；

（2）信件回单之答发与保管；

（3）本店寄发件邮包之登记及所有邮费之核算；

（4）登记与接待会客事务。

会计室

会计工作的职掌如左：

（1）银钱出纳，登记现金日记表；

（2）编制收付转账传单及单据书册；

（3）账务登记：总清账、分户账（批发、送货、存纸、票据、收税、稿费、保证金、资本金、暂记欠款）；

（4）核付款项；

（5）编制当日收付试算表及各科目日计表；

（6）编制预算及决算；

（7）总结账；

（8）复核账目。

人事科

人事管理工作的职掌如左：

（1）检定职工劳绩；

（2）统计职工勤旷、因病请假等记录；

（3）登记职工进退事项；

（4）有关人事的各种情况。

文书科

文书科之职掌如左：

（1）草拟与缮写一切信札、文件；

（2）拆阅并登记一切信件；

（3）档案之整理与保管；

（4）签阅各部发出之函件。

研究科

研究科之职掌如左：

（1）有关业务上的一切资料的搜集与整理；

（2）同业之调查与研究；

（3）店内刊物之编纂；

（4）各分店店务日记之整理与总结。

（二）各科对内函件得用各科名义行之，经秘书主任核阅盖章后发出。如秘书处认为须用部名义者，则用部名义行之。对外函件概由经理名义行之。

（三）各科每周得向秘书处举行汇报，总结情况并计划工作。

生活·讀書·新知三聯書店

No.

| 分店店務日記 | | | | 年　月　日 |

銷　貨		進　貨		本　日　庫　存	
門市	本外	現 進	本外	昨日存現	銀行存款 $
					銀行透支 $
批發	本外			本日共收	應收票據
郵購	本外	賒 進	本外	本日共付	其　他
合計	本外			本日現存	合　計

總處往來　1. 解總處欠 $

分店往來

收　信包　件摘要：　件摘要：　發信包　件摘要：　件摘要：

工作狀況
學習狀況　　　　　本日暢銷書
生活狀況
讀者意見
備考

注意：本表必須於次日填好郵寄北京總處，不得延擱或併寄！

分店經理＿＿＿＿＿＿

三联书店分店店务日记

一、为加强总分店联系，使总处得以及时、切实了解各分店各种情形，特制发分店店务日记，分发各店。

二、此项日记之填写方法，另觅所附说明及范例，填写内容务必真实扼要，反映出具体情况、问题和意见。

三、各店必须按日总结情况，于次日填好本表邮寄北京总管理处，不得延搁或并寄。

三联书店暂行会计工作制度（草案）

第一章　总则

第一条　本规程依照本店组织规程订定之。

第二条　本店总管理处各分店之会计事务悉照本规程办理。

第三条　本店及分店会计事项分左列各项：

（1）收支、转账凭证之核编事项；

（2）账目之综核整理及登记事项；

（3）原始单据之审核及造货成本之计算事项；

（4）损益之计算及岁计之盈亏处理事项；

（5）预算及决算之编制事项；

（6）财产设备之检查事项；

（7）债权、债务之处理、清算事项；

（8）资产价值之涨落整理事项；

（9）会计文件之撰拟事项；

（10）有关财务收支及各种办法设计事项；

（11）其他会计事项。

第四条　本店各级会计单位分左列二种：

（1）总会计；

（2）单位会计。

上列各种会计均用复式簿记。

第五条　总管理处会计为总会计，各分店会计为单位会计。

第六条　本店各级会计机构概以人民币为记账本位币。

第七条　本规程所定之会计科目次序先后，账表格样式、尺寸、大小不得随意增删，如因事实需要应随时建议总管理处经核定知照后始得变更之。

第二章　预算

第八条　本店为使各单位协同开展业务，除定期之各种报告外，应进一步施行预算，务使期先有策进业务之预定计划。

第九条　预算表之种类暂定为左列各种：

甲、总表　损益预算；

乙、分表　（1）造货预算，（2）营业预算，（3）各项开支预算。

第一〇条　编制损益预算表格式及科目排列应与损益计算书同，并应为详细之说明。

第一一条　编制造货预算应列明书籍之种类、版次、册数、字数、用纸量、应付稿费、应付版税、各种印刷费及管理费及其他分配费用按分计算，并说明其计算方法。

第一二条　编制营业预算应列明销货（本版）、销货外版、销货折扣、装运费、推广费及进货（本版）、外版进货。

第一三条　编制各项开支预算时应按照各项开支子目排列，计算方法及其根据应详加说明。

第一四条　上列各项预算按当时实际金额折成当时分数分别列入。

第一五条　各分店各项预算书表，统须编造一式三份于年度开始前分送达总处。

第一六条　各项预算之月份分配数一律以全年十二个月平均数为标准。

第一七条　年终决算时各种预算应与决算数为比较增减之表报。

第三章　会计科目

第一八条　本店会计科目规定如左：

甲、资产类

（1）现金　凡库存现金、即期票据等属之；

（2）存放银行　凡存放银行之款属之；

（3）应收货款　凡应收未收客户货款属之；

（4）应收票据　凡未到期之各种应收票据属之；

△（5）应收广告费　凡应收未收广告费属之；

（6）暂付款　凡个人借支及性质尚未确定之款属之；

（7）预付款　凡预付各项货款、薪津、备用金等属之；

△（8）预付稿费　凡预付之稿费属之；

△（9）预付版税　凡预付之版税属之；

（10）预付印刷费　凡预付之印刷费属之；

（11）存出保证金　凡付出之保证金属之；

（12）本版存货　凡期末盘存之本版书刊属之；

（13）外版存货　凡期末盘存之外版书刊属之；

△（14）版权　凡未摊销之稿属之；

△（15）纸型　凡纸型之工料价款属之；

△（16）存纸　凡购存之纸张属之；

△（17）在制品——印刷费　凡未完成货品之印刷费属之；

△（18）在制品——管理费　凡未完成货品之编校暨生产部门之薪津及各项开支属之；

（19）运送中存货　凡期末已经发出尚未递达之货品属之；

△（20）图书资料　凡资料室所购之图书属之；

△（21）器具及房地产　凡购置之器具、房地产等价款属之；

△（22）投资　凡买进有价证券及其他投资属之；

△（23）特种货币　凡实存之外币、生金银等属之。

乙、负债类

（1）透支银行　凡向银行立有透支契约之款项属之；

（2）应付货款　凡应付未付同业货款属之；

（3）应付总处货款　凡总处直辖分店之应付未付总处货款属之；

（4）应付票据　凡开发之远期支票属之；

△（5）应付版税　凡应付未付版税属之；

△（6）应付稿费　凡应付未付稿费属之；

△（7）应付印刷费　凡应付未付印刷费属之；

△（8）应付广告费　凡应付未付之广告费属之；

（9）暂收款　凡暂时存款或收到款项之性质尚未确定者属之；

（10）借入款　凡立有契约或临时借入之款项属之；

（11）存入保证金　凡收入之保证金属之；

（12）邮购户存款　凡邮联户交×××款项属之；

（13）预收定费　凡预约书籍或期刊所收之定费属之；

△（14）同人福利基金　凡年终分配盈余时照章提存之同人福利基金属之；

△（15）文化事业基金　凡年终分配盈余时照章提存之文化事业基金属之；

（16）器具房地产折旧准备　凡按期提拨之器具折旧准备属之；

（17）坏账准备　凡期末结算提拨之坏账准备属之。

丙、净值款

△（1）资本　凡收入之股款属之；

△（2）公积金　凡盈余项下照章提拨款项之公积金属之；

△（3）基金　凡拨发分局之基金属之；

（4）本前期损益　凡年终决算时之损益属本期损益，未经分配收入下期者属前期损益；

丁、资债共用类

（1）总处往来　凡分店与总处往来款项属之；

△（2）分店往来　凡总处与分店往来款项属之；

（3）各户往来　凡其他各项往来户属之；

（4）兑换　凡各种币值换算时属之（参阅第十二章）。

戊、损益类

△（1）发货本版　凡总处拨发各分店之货款属之；

△（2）发贷折扣　凡本版书刊发货折扣属之；

（3）销货本版　凡本版书刊销货款属之；

（4）销货外版　凡外版书刊销货款属之；

（5）销货折扣　凡本外版书刊销货折扣属之；

△（6）造货成本　凡总处造货成本属之；

（7）进货本版　凡本版书刊进货价款属之；

（8）进货外版　凡外版书刊进货价款属之；

（9）进货折扣　凡本外版书刊进货折扣属之；

（10）广告收益　凡本版书刊内之广告收入属之；

（11）装运费　凡书刊寄发及纸张之包装、装运、邮递、保险等费用属之；

（12）推广费　凡因推广营业所支付之费用属之；

（13）佣金　凡因委托、代办、收授之佣金属之；

（14）兑换扣益　凡兑换上所发生之损益属之；

△（15）投资损益　凡因投资所发生之损益属之；

（16）利息　凡存借款项或其他资产所收授之利息属之；

（17）汇水　凡因汇拨款项所付之汇水属之；

（18）捐税　凡营业税、印花税及所得税关税等属之；

（19）坏账　凡确已无法收回之款项属之；

（20）开办费摊销　凡开办费之摊销属之；

（21）器具房地产折旧　凡机器、房地产之折旧属之；

（22）杂项损益　凡不属上列各项之损益属之；

（23）各项开支　凡一切管理营业费用属之（详明细科目）。

第一九条　前条损益类各项开支之科目如下：

（1）薪工　凡职工薪俸属之；

（2）津贴　凡职工之家属、婚姻、生育、丧葬等各项津贴属之；

（3）膳费　以职工膳食费用属之；

（4）房租　凡营业用房地租属之；

（5）文具印刷　凡公用文具及印刷物品属之；

（6）邮电费　凡邮件、电报、电话等费属之；

（7）水电灯炭　凡水、电费、灯油、炉炭等费用属之；

（8）购置费　凡购置零星器具费用属之；

（9）修缮　凡器具、房屋之修缮属之；

（10）旅费　凡调往、出差到异地之舟车膳食杂费属之；

（11）交际费　凡因营业上必要之一切酬酢费用属之；

（12）捐赠　凡公益捐款或书刊捐赠属之；

（13）保险费　凡存货、房地产、器具之保险费属之；

（14）文教康乐费　凡职工教育、康乐费用属之；

（15）医药费　凡职工之医药费及特约医师酬劳费属之；

（16）抚恤费　凡已故职工遗族之抚恤金属之；

（17）车力费　凡因公所付之车养、搬力属之；

（18）特别费　凡职工之特别办公费及营业上之法律费、查账费等属之；

（19）杂费　凡不属上列各项之开支属之。

第二○条　前条表列各科目，其排列次序不得任意更动，使总处、分店应用时编排一律，易于查核。

第二一条　各科目冠以△号者为总处专用，其余为通用科目。

第四章　凭证

第二二条　会计凭证分原始凭证、记账凭证两种。

一、原始凭证依其性质约分如左：

（1）收到款项货品或其他资材所发给之书据；

（2）付出款项或货品及其他资财所得的书据；

（3）借款买卖承揽等契约及其相关之单据；

（4）盈亏处理之书据；

（5）会计报告书表。

上列各项原始凭证，其对外收付所取得之书据格式、种类本店无法预为控制者不为规定，余如将票收据报告书表（详"报告"章）其由本店发出者务必格式划一：

（1）发票；（2）退货单；（3）发货单；（4）门市部计算单；（5）收据；（6）收款凭单；（7）支付凭单；（8）预约定单；（9）杂志定单；（10）薪俸发付单；（11）各科销货清单；（12）往来通知单；（13）往来清单；（14）收货更正报告单；（15）邮费清单；（16）通用清单；（17）邮购户往来清单；（18）存货清单；（19）版税支付单；（20）稿费支付单；（21）稿费清单；（22）用纸计数单；（23）薪俸表；（24）杂志定单。

二、记账凭证之种类如左：

（1）现金收入传票；

（2）现金支付传票；

（3）转账传票。

上列各种传票分印红、绿、黑三色。

第二三条　各种传票应为左列各款之记载：

（1）年月日；

（2）会计科目及其子目；

（3）账款发生的事由；

（4）收受款项之当事人；

（5）有关之原始凭证种类、张数及其号数、日期；

（6）传票号数；

（7）其他备查要点。

第二四条　各种传票非经左列各款人员签名盖章不生效力，但实际上无某人者付缺：

（1）经理、总经理或其授权人盖章；

（2）事项之主管人签注意见及盖章；

（3）出纳员；

（4）复核员；

（5）制票员；

（6）记账员。

第五章　簿籍

第二五条　本店之簿记组织系统如左：

（1）以记账凭证代替序时账；

（2）设总分类账，分户账；

（3）根据总分类账编制试算表、资产负债表、损益计算书。根据分户账编制财产目录，其簿账组织系统如后表：〔略〕

第六章　报告

第二六条　本店各级单位在一定期间内应编制各种会计报告以供业务上重要参考。

第二七条　各种会计报告应根据账簿编造并使便于查核。

第二八条　各单位会计报告呈送上级机关应依左列期限：

（1）日报，于次日内送出；

（2）旬报，于期间过后三日内送出；

（3）月报，于期间过后五日内进出；

（4）半年报，于期间过后十日内送出。

第二九条　前条各种报告规定如左：

日报（1）现金收支库存表（各单位内部应编一或两份，一份附当日传票簿，一份送经理室存查）；

旬报（1）日记账表，（2）营业旬报（即销货旬报）；

月报（1）月计表，（2）各项开支明细表，（3）往来对账单；

半年报（1）营业报告书，（2）资产负债表，（3）损益计算书，（4）财产目录。

第三〇条　各分店统须编造旬报、月报、半年报，一式三份，一份自存，二份送总处。

第三一条　全年度决算报告由总处根据分店决算汇编，决算报告规定如左：

（1）全年度营业报告书；

（2）资产负债表；

（3）损益计算书；

（4）财产目录；

（5）盈余分配表（本表由总处统筹编制之）。

第七章　一般事务

第三二条　会计人员非根据手续齐全之原始凭证不得造具记账凭证，非根据手续齐全之记账凭证不得记账，但整理结算及结算后转入账目等事项无原始凭证者不在此限。

第三三条　编制传票时一律以科目为示，辨明其性质，分别编制收入传票、付出传票、转账传票。

第三四条　如因账项繁多、一页不敷时得连续开第二页，其前页末行及次页首行应书明"接下页"、"承上页"字样。

第三五条　各种有关单据应随附传票，并在传票之附件栏记明张数备查。

第三六条　各种传票于编竣后仍应分别查明原始单据上经办人或事项之主管人及出纳之"收讫""付讫"图章是否齐全，不全则洽请补办，所制传票必须分别盖章。

第三七条　各种传票每日以收为先，付次之，顺序编号，首页附现金收付库存表，末页附各科目收付试算表，加装封面及底页汇订成册，就封面各栏内填明其内容分别盖章以代替序时账。

第三八条　记账时如有笔误应划红线注销，重行重写并在红线上盖章证明，不得用刀刮涂擦或用药水消除字迹。

第三九条　各种账册封面之标志，封面后页之启用账簿日期表及封底保管人员一览表应随时为完全之记载。

第四〇条　各种账册每年悉数更变一次，活页账应装订成册。

第四一条　各种账页使用满一页连续使用第二页时，其首页末行及次页首行应书明"接下页""承上页"字样，并在金额栏填明累计数字，以示衔接。

第四二条　每期结算后资产类各科目之差额用红字记载，贷方负债类各科目用红字记入借方栏内注明"结转下期"字样，并在借贷两方结出等数划红线标明之。

第四三条　每期开账时总账各科目，自上期结转后在摘要栏内注明"上期结转"字样，"本期损益"科目过入"前期损益"科目。

第四四条　传票账册对外关系之一切。重要凭证、单据，应随时妥为收藏保存。

第八章　现金收付

第四五条　现金收付之记账均以现金为主体，收款借记、付款贷记。

第四六条　现金收付库存表应分列昨日结存、本日收入、本日付出、本日结存，其本日结存数应与总账现金户余额相符。

第四七条　根据现金库存表划入总账现金科目。

第四八条　即期票据、邮票视同现金。

第四九条　每日库存余留必要存数以备零星支付外，其余临时送存银行，对每一往来银行各立一户随时记录之。

第五〇条　存出现款用"存放银行"科目制支出传票，如存出票据与其他科目转账者制转账传票，送款簿存根经验明往来行戳记无误后附入传票。

第五一条　每月底收到往来银行结单应逐笔与账册核对，所用存息或欠息经复算无误时制转账传票，分别"存放银行"或"透支银行"及"利息"等科目转账。

第九章 造货

第五二条 本店造货事宜统归总处集中办理，分店有造货必要时统属代理性质。

第五三条 会计年度开始前，应由总处出版部门会同各区处出版部门编造货总预算。

第五四条 总处造货事宜，由总处出版部门于一批货品完成后编制造货成本报告单，送会计部门入账。

第五五条 分店经办造货事宜之垫款，应于一批完成后月底汇集转总处往来账。

第五六条 分店代理造货者，应开发往来通知单，并编制造货成本报告单送总处列账。

第五七条 分店之定货分录如左：

甲、造货时

借：在制品（印刷费、管理费）

贷：现金

乙、造货完成时

借：总处往来

贷：在制品（印制费、管理费）

第五八条 总处接到进货分店之往来通知单及造货成本报告单时，分别转刊造货成本账及"分店往来"各相当科目。

第五九条 分店造货完成后收货时，应即代总处开发货单送总处作为总处发货记录，其分录详"发货"章。

第十章 发货

第六〇条 凡本版发货事宜统归总处节制。

第六一条 总处发货与直属各分店时分录为：

借：应收分店货款

贷：发货本版

XX分店收货时分录为：

借：进货本版

贷：应付总处货款

第六二条 分店间相互发货时经总处转账其分录为：

发货店

借：应付总处货款

贷：进货本版

收货店

借：进货本版

贷：应付总处货款

总处

借：应付分店货款（收货店）

贷：应付分店货款（发货店）

第十一章 往来

第六三条 本店各级单位相互调拨款项所发生之账项，一律以往来科目处理之。

第六四条 往来账项应一律编制往来通知单作为原始凭证，已有之原始单据应作为附件处理。

第六五条 往来账款之内容应以业务上所需要之事项为限，其他私人性质之款项不得往来转账。

第六六条 各分店间一概不得直接往来，均由总处转账。

第六七条 往来账目应每月相互抄寄往来清单负责核对清楚。

第六八条 往来账款记账单位不同时，其处理办法应按照"事实单位记账办法"章之规定办理之。

第十二章 事实单位记账办法

第六九条 各分店之记账单位概由当地通货为标准。

第七〇条 各分店之记账单位应尽可能划一。

第七一条 不同币制发生往来时，应由开发往来单之分店注明折合率，开发往来单之分店以记账单位入账，对方根据注明之折合率以事实单位及记账单位转"兑换"科目入账，对方根据注明之折合率以记账单位入账。

第七二条 事实单位与记账单位发生转账时，其折合率以当日市价为准，并以"兑换"科目处理之。

第七三条 处理事实单位之总账，各店应分别币别，设立专户。

第七四条 事实单位与记账单位发生转账时应为双重分录。举例：

甲、借：送货成本 人民券

贷：兑换 人民券

借：兑换 东北券

贷：付总处货款 东北券

（以上为总处收到东北分店之造货报告单时之分录）

乙、借：进货本版 东北券

贷：兑换 东北券

借：兑换 人民券

贷：应付总处货款人民券

（以上为东北分店之进货分录）

丙、借：分店往来 东北券

贷：兑换 东北券

借：兑换 人民券

贷：现金 人民券

（以上为总处拨付分店款项已知汇率时之分录）

丁、借：暂付款 人民券

贷：现金 人民券

（以上为总处拨付分店款项时未知汇率之分录）

戊、借：现金 东北券

贷：总处往来　东北券

（以上为分店收到汇款之分录）

同时开往来通知单寄总处，再由总处转正，其分录如下：

借：分店往来　东北券

贷：兑换　东北券

借：兑换　人民券

贷：暂付款　人民券

第十三章　报告程序

第七五条　各分店之会计报告应由主办会计人员依照规定日期及方式编制，经主管人核阅后分送总管理处。

第七六条　各分店报告送经理处核阅后，经分别为统制综合之纪录汇编入会计报告。

第七七条　总处根据各分店会计报告分别为统制综合之纪录以汇编总决算。

第十四章　交代

第七八条　会计人员经解除或变更其他职务时应办理交代，但短期给假或因公出差者不在此限。

第七九条　主办人员办理交代，应由所在店经理或其上级会计人员或其代表监交。

第八○条　前项人员交代时，应将图记、文件及其他公有物品及其经管之会计凭证、会计簿、会计报告表，分别造具移交清册悉数交付后任。

第八一条　交代人员应将经管账簿及重要备查簿，由前任人员盖章于其经营最末一笔账项之后、新任盖章于其最初一笔账项之前，以明责任。

第八二条　主办会计人员应向移任接替之日起一星期内交代清楚，非取得交代证明书后不得离去，但因病去职或在任病故时得由代理人代办，均由前任负责。

第八三条　后任接受移交时，即会同监交人员于三日内依据移交清册逐项点收清楚，出具交代证明书交前任收执，并会同报告主管人，但移交簿籍之内容仍由前任负责。

第八四条　会计人员交代不清而致本店蒙受损失应负赔偿责任。

第十五章　呆账、折旧、摊销方法

第八五条　每期结算时查明应收未收各户账或暂付款项下各户欠款，其有因特殊情形积欠甚久，估量此后确已无法收回者，得作为坏账处理。

第八六条　每期结算时提存坏账准备其分录为：借"坏账损失"、贷"坏账准备"；当确定无法收回时其分录为：借"坏账准备"、贷"应收货款＝ＸＸ户"或"暂记现款ＸＸ户"，分店并应造具清单呈报总处备查。

第八七条　每期结算时应提存各项设备折旧准备金，依照规定折旧办理其分录为：借"器具房地产折旧"、贷"器具房地产折旧准备"。

第八八条　各单位之设立其在筹备期间所付一切开支，除器具、地产之购置款外，一律作为开办费用，另行造具明细表列报，并依照规定在"损失"项下为分期之摊销，分录为：借"开办费摊销"、贷"开办费摊销"。

第八九条　器具及房地产之折旧率，其属房地产应就其使用之最低年龄分期摊销，其属器具者每期摊销百分之三十。

第十六章　整理及决算

第九○条　本店暨各分店一律规定每年结算两次，以六月三十日为上期，十二月三十一日为下期，合并上下两期总决算。

第九一条　在结账期前所有应收应付、暂收暂付等各种记账应予一并清理，分别通知对方限期清算，在期限后对方未予答复者得照账面结算之。

第九二条　各项收益及开支应分别转账结清。

第九三条　前条收益及开支有属于预付或应付者，应分别转列暂存款或暂付款科目下期转出。

第九四条　存货应于结账日盘点，并分列本版、外版，编期末存货报告作为计算损益时之依据，本版存货应照进价（分列定价及折扣）转区外票汇总处，其分录与收贷相反。

第九五条　"运送中存货"根据发货通知单编制报告送总处备查。

第九六条　前列各种结账前之整理手续办理完善后，应即为损益之计算第一步，在总分类账内添设"贸易账"为计算本期营业毛利之汇总记录。

第九七条　计算营业毛利时分别将损益类一至十二各科目差额转入"贸易账"后，并应转期初存货及期末存货额，分别转入结算，结算结果表示贷差即为营业毛利。

第九八条　计算损益之第二步为计算本期营业纯利，将贸易账户之贷差即营业毛利转入"本期损益"科目之贷方，随将损益类十三至二十三各科目差额转入借方或贷方，结算结果贷差即为本期纯利，借差为纯损。

第九九条　纯益之分配、纯损之填补，详另章。如不为分配或填补，应于次期开业时转入"前期损益"。

第一○○条　分店之前期损益，应于次期开业时开列往来通知单转总处账。

第十七章　盈亏处理办法

第一○一条　本店年终结算如果有盈亏，按本店章程分配之，其处理办法如左：

甲、盈余

借：本期纯益

前期纯益

贷：前期纯损

公积金

所得税

同人福利基金

乙、亏损

借：公积金

贷：本期纯损

第十八章　附则

第一○二条　本规程之解释权统归总处主计部。

第一○三条　本规程自三十八年七月一日起施行。

第一○四条　本规程如有未尽事宜须修改或补充时，由总处主计部另行通告。

附应用统一表格及参考格式〔略〕

附编

关于出版发行工作的报告

1949年2月1日

陆定一

（一）方针任务

新华书店是阶级斗争的武器之一，是我党实行思想领导的一个有力工具，是党委宣传部的一个重要业务部门。

它的所以重要，因为党的首脑机关直接掌握与领导它的活动；它的言论代表党，是党的一面旗帜。

它的所以重要，还因全党、全国许多优秀的思想家、政治家、科学家、文学家的精神劳动，是它进行生产的第一个和最主要的条件。这种精神劳动，创造宝贵的精神财富。它的所以重要，还因为它与现代的纸张和印刷的大生产技术相结合，与全国规模的发行网相结合，是一个效力宏大的宣传教育工具。

新华书店的任务，是传播马列主义和毛泽东思想，宣传党的政策和主张，供给各级干部与广大群众以理论的、知识的、文艺的各种内容正确的读物。

在新华书店的各项工作中，应时时刻刻保持最高度的严肃性和原理性，坚决反对工作中的一切不负责任态度、单纯迎合读者心理和向非无产阶级思想妥协的尾巴主义现象，以及为了追求利润而忽视政治任务的营利观点。

新华书店的工作者必须有高度的事业精神与求实作风，实行精密的经济核算，加强科学管理，提高工作效力，以便更好地完成政治任务。

新华书店的工作者必须密切与群众联系，忠诚为读者服务，起集体组织者的作用。

（二）统一问题

过去各解放区出版了很多文件、干部读物和群众读物，曾对当时革命工作起了它一定的作用。许多书店工作同志，忠于服务，并创造若干适合战时环境与农村环境的发行方法。印刷厂的同志，在极端困难的物质条件下，保证出版，保护器材，经常发挥高度的劳动英雄主义。这些都是不可抹杀的。但由于战争环境、农村环境与被分割的环境，出版工作的领导是不统一的。这种不统一造成出版工作中相当严重的无政府状态。如不经审查随便出书，内容上错误百出、自相矛盾，形式上粗制滥造、版本混乱，等等。印刷力量与编辑力量的不平衡与过度分散，亦形成很大的浪费。

现在有了统一的可能与必要，必须有步骤地走向统一。

目前已经有了统一规定的审查制度和出版制度，初步划分了各级书店的权限，这是统一出版工作的一个最重要的步骤。因为实行了这一步骤，在克服出版工作的无政府状态方面收到了很大的效果。以后要贯彻这种统一，并使制度规定与权限划分更加周密，更加明确。

为了更好地保证审查和出版制度统一，同时为了集中力量，减少浪费，为了加强出版发行工作的计划性，提高出版物的质量，与便于交流业务经验，各地各级新华书店，在组织上亦需要统一。但是这种组织上的统一，要在新华书店总店的工作已有相当基础以后逐步实行。

目前，马列主义古典作品、党的文件、领袖言论、全国性问题和重要的政策性著作等，即可以统一由新华书店总店出版，中央出版局直接掌握，以避免与减少错误及版本分歧，并更好地贯彻中央在出版工作上的意图，加强这一工作的主动性和计划性。

中央出版局需要建立坚强的编审机构和翻译机构，制订编辑计划，并实行有组织的审查制度。

中宣部对新华书店与三联书店，需要进一步统一领导，明确这两个书店的分工。

对版权保障，需要做出统一规定。稿费、版税问题，亦需要有整个的考虑。

过去各地新华书店的出版物和三联书店的出版物，还需要进一步清理不适宜于发卖者，停售；不适宜于继续印行者，不再重版。

（三）流动资金预算

新华书店总店与中央出版局印刷厂

一、生产规模

目标为每月排一千万字，印五千令纸。

二、人员配备

按照上述生产规模，印刷厂需要八百人，总店及直属店（暂设一个）需要二百人。合计一千人。

三、流动资金预算

（一）半年纸张费。每月五千令，半年三万令，每令四千元，人民币一亿两千万

（二）半年印刷费　　　　　　　　　　　人民币一亿

（三）其他流动资金　　　　　　　　　　人民币两千九百五十万

（四）书店与印刷厂开办费　　　　　　　人民币五十万

合计　　　　　　　　　　　　　　　　　人民币两亿五千万

（说明）

1. 书籍批发，普通须半年以后收回书款，故须准备半年的纸张费与印刷费。目前一本书的印刷费，约相当于一本书的纸张成本（略少一点）。其他流动资金包括书店所需支出之半年薪工、工作费及稿费等。印刷厂以印刷费自给。

2. 此项简单预算，以接收相当规模的印刷厂与书店为考虑根据，故不列入固定资金。如需添置机器及进行建筑等，则尚需增加固定资金。

3. 详细计划，待编审委员会订出了编辑计划，书店和印刷厂的生产任务有了明确规定，及接收工作已经完成，人员已初步配备以后，再按照实际情形拟订。

4. 开始工作时，估计因主观力量（干部不足）的限制，不可能达到上述生产规模。流动资金可以先领取一部分，逐步建设。第一次至少有人民币五千万（约五千令纸张费及五千令纸的印刷费）。但资金总额最好一次决定，以便做整个的准备。

（四）经营问题和津贴问题

一、中央出版局印刷厂和新华书店总店一律实行企业化经营。

二、印刷厂成品要充分正规，要标准化，要不断吸收进步技术，提高质量。要高度合理地组织生产，成为一个模范的印刷厂。以收入之印刷费完全自给，并取得一定利润以扩大再生产。印刷价格要至少不高于当地民营印刷厂的一般标准。

三、总店出版物要极少错字，重要文件一字不错。书籍形式设计，要朴素大方。发行要迅速确实。对读者服务要周到。书价要尽可能低。建设过程中要协助各地新华书店提高业务。目前不要求取得利润。根据党对书籍定价的方针（定价政策）规定定价标准。但如果由于经营不力而招致可以避免的亏损，应受党的批评。

四、书籍定价目前需要压低，为此书店需要压低书籍定价之津贴。此项津贴，目前比较简单而妥善的支付方式，似乎是廉价配给纸张的方式。如配售纸张的价格固定不变，并可使书价比较稳定，无须时时改价；如照市价以半价配售纸张，书店即可将一般书籍照目前华北书籍定价标准减低定价四分之一左右。纸张市价跌落至固定之配售价格以下时，此项压低书价津贴即自动取消。

五、在目前，书店如以收回之书款保本自给，则书籍定价，大致为纸张成本之四倍。分析起来，比例大致如下：

1. 纸张费 二十五
2. 印刷费 二十
3. 稿费及书店开支 十
    总成本 五十五
4. 货币贬值准备（总成本百分之十） 五
5. 批发折扣及损失准备 四十
    定价 一百

批发折扣七折（为了保证分、支店的自给，七折是必要的）。再把赠送、可能损失和可能销售不出去的书籍估计在内，平均只能打六折算。定价一百元之书籍，平均只能收回六十元。这六十元中间，纸张费约占二十五元，印刷费约占二十元，稿费及书店开支（生活费、工作费、推广费等）约占十元，另加货币贬值准备五元（拿过去情形来说，货币贬值准备，照成本加百分之十，是加得太少的，华北一般加百分之三十）。

（注）稿费及书店开支十元，较上面流动资金预算中的比例为高，是因为这里是拿出版一本付稿费的书做例子，但并非每一本出版的书都付稿费。如纸张半价配售，则其比例改为十二元五角，第二、第三两项不变，仍为三十元。

货币贬值准备如纸张配售价格固定，则仅需加第二、第三两项之百分之十为三元，共计四十五元五角。定价以平均六折收回实价计算，则应为七十五元左右，较一百元降低四分之一左右。

目前我们认为就可以照上述标准来定书价。

六、待遇问题，印刷厂方面，必须实行工资制和薪给制。书店方面，薪给制暂缓实行，先照供给制待遇标准折算发给，略加变通（但非实行供给制）。

（根据中央档案馆原件）

中共中央关于中央政府成立后党的宣传部门工作问题的指示

1949年12月5日

在中央政府未成立以前，党的中央宣传不得不实际上暂时代替中央政府的文教机关管理国家的文化教育工作。为了便利工作的进行，在中央宣传部的领导下，近一年来，还组织了中央广播事业管理处、中央出版委员会、中央电影管理局等机构。在过去中央政府还未成立的情况下，这是完全必要的。现在，中央政府已经成立，管理全国文化教育事务的中央人民政府政务院文化教育委员会及其所属之各部、院、署亦已先后成立。原本部所属之新华通讯社已改为国家通讯社，广播事业管理处已改为广播事业局，均隶属于新闻总署。本部所属之电影局，已改为电影局，隶属于文化部。在出版总署下成立了出版局，原本部所属之出版委员会及其地方组织，应即取消，新华书店改为国家书店，受出版总署的领导。除了上述组织已改属政府以外，全国的文化教育的行政工作，此后均应经由中央政府文教部门来管理。各地有关文化教育行政的工作，此后均应由各地政府及军管会之文教机关（其组织办法最近即将由政务院通过）向中央政府文化教育委员会或适当部门报告和请示。所以需要这样做，目的在于使中央政府文化教育委员会及其所属各部门，在党（通过政府党组）的领导和党外民主人士的参与下负起管理全国文化教育行政的任务，以便党的中央宣传部和各级宣传部能够摆脱行政事务，集中注意于党内外的思想斗争，党的宣传鼓动工作的领导和党的文化教育政策的制定。而这些方面的工作，中央宣传部和各级宣传部长期间做得非常薄弱，是必须坚决加强的。

至于文化教育方面之重大问题，各地区仍须按照1948年1月7日中央关于建立报告制度的指示，1948年3月25日中央关于建立报告制度补充指示，1948年6月5日中央关于宣传工作中请示与报告制度的决定，以及1948年9月中央政治局通过的关于各中央局、分局、军区、军委分及前委会向中央请示报告制度的决议等文件的规定，经过党的系统，向中央报告和请示。

（原载于《中国共产党新闻工作文件汇编》）

中央人民政府出版总署关于统一全国新华书店的决定

1950年3月25日

1949年10月在本署尚未成立前，由前出版委员会召开的全国新华书店出版工作会议，曾做出有关统一全国新华书店的各项决议。嗣后本署成立，前出版委员会之工作移交于本署。全国新华书店已规定为国营之出版企业。前项决议在基本的精神与办法的规定上均仍适用，但由于机构上之改动，不能不有所变更。兹由本署将该项决议根据实际情形加以修正并经中央人民政府政务院文化教育委员会批准，予以公布。以后新华书店总管理处暨各地区新华书店均应根据此项决定进行工作。

（一）方针

全国新华书店必须迅速走向统一、集中，加强专业化、企业化，以担任国家的出版任务，发展人民的出版事业。

出版内容应着重：1．各级学校教科用书；2．关于马克思列宁主义、毛泽东思想的各种译著；3．为国家经济建设、文化建设所需要的著作；4．工农通俗读物。

发行工作应以城市为重点，继续深入农村。

（二）领导和组织

一、在北京建立新华书店总管理处，为隶属于中央人民政府出版总署，受出版总署出版局直接领导之企业机构。全国各地新华书店的业务均归新华书店总管理处领导。

二、全国新华书店首先根据集中领导、分散经营的原则进行工作，逐步走向统一经营。在全国各大行政区（华北、华东、东北、西北、中南、华南、西南）设新华书店总分店直接受新华书店总管理处领导。出版总署出版局得在有关方针政策的原则性问题上，向新华书店各总分店指示或通告。

三、在新华书店总分店下设分店，原则上一省只设分店一处，但地区辽阔省份得按实际情形增设之。分店设于省会或交通方便之大城市。分店以下设支店，设于省属市、县或重要集镇。各总分店并应在可能条件下建立并发展随军书店，做到各野战军及各军区均有随军书店。

四、新华书店总管理处设出版、厂务、发行三个部门为三个专业化单元。各总分店亦应分别设立这三个专业部门（编辑工作可设立与此部门相平行之机构，或属于出版部门），分支店一般的都只是做发行业务，但分店如有需要和力量也可设编审出版机构。

五、各级新华书店应定期向上级机构做各种业务的及综合的工作报告，各总分店在编辑工作和出版印刷发行任务及其有关物质条件上应接受新华书店总管理处之统一规定和调剂。

六、新华书店总管理处得统一调度各级新华书店及其所属机构之工作人员。各总分店经理一级人员之任免应经出版局之批准。

（三）统一集中的步骤

一、1950年6月底前各总分店将出版、厂务、发行三部门划分为三个独立的经济单元（会计分别独立、总分店管理部门及编审部门的费用出版部门开支）。

二、1950年9月底以前，各地新华书店分店、支店完全统一集中（包括资金）于各该地区之总分店。

三、1950年12月底以前，各总分店的资金完全集中在新华书店总管理处之下，成为全国统一的企业机构。

四、以上步骤之时间规定，在西南与华南得视情况推延之。

（原载《全国新华书店出版工作会议专辑》）

东北新华书店出版科工作条例细则（草案）

1949年9月编印（民国三十八年）

一、出版科的工作主要有：（1）设计新稿封面、内封、版权、扉页、封底、插图、书脊及划正文版式；（2）统计出版物及保存样本；（3）搜集外版样本及美术参考资料。

二、发稿者在接到编辑部新稿时，应检查新稿页数与编辑部发稿单相符，并有经理签字者才签收。

三、接到新稿后，当日进行登记，并填在发稿进度表上。

四、根据新稿内容性质，确定开本与版式，开付印单送交封面组设计封面或插图组插图。

五、开付印单应填写详细，并必须为正楷。

六、开付印单时应注意新稿是属于何种丛书，以免一套丛书的版式与封面等不统一。

七、新稿来时不要全部分发到小组，应根据各小组之工作进度适当供应，使稿件不积压在小组内。

八、新稿发到小组后，应经常促督询问进度，按时收回。

九、开再版书付印单应注意定价，不致发生两版定价不统一（如有增加内容者，定价需增加，应在付印单上注明之）。

十、发再版书稿时，应注意旧版封面、内封、版权上有无错字或需修改之处，应及时改正。

十一、杂志付印时，应将实售定价填上，不填基本定价。

十二、开付印单需交科的负责同志检查一遍。

十三、发稿给厂务科应最后经部主任签字后发。

十四、如遇有时间性的稿件应在付印单上注明"急要"字样，并具体规定设计及出版日期。

十五、封面组应根据书的性质及时间性分出先后轻重缓急设计之。

十六、设计封面应以大方、鲜明、整洁、朴素能表现书的内容为原则。

十七、封面上美术字应整齐清楚，以易懂为原则。力避简字。

十八、设计封面应照顾工厂现有条件及制版上的困难与麻烦。

十九、设计封面应包括内封、版权、书脊、封底之设计，并应注意开本大小、字数、排法（横或直排）、缩尺等项。

二十、设计封面应注意书名及著作者的姓名，要详细辨别认清并标明字体与号码。

二一、封面、书脊、内封上所用之"新华书店"四字，均以标准体排印。

二二、封面设计，先将起草原稿征求科的负责同志意见，再正式精制。

二三、再版书一般以不改换封面为原则，实在不好者需重设计。

二四、插图应根据各人能力，做到细致、清洁，能配合与表现文字内容为原则。

二五、画插图应注意开本大小及插图安排地位，不需放大或缩小时应将缩尺、放尺注明。

二六、画插图应根据书的对象来决定插图的。

二七、插图草稿需经负责同志审阅。

二八、画地图应统一图式标准。

二九、保存本版书刊样本一套，不得出借（本科工作上需要者例外）。

三十、每月统计出版物数字一次，数字务求正确。

三一、月终应将本月新书与各厂报告表校对印数。

三二、新书收到后，应当日登记各种手续，总编号插入书柜。

三三、新书出版后，关于版次、印数、印厂等项有错时，需在样本上及时改正。

三四、经常检查样本，如有缺书者，马上补充。

三五、广告牌用色以简单、调和为原则，书名要显目，字体要整齐明朗。

三六、在同一广告上，应以马恩列斯毛的著作放在显著地位。

三七、广告画成后，应由负责同志审阅。

三八、收集资料应重质，多收苏联及西欧各国作品及参考书。

三九、收集资料应以对工作有参考价值者为原则。

四〇、组与组之工作关系与工作往来，应经过小组长，由小组长统一分配。

四一、小组不直接接收外来工作。

四二、各小组往来稿件需有登记手续。

四三、对原稿需妥为保存，不得遗失。

四四、对办公用品及仪器使用应小心爱护，每日公毕应整理收起。

四五、各组对成品应仔细校对，建立检查制度。

东北新华书店发行部各科工作制度

分店科工作制度（草案）

一、本科之主要工作暂定为以下各项：

（1）执行发行部对各分店发行业务之一切指示；

（2）掌握新书及再版书之发行，与各分店合理分配；

（3）掌握各分店之存货，并作合理的调剂；

（4）办理各分店书籍之添发及其他货品之补给；

（5）掌握杂志发行。

二、本科与总店各部门及分店批发股应取得密切的联系，以求出版与发行工作之深入合理。

三、分店来信要明确答复，并要保证迅速彻底，要养成为分店服务的习惯。

四、为分店解决问题，非特殊情形，不得超过两天。

五、新书出版后，应对各分店合理分配，或事先向分店调查需要数量，然后按数分发。

六、分店来信添货，有者即发，无货亦应答复。

七、各分店报来"存销报告表"以后，应即调度，自收到日算起，五日内发出调度通知书。

八、检查、督促各分店执行《统计报表工作执行规则》。

九、每月三十日以前拟定本科下月份工作计划，经科务会议讨论通过后，全体执行之。并按该项计划要每月底检查本科工作。

十、于每月一日，本科应提出书面工作报告，交部主任。

批发工作条例

一、批发工作之职责为组织发行网，经过分（支）店及批发户，推销各种出版物。

二、本店批发业务之系统，为总店分店科指导各分店批发股业务，各店批发股指导支店业务。

三、批发工作者须切实掌握出版物之发行，视各地之需要情况做合理的分配。

四、为了解各地发行情况及存货数量，凡支店以上各级批发工作者须按月填制"存销报告表"，按级呈报；以此作为总（分）店对各分（支）店发行出版物之根据（执行此项报告工作之详细办法另定之）。

五、总（分）店除对分（支）店直接发行新书及添发旧书以外，尚须根据"存销报告表"对各地存货做合理的调剂（存货调剂办法另定之）。

六、各级批发工作单位，可于本店范围以外，对各地同业建立批发往来关系。关于往来之批发折扣、长欠限额、邮运包装费之负担等项，除与本店订有特殊合同者外，一律按照本店所定之"批发简章"办理之。

七、批发工作者应注意下列事项：

（1）与上下级书店及批发户取得密切联系；

（2）发货手续要明确（配货单要注明收货人住址名称、开单月日、号码、书名、数量，以及精平装、薄厚本等，在鉴别上必须注明之事项。发票开四联，数字要清晰正确：一联为"发货通知单"发货时装包发出，其他三联于货物发出后，加算邮运包装费，最迟于翌日结清，正式发票寄交收货人，转账单交会计入账，存根备查）；

（3）包装要坚固整齐，封扎前，必须经过检查，注意货物内容是否与配货单或发货通知单相符不符时立即纠正；

（4）发出货物（包裹）要进行登记，以备日后发生遗失或错误时查找之根据；

（5）批发工作人员因不慎而致发生事故时，查明真相后进行事故登记，至一定时期，斟酌情况，分别奖惩。

附：同业批发简章

一、本店出版各种书籍杂志，欢迎各地同业、群众团体、合作社及文化机关批发代售，俾便读者就近选购。

二、本市批发书籍，以现款批发为原则，但遇必要时由已与本店建立生来之同业作保及本店同意，可先交三分之一现款，余款月底结清。

三、外地同业批购本店书刊，需先寄现款。如建立本店分销处时，由区级以上政府负责介绍，或公私营正式商店作保，经本店认可者，可立约记账，但亦需先交三分之一现款，月底全部付清。

四、一般同业批购（除分销处），非贵重书籍每种不足十本或一次批购五种以下者，视为零售，不给折扣。

五、各地同业及分销处，如委托本店代办文具教育用品，必须先寄现款。

六、批发折扣，本市同业本版书刊记账八五折，现批八折。文具本厂出品八五折，外地同业本版书刊记账八折、现批七五折，本厂文具八折。

七、同业批货，邮运包装费及关税等项由购户负担，本店只负发送之责。

八、同业欠款最高不得超过二十万元（按基本定价折算）超过此项限额时立即停止发书，并催交欠款。

九、各同业交还欠款，可由东北银行免费汇兑，月末如不清结欠款，本店亦即停止发书，并催索欠款。

十、各同业批购及推销本店书刊必须遵守左列事项：

（1）不得以本书店名义对外活动；

（2）按定价出售，不得任意抬高或减低；

（3）各种书籍一经批出不准退换，遇有特殊情形必需退换时，亦应按原批发价格折算，但损污者概不退换（缺页或错页者可退换好的）。

十一、记账批发户，每月二十五日抄给结单对账，如有不符之处，应立即通知本店。

十二、简章仅作为各同业往来及分销处代销户或合作社等批销书刊时之章程，各机关团体、部队、学校等不在此限。

门市工作制度（草案）

一、门市是书店直接与读者见面的部门，它的主要任务是推销本店各种出版物及代销外版书籍、文具、教育用品。

二、门市部主要工作分为下列各种：看书台、管理文具、开发票、收款、配货、卡销及统计、电话服务、借书。

三、看书台者应随时整理台上书籍，保持整齐清洁，同类同种书籍应按次序排列不准混乱，以便管理。出版新书放于易见之处以利读者选购，新书未记单价者应及时标明以免错误，对书籍内容应有概略之了解，以便向读者介绍。销罄之书籍宜通知配货人至书栈配取。每日下班后按照卡片结数抽查，丢书时按册登记，月末统计总数及金额，以考核书台工作者之成绩。对书台陈列书刊须留心看管，防止偷窃。

四、管理文具者对文具应细心保管及爱护，陈列力求新颖，每周擦拭橱柜一次以壮美观。牢记货品之价格。经常向进货科反映销售情况及注意文具行情，售了者应及时联系添进。发票由管理文具人兼开。平时亦应注意存销数量，因不慎丢失文具者应照价赔偿。

五、开发票者字迹须清晰，计算须正确，本外版分明。发票号码必须连贯。开票后应于下端签名或盖章以示责任。发票因故作废时，开票人应于票上注明原因并须取得收款人证明，丢票或退换时须经门市负责人盖章证明，以便日后检查。卖出之书籍要用绳捆好，待读者持回盖有收款人名章之发票后，交付读者。开错发票经收款人复出者登记"事故"，月末公布并予以批评；如因此而致发生损失时，开票人负责赔偿。每日工作完了后，按照营业发票结出本外版、总计、折扣实计数字，填列营业日计表交收款人核对。

六、收款人于收款前，先行复核发票有无错误，收款时应细心点查，所收钱钞宜分类整理俾便计算。因不慎致使款项少收或发生丢失时，收款人须按数赔偿。遇有特殊情况多款或少款时，由收款人开具说明经门市负责人签章证明，呈请经理批准后向会计科报销，不得擅自处理。每日下班后即将所收款额公布，然后与发票数字对照做账，现金及时送交会计科保管。注意发票号码有无缺号，如缺号时应即向开票人查询，并令其补办废票手续。

七、配货人根据销货情况或批发股之通知，于每日上午开具配货单至栈务科取书，接收所配书籍时务须当面点清，询明定价，并在通知单上签字以示收讫。书籍取回后，交看书台人复查，在配货单存根上签字表示收到，然后陈列出售，门市书库之存货由配货人负责整理保管。

八、核销人对每日收进售出之书籍，须于当日登记卡片，并算清结存数量，与看书台人抽查数目对照，力求正确。每月廿五日盘点存货一次，制成存销报告表及各种附表提交批发股备查（格式及方法均按总店之规定办理）。

九、电话服务部工作简则：

（1）凡工厂职工会、工人来电话要书，应及时配书籍送去收回书款；

（2）出版新书、杂志或新书目录，先用电话通知各工厂，或携带新出书刊到工厂去任其选购；

（3）凡各厂新建图书室购买大批书刊时，一律八折优待（但选择一二十种作补充者除外）；

（4）各厂需要之书刊或参考材料本店无货时，服务部人员得设法解决帮助其采购；

（5）遇工厂之教育费一时不能领下或预算未经批准以前，可用暂时记账办法以九折优待先交书籍然后付款（但必须有工厂负责人介绍信，其欠款须于月底结清）。

十、门市工作者应遵守下列各项：

（1）布置须注意美观、大方、朴素，经常保持清洁并使室内空气流通；

（2）工作人员之态度要和蔼、诚恳，对读者翻阅拣选书籍不应表示厌烦或急燥。答复读者询问时应耐心周详。表现要严肃庄重，衣服整洁，禁止吵闹、喧哗、歌唱或吃零食及擅自离开工作岗位，工作时间不准看书；

（3）门市须设立工作日记，记载每日工作情况及营业情况。并另设读者意见簿，征求搜集读者意见，以便改进向上级反映；

（4）销售一律现款，概不赊账；

（5）机关部队学校购书，持有公函证明为图书馆或公用者给予九折优待。同业现批本版八折、外版八五折或九折。本店工作人员买书及文具一律按成本计算，其介绍之同寅或亲朋买书按九折优待。文具除特殊情况外，一律无折扣；

（6）经常与批发股及进货科联系，反映书籍文具销货情况，以使及时添进或调剂；

（7）每周开门市会议一次，检讨工作与生活之优缺点，以提高业务水平；

（8）每月总结工作一次，检讨本月工作情形及布置下月工作。

栈务科工作制度（草案）

一、书栈为书店主要商品（书籍、文具）之保管处所。栈务科除加意保管书籍之外，并负有收发书籍之责。

二、本店出版之书籍（本版书），由书栈派人直接至工厂洽取，取回后应点清数目登记卡片，并分别通知进货科及分店科，以便入账与配发。发行后余存者妥为保管。

三、外版书刊进货，由进货科取回后移交栈务科（但数量过多之书刊栈务科有责协助进货科领取），并按通知数量进行复点，点清后分别卡销及通知分店科配发。

四、各门市退货需持有批发股之回条，否则不予点收。

五、各单位配书时，必须持有加盖该单位公章之正式配货单（退发杂志时并需加盖分店科公章），否则任何条笺不予退货。

六、非有特殊情况，栈务科不得变更配货数量。配货单不准书栈人员随意涂改或散失。

七、各单位之配货单，应于每日下午下班以前提交书栈，翌日上午十二时以前领取或由书栈捆扎发送。下午为书栈拆包及点查整理时间，非遇特殊情况不予配货。

八、书栈负责发送之书籍，必须当日捆扎结实送往车站（邮包交收发室）。

九、书栈包装及发送人员，需于每日下午将当天之包装费及运费分别开列清单交分店科（或批发股）以便开发票向对方收费。

十、书栈每月二十五日盘点存货一次，并按规定格式制成统计表，分别交付审计部及分店科备查。平时并应按照卡片抽查，以求存货数目之正确。

十一、各部人员非经本科人员同意，不得进入书栈。

十二、书栈人员应保持书库之整齐、清洁，注意防火防盗，禁止吸烟，私人不准动用书籍。

十三、生活制度及会议等项，一律按本店（或发行部）之规定执行。

进货科工作制度（草案）

一、进货科之职责为采购外版图书、杂志及文具、纸张、学校用品，并掌握本厂出品各种文具，以供应本店各部及分店销售。

二、本科与各地出版机关或私营书店订立进货合同，建立密切关系，俾便各地出版物都迅速而充分地供给本店需要。对所定合同用部名义代表本店对外有效。

三、本科收到出版书籍杂志时，应根据来货发票点查，并审核现品之质量与价格，一切妥善后，开具进货通知单连同货品一并移交栈务科保管。并将数量、单价通知分店科及各门市部，以便分配出售。

四、进货发票经复核后制成传票，登记进货账簿后，于每日结账时间以前，交付会计科记账，并于每月二十五日以前，根据销货情形确定各账户应付货款之金额，列表通知会计科拨付。

五、滞销外版图书、杂志，须通知门市及各分支店退回本科，由本科统一退货。

六、本科应密切注意文具行情及销货情况，俾便随时添购供应。

七、本外版书籍、杂志价格如有变动时，得及时通知有关单位更改。

邮购科工作制度（草案）

一、全国即将解放，现已进入新的经济建设、文化建设时期，各地迫切需要书刊，为谋各地读者购买书籍、订阅杂志之便利，特设邮购科，办理各地读者邮购、订阅事宜，忠实为远地读者服务。

二、收到各地读者邮购书籍、订阅刊物之来信后，应迅速按下列手续办理：

（1）来信贴附处理登记表，并摘记来信内容，按来信内容编排号码，写明来信日期；

（2）照来款金额开收据；

（3）查明该邮购户是否本店旧邮购户，如系旧户应将来款金额记入往来卡内入账；

（4）如系新户应登记其姓名、地址及来款金额列入邮购户往来卡内，作为今后邮购读者之一；

（5）按读者来信购买之书，开配货单配书；

（6）按配好之书刊开发票，或按所需之杂志开订阅单；

（7）长期购阅新书或活期订阅杂志者，则登记其姓名、地址、所需新书册数、订阅杂志份数；

（8）凭此次售书之发票或订阅单号码，将金额记入该邮购户往来账内；

（9）根据邮购户往来账，抄邮购户往来账单给读者；

（10）复信；

（11）包扎；

（12）交收发室寄发；

（13）办讫来信注上办讫日期、往来卡、发票、订阅单之号码、处理人签字，并摘记复信内容，以备考查；

（14）按来信编号顺序整理装订成册，保存备查。

三、为了广泛的为读者服务，并减轻邮购读者之负担，特与东北邮电管理总局议妥，凡各地指定之邮局及邮政代办所均可代购本店出版之书刊，其办法如下：

（1）读者经邮局邮购书刊不花任何邮费及汇费，读者欲购书刊，即到当地邮局交款，并填写申请购书单后，按所开列书刊开发票，发给该邮局，邮局再送交读者；

（2）一切账目关系均与邮局清理，每一邮局立一账户，发书后给邮局记账，邮局接到书后即汇来书款，每次一清；

（3）邮电局代购书籍给予八折优待，邮电局按售价售予读者；

（4）本店邮寄邮电局代购之书刊，书包封皮写明"邮电公事"字样，即可免除邮费，按邮电局内部信件办理。

四、如遇下述情况，须斟酌情况妥为办理，务使读者满意：

（1）来信没有写明通讯地址——保留来信及款，并在报上登出启事，如以后来信查询或补来通讯地址，即可办理；

（2）来信未寄来款——去信补款；

（3）来款不足——尽来款售给所需之书籍或订给杂志，如系旧邮购户，必要时可以欠款若干；

（4）来款有余——列入存款，以备以后购书；

（5）所购之书刊无法购到时，需说明原因（售完或再版），给予答复；并登记所购之书刊，如再版后立即寄发，另酌情介绍给适当书刊；

（6）所购之书如系外版而本店已售完，或读者委托代办别事、采购文具等品，本科应尽责设法办理；

（7）如读者委托之事须隔时才能办理，必须登记并予回信说明，一旦能办立即办理；

（8）读者所提意见、建议或问题，必须逐条详予答复，或转别处代答，求得及时解决。

五、寄出之书籍，须数目正确、包扎坚固，并按书包大小决定邮寄办法，大包或贵重书刊一律挂号邮寄。读者注明须挂号者，应挂号寄出。

六、来信必复，而且要迅速、周到、详尽、清晰。如需留底之信，应用复写信笺复写。如系索取目录不买书籍，或按月要新书月报者，须登记其姓名、地址于读者登记簿上，以备今后联系。

七、新书、活期订阅之杂志、登记待发之书刊，新书月报等出版后，必须迅速按期寄发，不得积压或遗漏。

八、发票、订阅单、往来账目必须复核，发出之信亦须经过检查再发出。

九、凡属赠阅者必须按下列手续办理：

（1）凡固定赠阅户，必须经东宣部或经理批准；

（2）凡交换户，须由资料室提出意见，经经理或部主任批准；

（3）凡本店出版之新书杂志，按东宣部批准固定赠阅之各机关名单照赠，本市之各首长则寄去新书通知单，上开书名、类别及内容，如需要某种书，即在通知单上签章持单领取；

（4）凡本店出版之新书及杂志，按本店批准之固定赠阅户及交换户名单照赠；

（5）凡再版书及外版书，只赠业务上有关之部门；

（6）临时赠阅，须经经理或部主任批准；

（7）本店各部门因业务上之需要而取书者，各部门开条，负责人签字；

（8）凡动用固定存书之赠阅，须有经理或部主任之批准；

（9）凡赠阅交换发出之书，须附赠阅书籍回单，记载发去书刊之种数、册数及书名，收书人收到盖章寄回，以备存查；

（10）赠阅交换户经常变动，应每周检查一次，以免损失；

（11）所有东宣部及本店批准赠阅之书刊，须分别开明发票，定期作传票交会计科入账；

（12）月末（每月二十五日）分别作出赠阅明细表，交会计科报销；

（13）东宣部批准赠阅者向东宣部报销；本店批准交换及赠阅者报"赠阅"；本店自用者，除借书处用书报"各项开支"之"服务费"外，其他一律报"各项开支"之"图书资料"。

十、每日工作结束时，须将工作加以整理结束，并进行结账，收入现金与账目核对后连同销货转账等一并制传票交会计科入账。

十一、每月终结账一次，并与会计科对账，核对邮购户分户账与总账是否相符。

十二、每周开科务会议一次，布置工作，检查工作，总结工作，检讨生活，解决科内一切工作问题。

十三、每月总结工作一次（内容包括本月收到发出信件数、增加邮购户、收入款额，发出书籍册数及金额、邮购户存款或欠款，工作中之一切问题等），复写两份，交发行部一份。

附：邮购简章

一、本店为便利远地读者函购书籍、订阅各种刊物起见，特设邮购科，专为各地读者及机关、部队、学校、工厂、矿山、各群众团体忠实服务。

二、凡为本店所出版发行及经售之各种书刊，一律欢迎函购。如承委托，本店并可代为选配介绍读者指定范围内之适当书刊，或代购其他书店出版物。

三、函购书刊，可将书款由东北银行免费汇兑，或用邮局汇兑、保险信寄来（普通信内不能装现款，以免违犯邮局章程）。现钞一律用东北银行流通券，各地方银行票一概不收。

四、来信务将拟购书刊名称、著译者、数量、定价、出版处写明，如所指定书籍售缺时，俟再版后立即邮递。

五、凡本店所经售之外版杂志，非定期订阅者外，均可活期订阅。活期订阅何种杂志、数量等可自由指定。中途如欲改订其他杂志、停订、改购书籍、退款等均可。订阅一份杂志须预交订费五万元以上，本店收款后即按期寄发，每期概以门市售价九折优待，订资将尽时，当预先通知读者补交。

六、本店与东北邮电管理总局商定，凡各地指定之邮电局及代办所均负有代购本店书刊之责，各地读者可随时经过邮电局或代办所邮购、订阅本店出版之书籍杂志，并免除信件邮费，保险信或汇费之负担。

七、书价概依信到之日门市售价为准，并一律以东北银行流通券计算。倘有余款留作下次购书之用，如须退回，请来信说明。

八、读者须用正楷详细写明收件人姓名及地址，如系机关团体购书，请写机关团体名，勿写个人姓名，以便办复。如地址有所变更，请立即来信更正。

九、凡邮购书刊之包扎及邮费，本外埠均由本店负担，如须挂号邮寄者，其费用由读者负责。

十、书刊一经寄出，除有缺页或印刷、装订错误者外，概不退换。邮递途中如有遗失，挂号者本店可代为查询，由邮局负责。

十一、本店每月印有图书目录，函索即寄。东北各地邮局及邮政代办所均有张贴，可供参考。

借书处工作制度（草案）

一、借书处是为解决本市无力购买书刊之贫苦读者阅读书刊而设，同时亦负有本店同志借阅书刊之责。

二、对外出借书刊，一切按照借书简则（附件）办理，对内出借书刊，除免去保证金外，一切亦按借书简则处理。

三、借书处之工作，按下列手续办理：

（1）每次发给之新书、杂志，列入目录，并作为本店财产之一部分；

（2）凡借阅读者，能有保证者，先发给借书登记卡片，填写盖章经认可后，则换发免费借书证；无保证者借书，须缴纳与所借之书价相等之保证金，并发给借书证；

（3）凡读者借阅书刊，必须填记借书证及借书登记卡片，还书时消除；借书证交读者保存，以后借书时带来，借书登记卡片留存；

（4）每日收入借书保证金，照借书登记卡片抄清单、制传票连同现金一并交会计股入账；

（5）每日付还之借书保证金，照借书登记卡片抄清单、制传票向会计股支付；

（6）按日统计借书人数、职业、书名、类别、添书数量、收付保证金等，每月作总统计表一份。

四、借书处可根据读者需要，要求增添书刊。

五、借书处须半年整理借阅读者一次，每年七月及十二月须与借阅读者重新核对保证，必要时可换发新借书证。

六、借书处有责搜集读者反映及其他意见，须设意见箱或意见簿，以供出版与发行上之参考。

附：借书简则

一、本店为解决机关、部队、学校、工厂、商店及各团体之干部，军人、学生、工人、职员及一般贫苦读者阅读书刊，特设借书处，欢迎各界读者借阅。

二、凡欲借书读者，须先办理外借手续，如有机关、部队、学校、工厂、商店、团体之保证者，可免费借阅。

三、无保证者，与借书同时，须缴纳与所借之书售价相等之保证金，还书时全部退还。

四、每人每次借书只限一册，借阅期间每次为一周，工人借阅期间为十天：如要求延长，可办续借手续。过期不还，亦不来借书处申明者，即停止其借书权利。

五、所借之书刊须爱护阅读，不得破损、玷污或转借他人。如有丢失须按价赔偿，破损者酌情处理。

六、为了便利读者借书起见，星期日照常工作（星期一休息），时间按行政规定时间。

杂志发行科工作制度（草案）

一、杂志的时间性特别强烈，因此杂志发行必须恪守及时。

二、每期发行数量须切实计算需要数通知出版部，发出后立即登账，于月末向会计科办理转账手续。

三、根据各单位寄来的订阅通知单登记订户卡片，然后发出杂志。订户卡片应分类按四角号码编排，依序存放，必要时可分成本市、外埠、一份、多份区别，以利查讯。

四、订户满期前，应将满期通知单随同杂志一并发出（十日内之期刊应于满期前一期通知，月刊或半月刊应于当期通知），同时在发最后一期时，应于贴头上加盖"满期"图记。

五、《生活知识》之发行数，依各单位的实际需要数付印配发，每期保存适当之合订用报（以三个月为一卷装订成册）。各单位领报纸，应详填具取报清单，按日登账。

六、杂志报纸的赠阅或交换，应根据经理之批准（生活知识社的赠阅交换，应依该社的通知为准，每月末向会计科报销）。

七、除了本店发行的各种杂志期刊外，同时发行关内各报及外版的杂志期刊。

八、每周举开检讨会一次，对工作、学习、生活各方面详作检讨，并提出改进办法及布置下周工作。每月总结工作一次，包括一月内之人事调动、工作情况，订户增减情形、各种统计及工作优缺点等，同时定出下月工作计划。

审计部工作制度

预算

一、本店各部处及所属各单位，一切经济开支，必须事先有预算，凡到时不报预算，则停止支付款项；事后有决算，凡超过已批准的预算，一律不得报销。预算以外临时特殊巨额必须开支，应作追加预算，批准后始得开支，并规定子目与子目不能调剂。

二、各部行政负责同志必须经常的严格重视本部门经济开支，注意节约，各部预决算应指定专人负责，并须经各部处主任亲自审核后签字，对预决算负责。

三、各部处预算，规定于每月廿七日前送到审计部稽核科，三天内批回。

四、各部预算范围如下：

（1）编辑部：稿费、图书资料费；

（2）出版部：各工厂（纸厂在内）开支费、原料费、厂务科印刷费、原料购置费、运输费，每月决算时，必须付出各厂成品统计与成本计算书；

（3）发行部：进货预算、运输费；

（4）秘书处：总店各部开支费、运输费。

会计科工作任务

一、关于计算记录书店财产营业状况事项：

（1）记录权利及义务之变更，根据书店情形，建立外欠、欠外等账簿组织；

（2）记载资产负责之变化，确定表示财产之增减；

（3）计算盈亏得失，每会计年度决算一次，编造损益计算书、资产负债表及财产目录；

（4）书籍成本之计算。

二、关于收支、计划及分配事项：

（1）经批准之各项费用预算，保证支付，有计划的根据各单位需款情况，确定支付先后日期；

（2）每天支付及准备支付预算由会计汇报上级；

（3）根据各地具体情况确定分店交款任务，并拟定收入预算。

三、总收支管理及汇编事项：

（1）根据每天支付，做出支付计划；

（2）月末总收支之汇编；

（3）月初总预收支之汇编；

（4）半年、全年之收支汇编；

（5）半年、全年之收支概算汇编。

四、关于账、表册、报表格式规定：

（1）传票之制定；

（2）账簿之格式拟定；

（3）各种报表之拟定；

（4）各种表册之规定。

五、关于会计制度事项：

（1）制定分店会计制度；

（2）制定总店及各部科间之会计制度；

（3）对分店会计制度之检查及帮助；

（4）对总店各部科会计制度执行之检查；

六、保管现金及支付现金事项。

支付制度草案

一、总店内部开支制度：

（1）总店各项开支：每月廿号以前各科必须做好预算交总务科，总务科按照各科预算编造总预算（总分必须分开）。分店预算每月廿四日以前做出，总店每月廿七日以前做出，经秘书处主任批准后交稽核科稽核。各科预算如逾期不交，则认为其不需任何开支处理；

（2）总店及沈阳分店内部开支（如薪工、津贴、伙食、办公费、购置、水电、文娱、族费、医药、修缮、购买营业用器具……等）及人员预支薪金等，均由秘书处主任批准后由会计科支付；

（3）预算未批准前不得开支，但审计部必须保证迅速处理。如无特殊原因应在接到预算时起，不超过三天即批回；

（4）预算批准后，则按批准数字开支，不得超过，如有特殊之临时开支，须造追加预算，如因物价波动而超过时，可不造追加预算，但须附详细说明；

（5）各科（或个人）向总务科报销之单据，总务科必须保存，月底决算时订成开支单据簿，连同决算表一并交秘书处主任，批准后，交稽核科稽核（总分店分开决算）；

（6）分店每月廿五日决算，总店每月末决算，薪金、邮运包装、赠送三项开支数字，总店会计科于下月一日午前，分店会计股于月之廿六日午前提出交总务科总决算，编造完了后交秘书处主任批准再交稽核科；

（7）总店决算于下月五日以前提出，分店决算于月末以前提出；

（8）开支单据必须注明用途，附记阿拉伯字码，不得用铅笔、红笔开写，经手人必须签章；

（9）预决算必须加以详细说明；

（10）会计科发薪时需经秘书处通知后方能发给，人员更动时由人事科通知会计科，新来人员无人事科通知会计科不能发给薪金，人事科通知时要写明薪金分数及科别。

二、造货费用及分店、工厂开支之支付制度：

（1）各部处之预算由各部处主任审核签名后交审计部稽核并批准之，如不同意审计部意见时，及与经理室协商决定；

（2）各部所需费用，每月廿七日以前提出预算交审计部稽核科；

（3）各科之预算及支款单据，需经所属部主任同意签章后交审计部稽核科（如出版科之出版费，厂务科之纸张费，印刷费等交出版部主任签章；稿费，编辑部主任签章）；

（4）预算批准后，则按预算支付。支付时间各科可先提出需款日期，会计科再根据经济状况决定。

三、稽核科与会计科的关系：

（1）审计部收到各处预决算时，即开始审计，预算如无特殊情节外，最迟二天内批；

（2）稽核科稽核后提出具体意见，并添写审计表二张，说明各处预算情况及预算比较，交审计部主任最后批准；

（3）审计部主任批回之审计明细表，一份存查，一份交会计科准备现金；

（4）决算与预算相同，做决算明细表，一份存查，一份交会计科转账总结；

（5）会计科根据各地情况制出各分店收款任务计划，交审计部主任考核同意后，通知各分店执行。

稽核科工作制度草案

一、预算审核：

各单位寄来预算，首先与上月决算比照，并分别详看说明及附件，同时还要参考当时物价和营业情况，并和其他类似单位比照，分别提具意见，连同预算一并送交审计部主任，待主任批准交下后，一份寄回原单位，一份汇集一起，制作预算统计表两份，一份交审计部主任作参考材料，一份附在预算表上作为存查，另制统计表一份交会计科，备作支付参考。

二、决算审核（包括原始单据）：

各单位寄来的决算，先与预算比照，然后开始审核原始单据，看科目分的是否合理，如果都符合的时候，则将决算和其他类似单位作个比较，写上说明，然后交与审计部主任，待批准后，一份决算表附在开支单据上面，另行保存，一份和其他单位合在一起。一方面作决算核销合计表一份，交会计科，注账后分别通知原单位；一方面制作决算统计表两份，一份交给本部主任作参考，一份附在决算表上面留存查，如果在审核单据和表面中发现错误时，或超过预算，可写出具体说明，附在决算表上面提交部主任，待主任批下后，根据上级意见，分别详作说明，寄给原单位，以求订正。

三、营业明细统计表的审核：

接到各分店寄来的营业明细统计表后，先作数字上的审核，然后再与销货收银日报统计表核对。再与决算现金日报表总店的分户账核对，如果全部相投，即制作总的统计表两份，一份交与上级参考，一份附在原表上头存查，如果有不投地方，可叫该分店说明。

营业明细统计表除预决算外，较其它为重要，因该表材料比较多些。可供上级了解整个分店状况之用，是在审核统计上更当注意的。

四、月计表的审核：

各单位寄来的月计表，首先作表面的审核，然后看看附带的明细表，都有那些不必要的地方（如暂记欠款、应收账款中有没有可以结清的）。如果发现矛盾，当分别写出具体说明，提交部主任，待主任批下后，依据上级意见通知该单位，如果没有错误则不必提交上级，只可存查。

五、资产负责表的审核：

除在表面上初步审查外，并应看重于财产的变化与上月作为比较，和日计表作对照，如无差错，即作统计表两份，一份交上级参考，一份存查。

六、文具销货损益计算书之审核：

将该表作表面之审核后，和月计表及营业明细表核对进销货数，然后汇集一起作统计表两份，一份提交上级，一份附在原表上交会计科转账，分别通知后，将表保存。

七、损益、折扣的审核：

接到该表即作审核，如相投即交会计科转账。

八、销货收银日报表之审核：

各分店之销货收银日报表寄到后就审核，然后要作明细统计表，以备月末与营业明细统计表对照之用。

九、现金日报表之审核：

该表只可作表面之审核后，即将原日报交会计科参考。

十、其他之审核：

依据各该事情的关键，分别审核，然后交与有关部门。

工作人员任用办事细则（草案）

第一章　人员任用

第一条　本店以忠实于人民革命事业，传播新民主主义革命文化为目的，凡愿献身革命之人员，须经本店审查考试认为合格后，履行入店手续。

第二条　凡欲参加本店之人员，必须持有区以上政府或机关团体之介绍信。

第三条　凡参加本店之人员，必须历史清白、思想进步、身体健康、诚实、朴素、能吃苦耐劳、作风正派，具有初中以上文化程度（工人、勤杂人员除外），没有宿疾及传染病，并对工作有培养前途者。

第四条　凡入本店之职员与练习生，半年内为试用期，期满后由本店根据工作表现确定去留。试用期内一律按试用薪俸标准发给。

第二章　责任与义务

第五条　应切实遵守政府法令与革命纪律。

第六条　应服从领导，服从分配。

第七条　应切实遵守本店一切规定与制度。

第八条　应爱护公物，实行节约。

第九条　职员与练习生一经入店，即可参加工作单位与全体会议，在会上可提出对本单位及本店工作建议与批评。

第三章　规则

第十条　工作规则

（1）每日工作八小时，上下班时间根据工作需要与季节，由本店秘书处制定；

（2）每日必须按照规定之作息时间作息，不得迟到早退，或藉故不遵守；

（3）工作时间不得喧哗与擅离职守，应在一定时间完成一定任务；

（4）工作时间不得私人打电话，私人打长途电话与信件由个人负责；

（5）工作时间不准私人会客，必要时经各部处主任批准到会客堂会见，时间不得超过半点钟；

（6）未经秘书处批准，不得擅引私人亲友入店参观与寄宿；

（7）必须保持办公室、宿舍之清洁，遵守公共卫生之规定。

第十一条　假日与请假制度

（1）凡因私请假在半天者由各科科长批准，一日者由部处主任批准，出市与二日以上者由经理批准（工厂由厂长批准）；

（2）凡外出人员，必须携有各单位负责同志签发之证明，收发方予放行；

（3）凡外出人员携带之物件，必须有各单位负责同志签发之证明，收发方准带出；

（4）礼拜、休假时要轮流值日，因事回家也需向各单位负责同志请假；

（5）全年休假按照政府规定执行，工资照发；

（6）凡本人直系亲属婚丧，可酌情给假，工资照发；必须按期销假，否则以自由离职处理；

（7）妇女在产前产后，按政府规定准假，假期工资照发。

第十二条　工薪

（1）根据政府颁布工薪标准之命令，与本店具体之规定，按照每人之工作，按劳按绩确定分数；

（2）工薪每半月发一次；

（3）每半年根据工作鉴定，普遍进行评定一次，但需总店批准；

（4）有特殊进步与落后者，经各单位负责同志提出后，临时调整之；

（5）试用期工薪，职员最高为一百分，练习生最高为八十分（工厂与当面议定者除外）。

第十三条　福利

（1）在未实行劳动保险以前，实行以下临时办法；

（2）凡属本店之正式录用之人员临时疾病，到本店所指定医院免费诊治；

（3）凡因公致伤，除工资照发外，其医药费由本店负担；

（4）凡因公致伤残废，除医药费由本店负责外，根据其家庭情况酌予其家属补助费；

（5）凡因公致伤死亡，除殡葬费由本店负担外，根据其家庭情况酌予抚恤；

（6）凡在本店积极工作之人员，其直系亲属之婚丧而家庭困难者，酌情予以补助，但不得超过本人之半月工薪。

第四章　奖惩

第十四条　凡具下列情况之一者，则予精神与物质奖励：

（1）积极工作，努力学习，作风正派，团结互助，有显著成绩者；

（2）改造工作方法，钻研业务有发明创造，因而使工作效率与质量提高者；

（3）预防危险，因而使本店免遭重大损失，或在本店遇险时，坚决勇敢抢救与捍卫者；

（4）爱护公物，节约有成绩者。

第十五条　凡违犯下列之一者则予惩处：

（1）有反革命活动，或有阴谋破坏本店者；

（2）违犯政府法令与革命纪律者；

（3）违犯本店规定与制度者；

（4）工作出错，屡经教育不改者；

（5）因工作不负责任造成重大损失者；

（6）有不良嗜好与腐化行为者；

（7）营私舞弊，偷盗公私物品者。

第十六条　本店之惩处，只有批评、当众批评、记过、降职、撤职、开除之权，严重者则送交政府法办。

第五章　附则

第十七条　本细则是初步讨论执行，如有不当处可提意见，修改权属本店之行政会议。

第十八条　本细则适用于本店直属各单位（工厂、分店在内）。

第十九条　本细则自公布之日起实行。

编辑部稿费暂行办法

甲 书籍出版费

凡采用之书籍，初版、再版均付以出版费作为稿酬，版权仍归作者。

一、初版新稿：每千字八分到十二分（文艺、理论、创作、翻译同；特佳作品酌另增加）。

二、编著与改写（如名著改通俗本、资料编著等）：根据改写、编著情况以及程度之不同，每千字自四分到八分。

三、编选：除一次给作者发稿费外，另致编辑费以万字计数，每万字八分。

四、翻译如校改较多者，校改费应在稿费中扣除百分之十至十五。

五、约稿不被采用者，千字四分。

六、再版：

（1）有较大修改者每千字八分；

（2）再版增入新稿者，新稿部分按初版规定，其余部分每千字按六分计算；

（3）原稿不动或只有技术方面的更动（如改标题、符号、错字）按初版时分数之三分之二计算。

七、编辑费：定期杂志每月四十分（稿费除外），丛书编校费千字二分至三分。

八、特约审阅校订（在政治上负责）每千字二分至三分。

九、为提倡与鼓励通俗著作，通俗著作稿费按规定增加百分之二十五至五十。

十、教科书的稿费临时另订。

十一、字数计算办法：

（1）一般稿件均以原稿纸计算；

（2）诗歌以行计算，每行以三十二开本竖行为准，横排则加三分之一计算；

（3）歌曲以所占页数计算，每页以新五号字版面之字数加倍计算，即词、曲各发同样一份（如每页计七百字，即词、曲各得七百字之酬）。

十二、出版费支付办法：

（1）经采用决定出版后，即可支付；

（2）预付（限于特约稿）不能超过字数之半，仍以分数计；

（3）再版费须待书籍出版后发给；

（4）稿酬一般在每月终政委会公布分数价值后发给，如本月分数之值未公布前要求支付者，则只能按前月公布之值发给。

乙 杂志稿费

一、论文（社论、专论），每千字八分。

二、一般稿件，每件六分（译、作同）。

三、特约讲座，每千字六至十分。

四、习作、新闻通讯，每千字三至四分。

五、诗歌，以所估版面大小，按新五号字计。

六、歌曲，按所估版面倍酬，词、曲各一。

七、稿费每月结算，按政委会公布薪分之值发给。

丙　美术作品稿费

一、年画，十二分至四十分（相当于三千字至五千字）。

二、单幅画、漫画、封面、木刻，六分至二十四分（相当于一千五百字至三千字）。

三、连环画、书刊插图，四分至十六分（相当于一千字至二千字）。

四、摄影，三分至十二分（相当于七百字至一千五百字）。

五、领花、报头，三分至六分。

六、简明地图，三分至十三分。

七、单行本按书籍比例折算，但已发表过的减半给酬。

新华书店华东总分店工作制度

1950年10月编印

会议、汇报制度规则（草案）

第一条　各部、室、店所属各科均应依照本通则规定建立会议制度。

第二条　各种会议名称：

（1）店务会议；（2）部（室）务会议；（3）科长以上干部会议；（4）科务会议；（5）全体工作人员大会。

第三条　店务会议，每两周召开一次，由经理或副经理召集，各部、室主任或副主任，各店经理或副经理出席，临时指定之其他必要人员列席，进行下列事项：

（1）传达上级指示并具体执行办法。

（2）讨论并通过各项工作计划、工作总结。

（3）检查所属各部门之工作。

（4）所属各部门之组织变更及干部调整事项。

（5）有关各分支店工作专题报告事项。

（6）其他重要事项。

第四条　店务会议通过之事项，以经理名义发布之。

第五条　部（室）务会议每半月一次，分别于店务会议之后召开，由部（室）主任或副主任召集，秘书及各科科长或副科长出席，其他有关人员列席，会议内容一般是：

（1）传达上级指示，布置工作任务，并讨论执行办法。

（2）讨论通过各项工作计划及工作总结事项。

（3）所属各科工作检查、报告事项。

（4）所属部门组织和干部之调整事项。

（5）所属各科互相间之工作关系事项。

（6）其他重要事项。

第六条　科长以上干部会议，每月一次，由经理或副经理召集，所属各部、室主任或副主任、秘书及各科正副科长出席，进行下列事项：

（1）专门问题报告。

（2）传达各项工作计划和工作总结。

（3）关于改进工作，加强领导事项的报告。

（4）有关调整各部门相互间工作关系的报告和讨论事项。

第七条 各科应每半月召开科务会议一次，由科负责人召集全体工作人员出席，传达指示，检查、布置工作，讨论通过工作计划和工作总结以及有关问题。

第八条 全体工作人员大会，每三月召开一次，进行上一季的工作总结报告和传达布置本季工作。

第九条 会议、汇报均应事先将时间、内容、地点发出通知，各出席、列席人员应准备意见并准时到会，非有必要，不得迟到、早退。

第十条 会议的报告或讨论事项，召集人均应先作准备，必要文件须在会前印发各出席人员参考，俾会议、汇报紧凑进行。每次会议汇报时间，一般不超过两小时。

第十一条 各项会议、汇报所讨论的事项，均应有明确的决定，若意见不一致时，应由召集人作出结论，或送上级裁决之。

第十二条 各项会议、汇报均应作出记录，经召集人签字存查，必要时须印发各出席人员及有关人员。

第十三条 会议、汇报决定应执行事项，由召集人分配各出席人员负责执行，或移转有关部门执行。

第十四条 会议、汇报经过情形及决定之各项问题，应由召集人报告上级，重大决定事项并须专题请示。

第十五条 本通则适用于本店所属各分店。

各部室店工作计划、检查、报告制度通则（草案）

一、总则

第一条 华东总分店所属各部、室、店均应依照本通则规定，订定工作计划和建立工作检查、工作报告制度，并应视为正常工作之一。

二、工作计划制度

第二条 各部、室、店所属科（支店）一级工作部门均应定期制订下列工作计划：

（1）一年工作计划。

（2）一季工作计划（以三月为一季，全年分四季：一、二、三月为第一季，四、五、六月为第二季，七、八、九月为第三季，十、十一、十二为第四季）。

（3）一月工作计划。

第三条 工作计划的内容，应根据本部门工作任务、营业收支概算及主客观条件，结合工作重点，作具体、明确的布置，在计划中应注明每一工作部门（支店可注明每一工作人员）的具体任务与完成时间，以便作为努力的目标及检查工作的根据。

第四条 拟订工作计划应从实际出发，简明扼要、切实可行，并结合民主讨论，避免好高骛远、海阔天空和单纯由领导上主观决定的现象。

第五条 每期工作计划经上级批准后，即应按照执行，如因情况变化须修改计划时，亦须请示上级。

第六条 下期工作计划应结合本期工作总结，在下期开始前拟订完成，避免拖拉、脱节。

三、工作检查制度

第七条 各部、室、店及所属各科（支店）主管人员应根据本部门工作计划与进度，进行定期检查。各工作人员应随时自行检查工作，并互相帮助检查。

第八条 各工作部门应以科（支店）为单位，设置工作日志，指定专人负责记载每日实际工作，以便检查。

第九条 除科负责人及各工作人员自行随时检查外，各部、室、店每月应对所属各科定期检查一次，并将检查情况简要列入工作综合报告。

第十条 经管文书或财物之工作部门和工作人员，应将需要经常检查之事项，制成固定表格，按时填制，以便定期向上级汇报。

第十一条 各主管人员对所属部门工作，除根据书面报告检查工作外，并应直接向基层组织或工作人员进行深入检查，必要时可组织检查小组协助完成之。

第十二条 在工作检查中，如对别部门的工作有意见，应及时进行会商，互相帮助改进工作，或将意见提供上级考虑。

四、工作报告制度

第十三条 总分店及所属分支店均按《新华书店工作报告制度》规定执行。

第十四条 总分店对所属各部、室、店，分店对所属各科、支店，可根据实际需要，经过上级店批准后规定定期工作报告制度。

第十五条 工作报告要根据工作计划完成程度及工作中所发现的倾向、问题等，有重点、有内容、有分析地提出问题关键与经验教训，文字上要简明扼要，避免冗长。各种数字的统计表格或典型材料，作为附件。

第十六条 工作总结报告可采由上而下、由下而上两种办法，并交付一定的会议或全体工作人员讨论通过。

第十七条 本通则适用于本店及所属各分支店。

文书处理暂行办法（草案）

一、店文和部文

第一条 凡向总店或华东军政委员会新华出版局之请示或报告、发出和转发上级之决议通知、科级以上机构撤销或建立、科级以上干部之任免、调动奖惩，以及有关政策性、全面性、指导性等之文书，称为"店文"，均以本总分店或经理名义行文。

第二条 本总分店如有关出版总署或总署所属有关部门之请示报告事项（例，有关方针、政策、计划等的请示报告及情况汇报），应用店文送总店核转。

第三条 凡对政府机构、人民团体等有关公务上之文书，均以本总分店名义行文。

第四条 凡各部、室在本身工作范围以内对外业务之联系，或向本总分店之请示、报告，以及答复分支店之纯粹业务性、事务性问题等之文书，称为"部文"，以各部、室名义行文。

第五条　各部、室属各科除对内及对有关业务联系的个别部门外，一般不对外行文。如有必要，须经经理批准。

二、种类

第六条　店文

（1）函，用于对上行、平行、下行或对人民团体公务往来之事项。

（2）报告，对上级有所请示及报告之事项。

（3）通告，不分上行、平行、下文，用于对多数单位须要普遍知照之事项。

（4）通函，用于对各分支店在业务上需要普遍知照之事项。

（5）通知，用于对特定的分支店或人员须要知照之事项。

（6）简复单，用于答复直属各单位之一般性请示事项。

第七条　部文仅适用函、报告及通函三种。

三、收发

第八条　外来文书统一先经文书科收文员拆封后，摘由、统一编号，填入收文单。收文单一式三联，一联存文书科，一联附文前作收文处理单，一联由主办部门存，以代内收文簿。如来文信封标明"密件"或"亲启"字样者，不得拆封，应按保密规则规定处理。

第九条　私人如收到有关公务信件，应送交文书科，按正式收文手续办理。

第十条　店文登记后送文书科长阅后，再分送有关部、室办理（如有前案者应检附原卷）。部文登记后直接送交主办单位处理。

第十一条　电报统由办公室文书科收、译、登记后，分送有关部、室处理。

第十二条　发出店文和部文，应连同原稿送文书科发文员接收、统一分别编号，填妥发文单后送发。发文单一式二联，一联存文书科，一联送主稿部门以代内发文簿。

第十三条　文书发出前须先检查有无漏印、漏章或附件不全等，入封时须认清信封上与文书上之受文者名称是否相符，以免误发。

第十四条　各部、室发出之急件，须注明应送达时间，以便掌握。但如非急件，切勿加注"急件"字样，以免影响其他真正急件之递送。

第十五条　文书发出后，店文原稿送文书科检查人员登记后再办理归档手续；部文原稿送回各部、室档案管理人员检查后归档（档案管理办法另订）。

四、分办、拟稿、会稿、核稿

第十六条　经办公室送交各部、室办理或提意见之文书，应及时办理，由主任或副主任签名加注日期后送回，俾便办公室综合各种意见拟复或送请经理核阅。

第十七条　经办公室送交各室部会阅或传阅之文书，阅后须签名加注日期送回，如有意见，用书面提出。

第十八条　例行及普通业务之文书，承办人可先拟妥复稿，连同收文，一并送判。较重要者，请示上级后，再行办理。

第十九条　同一案件须向两个上级机关请示时，承办人应在文稿上注明"主送"、"抄送"，以免收到批复时发生抵触。

文书内事项涉及两个机关以上者，亦应采用"主送"、"抄送"办法，将所送的部门在文书规定栏内分别填明，以便受文者知道此件已分送某些方面。

主送机关是主办及答复的机关，抄送机关是有关机关，有关机关可以不必办复，但得向主办机关提供意见或供给参考材料。

一般工作报告需分送几个机关时，并无"主送"、"抄送"之分，但应将所送的对象在文书"主送机关"栏内注明。

第二十条　一切文书，为便于事后归档及检阅之便利，均应由拟搞人在原稿上填明代字，代字使用暂规定如下：

以总分店名义发出之文书（即店文）使用："沪秘"（有关行政方面事项）、"沪人"（有关人事方面事项，下类推）、"沪财"、"沪计"、"沪图"、"沪期"、"沪课"等代字。

以各部、室名义发出之文书（即部文），除须使用店文规定之代字外，并须加第三字，第三字以文之内容而定，如人事室有关干部教育事项者为"沪人教"，图书发行部有关进货事项者为"沪图进"，期刊发行部有关订阅事项者为"沪期订"，余类推。

第二十一条　各部、室接到办公室送来应处理之店文，如认为可用该部、室名义发出者，须先征得办公室同意。正文发出后，须将正文之副本及原案送还办公室文书科归档。

第二十二条　一案涉及二个部门以上之文书，应由主办部门或办公室邀请有关部门之负责人会商决定，取得一致意见后主稿，不再会稿。

第二十三条　某一部门之店文主稿，如需有关部门会稿者，应直接送达，由有关部门会阅后，经送办公室处理。

第二十四条　各部、室自行对外行文之拟稿，亦应经各该部、室主任核阅后，方得缮发。

第二十五条　各部、室对外行文涉及重要问题者，须经经副理核阅后，方得缮发。

第二十六条　各部、室拟用总分店名义对外发文，其文稿应经部、室主任阅后，送办公室会核，一般文书收由办公室主任负责判发，重要文书应送经副理判行。

第二十七条　各部、室对外所拟之文稿，不论用任何名义发文，如须经办公室会阅者，办公室主任有核稿之责。

五、缮校、用印

第二十八条　凡经核判之店文稿，交文书科缮写、打字或油印。

第二十九条　缮写人员如果有原稿字迹过于模糊或修改过多无法辨认时，应送请原拟稿人重新清稿。

第三十条　缮写或校对时，发现原稿有错误者，须经原拟稿人或核稿人改正。

第三十一条　缮写妥之文书，应即交校对人员负责校对，如系油印、铅印，应在未付印前校正无误。

第三十二条　校对时应按照原稿校对，如有改正，须在正文之改正处加盖校对章。

第三十三条　已判行之原稿及经缮校之正文均需用印，用印规定如下：

（1）报告用钤记及经理名章。

（2）重要通知用钤记及经理签章。

（3）函、通告、简复单及一般通知用条戳。

（4）通函用内部通函章。

（5）重要附件须一律加盖钤记。

六、催办检查

第三十四条 店文之稽催工作，由文书科指定专人办理。部文之稽催工作，由各部、室指定专人办理或兼办。

第三十五条 各部门办理店文如逾指定期限，检查人员根据收文单，向承办部门催询。各部门如在指定期限前，不能将文书办毕，应即通知文书科，并需提出预计办毕之日期。

第三十六条 各部门对店文如有丢失、损坏或对紧要文书如处理不及时等，文书科得将稽催情形报告办公室处理。

第三十七条 对外发出须候复之店文原案，由文书检查人员负责保管，并注意及时向对方函催。

第三十八条 文书科于每月之五日及二十日应根据收文单，将未办结之店文摘要填入《收文未结表》，一式二份，一份送办公室审阅，一份存查。

第三十九条 文书科于每月之七日及二十二日应根据店文发文单，将应候对方答复之店文摘要填入《发文未结表》，一式二份，一份送办公室审阅，一份存查。

七、注意事项

第四十条 办理文书人员，对所经办文书之内容，应共同严守秘密。

第四十一条 急要文书，收、办、缮、校、发等经办人员，均须随到随办。

第四十二条 不论对上、对下、对外行文，采行一事一文制（工作报告除外），俾受文单位接到来信后，可分交有关部门同时处理，不致延搁。

第四十三条 文书之拟、核应尽量采用简易程式及条例法，注意处理办法，不用含混语句，使对方不了解和无从捉摸，并须注意文内数字是否正确。

第四十四条 文书以用语体文为原则，务求简洁、明确、条理清晰，并须使用标点，缮写清楚，校对无误。

第四十五条 核稿人应仔细审核文稿内容及文字。

第四十六条 拟稿、会稿、核稿、判行、缮写、监印人员均应在原稿上签名或盖章，并注明月日。

第四十七条 各种工作报告中，勿夹入请示事项。

第四十八条 各、部室送经副理核阅之请示或报告，应先送文书科登记挂号（密件例外）。重要工作报告需转送上级备案者，应送一式三份。

第四十九条 文书内叙及机关名称时，第一次应用全称，以下可用简称。

第五十条 文书内引用年月日，须具体写明，避免用"上年"、"本月"、"昨日"之等字样。

第五十一条 文稿送核须用卷宗，急件用红色，一般用白色，以资识别。

附注：本办法适用于总分店内部。

档案管理办法（草案）

第一条 本总分店为求档案完整起见，采集中管理制，凡用本总分店名义之各项收发文书，统由办公室文书科集中保管。部文应由各部、室分别指定专人根据本部门业务情况制定办法，集中保管。

第二条 档案目录之编订，系按行文单位分"类"及"目"，再以案情为区别，以"卷"及"宗"表示细节。

第三条　凡有连续性或专门性质之文书，不以行文单位之不同所限制，应单独立卷保管，免致分散。

第四条　登记案卷之簿册，暂制成"档案总簿"、"档案分类簿"及"文号档号连锁簿"三种使用。

第五条　由各部、室签注意见之店文于办毕后，应将原附各件送还（"收文单"副页应由各主管部、室抽存保管，用作日后调卷依据）。其原附各件有分存各该主办部、室之必要者，正文另抄副本存卷，附件应注明"附件抽存"字样，并加盖公章，以备日后查考。

第六条　档案管理员于接受待归档之文书时，应逐一查点清楚，并注意附件是否完全，经核对无误，然后签收。

第七条　送档文书如残缺不全者，管理员得拒绝签收，应由检查人员向主办部、室查询，俟补齐后再行签收归档，以免散佚。

第八条　案卷登记时，如有一文兼述数事，一文分发在不同类目的两个单位以上，或此案涉及彼案者，应随分卷单，分存各有关卷内，藉以互见。

第九条　案卷照中式簿籍装订，除专卷外，应以同一单位内同一性质之已经结案文书，按收发日期之先后顺序装订。

第十条　附件以随文装订为原则，如附件过多，不便并存或有必要另存者，得立卷分存。

第十一条　各部、室、科或主办文稿人员如须调阅旧卷参考时，按照调卷办法规定办理。

第十二条　一切案卷除本店暨各部、室负责人或原办稿人得调阅外，不得擅自供人抄录、阅读。

第十三条　各项档案应注意保管，避免受潮，谨防盗窃、虫伤、鼠咬。

第十四条　档案之保存年限及销毁办法另订之。

附注：本办法适用于本总分店内部。

调卷办法（草案）

第一条　各部、室或主办文稿人员须调阅案卷时，如拟调阅案卷原属该部、室主办者，可凭抽存的"收文单"副页向文书科调取；非主办部、室调取参考时，应说明拟调案卷之收发文号、来文号、行文单位、日期、案由（至少须说明一项）向文书科调阅，并在调卷登记簿上签收。

第二条　调卷者应对所调案卷负责保管，不得污损、抽换，或于原件上添注、涂改。

第三条　调阅卷案时间规定为一星期，如在规定期限以前用毕，应随时归还。

第四条　各类案卷调出超过规定期限未归还者，管卷员应负责检查催询。

第五条　调出之案卷归还时，在查点清楚正附各件仍属完整后，即在调卷登记簿"退还日期"栏内注销。

附注：本办法适用于本总分店内部。

文件缮印规则（草案）

第一条　各部、室、科在业务上应用的报表、通函……等，如需油印，数量在十张以上、一千张以下，可填妥印件通知单，经科长或秘书签字，送文书科办理。

第二条　原稿须缮写清楚，表格需注明大小格式，复杂印件于送文书科缮印时，应详细说明。

第三条　一般印件，文书科在接到印件通知单后之八工时内印出。

第四条　急件及大宗印件，需要及时印出者，应事先取得联系。

第五条　党、团、工会如有一般印件，文书科在不妨碍行政工作范围内，可代缮印。

附：上海分店门市部工作规则（草案）

一、要熟悉本版图书目录，以及经售的各种外版、联版书及其出售倍数，文具柜要熟悉文具名称、价格、品质，顾客询问时可随时作准确的答复。

二、注意到报纸上、杂志上的书评与介绍，了解到被评之优缺点，才能做好介绍工作（报纸上杂志上书评材料要求研究室供给，因门市同志没有更多时间来翻阅书籍），门市同志应经常注意新书、杂志广告，添货同志与栈务取得密切联系，做到新书一到，即进行添配。

三、每逢纪念日优待读者，领导同志必须要分析情况，掌握情况，做好必须准备工作，以免临时抱佛脚。

四、读者问话，我们不能毫无考虑的用摇头、点头，或不知道和怕麻烦的态度，我们应尽可能的详细回复，如没有的书籍，可说明原因，或已绝版暂脱、在印刷中，如自己不了解，可问问熟悉的同志。

五、读者提的意见不适当，或要还价、要打折，我们应和蔼的解释，不能存在鄙视、讥讽的态度，读者寻不到的书籍，如门市有的，我们要到架子上拿给他。

六、有的读者，看看这本书、翻翻那本书，问问这本书价、那本书价，我们遇到这样情况，应耐性一一的告诉他价格，就是他一本也不买，这也是我们应有的服务态度。

七、如遇只剩一二本已破损的书籍，内容尚无欠缺，如读者要求折扣，可根据残损的程度确定折扣，但需经门市负责同志核准。

八、如机关团体将书籍买错或重复，或两种书名同样内容而来调换者，需持门市发票，可调换同等价格之书籍，但不找现。如破坏弄脏等，以及非机关团体，概不调换。如装订错误、印坏、缺页，读者来调换时，如系本版，不论时间长短、有无发票、弄旧等，应调换，如系其他版别，需持门市发票，方可调换，以上处理需经负责同志核准。

九、发票开错，或基价倍数弄错、多算书款等，如读者有地名，须即寄退给他，如读者来责问时，我们应勇敢认错，虚心接受，检查自己，并致歉意，不要主观强，或强词夺理，硬争面子，开大发票时应注明地点、机关团体名称，小发票如数量多，亦应注明地点、名称，以防错误时可以追查。

一〇、读者订阅杂志，如没有收到，来查问时，我们应问清期数，抄下定单号码，送杂志发行科追查，并向读者致歉意。

一一、大批书籍可送办公室来开，招呼读者坐下，给报纸他看，以免他等得心急，如时间要长，可约定时间来取。

一二、读者来购书时，或将书名说错、说倒、说掉了字，我们应将相同之书籍介绍给他，不能不假思索，就说没有。

一三、对读者我们态度应和善，不可板起面孔，出语生硬，冲撞读者。

一四、架子上书籍不宜挤得太紧，因读者不懂方法，抽出来放不进去，硬放进去就要挤破封面，甚至抽不出来而不敢抽，怕弄坏。

一五、新书要陈列显要地位，陈列橱窗要美观醒目，使读者一看就知（橱窗布置须请推广科设计）。

一六、杂志陈列应经常整理，以防旧的遮盖新的，使读者难寻找。

一七、初版书、畅销书，售剩十五本左右就需添配，滞销书籍，亦须常备三五本，以供读者需要参考资料。

一八、添配书籍，文具需开添货单，数量要做到复点，以免发生错误时互相推诿。

一九、在工作时间，不看书、写信，或聚在一处高声谈笑，如工作时间可多看些图书目录以及书籍前序或后记，以便熟悉分类与介绍内容。

二〇、书籍售价应与书目录统一，如发现错误，应即反映负责同志进行查问改正。

二一、门市人手少，吃饭休息调班，要能准时到达，工作忙时应以工作为重，继续进行工作。

二二、读者交款时应当面点清，交待清楚，然后交收银台，支票应由负责人签名盖章以示负责。

二三、门市部正副主任，应经常到门市了解情况，研究改进工作，有事外出应交待清楚，正副主任应早到迟退，打烊时需检点门市，非工作需要不离开工作地点，以免同志有事要处理找不到负责人。

二四、捆扎书籍要扎结实，以免读者拿到半途散掉，上下需衬废纸，以免书籍扎坏。

二五、有读者遗落物件或忘记带走，可交专人负责保管，在读者提意见处张贴招领条，或投《解放日报》服务栏招领（轻微物件可不必登报）。

二六、门市须保持清洁，绳纸勿乱丢，痰盂每天要倒，橱窗要经常拭洗，必要时书台可设计搬移。

二七、工作积极负责、服务态度好的同志应适当表扬，相反的应进行教育，必要时应进行批评。

二八、偷书的事件在门市来说是经常发生的，我们应提高注意力，使国家财富少遭受损失，捉到小偷应送办公室处理，注意在门市不要扩大影响，或态度凶狠，如初犯失业青年，可进行教育并具悔过书放走，如系重犯或以此为职业者，送公安局处理。

二九、门市部全体工作人员，应加强劳动观念，发挥工作效率，提高业务水平，做到积极负责，细心耐性，全心全意为人民服务。

三〇、门市图书概不借出，如有有关部门因工作上需要，经该部负责同志证明，实系工作需要者，可打借条，经门市负责同志核准，方得借阅（指新华书店内部有关部门）。门市同志如学习参考书籍，或理论文艺书籍，需要借阅，须经负责同志批准，但每次只借一本，如弄旧、搅坏须按当时书价赔偿（连环画、杂志不借）。

三一、门市原则上无折扣，如机关团体有证明文件者，可九折优待（廉价书无折扣），但经负责同志证明，特殊情况或经主任室批准者例外。

三二、门市同志工作时间不抽香烟、吃零食，会客时要以不妨碍工作为原则。

工作人员守则（草案）

第一条 本店工作人员，均应遵守本店一切章则、制度。

第二条 本店工作人员，均应切实遵守政府法令，执行政府政策。

第三条 本店工作人员，应服从本店工作之调派，工作调动时应在工作手续交代清楚后迅速赴调。

第四条 本店工作人员，应服从本店及各部、室、科的负责人在工作上之指示，并按级履行请示报告制度。

第五条 本店工作人员（包括试用人员在内），应参加有关各级业务会议，在会上可对本店所属各单位或各级负责同志，提出关于工作之批评以及关于工作改进之建议，对各种会议之决议应严格执行。

第六条 本店工作人员，有权进行越级报告，各该级负责人应及时转报，不得扣压或隐瞒。

第七条 本店工作人员，应爱护公物，励行节约。

第八条 本店工作人员，应努力学习与本身有关之业务技术，以提高工作能力及业务水平，并应努力学习政治理论、文化知识，坚定为人民服务、为读者服务之意志，树立主人翁思想。

第九条 本店工作人员，不得兼营他业。

第十条 本店工作人员，除办理公务外，对外不得用本店名义进行任何活动。

第十一条 本店工作人员，应严守本店业务之秘密，不得泄漏。

第十二条 未经本店批准，不得擅引私人亲友入工作室或宿舍参观与寄宿。

第十三条 本守则用于本店及所属各分支店。

工作人员任用条例（草案）

第一条 本店系服务于人民出版事业，宣扬马克思列宁主义、毛泽东思想，传播新民主主义文化之国营书刊发行机构，凡参加本店工作之人员，均应抱有正确之事业观点及积极为读者服务的精神。

第二条 凡参加本店之工作人员，必须思想进步、历史清白、作风正派，能吃苦耐劳，并具有初中以上之文化程度。

第三条 工作人员在参加本店工作之前，必须经过左列三项步骤：

（1）填交详细履历及学历、资料证件。

（2）测验政治与业务水平（有服务证件经本店认可者免试）。

（3）检查身体健康情况（各项费用由本人负担）。

经过以上三项步骤认为合格者，即可予以任用。

第四条 新参加本店之工作人员，须经过三个月的试用期；试用期满，根据其日常工作表现及思想之进步程度，经有关部门甄别，部务会议审查认为称职时，报请经理批准正式任用；否则须延长试用期，但以不超过六个月为限；试用期满仍不称职者，即行呈报经理，经过批准后辞退之。

第五条　本店特约或聘任人员，不受三四两条之限制。

第六条　试用人员，在试用期间之待遇，按本店薪给标准有关等级订定发给。

第七条　试用人员，在试用期间应遵守本店各项规章制度。

第八条　本条例适用于本店及所属各分支店。

工作人员辞职批准手续之规定（草案）

第一条　本店工作人员因故提出辞职，其批准手续规定如下：

（1）一般工作人员须经部、室主任会同人事室批准（分店须由分店经理批准）。

（2）科长或支店经理须经总分店经理批准。

（3）分店经理或部、室主任须呈请总店批准。

第二条　凡辞职经挽留无效，得在交代工作后允其离辞（如另有契约规定者按契约办理）。

第三条　如辞职者有正当理由迫切要求离职不及等待上述批准手续时，可由其直属上级批准辞职。

工作人员因故离职时发放薪金或解雇金之规定（草案）

第一条　革职人员薪金发至停止工作之当日。

第二条　辞职人员薪金按期（半月）发给。

第三条　解雇人员除应得之薪金外，发给解雇金。解雇金标准规定如下：

（1）参加本店工作不足半年者，按原薪一个月发给。

（2）参加本店工作在半年以上、不足二年者，按原薪一个半月发给。

（3）参加本店工作在二年以上、不足五年者，按原薪二个月发给。

（4）参加本店工作在五年以上者，按原薪三个月发给。

第四条　本规定适用于总分店及所属各地实行薪金制之分支店。如以上规定与当地政府法令有抵触时，按政府规定办理之。

工作人员职务调动手续之规定（草案）

第一条　本总分店根据工作需要，对于工作人员可作必要的调动。

第二条　总分店各部、室科长以下工作人员须调至本部、室内另一科工作者，由各科科长提出，部、室主任决定，再通知人事室登记。

第三条　总分店各部、室科长之调动与互调，由部、室主任提出，经总分店经副理批准，通知人事室登记。

第四条　总分店各部、室工作人员须调至本部、室以外工作者，由各部、室提出，经人事室同意，经理批准后办理调动手续。

第五条　分店经副理职务之调动，由总分店经副理提出，经总店批准后，由人事室办理调动手续。

第六条 分店科长以下工作人员须调至分店内另一科工作者，由各科科长提出，分店经副理决定，通知分店人事科登记。

第七条 支店经理或分店科长职务之调动与互调，由分店经副理提出，经总分店经副理批准后，交人事室办理及登记。

第八条 支店工作人员职务之调动，由支店经理提出，报分店经副理决定，通知人事科登记。支店内部工作人员互调，由支店经理决定，报分店人事科登记。

第九条 人事部门对于工作人员职务之调动，应随时记录，每月统计一次，每半年总结调动情况一次，作为人事工作之参考。

第十条 本规定适用于总分店及所属分支店。

工作人员来往调动待遇调整办法（草案）

第一条 本店工作人员，由实行包干制之店调至实行薪金制之店后，即按薪金制待遇，其待遇等级，经人事部提议，由经理核定之。工作二月后，再按民主评定程序，确定其正式职级。

第二条 包干制工作人员改受薪金制待遇后，除残废金须由当地书店按华东财委会之规定发给外，凡包干制所规定的各种待遇，一概取消。

第三条 包干制工作人员改受薪金制待遇后，其原由公家供给或贴补之父母、子女、爱人，概由本人扶养。在低薪制地区由本人扶养确有困难时，可酌予补贴。

第四条 凡薪金制工作人员，调至实行包干制地区，即改按包干制待遇。如确有困难者，经本人请求，可扔按薪金制待遇。惟待遇标准须按当地情况作必要之调整。

第五条 凡薪金制工作人员调至另一薪金制地区工作，其待遇须按当地标准作适当之调整。

第六条 本店工作人员由总分店调至分支店，或由分支店调至总分店，调动时不论为月初、月中或月底，一律应将本月应得之薪金或供给品全部发给。薪金或供给品之领发情形，在介绍信上须详细注明。

第七条 调动人员之起薪日期，由包干制地区调至薪给制地区者，自到职日起薪；由薪金制地区调至薪金制或包干制地区者，自下月份起薪。

第八条 凡调动工作之人员（不论薪给制或包干制）在等候分配工作期间，其待遇按调动前原规定发给。

第九条 本办法适用于总分店及所属各分支店。

工作人员办公守则（草案）

第一条 严格遵守办公时间，非有必要，不得迟到、早退、外出。

第二条 办公时间内应集中精力办公，对经办工作应力求周密敏捷，不得草率疏忽或拖延积压。

第三条 办公时间内不得办理私事，并不得接待私人宾客，如必须接待时，应依照会客规则办理。

第四条 办公时间内不得高声谈笑，以免妨碍他人办公。

第五条　办公时间内因公外出，应将外出地点、回店时间及须交验他人办理之事项，交代清楚。

第六条　洽谈公务必须事先考虑成熟，以求迅速解决问题，节省时间。

第七条　每日上午为部、室主任以上负责人会客接洽公务时间，在此时间外，由秘书或指定人员代理之，急要事情例外。

第八条　办公时间结束时，应将案上各种文稿、账单等妥为整理贮放，以免丢失。

第九条　本守则适用于总分店所属上海各单位。

工作人员请假规则（草案）

第一条　请假分下列五种：事假、病假、产假、婚假、丧假。

第二条　凡本店工作人员因私事请假称为事假。但每人每月因私事会客不超过三次，每次不超过十五分钟者，不作请假论。

第三条　凡本店工作人员因病请假，停止工作医疗期间，按参加本店长短与按参加革命工作时间长短付给工资如下：

参加本店或参加革命工作六年以上者，第一月原工资百分之百，第二月原工资百分之百，第三月原工资百分之百；

三年以上、不足六年者，第一月原工资百分之百，第二月原工资百分之八十，第三月原工资百分之五十；

不足三年者，第一月原工资百分之百，第二月原工资百分之五十，第三月原工资百分之五十。

连续请病假三月以上而仍未复职者，停薪留职，并以不超过九个月为限，在停薪留职期间已病愈者，经特约医师或指定医院证明确已病愈者得申请复职。

参加革命或参加本店工作有六年以上之历史，以及对工作有特殊贡献之模范工作者患长期慢性病，其家庭或本人无法负担其生活费用者，经理批准，可延长其支领全薪或半薪之期限。

请病假在二天以内者，应有同事二人之证明；在三天以上者，应由本店特约医师或指定医院之证明书。凡至本店门诊室看病时间，均不作请假论。

第四条　女工作人员生育时，产前产后共给假五十六天；怀孕三月内小产，给假十五天；月后小产给假三十天，其工薪均照发。倘逾期而身体尚未复原，不能遵任工作者，经本店特约医师或指定医院证明，以病假论。

第五条　工作人员因结婚请假，不得超过三天，工薪照发。如结婚地点不在工作所在地者，得按路程之远近，酌量延长给假期限，工薪照发。

第六条　工作人员因祖父母、父母、翁姑、配偶及子女之死亡而请丧假，不得超过三至五天，工薪照发。如治丧处不在工作所在地者，将按其路程之远近，酌量延长给假期限，工薪照发。

第七条　工作人员请假一天以内，由所属科级以上负责人核准，并在签到卡上注明，在一天以上、三天以内者，应填具请假单陈明事由，连同证明书呈请部、室主任核准后，送人事室备案。四天以上之请假，须有经理之批准。完成上述手续，并将职务妥为交代后，方得离职，请假期满到职，须向所属主管人员销假，并向人事部门备案。

第八条　工作人员请假至外埠者，可申请本店发给准假证明书。

第九条　凡未请假或请假尚未核准而擅自离职及假满而不销假又不续假者，除因特殊情形具有确切证明不及按照规定手续办理者外，均以旷工论。每旷工一天，除照扣一天应得薪金外，另罚扣薪金一天，连续旷工十五天或全年内累计满三十天者即予革职。

第十条 工作人员请假后，如发现伪报事实或伪造证件，除按日扣发薪金外，并予以记过或其他处分。

第十一条 工作人员在一个月之内，未迟到、早退，亦未在工作时间外出，且未请假或旷工者，得发给奖工二天，其计算办法另订之。

第十二条 本规则适用于总分店所属上海各单位。

工作人员签到规则（草案）

第一条 本店工作人员均须按照规定之工作时间到工及下工。

第二条 工作人员到工时应在签到卡上签名，并注明到工时间，每日上、下午各一次，不得委托他人代签。

第三条 工作人员在工作时间开始五分钟后到工者为迟到，在工作时间结束前下工者为早退。

第四条 因公出或因个人无法解决之特殊情况，而未能在规定时间到达办公地点签到者，可补行签到，并以实际开始工作时间为到工时间，但须经科以上负责人证明。

第五条 因事或病须迟到、早退、外出者，应经科以上负责人许可，并须在签到卡上注明迟到、早退、外出时间。

第六条 因事或病须迟到、早退或在办公时间外出超过三小时者，须办理请假手续，并经科以上负责人之许可，其未办请假手续者，作旷工论。凡在上工后或下工前二十分钟内不请假而迟到、早退者，积满六次工作旷工一天。

凡在上工后或下工前二十一分钟以上，一小时以内不请假而迟到早退者，积满三次作旷工一天。

第七条 签到卡由本店各部、室指定专人负责在上工后六分钟内收存，每月统计一次，并经各部、室负责人审阅后，揭示于公告处。

第八条 工友签到规则另订之。

第九条 本规则适用于华东总分店及各分店。

工作人员奖惩条例（草案）

第一条 为树立本店工作人员对人民的发行事业积极负责精神及优良的工作作风，严正店规，发扬工作上之积极性、创造性，藉以改进工作起见，特订定本办法。

第二条 工作人员合于奖惩事项之一者，应及时记录，于工作总结或每一任务结束时，由当事者自报或经其他同志提出，经各级行政会议讨论通过，呈请经理核准后（重大事项得呈请上级批准）分别予以奖惩。

第三条 工作人员如有特殊功绩或犯严重错误者，可不受第二条规定之限制，得由各部、室随时提出，经本店店务会议讨论通过，呈请经理批准后执行之。

第四条 工作人员之奖惩事迹及缘由，均应填入其本人鉴定及有关档案内，作为人员任用、升降的参考。

第五条　依第二、三条规定，工作单位或个人合于左列事项之一者，由本店予以奖励。

（1）一贯遵守作息制度，不迟到，不早退，工作积极认真，办事成绩优良，平日工作无积压者。

（2）对经办工作能提前完成任务，并在工作效率上超过原订标准者。

（3）对本岗位工作或对本店其他各部门工作提出改进建议，经实验后确能提高工作效率并有显著成绩者。

（4）努力学习业务和政治，在工作能力上、政治认识上有显著进步者。

（5）一贯能帮助他人工作学习有显著成绩者。

（6）服从组织分配，不计个人得失，能完成紧急与特殊任务者。

（7）对国家人民财产保护有功及厉行节约有显著成绩者。

（8）检举其他工作人员之过失，并提出证据，经查明属实者。

（9）一个组织或一个支店之全体人员经共同努力获得上述成绩之一者。

（10）不属上列之其他功绩。

第六条　奖励方式分左列五种：

（1）记功（分特等、一等、二等、三等功四种，功绩重大者，除本店记功外，并呈报总店予以适当表扬）

（2）表扬（分口头、报刊二种）

（3）嘉奖（分物质、书面二种）

（4）加薪

（5）升职

第七条　依第二、三条规定，工作人员犯有左列事项之一者，予以惩戒。

（1）利用职务或公务上之便利，挪用公款，营私舞弊者。

（2）私自扣留、拆阅或遗失本店机密文件，泄露业务秘密者。

（3）违反本店制度、规章、决议或对上级指示阳奉阴违、敷衍塞责，致使本店工作遭受一定损失者。

（4）性情粗暴，打人、骂人或生活放荡，行为不正，挑拨是非，影响本店信誉或破坏本店团结者。

（5）违反政府法令，不执行或破坏政府有关之社会政策或出版政策者。

第八条　惩罚方式分左列五种：

（1）劝告（分个别劝告与当众劝告二种）。

（2）警告（分口头与书面二种，两次警告作一次小过）。

（3）记过（分大过与小过二种，三次小过为一大过）。

（4）降级降职。

（5）革职（凡记三次大过或有严重错误者革职）。

第九条　工作人员犯有过失，能自动坦白报告，并进行深刻检查，对所犯错误已有较清楚之认识，且有决心改过自新者，得减轻其处分。

第十条　工作人员在处分期内，如能改过，认真工作，不再犯过，且有事实表现者，得酌减或取消其已有之处分。

第十一条 犯过及受惩人员必要时应写书面检讨，交人事室存查。

第十二条 犯有过失之工作人员，在调查处理期间，本店得酌情暂停其职务。

第十三条 工作人员所犯过失，如情节重大，严重违反政府法令者，除依据本办法惩处外并送交当地人民政府法办。

第十四条 受惩人员如认为处分不当，可向本店负责人直至总店进行申诉，但在申诉受理期内，仍须执行原处分。

第十五条 本条例适用于本店及所属各分支店。

工作人员奖工办法（草案）

第一条 根据请假规则第十一条之规定，制定本办法。

第二条 奖工计算办法如下：

（1）全年未因事或病亦未在工作时间请假外出或旷工者发给奖工一月。

（2）全年请病假不超过六天或事假不超过三天者，不予扣薪，另发奖工廿四天。

（3）全年请病假六天以上廿四天以下，事假在三天以上廿四天以下者，按日扣付奖工。

（4）全年请事、病假在廿四天以上者，不发奖工，其超过部份，按日扣付薪金。

第三条 本店奖工之发放，只限于在工作期间。工作人员如有中途自动离店，或因故停止工作及开除者，其奖工一律不予补发。

第四条 本店工作人员如因故调职或半途参加工作与从他处调来，其奖工可按月算付，如工作有半年以上未有请假或请假不超过一天半者，其奖工可按第二条1、2两项折半处理。

（1）调离总分店人员，在每月廿号后调动者，可计算本月及以前之奖工。

（2）半途参加工作或从他处调来人员，在每月十号前到职者，可计算本月及以后之奖工。

第五条 凡规定之产假、婚假、丧假，在假满后按时到工者，其全年奖工照发。

第六条 连续请病假一月以上者，不发奖工。

第七条 旷工：凡旷工一天，须扣除薪金二天。

第八条 每届月终，由各单位人事部门根据本单位工作人员签到卡，统计请假、退到、早退时间（一份公布，一份留存，一份交人事室）公布之。

（1）每月统计以时为单位，凡请假在卅分钟以上者，作一小时计算，不足卅分钟者，不予计算。

（2）不请假之迟到早退，统计次数，至年终总结之。

（3）凡连续请假期中包括一个星期日者，该星期日作例假办理；凡连续请假中包括二个或三个星期日者，第一个星期日作为例假，第二及第三个星期日不作例假；连续请假期中有四个星期日者，按全月请假办法处理。

（4）年终统计以天为单位，凡请假时数超过四小时者为一天，不足四小时者不予计算。

第九条 每年奖工发放日期，暂定为次年一月初旬。

第十条 本办法适用于总分店所属上海各单位。

工作人员会客规则（草案）

第一条　工作人员除因公务接洽，得在办公时间以内会客外，私人会客一般不得占用办公时间。

第二条　工作人员因私事必须在办公时间内会客者，不得超过十五分钟。

第三条　来宾均需填具会客知单，先经传达员通报，再行会见。

第四条　工作人员应在会客室会见来宾，非因工作必要，不得引来宾进入办公室。

第五条　来宾如携带物品外出，需持有总务科之证件（货物以发票为凭）。

第六条　本规则适用于华东总分店及各分店。

工作人员工薪暂行办法（草案）

第一条　凡本店工作人员工薪均依本办法施行之。

第二条　本店工作人员工薪，本按劳给酬原则，分等级订定之。

第三条　本店工薪按折实单位计算，于每月五日、廿日分两次提早各半发给，按照发薪日之人民银行折实牌价或政府财政部门特定牌价计算之。

第四条　工薪标准，按交差累进原则分为十等，每等六级，列表如下（表另附）

第五条　经理、副经理之工薪，由总店决定。部室主任之工薪由经理召集有关人员研究，经店务会议通过，总店批准。一等科员以上由部、室主任提出意见，经理批准。二等科员以下由科长提出意见，部室主任商同人事室批准之。

第六条　初任职之工作人员，除由本店聘用者外，均试用三个月（练习生为六个月），其工薪以本职起薪额支给。试用期满后正式确定薪金额。但如在试用期内成绩优良者得提前评定之。

第七条　工作人员如遇职位升调，其工薪未到该级起薪级者，应即照新调职位起薪，改叙支给；惟属暂代性质者，仍支原薪；如因工作需要，所调职务其起额低于原薪者，仍照支原薪。降职者应以所降职起薪。

第八条　本店工作人员工薪之调整，根据劳绩施行，在目前情况下暂不规定期限。

第九条　本办法适用于总分店所属上海各单位。

附表

工薪标准（上海地区）

等/级	十	九	八	七	六	五	四	三	二	一
一	五六	六八	八〇	九九	一二三	一五三	一九三	二四四		
二	五四	六六	七八	九六	一一九	一四八	一八六	二三五		
三	五三	六四	七六	九三	一一五	一四三	一七九	二二六		
四	五一	六二	七四	九〇	一一一	一三八	一七二	二一七		
五	五〇	六〇	七二	八七	一〇七	一三三	一六五	二〇八	二六五	
六	四八·五	五九	七〇	八四	一〇三	一二八	一五八	一九九	二五四	
级差	二	二	二	三	四	五	七	九	一一	
职务	练习生	勤杂人员、通讯员	练习员、办事员	三等科员	二等股长、二等科员	一等股长、一等科员、二等科长	一等科长	部、室主任	经副理	
起薪及差额距离	九等四级至十等六级 四八—六二	七等五级至九等六级 五八—九九	八等一级至九等六级 八〇—九六	七等一级至八等三级 八四—一一九	六等一级至七等三级 一〇三—一四八	五等一级至六等三级 一二八—一八六	四等一级至五等三级 一五八—二三五	三等一级至四等三级 一九九—二六五	二等一级至三等三级 二二六—二六五	

生活制度

各种会议时间之规定（草案）

为避免行政、党、团、工会各种会议时间的冲突，以及适当照顾同志们的自由活动时间，特将各种会议时间规定如下：

一、各级行政业务会议，一律在工作时间内召开，每次最多不得超过两小时，店务会议规定两星期召开一次（于每星期一或六召开），部（室）、科务会议，由各部（室）、科另行规定。

二、有关学习会议，一律在早晨学习时间内召开。

三、党、团、工会各种会议（包括合作社会议及集体性的文娱活动），一律在晚上九时以前召开。日期之分配：每星期五为党的活动时间，每星期一为团的活动时间，每星期二、三、四为工会活动时间。

四、以上五种会议，应做到有准备的定期召开，每次均应准时开会、准时休会。

五、除办公时间及以上所规定之会议时间外，均为自由活动时间。

六、全店工作人员大会召开时，要于开会前两天发出通知，其他各种会议及活动须于开会时间内一律停止。

七、本规定适用于本店所属上海各单位。

工作人员膳食管理规则（草案）

第一条 凡本店工作人员愿在本店食堂用膳者，须向伙食委员会办理登记手续。

第二条 食堂用膳一律凭饭票入座，饭票规定由伙食委员会于每月五号、廿号发给（饭费由财务室于发薪时扣除）。

第三条 凡来宾拟在食堂用膳者，须事先向食堂管理人员接洽购买饭票，如人数在十人以上者，应由有关部门在用膳时间前两小时通知食堂管理人员，以便准备。

第四条 新进店工作人员须临时用膳者，应由所属部门主管人员代为领取饭票。

第五条 食堂饭票按早饭、午饭、晚饭折价标明。

第六条 工作人员因事外出不能回食堂用膳，在一天以内者，可说明理由以当天饭票换取贷金，因故一天以上不在食堂用膳者，须向管理人员登记，缴回饭票。

第七条 为注意公共卫生，凡经医生证明有传染病者，须向食堂管理人员声明，以便单独备膳，与其他人隔离。

第八条 凡在食堂用膳人员需遵守食堂公约。

第九条 本规则适用于本店所属上海各单位。

工作人员宿舍管理规则（草案）

第一条 本店宿舍房屋由办公室责成总务科调配。

第二条 本店宿舍管理，属于行政方面者由总务科负责，属于生活方面者由住宿人员组织宿舍管理委员会负责（宿舍管理委员会人员须经办公室核准）。

第三条　新进人员本人须住本店集体宿舍者，应填具居住宿舍申请书，经各该属部（室）主任同意并经办公室批准后，由总务科发给住宿证，凭证住入宿舍。

第四条　集体宿舍床位由总务科排定。科长以上的同志，如有必要在宿舍处理公务者，经办公室批准，可按实际情况，数人合住宿舍一间。

第五条　集体宿舍所用家具，由本店酌量配备，科长级之房间备办公桌一张、椅子每人一只（其他同志如确有必要由总务科酌情处理），主任级以上之房间按实际需要配备。

第六条　集体宿舍电灯不超过廿五支光为限，五人以下之房间，每间备电灯一盏，五人以上、二十五人以下之房间，备电灯二盏至三盏。

第七条　集体宿舍水电费暂由本店负担，电灯须按时开关，自来水须注意节约。

第八条　家庭宿舍分配标准，每家以一间为原则，如人口在五人以上者，由总务科根据实际情况处理。

第九条　夫妇同在本店工作者可申请分配家庭宿舍，家庭宿舍所用家具以自备为原则，夫妇同在本店工作，经办公室批准后分配双人床铺一张、桌子一张、凳子二只。

第十条　家庭宿舍水电由本店装置，费用由宿舍管理委员会召集住宿人员会商摊付，工作人员本人所需水电费由本店负担。

第十一条　本店现有房屋不够分配，新进人员及本店原有工作人员之眷属，未曾住入本店宿舍者暂不分配家庭宿舍。

第十二条　住宿舍人员临时留住外客或亲属，应依照宿舍公约办理登记，并取得总务科同意。

第十三条　本店宿舍公约由宿舍管理委员会另订之。

第十四条　凡居住本店宿舍之同志或其眷属均应遵守本规则。

第十五条　本规则适用于总分店所属上海各单位。

工作人员诊病规则（草案）

第一条　本店工作人员患疾病者，凭就诊证到门诊室依次就诊。

第二条　就诊证由总务科及课本、期刊两发行部事务人员和上海分店秘书科分别填发。

第三条　门诊室诊病时间暂定为每日下午一时三十分起至五时三十分止，星期及例假休息。

第四条　工作人中所需之普通药品，由门诊室酌量配给，贵重药品自理。

第五条　工作人员因病情况严重者，经工作单位负责人商得总务科同意后，通知特约医师出诊。如须送医院者，经门诊医师证明，由总务科办理送医院手续。

第六条　工作人员家属及往来客人须诊病者，向总务科领取就诊证，药费自行负担。

第七条　门诊室发出药品须随时登记，收费部分要按月收回，连同报销部分一并向财务室报销。

第八条　本规则适用于本店所属上海各单位。

招待所管理规则（草案）

第一条　本店各分支店及区外兄弟书店，来沪之临时工作人员或调动职务之人员，均可住入招待所。

第二条 凡须住入招待所，须有原单位之证明书或介绍信，向本店办公室总务科接洽，经同意后发给住宿凭证，住入招待所。

第三条 来客如在本店用膳者，须向招待所管理人员登记，至食堂用膳，膳费按规定数额自缴。

第四条 如有物品存放招待所者，须向招待所管理人员登记数量和存放日期。

第五条 如有大宗款项及重要文件，应转交财务室或总务科保管，否则如遇错失，本店及招待所难以负责。

第六条 来客须遵守招待所作息时间，节约水电，爱护用具设备。

第七条 来客如有生活上的困难，可向管理人员提出，以便设法帮助解决。

第八条 招待所设有报纸、书刊，专供来客阅读，但不得携带外出。

第九条 招待所设有意见簿，欢迎来客对招待管理等方面多多提供意见。

第十条 本规则适用于本店所属上海各单位。

事务管理

家具管理规则（草案）

第一条 本店所属各部（室）、科日常使用之家具，由总务科统一配备与管理。

第二条 办公桌以一人一用、双人双用为限，非有特殊需要不得多存。

第三条 各科办公室内，一般不设置沙发，可备座椅数只，作洽谈工作之需。

第四条 公用场所（如会客室、会议室、礼堂、饭厅等）配备之家具，非经总务科调配，不得擅自取用或搬动。

第五条 各部门需要增设家具或因工作人员减少及其他原因，家具多余时，应由主任或秘书批准后，通知总务科调配或收回，如因组织变更或办公室移动，原配家具须搬移时，应通知总管科处理。

第六条 工作人员爱护公用家具，不得任意毁损，如因个人过失致使家具损坏者，应负责赔偿或给予处分。

第七条 各部门配备之家具，倘有损坏，应通知总务科随时修理。

第八条 本规则适用于本店所属上海各单位。

车辆管理规则（草案）

第一条 本店所有之汽车、三轮车、脚踏车，均由办公室总务科统一管理。

第二条 凡车辆之分配、调度、检查、添置、修配，车辆牌照税捐之请领、缴纳，油料之购办、审核、领发、报销及驾驶员之录用、教育等事项，均由办公室总务科负责。

第三条 分配各部门使用之脚踏车、三轮车，负责使用者应注意保管，如需调换、修理、添配时，须填申请单经部、室主管人员批准签章，送总务科办理。

第四条 凡工作人员集体参加会议或重要活动，因路远、夜深、大雨以及需照顾之外客，须调派汽车使用者，应经办公室负责人批准。

第五条　各种车辆均须停放指定停车场。

第六条　汽车驾驶员及其他车辆使用者，对所驾驶之车辆及零件、附属物等要负责保管、爱护，如因过失或重大疏忽致车辆、零件、附属物等发生不应有之损坏、遗失或发生驾驶事故时，应受适当处分或责令赔偿。

第七条　本规则适用于本店所属上海各单位。

会场使用规则（草案）

第一条　凡使用会场（会议室或礼堂）者，须先填写会场使用通知单，交办公室总务科，以便根据实际情况核定准备。

第二条　使用会场不超过半天者应于前一天通知，使用一天者前二天通知，均直接与办公室总务科商洽；使用二天以上或同时使用两个会场者，须经办公室批准。

第三条　本店可供使用的会场：

一、福州路390号四楼礼堂。

二、福州路519号三楼（实用书店）。

三、福州路623号二楼（课本发行部）。

四、福州路679号一楼（国际书店）。

五、武进路393弄11号训练班教室。

第四条　福州路390号二楼会议室除办公室召集的会议外，在上午九时到下午六时工作时间内一般不借予其他部门使用。

第五条　会场所用烟、茶，除全体人员大会由总务科准备外，一般不予准备。

第六条　会场内桌椅、电灯、电扇等设备，应加以爱护，不得随意搬动与损坏。

第七条　会议人数如不足百人，不得使用扩音机，超过百人者可根据需要，经办公室总务科同意后，可准予使用，但应设专人管理，以免损坏机器。

第八条　会场使用只限本店所属各单位，其他机关或群众团体使用者，须经办公室批准。

第九条　本规则适用于本店所属上海各单位。

办公用品领发规则（草案）

第一条　为使办公用品有计划的采办及节省使用起见，各科须于每月廿八号以前，按实际需要造具下月预算，经所属部、室主任核准后送总务科筹办。

第二条　办公用品指工作人员办公时所需用品。

（1）凡一时不易用坏及消耗者为固定办公用品（如墨盒、墨水缸、钢笔杆等）。

（2）凡易于消耗、用过不能收回者为消耗办公用品（如纸张、墨水、毛笔、铅笔、笔尖等）。

第三条　固定办公用品，按实有人数及其需要一次发给后，非原件确属损坏或人员增加不敷应用时，不得领取。

第四条　消耗办公用品，各科可根据预算核准数，于每月一日到五日向总务科领取。

第五条 凡各办公室需用之清洁用品（如扫帚、肥皂、去污粉、卫生丸、卫生纸等），由总务科负责统一造具预算，分发各单位负责清洁工作之勤什人员掌握使用。

第六条 办公用品如有余存，应转入下月使用，不得浪费，如临时或超出预算者，可造具追加预算或凭临时领物申请单，经部、室主任批准后，向总务科领取，但此种追加预算，每月不得超过二次。

第七条 本规则适用于总分店所属上海各单位。

管理费用报销规则（草案）

第一条 管理费用之支领，须事先编造预算作为依据。

第二条 预算分为年度预算与季度预算二种，年季预算内容具体到季，季度预算内容具体到月。

第三条 总分店、图书发行部、期刊发行部、课本发行部及上海分店均须分别编造预算，由各该总务部门负责，总分店四个室可合并编造预算，由办公室总务科负责。

第四条 季度预算于每季开始前四十天编竣汇集于办公室总务科，年度预算须于上年十月前编竣汇集于办公室总务科（四个室的预算一式二份，其余均一式三份），由总务科作初步审核，及五日内送交财务室审核后转请办公室批准，于季度或年度开始前将一份退交总务科，一份退交各该单位，作为开支的依据。

第五条 预算之编制须认真负责，项目须按会计科目正确分类，数字须根据各该单位之工作计划、任务及实际情况，力求切合实际，说明须力求详细。

第六条 预算执行时，各项目数字均不得相互流用，同一项目，每月份之数字则可相互移用，但移用数额应力求减少。

第七条 各项费用之支出，如有未曾包括于预算范围之内，或超出预算数字者，应先编造追加预算，始可支出，编造手续同上。

第八条 管理费用之支领及报销，均分别由原编造预算单位之总务部门办理之，如遇综合性的支出，由总务科统一办理报销手续后再分别通知各有关单位。

第九条 总分店四个室及图书发行部的费用，以当天支领、当天报销为原则，课本发行部、期刊发行部及上海分店可预领一天之备用金，隔日报销，如有临时性的巨额支出时，商得财务室同意可以暂支，但须于当天报销。

第十条 为配合人民银行的货币管理，费用支出以尽可能使用银行票据为原则。

第十一条 凡费用之报销，应尽可能取得出售者或服务者之发票及收据等原始单据，如无法取得此项单据时，须由经手人填写本店统一印制之支出凭单代替之，不得以便条或废纸等作为凭单。

第十二条 各项外来原始凭单均须依照商事凭证之规定写明开发单位名称、住址、交易要点及金额，经收款者盖章，并依法贴足印花，始可报销。

第十三条 各项原始凭单，均须说明用途并于空白处加盖"经手人"、"证明人"（或"经收人"）、"核准人"戳记，并经各该有关人员签章，始可报销。

第十四条 凡购买办公用品及包装用品等，一般以一个月需用量为限，在购入时，即办理报销。总务科并设立收发登记簿登记之。

第十五条 各项报销单据，金额在廿万元以下者，总分店四个室由总务科长核准，三个部及上海分店由各该秘书核准。凡超过廿万元时，总分店四个室须经办公室主任核准，三个部须经各该部主任核准，上海分店须经该店经理核准。

第十六条　凡费用之报销，均须由各总务部门将原始单据先加以整理，按所属会计科目填制费用报销单，经有关同志盖章，送财务室审核无误后始可报销。

第十七条　凡单据手续不全、超过核定预算范围，违背政府法令，违反上级规定，显属浪费或其他不当之费用支出，应避免发生，否则财务室得拒绝报销。

第十八条　各总务部门所领用之备用金，财务室得随时派员检查之。

第十九条　财务室须于每月初旬编造前月之费用支出与预算比较表，并送总务科及各该总务部门各一份供参考。

第二十条　本规则适用于总分店所属上海各单位。

工作人员旅费报销规则（草案）

第一条　工作人员因公外出经所属部门主管人员批准，得向总务科借支旅费，工作完毕或销假到工后，应即填具旅费报销表并附单据，经所属部、室主任（或秘书）批准，向总务科报销。

第二条　市区内因公出发超过用膳时间又无用膳机关者，可支付补助伙食费每餐一千元。因公出发外埠，得补助其旅途出差伙食费，每天按普通伙食增加两倍，如有固定地点就膳者不予补助。

第三条　市区内公出乘公共汽车、电车者，照定价支给车费。因公出发外埠乘火车者，部主任、分店经理以上人员乘软席，其他工作人员除病、老、残疾、怀孕妇女干部等特殊情况得乘软席外，均乘硬席，路程在二十四小时以上者可添购卧铺票，照订价支给旅费，船舶分等级者亦照此办理。

第四条　公出途中或到工作地点无机关住宿者，部主任、分店经理以上人员住旅馆二等住房（随员同），其他工作人员按普通住房，支付住宿费，如有固定地点或机关住宿者，不另支费。

第五条　因公出发外埠，必备之医药用品，得凭单据实报实销。

第六条　奉调之工作人员，夫妇均参加工作，其子女及保姆须随行者，其车费、船费准予报销。

第七条　本规划适用于本店及所属各分支店。

工作人员借支薪金暂行规则（草案）

第一条　工作人员因家庭确属困难，遇有婚、丧、生育或急、重疾病，经本店工会证明，办公室批准，得借支薪金，分期在三个月以内扣清；但所借款项一般不得超过本人全月所得薪金总额。

第二条　工作人员因子女众多，教育费一时无法筹备，经本店工会证明，办公室批准，得借支薪金，分期在三个月内扣清。

第三条　因子女教育费借支薪金者，应具有子女在学校注册证及缴费通知单，以凭核借，但所借款项不得超过本人全月应得薪金总额。如夫妇均在本店工作者以一人申请全年不得超过两次为限。

第四条　除本规则第一、二条情形外，一般不得借支薪金。

第五条　本规则通用于上海地区本店所属各单位。

第六条　本规则经店务会议通过、经理批准后施行，修改时亦同。

第七条　本规则适用于总分店所属上海各单位。

918

工作人员家庭宿舍分摊水电费用规定（草案）

第一条　本办法依据本店宿舍管理暂行办法第十二条订定，适用于本店上海地区各宿舍。

第二条　夫妇同在本店工作，或一人在本店工作，住本店家庭宿舍者，其水电费照宿舍管理委员会议所规定摊付，由总务科报销其本人应付数（电话超过规定六十次外由各人分摊）；如有家属同住者，其家属应摊部分仍须按照平均数摊付。

第三条　家属水电费，由宿舍管理委员会每月摊收一次，送总务科转财务室收账。

第四条　摊收水电费，以家属实住宿舍日期为计算标准。

第五条　本规定适用于本店所属上海各单位。

电话使用及总机值班规则（草案）

第一条　全部门使用之电话如需增设、移动、修理，须向办公室总务科登记，由总务科统一办理。

第二条　凡使用长途电话者，须先向总务科登记，以便统一办理付费和叫接。

第三条　在办公室内通话要简短扼要，并应避免因私事向外通话。

第四条　凡外来客人借用电话者，须经原使用单位管理人员同意。

第五条　在宿舍因私事使用电话，须向管理人员登记，按公用电话例交货。由管理人员按月汇交总务科。

第六条　如故意损毁电话者，须负责赔偿。

第七条　非因公务需要，外人不得自由进入电话总机室。

第八条　值班接线员要认真负责，不得离开职守或兼作他事，特殊情况时可请他人代理。

第九条　接话时态度要和蔼诚恳，动作要迅速，讲话要清楚简单。

第十条　值班室内禁止喧哗打闹，不得在总机上与内外线接谈私事，值班时不得吸烟。

第十一条　接线员应注意保管机件、号码，严禁偷听电话，注意保守店内机密。

第十二条　本规则适用于本店所属上海各单位。

国营上海新华印刷厂职工服务规章

1950年9月4日第八次临时工厂管理委员会通过

10月21日新华书店华东总分店厂务部修正批准

10月27日第十次临时工厂管理委员会决议公布

一、总则

一、本厂职工，均应切实遵守政府法令及政策。

二、本厂职工，均应树立主人翁思想，以新的劳动态度，学习政治、学习文化、学习技术、学习管理工厂。

三、本厂职工，均应遵守本规章及本厂一切章则通告，与服从各级负责人的领导。

四、本厂职工均应服从上级因工作需要之调派。

五、本厂职工不得兼任别处职务（上级核准者不受此限），或私做同类业务。

二、任用规则

六、凡参加本厂工作之前，必须经过下列手续：

（甲）来厂谈话并填调查表。

（乙）检查身体，取得医院证明文件交厂审查（有吸毒、花柳病、肺病、其他慢性病或暗疾者拒收，检查费用由本人负担）。

（丙）经厂长批准后，通知来厂上工试用。练习生须有具相当初中之文化程度，并须经过考试手续，正式录用须送呈厂务部审查，并转呈新华书店华东总分店批准之。

七、新参加本厂职工，均须经过一月至三月试用期，试用期满经本股会议，行政会议审查认为称职时，方得正式任用，不称职者，得随时辞退。特聘人员不受此限。练习生试用期三个月，练习期二年，期满后根据本人技术，经本股工作人员审查同意，行政会议通过，得递升为技工。技术特别优良者，得缩短练习期限。技术过于低劣者，得延长练习期限。

八、新参加职工在试用时期，照试用工资标准发给。试用期满，按技术水准，劳动态度及业务管理能力，民主评定，经行政会议通过，厂长批准，照本厂工资等级发给。科长以上干部薪金，须经越一级领导组织之批准，给予应得工资数目。

九、职工因工作需要调派出厂时，行政应向被调同志说明必须调派之具体情况，并须照顾其困难，尽量协助解决。由外部调来之职工，生活上亦应予以照顾。

三、劳动纪律

十、职工应遵守本厂规定作息时间工作、学习、休息。工作时间内请假须经批准，不得无故迟到早退，否则作旷工论。

十一、上工前应亲自打到工卡或签到。

十二、工作时间内应积极认真工作，不得做私事，或至其他部门闲谈。

十三、工作时间内会客，须先经本部门负责人准许，在会客室会晤，时间不得超过十五分钟，且不得随便引入工场。未经总务科准许，不得留宿。来客欲至工场参观者，须经厂长批准，派人导入参观。

十四、爱护保管工具、机器、材料，谨慎使用，不得损坏浪费。

十五、不随便取用其他部门之工具、材料。不随便开动别部或别人使用之机器。

十六、不得私自排印装订任何货件。不得将厂内之成品、半成品、样本、工具、材料及其他公物作为己有，或借与赠送他人。

十七、职工应服从行政各级负责人之指挥及分配工作，在工作进行中不得借故推诿。如认为工作困难，或对该部负责人之处理认为失当，或与本规章有抵触时，一面仍接受领导，一面举出事实，说明理由，要求该部负责人纠正，或报告上一级负责人迅速裁核纠正，并得在各种会议上提出批评和讨论。

十八、本厂制定各种表报，各部工作人员必须按时据实填报，以凭统计考核。

十九、在工作时间内召开及参加各种会议，事先均须经厂长或工务科长批准。遇有公私事务须暂时离开工作岗位者，须报告股长核准方能离开。外出者须经工务科长或总务科长批准。

二十、排、印、装订、铸字、压型、制版、切纸及其他各项工作，应特别留意质量，使产品符合规定标准，不使排件发生错误，印件模糊不清，装订缺数走样及其他错误发生。

二十一、厂内随时随地注意火烛，不得携带违禁品及易于燃烧爆炸物品进入工厂。

二十二、工房在开工半小时前开锁，下工时清理打扫清洁，关闭门窗，并于半小时内锁门。凡使用炉火部门及冬季生炉子时，须留心火烛。

二十三、职工必须保持工场、办公室、宿舍、食堂、厕所等处之整洁，遵守公共卫生之规定。

二十四、各科股职工，应根据本规章精神，自动订出劳动公约及办事细则。

二十五、本厂如发生特殊事故，职工应立即报告负责人并协助抢救。

二十六、本厂职工携物外出，或客户车取印件，机器厂车取修理机件时，须由工务科或总务科负责人签开携物外出证交与门警，门警有检查之权。

二十七、本厂职工不得有吵骂、打架、吸毒、嫖赌等不良行为。

四、工时、加工、请假、旷工、奖工办法

二十八、本厂每日工作八小时，如遇紧急任务或工作繁忙时，得由工务科决定加工。三天以上之连续加工，并须经厂长核准。加工时间另给工资。练习生为配合生产，某几部门须提前上工，作预备工作，不以加班论。

二十九、加工以五小时为一工，三小时为半工，星期日及例假日加工，八小时作一工半算。不足半工或一工，得依加工时间比例计算。自愿作义务工作者不在此限。

三十、星期日例假，其余假日根据政府及总工会通告办理，工资照给。事假三天，期中之例假，工资停发。

三十一、无重要事故或厂内工作繁忙时，均不应请求事假。如因重要事故请假，应事先申请，并说明理由，由本部门负责人批准后，再经所属科长核准，方为有效。假期超过一天及股长以上人员请假，须经厂长核准。请假须亲自办理手续，不得委托他人（发生特殊事情得有确切证实者可例外）。事假期内工资停发。

三十二、未经请假手续，及超过请假日期尚未到工者，作旷工论。如因特殊事故，不及事先请假续假者，应于事后觅取相当证明或说明理由，请求补假，不作旷工论。

三十三、病假须经指定医生、医院或正当医生诊断证明，经行政批准，方为有效。病假工资，按"疾病、伤残、死亡、婚丧、生育补助暂行办法"办理。

三十四、因病不能亲自请假者，得托他人持医生证明书或药方，代办请假手续。如发现假冒病假或病愈仍不到工者，作旷工论。

三十五、逾开工时间五分钟以内上工打到工卡者（因临时交通阻隔或特殊事故须取得证明），不扣工资。如连续五次以上或每月满十次者作旷工半工处理。

三十六、全月中有一天以上旷工者，书面批评。全月中有五天以上旷工者，除书面批评外，须写自我检讨报告。连续旷工十日或全年旷工积满三十日者即予停职。有旷工者，本月奖工取消。每旷工一天，要扣薪工两天。

三十七、一月中事病假在四小时以内，月终给奖工两天。事病假在八小时以内，月终结奖工一天。事病假在八小时以上者奖工取消。

三十八、本章程经职工小组讨论，工厂职工代表会议通过（工厂职工代表会议未产生前经工厂管理委员会通过），新华书店华东总分店及上海印刷工会批准备案，于1950年8月起实行。

三十九、本规章如有未尽事宜，职工得随时提出意见，经小组通过，由工厂职工代表会议（职工代表会议未产生前经工厂管理委员会）讨论修改，送呈厂务部审查，并请求新华书店华东总分店及上海印刷工会批准补充之。

人民出版社、华东人民出版社租型造货合同

1950年

人民出版社（以下简称甲方）

华东人民出版社（以下简称乙方）

根据全国新华书店第二届工作会议决议，出版、发行分工专业化的方针，新华书店总管理处出版部，新华书店华东总分店出版部，分别成立（中央）人民出版社与华东人民出版社，划分资金，各自独立经营以后，为了继续加强分工合作，严格实行经济核算与正确计算盈亏起见，特订立本合同。双方同意下列各条款之规定并保证认真执行。

（一）甲方出版物：甲方寄发纸型，委托乙方担任华东区（山东除外）造货任务，就近供应读者需要。

（二）甲方出版物：分为（甲）专门性著作类；（乙）一般性著作类（包括文艺创作）；（丙）普及性著作类（包括政策、文件、干部必读、通俗读物、政治课本等）等三大类。甲类一般印数不多，集中造货。乙、丙两类甲方大都可寄发纸型给乙方。纸型通常寄一副为限。甲方寄发纸型，除因任务紧迫、时间匆促由甲方主动供给外，一般均须事先征取乙方同意。

（三）甲方出版物在华东地区之印数、用纸等等，甲方可提出意见，但由乙方作最后决定。版式、售价应与甲方统一，不得变更。如有困难和改进意见，可向甲方提出，作统一变更之考虑。

（四）甲方以前寄发或以后寄发的纸型，除原属乙方自己组织的稿件作者关系未经转移甲方者外，出版权均属甲方所有。自1950年12月1日起，不论乙方重版和初版，乙方均应负担分摊之编稿资料费，即租型费，租型费之标准如下：

1、甲类 照定价的百分之（一二）；

2、乙类 照定价的百分之（八）；

3、丙类 照定价的百分之（五）；

租赁费以每版印数计算，不论售出与否，统于每月底结算付清之。此外，制版费（包括排版、制版、制型，按纸型副数平均分摊）仍照以前规定办法照收，每月与租型费合并结付。

至1950年12月1日以前寄发纸型的租型收费办法另行规定。

（五）双方均应努力争取缩短生产过程与提高质量，严肃地对待工作。并充分注意及时供应与社会需要。

（六）双方应重视出版物的宣传推广工作，各自规定推广经费，并经常交换宣传品和工作经验。

书刊内容介绍文字一般由甲方供给。

（七）为了保证本合同之顺利执行，分别具体规定甲乙两方应履行事项如下：

1、甲方应履行事项：

（1）著作物拟向乙方寄发纸型，除因任务紧急，时间匆促，由甲方主动供给者外，均应在《出版周报》发排栏刊出。乙方如不需要，须用最迅速方法通知甲方，一般均须于距发排日二十天以内为之。逾期即作为认可论。甲方不拟寄发纸型，而乙方需要时，亦须迅速通知甲方考虑。

（2）著作物付印后，应在《出版周报》发印栏刊出估计出版日期，以便于乙方制订生产计划。

（3）甲方出版物，均应同时刊出甲乙两种纸的定价。

（4）租型的标准，（甲、乙、丙三类）均应在寄发纸型以前或同时通知乙方。

（5）纸型发票于每月十日、廿五日分两次用挂号，必要时用航邮寄出。随纸型寄发样书三册。如寄发纸型不及等待样书时，可先附毛样或付印清样一份，然后补寄样书。

（6）某书内容如发现错误，甲方应及时通知乙方改正。

（7）凡甲方之编辑、出版计划及生产进行情况，随时通过《出版周报》通告乙方。

2、乙方应履行事项：

（1）乙方应认真重视保障著作权与出版权。每书每印一次，均须于出版后三日内据实填寄出版报告表一式两份，分别寄甲方图书（或期刊）出版部与经理室，以便甲方随时统计印数、了解情况，通知著作人。报表式样另拟。

（2）按月编造甲方出版物统计表一式二份（图书与期刊分列），于次月五日以前分寄甲方图书（或期刊）出版部与经理室，以便核对。凡乙方自己组织的稿件，应另立统计表。

（3）每月底乙方应主动地将当月份应缴付甲方的纸型费和租型费，于次月五日以前一并电汇甲方。

（4）每书每印一次，不论初版再版，均须送甲方样书三册，寄甲方图书（或期刊）出版部。

（5）乙方收到样书后如发现内容或校对有错误时，应立即通知甲方，以便改正。

（6）乙方应经常将编辑、生产计划及当地同业情况汇寄甲方参考。

（八）如因事实上之需要，甲方出版物，乙方须在就地重排时，应事先征取甲方同意，并认真负责进行校对工作。租型费仍须负担分摊。

（九）凡中央颁布在报纸上发表的政策、文件，由甲方出版，乙方除因配合学习运动可以活叶文选形式出版外，一般不作自己排印，以免重复。

（十）如因特殊原因，出版物必须停印或停售时，其损失归各自负担。

（十一）关于版权页等记载事项，规定如下：

1、出版者，照甲方不变。可另加一条重印者。

2、书号不变。

3、印刷者改当地承印印刷厂。

4、出版日期，除保留甲方原来的出版日期外，可加印乙方重印第　版日期，例如：1950年　月北京初版，1950年　月华东重印第　版。

5、印数统计，可不列入甲方印数，单独刊载乙方印数。

（十二）期刊一般集中北京造货，必要分区造货者，由一方提出，征得对方同意后办理。

期刊稿费、编辑费统由甲方负担，排版费按副数平均分摊，铜锌版费按实计算。

其余按本合同第（三）（五）（六）（八）（十）（十一）条及第（七）条第2项第（1）（2）（3）（4）（5）款办理。

（十三）非经甲方同意，乙方不得将甲方出版物之出版权转租或授予任何其他出版机构。亦不得将甲方出版物分割个别篇章出版。

（十四）本互助合作共同作好出版工作的精神，双方对于相互委办的事项应尽力完成，视同自己的任务。

（十五）甲方如有租印乙方出版物之必要时，事先当征取乙方之同意，并另订合同。

（十六）本合同未尽事宜，随时协商办理之。

（十七）本合同自1950年12月1日起至1951年3月底为有效时期，期满前一个月如双方无意见，继续有效半年。

（十八）本合同共两份，两方各存一份为证，并以副本两份分别送双方领导机关。本合同经双方领导机构批准后发生效力。

立合同者

人民出版社

华东人民出版社

华东人民出版社、新华书店华东总分店图书产销合同

1951年

华东人民出版社（以下简称甲方）与新华书店华东总分店（以下简称乙方）根据出版总署《关于国营书刊出版、印刷、发行、企业分工专业化与调整公私关系的决定》的精神，订定图书产销合同如左，并保证共同遵守：

第一条 甲方出版之图书全部交由乙方发行（政府机关、部队、人民团体、原编译单位，因特殊情况需加印时，均须通过乙方），并在版权页上注明"发行者新华书店华东总分店"字样。乙方不得拒绝，并有尽力推销之责任，甲方亦不得再委托其他方面发行。

第二条 由于全国范围内有分区印刷出版之事实，如有其他大行政区之人民出版社向甲方租用纸型印刷出版时，甲方须将此项纸型出租情况，书面通知乙方，征求同意。

第三条 乙方为广泛发行甲方出版之图书，可以采用各种方式进行推销（包括廉价出售等），在地区上亦无限制，甲方不得干涉；但涉及甲方责任者，如预告、预约，须事先与甲方洽商办法后行之。

第四条 双方往来的方式分为订货和寄售两种，以订货为主，寄售为辅。甲方在每一新书发排时，应将各该书籍之书名、著译者、阅读对象、内容提要、开本、字数、篇幅、定价（以上三项为预计数）及可能交货日期等项通知乙方，由乙方根据发行情况及读者需要向甲方订货。当某一书籍行将售完而估计读者尚有需要时，乙方亦应继续向甲方订货。双方洽定每次订货一般图书，每种最低订印三千册，连环画每种最低订印八千册，活叶文选每种最低订印一千册。甲方对于乙方之订货，有斟酌情况作最后决定之权。甲方如认为乙方之订货在数量上过少时，可另印若干交乙方寄售。甲方对乙方订货数量有所变更时，须在接到订货单时，通知乙方。

第五条 为了提高出版发行工作中的计划性，甲方应逐渐做到每三个月向乙方提供出版计划一次，

使乙方得以有充分时间考虑编制订货计划；乙方应逐渐做到每三个月向甲方提供再版书计划一次，在每月底前应提出下月再版书计划，乙方应加强读者需要情况的调查统计，逐渐做到每一次订货足够销售三个月之用。在双方计划性均不够充分的条件下，甲方对于乙方的订货要求，应照顾读者需要，尽量予以满足。

第六条 乙方之订货经甲方接受后，甲方应在约定期限内将货全部交齐（除甲方需用之样本赠书外）。如超出约定交货期二天（活叶文选不在此例），乙方得将定货之一部分改作寄售货处理；如因修订内容及印刷上有特殊困难，甲方得通知乙方，征得同意。延期交货，不作寄售货处理。

第七条 订货单签定后，乙方不得更改，除第十五条之规定外，乙方对于甲方按照订货单数量交到之货，亦不得付退；但如乙方有特殊原因，而甲方尚未付印者，征得甲方同意后，得更改印数或停印。

第八条 图书定价由甲方决定，甲方须将定价标准通知乙方，定价标准如有变动时，甲方应于事前申述理由，通知乙方。

第九条 书价调整及新版变更定价时，由乙方自行负担损益，乙方尚未付交甲方之货款，亦不再升减计算，寄售书按实存数增减之。

第十条 甲方出版之图书，一律按定价六二折向乙方收取货款。

第十一条 寄售货如交货三个月后，仍有未能销出者，经双方协商后得以特价销售；特价三个月后如仍未能销出者，再经双方协商，可再度减低售价；又经三个月尚未有销出者，由甲方收退。甲方可以用贩卖以外的各种方法处理之。特价书按商定之特价六二折收取货款。

第十二条 货款解缴办法如下：

（一）订货　乙方收到甲方发票时，即照数开出结算收支凭证，由中国人民银行收入甲方之账。

（二）寄售货　按月实销实结。但至该项图书被乙方列入再版书时，即应全部付清。

第十三条 图书出版后，经甲方检查无错，由甲方负责送交乙方所指定之本埠仓库，乙方应出给收货回单为凭。甲方根据乙方之收货回单开出发票交与乙方。

第十四条 图书出版后，甲方应预留样本，如以后尚有作样本样存及赠阅之需要时，可向乙方依本合同第十条规定之折扣向乙方收退。甲方出版图书，每种每次应送乙方样书四本。

第十五条 图书出版后，因内容错误，须经修订勘误时，由甲方通知修订勘误办法，其必需费用应归甲方负担，如须销毁或修订时间需要一个月以上者时，乙方接获甲方书面通知后，盘点存货，造表汇报甲方，按原折扣作退货处理。如有倒装缺页，亦作退书处理。

第十六条 为了加强双方的联系，甲方每周向乙方通报编辑、排印情况；乙方每月向甲方通报出版物发行情况，并随时传递读者对甲方出版物的意见。为了相互了解工作情况，甲方得到乙方仓库及发行工作部门了解甲方出版物存销情况，乙方得到甲方出版工作部门了解出版工作情况。

第十七条 甲方出版之图书交乙方发行后，甲乙双方均负宣传推广之责，其相互分工，按下列处理之：

（一）甲方进行下列各项推广工作：

1. 编撰图书内容的说明；

2. 绘制幻灯片的底稿供乙方复制（上海由甲方计划，并负责进行放映工作）。

3. 编印书刊月报、活叶文选目录及招贴画（定量供乙方分发，需要量超过一万份以上时，由乙方提出不够分发之理由，经甲方同意时可酌量加印）。

4. 在甲方出版之期刊上，刊登底封广告及补白广告。

5. 在上海的主要报纸上刊登新书广告，每种书至少一次。

（二）乙方进行下列各项推广工作：

1. 根据甲方所撰内容说明，将甲方出版物编入各种不同性质的书目；

2. 散发甲方编印的书刊月报、活叶文选目录、招贴画等；

3. 编写书刊广播稿；

4. 发出版消息；

5. 复制甲方之幻灯片在分店所在地的重要城市进行放映工作；

6. 在分店所在地的主要报纸上，刊登甲方出版物的广告。

（三）甲方在图书全部送到乙方仓库第三天后（有时间性的重要著作另定），即进行宣传推广工作；乙方之分店在收到图书后十天内，即进行宣传推广工作，每种书至少一次。

（四）甲乙双方相互约定，均以甲方出版图书之全部定价的百分之一点五为宣传推广费用；特殊的出版物另议。

第十八条　在一九五一年三月卅一日止，乙方所欠甲方之货款，乙方允于三个月内付清；除乙方保证在四月底前交付甲方货款（包括四月份货款及四月份以前所欠的货款）共计五十二亿元外，其余欠款保证在五、六两个月内，各半付清之。

第十九条　除本合同订明者外，其他未尽事宜，双方应本互助互利原则，随时协商决定之。

第二十条　本合同一式三份，甲乙双方及监证人各执一份，另交中国人民银行、新华书店总店副本各一份，本合同经华东军政委员会新闻出版局及新华书店总店批准后施行，有效期间为一年。

立合同人
甲方　华东人民出版社
乙方　新华书店华东总分店
监证人　华东军政委员会新闻出版局
公元一九五一年四月一日

后 记

本书由政府法规、行业规章、企业章则三编组成，从政府、行业、企业三个层级再现了中国近现代出版业的管理文本和那时出版人的职业素质和执事准则。

以《出版法》《著作权法》为代表，收集由各级党政机构颁布的法律、法规、法令、守则以及与出版主题相关的法律、法规章节。

上海、南京、重庆、北京等地书业同业公会颁布的各项行业守则、规定以及需同业遵循的文件，为出版业的发展创造了条件。

支撑民国出版业基本面的是"商中世大开"和正中书局、中国文化服务社等主流出版机构，将这些机构陆续颁布的章则梳理刊出，体现了这些名牌机构生存的基础和发展的保障条件。

新中国成立以来，出版业在一个崭新的格局下旧貌换新颜，并屡创新绩。随着天翻地覆的质变，渐渐飘远的民国出版不仅在记忆中消失，甚至在报章乃至档案中也不易寻觅了。

曾经，我集二十多年的业余闲时从国家图书馆、上海图书馆、北京图书馆、复旦大学图书馆、上海档案馆、北京档案馆，上海、北京、台湾出版机构乃至诸多业内前辈手中翻检查找收集了大量档案、资料；现在，我大致可以说，我的出版主题法规章则收集已见成效，放眼学界、业界，似乎如我所为者真是不多，这是很值得欣慰的。

多年来，凭着一种职业的兴趣和奉献职业的诚意，我一直锲而不舍地挖掘、发现和整理、补全旧档。说些其间的经历与读者分享：

在某档案馆复印旧档时，被问及有否课题支持？个人一次复印是有限量的。无奈。累积近一米高的复印件，都是花钱复印的，我留下了不少"私人"发票，因为这些费用都是自费的。

曾经，我连续多次奔波于市区和复旦大学，在复旦大学出版社朱文艺先生的帮助下，从复旦图书馆先后借出了三套影印的史料（累计60大册）。每次都是匆匆取来，翻阅复印再迅速退回。数次，双手提着沉重的书，看见的熟人不解，这是为什么呢？

很多年，承着新旧同事的帮忙，进行文字输入、扫描、校对，冒着只有投入没有产出的窘境，坚持到现在终于付梓了，颇有如释重负之感，这种感受真是不经历风雨，怎能见彩虹？想想也只有成就感了。

今天的出版业，虽然民国同仁的风范早无踪影。只是，偶尔见到旧时的书，并由此记起相关的人、有关的社乃至零星的旧事时，了解一些个中的原委，本书的价值就在这个时候出现了。也许，它的价值还不仅仅是这些。

本书所收集的内容，有的标着"发布日期不详"，可能是当初发表时没有标出时间，现在重新查找，有些困难了。有些加了出处，有些没有出处的，基本都是原件。

学林出版社1992年出版了由刘哲民先生编的《近现代出版新闻法规汇编》，是1961年至1996年前后在上海出版文献资料编辑所工作时的成果。想必那时的工作条件好于现在。我现在的努力，是在前人基础上的深入和细化，所以，也因为有着刘哲民等先生的开创，我虽然花费了大量的业余时光和自费操作，所收内容自然应该更加丰富、齐全、正确。

感谢金良年、完颜绍元、张天蔚、韩卫东先生对《民国书业经营规章》（上海书店出版社2006年8月出版）的认可，感谢上海市新闻出版局原副局长楼荣敏、政策法规处原处长申建中对我主持的上海书业同业公会研究的支持，并列入上海市新闻出版局"一业一策"课题（《上海书业同业公会史料与研究》上海交通大学出版社2010年7月出版），承焦扬、阚宁辉、郁椿德、虞信棠、韩建民、吴芸茜等先后鼓励。

近年，更是得到上海市新闻出版局徐炯、彭卫国、忻愈、王莳骏、沈伟、戴怡等，世纪出版集团陈昕、胡国强，上海人民出版社丁荣生、李伟国、王兴康、王为松等领导的鼓励。同时，先后获得了我在《上海新书报》《中外书摘》杂志的同事梁爱玲、吴观麟、王雪明、黄文青、姚芳芳、吴蕙静、王蓓、刘智慧、朱群英等协助。

感谢许仲毅社长多年来的不断鞭策，张冬煜编辑为之付出的辛勤。感谢台湾出版人王承惠、出版博物馆张霞、上海档案馆彭晓亮、江苏新华发行集团殷晓锐，以及雷俊、裴敏、王晓磊、邓丹、王国成、张根娣、裘开钧、王国芸、李慧等都对本书的出版提供了支持。

同样，《中国新闻出版广电报》《中国出版传媒商报》等媒体的多位编辑一直对我的这项研究予以关注，谢谢。

2017年12月

图书在版编目（CIP）数据

中国近现代出版法规章则大全 / 汪耀华编著 . -- 上海：
上海书店出版社 , 2018.1
ISBN 978-7-5458-1579-5

Ⅰ . ①中… Ⅱ . ①汪… Ⅲ . ①出版法－汇编－中国－近
现代 Ⅳ . ① D922.89

中国版本图书馆 CIP 数据核字 (2017) 第 312128 号

中国近现代出版法规章则大全

汪耀华 编著
责任编辑　张冬煜
装帧设计　汪　昊
出　　版　上海世纪出版股份有限公司上海书店出版社
发　　行　上海人民出版社发行中心
地　　址　200001　上海福建中路 193 号
　　　　　www.ewen.co
印　　刷　上海展强印刷有限公司
开　　本　889×1194　1/16
印　　张　61
版　　次　2018 年 1 月第一版
印　　次　2018 年 1 月第一次印刷
书　　号　ISBN 978-7-5458-1579-5/D.60
定　　价　290.00 元